Handbuch neuropsychologischer Testverfahren

Dieter Schellig
Dörthe Heinemann
Beate Schächtele
Walter Sturm
(Hrsg.)

Handbuch neuropsychologischer Testverfahren Band 3

mitherausgegeben von

Renate Drechsler
Thomas Günther
Thomas Merten

Dipl.-Psych. Dieter Schellig, M. A., geb. 1953. Von 1974 bis 1988 Studien in Konstanz und Freiburg im Breisgau; Abschlüsse in Philosophie, Germanistik, Linguistik, Geschichte und Psychologie. Tätigkeiten als niedergelassener Psychotherapeut und in der neurologischen Rehabilitation der Hegau-Bodensee-Hochrhein-Kliniken. Arbeits- und Forschungsschwerpunkte: Gedächtnis und Testentwicklungen.

Dr. phil. Dörthe Heinemann, geb. 1966. 1986–1992 Studium der Psychologie in Hamburg. 2001 Promotion. Seit 1992 Tätigkeiten in der stationären Rehabilitation. Ab 1999 wissenschaftliche Mitarbeiterin an der Abteilung für Allgemeine und Neuropsychologie, Universität Bern. Seit 2004 in der Ambulanz der neurologischen Universitätsklinik, Inselspital Bern. Arbeits- und Forschungsschwerpunkte: Gedächtnis und visuelle Wahrnehmung.

Dipl.-Psych. Beate Schächtele, geboren 1955. Ausbildung zur Ergotherapeutin und langjährige Tätigkeit in der Neuro-Rehabilitation. 1995–2001 Studium der Psychologie in Konstanz. Praxis für Neuropsychologie und Ergotherapie seit 2003. Arbeits- und Forschungsschwerpunkte: Testentwicklungen im Bereich Gedächtnis.

Prof. Dr. Walter Sturm, geb. 1948. 1969–1974 Studium der Psychologie in Aachen. Anschließend wissenschaftlicher Angestellter an der neurologischen Klinik der RWTH Aachen. 1983 Promotion. 1995 Habilitation. Seit 1995 Leiter der „Sektion Klinische Neuropsychologie" an der neurologischen Klinik der RWTH Aachen. 2000 Ernennung zum Professor. Forschungsschwerpunkte: Neuropsychologische Diagnostik und Therapie, Aufmerksamkeitsstörungen, funktionelle Bildgebung von Aufmerksamkeitsfunktionen und von Reorganisationsprozessen nach neuropsychologischer Therapie. Seit 2013 im Ruhestand.

Bibliografische Information der Deutschen Nationalbibliothek

Die Deutsche Nationalbibliothek verzeichnet diese Publikation in der Deutschen Nationalbibliografie; detaillierte bibliografische Daten sind im Internet über http://dnb.dnb.de abrufbar.

Hogrefe Verlag GmbH & Co. KG
Merkelstraße 3
37085 Göttingen
Deutschland
Tel. +49 551 999 50 0
Fax +49 551 999 50 111
verlag@hogrefe.de
www.hogrefe.de

Satz: ARThür Grafik-Design & Kunst, Weimar
Druck: Finidr, s.r.o., Český Těšín
Printed in Czech Republic
Auf säurefreiem Papier gedruckt

1. Auflage 2019
© 2019 Hogrefe Verlag GmbH & Co. KG, Göttingen
(E-Book-ISBN [PDF] 978-3-8409-2845-1)
ISBN 978-3-8017-2845-8
http://doi.org/10.1026/02845-000

Vorwort

Die parallel erscheinenden Bände zwei und drei des „Handbuchs neuropsychologischer Testverfahren" enthalten eine Fülle von Themen der neuropsychologischen Diagnostik – mit weit über 600 Verfahren, die rezensiert oder zumindest kurz beschrieben werden. Den Überblick zu behalten und diese diagnostischen Möglichkeiten im klinischen Alltag sinnvoll nutzen zu können, wird für den neuropsychologischen Diagnostiker immer schwieriger: Ihn im klinischen Alltag dabei zu unterstützen, ist das Ziel dieses Testhandbuchs.

Der erste Band des Testhandbuchs behandelt die drei „großen" Themen der neuropsychologischen Diagnostik: Aufmerksamkeit, Gedächtnis und exekutive Funktionen. Der vierte Band wird ebenfalls drei umfangreiche Themen beinhalten: visuelle und räumliche Funktionen, Emotion, Motivation und Verhalten sowie Altern und Demenz. Neben der neuropsychologischen Diagnostik von Kindern und Jugendlichen finden sich in den Bänden zwei und drei mehrere spezifische Zweige der neuropsychologischen Diagnostik: im zweiten Band die Lateralisierung des Gehirns und die interhemisphärische Interaktion, die Apraxie, die Sensomotorik sowie die Fahreignung, im vorliegenden dritten Band die Beschwerdenvalidierung sowie die Kapitel medikamentöse Einflüsse auf neuropsychologische Funktionen, prämorbides Leistungsniveau und statistische Verfahren für die diagnostische Praxis. Die Vielfalt der Themen macht deutlich, welch umfassenden Anspruch das Testhandbuch im Rahmen der neuropsychologischen Diagnostik erhebt: Besprochen werden nicht nur Verfahren und Strategien zur Operationalisierung organisch bedingter Störungen. Es umfasst darüber hinaus alle wichtigen Fragestellungen für den Alltag des klinisch-neuropsychologischen Untersuchers: von den Diagnosemöglichkeiten, um testbeeinflussende Faktoren zu erfassen, über spezifische neuropsychologische Themen wie der Hemisphärenlateralisierung bis zu den psychometrischen Grundlagen einer adäquaten klinischen Diagnostik.

Der Aufbau der einzelnen Kapitel und der Rezensionen folgt – soweit möglich und sinnvoll – den Strukturen der ersten beiden Bände: Theoriekapitel, Übersichtstabelle und Rezensionsteil.

Die Theoriekapitel stellen zusammengefasst den momentanen Stand der Theorien zu den einzelnen Themen dar sowie die gängigen Diagnosestrategien und bilden damit den theoretischen Rahmen für die rezensierten Verfahren. Ergänzt werden die Kapitel von einer Übersichtstabelle, in der alle besprochenen Verfahren den Funktionen zugeordnet sind, die sie operationalisieren.

Nicht jedes Kapitel in diesem dritten Band konnte diesen Aufbau übernehmen. In einigen Bereichen hat sich noch kein Kanon von Testverfahren herauskristallisiert, der als Standard oder zumindest als weit verbreitet gelten kann, und damit das Rezensieren von spezifischen Verfahren rechtfertigt. Für diese Bereiche wurde besonderer Wert darauf gelegt, dass der Theorieteil an der klinischen Diagnostik orientiert ist und eine umfangreiche und übersichtliche Tabelle der experimentellen Entwicklungen aus der Forschungsliteratur enthält.

Die vier Bände des Testhandbuchs enthalten eine Vielzahl von Tabellen: Sie sind der Dreh- und Angelpunkt des Handbuchs. Mittels der Tabellen lässt sich ein Überblick über die hunderte von Untersuchungsverfahren verschaffen und gezielt weitere Informationen in den Testhandbüchern finden. In diese Tabellen integriert ist eine leicht nachvollziehbare Darstellung der Aufgaben, mit denen die einzelnen Funktionen operationalisiert werden. Wir versprechen uns davon einen besonders großen Nutzen für den klinischen Anwender.

In anderen Kapiteln geht die Hilfe darüber hinaus: Das Untersuchungsverfahren wird nicht nur beschrieben, sondern ist vollständig abgedruckt. So erfolgt z. B. die Schätzung des prämorbiden Leistungsniveaus häufig über sogenannte Sozialformeln. Der vorliegende Band enthält die beiden im deutschsprachigen Raum existierenden Sozialformeln mit allen Angaben, die für ihre Durchführung und Auswertung notwendig sind.

Das Handbuch neuropsychologischer Testverfahren soll Orientierung und Hilfestellungen für die neuropsychologische Diagnostik bieten. Dies ist nur von einem „kritischen Kompendium" zu erwarten. Jede Rezension hat deshalb zwei Teile: einen darstellenden, der sich auf die Angaben der Testautoren stützt, und einen kritischen, in dem der jeweilige Rezensent zum theoretischen Hintergrund und seinen klinischen Einsatzmöglichkeiten kritisch Stellung nimmt. „Kritisch" soll aber immer auch „kritisch-konstruktiv" heißen: Das Handbuch möchte Alternativen aufzeigen. Auch für den dritten Band gilt: Es wurde versucht, für die Untersuchung der einzelnen kognitiven Funktionen möglichst mehrere Testdesigns und Diagnosestrategien vorzustellen.

Die breite Themenauswahl und die Spezifität der Themen machten das Hinzuziehen von „Spezialisten" für spezifische Themenbereiche notwendig. Was sachlich unumgänglich war, stellte die Teamarbeit immer wieder vor zeitintensive Herausforderungen: zu harmonisieren waren die inhaltlichen Ansprüche und Vorstellungen der Spezialisten mit den Anliegen der Einheitlichkeit des Handbuchs und den Konzepten der Herausgeber. Dies führte häufig zu rivalisierenden Entwürfen, die kollegiale und meist fruchtbare Auseinandersetzungen zur Folge hatten. Die Mitarbeit dieser Kollegen – sei es die Geduld und Energie, die sie bei der Suche, beim Motivieren und Korrigieren ihrer Rezensenten aufgebracht haben, sei es die Erarbeitung neuer Entwürfe, wenn sich die vorgegebenen Formate an der Sache nicht bewährten – waren für das Gelingen dieses Handbuches von besonderer Bedeutung. Daher unser besonderer Dank an Ralf Dohrenbusch, Renate Drechsler, Bruno Fimm, Thomas Günther, Thomas Jahn, Elke Kalbe, Jutta Küst, Bernd Leplow, Thomas Merten, Bruno Preilowski, Sybille Rockstroh, Andreas Schale, Katja Werheid und Klaus Willmes.

Über die vielen fruchtbaren Diskussionen mit den Rezensenten konnten wir uns auch bei diesem dritten Band freuen. Für die erfolgreiche Zusammenarbeit gilt all diesen Kollegen, die wesentlich zur Veröffentlichung dieses Bandes beigetragen haben, nochmals unser herzlicher Dank.

Neben den synergetischen Aspekten der Teamarbeit bleibt auch bei diesem Band festzuhalten, dass jeder Autor und Rezensent selbst für seinen Text verantwortlich ist.

Bedanken möchten wir uns einmal mehr bei den Mitgliedern des Arbeitskreises „Aufmerksamkeit und Gedächtnis" der Gesellschaft für Neuropsychologie (GNP): In diesem Kreis ist die Idee zu diesem Testhandbuch entstanden, und seine Mitglieder haben das Handbuch in vielfältiger Weise unterstützt: sei es als Mitherausgeber, als Autor oder Rezensent.

Aufgrund des enormen Umfangs der den Herausgebern relevant erscheinenden Themen sind aus den beabsichtigten zwei Bänden vier Bände mit weit über 4000 Seiten und annähernd 200 Mitarbeitern geworden. Das sprengte auch den geplanten Zeitrahmen. Der Verlag hat dies unkompliziert und wohlwollend akzeptiert. Dafür sowie für die zahlreichen und vielfältigen Hilfen, die das Handbuchprojekt über die vielen Jahre erhielt, sei dem Hogrefe Verlag herzlich gedankt. Ohne das Besorgen und Bereitstellen der vielen rezensierten Verfahren, um nur ein Beispiel zu nennen, wäre das vorliegende Handbuch nicht möglich gewesen. Herrn Vogtmeier und insbesondere Frau Rothauge sei besonders gedankt, da wir uns auch in kritischen Phasen auf ihren Beistand verlassen konnten.

Inhalt

1	**Einführung in Konzept und Ziele des Handbuches**	17
1.1	Ziele und Aufbau	17
1.2	Theorieteil und Testtabelle: Theoretische Grundlagen, klinische und diagnostische Aspekte und Einordnung diagnostischer Verfahren	19
1.3	Auswahl der diagnostischen Verfahren	20
1.4	Aufbau der Testbesprechungen	21
1.5	Zusammenfassung: Ziele und Anwendungsbereiche des Testhandbuches	23

Teil I
Kinder und Jugendliche 25

2	**Neuropsychologische Testverfahren für Kinder und Jugendliche**	27
2.1	Einleitung	27
2.2	Sprache *Thomas Günther*	31
2.2.1	Grundlegende Taxonomie für den Bereich Sprache	31
2.2.2	Sprachentwicklung	35
2.2.3	Neuroanatomie	39
2.2.4	Störungen im Bereich Sprache	41
2.2.5	Diagnostik	43
2.2.6	Übersichtstabelle: SPRACHE	48
	Entwicklungstest Sprache für Kinder von 4 bis 8 Jahren (ETS 4-8)	62
	Heidelberger Sprachentwicklungstest (HSET)	78
	Münchner Auditiver Screeningtest für Verarbeitungs- und Wahrnehmungsstörungen (MAUS)	89
	Potsdam-Illinois Test für Psycholinguistische Fähigkeiten (P-ITPA)	98
	Sprachstandserhebungstest für Kinder im Alter zwischen 5 und 10 Jahren (SET 5-10)	107
	Sprachentwicklungstest für zweijährige Kinder (SETK-2)	114
	Sprachentwicklungstest für drei- bis fünfjährige Kinder (SETK 3-5)	123
2.3	Schriftsprache *Thomas Günther*	132
2.3.1	Lesen	132
2.3.2	Schreiben	134
2.3.3	Erwerb der Schriftsprache	134

2.3.4 Vorläuferfertigkeiten 136

2.3.5 Neuroanatomie 136

2.3.6 Störungen im Bereich Schriftsprache 137

2.3.7 Diagnostik 139

2.3.8 Übersichtstabelle: SCHRIFTSPRACHE 144
Ein Leseverständnistest für Erst- bis Sechstklässler (ELFE 1-6) 153
Hamburger Schreib-Probe (HSP 1-10) 164
*Lese- und Rechtschreibtest (SLRT-II) – Weiterentwicklung des Salzburger
Lese- und Rechtschreibtests (SLRT)* 173
*Weingartener Grundwortschatz Rechtschreib-Test (WRT):
WRT 1+ (für erste und zweite Klassen), WRT 2+ (für zweite und dritte
Klassen), WRT 3+ (für dritte und vierte Klassen), WRT 4+ (für vierte und
fünfte Klassen)* 185

2.4 Zahlenverarbeitung und Rechnen
Helga Krinzinger & Thomas Günther 195

2.4.1 Numerische Kognition: Modell und Neuroanatomie 195

2.4.2 Entwicklung der Zahlenverarbeitung und des Rechnens 196

2.4.3 Umschriebene Entwicklungsstörung des Rechnens 197

2.4.4 Teilkomponenten der Zahlenverarbeitung und des Rechnens 198

2.4.5 Diagnostik von Rechenstörungen 199

2.4.6 Übersichtstabelle: ZAHLENVERARBEITUNG UND RECHNEN 203
Basisdiagnostik Mathematik für die Klassen 4–8 (BASIS-MATH 4-8) 215
*Rechenfertigkeiten- und Zahlenverarbeitungs-Diagnostikum
für die 2. bis 6. Klasse (RZD 2-6)* 225
*Test zur Erfassung numerisch-rechnerischer Fertigkeiten
vom Kindergarten bis zur 3. Klasse (TEDI-MATH)* 235
Test zur Diagnose von Dyskalkulie (TeDDy-PC) 247
*Neuropsychologische Testbatterie für Zahlenverarbeitung und Rechnen
bei Kindern – Kindergartenversion (ZAREKI-K)* 262
*Neuropsychologische Testbatterie für Zahlenverarbeitung und Rechnen
bei Kindern – revidierte Fassung (ZAREKI-R)* 271

2.5 Intelligenztests in der neuropsychologischen Diagnostik
Renate Drechsler 280

2.5.1 Sind IQ-Tests neuropsychologische Tests? 280

2.5.2 Intelligenz-Modelle und Verfahren 280

2.5.3 Abgrenzung und Überlappung von Intelligenz-Diagnostik
und neuropsychologischer Diagnostik 286

2.5.4 Der Einsatz von IQ-Verfahren bei der neuropsychologischen Unter-
suchung von Kindern 289

2.5.5 Störungen der Intelligenz 291

2.5.6   Intelligenz-Diagnostik: Hinweise zur Tabelle der Intelligenz-Verfahren
        und zur Auswahl der Tests   294

2.5.7   Übersichtstabelle: INTELLIGENZTESTS   297
        Kaufman – Assessment Battery for Children (K-ABC)   310
        Snijders-Oomen Non-verbaler Intelligenztest (SON-R 6-40)   318
        Wechsler Intelligence Scale for Children – Fourth Edition.
        Deutschsprachige Adaptation nach D. Wechsler (WISC-IV)   328
        Wechsler Preschool and Primary Scale of Intelligence – Third Edition.
        Deutsche Version (WPPSI-III)   338

2.6   Entwicklungstests
        Renate Drechsler   350

2.6.1   Inhalte und Ziele von Entwicklungstests   350

2.6.2   Die pädiatrische Vorsorgeuntersuchung als grundlegendes Entwicklungs-
        screening   352

2.6.3   Meilensteine, Grenzsteine, Entwicklungspfade   354

2.6.4   Einteilung von Entwicklungstests   355

2.6.5   Entwicklungstests in der neuropsychologischen Diagnostik   357

2.6.6   Entwicklungsstörungen   358

2.6.7   Übersichtstabelle: ENTWICKLUNGSTESTS   362
        Entwicklungstest für Kinder von 6 Monaten bis 6 Jahren – Revision
        (ET 6-6-R)   369
        Griffiths-Entwicklungsskalen zur Beurteilung der Entwicklung in den
        ersten beiden Lebensjahren (GES)   377
        Intelligenz- und Entwicklungsskalen für Kinder von 5–10 Jahren (IDS).
        Intelligence and Development Scales   386
        Intelligenz- und Entwicklungsskalen für das Vorschulalter (IDS-P)
        Intelligence and Development Scales – Preschool.   403
        Kognitiver Entwicklungstest für das Kindergartenalter (KET-KID)   416
        Neuropsychologisches Entwicklungs-Screening (NES)   426
        BASIC-Preschool: Screening für kognitive Basiskompetenzen
        im Vorschulalter   435

2.7   Domänenübergreifende neuropsychologische Testbatterien,
        Testsammlungen und Fragebögen
        Renate Drechsler   445

2.7.1   Übersichtstabelle: TESTBATTERIEN, TESTSAMMLUNGEN
        UND FRAGEBÖGEN   445
        Amsterdam Neuropsychological Tasks (ANT, Version 4.0)   448
        Cambridge Neuropsychological Test Automated Battery (CANTAB)   463
        Developmental Neuropsychological Assessment-II (NEPSY-II)   481
        Tübinger Luria-Christensen Neuropsychologische Untersuchungsreihe
        für Kinder (TÜKI)   498

Literatur   505

Teil II

Beschwerdenvalidierung 545

3   **Beschwerdenvalidierung**

             Thomas Merten 547

3.1   Neuropsychologie und Beschwerdenvalidierung sowie Prävalenz
             negativer Antwortverzerrungen.................................. 547

3.1.1   Neuropsychologie und Beschwerdenvalidierung 547

3.1.2   Der Neuropsychologe als Gutachter 547

3.1.3   Prävalenz negativer Antwortverzerrungen 548

3.2   Grundlagen.. 549

3.2.1   Negative Antwortverzerrungen in der neuropsychologischen Diagnostik .. 549

3.2.2   Statistische und methodische Probleme 555

3.3   Diagnostik.. 561

3.3.1   Methoden der Beschwerdenvalidierung 561

3.3.2   Wichtige grundlegende Publikationen 569

3.4   Übersichtstabelle: BESCHWERDENVALIDIERUNG 573

             Amsterdamer Kurzzeitgedächtnistest (AKGT) 585

             Aggravations- und Simulationstest (AST 4.0) 593

             Morel Emotional Numbing Test for Posttraumatic Stress Disorder
             (MENT).. 600

             Medical Symptom Validity Test (MSVT) 608

             Non-Verbal Medical Symptom Validity Test (NV-MSVT) 618

             Rey Fifteen-Item Test (FIT) bzw.
             Rey Memory Test (RMT) 630

             Test of Memory Malingering (TOMM)............................ 637

             Testbatterie zur Forensischen Neuropsychologie (TBFN) 645

             Green's Word Memory Test (WMT) 657

3.5   Kontrolle von Antworttendenzen und Beschwerdenvalidierung mittels
             Fragebogen
             Ralf Dohrenbusch... 667

3.5.1   Systematisierung von Antworttendenzen 668

3.5.2   Formale Antworttendenzen..................................... 668

3.5.3   Positive Antworttendenzen 672

3.5.4   Negative Antworttendenzen 680

Literatur.. 688

Teil III

Medikamentöse Einflüsse auf neuropsychologische Funktionen 705

4   Medikamentöse Einflüsse auf neuropsychologische Funktionen
Sybille Rockstroh 707

4.1   Grundlagen 707
4.1.1   Definition psychotrope Substanzen 707
4.1.2   Wo wirken psychotrope Substanzen? 708
4.1.3   Haupt- und Nebenwirkungen 708
4.2   Antidepressiva 711
4.2.1   Klassifikation 711
4.2.2   Wirkmechanismus 712
4.2.3   Nebenwirkungen 714
4.3   Antipsychotika 714
4.3.1   Klassifikation 714
4.3.2   Wirkmechanismus 716
4.3.3   Nebenwirkungen 717
4.4   Anxiolytika, Hypnotika 719
4.4.1   Klassifikation von Anxiolytika und Hypnotika 719
4.4.2   Nebenwirkungen 720
4.5   Antidementiva 720
4.5.1   Klassifikation nach der Wirksamkeit 721
4.5.2   Klassifikation nach dem Wirkmechanismus 721
4.5.3   Nebenwirkungen 721
4.6   Stimulantien, Neuroenhancement 722
4.6.1   Klassifikation 722
4.6.2   Nebenwirkungen 722
4.7   Antiepileptika/Anästhetika 723
4.7.1   Klassifikation 723
4.7.2   Nebenwirkungen 723

Teil IV

Prämorbides Leistungsniveau 725

5   Prämorbides Leistungsniveau
Bernd Leplow 727

5.1   Wozu eine prämorbide Leistungsdiagnostik?....................... 727

5.2   Grundsätzliche Vorgehensweisen 728

5.2.1 Strategien zur Schätzung der prämorbiden Leistungsfähigkeit 728

5.2.2 Vor- und Nachteile der jeweiligen Strategie 735

5.3   Verfahren des deutschsprachigen Raumes 736

5.3.1 Sprachbasierte Strategien 737

5.3.2 Sozialformeln 738

5.4   Diagnostisches Vorgehen: Strategie und Testvorschläge 740

5.5   Übersichtstabelle: Strategien und Verfahren einer prämorbiden
       Leistungsdiagnostik 742

5.6   Sozialformel zur Schätzung des prämorbiden Intelligenzniveaus: alte
       Bundesländer 751

5.7   Sozialformel zur Schätzung des prämorbiden Intelligenzniveaus:
       Deutschland (alte Bundesländer und für nach 1985 Geborene aus den
       neuen Bundesländern)
       Thomas Jahn 755

Literatur... 764

Teil V

Psychometrische und statistische Grundlagen für die diagnostische Praxis   769

6   Psychometrische Grundlagen der Diagnostik

       Bruno Fimm 771

6.1   Klassische Testtheorie (KTT) 771

6.1.1 Gütekriterien eines Tests 772

6.2   Probabilistische Testtheorie/Item Response Theorien 782

6.2.1 Das Rasch-Modell (einparametriges Modell) 783

7   Statistische Verfahren für die diagnostische Praxis

       Klaus Willmes... 786

7.1   Analyse von Leistungsprofilen mit der psychometrischen Einzelfall-
       diagnostik 787

7.1.1 Grundbegriffe 787

7.1.2 Intraindividuelle Profilanalyse................................. 789

7.1.3 Intraindividueller Profilvergleich 791

7.2   Anwendungen der psychometrischen Einzelfalldiagnostik in der
       Neuropsychologie.. 793

7.2.1   Praktische Aspekte der Anwendung der psychometrischen Einzelfall-
        diagnostik 793
7.2.2   Statusdiagnostik 793
7.2.3   Feststellung von Leistungsdissoziation 794
7.3   Einzelfall-Methodologie nach Crawford und Mitarbeitern 794
7.3.1   Inferenzstatistische Prüfung auf ein Leistungsdefizit 795
7.3.2   Feststellung von individuellen Leistungsdiskrepanzen und Leistungs-
        dissoziationen 795
7.4   Inferenzstatistische Analyse von Leistungsunterschieden im Einzelfall 796
7.4.1   Vergleich der Leistungen eines Probanden bezüglich zweier
        verschiedener Itemmengen 797
7.4.2   Vergleich der Leistungen eines Probanden für dieselben Items unter
        zwei Aufgabenstellungen 797
7.5   Screening-Tests 798
7.5.1   Sensitivität und Spezifität von Screening-Verfahren 799
7.5.2   Die Receiver Operating Characteristic (ROC)-Kurve 804
7.5.3   Praktische Anwendung 805
7.6   Fazit 806
Literatur 807

Teil VI

Anhang 811
Testverfahren – nach Autoren geordnet 813
Testverfahren – nach Testnamen geordnet 845
Liste der Herausgeber, Autoren und Rezensenten 876
Bezugsquellen 882
Normentafel und Umrechnungstabelle von Standardnormen 889

1 Einführung in Konzept und Ziele des Handbuches

1.1 Ziele und Aufbau

Das Handbuch neuropsychologischer Testverfahren ist als Kompendium konzipiert, das einen Überblick über die im deutschsprachigen Raum vorhandenen neuropsychologischen Verfahren vermittelt. Das Kompendium soll in erster Linie Orientierung für die neuropsychologische Diagnostik geben. Und es soll ein kritisches Kompendium sein, das Kritik wagt, wo sie angezeigt ist, und konstruktiv Alternativen aufzeigt, wo sie vorhanden sind.

Die Ziele dieses Handbuchs sind im Einzelnen folgende:
- Die im deutschsprachigen Raum zur klinisch-neuropsychologischen Diagnostik verwendeten Testverfahren werden beschrieben, ihrer Funktion nach geordnet und in einen theoretischen Kontext eingebettet.
- Beschreibung: Die Testbeschreibung umfasst in komprimierter Form einen Überblick über Konzepte, Durchführungsbedingungen und Auswertungen sowie über die vorliegenden Testgütekriterien. Außerdem werden die Entwicklung des Verfahrens und seine Geschichte kurz skizziert.
- Einordnung: Jedes Verfahren wird in seinen neuropsychologischen Kontext eingeordnet: Dazu werden die durch den Test operationalisierten kognitiven Funktionen beschrieben sowie Befunde und Hypothesen zur funktionellen Neuroanatomie aufgeführt. Abgesehen von einigen wenigen neuropsychologischen Testverfahren sind diese Informationen nicht in den jeweiligen Testhandbüchern enthalten, sondern werden hier neu erstellt.
- Bewertung: Bei der kritischen Bewertung der Verfahren können psychometrische Aspekte ebenso zur Sprache kommen wie Probleme der Konzeption, die mehr oder weniger gut gelungene Operationalisierung von theoretischen Konstrukten, Probleme bei der Durchführung im klinischen Alltag oder eine unzureichende Akzeptanz bei Patienten.

Um eine formal einheitliche Struktur des Handbuchs zu gewährleisten – und damit eine leichte und rasche Orientierung zu ermöglichen – folgen alle Testrezensionen einem einheitlichen Muster und die Theorieteile einem festgelegten dreigliedrigen Textaufbau. Bei einigen Theorieteilen war es allerdings notwendig, diese Textstruktur zu durchbrechen: vor allem dann, wenn die Aufnahme von Rezensionen nicht sinnvoll erschien.

Dreigliedriger Textaufbau: Theorieteil, Tabelle der Verfahren, Rezensionen

In einleitenden Kapiteln wird 1) der theoretische Rahmen für die besprochenen Verfahren beschrieben. Dort werden die Grundlagen einer adäquaten neuropsychologischen Diagnostik in den verschiedenen Funktionsbereichen zusammengefasst und spezifische Störungsbilder vorgestellt. Dem folgt 2) ein tabellarischer Überblick über die im jeweiligen Bereich einsetzbaren Verfahren, einschließlich der rezensierten Tests. Die Gliederung der Tabelle – und damit die Zuordnung der Verfahren – folgt den im Theorieteil differenzierten

Funktionen. Vor diesem theoretischen Hintergrund folgen 3) die Testrezensionen: Dieser Teil macht die Verankerung der Testkonzepte in die neuropsychologischen Theorien ebenso nachvollziehbar wie die Anwendungsmöglichkeiten im klinisch-neuropsychologischen Alltag. Der *interne Aufbau* dieser drei Teile wird in den folgenden Kapiteln dargelegt. War es nicht sinnvoll, Tests zu rezensieren, entfällt der dritte Teil, und die Kapitel beschränkten sich auf die praxisorientierte Darstellung der theoretischen Grundlagen und Störungsbilder – gefolgt von einem möglichst umfassenden tabellarischen Überblick der themenspezifischen Verfahren.

Der dreigliedrige Aufbau konnte im vorliegenden Band 3 in den Kapiteln „Neuropsychologische Diagnostik von Kindern und Jugendlichen" und Beschwerdenvalidierung umgesetzt werden. Das Kapitel „Prämorbides Leistungsniveau" ist zweigliedrig und enthält keine Rezensionen. Neben der praxisorientierten Darstellung der drei Strategien zur Schätzung des prämorbiden kognitiven Niveaus – sprachbasierte Tests, „Sozialformeln" oder eine Kombination aus beiden – wird ein tabellarischer Überblick über die wichtigsten Operationalisierungen gegeben. Die Tabelle enthält alle notwendigen Formeln, um die Schätzung des prämorbiden Leistungsniveaus auf der Basis sprachbasierter Testverfahren durchführen zu können. Sozialformeln werden regressionsanalytisch aus einem Satz leicht zugänglicher, empirischer Sozialdaten konstruiert. Für den deutschsprachigen Raum existieren nur zwei empirisch gut abgesicherte Sozialformeln: a) von Leplow und Friege für die neuen Bundesländer sowie b) von Jahn für die alten Bundesländer und für die nach 1985 Geborenen aus den neuen Bundesländern. Beide Verfahren sind vollständig in diesem Band 3 des Testhandbuches abgedruckt.

Die neuropsychologische Diagnostik von Kindern und Jugendlichen umfasst die Untersuchung nahezu aller Funktionsbereiche, die auch beim Erwachsenen diagnostisch zu erfassen sind: aber auf eine möglichst alters- und entwicklungsadäquate Weise – analog zu den altersassoziierten und krankheitswertigen Funktionsminderungen älterer Menschen (vgl. Band 4). Erforderlich ist für beide Altersgruppen ein umfangreicher Pool von altersspezifischen Verfahren. Die große Zahl an neuropsychologischen Tests für Kinder und Jugendliche macht es notwendig, die Rezensionen und die funktionsspezifischen Theorieteile auf zwei Bände des Testhandbuchs zu verteilen. Im vorliegenden Band 3 finden sich die Kapitel Sprache, Schriftsprache, Rechnen und Zahlenverarbeitung, Intelligenztests in der neuropsychologischen Diagnostik, Entwicklungstests sowie domänenübergreifende neuropsychologische Testbatterien, Testsammlungen und Fragebögen. Band 2 enthält neben dem allgemeinen Theorieteil zur „neuropsychologischen Diagnostik des Kindes- und Jugendalters und des Erwachsenenalters" folgende Kapitel: Aufmerksamkeit, Gedächtnis, exekutive Funktionen, Motorik und Sensibilität, neuroophthalmologische Prävention sowie visuelle und räumliche Funktionen.

Die Diagnostik der Beschwerdenvalidität beruht auf komplexen Strategien und ist nicht nur bei Gutachten unverzichtbar: Sie umfasst Konsistenz- und Plausibilitätsanalysen ebenso wie spezifisch entwickelte Beschwerdenvalidierungstests oder in andere Verfahren eingebettete Indikatoren der Beschwerdenvalidität. Das macht ein umfangreiches Theoriekapitel ebenso erforderlich wie eine tabellarische Darstellung, die nicht nur die spezifischen Beschwerdenvalidierungsverfahren enthält, sondern auch Tests, in die Validitätsindikatoren eingebettet sind. Letztere erlauben es dem Untersucher, aufgrund von bereits erhobenen Daten aus unterschiedlichen kognitiven Bereichen erste Verdachtsdiagnosen zu erstellen. Für die wichtigsten Beschwerdenvalidierungstests sind Rezensionen angefertigt worden. Fragebögen zur Beschwerdenvalidierung werden getrennt behandelt. Die Validierung von Selbstberichten mittels Kontrollskalen in Fragebögen erfolgt vor einem anderen testmethodischen Hintergrund und orientiert sich weniger an der klassifikatorischen Zuordnung zu einem Kriterium wie „authentisch/wahrheitsgemäß" vs. „nicht authentisch/wahrheitsgemäß". Auch dieses Kapitel enthält neben der theorieorientierten Darstellung der Diagnosestrategien eine umfangreiche Tabelle, in der die Antwort-Kontrollskalen aller gängigen Fragebögen angeführt und kommentiert sind.

Das Thema Beschwerdenvalidierung macht schon deutlich, dass das „Handbuch neuropsychologischer Testverfahren" einen umfassenden Anspruch im Rahmen der neuropsychologischen Diagnostik erhebt: Dargestellt werden nicht nur Strategien und Verfahren zur Operationalisierung organisch bedingter Störungen, sondern auch von Diagnosemöglichkeiten, um testbeeinflussende Faktoren zu erfassen, ferner werden die für den Diagnostiker wichtigen psychometrischen Grundlagen praxisorientiert zusammengefasst.

Neben intentionalen Verzerrungen bilden die (Neben-)Wirkungen von Medikamenten die zweite große Gruppe der testbeeinflussenden Faktoren. Medikamentöse Einflüsse auf neuropsychologische Funktionen sind häufig schwer einzuschätzen. Die Pharmaindustrie ist nicht verpflichtet, bei neuen Medikamenten diese Einflüsse zu untersuchen. Entsprechend wenige Daten liegen vor. Umso wichtiger sind gezielte und übersichtliche Informationen darüber, welche kognitiven Auswirkungen psychotrope Substanzen haben können. Alle psychotropen Substanzen wirken über Veränderungen an den Neurotransmittersystemen. Das Kapitel Neuropharmakologie stellt für die jeweilige Substanzgruppe übersichtlich und tabellarisch dar, welche Neurotransmittersysteme beteiligt und welche Veränderungen zu erwarten sind.

Ergänzt werden die Kapitel zu neuropsychologischen Funktionsbereichen durch ein methodisches Kapitel, das die psychometrischen Grundlagen einer adäquaten Diagnostik sowie die statistischen Verfahren für die diagnostische Praxis darlegt: Welche psychometrischen und inferenzstatistischen Verfahren sind für die klinische Einzelfalldiagnostik unverzichtbar? Und wie können diese Verfahren zur differenzierten Analyse und Interpretation der Leistungen individueller Patienten eingesetzt werden?

1.2 Theorieteil und Testtabelle: Theoretische Grundlagen, klinische und diagnostische Aspekte und Einordnung diagnostischer Verfahren

Die Darstellung der Funktionsbereiche ist in allen Bänden des Testhandbuchs gleich aufgebaut. Sie sind gegliedert in a) Grundlagen und Theorien, b) Störungsbilder und Diagnostik und c) ein Klassifikationsschema für Testverfahren und Aufgaben eines Funktionsbereichs in tabellarischer Form, in das die Verfahren eingeordnet werden.

a) Grundlagen und Theorien: Die in der aktuellen Forschung zentralen Konzepte, Unterscheidungen und Modelle werden eingeführt, die Funktionen des jeweiligen Bereichs herausgearbeitet und den entsprechenden neuronalen Netzwerken zugeordnet.

b) Im Störungsteil werden die relevanten klinischen Störungsbilder und ihre Ätiologien beschrieben. Der Diagnostikteil enthält eine Auflistung der für eine Untersuchung wichtigsten Leistungsaspekte des jeweiligen Funktionsbereichs sowie die für die einzelnen Funktionen zur Verfügung stehenden Untersuchungsparadigmen.

c) In der Überblickstabelle werden die Testverfahren nach ihren inhaltlichen Schwerpunkten eingeordnet. Die Art der Umsetzung bzw. die verwendeten Aufgabentypen werden hier stichwortartig beschrieben. Die Tabelle soll den Lesern damit eine rasche Orientierung über die vorgestellten Verfahren ermöglichen. Zugleich soll die Tabelle dem klinischen Diagnostiker eine Entscheidungshilfe bieten, wenn es darum geht, für einen bestimmten Funktionsbereich das geeignete Verfahren auszuwählen: Wo es möglich ist, werden alternative Untersuchungsdesigns angeboten. Diese Übersichtstabellen bilden damit den „Angelpunkt" des Testhandbuches: In ihnen zeigt sich sein systematischer Aufbau, und er enthält die Querverweise auf die Rezensionen, auf die Tabellen und auf andere Teile des Handbuchs.

1.3   Auswahl der diagnostischen Verfahren

Erst seit wenigen Jahren sind Tests im deutschsprachigen Raum verfügbar, die im Rahmen neuropsychologischer Theoriebildung entwickelt wurden. Dieser Mangel an theoriegeleiteten, standardisierten neuropsychologischen Tests macht es immer noch notwendig, aus anderen psychologischen Diagnostikbereichen Verfahren zu adaptieren und für neuropsychologische Fragestellungen nutzbar zu machen. Diese Adaptationen kritisch zu betrachten, ist ein wesentliches Ziel des vorliegenden Testhandbuches.

Die vorgestellten Verfahren lassen sich in drei Gruppen einteilen:

1) Rezensiert werden normierte deutschsprachige Testverfahren, für die ein Testmanual vorliegt. Englischsprachige Verfahren werden nur dann berücksichtigt, wenn das Testmaterial unverändert mit deutschsprachigen Probanden eingesetzt werden kann und wenn kein vergleichbares deutschsprachiges Verfahren vorhanden ist. Die Testverfahren sollten veröffentlicht und das Material problemlos zugänglich sein.

2) Experimentelle Verfahren wurden als Rezension in das Handbuch aufgenommen, wenn die Aufgabe in der klinischen Diagnostik verbreitet ist oder wenn kein vergleichbares standardisiertes Instrument zur Verfügung steht. Bedingung war hier, dass die Aufgabe in einer Publikation so detailliert beschrieben ist, dass sie vollständig nachvollzogen oder sogar praktisch umgesetzt werden kann. Als Grundlage für die Rezension diente eine Originalpublikation, in der das Verfahren beschrieben ist. Dabei spielte natürlich keine Rolle, ob die Originalpublikation auf Deutsch oder in einer anderen Sprache veröffentlicht wurde. Das vorgegebene Raster, das die Rezensionen strukturiert, wurde für die experimentellen Verfahren leicht abgeändert.

3) Eine große Anzahl von Verfahren und Aufgaben wurde in Tabellenform zusammengefasst und kurz dargestellt. Für deren Aufnahme gibt es unterschiedliche Kriterien: Zum Teil liegen keine standardisierte Verfahren vor, z. B. zur Überprüfung der Hemisphären-

interaktion, oder die Tests sind Bestandteil eines umfassenderen Verfahrens, das nicht rezensiert wird: z. B. enthalten viele Persönlichkeitsfragebögen Kontrollskalen zu positiven oder negativen Antworttendenzen, die sich eignen, intentionale Verzerrungen zu erfassen. Andere Tabellen geben einen Überblick über Verfahren, die nicht zur neuropsychologischen Standarddiagnostik gehören wie sensomotorische Tests. Auch werden Aufgabenvarianten und Testverfahren, die sehr ähnliche Konstrukte messen oder ähnlich umgesetzt sind, zum Teil nicht ausführlich referiert, sondern in Tabellen zusammengefasst.

Mit diesen Zusammenstellungen soll den Diagnostikern eine Orientierung an die Hand gegeben werden, mit welchen Operationalisierungen sich bestimmte Funktionsbereiche erfassen lassen, auch wenn bislang entsprechende standardisierte Verfahren fehlen.

1.4   Aufbau der Testbesprechungen

Der Aufbau der einzelnen Rezensionen folgt den zentralen Zielsetzungen: Die bedeutsamen Aspekte des Testverfahrens sollen übersichtlich dargestellt, seine Bedeutung im neuropsychologischen Kontext herausgearbeitet und die Aussagen der Testautoren kritisch besprochen werden.

Der Aufbau einer Rezension untergliedert sich in drei Teile: a) Eine Darstellung des Verfahrens, seiner Konzepte und Variablen sowie der Gütekriterien, wie sie im Manual des rezensierten Tests dargestellt sind; b) Informationen zur Entwicklung des Verfahrens, die dem Manual entnommen sind oder vom Rezensenten hinzugefügt wurden; c) eine kritische Betrachtung des Tests, für die der Rezensent verantwortlich zeichnet.

Übertragen auf die einzelnen Kapitel der Testbesprechung bedeutet dies: In den Kapiteln Testbeschreibung und Testkonstruktion wird eine Darstellung des jeweiligen Testverfahrens gegeben, das sich strikt an die im Testmanual gegebenen Informationen hält. Die Rezensenten geben hier lediglich Angaben der Testautoren wieder, ohne zu werten, zu korrigieren oder eigene Meinungen auszudrücken. Im Kapitel Testentwicklung können die Rezensenten bereits über die Ausführungen der Autoren im Manual hinausgehen, insbesondere, wenn dort keine Informationen zur Geschichte und Entwicklung des Verfahrens gegeben werden. Hier kann z. B. Sekundärliteratur herangezogen und zitiert werden. Die kritische Stellungnahme des Rezensenten erfolgt ausschließlich im dritten Teil, der Testbewertung. Um diesen Bewertungsteil hervorzuheben, ist der Text mit einem grauen Balken markiert.

Aufbau der Rezensionen

A. Angaben zum Test basierend auf dem Testmanual

A.0 Zusammenfassende Testbeschreibung

Zusammenfassend und einen Überblick bietend werden die vom Test erfassten Konstrukte benannt und die verwendeten Operationalisierungen dieser Konstrukte skizziert. Es folgt eine kurze Beschreibung der Normierungsstichprobe, der verwendeten Materialien und Angaben zur Durchführungsdauer.

A.1 Testkonstruktion

Ziel ist die Nachvollziehbarkeit der Testkonstruktion: Hierfür werden die Erstellung der Testmaterialien und des Designs verständlich gemacht und alle erhobenen Variablen besprochen. Die Informationen zur Normierung sollen die Qualität und die Grenzen der Normwerte darstellen, insofern sie für die Interpretation einer individuellen Testleistung von Bedeutung sind. Die Angaben des Manuals zu den Testgütekriterien werden referiert. Neben der Konstruktvalidität wird besonders auf klinisch-neuropsychologische Validierungsstudien eingegangen.

A.2 Neuropsychologische Aspekte

Inhalt dieses Abschnitts bilden die Angaben der Testautoren im Manual: Welches theoretische bzw. neuropsychologische Konzept liegt dem Test zugrunde? Der von den Testautoren vorgegebene theoretische Rahmen, Angaben zur funktionellen Neuroanatomie, klinische Zielgruppen und ergebnisbeeinflussende Faktoren werden hier skizziert.

B. Testentwicklung

Hier wird kurz auf die Geschichte und Vorläufer des Verfahrens eingegangen. Ist das besprochene Verfahren eine eigenständige Entwicklung oder die deutschsprachige Umsetzung eines bereits veröffentlichten Tests? Auch Weiterentwicklungen und Modifikationen können hier skizziert und Sekundärliteratur zum Test zitiert werden.

C. Testbewertung

Dieser Abschnitt umfasst die kritische (positive und negative) Bewertung des Verfahrens durch den Rezensenten. Die Schwerpunkte der Kritik beziehen sich auf die Testkonstruktion, die verwendeten theoretischen Konzepte sowie die Handhabbarkeit und praktische Anwendung in der klinischen Neuropsychologie. Bei Testverfahren, die keine oder ungenügende neuropsychologische Überlegungen enthalten, wird der neuropsychologische Rahmen des Tests von den Rezensenten skizziert bzw. ergänzt: Die Testparadigmen werden beschrieben, Anwendungsbereiche in der Neuropsychologie abgesteckt und Hinweise auf die funktionelle Neuroanatomie gegeben. Außerdem sollen die ergebnisbeeinflussenden Faktoren aus Sicht der klinischen Neuropsychologie hervorgehoben werden, d. h. Faktoren wie motorische oder sensorische Einschränkungen oder Sprachstörungen, die das Ergebnis verzerren oder die Durchführung behindern könnten.

Um die Zuordnung der Kritik übersichtlich zu machen, orientierten sich die Rezensenten an demselben Raster, das der Testbeschreibung zugrunde liegt. Es lag in ihrem Ermessen, Schwerpunkte zu setzen oder einzelne Aspekte auszusparen.

1.5 Zusammenfassung: Ziele und Anwendungsbereiche des Testhandbuches

Auf der einen Seite wird das Spektrum an Tests und experimentellen Verfahren, das der neuropsychologischen Diagnostik zur Verfügung steht, immer umfassender und breiter. Auf der anderen Seite werden die zu untersuchenden Funktionsbereiche immer feiner differenziert, was im Vergleich zu den vergangenen Jahren eine zunehmend spezifischere Diagnostik ermöglicht und auch erfordert. Das macht die gezielte Auswahl adäquater Verfahren zur Beantwortung spezifischer Fragestellungen und zum Aufbau einer effizienten Diagnosestrategie immer schwieriger. Und schließlich hat sich für viele Funktionsbereiche noch kein Kanon von anerkannten und verbreiteten Verfahren herausgebildet: was eine begründete Entscheidung zugunsten bestimmter Testverfahren ebenfalls nicht erleichtert.

Das *Handbuch neuropsychologischer Testverfahren* soll für die Diagnostik im klinischen Alltag Orientierung bieten: einen Weg durch die komplexe und häufig schwer überschaubare Vielfalt neuropsychologischer Untersuchungsmöglichkeiten zeigen. Es bietet einen systematischen Überblick über die neuropsychologischen Verfahren und stellt sie im Detail vor: zugrundeliegende Konzepte, Operationalisierungen, Durchführung und Auswertung. Ein Handbuch gehört in den persönlichen Handapparat des (neuro-)psychologischen Diagnostikers: Wenn die Routinediagnostik an Grenzen stößt, ist ein schneller Zugriff auf darüber hinausgehende Diagnosemöglichkeiten gefragt. Der systematische und einheitliche Aufbau der einzelnen Kapitel und der Rezensionen soll dies erleichtern – ebenso die Tabellen, die über teilweise sehr spezifische Diagnostikbereiche einen Überblick vermitteln. Für eine Vielzahl von Fragestellungen werden gezielte und kritische Hinweise gegeben, um die Auswahl geeigneter neuropsychologischer Verfahren zu leiten. Und für die ausgewählten Testverfahren können dann von unabhängigen Autoren die Beschreibungen und Bewertungen abgerufen werden, z. B. ob der Test das Konstrukt adäquat operationalisiert oder welche Voraussetzungen und Probleme bei der Anwendung zu beachten sind. Darüber hinaus stellt das Handbuch einen theoretischen Rahmen zur Verfügung, der dem klinischen Neuropsychologen bei der Interpretation der Ergebnisse Hilfen gibt und ihm erlaubt, eine theoriegeleitete Diagnostik durchzuführen. Das Handbuch neuropsychologischer Testverfahren dient damit nicht nur der klinischen und forschungsorientierten neuropsychologischen Diagnostik, sondern auch der Aus- und Weiterbildung.

Teil I

Kinder und Jugendliche

2 Neuropsychologische Testverfahren für Kinder und Jugendliche

2.1 Einleitung

Das umfangreiche Kapitel „Neuropsychologische Testverfahren für Kinder und Jugendliche" musste auf die Bände zwei und drei des Handbuchs neuropsychologischer Testverfahren verteilt werden. Einen Überblick über die im zweiten Band behandelten Fragen und diagnostischen Domänen kann der Leser dem nachstehend abgedruckten Inhaltsverzeichnis entnehmen. Dem folgt der einleitende Teil aus Band 2, in dem sowohl der Aufbau des gesamten Kapitels als auch die Struktur der einzelnen neuropsychologischen Bereiche und diagnostischen Themen beschrieben werden. Die themenübergreifende Einführung zum Kapitel „Neuropsychologische Testverfahren für Kinder und Jugendliche" ist vollständig in Band 2 des Testhandbuchs abgedruckt. Dort wird auf die prinzipiellen Unterschiede zwischen der Diagnostik des Kindes- und Jugendalters und der Diagnostik bei Erwachsenen eingegangen und es werden die Besonderheiten der Untersuchung von Kindern in verschiedenen Entwicklungsaltern herausgearbeitet.

Neuropsychologische Testverfahren für Kinder und Jugendliche:
Inhaltsverzeichnis der in Band 2 des Testhandbuchs abgedruckten Themen

Teil I: Neuropsychologische Testverfahren für Kinder und Jugendliche

2   Neuropsychologische Testverfahren für Kinder und Jugendliche

2.1   Einführung

2.1.1   Unterschiede zwischen neuropsychologischer Diagnostik des Kindes- und Jugendalters und des Erwachsenenalters

2.1.2   Methodische Besonderheit bei der Anwendung und Interpretation neuropsychologischer Testverfahren

2.1.3   Neuropsychologisches Testen von Kindern in verschiedenen Entwicklungsaltern

2.2   Diagnostische Domänen und Bereiche

2.2.1   Aufmerksamkeit (Thomas Günther & Walter Sturm)
Testtabelle: Aufmerksamkeit
Continuous Attention Performance Test (CAPT)
Kaufman – Computerized Assessment Battery (K-CAB)
Testbatterie zur Aufmerksamkeitsprüfung für Kinder (KITAP)
Konzentrationstest für 3. und 4. Klassen Revidierte Fassung (KT 3-4 R)
QbTest
Test of Everyday Attention for Children (TEA-Ch)
TEA-Ch-K Ein Test zur Erfassung von Konzentration und Aufmerksamkeit im Kindergartenalter

2.2.2   Gedächtnis (Thomas Günther, Dörthe Heinemann & Dieter Schellig)
         Testtabelle: Gedächtnis
         Battery for Assessment in Children – Merk- und Lernfähigkeitstest für 6- bis
         16-Jährige (BASIC-MLT)

2.2.3   Exekutive Funktionen (Renate Drechsler)
         Tabelle: Exekutive Funktionen
         Arbeitsgedächtnistestbatterie für Kinder von 5 bis 12 Jahren (AGTB 5-12)
         Zoo-Spiel – Ein Test zur Planungsfähigkeit bei Grundschulkindern
         Kreativitätstest für Vorschul- und Schulkinder: Version für die psychologische
         Anwendungspraxis (KVS-P)
         Konzentrations-Handlungsverfahren für Vorschulkinder (KHV-VK)

2.2.4   Motorik und Sensibilität (Renate Drechsler)
         Testtabelle: Motorik und Sensibilität
         Hand-Dominanz-Test (H-D-T)
         Movement Assessment Battery for Children – Second Edition (M-ABC-2)
         Göttinger Entwicklungstest der taktil-kinästhetischen Wahrnehmung
         (TAKIWA)
         Zürcher Neuromotorik (ZNM)
         Diagnostischer Elternfragebogen zur Taktil-Kinästhetischen Responsivität im
         frühen Kindesalter (DEF-TK)

2.2.5   Neuroophthalmologische Prävention (Sandra E. Leh)

2.2.6   Visuelle und räumliche Funktionen (Renate Drechsler)
         Testtabelle: Visuelle und räumliche Funktionen
         Abzeichentest für Kinder (ATK)
         Frostigs Entwicklungstest der visuellen Wahrnehmung-2 (FEW-2)

Literatur

Zum Aufbau des Kapitels „Neuropsychologische Testverfahren für Kinder und Jugendliche"

Der Teil „Neuropsychologische Testverfahren für Kinder und Jugendliche" ist eine allgemeine Einführung in die neuropsychologische Diagnostik von Kindern. Er ist in 12 Kapitel gegliedert, die unterschiedlichen diagnostischen Bereichen zugeordnet sind. Dabei wird einerseits unterschieden nach Testverfahren, die bestimmte neuropsychologische Domänen untersuchen (z. B. Tests zu exekutiven Funktionen, Tests zu Sprache), nach Testverfahren, die einem bestimmten theoretischen Hintergrund zugeordnet werden können (z. B. Entwicklungstests, Intelligenztests), oder die eine gemeinsame formale Struktur aufweisen (z. B. Neuropsychologische Testbatterien). Jedem dieser Kapitel ist eine kurze theoretische Einführung vorangestellt. Bei Kapiteln, die Testverfahren zu bestimmten neuropsychologischen Domänen behandeln, folgt die theoretische Einführung dem folgenden Schema: 1. Es werden Modelle oder Schemata eingeführt, anhand derer sich eine Einteilung der Funktionsdomäne in zu untersuchende Teilbereiche/Komponenten vornehmen lässt (Taxonomie). 2. Es erfolgt eine grobe neuroanatomisch/neurofunktionale Zuordnung und 3. eine kurze Skizzierung von Entwicklungsaspekten der Domäne. 4. Schließlich wird auf die häufigsten Störungen in diesem Funktionsbereich und auf typische Ätiologien bei Kindern eingegangen. Es folgt eine Beschreibung der diagnostischen Verfahren, wobei zu untersuchende Komponenten und die entsprechenden Testverfahren in Tabellen eingeordnet sind. Diese Tabellen sollen die Orientierung bei der Auswahl geeigneter Testverfahren erleichtern. Es folgen die Testrezensionen, die dem jeweiligen Kapitel inhaltlich zugeordnet sind.

Die theoretischen Einführungen der Unterkapitel sollen eine grobe Einordnung der vorgestellten Verfahren in deren theoretischen Rahmen und in Hinblick auf deren Anwendung in der klinisch-neuropsychologischen Praxis ermöglichen. Sie erheben nicht den Anspruch auf inhaltliche Vollständigkeit und ersetzen natürlich kein Lehrbuch der klinischen Kinderneuropsychologie. Die Auswahl und Einteilung von Testverfahren orientiert sich ausdrücklich an neuropsychologischen Domänen oder an diagnostischen Bereichen und Methoden, und nicht, wie sonst in den meisten Büchern zur Kinderneuropsychologie, an spezifischen Störungsbildern (z. B. Anderson & Yeates, 2010; Baron & Rey-Casserly, 2013; Davis, 2011; Heubrock & Petermann, 2000; Reynolds & Fletcher-Janzen, 2009; Riccio, Sullivan & Cohen, 2010; Semrud-Clikeman & Teeter Ellison, 2009; Yeates, Ris, Taylor & Pennington, 2010). Für weiteres neuropsychologisches Hintergrundwissen zu Störungsbildern und neuropsychologischen Theorien, das für die fachgerechte neuropsychologische Untersuchung von Kindern unbedingt erforderlich ist, sei auf die hier und in den jeweiligen Kapiteln genannte weiterführende Literatur verwiesen. Besonders wichtige Literatur wird als „Empfohlene Literatur" am Ende der Kapitel gesondert aufgeführt.

Anders als in den Kapiteln zu neuropsychologischen Testverfahren im Erwachsenenbereich sind die Einführungen eher kurz und knapp gehalten. Dies ergibt sich aus der Vielfalt der Bereiche und Aspekte, mit denen sich Kinderneuropsychologen auseinandersetzen müssen: Motorik und Sensibilität gehören ebenso zur Untersuchung wie die Erhebung schulischer Leistungen oder eines Intelligenztests. „A model of normal development provides critical clinical context" – neuropsychologische Störungen können nur auf dem Hintergrund von Modellen normaler Entwicklung beurteilt werden – so formuliert es die Kinderneuropsychologin Ida S. Baron (2010). Das setzt auch ein Hintergrundwissen über normale Entwicklungsverläufe voraus und impliziert, dass der Gesamtentwicklungsstand des Kindes in seinem Umfeld berücksichtigt werden muss. Eine neuropsychologische Störung lässt sich bei Kindern nicht isoliert betrachten. Kinderneuropsychologen müssen die Gesamtentwicklung des Kindes vor Augen haben, um neuropsychologische Störungen einordnen zu können, und sollten Inhalte und Terminologie von Nachbardisziplinen (z. B. Kinderneurologie, Ophthalmologie, Pädaudiologie, Logopädie etc.) kennen, um bei Bedarf weitere spezialisierte Abklärungen zu veranlassen. Gerade im Kinderbereich ist eine interdisziplinäre Zusammenarbeit grundlegend. Daher werden einige diagnostische Verfahren kurz referiert oder als Tabellen zusammengefasst, die in der Regel nicht durch Kinderneuropsychologen, sondern durch Vertreter anderer Fachdisziplinen durchgeführt werden (z. B. Kapitel 2.2.5 zu ophthalmologischen Untersuchungen in Band 2). Aufgrund der Vielfalt der Aspekte und der Notwendigkeit, auch Verfahren einbeziehen zu müssen, die nicht nur im engeren Sinne neuropsychologisch sind, war es erforderlich, eine Auswahl bei den rezensierten Verfahren zu treffen. Daher werden einige relevante Testverfahren oder Gruppen von Verfahren lediglich in Tabellen aufgeführt. Dies ist nicht als Stellungnahme oder Qua-

litätsurteil für oder gegen ein Verfahren zu bewerten. Auch können die Tabellen keinen Anspruch auf Vollständigkeit erheben. Ziel war es, den im Kinderbereich tätigen klinischen
Neuropsychologen einen Überblick über wichtige normierte Verfahren zum Einsatz bei neuropsychologischen Fragestellungen und deren neuropsychologische Einordnung zu ermöglichen. Aufgenommen als Rezensionen wurden nur solche Verfahren, die man bei Redaktionsschluss käuflich erwerben konnte. Englischsprachige Verfahren wurden in der
Regel nur dann berücksichtigt, wenn kein entsprechendes Verfahren auf Deutsch vorlag.
In die Tabellen wurden vereinzelt auch experimentelle oder in Fachzeitschriften publizierte
Verfahren aufgenommen.

2.2   Sprache

Thomas Günther

2.2.1   Grundlegende Taxonomie für den Bereich Sprache

In der Sprachdiagnostik wird zwischen der expressiven und rezeptiven Sprache unterschieden. Expressive Sprache beinhaltet die Sprachproduktion, wohingegen die rezeptive Sprache das Sprachverstehen beschreibt. Ziel der hier dargestellten Taxonomie ist eine kurze Einführung in die relevanten Begriffe für die Sprachdiagnostik.

2.2.1.1 *Expressive Sprache*

Eines der bekanntesten und einflussreichsten Modelle zur Sprachproduktion ist das Sprachproduktionsmodell von Levelt (1989, 1999). Nach Levelt besteht die Sprachproduktion aus den folgenden Teilprozessen (siehe Abbildung 1).

1. Nichtsprachlicher konzeptueller Prozess: Dies ist ein vorsprachliches Konzept, eine Idee über das, was gesagt werden soll. Dabei ist es essentiell, den Kontext zu kennen, in dem eine Kommunikation stattfindet, und sich in den Gesprächspartner hineindenken zu können (Weltwissen & Theory of Mind). Beispielsweise muss ein Kind ab einem bestimmten Punkt verstehen, dass es auf die Frage „Weißt du, wie spät es ist?" nicht mit „Ja" antworten soll, sondern dass der Gesprächspartner die Uhrzeit wissen möchte. Dieser konzeptuelle Prozess produziert eine präverbale Nachricht, die an die grammatikalische Enkodierung übergeben wird. Nicht alle abgespeicherten Konzepte sind lexikal (z. B. denke an einen stinkenden Fisch). In dem Modell müssen sie jedoch schlussendlich in Wörtern auszudrücken sein.
2. Grammatikalisches Enkodieren: Das lexikale Konzept der präverbalen Nachricht aktiviert die dazugehörigen syntaktischen Wörter des mentalen Lexikons (Lemmas). In der grammatikalischen Enkodierung nutzt der Sprecher die lexikalisch-syntaktischen Informationen, um eine Satzstruktur zu bauen (Oberflächenstruktur).
3. Morpho-phonologisches Enkodieren: Sobald ein Lemma aktiviert ist, bekommt der Sprecher Zugang zur morphologischen und phonologischen Zusammensetzung des Wortes. Beispielsweise wird das Wort „mein" in „mein Neffe" [meineffe] anders ausgesprochen als in „mein Sohn". In der phonologischen Enkodierung wird die Äußerung syllabiert und die Intonation festgelegt und als phonologische Nachricht weitergeleitet.
4. Phonetisches Enkodieren: Jede Silbe muss eine artikulatorische Bewegung anstoßen. Die meisten Bewegungsprozesse sind hoch automatisiert und werden früh gelernt. Manchmal müssen neue oder seltene Strukturen mit höherem Aufwand erzeugt werden.
5. Artikulation: Dies entspricht der motorischen Ausführung durch die Atem-, Stimm- und Sprechorgane.
6. Selbstwahrnehmung: Wenn gesprochen wird, können wir unsere eigene Sprache überwachen und gegebenenfalls korrigierend eingreifen. Dieses Überwachungssystem ist dasselbe, das für das Sprachverständnis verwendet wird.

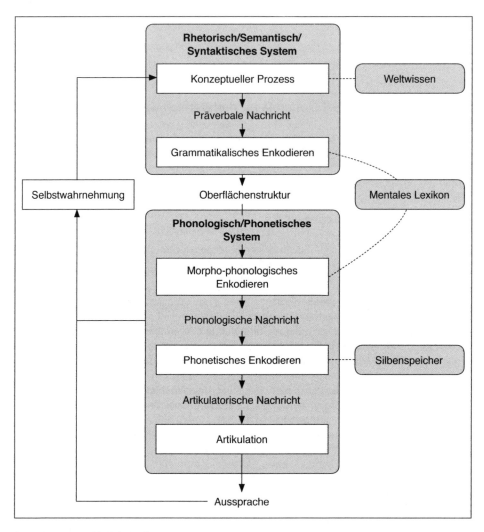

Abbildung 1:   Modell der Sprachproduktion in Anlehnung an Levelt (1999)

2.2.1.2   Rezeptive Sprache

Auch die rezeptive Sprache besteht aus unterschiedlichen Teilprozessen. Eines der bekann-
teren Modelle ist das Sprachverständnismodell nach Cutler & Clifton (1999), dessen Bestandteile insbesondere in der neurokognitiven Forschung häufig verwendet werden. Nach
diesem Modell besteht der Sprachverständnisprozess aus vier unterschiedlichen Ebenen:

1. Dekodieren: In der ersten Phase der Dekodierung werden Sprachsignale von anderen
   akustischen Signalen unterschieden. Dabei können die akustischen Merkmale der Spra-

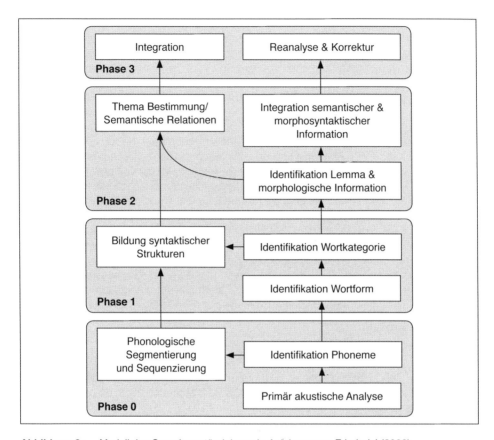

Abbildung 2:   Modell des Sprachverständnisses in Anlehnung an Friederici (2002)

che in Bezug auf Frequenz und Amplitude erheblich variieren. Die Sprache ist ein kontinuierlicher, sequenzieller Fluss, der analysiert werden muss. Zudem erschwert beispielsweise die Koartikulation die Abgrenzung einzelner Wörter (z. B. „Mein Neffe" wird „meinneffe" ausgesprochen).

2. Segmentieren: Im Kern besteht dieser Prozess aus der Identifizierung der essentiellen Bestandteile des eingegangen Sprachsignals. Betonung, Satz- und Wortmelodie helfen dabei, Wortgrenzen zu erkennen und grammatikalische Einheiten zu identifizieren. Dies ist ein wichtiger Schritt zur Aktivierung der lexikalischen Prozesse, um einen Zugang zur Bedeutung zu erlangen.

3. Erkennen: Die einzelnen Segmente versuchen Wortbedeutungen im Lexikon zu aktivieren. Dabei können einzelne Aktivierungen in Wettstreit zu einander treten, da sie im Lexikon dicht beieinanderliegen. Beispielsweise kann das Wort „Schule" auch semantisch assoziierte Wörter wie „Hausaufgaben" oder „Lehrer" voraktivieren, was für eine leichtere Identifizierung sorgt, falls diese Wörter im Verlauf des Gehörten ebenfalls erschei-

nen. Auch beim Hören von Pseudowörtern wird versucht, semantische Assoziationen bzw. Bedeutungen zu aktivieren. Ein weiterer essentieller Bestandteil in der Erkennung ist das Satzverständnis und die damit einhergehende syntaktische Analyse.
4. Integrieren: Neben dem Verstehen von einzelnen Wörtern bzw. Sätzen muss das eingegangene Sprachsignal auch in einen Kontext eingebettet werden. Weltwissen und ein Verständnis für den momentanen Sprachkontext müssen hierfür vorhanden sein.

Im Kern stimmt dieses Modell überein mit vielen anderen Sprachverständnismodellen. Auch Friederici (2002) hat eine Einteilung in vier Phasen vorgenommen. Neben der Lokalisation der Prozesse haben sich Friederici und Kollegen auch mit der zeitlichen Abfolge der einzelnen Prozesse beschäftigt (siehe Abbildung 2). Ähnlich wie bei Cutler & Clifton (1999) beginnt das Sprachverständnis mit einer primär akustischen Analyse, der Identifizierung von einzelnen Phonemen und der phonologischen Segmentierung. Ein Unterschied zu dem Cutler & Clifton Modell liegt darin, dass Teile der syntaktischen Prozesse vor den semantischen Prozessen aktiviert werden. Mit Hilfe von ERP-Untersuchungen konnte gezeigt werden, dass die Identifikation der Wortform, der Wortkategorie und die Bildung syntaktischer Strukturen bereits vor der Identifikation der Worteinheiten (Lemma), der morphologischen Informationen und der Integration von semantisch und morphosyntaktischen Informationen stattfindet. Als letzter Prozess wird auch hier die Integration des Gehörten beschrieben, inklusive der Prozesse für Reanalyse und Korrektur.

2.2.1.3 Einteilung der Sprachprozesse

Basierend auf den meisten Modellen wird die Sprache in fünf verschiedene Teilbereiche aufgeteilt, die für die Diagnostik relevant sind (Oerter & Montada, 2008; de Langen-Müller, Kauschke, Kiese-Himmel, Neumann & Noterdaeme, 2011):
1. Suprasegmental-prosodisch:
   Mit diesem Bereich werden die überlautlichen Einheiten der Sprache erfasst. Dazu zählen die Tonhöhe oder Stimmlage einer Äußerung, die Lautstärke, die Intonation (z. B. Anstieg der Tonhöhe am Ende eines Satzes bei einer Frage), die Betonung innerhalb eines Wortes (Grundwörter werden im Deutschen auf der ersten Silbe betont, z. B. „die T̲onne"), der Sprachrhythmus (die Verteilung von Betonungen in einer Äußerung) und das Sprechtempo (Anzahl von Spracheinheiten pro Zeiteinheit, z. B. Silben pro Minute). Im rezeptiven Bereich ist die auditive Wahrnehmung eine der essentiellen Voraussetzungen.
2. Phonetisch-phonologisch:
   Dieser Bereich erfasst die Aussprache sowie die Lautstruktur der Sprache. Bei der Aussprache als motorischer Akt wird überprüft, ob Laute in unterschiedlichen Positionen eines Wortes korrekt gebildet werden können (z. B. das /s/ im Wort Bu̲s versus S̲uppe). Wörter sind dabei aus bedeutungsunterscheidenden Lauten aufgebaut, den Phonemen (z. B. M̲aus versus L̲aus). Kinder müssen in ihrer Entwicklung lernen, welche Laute in ihrer Muttersprache bedeutungsdifferenzierend sind. So sind beispielsweise die Laute /r/ und /s/ im Deutschen bedeutungsunterscheidend, nicht jedoch im Japanischen.
3. Semantisch-lexikalisch:
   Hier wird das Lexikon bzw. die Bedeutungsstruktur des Wortschatzes überprüft. Das Lexikon enthält alle Wörter, über die ein Sprecher verfügt. Dazu gehört auch das lingu-

istische Wissen über ein Wort. Dabei müssen Kinder lernen, dass sich die Bedeutung eines Wortes in einem Satzkontext ändern kann, z. B. hat das Wort „sauer" im Satz „Die Milch ist sauer" eine andere Bedeutung als in „Mein Freund ist sauer auf mich".

4. Morphologisch-syntaktisch:
Die Morphologie beschreibt die Wortbildung und Wortgrammatik. Dabei werden Wortarten (z. B. Verben oder Artikel) und die Flexionen (z. B. Hund [singular] versus Hunde [plural]) überprüft. Die Syntax bezieht sich auf die Satzbildung und Satzgrammatik (Satzbaulehre). Dabei wird überprüft, ob Wortordnungsregeln angewendet bzw. verstanden werden. So haben folgende Sätze aufgrund der Reihenfolge der Wörter eine unterschiedliche Bedeutung: „Dieter geht zu Beate" versus „Beate geht zu Dieter".

5. Pragmatik:
Im Bereich Pragmatik (Gebrauch von Sprache) wird überprüft, ob in unterschiedlichen Kontexten adäquat kommuniziert werden kann. Dabei geht es u. a. um die Einhaltung von Konversationsregeln (z. B. Sprecherwechsel). Häufig ist in der Kommunikation Weltwissen erforderlich. So ist für den Fußballer deutlich, dass er den Platz verlassen muss, wenn ihm der Schiedsrichter eine rote Karte zeigt. Auch Vorwissen aus dem Gespräch ist bedeutend für die Interpretation einer Äußerung. Wenn ein Kind nach der Schule nach Hause kommt und „Ich habe Hunger" sagt, wird dies eine andere Äußerung beim Empfänger hervorrufen als die gleiche Äußerung vor einem Arztbesuch, bei dem man nüchtern erscheinen muss.

2.2.2 Sprachentwicklung

Damit sich die Sprache adäquat entwickeln kann, müssen einige Voraussetzungen erfüllt werden (für eine Übersicht siehe beispielsweise Kannengieser, 2012). Zunächst muss eine Reihe von organischen Voraussetzungen gegeben sein. Ein großer Bereich sind die sensorischen Voraussetzungen für den Spracherwerb. Eine der wichtigsten Voraussetzungen ist dabei die auditive Wahrnehmung (siehe für eine Übersicht Lauer, 2014). So kann sich beispielsweise ein Hörverlust über einen längeren Zeitraum ab 25 db bereits auf die Sprachentwicklung auswirken (für Details siehe Böhme, 2008). Aber auch die Entwicklung der anderen Sinneskanäle, z. B. Visus oder die taktil-kinästhetische Wahrnehmung, sind bedeutsam für den Spracherwerb. Ergänzend müssen die Sprechorgane, wie z. B. Stimmlippen, Mundhöhle und Atmungsorgane, entsprechend entwickelt sein. Ein anderer großer Bereich umfasst die kognitiven Voraussetzungen, beispielsweise Aufmerksamkeit und Gedächtnis. Defizite in diesen Bereichen beeinflussen die Sprachentwicklung ebenfalls negativ. Wichtig sind auch die sozialen Voraussetzungen und hier insbesondere der sprachliche Input durch die Bezugspersonen bzw. die sprachliche Umgebung, in der das Kind aufwächst. Ohne einen ausreichenden Input ist eine Entwicklung von Sprache nicht adäquat möglich.

Die Sprachentwicklung beginnt lange, bevor die Kinder ihre ersten Worte äußern (siehe Details und Übersichten zu Sprachentwicklung in de Langen-Müller et al., 2011; Kannengieser, 2012; Weinert & Grimm, 2008). Dabei gibt es in der Entwicklung eine sehr hohe Variabilität. Bereits in den ersten Lebenswochen haben Säuglinge ein Interesse an menschlichen Stimmen und erkennen rhythmische und prosodische Merkmale ihrer Muttersprache. Säuglinge entwickeln demnach Sprache nicht von Lauten über Wörter zu Sätzen, sondern sind bereits früh an den übergreifenden, suprasegmentalen Einheiten der Sprache interessiert. Das Kind reagiert in den ersten 6 Monaten auf Geräusche, bewegt den Kopf in Richtung der Klangquelle, lallt und erzeugt Geräusche. Ab ca. 6 Monaten erscheint das Plappern willentlich und wird komplexer (Silbenverdopplungen wie *„dada"* und Variieren von Silben wie z. B. *„bada"*). Einfache Konsonanten wie [b] oder [m] werden relativ früh verwendet, wohingegen schwierige Lautkombinationen wie [kn] oder [ʃt] oft erst im Vorschulalter beherrscht werden. Im Kindergartenalter beginnt die Entwicklung der phonologischen Bewusstheit. Die Kinder beginnen mit dem Erkennen von Silben, lernen Silbenklatschen, Reime erkennen und bilden und Anfangslaute identifizieren.

Ab etwa dem 12. Monat verstehen die Kinder einfache Aufträge, sie reagieren auf ihren Namen, und die ersten Wörter werden gesprochen. Dabei müssen die Kinder zunächst entdecken, dass Wörter für etwas stehen bzw. eine Bedeutung haben. Das Verstehen von Wörtern geht dem Gebrauch von Wörtern voraus. Somit ist der passive Wortschatz immer größer als der produktiv verwendete Wortschatz. Mit etwa 18 Monaten beginnt meist ein starker Anstieg des Wortschatzes, bei dem mehrere Wörter pro Tag erlernt werden. Zunächst kommt es zu einem starken Anstieg von Nomen, dann von Verben, und in einer späteren Phase werden zunehmend Funktionswörter und Pronomen erlernt. Mit 6 Jahren hat der aktive Wortschatz einen Umfang von ca. 5000 Wörtern und der passive Wortschatz von über 10000 Wörtern. Mit Schuleintritt und dem Lesenlernen nimmt der Umfang des Wortschatzes erneut erheblich zu bis in das Erwachsenenalter hinein (siehe z. B. Cain & Oakhill, 2011).

Zu Beginn kommunizieren Kinder in Einwortäußerungen, die meist in einen sozialen Kontext eingebunden sind (z. B. *„da"*, *„haben"* oder *„Mama"*). Mit ca. 18 Monaten fangen Kinder an Wörter zu kombinieren, wobei die Kombination der Wörter eher semantisch orientiert ist und nicht syntaktisch (z. B. *„haben da"*). Ab ca. 30 Monaten werden die Sätze länger, und erste syntaktische Regeln werden sichtbar, z. B. werden erste Regeln zur Verbstellung eingehalten. Mit dem 3. Lebensjahr nimmt die Äußerungslänge weiterhin zu. Viele Regeln wie Subjekt-Verb-Kongruenz, Verbstellungsregeln, Tempusregeln oder Pluralbildung werden in der Sprache korrekt verwendet. Auch der Aufbau des Kasussystems, die Verwendung verschiedener Satzarten (z. B. Frage und Aussage) und Nebensätze werden erworben. Ab dem 4. Jahr ist die kritische Phase für das Erlernen der Grammatik der Muttersprache abgeschlossen, und die Kinder können Sätze wie Erwachsene bilden.

Die kommunikativen Fähigkeiten beginnen bereits sehr früh und bestehen zu einem großen Teil aus nichtsprachlichen Elementen. Beispielsweise nehmen Säuglinge gerichtet Blickkontakt auf, und Kleinkinder machen sich durch Mimik und Gestik verständlich. Mit ca. 9 Monaten sind Kinder in der Lage, gemeinsam mit einer anderen Person ihre Aufmerksamkeit auf Gegenstände oder Geschehnisse zu richten (trianguärer Blickkontakt). Mit ca. 2 Jahren beginnen Kinder Gesprächsregeln einzuhalten (z. B. Sprecherwechsel). Ab dem 3. Lebensjahr entwickelt sich ihre Erzählkompetenz. Ihre Erzählungen sind zunehmend kohärent, und Textelemente werden entsprechend unserer Konventionen verwendet. Ab etwa dem 6. Lebensjahr beginnen Kinder Ironie und Metaphern zu verstehen (s. Tab. 1).

Tabelle 1:   Übersicht über die wichtigsten Meilensteine in der Sprachentwicklung (in Anlehnung an die Übersicht aus der S2k-Leitlinie zur Diagnostik von Sprachentwicklungsstörungen von de Langen-Müller et al., 2011)

Frühe Sprachwahrnehmung	Meilensteine
Interesse an der menschlichen Stimme („Lauschen")	Pränatal, erste Lebenswochen
Erkennen rhythmischer und prosodischer Merkmale (Betonungsmuster) der Muttersprache	Pränatal, erste Lebenswochen
Vokalisations-Entwicklung	**Meilensteine**
Neugeborenenschrei, Säuglingsschreien	Geburt
Gurren (Rachen-, Gaumen-, Kehllaute)	6.–8. Woche
Marginales Lallen/Babbeln (Erproben der Lautbildung)	4. Monat
Kanonisches Lallen/Babbeln (Silben aus Konsonanten und Vokalen, z. B. *ba*)	6. Monat
Reduplizierendes Babbeln (Silbenverdopplungen, z. B. *baba*)	8.–10. Monat
Variierendes (buntes) Lallen/Babbeln (z. B. *bada*)	8.–10. Monat
Phonologie-Erwerb	**Meilensteine**
Elementares Lautinventar Einfache Silbenstrukturen (meist offene Silben)	12. Monat
Beginnende Organisation des phonologischen Systems (Einsatz von Lauten in der Zielsprache)	18. Monat
Beginnende Überwindung phonologischer Prozesse (regelhafte entwicklungsbedingte Veränderungen der Aussprache gegenüber der Zielsprache, z. B. *Papa tommt*)	2;6 bis 4;6 Jahre
Entwicklung phonologischer Bewusstheit: Silben erkennen, Silben klatschen, Reime erkennen und bilden, Anfangslaut erkennen	Kindergartenbeginn, ca. mit 3 Jahren
Entwicklung phonologischer Bewusstheit: Phoneme (kleinste bedeutungsunterscheidende lautliche Einheiten) erkennen und lokalisieren, Segmentation, Analyse und Synthese von Lauten, Silben und Wörtern	Vorschulalter, ca. mit 5 Jahren
Lexikon-Erwerb	**Meilensteine**
Beginn des Wortverstehens	9. Monat
Verstehen von ca. 50 Wörtern	16. Monat
Vorformen des Benennens (situationsgebundene Protowörter)	10. Monat

Gezielte Verwendung von Mama und Papa	10.–15. Monat
Produktion erster Wörter (Einzelwortäußerungen)	13. Monat, spätestens 20. Monat
Produktion von mindestens 50 Wörtern	18. Monat, spätestens 24. Monat
Wortschatzspurt/Wortschatzexplosion	18.–21. Monat
1. Phase: personal-soziale Wörter *(ja, hallo)*, relationale Wörter *(da, auf)*, lautmalerische Ausdrücke, Eigennamen, einige Nomen	12.–18. Monat
2. Phase: Nomenwachstum, Beginn des Verberwerbs	19.–30. Monat
3. Phase: Verbzuwachs, Funktionswörter *(der, weil)*, Pronomen	30.–36. Monat
Über- und Untergeneralisierungen (z.B. *Hund/wauwau* als Bezeichnung für alle Tiere)	Im 2. Lebensjahr
Erwerb hierarchischer Organisation des mentalen Lexikons, Verstehen von semantischen Relationen (z.B. Ober- und Unterbegriffe)	3. Lebensjahr bis Schulalter
Erwerb der Wortbildung: Komposition (Zusammensetzung, z.B. *Haus + Tür=Haustür)* + Derivation (Ableitung, z.B. *heizen → Heizung; Sonne → sonnig)*	2.–5. Lebensjahr
Grammatik-Erwerb	**Meilensteine**
Produktion von Wortkombinationen (Zwei- bzw. Mehrwortäußerungen)	18. Monat, spätestens 24. Monat
Anstieg der Äußerungslänge: Mit drei Jahren durchschnittlich ca. 3 Wörter pro Äußerung	3. Lebensjahr
Produktion einfacher Satzstrukturen	3. Lebensjahr
Rückgang von Auslassungen obligatorischer Satzteile (Konstituenten, z.B. Subjekt)	3. Lebensjahr
Rückgang von Auslassungen von Funktionswörtern	3.–4. Lebensjahr
Erwerb der Verbzweitstellung *(Lisa Kuchen essen → Lisa isst Kuchen* oder *Was isst Lisa?)*	30.–36. Monat
Verwendung verschiedener Satzarten: Aussage-, Frage-, Ausrufesatz	30.–36. Monat
Auftreten von Nebensätzen	36. Monat
Verwendung des obligatorischen Artikels (der, die, das)	30.–36. Monat
Korrekte Subjekt-Verb-Kongruenz (Personalflexion des Verbs) Erwerbsabfolge: nur Verbstamm, -en → -t → -e → -st	Ca. 2.–3. Lebensjahr

Aufbau des Kasussystems: zunächst Akkusativ, später Beherrschung des Dativs	36. Monat bis Einschulung
Aufbau des Pluralsystems	2.–6. Lebensjahr
Erwerb von Tempusmarkierungen Vorübergehende Überregularisierungen (z. B. *gegeht*)	3. Lebensjahr Im 3.–4. Lebensjahr
Erwerb von Pragmatik	**Meilensteine**
Blickkontakt mit der Bezugsperson	3. Monat
Früher Ausdruck kommunikativer Intentionen durch Blick, Gesten, Vokalisierungen	1. Lebensjahr
Triangulärer Blickkontakt Herstellen gemeinsamer Aufmerksamkeit	9. Monat
Einhalten von Turn-Taking-Regeln (Sprecherwechsel)	2. Lebensjahr
Bezugnahme auf Gesprächspartner im Dialog	18. Monat
Themenorganisation im Dialog	3. Lebensjahr
Entwicklung der Erzählkompetenz, zunehmende Kohärenz (inhaltlicher Zusammenhang) und Kohäsion (formaler Zusammenhang von Textelementen) in Erzählungen	36. Monat bis frühes Schulalter
Verstehen von Ironie und Metaphern	6. Lebensjahr

2.2.3 Neuroanatomie

Sprache ist im erwachsenen Gehirn überwiegend in der linken Hemisphäre lokalisiert (Hiscock & Kinsbourne, 2008; vgl. Preilowski, Hemisphärenlateralisierung und interhemisphärische Interaktion, Band 2 dieses Handbuchs). Vigneau et al. (2006) konnten in einer Übersichtsarbeit zeigen, dass es für die Komponenten Phonologie, Semantik und Syntax in der linken Hemisphäre eigene Netzwerke gibt, die aus unterschiedlichen Teilbereichen bestehen. In den Netzwerken wird unterteilt zwischen motorisch-produktiven und rezeptiven Elementen. Die produktiven Areale sind dabei überwiegend frontal lokalisiert. Die rezeptiven Areale befinden sich überwiegend in den temporalen und occipitalen Regionen. Zudem wurden für alle drei Komponenten Areale identifiziert, die überwiegend mit Arbeitsgedächtnisprozessen assoziiert werden. Ferner zeigt die Metaanalyse gut, dass viele Spracharele sowohl für die phonologische als auch für die semantische und syntaktische Verarbeitung relevant sind. Hierdurch wird auch ersichtlich, dass semantische Prozesse auf phonologischen Prozessen aufbauen und die syntaktische Verarbeitung mit semantischen Prozessen einhergeht (siehe auch Friederici, 2002). Eine weitere, sehr ausführliche Übersichtsarbeit von Cathy Price (2012) beschreibt detailliert den Wissensstand über die funktionelle Neuroanatomie im Bereich Sprache (siehe Abbildung 3). Auch

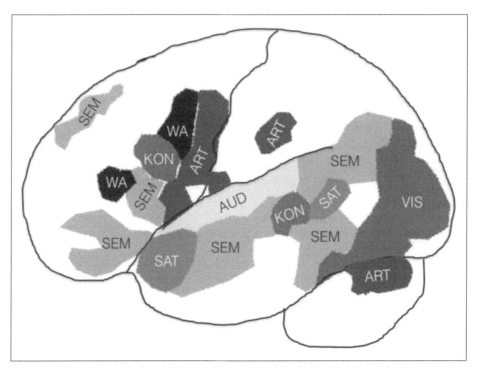

Abbildung 3: Relevante Hirnaktivierungen für den Bereich Sprache in Anlehnung an die Übersichtsarbeit von Price (2012). Die dargestellten Bereiche sind eine Zusammenfassung der in Price (2012) beschriebenen Areale und können in Bezug auf die sprachliche Aufgabenstellung weiter differenziert werden. Bedeutsam für das hier im
Kapitel dargestellte Modell sind Bereiche, die überwiegend mit der Verarbeitung von
auditiven (AUD) oder visuellen (VIS) Stimuli assoziiert werden. Ferner gibt es Bereiche, die eher der semantischen Verarbeitung zugeordnet werden (SEM), wobei einige dieser Areale auch mit der Schriftsprachverarbeitung, phonologischen Prozessen oder der morpho-syntaktischen Verarbeitung assoziiert sind. Zwei Areale werden
insbesondere mit Wortabruf (WA) in Zusammenhang gebracht. Einige Areale werden überwiegend durch Satzverarbeitung (SAT) aktiviert und sind damit auch für
syntaktische Prozesse bedeutsam. Andere Areale sind für die Artikulation (ART) verantwortlich, inklusive der inneren Wiederholung von Sprachmaterial und der Pro-
grammierung der Motorik. Die klassischen Broca- (KON frontal) und Wernicke-Are-
ale (KON temporal) werden als Bereiche beschrieben, die überwiegend bei der
Verarbeitung von bekanntem sprachlichem Material aktiv sind. Beide Areale sind mit
Sprachperzeption und Sprachproduktion assoziiert, wobei sie als Konvergenzareale
(KON) fungieren und somit Stimuli aus allen anderen sprachrelevanten Arealen emp-
fangen und weiterleiten.

in dieser Übersicht wird ersichtlich, dass die unterschiedlichen sprachlichen Bereiche (z. B.
die semantisch-lexikalische Verarbeitung) über verschiedene Areale der linken Hemisphäre
verteilt sind und aus verschiedenen Teilprozessen bestehen. Prosodische Verarbeitungs-

prozesse sind hingegen eher bilateral lokalisiert (Witteman et al., 2011). Die Sprachpragmatik beinhaltet die anderen Sprachkomponenten und bezieht auch Strategie, Planung
und Situationsanalyse mit ein. Daher werden hier auch überwiegend frontale Areale bilateral aktiviert, die aus dem Bereich exekutive Funktionen bekannt sind (Stemmer, 2008).
Diese typisch sprachlichen Lokalisationen basieren auf Ergebnissen erwachsener Probanden. Im Kindesalter scheinen für die unterschiedlichen sprachlichen Aufgaben die gleichen Sprachareale verantwortlich zu sein wie bei Erwachsenen (siehe z. B. Pujol et al.,
2006). Jedoch sind bei jungen Kindern die sprachlichen Aktivitäten häufig noch bilateral
organisiert, eine überwiegend linkshemisphärische Dominanz tritt erst mit zunehmendem
Alter auf (Hiscock & Kinsbourne, 2008; Holland et al., 2007). Auch bei jungen Erwachsenen konnte gezeigt werden, dass beim Neuerwerb einer Sprache die Aktivierungen zunächst bilateral sind und mit zunehmender Erfahrung die Aktivierungen in der rechten Hemisphäre abnehmen (Plante et al., 2015). Ferner gibt es bezüglich Lateralisierung die
Annahme, dass es Unterschiede zwischen Jungen und Mädchen gibt. Yu und Kollegen
(2014) fanden in ihrer Studie mit Kindern zwischen 4 und 18 Jahren, dass Jungen in frontalen und temporalen Arealen eine stärkere Lateralisierung zeigen und Mädchen eher bilaterale Aktivierungen. Mit zunehmendem Alter werden die Unterschiede jedoch geringer,
Mädchen und Jungen zeigen im Teenageralter vergleichbare Aktivierungen. Die Lateralität scheint jedoch auch stark von der Aufgabenstellung abhängig zu sein. So konnten Holland et al. (2007) zeigen, dass Aufgaben mit einem Wort-Bild-Abgleich oder eine Wortge-
nerierungsaufgabe bereits früh links lateralisiert sind. Aufgaben, die eher mit syntaktischen
Prozessen und Textverständnis assoziiert sind, aktivieren auch bei jungen Erwachsenen
eher bilaterale Regionen.

2.2.4   Störungen im Bereich Sprache

2.2.4.1   *Entwicklungsstörungen*

Sprachstörungen sind im Kindesalter eine der häufigsten Entwicklungsstörungen. So liegt
beispielsweise in Abhängigkeit von der Definition die Prävalenz für Sprachentwicklungsstörungen in Deutschland zwischen 6 % und 15 % (de Langen-Müller et al., 2011). Im ICD-
10 (Dilling, Mombour & Schmidt, 1993) wird zwischen Artikulationsstörung, expressiver und
rezeptiver Sprachstörung unterschieden. Die Artikulationsstörung ist ein Überbegriff für
phonetische und phonologische Störungen. Damit werden Defizite beschrieben, Laute altersgemäß nicht korrekt bilden zu können (phonetisch) und/oder eine abweichende bzw.
verzögerte Organisation des phonologischen Systems. Eine Sprachstörung beschreibt hingegen Schwierigkeiten im Erwerb und Gebrauch des Sprachverstehens und/oder der
Sprachproduktion. Spezifische Sprachentwicklungsstörungen können nicht auf andere Defizite zurückgeführt werden (z. B. sensorische oder organische Defizite). Meist handelt es
sich um gemischt rezeptiv-expressive Störungen (siehe z. B. Grimm, 2003). Dabei ist der
Wortschatz reduziert, und/oder die Morphologie- und Syntaxregeln werden nicht korrekt
angewendet. Die sozial-pragmatische Störung beschreibt Defizite im sozialen Gebrauch
von verbaler und nonverbaler Kommunikation. Häufig haben Kinder mit dieser Störung Auffälligkeiten in der Sprachanwendung, da situative und sprachliche Kontexte in der Kommunikation nicht korrekt berücksichtigt werden.

2.2.4.2 Auditive Wahrnehmungsstörungen

Im Bereich der Sprache ist die auditive Verarbeitungs- und Wahrnehmungsstörung (AVWS) von besonderer Bedeutung, da eine AVWS die Sprachentwicklung erheblich beeinflussen kann. Eine AVWS wird als eine Störung beschrieben, bei der zentrale Prozesse des Hörens gestört sind, die u. a. die vorbewusste und bewusste Analyse, Differenzierung und Identifikation von Zeit-, Frequenz und Intensitätsveränderungen akustischer oder auditiv-sprachlicher Signale sowie Prozesse der binauralen Interaktion und der dichotischen Verarbeitung ermöglichen (DGPP, 2010). Im Bereich der AVWS werden dabei folgende Störungen unterschieden (Lauer, 2014):
- Zentrale Hörstörungen: Störungen der zentralen Hörbahn, die immer auch zu Störungen der auditiven Verarbeitung führen.
- Störungen der Aufmerksamkeit, der Speicherung und der Sequenzierung: Die Verarbeitung von auditiven Stimuli ist aufgrund von gestörten Aufmerksamkeitsprozessen oder Speicherstörungen beeinträchtigt. Dadurch gelingt es häufig nicht, auditives Material in der richtigen Reihenfolge wiederzugeben. Die Abgrenzung zu anderen Störungsbildern (z. B. ADHS) ist schwierig und wird in der Literatur kontrovers diskutiert.
- Störungen der auditiven Verarbeitung: Unterschieden werden hier Störungen der Lokalisation (z. B. wo kommt der Schall her), der Diskrimination (z. B. Schwierigkeiten bei der Diskrimination von Lauten), der Selektion (z. B. Schwierigkeiten, Sprache aus Hintergrundgeräuschen heraus zu erkennen) oder dichotische Diskriminationsstörungen (gleichzeitig angebotenen Stimuli an beide Ohren können nicht gut unabhängig voneinander analysiert werden).
- Störungen der Klassifikation: In diesem Bereich werden Analysestörungen (z. B. Identifizieren von Einzellauten in einem Wort), Synthesestörungen (Zusammensetzen von Lauten) und Ergänzungsstörungen (Fähigkeit fragmentarisch angebotene Reize zu ergänzen) beschrieben.

2.2.4.3 Erworbene Störungen

Die Sprache kann auch durch eine Schädigung des Gehirns beeinträchtigt werden (siehe z. B. Rapin, 1995; Tharpe & Olson, 1994). Beispiele hierfür sind eine Dysarthrie (zentral bedingte Sprechstörung), kindliche Aphasie (Sprachstörung aufgrund einer Hirnschädigung nach dem primären Spracherwerb) oder das Landau-Kleffner-Syndrom (Verlust von expressiver und rezeptiver Sprachfähigkeit im Kindesalter, meist im Zusammenhang mit Epilepsie). Insbesondere bei den kindlichen Aphasien gab es eine Diskussion, inwieweit die Symptomatik mit derjenigen von Erwachsenen vergleichbar ist. Heute ist vergleichsweise gut beschrieben, dass alle im Erwachsenenbereich beschriebenen Defizite auch bei Kindern und Jugendlichen vorkommen (siehe z. B. Fabbro, 2004). Unter anderem können Symptome wie ein initialer Mutismus, Störungen der Spontansprache, Paraphasien, Agrammatismus, Defizite des Sprachverständnisses, Störungen beim Benennen, Probleme im Bereich der Schriftsprache und Auffälligkeiten in den Bereichen Kommunikation und Pragmatik beobachtet werden. Insgesamt zeigt sich jedoch eine wesentlich heterogenere Symptomatik als bei Erwachsen. Wichtig ist, dass viele Kinder auch Jahre nach einer Schädigung noch Defizite haben und/oder in anderen Bereichen Defizite hinzubekommen (Friede, 2011). So kann sich beispielsweise eine Aphasie im Vorschulalter komplett zurückbilden, und erst später fallen erhebliche Schwierigkeiten im Schriftspracherwerb auf (siehe z. B. Fiori et al., 2006).

2.2.4.4 Symptome in den verschiedenen Sprachbereichen

Über die oben beschriebenen Störungen hinaus gibt es weitere Störungsbilder mit Auswirkungen auf die sprachliche Äußerungsfähigkeit bei Kindern. Beispielsweise können orofaziale Dysfunktionen sich auf die Aussprache auswirken (Kittel, 2014). Dies gilt ebenfalls für Dysglossien (Aussprachestörung aufgrund einer organischen Veränderung des Sprechapparates) und Dysphonien (organische oder funktionelle Stimmstörungen). Störungen wie der elektive Mutismus wirken sich im Bereich der Sprachpragmatik negativ aus, da in kommunikativen Situationen geschwiegen wird (siehe z. B. Henkin & Bar-Haim, 2015).

Die verschiedenen Störungen können sich dabei unterschiedlich auf die einzelnen Komponenten der Sprache auswirken (Glück & Spreer, 2014). Typische Symptome einer Störung im *prosodisch-suprasegmentalen Bereich* können beispielsweise eine monotone Sprache sein, die zudem zu leise und bei der das Sprechtempo zu niedrig ist (z. B. aufgrund einer Dysarthrie). Ein weiteres Merkmal könnte eine zu niedrige Sprechfrequenz aufgrund einer Dysphonie sein. Im rezeptiven Bereich sind die AVWS die häufigsten Störungen. Dabei kann es zu Speicherstörungen von auditiven Informationen kommen, zu Störungen der auditiven Verarbeitung oder Störungen der Klassifikation von auditiven akustischen Merkmalen (für Details siehe Lauer, 2014). Im Bereich *Phonetik-Phonologie* sind Auslassungen oder Fehlbildungen von Lauten häufig (z. B. Lispeln). Häufig ist auch die nicht korrekte Lautverwendung, obwohl der Einzellaut beherrscht wird (z. B. „bau" anstatt „blau" oder „Plume" anstatt „Blume"). Im *semantisch-lexikalischen Bereich* sind vielfache Symptome das Umschreiben von Wörtern oder die Verwendung von unspezifischen Wörtern (z. B. „das Ding da"). Oft treten auch Suchverhalten, Pausen, das Verwenden von Füllwörtern oder das Übergeneralisieren von Wörtern auf (z. B. „Katze" als Wort für alle Tiere mit Fell). Häufige Fehler im Bereich *Morphologie-Syntax* sind eine falsche Pluralform (z. B. „die Apfels" anstatt „die Äpfel"), fehlende Subjekt-Verb Kongruenz (z. B. „Du laufen") oder ein nicht korrekt verwendetes Genus (z. B. „die Haus"). Zudem wird oft die Regel der Verbzweitstellung nicht umgesetzt (z. B. „Du Hause gehen"), oder grammatische Funktionswörter werden ausgelassen (z. B. „Ich sitze Stuhl"). Störungen im Bereich der *Sprachpragmatik* fallen durch unpassendes kommunikatives Verhalten auf, beispielsweise das Nichteinhalten von Gesprächsverhalten oder das wort-wörtlich nehmen von ironischen Äußerungen. Häufig kann im Sprachverständnis und in der Sprachproduktion situatives und/oder soziales Wissen nicht genutzt werden.

2.2.5 Diagnostik

Für nahezu alle sprachlichen Komponenten gibt es einzelne Testverfahren, Interviews, Screenings oder Fragebögen. Details und Empfehlungen, welche Instrumente für welche Komponente eingesetzt werden können, sind in der S2k-Leitlinie zur Diagnostik von

Sprachentwicklungsstörungen (de Langen-Müller et al., 2011) oder in der Leitlinie für AVWS (DGPP, 2010) übersichtlich aufgeführt. Die meisten Verfahren aus dem Bereich Sprache für Kinder sind auf die Sprachentwicklung ausgerichtet. Spezifische Testverfahren im Deutschen, die auf erworbene Sprachstörungen im Kindesalter ausgerichtet sind, gibt es noch nicht. Die bestehenden Verfahren im Englischen orientieren sich stark an den Aphasietests aus dem Erwachsenenbereich (siehe z. B. Whurr & Evans, 1998), da im Rahmen einer kindlichen Aphasie vergleichbare Symptome auftreten wie bei Erwachsenen (Van Hout, 1997). Die vorhandenen Entwicklungstests lassen sich jedoch gut nutzen, um die sprachlichen Kompetenzen von Kindern mit einer Hirnschädigung einzuschätzen. Es muss jedoch darauf geachtet werden, dass alle relevanten produktiven und rezeptiven Teilbereiche adäquat untersucht werden. Dabei sollten auch der suprasegmental-prosodische (inklusive auditiver Wahrnehmung) und der pragmatische Bereich berücksichtigt werden. Für die Zielgruppe mit neurologischen Störungen liegen jedoch keine klinischen Normstichproben vor. Zudem kann die Sprachentwicklung bereits vor der Hirnschädigung beeinträchtigt gewesen sein, etwaige prämorbide Entwicklungsstörungen sollten daher ebenfalls berücksichtigt werden. Ferner ist es möglich, dass sich sprachliche Defizite aufgrund einer Hirnschädigung im Kindesalter auch auf die spätere Sprachentwicklung und den Schriftspracherwerb negativ auswirken (siehe z. B. Hellal & Lorch, 2010; Paquier & Van Dongen, 1996).

2.2.5.1 Voraussetzungen für den Spracherwerb

In der Diagnostik kann es wichtig sein, die unterschiedlichen Voraussetzungen für den Spracherwerb sowohl anamnestisch als auch mit Testverfahren zu überprüfen. Es ist möglich, dass in der Vergangenheit nicht alle Entwicklungsvoraussetzungen optimal gegeben waren, wie z. B. bei einer Lippen-Kiefer-Gaumenspalte im ersten Lebensjahr. Ferner können Voraussetzungen im Entwicklungszeitraum wegbrechen oder eingeschränkt werden, wie z. B. durch ein schweres Schädel-Hirn Trauma oder eine sprachliche Deprivation. Eine Einschränkung in einer der Voraussetzungen für den Spracherwerb kann die Ergebnisse einer Sprachdiagnostik erheblich beeinflussen und sollte daher immer mit in die Diagnostik einbezogen werden.

2.2.5.2 Diagnostik der sprachlichen Teilbereiche

Die großen sprachlichen Testbatterien im Kinderbereich beinhalten meist sowohl rezeptive als auch expressive Untertests und sind überwiegend auf die Entwicklung der Bereiche Phonetik-Phonologie, Semantik-Lexikon, Morphologie und Syntax ausgerichtet. Alle sprachlichen Bereiche können sowohl rezeptiv als expressiv untersucht werden. Für die produktive Sprache wird die rezeptive Sprache als Voraussetzung angenommen. Daher liegt in der Diagnostik der Schwerpunkt häufig auf dem expressiven Bereich, da hierdurch eine indirekte Einschätzung der rezeptiven Sprache möglich ist. Eine ausführliche Diagnostik der rezeptiven Bereiche ist bei einer auffälligen expressiven Sprache in jedem Falle notwendig, da die expressive Leistung erheblich von den rezeptiven Möglichkeiten abweichen kann.

Suprasegementale Bestandteile, prosodische Bestandteile und auditive Wahrnehmung

Suprasegementale und prosodische Komponenten der Sprache sind häufig kein expliziter Bestandteil der Sprachdiagnostik. Dies liegt wahrscheinlich daran, dass die suprasegmentalen und prosodischen Merkmale der Sprache für die Beschreibung, die Ätiologie und die Ableitung von Therapiezielen bei den meisten Sprach-, Sprech- und Kommunikationsstörungen eher eine untergeordnete Rolle spielen (Spreer & Sallat, 2011). Es gibt jedoch eine Reihe von Möglichkeiten suprasegmentale Komponenten quantitativ zu messen, beispielsweise die Tonhöhe, Stimmlage oder Lautstärke der Sprache (für eine Übersicht siehe Friedrich, Bigenzahn & Zorowka, 2013) oder das Sprechtempo (z. B. mit Silben pro Minute). Es gibt auch einige Testverfahren, wie die Patholinguistische Diagnostik bei Sprachentwicklungsstörungen (PDSS) (Kauschke & Siegmüller, 2009) oder die Tübinger Luria-Christensen Neuropsychologische Untersuchungsreihe für Kinder (TÜKI) (Deegener, Dietel, Hamster, Koch, Matthaei & Nodl, 1997), die Bestandteile der Prosodie erfassen. Zudem stehen für die auditive Wahrnehmung als rezeptiver Bestandteil eine Reihe von Untersuchungsverfahren zur Verfügung (siehe Lauer, 2014).

2.2.5.3 Phonetik-Phonologie

Im Bereich Phonetik-Phonologie wird die Aussprache des Kindes überprüft. Dabei wird versucht, alle Laute der Sprache in einer standardisierten Situation zu erfassen. Dies kann über das Benennen von Bildern oder Gegenständen geschehen, über das Nachsprechen oder über eine Spontansprachprobe (Schlett, Mäder, Frank & Günther, 2014). Hierbei ist eine differenzierte Prozessanalyse der ersetzten oder ausgelassenen Laute bedeutsam, da sie die Therapieplanung maßgeblich beeinflusst (siehe Kannengieser, 2012). Für diesen Bereich gibt es eine Reihe von Testverfahren, die sich ausschließlich auf die phonetisch/phonologische Entwicklung konzentrieren (siehe Allemand, Fox-Boyer & Gumpert, 2008). In diesen Bereich fällt auch die phonologische Bewusstheit, die als eine wichtige Voraussetzung für den Schriftspracherwerb angesehen wird (für eine Übersicht siehe Schnitzler, 2008). In Testverfahren zur phonologischen Bewusstheit wird überprüft, ob Kinder in der Lage sind, die lautliche Struktur der Sprache zu analysieren und Wissen darüber anzuwenden. In Aufgabenstellungen wird beispielsweise überprüft, ob das Kind in der Lage ist zu beurteilen, ob ein Wort sich reimt, mit welchem Laut ein Wort beginnt, oder es soll aus Lauten ein Wort bilden.

2.2.5.4 Semantisch-Lexikalisch

Auch der semantisch-lexikalische Bereich ist in den meisten breit angelegten sprachlichen Testbatterien enthalten. Die Überprüfung des Wortschatzes ist zudem ein häufiger Bestandteil von Intelligenzverfahren. In den rezeptiven Tests wird geprüft, ob die Kinder in der Lage sind, sprachliche Inhalte zu verstehen. Beispielsweise bekommen sie in klassischen rezeptiven Wortschatztests ein Wort auditiv angeboten (z. B. „Ball") und müssen aus mehreren Alternativen dann auf das dazugehörige korrekte Bild oder den entsprechenden Gegenstand zeigen. In expressiven Wortschatztests sollen Kinder gezeigte Bilder benennen.

Häufig wird auch die Definition von Begriffen abgefragt, oder es sollen Synonyme oder
Oberbegriffe gefunden werden. Bei jungen Kindern bis zu 2 Jahren werden auch Elternfragebögen eingesetzt, um den Wortschatz einzuschätzen (z. B. der ELFRA; Elternfragebögen für die Früherkennung von Risikokindern, Grimm & Doil, 2006).

2.2.5.5 Morphologisch-Syntaktisch

Der morphologisch-syntaktische Bereich wird für das Sprachverstehen ähnlich untersucht
wie der Wortschatz. Für den semantisch-lexikalischen Bereich werden häufig nur Einzelwörter überprüft, meist Nomen oder Verben. Für den grammatikalischen Bereich wird u. a.
auch das Verständnis von Präpositionen, Pronomina, Konjunktionen, Tempus- oder Plu-
ralmarkierungen untersucht. In einem rezeptiven Testverfahren könnte ein Kind beispielsweise aufgefordert werden, Gegenstände zu manipulieren („Stelle den Hund hinter das
Pferd"). Der expressive Gebrauch der Grammatik wird entweder über eine Spontansprachanalyse (z. B. mit Hilfe von COPROF von Clahsen & Hansen) oder über evozierte
Sprachdiagnosen durchgeführt (z. B. der ESGRAF; Evozierte Sprachdiagnose grammatischer Fähigkeiten, Motsch, 2008). Mit Hilfe dieser Verfahren kann qualitativ die Anwendung der grammatikalischen Regeln überprüft werden. In einigen der Sprachtestbatterien
werden zudem einzelne Teilbereiche der grammatikalischen Entwicklung überprüft (z. B.
im SETK 3-5, Sprachentwicklungstest für Kinder 3–5, Grimm, Aktaş & Frevert, 2010). Vorteil hier ist, dass es altersbezogene Normen gibt und die Auswertung vergleichsweise einfach ist.

2.2.5.6 Pragmatik

Bestandteil einer jeden sprachlichen Diagnostik sollte die Einschätzung der pragmatischen
Fähigkeiten sein (Spreer & Sallat, 2015). Für diesen Bereich sind die Anamnese und die
Beobachtung des Kindes in der Untersuchungssituation von besonderer Bedeutung (Kannengieser, 2012). Hier wird beispielsweise untersucht, wie das Kind Kontakt aufnimmt, ob
es sich an die Kommunikationsregeln hält, ob es seine Wünsche äußern kann usw. Mit
Hilfe von Interviewbögen für Eltern kann das kommunikative Verhalten von Kindern inven-
tarisiert werden (z. B. Das Pragmatische Profil, Dohmen, 2009).

2.2.5.7 Komorbide Erkrankungen

Sprachentwicklungsstörungen treten häufig mit anderen komorbiden Erkrankungen auf
(z. B. Blankenstijn & Scheper, 2003; Eadie et al., 2014). Bei der AVWS wird diskutiert, ob
sie Bestandteil einer Sprachentwicklungsstörung oder ein eigenständiges Störungsbild ist
(Lauer, 2014). Einige dieser Komorbiditäten können sich negativ auf die Sprachentwicklung und somit auf die Ergebnisse der Testverfahren auswirken. Kinder mit einer Aufmerk-
samkeitsdefizit-/Hyperaktivitätsstörung (ADHS) haben in bis zu 45 % der Fälle auch eine
Sprachentwicklungsstörung (Tirosh & Cohen, 1998). Die erhöhte Ablenkbarkeit und die

Hyperaktivität können in einer Testsituation jedoch zu einer Verfälschung der Ergebnisse und damit zu einer Unterschätzung der Sprachkompetenzen führen. Demgegenüber muss differenzialdiagnostisch eine Sprachentwicklungsstörung von anderen Störungen abgegrenzt werden, in deren Rahmen Sprachstörungen auftreten können. Dies gilt beispielsweise für Störungen wie Autismus, Intelligenzminderung, sensorische Beeinträchtigungen oder neurologische Störungen (für Details einer differentialdiagnostischen Abklärung siehe die S2k Leitlinien zu Sprachentwicklungsstörung; de Langen-Müller et al., 2011).

2.2.5.8 Mehrsprachigkeit

Eine besondere Herausforderung ist die Abgrenzung von Sprachentwicklungsstörungen und Sprachstörungen bei mehrsprachigen Kindern (für eine Übersicht siehe Chilla & Haberzettl, 2014). In der Praxis ist eine Untersuchung häufig nur mit deutschen Testverfahren möglich. Dabei muss berücksichtigt werden, dass die deutsche Sprache durch die Zweitsprache beeinflusst werden kann (z. B. Wortschatz, Grammatik). Häufig werden zweisprachig aufwachsende Kinder aufgrund der monolingualen Normstichproben in den Testverfahren in ihren sprachlichen Kompetenzen unterschätzt. Um eine Diagnostik in der Herkunftssprache durchzuführen, muss der Testleiter diese Sprache ausreichend beherrschen und über Testverfahren in der entsprechenden Sprache verfügen (für Details siehe Gagarina, 2014). Es gibt jedoch für Deutschland für Zwei- bzw. Dreijährige die SBE-2-KT und SBE-3-KT Elternfragebögen zur Früherkennung von Late Talkern (Ullrich & Suchodoletz, 2011). Diese wurden in ca. 30 Sprachen übersetzt. Da sie jedoch nicht für die unterschiedlichen Sprachen normiert sind, liefern sie nur grobe Anhaltspunkte für den Sprachentwicklungsstand.

Empfohlene Literatur
de Langen-Müller, U., Kauschke, C., Kiese-Himmel, C., Neumann, K. & Noterdaeme, M. (2011). *Diagnostik von Sprachentwicklungsstörungen (SES), unter Berücksichtigung umschriebener Sprachentwicklungsstörungen (USES) – Interdisziplinäre S2k Leitlinie.* Düsseldorf: Arbeitsgemeinschaft der Wissenschaftlichen Medizinischen Fachgesellschaften e. V. (AWMF).
Friedrich, G., Bigenzahn, W. & Zorowka, P. (2013). *Phoniatrie und Pädaudiologie – Einführung in die medizinischen, psychologischen und linguistischen Grundlagen von Stimme, Sprache und Gehör.* Bern: Huber Verlag.
Lauer, N. (2014). *Auditive Verarbeitungsstörungen im Kindesalter* (D. Schrey-Dern & N. Lauer) (4. Aufl.). Stuttgart: Thieme.
Kannengieser, S. (2012). *Sprachentwicklungsstörungen* (2. Aufl.). München: Elsevier Urban & Fischer.
Price, C. J. (2012). A review and synthesis of the first 20 years of PET and fMRI studies of heard speech, spoken language and reading. *Neuroimage, 62* (2), 816–847.
Weinert, S. & Grimm, H. (2008). Sprachentwicklung. In R. Oerter & L. Montada, *Entwicklungspsychologie* (6. Aufl., S. 502–534). Basel.

2.2.6   Übersichtstabelle: SPRACHE

Die folgende Tabelle bietet einen Überblick über Verfahren zur Überprüfung der Sprachfunktionen von Kindern. Die Gliederung folgt den im Theorieteil dargestellten Funktionsbereichen. Die Darstellung umfasst zum einen Testbatterien, die mehrere Sprachbereiche umfassen, gefolgt von Verfahren zu spezifischen Komponenten und Fragebogen für Eltern und Erzieher.

Während in der ersten Spalte jeweils die Verfahren in alphabetischer Reihenfolge aufgeführt sind und die zweite Spalte Angaben zum Altersrange enthält, sind in der dritten Spalte die Operationalisierungen skizziert. In der vierten Spalte folgt die Seitenangabe, fettgedruckte Seitenzahlen verweisen auf eine Rezension in diesem Band. Ein Kreuz zeigt an, dass das Verfahren nur an dieser Stelle genannt wird. Literatur- und Quellenangaben für die einzelnen Verfahren finden sich im Anhang in der Tabelle „Testverfahren – nach Testnamen geordnet" (S. 845).

Sprache			Testbatterien
Basisdiagnostik Umschriebener Entwicklungsstörungen im Vorschulalter (BUEVA) Esser & Wyschkon (2002)	4;0–5;11 Jahre	Basisdiagnostik für umschriebene Entwicklungsstörungen im Vorschulalter. 6 Untertests: 1) Nonverbale Intelligenz: Aus einer Reihe von Bildern soll das Bild ausgewählt werden, das nicht zu den anderen passt. 2) Artikulation: Bilder benennen. 3) Expressive Sprache: Vorgesprochene Sätze sollen mithilfe von Bildvorlagen grammatisch korrekt vervollständigt werden. 4) Rezeptive Sprache: unvollständig vorgesprochene Wörter (Scho-olade) müssen identifiziert und korrigiert (vervollständigt) nachgesprochen werden. 5) Sensomotorik: Verbindungslinien in Zeichenvorlagen einzeichnen. 6) Aufmerksamkeit (nur für 5-Jährige): Zahlenfolgen nachsprechen. Aus Reihen von unregelmässig angeordneten Äpfeln und Birnen sollen die Birnen gestrichen werden.	366
Basisdiagnostik Umschriebener Entwicklungsstörungen im Vorschulalter – Version III (BUEVA-III) Esser & Wyschkon (2017)	4;0–6;5 Jahre	Orientiert sich an der Konzeptualisierung von umschriebenen Entwicklungsstörungen (UES) nach ICD-10. Elf Untertests. 1) Nonverbale Intelligenz (28 Items); 2) Verbale Intelligenz (23 Items); 3) Rezeptive Sprache (18 Items); 4) Expressive Sprache (22 Items); 5) Visuomotorik (3 Items); 6) Zahlen- und Mengenverständnis (23 Items); 7) Artikulation (10 Items);	

		8) Körperkoordination (8 Items); 9) Ganzkörperkoordination; 10) Phonologische Bewusstheit (23 Items); 11) Arbeitsgedächtnis (19 Items). Kurzform mit 6 Untertests: Nonverbale und verbale Intelligenz, expressive Sprache, Zahlen- und Mengenverständnis, Aufmerksamkeit, Arbeitsgedächtnis.	
Entwicklungstest Sprache für Kinder von 4–8 Jahren (ETS 4-8) Angermeier (2007)	4–8 Jahre	Sprachentwicklungstest mit 5 Untertests: 1) Allgemeine sprachliche Entwicklung – pragmatisches Sprachverständnis: Nach Präsentation von Sätzen passendes Bild auswählen. 2) Rezeptive und expressive grammatische Kompetenz: Test anhand von Bildkarten, die u. a. benannt werden müssen. 3) Phonologische Kompetenz – Silben erkennen: Sprechen, Zeigen, Rückwärts sprechen anhand geteilter Bilder. 4) Aufmerksamkeits- und Gedächtnisleistungen des Kurzzeitgedächtnisses: Farbwörter nachsprechen. 5) Lernfähigkeit beim Schriftspracherwerb: Erkennen von Buchstaben und Wörtern, Einsetzen von Buchstaben und Silben.	62
Heidelberger Sprachentwicklungstest (HSET) Grimm & Schöler (1991)	3–9 Jahre	Entwicklungstest zur differenzierenden Erfassung der sprachlichen Fähigkeiten von Kindern mit 13 Untertests: – Satzstruktur: Vorgesprochene Sätze mit Spielfiguren ausagieren, vorgesprochene Sätze reproduzieren. – Morphologische Struktur: Zu Kunstwörtern im Singular den Plural bilden. – Satzbedeutung: Aus vorgegebenen Wörtern semantisch sinnvolle Sätze bilden. – Wortbedeutung: Basisbegriffe Oberbegriffen zuordnen. – Interaktive Bedeutung: U. a. Äußerungen unterschiedlichen emotionalen Zuständen zuordnen. – Integrationsstufe: Einen vorgelesenen Text nach 20 Minuten nacherzählen.	78

Kinder-Sprachscreening – Version 2 (KiSS.2) Euler et al. (2010)	4–4,5 Jahre	Beobachtung und Überprüfung des Sprachstandes zur Feststellung von Sprachförder- oder -therapiebedarf. Durchführung durch geschulte ErzieherInnen. – Kinderbogen (11 Untertests): Erfasst werden Spontansprache, Sprachverständnis, Sprachproduktion, Wortschatz, Aussprache, Grammatik, Arbeitsgedächtnis. Material: Zeichnerische Darstellung eines Abenteuerspielplatzes, Audio-CD mit Sätzen und Kunstwörtern zum Nachsprechen. – Kitabogen (26 Items): Fragen zur sprachlichen Entwicklung in der Kita und zu Faktoren, die dort die sprachliche Entwicklung beeinflussen. – Elternbogen (25 Items): Fragen zur sprachlichen Entwicklung im heimischen Umfeld und zu Faktoren, die dort die sprachliche Entwicklung beeinflussen. Weitere Informationen: https://soziales.hessen.de/gesundheit/kinder-und-jugendgesundheit/kinder-sprachscreening-kiss Zugriff, Nov. 2017
Kindersprachtest für das Vorschulalter (KISTE) Häuser, Kasielke & Schneidereiter (1994)	3;3–6;11 Jahre	Diagnose sprachlicher Defizite im semantischen, grammatikalischen und kommunikativen Bereich mit 5 Untertests: 1) TEDDY-Test (zur Erfassung der verbalen Verfügbarkeit semantischer Relationen, in Anlehnung an den Test von G. Friedrich). 2) Erkennen semantischer und grammatikalischer Inkonsistenzen; 3) Aktiver Wortschatz; 4) Semantisch-syntaktischer Test; 5) Satzbildungsfähigkeit.
Linguistische Sprachstandserhebung – Deutsch als Zweitsprache (LiSe-DaZ) Schulz & Tracy (2011)	3–7 Jahre	Überprüfung von sprachlichem Wissen in zentralen Bereichen der deutschen Sprache unter Berücksichtigung der Erwerbsphase mit Deutsch als Zweitsprache; 7 Untertests. 1) Sprachproduktion: Syntaktische Baupläne unterschiedlicher Satztypen, inklusive der dafür benötigten Wortklassen, Subjekt-Verb-Übereinstimmung, Kasusmarkierung. 2) Sprachverständnis: Verbbedeutung, Negation, W-Fragen • Überprüfung anhand von Bildkarten. • Das Kind antwortet auf die Fragen einer Handpuppe, z. B.: „Ist das eine Schere?"

Leipziger Testbatterie zur Messung des formal-sprachlichen Entwicklungsstandes bei Jugendlichen (LTB-J) Barwitzki, Hofbauer, Huber & Wagner (2008)	9.–10. Klasse	Messung des formal-sprachlichen Entwicklungsstandes mit 6 Untertests: 1) Test zur automatisierten Schnellbenennung; 2) Satzverständnistest; 3) Dannenbauer Pseudowörter (Imitation ein- bis sechssilbiger Pseudowörter); 4) Nachsprechen von Sätzen; 5) Nachsprechen von Kunstwortsätzen; 6) Erkennen und Korrigieren falscher Flexionen.
Marburger Sprachverständnistest für Kinder (MSVK) Elben & Lohaus (2000)	5 Jahre	Erfassung des Sprachverständnisses von Kindern in den Bereichen Semantik, Syntax und Pragmatik mit 6 Untertests: – Semantik: Passiver Wortschatz und Verständnis von Wortbedeutungen. – Syntax: Aufgaben zum Satz- und Instruktionsverständnis. – Pragmatisches Verständnis: Personenbezogene und situationsbezogene Sprachzuordnungen.
Marburger Sprach-Screening (MSS) Holler-Zittlau, Dux & Berger (2003, 2017)	4–6 Jahre	Sprachprüfverfahren für Kindergarten und Schule mit 6 Untertests zu den Bereichen: 1) Spontansprache 2) Sprachverständnis 3) Sprachproduktion 4) Wortschatz/Artikulation/Begriffsbildung 5) Grammatik 6) Phonologische Diskriminationsfähigkeit – Anhand einer Bildvorlage (Spielplatz) sollen spontane Ideen zum Bild geäußert, einzelne Tätigkeiten oder Gegenstände auf dem Bild gezeigt, benannt oder beschrieben werden. Der Untersucher fragt nach Gegenständen und Tätigkeiten, die noch nicht genannt wurden.

Patholinguistische Diagnostik bei Sprachentwicklungsstörungen (PDSS) Kauschke & Siegmüller (2009)	2–6 Jahre	Patholinguistische Diagnostik bei Sprachentwicklungsstörungen mit 23 Untertests inklusive Spontansprachanalyse zu spezifischen Teilleistungen: – Phonologie & Phonetik (Phonologische Prozessananlyse, Phonemdifferenzierung, Prosodische Strukturen, Mundmotorik). – Semantik & Lexikon (Wortverständnis von Nomen, Verben, Adjektiven, Präpositionen, Begriffsklassifikationen, Wortproduktion von Körperteilen, Verben, Adjektiven, Präpositionen). – Syntax & Morphologie (Verstehen von Satzstrukturen, Verständnis von W-Fragen, Satzproduktion zu Situationsbildern, Bildergeschichte, Artikeleinsetzung vor Unika, Produktion von Kasusmarkierungen – Akkusativ, Dativ, Produktion von Pluralmarkierungen).	
Potsdam-Illinois Test für Psycholinguistische Fähigkeiten (P-ITPA) Esser & Wyschkon (2010) Hammill, Mather & Roberts (2001)	4–12 Jahre	Erfassung von Auffälligkeiten im sprachlichen und schriftsprachlichen Bereich mit 9 Untertests: 1) Analogien: Satzergänzung, die Analogienbildung fordert. 2) Wortschatz: Durch ein genanntes Attribut ein Wort assoziieren. 3) Grammatik: Satzergänzung mit korrekter grammatischer Form. 4) Sätze-Nachsprechen: Nachsprechen semantisch inkorrekter Sätze. 5) Phonologische Bewusstheit: Konsonanten eines vorgegebenen Wortes weglassen. 6) Reimfolgen: Wiederholen von sich reimenden Wortreihen. 7) Lesen: 3 Wortlisten lesen 8) Rechtschreibung sinnvoll: Schreiben nach Diktat. 9) Rechtschreibung sinnfrei: Schreiben von Pseudowörtern nach Diktat.	**98**
Screeningverfahren zur Erfassung von Sprachentwicklungsverzögerungen bei Kindern von 3½ bis 4 Jahren bei der U8 (SEV) Heinemann & Höpfner (1993)	3,5–4 Jahre	Screeningverfahren zur Erfassung von Sprachentwicklungsverzögerungen; 5 Untertests. 1) Sprachverständnis für Oberbegriffe, 2) Wortschatz, 3) Nachsprechen von Sätzen, 4) Artikulation, 5) Sprachverständnis für Aufforderungen.	

Sprachstandserhebungstes für Kinder im Alter zwischen 5 und 10 Jahren (SET 5-10) Petermann, Metz & Fröhlich, (2012)	5–10 Jahre	Erfassung der sprachlichen Fähigkeiten, der Verarbeitungsgeschwindigkeit und der auditiven Merkfähigkeit mit 10 Untertests: 1) Aktiver Wortschatz: Benennen von 40 Bildern. 2) Kategorienbildung: Nennen eines Hyperonyms zu 4 präsentierten Bildern (siehe Abbildung). 3) Verarbeitungsgeschwindigkeit: Zielitem „Stern" aus einer Reihe von Symbolen herausstreichen. 4) Sprachverständnis: Handlungsanweisungen mit Holztieren und Spielpuppen ausagieren. 5) Sprachverständnis: Beantwortung von Fragen zu vorgelesenen Texten. 6) Sprachproduktion (Wortarten, Morphologie, Literacy): Erzählen einer Geschichte nach Vorlage von Bildern. 7) Sprachproduktion: Satzbildung mit Hilfe vorgesprochener Wörter. 8) Sprachproduktion (Morphologie: Pluralbildung): Bildung des Plurals mit Realwörtern und Kunstwörtern. 9) Sprachproduktion: Erkennen und Korrigieren inkorrekter Sätze. 10) Auditive Merkfähigkeit: Nachsprechen von Kunstwörtern.	**107**
Sprachentwicklungstest für drei- bis fünfjährige Kinder (SETK 3-5) Grimm (2015)	3–5 Jahre	Diagnose von Sprachverarbeitungsfähigkeiten und auditiven Gedächtnisleistungen mit 6 Untertests zu 3 Bereichen: 1) Sprachverstehen: Bildauswahlaufgabe mit Ablenkern und Ausagieren von Aufforderungen. 2) Sprachproduktion: Bilder beschreiben oder benennen. 3) Sprachgedächtnis: Nachsprechen von Kunstwörtern, Wortfolgen oder Sätzen.	**123**
Sprachscreening für das Vorschulalter. Kurzform des SETK 3-5 (SSV) Grimm (2003, 2017)	3;0–5;11 Jahre	Standardisierte Erfassung des Sprachentwicklungsstands und Identifikation von Risikokindern. – Dreijährige Kinder: Nachsprechen von Kunstwörtern, Bilder benennen. – Vier- bis fünfjährige Kinder: Nachsprechen von Kunstwörtern und Sätzen.	

Sprachentwicklungstest für zweijährige Kinder (SETK-2) Grimm (2000, 2016)	2;0–2;11 Jahre	Erfassung rezeptiver und produktiver Sprachverarbeitungsfähigkeiten mit 4 Untertests zu 2 Bereichen: 1) Sprachverstehen: Bildauswahl (Wörter und Sätze) mit drei Ablenkern. 2) Sprachproduktion: Objekt- und Bildbenennung (Wörter) bzw. Bildbeschreibung (Sätze).	**114**
Sprache		**suprasegmental-prosodisch/auditive Wahrnehmung**	
Heidelberger Lautdifferenzierungstest (H-LAD) Brunner, Diercks & Seibert (2002)	1.–4. Klasse	2 Untertests zur Lautdifferenzierung: 1) Lautdifferenzierung: Es werden zwei verschiedene oder zwei gleiche Wort-/Silbenpaare angeboten und das Kind soll entscheiden, ob es sich um gleiche oder verschiedene Wort-/Silbenpaare handelt. Danach sollen die Wort-/Silbenpaare nachgesprochen werden. 2) Lautanalyse: Es sollen die kritischen Phoneme bei Konsonantenhäufung erkannt und die Wörter nachgesprochen werden.	
Heidelberger Auditives Screening in der Einschulungsdiagnostik (HASE) Brunner & Schöler (2008)	4–6 Jahre	Früherkennung von Lese- und Rechtschreibstörungen: – Wiedergeben von Zahlenfolgen, – Erkennen von Wortfamilien, – Nachsprechen von Kunstwörtern.	
Heidelberger Vorschulscreening zur auditiv-kinästhetischen Wahrnehmung und Sprachverarbeitung (HVS) Brunner et al. (2001)	5–7 Jahre	Vorschulscreening zur auditiv-kinästhetischen Wahrnehmung und zur Sprachverarbeitung; 7 Untertests: 1) Hörmerkspanne, 2) Expressive Anlautanalyse, 3) Silben segmentieren, 4) Phonematische Differenzierung, 5) Artikulomotorik, 6) Wortfamilien erkennen, 7) Reimwörter erkennen. Zusätzlich: Auditive Aufmerksamkeit.	
Lautunterscheidungstest für Vorschulkinder (LUT) Fried (1980)	4–7 Jahre	Überprüfung der Lautunterscheidungsfähigkeit mit 17 Aufgaben, in denen jeweils ein repräsentativ ausgewählter Laut erfasst wird. Vorgabe über Kassette, die Kinder streichen im Testheft an.	

Münchner Auditiver Screeningtest für Verarbeitungs- und Wahrnehmungsstörungen (MAUS) Nikisch, Heuckmann & Burger (2004)	1.–4. Klasse	Screeningtest für Verarbeitungs- und Wahrnehmungsstörungen mit 4 Untertests: 1) Sinnlossilbenfolgentest, 2) Wörter im Störgeräusch, 3) Phonemdifferenzierungstest, 4) Phonemidentifikationstest.	**89**
Mottier Test Risse & Kiese-Himmel (2009)	4–6 Jahre	Überprüfung phonologischer Verarbeitungsfähigkeiten. 30 Pseudowörter mit zunehmender Länge nachsprechen (je 6 Items mit 2 bis 6 Silben).	
Sprache			**Phonetik-Phonologie**
Analyseverfahren zu Aussprachestörungen bei Kindern (AVAK) Hacker & Wilgermein (2006)	4–7 Jahre	Systematische Erfassung von Aussprachestörungen bei Kindern. Bilder benennen (120 Bildkarten); ein- und zweisilbige Wörter.	
Basiskompetenzen für Lese-Rechtschreibleistungen (BAKO 1-4) Stock, Marx & Schneider (2003, 2017)	Ende 1.–4. Klasse	Test zur Erfassung der phonologischen Bewusstheit mit 7 Untertests: 1) Pseudowort-Segmentierung: Pseudowörter in einzelne Laute zerlegen. 2) Vokalersetzung: Zum Beispiel jedes A in einem Wort durch ein I ersetzen. 3) Restwortbestimmung: Ersten Laut eines Wortes weglassen. 4) Phonemvertauschung: Umdrehen der ersten beiden Laute. 5) Lautkategorisierung: Im Vergleich mit anderen Wörtern unterschiedlichen Anfangs- und Endlaut erkennen. 6) Vokallängenbestimmung: Vergleich verschiedener Wörter. 7) Wortumkehr: Wörter rückwärts sprechen.	

Bielefelder Screening zur Früherkennung von Lese-Rechtschreibschwierigkeiten (BISC)
 	
Jansen, Mannhaupt, Marx & Skowronek (1999, 2002)
	Vorschüler	Screening zur Früherkennung von Lese-Rechtschreibschwierigkeiten zu vier Bereichen.
		1) Phonologische Bewusstheit
		  a) im weiteren Sinn:
		    – Reime erkennen (Beispiel: „Was reimt sich auf Feld? Geld oder Gold?") und
		    – Silben segmentieren (Beispiel: Das Kind hört sich ein Wort an und spricht es klatschend in Silben nach, z.B. „fin-den".
			144

		b) im engeren Sinn:
		– Laut zu Wort Vergleich (Beispiel: Anlaute heraushören: „Hörst du ein „au" in dem Wort „Auto"?).
		– Laute assoziieren/Worte synthetisieren (Beispiel: Dem Kind werden die Laute „Ei-s" getrennt vorgesprochen. Es zeigt auf einer Bildkarte mit verschiedenen Objekten auf das getrennt vorgesprochene Objekt und spricht das Wort selbst aus.
		2) Schneller Abruf aus dem Langzeitgedächtnis:
		• Schnelles Benennen von Farben: Das Kind soll so schnell wie möglich die Farben von schwarz-weiß dargestellten Früchten nennen.
		• Das Kind soll die tatsächliche Farbe von in einer anderen Farbe dargestellten Früchten nennen (z.B. „rot" bei einer in blau dargestellten Tomate).
		3) Phonetisches Rekodieren im Kurzzeitgedächtnis:
		• Nachsprechen von Pseudowörtern (Beispiel: „Bunitkonos" oder „Zippelzack").
		4) Visuelle Aufmerksamkeitssteuerung:
		• Wort-Vergleich; das Kind soll so schnell wie möglich ein auf einer Karte präsentiertes Wort mit vier darunter stehenden Wörtern vergleichen und entscheiden, welches der vier Wörter mit dem oberen Wort identisch ist.
Bildwortserie zur Lautagnosieprüfung und zur Schulung des phonematischen Gehörs Schäfer (1986)	ab 4 Jahre	Überprüfung einer Lautdifferenzierungsschwäche und -störung bei stammelnden Kindern. Bilder Begriffen zuordnen (insgesamt 30 verschiedene Bildwortpaare).
Differenzierungsprobe (DP) Kurzverfahren zur Überprüfung des lautsprachlichen Niveaus (KVS) Breuer & Weuffen (2005)	4–7 Jahre	Anleitung zur Einschätzung und Förderung lautsprachlicher Lernvoraussetzungen Differenzierungsprobe (DP) 5 Untertests: 1) Optisch-graphomotorische Differenzierung: Nachmalen von Zeichen. 2) Akustisch-phonematische Differenzierung: Das Kind soll Bildtafeln mit phonematisch ähnlichen Abbildungen benennen. 3) Kinästhetisch-artikulatorische Differenzierung: Wörter nachsprechen.

	5–7 Jahre	4) Melodische Differenzierung: Lied singen. 5) Rhythmische Differenzierung: Takt nachklatschen. Kurzverfahren 3 Untertests: 1) Prüfung der Lautebene (Artikulation). 2) Prüfung der Wortebene (Wortschatz). 3) Prüfung der Satzebene (Sprachverständnis).
Lautbildungstest für Vorschulkinder (LBT und DLBT) Fried (1980)	4;0–7;0 Jahre	Überprüfung der Lautbildungsfähigkeit und Identifizierung von Lautbildungsbeeinträchtigungen. Das Kind soll Dinge auf Bildkarten benennen. Je zwei Subtests mit „leichten" und „schwierigen" Lauten. – Screeningform (LBT): 42 Items. – Diagnostische Form (DLBT): 101 Items.

Münsteraner Screening (MÜSC)
 	
Mannhaupt (2005)
	Beginn 1. Klasse	Früherkennung von Lese-Rechtschreibschwierigkeiten mit 8 Untertests zu 4 Bereichen:
		1) Phonologische Bewusstheit:
		  – Reimen: Das passende Reimwort aus drei Bildvorgaben ankreuzen;
		  – Laute Assoziieren: Laute werden isoliert vom Rest des Wortes gesprochen (Ei-s), Kinder sollen erkennen, welches Wort gemeint ist;
		  – Silben Segmentieren: Wörter in Silben zerlegen;
		  – Laut-zu-Wort-Zuordnung: Zu einem Anlaut das entsprechende Anlautbild herausfinden.
		2) Kurzzeitgedächtniskapazität: Wörter-Reihenfolge: Folgen von Wörtern aus Bildalternativen heraussuchen.
		3) Abrufgeschwindigkeit: Farben Ankreuzen (a: schwarz-weiße Objekte; b: farbig inkongruente Objekte; richtige Farben sollen Gegenständen zugeordnet werden).
		4) Visuelle Aufmerksamkeit: Wort-Vergleich-Suchaufgabe: Vergleichen des Zielwortes mit 4 Alternativen.

Psycholinguistische Analyse kindlicher Sprechstörungen (PLAKSS) Fox (2002, 2014)	2;6–8 Jahre	Psycholinguistische Analyse kindlicher Sprechstörungen – Bilderbenenntest: Benennen von 99 Bildern. – 25-Wörter-Test: Die Bildkarten sollen vom Kind innerhalb einer Sitzung noch zweimal benannt werden (Testung der Lautkonsequenz).	
Test für Phonologische Bewusstheitsfähigkeiten (TPB) Fricke & Schäfer (2008, 2011)	4–7 Jahre	Überprüfung der Phonologischen Bewusstheitsfähigkeiten; 11 Untertests aus 6 Bereichen: 1) Silben-Segmentieren (z. B. das Wort „Hase" in zwei Silben einteilen → „Ha – se"), 2) Reime identifizieren und produzieren, 3) Onset-Reim-Synthetisieren, 4) Anlaute-Identifizieren, 5) Laute-Synthetisieren, 6) Anlaute-Manipulieren.	
Sprache			**lexikalisch-semantisch**
Aktiver Wortschatztest für 3- bis 5-jährige Kinder – Revision (AWST-R) Kiese-Himmel (2005)	3;0–5;5 Jahre	Individualtest zur Beurteilung des expressiven Wortschatzumfangs im Kindergartenalter; Bilder benennen (51 Substantive und 24 Verben).	
Logopädischer Sprachverständnistest (LSVT) Wettstein (1983)	4–8 Jahre	Sprachverständnistest: Sätze mit Figuren darstellen.	
Peabody Picture Vocabulary Test (PPVT-4) Lenhard, Lenhard, Segerer & Suggate (2015)	3–16 Jahre	Individualtest zur Überprüfung des aktiven Wortschatzes. Bild aus vier Alternativen auszuwählen, welches am besten zu einem vom Testleiter vorgesprochenen Wort passt (228 Items).	58 730 743 750
Teddy-Test Friedrich (1998)	3–6 Jahre	Erfassung der verbalen Verfügbarkeit semantischer Relationen. 10 Items in jeweils zwei verschiedenen Anforderungssituationen. 1) Unspezifische Aktivierung: Zu vorgegebenen Bildern eine kleine Geschichte erzählen. 2) Bei einer zweiten Betrachtung der Bilder erhalten die Kinder durch standardisierte Fragen Hilfen und Anregungen zur Verbalisierung von Relationen (u. a. Aktor-Aktion, Aktion-Objekt). Erfasst wird auch Sprechaktivität (Anzahl der Worte) je Bild.	

| Wortschatz- und Wortfindungstest für 6- bis 10-Jährige (WWT 6-10) Glück (2007, 2011) | 5;6–10;11 Jahre | Erfassung semantisch-lexikalischer Fähigkeiten und (differenzial-)diagnostische Abklärung von Spracherwerbsstörungen hinsichtlich der expressiven Wortschatzleistung durch Bilder benennen. Expressiver Leitsubtest und rezeptive Nachprüfung, ob nicht korrekt benannte Items nach verbaler Vorgabe in einer Bildauswahlaufgabe erkannt werden. Langform (95 Items) und 3 altersdifferenzierte Kurzformen (je 40 Items). | |

Sprache		**morphologischsyntaktisch**
Computerunterstützte Profilanalyse (COPROF) Clahsen & Hansen (1991)		Linguistisches Untersuchungsverfahren für die sprachdiagnostische Praxis: Das Computerprogramm leitet den Ablauf der Analyse von Spontansprachdaten des Kindes durch bestimmte Fragen und erstellt einen Profilbogen.	
Evozierte Sprachdiagnose grammatischer Fähigkeiten (ESGRAF-R) Motsch (2008)	4–16 Jahre	Modularisierte Diagnostik grammatischer Störungen über 5 Basismodule: 1) Subjekt-Verb-Kontrollregel und Verbzweitstellungsregel; 2) Verbendstellung im Nebensatz; 3) Kasusregel; 4) Genussicherheit; 5) Pluralmarkierung. Die Grammatik wird anhand verschiedener Spiele bewertet (z. B. Einkaufsszenario).	
Evozierte Sprachdiagnose grammatischer Fähigkeiten für 4- bis 8-jährige Kinder (ESGRAF 4-8) Motsch & Rietz (2016)	4;0–8;11 Jahre	6 Subtests (159 Items): – Verbzweitstellungsregel und Subjekt-Verb-Kontroll-Regel; – Verbendstellungsregel; – Genus; – Kasus (Akkusativ und Dativ); – Plural; – Späte Fähigkeiten (Passiv und Genitiv); für Kinder ab 7 Jahre.	
Evozierte Sprachdiagnose grammatischer Fähigkeiten für Mehrsprachige Kinder (ESGRAF-MK) Motsch (2011)	4–10 Jahre	Diagnostisches Sprachscreening für den Erwerb früher grammatikalischer Regeln für die Migrantensprachen Türkisch, Russisch, Polnisch, Italienisch und Griechisch. Bilder benennen oder Sätze vervollständigen.	

Test zur Überprüfung des Grammatikverständnisses (TROG-D) Fox-Boyer (2006, 2016)	2–10 Jahre	Überprüfung des Grammatikverständnisses. Zu einem auditiv vorgegebenen Satz soll das passende Bild aus einer Auswahl von 4 Bildern herausgesucht werden (insgesamt 84 Testitems).	
Test zum Satzverstehen von Kindern (TSVK) Siegmüller, Kauschke, von Minnen & Bittner (2011)	2–8 Jahre	Profilorientierte Diagnostik der Syntax. Satz-Bild-Zuordnung anhand von 270 Aquarellzeichnungen.	
Sprache			**Fragebogen**
Das Pragmatische Profil Dohmen, Dewart & Summers (2009)	bis 10 Jahre	Interview zur Überprüfung pragmatisch-kommunikativer Fähigkeiten: Eltern, Erzieher oder Lehrer werden befragt, wie das Kind sich in Gesprächen verhält, d. h. seine Intention ausdrückt, auf den Gesprächspartner reagiert etc.	
Elternfragebogen zur Wortschatzentwicklung im frühen Kindesalter (ELAN) Kiese-Himmel & Bockmann (2006)	16–26 Monate	Instrument zur Erfassung des expressiven Wortschatzes in der frühen Kindheit; Eltern bewerten den Wortschatz des Kindes; Fragebogen mit anamnestischem Teil sowie einer Checkliste mit 319 Wörtern.	
Elternfragebogen zur Wortschatzentwicklung im frühen Kindesalter – Revision (ELAN-R) Bockmann & Kiese-Himmel (2012)	18–26 Monate	Elternfragebogen zur Frühidentifikation von Risikokindern. Checkliste mit 319 Wörtern, die unterschiedlichen Wortarten und -feldern zuzuordnen sind.	
Elternfragebögen für die Früherkennung von Risikokindern (ELFRA) Grimm & Doil (2006)	12–24 Monate	Früherkennung von Risikokindern. Eltern beantworten Fragen bzw. bewerten Aussagen bezüglich des Entwicklungsstandes bei der Sprachproduktion (Beispiel: „Wenn man meinem Kind ein Lied vorsingt, oder wenn es Musik hört, versucht es mitzusingen.“), dem Sprachverständnis, dem gestischen Verhalten sowie der Feinmotorik (bis 12 Monate). Bei Kindern bis 24 Monaten werden der produktive Wortschatz sowie grammatische Entwicklungsschritte bewertet.	

Fragebogen zur frühkindlichen Sprachentwicklung (FRAKIS) Szagun, Stumper & Schramm (2009)	1;6–2;6 Jahre	Elternfragebogen zur Erhebung des Sprachstandes. 1) Wortschatz-Teil Liste aus dem Wortschatz kleiner Kinder. FRAKIS (Standardform): 600 Wörter, FRAKIS-K (Kurzform): 102 Wörter. 2) Grammatik-Teil • Flexionsmorphologie, • Stand der Satzbildung anhand von (Satz-)Beispielen aus der Kindersprache; Kurzform: 3 Fragen zum Stand der Grammatik.
Sprachbeurteilung durch Eltern, Kurztest für die U7 (SBE-2-KT) Suchodoletz & Sachse (2012, 2015)	2 Jahre	Früherkennung von Late-Talkers: Eltern kreuzen aus einer Auswahl von Wörtern diejenigen an, die ihr Kind benutzt (Wortschatz), und geben an, ob schon Wortverbindungen verwendet werden.
Sprachbeurteilung durch Eltern, Kurztest für die U7 (SBE-2-KT fremdsprachig) Suchodoletz & Sachse (o. J.)	2 Jahre	Früherkennung von Late-Talkers; nicht normierte Übersetzung des SBE-2-KT in 20 Sprachen: Eltern kreuzen aus einer Auswahl von Wörtern diejenigen an, die ihr Kind benutzt (Wortschatz), und geben an, ob schon Wortverbindungen gesprochen werden.

Entwicklungstest Sprache für Kinder von 4 bis 8 Jahren (ETS 4-8)

Michael J. W. Angermaier

Frankfurt am Main: Harcourt Test Services, 2007

Zusammenfassende Testbeschreibung

Zielsetzung und Operationalisierung

Konstrukte

Der ETS 4-8 erfasst ein Spektrum unterschiedlicher rezeptiver und expressiver sprachlicher und nicht-sprachlicher Fähigkeiten bei vier- bis achtjährigen Kindern, um Förder- und/oder Therapiebedarf zu erkennen oder Prognosen über die weitere Entwicklung stellen zu können. Hauptziel ist die Identifikation von Kindern mit Sprachentwicklungsauffälligkeiten.

Testdesign

Testbatterie bestehend aus fünf Untertests zur Prüfung des pragmatischen Sprachverständnisses, der rezeptiven und expressiven grammatischen Kompetenz, der phonologischen Kompetenz, der Aufmerksamkeits- und Gedächtniskomponenten des Kurzzeitgedächtnisses und der Lernfähigkeit beim Schriftspracherwerb bzw. Leselernprozess.

Angaben zum Test

Normierung

Alter: 5 Altersgruppen in Jahresschritten: 4 bis 8 Jahre, N = 1 267 Kinder.
Bildung: keine Angaben
Geschlecht: Keine nach Geschlecht getrennte Normierung.

Material

Manual mit Normtabellen, Protokollbögen, CD, zwei Stimulushefte mit Bildmaterial.

Durchführungsdauer

Untertest „Sprache Verstehen (SV)": keine Angabe; Untertest „Grammatik Entwicklung (GE)": 7 Minuten; (Screening „SV" und „GE": 15–20 Minuten); Untertest „Silben Erkennen (SE)": keine Angabe; Untertest „Farbnamen (FN)": 5 Minuten; Untertest „Leselern-Test (LT)": 10 Minuten; Gesamttest: keine Angaben (Erfahrung der Rezensentin: 45–50 Minuten).

Testkonstruktion

Design　**Aufgabe**

1. Allgemeine sprachliche Entwicklung – pragmatisches Sprachverständnis:
Pro Bildkarte werden ein oder zwei Sätze vorgegeben. Das Kind soll auf das passende Bild aus einer Auswahlmenge von vier farbigen Zeichnungen zeigen. Insgesamt werden 23 Bildkarten vorgelegt und 31 Sätze präsentiert.

2. Rezeptive und expressive grammatische Kompetenz:
Rezeptiv: Das Verstehen von W-Fragen wird durch die Outputmodalitäten verbale Antwort oder zeigen auf die Bildvorlage getestet.
Expressiv: Die expressiven Fähigkeiten zur Plural-, Komparativ- und Vergangenheitsbildung werden mit Bildvorlage und Elizitierungsfragen durch den Untersucher geprüft.
Die oben genannten rezeptiven und expressiven Fähigkeiten werden anhand von acht Bildkarten getestet. Pro Bildkarte variiert die Anzahl der elizitierten Äußerungen zwischen vier und sechs. Es werden sechs von neun möglichen Pluralbildungen des Deutschen geprüft und sowohl regelmäßige als auch unregelmäßige Verben beim Perfekt berücksichtigt.

3. Phonologische Kompetenz – Silben Erkennen (expressiv):
Das Erkennen von Silben wird durch drei Teilleistungen geprüft: Sprechen, Zeigen und Rückwärtssprechen. Beim „Sprechen" wird zunächst das silbische Sprechen von zwei- bis sechssilbigen Realwörtern verlangt. Bei den ersten 5 von 19 Items soll parallel geklatscht werden. Der Untersucher gibt das Wort mit normaler Betonung vor und präsentiert dazu ein Foto des Zielwortes, welches in so viele Stücke zerteilt ist, wie Silben im Wort enthalten sind (z. B. Bild eines Zebras in zwei Teilen). Anschließend soll das Kind auf einzelne, vom Untersucher vorgegebene, Silben auf dem Bild zeigen. Beim „Rückwärtssprechen" soll das Kind das jeweilige Realwort silbisch rückwärts sagen. Alle drei Fähigkeiten „Sprechen", „Zeigen" und „Rückwärtssprechen" werden jeweils hintereinander an einem Bild getestet. Die Silbenlänge der Wörter steigt von zwei bis sechs an. Insgesamt werden zehn Bilder mit drei Teilaufgaben vorgegeben. Alle Items werden mit unterstützender Bildvorlage und einführender auditiver Vorgabe der Testwörter und Elizitierungsfragen durch den Untersucher präsentiert.

4. Aufmerksamkeits- und Gedächtniskomponenten des Kurzzeitgedächtnisses:
Das Kind soll zwei bis sechs einsilbige Farbwörter nach auditiver Vorgabe durch den Untersucher nachsprechen, wobei jede Wortlänge durch drei Trials geprüft wird (z. B. rot-grün, gelb-blau, schwarz-grün). Insgesamt 21 Aufgaben.

5. Lernfähigkeit beim Schriftspracherwerb:
Die Aufgaben bestehen im Erkennen von Buchstaben und Wörtern
sowie im Einsetzen von Buchstaben und Silben in Wörter mit Lücken. Zur Lösung der Aufgaben müssen Anlaute identifiziert, End-
silben ergänzt oder Silben durch Austauschen von Vokalen manipuliert werden. Abschließend werden ein- und zweisilbige Wörter
mit den Vokalen <a, i, o> und den Konsonanten <t, p, m> gelesen.
Bei allen Items werden Schrift und/oder Bilder vorgelegt. Kann das
Kind die erforderliche Antwort nicht geben, präsentiert der Untersucher die korrekte Lösung bzw. ergänzende Hinweise. Lediglich beim
Lesen der drei zweisilbigen Wörter am Ende des Tests werden keine
Hilfestellungen gegeben.

Konzept
Der ETS 4-8 soll verschiedene Fähigkeiten messen, um Kinder mit
Sprachentwicklungsauffälligkeiten zu identifizieren. Der Test versteht
sich dabei als „Screening-Verfahren zur Sprachstandserhebung" bzw.
als „Screening-Test".
Laut Manual decken die Untertests „Sprache Verstehen", „Grammatik
Entwicklung" und „Silben erkennen" Fähigkeiten ab, die zur Diagnosestellung einer Sprachentwicklungsstörung (Diagnoseschlüssel SP1)
bzw. einer „Lautdifferenzierungsschwäche" (Diagnoseschlüssel SP2)
nötig sind.
Der Test zur Lernfähigkeit beim Schriftspracherwerb soll als Prognoseinstrument für Vorschulkinder, vorzugsweise bei der Einschulungsuntersuchung, genutzt werden.
Nachfolgend werden die Operationalisierungen der Untertests aufgeführt:
- „SV": Die allgemeine sprachliche Entwicklung werde über das pragmatische Sprachverständnis geprüft und über das Verstehen von
Sätzen bei Bildvorlage operationalisiert.
- „GE": Die rezeptive grammatische Kompetenz werde durch das Verständnis von W-Fragen mit den Fragepronomen wer, was, wessen
etc. geprüft. Die expressiven grammatischen Fähigkeiten würden
über die in der Literatur meist zitierten Fähigkeiten Pluralbildung,
Komparative und Vergangenheitsformen geprüft.
- „SE": Die phonologische Kompetenz werde durch das Erkennen
von Silben expressiv gemessen. Die phonologische Bewusstheit im
weiteren Sinn werde durch das Klatschen und das getrennte Sprechen von Silben operationalisiert. Die phonologische Bewusstheit
im engeren Sinn werde über die Identifikation und das Rückwärtssprechen der Silben operationalisiert.
- „FN": Die Aufmerksamkeits- und Gedächtniskomponenten des Kurzzeitgedächtnisses würden über das Nachsprechen von einsilbigen
Farbwörtern operationalisiert.

- „LT": Die Lernfähigkeit beim Schriftspracherwerb werde über einen Leselerntest geprüft. Die Denkentwicklung werde durch das ganzheitliche Erkennen von Wörtern, die Identifikation einzelner Laute und Silben und das Erkennen von neuen Einzellauten in Kombination mit vorher genutzten Wörtern operationalisiert. Der Transfer von Lernschritten werde über die Umsetzung von Hilfestellungen bei Beispielfragen gemessen.

Variablen

Rohwerte und Prozentränge für alle erhobenen Variablen. Prozentränge können in T-Werte umgewandelt werden.

Durchführung

Die Untertests sollen im Regelfall in der Reihenfolge des Protokollbogens durchgeführt werden. „Sprache Verstehen" und „Grammatik Entwicklung" können auch als Screening durchgeführt werden. Kinder mit Verdacht auf eine Sprachentwicklungsverzögerung sollten laut Manual zusätzlich mit dem Untertest „Silben Erkennen" getestet werden.

Kind und Untersucher sollten sich gegenüber sitzen.

Die Instruktionen werden mündlich vorgegeben, sie sind in genauem Wortlaut entweder im Protokollbogen oder im Stimulusheft auf der der Bildkarte gegenüberliegenden Seite abgedruckt.

Der Untertest „Sprache Verstehen" hat zwei Demonstrationsbeispiele. Vom Kind gezeigte Bilder können über eine Buchstabenkodierung und über im Protokollbogen fett gedruckte Antworten als richtig oder falsch bewertet werden. Als Abbruchkriterium werden fünf aufeinander folgende Fehler beschrieben, wobei bei zwei Zielsätzen pro Bild unabhängig von ein oder zwei Fehlern pro Bildtafel ein Fehler gezählt wird. Kinder im Schulalter haben einen höheren Testbeginn. Werden anschließend drei korrekte Bilder gezeigt, wird der Test bis zum Abbruchkriterium fortgeführt. Wird nach dem höheren Testbeginn ein Fehler gemacht, wird zunächst das Testende ermittelt, bevor der Testanfang bestimmt wird (fünf korrekte Items in Folge, rückwärts gezählt ab dem höheren Testeinstieg).

Der Untertest „Grammatik Entwicklung" hat je zwei Demonstrationsbeispiele für die Fähigkeiten Plural, Komparativ und Vergangenheit. Die W-Fragen werden nicht geübt. Falls Kinder Schwierigkeiten haben, werden bis zu zwei Hilfen gegeben, bevor zum nächsten Übungsbeispiel oder dem ersten Testitem weitergegangen wird. Auch wenn in den Übungsitems noch Probleme bestehen, werden die Testitems vorgegeben. Das Abbruchkriterium ist erfüllt, wenn ein Kind bei einer Bildtafel an allen Aufgaben scheitert. Im Hinblick auf die W-Fragen wird angegeben, dass es beim Dativ nicht reiche, auf das Bildmaterial zu zeigen, eine verbale Antwort sei notwendig.

Beim Untertest „Silben Erkennen" werden drei Beispiele ohne Wertung geübt, wobei verschiedene Hilfestellungen detailliert angegeben sind und sukzessive abgebaut werden. Das Abbruchkriterium sind drei Fehler in Folge je geprüfter Fähigkeit. Artikulatorische Unsicherheiten werden nicht als falsch gewertet, sofern die Silbe erkennbar ist.

Im Untertest „Farbnamen-Gedächtnis" werden die Wörter laut Protokollbogen mit einem Wort pro Sekunde vorgesprochen, wobei die Stimme am Ende abgesenkt werden soll. Es werden zwei Beispiele geübt, die gegebenenfalls wiederholt werden dürfen. Falls das Kind die Farbnamen nicht kennt, wird es trotzdem zum Nachsprechen aufgefordert. Dabei darf das Item wiederholt werden. Der Test wird nach drei Fehlern in Folge abgebrochen.

Der „Leselern-Test" wird ausführlich eingeübt, wobei Übungs- und Testphase fließend ineinander übergehen. Im Stimulusheft zeigen Pfeile in der Instruktion dem Untersucher, wann er auf Stellen des Testblattes zeigen soll. Der Testleiter muss zwischen einer normalen und einer silbischen bzw. lautierenden Sprechweise wechseln. Der gesamte Test wird abgebrochen, wenn auf einer Testtafel keine Lösung korrekt ist. Der Test wird als Einzeltest durchgeführt. Eine Parallelform ist nicht vorhanden.

Auswertung

Die Auswertung erfolgt in allen Untertests durch Aufsummieren der Rohwerte, die sich anhand einer Tabelle in Prozentränge und T-Werte umwandeln lassen. Bei den T-Werten werden Annäherungswerte erstellt. Es werden keine kritischen Differenzen angegeben. Es steht eine Vergleichsgruppe von insgesamt 192 4–8-jährigen Kindern zur Verfügung, die in Logopädiepraxen aufgrund einer Sprachentwicklungsverzögerung behandelt wurden. Reine Artikulationsstörungen waren ausgeschlossen. Ein Fallbeispiel wird detailliert beschrieben.

Normierung   **Stichprobe**
1 267 sprachgesunde Kinder zwischen 4 und 8 Jahren, 621 Jungen, 646 Mädchen. Keine Angaben zum Bildungsniveau/sozialen Hintergrund.

Normen
Alter: 5 Altersgruppen: 4 Jahre ($N=365$), 5 Jahre ($N=429$), 6 Jahre ($N=213$), 7 Jahre ($N=137$), 8 Jahre ($N=123$).
Bildung: keine Angaben
Geschlecht: Keine geschlechtsspezifischen Normen, da keine signifikanten Geschlechtsdifferenzen vorliegen.
Keine exakt demographisch repräsentative Normierung, jedoch Erhebung im gesamten Bundesgebiet in dörflichen und großstädtischen Einzugsgebieten.
Ziel der Normierung: Insbesondere Leistungen am unteren Rand der Verteilung genau bestimmen, wobei eine „niedrige Decke" bewusst in

Kauf genommen wird, um Kinder im unteren Leistungsbereich identifizieren zu können.

Gütekriterien **Objektivität**
Die Durchführungs- und Auswertungsobjektivität werden als sicher be-
wertet.
Durchführung: Hinweise zum Setting und zur Kontaktaufnahme wer-
den gegeben.
Die Testinstruktionen sind wörtlich vorgegeben. Beim Untertest Farb-
namen wird die Expositionsrate angegeben.
Es sind Abbruchkriterien für jeden Untertest vorhanden.
Auswertung: Auf dem Protokollbogen und dem Manual werden Hin-
weise zur Auswertung gegeben.

Reliabilität
Interne Konsistenz:
Aufgabenanalyse: $\alpha = .64 - .96$.
Endform $\alpha = .91$ ($N = 200$, keine weiteren Angaben zur Stichprobe).
Paralleltest-Reliabilität: Es existiert keine Parallelform.
Retest-Reliabilität: keine Angaben
Weitere Reliabilitätsmaße: keine Angaben

Validität
Der Test basiere auf dem aktuellen psycholinguistischen Erkenntnis-
stand und bereits etablierten Verfahren zur Messung der Sprachentwicklung. Die Variationen dienten dem Anspruch, ein zeitökonomisches Verfahren zu entwickeln, welches zusätzlich motivierend sei. Die Motivation
entstehe durch das Testen im Geschehenszusammenhang. Die Inhaltsvalidität sei durch die Anlehnung an bekannte Verfahren gegeben.
Konstruktvalidität: Es werden Spearman Rangkorrelationen mit dem
Alter für die Untertests „Silben Erkennen", „Farbnamen" und „Leselern-Test" angegeben ($r = .43 - .63$). Keine Angaben zu den Untertests
„Sprache Verstehen" und „Grammatik Entwicklung".
Konvergente/diskriminante Validität:
keine Angaben
Kriteriums- bzw. klinische Validität: Prognostische Studie mit der Würzburger Leise-Leseprobe (WLLP; Küspert & Schneider, 1998) anhand
einer Stichprobe von zwei Einschulungsklassen (23 Jungen und 27 Mädchen, Kleinstadt mit geringem Migrantenanteil) in der dritten Unterrichts-
woche nach Einschulung. Etwa 10 % der Kinder erreichten zu T1 kritische Werte, wobei es keine Geschlechterunterschiede oder Unterschiede
zwischen den Schulklassen gab. Bei T2 nach vier Monaten streuten die
WLLP-Werte deutlich, sodass keine Normalverteilung vorlag. Es konnte
erneut kein signifikanter Unterschied zwischen den Klassen gefunden
werden. Zwischen den beiden Tests zeigte sich jedoch eine hochsig-

nifikante Spearman-Rangkorrelation ($r=.76$), die die prognostische Leistungsfähigkeit des Leselerntests aus dem ETS bestätigt.
Untersuchung des klinischen Nutzens mit insgesamt 192 4–8-jährigen Kindern, die in Logopädiepraxen aufgrund einer Sprachentwicklungsverzögerung behandelt wurden. Reine Artikulationsstörungen waren ausgeschlossen. Bei vierjährigen Kindern mit Sprachentwicklungsstörungen wurde im Untertest „Sprache Verstehen" im Mittel ein besserer Wert erzielt als bei sprachgesunden Kindern, was angesichts der Streuung als nicht signifikant gesehen wird. Ansonsten zeigten alle Kinder deskriptiv schlechtere Werte als die Kinder der Normstichprobe. Am deutlichsten fielen die Kinder, die logopädisch behandelt werden, im Untertest „Farbnamen" ab, was auf Gedächtnis- und/oder Vigilanzprobleme schließen lasse. Es erfolgte keine Signifikanzprüfung.
Zusätzlich wird ein Einzelfall (Kind in logopädischer Behandlung) mit dem deskriptiven Nachweis einer Verbesserung nach einem Jahr logopädischer Therapie (ohne Nachweis von Signifikanz) beschrieben. Das Kind hatte zu T1 Therapiebedarf in den Untertests „FN", „SE" und „LT", die zu T2 nicht mehr bestanden.
Keine äußere Validierung.
Ökologische Validität: keine Angaben

Nebengütekriterien
Akzeptanz: keine Angaben
Transparenz: keine Angaben
Zumutbarkeit: keine Angaben
Verfälschbarkeit: keine Angaben
Störanfälligkeit: keine Angaben

Neuropsychologische Aspekte

Theoretischer Rahmen

Der theoretische Rahmen wird kurz skizziert, wobei kein Bezug zu Modellen geleistet wird. Betont wird eine pragmatische Sichtweise, die besonders den beiden Untertests „Sprache Verstehen" und „Grammatik Entwicklung" zugrunde liege. So erlaubten die Bildtafeln, mental bei einer Situation zu bleiben, sodass die Fähigkeiten im situativen Kontext geprüft würden.
Zudem sei im Untertest „Sprache Verstehen" zur Lösung der Aufgaben das Wortverständnis von Nomen, Verben, Adjektiven und Präpositionen ebenso erforderlich wie morphologische Regeln und ein „Gedächtnispotential für Sätze".
Im Untertest „Silben erkennen" werde die Definition der phonologischen Bewusstheit im weiteren und engeren Sinn verwendet. Durch das Klat-

schen und getrennte Sprechen von Silben werde die phonologische Bewusstheit im weiteren Sinn gemessen, während über die Identifikation und das Rückwärtssprechen der Silben die phonologische Bewusstheit im engeren Sinn geprüft werde. Beide Überprüfungen seien standardmäßig in Tests zur phonologischen Bewusstheit enthalten. Beim Untertest „Farbnamen" wird die Verwendung einsilbiger Farbwörter für die Beurteilung des Kurzzeitgedächtnisses gegenüber der Prüfung von Ziffernfolgen für überlegen gehalten.

Dem „Leselern-Test" liegt die theoretische Auffassung zugrunde, dass nicht ausschließlich Wahrnehmungsleistungen für Schwierigkeiten im Schriftspracherwerb verantwortlich sind. Entscheidend sei die Denkentwicklung, die die Einsicht in Zusammenhänge zwischen geschriebener und gesprochener Sprache vermittle.

Anwendungs-bereiche
Der Test möchte – ebenso wie Sprachstandserhebungen – Kinder mit Sprachentwicklungsauffälligkeiten identifizieren, wobei davon ausgegangen wird, dass 25 % der Kinder insgesamt betroffen sind. Neben Kindern, die „harmonisch retardiert" sind und alters- und entwicklungstypische Fähigkeiten in den Bereichen Kommunikation und sprachliche Verständlichkeit zeigen, sind in diesen 25 % auch Kinder mit spezifischen Sprachentwicklungsstörungen und Sprachentwicklungsstörungen bei organisch verursachten Primärbeeinträchtigungen enthalten. Es wird vermutet, dass diese beiden Gruppen die unteren 5–10 % der Gesamtgruppe der Kinder darstellen. Der Autor empfiehlt für diese Kinder eine weitere logopädische und fachärztliche Diagnostik, da an dieser Stelle die Grenze zwischen Förder- und Therapiebedarf verlaufe. Auch mehrsprachige Kinder sollten in einer Anschlussdiagnostik im Hinblick auf die Fragestellung Förderung oder Therapie nachuntersucht werden. Der ETS 4-8 versteht sich als Screening, das auf ökonomische Weise messmethodische Standards erfülle und neben Logopäden und Kinderärzten auch von Erziehern und Lehrern durchführbar sei. Es sei breit angelegt und messe daher keine spezifischen Sprachentwicklungsaspekte. Es solle jedoch Fähigkeiten erfassen, die Mängel der Sprachentwicklung in den kontextsensitiven Sprachbereichen im Vergleich zu Gleichaltrigen aufzeigen. Zudem wird empfohlen, die Fähigkeiten zur Alphabetisierung bei Schuleingangsuntersuchungen zu prüfen.

Der ETS 4-8 könne keine Abgrenzung zwischen Sprachentwicklungsstörung (SES, verordnungswürdig) und Sprachentwicklungsverzögerung (SEV, förderbedürftig) schaffen, da die Grenze zwischen den beiden Diagnosen nicht kriterienbezogen, sondern graduell verlaufe.

Ziel sei das Feststellen von Förder- und/oder Therapiebedarf, wobei Kinder im Kindergarten zunächst mit dem Screening getestet werden könnten. Im Verlauf der Schule könne der ETS eingesetzt werden, um Zusatzförderung zu begründen.

Funktionelle Neuroanatomie　　Kein Bezug zur funktionellen Neuroanatomie.

Ergebnis-beeinflussende Faktoren　　Die Beurteilung der Chancen von mehrsprachigen Kindern und die differenzierte Beurteilung von Kindern mit Sprachentwicklungsstörungen seien nicht möglich.

Testentwicklung

Der Untertest „Sprache Verstehen (SV)" geht auf den Untertest „Sentence Structure" des Entwicklungstests CELF Preschool 2 (Wing, Secord & Semel, 2004) und CELF 4 (Semel, Wiig & Secord, 2003) zurück. Die amerikanische Originalform sei zur Messung des sprachlichen Entwicklungsstandes bei amerikanischen Kindern von der Vorschule bis zum 4. Schuljahr Standard. Für den ETS 4-8 wurden die Vorschulitems und die Items der Schulkinder zusammengefügt. Der Autor habe jeweils schwierigere Items ergänzt, wenn der Eindruck aufkam, dass die ins Deutsche übersetzten Items zu leicht waren. Trotzdem zeigte sich in der Endversion des deutschen Tests eine „niedrige Decke", die jedoch bewusst in Kauf genommen worden sei.

Auch Verfahren wie der deutsche „Sprachentwicklungstest für 3–5-jährige Kinder" (SETK 3-5, Grimm, 2001) und die „Patholinguistische Diagnostik bei Sprachentwicklungsstörungen" (PDSS, Kauschke & Siegmüller, 2002) hätten die Entwicklung des Untertests SV beeinflusst.

Der Untertest „Grammatik Entwicklung" beinhalte die expressiven grammatischen Fähigkeiten, die in der Literatur am meisten diskutiert würden. Hierzu verweist der Autor auf das Diagnostikinstrument „PDSS" (Kauschke & Siegmüller, 2002) sowie auf Literatur zum Dysgrammatismus (Rothweiler et al., 2000; Trumpp & Krauß-Trumpp, 2000).

Der Untertest „Silben Erkennen" sei mit Bezug zu gängigen Standardprozeduren zur Einschätzung des phonologischen Bewusstseins entwickelt, wobei sich der Testautor auf das Testverfahren „Basiskompetenzen für Lese-Rechtschreibleistungen" (BAKO, Stock et al., 2003) bezieht.

Der Untertest „Farbnamen" wird in Bezug zu Kurzzeitgedächtnistests gesetzt, die Ziffernfolgen messen, wobei die Adäquatheit der Items in Frage gestellt wird.

Für den „Leselerntest" wird kein Bezug zu einem weiteren Testverfahren hergestellt.

Testbewertung

Die Kritik im Überblick

Das Verfahren möchte in seiner primären Zielsetzung den hohen Prozentsatz von Sprachauffälligkeiten bei Kindern zwischen 4 und 8 Jahren erkennen und weist erfreulicherweise auf eine notwendige vertiefende logopädische Diagnostik bei einer Leistung unterhalb des 10. Prozentranges hin. Auch die eingeschränkte Aussagekraft für Kinder mit Migrationshintergrund wird deutlich. Die positiv zu bewertende große Stichprobe steht einer nicht ausreichend belegten Validität gegenüber. Das Material ist ansprechend, und die Durchführung und Auswertung sind schnell zu erfassen. Aufgrund der unklaren Zielgruppe und nicht schlüssigen Konzepte der einzelnen Untertests scheint das Verfahren jedoch weder als Screening zur Sprachstandserhebung (vgl. Qualitätsanforderungen an Sprachstandserhebungen im Elementarbereich: Mercator-Institut, 2013; Neugebauer & Becker-Mrotzek, 2013) noch als vertiefendes Verfahren innerhalb der sprachtherapeutischen Praxis gegenüber anderen – bereits existierenden – Verfahren einen Erkenntniszugewinn zu bringen.

Testkonstruktion

Testmaterial

Das Bildmaterial der Untertests „Sprache verstehen" und die Fotos des Untertests „Silben erkennen" sind ansprechend und gut erkennbar. Das Bildmaterial des Untertests „Grammatik Entwicklung" ist anders gezeichnet und weniger ansprechend, die Fotos des „Leselern-Tests" wirken veraltet. Statt der Variation zwischen Bildmaterial und Fotos in unterschiedlich guter Qualität wäre eine Vereinheitlichung wünschenswert.

Der Protokollbogen ist übersichtlich gestaltet.

Die auf der beiliegenden CD gezeigten Beispiele von Kindern bei der Testung vermitteln einen ersten Eindruck des Verfahrens.

Das Interview, das von einer Logopädin mit dem Testautor geführt wird, enthält keine über das Manual hinausgehenden Informationen.

Testdesign

Konzept: Insgesamt ist eine neuropsychologische und theoretische Fundierung des Verfahrens wenig erkennbar.

Der Untertest „Sprache verstehen (SV)" beinhaltet eine pragmatische Sichtweise auf das Sprachverständnis, obwohl auch linguistisches Dekodieren geprüft wird. Die Operationalisierung erfolgt insofern nicht stringent nach einem theoretischen Modell. Die Definition des pragmatischen Sprachverständnisses lässt sich mit der Definition des Sprachverständnisses im weiteren Sinn vergleichen, bei dem das Kind Kontext und Weltwissen zur Lösung einer Aufgabe einsetzt (vgl. Amorosa & Noterdaeme, 2003).

Der Untertest „Grammatik Entwicklung (GE)" beruft sich auf kein Konzept, möchte grammatische Fähigkeiten jedoch im situativen Kontext prüfen und damit die Sichtweise des Tests zum Sprachverständnis aufrechterhalten. Über die Situationsbilder kann nach Erfahrung der Rezensentin erreicht werden, dass das Kind die Vorstellung einer bestimmten Situation aufbaut und die Elizitierungsfragen rasch beantworten kann. Der Untertest bezieht sich auf die in anderen Tests geprüften Fähigkeiten, ohne deren Konzept und Auswahl näher zu erläutern. Es werden in geringem Ausmaß rezeptive Fähigkeiten über W-Fragen und im Schwerpunkt expressive Fähigkeiten abgeprüft.

Der Untertest „Silben Erkennen (SE)" bezieht sich weitgehend nachvollziehbar auf das theoretische Konstrukt von phonologischer Bewusstheit im weiteren und im engeren Sinn (Skowronek & Marx, 1989). Leider werden neuere Konstrukte der phonologischen Bewusstheit nicht einbezogen (vgl. Fricke & Schäfer, 2008; Schnitzler, 2008). Zudem wird hinsichtlich der Größe der linguistischen Einheit lediglich die Silbe geprüft. Die Onset-Reim-Ebene und die Phonemebene finden keine Berücksichtigung, obwohl diese – gerade für Schulkinder – bedeutsam wären. Die für die Durchführung der Aufgabe erforderlichen Operationen sind Identifizieren/Analysieren, Segmentieren und Manipulation, wobei lediglich die Identifikation und die Analyse im Test benannt werden. Die Fähigkeit zur Synthese wird nicht geprüft. Die dritte Teilaufgabe des Zeigens wird nicht durch ein Konzept gestützt.

Dass mit dem Untertest „SE" eine auditive Wahrnehmungsstörung mit dem Diagnoseschlüssel SP2 erkannt werden kann, geht aus einer weiteren Quelle zum Test (Pearson, 2014), jedoch nicht aus dem Manual hervor. Dieser Anspruch erscheint hoch, zumal die Zugehörigkeit der phonologischen Bewusstheit zur auditiven Verarbeitung und Wahrnehmung diskutiert wird (Schnitzler, 2008).

Der „Kurzzeitgedächtnis-Test Farbnamen (FN)" sieht das Merken von einsilbigen Farbnamen als Maß zur Beurteilung des Kurzzeitgedächtnisses als Indikator für Aufmerksamkeit vor. Die Operationalisierung und die theoretische Annahme, dass das Kurzzeitgedächtnis als Indikator für Aufmerksamkeit gesehen wird, werden nicht näher erläutert. Tests, die das Kurzzeitgedächtnis mit Ziffern prüfen, werden ohne weitere Begründung als fraglich eingestuft.

Der „Leselern-Test (LT)" verfolgt das Konzept, dass die Denkentwicklung und die Einsicht in den Zusammenhang von geschriebener und gesprochener Sprache ein maßgeblicher Faktor für den Schriftspracherwerb sind. Das Testen des frühen Schriftwissens in das Verfahren aufzunehmen, ist grundsätzlich zu begrüßen. Bei der Auswahl der Testaufgaben ist jedoch kritisch anzumerken, dass nur ausgewählte Buchstaben abgeprüft werden. Kinder, bei denen beispielsweise die getesteten Buchstaben im Vornamen enthalten sind, könnten hier

Vorteile haben. Zudem wird ein Zusammenhang zwischen den Leistungen im „Leselern-Test" und dem IQ im Manual nicht diskutiert.

Variablen: Die Auswahl der Variablen Sprachverstehen und Grammatik erscheint grundsätzlich sinnvoll, jedoch wird nicht begründet, warum beispielsweise keine explizite Überprüfung des Lexikons erfolgt.

Die Prüfung des Kurzzeitgedächtnisses wäre gewinnbringend, um zwischen Kindern mit und ohne Sprachentwicklungsstörungen zu differenzieren; genau das wird jedoch mit dem Test als Sprachstandserhebungsscreening nicht intendiert.

Der Untertest zur phonologischen Bewusstheit erscheint nicht schlüssig: Während das Identifizieren der Silben sehr einfach ist, ist die Leistung des Rückwärtssprechens von Silben für Vorschulkinder sehr schwer zu leisten. Hier wären altersabhängige Teilaufgaben wünschenswert.

Der Untertest zum frühen Schriftwissen wird sinnvollerweise nur mit Kindern vor Schuleintritt durchgeführt und ist in seiner Konzeption als Prognoseinstrument angelegt, dessen Aussagekraft jedoch zu wenig belegt ist.

Durchführung: Die Durchführung ist weitgehend nachvollziehbar erklärt. Die Instruktionen sind kindgerecht. Es gibt jedoch einige Unklarheiten, die nachfolgend aufgelistet sind.

Der Untertest „Sprache Verstehen" hat zwei Demonstrationsbeispiele, die im Manual jedoch nicht erwähnt werden.

Der Untertest „Grammatik Entwicklung" hat je zwei Demonstrationsbeispiele für die Fähigkeiten Plural, Komparativ und Vergangenheit. Die W-Fragen werden nicht geübt. Im Hinblick auf die W-Fragen wird im Manual angegeben, dass es beim Dativ nicht reiche, auf das Bildmaterial zu zeigen, eine verbale Antwort sei notwendig. An anderer Stelle im Manual sowie an einer Stelle im Stimulusheft, wird das Zeigen jedoch als Alternative zur verbalen Antwort erwähnt.

Beim Untertest „Silben Erkennen" werden nur die ersten fünf Items mit Klatschen begleitet. Durch das anschließende Abbauen dieser Hilfestellung sind manche Kinder nach Erfahrung der Rezensentin irritiert. Im Untertest „Farbnamen-Gedächtnis" wird der Umgang mit dem Mundbild nicht erwähnt.

Es wird nicht angegeben, ob Instruktionen wiederholt werden dürfen. Beim Farbnamentest wird indirekt angegeben, dass normalerweise keine Wiederholungen vorgesehen sind.

Der Umgang mit Selbstkorrekturen des Kindes wird nicht thematisiert. Positiv ist hervorzuheben, dass im Leselerntest alle Hilfen sehr genau aufgeführt sind.

Auswertung: Die Auswertung ist leicht möglich. Es gibt Daten einer klinischen Vergleichsgruppe, die allerdings nur deskriptiv sind und nicht auf Signifikanz geprüft wurden. Ein ausführlich erläutertes Fallbeispiel zum Beweis der Effektivität logopädischer Therapie ist aufgeführt. Es erscheint jedoch wegen des mehrsprachigen Hintergrundes und unauffälliger Testleitungen in den Untertests, die zum Screening gehören, nicht glücklich gewählt.

Als Abbruchkriterium beim Test zum Sprachverstehen werden fünf aufeinanderfolgende Fehler beschrieben, wobei bei zwei Zielsätzen pro Bild unabhängig von ein oder zwei Fehlern pro Bildtafel nicht nachvollziehbar ein Fehler gezählt wird. Im Untertest „Silben Erkennen" wird im Stimulusheft beim ersten Übungsbeispiel erwähnt, dass das Kind einen Punkt erhält, obwohl dies für die Demonstrationsbeispiele nicht vorgesehen ist.

Beim Leselerntest wird nicht angegeben, wie mit lautierendem Lesen von Kindern umzugehen ist.

Normierung
Stichprobe: Die Stichprobe ist erfreulicherweise sehr groß, wird jedoch vom Autor selbst als demographisch nicht repräsentativ bezeichnet.
Normen: Umfangreiche Normierung.

Gütekriterien
Objektivität: Die Objektivität wird durch die oben beschriebenen Unklarheiten in der Durchführung und Auswertung leicht gemindert.
Reliabilität: Die Reliabilitäten der einzelnen Untertests sind mit Ausnahme der Aufgabe „Silben Erkennen – Sprechen" ($r=.64$) als sehr gut zu bewerten.
Validität: Es liegen keine Angaben zur konvergenten/diskriminanten Validität vor.

Bei der prognostischen Studie mit der WLLP wurden lediglich Korrelationen berechnet. Zudem ist der Zeitraum zwischen den beiden Untersuchungen mit vier Monaten Abstand sehr kurz.

Der beschriebene Einzelfall eines Kindes in logopädischer Behandlung wird nur mit dem deskriptiven Nachweis einer Verbesserung nach einem Jahr logopädischer Therapie ohne Nachweis von Signifikanz beschrieben. Die Inhalte der Therapie sind nicht näher beschrieben. Das Kind hatte zu T1 lediglich Therapiebedarf in den Untertests „FN", „SE" und „LT", die zu T2 nicht mehr bestanden.

Es werden Standardabweichungen für die Normierungsstichprobe und die Logopädiefälle angegeben, eine Anleitung zur Berechnung des Konfidenzintervalls erfolgt nicht.

Der Vergleich der Normierungsstichprobe mit Kindern in sprachtherapeutischer Behandlung zeigt, dass die Kinder mit Sprachentwicklungsstörungen deskriptiv besser abschneiden als die Kinder der Normierungsstichprobe. Die Signifikanz wird nicht berechnet.

Es existieren keine Angaben zur Fehlerquote (Sensitivität und Spezifität).

Insgesamt werden die Testgütekriterien im ETS 4-8 unzureichend geprüft (von Suchodoletz, 2012).

Scheuermann, Speicher & Sarimski (2009) verglichen in einer Studie mit 26 Kindern aus Regelkindergärten und 52 Kindern aus Sprachheilkindergärten die Ergebnisse des ETS mit den Leistungen im SETK 3-5 (Grimm, 2001) sowie einem Sprachverständnis- und einem Motoriktest. Sie schlussfolgern, dass der ETS 4-8 zwar zeitökonomisch und motivierend sei, jedoch den sprachlichen Förderbedarf bei Vorschulkindern nicht zuverlässig einschätzen könne.
Nebengütekriterien: Der Test ist der Zielgruppe zumutbar.

Testentwicklung
Die Testentwicklung möchte sich an bestehenden Verfahren und den darin geprüften Fähigkeiten orientieren, spezifiziert diese Angaben jedoch nicht näher. In Bezug auf die W-Fragen möchte sich der ETS 4-8 vermutlich auf die „PDSS" von Kauschke und Siegmüller (2002) beziehen. Im letztgenannten Testverfahren werden die W-Fragen jedoch mit einer völlig anderen Zielsetzung eingesetzt als dies im ETS 4-8 der Fall zu sein scheint. Der Untertest zum Erkennen von Silben orientiert sich am Verfahren „BAKO" von Stock et al. (2003), wobei im „BAKO" nur die Phonem- und nicht die Silbenebene geprüft wird.

Neuropsychologische Aspekte

Theoretischer Rahmen
Nicht alle Testsätze des Untertests „Sprache Verstehen" messen das pragmatische Sprachverständnis. Bei über der Hälfte der Sätze ist Sprachverständnis im engeren Sinn, also linguistisches Entschlüsseln aufgrund der Wort- und Satzbedeutung ohne zusätzliche Hinweisreize, notwendig. Im Manual werden keine Angaben dazu gemacht, welche Items welche Anforderungen mit sich bringen.
Der Untertest „Silben Erkennen" möchte über das Zerlegen von Wörtern in Silben die phonologische Bewusstheit im weiteren Sinn expressiv prüfen. Durch das Rückwärtssprechen der Wörter soll die phonologische Bewusstheit im engeren Sinn geprüft werden, die laut Manual die Fähigkeit der Identifikation und Analyse beinhaltet. Die im Test geforderten Leistungen sind jedoch auch teilweise den Manipulationsaufgaben (Fricke & Schäfer, 2008; Schnitzler, 2008) zuzurechnen, so dass das theoretische Konzept nicht ausreichend untermauert zu sein scheint. Sowohl die Fähigkeit zur phonologischen Bewusstheit im engeren als auch im weiteren Sinn wird in Bezug zum Schriftspracherwerb und dem Risiko einer späteren Lese-Rechtschreibschwierigkeit gesetzt. Nicht deutlich wird, warum das Zeigen der vom Untersucher rückwärts gesprochenen Silben zu gleichen Teilen in die Bewertung eingeht, wie das Segmentieren und das Rückwärtssprechen der Silben.
Der Kurzzeitgedächtnistest „Farbnamen-Gedächtnis" wird mit der Begründung eingeführt, dass Vigilanz, eine motivierende Arbeitshaltung

und das Kurzzeitgedächtnis Voraussetzungen für die Phonem-Graphem-Korrespondenzen im Schriftspracherwerb und den Wortschatzerwerb seien. Auf ein zugrunde liegendes Gedächtnismodell, etwa das von Baddeley (2000), wird kein Bezug genommen. Auch wird nicht an- gegeben, welche Fähigkeit des Gedächtnisses explizit gemessen wird, bzw. ob der Begriff Kurzzeitgedächtnis das Konstrukt des phonologischen Arbeitsgedächtnisses beinhaltet (Baddeley, 1986; Hasselhorn & Werner, 2000).

Der „Leselerntest" möchte die „denkbare" Lernfähigkeit im Schriftspracherwerb bestimmen. Dazu sollen Wörter ganzheitlich erkannt und Laute und Silben identifiziert werden. Auch das Erkennen von neuen Einzellauten wird geprüft, wobei diese mit bekannten Wörtern gekoppelt werden sollen. Es wird kein explizites Modell zugrunde gelegt.

Insgesamt erscheint der theoretische Hintergrund unzureichend.

Anwendungsbereiche

Erfreulicherweise wird im Manual zwischen verschiedenen Gruppen von Kindern unterschieden, wobei die Kinder mit Sprachentwicklungsstörungen von Kindern mit Sprachförderbedarf abgegrenzt werden. Die Terminologie ist jedoch nicht immer eindeutig und z. T. veraltet (z. B. Sprachentwicklungsverzögerung) (vgl. De Langen-Müller, Kauschke, Kiese Himmel, Neumann & Noterdaeme, 2011). Im Manual wird häufig zwischen dem theoretischen Hintergrund zum Thema Sprachstandserhebungen (Bildung) und zum Thema der logopädischen Diagnostik und Therapie (Gesundheit) gewechselt, was für die Anwendergruppe von Erziehern verwirrend sein könnte. Auch ist unklar, wo der Autor sein Instrument im Schwerpunkt verorten möchte: Einerseits wird beschrieben, dass Kinder mit Sprachauffälligkeiten im Sinne der Sprachstandserhebungen entdeckt werden sollen und gegebenenfalls einer weiterführenden Diagnostik zugeführt werden sollen, wenn ihre Leistungen unterhalb des Prozentrangs von 10 liegen. Andererseits wird häufig Bezug zu den Hauptdiagnosen SP1 und SP2 der Logopädie genommen, was sich auch in der Erprobung des Verfahrens in Logopädiepraxen zeigt.

Der Test versteht sich als Screeningverfahren zur Sprachstandserhebung. Laut des Mercator-Institutes (2013) sollen mit einem Sprachstandsverfahren die zentralen Bereiche der sprachlichen Entwicklung eines Kindes auf der Grundlage einer theoretisch und empirisch abgesicherten Basis eingeschätzt werden können. Qualitätsmerkmale für Sprachstandserhebungen sind in jüngerer Zeit verstärkt in der Diskussion und lassen an der Berechtigung vieler bisher etablierter Verfahren zweifeln.

Der ETS 4-8 erscheint insgesamt vor dem Hintergrund seiner theoretischen Schwächen weder als Sprachstandserhebungs-, noch als differenziertes Diagnostikinstrument für die sprachtherapeutische Praxis geeignet. Es entsteht der Eindruck, dass ein möglichst breites Verfahren entwickelt wurde, welches sowohl von pädagogischem als auch vom medizinischen Fachpersonal gleichermaßen eingesetzt werden kann.

Handhab-barkeit und klinische Anwendung

Die Einarbeitung in den Test erfordert durch die beiliegende CD und das Manual keinen sehr hohen Zeitaufwand. Der Protokollbogen ist übersichtlich gestaltet, die Abbruchkriterien sind durchgängig vermerkt.

Im Testmanual wird angegeben, dass der Gesamttest vor allem im unteren Leistungsbereich gut misst. Nach Erfahrung der Rezensentin erscheinen die Anforderungen des Sprachverstehens für fünf- und sechsjährige Kinder im Vergleich zu anderen Sprachverständnistests und zur expressiven Sprachentwicklung vergleichsweise hoch.

Die Anforderungen im Bereich rezeptive grammatische Kompetenz in Form von W-Fragen erscheinen ebenfalls hoch, da beispielsweise auch der Genitiv geprüft wird.

Die Untertests „Sprache Verstehen" und „Grammatik Entwicklung", die als Kurzscreening fungieren, sind rasch durchführbar und motivierend.

Die phonologische Kompetenz des Zerlegens von Wörtern in Silben erscheint nur für die vier- und fünfjährigen Kinder sinnvoll. Das Manipulieren von Wörtern rückwärts gelingt nach Erfahrung der Rezensentin sechsjährigen sprachgesunden Kindern nicht. Der Untertest „Silben Erkennen" dauert bei vollständiger Durchführung 15 Minuten. Das Abbruchkriterium wird in der Regel nicht erreicht, da die Kinder zumindest die Silben korrekt zergliedern.

Der Leselerntest ist durch die Hilfestellungen gut durchführbar.

Katrin Thelen

Heidelberger Sprachentwicklungstest (HSET)

Hannelore Grimm & Hermann Schöler

Göttingen: Hogrefe, 1990

Zusammenfassende Testbeschreibung

Zielsetzung und Operationalisierung

Konstrukte

Dem HSET werden zwei Sprachbegriffe zugrunde gelegt: die sprachlich-linguistische Kompetenz und die sprachlich-pragmatische Kompetenz. Die sprachlich-linguistische Kompetenz umfasst die drei Bereiche Phonologie, Syntax mit Morphologie sowie Semantik. Operationalisiert werden diese Bereiche durch die Komponenten Phonem, Morphem, Wort sowie Satz.

Die sprachlich-pragmatische Kompetenz umfasst das System von Regeln für die intersubjektive Verständigung der Sprecher. Grundeinheit ist der Sprechakt. Unter der pragmatischen Kompetenz wird eine integrative Fähigkeit verstanden, die linguistische, kognitive und interaktive Kompetenzen gleichermaßen mit einschließt.

Testdesign

Anhand von sechs Schwerpunktbereichen werden die beiden oben genannten Sprachbegriffe operationalisiert:
Satzstruktur, Morphologische Struktur, Satzbedeutung, Wortbedeutung, interaktive Bedeutung, Integrationsstufe.

Angaben zum Test

Normierung

Alter: Für acht Altersgruppen wurden vorläufige Normen erstellt: Unter 4 Jahren (N=53); von 4;0 bis 9;11 Jahre in Halbjahresschritten. Die Normierungsstichprobe von 1976 umfasste insgesamt 791 Kinder im Alter zwischen drei und zehn Jahren.
Bildung: Durch den Beruf des Vaters definierte Untergruppen
1. Obere Schichten;
2. mittlere Schichten;
3. untere Schichten und
4. Vater verstorben oder keine Angaben.
Geschlecht: Keine nach Geschlecht getrennte Normierung.

Material

Manual, Durchführungsanweisungen, Protokollbogen, Bildband, 10 Tierfiguren, 4 Holzpuppen, 1 Holzklötzchen, 30 Bildkarten, 6 Begriffskarten, 4 Gesichtsbilder.

Durchführungsdauer
Die Durchführungsdauer beträgt insgesamt circa 70 bis 75 Minuten und wird für die einzelnen Subtests wie folgt angegeben:
- *Verstehen grammatischer Strukturformen circa 8 Minuten.*
- *Plural-Singularbildung circa 6 Minuten.*
- *Imitation grammatischer Strukturformen circa 3 Minuten.*
- *Korrektur semantisch inkonsistenter Sätze circa 4 Minuten.*
- *Bildung von Ableitungsmorphemen circa 6 Minuten.*
- *Benennungsflexibilität circa 3 Minuten.*
- *Begriffsklassifikation circa 11 Minuten.*
- *Adjektivableitung circa 5 Minuten.*
- *In-Beziehung-Setzung von verbaler und nonverbaler Information circa 4 Minuten.*
- *Enkodierung und Rekodierung gesetzter Intentionen circa 6 Minuten.*
- *Satzbildung circa 5 Minuten.*
- *Wortfindung circa 5 Minuten.*
- *Textgedächtnis circa 5 Minuten.*

Testkonstruktion

Design   Insgesamt besteht der HSET aus 13 Subtests zu 6 Bereichen.

Aufgabe
Satzstruktur: Diese Subtests geben Auskunft über das erworbene grammatische Regelwissen bezüglich der Produktion und Rezeption verschieden komplexer Satzstrukturen.
- Verstehen grammatischer Strukturformen (VS): Vorgesprochene Sätze sollen von dem Kind mit Spielfiguren ausagiert werden.
- Imitation grammatischer Strukturen (IS): Vorgesprochene Sätze sollen von dem Kind reproduziert werden.

Morphologische Struktur: An Realwörtern und Kunstwörtern werden die Fähigkeiten überprüft, mithilfe von Morphemmarkierungen Wortbildungen bzw. Numerusmarkierungen vorzunehmen.
- Plural-Singular-Bildung (PS): Anhand von Kunstwörtern sollen vorgegebene Wortformen im Singular in die entsprechende Pluralform umgewandelt werden.
- Bildung von Ableitungsmorphemen (AM): Aus einem vorgegebenen Wortstamm sollen verschiedene regelhafte Ableitungen vorgenommen werden.
- Adjektivableitungen (AD): Dimensionale Adjektive sollen regelgeleitet verändert werden, wofür sowohl Real- als auch Kunstwörter verwendet werden.

Satzbedeutung: Das Verstehen und Korrigieren grammatisch korrekter, aber semantisch nicht passend kombinierter Wortbedeutungen und die Konstruktion semantisch sinnvoller Sätze werden überprüft.

– Korrektur semantisch inkonsistenter Sätze (KS): Sätze mit einem semantisch nicht passenden Wort sollen von dem Kind in korrigierter Form reproduziert werden.
– Satzbildung (SB): Aus vorgegebenen Wörtern sollen semantisch sinnvolle Sätze gebildet werden.

Wortbedeutung: Überprüft wird die semantische Organisation des mentalen Lexikons des Kindes nach semantischen Feldern und semantischen Relationen.

– Wortfindung (WF): Ein passender Basisbegriff aus dem gleichen semantischen Feld wie die vorgegebenen Begriffe soll abgerufen werden.
– Begriffsklassifikation (BK): Basisbegriffe sollen zu Oberbegriffen zugeordnet werden.

Interaktive Bedeutung: Überprüft werden die Fähigkeiten zur empathischen und kognitiven Perspektivenübernahme sowie zur Rollenübernahme, verbunden mit der Fähigkeit sprachliche Äußerungen mit den dazu passenden emotionalen Zuständen in Verbindung zu bringen.

– Benennungsflexibilität (BF): Eine Person soll in ihren verschiedenen Rollen, die sie gegenüber unterschiedlichen anderen Personen einnimmt, benannt werden (zum Beispiel kann eine Person zugleich Mutter, aber auch Tochter oder Schwester sein).
– In-Beziehung-Setzung von verbaler und nonverbaler Information (VN): Vorgegebenen Äußerungen sollen unterschiedlichen emotionalen Zuständen zugeordnet werden.
– Enkodierung und Rekodierung gesetzter Intentionen (ER): Ein kurzes soziales Ereignis wird vorgelesen. Das Kind soll anhand eines Gesichtsausdrucks einer Person entscheiden, was diese Person auf dieses soziale Ereignis hin äußert.

Integrationsstufe: Ein semantisch sinnvoller Text soll nach einer längeren Zeitspanne rekonstruiert werden, wofür neben Gedächtnisleistungen grammatische und semantische Fähigkeiten erforderlich sind.

– Textgedächtnis (TG): Ein Text wird vorgelesen und nach ca. 20 Minuten wird das Kind gebeten, diesen nachzuerzählen.

Die Aufgaben zu den einzelnen Subtests sind nach Schwierigkeit gestaffelt. Zu jedem Subtest werden Abbruchkriterien definiert, die sich an der Schwierigkeit der Items orientieren.

Konzept
Sprachliches Lernen wird als aktiver, kognitiver Konstruktionsprozess von Regeln über Aufbau und Verwendung sprachlicher Strukturen verstanden. Unterschieden wird im HSET zwischen Regelwissen, das mit den linguistischen Kompetenzen abgebildet werden soll, und Verwendung, die durch die pragmatischen Kompetenzen transportiert werden soll. Operationalisiert werden diese beiden Sprachbegriffe durch die Bereiche Phonologie, Morphologie, Syntax, Semantik für die linguistische Kompetenz einerseits und die pragmatische Kompetenz durch

die Integration von linguistischen, kognitiven und interaktiven Fähigkeiten andererseits.

Die Konstruktion von Regelwissen wird als ein Prozess verstanden, der sich allmählich über verschiedene Zwischenschritte vollzieht. Infolgedessen werden die Auswertungsformate nicht dichotom in richtig und falsch konzipiert, sondern dreiteilig (0 – 1 – 2 Punkte), um die Art der Aufgabenbewältigung zu erfassen.

Variablen

Satzstruktur, Morphologische Struktur, Satzbedeutung, Wortbedeutung, interaktive Bedeutung.

Alle Subtests werden mit dem oben genannten dreiteiligen Auswertungsformat ausgewertet. Die einzige Ausnahme ist der Subtest zur Satzstruktur (Verstehen grammatischer Strukturformen). Für diesen ist abweichend eine dichotome Auswertung in richtig oder falsch möglich. Für alle Subtests können T-Werte ermittelt werden.

Durchführung

Die einzelnen Subtests sollen in der vorgegebenen Reihenfolge durchgeführt werden. Zeitliche Beschränkungen für die Bearbeitung der Aufgaben gibt es nicht. Die Instruktionen sind in genauem Wortlaut vorgegeben und werden mündlich präsentiert. Der Testleiter schreibt die Äußerungen des Kindes auf dem Protokollbogen mit.

Bei Kindern unter fünf Jahren werden die Subtests Korrektur semantisch inkonsistenter Sätze, Begriffsklassifikation und Enkodierung sowie Rekodierung gesetzter Intentionen weggelassen. Die Reihenfolge der übrigen Subtests soll jedoch beibehalten werden.

Für jeden Subtest sind Abbruchkriterien und in Abhängigkeit von dem Alter des untersuchten Kindes Einstiegskriterien definiert.

Das benötigte Material wird angegeben und ist fast vollständig im Testkoffer enthalten.

Auswertung

a) Rohwertbestimmung: Jede Aufgabe wird mit 0 – 1 – 2 Punkten bewertet. Im Handbuch finden sich ausführliche Beschreibungen und Beispiele für die Punktvergabe. Anschließend werden alle Punktwerte für einen Subtest aufaddiert. Diese entsprechen den Subtestrohwerten.

b) Vergleich mit Normgruppe: Mithilfe der Normwerttabellen können den Rohwerten T-Werte und Prozentränge zugeordnet werden. Durch den Übertrag der T-Werte in ein Diagramm kann eine Übersicht zu dem Leistungsprofil des Kindes erstellt werden. Darüber hinaus können für jeden Subtest für die drei Altersgruppen Vertrauensintervalle berechnet werden.

c) Kritische Differenzen für einen intraindividuellen Vergleich: Anhand einer Tabelle können T-Wert-Unterschiede in den Subtests eines Kindes daraufhin bewertet werden, ob die Unterschiede in den Subtestleistungen signifikant sind oder nicht.

d) Kritische Differenzen für einen interindividuellen Vergleich: Ebenfalls anhand einer Tabelle können T-Wert-Unterschiede verschiedener Kinder für jeweils denselben Subtest auf signifikante Differenzen hin bewertet werden.

Zusätzlich werden Hilfestellungen für die Interpretation der Testergebnisse angeboten und Beispielprofile unterschiedlicher Schülertypen vorgestellt.

Normierung

Stichprobe

791 Kinder im Alter zwischen drei und zehn Jahren. Davon 372 Jungen und 419 Mädchen. Hinzu kamen ausgewählte Gruppen von 115 Schülern einer Sonderschule für Lernbehinderte sowie 11 Schülern einer Legastenieklasse (diese Bezeichnungen schulischer Förderung wurden dem Manual entnommen, auch wenn sie den aktuellen Bezeichnungen und Organisationsformen schulischer Förderung nicht mehr entsprechen). Die Stichprobe ist nicht repräsentativ. Die Erhebungen fanden vor allem in Kindergärten im nördlichen Baden-Württemberg statt.

Die Kinder wurden in drei Altersklassen zusammengefasst: Gruppe I: Kinder unter fünf Jahren (M=50.7 Monate, SD =6.2), Gruppe II: Kindergartenkinder ab fünf Jahren (M=69.6 Monate, SD =6.6), Gruppe III: Schulkinder (M=97.0 Monate, SD =10.6).

Jahr der Normierung: 1976. Die vorliegenden Daten beziehen sich auf die Analyse der zweiten Experimentalform der Aufgaben und Untertests.

Normen

Alter: Für acht Altersgruppen wurden vorläufige Normen erstellt:
1. Unter 4 Jahren (N=53).
2. 4;0 bis 4;5 Jahre (N=47).
3. 4;6 bis 4;11 Jahre (N=63).
4. 5;0 bis 5;5 Jahre (N=117).
5. 5;6 bis 5;11 Jahre (N=170).
6. 6;0 bis 6;11 Jahre (N=126).
7. 7;0 bis 7;11 Jahre (N=123).
8. 8;0 bis 9;11 Jahre (N=92).

Bildung: Die Sozialschichten wurden in Anlehnung an Kleining & Moore (1968) in neun Untergruppen unterteilt, die durch den Beruf des Vaters definiert werden. Die ursprüngliche Aufteilung wurde jedoch auf drei Untergruppen reduziert, so dass es folgende Gruppen gibt:
1. Obere Schichten (N=115)
2. Mittlere Schichten (N=293)
3. Untere schichten (N=257)
4. Vater verstorben oder keine Angaben (N=126)

Geschlecht: Die Normierungen beziehen sich ausschließlich auf Altersdifferenzen. Da sich für keine Altersgruppe bedeutsame Unterscheidungen in den Leistungen von Jungen und Mädchen finden lassen, findet keine Trennung nach Geschlecht statt.

Gütekriterien   **Objektivität**

Durchführung: Durch die genauen Durchführungsangaben gilt die Durchführungsobjektivität als gesichert.

Auswertung: Auswertungsobjektivität wurde mittels Interrater-Reliabilitätsprüfungen ermittelt. Werte über .95 (in 9 der 13 Subtests) lassen auf eine gute Interrater-Reliabilität und damit eine gute Auswertungsobjektivität schließen.

Reliabilität

Interne Konsistenz: Die Konsistenzschätzung erfolgte mittels Lambda-Werten nach Guttman. Diese liegen für die drei Altersgruppen für alle Subtests getrennt vor. Für die gesamte Stichprobe liegt der Reliabilitätskoeffizient des HSET bei $r=.98$.

Paralleltest-Reliabilität: Keine Parallelversionen vorhanden.

Retest-Reliabilität: keine Angaben

Weitere Reliabilitätsmaße: Trennschärfekoeffizienten für die einzelnen Subtests und den Gesamttest werden angegeben. Für den Gesamttest liegen die Koeffizienten zwischen $r=.51$ und $r=.82$.

Validität

Konstruktvalidität: Faktorenanalytische Untersuchungen lassen zusammenfassend zwei Faktoren erkennen: Einen generellen Sprachfaktor und einen zweiten Faktor, der jedoch für die drei Altersgruppen differiert. Die Aufklärungsvarianz für den generellen Sprachfaktor liegt für alle Altersgruppen zwischen 42 bis 50 %.

Konvergente/diskriminante Validität:

Es wurden Korrelationen zwischen den einzelnen Untertests getrennt für die Altersgruppen berechnet. Insgesamt lässt sich tendenziell erkennen, dass der innere Zusammenhang der verschiedenen Untertests des HSET mit dem Alter zunimmt.

Untersuchungen in kleinen Stichproben zeigen

– einen geringen Zusammenhang zwischen den Subtestergebnissen des HSET und Ergebnissen der Progressiven Matrizen von Raven (1963);

– kein eindeutiges Bild über den Zusammenhang von HSET-Ergebnissen und dem Bildertest BT 1-2 (1976). Zusammenhänge können für einzelne Subtests gefunden werden, wobei Stichprobenumfang und Homogenität der Stichprobe nicht repräsentativ sind.

Kriteriums- bzw. klinische Validität: Eine Untersuchung von 11 Schülern einer Legasthenieklasse im Vergleich zu altersentsprechenden Schülern ohne Auffälligkeiten im Lesen und Schreiben zeigen, dass die beiden Gruppen anhand der vier Subtests PS, WF, AD und VS getrennt werden können. Anhand einer Diskriminanzanalyse kann die Gruppenzugehörigkeit zu 100 % korrekt vorhergesagt werden.

In einer weiteren Studie wurden 115 Schüler mit einer Lernbehinderung zwischen 8 und 13 Jahren untersucht. Dabei unterscheiden sich

die Leistungsprofile der Grund- und Sonderschüler in der Profilhöhe und nicht im Profilverlauf.
Ökologische Validität: keine Angaben

Nebengütekriterien
Akzeptanz: keine Angaben
Transparenz: keine Angaben
Zumutbarkeit: keine Angaben
Verfälschbarkeit: keine Angaben
Störanfälligkeit: keine Angaben

Neuropsychologische Aspekte

Theoretischer Rahmen

Die Entwicklung der Sprache wird auf der Grundlage entwicklungspsychologischer und linguistischer Modelle betrachtet. Aus linguistischer Sicht wird Sprache als Oberbegriff verwendet, der sich sowohl auf das System als auch auf die Handlung bezieht. Ersteres meint Sprache als ein grammatisches System und zweiteres das kommunikative Handeln.

Entwicklungspsychologische Modelle dienen der Beschreibung und Erklärung, wie Kinder im Verlauf der Entwicklung Fähigkeiten sowohl im Erwerb des grammatischen Regelsystems als auch in der funktionalen Verständigung aufbauen.

Des Weiteren werden sechs allgemeine Prinzipien für den Spracherwerb vorgestellt, die von diagnostischer und prognostischer Relevanz sind:

1. Sprachlernen wird als Lernen von Regeln aufgefasst, die durch kognitive Leistungen wie Gruppierung und Differenzierung zur Kategorienbildung gekennzeichnet sind. Übergeneralisierungen und Überdiskriminierungen werden in diesem Zusammenhang als Zwischenschritte betrachtet.
2. In dialogischen Situationen mit der primären Bezugsperson lernt das Kind kulturelle Konventionen über den Aufbau der Sprache und die Verwendung dieser in Gesprächen.
3. Der Motor des Erwerbs der Sprache sei das kommunikative Handeln.
4. Sprachentwicklung ist ein Prozess der zunehmenden Ausdifferenzierung, aber auch Integration von Regeln.
5. Das Verstehen der Sprache gehe der Produktion voraus.
6. Über Sprachspiele, die in konkrete Situationen mit der primären Bezugsperson eingebettet sind, baut das Kind allmählich abstrakteres sprachliches Regelwissen auf.

Anwendungsbereiche

Der HSET dient der Prüfung, ob und in welchem Ausmaß sprachliche Fähigkeiten von Kindern unterschiedlicher Altersgruppen erworben wurden.

Die Anwendung wurde sowohl für Kinder aus allgemeinbildenden vorschulischen und schulischen Einrichtungen als auch für Kinder mit spezifischen oder sonderpädagogischen Förderbedarfen erprobt.

Funktionelle Neuroanatomie

Hinweise auf neuroanatomische Lokalisationen von sprachlichen Leistungen werden im Manual nicht gegeben.

Ergebnisbeeinflussende Faktoren

Eine gründliche Vorbereitung in Anwendung und Auswertung des HSET sowie ein aufmerksam zugewandtes Verhalten des Testleiters minimieren Einschränkungen bei der Testdurchführung.

Testentwicklung

Der vorliegenden Fassung des HSET gingen mehrjährige Forschungsarbeiten voraus. 1972 bis 1974 wurden eine Reihe von Aufgaben für die Erfassung der sprachlichen Fähigkeiten von Kindern im Vor- und Grundschulalter entwickelt (Grimm, Schöler & Wintermantel, 1975; Grimm & Wintermantel 1975). Daraus wurde eine erste Experimentalversion entwickelt und an 481 Kindern zwischen drei und acht Jahren erprobt. Auf der Grundlage einer daran anschließenden Analyse der Aufgaben und Untertests wurde die zweite Experimentalversion und damit die derzeit aktuelle Version des HSET entwickelt und 1976 an 791 Kindern erneut erprobt.

Seit 1991 liegt auch eine schweizerische Version des HSET vor, die an Stichproben mit Kindern aus der Schweiz normiert wurde und den besonderen Sprachverhältnissen der deutschsprachigen Schweiz angepasst wurde (Grissemann, Baumberger & Hollenweger, 1991).

Testbewertung

Die Kritik im Überblick

Vorteile des Verfahrens sind die differenzierte und nahezu umfassende Überprüfung der sprachlichen Fähigkeiten in verschiedenen Subtests. Nachteilig zu bewerten sind die veralteten Materialien und Normwerte sowie die lange Durchführungsdauer bei vollständiger Testdurchführung, die für Kinder mit Beeinträchtigungen kaum zu bewältigen ist.

Testmaterial

Die beigefügten Testmaterialien sind sehr anwenderfreundlich und sichern die Durchführungsobjektivität. Allerdings sind die Bildmaterialien nicht mehr auf die aktuelle Lebenswelt von Kindern bezogen und auch die Bildqualität entspricht nicht mehr den derzeitigen Standards der Technik.

Die Holzfiguren sind sehr klein und zum Teil in der Form stark vereinfacht, so dass gerade jüngere Kinder oder Kinder mit komplexeren Beeinträchtigungen mit der Handhabung und dem Erkennen der Figuren Schwierigkeiten zeigen.

Ähnliches gilt für die Wortauswahl. Hier müsste für manche Aufgaben eine Überarbeitung hinsichtlich eines alltagsnahen Wortschatzes von Kindern zwischen drei und 10 Jahren erfolgen.

Die Dokumentation und Auswertung der Ergebnisse anhand des Protokollbogens ist für alle Untertests gut möglich.

Testdesign

Konzept: Das Konzept des HSET bezieht sich nicht auf ein neuropsychologisches Modell zum Spracherwerb.

Die Operationalisierung der beiden Sprachbegriffe ermöglicht zum Teil eine differenzierte Auswertung der sprachlichen Strukturen. Insbesondere grammatische Fähigkeiten können differenziert erfasst werden, so dass damit Aussagen über sprachliche Fähigkeiten und Defizite im morphologischen und syntaktischen Bereich gut möglich sind. Der semantisch-lexikalische Bereich wird mit Schwerpunkt auf die Semantik über Begriffsklassifikation und Satzsemantik erfasst. Eine valide Einschätzung des Wortschatzes ist allerdings nicht möglich.

Der Bereich phonologischer Fähigkeiten kann mit dem HSET nicht erfasst werden.

Pragmatische Kompetenzen werden über die Fähigkeiten zur kognitiven und empathischen Rollenübernahme erfasst. Fähigkeiten des Kindes, in realen Gesprächssituationen pragmatisch angemessen teilzunehmen, zum Beispiel Gespräche zu initiieren, zu gestalten und abzuschließen, können mit dem HSET nicht überprüft werden.

Variablen: Mit den Ebenen Satzstruktur, morphologische Struktur, Satzbedeutung, Wortbedeutung, interaktive Bedeutung und Integrationsstufe werden wesentliche sprachliche Entwicklungsbereiche überprüft.

Die Auswertung der Subtests dieser Bereiche und Darstellung in einem Entwicklungsprofil ermöglicht eine übersichtliche Ergebnispräsentation. Für die Erstellung eines vollständigen sprachlichen Profils wären die Berücksichtigung des Wortschatzes und der Aussprache wünschenswert.

Durchführung: Die Durchführungsanweisung ist übersichtlich gestaltet und ermöglicht dem Testleiter eine zeitökonomische Vorbereitung und eine inhaltlich gut nachvollziehbare Anleitung.

Auswertung: Die Auswertung wird präzise und anhand konkreter Beispiele gut nachvollziehbar beschrieben.

Neben der Umwandlung der Rohwerte in verschiedene Normwerte trägt auch die Ermittlung von kritischen T-Wert-Differenzen zu einer differenzierten Auswertung und Interpretation der Testergebnisse bei.

Im Manual wird auf die ergänzende Veröffentlichung von Grimm & Schöler (1985) hingewiesen, die Erfahrungen der Autoren mit dem Testverfahren, aber auch theoretische und entwicklungspsychologische Grundlagen näher erläutert. Es wird daher empfohlen, diese Arbeit als Ergänzung zum Manual zu nutzen.

Normierung

Stichprobe: Der Stichprobenumfang ist geringer als bei vergleichbaren aktuellen Testverfahren (P-ITPA mit $N=3\,572$ oder SET 5-10 mit $N=1\,052$) und nach eigenen Angaben der Autoren nicht repräsentativ.

Normen: Normen werden in Halbjahresschritten angegeben und sind damit gut differenziert.

Eine Einschränkung ist jedoch in dem Alter der Nomen zu sehen, deren Berechnungen auf der Erhebung von 1976 beruhen und damit nicht umstandslos auf die Leistungen heutiger Kinder übertragen werden können.

Vergleichsprofile mit klinischen Gruppen beruhen auf kleinen Stichproben, so dass keine Normen für diese berechnet wurden.

Gütekriterien

Objektivität: Durch die genauen Angaben zur Durchführung und Auswertung sowie die Berechnung der Interrater-Reliabilität ist von einer guten Objektivität auszugehen.

Reliabilität: Insgesamt lassen die Koeffizienten den HSET als ein sehr reliables Verfahren erscheinen.

Validität: Die ausführliche Validierung des Verfahrens sowohl hinsichtlich der internen als auch der externen Validität zeigen eine sehr sorgfältige empirische Dokumentation des Konstruktes Sprache.

Die in der Faktorenanalyse ermittelten zwei Faktoren entsprechen nicht den beiden Sprachbegriffen oder den sechs Schwerpunkten in der theoretischen Beschreibung des Testkonzeptes. Damit lassen sich die Schwerpunkte des HSET faktoriell nicht validieren. Die eher geringen Subtestinterkorrelationen lassen die Profildarstellung als sinnvoller erscheinen als eine Zusammenfassung der Maße in einem Gesamtmaß.

Neuropsy-
chologische
Aspekte

Theoretischer Rahmen

Theoretische Fundierung ist die Grammatiktheorie Chomskys (1988), der die sprachlichen Regelmäßigkeiten in ein generatives Modell fasste. Gemäß diesem können die sprachlichen Produktionen an der Oberfläche erst aufgrund zugrundeliegender Tiefenstrukturen mit hierarchisch gegliederten Regeln vorgenommen werden (Grimm, Schöler & Wintermantel, 1975). Dieser Zugang zum Spracherwerb wird ergänzt durch einen entwicklungspsychologischen Ansatz, der Entwicklung als kognitiven Konstruktionsprozess von Regeln auffasst, der in Zwischenschritten bis zum Erwerb der vollständigen korrekten Form verläuft und durch dialogische Vermittlung durch die primäre Bezugsperson erfolgt (Grimm, 1978).

Diese Betrachtung des Spracherwerbs hat Grimm (2003) zu einem integrativen Modell zusammengefasst, in dem sowohl angeborene, als auch interaktive und kognitive Faktoren eine bedeutsame Rolle spielen.

Anwendungsbereiche

Der HSET ist für einsprachig deutsche Kinder im vorschulischen und schulischen Bereich einsetzbar, die geringe bis keine kognitiven Beeinträchtigungen aufweisen. Bedingungen der Anwendung des HSET bei Kindern mit geistiger Behinderung oder schweren Entwicklungsstörungen beschreiben Sarimski & Steinhausen (2007).

Handhab-
barkeit und
klinische
Anwendung

Der HSET fand sowohl in Forschungskontexten unter anderem zur Validierung von Sprachentwicklungstests mit KISTE (Kasilke, Frank & Scheidereiter, 1992), P-ITPA (Esser, Wyschkon, Ballaschk & Hänsch, 2010) als auch im schulischen und sprachtherapeutischen Kontext Anwendung und hatte dort einen beachtlichen Stellenwert.

Die Anwendung des HSET scheint für eine sichere Beurteilung von Kindern als spracherwerbsgestört nicht gut möglich zu sein (Suchodoletz & Höfler, 1996).

Der Stellenwert des HSET wird vermutlich aufgrund aktuellerer Testverfahren mit neueren Normen abnehmen. Auch die vergleichbar lange Durchführungszeit (von 70 Minuten) kann von neueren Verfahren unterboten werden.

Die lange Durchführungszeit und die zum Teil hohe Komplexität der einzelnen Subtests haben ihn bisher für die Untersuchung von Kindern mit umfassenden Spracherwerbsstörungen oder solchen mit komplexen Beeinträchtigungen in seiner Brauchbarkeit eingeschränkt (Quaiser-Pohl & Köhler, 2008). Da die Normen aber auf Subtestebene vorliegen, ist eine Anwendung gezielt ausgewählter Subtests gut möglich.

Anja Schröder

Münchner Auditiver Screeningtest für Verarbeitungs- und Wahrnehmungsstörungen (MAUS)

Andreas Nickisch, Christina Heuckmann, Thorsten Burger

Wertingen: WESTRA Elektroakustik GmbH, 2003/2004

Zusammenfassende Testbeschreibung

Zielsetzung und Operationalisierung

Konstrukte

Auditive Verarbeitungs- und Wahrnehmungsstörung (AVWS); auditive Kurzzeitspeicherung und Sequenzierung; auditive Selektion; auditive Differenzierung und Identifikation.

Testdesign

Es sollen auditiv präsentierte Wörter bzw. Kunstwörter nach einem vorgegebenen Kriterium wiederholt bzw. differenziert werden. Es werden drei Untertests angewendet: Silbenfolgen, Wörter im Störgeräusch, Phonemdifferenzierung/Phonemidentifikation.

Angaben zum Test

Normierung

Alter: Drei Altersgruppen für alle Untertests: 6 bis 7;5 Jahre (N = 75), 7;6 bis 8;5 Jahre (N = 77), 8;6 bis 11 Jahre (N = 204).
Bildung: Nicht bedeutsam.
Geschlecht: Nicht bedeutsam.

Material

Audiometrie Disk bzw. CD-ROM und Handbuch mit Normtabellen; benötigt werden ein Tonträger, Audiometrie-Kopfhörer und ein zweikanaliges Audiometer.

Durchführungsdauer

Circa 15 Minuten Testdauer.

Testkonstruktion

Design

Aufgabe

3 Untertests in fester Reihenfolge:
Untertest A, Silbenfolgen: Wiederholung der vorgesprochenen Silbenfolgen, jeweils 6 Kunstwörter mit 3, 4 und 5 Silben.

Untertest B, Wörter im Störgeräusch: Wiedergabe von einsilbigen,
hochfrequenten Wörtern (24 Items), von denen 12 auf dem rechten
und 12 auf dem linken Ohr dargeboten werden.

Untertest C, Phonemdifferenzierung/Phonemidentifikation: Entscheidung, ob das jeweilige sinnfreie Silbenpaar (13 Konsonant-Vokal und
10 Konsonant-Konsonant-Vokal-Silbenpaare) gleich oder verschieden
ist, mit anschließender Wiederholung des Paares.

Konzept
MAUS ist ein Screeninginstrument, bei dessen Entwicklung die Konzepte aus drei bestehenden Testverfahren so kombiniert wurden, dass
alle Kinder mit einer modalitätsspezifischen AVWS identifiziert werden
können. Der Test umfasst drei Bereiche: Silbenfolgen, Wörter im Störgeräusch sowie Phonemdifferenzierung und Phonemidentifikation.

Variablen
In die Auswertung fließen die Anzahl der korrekt produzierten Wörter,
Silbenfolgen bzw. Silbenfolgenpaare und die Fehler ein. Falsch oder
nicht wiederholte Items werden als Fehler gewertet. Die Punktzahl der
Items im Untertest A wird differenziert nach erstem und zweitem Ver-
such (2 oder 1 Punkt).

Durchführung
Die Instruktion für jeden Untertest wird mündlich vorgegeben. Der Untertest C beinhaltet eine Übungsphase. Die Testwörter werden vom
Tonträger über Audiometrie-Kopfhörer bei 65 dBHL über ein zweikanaliges Audiometer dargeboten. Es wird empfohlen, die Fehler zu
protokollieren, um eine qualitative Fehlerauswertung zu ermöglichen.

Auswertung
Der Gesamtscore des jeweiligen Untertests ergibt sich aus der Summe
der korrekt produzierten Items. Einzig im Untertest A werden für die
unmittelbar korrekte Wiedergabe 2 Punkte und für ein korrektes Nachsprechen nach Wiederholung 1 Punkt vergeben. Die altersabhängi-
gen Normwerte werden in den Tabellen in T-Wertebereichen angegeben.

Bei der CD-ROM-Testauswertungsversion werden die Ergebnisse in
einem Ergebnisbogen über den PC erstellt.

Normierung   **Stichprobe**
356 Grundschulkinder von der ersten bis vierten Klassenstufe mit
einem Durchschnittsalter von 8,76 Jahren (Median: 8,84, s = 1,27), 189
männlich und 167 weiblich.

Normen
Alter: Drei Altersgruppen: 6;0 bis 7;5 Jahre (*N*=75), 7;6 bis 8;5 Jahre (*N*=77), 8;6 bis 11 Jahre (*N*=204).
Bildung: Einheitliche Bildung, da Grundschulkinder.
Geschlecht: Keine signifikanten Geschlechtsunterschiede, darum keine geschlechtsspezifische Normierung.

Gütekriterien **Objektivität**
Durchführung: Durch die standardisierte Testdarbietung ist die Durchführungsobjektivität gesichert.
Auswertung: Aufgrund der dichotomen Auswertungsmöglichkeit (richtig/falsch) kann von einer guten Auswertungsobjektivität ausgegangen werden.

Reliabilität
Cronbachs Alpha für die Untertests Silbenfolgen .75, Wörter im Störgeräusch .52 (gesamt), .43 (links), .42 (rechts), Phonemdifferenzierung .75., Phonemidentifikation .73, für den Gesamttest .80 (N=356).
Paralleltest-Reliabilität: Keine Paralleltests vorhanden.
Retest-Reliabilität: „wird derzeit untersucht" (S. 18).
Weitere Reliabilitätsmaße: Testhalbierungs-Reliabilität, Skaleninterkorrelationen zwischen zwei Untertests liegen zwischen *r*=.08 und *r*=.50 (*N*=356).

Validität
Konstruktvalidität: Aufgrund zumeist geringer Skaleninterkorrelationen gehen die Autoren davon aus, dass die einzelnen Subtests „relativ unabhängig voneinander einen Beitrag zur Erfassung des Konstrukts AVWS liefern" (S. 18).
Konvergente/diskriminante Validität: Für eine Stichprobe von *N*=52 (*N*=16 ohne AVWS, *N*=36 mit AVWS) wurden hohe Korrelationen der MAUS-Subtests zu Außenkriterien, d. h. zu korrespondierenden, herkömmlich verwendeten AVWS-Testverfahren aus der Standarddiagnostik ermittelt (*r* zwischen .51 und .81).
Kriteriums- bzw. klinische Validität: Klassifikationsgüte (Sensitivität) von 97,2 % in der klinischen Gruppe (*N*=36). Weitere Untersuchungen zur Sensitivität und Spezifität stehen noch aus.
Korrelationen der Normierungsstichprobe zwischen der Deutschnote und den jeweiligen Subtests A, B und C (Phonemdifferenzierung) zeigen mit Werten zwischen *r*=−.13 und *r*=−.19 keine Relevanz.
Ökologische Validität: keine Angaben

Nebengütekriterien
Akzeptanz: keine Angaben
Transparenz: keine Angaben
Zumutbarkeit: keine Angaben
Verfälschbarkeit: keine Angaben
Störanfälligkeit: keine Angaben

Neuropsychologische Aspekte

Theoretischer Rahmen
Ein theoretisches Hintergrundmodell der zentralen Hörprozesse wird nicht vorgestellt. Die Problematik der diagnostischen Prozesse wird deutlich ausgeführt.

Anwendungsbereiche
Einsatz als Screeninginstrument, um diejenigen Kinder zu identifizieren, bei denen eine ausführliche AVWS-Diagnostik erfolgen sollte und diese von den Kindern zu trennen, bei denen mit hoher Wahrscheinlichkeit keine AVWS vorliegt. Das Ziel ist nicht, die Diagnose einer AVWS zu stellen.

Funktionelle Neuroanatomie
keine Angaben

Ergebnisbeeinflussende Faktoren
Die Autoren weisen darauf hin, dass bei unterdurchschnittlichen Leistungen eine ausführliche Intelligenz-, entwicklungspsychologische bzw. neuropädiatrische Diagnostik durchgeführt werden muss, um beispielsweise Defizite im Lernen, in der Kognition oder in der Aufmerksamkeit auszuschließen.
Weiterhin merken die Autoren an, dass auch bei durchschnittlichem Abschneiden im Test eine umfangreiche pädaudiologische Diagnostik indiziert ist, wenn Anamnese und Beobachtungen auf Beeinträchtigungen hinweisen.

Testentwicklung

MAUS ist eine eigenständige Entwicklung, da kein Test existiert, der zwischen Kindern unterscheidet, bei denen die umfangreiche AVWS-Testbatterie erforderlich ist und bei denen die Diagnose AVWS eher nicht zutrifft.
In einer Vorstudie (*N*=79 Kinder mit AVWS) wurde die prozentuale Häufigkeit der auffälligen Testverfahren bestimmt. Im nächsten Schritt wurden Kombinationen von Einzeltests ermittelt, die alle Kinder mit

AVWS identifizieren. Dabei zeigten sich die drei Testverfahren: Sprach-audiogramm im Störgeräusch, Mottiertest aus dem Zürcher Lesetest (Linder und Grissemann, 1968) und der Subtest Lautdifferenzierung aus dem Heidelberger Lautdifferenzierungstest (Brunner et al., 1998) hochsensitiv. Diese wurden auch in einer späteren Studie von Nickisch und Kiese-Himmel (2009) für 8- bis 10-jährige Kinder als trennscharf repliziert.

Da die Originaltestverfahren von den Autoren als „nicht oder nur lücken-haft standardisiert" (S. 7) beschrieben werden, wurden eigene Items entwickelt, die sich an diesen Testverfahren orientierten. Beim Subtest C wurden im Vergleich zum Originalverfahren sinnfreie Silbenpaare verwendet.

Im Manual ist angemerkt, dass Angaben zur Spezifität und Retest-Reliabilität fehlen sowie die Fallzahl zur Überprüfung der Sensitivität noch gering ist. Weitere Studien wurden diesbezüglich publiziert (Heuck-mann et al., 2005, 2006).

Höhere Fallzahlen ($N=74$, 2005 und $N=132$, 2006) bestätigen die be-stehenden Sensitivitätswerte mit rund 96%. Rückschlüsse erster Un-tersuchungen zur Spezifität mit rund 73% haben laut Autoren noch ge-ringe Aussagekraft (Heuckmann et al., 2006).

Die Kriteriumsvalidität ($N=50$ mit AVWS, $N=50$ ohne AVWS) wurde überprüft und erwies sich mit einem hochsignifikanten Gesamtscore ($p<.0001$) als günstig für dieses Screeningsverfahren (Heuckmann et al., 2006).

Alle Retest-Reliabilitätskorrelationen sind mit $p<.001$ signifikant und liegen zwischen .64 und .75 ($N=62$) (Heuckmann et al., 2005).

Testbewertung

Die Kritik im Überblick

Die bisherigen Studien zu diesem Screeningverfahren deuten darauf hin, dass MAUS ein geeigneter Test im Bereich Verdachts-diagnose AVWS ist, dessen Ergebnisse jedoch nicht unberück-sichtigt von anderen anamnestischen Faktoren interpretiert wer-den sollten. Insgesamt kann das Screeningverfahren als sorgfältig konstruiert eingeschätzt werden und lässt sich gut in der klinischen Praxis einsetzen. Die Normierung an einer großen Grundschulpo-pulation ist repräsentativ. Jedoch sollte berücksichtigt werden, dass noch weitere Überprüfungen der Testgütekriterien ausste-hen. Abschließend ist es als sehr positiv zu bewerten, dass die Autoren mehrfach betonen, dieses Screeninginstrument nicht zur alleinigen Diagnosestellung einer AVWS einzusetzen.

Test-
konstruktion

Testmaterial

Das Screeningverfahren ist auf der Test-CD einfach zu identifizieren. Der Auswertungsbogen ist übersichtlich gestaltet. Bei Nutzung der CD-ROM entfällt jegliche weitere Auswertungszeit.

Testdesign

Konzept: Es wird aufgezeigt, wie hochrelevant der klinische Einsatz eines Screeningverfahrens für AVWS erscheint, um Kinder, bei denen eine umfangreichere AVWS-Diagnostik angezeigt ist, von denen zu unterscheiden, bei denen das nicht nötig erscheint.

Zur Identifikation einer AVWS-Problematik werden 3 Subtests in Anlehnung an bekannte Testverfahren verwendet. Die Operationalisierung erscheint aufgrund des Rückgriffs auf bereits bewährte Testprinzipien gelungen mit dem Anspruch auf Vollständigkeit von Testgütekriterien.

Variablen: Die untersuchten auditiven Teilleistungen wurden durch eine Vorstudie (Nickisch & Oberle, 2002) als besonders sensitiv für Kinder mit AVWS charakterisiert. Die Einordnung dieser Teilleistungen im gesamten auditiven Informationsverarbeitungssystem bleibt im theoretischen Rahmen unberücksichtigt, so dass das Konstrukt AVWS nur oberflächlich vorgestellt erscheint.

Durchführung: Das Verfahren ist detailliert erklärt, stützt sich auf verständliche Instruktionen und ist ökonomisch in seiner Durchführung. Aufgrund der geringen Itemanzahl sind keine Abbruchkriterien vorgesehen, jedoch können einzelne Subtests (z. B. Untertest A) bei Kindern mit Problemen in der Speicherung auf deutliche Frustration stoßen und die weiteren Testergebnisse verzerren. Allerdings zeigt der klinische Alltag, dass das Screening auch bei Kindern mit komplexeren Störungen gut einsetzbar ist. Dies erscheint relevant, da im klinischen Alltag häufig Kinder mit Komorbiditäten (z. B. Lese-Rechtschreibstörung, Sprachentwicklungsstörung, Aufmerksamkeitsstörung) vorgestellt werden (Kiese-Himmel & Kruse, 2006). Diese Patientengruppe wird im Manual nur in der Einleitung kurz erwähnt und nicht weiter darauf eingegangen.

Auswertung: Die Auswertung ist durch das dichotome Bewertungssystem falsch/richtig unkompliziert. Der Hinweis der Autoren, die Ergebnisse auch qualitativ zu beurteilen, kann für weitere diagnostische Entscheidungsprozesse von Bedeutung sein. Da es sich um ein Screeningverfahren handelt, müssen die gewonnenen Ergebnisse im Kontext der gesamten erhobenen klinischen Informationen beurteilt werden. Daher ist es als sehr positiv zu bewerten, dass im Manual mehrfach darauf hingewiesen wird und alternative/ergänzende diagnostische Möglichkeiten aufgezeigt werden.

Normierung

Stichprobe: Die Normierungsstichprobe von 356 Grundschulkindern hat eine hinreichende Größe für eine Normierung in drei Altersgruppen.

Kritisch anzumerken ist, dass auch Kinder mit „Sprachstörungen" ($N=6$) und „Lese-Rechtschreibstörungen" ($N=10$) (laut Lehrerfragebogen, d. h. gesicherte Diagnose ist unklar) in die Normierungsstichprobe eingeschlossen worden sind. Es gilt zu berücksichtigen, dass Sprachentwicklungsstörungen (sofern diese hier gemeint sind) und Lese-Rechtschreibstörungen komorbid mit einer AVWS auftreten können und (auch wenn die Anzahl gering ist) somit die Ergebnisse beeinflussen könnten.

Normen: Die Unterteilung der Normwerte erfolgte in drei Altersgruppen. Die dritte Altersgruppe (8;6 bis 11 Jahre) stellt die größte Stichprobe mit der größten Altersspanne dar. Die Möglichkeit einer weiteren Unterteilung dieser Altersgruppe konnten die Autoren post-hoc auf Grund nicht bestehender Gruppendifferenzen ausschließen.

Trotz signifikanter Unterschiede in zwei von drei Testergebnissen zwischen Deutsch als Muttersprache und anderer Muttersprache, nehmen die Autoren eine gemeinsame Normierung vor. Sie begründen dies mit den geringen Gruppendifferenzen und beziehen sich dabei auf die Testrohwerte. Statistisch betrachtet hätte diese Gruppe nicht in eine gemeinsame Normierung einbezogen werden dürfen.

Gütekriterien

Objektivität: Die Instruktion erscheint für alle zu untersuchenden Kinder verständlich. Die Auswertung ist objektiv.

Reliabilität: Es wäre wünschenswert, wenn die Ergebnisse aus der nach der Publikation des Tests durchgeführten Studie zur Retest-Reliabilität (Heuckmann et al., 2005) in die neue Auflage des Manuals aufgenommen würden, da bereits stabilere Werte nachgewiesen werden konnten. Hier ist beispielweise der Untertest B hervorzuheben, der im Manual Cronbachs Alpha = .52 beträgt gegenüber Heuckmann et al. (2005) Cronbachs Alpha = .71.

Validität: Die bisherigen Daten aus Manual und additiven Studien der Autoren liefern Anhaltspunkte für die Validität des Verfahrens. Sie deuten auf eine hohe Sensitivität hin. Demgegenüber erscheinen die ersten Ergebnisse zur Spezifität noch nicht zufriedenstellend (Heuckmann et al., 2006). Entsprechend sind weitere Untersuchungen zur Spezifität wünschenswert.

Zur Überprüfung der konvergenten Validität wurden Verfahren verwendet, die inhaltlich nahe an dem Konstrukt liegen. Die hohen Korrelationen mit den vergleichenden Testverfahren sind als sehr positiv zu bewerten und unterstützen die Aussagekraft des entwickelten Testverfahrens.

Korrelationen zwischen den Skalen der einzelnen Untertests werden erst in der Zusammenfassung diskutiert. Die Interpretation der Ergebnisse wird ausführlich dargelegt. Dennoch erscheint die abschließende Einschätzung der Autoren, dass die „Einzelskalen relativ unabhängig voneinander" zur Erfassung der AVWS (S. 18) beitragen, aufgrund der Ergebnisse widersprüchlich.

Nebengütekriterien: Der Test erscheint für die klinische Gruppe mit circa 15 Minuten Testzeit zumutbar.

Testentwicklung
Der Verzicht auf sinnvolles Wortmaterial im Untertest C ist positiv herauszustellen, weil semantisch-lexikalische Kompensationsmechanismen so umgangen werden können.

Neuropsychologische Aspekte

Theoretischer Rahmen
Das Screeningverfahren beinhaltet Aufgaben, die der auditiven Informationsverarbeitung zugeordnet werden können, die modelltheoretisch abgebildet werden kann (z.B. Lauer, 2001; Nickisch et al., 2005; Rosenkötter, 2003; für ein kritisches Review Lauer, 2014). Auf diesen theoretischen Hintergrund wird im Manual nicht eingegangen. Kritik am Konzept AVWS wurde international geäußert (ASHA, 2005) und im nationalen Kontext diskutiert (Brunner et al., 2007; Lauer, 2014; Nickisch et al., 2007; Ptok, 2006; Schönweiler, 2006). Zum einen erscheint eine theoretische und psychometrische Einordnung einer modalitätsspezifischen AVWS nicht möglich, zum anderen werden höhere kognitive Funktionen mit basal auditiver Verarbeitungs- und Wahrnehmungsfunktion vermischt (Brunner et al., 2007).

Das Testdesign wurde vor dem Hintergrund der Definition einer AVWS aus dem Konsensus-Statement der Deutschen Gesellschaft für Phoniatrie und Pädaudiologie (Ptok et al., 2000) entwickelt. Auf Grund der Komplexität der auditiven Verarbeitungs- und Wahrnehmungsleistung und einer interdisziplinären Sichtweise dieses Konstruktes existieren unterschiedliche Unterteilungen der auditiven Funktionen. Autoren weisen immer wieder darauf hin, dass aktuelle Unterteilungen hinsichtlich neuer Forschungsergebnisse immer wieder angepasst werden sollten. Die drei Subtests von MAUS stellen fünf auditive Teilfunktionen dar (nach Nickisch et al., 2005): Selektion und Differenzierung werden der Verarbeitung zugeordnet, Identifikation, Kurzzeitspeicherung und Sequenzierung werden der Wahrnehmung zugeordnet.

Anwendungsbereiche

Dieses Screeningverfahren kann bei einer klinischen Population im Alter von 6 bis 11 Jahren mit Verdacht auf AVWS eingesetzt werden. Dabei sollte berücksichtigt werden, dass sich Beeinträchtigungen in der auditiven Informationsverarbeitung auch bei übergeordneten Störungsbildern, wie beispielsweise basalen Lernstörungen, schweren Aufmerksamkeitsstörungen oder peripheren Hörstörungen, wiederfinden. Diese Störungen sollten durch eine entsprechende vorangegangene Diagnostik (Entwicklungs-, neuropsychologische Diagnostik) ausgeschlossen werden können.

Ergebnisbeeinflussende Faktoren

Der Test ist nicht in der Lage, das Konstrukt modalitätsspezifische AVWS von einer AVWS mit komorbiden Störungen wie der Lese-Rechtschreibstörung oder der Sprachentwicklungsstörung zu differenzieren, erhebt aber auch nicht diesen Anspruch. Dennoch ist zu berücksichtigen, dass durch bestehende Komorbiditäten die zu diagnostizierende Funktion ebenfalls beeinträchtigt sein kann.

Handhabbarkeit und klinische Anwendung

Das Screening ist aufgrund seiner Kürze und Klarheit im klinischen Alltag gut einsetzbar und kann auch bei komplexen Störungen eine gute Entscheidungshilfe bieten, ob die auditive Verarbeitungs- und Wahrnehmungsfähigkeit Priorität hat oder andere Problemfelder im Vordergrund stehen.

Wünschenswert wäre, aus den Erfahrungen der Anwender heraus, das Manual um Praxisbeispiele zu ergänzen. Hier könnten beispielsweise Kinder mit Verdacht auf AVWS vorgestellt werden, die unterschiedliche Störungsschwerpunkte und auch unterschiedliche Komorbiditäten aufweisen.

Offen bleibt, wie mit Ergebnissen umzugehen ist, die durch eine Aussprachestörung des Kindes negativ beeinflusst wurden.

Juliane Mühlhaus & Ulrike Sievert

Potsdam-Illinois Test für Psycholinguistische Fähigkeiten (P-ITPA)

Günther Esser & Anne Wyschkorn, unter Mitarbeit von Katja Ballaschk & Sylvana Hänsch

Göttingen: Hogrefe, 2010

Zusammenfassende Testbeschreibung

Zielsetzung und Operationalisierung

Konstrukte

Erfassung sprachlicher und schriftsprachlicher Fähigkeiten und Fertigkeiten: verbale Intelligenz, expressive Sprache, phonologische Bewusstheit, auditive Kurzzeitgedächtnisleistungen, Lesen und Rechtschreibung.

Testdesign

Testbatterie mit 9 Untertests zur Prüfung der obengenannten Fähigkeiten. Verbale Intelligenz und expressive Sprache werden durch Assoziations- und Satzergänzungsaufgaben operationalisiert. Zur Überprüfung der phonologischen Bewusstheit werden Reim- und Phonemmanipulationsaufgaben eingesetzt. Das auditive Kurzzeitgedächtnis wird durch Wiederholen von Wortreihen realisiert. Die schriftsprachlichen Kompetenzen werden durch Lesen unterschiedlicher Wortlisten und Schreiben von Wörtern nach Diktat überprüft. Aus den Testergebnissen können Gesamtwerte zur allgemeinen Sprachentwicklung und zur Schriftsprachentwicklung gebildet werden.

Angaben zum Test

Normierung

Alter: 15 Altersgruppen in Halbjahresstufen, bestehend aus 5 Kindergartenstichproben (4;0–6;5 Jahre) und 10 Schulstichproben (6;0–11;5 Jahre).
Bildung: keine Angaben
Geschlecht: Keine nach Geschlecht getrennte Normierung.

Material

Manual, 1 Protokollbogen Kindergartenversion, je 1 Protokollbogen Schülerversion I–III, je 1 Schülerheft 1–4, je 1 Auswertungsbogen Schülerheft 1–4, 1 Satz Lesekärtchen, 1 Vorlagenmappe UT3, 1 Vorlagenmappe UT5.1, Koffer.

Durchführungsdauer

Im Vorschulalter 20–35 Minuten, im Schulalter 40–60 Minuten.

Testkonstruktion

Design **Aufgabe**
Die Testbatterie besteht aus 9 Untertests (UT):
UT1. Analogien: Satzergänzung, die Analogienbildung erfordert.
UT2. Wortschatz: Durch ein genanntes Attribut soll ein Wort assoziiert werden.
UT3. Grammatik: Satzergänzung, die grammatikalische Form erfordert (Plural, Steigerung von Adjektiven, Präteritum, Perfekt, Kasus).
UT4. Sätze-Nachsprechen: Nachsprechen semantisch inkorrekter Sätze.
UT5. Phonologische Bewusstheit.
   UT5.1. Reimen: Reimentscheidung aus drei bis vier vorgegebenen Wörtern treffen.
   UT5.2. Vokale-Ersetzen: Ein Vokal soll bei einem vorgegebenen Wort durch einen anderen ersetzt werden.
   UT5.3. Konsonanten-Auslassen: Ein Konsonant des vorgegebenen Wortes soll weggelassen werden.
UT6. Reimfolgen: Wiederholen von sich reimenden Wortreihen.
UT7. Lesen: 3 Wortlisten sollen gelesen werden (1. kurze, hochfrequente Wörter, 2. lange, schwierige Wörter, 3. Pseudowörter).
UT8. Rechtschreibung sinnvoll: Schreiben von Wörtern nach Diktat, vier im Schwierigkeitsgrad ansteigende Listen.
UT9. Rechtschreibung sinnfrei: Schreiben von Pseudowörtern nach Diktat.

Konzept
Das Konstrukt Sprache wird im Sinne der linguistischen Kompetenz verstanden und operationalisiert. 9 Untertests beziehen sich auf die Operationseinheiten Morphem, Phonem, Graphem, Wort und Satz. Die linguistische Kompetenz wird aus den Komponenten Phonologie, Lexikon, Morphologie und Syntax konstituiert.

Variablen
UT1, 3, 4, 5: Anzahl korrekter Antworten.
UT2: Erreichte Rohwertsumme gebildeter Assoziationen, wobei eine qualitative Differenzierung der Antworten vorgenommen wird (0, 1, 2 Punkte pro Antwort).
UT6: Erreichte Rohwertsumme der wiederholten Wortreihen, wobei zwischen korrekter Wiedergabe im ersten und zweiten Versuch differenziert wird (0, 1, 2 Punkte pro Antwort).
UT7: Lesezeit für Wortlisten, Lesezeit für Pseudowortliste, Anzahl der falsch gelesenen Wörter.
UT8: Anzahl falsch geschriebener Wörter, Anzahl falsch geschriebener Grapheme.

Gesamtwerte für allgemeine Sprachentwicklung, Schriftsprachentwicklung, expressive Sprache, auditives Kurzzeitgedächtnis und Lesen können durch Addition der T-Werte der entsprechenden Subtests errechnet werden. Ein Gesamtwert für die phonologische Bewusstheit wird durch Addition der Rohwerte der drei Untertests (5.1–5.3) errechnet.

Durchführung
Der Test wird als Individualtest durchgeführt. Die Reihenfolge der einzelnen Untertests sollte bei Vorgabe der gesamten Batterie eingehalten werden. Es besteht die Möglichkeit, nur einzelne Untertests durchzuführen. Die Instruktionen erfolgen in mündlicher Form und sind in ihrem genauen Wortlaut vorgegeben. Wiederholungen der Testitems sind bei UT 1-3 gestattet, bei UT4 nicht gestattet, bei UT 5-6 einmalig gestattet, bei UT7 irrelevant. Bei UT 8-9 ist eine Wiederholung des Items obligatorisch, weitere Wiederholungen sind gestattet. Als Abbruchkriterium gilt eine individuell für jeden Untertest vorgegebene Anzahl falscher Antworten in Folge.

Auswertung
a) Rohwertbestimmung: Bei UT1–6 wird jeweils die durch korrekte Antwort erreichte Punktzahl addiert. Bei UT7 werden Lesefehler der drei Leselisten addiert, ebenso die Lesezeit in Sekunden. Bei UT8–9 setzt sich der Rohwert aus der Summe der Fehlerpunkte zusammen.
b) Vergleich mit Normgruppe: Die Rohwertsummen pro Untertest werden mittels Tabellen in T-Werte umgewandelt. Zur Bestimmung der T-Werte für die Skalen „expressive Sprachentwicklung", „phonologische Bewusstheit", „auditive Merkfähigkeit" und „Schriftsprache", werden die T-Werte der entsprechenden Untertests summiert und wiederum mittels Tabellen in T-Werte transformiert. Für UT1–6 werden Altersnormen, für UT7–9 Klassennormen zum Vergleich herangezogen.
c) Es existieren keine Vergleichswerte von Patientengruppen.

Normierung   **Stichprobe**
Die Normierung erfolgte in zwei Erhebungswellen von 2005–2006, am Ende der Schulhalbjahre. Für die Altersnormen wurden Daten von 3 349 Kindern im Alter zwischen 4 und 11 Jahren herangezogen. Für die Klassennormen liegen Daten von 2 263 Kindern von der ersten bis zur fünften Klasse vor. Für die Untersuchung der Repräsentativität der Stichprobe für die Grundgesamtheit der Bundesrepublik wurden die Geschlechterverteilung, die Gebiete, in denen die besuchte Einrichtung der Kinder liegt (Stadt, Rand, Land) sowie der sozioökonomische Status erhoben. Stichprobenverzerrungen wurden im Bezug auf die Gebiete und die Berufsgruppen identifiziert und durch eine Redressmentgewichtung ausgeglichen.

Normen

Alter: 15 Altersgruppen in Halbjahresstufen, bestehend aus
5 Kindergartenstichproben: 4;0–4;5 (*N*=255), 4;6–4;11(*N*=262), 5;0–
5;5 (*N*=264), 5;6–5;11(*N*=258), 6;0–6;5 (*N*=127),
10 Schulstichproben: 6;0–6;5 (*N*=113), 6;6–6;11(*N*=205), 7;0–7;5
(*N*=235), 7;6–7;11(*N*=230), 8;0–8;5 (*N*=251), 8;6–8;11(*N*=251), 9;0–
9;5 (*N*=204), 9;6–9;11(*N*=197), 10;0–10;5 (*N*=301), 10;6–11;5 (*N*=
262).
Für die Untertests Lesen und Rechtschreiben liegen Klassennormen
in Schulhalbjahresstufen vor:
1. Halbjahr: 1. Klasse (*N*=353), 2. Klasse (*N*=283), 3. Klasse (*N*=285),
4. Klasse (*N*=210), 5. Klasse (*N*=216),
2. Halbjahr: 1. Klasse (*N*=235), 2. Klasse (*N*=228), 3. Klasse (*N*=169),
4. Klasse (*N*=169), 5. Klasse (*N*=115).
Bildung: keine Angaben
Geschlecht: Es wurden signifikante geschlechtsspezifische Leistungsunterschiede in einzelnen Untertests (UT2, UT4, UT5, UT8, UT9) und
in den Skalen „auditive Merkfähigkeit" und „Schriftsprachentwicklung"
mit geringen Effektstärken gefunden. Eine geschlechtsspezifische Normierung liegt nicht vor.

Gütekriterien

Objektivität
Durchführung: Durch genaue Vorgabe der Instruktionen sei von einer
sehr hohen Durchführungsobjektivität auszugehen.
Auswertung: Durch genaue Vorgabe der richtig zu bewertenden Antworten mit umfassender Auflistung von Beispielen sei von einer sehr
hohen Auswertungsobjektivität auszugehen.

Reliabilität
Interne Konsistenz: Cronbachs Alpha: UT1–5: *r*=.94–.96; UT6: *r*=.82;
UT7: 5. Klassenstufe *r*=.68; alle anderen Klassenstufen: *r*=.74–.96;
UT8: *r*=.81–.83; UT9: *r*= .61.
Paralleltest-Reliabilität: Keine Paralleltests vorhanden.
Retest-Reliabilität: keine Angaben

Validität
Konstruktvalidität: Mittels Hauptkomponentenanalyse wurden zwei Faktoren mit einem Eigenwert größer eins ausgewählt, wobei der erste
Faktor die Berechnung des Gesamtwertes Sprachentwicklung und der
zweite Faktor die Berechnung des Gesamtwertes Schriftsprache rechtfertigt. Der erste Faktor beinhaltet die Untertests Sätze-Nachsprechen,
Reimfolgen sowie die Untertests zur expressiven Sprache und das
sprachlich-schlussfolgernde Denken. Der zweite Faktor wird durch
schriftsprachliche Fähigkeiten im Lesen und Schreiben bestimmt. Eine
Sonderstellung haben die Untertests zur phonologischen Bewusstheit

sowie das lautgetreue Schreiben sinnfreier Wörter, die auf beiden Faktoren nahezu gleich hoch laden.

Konvergente/diskriminante Validität: Zur Schätzung der inneren kriterienbezogenen Validität dienen Korrelationsbestimmungen zwischen den eingesetzten Verfahren des P-ITPA und Untertests etablierter Verfahren, die vergleichbare Konstrukte erfassen. Die Validitätskoeffizienten liegen zwischen $r=.37$ und $r=.79$.

Kriteriums- bzw. klinische Validität: Die Einschätzung des Fähigkeitsniveaus der Kinder wurde mittels Erzieher- und Lehrerurteil erhoben. Insgesamt werden die Validitätskoeffizienten für die erwarteten Zusammenhänge mit dem Erzieherurteil, mit Ausnahme der verbalen Intelligenz und dem Reimen, als zufriedenstellend bezeichnet ($r=-.240$ bis $r=-.446$). Die Validitätskoeffizienten für die erwarteten Zusammenhänge mit dem Lehrerurteil, mit Ausnahme der verbalen Intelligenz, werden von den Autoren als sehr zufriedenstellend bis zufriedenstellend beurteilt ($r=-.388$ bis $r=-.749$).

Ökologische Validität: keine Angaben

Nebengütekriterien
Akzeptanz: keine Angaben
Transparenz: keine Angaben
Zumutbarkeit: keine Angaben
Verfälschbarkeit: keine Angaben
Störanfälligkeit: keine Angaben

Neuropsychologische Aspekte

Theoretischer Rahmen

Theoretisch werden die P-ITPA Untertests in das Komponentenmodell der Sprache von Grimm (1999) eingeordnet. Aktuelle Forschungsergebnisse wurden zudem in die Untertestkonzeption miteinbezogen. So bildet das zweidimensionale Konstrukt der phonologischen Bewusstheit (nach Schnitzler, 2008) die theoretische Grundlage zur Auswahl der Untertests zur phonologischen Bewusstheit.

Anwendungsbereiche

Kinder zwischen 4;0 und 11;5 Jahren zur Erfassung sprachlicher und schriftsprachlicher Fertigkeiten.

Funktionelle Neuroanatomie

keine Angaben

Ergebnisbeeinflussende Faktoren

keine Angaben

Testentwicklung

Der P-ITPA wurde auf Basis des im amerikanischen Sprachraum in der 3. korrigierten Fassung veröffentlichten Illinois Test of Psycholinguistic Abilities (ITPA-3) (Hammill, Mather & Roberts, 2001) entwickelt. Außerdem besteht ein enger Bezug zur Überarbeitung der Basisdiagnostik Umschriebener Entwicklungsstörungen im Vorschulalter (BUEVA II, Esser & Wyschkon, 2012) und zur Basisdiagnostik Umschriebener Entwicklungsstörungen im Grundschulalter (BUEGA, Esser, Wyschkon & Ballaschk, 2008). Im P-ITPA wurden zehn der zwölf Untertestentwürfe der amerikanischen Version aufgenommen, die anschließend in einer eigenständigen Konzeption in deutscher Sprache und mit zum Teil grundsätzlichen Änderungen im Material sowie in den Durchführungs- und Auswertungsmodalitäten an einer deutschen repräsentativen Stichprobe normiert wurden. Auf eine enge Anlehnung an die fremdsprachige Version wurde bewusst verzichtet. Adaptiert wurden die Untertests zur Analogiebildung, der Wortschatztest, der Grammatiktest, das Sätze-Nachsprechen, das Konsonanten-Auslassen, die Reimfolgen und die Untertests zum Lesen und Schreiben sinnvoller und sinnfreier Wörter. Im Vergleich zum ITPA-3 wurden die Aufgaben zur phonologischen Bewusstheit aufgestockt, und es wurde auf einen Lesesinnverständnistest und die Bildung von Adjektiv-Nomen Relationen verzichtet.

Testbewertung

Die Kritik im Überblick

Ziel des Tests ist es, eine allgemeine Einschätzung der Sprach- und Schriftsprachentwicklung eines Kindes zu treffen und dadurch einen potentiellen Therapie- oder Förderbedarf festzustellen. Dies ist durch die Auswahl der theoretisch fundierten Untertests gut gelungen. Es liegt in der Natur des Konstrukts Sprache, dass es aus vielen komplexen Teilaspekten besteht, die kaum alle in einem Testverfahren geprüft werden können. Hier ist es gut gelungen, relevante Bereiche auszuwählen, um eine Verdachtsdiagnose auszusprechen. Der Test eignet sich hingegen nicht zur qualitativen Differentialdiagnostik, da der wichtige Bereich der Sprachrezeption nicht überprüft wird. Auch bei der Überprüfung der schriftsprachlichen Fertigkeiten wird auf das Leseverständnis verzichtet. Wortschatz und Grammatik werden eher exemplarisch als umfassend überprüft, wodurch keine Therapieinhalte abgeleitet werden können.

Das vorliegende Verfahren ist bezüglich der Testgütekriterien als objektiv, valide und reliabel einzuschätzen. Es ist anhand einer großen Stichprobe normiert, die die Kriterien der Repräsentativität erfüllt. Positiv hervorzuheben ist die Einsetzbarkeit für ein sehr breites Altersspektrum. Durch genügend in ihrer Schwierigkeit variierende Items kann in fast allen Untertests das gleiche Material über die Altersgruppen hinweg benutzt werden. Dies bietet gute Möglichkeiten, den Test auch für Verlaufsmessungen in der Forschung einzusetzen.

Test-konstruktion

Testmaterial

Das Bildmaterial, das bei UT 3 (Grammatik) und UT 5 (Phonologische Bewusstheit) zum Einsatz kommt, ist eindeutig und für Kinder ansprechend gestaltet. Die Protokollbögen sind durch explizit aufgeführte Instruktionen und Beispiele leicht handhabbar und bieten eine übersichtliche Struktur zur Auswertung. Die vier Protokollhefte für die verschiedenen Altersgruppen (Kindergarten, Schülerheft 1, 2, 3) sind sehr umfangreich und überschneiden sich in weiten Teilen. Daher wäre eine Zusammenführung zu einem Heft wünschenswert und leicht realisierbar.

Testdesign

Konzept: Zur Konzeption der einzelnen Untertests werden aktuelle Forschungsergebnisse einbezogen. Somit ist die theoretische Einordnung gut nachvollziehbar. Zur umfassenden Beurteilung der sprachlichen Fähigkeiten eines Kindes fehlen Untertests zur rezeptiven Sprachverarbeitung, zur Artikulation und zu kommunikativ-pragmatischen Fähigkeiten.

Durchführung: Die Durchführung ist verständlich und explizit vorgeben. Der Umgang mit beispielhaften Antworten wird exemplarisch aufgeführt. Wünschenswert wären noch deutlichere Anweisungen zu typischen Fehlern. Beim UT1 (Analogien) wird nicht explizit angewiesen, wie auf eine Negation als Antwort reagiert werden soll (Beispiel: Untersucher „Ein Riese ist groß, ein Zwerg ist …" Kind: „nicht groß"). Bei der Instruktion von UT5 (Reimen) wird nicht expliziert, wie mit Antworten des Kindes umgegangen wird, wenn diese erfolgen, bevor die Aufgabenstellung zu Ende gesprochen ist.

Auswertung: Die Auswertung wird für jeden Untertest gut beschrieben und führt bis auf wenige Ausnahmen zur eindeutigen Antwortinterpretation. Die Vorgehensweise der Fehlerbewertung bei Kindern mit Artikulationsstörungen bleibt uneindeutig. Aus der Instruktion geht hervor, dass eine Artikulationsstörung unberücksichtigt bleiben soll. Dies führt dazu, dass die Auswertung im Zweifelsfall der Interpretation des Therapeuten überlassen bleibt und nicht standardisiert vorgenommen werden kann. (Beispiel: Untersucher: „Heute schlafe ich, gestern habe ich auch …" Kind: „eslafen" statt „geschlafen". Dies könnte grammatikalisch korrekt beurteilt werden, weil das Kind artikulatorisch bedingt das /g/ auslässt und das /sch/ substituiert, könnte aber auch als grammatischer Fehler gewertet werden, da das Präfix /ge/ nicht realisiert wurde, welches das Perfekt markiert). Bei UT8 (Rechtschreibung) bleibt unklar, wie mit Großbuchstaben innerhalb eines Wortes umgegangen wird.

Normierung
Stichprobe: Die Stichprobe ist mit mehr als 3 000 Probanden umfangreich und repräsentativ. Demographische Merkmale werden ausführlich dargestellt. Eine Angabe zum Umgang mit mehrsprachigen Kindern wäre wünschenswert.
Normen: Es liegen aktuelle Normwerte für ein breites Altersspektrum vor. Da die Autoren einige geschlechtsspezifische Leistungsunterschiede nachgewiesen haben, bleibt es unklar, warum auf geschlechterdifferenzierende Normen verzichtet wurde.

Gütekriterien
Objektivität: Eine hohe Durchführungs- sowie Auswertungsobjektivität ist aufgrund der eindeutigen Instruktionen gegeben. Kleine Instruktions- sowie Beurteilungslücken wurden bereits beschrieben, sie könnten die Objektivität geringfügig einschränken.
Reliabilität: Für die meisten Untertests wurden hohe Reliabilitätskennwerte erzielt. UT6 (Reimfolgen) und UT9 (Rechtschreibung sinnfrei) bilden hier die Ausnahme und scheinen weniger reliabel zu sein.
Validität: Die Validität der einzelnen Untertests wurde durch den Vergleich mit diversen etablierten Verfahren sowie mit der Leistungseinschätzung von Experten (Lehrer/Erzieher) zufriedenstellend belegt.
Nebengütekriterien: Der Test ist der Bezugspopulation zumutbar. Durch ein späteres Einstiegskriterium für ältere Kinder und Abbruchkriterien, kann der Test zeiteffizient durchgeführt werden.

Neuropsychologische Aspekte

Theoretischer Rahmen
Der dem P-ITPA zugrunde liegende englischsprachige ITPA (Kirk, McCarthy & Kirk, 1968) wurde auf Basis des psycholinguistischen Modells von Osgood (1957) entwickelt. Da das Osgoodsche Modell als veraltet und nicht als auf sprachpsychologischen Annahmen basierend angesehen wird, wurde bei der Konzeption des P-ITPA auf eine konzeptuelle Verwurzelung mit diesem Modell verzichtet. Stattdessen wird Grimms Komponentenmodell der Sprache zugrunde gelegt (Grimm, 1999), welches prosodische, linguistische und kommunikative Kompetenzen unterscheidet. Aus dem Komponentenmodell wird ausschließlich die linguistische Kompetenz im P-ITPA operationalisiert, die sich aus den Komponenten Phonologie, Lexikon, Morphologie und Syntax zusammensetzt. Jeder Untertest lässt sich mindestens einer dieser Komponenten zuordnen. Es ist vertretbar, dass

die prosodische und kommunikative Kompetenz nicht überprüft wird, da das Auffinden von Sprachentwicklungsstörungen an den Kernsymptomen von Wortschatz- und Grammatikdefiziten auf der Ebene der linguistischen Kompetenz anzusiedeln ist. Bedauerlich ist allerdings, dass in der Konzeption auf die Überprüfung des Sprachverstehens verzichtet wurde, obwohl die Komponenten der linguistischen Kompetenz aus rezeptiven sowie produktiven Sprachleistungen bestehen (Grimm, 1999). Die theoretische Fundierung jedes einzelnen Untertests wird durch die Berücksichtigung aktueller Forschungsergebnisse qualitativ aufgewertet.

Anwendungsbereiche
Der Test kann zur Identifizierung von Auffälligkeiten in der produktiven Sprach- bzw. Schriftsprachentwicklung für ein breites Altersspektrum eingesetzt werden. Er eignet sich nicht, um den Störungsschwerpunkt zu bestimmen oder eine Therapieplanungsempfehlung auszusprechen. Dazu fehlen die Überprüfung der rezeptiven Sprachentwicklung des Kindes sowie eine qualitative Fehleranalyse. Zudem werden Wortschatz sowie grammatische Strukturen nicht systematisch, sondern eher exemplarisch geprüft. Bei der Einschätzung der Leseleistung wird nur die Leseflüssigkeit, nicht aber das Leseverständnis berücksichtigt.

Ergebnisbeeinflussende Faktoren
Die Durchführung und Auswertung kann bei Kindern mit starken Artikulationsstörungen ergebnisbeeinflussend verändert sein, da es dann zu einer uneindeutigen Antwortbeurteilung kommen kann.

**Handhab-
barkeit und
klinische
Anwendung**

Der Test ist durch die benutzerfreundlich gestaltete Testdurchführung und Auswertung leicht handhabbar.

Josefine Horbach

Sprachstandserhebungstest für Kinder im Alter zwischen 5 und 10 Jahren (SET 5-10)

Franz Petermann unter Mitarbeit von Dorothee Metz und Linda P. Fröhlich

Göttingen: Hogrefe, 2012

Zusammenfassende Testbeschreibung

Zielsetzung und Operationalisierung

Konstrukte

Erfasst werden rezeptive und produktive Sprachleistungen im lexikalischen, syntaktischen und semantischen Bereich sowie die auditive Merkspanne und kognitive Verarbeitungsgeschwindigkeit – zur Beurteilung des Sprachstands.

Testdesign

Individualtest mit zehn Untertests aus sieben Bereichen, davon fünf sprachliche. Designs der Untertests zur Sprache: Bildbenennung, Kategorienbildung mit Bildern, Handlungssequenzen mit Spielfiguren, Multiple-Choice-Fragen zu Texten, Bildergeschichten nacherzählen, Satz- und Pluralbildung aus bzw. von vorgegebenen Wörtern, Erkennen und Korrigieren syntaktisch inkorrekter Sätze.
Verarbeitungsgeschwindigkeit: Durchstreichtest mit strukturiert angeordneten Symbolreihen. Merkspanne: Nachsprechen von Kunstwörtern zunehmender Länge.

Angaben zum Test

Normierung

Alter: 7 Altersgruppen (N = 1 052) in Halbjahres- (5. Lebensjahr) und Jahresstufen (6.–10. Lebensjahr). Deutsch- und mehrsprachig (17 % der Stichprobe) aufwachsende Kinder.
Bildung: Eltern mit mehrheitlich Real- und Hochschulabschluss (81 % der Stichprobe).
Geschlechter: Nicht unterschieden.

Material

Manual, Durchführungsanleitung, Protokollbögen, Bildkartenset zu Subtest 1 „Bildbenennung", Bildkartenset zu Subtest 2 „Kategoriebildung", Testbögen zu Subtest 3 „Sternsuche", Karton mit 12 Spielfiguren aus Holz zu Subtest 4 „Handlungssequenzen", laminierte Bildkarte mit einer 5-teiligen Bildergeschichte zu Subtest 6 „Bildergeschichte", Audio-CD zu Subtest 10 „Kunstwörter nachsprechen".

Durchführungsdauer
Etwa 45 Minuten.

Testkonstruktion

Design **Aufgabe**
Zehn Untertests aus sieben Bereichen:
1. Wortschatz
   - Bildbenennung (40 Items)
2. Semantische Relationen
   - Kategorienbildung (15 Items): Aus vier Bildern soll das gemein-
     same Konzept erkannt und verbalisiert werden.
3. Verarbeitungsgeschwindigkeit
   - Sternensuche: Aus in Reihen angeordneten Symbolen (Herz,
     Sonne, Mond, Stern) sollen alle Sterne markiert werden. Zeit:
     1 Minute.
4. Sprachverständnis
   - Handlungssequenzen mit Spielfiguren. Erfassung grammatikali-
     scher Strukturformen und semantischer Relationen (Haupt- und
     Nebensatzkonstruktionen).
   - Fragen zum Text: Beantwortung von Multiple-Choice-Fragen zu
     vorgelesenen Texten für die Altersstufen 5–6 Jahre und 7–10 Jahre.
5. Sprachproduktion
   - Bildergeschichte: Erzählen je einer Geschichte zu einer Bildfolge
     aus 5 Bildern (8 Items). Erfasst werden Wortarten, Morphologie
     und Literacy.
   - Satzbildung: Aus 2 oder 3 vorgegebenen Wörtern soll eine se-
     mantisch und grammatikalisch korrekter Satz gebildet werden
     (12 Items).
6. Morphologie
   - Singular-Pluralbildung: Pluralbildung von Real- und Kunstwör-
     tern (9 Items).
   - Erkennen (5–6 Jahre) bzw. Korrigieren (7–10 Jahre) von gram-
     matikalisch falschen Sätzen.
7. Auditive Merkfähigkeit
   - Nachsprechen von 20 Kunstwörtern (bis 5 Silben); nur 5–6 Jahre.

Konzept
In Anlehnung an das Konzept von Barrett (1999) erfasst der Test die
rezeptiven und produktiven sprachlichen Leistungen eines Kindes sowie
seine Verarbeitungskapazität und auditive Merkfähigkeit. Zielsetzung
ist es, insbesondere Risikokinder zu erfassen, darüber hinaus Sprachstörungen und Sprachentwicklungsstörungen festzustellen, aber auch
Aufschluss über Lernbehinderungen, Sprachprobleme von Kindern mit
„Migrationshintrergrund" oder von behinderten Kindern zu gewinnen.

Variablen
Richtig gelöste Aufgaben je Untertest. Es wird kein Gesamtwert gebildet.

Durchführung
Der Test wird im Einzelsetting standardisiert durchgeführt. Die 10 Untertests werden mit Ausnahme von 3 Untertests für alle Altersgruppen in gleicher Weise, d. h. vollständig und ohne Abbruchkriterien, durchgeführt. Subtest 10 „Kunstwörter nachsprechen" zur Überprüfung der auditiven Merkspanne wird nur in der Altersgruppe für Fünf- bis Sechsjährige durchgeführt. Die Untertests 5 (Sprachverständnis: Fragen zu Text) und 9 (Morphologie: Erkennen/Korrektur inkorrekter Sätze) sind altersbezogen konzipiert, d. h. sie weisen unterschiedliche Fragestellungen bzw. Items für die Altersgruppen auf.-

Auswertung
Es werden für alle Untertests Rohwerte ermittelt und zu Summenwerten addiert. Altersbezogene Prozentränge und T-Werte, die in ein Leistungsprofil einmünden, das anzeigt, in welchen Bereichen das Kind im Normbereich liegt bzw. ein auffälliges Ergebnis zeigt.

Normierung **Stichprobe**
Die Stichprobe umfasst 1 052 Kinder zwischen 5;0 und 10;11 Jahren, die von Mai bis September 2009 in Kindertagesstätten (19 %) und Grundschulen (81 %) in Bayern, Niedersachsen, Nordrhein-Westfalen und Sachsen in städtischen, kleinstädtischen und ländlichen Regionen erhoben wurde. 17 % der Kinder der Stichprobe wachsen nach Angaben der Eltern mehrsprachig auf. Die Mehrheit der Eltern weist einen Realabschluss bzw. Hochschulabschluss auf, 19 % der Mütter und 26 % der Väter verfügen über einen Hauptschulabschluss oder keinen Bildungsabschluss.
Jungen und Mädchen sind bezogen auf die Altersgruppen in etwa gleich verteilt.

Normen
Alter: 5–10 Jahre; 7 Altersgruppen in Halbjahresschritten (5;0–5;11 Jahre) und Jahresstufen (6–10 Jahre).
Bildung: Deutsch- und mehrsprachig (17 %) aufwachsende Kinder.
Geschlecht: Gleichverteilung von Jungen und Mädchen.

Gütekriterien **Objektivität**
Durchführung: Die in der Durchführungsanleitung enthaltenen Instruktionen und Hinweise garantieren ein standardisiertes Vorgehen.
Auswertung: Die einzelnen Auswertungsschritte und Hinweise zum Ausfüllen des Protokollbogens sind der Durchführungsanleitung zu entnehmen.

Reliabilität
Interne Konsistenz: Mit Ausnahme des Untertests U3 „Sternsuche" wird die interne Konsistenz mit Werten für Cronbachs Alpha zwischen .91 und .61 angegeben, wobei die Untertests U1 (Bildbenennung) und U7 (Satzbildung) eine exzellente Konsistenz und der Untertest U5 (Fragen zum Text) eine fragwürdige Konsistenz (0.61) aufweisen.
Paralleltest-Reliabilität: keine Angaben
Retest-Reliabilität: keine Angaben
Konstruktvariabilität: keine Angaben

Validität
Kriteriums- bzw. klinische Validität: Mittlere bis hohe Korrelationen zwischen den Untertests des SET 5-10 und anderen Testverfahren, die vergleichbare Konstrukte erheben.

Nebengütekriterien
Akzeptanz: „Der SET 5-10 wurde von den Kindern gut angenommen" (Manual, S. 13).

Neuropsychologische Aspekte

Theoretischer Rahmen

Der Test basiert auf dem Drei-Komponentenmodell der Sprache von Barrett (1999), das Sprache hierarchisch nach Laut (Phonetik/Phonologie), Semantik (Lexikon, Morphologie, Syntax) und Pragmatik (Kommunikation, Konversation, Diskurs) gliedert.
Da der Test für Kinder ab dem 5. Lebensjahr konzipiert ist, wird davon ausgegangen, dass die phonetische/phonologische Entwicklung zu diesem Alterszeitpunkt abgeschlossen ist und daher eine Überprüfung der Komponente „Laut" nicht erforderlich ist. Auch der Bereich Pragmatik wird nicht direkt untersucht. Die Autoren weisen darauf hin, dass Untertests wie z. B. U6 „Bildergeschichte" eine qualitative Bewertung der pragmatischen Leistungen zulassen (vgl. Manual S. 10).
Dementsprechend wird schwerpunktmäßig die Komponente Semantik sowohl rezeptiv als auch produktiv in den Bereichen Wortschatz und Grammatik untersucht. Unter Hinweis auf aktuelle Studien wird das Sprachkomponentenmodell nach Barrett ergänzt um die Aspekte Verarbeitungsgeschwindigkeit und auditive Merkfähigkeit, die als Indikatoren für einen gestörten Spracherwerb bewertet werden.

Anwendungsbereiche

Der SET 5-10 soll eine „aussagekräftige Diagnostik des Sprachstands bei Fünf- bis Zehnjährigen" ermöglichen und als „Instrumentarium zur Sprachstandsdiagnostik in (vor)schulischen Anwendungskontexten" eingesetzt werden. Dies bedeutet, dass der SET 5-10 sowohl im vorschulischen als auch im schulischen Bereich von Kinderpsychologen, Pädagogen und Sprachtherapeuten eingesetzt werden kann.

Funktionelle Neuroanatomie   keine Angaben

Ergebnisbeeinflussende Faktoren   Die Untersuchung mehrsprachig aufwachsender Kinder oder von Kindern mit Lernbehinderungen oder geistigen Behinderungen ist durchaus möglich, dabei sollte aber berücksichtigt werden, dass der Vergleich mit der zugrundeliegenden Normstichprobe nicht angemessen ist.

Testentwicklung

In einer Vorstudie im Jahre 2008 wurden alle Untertests in einer Konstruktionsstichprobe mit 275 Kindern (51,6 % Jungen; 48,4 % Mädchen), verteilt über drei Altersgruppen (5;6–7;0; 7;1–9;0; 9;1–10;11) überprüft. Die Auswahl des Itempools von 168 Items für den SET 5-10, verteilt auf 10 Untertests wurde unter inhaltlichen Aspekten (z. B. uneindeutige Items) und statistischen Kennwerten durchgeführt. Die Trennschärfe der Items liegt im mittleren bis hohen Bereich.

Testbewertung

Die Kritik im Überblick   Trotz aller Kritikpunkte liefert der SET 6-10 nützliche Informationen über aktiven Wortschatz, Kategorienbildung, Sprachverständnis, ausgewählte grammatische Fähigkeiten sowie für Kinder von 5;0–5;11 über die auditive Merkspanne.

Testkonstruktion   **Testmaterial**
Das Bildmaterial ist ansprechend gestaltet, jedoch nicht immer eindeutig. Für den Subtest 1 (Bildbenennung) zum Beispiel die Abbildungen für Magnet, Feuerlöscher, Notenschlüssel oder Windrad.
Die Zuordnung von Hyperonymen in Subtest 2 (Kategorienbildung) erscheint angemessen, wobei die jüngeren Kinder nach 12 Kategorien bereits 100 % erreichen, d. h. hier könnte dann nach der 12. Kategorie die Durchführung eigentlich abgebrochen werden.
Es ist nicht ganz nachvollziehbar, wieso in Subtest 3 (Sternsuche) eine räumlich-visuelle Aufgabe zur Überprüfung der Aufmerksamkeit und des Arbeitsgedächtnisses ausgewählt wurde und nicht eine Aufgabe mit auditiver Vorgabe, die einen direkteren Bezug zur Sprachentwicklung hätte.

In Subtest 5 (Fragen zum Text) sind einige Ablenker nicht eindeutig falsch, sodass nicht auszuschließen ist, dass Kinder hier Fehler machen.

Subtest 6 (Bildergeschichte) erscheint für die Altersgruppe ab dem 6. Lebensjahr zu leicht und spiegelt durch sehr weiche Punktvergabekriterien die expressiven Fähigkeiten eines Kindes nicht gut wieder.

Testdesign

Konzept: Die Überprüfung der Rezeption und Produktion von Sprache ist auf die Bereiche Wortschatz und Grammatik begrenzt und erlaubt keine Aussage über die phonetisch/artikulatorischen und phonologischen Kompetenzen eines Kindes. Dies ist insofern nicht nachvollziehbar, als dass davon auszugehen ist, dass SES-Kinder mit phonologischem Störungsschwerpunkt bis in das Grundschulalter lautliche Auffälligkeiten zeigen, da die Mehrheit dieser Kinder erst zwischen dem 5. und 6 Lebensjahr eine Sprachtherapie erhält (s. GKV-Spitzenverband, 2016).

Bei der Überprüfung des Sprachverständnisses werden die Wort- und Satzsemantik sowie das Textverständnis überprüft. Da nur Kinder im Altersbereich zwischen dem 5. und 6. Lebensjahr im Untertest 10 (Kunstwörter nachsprechen) in Hinblick auf die eingeschränkte Merkspanne überprüft werden, sollte bei älteren Kindern bei Verdacht auf eine eingeschränkte Merkspanne diese zusätzlich untersucht werden.

Die Überprüfung der Sprachproduktion erfolgt mit Hilfe gelenkter Spontansprache (Verbalisieren einer 5-teiligen Bildergeschichte) und Aufgaben zur Satzbildung unter Vorgabe lexikalischer Wortarten (Nomen-Verben-Adjektive/Adverbien), wobei die morphologischen und syntaktischen Fähigkeiten im Zentrum der Überprüfung stehen. Aus der Überprüfung der Bildbenennung können Schlüsse über den aktiven Wortschatz eines Kindes im Hinblick auf die Verwendung von Nomen sowie Objekt-Verb-Verknüpfungen gewonnen werden. Damit überprüft dieser Subtest gleichzeitig auch einen Teilbereich satzsemantischer Kompetenz.

Die Überprüfung der „Verarbeitungsgeschwindigkeit" mit Hilfe visueller Stimuli lässt sich im Rahmen der Gesamtkonzeption nur schwer einordnen. Eine auditive Vorgabe wäre hier angemessener.

Variablen: Grundsätzlich können vier Bereiche unterschieden werden. Auditive Merkfähigkeit (Untertest 10), Verarbeitungsgeschwindigkeit (Untertest 3), das Sprachverständnis (Untertests 4, 5) und die Sprachproduktion (Untertest 1, 2, 6, 7, 8, 9). Die Bildbenennung und die Benennung von Hyperonymen geben Aufschluss über die lexikalischen Kompetenzen, sie werden durch die Aufgabenstellung auf produktiver Ebene gemessen. Dies gilt auch für die Überprüfung der morphologischen Fähigkeiten. Daher ist es irritierend, dass diese Untertests nicht direkt dem Bereich Sprachproduktion zugeordnet wurden.

Durchführung: Die Testdurchführung ist verständlich formuliert und in der Praxis leicht umsetzbar. Allerdings werden keine Hinweise für die Durchführung des Tests bei unterschiedlichen Zielgruppen wie Kindern mit Migrationshintergrund, mit Lernbehinderungen oder mit Hirnschädigungen gegeben.

Die angegebene Durchführungsdauer von 45 Minuten ist knapp bemessen und kann je nach Proband nicht ausreichend sein.

Auswertung: Die Auswertung der Ergebnisse ist zeitökonomisch. Für die Subtests 8 (Singular-Plural-Bildung) und 10 (Kunstwörter nachsprechen) werden keine Angaben darüber gemacht, wie mit Artikulationsfehlern umzugehen ist, die das Ergebnis beeinträchtigen könnten.

Normierung

Stichprobe: Die Verteilung der mono-lingualen und bilingualen Kinder in der Normstichprobe bleibt unbegründet. Damit kann keine verlässliche Aussage über den Sprachstand von mehrsprachig aufwachsenden Kindern getroffen werden. Dies gilt in gleicher Weise für Kinder mit Lernbehinderungen oder Hirnschädigungen.

Normen: Es liegt eine Normierung für sieben Altersstufen vor. Eine Geschlechterdifferenzierung wäre sicherlich optimal gewesen, weil die sprachlichen Leistungen von Mädchen und Jungen selbst im Schulalter sich deutlich unterscheiden (vgl. Hartig & Jude 2008). Aus entwicklungspsychologischer Sicht (Oerter & Montada 2008) ist die Unterteilung des 5. Lebensjahrs in zwei Altersbereiche (5;0–5;5 und 5;6–5;11) angemessen; dies wäre mindestens auch für das 6. Lebensjahr (6;0- 6;5 u. 6;6–6;11) sinnvoll gewesen. Auch ist die Normierungsstichprobe für diese Altersgruppe zu klein.

Gütekriterien

Objektivität: Durchführungs- und Auswertungsobjektivität werden durch die eindeutige Struktur, die klaren Instruktionen sowie die übersichtlichen Normtabellen für alle Altersstufen garantiert.

Reliabilität: Mit Ausnahme der Subtests 5 (Fragen zum Text) und 6 (Bildergeschichte) weisen die Subtest eine befriedigende bis sehr gute interne Konsistenz (Cronbachs Alpha von .71–.91) auf.

Validität: Für die Validität spricht, dass eine Zunahme der Werte mit dem Alter zu beobachten ist und Kinder mit Sprachauffälligkeiten in der Anamnese oder mit Migrationshintergrund im Test schlechter abschneiden (Metz, Belhadj Kouider, Karpinski, & Petermann, (2011). Korrelationen einzelner Untertests zu vergleichbaren anderen Testverfahren (WWT-expressiv, HAWIK-Verarbeitungsgeschwindigkeit, TROG-D, BUEGA-expressive Sprache) lagen bei 7- bis 8-jährigen Kindern zwischen $r = 0{,}39$ und 0,76 (Metz et al. 2011).

Josefine Horbach

Sprachentwicklungstest für zweijährige Kinder (SETK-2)

Hannelore Grimm, unter Mitarbeit von Maren Aktaş und Sabine Frevert

Göttingen: Hogrefe, 2000

Zusammenfassende Testbeschreibung

Zielsetzung und Operationalisierung	**Konstrukte** *Alterstypische rezeptive und produktive Sprachverarbeitungsfähigkeiten.*
	Testdesign *Individualtest mit vier Untertests: Bildbenenn- bzw. Bildbeschreibungsaufgaben für Wort- und Satzproduktion sowie Bildauswahlaufgaben für Wort- und Satzverständnis.*
Angaben zum Test	**Normierung** *Alter: Zwei Altersgruppen: 24–29 Monate (N = 151) und 30–35 Monate (N = 132).* *Bildung: Bildungsabschluss der Mutter wurde erhoben.* *Geschlecht: 148 Mädchen und 135 Jungen; trotz Unterschieden keine geschlechtsspezifischen Normen.*
	Material *Manual mit Normtabellen, Protokollbögen, je ein Bildkartensatz pro Untertest, Stoffbeutel mit sechs Gegenständen, CD mit zwei Durchführungsbeispielen, Koffer.*
	Durchführungsdauer *25–30 Minuten; bei vereinfachter Durchführung des vierten Untertests reduziert sich die Durchführungszeit um 10 Minuten.*

Testkonstruktion

Design	**Aufgabe**
	1. Sprachverstehen:
	   – Verstehen I: Wörter.
	     Identifikation benannter Objekte auf Bildkarten mit 4 Wahlmöglichkeiten (9 Items).

- Verstehen II: Sätze.
  Satz-Bild-Zuordnung mit 4 Wahlmöglichkeiten (8 Items).
2. Sprachproduktion:
- Produktion I: Wörter.
  Benennung von 6 konkreten Objekten aus dem Testkoffer und 24 abgebildeten Einzelobjekten aus dem Alltag.
- Produktion II: Sätze.
  Bildbeschreibung von 16 Bildkarten.

Konzept
Dekontextualisiertes Enkodieren bzw. Dekodieren von Wörtern und Sätzen.

Variablen
Zwei Leistungsvariablen: Jeweils Anzahl korrekter Lösungen, Punktabzüge für Fehler nur im vierten Untertest (Produktion II: Sätze).

Durchführung
Die Untertests werden mit vorgegebenen Instruktionen in standardisierter Reihenfolge dargeboten. Der vierte Untertest kann mit oder ohne das detailliert beschriebene System von Nachfragen durchgeführt werden. Für die Untertests zu Sprachproduktion wird eine Audioaufnahme empfohlen. Der Test ist vollständig durchzuführen. Instruktionen dürfen nur bei akustischen Störungen wiederholt werden.

Auswertung
a) Kein Gesamtscore, sondern Rohwerte je Untertest; Rohwertbestimmung durch Zählung korrekter Lösungen. Lediglich im Untertest „Satzproduktion" werden für jede obligatorische Satzkonstituente, die auch semantisch korrekt ist, zwei Punkte vergeben (für Präpositionalphrasen drei Punkte), so dass je nach Satzlänge bis zu sieben Punkte in einer Aufgabe vergeben werden können. Diese Anzahl der Wörter pro Antwort (AWA) wird aufaddiert und durch die Anzahl aller Aufgaben geteilt, so dass als Rohwertindex die durchschnittliche Anzahl der Wörter pro Aufgabe (DAWA) angegeben werden kann.
b) Vergleich mit der Altersnorm durch Bestimmung von T-Werten und Prozenträngen. Für den Vergleich von Kindern der gleichen Altersgruppe ist für jeden Untertest die kritische Differenz der Rohwertpunkte angegeben, außerdem Standardmessfehler und Vertrauensintervalle für die T-Werte je Altersgruppe und Untertest. Für die vereinfachte Auswertung des vierten Untertests ist ebenfalls je Altersgruppe ein kritischer Wert angegeben, durch den der Verdacht einer verzögerten produktiven Sprachentwicklung erhärtet oder verworfen werden kann.

Normierung

Stichprobe

Normierung an einer Stichprobe von 283 Kindern zwischen 2;0 und 2;11 Jahren in vier Altersgruppen: 24–26 Monate ($N=80$), 27–29 Monate ($N=71$), 30–32 Monate ($N=67$), 33–35 Monate ($N=65$); 148 Mädchen und 135 Jungen; Stichprobenbeschreibung hinsichtlich Wohnort, Geschwisterposition, Bildungsabschluss der Mutter, Hörprobleme und Betreuung durch die Mutter.

Normen

Alter: Die Normierungsstichprobe wurde in zwei Altersgruppen geteilt: 24–29 Monate ($N=151$) und 30–35 Monate ($N=132$). Die Leistungsunterschiede zwischen diesen beiden Altersgruppen sind für alle Untertests hoch signifikant. Die Unterschiede zwischen den 3-Monatsgruppen dagegen nur teilweise, so dass von einer feinmaschigeren Normierungseinteilung abgesehen wurde.

Bildung: Fünf Stufen des mütterlichen Bildungsabschlusses: Hauptschulabschluss ($N=14$), mittlere Reife ($N=115$), Fochhochschulreife/Abitur ($N=73$), Fachhochschul-/Hochschulabschluss ($N=80$), ohne Angabe ($N=1$). Die Kinder der Mütter mit höherem Bildungsabschluss zeigten signifikant bessere Leistungen in Wort- und Satzproduktion, nicht aber im Sprachverständnis.

Geschlecht: Die Mittelwertsvergleiche zeigen bei 5%iger Irrtumswahrscheinlichkeit signifikant bessere Leistungen der Mädchen in allen Untertests mit Ausnahme des Wortverstehens. Es liegen aber keine geschlechtsspezifischen Normen vor.

Gütekriterien

Objektivität

Durchführung: Aufgrund des standardisierten Materials und der detailliert beschriebenen Vorgaben für die Testdurchführung kann von einer guten Durchführungsobjektivität des Tests ausgegangen werden. Die Testautoren erwähnen Mittelwertsvergleiche von Gruppen, die wohnortbezogen von unterschiedlichen Testleitern getestet wurden. Diese zeigen keine nennenswerten Unterschiede.

Auswertung: Die Auswertungsobjektivität beruht auf einfachen und eindeutigen Vorgaben. Für den vierten Untertest wird eine Übereinstimmung von mehr als 90% bei zwei unabhängigen Untersuchern nachgewiesen.

Reliabilität

Interne Konsistenz: Cronbachs Alpha zwischen .88 und .95 für die Sprachproduktion, zwischen .28 und .70 für das Sprachverständnis.
Paralleltest-Reliabilität: Es liegen keine Parallelformen vor.
Retest-Reliabilität: keine Angaben

Validität

Konstruktvalidität: Alle Untertests korrelieren hochsignifikant miteinander, so dass von einer validen Erfassung der Sprachfähigkeiten auszugehen ist. Die hochsignifikanten Korrelationen der Untertests mit dem Alter in Tagen zeigen eine hohe Entwicklungssensitivität des Tests. *Konvergente/diskriminante Validität:* Hohe Korrelation (.84) zwischen den Testergebnissen der Kinder mit einer Vorversion des Wortproduktionstests und einer standardisierten Elternbefragung zum produktiven Wortschatz der Kinder. Ebenfalls hohe Korrelation (.74) zwischen dem getesteten produktiven Wortschatz der Kinder und den Elternangaben zur Satzproduktion.

Kriteriums- bzw. klinische Validität: Die durch einen Elternfragebogen erkannten späten Wortlerner (late talkers), die ein hohes Risiko für eine spätere Sprachentwicklungsstörung tragen, konnten durch eine Vorversion des Wortproduktionstests verlässlich identifiziert werden.

Ökologische Validität: keine Angaben

Nebengütekriterien

Akzeptanz: keine Angaben
Transparenz: keine Angaben
Zumutbarkeit: keine Angaben
Verfälschbarkeit: keine Angaben
Störanfälligkeit: keine Angaben

Neuropsychologische Aspekte

Theoretischer Rahmen

Das Erlangen lexikalischer und grammatischer Fähigkeiten sind die wesentlichen sprachlichen Entwicklungsschritte in diesem jungen Alter. Symbolfunktion, kategoriale Gruppierung, phonologisches Arbeitsgedächtnis und soziale Umweltfaktoren lösen das schnelle Wortlernen aus, mit dem das Kind sein mentales Lexikon aufbaut. Eine kritische Wortschatzgröße mit entsprechender Wortartendifferenzierung und mit der Entdeckung des syntaktischen Prinzips ist wiederum die Voraussetzung für die Kombination von Wörtern als Einstieg in die grammatische Entwicklung.

Anwendungsbereiche

Der Test zielt auf die Erkennung von Risikokindern ab, soll also Kinder identifizieren, die ein erhöhtes Risiko für eine manifeste Sprachentwicklungsstörung tragen.

Funktionelle Neuroanatomie

keine Angaben

Ergebnis- Wegen der wechselseitigen Einflüsse der sprachlichen, kognitiven und
beeinflussende sozialen Entwicklung und der möglichen Dissoziationen von Störun-
Faktoren gen weisen die Testautorinnen ausdrücklich darauf hin, dass die Testergebnisse den Sprachentwicklungsstatus wiedergeben sollen, nicht
aber die beteiligten Faktoren und deren Einfluss aufdecken können.

Testentwicklung

Die Testautorinnen führten umfangreiche Längs- und Querschnittsun-
tersuchungen in Vorbereitung der Standardisierung durch. Seither ist
der Test ohne Modifikation im Handel.

Testbewertung

Die Kritik im Neben dem SETK-2 gibt es nur einen weiteren deutschsprachi-
Überblick gen normierten Sprachtest für zweijährige Kinder, die Patholinguistische Diagnostik bei Sprachentwicklungssstörungen (PDSS)
von Kauschke & Siegmüller (2010). Relevante Aspekte für eine
Wahl zwischen diesen beiden Verfahren sind Testkennwerte,
sprachtheoretische Fundierung, Auswahl und Operationalisierung
von Variablen sowie Aktualität und Ökonomie.
Die nicht zufriedenstellende Reliabilität in den Untertests zum
Sprachverstehen des SETK-2 könnte mit der sprachtheoretischen
Position und dem möglicherweise nicht altersgemäßen Untersu-
chungsparadigma zusammenhängen. Um die Rolle der Phonologie für die lexikalische und morpho-syntaktische Entwicklung und
auch für die Früherkennung von Sprachentwicklungsstörungen abzubilden, ist eine spracherwerbstheoretisch begründete Erweiterung der im Test erhobenen Variablen erforderlich. Auch die Abbildung der spracherwerbsrelevanten Komposition des frühkindlichen
Lexikons wäre nur durch eine Erweiterung der Untertests möglich.
In dieser Hinsicht scheint die PDSS dem SETK-2 ebenso überlegen wie in Aktualität und Anschaffungskosten.

Test- **Testmaterial**
konstruktion Kindgerechtes, ansprechendes, farbiges Bildmaterial, das eventuell bei einzelnen Bildern aktualisiert werden könnte (z. B. Uhr,
Tankstelle). Für einen Teil der Kinder ist der Umgang mit Bildkarten nicht hinreichend motivierend (Sachse, Anke & Suchodoletz,

2007). Gerade die Bildkarten in den beiden Verständnistests stellen einige Anforderungen an die visuelle Verarbeitung. Es stellt sich die Frage, ob hier die Testaufgabe (Bildauswahl bei drei Distraktoren) dem jungen Alter angemessen ist (Rausch, 2003).

Testdesign

Konzept: Sprachverstehen und Sprachproduktion werden auch im Spracherwerb als zwei Verarbeitungssysteme betrachtet, die sich verschieden entwickeln und auch unterschiedlich gestört sein können. Dies erfordert eine getrennte Überprüfung von rezeptiven und produktiven sprachlichen Leistungen, wie es im vorliegenden Test auch umgesetzt wird.

Die spracherwerbstheoretisch relevanten Variablen des rezeptiven und produktiven Wortschatzes werden in beiden Untertests ausschließlich durch Objekte/Nomen geprüft. Die Komposition des frühen Lexikons wird dabei nicht berücksichtigt. Die Verteilung der Wortarten im produktiven Wortschatz des sehr jungen Kindes könnte aber relevante Hinweise auf ein Risikoprofil geben (Kauschke, 2000; Siegmüller & Bittner, 2005).

Das theoretische Konzept von Sprache als De- bzw. Enkodierung von Gedanken, Informationen und Wünschen trennt aus analytischen Gründen Bedeutungsgenerierung bzw. Bedeutungsentnahme von der sprachlichen Form. Dieses sprachtheoretische (nomenklatorische) Konzept liegt psycholinguistischen Sprachverarbeitungsmodellen zugrunde. Im Gegensatz dazu werden Wechselwirkungen zwischen linguistischer, sozialer und kognitiver Entwicklung als bedeutsam für den frühen Spracherwerb angesehen (Evans, 2001; Kauschke, 2007; Siegmüller, 2014). Dieser Unterschied in den zugrundeliegenden Konzepten kommt insbesondere in den Untertests zum Sprachverständnis zum Tragen. Dekontextualisierte, rein sprachlich vermittelte Bedeutungskonstruktion wäre demnach spracherwerbstheoretisch eine nicht angemessene Operationalisierung für Sprachverständnis in diesem jungen Alter.

Variablen: Für die verlässliche Identifizierung von Risikokindern sind in dem betrachteten Altersabschnitt die lexikalischen und grammatischen Leistungen relevante Sprachvariablen. Aussprachestörungen wurden in der klinischen Betrachtung bisher eher als Komorbidität denn als relevantes Merkmal einer Sprachentwicklungsstörung angesehen. Die Bedeutung phonologischer Fähigkeiten für die lexikalische und morphologische Entwicklung rückt erst in jüngerer Zeit in den Aufmerksamkeitsfokus (z. B. Penner, Krügel & Nonn, 2005). Phonologische und suprasegmentale Fehler scheinen demnach nicht nur als Symptome einer gestörten Sprachentwicklung relevant, sondern vielmehr als relevante Entwicklungslinie im Spracherwerb (Sallat, 2014) und möglicher Frühindikator einer spezifischen Sprachentwicklungsstörung (Penner et al., 2005). Das bildet der 2000 publizierte Test nicht ab.

Durchführung: Die Instruktionen sind sehr einfach und hinreichend verständlich. Insbesondere für den komplexen vierten Untertest sind sie so ausführlich und durch Beispiele veranschaulicht, dass eine objektive Durchführung sichergestellt ist, unter der Bedingung einer ausführlichen Einarbeitung und Einübung, damit die Instruktionen für das systematische Nachfragen flüssig beherrscht werden und der Untertest den Vorgaben gemäß durchgeführt wird.

Auswertung: Die Auswertung ist insgesamt unproblematisch. Auch die auf den ersten Blick etwas komplizierte Auswertung des vierten Untertests „Satzproduktion" ist detailliert beschrieben und mit Beispielen veranschaulicht. Durch die gelungene Kombination von freier Sprachprobe und psychometrischer Erfassung (Willinger, 2001) verlangt dieser Untertest neben testtheoretischem Wissen auch linguistisches Wissen und einige Übung (vgl. Süss-Burghart, 2003), da die freie Antwort des Kindes sowohl auf semantischer als auch syntaktischer Ebene ausgewertet wird.

Normierung

Stichprobe: In der Stichprobe sind die Kinder auf vier Altersabschnitte von drei Monaten und auf die Geschlechter gleichmäßig verteilt. Ob feinmaschigere Altersnormen (vgl. Sachse et al., 2007) durch eine größere Stichprobe gewonnen werden könnten, oder ob die hohe Variabilität des Spracherwerbs keine risikorelevanten Unterschiede zwischen kleineren Altersgruppen erlaubt, kann auf der Grundlage der untersuchten Stichprobe nicht beantwortet werden.

Die höheren Bildungsabschlüsse der Mütter scheinen überrepräsentiert (Willinger, 2001), was zu einem zu strengen Maßstab bei der Sprachproduktion geführt haben könnte.

Normen: Die Normstichprobe zeigt in allen Untertests, außer dem Wortverstehen, signifikante Mittelwertunterschiede zwischen Jungen und Mädchen. Es gibt aber keine geschlechtsspezifischen Normen. Die Testautorinnen führen biologische Gründe für die Unterschiede an, die in Übereinstimmung mit der Literatur bereits im nächsten Lebensjahr nicht mehr nachweisbar seien. Jungen sind zwar häufiger von einer Sprachentwicklungsstörung betroffen, die Befunde für einen schnelleren Spracherwerb der Mädchen im Kindergartenalter sind aber nicht eindeutig (Kany & Schöler, 2007). Das Risiko, dass die sprachlichen Leistungen von Jungen aufgrund fehlender altersspezifischer Normen überschätzt werden, ist also vor dem Hintergrund empirischer Daten zu vernachlässigen.

Gütekriterien

Objektivität: Objektivität ist bei Einhaltung der Vorgaben des Manuals plausibel gegeben. Die Angaben zur Auswertungsübereinstimmung von über 90 % stützen diese Einschätzung.

Reliabilität: Die Konsistenzschätzung für die Produktionsuntertests ist mit Werten von .85 bis .95 hoch, für die Verständnisuntertests aber mit Werten zwischen .28 und .70 nicht zufriedenstellend.

Validität: Vor dem Hintergrund der Zielsetzung des Tests, Risikokinder zuverlässig zu erfassen, hat die prognostische Validität eine große Bedeutung. Dazu liegen aber nur die Ergebnisse von 17 Kindern vor, die aufgrund unterdurchschnittlicher Leistungen im Untertest Wortproduktion als Risikokinder eingestuft wurden. Sowohl in einer Vorform des SETK 3-5 als auch in dessen Endfassung zeigten die Risikokinder mit drei Jahren und auch mit fünf Jahren schlechtere Leistungen. Weitere Untersuchungen zur prognostischen Validität mit größeren Stichproben sind erforderlich. Schulz (2007) fragt die Zuverlässigkeit der Klassifikation auf Einzelfallbasis an und fordert dazu weitere Untersuchungen.

Die Angaben der Testautorinnen zur Konstruktvalidität und zur konvergenten Validität konnten in unabhängigen Untersuchungen bestätigt werden (Sachse & Suchodoletz, 2008; Sachse et al., 2007), was aber in Hinblick auf die Korrelationen zwischen SETK-2 und ELFRA2 (Grimm & Doil, 2006) aufgrund der vergleichbaren Konzeption von Sprache und der Ableitung der Prüfitems im Wortproduktionstest aus Elternangaben nicht überrascht.

Für Berechnungen zur Validität der PDSS überprüften Kauschke & Siegmüller (2010) bei einer Stichprobe von 99 zweijährigen Kindern die Verständnisuntertests aus PDSS und SETK-2. Aus diesen Angaben lassen sich Sensitivität und Spezifität der Verständnisuntertests des SETK-2, gemessen an den Verständnisuntertests der PDSS, bestimmen. Mit 73,85 % ergibt sich für die Sensitivität kein akzeptabler Wert, für die Spezifität hingegen mit 92,73 % ein bevorzugter Wert (Plante & Vance, 1994).

Nebengütekriterien: Das Verfahren ist insgesamt zeitökonomisch, mit aktuell 428 Euro aber auch teuer.

Testentwicklung

Testentwicklungen sind aufwendig und teuer. Es ist deshalb zunächst positiv hervorzuheben, dass für spracherwerbstheoretisch relevante Merkmale ein normiertes Messverfahren in diesem jungen Alter entwickelt wurde. Trotz des erheblichen gesundheits- und bildungspolitischen Interesses an den sprachlichen Fähigkeiten der Vorschulkinder in Deutschland ist aber bisher weder die schon früh geforderte Erweiterung der Normstichprobe (Willinger, 2001) noch eine erweiterte Perspektive auf die relevanten Variablen der frühen Sprachentwicklung (Penner et al., 2005; Schulz, 2007; Siegmüller & Bittner, 2005) in einer aktualisierten Version oder einem neuen Testverfahren umgesetzt worden. Testverfahren, die vor 2004 veröffentlicht wurden, werden in der aktuellen Diagnostikleitlinie für Sprachentwicklungsstörungen (de Langen-Müller, Kauschke, Kiese-Himmel, Neumann &

Noterdaeme, 2012) mit Verweis auf nicht mehr aktuelle statistische Kennwerte als veraltet aufgelistet.

Neuropsy-chologische Aspekte

Theoretischer Rahmen

Die quantitative Abbildung von Sprachentwicklung durch die eher globalen Maße (Schulz, 2007) von Produktion und Verstehen auf Wort- und Satzebene spiegelt aktuelle Erkenntnisse zur frühen Sprachentwicklung und zu Frühindikatoren einer spezifischen Sprachentwicklungsstörung nur begrenzt wider. Neben dem „entwicklungspsychologischen Klassiker" (Grimm, 2010) der ersten 50 produktiven Wörter könnten weitere Variablen wie etwa das Schreiverhalten von Kindern, die Phonemdiskrimination, die Kanonizität der Silbenbildung, Hinweis- und Zeigegesten, der Erwerb von Fokuspartikeln und die Verwendung resultativer Verbpartikel für die Früherkennung von Risikokindern bzw. Sprachentwicklungsstörungen genutzt werden (Schulz, 2007), was bisher aber nicht in einem psychometrischen Diagnostikverfahren umgesetzt worden ist.

Anwendungsbereiche

In der Literatur (z. B. Sarimski, 2001) wird über gute Erfahrungen in der Verwendung bei behinderten Kindern berichtet. Die Anwendung des SETK-2 bei entwicklungsauffälligen und geistig behinderten Kindern im Vergleich mit der Münchener Funktionellen Entwicklungsdiagnostik (MFED; Hellbrügge, 1994) zeigte eine vergleichbar zuverlässige Erfassung sprachlicher Fähigkeiten bei einer besseren Differenzierung mit dem SETK-2 (Süss-Burghart, 2003). In der Forschung wird der SETK-2 vielfältig eingesetzt, beispielsweise zur Erfassung der Sprachentwicklung Frühgeborener (z. B. Kiese-Himmel, 2005) oder nach Cochlea Implantat (z. B. May-Mederake & Shehata-Dieler, 2013).

Handhab-barkeit und klinische Anwendung

Der Test ist einfach zu handhaben und mit etwas Übung verlässlich und schnell auszuwerten. Als Bestandteil einer umfassenden Diagnostik (Roos & Schöler, 2007) ist er im klinischen Bereich vielseitig einsetzbar, wenn die Qualifikation des Testleiters gegeben ist. Für den Einsatz als Früherkennungsinstrument bzw. als verbindliches Screening (IQWiG, 2008) fehlen noch weitere Belege zur prognostischen Validität sowie Angaben zur Sensitivität und Spezifität.

Monika Rausch

Sprachentwicklungstest für drei- bis fünfjährige Kinder (SETK 3-5)

Hannelore Grimm unter Mitarbeit von Maren Aktaş und Sabine Frevert

Göttingen: Hogrefe, 2010

Zusammenfassende Testbeschreibung

Zielsetzung und Operationalisierung	**Konstrukte** *Alterstypische rezeptive und produktive Sprachverarbeitungsfähigkeiten sowie auditive Gedächtnisleistungen.* **Testdesign** *Individualtest mit insgesamt sechs Untertests zur Einschätzung der drei Bereiche Sprachverstehen, Sprachproduktion und Sprachgedächtnis. Je nach Alter werden nicht alle Untertests bzw. nicht alle Items eines Untertests durchgeführt.*
Angaben zum Test	**Normierung** *Alter: Normwerte für fünf Altersgruppen: 3;0–3;5 Jahre (N=89), 3;6–3;11 Jahre (N=78), 4;0–4;5 Jahre (N=75), 4;6–4;11 Jahre (N=75), 5;0–5;11 Jahre (N=178).* *Bildung: Bildungsabschluss der Mutter wurde erhoben.* *Geschlecht: 230 Mädchen und 265 Jungen, keine geschlechtsspezifischen Normen.* **Material** *Manual mit Normtabellen, Protokollbögen je Altersgruppe, Materialset, Figurenset und Bildkartensätze für die verschiedenen Untertests, CD mit Durchführungsbeispielen, Koffer.* **Durchführungsdauer** *Reine Testzeit 20 bis 30 Minuten.*

Testkonstruktion

Design	**Aufgabe**
	1. Sprachverstehen:
	    – Bildauswahl (3 Jahre: 9 Items)
	      Karte mit 2 bis 4 Bildern. Auf einen vorgelesenen Satz, z. B. „Der Hund läuft", soll das Kind auf das entsprechende Bild zeigen.

- Manipulationsaufgabe (3 Jahre: 10 Items; 4–5 Jahre: 15 Items).
  Das Kind erhält Materialien, mit denen es die Aufgabe durchführen soll. Beispiel: „Zeige mir den größten roten Knopf". Die Sätze nehmen im Schwierigkeitsgrad des grammatikalischen Aufbaus zu.

2. Sprachproduktion:
   - Enkodierung semantischer Relationen (ESR) (3 Jahre)
     Bildbeschreibung. Beispiel: Bildkarte, bei der ein Pferd auf dem Tisch steht: Frage: „Was siehst du hier?"
   - Morphologische Regelbildung (MR) (3–5 Jahre)
     Es soll der Plural von vorgegebenen Wörtern gebildet werden; bei älteren Kindern auch von Kunstwörtern.

3. Sprachgedächtnis
   - Phonologisches Gedächtnis für Nichtwörter (PGN) (3–5 Jahre)
     Nachsprechen von Kunstwörtern.
   - Gedächtnis für Wortfolgen (GW) (3–5 Jahre)
     Nachsprechen von Wörtern (2 bis 6 Wörter).
   - Satzgedächtnis (SG) (nur 4–5 Jahre)
     Das Kind soll Sätze unterschiedlicher Länge nachsprechen.

Konzept
Dekontextualisiertes En- bzw. Decodieren sprachlicher Einheiten mit Hilfe von morphosyntaktischem Regelwissen entlang typischer Entwicklungsschritte, wobei systematisch die semantische Unterstützung reduziert und die Hörmerkspanne überschritten wird, um die Anwendung von morphosyntaktischem Regelwissen nachzuweisen.

Variablen
Drei Leistungsvariablen: Jeweils Anzahl korrekter Lösungen, keine Fehlervariablen.

Durchführung
Bilder und mündlich präsentierte Items werden mit vorgegebenen Instruktionen in standardisierter Reihenfolge dargeboten. Auch die Positionierung des Materials ist vorgegeben, um keine sprachlich-sequenzielle Reihenfolge nahezulegen. Die Reihenfolge der Untertests unterscheidet sich je nach Altersgruppe, ist aber einzuhalten. Untertests dürfen in der Regel nicht aufgrund von Fehlern abgebrochen werden, mit Ausnahme des Untertests GW. Nur bei offensichtlichem Unverständnis oder völlig fehlender Mitarbeit wird ein Untertest abgebrochen. Die allgemeinen Abbruchkriterien werden teilweise für die einzelnen Untertests spezifiziert. Instruktionen dürfen nur bei akustischen Störungen wiederholt werden.

Auswertung

a) Kein Gesamtscore, sondern Rohwerte je Untertest; unterschiedliche Rohwertbestimmung je Untertest: Zählung korrekter Lösungen (VS, PGN), Punktevergabe für teilweise korrekte Lösungen mit Hilfe von Auswertungslisten (MR), maximal reproduzierte Anzahl (GW, SG), Durchschnittswert (ESR).

b) Vergleich mit der Altersnorm durch Bestimmung von T-Werten (außer GW) und Prozentränge, außerdem werden kritische Differenzen von T-Werten je Untertest sowie Vertrauensintervalle der T-Werte (jeweils für 5 % und 1 % Irrtumswahrscheinlichkeit) angegeben.

Normierung

Stichprobe

Normierung an einer Stichprobe von 495 Kindern zwischen 3;0 und 5;11, in Alter und Geschlecht annähernd gleich verteilt (230 Mädchen und 265 Jungen); Stichprobenbeschreibung hinsichtlich Wohnort, Geschwisterposition und Bildungsabschluss der Mutter.

Normen

Alter: Sechs Altersgruppen in Halbjahresschritten: 3;0–3;5 Jahre ($N=89$), 3;6–3;11 Jahre ($N=78$), 4;0–4;5 Jahre ($N=75$), 4;6–4;11 Jahre ($N=75$), 5;0–5;5 Jahre ($N=98$), 5;6–5;11 Jahre ($N=80$) (lediglich die letzten beiden Gruppen werden in einer Altersnorm zusammengefasst).

Bildung: Sechs Stufen des mütterlichen Bildungsabschlusses: kein Schulabschluss ($N=3$), Hauptschulabschluss ($N=71$), mittlere Reife ($N=228$), Fachhochschulreife/Abitur ($N=105$), Fachhochschul-/Hochschulabschluss ($N=86$), ohne Angabe ($N=2$). Leistungen im Sprachverstehen und in der Sprachproduktion variieren mit dem mütterlichen Bildungsabschluss, nicht aber die Leistungen des phonologischen Arbeitsgedächtnisses.

Geschlecht: Keine signifikanten Geschlechtsdifferenzen.

Gütekriterien

Objektivität

Durchführung: Durchführungsobjektivität wird durch sehr genaue und ausführliche Instruktionen gesichert. Die Testautoren erwähnen Mittelwertsvergleiche von Gruppen, die wohnortbezogen von unterschiedlichen Testleitern getestet wurden. Diese zeigen keine nennenswerten Unterschiede.

Auswertung: Die Auswertungsobjektivität beruht auf einfachen und eindeutigen Vorgaben. Interraterreliabilität für die anspruchsvolle Auswertung des Untertests „Encodierung semantischer Relationen (ESR)" 90,1 %.

Reliabilität

Interne Konsistenz: Keine Angaben zur Split-half bzw. odd even Reliabilität. Konsistenzschätzung mit Cronbachs alpha ergibt Werte zwischen .62 und .89.

Paralleltest-Reliabilität: Es liegen keine Parallelformen vor.

Retest-Reliabilität: keine Angaben

Validität

Konstruktvalidität: Jahresweise berechnete Interkorrelationen der Untertests zwischen .22 und .66 werden entwicklungslogisch interpretiert. Unterschiedlich starke Korrelationen zwischen Untertests und Alter zeigen Alterssensitivität sowie differentielle Entwicklungsbereiche.

Konvergente/diskriminante Validität: Durchgängig niedrige und teilweise negative Korrelationen zwischen den Untertests des SETK 3-5 und nonverbalen Untertests der Kaufman Assessment Battery for Children (K-ABC) bzw. des Wiener Entwicklungstests (WET) verweisen auf die diskriminante Validität.

Kriteriums- bzw. klinische Validität: Keine geschlechtsspezifischen Unterschiede. Bei einzelnen Untertests signifikante Mittelwertsunterschiede in Abhängigkeit von der Geschwisterposition bei den jüngeren Kindern, die im Alter von fünf Jahren wieder verloren gehen. Extrem Frühgeborene mit einem Geburtsgewicht unter 1 100 g und Kinder mit einer spezifischen Sprachentwicklungsstörung unterscheiden sich im Gruppenmittel signifikant von der Altersnorm, was die Kriteriums- bzw. klinische Validität belegt.

Ökologische Validität: keine Angaben

Nebengütekriterien

Akzeptanz: Im Manual der zweiten Auflage wird auf zahlreiche Untersuchungen mit dem SETK 3-5 verwiesen, was eine hohe Akzeptanz belegt. Danach wird der SETK 3-5 in der Einzelfalldiagnostik in verschiedenen Institutionen des Gesundheitswesens, in Sprachstandserhebungen im Bildungsbereich und bei geistig behinderten Kindern eingesetzt.

Neuropsychologische Aspekte

Theoretischer Rahmen

Aufbauend auf den sprachlichen Leistungen im dritten Lebensjahr (2;0 bis 2;11 Jahre), die mit dem SETK 2 erfasst werden können, prüft der SETK 3-5 grammatisches Regelwissen und auditive Gedächtnisleistungen. Die überwiegende Nutzung sprachlicher Hinweisreize im Satzverstehen, die grammatische Verknüpfung semantischer Informationen und die Anwendung von morphologischem und syntaktischem Regelwissen in der Sprachproduktion bilden die wesentlichen Fortschritte der kindlichen Sprachentwicklung im Vorschulalter. Sprache wird dabei aus einem vorwiegend an konkrete Erfahrungen gebundenen System herausgelöst und erreicht ein abstrakteres Repräsentationsniveau. Um immer längere sprachliche Äußerungen ohne Unterstützung aus dem Kontext verarbeiten zu können, spielt neben morphosyntaktischem Regelwissen auch die Hörmerkspanne eine wichtige Rolle.

Anwendungs-bereiche Der Test wird als sensitiv und spezifisch für die Klassifzierung von Kindern mit spezifischen Sprachentwicklungsstörungen beschrieben. Er kann aber auch für die Einschätzung der sprachlichen Fähigkeiten von Kindern mit Deutsch als Zweitsprache oder von Kindern mit geistigen Behinderungen herangezogen werden. Die Kurzform des SETK 3-5, das Sprachscreening für das Vorschulalter (SSV), wird als Screening für eine zeitökonomische diagnostische Klassifizierung eingesetzt.

Funktionelle Neuroanatomie Im Manual wird auf neurofunktionale Reorganisationsprozesse im untersuchten Altersbereich verwiesen, die mit dem Induktionsprozess formalgrammatischer Regeln in Verbindung gebracht werden. Die zunächst überwiegend rechtshemisphärischen Verarbeitungsschritte werden dabei zunehmend von der linken Hemisphäre und spezifischen Spracharealen übernommen.

Ergebnis-beeinflussende Faktoren Phoneminventar und phonologische Prozesse verändern sich im untersuchten Alter, werden mit dem SETK 3-5 aber nicht geprüft. Der Untertest PGN wird bei Abweichungen der Aussprache nicht bewertet, weil bei fehlerhaftem Nachsprechen der Nichtwörter die Fehlleistung des phonologischen Arbeitsgedächtnisses nicht von einer falschen Lautproduktion unterschieden werden kann.

Testentwicklung

Im Rahmen eines umfassenderen Bemühens der Forschergruppe um eine verlässliche Früherkennung von Sprachentwicklungsstörungen ist der SETK 3-5 neben anderen Verfahren (SETK-2, ELFRA) entstanden und 2001 erstmalig publiziert worden. Die 2010 vorgelegte zweite Auflage wurde in den Ausführungen zu den theoretischen Grundlagen, zur Begründung und Beschreibung der Testaufgaben sowie zur Validität überarbeitet und aktualisiert. Neue Kapitel zum Anwendungsbereich, zu Entscheidungskriterien für Therapie- bzw. Förderbedarf, zu häufig gestellten Fragen und zu Einsatzmöglichkeiten bei Kindern mit Deutsch als Zweitsprache wurden in das Manual eingefügt. Seit 2003 ist eine Kurzform des SETK 3-5, das Sprachscreening für das Vorschulalter (SSV), in der Anwendung. Es besteht aus jeweils zwei Un-

tertests je Altersgruppe: MR und PGN für die Dreijährigen bzw. SG und
PGN für die älteren Kinder (4;0–5;11 Jahre), die mit dem SETK hoch
korrelieren ($r=.83$ bis $r=.89$).

Testbewertung

**Die Kritik im
Überblick**

Der SETK 3-5 wurde im Kontext umfangreicherer Forschungs-
bemühungen um eine verlässliche Früherkennung von Sprachentwicklungsstörungen als Teil eines einheitlich konzipierten Test-
instrumentariums (Sarimski, 2002) entwickelt und hat inzwischen
eine weite Verbreitung und ein breites Anwendungsfeld gefunden. Zur Feststellung der Normabweichung gibt es neben dem
SETK 3-5 inzwischen weitere Testverfahren (vgl. de Langen-Müller et al., 2012), vor allem für die Altersgruppe ab vier Jahren, die
neben der morpho-syntaktischen Entwicklung und dem phonologischen Arbeitsgedächtnis auch weitere sprachliche Leistungen
wie beispielsweise phonologische Diskriminations- oder Erzählfä-
higkeiten erfassen. Der Nachweis einer hohen Klassifizierungs-
genauigkeit (Rosenfeld et al., 2010) sollte nicht die diagnostische
Notwendigkeit der Ermittlung eines individuellen Fähigkeitsprofils
in Frage stellen, das für die Ableitung von Störungsschwerpunk-
ten und Therapieplanung erforderlich ist. Für einen hochrelevan-
ten Ausschnitt der Sprachentwicklung stellt der SETK 3-5 ein emp-
fehlenswertes Verfahren der klinischen Diagnostik dar.

**Test-
konstruktion**

Testmaterial
Sachlich gestaltetes, farbiges Bildmaterial.

Testdesign
Konzept: Als entwicklungspsychologisches Verfahren prüft der Test
neben der Anwendung von morphosyntaktischem Regelwissen in
Satzverstehen und Satzproduktion auch das phonologische Arbeitsgedächtnis, das als bedeutsamer Bedingungsfaktor für Sprachentwicklungsstörungen gilt (Siegmüller, 2011; Schöler & Scheib, 2004).
Als klassischer Test nach dem Altersspannenmodell (Kauschke &
Siegmüller, 2010) beruht der Test auf theoretischen Grundlagen, die
mit Meilensteinen des Spracherwerbs übereinstimmen. Der Test ermöglicht den Vergleich ausgewählter sprachlicher Leistungen mit der
Altersnorm. Phonologische Fähigkeiten werden allerdings nicht hinreichend berücksichtigt. Die Testautorinnen rechnen einen Teil der

phonologischen Komponente im Spracherwerb der Artikulation zu, die in allen Untertests bemerkbar sei und deshalb nicht in einem eigenen Untertest geprüft wird. Phonologische Diskriminationsfähigkeiten sind aber für die lexikalische und morphologische Entwicklung bedeutsam (vgl. Siegmüller, 2011), sollten deshalb für ein vollständiges Verständnis einer Sprachentwicklungsstörung mit in den Blick genommen werden. Die ebenfalls nicht berücksichtigte pragmatische Komponente des Spracherwerbs wird auch in anderen Sprachentwicklungstests nicht überprüft.

Variablen: Satzverstehen und Satzproduktion als eigenständige Variablen zu untersuchen, obwohl angenommen wird, dass beiden Leistungsbereichen das gleiche Regelwissen zugrunde liegt, ist wegen der Dissoziation von rezeptiven und expressiven Störungen notwendig (de Langen-Müller, Kauschke, Kiese-Himmel, Neumann & Noterdaeme, 2012). Die Abbildung des Sprachgedächtnisses in drei Untertests betont die Bedeutung dieser Gedächtniskomponente. In Nachsprechaufgaben sind Leistungen des Arbeitsgedächtnisses zwar konfundiert mit grammatischem Regelwissen. Das ist aber für die kategoriale Diagnose vorteilhaft. Nachsprechaufgaben gelten in der Diagnostik von Sprachentwicklungsstörungen deshalb auch als „Königsweg" (Roos & Schöler, 2007; Schöler & Scheib, 2004). Wegen der Konfundierung des Untertests PGN mit der Aussprachefähigkeit empfehlen die Testautorinnen, diesen Untertest bei weitreichenderen Artikulationsproblemen nicht zu bewerten.

Durchführung: Die Instruktionen sind im Manual hinreichend detailliert und verständlich dargestellt. Die Durchführung, insbesondere die Auswahl der Untertests und Items je Altersgruppe, wird durch die unterschiedlichen, übersichtlich gestalteten Protokollbögen unterstützt. Der Umgang mit den Abbruchkriterien erfordert einige Übung. Sarimski & Steinhausen (2007) empfehlen für die Gedächtnisuntertests eine bildhafte Veranschaulichung der Instruktionen für geistig behinderte Kinder.

Auswertung: Die Vergabe der Rohwerte ist einfach und wird durch klare Vorgaben, Beispiele und Vergleichstabellen (zum Beispiel MR und ESR) im Manual unterstützt. Der Vergleich mit der Altersnorm ist je Untertest anhand der T-Werte möglich. T-Werte zwischen 40 und 60 zeigen ein durchschnittliches Ergebnis in einem Untertest. Darüber hinaus sind kritische Werte für T-Wertdifferenzen und Vertrauensintervalle der T-Werte angegeben, die eine genauere Einschätzung im Vergleich zur Altersnorm ermöglichen.

Im Manual der Neuauflage sind für die Altersgruppen Entscheidungsbäume angegeben, die für Reihenuntersuchungen mit dem SETK 3-5 Entscheidungshilfe bieten. In der Einzelfalldiagnostik sind aber immer weitere Befunde oder anamnestische Angaben für die klassifikatorische Diagnose heranzuziehen (Grimm, 2010).

Normierung

Stichprobe: In der Stichprobe sind die Kinder nach Alter und Geschlecht annähernd gleich verteilt.

Normen: Die Bildung der Altersnormen aus den Altersgruppen ist mit Blick auf die Deckeneffekte bei den Fünfjährigen nachvollziehbar.

Gütekriterien

Objektivität: Bei Einhaltung der Vorgaben des Manuals ist der Test in Durchführung und Auswertung objektiv. Die Auswertungsübereinstimmung von 90,1 % stützt diese Einschätzung.

Reliabilität: Die Konsistenzschätzung liegt bei allen Aufgaben und Altersgruppen außer beim Untertest PGN bei den Dreijährigen über .70 und zeigt damit eine hinreichend genaue Messung. Die Testautorinnen verweisen auf die niedrigen Werte der Dreijährigen in diesem Untertest und auf den Einfluss der Aussprache auf das Testergebnis.

Validität: Die im Manual berichtete diskriminante Validität wird in externen Untersuchungen bestätigt (Süss-Burghart, 2003). Bei einem Vergleich von Ergebnissen des SETK 3-5 mit dem klinischen Urteil wurde aber knapp ein Drittel der Kinder, vor allem mit leichten und mittelgradigen Sprachentwicklungsstörungen, im Test nicht erkannt (Keilmann, Moein & Schöler, 2012). Allerdings verwenden die Autoren ein etwas strengeres Kriterium für die Dichotomisierung der SETK 3-5 Ergebnisse als die Testautorinnen im Entscheidungsbaum angeben. Die Berechnungen von Rosenfeld et al. (2010) ergaben bei einer Stichprobe von 63 Kindern im Alter zwischen 4;0 und 5;11 Jahren eine Sensitivität von 81,5 % und eine Spezifität von 86,1 % für den Untertest PGN des SETK 3-5 bei einem empirisch ermittelten Cut-off-Wert von 46,51 gemessen am klinischen Urteil und verweisen auf Plante & Vance (1994), die Werte von 80–90 % als akzeptable Werte und Werte über 90 % als bevorzugte ansehen. Tippelt et al. (2011) berechneten für eine Stichprobe von 88 Kindern (Alter 36.–41. Lebensmonat) eine bevorzugte Sensitivität (93,0 %) und eine akzeptable Spezifität (85,6 %), wenn als Cut-off ein T-Wert <36 in einem Untertest festgelegt und als Außenkriterium eine Einschätzung der Spontansprache herangezogen wurde.

Nebengütekriterien: Der Test ist zeitökonomisch, aber mit aktuell 528,00 Euro auch teuer.

Testentwicklung

Die Erweiterungen des Manuals in der zweiten Auflage gehen auf vielfältige Erfahrungen in der Testanwendung zurück und sind insgesamt sehr hilfreich. Im Vergleich zur ersten Auflage wird auf einen breiteren Anwendungsbereich hingewiesen und der Einsatz nicht nur für die kategoriale Diagnose von Sprachentwicklungsstörungen empfohlen, sondern auch für Sprachstandserhebungen im Bildungskontext, für die Einschätzung der Sprachentwicklung geistig behinderter Kinder und für die Messung von Deutsch als Zweitsprache. Für diesen letzten Einsatzbereich berichtet das Manual auch über statistische Kennwerte, wenn auch von eher kleinen Stichproben ($N=28$ bzw. $N=16$).

Neuropsychologische Aspekte

Theoretischer Rahmen

Morphosyntaktisches Regelwissen, das durch implizites Lernen erworben wird, stellt spracherwerbstheoretisch den zentralen sprachlichen Entwicklungsbereich im Alter zwischen drei und sechs Jahren dar. Erkenntnisse zur Rolle des phonologischen Arbeitsgedächtnisses für die Sprachentwicklung ergänzen den theoretischen Rahmen, der sprachliche Entwicklungsschritte mit Altersnormen verbindet. Weitere diagnostisch und therapeutisch relevante, linguistisch beschreibbare sprachliche Teilfähigkeiten wie semantisch-lexikalische, phonologische und pragmatische Fähigkeiten werden nicht von diesem theoretischen Rahmen erfasst. Neuere Emergenzmodelle (Kauschke, 2007) dagegen betonen das Wechselspiel zwischen den verschiedenen Entwicklungsbereichen und liefern deshalb einen breiteren Rahmen für die Erklärung von Phänomenen in der Sprachentwicklung und die Ableitung von Therapie.

Anwendungsbereiche

Auch wenn der SETK als Screening-Instrument in der Einschulungsuntersuchung von Baden-Württemberg eingesetzt wird (Spannenkrebs, Crispin & Krämer, 2013), ist er für die Diagnostik einer Sprachentwicklungsstörung allein nicht ausreichend (Keilmann et al., 2012; Tippelt et al., 2011).

Für Kinder mit einer schweren Entwicklungssstörung oder geistigen Behinderung sind insbesondere die eher abstrakten Untertests zum Sprachgedächtnis sehr schwierig, die übrigen Untertests geben aber eine Orientierung für die Einschätzung der sprachlichen Leistungen der Kinder (Sarimski & Steinhausen, 2007).

Zur Erfassung sprachlicher Leistungen von Kindern mit Deutsch als Zweitsprache (Asbrock, 2009) kann der SETK 3-5 als Teil einer mehrteiligen Diagnostik eingesetzt werden, weil mit dem SETK-2 und dem ELFRA weitere Verfahren zur Verfügung stehen, die ein adaptives Vorgehen ermöglichen. Für die Unterscheidung von Förderbedarf in Deutsch als Zweitsprache von einer Sprachentwicklungsstörung, die sich auf beide Sprachen erstreckt, ist allerdings eine mehrfache Testung im Verlauf (mit oder ohne Förderung) erforderlich. Für eine Einschätzung individueller Fähigkeiten reicht ein Testergebnis allein nicht aus.

Handhabbarkeit und klinische Anwendung

Der SETK 3-5 ist relativ einfach zu handhaben und mit etwas Übung verlässlich und schnell auszuwerten. Als Teil einer umfassenderen Diagnostik ist er im klinischen Bereich, nicht zuletzt wegen der einzeln auswertbaren Untertests, vielseitig einsetzbar.

Monika Rausch

2.3   Schriftsprache

Thomas Günther

2.3.1   Lesen

Im Bereich Schriftsprache gibt es eine Reihe von Modellannahmen und Theorien. In dieser Einleitung werden häufig verwendete Modelle kurz dargestellt, die oft in Diagnostikinstrumenten verwendet werden.

Traditionell betrachtet vollzieht sich der Leseerwerb in aufeinander aufbauenden Phasen, zwischen denen qualitative Unterschiede bestehen (zu Phasenmodellen des Leseerwerbs vgl. Frith, 1985; Ehri, 1999 für die englische Sprache; Günther, 1986 für die deutsche Sprache). Dabei werden drei Phasen unterschieden: eine logographische, eine alphabetische und eine orthographische Phase. Im *logographischen Stadium* wird ein Wort aufgrund seiner hervorstechenden visuellen Merkmale identifiziert. Dies kann der Anfangsbuchstabe sein oder das gesamt Schriftbild. Beispielsweise erkennen viele Kinder bereits früh ihren Namen oder für sie wichtige Wörter (z. B. „EIS"). Im *alphabetischen Stadium* können Kinder Buchstaben zu Phonemen zuordnen und wissen, dass man so systematisch Wörter erlesen kann. Im *orthographischen Stadium* haben Kinder eine vollständige Repräsentation der Buchstabenfolgen, können Redundanzen in der Orthographie nutzbar machen, und es kommt zu einer Automatisierung des phonologischen Rekodierens und damit zu einer Steigerung der Lesegeschwindigkeit. Für das Schreiben beschreibt Frith (1985) dieselben Phasen. Mit Hilfe dieser Modelle können der Entwicklungsstand und -fortschritt der Lese- und Schreibfertigkeit beschrieben und daraufhin Entwicklungsverzögerungen und -störungen erkannt werden.

Gegenwärtig werden eher kognitive Verarbeitungsmodelle wie das Zwei-Wege-Modell von Jackson und Coltheart (2001) zur Analyse des normalen wie gestörten Lesens und Schreibens bevorzugt. Diese Modelle sind insbesondere gut geeignet, um im Rahmen einer Entwicklungsdyslexie defizitäre Verarbeitungsprozesse zu beschreiben. Nach dem Zwei-Wege-Modell gibt es zwei Arten ein Wort zu lesen und dessen Bedeutung zu erfassen (Abbildung 4; für Details siehe Costard, 2011). Über die *lexikalisch-semantische Route* wird das Wort ganzheitlich erfasst (Lexikon) und inhaltlich verstanden (Semantisches System). In der visuellen Analyse findet dabei eine visuelle Mustererkennung statt. Damit wird es möglich zu erkennen, dass es sich beispielsweise um den Buchstaben „H" handelt, egal ob er groß, klein, in Schreib- oder Druckschrift geschrieben wurde. Im orthographischen Input-Lexikon erfolgt dann die Worterkennung. Hier sind vertraute Morpheme und Wörter gespeichert, nicht aber die Wortbedeutung. Das orthographische Input-Lexikon umfasst einen Sichtwortschatz, der es ermöglicht, reguläre sowie irreguläre Wörter mit „einem Blick" zu erkennen (z. B. Wörter wie „Restaurant" oder „Peugeot"). Die Wortbedeutungen sind im semantischen System gespeichert. Dabei werden die Verbindungen zwischen Einheiten des orthographischen Input-Lexikons und des semantischen Systems gestärkt, wodurch das Lesesinnverstehen ermöglicht und zunehmend automatisiert wird (siehe auch Klicpera, Gasteiger-Klicpera & Schabmann, 2007). Für das laute Lesen, welches häufig in der Diagnostik verlangt wird, braucht man ferner das phonologische Output-Lexikon. Hier sind die Informationen über die Wortformen gespeichert, die für die Aussprache notwendig sind. Dazu gehören beispielsweise die Silben- und Akzentstruktur eines Wortes. Der phonologische Buffer dient im Gegensatz zum Lexikon zur kurzfristigen Speicherung der aktivierten Einheiten. Er hält diese für weitere Prozesse präsent und dient demnach als ein Arbeitsspeicher. Von dort werden die Informationen zur Planung und Ausführung der mundmotorischen Bewegungen weitergeleitet.

Daneben steht die *sublexikalisch-einzelheitliche Leseroute*. Beim einzelheitlichen Lesen wird das Wort zunächst in seine Bestandteile zerlegt und anschließend zu einer Lautfolge und damit zu einem Wort synthetisiert. Dabei werden in der Graphem-Phonem-Konvertierung die gelesenen Grapheme Phonemen zugeordnet. Diese Route wird verwendet, wenn noch nicht im Lexikon abgespeicherte (z. B. im Leseerwerb), unbekannte Wörter oder Pseu-

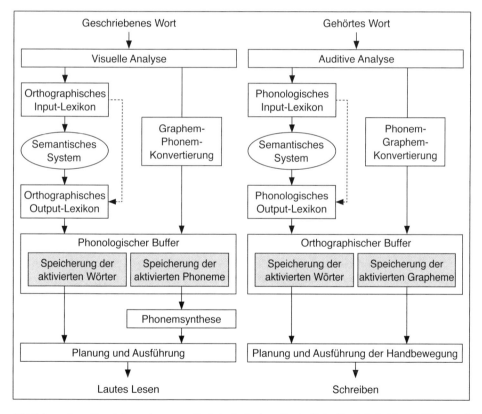

Abbildung 4: Darstellung der semantisch-lexikalischen Route (linke Route in beiden Abbildungen) und der sublexikalisch-einzelheitlichen Route (jeweils rechte Route) für das Lesen (linke Abbildung) und das Schreiben (rechte Abbildung, nach Ellis & Young, 1988 in Costard, 2011)

dowörter gelesen werden sollen. Damit dies gelingt, müssen durch die Phonemsynthese die aktivierten Phoneme miteinander verbunden werden. In den verschiedenen Sprachen ist die Bedeutung der einzelheitlichen Route jedoch unterschiedlich (siehe z. B. Casalis, Quémart & Duncan, 2015). Das Deutsche ist eine vergleichsweise transparente Sprache, in der die einzelheitliche Route von Kindern in den ersten Klassen genutzt werden kann um unbekannte Wörter zu erlesen. Demgegenüber ist das Englische eher intransparent. Hier müssen die Kinder über ihr Lexikon abspeichern, dass die Wörter „two", „to" und „too" identisch ausgesprochen werden. Daher sind in intransparenten Sprachen Lesefehler in den ersten Klassen deutlich häufiger als in transparenten Sprachen.

2.3.2   Schreiben

Parallel zum Lesen gibt es auch für das Schreiben sowohl eine semantisch-lexikalische Route als auch eine sublexikalisch-einzelheitliche Route (siehe Abbildung 4). Beim Schreiben nach Diktat werden in der auditiven Analyse die akustischen Signale als sprachliche Stimuli erkannt. Die auditive Analyse ist beispielsweise nötig, um beurteilen zu können, ob sich zwei Wörter reimen oder ob sie identisch sind. Im phonologischen Input-Lexikon werden die identifizierten Einheiten aus der auditiven Analyse phonologischen Wortformen zugeordnet, d. h. das Wort wird als bekanntes Wort erkannt. Dabei kann vom Kontext und von der Wortfrequenz abhängen, wie schnell das Wort erkannt wird. Im semantischen System ist wie beim Lesen die Bedeutung des Wortes abgespeichert. Im orthographischen Output-Lexikon sind die notwendigen Informationen zum Schreiben eines Wortes gespeichert. Ähnlich wie im orthographischen Input-Lexikon sind Wörter hier ganzheitlich abgespeichert, und es müssen keine Regeln beachtet werden oder Phonem-Graphem-Konvertierungen erfolgen, um das Wort richtig zu schreiben. Das Lexikon ist essentiell für einen automatisierten und damit schnellen Schreibprozess und um unregelmäßige Wörter richtig zu schreiben (z. B. „Garage"). Der orthographische Buffer ist wie der phonologische Buffer ein Kurzzeitspeicher, in dem Informationen aus dem Lexikon kurzfristig für die nachfolgende Verarbeitung bereitgehalten werden. Die sublexikalisch-einzelheitliche Route umgeht im Schreibprozess das Lexikon und erzeugt das Wort ausschließlich über die Phonem-Graphem-Konvertierung. Diese Route ist wie beim Lesen langsamer als die semantisch-lexikalische Route, ermöglicht aber das Schreiben von unbekannten Wörtern oder Pseudowörtern, die keinen Eintrag im Orthographischen-Output Lexikon haben.

2.3.3   Erwerb der Schriftsprache

Zu Beginn des Schriftspracherwerbs sind alle Komponenten des Zwei-Wege-Modells bereits vorhanden. Das phonologische Input-Lexikon, das phonologische Output-Lexikon sowie das semantische System sind bestenfalls schon sehr differenziert, wohingegen das orthographische Input-Lexikon wie auch das orthographische Output-Lexikon, wenn überhaupt, nur wenige Einträge aufweisen (Costard, 2011). Im Rahmen des Erwerbs bauen sich parallel zum Erwerb der Graphem-Phonem-Korrespondenzen (einzelheitliche Route – phonologisches Rekodieren) die Verbindungen zwischen Einheiten des orthographischen

Input-Lexikons und des phonologischen Output-Lexikons auf. Die einzelheitliche und die lexikalische Route werden also in der Regel parallel aufgebaut, auch wenn im Verlauf des Leseerwerbs eine Lesestrategie zu bestimmten Zeitpunkten stärker im Vordergrund steht. Die Art des gewählten (Erst-)Leseunterrichts und die dazugehörige Leseinstruktion können dies beeinflussen (Klicpera, Schabmann & Gasteiger-Klicpera, 2010).

Zu Beginn des Leseerwerbs steht in den meisten Lesemethoden die Aneignung des alphabetischen Prinzips sowie das Erlernen des phonologischen Rekodierens im Vordergrund (synthetischer Ansatz – einzelheitliche Route). Dem Erlesen ganzer Wörter und kurzer Sätze kommt eine untergeordnete, in Hinblick auf die Motivation der Schüler aber nicht unbedeutende Rolle zu (analytisches Vorgehen – lexikalische Route). Die meisten Kinder können am Ende der ersten Klasse Graphem-Phonem-Zuordnungen sicher vornehmen sowie Übungswörter ganzheitlich erfassen. Somit gelingt es ihnen überwiegend fehlerfrei, wenn auch langsam vorzulesen. Typisch für ein vorrangig segmentales Lesen sind ein sehr kontrolliertes und bewusstes Vorgehen und mehrere (Lese-)Anläufe bis das Wort erkannt wird. Andererseits kann bereits in diesem frühen Stadium nachgewiesen werden, dass häufig gelesene Wörter im orthographischen Lexikon abgespeichert werden (z.B. Burani, Marcolini & Stella, 2002), was die Annahme eines parallelen Aufbaus beider Leserouten unterstreicht. Ab der zweiten Klasse steht die Steigerung der Leseflüssigkeit, verbunden mit der Arbeit am Lesesinnverstehen, im Vordergrund. Als Maß für die Leseflüssigkeit gilt die Anzahl korrekt gelesener Wörter oder Silben in einer bestimmten Zeiteinheit, z.B. pro Minute. Dem Erwerb der Leseflüssigkeit schreibt man in orthographisch transparenten Sprachen wie dem Deutschen eine diagnostisch bedeutsame Rolle zu (siehe z.B. Landerl & Wimmer, 2008), da sie eng mit der erfolgreichen Automatisierung des Leseprozesses verbunden ist (Mayer, 2008). Automatisierte Leseprozesse laufen schnell ab und beanspruchen nur ein geringes Maß an Aufmerksamkeit und können dementsprechend parallel zu anderen Prozessen durchgeführt werden.

Ähnlich wie beim Lesen sammeln viele Kinder bereits vor dem Eintritt in die Grundschule erste Erfahrungen mit dem Schreiben. Dies kann das Schreiben des eigenen Namens sein. Mit Eintritt in die Grundschule erfolgt der Schreibunterricht meist parallel zum Lesen. Auch hier liegt im ersten Jahr der Schwerpunkt meist auf dem Erlernen der einzelheitlichen Route, d.h. dass die Kinder sicher eine Laut-Buchstabenordnung erlernen. Dabei sollen die Kinder zunächst lernen, die gehörten Wörter lautgetreu zu schreiben, und es erfolgt noch wenig Rückmeldung über die korrekte Orthographie. Schreibweisen wie „Fater" statt „Vater" oder „Baga" statt „Bagger" sind lautgetreu und kommen in der ersten Klasse häufig vor. Demnach wird auch beim Schreiben zu Beginn häufig wenig in den Aufbau des orthographischen Output-Lexikons investiert. Da sich bei Kindern beide Routen parallel entwickeln, besteht die Gefahr, dass im orthographischen Output-Lexikon häufig lautgetreu aber falsch geschriebene Wörter falsch abgespeichert werden. Ab dem zweiten Schuljahr werden in Abhängigkeit von der verwendeten Methode Rechtschreibregeln eingeführt, es wird gezielt auf Rechtschreibung geachtet, wodurch die Anzahl der korrekten Einträge im orthographischen Output-Lexikon zunimmt. Ab der zweiten Klasse erfolgt meist auch der Übergang von der Druckschrift zur Schreibschrift (oder vereinfachten Ausgangsschrift).

2.3.4   Vorläuferfertigkeiten

Als Vorläuferfertigkeiten werden meist Kompetenzen beschrieben, die Kinder vor dem Schriftspracherwerb erworben haben sollten. Bestandteil einer Einschulungsuntersuchung sind meist soziale Kompetenzen, motorische Fähigkeiten, Hör- und Sehfähigkeit, Sprachentwicklung, Aufmerksamkeit und Gedächtnis. Als eine der wichtigsten Vorläuferfertigkeiten für den Schriftspracherwerb gelten dabei die Sprachentwicklung (siehe z. B. Botting et al., 2006) und im Besonderen die phonologische Bewusstheit (für eine Übersicht siehe Schnitzler, 2008). Im Kern ist damit gemeint, dass Kinder in der Lage sind, sich von der Bedeutung der Sprache zu lösen und auf Metaebene einzelne Segmente der Sprache zu erkennen und wahrzunehmen. Dies ist notwendig, um beispielsweise beurteilen zu können, ob sich zwei Wörter reimen oder ob der Laut /a/ in einem Wort vorkommt. Häufig wird im Vorschulalter die phonologische Bewusstheit der Kinder im Kindergarten gezielt trainiert. Ferner ist eine Überprüfung der phonologischen Bewusstheit in nahezu allen Testinstrumenten enthalten, die im Vorschulalter eine Risikoeinschätzung bezüglich des Schriftspracherwerbs treffen.

2.3.5   Neuroanatomie

Beim Lesen stehen verschiedene sprachliche Leistungen, wie semantische, syntaktische oder orthographische Informationen, in Wechselwirkungen zueinander. In vielen funktionellen neuroanatomischen Studien wurde das Zwei-Wege-Modell untersucht (für eine Übersicht siehe z. B. Jobard, Crivello & Tzourio-Mazoyer, 2003). Gesehenes wird zunächst im visuellen Cortex verarbeitet. Das Cerebellum und die frontalen Augenfelder im Gyrus praecentralis regulieren die Blicksteuerung (z. B. Hillen et al., 2013). Diese Verarbeitungsschritte erfolgen beidseitig, wohingegen die sprachlich spezifischen Schritte, inklusive des Lesens, überwiegend linksseitig lokalisiert sind (für eine Übersicht siehe Price, 2012). Aus dem Occipitallappen heraus gibt es eine dorsale Verbindung in höher gelegene Areale, die eher sensibel sind für zeitliche Auflösung, Bewegung oder Kontrastempfindlichkeit. Eine andere Verbindung läuft ventral vom Occipitallappen in den Temporallappen. In diesem ventralen Strom befindet sich im linken Gyrus fusiformis das visuelle Wortformareal, durch dessen Aktivierung Wörter, unabhängig vom jeweiligen semantischen Gehalt, als solche erkannt werden (Dehaene, Le Clec'H, Poline, Le Bihan & Cohen, 2002). Bei der Analyse von Gesehenem wird dieses zunächst als Sprache erkannt, die orthographischen Elemente werden der Sprache zugeordnet, und es finden erste lexikalische Prozesse statt (Jobard et al., 2003). Weitere Areale, die als bedeutsam in der orthographischen Verarbeitung diskutiert werden, sind linksseitig der Gyrus angularis, der Gyrus fusiformis oder Bereiche um den Gyrus lingualis (z. B. Jobard et al., 2003). Dabei wird zwischen den beiden sprachlichen Ebenen Orthographie und Phonologie eine enge neuronale Interaktion beschrieben (z. B. Buchweitz, Mason, Tomitch & Just, 2009). Bei der Phonem-Graphem- und der Graphem-Phonem-Konvertierung sind insbesondere die Gyri supramarginalis, angularis und temporalis superior aktiviert (Booth et al., 2004). Ergänzend konnten Vigneau und Kollegen (2006) zeigen, dass zwischen phonologischem, semantischem und syntaktischem Netzwerk linksseitig große Überlappungen bestehen. Besonders für die Verarbeitung von Schriftsprache spielt auf semantischer Ebene laut Vigneau et al. (2006) der Sulcus temporalis medius eine wichtige Rolle. In einer Übersichtsarbeit, in der auch Kinder untersucht wurden, wurden für das Lesen ausschließlich Areale in der linken Hemisphäre identifiziert (Pollack, Luk & Christodoulou, 2015). Zudem konnten Martin und Kollegen zeigen (2015), dass das Lesenetzwerk bei Kindern zwischen 7 und 12 Jahren dem von Erwachsenen bereits sehr ähnlich ist. In dieser Übersichtsarbeit wurden insbesondere Gemeinsamkeiten zwischen Kindern und Erwachsenen gefunden für die ventral occipital-temporalen Areale (Worterkennung), den inferior frontalen und präzentralen Kortex (diskutiert wird dieses Areal u. a. in Zusammenhang mit Planung motorischer Prozesse, Graphem-Phonem-Konversion, lexikalischer Zugriff, Verständnis) und das (anterior) supplementär motorische Areal (Aussprache, Augenbewegungen; siehe Abbildung 5). Der superiore temporale Gyrus (u. a. phonologische Prozesse, Graphem-Phonem-Konversion) scheint von besonderer Bedeutung im Leseerwerb zu sein und wurde in Studien mit Kindern häufiger und stärker aktiviert. Demgegenüber wurde bei den Erwachsen das Cerebellum häufiger als relevante Struktur identifiziert (Automatisierung von Sprachprozessen).

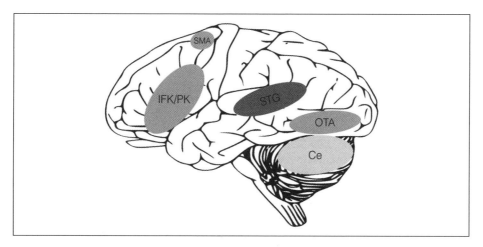

Abbildung 5: Darstellung der am Lesen beteiligten Hirnregionen (nach Martin et al., 2015). Für das ventral occipital-temporale Areal (OTA), den inferior frontal und präzentralen Kortex (IFK/PK) und das supplementär motorische Areal (SMA) sind Aktivierungen zwischen Kindern und Erwachsenen vergleichbar. Der superior temporale Gyrus (STG) scheint insbesondere bei Kindern im Leseerwerb wichtig zu sein, wohingegen bei Erwachsen das Cerebellum (Ce) häufiger als relevante Struktur beim Lesen identifiziert wird.

2.3.6 Störungen im Bereich Schriftsprache

Häufig fällt bei Kindern mit Leseschwierigkeiten auf, dass sie ungenau lesen, die Lesegeschwindigkeit niedrig ist und/oder das Lesen stockend und fehlerhaft ist (für eine Übersicht siehe Costard, 2011 oder Klicpera et al., 2007). Ausgehend von dem Zwei-Wege-Modell deuten unterschiedliche Symptome auf Schwierigkeiten in der semantisch-lexikalen Route oder der sublexikalisch-einzelheitlichen Route. Bei Störungen in der semantisch-lexikalischen Route haben Kinder Schwierigkeiten, gelesene Wörter zu behalten oder sie schnell zu erfassen. Häufig sind die Lesegeschwindigkeit gering, das Lesen eher stockend und das Leseverständnis eingeschränkt. Beim lauten Lesen hört man oft, wie die Kinder Buchstabe für Buchstabe lesen und versuchen, die Wörter zu synthetisieren. Bei Störungen in der sublexikalisch-einzelheitlichen Route haben die Kinder Schwierigkeiten mit der Graphem-Phonem-Zuordnung. Das Lesetempo ist nicht nur deutlich verlangsamt, es kommt auch zu Lesefehlern aufgrund von falschen Buchstabe-Laut Zuordnungen. Häufig erkennen Kinder nur einige Buchstaben aus dem Wort, oft der erste und letzte Buchstabe, und das Wort wird geraten. Dabei wird in Sätzen oder Texten auch der Kontext zur Hilfe genommen. Unbekannte Wörter oder Pseudowörter können nicht erlesen werden. Ähnliche Defizite werden auch für das Schreiben beobachtet. Wenn Kinder Wörter lautgetreu schreiben, z. B. „Fogel" anstatt „Vogel", deutet dies auf Defizite im orthographischen Output-Lexikons hin. Insbesondere das lautgetreue Schreiben hochfrequenter Wörter gibt einen Hinweis auf Schwierigkeiten im Aufbau des Lexikons. Wenn bei Wörtern Buchstaben eingefügt, ausgelassen oder durch falsche Buchstaben ersetzt werden, liegen eher Defizite in der sublexikalisch-einzelheitlichen Route vor. Dies deutet darauf hin, dass die Phonem-Graphem-Korrespondenz nicht sicher ausgeprägt ist und somit auch kein lautgetreues Schreiben sicher möglich ist. Häufig werden beim Schreiben aber auch Schwierigkeiten beim Abschreiben von Texten berichtet oder dass die Schrift unleserlich ist, beispielsweise aufgrund von Konzentrationsschwierigkeiten oder Defiziten in der Feinmotorik.

Nach der aktuellen S3-Leitlinie zur Diagnostik von Lese- und/oder Rechtschreibstörungen sollte das Vorliegen einer Lese-Rechtschreibstörung, isolierten Rechtschreibstörung oder isolierten Lesestörung dann festgestellt werden, wenn die Leseleistung und/oder Rechtschreibleistung deutlich unter dem Niveau liegt, das aufgrund der Altersnorm, der Klassennorm oder der Intelligenz zu erwarten ist und die Bewältigung der Alltagsanforderungen beeinträchtigt oder gefährdet ist (Deutsche Gesellschaft für Kinder- und Jugendpsychiatrie, 2015). Die Diskrepanz zwischen der erbrachten Leistung des Kindes und der entsprechenden Normleistung (Alter, Klasse oder Intelligenz) sollte anderthalb Standardabweichungen (1,5 SD) betragen, und die Leistung in den einzelnen Lernbereichen sollte mindestens unterhalb des Durchschnittsbereichs (mindestens 1 SD vom Mittelwert) liegen. Die Leitlinie erlaubt die Diagnose unter weniger strengen Voraussetzungen zu vergeben, wenn die Lese- und/oder Rechtschreibschwierigkeiten durch Evidenz aus der klinischen Untersuchung und den Ergebnissen von psychometrischen Verfahren belegt werden (ab 1,0 SD unter dem Durchschnitt der Klassennorm, der Altersnorm oder dem aufgrund der Intelligenz zu erwartenden Leistungsniveau im Lesen und/oder Rechtschreiben). Damit legt diese Leitlinie die Störungsdefinition weniger streng aus als die noch gültige Definition der ICD-10 (Dilling, Mombour & Schmidt, 1993), in der die Diagnose nur dann vergeben wird, wenn der Wert der Lese- und Rechtschreibleistung mindestens 1,5 Standardabweichungen unterhalb des Wertes der kognitiven Leistung liegt, bestimmt durch einen Intelligenztest (Diskrepanzkriterium). In der aktuellen Leitlinie und dem aktuellen DSM-V (American-Psychiatric-Association, 2013) reicht eine hohe Diskrepanz zur Altersnorm für die Diagnose aus, und es müssen nicht beide Diskrepanzkriterien erfüllt sein: Abweichung zur Altersnorm und der erwarteten Leistung aufgrund der Intelligenz. Für eine Lese- und Rechtschreibstörung nach

ICD-10 (Entwicklungsdyslexie) darf die Beeinträchtigung nicht allein durch das Entwicklungsalter, Visusprobleme oder eine unzureichende Beschulung erklärbar sein.

Die Schriftsprache kann auch aufgrund einer erworbenen Hirnschädigung beeinträchtigt werden. Eine Dysgraphie oder Dyslexie sind im Kindes- und Jugendalter selten und treten dann häufig gemeinsam mit einer Aphasie auf (Paquier, De Smet, Mariën, Poznanski & Van Bogaert, 2006). Bei Kindern und Jugendlichen ist dies meist die Folge eines Schädel-Hirn-Traumas aufgrund eines Unfalls. Andere mögliche Ursachen sind Schlaganfälle, Hirnentzündungen, Hypoxien, Tumore, Angiome oder Epilepsie. Bei den erworbenen Schriftsprachstörungen haben die Betroffenen jedoch meist auch andere kognitive Einschränkungen, die das Lese- und Schreibverhalten beeinflussen können, wie z. B. Aphasie, Neglect oder Paresen. Erschwerend bei Kindern ist zudem, dass eine Hirnschädigung die weitere Schriftsprachentwicklung beeinflussen kann. Auch Hirnschädigungen, die vor dem Leseerwerb stattgefunden haben, können sich negativ auf die Schriftsprachentwicklung auswirken. Fiori und Kollegen (2006) beschrieben einen Einzelfall, der vor der Einschulung eine Hirnblutung erlitten hat. Sprachliche Defizite waren nicht nachweisbar. Erst im Laufe der ersten beiden Klassen wurden erhebliche Schwierigkeiten beim Leseerwerb deutlich. Dieses Kind hatte nahezu ausschließlich Schwierigkeiten in der Phonemsynthese und damit in der sublexikalisch-einzelheitlichen Leseroute. Wörter, die im orthographischen Input-Lexikon gespeichert waren, konnten gut gelesen werden. Durch die gestörte einzelheitliche Leseroute war über den regulären Unterricht kein Aufbau eines Sichtwortschatzes möglich.

2.3.7 Diagnostik

2.3.7.1 Vorläuferfertigkeiten

Im Bereich der Vorläuferfertigkeiten wird meist die phonologische Bewusstheit überprüft. Sie ist die am häufigsten untersuchte und die populärste Vorläuferfertigkeit in Deutschland. Eine hohe Anzahl an Förderprogrammen für das Kindergartenalter baut darauf auf (für eine Übersicht zur phonologischen Bewusstheit bei Schriftspracherwerb siehe Schnitzler, 2008). Folgende Aufgabentypen sind in vielen Testverfahren enthalten, die auch im Rahmen der Frühdiagnostik im Vorschulalter verwendet werden (siehe auch Klicpera et al., 2007):

- Laut-Wort Zuordnung: Kommt der Laut /f/ in Affe vor?
- Positionsbestimmung eines Lautes: Befindet sich das /f/ in Affe am Anfang, in der Mitte oder am Ende des Wortes?
- Wort-zu-Wort Zuordnung: Ist der Anfang von „Ball" und „Bauch" gleich?
- Erkennen von Reimen: Reimen sich „Ball" und „Schal"?
- Erkennen von Alliterationen: Welches Wort beginnt anders als die anderen: Saft – Salz – Pfand – Sand?
- Isolieren eines Lautes: Was ist der erste Laut in „Ball"?
- Phonemsegmentierung: Welche Laute hörst du in „Ball"?
- Phoneme zählen: Wie viele Laute hörst du in „Ball"?
- Phoneme verbinden: Verbinde die Laute /b/ – /a/ – /l/.
- Phoneme weglassen: Welches Wort ergibt sich, wenn /b/ aus dem Wort Ball weggelassen wird?

– Angeben eines weggelassenen Phonems: Welchen Laut hörst du in „Ball" der in „All" fehlt?
– Phonemreihenfolge vertauschen: Sage „Os" mit dem ersten Laut am Ende und dem letzten Laut zuerst.
– Phoneme vertauschen: Sage „Ball", aber ersetze /b/ durch /w/.

Neben den Aufgaben zur phonologischen Bewusstheit werden im Vorschulalter auch andere Vorläuferfertigkeiten überprüft, die mit einem späteren Leseerwerb assoziiert sind. Um im Vorschulalter einschätzen zu können, ob Kinder ein erhöhtes Risiko auf eine Lese- und Rechtschreibstörung haben, wird häufig das schnelle Benennen verwendet. Bei diesen Aufgaben sollen in einer vorgegebenen Zeit so schnell wie möglich Gegenstände, Farben oder Zahlen benannt werden (z. B. im BISC oder TEPHOBE). Es gibt eine große Anzahl von Studien die aufzeigen, dass Kinder mit Schwierigkeiten im schnellen Benennen ein erhöhtes Risiko auf Leseschwierigkeiten haben (siehe z. B. Wolff, 2014). Sinnvoll ist ferner bei Vorschülern das Überprüfen des frühen Schriftwissens. Hier wird abgefragt, inwieweit die Kinder schon einzelne Buchstaben und/oder Silben lesen können. Dies scheint im Vorschulalter einer der wichtigsten Prädiktoren für Schwierigkeiten im Leseerwerb zu sein (Cordewener, Bosman & Verhoeven, 2012). Auch gehäufte Lese- und Rechtschreibschwierigkeiten in der Familie sind ein wichtiger Prädiktor (Torppa, Poikkeus, Laakso, Eklund & Lyytinen, 2006). Bis zu 40 % der Kinder aus Risikofamilien bekommen in der Grundschulzeit die Diagnose einer Lese- und Rechtschreibstörung (Blomert & Willems, 2010). Darüber hinaus werden im Rahmen einer vorschulischen Diagnostik häufig weitere kognitive Bereiche überprüft, um ein erhöhtes Risiko festzustellen. Dazu gehören unterschiedliche Prozesse der visuellen und auditiven Wahrnehmung (z. B. Hood & Conlon, 2004), der Aufmerksamkeit (z.B Sims & Lonigan, 2013), des Arbeitsgedächtnisses (z. B. Jones, Abbott & Berninger, 2014), der Sprachentwicklung (z. B. Song et al., 2015), Intelligenz (z. B. Tiu, Thompson & Lewis, 2003) oder spezifische Lernprozesse (z. B. Horbach, Scharke, Cröll & Günther, 2014). Auch demographische Faktoren, wie die Bildung der Eltern, können einen Einfluss auf die Leseentwicklung haben (Otaiba et al., 2010). Es gibt einige wenige Untersuchungen, die sich mit der prädiktiven Validität von Vorschuluntersuchungen auf ein erhöhtes Risiko einer Lese- und Rechtschreibstörung beschäftigt haben (z. B. Rosenkötter, 2004; Thompson et al., 2015). Die Schwierigkeit von bestehenden Messinstrumenten ist häufig, dass die Sensitivitätsmaße und Sensibilitätsmaße nicht ausreichend hoch sind und eine sichere Aussage für ein individuelles Kind kaum möglich ist. Problematisch ist die Anzahl an Falsch-Negativ diagnostizierten Kinder. Diese Kinder wurden in der Vorschule als „Nicht-Risiko" Kind eingestuft, obwohl sie später eine Lese- und Rechtschreibstörung entwickelt haben. Zur Risikobeurteilung im Vorschulalter sollte in jedem Falle nicht nur eines der Instrumente zur Überprüfung von Vorläuferfertigkeiten herangezogen werden.

2.3.7.2 Lesediagnostik

Die Lesediagnostik unterteilt sich in zwei große Bereiche: die Leseflüssigkeit (z. B. SLRT-II) und das Leseverständnis (z. B. ELFE).

In den meisten Lesetests sollen die Kinder in einer vorgegebenen Zeit so viele Wörter wie möglich laut vorlesen. Das Lesetempo hat in orthographisch transparenten Sprachen wie dem Deutschen eine diagnostisch bedeutsame Rolle (siehe z. B. Landerl & Wimmer, 2008), da sie eng mit der erfolgreichen Automatisierung des Leseprozesses verbunden ist (Mayer, 2008). Die Anzahl der Lesefehler ist bei normalem Leseerwerb bereits früh sehr gering. Mit Hilfe von Pseudowörtern kann untersucht werden, inwieweit im Leseerwerb die sublexikalisch-einzelheitliche Leseroute entwickelt ist. Das Lesen von bestehenden Wörtern und/oder unregelmäßigen Wörtern (z. B. „Garage") untersucht, ob in der lexikalisch-semantischen Route die Wörter als Eintrag im Lexikon vorhanden sind. Daher werden in Lesetests meist auch Wörter verwendet, die hochfrequent in der Deutschen Sprache vorkommen und den Kindern bekannt sind. Letztendlich sollten beide Leserouten automatisiert sein, und das Lesetempo für beide Routen nimmt mit der Leseerfahrung zu. Die semantisch-lexikalische Route ist jedoch die schnellere Route, da die Anzahl der gelesenen Wörter pro Zeiteinheit höher ist. In der Praxis kommt es jedoch vor, dass die Anzahl der gelesenen Pseudowörter ähnlich hoch ist wie die Anzahl der gelesenen reellen Wörter. Im Test haben diese Kinder für die Pseudowörter oft ein durchschnittliches Ergebnis, erzielen aber für bekannte Wörter ein unterdurchschnittliches Ergebnis. Dies deutet darauf hin, dass das Kind die sublexikalisch-einzelheitliche Route ausreichend entwickelt und automatisiert hat. Es gelingt jedoch nicht, häufige Wörter im Lexikon als Wortform zu speichern. Mögliche Ursachen hierfür sind beispielsweise wenig Leseerfahrung oder ein geringer Wortschatz. Demgegenüber gibt es auch Fälle, bei denen die bestehenden Wörter sehr viel besser gelesen werden als die Pseudowörter. Neben einer spezifischen Lese- und Rechtschreibstörung, kann ein solches Profil unter anderem durch sehr viel Leseerfahrung und Übung (großer Sichtwortschatz) oder ein defizitäres Arbeitsgedächtnis (beansprucht durch die Phonemsynthese) erklärt werden. Die Analyse von Lesefehlern spielt im Deutschen eine eher untergeordnete Rolle.

Ein wichtiger Bestandteil jeder Lesediagnostik sollte die Überprüfung des Lesesinnverständnisses sein (siehe auch Deutsche Gesellschaft für Kinder- und Jugendpsychiatrie, 2015). Das Lesesinnverständnis kann auf Wort- (z. B. richtiges Wort zu einem Bild suchen), Satz- (z. B. richtiges Wort in einen Lückensatz einsetzen) und Textebene (z. B. Fragen zu einem Text beantworten) überprüft werden. Die Items werden still gelesen, wohingegen Leseanfänger in der Regel häufig leise lesen oder „murmeln". Auch beim Leseverständnis ist häufig das Lesetempo bzw. die Anzahl der korrekten Items in einer vorgegebenen Zeit ein wichtiger Indikator für das Leseniveau. Gerade das Tempo kann aber durch unterschiedliche Faktoren negativ beeinflusst werden und dadurch die Ergebnisse eines tempobasierten Leseverständnistests verzerren. Eine fehlerbasierte Auswertung ist daher vorzuziehen. Mit zunehmender Klassenstufe wird das Leseverständnis auf Textebene bedeutsamer, da das Lesen zunehmend die Basis für fast alle Schulfächer bildet. Daher sollten ab der weiterführenden Schule die Texte ausreichend lang sein, damit eine valide Einschätzung des Leseverständnisses für den Schulkontext gegeben ist. Für ein gutes Lesesinnverständnis ist ein gewisses Maß an technischer Lesefertigkeit Voraussetzung. Dennoch gibt es Kinder, die den Kontext eines Textes gut nutzen können und im Leseverständnis dadurch bessere Ergebnisse erzielen als in den Leseflüssigkeitstests. Unabhängig davon, ob es sich um eine neurologisch bedingte Lesestörung oder um eine Entwicklungsstörung handelt, sollten zur Beurteilung des Leseniveaus eines Kindes immer das Lesesinnverständnis und die Leseflüssigkeit zusammen betrachtet werden. Aus dem Profil beider Bereiche, falls nötig ergänzt durch die Untersuchung anderer kognitiver Bereiche, ergeben sich die notwendigen Interventionen.

2.3.7.3 Diagnostik des Schreibens

Zur Überprüfung der Rechtschreibung werden Wörter diktiert. Die meisten Verfahren verwenden dazu Lückensatzdiktate. Beispielsweise liegt dem Kind ein Blatt mit den Lückensätzen vor, der Testleiter liest den ganzen Satz vor und wiederholt am Ende das in die Lücke zu schreibende Wort. Zur Einschätzung der Rechtschreibleistung wird in einigen Verfahren nicht nur die Anzahl der Fehler gemessen, sondern auch der Fehlertyp bestimmt (z. B. HSP). Über die Fehleranalyse lässt sich im Zusammenhang mit dem Zwei-Wege-Modell bestimmen, inwiefern das Kind bereits sichere Einträge im orthographischen Output-Lexikon hat, überwiegend noch die sublexikalisch-einzelheitliche Route verwendet oder sogar noch Schwierigkeiten hat, Buchstaben richtig zu schreiben (für Details siehe Costard, 2011). In den ersten Klassen kommt es noch häufig vor, dass Kinder Wörter lautgetreu schreiben, und Fehler wie „Fater" oder „Vata" statt „Vater" sind nicht ungewöhnlich. Ab der zweiten Klasse sollten die Kinder jedoch zunehmend hochfrequente Wörter orthographisch korrekt schreiben können. Mit zunehmender Klassenstufe werden auch Regeln wie beispielsweise Groß- und Kleinschreibung oder Doppelkonsonanten beherrscht. Insbesondere in den ersten Klassenstufen sollte für die Auswertung der diktierten Wörter bei den Eltern und/oder Lehrern erfragt werden, welche Regeln die Kinder in der Schule bereits thematisiert haben und welche Rechtschreibdidaktik in der Schule verwendet wird.

2.3.7.4 Komorbide Erkrankungen und andere beeinflussende Faktoren

Im Rahmen der Diagnostik sollten mögliche komorbide Erkrankungen berücksichtigt werden. Häufige komorbide Störungen sind Sprachentwicklungsstörungen (z. B. Catts, Adlof, Hogan & Weismer, 2005; Newbury et al., 2011), Rechenstörungen (z. B. Landerl & Moll, 2010), auditive Wahrnehmungsstörungen (z. B. Iliadou, Bamiou, Kaprinis, Kandylis & Kaprinis, 2009), Aufmerksamkeitsdefizit- und Hyperaktivitätsstörungen (z. B. Sexton, Gelhorn, Bell & Classi, 2012), Angststörungen (z. B. Carroll, Maughan, Goodman & Meltzer, 2005) und Depressionen (z. B. Willcutt & Pennington, 2000). Teilweise können diese Störungen Defizite im Bereich Lesen und Schreiben erklären, und/oder sie können sich auf die Ergebnisse der Lese- und Rechtschreibdiagnostik auswirken. Eine Störung der Aufmerksamkeit kann sich beispielsweise in Lesetests, die unter Zeitdruck durchgeführt werden, negativ auf das Ergebnis auswirken. Bei erworbenen Lese- und Rechtschreibstörungen können zudem neurologische und neuropsychologische Begleiterscheinungen auftreten, die die Ergebnisse einer Schriftsprachdiagnostik beeinflussen können. Bedeutsam sind dabei insbesondere Störungen der Aufmerksamkeit und des Arbeitsgedächtnisses, eine mögliche reduzierte Arbeitsgeschwindigkeit, Lähmungen oder Gesichtsfeldausfälle.

Neben komorbiden Erkrankungen oder Vorläuferfertigkeiten gibt es noch weitere Erklärungsmöglichkeiten für die Ergebnisse der Schriftsprachdiagnostik. Umgebungsfaktoren wie Mehrsprachigkeit (z. B. Everatt, Smythe, Adams & Ocampo, 2000) oder Schule und Familie (z. B. Otaiba et al., 2010) beeinflussen den Leseprozess und den Erwerb. Die Mitarbeit und Motivation der Eltern sind ein wichtiger Faktor beim Leseerwerb (z. B. Röhr-Sendlmeier, Wagner & Götze, 2007). Der Verlauf der Symptome kann hier entscheidend in der Beurteilung sein. Neben der klassischen Anamnese können hier auch Zeugnisse, Unterrichtshefte oder Schreibproben der Kinder hilfreiche Informationen geben. Kinder, die kaum gefördert wurden, profitieren daher häufig in kurzer Zeit erheblich von eingeleiteten Fördermaßnahmen. Demgegenüber gibt es sehr gut und intensiv geförderte Kinder, die dennoch unterdurchschnittlich lesen und schreiben. Hier sollte genau untersucht werden, welche Fördermethoden bereits eingesetzt wurden, und gegebenenfalls sollte eine breitere Diagnostik durchgeführt werden, um geeignete Therapieansätze zu bestimmen.

Empfohlene Literatur

Deutsche Gesellschaft für Kinder- und Jugendpsychiatrie (2015). *Diagnostik und Behandlung von Kindern und Jugendlichen mit Lese- und/oder Rechtschreibstörung – Evidenz- und konsensbasierte Leitlinie.* Düsseldorf: Arbeitsgemeinschaft der Wissenschaftlichen Medizinischen Fachgesellschaften e. V. (AWMF).

Costard, S. (2011). *Störungen der Schriftsprache: Modellgeleitete Diagnostik und Therapie* (2. Aufl.). Stuttgart: Thieme.

Klicpera, C., Schabmann, A. & Gasteiger-Klicpera, B. (2010). *Legasthenie – Modelle, Diagnosen, Therapie und Förderung.* München: Ernst Reinhardt.

2.3.8   Übersichtstabelle: SCHRIFTSPRACHE

Die folgende Tabelle bietet einen Überblick über Verfahren zur Überprüfung der Schriftsprache: Vorläuferfertigkeiten, Leseverständnis und -geschwindigkeit sowie Rechtschreibung bei Kindern und Jugendlichen bis 18 Jahre. Die Gliederung folgt den im Theorieteil dargestellten Funktionsbereichen. Während in der ersten Spalte jeweils die Verfahren in alphabetischer Reihenfolge aufgeführt sind und die zweite Spalte Angaben zum schulstufen- oder altersbezogenen Einsatz umfasst, sind in der dritten Spalte die Operationalisierungen skizziert. In der vierten Spalte folgt die Seitenangabe, fettgedruckte Zahlen verweisen auf eine Rezension in diesem Band. Ein Kreuz zeigt an, dass das Verfahren nur an dieser Stelle genannt wird. Literatur- und Quellenangaben für die einzelnen Verfahren finden sich im Anhang in der Tabelle „Testverfahren – nach Testnamen geordnet"
(S. 845).

Schriftsprache			Vorläuferfertigkeiten
Basiskompetenzen für Lese-Rechtschreib-leistungen (BAKO 1-4) Stock, Marx & Schneider (2003, 2017)	Ende 1.–4. Klasse	Überprüfung der phonologischen Bewusstheit. 7 Untertests mit 74 Aufgaben: 1) Pseudowort-Segmentierung: Pseudowörter in einzelne Laute zerlegen. 2) Vokalersetzung: Zum Beispiel jedes A in einem Wort durch ein I ersetzen. 3) Restwortbestimmung: Ersten Laut eines Wortes weglassen. 4) Phonemvertauschung: Umdrehen der ersten beiden Laute. 5) Lautkategorisierung: Im Vergleich mit anderen Wörtern unterschiedlichen Anfangs- und Endlaut erkennen. 6) Vokallängenbestimmung: Vergleich verschiedener Wörter. 7) Wortumkehr: Wort rückwärts sprechen.	X
Bielefelder Screening zur Früherkennung von Lese-Rechtschreibschwächen (BISC) Jansen, Mannhaupt, Marx & Skowronek (1999, 2002)	Vorschüler	Screening zur Früherkennung von Lese-Rechtschreibschwächen. Mehrere Untertests zur Prüfung von 4 Bereichen: 1) Phonologische Bewusstheit: U. a. Reimen und Silben segmentieren. 2) Abruf aus dem Langzeitgedächtnis: U. a. Schnelles Benennen farbig inkongruenter Objekte. 3) Phonetisches Rekodieren im Kurzzeitgedächtnis: Nachsprechen von Pseudowörtern. 4) Visuelle Aufmerksamkeitssteuerung: Wort-Vergleich-Suchaufgabe, das Kind soll identische Worte erkennen.	55

| Test zur Erfassung der phonologischen Bewusstheit und der Benennungsschwierigkeiten (TEPHOBE)

Mayer (2011, 2016) | Ende Kindergarten bis 2. Klasse | Überprüfung von 2 Funktionsbereichen:
1) Phonologische Bewusstheit:
 • Synthese von Onset und Rime: Auswählen, welches Wort sich ergibt, wenn segmentiert präsentierter Onset und Rime synthetisiert werden (z. B. „Z-ahn").
 • Phonemsynthese: Auswählen, welches Wort sich ergibt, wenn isoliert präsentierte Laute synthetisiert werden.
 • Reimerkennung: Auswählen, welche beiden Wörter sich reimen.
 • Anlautkategorisierung: Auswählen, welche beiden Wörter den gleichen Anlaut haben.
 • Auslautkategorisierung: Auswählen, welche beiden Wörter den gleichen Auslaut haben.
 • Phonemelision: Auswählen, welches Wort sich ergibt, wenn ein bestimmter Laut eines vorgegebenen Wortes eliminiert wird.
 • Phonemumkehr: Auswählen, welches Wort sich ergibt, wenn die Lautfolge eines vorgesprochenen Pseudowortes in umgekehrter Reihenfolge ausgesprochen wird.
2) Benennungsgeschwindigkeit: Abbildungen möglichst schnell benennen. | |

Schriftsprache		**Lesen & Leseverständnis**	
Ein Leseverständnistest für Erst- bis Sechstklässler (ELFE 1-6) Lenhard & Schneider (2006)	1.–6. Klasse	Überprüfung des Leseverständnisses auf Wort-, Satz- und Textebene: Wahlweise am Computer (4 Untertests) oder als Papier- und Bleistiftversion (3 Untertests) durchführbar. 1) Wortverständnis: Zu einem Bild aus einer Auswahl von 4 Wörtern das passende Wort unterstreichen. 2) Lesegeschwindigkeit (nur Computerversion): Nach Darbietung eines Namens entscheiden, ob es sich um einen Jungen- oder Mädchennamen handelt. 3) Satzverständnis: Lückensätze, bei denen aus fünf Alternativen die jeweils Passende ausgewählt werden soll. 4) Textverständnis: Multiple-Choice-Fragen zu 20 Geschichten.	153

Heute scheint den ganzen Tag die Sonne.

Welcher Satz stimmt?

❏ Heute ist schönes Wetter.   ❏ Morgen wird es regnen.
❏ Gestern war schönes Wetter.   ❏ Heute regnet es.

Frankfurter Leseverständnistest für 5. und 6. Klassen (FLVT 5-6) Souvignier et al. (2008)	5. und 6. Klasse	Überprüfung des Leseverständnisses anhand von Fragen zu einem Text: Multiple-Choice-Fragen zu zwei Texten (Geschichte und Sachtext) mit jeweils ca. 560 Wörtern beantworten.
Hamburger Lesetest für 3. und 4. Klassen (HAMLET 3-4) Lehmann, Peek & Poerschke (2006)	Ende 3. und Ende 4. Klasse	Überprüfung des Leseverständnisses über Wort-Bildzuordnung und Fragen zu einem Text; 2 Untertests: 1) Worterkennung: 40 Wörter zu je 4 Bildern zuordnen. 2) Leseverständnis: Multiple-Choice-Fragen zu 10 Texten (Sach-, Gebrauchs- und Erzähltexte) beantworten.
Inventar zur Erfassung der Lesekompetenz im 1. Schuljahr (IEL-1) Diehl & Hartke (2012)	1. Klasse	Erfassung Lernverlauf in der 1. Klasse über phonologische Bewusstheit, Phonem-Graphem Korrespondenz, Wort-, Satz- und Textlesen: Gesamttest beinhaltet Untertests zu 7 Bereichen: 1) Buchstaben-Laut-Zuordnungen, 2) Wörter in Silben segmentieren, 3) Silben zu Wörtern verbinden, 4) Buchstaben zu Wörtern verbinden, 5) Wörter lesen und schreiben, 6) Satzlesen (sinnverstehend), 7) Textlesen (sinnverstehend). Screening: Eine Minute lesen
Knuspels Leseaufgaben (Knuspel-L) Marx (1998)	1.–4. Klasse	Erfassung von Rekodieren, Dekodieren auf Wortebene, sowie Leseverstehen und Hörverstehen von Sätzen. 2 Parallelformen; 4 Untertests: 1) Hörverstehen und 4) Leseverstehen: 14 schriftlich und mündlich gestellte Fragen zu Testperson, Testsituation und den „Knuspel-Wesen". 2) Rekodieren: Überprüfung der Rekodierfertigkeit anhand von Wortpaaren, Lesen von Wörtern wie „Meer – mehr". 3) Dekodieren: Überprüfung der Dekodierfertigkeit anhand von Pseudowörtern (echte Nachnamenwörter, z. B. „Knape").

Lesegeschwindigkeits- und verständnistest für die Klassen 5–12+ (LGVT 5-12+) Schneider, Schlagmüller & Ennemoser (2007, 2017)	5.–13. Klasse	Überprüfung des Leseverständnisses und Lesetempos anhand eine Textes: Der Schüler soll einen Fließtext mit 1 727 Wörtern lesen und an 23 im Text verteilten Stellen das in den Textzusammenhang passende Wort aus jeweils 3 Alternativen auswählen (unterstreichen). Lesetempo: Gelesene Wörter in 4 Minuten. Leseverständnis: richtig ausgewählte Wörter abzüglich der falschen.
Lernfortschrittsdiagnostik Lesen (LDL) Walter (2009)	1.–9. Klasse	Erfassung der allgemeinen Lesefähigkeit zur Lernverlaufskontrolle: 28 Lesetexte (Paralleltests); zu jedem Messzeitpunkt soll der Schüler eine Minute lang laut lesen. Erfasst wird die Anzahl richtig gelesener Wörter.
Lesetestbatterie für die Klassenstufen 6–7 (LESEN 6-7) Bäuerlein, Lenhard & Schneider (2012)	6.–7. Klasse	Überprüfung der basalen Lesekompetenz und des Textverständnisses: 2 Untertests: 1) Basale Lesekompetenz: Der Schüler soll aus einer Liste kurzer, einfacher Sätze innerhalb von 3 Minuten möglichst viele lesen und auf inhaltliche Richtigkeit hin beurteilen. 2) Textverständnis: Der Schüler soll 17 Multiple-Choice-Fragen zu einem Sachtext und einem narrativen Text beantworten.
Lesetestbatterie für die Klassenstufen 8–9 (LESEN 8-9) Bäuerlein, Lenhard & Schneider (2012)	8.–9. Klasse	Überprüfung der basalen Lesekompetenz und des Textverständnisses: 2 Untertests: 1) Basale Lesekompetenz: Der Schüler soll aus einer Liste kurzer, einfacher Sätze innerhalb von 3 Minuten möglichst viele lesen und auf inhaltliche Richtigkeit hin beurteilen. 2) Textverständnis: Der Schüler soll 19 Multiple-Choice-Fragen zu einem Sachtext und einem narrativen Text beantworten.
Salzburger Lesescreening 1-4 (SLS 1-4) Mayringer & Wimmer (2003)	1.–4. Klasse	Überprüfung der basalen Lesefertigkeit und des Lesetempos: Richtige und falsche Sätze (z. B. „Bananen sind blau") sollen möglichst schnell gelesen und nach ihrer Richtigkeit beurteilt werden. Erfasst werden korrekt bearbeitete Sätze in 3 Minuten.

Salzburger Lese-Screening für die Klassenstufen 5–8 (SLS 5-8) Auer, Gruber, Mayringer & Wimmer (2005)	5.–8. Klasse	Überprüfung der basalen Lesefertigkeit und des Lesetempos: Richtige und falsche Sätze sollen möglichst schnell gelesen und nach ihrer Richtigkeit beurteilt werden. Erfasst werden korrekt bearbeitete Sätze in 3 Minuten.
Salzburger Lese-Screening für die Schulstufen 2–9 (SLS 2-9) Mayringer & Wimmer (2014)	2.–9. Klasse	Erfassung der Lesegeschwindigkeit über das Lesen und Beurteilen von sinnvollen Sätzen. Ausgehend von der Anzahl der korrekt beurteilten Sätze kann ein Lesequotient ermittelt werden.
Würzburger Leise Leseprobe – Revision (WLLP-R) Schneider, Blanke, Faust & Küspert (2011)	1.–4. Klasse	Erfassung der Dekodiergeschwindigkeit: Aus jeweils vier Bildalternativen soll das Bild ausgewählt werden, das mit einem geschriebenen Wort übereinstimmt. Bearbeitungszeit: 5 Minuten.
Würzburger Lesestrategie-Wissenstest für die Klassen 7–12 (WLST 7-12) Schlagmüller & Schneider (2007)	7.–12. Klasse	Erfassung des Lesestrategiewissens: Zu sechs verschiedenen Lernszenarien sollen die Qualität und Nützlichkeit von fünf verschiedenen Vorgehensweisen zur Erreichung eines Lernziels bewertet werden.
Zürcher Lesetest – II (ZLT-II) Petermann & Daseking (2015)	1.–8. Klasse	Überprüfung der Lesefertigkeit unter Berücksichtigung von Lesegenauigkeit und Automatisierungsgrad, auditiver Merkfähigkeit, Benenngeschwindigkeit und phonologischer Bewusstheit. 7 Untertests: 1) Wortliste vorlesen, 2) Pseudowörter vorlesen, 3) Textabschnitte vorlesen, 4) Pseudowörter nachsprechen (Mottier-Test), 5) Schnelles Benennen (Bildkarten), 6) Silbentrennung mündlich, Silbenanzahl nennen, 7) Silbentrennung schriftlich, einzelne Silben an der korrekten Stelle markieren.

Schriftsprache		Rechtschreibung	
Deutscher Rechtschreibtest für das erste und zweite Schuljahr (DERET 1-2+) Stock & Schneider (2008)	Ende 1. und 2. Klasse, Anfang 2. und 3. Klasse	Erfassung der Rechtschreibleistungen und Analyse von Rechtschreibfehlern. 2 Untertests: 1) Diktierten Fließtext aufschreiben (1. Klasse 29 Wörter, 2. Klasse 52 Wörter); 2) Lückentext ergänzen (1. Klasse: 6 Wörter, 2. Klasse: 12 Wörter).	
Deutscher Rechtschreibtest für das dritte und vierte Schuljahr (DERET 3-4+) Stock & Schneider (2008)	Ende 3. und 4. Klasse, Anfang 4. und 5. Klasse	Erfassung der Rechtschreibleistungen und Analyse von Rechtschreibfehlern: 2 Untertests: 1) Diktierten Fließtext aufschreiben (3. Klasse 80 Wörter, 4. Klasse 92 Wörter) 2) Lückentext ergänzen (3. Klasse: 14 Wörter, 4. Klasse: 15 Wörter)	
Diagnostischer Rechtschreibtest für 1. Klassen (DRT 1) Müller (2003)	Ende 1. bis Anfang 2. Klasse	Erfassung der Rechtschreibleistung und qualitative Analyse von Fehlerschwerpunkten: Die Schüler sollen 30 Testwörter aufschreiben, welche in zwei Geschichten integriert sind, die der Testleiter zu Anfang vorliest. Abbildungen im Testheft sollen die Kinder motivieren.	
Diagnostischer Rechtschreibtest für 2. Klassen (DRT 2) Müller (2003)	Ende 2. bis Anfang 3. Klasse	Erfassung der Rechtschreibleistung und Analyse von Fehlerschwerpunkten: In einen Lückentext sollen nach Diktat 32 Wörter mit zunehmender Schwierigkeit eingefügt werden.	
Diagnostischer Rechtschreibtest für 3. Klassen (DRT 3) Müller (2003)	Ende 3. bis Anfang 4. Klasse	Erfassung der Rechtschreibleistung und Analyse von Fehlerschwerpunkten: In einen Lückentext sollen nach Diktat 44 Wörter mit zunehmender Schwierigkeit eingefügt werden.	
Diagnostischer Rechtschreibtest für 4. Klassen (DRT 4) Grund, Leonhart & Naumann (2003)	4. Klasse, Oktober bis Januar	Erfassung der Rechtschreibleistung und Ermittlung von spezifischen Fehlerschwerpunkten: In einen Lückentext sollen nach Diktat 42 Wörter eingefügt werden.	
Diagnostischer Rechtschreibtest für 5. Klassen (DRT 5) Grund & Haug (2003)	5. Klasse, Oktober bis Januar	Erfassung der Rechtschreibleistung und Ermittlung von spezifischen Fehlerschwerpunkten: In einen Lückentext sollen nach Diktat 51 Wörter eingefügt werden.	

Hamburger Schreib-Probe (HSP 1-10) May (2012)	Mitte 1. bis Ende 10. Klasse	Erfassung der Rechtschreibfertigkeiten inklusive Fehleranalyse: 1) Diktat von 2 × 7 Wörtern; Erinnerungshilfe in Form eines kleinen Bildes. 2) Diktat von 5 Sätzen; Erinnerungshilfe in Form eines kleinen Bildes. 3) Lückensatz, bei dem während des Vorlesens die fehlenden Wörter ergänzt werden sollen. Ausgewertet werden korrekte Grapheme und korrekte Wörter sowie die Anwendung von Rechtschreibstrategien. Testvarianten: HSP 5-10 B (B steht für Basisanforderung) auch für den sonderpädagogischen Rahmen. HSP 5-10 EK (EK steht für erweiterte Kompetenzen) zur Differenzierung im oberen Leistungsbereich.	**164**
Rechtschreibungstest (RT) Kersting & Althoff (2004)	15–30 Jahre	Erfassung der Rechtschreibleistung anhand eines Lückentextes. 3 Parallelformen: Die fehlenden Wörter sollen während des Vorlesens eingesetzt werden.	
Rechtschreibtest – Neue Rechtschreibregelung (RST-ARR) Buheller, Ibrahimovic & Häcker (2001, 2005)	14–60 Jahre	Überprüfung der Rechtschreibleistungen anhand eines Lückentextes. 2 Kurz- und eine Langform. Ein Lückendiktat soll nach Diktat ergänzt werden. 3. Auflage des Rechtschreibtest (RST) mit neuem Namen.	
Rechtschreibtest – Neue Rechtschreibregelung (RST-NRR) Buheller, Ibrahimovic & Häcker (2001, 2005)	14–60 Jahre	Überprüfung der Rechtschreibleistungen anhand eines Lückentextes. Kurz- und Langform im Rahmen der Berufseignungsdiagnostik: Ein Lückentext soll nach Diktat ergänzt werden.	
Weingartener Grundwortschatz Rechtschreibtest für erste und zweite Klassen (WRT1+) Birkel (2007)	1.–2. Klasse	Überprüfung des Rechtschreibgrundwortschatzes anhand eines Lückentextes: Der Testleiter liest den ganzen Text vor, dann Satz für Satz, zuletzt noch einmal das jeweilige Zielwort (25 Items).	**185**

Weingartener Grundwortschatz Rechtschreibtest für zweite und dritte Klassen (WRT2+) Birkel (2007)	2.–3. Klasse	Überprüfung des Rechtschreibgrundwortschatzes anhand eines Lückentextes: Der Testleiter liest den ganzen Text vor, dann Satz für Satz, zuletzt noch einmal das jeweilige Zielwort (43 Items).	**185**
Weingartener Grundwortschatz Rechtschreibtest für dritte und vierte Klassen (WRT3+) Birkel (2007)	3.–4. Klasse	Überprüfung des Rechtschreibgrundwortschatzes anhand eines Lückentextes: Der Testleiter liest den ganzen Text vor, dann Satz für Satz, zuletzt noch einmal das jeweilige Zielwort (55 Items, Kurzform 16 Items).	**185**
Weingartener Grundwortschatz Rechtschreibtest für vierte und fünfte Klassen (WRT4+) Birkel (2007)	4.–5. Klasse	Überprüfung des Rechtschreibgrundwortschatzes anhand eines Lückentextes: Der Testleiter liest den ganzen Text vor, dann Satz für Satz, zuletzt noch einmal das jeweilige Zielwort (60 Items, Kurzform 20 Items).	**185**
Würzburger Rechtschreibtest für 1. und 2. Klassen (WÜRT) Trolldenier (2014)	1.–2. Klasse	Überprüfung der Rechtschreibung anhand eines Lückentextes: Die Items sind in vier Geschichten mit inhaltsbezogenem Bild eingebaut. Lückentext nach Diktat ergänzen (WÜRT 1: 36 Items, WÜRT 2: 44 Items).	
Schriftsprache			**Lesen & Schreiben**
Modellgeleitete Diagnostik der Schriftsprache Costard (2007, 2011)	k. A. Kinder + Erwachsene	Experimentelles/modellorientiertes Verfahren zur qualitativen Erfassung der Lese- und Rechtschreibleistungen; 14 Untertests zu 7 Bereichen: 1) Lexikalisches Entscheiden, 2) Lautes Lesen (Wörter, Pseudowörter, Komposita), 3) Schreiben nach Diktat (Wörter, Pseudowörter, Komposita), 4) Segmentieren von Wörtern & Pseudowörtern in Phoneme, 5) Synthese von Phonemen zu Wörtern und Pseudowörtern, 6) Lesen von Graphemen, 7) Schreiben von Graphemen nach Diktat.	

| Lese- und Rechtschreib-test (SLRT-II)

Moll & Länder (2014) | 1.–6. Klasse, junge Er-wachsene | Erfassung der Leseflüssigkeit bei Wörtern und Pseudowörtern und Überprüfung der Rechtschreibfertigkeiten in Lückensätzen. 2 Untertests:
1) Ein-Minuten-Leseflüssigkeitstest: Eine Liste mit 156 Wörtern in acht Spalten soll während einer Minute vorgelesen werden, anschließend eine analog auf-gebaute Liste mit 156 Pseudowörtern.
2) Rechtschreibtest: Fehlende Wörter sol-len nach Diktat in Sätzen ergänzt wer-den (2. Klasse: 24 Wörter; 3. und 4. Klasse: 48 Wörter). | **173** |

Ein Leseverständnistest für Erst- bis Sechstklässler (ELFE 1-6)

Wolfgang Lenhard & Wolfgang Schneider

Göttingen: Hogrefe, 2006

Zusammenfassende Testbeschreibung

Zielsetzung und Operationalisierung	**Konstrukte** *Leseverständnis auf Wort-, Satz- und Textebene, in der Computerversion zusätzlich Worterkennungsgeschwindigkeit.*

Testdesign

Das Leseverständnis auf Wortebene wird über Wort-Bild-Zuordnungen geprüft. Auf Satzebene werden Lückensätze dargeboten. Aus einer Auswahl von fünf Wörtern muss das jeweils passende ausgewählt werden. Auf Textebene werden kurze Geschichten mit ansteigender Länge und aufsteigender Komplexität präsentiert. Mithilfe von Multiple-Choice-Fragen werden unterschiedliche Niveaus des Textverstehens (vom Auffinden isolierter Informationen bis hin zur Inferenzbildung) geprüft. In der Computerversion werden zur Erfassung der Lesegeschwindigkeit Namen für kurze Zeit präsentiert, woraufhin das Kind entscheiden muss, ob es ein Mädchen- oder Jungenname war.

Angaben zum Test

Normierung

Alter: Normen jeweils zur Schuljahresmitte und zum -ende für Schülerinnen und Schüler Ende der ersten bis Ende der sechsten Klasse.
Bildung: Keine Trennung nach Regel- und Förderschule oder anderen Schulformen.
Geschlecht: Keine getrennten Normen für Mädchen und Jungen.

Material

Manual mit Normtabellen, Testbögen (Form A und B), Computerprogramm.

Durchführungsdauer

Durchführungszeit inklusive Instruktion ca. 20 bis 30 Minuten; reine Testzeit ca. 10 bis 16 Minuten.

Testkonstruktion

Design   **Aufgabe**

Im Wortverständnistest werden zu einem Bild jeweils vier Wörter zur Auswahl gestellt. Die Distraktoren wurden nach graphemischer und phonemischer Ähnlichkeit sowie gleicher Silbenzahl ausgesucht (Beispiel: Zielwort Ampel, Ablenker April, Apfel, Amsel). Die Position des Zielwortes ist über alle 72 Items hinweg randomisiert. Die Kinder haben maximal drei Minuten (in Klasse 5 und 6 zwei Minuten) Zeit, um die Aufgaben zu bearbeiten.

In der Computerversion folgt nach dem Wortverständnistest die Überprüfung der Lesegeschwindigkeit. Dazu werden dem Kind nach einem Hinweisreiz für kurze Zeit Namen präsentiert. Das Kind soll anschließend entscheiden, ob es sich dabei um einen Mädchen- oder Jungennamen handelte. Der Itempool besteht aus insgesamt 32 Namen (16 Mädchen- und 16 Jungennamen, die sich möglichst ähnlich sind, z.B. Katrin – Martin, Ulrich – Ulrike) mit ansteigender Buchstabenanzahl (vier bis sieben Buchstaben). Der Itempool wurde zuvor an Grundschulkindern getestet, und es wurden nur solche Namen in das Testmaterial aufgenommen, die von mindestens 90% der Kinder dem korrekten Geschlecht zugeordnet werden konnten. Mithilfe dieser Items wird eine Schwellenmessung vorgenommen. Nach einem Block von jeweils vier Items mit je einem Namen mit vier, fünf, sechs und sieben Buchstaben, wird die Darbietungszeit an die Leistung des Kindes angepasst. Begonnen wird mit einer Präsentationszeit von 900 Millisekunden. Löst das Kind weniger als drei Aufgaben, wird die Darbietungszeit verlängert. Beantwortet das Kind alle Aufgaben richtig, wird die Zeit bis zu einer minimalen Darbietungszeit von 130 Millisekunden verringert.

Der Subtest zum Satzverstehen besteht aus insgesamt 28 Lückensätzen, bei denen aus fünf Alternativen die jeweils Passende ausgewählt werden soll. Zielwort und Distraktoren gehören jeweils der gleichen Wortart an und ähneln sich wiederum graphemisch und phonemisch. Es werden die Wortarten Nomen, Verben, Adjektive, Konjunktionen und Präpositionen genutzt. Auch hier beträgt die maximale Bearbeitungszeit für Erst- bis Viertklässler drei Minuten (für Klassen 5 und 6 zwei Minuten).

	Füller	
	Bein	
Mit einem	Kuchen	kann man schreiben.
	Kopf	
	Hals	

Heute scheint den ganzen Tag die Sonne.

<u>Welcher Satz stimmt?</u>

○ Heute ist schönes Wetter.   ○ Morgen wird es regnen.
○ Gestern war schönes Wetter.   ○ Heute regnet es.

Auf Textebene werden insgesamt 20 Geschichten mit ansteigender Länge und aufsteigender Komplexität präsentiert. Das Kind soll jeweils ein bis maximal drei Multiple-Choice-Fragen zum Text beantworten. Die Aufgaben sind dabei so konstruiert, dass verschiedene Teilbereiche des Textverstehens angesprochen werden: Auffinden isolierter Informationen, satzübergreifendes Lesen und Inferenzbildung. In der Papierversion werden alle Fragen zum Text unter diesem dargeboten. In der Computerversion werden bei mehr als einer Frage die Texte mehrfach präsentiert. Die maximale Bearbeitungszeit beträgt hier sieben Minuten (sechs Minuten für 5. und 6. Klasse).

Konzept

Mit den oben beschriebenen Aufgaben wird das Leseverstehen auf Wort-, Satz- und Textebene erfasst. Damit werden die verschiedenen Komplexitätsstufen beim Verstehen geschriebener Sprache berücksichtigt: das Dekodieren eines einzelnen Wortes, das in Beziehungssetzen verschiedener Wörter auf Grundlage der grammatischen Struktur eines Satzes und schließlich die Verknüpfung von Informationen über mehrere Sätze hinweg.

Variablen

In die einfache quantitative Auswertung geht jeweils für Wort-, Satz- und Textverständnis die Anzahl der richtig gelösten Aufgaben ein.
Bei der differentiellen Auswertung werden jeweils die Anzahl der richtigen und falschen Lösungen und der Prozentsatz richtiger Antworten ermittelt. Die qualitative Analyse erfolgt beim Wortverständnistest in Abhängigkeit von der Silbenanzahl der Wörter, beim Satzverstehen von der Wortart und beim Textverstehen vom Anforderungsniveau (Auffinden von Informationen, satzübergreifendes Lesen und Inferenzbildung).

Durchführung

Die Durchführung der Papierversion kann als Gruppen- oder Einzeltest erfolgen. Jedes Kind erhält ein Testheft, in dem es die Aufgaben nach Anleitung des Testleiters bearbeiten soll. Die Instruktionen erfolgen primär mündlich durch den Testleiter. Kurze Aufgabenanweisungen von ein bis zwei Sätzen sind zusätzlich im Testheft vorhanden. Im Wort- und Satzverständnistest soll jeweils das korrekte Wort unterstrichen, beim Textverständnis die korrekte Antwort angekreuzt werden.

Die Kinder werden angehalten, die Aufgaben so schnell, aber auch so genau wie möglich zu bearbeiten. Für den Wort- und Satzverständnistest haben die Kinder maximal 3 Minuten (2 Minuten für 5. und 6. Klasse) und für das Textverstehen maximal 7 Minuten (6 Minuten für 5. und 6. Klasse) Zeit.

Bei der Computerversion erfolgt die Testdurchführung weitestgehend automatisiert. Es können vom Testleiter allerdings auch nur einzelne Untertests ausgewählt werden. Vor Testbeginn erhält das Kind eine allgemeine mündliche Instruktion vom Testleiter. Die Instruktionen zu den einzelnen Untertests werden jeweils lautsprachlich vom Programm vorgegeben, so dass nach allgemeiner Instruktion das Kind den Test vollständig alleine bearbeiten kann.

Auswertung

In der Computerversion wird das Testergebnis automatisch ermittelt. In der Papierversion wird für alle Untertests die Anzahl der richtigen Antworten gezählt. In den Normtabellen können entsprechend der Klassenstufe Prozentränge, z-Werte, T-Werte und das Prozentrangband (90 % Konfidenzkoeffizient) ermittelt werden. Für den Gesamttestwert werden die z-Werte der Untertests aufaddiert und in den Normtabellen wiederum der entsprechende Prozentrang, z- und T-Wert sowie das Prozentrangband ermittelt. Die Prozentränge und Prozentrangbänder können in Profilskalen übertragen werden.

Normierung **Stichprobe**

4 893 Schülerinnen und Schüler der ersten bis sechsten Klasse, 57.2 % aus den bevölkerungsreichsten Bundesländern Bayern, Baden-Württemberg und Nordrhein-Westfalen, 3 621 Kinder stammten aus Grundschulen (1. bis 4. Klasse), 1 272 Kinder besuchten die Klassen 5 und 6 (631 eine Grund- oder Gesamtschule, 544 eine Hauptschule und 97 ein Gymnasium), 23.12 % der Gesamtstichprobe waren zweisprachig, 2.55 % hatten eine Lese-Rechtschreibstörung, 1.00 % einen sonderpädagogischen Förderbedarf (v. a. im Bereich Sprache und Lernen).

Normen

Alter: Nach Klassenstufen, ab Ende 1. Klasse bis Ende 6. Klasse jeweils Normen für die Schuljahresmitte und das Schuljahresende.
Bildung: Keine Aufteilung der Normen nach Schulformen.
Geschlecht: Keine geschlechtsspezifischen Normen.

Gütekriterien **Objektivität**

Durchführung: Bei der Nutzung der Computerversion ist eine hohe Durchführungsobjektivität gewährleistet.

Durch die standardisierten Instruktionen ist die Durchführungsobjektivität in der Papierversion ebenfalls gegeben.

Auswertung: Bei der Auswertung durch den Computer ist eine hohe Objektivität gegeben.

Für die Auswertung per Hand werden im Anhang Lösungen zu allen Testaufgaben bereitgestellt. Die Auswertungsobjektivität sollte bei Nutzung der Tabellen ebenfalls gesichert sein.

Reliabilität

Interne Konsistenz: Wortverständnis $\alpha=.97$, $r_{tt}=.95$, Satzverständnis $\alpha=.93$, $r_{tt}=.95$, Textverständnis $\alpha=.92$, $r_{tt}=.89$.

Paralleltest-Reliabilität: Überprüfung der Paralleltest-Reliabilität von Computer- und Papierversion an insgesamt 123 Kindern im Abstand von 14 Tagen, in den Untertests und unterschiedlichen Klassenstufen. Korrelationen zwischen .59 und .93, über alle Klassenstufen hinweg hohe Korrelationen von .76 für das Wortverständnis, .84 für das Satzverständnis und .73 für das Textverständnis, Korrelationen der Gesamttestwerte zwischen .80 und .91.

Retest-Reliabilität: Überprüfung an 228 Kindern im Abstand von zwei Wochen mit der Papier- und Computerversion.

Papierversion: Für die 1. bis 4. Klasse in allen drei Untertests und allen Klassenstufen Werte von .78 bis .94, für den Gesamttest .91 bis .96. Geringere Werte in den Klassenstufen 5 und 6 von .44 bis .83, vor allem im Untertest Textverständnis, was auf Deckeneffekte zurückgeführt wird.

Computerversion: In der 1. bis 4. Klasse für die Untertests Wortverständnis und Satzverständnis vergleichbare Werte zur Papierversion von .74 bis .93. Im Textverständnis niedrigere Werte von .74 bis .83. Für den Gesamttest in der 1. bis 4. Klasse Werte von .85 bis .97. Für die Klassen 5 und 6 höhere Werte in der Computerversion (.67 bis .95) im Vergleich zur Papierversion.

Validität

Konstruktvalidität: Keine statistische Überprüfung auf Konstruktvalidität. Ableitung des Testaufbaus aus theoretischem Konstrukt des Leseverständnisses.

Konvergente/diskriminante Validität: Überprüfung über Lehrerurteil zu Rechtschreiben und Mathematik. Die Papierversion korreliert nur in geringem Maße mit dem Lehrerurteil zum Schreiben und Rechnen, hohe Korrelationen der Computerversion mit dem Lehrerurteil im Schreiben über alle Klassenstufen hinweg, mit dem Lehrerurteil im Rechnen nur für die vierte Klasse.

Kriteriums- bzw. klinische Validität: Verwendete externe Validierungskriterien: für Klasse 1 bis 4 Würzburger Leise-Leseprobe (WLLP; Küspert & Schneider, 1998), für Klassen 2 bis 4 Knuspels Lesetest (Marx, 1998) und für alle Klassenstufen Lehrerurteil für Lesen, Schreiben und Rechnen.

Mittlere bis hohe Übereinstimmung des ELFE 1-6 mit dem WLLP in allen vier Klassenstufen sowohl für die Papier- (r_m = .71) als auch die Computerversion (r_m = .65), ähnliche hohe Korrelationen mit dem Lehrerurteil für das Lesen (Papierversion r_m = .71, Computerversion r_m = .74), niedrige bis mittlere Zusammenhänge mit dem Knuspel (r = .24 bis r = .55), für die sechste Klasse nur noch mäßige Übereinstimmungen mit dem Lehrerurteil für das Lesen in der Papierversion, Computerversion schneidet hier mit Werten von r = .65 bis r = .82 deutlich besser ab. *Ökologische Validität:* keine Überprüfung

Nebengütekriterien
Akzeptanz: keine Angaben
Transparenz: keine Angaben
Zumutbarkeit: keine Angaben
Verfälschbarkeit: keine Angaben
Störanfälligkeit: keine Angaben

Neuropsychologische Aspekte

Theoretischer Rahmen
Als theoretischer Hintergrund werden für das Verstehen auf Wort-, Satz- und Textebene einschlägige Verarbeitungsmodelle herangezogen. Bei der Worterkennung verweisen die Autoren auf die Zwei-Wege-Theorie (zurückgehend auf Coltheart, 1978), welche zwei Verarbeitungsprozesse beim Lesen von Einzelwörtern annimmt: den direkten, ganzheitlichen sowie den indirekten, einzelheitlichen Weg. Das Verstehen auf Satzebene basiert auf der Analyse der Tiefenstruktur des Satzes, welches als „parsing" bezeichnet wird. Dem „Garden Path"-Modell (Flores d'Arcais, 1990) folgend werden dabei zwei Prinzipien genutzt: (1) Minimal Attachment: Die Satzstruktur wird so gebildet, dass sie möglichst wenig Verzweigungen aufweist und (2) Late Closure: Das neue gelesene Wort wird möglichst an die zuvor verarbeitete Phrase angehängt. Auf der nächst höheren Ebene – dem Textverständnis – ziehen die Autoren so genannte „mentale Modelle" (McNamara, Miller & Bransford, 1991) bzw. „Situationsmodelle" (Artelt, Stanat, Schneider & Schiefele, 2001) heran. Diesen Modellen folgend verarbeitet der Leser einzelne Textaussagen und konstruiert aus diesen ein mentales Modell der Ereignisse, Situationen oder Sachverhalte, die im Text beschrieben werden. Zusätzlich gehen die Autoren auf das inferenzielle Lesen als bedeutsame Fähigkeit für das Verstehen von Texten ein, bei dem implizite Informationen aus dem Text rekonstruiert werden.

Anwendungs- Der Test wurde vorwiegend für den Grundschulbereich (Klasse 1 bis
bereiche 4) konzipiert. In den Klassen 5 und 6 soll er eher als Screening eingesetzt werden. Durch die Möglichkeit der computergestützten Durchführung werden explizit auch ungeübte Testleiter angesprochen. Die Nutzung sowohl als Papierversion im Gruppentest als auch als relativ
automatisierte Computerversion eröffnet Lehrerinnen und Lehrern
breite Einsatzmöglichkeiten im schulischen Alltag. Weiterhin ist der Test
laut Autoren für die psychologische und medizinische Befunderhebung
geeignet.

Funktionelle keine Angaben
Neuroanatomie

Ergebnis- keine Angaben
beeinflussende
Faktoren

Testentwicklung

Der ELFE 1-6 wurde in Anlehnung an die bereits bestehenden Testverfahren WLLP (Küspert & Schneider, 1998), das Diagnose- und Trainingsprogramm Lesen und Verstehen (Kalb, Rabenstein & Rost, 1979)
und einen informellen Leseverständnistest von Schneider und Näslund
(1997) konzipiert. Bei der Auswahl des Antwortformates wurde auf eine
möglichst einfache Aufgabenbeantwortung geachtet, welche in allen
Untertests Anwendung finden konnte. Vergleichbar mit anderen Lesetests wurde das Multiple-Choice-Verfahren gewählt. Alle Items wurden
aus Wortmaterial erstellt, welches zu mehr als 98 % dem Schreibwort-
schatz von Grundschulkindern entspricht.
Zunächst wurde die Computerversion entwickelt und an Erst- und Zweitklässlern getestet. Aufgrund der guten Testwerte in dieser Vorstudie
wurde eine Ausweitung der Zielgruppe bis zur sechsten Klasse angestrebt. Nach Überarbeitung und Erweiterung des Itempools wurde nach
einem weiteren Vortest die endgültige Testform erstellt.
Um eine Abdeckung eines derart großen Alters- und Leistungsberei-
ches zu ermöglichen, wurden die Items in jedem Untertest nach ihrer
Schwierigkeit geordnet. Durch das zeitliche Abbruchkriterium für jeden
Untertest werden die jüngeren oder leistungsschwachen Kinder somit
nicht zwangsläufig mit zu schwierigen Aufgaben konfrontiert.

Testbewertung

Die Kritik im Überblick

Insgesamt stellt ELFE 1-6 ein theoretisch fundiertes und gut überprüftes Testverfahren zur Erfassung der Leseverstehensleistungen von Kindern der ersten bis sechsten Klasse dar. Die Computerversion ist dabei der Papierversion in vielerlei Hinsicht – vor allem auch hinsichtlich der Testgüte – überlegen. Beide Versionen sind in der schulischen und klinischen Praxis gut einsetzbar und ermöglichen einen differenzierten Blick auf die Verstehensleistungen der Kinder beim Lesen.

Testkonstruktion

Testmaterial

Papierversion: Das Testheft ist insgesamt übersichtlich gestaltet. Für Kinder am Ende der ersten oder schwachen Schülerinnen und Schülern auch in der zweiten Klasse könnte die Menge der Items, welche gleichzeitig präsentiert werden, jedoch abschreckend und leistungsmindernd sein.

Computerversion: Die Computerversion kann genau dies durch die Einzelpräsentation der Items vermeiden. Die Aufmerksamkeit der Kinder ist immer nur auf ein Item gerichtet. Irritierend ist im Untertest Textverständnis die wiederholte Präsentation von Texten, zu denen mehrere Fragen gestellt werden. In der Praxis hat sich hier gezeigt, dass vor allem Kinder mit Schwierigkeiten im Lesen schnell irritiert sind und Unmut darüber äußern, den Text schon wieder lesen zu müssen. Dies wird wiederum in der Papierversion durch die gleichzeitige Präsentation der Fragen unter dem Text verhindert. Die Bedienung des Programms ist einfach und übersichtlich. Der in der Computerversion zusätzliche Untertest der Lesegeschwindigkeit ist hinsichtlich des Itemmaterials kritisch zu sehen. Hier wurden Mädchen- und Jungennamen verwendet, die sich relativ ähnlich sind. Diese wurden zwar im Rahmen der Testentwicklung von Grundschulkindern hinsichtlich ihrer Bekanntheit bewertet. Namen sind jedoch stark zeit- und kontextabhängig. So sind Namen wie Ulrich oder Martin Kindern aus Brennpunktbezirken unter Umständen gar nicht – und vor allem nicht in geschriebener Form – bekannt.

Das Manual ist kurz und gibt prägnant alle notwendigen Informationen. Es bietet zwar einige kurze Hinweise zur Interpretation der Testwerte. Da das Verfahren jedoch laut Aussagen der Autoren vor allem für Lehrerinnen und Lehrer konzipiert ist, wären einige weiterführende Hinweise zum Vorgehen bei unterdurchschnittlichen Leistungen der Kinder und zur möglichen Förderung der Kinder im schulischen Kontext wünschenswert.

Testdesign

Konzept: Die Überprüfung des Verstehens auf Wort-, Satz- und Textebene über unterschiedliche Komplexitäten innerhalb der Untertests
ermöglicht es, einen differenzierten Blick über die Fähigkeiten eines
Kindes im Leseverständnis zu erlangen. Schwierigkeiten im Leseverstehen können so aufgedeckt und mehr oder weniger detailliert
qualitativ eingeordnet werden. Eine Ableitung von individuellen Fördermaßnahmen ist auf der Basis der Testergebnisse bei entsprechendem Hintergrundwissen möglich.

Variablen: Die Unterscheidung von Wort-, Satz- und Textverstehen ist
vor allem für das Aufdecken von Schwierigkeiten im Leseverständnis
sinnvoll. Die zusätzliche Möglichkeit einer qualitativen Analyse hinsichtlich Wortlänge, Wortart oder Anforderungsniveau im Textverstehen kann individuelle Stärken und Schwächen der Kinder aufdecken.

Durchführung: Die Durchführung der Papier- und vor allem der Computerversion sind sehr einfach und ausreichend im Manual beschrieben. Die Einarbeitung in das Testmaterial benötigt nur wenig Zeit, so
dass das Verfahren für den fokussierten Einsatzbereich der Schule
gut geeignet erscheint. Durch die vielfältigen Anwendungsformen
(Einzel- und Gruppentestung mit Papier- oder Computerversion) kann
die Testung optimal an die Klassensituation angepasst werden. Einzelne Schülerinnen und Schüler können z. B. den Test nahezu selbstständig am Computer durchführen.

Auswertung: Die Auswertung der Papierversion per Hand kann relativ zügig anhand der Lösungen im Anhang erfolgen. Die rein quantitative Auswertung über die Anzahl der richtigen Lösungen ist einfach
und gut handhabbar. Auch für die qualitative Analyse werden jedoch
übersichtliche Hilfestellungen angeboten.

Die Auswertung über die Computerversion ist deutlich komfortabler
und kann auch bei Anwendung der Papierversion durch manuelle Eingabe der Antworten des Kindes erfolgen. Zudem können unterschiedliche Konfidenzintervalle ausgewählt und ein Testbericht erstellt werden. Dieser bietet unerfahrenen Testleitern eine Interpretation der
Testwerte, was jedoch eine selbstständige, kritische Auseinandersetzung mit den Testergebnissen des Kindes nicht ersetzen sollte.

Normierung

Stichprobe: Die Gesamtnormierungsstichprobe ist mit knapp 5 000 Kindern als sehr groß anzusehen, wobei sich diese wiederum auf jeweils
etwa 200 bis 400 Kinder pro Altersbereich aufteilen. Demgegenüber
sind die Normierungsstichproben für Ende Klasse 5 und Ende Klasse 6
mit 135 und 112 Kindern recht klein. Die Überprüfung von Geschlechtseffekten auf die Testleistung wird nicht berichtet. Der Einbezug von
zweisprachig aufwachsenden Kindern in die Normierungsstichprobe
ist positiv hervorzuheben, wobei auch hier eine Überprüfung des Effekts einer Zweisprachigkeit auf die Testleistungen ausbleibt.

Normen: Die Normen in Halbjahresschritten sind für den Schulbereich angemessen. Es wird keine Differenzierung hinsichtlich des Geschlechts vorgenommen. Für die Klassenstufen 5 und 6 erfolgt zudem keine Trennung für die unterschiedlichen Schulformen, was jedoch vor dem Hintergrund des Einsatzes als Screeningverfahren in diesen Klassenstufen zu sehen ist.

Gütekriterien
Objektivität: Beide Testversionen sind aufgrund der detaillierten Instruktionen zu Durchführung und Auswertung bzw. der Computerunterstützung als objektiv anzusehen.
Reliabilität: Es erfolgte eine breite Überprüfung der Reliabilität des Instrumentes. Die Ergebnisse sprechen für eine hohe Reliabilität.
Validität: Die Inhaltsvalidität ist aufgrund der engen Konzipierung der Aufgaben anhand theoretischer Modelle augenscheinlich gegeben, wurde jedoch empirisch nicht überprüft. Die diskriminante Validität wurde lediglich über das Lehrerurteil zum Rechtschreiben und Rechnen überprüft und wird zudem nur in den Kurzinformationen zum Test am Anfang des Manuals explizit aufgegriffen. Eine diskursive Auseinandersetzung und Erläuterung der Korrelationen mit Rechtschreib- und zum Teil auch den Rechenleistungen erfolgt nicht. Für die erste bis vierte Klasse konnte die konvergente Validität mithilfe des WLLP und dem Lehrerurteil zum Lesen bestätigt werden. Die Validität für die fünfte und sechste Klasse ist nur als mittelmäßig anzusehen. Grundsätzlich scheint die Computerversion der Papierversion überlegen zu sein.
Nebengütekriterien: Nebengütekriterien werden von den Autoren nicht diskutiert.

Testentwicklung
Entfällt.

Neuropsychologische Aspekte

Theoretischer Rahmen
Die Autoren ziehen als theoretische Grundlage ihres Testverfahrens gängige Modelle des Leseverstehens auf Wort-, Satz- und Textebene heran. Auf Wortebene wird auf das Zwei-Wege-Modell (Coltheart, 1978) verwiesen, welches einen direkten und einen indirekten Verarbeitungsweg annimmt. In ELFE wird die Qualität dieser beiden Wege im Hinblick auf den Abruf der Wortbedeutung aus dem mentalen Lexikon erfasst. Aussagen über die Qualität und Automatisierung der beiden Wege sind nicht möglich bzw. in der Computerversion über den Lesegeschwindigkeitstest nur ansatzweise. Sie sind jedoch auch nicht zentrales Ziel des Testverfahrens. Dem Satzverstehen wird das Garden-Path-Modell (Flores d'Arcais, 1990) zugrunde gelegt. Um die Fähigkeit der Kinder zu testen, syntaktische Strukturen zu verstehen und Bedeutungen einzelner Satzteile mit-

einander in Beziehung zu setzen, werden verschiedene Wortarten als Zielwörter verwendet. Die differenzielle Analyse der Antworten des Kindes ermöglicht so ein Aufdecken von Schwierigkeiten mit spezifischen Satzkonstruktionen. Für das Textverstehen werden wiederum modellgeleitet unterschiedliche Anforderungsniveaus innerhalb der Multiple-Choice-Fragen angesprochen. Auch hier ermöglicht eine qualitative Analyse die genaue Bestimmung der Fähigkeiten des Kindes auf Textebene. Ist es dem Kind lediglich möglich, einfache Informationen aus dem Text zu entnehmen oder setzt es bereits Informationen mehrerer Sätze miteinander in Beziehung.

Anwendungsbereiche
Das Testverfahren wurde primär für den schulischen und außerschulischen Kontext (psychologische und medizinische Befunderhebung) konzipiert. Es dient vor allem der Überprüfung des Leseverstehens von Grundschulkindern und sollte erst dann eingesetzt werden, wenn die Kinder bereits basale Lesefähigkeiten (Dekodieren von Einzelwörtern) beherrschen.

Funktionelle Neuroanatomie
Entfällt.

Ergebnisbeeinflussende Faktoren
Entfällt.

Handhabbarkeit und klinische Anwendung

Durch die Vielzahl der Durchführungsmöglichkeiten kann das Testverfahren sowohl in schulischen, klinischen als auch Forschungskontexten genutzt werden. Insbesondere die Gruppentestung und die Möglichkeit der computergestützten Testung sind hier hervorzuheben. Das Computerprogramm bietet gerade im schulischen und klinischen Kontext den Vorteil der großen Zeitökonomie – einerseits durch die Möglichkeit der relativ eigenständigen Bearbeitung durch das Kind und andererseits durch die Zeitersparnis aufgrund der automatischen Auswertung. Die Differenzierung nach Wort-, Satz- und Textverstehen sowie die qualitative Analyse der kindlichen Antworten ermöglicht eine individuelle Ableitung von Förder- und Therapiezielen. Leider fehlen jedoch Auswertungs- und Interpretationsbeispiele im Manual völlig. Wünschenswert wären einige Fallbeispiele, die typische Schwierigkeiten von Kindern mit z. B. Lese-Rechtschreibstörungen aufzeigen und erste Hinweise zur Förderung geben. Insbesondere im Hinblick auf komplexer werdende Aufgaben von Grundschullehrern im Zuge der Inklusion wären Hilfestellungen für die Interpretation von Testergebnissen wünschenswert.

Anja Starke

Hamburger Schreib-Probe (HSP 1-10)

Peter May

Stuttgart: verlag für pädagogische medien (vpm), 2012

Zusammenfassende Testbeschreibung

Zielsetzung und Operationalisierung

Konstrukte
Rechtschreibfähigkeiten – orthographisches Strukturwissen, grundlegende Rechtschreibstrategien.

Testdesign
Schreiben von Wörtern und Sätzen, die vom Testleiter vorgelesen bzw. diktiert und durch Bildmaterial unterstützend dargestellt werden, Korrektur von Fehlern und Einsetzen von Satzzeichen in der HSP 5-10 EK (= erweiterte Kompetenz).

Angaben zum Test

Normierung
Alter: 15 Klassenstufen: Mitte Klasse 1 bis Ende Klasse 10.
Bildung: Für die Klassenstufen 5–10 gibt es Normwerte für verschiedene Schulformen: Gymnasien, Haupt-Real- und integrierte Schulformen.
Geschlecht: Nicht bedeutsam.

Material
Manual für alle Klassenstufen; je Klassenstufe Testhefte mit Auswertungscode, Anleitungsheft mit Hinweisen zur Durchführung und Auswertung sowie den Normwerten. Bei Nutzung der Online-Auswertung wird ein Computer mit Internetzugang benötigt.

Durchführungsdauer
Weniger als eine Unterrichtsstunde; Auswertungsdauer: manuell circa 15 Minuten, online circa 5 Minuten.

Testkonstruktion

Design

Aufgabe
Wörter und Sätze werden in ein Testheft geschrieben. Beispiel: „Familie Mittag sitzt beim Frühstück." Neben den Linien, auf die der Satz geschrieben werden soll: Die Zeichnung einer Familie, die frühstückt. Die Anzahl der Items variiert je nach eingesetzter Version der HSP, nach Klassenstufe und Erhebungszeitpunkt (HSP 1: vier bzw. acht Wörter, ein Satz; HSP 2: 15 Wörter, drei Sätze; HSP 3: 15 Wörter, vier Sätze; HSP 4/5:

16 Wörter, fünf Sätze; HSP 5-10 B (= Basiskompetenz): 14 Wörter, 6 Sätze). In der HSP 5-10 EK (= erweiterte Kompetenz) sollen Fehler in einem Text gefunden (91 Wörter, davon 32 fehlerhaft) sowie die fehlenden Satzzeichen gesetzt werden.

Konzept

Kinder erwerben die orthographischen Prinzipien schrittweise. Aufgrund dessen stellt die Summe der richtig geschriebenen Grapheme den wichtigsten Kennwert der HSP dar. Annäherungen an die korrekte Schreibweise werden erfasst und bei der Bewertung und Interpretation der Ergebnisse berücksichtigt. Die Lernentwicklung beim Schrifterwerb ist durch verschiedene Rechtschreibstrategien geprägt (alphabetisch, orthographisch, morphematisch). Durch unterschiedliche Herangehensweisen fokussieren Kinder verschiedene Merkmale der Schriftsprache. Im Lernprozess werden diese letztlich zu einer Gesamtstrategie integriert. Die Erfassung des individuellen Strategieprofils gibt Aufschluss über den Lernstand des Kindes.

Variablen

- Anzahl richtig geschriebener Wörter.
- Summe der richtig geschriebenen Grapheme (Graphemtreffer).
- Grad der Beherrschung der Rechtschreibstrategien ermittelt durch Werte der Lupenstellen (Lupenstellentreffer).
  - Alphabetische Strategie (Laut-Buchstaben-Zuordnung).
  - Orthographische Strategie (Merk- und Regelelemente, die nicht der Laut-Buchstaben-Zuordnung entsprechen, werden beachtet).
  - Morphematische Strategie (Morphematische Struktur der Wörter wird bei der Schreibung berücksichtigt).
  - Wortübergreifende Strategie (Beim Schreiben von Sätzen und Texten werden weitere Aspekte beachtet, z.B. Groß-/Kleinschreibung, Satzzeichen).
- Anzahl von überflüssigen orthographischen Elementen.
- Anzahl von Oberzeichenfehlern.

Durchführung

Die HSP kann mit einzelnen Kindern oder als Gruppentest im Klassenverband durchgeführt werden. Der Testleiter erläutert den Kindern den Ablauf. Jedes Kind erhält ein Testheft, in welches Einzelwörter und Sätze geschrieben werden. Begonnen wird mit den Wörtern. Diese werden nicht diktiert, sondern vom Testleiter vorgelesen und anschließend von jedem Kind in seinem eigenen Schreibtempo geschrieben. Entsprechende Abbildungen im Testheft helfen den Kindern sich an die Wörter zu erinnern. Nachfragen der Kinder sind erlaubt. Anschließend werden Sätze diktiert. Der Testleiter darf die einzelnen Sätze so oft wie erforderlich wiederholen. Kinder, die schneller fertig sind als ihre Mitschüler, können ein zusätzliches Kreuzworträtsel lösen.

Auswertung

Die Auswertung kann sowohl manuell, als auch online mit dem Computer durchgeführt werden.

Manuell: Einen ersten Überblick bietet die wortbezogene Auswertung (Anzahl richtig geschriebener Wörter). Für eine differenzierte und vom Autor empfohlene Analyse der Rechtschreibleistung sollte die Auswertung der Graphemtreffer (Summe der richtig geschriebenen Grapheme) erfolgen. Hierbei wird die schrittweise Aneignung korrekter Schreibweisen erfasst, und es werden Lernentwicklungen sichtbar gemacht. In den Auswertungsschemata wird die Anzahl der richtig geschriebenen Wörter und Grapheme summiert. Zur Beurteilung der vom Kind genutzten Rechtschreibstrategien werden ausgewählte Wortstellen, sogenannte Lupenstellen, untersucht. Auch hier wird die Anzahl der korrekten Realisierungen summiert (Lupenstellentreffer). Bei den überflüssigen orthographischen Elementen und den Oberzeichenfehlern wird die Anzahl der entsprechenden Fehler errechnet.

Anhand von Tabellen im jeweiligen Anleitungsheft der Klassenstufen können die Rohwerte in Prozentränge und T-Werte transformiert werden. Zur Berücksichtigung des Standardmessfehlers werden Prozentrang- und T-Wert-Bänder angegeben. Des Weiteren findet sich im Manual eine Tabelle mit den kritischen Differenzen, um Messfehler bei dem Vergleich zweier Testergebnisse berücksichtigen zu können.

Für jede Klassenstufe liegen zum einen bundesweite Vergleichswerte und zum anderen Vergleichswerte für Stadtstaaten und großstädtische Ballungsgebiete zu den jeweiligen Erhebungszeitpunkten vor. Für die Klassenstufen 5–10 ist darüber hinaus eine Unterscheidung nach Schulformen gegeben.

Zusätzlich kann ein Strategieprofil erstellt und so das Verhältnis der vom Kind genutzten Rechtschreibstrategien verdeutlicht werden.

Des Weiteren besteht die Möglichkeit, den individuellen Lernstand des Kindes anhand eines zwölfstufigen Kompetenzmodells abzulesen. Die Zuordnung der Schriftsprachkompetenz zu einer der zwölf Stufen bietet Unterstützung bei der Planung der individuellen Förderung.

Online: Nach erfolgter Registrierung auf der Webseite können die Ergebnisse einzelner Kinder und auch ganzer Klassen ausgewertet und gespeichert werden. Nach Eingabe der Fehlschreibungen des Kindes durch den Testleiter ermittelt der Computer die Graphem- und Lupenstellentreffer. Durch Auswahl der Vergleichsgruppe wird das Ergebnis mit den entsprechenden Normwerten verglichen. Strategieprofile und Klassenergebnisse können ausgedruckt werden. Die Interpretation der Ergebnisse obliegt dem Testleiter.

Normierung

Stichprobe
Der Normierung liegen 276997 Datensätze von Kindern in den Klassenstufen 1–10 zugrunde.

Normen
Alter: 15 Klassenstufen: Mitte Klasse 1 (N=25968), Ende Klasse 1 (N=33398), Mitte Klasse 2 (N=27119), Ende Klasse 2 (N=38078), Mitte Klasse 3 (N=25574), Ende Klasse 3 (N=19826), Mitte Klasse 4 (N=20169), Ende Klasse 4 (N=23322), Anfang Klasse 5 (N=9668), Ende Klasse 5 (N=16031), Ende Klasse 6 (N=10855), Ende Klasse 7 (N=7106), Ende Klasse 8 (N=4334), Ende Klasse 9 (N=2920), Ende Klasse 10 (N=2214).
Bildung: Für die Klassenstufen 5–1.0 gibt es Normwerte für Gymnasien sowie Haupt-, Real- und integrierte Schulformen: Gymnasien (Klasse 5: N=5638, Klasse 6: N=4083, Klasse 7: N=2779, Klasse 8: N=1720, Klasse 9: N=1400, Klasse 10: N=1129), Haupt-, Real- und integrierte Schulformen (Klasse 5: N=8288, Klasse 6: N=5368, Klasse 7: N=3717, Klasse 8: N=2247, Klasse 9: N=1277, Klasse 10: N=903).
Geschlecht: Die Leistungsstreuung ist innerhalb der Gruppen größer als zwischen den Geschlechtern. Aufgrund dessen erfolgte keine Angabe von geschlechtsspezifischen Normen.

Gütekriterien

Objektivität
Durchführung: keine Angaben
Auswertung: Durch die Erläuterungen und Beispiele in den Auswertungsanweisungen wird ein hohes Maß an Objektivität gewährleistet. Für die Vorformen der HSP 2 und HSP 3 wurde die Auswertungsobjektivität empirisch überprüft; sie lag bei über 99 %. Die Möglichkeit der Online-Auswertung gewährleistet eine hohe Objektivität.

Reliabilität
Interne Konsistenz: Die Interne Konsistenz variiert je nach Auswertungsmethode. Für die Auswertung der Graphemtreffer liegen die Werte zwischen r=.94 und .98. Bei der strategiebezogenen Auswertung werden folgende Werte erzielt: alphabetisch: r=.74 bis .88, orthographisch: r=.83 bis .92, morphematisch: r=.71 bis .87, wortübergreifend: r=.78 bis .91.
Paralleltest-Reliabilität: Keine Paralleltests vorhanden.
Retest-Reliabilität: Die Ergebnisse verschiedener Erhebungszeitpunkte von circa 400 Kindern einer Längsschnittstudie wurden miteinander korreliert. Die Korrelation zwischen den Erhebungszeitpunkten (Ende Klasse 1 bis Ende Klasse 5, Abstand jeweils 6 bzw. 12 Monate) liegen zwischen .52 und .93.
Weitere Reliabilitätsmaße: keine Angaben

Validität

Konstruktvalidität: Im Entwicklungsmodell des Schriftspracherwerbs nach Frith (1991) wird eine wechselseitige Entwicklung und Beeinflussung des Lese- und Schreiberwerbs angenommen. Aufgrund dessen wurden Lese- und Schreibleistungen miteinander verglichen. Für die Erhebung der Lesefertigkeiten wurden die Lese- und Schreibprobe (LSP1, May, Dehn & Hüttis, 2006) und die Hamburger Leseprobe (HLP 1-4, May & Arntzen, 2003) verwendet. Daten von über 750 Schülern der 1. bis 4. Klasse zeigen Korrelationen der Lese- und Schreibleistungen zwischen .81 bis .88.

Konvergente/diskriminante Validität: Zur Überprüfung der konvergenten Validität wurden der Diagnostische Rechtschreibtest (DRT, Müller, 1990), der Westermann Rechtschreibtest 4–5 (WRT 4-5, Rathenow, 1980), der Hamburger Schulleistungstest für vierte und fünfte Klassen (HAST, Mietzel & Willenberg, 2000) und der Hamburger Schulleistungstest für achte und neunte Klassen (SL-Ham, Behörde für Schule, Jugend und Berufsbildung, 2000) eingesetzt. Die Korrelationen zwischen der HSP und den anderen Rechtschreibtests streuen zwischen .64 und .78 bei der Auswertung hinsichtlich der Graphemtreffer. Da die HSP im Vergleich zu den anderen Testverfahren kompetenz- und nicht fehlerorientiert auswertet, wurden in einem zweiten Schritt die Ergebnisse der anderen Rechtschreibtests anhand der HSP-Kriterien ausgewertet. Bei dieser Auswertungsmethode zeigten sich höhere Korrelationen von .86 bis .94.

Zusätzlich wurden die Rechtschreibleistungen mit der Textkompetenz, gemessen anhand des Hamburger Leitfadens für die Bewertung von Bild- und Textprodukten (HLBT, May, 1996), korreliert. Laut Autor bestehen zwischen den Leistungen „sowohl deutliche Zusammenhänge als auch grundlegende Unterschiede" (May, 2012, S. 66). Die Korrelationen streuen je nach Klassenstufe zwischen .37 und .52.

Kriteriums- bzw. klinische Validität: Als externes Validierungskriterium wurde auf Rechtschreibnoten zurückgegriffen. Die Korrelationen liegen zwischen .51 und .77.

Ökologische Validität: Der Test sei in hohem Ausmaß ökologisch valide, da er hinsichtlich Konstruktion, Durchführung und Auswertung in den Unterrichtsalltag passe.

Nebengütekriterien

Akzeptanz: In einer Lehrerbefragung erhielt die HSP im Vergleich mit dem DRT bessere Bewertungen hinsichtlich der praktischen Handhabung des Tests, der Auswahl der Wörter und Sätze, der diagnostischen Genauigkeit, der Möglichkeit zur Ableitung von Fördermaßnahmen und den Hinweisen zur Unterrichtsplanung (May, 2012). Die gemittelte Note der HSP betrug 2,3; die Durchschnittsnote des DRT 2,9.

Transparenz: keine Angaben
Zumutbarkeit: keine Angaben
Verfälschbarkeit: keine Angaben
Störanfälligkeit: keine Angaben

Neuropsychologische Aspekte

Theoretischer Rahmen Im Manual sind keine neuropsychologischen Überlegungen enthalten. Der Test beruft sich auf entwicklungsphysiologische Schritte im Schriftspracherwerb (vgl. Kapitel Testkonstruktion, Unterpunkt Konzept).

Anwendungsbereiche keine Angaben

Funktionelle Neuroanatomie keine Angaben

Ergebnisbeeinflussende Faktoren keine Angaben

Testentwicklung

Der Psychologe und Erziehungswissenschaftler Peter May veröffentlichte 1994 die erste Auflage der HSP. Die Entwicklung des Testverfahrens basierte auf den Ergebnissen eines Forschungsprojektes zur Erfassung orthographischer und textueller Kompetenzen, deren Daten mit einer früheren Form der HSP gewonnen wurden (May 1990; May 1993). Normdaten wurden durch Quer- und Längsschnitterhebungen mit über 23 000 Kindern von der 1. bis 9. Klasse erhoben.

Aufgrund schulischer und gesellschaftlicher Veränderungen wurde das Testverfahren 2001 neu normiert (May, 2002). Im Rahmen der Erhebung dieser Normdaten konnten Lücken in den Vergleichstabellen geschlossen werden. Zusätzlich standen nun Vergleichswerte für die verschiedenen Schulformen einschließlich der Sonderschulen zur Verfügung. Um auch im oberen Leistungsbereich der höheren Klassenstufen Rechtschreibleistungen ausreichend differenzieren zu können, wurde die HSP erweitert. Die HSP 5-9 EK (Erweiterte Kompetenz) ermöglicht die Differenzierung auf hohem Niveau, z. B. im Unterricht an Gymnasien. Des Weiteren wurden Richtlinien der Testauswertung präzisiert und für alle Jahrgangsstufen vereinheitlicht.

Seit 2008 ist es möglich, die Testergebnisse kostenlos online auszuwerten.

2012 wurden die Normwerte ein weiteres Mal aktualisiert und auf die Klassenstufe 10 ausgeweitet (May, 2012). Bislang lagen bundesdeutsche Vergleichswerte vor. In den neuen Untersuchungen wurden zusätzlich Normwerte für großstädtische Ballungsräume ermittelt, um der heterogeneren Zusammensetzung und dem höheren Anteil der Kinder mit Migrationshintergrund Rechnung zu tragen. Aufgrund der voranschreitenden Inklusion werden keine speziellen Normwerte für Förderschulen mehr ausgewiesen. Die Neunormierung erfolgte durch Längsschnittuntersuchungen in Großstädten, durch Ergebnisse der bundesweiten IGLU-Studie 2006 (Kowalski & Voss, 2009; May, 2009) und Daten der Online-Auswertung (May, 2012). Zusätzlich zu den Normwerten kann mit der aktuellen Version der HSP der individuelle Lernstand des Kindes, unabhängig von Klassenstufe und Alter, in einem zwölfstufigen Kompetenzmodell abgelesen werden. Diese Zuordnung bietet Unterstützung bei der Förderplanung.

Testbewertung

Die Kritik im Überblick

Die HSP bietet die Möglichkeit, Rechtschreibfähigkeiten von Kindern der 1. bis zur 10. Klasse kompetenzorientiert zu erheben. Somit ist es möglich, Lernstände und -entwicklungen langfristig zu erfassen, um spezifische Fördermöglichkeiten anbieten zu können. Die vorliegenden Normdaten erlauben eine differenzierte Betrachtung der Ergebnisse. Die Durchführung und Auswertung des Testverfahrens ist leicht anzueignen, erfordert jedoch etwas Erfahrung des Untersuchers. Durch die Möglichkeit der Online-Auswertung wird der Arbeits- und Zeitaufwand deutlich minimiert. Eine intensivere Darstellung des theoretischen Hintergrundes, der Entwicklungsmodelle des Schriftspracherwerbs, wäre wünschenswert. Die Erhebung und Darstellung der Testgütekriterien erfolgt teilweise lückenhaft und genügt nicht immer den Ansprüchen an ein reliables und valides Testverfahren.

Testkonstruktion

Testmaterial
Die Testhefte sind kindgerecht gestaltet. Die Auswertungsschemata bieten einen guten Überblick.

Testdesign

Konzept: Das Testverfahren scheint sich auf Entwicklungsmodelle des Schriftspracherwerbs zu beziehen, ohne diese im Detail vorzustellen und mit Literaturangaben zu belegen. Erst bei der Beurteilung der Reliabilität des Testverfahrens wird das Entwicklungsmodell des Schriftspracherwerbs nach Frith (1991) näher erläutert.

Variablen: Die Auswertung anhand verschiedener Variablen bietet Vorteile. Einen schnellen Eindruck der Leistungen, z. B. für den Klassenverband, bietet die Auswertung der richtig geschriebenen Wörter. Eine detaillierte Analyse der schriftsprachlichen Kompetenz des individuellen Kindes bieten die Lupenstellen der Strategieprofile.

Durchführung: Der Untersucher wird angeleitet die Wörter vorzulesen und nicht zu diktieren. Um im Klassenverband zu gewährleisten, dass jedes Kind die erwarteten Wörter verschriftlicht und keine Wörter auslässt, muss der Untersucher alle Kinder im Auge behalten. Dies erscheint schwer umsetzbar. Die unterstützenden Bilder helfen den Kindern, sich an die Wörter zu erinnern, jedoch gibt es bei manchen Bildern zwei Möglichkeiten (Beispiel: Postbote/Briefträger). Wählt das Kind das ihm vertraute, in der Testauswertung jedoch nicht berücksichtigte Wort, kann es nicht angemessen bewertet werden und führt fälschlicherweise zu einer schlechteren Bewertung.

Auswertung: Sowohl durch Beispiele im Anleitungsheft und Manual, als auch durch die Gestaltung des Auswertungsschemas sind ausreichend Auswertungshilfen und Interpretationsbeispiele gegeben. Die manuelle Auswertung benötigt jedoch einige Einarbeitungszeit. Aufgrund dessen ist die Online-Auswertung sehr zu empfehlen. Sie spart Zeit, gewährleistet eine objektive Auswertung und ermöglicht eine übersichtliche Darstellung der Ergebnisse in Form von Diagrammen und Klassenübersichten. Sehr hilfreich ist auch die Angabe der kritischen Differenzen, um Unterschiede zwischen zwei Testergebnissen hinsichtlich Zufallsschwankungen bzw. echter Fördereffekte interpretieren zu können.

Normierung

Stichprobe: Die Aufteilung der Normgruppen nach Klassenstufen und Schulform ist sinnvoll und praktisch. Die Größe der Stichproben ist vor allem im Primarbereich sehr umfangreich.

Normen: Die Neunormierung erfolgte 2012 und ist somit auf einem aktuellen Stand.

Gütekriterien

Objektivität: Die Durchführungsobjektivität ist nur bedingt gesichert. Der Untersucher muss das Schreiben der Wörter kontrollieren und gegebenenfalls Wiederholungen anbieten. Die Auswertungsobjektivität bei der computergestützten Auswertung ist uneingeschränkt vorhanden.

Reliabilität: Die Darstellung der Retest-Reliabilität erfolgte im Rahmen einer Längsschnittuntersuchung mit unterschiedlichen Formen der HSP je nach erreichter Klassenstufe. Eine Beurteilung der Retest-Reliabiltät anhand dieser Daten ist nicht optimal möglich.

Validität: Die Überprüfung der konvergenten Validität bietet Anhaltspunkte für die Gültigkeit des Verfahrens. Zugleich fehlen genauere Angaben zur Auswertung der verwendeten Rechtschreibtests nach dem kompetenzorientierten Prinzip der HSP. Zudem verzichtet der Autor vollständig auf die Angabe der Signifikanzwerte. Eine Interpretation der Ergebnisse ist so nicht möglich.

Fraglich ist die Aussagekraft der Korrelationsberechnungen zwischen orthographischen Fähigkeiten und Textkompetenz für die Validität der HSP. Das ebenfalls vom Autor entwickelte Verfahren zur Textkompetenz wird nicht näher beschrieben. Welche Variablen hier genau erfasst und den Rechtschreibfähigkeiten gegenübergestellt werden bleibt somit offen.

Testentwicklung

Im Laufe der Jahre wurden stetig Verbesserungen hinsichtlich der Auswertung und Interpretation der Testergebnisse unter Berücksichtigung praktischer Erfahrungen und berufspolitischer Gegebenheiten vorgenommen.

Handhabbarkeit und klinische Anwendung

Das Verfahren ist sowohl in der Einzelsituation als auch im Klassenverband gut einsetzbar. Bei der Durchführung sollte jedoch darauf geachtet werden, dass nicht alle Kinder in der Lage sind, sich die vorgelesenen Wörter zu merken bzw. diese anhand des unterstützenden Bildmaterials korrekt zu erinnern. Im Klassenverband ist es zudem schwieriger sicherzustellen, dass jedes Kind versucht, alle Wörter zu schreiben und keine Lücken zu lassen. Die Möglichkeit der Online-Auswertung ist eine große Erleichterung hinsichtlich des Arbeits- und Zeitaufwands. Durch die strategieorientierte Auswertung werden die Kompetenzen der Kinder in den Mittelpunkt gestellt und die Planung individueller Förder- und Therapiemaßnahmen erleichtert.

Kathrin Weber

Lese- und Rechtschreibtest (SLRT-II) – Weiterentwicklung des Salzburger Lese- und Rechtschreibtests (SLRT)

Kristina Moll & Karin Landerl

Bern: Verlag Hans Huber, 2010

Zusammenfassende Testbeschreibung

Zielsetzung und Operationalisierung

Konstrukte

Erhebung der Teilkomponenten der Lese- und Rechtschreibleistung.

Testdesign

Ein Ein-Minuten-Leseflüssigkeitstest getrennt nach Wörtern und Pseudowörtern zur Differenzierung der Defizite des synthetischen/lautierenden Lesens und Defizite in der automatischen/direkten Worterkennung sowie ein Rechtschreibtest zur Erkennung von Schwächen in der lauttreuen Schreibung und in der orthographisch korrekten Schreibung.

Angaben zum Test

Normierung

Alter: Für den Ein-Minuten-Leseflüssigkeitstest liegen Normdaten jeweils in Halbjahresabschnitten vom zweiten Halbjahr der ersten Klasse bis zum zweiten Halbjahr der dritten Klasse vor und, nicht nach Halbjahren eingeteilt, Normdaten der vierten bis sechsten Klasse (insgesamt Klasse eins bis sechs N=1 747) sowie junger Erwachsener (N=241). Der Rechtschreibtest ist für die Schulstufen zwei nach Halbjahren getrennt und für die Klassen drei und vier normiert (N=3 346).
Bildung: Die Stichprobe der fünften und sechsten Klasse setzt sich aus Schülern der Haupt- und Realschule zusammen (N=324). Die Normdaten junger Erwachsener basieren auf Testungen von Schülern der elften und zwölften Klasse eines Gymnasiums (N=19), Auszubildenden (N=94) und Studierenden (N=128).
Geschlecht: Nicht bedeutsam.

Material

– *Manual mit Normtabellen, Buchstabentafel und Kurzfassung der Durchführungsrichtlinien im Anhang.*
– *Ein-Minuten-Leseflüssigkeitstest: Jeweils zwei Leseblätter für Wörter und Pseudowörter inklusive Übungsitems auf der Rückseite des Leseblatts (Form A und B), zwei Protokollbögen (Form A und B).*

– *Rechtschreibtest: Zwei Protokollbögen für die zweite Klasse – Form A und B, zwei Protokollbögen für die dritte und vierte Klasse – Form A und B, Vorlageblatt (Itemliste zum Diktieren der Sätze).*

Durchführungsdauer
Die Durchführung des Ein-Minuten-Leseflüssigkeitstests beansprucht maximal 5 Minuten, ebenso die Auswertung. Für den Rechtschreibtest werden etwa 20 bis 30 Minuten benötigt, und die Auswertung nimmt weitere 5 bis 10 Minuten in Anspruch.

Du siehst hier Spalten mit einzelnen Fantasiewörtern, die sich jemand ausgedacht hat. Diese Wörter gibt es nicht, aber man kann sie trotzdem lesen. Lies diese Fantasiewörter der Reihe nach von oben nach unten laut vor. Lies so schnell du kannst, aber ohne Fehler zu machen. Wir üben das jetzt mit diesen Fantasiewörtern.	*Wenn ich das Blatt umdrehe, siehst du wieder Spalten mit Fantasiewörtern. Lies diese der Reihe nach von oben nach unten laut vor. Lies, so schnell du kannst, aber möglichst ohne Fehler zu machen – du musst nicht das ganze Blatt lesen, sondern nur so lange bis ich „stopp" sage.*

Testkonstruktion

Design **Aufgabe**
Ein-Minuten-Leseflüssigkeitstest: Zwei Leseblätter: eine Liste mit 156 Wörtern in acht Spalten, die von oben nach unten spaltenweise laut vorgelesen werden sollen. Die Zeit ist auf eine Minute begrenzt. Eine Liste mit 156 Pseudowörtern mit analoger Darstellungsweise und Aufgabenstellung.
Rechtschreibtest: Einsetzen kritischer Wörter in einen Lückentext. Diktieren des fehlenden Wortes, des entsprechenden Satzes und nochmals des einzusetzenden Wortes. Das Material umfasst 24 einzusetzende Wörter für die zweite Klasse und 48 Wörter für die dritte sowie vierte Klasse.

Konzept
Die beiden Aufgaben dienen der Erfassung von sowohl Lese- als auch Rechtschreibleistungen. Die Beurteilung der Teilkomponenten des Lesens wird durch die getrennte Verwendung einer Wort- und einer Pseudowortliste operationalisiert und fordert das laute Vorlesen dieser Wörter. Dieser Test ist somit nur als Individualtest durchführbar. Der Rechtschreibtest erhebt die Kompetenz, diktierte Wortschreibungen orthographisch korrekt in Rahmensätze einzufügen. Dieser Test kann als Einzel- oder Klassentest durchgeführt werden. Für beide Tests liegen Parallelversionen vor.

Variablen

Ein-Minuten-Leseflüssigkeitstest:
In die Auswertung fließen die Anzahl der in der Minute richtig gelesenen Wörter bzw. Pseudowörter, die Anzahl der Fehler, der Fehlerprozentwert sowie die Auslassungen mit ein. Es liegen keine Normen für die Anzahl der Fehler bzw. Auslassungen vor. Sie dienen der Berechnung der Anzahl richtig gelesener Items innerhalb einer Minute.
Rechtschreibtest:
Anzahl falsch geschriebener Wörter. Auswertung nach den Fehlerkategorien „nicht lauttreuer Fehler" (N-Fehler), „orthographischer Fehler" (O-Fehler) und „Groß-/Kleinschreibungsfehler" (GK-Fehler).

Durchführung

Ein-Minuten-Leseflüssigkeitstest:
Zunächst wird der Testperson die Übungsseite der Wörter vorgelegt. Diese Übung dient dem Vertrautmachen mit dem Testformat. Es wird auf das Lesen in Spalten hingewiesen. Außerdem wird die Testperson auf möglichst fehlerfreies, aber auch flüssiges Lesen ohne Pausen instruiert. Die Testseite wird erst nach der Instruktion umgedreht. Der Testleiter zeigt auf das erste Wort und weist die Leserichtung an. Daraufhin wird mit den Worten: „Und los!" die Stoppuhr gestartet. Nach exakt einer Minute wird der Test beendet.
Rechtschreibtest:
Die Testperson erhält einen Protokollbogen und trägt die persönlichen Daten ein. Es wird jeweils das fehlende Wort vorgelesen, dann der gesamte Satz und schließlich erneut das einzusetzende Wort. Es sollte nicht überdeutlich artikuliert werden. Die Geschwindigkeit, mit der die Wörter präsentiert werden, orientiert sich am langsamsten Schüler.

Auswertung

Ein-Minuten-Leseflüssigkeitstest:
Berechnung des Fehlerprozentwertes mit der Formel: Fehleranzahl × 100/ gesamt gelesene Items. Dieser Wert kann mit einer nach Schulstufen geordneten Tabelle der Mittelwerte für den Fehlerprozentwert abgeglichen werden. Eine detaillierte Umrechnung in Prozentränge bzw. eine getrennte Auswertung der Lesefehler wird als nicht sinnvoll erachtet.
Die Anzahl richtig gelesener Items innerhalb einer Minute berechnet sich aus der Anzahl der bearbeiteten Items minus Anzahl falsch gelesener Items (Fehler) minus Anzahl ausgelassener Items (Auslassungen). Anhand dieses Wertes kann der zugehörige Prozentrang in der zugehörigen Altersstufe abgelesen werden. Das jeweilige Vertrauensintervall ist zusätzlich angegeben.
Rechtschreibtest:
Die Fehler werden kategorisiert nach N-Fehler, O-Fehler und GK-Fehler. Der Rohwert aller falsch geschriebenen Wörter unabhängig vom Fehlertyp wird notiert. Es wird maximal ein Fehler pro Item gezählt.

Dieser Wert kann mit den nach Klassen geordneten Normtabellen abgeglichen werden und ein entsprechender Prozentrang wird zuerkannt.
Auch die Summe der NO-Fehler wird in dieser Tabelle erfasst und kann
an einen Prozentrang gekoppelt werden. Für N- und GK-Fehler wurden kritische Werte angegeben.

Normierung   **Stichprobe**
Für die Stichprobe des Lesetests wurden drei Testregionen unterschieden. Teilgenommen haben die Bundesländer Baden-Württemberg (BW),
Schleswig-Holstein (SH) und Salzburg (S). Die Normdaten der Grundschulen basieren auf 170 Schülern der ersten Klassen aus den Bundesländern BW und SH. Die zweiten bis vierten Klassen setzen sich
aus Schülern der drei Bundesländer zusammen. Insgesamt nahmen
439 Kinder der zweiten, 409 der dritten und 405 der vierten Klasse teil.
Die Schüler der fünften und sechsten Klasse der Haupt- und Realschu-
len der Bundesländer BW und S gliedern sich in 168 Schüler der fünften
und 156 der sechsten Klasse auf. Die Daten der jungen Erwachsenen
setzen sich aus 19 Schülern der 11./12. Klasse eines Gymnasiums in
BW, 94 Auszubildenden aus BW und SH und 128 Studierenden aus
BW zusammen. Gruppenvergleiche ergaben ab der dritten Klasse
keine Unterschiede zwischen den Teilstichproben. Lediglich beim Pseu-
dowortlesen der Form B schneiden die Schüler der fünften und sechsten Klasse aus S geringfügig besser ab als Schüler aus BW. Bezüglich
der ersten und zweiten Klasse ergaben die Vergleiche der Leistungen
aus BW und S keine Unterschiede. Die durchschnittliche Leseleistung
der Schüler dieser Klassenstufen aus SH fällt etwas geringer aus. Für
die Daten der jungen Erwachsenen wurden nach Bildungsgrad getrennte Analysen durchgeführt. So ergaben sich keine Unterschiede
zwischen den Leistungen der Gymnasiasten und der Auszubildenden.
Die Gruppe der Studierenden liest im Durchschnitt mehr Wörter und
Pseudowörter als die anderen beiden Gruppen.
Für die Normierung des Rechtschreibtests wurden im 1. Halbjahr der
zweiten Klasse 242 Schüler, der dritten Klasse 264 und der vierten 251
Schüler getestet. Die Stichprobe setzt sich aus 433 Kindern aus S und
324 Kindern aus BW zusammen. Im zweiten Halbjahr nahmen 892 Kinder der zweiten, 824 der dritten und 873 der vierten Klassen teil. Alle
Kinder dieser Stichprobe stammen aus S. Die Analyse der Vergleichbarkeit der Teilstichproben von S und BW ergab leichte Schwankun-
gen, die möglicherweise auf die deutlich differierenden Stichprobengrößen zurückzuführen sind.

Normen
Alter: Eine über die Klassenstufen hinausgehende Alterseinteilung liegt
nicht vor.

Bildung: Die Teilstichprobe der jungen Erwachsenen gliedert sich auf in Gymnasiasten der elften und zwölften Klasse ($N=19$), Auszubildende ($N=94$) und Studierende ($N=128$).
Geschlecht: Keine geschlechtsspezifische Normierung.

Gütekriterien

Objektivität

Durchführung: Die Objektivität des Verfahrens ist durch die genau festgelegte Instruktion und Durchführung gewährleistet.
Auswertung: Aufgrund der objektiv durchzuführenden Auswertung der Leseleistung und der Rechtschreibfehler ist die Auswertungsobjektivität gegeben.

Reliabilität

Interne Konsistenz: keine Angaben
Paralleltest-Reliabilität: Die Parallelformen A und B des Lesetests wurden auf Basis der Daten von 94 Kindern der ersten und zweiten Klasse sowie 235 Kindern der fünften und sechsten Schulstufe beurteilt. Die Ergebnisse zeigen sehr hohe Reliabilitätskoeffizienten zwischen .90 und .98.
Insgesamt 125 Kinder nahmen an der Testung der Parallelformen des Rechtschreibtests teil. Für die NO-Fehler und Fehlergesamtzahl liegen in allen Klassenstufen hoch signifikante Korrelationen zwischen .67 und .86 vor. Für die N- und GK-Fehler ergaben sich Korrelationen zwischen $-.23$ und .46. Daher werden für N- und GK-Fehler keine Prozentrangplätze, sondern lediglich kritische Werte angegeben.
Retest-Reliabilität: Es liegen Berechnungen der Retest-Reliabilität für den Rechtschreibtest vor. Insgesamt 194 Kinder der zweiten bis vierten Schulstufe erhielten dieselbe Testversion im Abstand von fünf Wochen. Es zeigen sich hohe Korrelationen zwischen .80 bis .97 für die Fehlergesamtzahl und die NO-Fehler.
Weitere Reliabilitätsmaße: Für den Rechtschreibtest wurden zusätzlich Itemanalysen und die Interraterreliabilität berechnet.
Auf Basis von 1 046 Kindern der zweiten bis vierten Klassen wurde ein mittlerer Schwierigkeitsindex zwischen 60 in der zweiten und 88 in der vierten Schulstufe festgestellt. Die beiden Formen A und B unterscheiden sich in keiner der Klassenstufen hinsichtlich des Schwierigkeitsindex signifikant voneinander.
Die Interraterreliabilität wurde vor allem wegen der nicht immer eindeutigen Unterscheidung von N- und O-Fehlern durchgeführt. Die Tests von 26 Kindern wurden von zwei unabhängigen Beurteilern ausgewertet und führten zu einer Interraterreliabilität von $r=.998$, die einer sehr hohen Übereinstimmung entspricht.

Validität

Konstruktvalidität: (Ein-Minuten-Leseflüssigkeitstest) Ermittelt wurden der Zusammenhang mit dem Salzburger Lesescreening (SLS; Mayringer & Wimmer, 2003) und dem Lesetest der früheren Version des SLRT (Landerl, Wimmer & Moser, 1997). Die Korrelationen zwischen SLS und der Wort- sowie Pseudowortliste des SLRT-II zeigen über alle Schulstufen hinweg hohe Zusammenhänge von .69 bis .90, sodass das laute Vorlesen Rückschlüsse auf die Alltagssituation des leisen Lesens zulässt. Diese Daten basieren auf einer Stichprobe von 70 Kindern Ende der ersten Klasse aus München und 600 Kindern der zweiten bis vierten Klasse aus Salzburg. Der Vergleich der früheren Version des SLRT und der neuen Version des SLRT-II basiert auf einer Einteilung des SLRT, der 235 Kinder als leseschwach kategorisierte, im Vergleich zu 365, die nicht als leseschwach eingestuft wurden. Ein Vergleich der Daten, erhoben mit der neuen Version des SLRT-II, zeigt ebenfalls signifikante Unterschiede zwischen den leseschwachen und unauffälligen Kindern. Beim Vergleich der einzelnen Untertests des früheren SLRT (häufige Wörter, zusammengesetzte Wörter, Text kurz/lang sowie wortähnliche und -unähnliche Pseudowörter) mit den Leselisten des SLRT-II zeigen sich insgesamt hohe Zusammenhänge für alle Subtests und über alle Schulstufen hinweg. Zwischen den Wort- und Textlesesubtests werden hoch signifikante Korrelationen zwischen .72 und .83 beschrieben, sodass Rückschlüsse von der Wortlesefertigkeit auf das Textlesen möglich sind.

Konvergente/diskriminante Validität: keine Angaben

Kriteriums- bzw. klinische Validität: Ein Lehrerurteil wurde von insgesamt 34 Lehrern zu 94 Schülern abgegeben, die nach Einschätzung der Lehrer beim Lesen Schwierigkeiten hatten. Die als leseschwach benannten Kinder schnitten in allen Klassenstufen signifikant schlechter ab, als Kinder der Normstichprobe (t-Werte > 7, ps < .001). Auch die Validität des Rechtschreibtests wurde anhand eines Lehrerurteils beschrieben. Die Rechtschreibleistungen von 331 Kindern der zweiten bis vierten Klasse aus drei Schulen wurden von ihren Lehrern auf einer 5-stufigen Skala beurteilt. Kinder, die kaum Fehler beim Schreiben machten, wurden mit eins beurteilt und Kinder, die zahlreiche Fehler machten, mit vier oder fünf. Auf diese Weise wurden 109 Kinder mit sehr guten Leistungen und 74 mit schlechten Leistungen identifiziert. Auch hier schnitten alle als schwach eingestuften Kinder in allen Klassenstufen schlechter ab als Kinder, die als gute Rechtschreiber eingestuft wurden (t-Wert > 6, ps < .05).

Ökologische Validität: keine Angaben

Nebengütekriterien

Akzeptanz: keine Angaben

Transparenz: keine Angaben

Zumutbarkeit: keine Angaben
Verfälschbarkeit: keine Angaben
Störanfälligkeit: keine Angaben

Neuropsychologische Aspekte

Theoretischer Rahmen
Unter Bezug auf die Klassifikation psychischer Störungen der Weltgesundheitsorganisation (ICD-10) wird zwischen der Lese- und Rechtschreibstörung und der isolierten Rechtschreibstörung unterschieden (Dilling, Mombour & Schmidt, 2000). Aktuelle Befunde der Autoren belegen das isolierte Auftreten einer Lesestörung bei unauffälliger Rechtschreibung. Daher sollten im diagnostischen Prozess immer sowohl die Lese- als auch die Rechtschreibleistungen erhoben werden.

Anwendungsbereiche
Um Schwächen beim Lesen und Schreiben zu erfassen, wurde der Test so konzipiert, dass vor allem Unterschiede im unteren Leistungsbereich zuverlässig diagnostiziert werden sollen. Während dem Rechtschreibtest diese Differenzierung gut gelingt und eine Unterscheidung im durchschnittlichen und überdurchschnittlichen nur bedingt gewährleistet wird, kann der Lesetest im unteren, mittleren und oberen Leistungsbereich differenzieren. Geeignet ist der Test als diagnostisches Mittel zur Erstellung, Einleitung und Durchführung von spezifischen Fördermaßnahmen. Durch die Verwendung der Parallelformen A und B wird die Überprüfung des Lernfortschritts oder die Verwendung eines Vortest-Nachtest-Designs ermöglicht. Mit Bezug zum aktuellen und neuropsychologischen Forschungsstand werden für Kinder am Beginn des Schriftspracherwerbs Schwächen im lautierenden (synthetischen) Lesen und die Erfassung des lauttreuen Schreibens angestrebt. Für ältere Kinder und junge Erwachsene zielt der Test auf die Erfassung von Defiziten in der automatisierten, direkten Worterkennung beim Lesen und die Erfassung von Schwächen im orthographischen Schreiben ab.

Funktionelle Neuroanatomie
keine Angaben

Ergebnisbeeinflussende Faktoren
Testergebnisbeeinflussende Faktoren werden im Handbuch nicht explizit genannt.

Testentwicklung

Der Lese- und Rechtschreibtest SLRT-II stellt die Weiterentwicklung einer früheren Version des Salzburger Lese- und Rechtschreibtests (SLRT) dar. Die erste Auflage der früheren Version erschien 1997 (K. Landerl, H. Wimmer, E. Moser) und wurde 2010 in der Weiterentwicklung veröffentlicht. Vor allem der Lesetest wurde stark vereinfacht. Im Gegensatz zu den ehemals fünf Untertests werden hier lediglich die Wort- und Pseudowortaufgabe dargeboten. Lesefehler und Lesezeit werden nicht mehr getrennt beurteilt, sondern fließen in einen kombinierten Wert ein. Die Erweiterung der Normierung bis in das Erwachsenenalter stellt einen weiteren Aspekt der Neuerungen dar. In Bezug auf den Rechtschreibtest gab es Veränderungen bezüglich der semantischen Einbettung mancher kritischer Wörter und eine Anpassung an den Sprachgebrauch der Kinder. Die Auswertung berücksichtigt zusätzlich zu den Fehlerkategorien auch den Gesamtfehlerwert.

Testbewertung

Die Kritik im Überblick

Zusammenfassend ist der SLRT-II ein gut einzusetzendes Testinstrument zur Diagnostik von Lese- und Rechtschreibleistungen. Besonders positiv ist die schnelle Durchführung, die dennoch ein umfassendes Bild der Teilfertigkeiten des Lesens und Schreibens liefert. Obwohl die Spannweite der Normierung insgesamt gut ist, sollten die einzelnen Teilstichproben genau betrachtet werden. Das Material ist sofort verständlich und gut gestaltet. In Bezug auf den Lesetest sollte die Schreibweise des „f", sowie die spaltenweise Vorgehensweise überdacht werden. Die Validität des Tests ist noch nicht hinreichend untersucht, wohingegen die beschriebenen bisherigen Vergleiche vielversprechende Werte präsentieren. Die Autoren liefern eine Einführung in die theoretischen Grundlagen und Vorbilder des Tests. Neuropsychologische Aspekte werden im Handbuch allerdings nicht vertieft.

Testkonstruktion

Testmaterial
Das Material ist übersichtlich und gut strukturiert gestaltet, wodurch ein schneller Einstieg in die eigenständige Durchführung des Tests möglich ist. Die Leseblätter sind aus festerem Material hergestellt, sodass die Durchführung nicht durch schnell verrutschendes, reißendes oder geknicktes Papier beeinträchtigt wird. Bei der Schreibung der Wörter fällt jedoch eine etwas fremde Schreibweise des „f" auf,

das bei unsicheren oder schwachen Lesern zu Schwierigkeiten führen kann. Auch die Aufgabe des Rechtschreibtests erschließt sich sofort bei Betrachtung des Materials. Die Lücken für die zu ergänzenden Wörter sind 5,5 cm groß, wodurch kein Hinweis auf die Länge und somit Schreibweise des Wortes gemacht wurde. Das Manual ist übersichtlich und verständlich geschrieben. Es enthält hilfreiche Beispiele und Richtlinien für das Erstellen eines Förderprogramms. Durch diese Informationen und eine Kurzzusammenfassung der Durchführung und Auswertung am Ende ist es ein praxisorientiertes Manual mit hilfreichen Beschreibungen.

Testdesign
Konzept: Obwohl darauf verwiesen wird, dass das Konzept auf dem aktuellen kognitions- und neuropsychologischen Forschungsstand beruht, wird kein konkretes Modell vorgestellt. Eindeutig werden die verschiedenen Routen des Lesens und Schreibens überprüft, die beispielsweise im Modell von Costard beschrieben werden. Beim Lesen der theoretischen Ausführungen zu „Lesen und Schreiben: zwei Seiten derselben Medaille" werden recht häufig eigene Studien der Autoren angeführt. Das folgende Kapitel zu den Teilkomponenten des Lesens und Rechtschreibens hingegen ist durch verschiedene Studien belegt und liefert den theoretischen Rahmen für die gewählten Aufgabenstellungen. Das Konzept, Wörter und Pseudowörter jeweils eine Minute lang zu lesen, ist aus der Literatur heraus gut begründet dargestellt. Praktisch resultiert hieraus das Problem, dass der mittlere Leistungsbereich schwieriger zu differenzieren ist. In diesem Bereich werden die anfänglich kurzen und hochfrequenten Wörter noch recht schnell und flüssig gelesen. Für die bei längeren Wörtern auftretenden Schwierigkeiten bleibt oft nur wenig Zeit. Das Konzept ist somit deutlich auf die Differenzierung im unteren bis mittleren Leistungsbereich ausgerichtet. Für diese Gruppen ist der Aufbau von leicht nach schwer als sinnvoll zu erachten, da die Schüler sonst an einem langen und niedrig-frequenten Wort hängen blieben, obwohl sie normalerweise mehr Wörter in der Minute geschafft hätten.
Variablen: Die besonders aussagekräftigen Variablen werden im Manual verständlich beschrieben. Auch die Begründung, die Leseleistung nicht über die Lesegenauigkeit sondern über die Geschwindigkeit zu werten, erscheint logisch und nachvollziehbar. Gerade in den unteren Leistungsbereichen erweist sich dieses Maß in der Praxis als aussagekräftig. Im mittleren bis hohen Leistungsbereich ist die Zuordnung jedoch nicht immer eindeutig. Darauf wird im Manual hingewiesen, eine Differenzierung im oberen Leistungsbereich entspricht nicht der Hauptzielsetzung des Testverfahrens. Insgesamt ist die Einbeziehung von Aufgaben zur Lesefertigkeit und zur Rechtschreibleistung notwendig für die Diagnostik. Es bleibt noch zu überlegen, ob eine Gliederung der Rechtschreibleistung in eine Wort- und

Pseudowortaufgabe nicht auch für die Rechtschreibung interessante und aussagekräftige Ergebnisse enthielte. Dadurch fände der modellorientierte Ansatz auch in der Rechtschreibdiagnostik Berücksichtigung.

Durchführung: Die Anwendung des Tests kann dank der Kurzfassung und verständlichen Erklärungen im Manual schnell gelernt werden. Obwohl die Instruktionen eindeutig und gut formuliert sind, tritt beim Lesetest häufiger das Problem der Reihenfolge auf. Probanden, häufig auch mit Aufmerksamkeitsdefiziten, haben trotz Übungsbeispielen das Problem, dass sie intuitiv nicht spaltenweise von oben nach unten lesen. Eine mögliche Hilfestellung wäre die Durchführung von Übungsbeispielen, die auch etwas mehr als eine Spalte umfassen oder ein zeilenweise aufgebautes Material. Dies würde wiederum mehr der natürlichen Leserichtung entsprechen, die in den ersten Grundschuljahren noch Halt geben kann. Die Gliederung der Instruktionen bei den Pseudowörtern für Kinder und Erwachsene ist sinnvoll und dient dem besseren Verständnis für beide Gruppen.

Auswertung: Die Auswertung geht recht schnell und ist nicht schwer zu erlernen. Die Größen, die berechnet werden müssen (Fehlerprozentwert, richtig gelesene Items und NO-Fehler), sind durch sehr einfache Formeln oder eine reine Addition der Rohwerte zu errechnen. Durch die Kurzfassung der Auswertung im Manual ist auch nach längerer Zeit schnell präsent, wie die Auswertung durchgeführt wird. Auch die Fallbeispiele im Manual sind hilfreich und verständlich beschrieben. Für den Rechtschreibtest ist die Beispielliste häufiger N- und O-Fehler sehr hilfreich. In der Praxis sind genau diese Fehlerarten häufig zu beobachten und können somit sicher unterschieden werden.

Normierung

Stichprobe: Die Normierung basiert auf Daten von großen Stichproben für die unterschiedlichen Aufgaben. Die Unterscheidung von Baden-Württemberg, Schleswig-Holstein und Salzburg ist wissenschaftlich korrekt, wirkt jedoch durch sehr unterschiedliche Stichprobengrößen oft schwer vergleichbar. Sollten tatsächlich signifikante Unterschiede in den Leistungen zwischen den Bundesländern vorliegen, dann müsste dies genauer untersucht werden. Hierzu sind jedoch die Beschreibungen der Leistungen der Teilstichproben nicht genau genug. Sehr positiv ist die Normierung des Tests für Erwachsene zu werten. Die Verteilung der Teilstichprobe kann jedoch kritisch betrachtet werden. Teilgenommen haben wenige Gymnasiasten der 11./12. Klasse, 94 Auszubildende und 128 Studenten. Eine genauere Beschreibung, beispielsweise der Auszubildenden, wird nicht gegeben. Die Normdaten lassen vermuten, dass die Probanden der Teilstichprobe relativ gute Leser repräsentieren. Eine Begründung, weshalb der Rechtschreibtest nicht für Erwachsene normiert wurde, wird nicht genannt.

Normen: Es liegen umfangreiche Normen, die nach Klassenstufen differenziert werden, vor. Halbjahresschritte werden für den Rechtschreibtest nur für die zweite Klasse gemacht. Eine Differenzierung für mindestens die dritte Klasse erscheint als sinnvoll. Beim Lesetest ist diese für die zweite und dritte Klasse berücksichtigt. Im Manual wird nicht auf geschlechtsdifferenzierende Unterscheidungen eingegangen.

Gütekriterien

Objektivität: Die Auswertung durch Auszählen der Fehler und Auslassungen und einfache Berechnungen der benötigten Werte ist fraglos objektiv. Die Instruktionen sind eindeutig, wobei das spaltenweise Vorgehen Schwierigkeiten mit sich bringt.

Reliabilität: Die Überprüfung der Reliabilität der Parallelversionen ist notwendig und bedeutsam. Auch die Retest-Reliabilität für den Rechtschreibtest ist als positiv zu bewerten. Eine vergleichbare Untersuchung für den Lesetest wäre noch wünschenswert.

Validität: Zur Erfassung der Kriteriums-/klinischen Validität wird das Lehrerurteil beschrieben. So wie die Untersuchungen durchgeführt wurden, war zu erwarten, dass die Testergebnisse diese Einschätzungen bestätigen. Beim Vergleich sehr guter mit schlechten Rechtschreibern, überrascht es nicht, dass die schlechten deutlich mehr Rechtschreibfehler machen als die guten Rechtschreiber. Da dies jedoch das einzige beschriebene Maß zur Validierung für den Rechtschreibtest ist, wäre auch hier eine weitere Untersuchung einzufügen. Zur Validierung des Lesetests werden zwei weitere Tests vergleichend hinzugezogen. Ein Vergleich mit der Vorgängerversion des SLRT-II scheint sinnvoll. Ein Vergleich mit einem gänzlich unabhängigen Test wäre interessant und aussagekräftig.

Nebengütekriterien: Der Test ist für die entsprechende Zielgruppe geeignet und vor allem durch den Ein-Minuten-Leseflüssigkeitstest zeitökonomisch.

Neuropsychologische Aspekte

Theoretischer Rahmen

Das Konzept, dass bei der Diagnostik sowohl Lese- als auch Rechtschreibleistungen zu überprüfen sind, ist gut unterbaut und nachvollziehbar. Die modelltheoretische Begründung hinter der Wahl der Aufgabenstellungen ist nicht deutlich beschrieben. Werden die Störungen der Teilkomponenten des Lesens und Rechtschreibens dargestellt (Manual 6.1.4), verschwinden Literaturangaben aus dem Text. Der Ansatz sowohl die synthetische als auch automatische Worterkennung anhand von Pseudowörtern zu überprüfen, basiert auf dem Zwei-Wege-Modell des Lesens und Schreibens. Während bestehende Wörter über eine semantisch-lexikalische und segmentale Leseroute gelesen werden, müssen Pseudowörter immer segmental gelesen und zu einem Wort synthetisiert werden. Welche Leseroute die Testperson nutzt und welche Route noch einer Förderung bedarf, kann somit erfasst werden. Beim Rechtschreiben wurde die segmentale Route nicht separat durch das Schreiben von Pseudowörtern untersucht, sondern ist durch die Schreibung von Wörtern, die lauttreu geschrieben werden, miteinbezogen. Der Operationalisierung des Tests liegt zwar deutlich die Struktur des Lese- und Schreiberwerbs zugrunde, das dahinterstehende Modell wird aber nicht genannt.

Anwendungsbereiche
Häufig treten Rechtschreibschreibschwierigkeiten auch in höheren Klassen noch auf. Der Rechtschreibtest ist lediglich bis zur vierten Klasse normiert. Eine Normierung vergleichbar zum Lesetest bis zur sechsten Klasse wäre hilfreich.

Handhabbarkeit und klinische Anwendung

Das Verfahren ist benutzerfreundlich und schnell zu erlernen. Die Testpersonen verstehen die Instruktion sehr schnell und wissen, was sie erwartet. Beim Lesetest wird die Testseite erst nach der an die Übung anschließende Instruktion umgedreht. Viele empfinden die Anzahl der Wörter und Pseudowörter nach Umdrehen der Seite auf den ersten Blick als irritierend, und schlechte Leser verlieren an Motivation. Hat man wenig Erfahrungen oder wenig Übung mit dem Test, dann stellt die schnelle Beurteilung der Lesefehler eine Herausforderung dar. Daher ist die Empfehlung im Manual, ein Aufnahmegerät zu verwenden, ratsam.

Claudia Graab

Weingartener Grundwortschatz Rechtschreib-Test (WRT): WRT 1+ (für erste und zweite Klassen) WRT 2+ (für zweite und dritte Klassen) WRT 3+ (für dritte und vierte Klassen) WRT 4+ (für vierte und fünfte Klassen)

Peter Birkel

Göttingen: Hogrefe, 2007

Zusammenfassende Testbeschreibung

Zielsetzung und Operationalisierung

Konstrukte

Die Rechtschreibfähigkeit wird anhand von Wörtern aus dem Grundwortschatz untersucht.

Testdesign

Alle Tests sind als Lückentexte aufgebaut. Die Items werden in eine Geschichte gekleidet und dem Schüler diktiert. Es gibt jeweils eine A- und eine B-Version. Von den Untertests WRT 3+ und WRT 4+ gibt es bis zum Anfang der 5. Klasse zusätzlich eine Kurzversion. Der Test ist einsetzbar in den letzten drei Monaten der Klassen 1–5, in den ersten drei Monaten der Klassen 2–5 und in der Mitte der Klassen 2–5 (Januar und Februar).

Angaben zum Test

Normierung

Bildung: Es wird in „Deutsch als Muttersprache" und „andere Muttersprache" unterschieden.
Geschlecht: Unterschiede in den Geschlechterverteilungen sind nicht bedeutsam.
Alter: 4 Tests mit drei (WRT 1-3) bzw. vier (WRT 4+) Erhebungszeitpunkten zu Anfang, Mitte und Ende des Schuljahres.

Material
Manual mit Normtabellen, Testhefte in Form A und B sowie Kurz- und Langform (WRT 3+ und WRT 4+), teilweise mit verschiedenen Schriftarten, Lösungsschlüssel, Klassenliste.

Durchführungsdauer
Weniger als eine Unterrichtsstunde, Kurzformen in WRT 3+ und WRT 4+ maximal 20 Minuten.

Testkonstruktion

Design   **Aufgabe**
Die Sätze werden einzeln vorgelesen und das Testwort einzeln wiederholt (nicht überdeutlich, keine Zusatzhilfen, keine Hinweise auf Rechtschreibregeln, keine Wertungen). Falls notwendig, wird das Testwort nach einer kurzen Pause erneut wiederholt. Übungsbeispiele (WRT 3+): Heute schreiben wir … (ein) … Diktat. Wir passen … (gut) … auf.

Konzept
Überprüfung der Rechtschreibfähigkeit mittels Lückendiktaten, welche auf dem Grundwortschatz der jeweiligen Klassenstufe basieren.

Variablen
Quantitative Analyse: Anzahl der korrekt geschriebenen Wörter.
Qualitative Analyse: Auszählung der Graphemtreffer und der Fehlertypen auf entsprechend vorbereiteten Listen.

Durchführung
Zunächst werden die Übungsbeispiele bearbeitet. Hierzu liest der Testleiter den jeweiligen Satz vor und wiederholt das Zielitem. Beim Lückendiktat liest der Testleiter zunächst den ganzen Text vor, ohne dass der Schüler mitschreiben soll. Im Anschluss wird der Text Satz für Satz bearbeitet. Der Test kann als Einzel- oder Gruppentest durchgeführt werden. Zwei Parallelformen.

Auswertung
a) Um den Rohwert zu ermitteln, werden die korrekt geschriebenen Wörter addiert. Fehlende i-Punkte, t-Striche und Umlaut-Tüpfel werden nicht als Fehler gewertet. Ebenso richtig geschriebene Wörter, die in benachbarte Wortrahmen eingetragen wurden. Ausgelassene Wörter und nicht eindeutig identifizierbare Buchstaben werden als Fehler gewertet.
b) In den Normtabellen können Prozentrang, Prozentband, T-Wert, T-Wert-Band und Schulnote nachgeschlagen werden.

Normierung **Stichprobe**
WRT 1+:
Ende 1. Klasse: A: 2160 Kinder männlich und 1971 weiblich. 3606
hatten Deutsch als Muttersprache und 525 hatten eine andere Muttersprache. B: 1948 Kinder männlich und 1897 weiblich. 3439 hatten
Deutsch als Muttersprache und 406 hatten eine andere Muttersprache.

WRT 1+	Form	N	m	w	D+	D–
1. Klasse Ende	A	4131	2160	1971	3606	525
	B	3147	1948	1847	3439	406
2. Klasse Anfang	A	2555	1314	1241	2239	316
	B	2300	1157	1143	2001	299
2. Klasse Mitte	A	3140	1653	1487	2699	441
	B	3147	1661	1486	2706	441
WRT 2+	**Form**	**N**	**m**	**w**	**D+**	**D–**
2. Klasse Ende	A	2219	1127	1092	1589	323
	B	2232	1069	1163	1907	325
3. Klasse Anfang	A	2449	1127	1232	2093	356
	B	2065	1041	1024	1585	480
3. Klasse Mitte	A	1737	845	892	1487	250
	B	1686	821	865	1473	213
WRT 3+	**Form**	**N**	**m**	**w**	**D+**	**D–**
3. Klasse Ende	A lang	1904	999	905	1630	274
	A kurz	807	1065	1057	1068	254
	B lang	2122	394	413	728	79
	B kurz	912	468	426	830	82
4. Klasse Anfang	A lang	1752	942	810	1472	280
	A kurz	525	287	238	487	38
	B lang	1464	814	650	1155	309
	B kurz	401	227	174	487	38

WRT 3+	Form	N	m	w	D+	D−
4. Klasse Mitte	A lang	1 128	601	527	923	205
	A kurz	867	378	489	662	205
	B lang	1 164	518	646	959	205
	B kurz	876	456	420	751	125
WRT 4+	**Form**	**N**	**m**	**w**	**D+**	**D−**
4. Klasse Ende	A lang	2 299	1 168	1 131	1 982	317
	A kurz	1 459	731	728	1 333	126
	B lang	2 174	1 095	1 079	1 930	244
	B kurz	1 095	578	517	985	110
5. Klasse Anfang	A lang	1 741	874	840	1 360	354
	A kurz	408	207	201	336	72
	B lang	1 471	740	731	998	473
	B kurz	371	191	180	303	68
5. Klasse Mitte	A lang	1 290	789	501	933	357
	B lang	1 168	604	564	942	226
5. Klasse Ende	A lang	1 741	812	781	1 232	361
	B lang	1 593	804	751	1 257	304

D+ = Deutsch als Muttersprache; D− = Deutsch nicht Muttersprache

Normen
Alter: Ende 1. bis Ende 5. Klasse, dazwischen Mitte und Ende der Klassenstufen.

Bildung: Grundschule und 5. Klasse Hauptschule.
Geschlecht: Keine signifikanten Geschlechtsdifferenzen. Es wird in „Deutsch als Muttersprache" und „andere Muttersprache" unterschieden.

Gütekriterien   **Objektivität**
Durchführung: Durch ausführliche Instruktion zu Vorbereitung und Anleitung gesichert.
Auswertung: Da nur bewertet werden muss, ob ein Wort richtig oder falsch geschrieben wurde, kann der Rohwert leicht ermittelt werden. Für diesen liegen dann Normwerte und ein Notenvorschlag vor. Im Manual wird nicht beschrieben, wie diese interpretiert werden sollen.

Reliabilität

WRT 1+		Test- halbierung	Retest- Reliabilität	Konsistenz- analyse	Paralleltestreliabilität		
	A	.915	.907 N=907	.926	Form A ↔ Form B 1. Klasse Ende:	.890	N=306
	B	.912	.911 N=134	.924	2. Klasse Anfang: .899 2. Klasse Mitte: .870		N=189 N=238

WRT 2+		Test- halbierung	Retest- Reliabilität	Konsistenz- analyse	Paralleltestreliabilität		
	A	.942	.921 N=122	.942	Form A ↔ Form B 2. Klasse Ende:	.929	N=2929
	B	.926	.918 N=127	.944	3. Klasse Anfang:	.947	N=883

WRT 3+		Test- halbierung	Retest- Reliabilität	Konsistenz- analyse	Paralleltestreliabilität		
	A lang	.956	.931 N=132	.946	$A_{lang} \leftrightarrow B_{lang}$: $A_{lang} \leftrightarrow A_{kurz}$:	.909 .843	N=2477 N=1706
	A kurz	.889	.894 N=123	.853	$A_{lang} \leftrightarrow B_{kurz}$: $B_{lang} \leftrightarrow A_{kurz}$:	.879 .849	N=1593 N=1629
	B lang	.927	.928 N=147	.952	$B_{lang} \leftrightarrow B_{kurz}$: $A_{kurz} \leftrightarrow B_{kurz}$:	.876 .820	N=1787 N=1820
	B kurz	.869	.887 N=114	.842			

WRT 4+		Test- halbierung	Retest- Reliabilität	Konsistenz- analyse	Paralleltestreliabilität		
	A lang	.941	.938 N=169	.946	$A_{lang} \leftrightarrow B_{lang}$: $A_{lang} \leftrightarrow A_{kurz}$:	.936 .887	N=281 N=121
	A kurz	.860	.938 N=169	.989	$A_{lang} \leftrightarrow B_{kurz}$: $B_{lang} \leftrightarrow A_{kurz}$:	.879 .882	N=154 N=135
	B lang	.922	.934 N=157	.943	$B_{lang} \leftrightarrow B_{kurz}$: $A_{kurz} \leftrightarrow B_{kurz}$:	.853 .822	N=127 N=285
	B kurz	.886	.897 N=119	.875			

Validität
Konstruktvalidität:
Der Test hat eine hohe Augenscheinvalidität, das heißt es wird anhand eines Rechtschreibtests die Rechtschreibfähigkeit überprüft.
Inhaltsvalidität: Die Lehrer der Analysestichprobe wurden gebeten, ihren Eindruck von der Qualität des Tests zu formulieren. Hier haben sich die Testergebnisse weitestgehend mit dem Eindruck der Lehrer zum Leistungsstand der Schüler gedeckt.
Konvergente/diskriminante Validität: keine Angaben
Kriteriums- bzw. klinische Validität:
Validitätskoeffizienten der Vorformen: Test ↔ Deutschnote

		A	B
	1. Klasse Ende	.644	.629
WRT 1+	2. Klasse Anfang	.693	.695
	2. Klasse Mitte	.804	.756
		A	B
	2. Klasse Ende	.635	.733
WRT 2+	3. Klasse Anfang	.670	.455
	3. Klasse Mitte	.655	.555
		A	B
WRT 3+	3. Klasse Ende	.651	.558
	4. Klasse Anfang	.609	.654
		A	B
WRT 4+	4. Klasse Ende	.739	.686
	5. Klasse Anfang	.459	.609

WRT 1+: Einschätzung der Lehrer auf einer 10-stufigen Skala, da keine Noten vorlagen

Ökologische Validität: keine Angaben

Nebengütekriterien
Akzeptanz: keine Angaben
Transparenz: keine Angaben
Zumutbarkeit: keine Angaben
Verfälschbarkeit: keine Angaben
Störanfälligkeit: keine Angaben

Neuropsychologische Aspekte

Theoretischer Rahmen
Der Test erfasst die Rechtschreibfähigkeit von Wörtern, die einem Rechtschreib-Grundwortschatz entstammen. Dieser ist jeweils auf die entsprechende Klassenstufe angepasst. Ein zusammenhängender Text wurde gewählt, damit für die Kinder eher die Situation wie bei einem normalen Diktat entsteht.

Anwendungsbereiche
Der Test misst die Rechtschreibfähigkeiten für Wörter bei Schülern vom Ende der 1. Klasse bis zum Ende der 5. Klasse der Hauptschule. Der Test kann sowohl mit einer ganzen Klasse gleichzeitig, als auch mit einem Kind alleine durchgeführt werden.
Es kann festgestellt werden, inwieweit der Schüler einen altersgerechten Grundwortschatz in der Rechtschreibung beherrscht. Für das Ergebnis liegt ein Notenvorschlag vor.

Funktionelle Neuroanatomie
keine Angaben

Ergebnisbeeinflussende Faktoren
Der strukturierte Ablauf, die Eindeutigkeit der Untersuchungssituation und die Anleitung im Manual minimieren Einschränkungen bei der Testdurchführung.

Testentwicklung

Da es zum Zeitpunkt der Testerstellung keinen Grundwortschatz gab, der bundesweit allgemein gültig war, wurden zunächst die Wörter des bayrischen Grundwortschatzes gesichtet und überprüft, inwieweit diese mit anderen Grundwortschätzen übereinstimmen. Die daraus entstandene Liste bestand aus etwa 80 Wörtern. Daraus wurden Lückendiktate mit jeweils 28 Zielitems generiert, welche Ende des Schuljahres 1984/85 unter dem Titel „RmS – Rechtschreiben macht Spaß" an etwa 150 Kinder der ersten Klasse erprobt wurden. Die Ergebnisse dieser Tests wurden analysiert, und es wurde eine Revision erstellt, mit welcher am Ende des Schuljahres 1986/87 erneut Schüler getestet wurden. Die daraus gewonnenen Daten wurden zur Erstellung des WRT verwendet. Dieser wurde 1993 geeicht und 1995 stand er den Lehrern in den Schulen zur Verfügung. Von 2002 bis 2005 wurde der Test aufgrund der Rechtschreibreform neu geeicht.

Testbewertung

**Die Kritik im
Überblick**

Die Normstichprobe ist insgesamt sehr groß. Es liegen auch Normen für Kinder mit einer anderen Muttersprache als Deutsch vor. Im Vergleich zu den Kindern mit Deutsch als Muttersprache sind diese Normgruppen deutlich kleiner, und es wird nicht berücksichtigt, wie lange Deutsch gelernt wurde. Daher ist die Varianz in dieser Gruppe deutlich höher. Dies sollte bei der Testung berücksichtigt werden.
Neben einer quantitativen Analyse der Fehler gibt es auch die Möglichkeit, die Leistung der Schüler qualitativ zu analysieren. Hierzu liegen jedoch keine Normen vor. Es ist anhand des Tests nicht möglich, Förderschwerpunkte abzuleiten. Gerade im Hinblick auf den Rechtschreiberwerb anhand des lautgetreuen Schreibens wäre eine Einteilung in lautgetreu/nicht lautgetreu mit entsprechenden Richtwerten hilfreich.
Der Test ist gut dazu geeignet, den Leistungsstand einer Klasse zu erfassen und zu sehen, wo gegebenenfalls Defizite auftreten. Auch eignet er sich, um den Verlauf des Rechtschreiberwerbs zu kontrollieren. Allerdings lässt sich anhand des Manuals nicht sagen, ab wann ein Kind eine Rechtschreibschwäche aufweist, es wird lediglich ein Notenvorschlag gegeben.

**Test-
konstruktion**

Testmaterial
Test- und Auswertungsbögen sind übersichtlich gestaltet.

Testdesign
Konzept: Anhand eines Lückendiktats wird die Rechtschreibfähigkeit überprüft werden.
Variablen: Zur quantitativen Auswertung wird die Anzahl der Fehler erhoben, die qualitative Beurteilung erfolgt anhand von Beispiel-Listen.
Durchführung: Die Durchführung wird sehr genau beschrieben, so dass auch Personen mit wenig Erfahrung den Test sicher durchführen können.
Auswertung: Problematisch könnte sein, dass die korrekt geschriebenen Wörter gezählt werden. Bei einem Diktat werden in der Regel Fehler gezählt. Daher kann es trotz entsprechendem Hinweis im Manual passieren, dass der falsche Wert in der Normtabelle nachgeschlagen wird.

Normierung
Stichprobe: Der Einfluss von Geschlecht und Mehrsprachigkeit ist nachvollziehbar dargestellt.

Normen: Die Stichprobe ist sehr groß (über 50 000 Kinder) und insgesamt repräsentativ, was die Verteilung der Geschlechter angeht. Positiv zu bewerten sind Normen für Kinder, die eine andere Muttersprache als Deutsch haben. Leider wurde die Anzahl der Jahre, in denen Deutsch gelernt wurde, nicht berücksichtigt. Die Varianz in der Gruppe der Kinder mit Deutsch als Fremdsprache ist also sehr groß. Gegebenenfalls muss hier eine zusätzliche Diagnostik erfolgen. Die verschiedenen Bundesländer, aus denen die Probanden kamen, werden zwar aufgeführt, sind aber nicht repräsentativ, da einige Bundesländer deutlich überpräsentiert sind und andere dagegen kaum auftauchen.

Gütekriterien
Objektivität: Wenn bei der Durchführung die Hinweise im Manual beachtet werden (nicht überdeutlich sprechen, keine Hinweise zu Rechtschreibregeln, etc.), ist die Objektivität des Tests gegeben.
Reliabilität: Die Reliabilität des Tests ist gegeben.
Validität: Lehrer wurden zum Testverfahren befragt und die Ergebnisse des WRTs wurden mit dem RmS und den Deutschnoten der Kinder verglichen. Insgesamt misst der Test, was er vorgibt zu messen, die Augenscheinvalidität ist hoch.
Nebengütekriterien: Es werden hierzu keine Angaben gemacht, sie erscheinen allerdings für die Durchführung und Interpretation nicht zwingend notwendig.

Testentwicklung
Der Test wurde 2002 bis 2005 neu geeicht.

Neuropsychologische Aspekte

Theoretischer Rahmen
Der Test ist nicht auf ein theoretisches Modell aufgebaut. Es ist also lediglich möglich, die Leistung der Schüler in Bezug auf die Anzahl der korrekt geschriebenen Wörter zu vergleichen. Die Durchführung einer qualitativen Ausführung wird zwar beschrieben, hierfür liegen jedoch keine Vergleichswerte vor. Eine Auswertung in Bezug auf die verschiedenen Rechtschreibregeln kann nicht durchgeführt werden, auch wird nicht nach lautgetreuen oder nicht-lautgetreuen Fehlern unterschieden (was besonders beim lautgetreuen Schreiben eine hilfreiche Einschätzung ist). Der Test ist nicht dazu geeignet, eine Aussage darüber zu treffen, welche Therapieschwerpunkte gesetzt werden sollten. Der Autor verweist im Manual jedoch auf Verfahren zur qualitativen Analyse und gibt einen detaillierten Überblick über verschiedene Arten der Fehlertypologie. (Müller, 2004a & b; Grund et al. 2004a & b; Müller & Jäger, 1974; Raither, 2000; May et al., 2000; Rinderle, 2001; Iwansky, 2002, 2003; Michel, 2005).

Anwendungsbereiche

Der Test ist sowohl dazu geeignet, die Rechtschreibfähigkeiten einer ganzen Klasse zeitgleich zu überprüfen, als auch von einzelnen Schülern. Er liefert Aussagen darüber, inwieweit Schüler den entsprechenden Grundwortschatz ihrer Klassenstufe in der Rechtschreibung beherrschen. Die Leistung von Sonder- oder Förderschülern kann mit den Leistungen anderer Klassenstufen verglichen werden um zu überprüfen, ob die Rechtschreibfähigkeiten einer bestimmten Klassenstufe beherrscht werden.

Funktionelle Neuroanatomie

Entfällt.

Ergebnisbeeinflussende Faktoren

Für eine adäquate Anwendung ist es notwendig, dass der Testleiter der Anleitung entsprechend diktiert und nicht überdeutlich artikuliert oder bewusst oder unbewusst hilft.

Handhabbarkeit und klinische Anwendung

Die Testdurchführung ist auch für ungeübte Testleiter klar und nachvollziehbar. Da nur zwischen „korrekt geschrieben" und „nicht korrekt geschrieben" unterschieden wird, ist die Auswertung nicht zeitintensiv. Bei der Durchführung mit einer größeren Gruppe muss jedoch das unterschiedliche Schreibtempo der Schüler berücksichtigt werden. Dennoch eignet sich der Test, um ihn mit einer Klasse durchzuführen.

Christina Wolff

2.4 Zahlenverarbeitung und Rechnen

Helga Krinzinger & Thomas Günther

2.4.1 Numerische Kognition: Modell und Neuroanatomie

Das einflussreichste neuroanatomische Modell zum Rechnen und zur Zahlenverarbeitung ist das sogenannte Triple-Code Modell von Dehaene (1992; Dehaene & Cohen, 1995). Es beschreibt, dass Zahlen vom menschlichen Gehirn in drei verschiedenen Modalitäten bzw. Codes verarbeitet werden können, nämlich verbal (gesprochene oder geschriebene Zahlwörter), visuell (arabische Ziffern) und die amodale semantische Bedeutung der Zahlen, nämlich deren ungefähre Größenrepräsentation (mentaler Zahlenstrahl). Diese drei Aspekte von Zahlen können ineinander überführt bzw. transkodiert werden. So können wir z. B. arabische Zahlen laut vorlesen, gehörte Zahlwörter als arabische Ziffern aufschreiben und haben dazu jeweils mehr oder weniger automatisiert und mehr oder weniger bewusst auch eine Vorstellung der Größe dieser Zahlen im Kopf. Zählen und der Abruf von Multiplikationsfakten würden vorrangig in der verbalen Modalität verarbeitet, schriftliche Rechenaufgaben in der arabischen und Subtraktionen würden stärker als Additionen und Multiplikationen die Größenverarbeitung von Zahlen beanspruchen. Dieses Modell wurde anhand der Dissoziationen von Funktionsausfällen von Patienten sowie der Ergebnisse von bildgebenden funktionellen Studien an Erwachsenen entwickelt. Es verortet die verbale Verarbeitung von Zahlen in peri-sylvischen Arealen, die Verarbeitung von arabischen Zahlen in visuellen Arealen, angrenzend an diejenigen, die zuständig für die Verarbeitung von Buchstaben und Wörtern und die Verarbeitung der semantischen Größenrepräsentation im Parietallappen sind. Natürlich sind für das Rechnen auch generelle kognitive Fähigkeiten wie Aufmerksamkeitssteuerung, Arbeitsgedächtnis, Planungsfähigkeit, logisches Denken und andere exekutive Funktionen (Frontallappen) und Gedächtnis (Temporallappen und limbisches System) notwendig. In einer Spezifizierung des Modells (Dehaene et al., 2003) wurden drei Bereiche des Parietallappens jeweils drei Aspekten der Zahlenverarbeitung und des Rechnens zugeordnet, nämlich die Größenvorstellung von Zahlen dem Fundus des intraparietalen Sulcus, der Abruf von Multiplikationsfakten dem Gyrus angularis und die Steuerung der räumlichen Aufmerksamkeit am mentalen Zahlenstrahl (kleine Zahlen links, große Zahlen rechts) dem posterioren superioren Parietallappen (PSPL).

Es handelt sich beim Triple-Code Modell und seiner Erweiterung jedoch um ein Erwachsenenmodell, das nicht per se dazu geeignet ist, Entwicklungsstörungen zu erklären oder auch nur zu beschreiben (Karmiloff-Smith, 1997). Damit dies zutreffen könnte, müssten laut Ansari (2010) mindestens drei Voraussetzungen erfüllt sein: a) Performanz-Profile dürften sich über die Zeit hinweg nicht ändern, b) bei Kindern und Erwachsenen müssten dieselben neuronalen Strukturen denselben Funktionen zugrunde liegen, und c) gleiche Fähigkeitsprofile müssten durch äquivalente neurokognitive Mechanismen erklärbar sein. Studien (vor allem zu genetischen Syndromen) haben gezeigt, dass diese Voraussetzungen nicht für alle kognitiven Aspekte der Zahlenverarbeitung und des Rechnens gegeben sind (Ansari, 2010). Es wurden auch weitere Gegenbeispiele für alle drei Voraussetzungen gefunden. So zeigen z. B. sowohl Erwachsene mit Down-Syndrom als auch mit Williams-Syndrom Defizite im mathematischen Bereich, es konnten jedoch nur bei Babys mit Down-Syndrom Abweichungen in der Verarbeitung von Punktmengen beobachtet werden (Paterson et al., 1999). Das bedeutet, dass sowohl defizitäre als auch unauffällige basis-numerische Fähigkeiten zu mathematischen Schwierigkeiten führen können und sich Performanz-Profile somit sehr wohl über die Zeit hinweg ändern können. Bereits mehrere neurokognitive Entwicklungsstudien haben unterschiedliche Hirnaktivierungsmuster für die gleichen numerischen Aufgaben bei Kindern im Vergleich zu Erwachsenen gezeigt (siehe Kaufmann et al., 2011, für eine Meta-Analyse). Hinsichtlich der dritten Voraussetzung konnte wiederum vor allem durch Studien bei genetisch bedingten Syndromen mehrfach gezeigt werden, dass z. B. gesunde Kinder und Kinder mit Williams-Syndrom vergleichbare Zählfähigkeiten aufwiesen, dass diese jedoch bei gesunden Kindern mit visuell-räumlichen Fähigkeiten und bei Kindern mit Williams-Syndrom mit verbalen Fähigkeiten korrelierten (Ansari et al., 2003). Auch hinsichtlich des Triple-Code Modells von Dehaene (1992) ist davon auszugehen, dass nicht alle Informationen, die durch Erwachsenenstudien gewonnen wurden, gleichermaßen für Kinder gelten. So ist es z. b. bei erwachsenen Patienten nach einem Schlaganfall nicht unüblich, dass es zu Dissoziationen zwischen der Verarbeitung von Zahlwörtern und arabischen Zahlen kommen kann, dies wurde jedoch bisher noch nie für Kinder berichtet (Krinzinger, 2011). Bei Kindern scheinen die Entwicklung der verbalen (mehrstelligen) Zahlenverarbeitung und der arabischen Zahlenverarbeitung hingegen sehr hoch miteinander zu korrelieren und auf einem amodalen Verständnis mehrstelliger Zahlenverarbeitung zu beruhen (Krinzinger, 2011), was nicht durch das Triple-Code Modell erklärt werden kann.

2.4.2 Entwicklung der Zahlenverarbeitung und des Rechnens

Von Aster und Shalev (2007) haben versucht, umfassende Daten aus Entwicklungsstudien mit dem Triple-Code Modell von Dehaene (1992) in Einklang zu bringen. Sie gehen in ihrem Modell von vier Entwicklungsstufen aus, in denen die kognitive Repräsentation von Zahlen durch das Hinzukommen neuer Modalitäten immer komplexer wird und die Ausbildung neuer Fähigkeiten erlaubt (siehe Abb. 1). Bereits Neugeborene können konkrete Mengen von Objekten hinsichtlich ihrer Anzahl vergleichen und die Anzahl sehr kleiner Mengen (2–3 Objekte, bei Erwachsenen bis zu 5) exakt repräsentieren, was man Subitizing nennt. Auf der zweiten Stufe erlernen Klein- und Vorschulkinder die Zahlwörter und Zählstrategien. Das Erlernen des arabischen Zahlensystems in den ersten Schuljahren stellt in diesem Modell die dritte Stufe dar, die Entwicklung eines linearen, exakten mentalen Zahlenstrahls die vierte. Laut den Autoren nimmt auf jeder Stufe die notwendige Arbeitsgedächtnisleistung weiter zu.

Die Stufen dieses Modells sind jedoch nicht wie die Stufen aus Piagets Entwicklungsmodell zu sehen, da sich die Repräsentationen in jeder Modalität bis ins frühe Erwachsenenalter weiterentwickeln und verfeinern, unter anderem auch durch die immer stärkere Überlappung und Verbindung der einzelnen Modalitäten (Kucian & Kaufmann, 2009). Treibender Faktor bei der Entwicklung sind kulturelle Faktoren: Das verbale Zahlwortsystem, welches im vorschulischen Alter erworben wird, ist von Sprache zu Sprache unterschiedlich. Ab der Einschulung ist der Erwerb des arabischen Zahlensystems sowie aller darauf aufbauenden Fähigkeiten und Repräsentationen abhängig von den Lehrplänen für Mathematik. Im deutschsprachigen Raum (Deutschland, Österreich und Schweiz) lernen Kinder üblicherweise in der ersten Klasse das Addieren und Subtrahieren im Zahlenraum bis 20 oder 30, in der zweiten Klasse Additionen und Subtraktionen im Zahlenraum bis 100 sowie das kleine Einmaleins. Ab der dritten Klasse werden Division und die Grundrechenarten im Zahlenraum bis 1 000 und in der vierten Klasse bis zu einer Million erarbeitet.

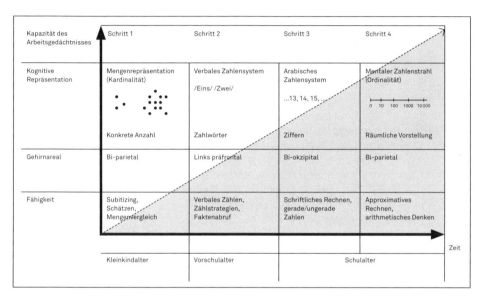

Abbildung 1: 4-Schritte-Entwicklungsmodell der numerischen Kognition. Bereiche unter der gestrichelten Linie: Arbeitsgedächtnisleistung

2.4.3 Umschriebene Entwicklungsstörung des Rechnens

Laut ICD-10 (Dilling, Mombour & Schmidt, 1993) betrifft bei einer umschriebenen Entwicklungsstörung des Rechnens (Dyskalkulie) das Defizit vor allem die Beherrschung grundlegender Rechenfertigkeiten (basisnumerische Fähigkeiten, Grundrechenarten, mathematisches Modellieren) und nicht den Mathematikstoff der weiterführenden Schule wie Bruchrechnen, Prozentrechnen oder Algebra. Weiterhin gelten für die Diagnose einer Dyskalkulie dieselben Kriterien wie für die Diagnose einer umschriebenen Entwicklungsstörung des Lesens und/oder Rechtschreibens: Die schulische Leistung muss deutlich unterdurchschnittlich sein, eine deutliche Diskrepanz zum IQ aufweisen (beides mit standardisierten Verfahren erhoben), die normale Schulbildung muss durch das Defizit behindert werden, es darf nicht durch eine andere Störung (wie dem Aufmerksamkeits-Defizit-Syndrom) erklärbar sein, und die Beschulung muss in einem zu erwartenden Rahmen stattgefunden haben.

Aus der Forschungsperspektive gibt es mehrere Ansätze, das Vorkommen von Rechenstörungen zu erklären und zu klassifizieren. Ein gemeinsamer aktueller Überblicksartikel von 14 international führenden Wissenschaftlern (Kaufmann et al., 2013) nennt drei Möglichkeiten, nämlich dass a) ein generelles Kerndefizit hinsichtlich der Größenvorstellung von Zahlen jeder Dyskalkulie zugrunde liegt (Butterworth, 2005), dass b) je nach zugrundeliegenden generellen kognitiven Defiziten unterschiedliche Subtypen unterschieden werden können (Geary, 2004) und dass c) Subtypen aufgrund verschiedener domän-spezifischer numerischer Defizite bestehen können (Wilson & Dehaene, 2007). Die Autoren des Überblicksartikels betonen, dass sogar die grundlegenden Rechenfertigkeiten aus vielen verschiedenen Komponenten bestehen, die alle interindividuellen Unterschieden und verschiedenen Entwicklungseinflüssen unterworfen sind. Sie postulieren primäre Rechenstörungen, die aufgrund der verschiedenen spezifischen numerischen Defizite genauso heterogen sein können wie sekundäre Rechenstörungen, die ausschließlich durch nicht-numerische Defizite (wie z. B. Aufmerksamkeitsstörungen, visuell-räumliche Defizite, Gedächtnisstörungen) verursacht werden (Kaufmann et al., 2013). Diese Unterscheidung verdeutlicht einerseits die Wichtigkeit einer ausführlichen Differentialdiagnose und andererseits die Notwendigkeit, die Diagnose einer primären Dyskalkulie ausschließlich aufgrund von numerischen Defiziten zu treffen.

In diesem Zusammenhang sollte noch erwähnt werden, dass es kaum Publikationen zu erworbenen Störungen des Rechnens und der Zahlenverarbeitung bei Kindern gibt, da diese sehr selten zu sein scheinen. Bei Erwachsenen sind erworbene Störungen der Zahlenverarbeitung und des Rechnens oft auf eine Modalität begrenzt, am häufigsten entweder auf die Verarbeitung von arabischen Zahlen und schriftliche Rechenaufgaben oder aber auf die verbale Zahlenverarbeitung, oft in Kombination mit Schwierigkeiten im Faktenabruf (siehe Triple-Code Modell von Dehaene, 1992). Am seltensten sind bei erwachsenen Patienten Defizite in der Größenvorstellung von Zahlen zu beobachten, da diese bilateral (in beiden Gehirnhälften) repräsentiert sind und eine Läsion im Parietallappen einer Hemisphäre durch die andere kompensiert werden kann. Wie weiter oben schon beschrieben, würden sich erworbene Defizite bei Kindern mit hoher Wahrscheinlichkeit anders auswirken. Eine frühkindliche parietale Schädigung könnte eventuell zu schwerwiegenden und grundlegenden Störungen in der Größenverarbeitung von Zahlen und daraufhin auch in der verbalen und in der arabischen Zahlenverarbeitung führen, da die Entwicklung letzterer auf ersterer aufbaut. Eine frühe (vorschulische) Schädigung, die zu Defiziten in der verbalen Zahlenverarbeitung führen würde, sollte mit hoher Wahrscheinlichkeit den Erwerb des arabischen Zahlensystems deshalb deutlich erschweren oder sogar unmöglich machen. Da die Verarbeitung arabischer Zahlen während des Schulalters als letztes erlernt wird, sollte eine umschriebene erworbene Schädigung der (bereits erlernten) arabischen Zahlenverarbeitung bei Kindern wie bei Erwachsenen nicht notwendigerweise zu Defiziten in der verbalen Zahlenverarbeitung oder in der Größenvorstellung von Zahlen führen.

2.4.4   Teilkomponenten der Zahlenverarbeitung und des Rechnens

Die soeben beschriebene mögliche Heterogenität von Rechenstörungen verdeutlicht, dass für die Diagnose einer Dyskalkulie je nach Alter bzw. Entwicklungsstand (Kindergarten, Klassenstufe) möglichst viele Teilbereiche der Zahlenverarbeitung und des Rechnens einzeln überprüft werden sollten. Zur Zahlenverarbeitung (auch basisnumerische Fähig-keiten) gehören das Subitizing, die approximative bzw. ungefähre Größenvorstellung von konkreten Mengen, die Kenntnis und später die Flexibilisierung der Zahlwortreihe, die An-wendung der Zählprinzipien beim Abzählen (vgl. Gelman & Gallistel, 1978; Fuson, 1988), das Erlernen der Ziffern und das Verständnis des arabischen Zahlensystems sowie die Entwicklung einer exakten, linearen Größenrepräsentation im Gegensatz zu einer logarith-mischen Größenrepräsentation, bei der die kleineren Zahlen in ihrer Größe überschätzt und die größeren weniger gut differenziert werden (Siegler & Opfer, 2003). Zu den grund-legenden Rechenfertigkeiten gehören Textaufgaben zur Überprüfung des mathematischen Modellierens sowie einstellige Additionen, Subtraktionen, Multiplikationen und eventuell auch Divisionen, die durch verschiedene Rechenstrategien gelöst werden können, deren reifste der Faktenabruf darstellt (Siegler & Araya, 2005). Weiterhin sollten (je nach Klas-senstufe) mehrstellige Rechenaufgaben und die Anwendung der dazugehörigen Prozedu-ren sowie das konzeptuelle Verständnis der Grundrechenarten (Dowker, 2005) überprüft werden.

2.4.5 Diagnostik von Rechenstörungen

Für die Diagnostik von Rechenstörungen ist die Testauswahl von entscheidender Bedeu-tung. Im Vergleich z. B. zur Diagnostik von Lese-Rechtschreibstörungen ist die Auswahl an normierten Tests für diesen Bereich jedoch beschränkt. Es gibt prinzipiell zwei ver-schiedene Arten von Dyskalkulietests, nämlich curricular basierte Tests, die je nach Klas-senstufe den Erwerb des bisherigen Schulstoffes überprüfen, und neuropsychologisch fun-dierte Tests, welche unabhängig vom Schulstoff den Erwerb verschiedener Aspekte der Zahlenverarbeitung und des Rechnens überprüfen. Diese Teilaspekte können sowohl grund-legende basisnumerische Fähigkeiten und vorschulisches Zahlenwissen sein, als auch über den gelernten Mathematikstoff hinausgehen. Hierbei ist wichtig zu beachten, dass ab der weiterführenden Schule curricular basierte Tests nicht mehr für die Diagnose einer Re-chenstörung nach ICD-10 geeignet sind, da sich die inhaltliche Definition auf Defizite in den grundlegenden und während der Grundschulzeit erworbenen numerischen Fähigkei-ten bezieht. Aufgrund der inhaltlichen Definition kann im Kindergartenalter noch keine Di-agnose einer Rechenstörung gestellt werden. Für das Kindergartenalter normierte Tests erlauben jedoch die Identifikation von Risikokindern. Hierbei ist zu beachten, dass die Re-liabilität numerischer Fähigkeiten im Kindergarten noch relativ gering ist und erst Ende der ersten Klasse zufriedenstellende Werte annimmt (vgl. Kaufmann et al., 2009). In diesem Zusammenhang ist weiter zu bemerken, dass Rechenstörungen ebenso wie Lese-Recht-schreibstörungen eine starke genetische Komponente aufweisen und sehr häufig bei einem Elternteil oder anderem nahen Verwandten ebenfalls von starken Schwierigkeiten in Ma-thematik während der Schulzeit berichtet wird. Sie sind jedoch relativ unabhängig vom Bil-dungsniveau der Eltern und auch in Akademikerfamilien anzutreffen.

Grundsätzlich sollte die Testung innerhalb des Normierungszeitfensters eines Tests statt-finden. Je kleiner das Normierungszeitfenster, desto genauer kann die Leistung eines Kin-des im Vergleich zu gleichaltrigen Kindern beurteilt werden. Falls der Testzeitpunkt zwi-schen zwei Normierungszeitfenstern liegen sollte, muss der Vergleich mit dem bereits vergangenen Zeitfenster stattfinden. Zusätzlich kann auch der Vergleich mit einem späteren Zeitfenster gezogen werden (falls dieses z. B. zeitlich näher liegen würde), dies muss jedoch explizit angegeben werden. Der Vergleich muss auch immer mit der aktuellen Schulstufe eines Kindes getroffen werden, auch wenn das Kind z. B. gerade erst zurückgestuft wurde. Auch hier darf natürlich als zusätzliche Information der Vergleich mit der vorherigen Klassenstufe eines Kindes erbracht werden.

Für die Testauswahl ebenfalls zu beachten sind die Inhalte, die überprüft werden. Unbedingt notwendig sind einstellige Additionen, Subtraktionen und (ab der 2. Klasse) Multiplikationen, wenn möglich mit Zeitmessung oder Beurteilung der Rechenstrategien. Ebenfalls notwendig sind ab der 2. Klasse zweistellige und ab der 3. Klasse mehrstellige Additionen und Subtraktionen bzw. schriftliche Rechenaufgaben, um die Beherrschung des Zehnerübertrags und von Rechenprozeduren zu überprüfen. Auch die Bearbeitung von Sachaufgaben bzw. Textaufgaben und das konzeptuelle Verständnis der Grundrechenarten gehören zu den grundlegenden mathematischen Fähigkeiten und müssen deshalb überprüft werden. Aufgaben zur Größenvorstellung von Zahlen (z. B. durch gut konstruierte Zahlenstrahlaufgaben) und andere basisnumerische Fähigkeiten, wie Zählfertigkeiten oder Subitizing, können sehr wichtige Informationen für die Beurteilung der Fähigkeiten eines Kindes liefern, sind jedoch nicht notwendig für die Diagnosestellung. Es ist bei der Testauswahl jedoch nicht nur wichtig, welche Fähigkeiten durch einen Test für die Diagnosestellung überprüft werden sollten, sondern auch zu berücksichtigen, welche Fähigkeiten NICHT in einen Gesamtwert einfließen sollten, da sie nicht numerischer Natur sind. Dazu gehören z. B. Aufgaben zum Arbeitsgedächtnis, zu visuell-räumlichen Fähigkeiten und mit Einschränkung auch geometrische Aufgaben.

Nicht-numerische Aufgaben, die in den Gesamtwert eines Dyskalkulietests mit eingehen, können eine in vielen Fällen notwendige Differentialdiagnose erschweren, vor allem wenn es sich um sekundäre Schwierigkeiten in Mathematik aufgrund anderer kognitiver Defizite handelt, was laut ICD-10 die Diagnose einer Rechenstörung ausschließt. Da die meisten Dyskalkulietests möglichst sprachfrei konstruiert sind und die einzigen Aufgaben, die notwendigerweise Sprache beinhalten (nämlich Text- oder Sachaufgaben), bei allen Tests auch vorgelesen werden können, stellen Sprachentwicklungsstörungen und Lese-Rechtschreibstörungen diesbezüglich selten ein Problem dar. Wahrnehmungsstörungen und Defizite in visuell-räumlichen Fähigkeiten können zwar zu Schwierigkeiten im numerischen Bereich führen, sehr schwere Störungen in diesen Bereichen würden jedoch mit hoher Wahrscheinlichkeit die generelle Beschulbarkeit eines Kindes einschränken. Da eine Dyskalkulie-Diagnose nur bei zu erwartender Beschulung gestellt werden darf, sind aus dieser Richtung auch keine größeren Probleme für die Differentialdiagnose zu erwarten. Die deutlichsten und häufigsten Schwierigkeiten hierfür stellen Aufmerksamkeitsdefizite dar. Laut von Aster und Shalev (2007) werden Aufmerksamkeit und Arbeitsgedächtnis immer relevanter für mathematische Leistungen, je älter Kinder werden bzw. je komplexer die schulischen Anforderungen werden. Diese wichtige Tatsache gibt auch schon den ersten Hinweis für eine Differentiadiagnose Rechenstörung vs. sekundäre Rechenschwäche aufgrund einer Aufmerksamkeitsstörung, der unbedingt in der Anamnese erfragt werden soll, nämlich wann die Schwierigkeiten in Mathematik begonnen haben. Probleme ab der ersten Klasse sprechen hierbei eher für das Vorliegen einer Dyskalkulie, wohingegen Defizite ab der Einführung der mehrstelligen Zahlen oder sogar erst ab der weiterführenden Schule eher für sekundäre Schwierigkeiten aufgrund von Arbeitsgedächtnis- und Aufmerksamkeitsdefiziten sprechen (in diesem Fall wäre zudem eine detaillierte AD(H)D-Diagnostik zu empfehlen). Für dieselbe Fragestellung ist es auch von besonderer Bedeutung, dass die Aufgabenstellungen des Tests möglichst geringe Anforderungen an das Arbeitsgedächtnis stellen bzw. für Schwierigkeiten in diesem Bereich keine Punktabzüge vorgesehen sind. Negativbeispiele sind Verfahren, in denen eine Arbeitsgedächtnisaufgabe in den Gesamtwert eingeht oder die bei mehreren Untertests Punktabzüge für Selbstkorrekturen vorsehen. Eigene klinische Daten haben gezeigt, dass die Anzahl der Selbstkorrekturen im BASIS-MATH negativ mit der Gesamtpunkteanzahl korreliert ist (siehe Abb. 2) und somit kein Marker für numerische Defizite sein kann. Selbstkorrekturen während des Vorlesens von Zahlen und Rechenaufgaben, des Rechenprozesses sowie nachdem ein Ergebnis als falsch erkannt wurde, scheinen ein Hinweis auf erhöhte Unaufmerksamkeit zu sein, wohingegen Kindern mit einer schweren Rechenstörung auch unplausible Fehler nicht auffallen, die bei anderen Kindern zu Selbstkorrekturen führen würden.

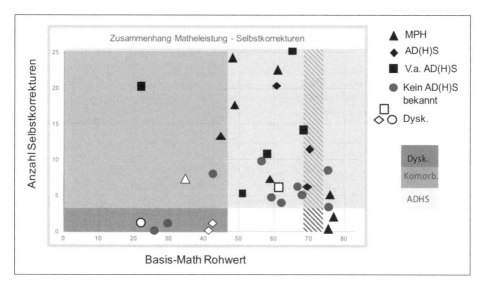

Abbildung 2: Deskriptiver Zusammenhang zwischen Mathematikleistung – erfasst durch den Dyskalkulietest BASIS-MATH 4-8 (Cut-off 67 Punkte; schraffiert: Toleranzbereich) – und der Anzahl der Selbstkorrekturen bei 34 Kindern (9 Jungen) im Alter von 9–17 Jahren (IQ 83–120) (Krinzinger, 2016)

In Abbildung 2 kann man nicht nur (deskriptiv) den negativen Zusammenhang zwischen Rechenleistung und Anzahl der Selbstkorrekturen erkennen, sondern auch, dass von den 34 im klinischen Kontext getesteten Kindern bei 5 vor der Testung bereits eine Rechenstörung bzw. Dyskalkulie bekannt war (weiße Symbole). Von diesen 5 Kindern hatten 4 einen Punktwert im BASIS-MATH, der mit <45 weit unter dem Cut-off-Wert von 67 Punkten für das Kriterium „mathematischer Basisstoff verstanden" lag. Das fünfte Kind zeigte mit >60 Punkten im BASIS-MATH und mehr als 5 Selbstkorrekturen ein Ergebnis, das typisch ist für Kinder mit Aufmerksamkeitsstörungen (schwarze Symbole: Kinder mit bekanntem AD(H)S mit und ohne Medikation oder mit Verdacht auf AD(H)S). Diese klinischen Daten zeigen, dass Kinder und Jugendliche mit Aufmerksamkeitsstörungen häufig im BASIS-MATH einen Punktwert unter dem Cut-off erzielen, welcher jedoch noch keine Diagnose einer Rechenstörung rechtfertigt, sondern in den meisten Fällen auf Schwierigkeiten im Arbeitsgedächtnis und in der Konzentration zurückzuführen ist, worauf auch die in diesen Fällen meistens substantielle Anzahl an Selbstkorrekturen (>3) hinweist. Eine Kombination von unplausiblen Fehlern, deutlichen Verständnisschwierigkeiten hinsichtlich mehrstelliger Zahlen und/oder Rechenoperationen sowie einem Punktwert deutlich unter 50 rechtfertigt hingegen mit sehr hoher Wahrscheinlichkeit die Diagnose einer Rechenstörung auch ohne die Erfüllung des (beim BASIS-MATH nicht möglichen, siehe Rezension S. 215) Diskrepanzkriteriums.

Weitere Hinweise für die Differentialdiagnose Rechenstörung vs. Rechenschwäche aufgrund zugrundeliegender Aufmerksamkeitsdefizite können aus Zeugnissen und eventuellen Lehreraussagen sowie aus der qualitativen Beurteilung von Fehlerarten sowie von Rechenstrategien gewonnen werden. Fehlerarten und Rechenstrategien sprechen jedoch nur dann eindeutig für das Vorliegen einer Rechenstörung, wenn sie unplausibel oder ohne Nachfrage nicht ohne weiteres nachvollziehbar sind, da auch Arbeitsgedächtnisdefizite zu Fehlern z. B. bei mehrstelligen Rechenaufgaben führen können. Bei Kindern mit AD(H)S sind besonders häufig Selbstkorrekturen z. B. bei komplexeren Zählaufgaben und Rechenaufgaben, Defizite im Faktenabruf (und teilweise zählende Rechenstrategien) und Übertragsfehler bei mehrstelligen Rechenaufgaben zu beobachten.

Empfohlene Literatur
Ise, I., Haschke, J. & Schulte-Körne, G. (2013). *Empfehlungen zur Diagnostik und Förderung von Kindern und Jugendlichen mit einer Rechenstörung in der Schule. Aktueller Wissensstand zum Thema Dyskalkulie* (1. Aufl.). Bundesverband Legasthenie und Dyskalkulie e. V. in Zusammenarbeit mit dem Landesverband Legasthenie und Dyskalkulie e. V. Bayern.
Kaufmann, S. & Wessolowski, S. (2006). *Rechenstörungen: Diagnose und Förderbausteine*. Seelze: Klett.
Landerl, K. & Kaufmann, L. (2008). *Dyskalkulie: Modelle, Diagnostik, Intervention*. München: Reinhardt.
Von Aster, M. & Lorenz, J. H. (2013). *Neurowissenschaft, Psychologie und Pädagogik* (2. Aufl.). Göttingen: Vandenhoeck & Ruprecht.

2.4.6 Übersichtstabelle: ZAHLENVERARBEITUNG UND RECHNEN

Die folgende Tabelle bietet einen Überblick über Verfahren zur Überprüfung der Zahlenverarbeitung und der Rechenfertigkeiten sowie zur Dyskalkulie-Diagnostik bei Kindern und Jugendlichen bis 18 Jahre. Die Gliederung folgt den im Theorieteil dargestellten Funktionsbereichen. Während in der ersten Spalte jeweils die Verfahren in alphabetischer Reihenfolge aufgeführt sind und die zweite Spalte Angaben zum alters- oder schulstufenbezogenen Einsatz umfasst, sind in der dritten Spalte die Operationalisierungen skizziert. In der vierten Spalte folgt die Seitenangabe. Fettgedruckte Seitenzahlen verweisen auf eine Rezension in diesem Band. Ein Kreuz zeigt an, dass das Verfahren nur an dieser Stelle genannt wird. Literatur- und Quellenangaben für die einzelnen Verfahren finden sich im Anhang in der Tabelle „Testverfahren – nach Testnamen geordnet" (S. 845).

Kindergartenalter/vorschulisches Zahlenwissen			
Eggenberger Rechentest 0+ (ERT 0+) Lenart, Schaupp & Holzer (2014)	Ende Kindergarten bis Mitte 1. Klasse 4–8 Jahre	Diagnostikum für Dyskalkulie-Disposition. Erkennen von Entwicklungsrückständen im Bereich der mathematischen Vorläuferfähigkeiten. 17 Untertests (Skalen) zu 3 Bereichen: Kognitive Grundfähigkeiten, Mengen-Wissen und Zahlen-Wissen. Der Test differenziert besonders gut im unteren Leistungsbereich.	X
Kalkulie – Handreichung zur Durchführung der Diagnose Fritz, Ricken & Gerlach (2007)	Kindergarten bis 2. Klasse	Früherkennung einer Rechenschwäche. 3 Aufgabenteile: 1) Frühe bereichsspezifische Konzepte: Mengenvergleich, gleich mächtige Mengen erzeugen, Zahlwortsequenz, Abzählen, Weiterzählen, Verstehen des Teile-Ganze-Konzepts auf Anschauungsebene. 2) Vorhandensein strukturierter Zahlvorstellungen: Mengen ordnen, Anzahlen und Positionen an strukturiertem Material, 5er und 10er Strukturen nutzen, Zahlbeziehungen am Zahlenstrahl, Kopfrechnen. 3) Verfügbarkeit nicht-zählender Strategien: Kraft der 5, Kraft der 10, Verdoppeln und Halbieren, Umkehraufgaben, Nachbaraufgaben, gleichsinniges und gegensinniges Verändern, Teile-Teile-Ganzes-Konzept und Beziehungen zwischen Aufgaben.	X
Osnabrücker Test zur Zahlbegriffsentwicklung (OTZ) van Luit, van de Rijt & Hasemann (2001)	4;6–7;6 Jahre	Erfasst werden 8 Komponenten der Zahlbegriffsentwicklung: 1) Vergleichen quantitativer und qualitativer Merkmale von Objekten. 2) Klassifizieren: Zusammenfassen von Objekten zu einer Klasse oder Unterklasse. 3) Eins-zu-eins-Zuordnen: Vergleich der Mächtigkeit von Mengen durch Eins-zu-eins-Zuordnungen (z. B. Linien von Kerzen zu den passenden Kerzenhaltern zeichnen).	X

| | | 4) Nach Reihenfolge ordnen: Anordnen von Objekten nach bestimmten Kriterien.
5) Zahlwörter benutzen: Vorwärts-, Rückwärts-, Weiterzählen im Zahlenraum bis 20.
6) Synchrones und verkürztes Zählen: Abzählen der Zahlbilder beim Spielwürfel, Abzählen von Holzwürfeln.
7) Resultatives Zählen: Strukturierte, unstrukturierte und versteckte Quantitäten zählen (z. B. erkennen, wie viele Würfel man unter seiner Hand (Würfel nicht sichtbar) hält, wenn man eine bestimmte Anzahl hinzufügt.)
8) Anwenden von Zahlenwissen in einfachen Alltagssituationen (z. B. erkennen, wie viele Murmeln man übrig hat, wenn man eine bestimmte Anzahl verliert). | |
| Neuropsychologische Testbatterie für Zahlenverarbeitung und Rechnen bei Kindern – Kindergartenversion (ZAREKI-K)

von Aster, Weinhold Zulauf & Horn (2009) | 4–5 Jahre | 18 Untertests, aus denen 3 Indizes gebildet werden:

Zählen und Zahlenwissen
1) Schätzen
2) Zahlenerhaltung
3) Mengenbeurteilung kognitiv
4) Vorwärtszählen
5) Rückwärtszählen
6) Zählen in 2er-Schritten
7) Vorgänger/Nachfolger
8) Abzählen
9) Zahlenlesen
10) Zahlenschreiben

Numerisches Bedeutungswissen und Rechnen
11) Zahlenvergleich mündlich
12) Zahlenvergleich schriftlich
13) Symbol-Mengen-Zuordnung
14) Visuelles Rechnen
15) Kopfrechnen
16) Zahlenstrahl

Arbeitsgedächtnis
17) Zahlennachsprechen
18) Textaufgaben | **262** |

Dyskalkuliediagnostik, kriteriumsorientiert, neuropsychologisch basiert

Bamberger Dyskalkuliediagnostik (BADYS 1-4+ (R)) Schardt & Merdian (2015)	Ende 1. Klasse bis Ende erstes Halbjahr 5. Klasse	Diagnostik von Rechenschwäche und Rechenstörung. Erfasst werden 7 Bereiche, davon 4 in der Kurzform (fett gedruckt): 1) Visuell-räumliche Grundfertigkeiten 2) Gedächtnisleistungen 3) **Mathematische Begriffe** 4) **Mengenerfassung** (nur bei 1+ und 2+) 5) **Zahlerfassung** 6) **Alle Grundrechenarten** 7) Umgang mit Maßeinheiten (nur bei 4+)	

Bamberger Dyskalkuliediagnostik (BADYS 5-8+ (R)) Merdian, Merdian & Schardt (2012)	Zweites Halbjahr 5. Klasse bis erstes Halbjahr 9. Klasse	Diagnostik von Rechenschwäche und Rechenstörung. Erfasst werden 7 Bereiche, davon 4 in der Kurzform (fett gedruckt): 1) **Zahlerfassung** 2) **Grundrechenarten** 3) **Geometrie** 4) **Anwendung von Rechenregeln** 5) Gedächtnisleistungen 6) Umgang mit Maßeinheiten 7) Brüche und Dezimalbrüche	
Basisdiagnostik Mathematik 4-8 (BASIS-MATH 4-8) Moser et al. (2010)	Ende 4. bis 8. Klasse	Mathematische Basiskompetenzen. Erfasst werden 5 Bereiche anhand von 48 Aufgaben: 1) Zählkompetenz: Vorwärts zählen in Zweierschritten, rückwärts zählen in Zehnerschritten und vorwärts zählen in Hunderterschritten. 2) Verständnis Teil-Ganzes: Ergänzungsaufgaben und Textaufgaben. 3) Einsicht in das Dezimalsystem: Aufgaben zum Bündeln, zum Entbündeln bzw. Aufbrechen von Kategorien, zum Zahlenstrahl sowie zum Stellenwert. 4) Mathematisierungsfähigkeit bzw. Problemlösen: Aufgaben zum Operationsverständnis von Multiplikation und Division sowie Textaufgaben. 5) Rechenwege: Additionen, Subtraktionen, Ergänzungsaufgaben, Verdoppelungs- und Halbierungsaufgaben, Multiplikationen, Divisionen, halbschriftliche Additionen und halbschriftliche Subtraktionen.	**215**
Heidelberger Rechentest (HRT 1-4) Haffner, Baro, Parzer & Resch (2005)	Ende 1. bis Anfang 5. Klasse	Erfassung mathematischer Basiskompetenzen im Grundschulalter; 11 Untertests für 2 Bereiche: 1) Rechenoperationen (6 Untertests): Addition, Subtraktion, Multiplikation, Division, Ergänzungsaufgaben, Größer-Kleiner-Vergleiche. 2) Numerisch-logische und räumlich-visuelle Fähigkeiten (5 Untertests): Zahlenreihen, Längenschätzen, Würfelzählen, Mengenzählen, Zahlenverbinden.	
Kettenrechner für dritte und vierte Klassen (KR 3-4) Roick, Gölitz & Hasselhorn (2011)	3.–4. Klasse	Erfassung arithmetischer Rechenleistungen im Zusammenhang mit der Diagnose von Rechenstörungen. 4 Subskalen mit je 40 Aufgaben zum arithmetischen Faktenwissen (Aufgaben zur Addition, Subtraktion und Multiplikation im Zahlenraum bis 20) in Form kurzer Rechenketten. Als Speed-Test konzipiert.	

| Rechenfertigkeiten- und Zahlenverarbei- tungs-Diagnostikum 2-6 (RZD 2-6) Jakobs & Peter- mann (2005, 2014) | 2.–6. Klasse | Zahlenverarbeitung und Rechenfertigkeiten: 18 Untertests:
 1) Zahlen Transkodieren (visuell): Zahl (abge- bildet in arabischer Form) vorlesen.
 2) Zahlen Transkodieren (verbal): Vorgelesene Zahl in arabischer Form aufschreiben.
 3) Abzählen Vorwärts: Von einem roten Punkt ausgehend vorwärts bis zu einem blauen Punkt zählen.
 4) Abzählen Rückwärts: Rückwärts vom blauen Punkt an bis zum roten Punkt zählen.
 5) Position auf dem Zahlenstrahl: Position der gesuchten Zahl aus Wahlalternativen be- stimmen.
 6) Mengenschätzen: Schätzen, wie viele Ge- genstände zu sehen sind.
 7) Kontextbezogene Mengenbewertung: Men- genangaben in einem Kontext bewerten.
 8) Größenvergleich von Zahlen (visuell): Zah- len werden in arabischer Form dargeboten; Entscheiden, welche Zahl größer ist.
 9) Größenvergleich von Zahlen (verbal): Zah- len werden vorgelesen; entscheiden, wel- che Zahl größer ist.
 10) Kopfrechnen: Addition.
 11) Kopfrechnen: Subtraktion.
 12) Kopfrechnen: Multiplikation.
 13) Kopfrechnen: Division.
 14) Schriftliches Rechnen: Vorgegebene Aufga- ben auf ein Blatt übertragen und lösen.
 15) Flexibles Anwenden: Vorgegebene Aufga- ben im Kopf lösen; Rechenzeichen oder eine Zahl fehlen in der vorgegebenen Rechnung.
 16) Regelverständnis: Entscheiden, ob die obere Aufhabe bei der Lösung der unteren Aufgabe hilft (Assoziationen zwischen Rechnungen).
 17) Zählrahmen: Mit Hilfe des Zählrahmens Aufgaben ablesen oder selbst darstellen.
 18) Textaufgaben: Mündlich und schriftlich. | **225** |
| Test zur Diagnose von Dyskalkulie (TeDDy-PC) Schröders & Schneider (2008) | 1.–3. Klasse | Diagnostik von Dyskalkulie. 13 Untertests, 6–8 je Klassenstufe:
 1) Simultanerfassung: Klasse 1; Anzahl von Objekten zählen.
 2) Grundrechenarten: Rechenaufgaben am Bildschirm; Klasse 1: Subtraktion und Ad- dition; Klasse 2: Subtraktion, Addition, Mul- tiplikation; Klasse 3: Subtraktion, Addition, Multiplikation, Division.
 3) Zahlenstrahl: Klasse 1, 2 und 3; Platzie- rung bestimmter Zahlen am Zahlenstrahl. | **247** |

		4) Sachaufgaben: Klasse 1, 2 und 3; Textaufgaben, mündlich oder schriftlich. 5) Zahlenverbindungstest: Klasse 1, 2 und 3; Verbinden von unregelmäßig angeordneten Zahlen von 1 bis 20. 6) Kettenaufgaben: Klasse 1; mehrere Zahlen sollen addiert oder subtrahiert werden. 7) Relationen: Klasse 1; Bestimmung der Relation: größer, kleiner gleich groß. 8) Vorgänger/Nachfolger: Klasse 2; an einem Metermaß fehlende Zahlen ergänzen. 9) Kopfrechnen: Klasse 2; Rechenaufgaben mündlich. 10) Reihenbildung: Klasse 2; Zahlenfolgetest, bei dem das Kind mithilfe einfacher arithmetischer Regeln die jeweils nächste Zahl in der Reihe erraten soll. 11) Geometrie: Klasse 2; Darstellung von Bildern mit einer geringen Anzahl geometrischer Figuren. 12) Spiegelung: Klasse 3; geometrische Muster spiegeln. 13) Umgang mit Geld: Klasse 3; mündlich präsentierte Sachaufgaben, die mit Bildern der Kaufgegenstände und den entsprechenden Preisen versehen sind.	
Test zur Erfassung numerisch-rechnerischer Fertigkeiten (TEDI-MATH) Kaufmann et al. (2009)	4–8 Jahre/ Kindergarten bis 3. Klasse	Diagnose von Störungen numerisch-rechnerischer Fähigkeiten. 28 Untertests; altersspezifisch unterschiedliche Kombinationen (Untertests der Kernbatterie für Schulkinder fett gedruckt): 1) **Zählprinzipien:** So weit zählen wie möglich, rückwärts zählen, in Schritten zählen. 2) **Abzählen:** Tiere zählen. 3) **Entscheidung arabische Zahl:** Entscheiden nach visueller Darbietung, ob eine arabische Zahl vorliegt. 4) **Größenvergleich arabische Zahlen:** Entscheiden nach visueller Darbietung, welche von zwei (bis zu vierstelligen) Zahlen die größere ist. 5) Entscheidung Zahlwort: Auditive Vorgabe, entscheiden, ob ein Zahlwort vorliegt. 6) Entscheidung Zahlwortsyntax: Auditive Vorgabe, entscheiden, ob ein Zahlwort vorliegt. 7) **Größenvergleich Zahlwörter:** Auditive Vorgabe zweier (bis zu vierstelliger) Zahlen, die größere Zahl soll bestimmt werden.	**235**

8) Dekadisches Positionssystem – Repräsentation mit Stäbchen: Z. B. „Wenn ich X Pakete nehme, wie viele Stäbchen sind das?"

9) **Dekadisches Positionssystem – Repräsentation mit Plättchen:** Plättchen haben unterschiedlichen Wert (1 €, 10 € und 100 €), ein bestimmter Wert soll gegeben werden.

10) Dekadisches Positionssystem: Erkennen der Einer-, Zehner- oder Hunderter-Stelle.

11) **Transkodieren: Zahlen schreiben nach Diktat** (bis zu vierstellig).

12) **Transkodieren: Zahlen lesen** (bis zu vierstellig).

13) Ordnen nach numerischer Größe: Karten mit Bäumen ordnen.

14) Ordnen nach numerischer Größe: Karten mit Zahlen ordnen.

15) Klassifizieren nach numerischer Größe: Karten mit verschiedenen Zeichen sollen so sortiert werden, dass alle mit gleicher Anzahl auf einem Stapel liegen.

16) Mengenvarianz: Beurteilen, wer mehr Plättchen hat, danach Veränderung der Anordnung, erneute Beurteilung.

17) Numerische Inklusion: Sechs Plättchen werden in den Briefumschlag gesteckt, Entscheidung mit Begründung, ob genug Plättchen vorhanden sind, wenn man eine bestimmte Anzahl aus dem Umschlag haben möchte.

18) **Additive Zerlegung:** Die Menge an Schafen soll aufgeteilt werden auf zwei Weiden.

19) Rechnen mit Objektabbildungen: Addition und Subtraktion.

20) **Addition** (ein- und zweistellig).

21) Unvollständige Addition: Bei vorhandenem Ergebnis soll der erste oder zweite Summand bestimmt werden.

22) **Subtraktion** (ein- und zweistellig).

23) Unvollständige Subtraktion: Bei vorhandenem Ergebnis soll der Minuend oder Subtrahend bestimmt werden.

24) **Multiplikation** (einstellig).

25) **Textaufgaben:** Aufgaben zur Addition und Subtraktion werden vorgelegt und vorgelesen.

		26) **Kenntnisse arithmetischer Konzepte:** Präsentation von 2 Aufgaben, Entscheidung mit Begründung, ob die eine Aufgabe bei der Lösung der anderen helfen kann, ohne auszurechnen. 27) Approximativer Größenvergleich – Punktmengen: Entscheiden, welche von zwei Punktmengen größere ist. 28) Approximativer Größenvergleich – numerische Distanz: Präsentation von 3 Zahlen, welche der beiden unteren Zahlen liegt näher an der oberen Zahl.	
Neuropsychologische Testbatterie für Zahlenverarbeitung und Rechnen bei Kindern – revidierte Fassung (ZAREKI-R) von Aster, Weinhold Zulauf & Horn (2005)	1.–4. Klasse	12 Untertests, die umschriebene Fertigkeitenbereiche erfassen: 1) Abzählen 2) Zählen rückwärts, mündlich 3) Zahlen schreiben 4) Kopfrechnen: Addition, Subtraktion, Multiplikation 5) Zahlen lesen 6) Zahlenstrahl 7) Zahlen nachsprechen vorwärts und rückwärts 8) Zahlenvergleich, mündlich 9) Perzeptive Mengenbeurteilung 10) Kognitive Mengenbeurteilung 11) Textaufgaben (Addition und Subtraktion im Zahlenraum bis 20) 12) Zahlenvergleich (Ziffern)	**271**

Lernstandserhebung, curriculum-basiert
(im Grundschulalter auch zur Dyskalkuliediagnostik geeignet)

Diagnostikum: Basisfähigkeiten im Zahlenraum 0 bis 20 (DBZ 1) Wagner & Born (1994)	1.–2. Klasse	Überprüfung der elementaren Rechenfähigkeiten (Addition und Subtraktion) im Zahlenraum 0 bis 20. 4 Teile: 1) Mündliche Darstellung 2) Schriftliche Darstellung 3) Zeichnerische Darstellung 4) Handelnde Darstellung Untertests 3 und 4 optional für Kinder mit hoher Fehlerzahl.	
Deutscher Mathematiktest für erste Klassen (DEMAT 1+) Krajewski, Küspert & Schneider (2002)	Ende 1., Anfang 2. Klasse	Überprüfung der mathematischen Kompetenz von Grundschülern und Diagnose einer Rechenschwäche. 9 Untertests: 1) Mengen-Zahlen 2) Zahlenraum 3) Addition	

		4) Subtraktion 5) Zahlenzerlegung-Zahlenergänzung 6) Teil-Ganzes-Schema 7) Kettenaufgaben 8) Ungleichungen 9) Sachaufgaben	
Deutscher Mathematiktest für zweite Klassen (DEMAT 2+) Krajewski, Liehm & Schneider (2004)	Ende 2., Anfang 3. Klasse	Überprüfung der mathematischen Kompetenz von Grundschülern und Diagnose einer Rechenschwäche. 10 Untertests: 1) Zahleneigenschaften (aus ein- und zweistelligen Zahlen die geraden oder ungeraden Zahlen herausfinden). 2) Längenvergleich (verschiedene Längen im Zahlenraum bis 100 miteinander vergleichen). 3) Addition und 4) Subtraktion (Rechnen im Zahlenraum bis 100 mit Platzhaltern). 5) Verdoppeln. 6) Halbieren. 7) Division. 8) Rechnen mit Geld (alltagsnahe Aufgaben nach dem Muster … Cent + ? = 1 Euro). 9) Sachaufgaben. 10) Geometrie (Würfel zählen, aus denen Figuren bestehen).	
Deutscher Mathematiktest für dritte Klassen (DEMAT 3+) Roick, Gölitz & Hasselhorn (2004)	Ende 3., Anfang 4. Klasse	Überprüfung der mathematischen Kompetenz von Grundschülern und Diagnose einer Rechenschwäche. 9 Aufgabentypen zu 3 Bereichen: 1) Arithmetik: Zahlenstrahlen (Umgang mit der Nachbarzahl, dem Zehner- und Hunderterübergang), Additionen (schriftliches Addieren dreistelliger Zahlen mit Lücken an verschiedenen Stellen), Subtraktionen (schriftliches Subtrahieren dreistelliger Zahlen mit Lücken an verschiedenen Stellen) und Multiplikationen (halbschriftliche Multiplikation zwei- und dreistelliger Multiplikanden mit einstelligem Multiplikator). 2) Sachrechnen: Sachrechnungen und Längen (Umrechnung vorgegebener Längen von Zentimeter in Millimeter und Meter). 3) Geometrie: Spiegelzeichnungen, Formen legen und Längen schätzen.	

Deutscher Mathematiktest für vierte Klassen (DEMAT 4) Roick, Gölitz & Hasselhorn (2006)	Mitte und Ende 4. Klasse	Überprüfung der mathematischen Kompetenz von Grundschülern und Diagnose einer Rechenschwäche. 9 Aufgabentypen zu 3 Bereichen: 1) Arithmetik: Zahlenstrahlen (Orientierung im Zahlenraum bis zu einer Million), Additionen (schriftliches Addieren im Zahlenraum bis zu einer Million), Subtraktionen (schriftliches Subtrahieren im Zahlenraum bis zu einer Million), Multiplikationen (schriftliches Multiplizieren bis zu fünfstelliger Multiplikanden mit ein- und zweistelligen Multiplikatoren) und Divisionen (schriftliches Dividieren mit vierstelligen Dividenden und einstelligem Divisor ohne Rest). 2) Sachrechnen: Größenvergleiche und Sachrechnungen. 3) Geometrie: Lagebeziehungen (Die gegebene Figur muss in der Vorstellung gedreht und ihre Entsprechung aus fünf Antwortalternativen gewählt werden) und Spiegelzeichnungen.
Deutscher Mathematiktest für fünfte Klassen (DEMAT 5+) Götz, Lingel & Schneider (2013)	Ende 5., Mitte 6. Klasse	Erfassung der Mathematikleistungen von Regelschülern aller Schulstufen. 3 Untersuchungsbereiche: 1) Arithmetik: Aufgaben zu den Grundvorstellungen des Zahlensystems im Bereich der natürlichen Zahlen, zur Anwendung von Rechenroutinen im Bereich der Grundrechenarten und zum Umgang mit Maßeinheiten, zur Anwendung von Rechengesetzen sowie zur Termbildung und -transformation. 2) Geometrie: Aufgaben zum Abmessen von geometrischen Körpern in der Ebene, zum Verständnis von Symmetrie sowie zur Berechnung von Umfängen geometrischer Körper in der Ebene. 3) Sachrechnen: Aufgaben, welche die Entnahme und Verknüpfung von Informationen aus Sachkontexten zur Erarbeitung eines Lösungsweges erfordern.

Deutscher Mathematiktest für sechste Klassen (DEMAT 6+) Gölitz, Lingel & Schneider (2013)	Ende 6., Mitte 7. Klasse	Erfassung der Mathematikleistungen von Regelschülern aller Schulstufen. 3 Untersuchungsbereiche: 1) Arithmetik: Aufgaben zu den Grundvorstellungen des Zahlensystems der gebrochenen Zahlen, zur Transformation von Bruch- und Dezimalzahlen und zum Umgang mit Maßeinheiten, zur Anwendung von Rechengesetzen sowie zur Termbildung und -transformation. 2) Geometrie: Aufgaben, die das Abmessen von geometrischen Körpern in der Ebene, das Verständnis von Symmetrie sowie die Berechnung von Umfängen, Flächen und Volumina geometrischer Körper erfordern. 3) Sachrechnen: Aufgaben, welche die Entnahme und Verknüpfung von Informationen aus Sachkontexten zur Erarbeitung eines Lösungsweges erfordern.
Deutscher Mathematiktest für neunte Klassen (DEMAT 9) Schmidt, Ennemoser & Krajewski (2012)	Ende 9. Klasse	Überprüfung der Mathematikleistungen von Regelschülern aller Schulstufen. 9 Untertests zu 3 Bereichen: 1) Messen/Raum und Form: Geometrische Flächen, Geometrische Körper, Satz des Pythagoras. 2) Funktioneller Zusammenhang: Prozent- und Zinsrechnen, Lineare Gleichungen, Zahlenrätsel, Dreisatz. 3) Daten und Zufall (Statistik): Datengrundlage Abbildung, Datengrundlage Tabelle. Ergänzend gibt es einen Zusatztest zur Erfassung des Konventions- und Regelwissens.
Diagnostisches Inventar zu Rechenfertigkeiten im Grundschulalter (DIRG) Grube, Weberschock, Stuff & Hasselhorn (2010)	Ende 1. bis 4. Klasse	Dokumentation der Entwicklung des Lernstandes. Frühzeitige Erkennung und spezifische Diagnostik von Rechenschwierigkeiten und Rechenstörungen. Einfache Aufgaben zu den vier Grundrechenarten in 4 Modulen: 1) Modul „BASIS": Vier Aufgabenblöcke (Addition und Subtraktion im Zahlenraum bis 20, jeweils mit und ohne Zehnerübergang). 2) Modul „M100": Multiplikationsaufgaben (kleines Einmaleins). 3) Modul „D100": Divisionsaufgaben (kleines Einsdurcheins). 4) Modul „AS1000": Dreistellige Zahlen addieren und subtrahieren.

Eggenberger Rechentest 1+ (ERT 1+) Schaupp, Holzer & Lenart (2007)	Ende 1. bis Mitte 2. Klasse	Diagnostikum für Dyskalkulie. 16 Untertests (Skalen) zu 4 Bereichen Grundfähigkeiten der Mathematik: 1) Raumlage: Markieren von bestimmten Kästchen in einem Raster nach Diktat. 2) Zahlenansage: Aufschreiben diktierter Zahlen. 3) Kopfrechnen: Ergebnis diktierter Kopfrechnungen aufschreiben. 4) Was passt nicht dazu? Kennzeichnen von abweichenden Formen. 5) Kreise alle Vierecke ein: Vierecke auf Vorlage mit verschiedenen Formen markieren. 6) Setze die Reihe fort: Logische Abfolge von Figuren mit dem Stift fortsetzen. 7) Zeichne gleich viele: Z.B. Smiley in durch andere Form vorgegebener Anzahl zeichnen. 8) Male das x-te Feld an: In einer Reihe die Position eines bestimmten Feldes markieren. 9) Teile gerecht auf: Mengen in jeweils zwei Teilmengen zergliedern. Ordnungsstrukturen: 10) Raumlage: Markieren von bestimmten Kästchen in einem Raster nach Diktat. 11) Zahlenansage: Aufschreiben diktierter Zahlen. 12) Kopfrechnen: Ergebnis diktierter Kopfrechnungen aufschreiben. Algebraische Strukturen: 13) Addieren: Addieren im Zahlenraum bis 30. 14) Subtrahieren: Subtrahieren im Zahlenraum bis 30. 15) Rechnen mit Zehnern: Addieren und Subtrahieren mit glatten Zehnern im Zahlenraum bis 100. Angewandte Mathematik: 16) Textrechnungen: Textaufgaben im Zahlenraum bis 20. schriftlich lösen.
Eggenberger Rechentest 2+ (ERT 2+) Schaupp, Holzer & Lenart (2008)	Ende 2. bis Mitte 3. Klasse	Diagnostikum für Dyskalkulie. 18 Untertests (Skalen) zu 4 Bereichen: Grundfähigkeiten der Mathematik, Ordnungsstrukturen, Algebraische Strukturen, Angewandte Mathematik.

Eggenberger Rechentest 3+ (ERT 3+)\n\nSchaupp, Holzer & Lenart (2010)	Ende 3. bis Mitte 4. Klasse	Diagnostikum für Dyskalkulie. 15 Untertests (Skalen) zu 4 Bereichen: Grundfähigkeiten der Mathematik, Ordnungsstrukturen, Algebraische Strukturen, Angewandte Mathematik.
Eggenberger Rechentest 4+ (ERT 4+)\n\nSchaupp, Holzer & Lenart (2010)	Ende 4. bis Mitte 5. Klasse	Diagnostikum für Dyskalkulie. 15 Untertests (Skalen) zu 4 Bereichen: Grundfähigkeiten der Mathematik, Ordnungsstrukturen, Algebraische Strukturen, Angewandte Mathematik.
Eggenberger Rechentest für Jugendliche und Erwachsene (ERT JE)\n\nHolzer, Lenart & Schaupp (2017)	Beginn 7. Schulstufe bis Ende 8. Schulstufe und nach Schulabschluss	Diagnostikum für Dyskalkulie. Zwei Teile (Teil A und B). 16 Untertests (Skalen) zu 4 Bereichen: Mathematische Ordnungsstrukturen, Arithmetische Fertigkeiten, Größenbeziehungen und Angewandte Mathematik.
Schweizer Rechentest 4-6 (SR 4-6)\n\nLobeck, Frei & Blöchlinger (1990)	4.–6. Klasse	Ermittlung des Stands der Rechenfähigkeiten\n1) Operationsverständnis\n2) Symbolverständnis\n3) Relationen\n4) Mengen\n5) Rechnen nach Stellenwert\n6) Größen und Maßeinheiten\n7) Textaufgaben

Basisdiagnostik Mathematik für die Klassen 4–8 (BASIS-MATH 4-8)

Elisabeth Moser Opitz, Lis Reusser, Magdalena Moeri Müller, Brigitte Anliker, Claudia Wittich & Okka Freesemann unter Mitarbeit von Erich Ramseier

Bern: Verlag Hans Huber, 2010

Zusammenfassende Testbeschreibung

Zielsetzung und Operationalisierung

Konstrukte

Zentrale mathematische Kompetenzen der Grundschule (mathematische Basisleistungen).

Testdesign

Anhand von 48 Aufgaben werden neben den Grundoperationen auch die Rechenwege bzw. Vorgehensweisen beim Rechnen, das Verständnis des dezimalen Stellenwertsystems, die Zählkompetenz, das Operationsverständnis und die Mathematisierungsfähigkeit überprüft. Der Test differenziert vor allem im unteren Leistungsbereich und ist speziell für Schüler mit erheblichem Leistungsrückstand entwickelt worden.

Angaben zum Test

Normierung

Auf einem eindimensionalen Raschmodell basierender Grenzwert. N=692 Schüler aus Deutschland und der Schweiz. Alter: 4. Schuljahr (letztes Quartal) bis 8. Schuljahr. Bildung: Alle Schultypen. Geschlecht: Nicht bedeutsam.

Material

Manual, Protokollbögen, Aufgabenhefte; Anschauungsmaterialien: 25 Wendeplättchen, Zwanzigerfeld, Hunderterfeld, Vierhunderterfeld, Hundertertafel, Malwinkel, Hunderterstrahl, Tausenderstrahl. Optional: Aufnahmegerät. Auswertungsprogramm auf CD.

Durchführungsdauer

Die Durchführung dauert zwischen 20 und maximal 45 Minuten. Für die elektronische Auswertung werden ungefähr 5 bis 10 Minuten benötigt.

Testkonstruktion

Design

Aufgabe

Erfasst werden verschiedene Kompetenzbereiche, die sich drei Anforderungsniveaus zuordnen lassen.

1) Zählkompetenz:
   - vorwärts zählen in Zweierschritten,
   - rückwärts zählen in Zehnerschritten,
   - vorwärts zählen in Hunderterschritten.
2) Verständnis Teil-Ganzes:
   - Ergänzungsaufgaben,
   - Textaufgaben.
3) Einsicht in das Dezimalsystem:
   - Bündeln,
   - Entbündeln bzw. Aufbrechen von Kategorien,
   - Zahlenstrahl
   - Stellenwert
4) Mathematisierungsfähigkeit bzw. Problemlösen:
   - Operationsverständnis von Multiplikation und Division,
   - Textaufgaben.
5) Strategieerfassung:
   - Rechenwege bei Additionen, Subtraktionen, Ergänzungsaufgaben, Verdopplungs- und Halbierungsaufgaben, Multiplikationen, Divisionen, halbschriftlichen Additionen und halbschriftlichen Subtraktionen.

Der Test besteht aus verschiedenen Aufgabentypen, die in der qualitativen Auswertung zu den folgenden Bereichen zusammengefasst werden: Addieren, Subtrahieren, Ergänzen, Verdoppeln mit einfachen Zahlen (13 Items), Multiplizieren und Dividieren mit einfachen Zahlen (6 Items), Beziehung Teil-Ganzes (4 Items), Zählen (3 Items), Grundoperationen mit großen Zahlen und Übergängen (7 Items), Mathematisieren und Textaufgaben (5 Items), Dezimalsystem (8 Items inklusive 2 Zahlenstrahlaufgaben). Es wird jedoch nur der Gesamtwert quantitativ bewertet.

Konzept

In Anlehnung an die WHO-Definition von Rechenstörung, die von einer Beeinträchtigung *grundlegender Rechenfertigkeiten* spricht, wird die unterdurchschnittliche Mathematikleistung am Kriterium *nicht erworbener basaler Lernstoff der Grundschule* bzw. *nicht erworbener mathematischer Basisstoff* gemessen. Schülerinnen und Schüler gelten als rechenschwach, wenn sie bezüglich des basalen Lernstoffs große Kenntnislücken aufweisen und den theoretisch und empirisch festgelegten kritischen Wert bzw. den Toleranzbereich nicht erreichen.

Variablen

- Gesamtleistung, differenziert nach drei Anforderungsniveaus (quantitative Auswertung).
- Inhaltlich definierte Kompetenzbereiche (qualitative Auswertung).

Durchführung

Die Aufgaben werden schriftlich in einem Aufgabenheft präsentiert. Aufgabenstellungen und -darstellung sind so gestaltet, dass sie in der Regel mit Hilfe der kurzen Anweisung gelöst werden können. Eine Ausnahme bilden die Aufgaben Operationsverständnis, Zählen in Schritten und Dezimalsystem, wo spezifische mündliche Anweisungen nötig sind. Der Testleiter notiert die Ergebnisse, die Rechenwege und eventuelle Auffälligkeiten im Protokollbogen, in dem auch die Instruktionen zu finden sind. Verschiedene Materialien zur Veranschaulichung werden zur Verfügung gestellt. Es gibt keine Abbruchkriterien und keine Zeitbegrenzungen.

Auswertung

- Quantitative Auswertung der Gesamtleistung: a) Gewertet wird die Summe der richtig gelösten Aufgaben. b) Für einen effizienten Rechenweg beim Kopfrechnen und halbschriftlichen Rechnen werden Zusatzpunkte vergeben. Zur Beurteilung der Rechenwege finden sich im Manual Auswertetabellen mit Beispielen.
  Anhand der erreichten Punktzahl wird bestimmt, ob das Kriterium „mathematischer Basisstoff verstanden" erreicht wurde, der Wert im Toleranzbereich liegt oder das Kriterium nicht erreicht wurde.
- Qualitative Auswertung: Über das auf CD mitgelieferte Auswerteprogramm können die Leistungen nach drei Anforderungsniveaus oder nach Inhaltsbereichen ausgewertet werden.

Normierung   **Stichprobe**
Insgesamt $N = 692$.
324 Schüler aus Deutschland (NRW), 159 Mädchen und 165 Jungen. 4. Schuljahr ($N = 16$), 5. Schuljahr ($N = 121$), 6. Schuljahr ($N = 68$), 7. Schuljahr ($N = 49$), 8. Schuljahr ($N = 70$).
Grundschule ($N = 16$), Hauptschule ($N = 230$), Gesamtschule ($N = 44$), Förderschule Lernen ($N = 34$); ohne Lernschwierigkeiten ($N = 122$) rechenschwach ($N = 164$).
368 Schüler aus der Schweiz, 213 Mädchen und 155 Jungen. 4. Schuljahr ($N = 79$), 5. Schuljahr ($N = 124$), 6. Schuljahr ($N = 91$), 7. Schuljahr ($N = 34$), 8. Schuljahr ($N = 40$).
Primarschule ($N = 240$), Realschule ($N = 52$), Sekundarschule ($N = 16$), Integrationsklasse ($N = 24$), Klasse Lernbehinderte ($N = 36$), ohne Lernschwierigkeiten ($N = 184$), rechenschwach ($N = 185$).

Normen
Auf einem eindimensionalen Raschmodell basierender Cut-off-Wert.
$N = 692$ Schüler aus Deutschland und der Schweiz.
Alter: 4. Schuljahr (letztes Quartal) bis 8. Schuljahr.
Bildung: Alle Schultypen.
Geschlecht: Nicht bedeutsam.

Gütekriterien

Objektivität
Durchführung: Die Durchführungsobjektivität ist durch die wortwörtlichen Instruktionen im Protokollbogen gewährleistet.
Auswertung: Die Auswertung ist durch die detaillierten Auswertetabellen mit Beispielen zu den Rechenwegen zuverlässig möglich. Die Interpretationsobjektivität ist einerseits durch den empirisch und theoretisch festgelegten Grenzwert, andererseits durch die Auswertungsbeispiele gegeben.

Reliabilität
Interne Konsistenz: Cronbachs Alpha: $r = .92$; Split-half-Korrelation mit Testlängenkorrektur: $r = .87$.
Paralleltest-Reliabilität: Keine Paralleltests vorhanden.
Retest-Reliabilität: Nicht durchgeführt.
Weitere Reliabilitätsmaße: keine Angaben

Validität
Konstruktvalidität: Eine explorative Faktorenanalyse mit schiefwinkliger Rotation für ordinale und dichotome Daten ergab 9 Faktoren (Addieren, Subtrahieren, Ergänzen, Verdoppeln mit einfachen Zahlen, Multiplizieren und Dividieren mit einfachen Zahlen, Halbierungsaufgaben, Beziehung Teil-Ganzes, Stufensubtraktionen/Dezimalsystem, Grundoperationen mit großen Zahlen und Übergängen und Mathematisieren/Textaufgaben, Additions- und Subtraktionsaufgaben, die auf Faktor 1 höher laden, Bündeln/Dezimalsystem, Stellentafel/Dezimalsystem), die jedoch nicht als Subskalen zu interpretieren sind.
Konvergente/diskriminante Validität: keine Angaben
Kriteriums- bzw. klinische Validität: Die Korrelation zwischen der Mathematikleistung und der Einschätzung der Lehrkraft beträgt $r = .57$ ($p < .01$). Die auf Grundlage der Lehrereinschätzung berechnete Sensitivität des Tests beträgt 94 % (NRW 93 %, Schweiz 95 %), die Spezifität beträgt 42 % (NRW 20 %, Schweiz 57 %).
Ökologische Validität: keine Angaben

Nebengütekriterien
Akzeptanz: keine Angaben
Transparenz: keine Angaben
Zumutbarkeit: keine Angaben
Verfälschbarkeit: keine Angaben
Störanfälligkeit: keine Angaben

Neuropsychologische Aspekte

Theoretischer Rahmen

Der BASIS-MATH 4-8 geht analog zum ICD-10 von einer vorliegenden Rechenstörung bzw. -schwäche aus, wenn große Lücken im mathematischen Basisstoff der Grundschule zu beobachten sind. Die Autoren kritisieren jedoch die auf dem Diskrepanzkriterium (Mathematikleistung liegt 1.5 Standardabweichungen unter dem IQ) aufbauende Diagnostik und wählen daher einen inhaltlich definierten und empirisch ermittelten Trennwert als Kriterium.

Anwendungsbereiche

Schüler und Schülerinnen Ende der 4. bis zur 8. Klasse mit und ohne Lernschwierigkeiten. Der Test differenziert vor allem im unteren Leistungsbereich und ist speziell für Schüler mit erheblichem Leistungsrückstand entwickelt worden.

Funktionelle Neuroanatomie

keine Angaben

Ergebnisbeeinflussende Faktoren

Bei den Darstellungsformen Tabelle, Stellentafel, Punktdarstellung zum Bündeln und Zahlenstrahl handelt es sich um konventionelle mathematische Darstellungen, wie sie in der Regel in Schulbüchern verwendet werden. Trotzdem muss darauf geachtet werden, dass die Schülerinnen und Schüler mit diesen Darstellungsformen vertraut sind.
Schülerinnen und Schüler mit einer anderen Erstsprache als Deutsch ($N=92$) lösten die Zählaufgaben signifikant schlechter als Lernende mit Erstsprache Deutsch ($z=-3.53$, $p < .05$).

Testentwicklung

Die Konstruktion des BASIS-MATH 4-8 ging von der empirisch belegten Erkenntnis aus, dass in höheren Schuljahren rechenschwache Schülerinnen und Schüler zentrale mathematische Kompetenzen der Grundschulmathematik nicht erworben haben. Der Test ist kein Verfahren, mit dem das Erreichen von bestimmten Lernzielen im Vergleich zur Altersgruppe getestet wird, sondern ein kriteriumsorientiertes Instrument. Es wird überprüft, ob und inwieweit eine Schülerin/ein Schüler den mathematischen Basisstoff beherrscht. Die endgültige Itemauswahl wurde auf der Grundlage der Item-Response-Theorie unter Verwendung eines eindimensionalen Rasch-Modells getroffen. In einem ersten Schritt erfolgte eine Itemanalyse, nach der drei Items aufgrund unbefriedigender Infit-Werte ($1.3 < MNSQ < 0.7$) und/oder unbefriedigender Diskrimination ($< .3$) aus dem Datensatz entfernt wurden. Die beiden Zahlenstrahlitems wurden trotz eher tiefer Trennschärfen aus inhaltlichen Gründen beibehalten. Da nur ein einziges Item eine unterschiedliche Itemfunktion für die Daten aus Deutschland und aus der Schweiz aufwies, wurde die Entscheidung, trotz signifikanter Mittelwertunterschiede (jeweils deutlich höherer Mittelwert in der Schweiz) eine Skala für beide Länder zu erstellen, beibehalten.

Auf der Grundlage der Daten zur Itemschwierigkeit (größere Lücken in der Itemschwierigkeit) und einer inhaltlichen Analyse wurden drei Anforderungsniveaus gebildet: Anforderungsniveau I, Itemschwierigkeit –1.58–0.76: einfache Grundoperationen im Zahlenraum bis 20, einfache Grundoperationen mit Zehner- und Hunderterzahlen, Bündelungsprinzip; Anforderungsniveau II, Itemschwierigkeit 0.83–1.57, Grundoperationen im Zahlenraum bis 1 000, Einsicht in die dezimale Struktur des Zahlensystems im Zahlenraum bis 1 000, Mathematisieren; Anforderungsniveau III, Itemschwierigkeit 1.93–2.84, Einsicht ins Stellenwertsystem, sicherer Umgang mit großen Zahlen, Erkennen von Zahlbeziehungen, (flexibles) Rechnen mit großen Zahlen.

Die Festlegung des kritischen Werts bzw. des Toleranzbereichs erfolgte mittels verschiedener Überlegungen. Erstens wurde festgelegt, welche Aufgaben eine Schülerin/ein Schüler Ende der 4. Klasse erfolgreich lösen sollte, was für alle Aufgaben bis auf 12 der Fall war. Der Grenzwert würde aufgrund dieses Kriteriums (Maximalwert 83 abzüglich 12 Punkten) bei 71 Punkten liegen. Zweitens wurde mit Hilfe der Bookmark-Methode basierend auf der Item-Response-Theorie von drei unabhängigen Expertinnen bestimmt, welche der nach Schwierigkeit geordneten Items von Schülern bzw. Schülerinnen, die den Grenzwert erreichen, noch gelöst werden sollten. Dies würde Grenzwerten zwischen 69 und 70 Punkten entsprechen. Drittens zeigte sich eine hervorragende Übereinstimmung dieser Werte mit dem Grenzwert zwischen Niveau II und Niveau III, welcher ebenfalls bei 70 liegt. Unter Berücksichtigung des Messfehlers ergaben sich folgende Festlegungen: Schülerinnen und Schüler, die 73 oder mehr Punkte erreicht haben, haben das Kriterium *mathematischer Basisstoff verstanden* erreicht. Schülerinnen und Schüler mit 67 bis 73 Punkten liegen im Toleranzbereich. Schülerinnen und Schüler mit weniger als 67 Punkten haben das Kriterium *mathematischer Basisstoff verstanden* nicht erreicht. Eine Teilauswertung ist nur qualitativ möglich, quantitativ wird hingegen nur der Gesamtwert beurteilt. Seit 2016 liegt das Verfahren auch als Gruppentest vor (Moser-Opitz, Freesemann, Grob & Prediger, 2016), für das 4. Quartal der 4. Klasse und das 1. Quartal der 5. Klasse (Testform G4+) sowie für das 4. Quartal der 5. Klasse (Testform G5) dies in zwei Parallelformen jeweils für deutsche und Schweizer Kinder.

Testbewertung

Die Kritik im Überblick

Beim BASIS-MATH 4-8 handelt es sich um ein inhaltlich gut konzipiertes Verfahren, das die Beherrschung des mathematischen Basisstoffs bei Kindern und Jugendlichen ab Ende der 4. Klasse überprüft. Zurzeit ist es der einzige deutschsprachige Test, der es für Schülerinnen und Schüler nach der 6. Klasse erlaubt, inhaltlich die Diagnosekriterien einer Rechenstörung nach ICD-10 zu erheben. Aufgrund der fehlenden Vergleichsmöglichkeit mit Altersnormen oder dem Intelligenzniveau ist es jedoch nicht möglich, die formalen Diagnosekriteren zu erfüllen. Der BASIS-MATH 4-8 erlaubt jedoch den Ausschluss des Vorliegens einer Rechenstörung sowie die Beurteilung eines erhöhten Förderbedarfs im mathematischen Basisstoff.

Testkonstruktion

Testmaterial
Aufgabenheft und Protokollbogen sind übersichtlich gestaltet.

Testdesign
Konzept: Die Auswahl der Aufgaben deckt den mathematischen Basisstoff gut ab und ist inhaltlich hervorragend geeignet zum Ausschluss einer Rechenstörung bzw. zur Feststellung eines erhöhten Förderbedarfs in Mathematik. Zurzeit ist er neben dem BADYS 5-8+ (Merdian, Merdian & Schardt, 2012) der einzige deutschsprachige Test, der inhaltlich die ICD-10 Kriterien zur Diagnose einer Rechenstörung erfüllt und auch noch ab der 7. Klassenstufe verwendet werden kann.
Variablen: Eine quantitative Beurteilung erfolgt lediglich für den Gesamtwert und nur für das Erreichen des Kriteriums „mathematischer Basisstoff verstanden" hinsichtlich der Kategorien „erreicht – Toleranzbereich – nicht erreicht". Kritisch anzumerken ist, dass die Zahlenstrahlaufgaben sowohl durch ihre Konstruktion (Wahlaufgaben mit großteils unplausiblen Ablenkern) als auch durch ihre geringe Anzahl (nur 2) keine aussagekräftige Überprüfung der Größenvorstellung von Zahlen zulassen.
Durchführung: Die Durchführungsobjektivität ist durch wortwörtliche Instruktionen gesichert.
Auswertung: Die Bestimmung des Gesamtwertes – und somit die Beurteilung, ob der mathematische Basisstoff verstanden wurde oder nicht – erfordert lediglich das Zusammenzählen aller Punktwerte. Die Auswertung der Rechenwege erfordert einige Übung, ist jedoch durch die Auswertungstabellen und Beispiele gut nachvollziehbar. Die Zusammenfassung der erreichten Punkte nach inhaltlichen Bereichen

durch das Auswertungsprogramm ist hilfreich bei der qualitativen Ergebnisdarstellung. Im Auswertungsprogramm ist es leider nicht möglich, eine Klassenstufe höher als 8 einzugeben oder eine Option „nicht gekonnt" bei der Bewertung der Rechenwege anzukreuzen.

Normierung

Stichprobe: Bei der Auswahl der Stichprobe wurde darauf geachtet das untere Leistungsniveau gut zu repräsentieren. Dies macht den Test zur Anwendung bei Schülern mit Lernstörungen geeignet. Es wurden jedoch relativ kleine Normstichproben (zu ungefähr gleichen Teilen aus NRW/Deutschland und aus der Schweiz) nur bis zur 8. Klasse erhoben. Da ohnehin nur ein Cut-off Wert für das Kriterium „mathematischer Basisstoff verstanden" gegeben wird, der für alle Altersstufen gilt, ist nicht ersichtlich, warum der Test nicht auch bei älteren Schülern und auch bei Erwachsenen durchführbar sein sollte.
Normen: Es gibt keine Normwerte, was bedeutet, dass die Diagnose einer Rechenstörung nur inhaltlich, nicht jedoch formal durch Überprüfung des Vergleichs der Rechenleistung mit gleichaltrigen Kindern sowie durch Feststellung des IQ-Diskrepanzkriteriums erfolgen kann. Der BASIS-MATH 4-8 erfüllt nicht die formalen Kriterien zur Diagnose einer Dyskalkulie gemäß WHO.

Gütekriterien

Objektivität: Gegeben (siehe oben).
Reliabilität: Gegeben (siehe oben).
Validität: Gegeben (siehe oben).
Nebengütekriterien: Der Test ist durch seine relativ kurze Durchführungsdauer (20–45 Minuten) und die wenigen benötigten Materialien ökonomisch.

Testentwicklung

Die Festlegung des kritischen Werts bzw. des Toleranzbereichs für das Kriterium „mathematischer Basisstoff verstanden" überzeugt dadurch, dass drei verschiedene Überlegungen zu sehr ähnlichen Ergebnissen kamen.
Es ist jedoch kritisch anzumerken, dass aus verschiedenen Gründen ein Nicht-Erreichen dieses Kriteriums die Bestätigung einer Verdachtsdiagnose Rechenstörung nicht erlaubt: Erstens war sowohl das erklärte als auch das erreichte Ziel der Testkonstruktion eine Maximierung der Sensitivität bei Inkaufnahme einer geringeren Spezifität des Tests. Zweitens zeigt sich in der klinischen Praxis, dass Kinder mit

relativ geringer Arbeitsgedächtniskapazität und/oder Aufmerksamkeitsdefiziten häufig zu viele Fehler machen, um das Kriterium zu erreichen, obwohl im gesamten Test keinerlei Verständnisschwierigkeiten zu beobachten sind. Drittens fehlen Normen, die erst die formale Erfüllung der Diagnosekriterien nach ICD-10 erlauben würden.

Die einzelnen Aufgaben sind größtenteils gut gewählt und repräsentieren sehr gut den mathematischen Basisstoff. Eine Ausnahme bilden die beiden Zahlenstrahlaufgaben, welche durch die Art ihrer Konstruktion (Welcher der eingezeichneten Striche gehört zur Zahl x?) und die Wahl der Ablenker (in einem Fall alle kleiner als die Zielzahl, im anderen alle bis auf eine größer als die Zielzahl) keine zuverlässige Aussage über die Qualität der internen Größenrepräsentation von Zahlen erlauben.

Neuropsychologische Aspekte

Theoretischer Rahmen
Der Test wurde nicht vor dem Hintergrund eines neuropsychologischen Modells entwickelt, sondern basiert auf empirischen Befunden zu Schwierigkeiten von Kindern mit Rechenstörungen im mathematischen Basisstoff sowie auf eher pädagogisch orientierten Expertenurteilen zur inhaltlichen Definition des mathematischen Basisstoffs.

Anwendungsbereiche
Der Test ist geeignet zum Ausschluss einer Verdachtsdiagnose Rechenstörung sowie zur Feststellung eines erhöhten Förderbedarfs im mathematischen Basisstoff bei Kindern und Jugendlichen mit und ohne generelle Lernschwierigkeiten ab Ende der 4. Klasse.

Funktionelle Neuroanatomie
keine Angaben

Ergebnisbeeinflussende Faktoren
In der klinischen Praxis hat sich gezeigt, dass vor allem Kinder und Jugendliche mit AD(H)S bzw. mit subklinischen Aufmerksamkeits- und Arbeitsgedächtnisdefiziten häufig das Kriterium „mathematischer Basisstoff verstanden" nicht erreichen, ohne qualitativ auffällige Fehler zu machen oder Verständnisdefizite aufzuweisen. Diese Kinder weisen häufig Gesamtwerte zwischen 55 und 67 Punkten auf. Kinder und Jugendliche mit Verständnisschwierigkeiten hinsichtlich der Grundrechenarten und/oder dem Dezimalsystem erreichen hingegen meistens weniger als 40 Punkte.

Handhabbarkeit und klinische Anwendung

Der Test ist sehr benutzerfreundlich und ökonomisch in der Durchführung. Er ist so konzipiert und entwickelt, dass er auch bei Kindern und Jugendlichen mit generellen Lernschwierigkeiten bzw. unterdurchschnittlichem IQ durchgeführt werden kann. Da wenig Text gelesen werden muss und dieser auch vorgelesen werden kann, sollte eine komorbid vorliegende Lese-Rechtschreib-Störung das Ergebnis nicht negativ beeinflussen. Es ist jedoch zu erwarten, dass Kinder mit Aufmerksamkeitsdefiziten häufig aufgrund erhöhter Fehleranfälligkeit (v. a. Flüchtigkeitsfehler) das Kriterium „mathematischer Basisstoff verstanden" nicht erreichen.

Helga Krinzinger

Rechenfertigkeiten- und Zahlenverarbeitungs-Diagnostikum für die 2. bis 6. Klasse (RZD 2-6)

Claus Jacobs & Franz Petermann

Göttingen: Hogrefe, 2005, 2014

Zusammenfassende Testbeschreibung

Zielsetzung und Operationalisierung

Konstrukte
Erfassung von einzelnen Teilaspekten der mathematischen Kompetenzen (Transkodieren, Zählen, Zahlenstrahl, Mengenschätzen, Größenvergleich, Rechenfertigkeiten, Regelverständnis und Textaufgaben).

Testdesign
Die Testbatterie umfasst 12 Untertests, von denen einige aus mehreren Teilbereichen zusammengesetzt sind, so dass 18 Aufgabenarten zur Prüfung der Rechenfertigkeiten und des basisnumerischen Wissens vorgegeben werden. Die Testbatterie dient zur Abklärung einer vorliegenden Rechenstörung. Dabei wird zwischen Powerleistung (Bearbeitungsgüte) und Speedleistung (Bearbeitungsgeschwindigkeit) unterschieden.

Angaben zum Test

Normierung
Alter: Teststufen: Ende 2. bis Mitte 6. Klasse (N = 497).
Bildung: keine Angaben
Geschlecht: Keine nach Geschlecht getrennte Normierung.

Material
Manual mit Normtabellen, Stimulusblock 1–4, Protokollbögen, Profilbögen getrennt für Teststufe 2/3 und 4/5, Abakus (Zählrahmen), Kompendienband. Optional: Auswertungssoftware.

Durchführungsdauer
30 bis 45 Minuten je nach Teststufe.

Testkonstruktion

Design   **Aufgabe**

Die Testbatterie besteht aus 12 Subtests mit 18 Aufgabenarten, welche im Folgenden kurz beschrieben werden. Nicht alle Subtests werden bei allen Teststufen vorgegeben.

1) Zahlen transkodieren: Im ersten Teil (a) soll das Kind die in arabischer Form abgebildete Zahl vorlesen und im zweiten Teil (b) soll das Kind die vorgelesene Zahl in arabischer Form aufschreiben.

2) Abzählen: Im ersten Teil (a) wird das Kind angewiesen, von dem roten Punkt (hier in der Abb. in hellgrau mit Zahl) ausgehend vorwärts bis zum blauen (hier in der Abb. mittelgrau) zu zählen. Im zweiten Teil (b) des Subtests wird das Kind angewiesen, vom blauen Punkt rückwärts bis zum roten an der Vorlage zu zählen.

 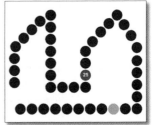

3) Position auf dem Zahlenstrahl: Das Kind wird instruiert, die Position der gesuchten Zahl aus verschiedenen Wahlalternativen zu bestimmen.

4) Mengenschätzen: Das Kind soll schätzen, wie viele Gegenstände auf der kurzzeitig dargebotenen Abbildung zu sehen sind.

5) Kontextbezogene Mengenbewertung: Das Kind soll Mengenangaben in einem Kontext bewerten (viel oder wenig?).
6) Größenvergleich von Zahlen: Im ersten Teil (a) des Subtests werden dem Kind Zahlen in arabischer Form dargeboten und das Kind soll entscheiden, welche der beiden Zahlen größer ist. Im zweiten Teil (b) werden die Items vorgelesen.

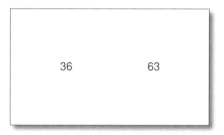

7) Kopfrechnen: Das Kind soll die dargebotenen Aufgaben im Kopf lösen (Präsentation in Blöcken: Additionen (a), Subtraktionen (b), Multiplikationen (c) und Divisionen (d)).

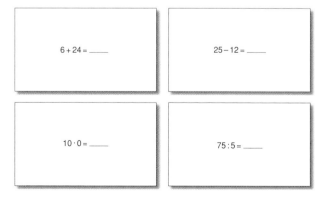

8) Schriftliches Rechnen: Das Kind soll die vorgegebenen Aufgaben auf ein Blatt Papier übertragen und lösen.

$$9\,032 - 904 = \underline{\hspace{1cm}}$$

9) Flexibles Anwenden: Das Kind soll die vorgegebenen Aufgaben im Kopf lösen. Dabei fehlt jeweils ein Rechenzeichen oder eine Zahl.

$$\underline{\hspace{1cm}} - 3 = 5$$

10) Regelverständnis: Das Kind soll Assoziationen zwischen zwei Rechnungen herstellen und entscheiden, ob die obere Aufgabe bei der Lösung der unteren Aufgabe hilft.

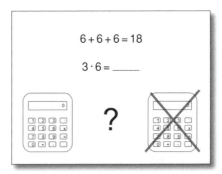

$$6 + 6 + 6 = 18$$

$$3 \cdot 6 = \underline{\hspace{1cm}}$$

11) Zählrahmen: Das Kind soll mit der Hilfe des Abakus (Zählrahmen) die geforderten Aufgaben ablesen oder selbst darstellen.

12) Textaufgaben: Das Kind soll verbal und visuell dargebotene Textaufgaben lösen.

Konzept
Das Ziel des vorliegenden Tests ist eine möglichst differenzierte Erfassung von mathematischen Fertigkeiten und rechnerischen Leistungen im unteren Normbereich. Die Aufgaben wurden in Anlehnung an die diagnostischen Leitlinien der DGKJP (Deutsche Gesellschaft für Kinder- und Jugendpsychiatrie, Psychosomatik und Psychotherapie, 2003) entwickelt.

Variablen
Anzahl richtiger Lösungen und bei Untertests 7a–d, 8, 9 und 12 zudem Bearbeitungszeit der korrekt gelösten Aufgaben in 3-stufiger Kodierung.

Durchführung
Das RZD 2-6 ist ein Einzeltest. Die Aufgaben der jeweiligen Teststufe sollen in der vorgegebenen Reihenfolge durchgeführt werden. Einstiegsitems sind bei jedem Subtest besonders verständlich gestaltet. Instruktionen erfolgen in mündlicher Form und werden wortwörtlich im Manual vorgegeben. Die Darbietungszeiten der einzelnen Aufgaben sind im Manual festgehalten. Die notierten Abbruchkriterien pro Subtest sind einzuhalten.

Auswertung
Pro korrekte Antwort werden 2 bzw. 1 Punkt(e) vergeben, danach werden die Punkte pro Subtest aufaddiert und können in der jeweiligen Normtabelle (Powerleistung) in Prozentränge umgewandelt werden. Bei den Subtests *Kopfrechnen Addition, Kopfrechnen Subtraktion, Kopfrechnen Multiplikation, Flexibles Anwenden* und *Textaufgaben* wird zusätzlich die Verarbeitungsgeschwindigkeit pro Item erhoben. Der durchschnittliche Wert kann danach in der Normtabelle (Speedleistung) in Prozentränge umgewandelt werden. Neben den Subtests kann auch der Gesamtscore in Prozentrangbände mit Hilfe der Tabelle transformiert werden. Pro Teststufe gibt es eigene Normen. Optional: Auswertung mittels Auswertungssoftware.

Normierung   Stichprobe
497 Kinder aus mehreren Schulen in den Bundesländern Bremen und Niedersachsen.

Normen
Alter: Vier Teststufen: Ende 2. bis Mitte 3. Klasse (N = 132); Ende 3. bis Mitte 4. Klasse (N = 90); Ende 4. bis Mitte 5. Klasse (N = 154); Ende 5. bis Mitte 6. Klasse (N = 121).
Bildung: keine Angaben
Geschlecht: Keine geschlechtsspezifische Normierung vorhanden.

Gütekriterien

Objektivität

Durchführung: Durch die detaillierten Instruktionen sei die Durchführungsobjektivität gesichert.

Auswertung: Die Auswertungsobjektivität ist durch die genauen Angaben von Bewertungskriterien und die übersichtlichen Normtabellen gegeben.

Reliabilität

Interne Konsistenz: Es wird ein Cronbachs Alpha nach Power- und Speedkomponente und getrennt nach Teststufen angegeben. Bei der Powerkomponente findet man ein Cronbachs Alpha von .91 (Teststufe 2), .95 (Teststufe 3), .90 (Teststufe 4) und .89 (Teststufe 5). Bei der Speedkomponente findet man ein Cronbachs Alpha von .90 (Teststufe 2), .95 (Teststufe 3), .92 (Teststufe 4) und .89 (Teststufe 5).

Paralleltest-Reliabilität: keine Angaben

Retest-Reliabilität: keine Angaben

Weitere Reliabilitätsmaße: keine Angaben

Validität

Konstruktvalidität: Nach Hauptkomponentenanalyse ergab sich stets ein dominanter Faktor für jede Teststufe. Dieser Hauptfaktor weist darauf hin, dass es sich im Prinzip um summierbare Konstrukte handelt.

Konvergente/diskriminante Validität: Zum Normierungsbeginn war kein weiterer vergleichbarer Rechentest verfügbar.

Kriteriums- bzw. klinische Validität: Es wurden mittlere bis hohe Korrelationen zwischen dem Elternurteil und der Testleistung (Powerkomponente) gefunden (Teststufe 2: $r=-.439$, Teststufe 3: $r=-.525$, Teststufe 4: $r=-.422$ und Teststufe 5: $r=-.379$). Zusätzlich wurden niedrige bis hohe Korrelationen zwischen dem Lehrerurteil (aktuelle Mathenote) und der Testleistung gefunden (Teststufe 2: $r=-.434$, Teststufe 3: $r=-.599$, Teststufe 4: $r=-.161$ und Teststufe 5: $r=-.373$). Die niedrige Korrelation in der Teststufe 4 wird von den Autoren mit dem Wechsel auf verschiedene weiterführende Schulen zu diesem Zeitpunkt und einer mangelnden Kenntnis der Leistungen der Schüler durch den neuen Lehrer erklärt.

Ökologische Validität: keine Angaben

Nebengütekriterien

Akzeptanz: keine Angaben

Transparenz: keine Angaben

Zumutbarkeit: Da sich die Testdauer über maximal eine Schulstunde erstreckt, ist die Zumutbarkeit für die Testpersonen gegeben.

Verfälschbarkeit: keine Angaben

Störanfälligkeit: keine Angaben

Neuropsychologische Aspekte

Theoretischer Rahmen keine Angaben

Anwendungsbereiche Der Test ist für die Diagnostik von Rechenstörungen konzipiert. Neben einer Aussage zum Vorliegen einer umschriebenen Rechenstörung, kann dieses Diagnostikum auch Hinweise auf das Vorliegen möglicher weiterer Teilleistungsstörungen geben.

Funktionelle Neuroanatomie keine Angaben

Ergebnisbeeinflussende Faktoren keine Angaben

Testentwicklung

Der Test basiert auf praktischen Erfahrungen aus der Kinderambulanz der Universität Bremen und arbeitet verschiedene gängige Modellvorstellungen ein. Die Ausarbeitungen entstammen zum größten Teil der Dissertation des Erstautors Claus Jacobs. Die Aufgaben wurden in Anlehnung an die diagnostischen Leitlinien der DGKJP (2003) entwickelt und basieren auf einer kognitionspsychologischen Grundlage.
In der 2. Auflage wurden die Durchführungs- und Auswertungsanweisungen präzisiert und ergänzt, Fallstudien zur Erleichterung der Interpretation dargestellt sowie der theoretische Hintergrund aktualisiert.

Testbewertung

Die Kritik im Überblick Der RZD 2-6 war eines der ersten Testverfahren, das sich der Rechenschwäche auch über die Volks- bzw. Grundschule hinaus gewidmet hat. Er ist daher für viele Praktiker ein lang erwartetes Instrument. Leider weist die Dyskalkulie-Forschung noch sehr viele offene Fragen auf, vor allem fehlt noch immer ein evaluiertes neuropsychologisches Modell der Zahlenverarbeitung bei Kindern. Es gibt erst kleinere Modelle, die sich mit Teilaspekten befassen (Krajewski, 2008; Fritz & Ricken, 2008). Viele Studien stützen sich auf Erwachsenen-Modelle, die nicht immer auf die kindliche Entwicklung adaptiert werden können. Es ist anzunehmen, dass aus diesen Gründen die Autoren darauf verzichtet haben, eine theoretische Basis vorzustellen. Viel mehr orientieren sich die Autoren an den diagnostischen Leitlinien der DGKJP (2003) und ordnen jedem Kriterium einen Subtest zu. Daher stellt der Test eine Sammlung von einzelnen Subtests dar, die weder theoretisch noch statistisch (zum Beispiel durch Varianzanalyse) zu einem Gerüst zusammengeführt wurden. Zusätzlich werden dem Benutzer kaum Hilfestellungen bei der Interpretation der Ergebnisse gegeben. Es wäre wichtig, vor allem bei den Subtests *Positionen auf dem Zahlenstrahl, Kopfrechnen* (alle), *schriftliches Rechnen, Zählrahmen* und *Textaufgaben,* die unten genannten Überlegungen (siehe Variablen) einzubeziehen. Wichtig ist auch zu beachten, dass der Test nur im unteren Leistungsbereich differenziert (wie auch die Autoren betonen). Aus der praktischen Erfahrung heraus ist eine ausreichend stabile Diagnostik am Ende der fünften und in der sechsten Schulstufe eher nicht gegeben (eine leichte oder mittlere Ausprägung der Dyskalkulie könnte nicht mehr erkannt werden). Die Aufgaben sind sehr leicht und die Kinder haben bereits kompensatorische Strategien entwickelt, um bei der Powerleistung gut genug abzuschneiden (Berechnungen der Itemschwierigkeiten, Trennschärfe wurden leider nicht angeführt). So können auch noch zählende Rechner mit Hilfe der Finger zum korrekten Ergebnis kommen. Hier wäre eine Messung der Speedleistung, die nicht auf Itemebene passiert, sinnvoller.

Testkonstruktion

Testdesign

Konzept: Kein explizit neuropsychologisches Verfahren. Die Autoren bauen auf kognitionspsychologischer Grundlage auf. Man findet leider im Manual der 1. Auflage keine theoretische Hintergrundinformation, aus der man die theoretischen Überlegungen der Autoren nachvollziehen könnte.

Variablen: Bei der Aufgabe *Positionen auf dem Zahlenstrahl* (Subtest 3) wird erklärt, dass ein Teil der Kinder eine Links-Rechts-Ausdehnung und der andere Teil eine Rechts-Links-Ausdehnung bevorzugen. Aus diesem Grund werden beide verwendet. Aus praktischer Erfahrung muss ich dazu anmerken, dass die Rechts-Links-Orientierung für die meisten Kinder sehr verwirrend ist. Auch die Forschungsergebnisse in diesem Bereich konnten in verschiedenen Designs zeigen, dass eine Links-Rechts-Orientierung in unserer Kultur durch die Leserichtung von links nach rechts gegeben ist (Shaki, Fischer & Petrusic, 2009).

Bei den Subtests 7a–7d und Subtest 8 wäre es notwendig, dem Leser noch mehr Informationen zur qualitativen Analyse zu liefern. So wäre es bei den Kopfrechnungen notwendig, die verwendete Strategie zu analysieren: Kann das Kind bereits die Fakten abrufen, oder muss es noch zählend zum Ergebnis kommen? Die gemessene Speedleistung könnte Hinweise für die falsche Strategie liefern. Dies ist aber nicht ausreichend. Erstens fließen nur die Zeiten der korrekt gelösten Aufgaben in die Auswertung ein (es kann sein, dass die einzigen zwei korrekten Aufgaben bereits mit Abruf gelöst werden konnten) und zweitens sind zählende Rechner nicht selten so geübt, dass sie sehr schnell die einfachen Aufgaben auf diesem Wege lösen können (aber mit einer unreifen Strategie). Auch bei den mehrstelligen Zahlen wären konkrete Hinweise für eine qualitative Fehlerauswertung für den Benützer sehr hilfreich.

Bei der Aufgabe *Zählrahmen* haben viele Kinder (auch unauffällige) Schwierigkeiten beim Befolgen der Anweisungen. In vielen Schulen werden Perlenketten oder andere Anschauungsmaterialien mit zwei Farbunterscheidungen verwendet. Dabei wird den Kindern klar gemacht, dass es sich um zwei „Fünfer"-Gruppierungen handelt. Aufbauend auf diesen Erkenntnissen zählen manche Kinder die Perlen gar nicht mehr, was zu falschen Lösungen führen kann.

Die Textaufgaben werden zwar verbal und visuell präsentiert, die Frage ist aber, ob das ausreicht, um eine komorbide Legasthenie zu kontrollieren. Diese liegt laut Literatur zwischen 43–64 % (Badian, 1983; Lewis, Hitsch & Walker, 1994). Daher ist besonders darauf zu achten, dass die Kinder mit Legasthenie nicht aufgrund ihrer mangelnden Leseleistungen in diesem Subtest schlecht abschneiden. Ein weiteres Problem der Textaufgaben ist es, dass sie eine Vielzahl von anderen Teilleistungen erfordern, um gelöst werden zu können (zum Beispiel sind neben den Lesekompetenzen noch das Leseverständnis, Sprachverständnis generell, Wortschatz, Arbeitsgedächtnis und Konzentration, ausreichende Planung und gutes Vorstellungsvermögen notwendig). Daher ist es bei Nichtlösen der Aufgabe schwierig zu sagen, dass das Kind basisnumerische bzw. rechnerische Probleme ausweist.

Normierung

Stichprobe: Die Normierung wurde leider nur in zwei deutschen Bundesländern erhoben. Die Autoren beschreiben, dass das soziale Umfeld bei der Auswahl der Stichprobe berücksichtigt wurde, nennen aber keine konkrete Vorgehensweise oder Zahlen. Die insgesamt 497 Kinder werden auf vier Teststufen aufgeteilt, wobei in Teststufe 3 nur 90 Kinder getestet wurden.

Gütekriterien

Objektivität: Die Zeitmessung pro Item gestaltet sich eher schwierig. Man braucht viel Übung. Bei manchen Items werden Zeiten unter 3 Sekunden für die volle Punktzahl benötigt. Da kann es durch eine unsachgemäße Messung schnell zu Fehlern (bzw. zur Unterschätzung) kommen.

Reliabilität: Mit Cronbachs Alpha zwischen .89 und .95 gut.

Validität: Die Augenscheinvalidität ist gegeben, aber die Kriteriumsvalidität mit Hilfe der Schulnoten zu wählen, ist nicht überzeugend. Da es sich um keinen curricularen Test handelt, sondern die basisnumerischen Fertigkeiten gemessen werden, überrascht die berichtete hohe Korrelation mit der aktuellen Mathenote. Gerade in den höheren Stufen würde man diese nicht zwingend erwarten. Die Autoren verzichten auf eine Kreuzvalidierung mit einem anderen Rechentest. Eine Abgrenzung zu anderen Fähigkeiten und Fertigkeiten (wie zum Beispiel Intelligenz) wäre aber zu empfehlen.

Testentwicklung

Die Autoren sprechen von einzelnen Teilaspekten der mathematischen Kompetenzen. Aus diesem Grund wäre es sinnvoll gewesen, diese über eine Faktorenanalyse zu analysieren.

Neuropsychologische Aspekte

Theoretischer Rahmen

Die Aufgaben wurden in Anlehnung an die diagnostischen Leitlinien der DGKJP (2003) entwickelt und basieren auf einer kognitionspsychologischen Grundlage. Auf streng neuropsychologische Theorien wird im Manual nicht eingegangen. Der Testanwender ist damit auf sich gestellt, wenn er das Verfahren im klinisch neuropsychologischen Kontext einsetzen und interpretieren möchte.

Handhabbarkeit und klinische Anwendung

Mangelnde Hilfestellungen bei der Interpretation der Ergebnisse, nur ein paar Teilaspekte werden herausgegriffen.

Silvia Pixner

Test zur Erfassung numerisch-rechnerischer Fertigkeiten vom Kindergarten bis zur 3. Klasse (TEDI-MATH)

Liane Kaufmann, Hans-Christoph Nuerk, Martina Graf, Helga Krinzinger, Margarete Delazer & Klaus Willmes

Bern: Huber, 2009

Zusammenfassende Testbeschreibung

Zielsetzung und Operationalisierung	**Konstrukte** *Zahlenverarbeitung und Rechnen.*

Testdesign

Multikomponententest mit insgesamt 28 Untertests, die in altersabhängig unterschiedlichen Kombinationen angewendet werden: Zählaufgaben so weit zählen wie möglich, mit verschiedenen Start-, End- und Zählschrittvorgaben.

Entscheidungsaufgaben (unter visueller und auditiver Vorgabe Entscheidungen und Vergleiche.)

Aufgaben zum dekadischen Positionssystem: Repräsentation mit Stäbchen (Pakete mit jeweils 10 Stäbchen), Repräsentation mit Plättchen (Plättchen haben unterschiedliche Werte: 1 €, 10 € und 100 €), Erkennen der Einer-, Zehner- oder Hunderter-Stelle.

Transkodierungsaufgaben,

Aufgaben zur Beurteilung der numerischen Größe,

Mengenvarianzaufgaben,

Aufgaben zur Numerischen Inklusion,

Aufgaben zur Additiven Zerlegung,

Rechenoperationen,

Kenntnisse arithmetischer Konzepte und

Schätzen

Angaben zum Test	**Normierung** *N = 873 deutsch-sprachige Kinder mit jeweils etwa 100 Kindern pro Halbjahres-Klassenstufe vom 2. Halbjahr des vorletzten Kindergartenjahres bis zum 1. Halbjahr der 3. Grundschulklasse, im Alter zwischen 4 und 8 Jahren; 437 Jungen und 448 Mädchen.*

Alter: 8 Altersgruppen mit jeweils N = 100.
Bildung: Keine Angaben zum soziodemographischen Hintergrund der Eltern.
Geschlecht: Geschlechtskorrigierte Rohwerte für fünf Untertests der Kernbatterie.

Material

Manual, Stimulusbuch A, B, C, 10 Protokollbogen, je 5 Profilbögen, Briefumschlag mit Kartonpapier und Karton-Sichtblende, Stimulusmaterial (50 Stäbchen, 15 große Plättchen, 15 mittelgroße Plättchen, 35 kleine Plättchen, Kartenset, Plättchenbrett und Box) und Koffer.

Durchführungsdauer

Die Gesamtbatterie dauert im Durchschnitt 30 Minuten für Kindergartenkinder und 70 Minuten für Schulkinder. Die Durchführungszeit für die Kernbatterie beträgt maximal 45 Minuten. Die quantitative Auswertung dauert ca. 15 Minuten.

Testkonstruktion

Design **Aufgabe**

Es ist möglich, die Gesamtbatterie oder die Kernbatterie durchzuführen. Letztere reicht für die Diagnosestellung einer Dyskalkulie aus; die Gesamtbatterie liefert zusätzliche Informationen für die Förderplanung. Insgesamt existieren 28 Untertests, die je nach Alter eingesetzt werden.

1. Zählprinzipien (kein Material).
   1.1 So weit zählen wie möglich [1 Aufgabe].
   1.2 Zählen mit einer Obergrenze: Bis 9 und bis 6 zählen [2 Aufgaben].
   1.3 Zählen mit einer Untergrenze: Beginnend ab 3 und ab 7 zählen [2 Aufgaben].
   1.4 Zählen mit Ober- und Untergrenze: Von 5 bis 9 und von 4 bis 8 [2 Aufgaben].
   1.5 Weiterzählen: Beginnend bei 8 fünf Schritte weiterzählen, beginnend bei 9 sechs Schritte weiterzählen [2 Aufgaben].
   1.6 Rückwärts zählen: Beginnen bei 7 und 15 [2 Aufgaben].
   1.7 Zählen in Schritten: In Zweier- und in Zehnerschritten zählen [2 Aufgaben].
   [Bestandteil der Kernbatterie im vorletzten Kindergartenjahr 2. Halbjahr bis 1. Klasse 2. Halbjahr.]

2. Abzählen:
   - Tiere zählen, verschiedene Rückfragen (Stimulusbuch A, Kartonpapier) [5 Aufgaben].
   - Gleich viele Plättchen sollen auf das Papier gelegt werden (Plättchen-Brett mit 7 aufgeklebten Plättchen, 15 mittelgroße Plättchen, Kartonpapier) [1 Aufgabe].
   - Schneemänner werden mit Hüten auf den Tisch gelegt, Sichtblende wird davor gestellt und anschließend werden die Hüte entfernt, danach wird die Sichtblende entfernt, es soll gesagt werden, wie viele Hüte der Testleiter in der Hand hält (5 Karten mit Schneemännern, 5 Karten mit Hüten, Karton-Sichtblende) [1 Aufgabe].
   [Bestandteil der Kernbatterie im vorletzten Kindergartenjahr, 2. Halbjahr bis letztes Kindergartenjahr, 2. Halbjahr.]
3. Entscheidung arabische Zahl: Entscheiden nach visueller Darbietung, ob eine arabische Zahl vorliegt ja/nein (Stimulusbuch B) [8 Aufgaben].
   [Bestandteil der Kernbatterie im vorletzten Kindergartenjahr, 2. Halbjahr bis letztes Kindergartenjahr 2. Halbjahr.]
4. Größenvergleich arabische Zahlen: Entscheiden nach visueller Darbietung, welche von zwei Zahlen größer ist (Stimulusbuch B) [18 Aufgaben].
   [Bestandteil der Kernbatterie in der 1. Klasse, 1. Halbjahr, bis 3. Klasse 1. Halbjahr.]
5. Entscheidung Zahlwort: Auditive Vorgabe, entscheiden, ob ein Zahlwort vorliegt ja/nein [12 Aufgaben].
   [Bestandteil der Kernbatterie im vorletzten Kindergartenjahr, 2. Halbjahr bis letztes Kindergartenjahr, 2. Halbjahr].
6. Entscheidung Zahlwortsyntax: Auditive Vorgabe, entscheiden, ob eine Zahlwortsyntax vorliegt ja/nein [12 Aufgaben].
7. Größenvergleich Zahlwörter: Auditive Vorgabe zweier Zahlen, die größere Zahl soll genannt werden [21 Aufgaben].
   [Bestandteil der Kernbatterie in der 1. Klasse, 1. Halbjahr bis 3. Klasse, 1. Halbjahr.]
8. Dekadisches Positionssystem – Repräsentation mit Stäbchen: Wenn ich X Pakete nehme, wie viele Stäbchen sind das? [3 Aufgaben]; Wenn ich X Stäbchen habe, wie viele Pakete und wie viele einzelne Stäbchen liegen vor? [4 Aufgaben]; Wenn ich X Stäbchen habe und X abgeben möchte, muss ein Paket geöffnet werden? [4 Aufgaben] (Pakete mit jeweils 10 Stäbchen)

9. Dekadisches Positionssystem – Repräsentation mit Plättchen: Plättchen haben unterschiedlichen Wert (1 €, 10 € und 100 €), bestimmter Wert soll gegeben werden (35 kleine Plättchen, 15 mittelgroße Plättchen, 15 große Plättchen) [10 Aufgaben].
   [Bestandteil der Kernbatterie in der 2. Klasse, 1. Halbjahr bis 3. Klasse, 1. Halbjahr.]
10. Dekadisches Positionssystem: Erkennen der Einer-, Zehner- oder Hunderter-Stelle (Stimulusbuch A) [15 Aufgaben, jeweils 5].
11. Transkodieren: Zahlen schreiben nach Diktat (weißes Blatt, Bleistift): [28 Aufgaben].
   [Bestandteil der Kernbatterie in der 1. Klasse, 1. Halbjahr bis 3. Klasse, 1. Halbjahr.]
12. Transkodieren: Zahlen lesen (Stimulusbuch B) [28 Aufgaben].
   [Bestandteil der Kernbatterie in der 1. Klasse, 1. Halbjahr bis 3. Klasse, 1. Halbjahr.]
13. Ordnen nach numerischer Größe: Karten mit Bäumen ordnen [1 Aufgabe].
14. Ordnen nach numerischer Größe: Karten mit Zahlen ordnen [1 Aufgabe].
15. Klassifizieren nach numerischer Größe: Karten mit verschiedenen Zeichen sollen so sortiert werden, dass die, die numerisch zusammen gehören, auf einem Stapel liegen (9 Karten mit verschiedenen Symbolen, 9 Karten mit Kreuzen, Stoppuhr) [1 Aufgabe].
16. Mengenvarianz: Beurteilen, wer mehr Plättchen hat, danach Veränderung der Anordnung, erneute Beurteilung erforderlich (12 mittelgroße Plättchen) [2 Aufgaben].
17. Numerische Inklusion: Sechs Plättchen werden in den Briefumschlag gesteckt, Entscheidung mit Begründung, ob genug Plättchen vorhanden sind, wenn man eine bestimmte Anzahl aus dem Umschlag haben möchte (15 mittelgroße Plättchen, Briefumschlag) [3 Aufgaben].
18. Additive Zerlegung: Eine Menge an Schafen soll aufgeteilt werden auf zwei Weiden (Stimulusbuch C) [6 Aufgaben].

[Bestandteil der Kernbatterie im letzten Kindergartenjahr, 2. Halbjahr bis 3. Klasse, 1. Halbjahr.]

19. Rechnen mit Objektabbildungen: Addition und Subtraktion mit visueller Unterstützung (Stimulusbuch C) [6 Aufgaben].

[Bestandteil der Kernbatterie im vorletzten Kindergartenjahr, 2. Halbjahr bis letztes Kindergartenjahr, 2. Halbjahr.]

20. Addition (Stimulusbuch C, Stoppuhr) [18 Aufgaben].

[Bestandteil der Kernbatterie im letzten Kindergartenjahr, 2. Halbjahr bis 1. Klasse, 2. Halbjahr.]

21. Unvollständige Addition: Ergebnis ist vorhanden, erster oder zweiter Summand muss bestimmt werden (Stimulusbuch C, Stoppuhr) [4 Aufgaben].

22. Subtraktion (Stimulusbuch C, Stoppuhr) [15 Aufgaben].

[Bestandteil der Kernbatterie in der 1. Klasse, 1. Halbjahr bis 3. Klasse, 1. Halbjahr.]

23. Unvollständige Subtraktion: Ergebnis ist vorhanden, Minuend oder Subtrahend muss bestimmt werden. (Stimulusbuch C, Stoppuhr)

24. Multiplikation (Stimulusbuch C, Stoppuhr) [14 Aufgaben].

[Bestandteil der Kernbatterie in der 1. Klasse, 2. Halbjahr bis 3. Klasse, 1. Halbjahr.]

25. Textaufgaben: Aufgaben zur Addition und Subtraktion werden vorgelegt und vorgelesen (Stimulusbuch C) [12 Aufgaben].

[Bestandteil der Kernbatterie im letzten Kindergartenjahr, 2. Halbjahr bis 3. Klasse, 1. Halbjahr.]

26. Kenntnisse arithmetischer Konzepte: Präsentation von 2 Aufgaben, Entscheidung mit Begründung, ob die eine Aufgabe bei der Lösung der anderen helfen kann, ohne auszurechnen (Stimulusbuch C) [8 Aufgaben].

[Bestandteil der Kernbatterie in der 1. Klasse, 2. Halbjahr bis 3. Klasse, 1. Halbjahr.]

27. Approximativer Größenvergleich – Punktmengen: Präsentation von 2 Punktmengen, welche der beiden Punktmengen ist größer (Stimulusbuch C, Kartonpapier) [6 Aufgaben].

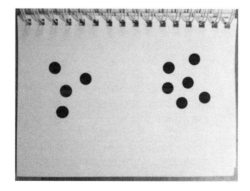

28. Approximativer Größenvergleich – numerische Distanz: Präsentation von 3 Zahlen, welche der beiden unteren Zahlen liegt näher an der oberen Zahl (Stimulusbuch C, Kartonpapier) [12 Aufgaben].

Konzept

Der TEDI-MATH überprüft numerisch-rechnerische Fähigkeiten basierend auf modernen kognitionspsychologischen und neurowissenschaftlichen Verarbeitungsmodellen der Zahlenverarbeitung und des Rechnens (vgl. Fodor, 1983; Karmiloff-Smith, 1997). Mittels eines Gesamtwerts ist es möglich festzustellen, ob eine Dyskalkulie vorliegt. Des Weiteren können standardisiert Zahlenverarbeitung und Rechnen überprüft werden, sowie eine psychometrisch abgesicherte Verlaufsdiagnostik erstellt werden.

Variablen

Anzahl der richtigen Lösungen, Bearbeitungszeit bei vier Subtests.

Durchführung

Die Instruktionen liegen dem Untersucher im Protokollbogen schriftlich vor und werden dem Probanden vorgelesen, unter Berücksichtigung einer natürlichen Untersuchungssituation. Zusätzlich gibt es Hinweise für den Untersucher, wie die Aufgabe durchzuführen ist.
Beispiel: „Ich zeige dir nun ein Blatt mit Punkten. Bitte schaue sie dir genau an und sage mir dann, auf welcher Seite mehr Punkte sind: hier oder da?" – Zeigen Sie jedes Blatt nur für 1 Sekunde!
Rückmeldungen dürfen nicht gegeben werden, lediglich motivierende Äußerungen dürfen erfolgen, für einige Subtests liegen Abbruchkriterien vor (Subtest 4 bis 7, 9 11, 12, 15, 16, 20, 22, 24 bis 26).
Der Test wird als Einzeltest durchgeführt.

Auswertung

Bestimmung der Summe der richtig gelösten Aufgaben. Bei einigen Untertests sind hier geschlechtskorrigierte Rohwerte zu beachten. Diese Werte werden in den Profilbogen übertragen, und mit Hilfe von Tabellen aus der Handanweisung werden Prozentränge und C-Werte – letztere nur für die Kernbatterie – ermittelt, die ebenfalls übertragen werden. Zusätzlich können Prozentränge und C-Werte für die Bearbeitungszeiten der Subtests 21 bis 24 bestimmt werden. Zur Berechnung des Gesamtwerts werden die C-Werte aller Untertests der Kernbatterie aufsummiert. Hierbei bleiben allerdings die C-Werte der Bearbeitungszeiten unberücksichtigt.
Für diese C-Werte können dann wiederum Prozentränge, T-Werte und tau-normierte T-Werte im Manual nachgeschlagen werden.
Die 90 % – Konfidenzintervalle werden bestimmt, indem mittels der Tabelle die halbe Intervallbreite für den jeweiligen C- oder T-Wert nachgeschlagen wird und dieser einmal addiert und einmal subtrahiert wird, so dass die wahre normierte Testleistung bestimmt werden kann.

Zahlenverarbeitungs- und Rechenleistung können zudem mit Hilfe „kritischer Differenzen", d. h. der Differenz der tau-normierten T-Werte der beiden Komponenten, verglichen werden.

Alle ermittelten Normwerte können graphisch in einer Tabelle veranschaulicht werden, so dass direkt erkennbar ist, in welchen Untertests das Kind durchschnittliche Leistungen aufweisen kann.

Normierung **Stichprobe**

873 deutschsprachige Kinder aus regulären Kindergärten und Grundschulen, d. h. ohne sonderpädagogischen Bedarf.

Normen

Alter: Kinder im Alter von vier bis acht Jahren.
Vorletztes Kindergartenjahr, 2. Halbjahr $N=126$,
letztes Kindergartenjahr, 1. Halbjahr $N=115$,
letztes Kindergartenjahr, 2. Halbjahr $N=117$,
1. Klasse, 1. Halbjahr $N=104$,
1. Klasse, 2. Halbjahr $N=100$,
2. Klasse, 1. Halbjahr $N=104$,
2. Klasse, 2. Halbjahr $N=103$,
3. Klasse, 1. Halbjahr $N=104$.
Bildung: Keine Angaben zum soziodemographischen Hintergrund der Eltern.
Geschlecht:
geschlechtsspezifische Rohwerte für die Untertests 4., 7., 9., 11. + 12.

Gütekriterien **Objektivität**

Durchführung: Es finden sich explizite Angaben sowohl im Handbuch als auch auf den Protokollbögen.
Auswertung: Aufgrund der Bewertungskriterien für jeden Untertest, der detaillierten Beschreibung zum Vorgehen bei der Auswertung und der übersichtlichen Normtabellen kann von einer guten Auswertungsobjektivität ausgegangen werden.

Reliabilität

Interne Konsistenz: Cronbachs alpha: $r=.58$ bis $r=.89$.
Testhalbierungs-Reliabilität: $r=.84$ bis $r=.98$.
Paralleltest-Reliabilität: Keine Paralleltests vorhanden.
Retest-Reliabilität: Koeffizienten zwischen .57 und .92 für Kinder ab Einschulung bis zum 1. Halbjahr der 2. Klasse; Kinder im vorletzten Kindergartenjahr ($N=28$) $r=.23$; Testabstand ca. 6 Monate.

Validität

Konstruktvalidität: keine Angaben
Konvergente/diskriminante Validität: keine Angaben

Kriteriums- bzw. klinische Validität: Als externe Validierungskriterien diente das Lehrerurteil (entspricht der Mathematiknote) – sofern noch keine offizielle Notengebung üblich war oder das Kind sich im Kindergarten befand, wurden die Lehrer/Erzieher gebeten, die Kinder anhand der üblichen Notenskala einzuschätzen – und die Selbsteinschätzung der Kinder ab Einschulung mittels FRA (Fragebogen für Rechenangst; Krinzinger et al., 2007).

Korrelationen zwischen dem TEDI-MATH und der Fremdeinschätzung vor der Einschulung sind niedrig bis sehr niedrig mit Koeffizienten zwischen –.15 und –.35.

Korrelationen zwischen dem TEDI-MATH und der Fremdeinschätzung nach der Einschulung sind mittelgradig bis hoch mit Koeffizienten zwischen –.37 und –.73.

Korrelationen zwischen dem TEDI-MATH und der Selbsteinschätzung der Rechenleistungen zeigen Werte um $r=.40$ mit Ausnahme einer nicht signifikanten Korrelation für das 2. Halbjahr der 1. Klasse.

Das Lehrerurteil korreliert höher mit dem TEDI-MATH als die Selbsteinschätzung der Rechenleistung.

Korrelationen zwischen dem TEDI-MATH und der Selbsteinschätzung in Bezug auf die beiden Parameter Traurigkeit und Sorge bei schlechter Rechenleistung sind weitgehend nicht signifikant von Null verschieden.

Korrelationen zwischen dem TEDI-MATH und der Selbsteinschätzung in Bezug auf den Parameter Einstellung zum Rechnen erreichen einen maximalen Wert von 0.37.

Ökologische Validität: keine Angaben

Nebengütekriterien
Nebengütekriterien wurden im Handbuch nicht diskutiert.

Neuropsychologische Aspekte

Theoretischer Rahmen Unter Bezug auf neuropsychologische Modelle der Zahlenverarbeitung, insbesondere das Triple-Code-Modell von Dehaene (1992, 1999), wird der theoretische Rahmen skizziert.

Anwendungsbereiche Der TEDI-MATH ist ein Individualtest, der vorwiegend im mittleren und unteren Leistungsbereich gut differenziert. Aus diesem Grund eignet er sich für die Diagnosestellung einer eventuell vorliegenden Dyskalkulie sowie zur Therapieplanung basierend auf dem individuellen Leistungsprofil. Er kann vom zweiten Halbjahr des vorletzten Kindergartenjahres bis zum ersten Halbjahr der dritten Grundschulklasse eingesetzt werden.

Funktionelle Neuroanatomie Untersuchungsergebnisse aus der Literatur werden dahingehend zusammengefasst, dass die Studienlage hinsichtlich relevanter Hirnregionen noch nicht eindeutig ist.

Ergebnis-
beeinflussende
Faktoren

Die standardisierte Testanweisung, die exakt beschriebenen Umgebungsbedingungen, die Bewertungs- und Abbruchkriterien sowie die Hinweise zum Umgang bei Schwierigkeiten im Rahmen des Aufgabenverständnisses minimieren Einschränkungen bei der Testdurchführung. Andere ergebnisbeeinflussende Faktoren können während des Tests in dem Feld Beobachtungen notiert werden.

Testentwicklung

Beim TEDI-MATH handelt es sich um eine Übersetzung und empirische Überarbeitung des Tests „Diagnostique des Compétences de Base en Mathématiques" (Van Nieuwenhoven, Grégoire & Noël, 2001); wovon auch eine flämische (Grégoire, Van Nieuwenhoven & Noël, 2004) und eine spanische (Van Nieuwenhoven, Noël & Grégoire, 2005) Fassung existieren. Im Original werden die Subtests, basierend auf inhaltlichen Überlegungen, zu 12 Bereichen zusammengefasst (Zählen, Abzählen, Arabisches Zahlensystem, Verbales Zahlensystem, Dekadisches Positionssystem, Transkodieren, Logisches Denken, Rechnen mit Vorstellungshilfen, Rechnen mit arithmetischen Zeichen, Rechnen mit auditiver Präsentation, konzeptuelles Verständnis und Größenschätzung) ohne diese Einteilung jedoch psychometrisch zu überprüfen. In der deutschen Fassung erfolgt, empirisch gestützt, eine Unterscheidung zwischen nur zwei Komponenten. Die Ergebnisse eines nicht-metrischen multidimensionalen Skalierungsverfahrens (Faceted Smallest Space Analysis [FSSA]) stützen die Unterteilung in eine Zahlenverarbeitungs- und eine Rechenkomponente ab Einschulung. Des Weiteren muss der Test im Vergleich zur Originalversion nicht mehr vollständig durchgeführt werden, um die Diagnose Dyskalkulie zu stellen, sondern die Durchführung einer Kernbatterie ist ausreichend.

Testbewertung

Die Kritik im
Überblick

Der TEDI-MATH orientiert sich am aktuellen Stand der kognitionspsychologischen und neurowissenschaftlichen Forschung. Aufgrund der umfangreichen Normierungsstichprobe, geschlechtsspezifischen Normwerten und Werten zu kritischen Differenzen sowie halbjährlich vorliegenden Normwerten erscheint das Testverfahren für das Ziel einer Diagnosestellung hinsichtlich einer Dyskalkulie gut geeignet. Allerdings ist bei einer Diagnosestellung im Vorschulalter zu berücksichtigen, dass die Retestreliabilität für

Kindergartenkinder als gering anzusehen ist. Ergänzend wären Studien mit Kindern mit diagnostizierter Dyskalkulie wünschenswert sowie Studien zur Korrelation des TEDI-MATH mit anderen Verfahren zur Bestimmung der Konstruktvalidität.

Hinsichtlich der Aufgabenselektion wären ergänzend hinsichtlich pränumerischer Fähigkeiten Aufgabenstellungen wünschenswert, die mathematische Operationen unabhängig von Rechenzeichen prüfen.

Die detaillierte und übersichtliche Durchführungsanweisung ermöglicht es auch ungeübten Testanwendern das Verfahren adäquat einzusetzen. Die Auswertung ist schnell durchzuführen, allerdings dürfen die notwendigen Korrekturen hinsichtlich geschlechtsspezifischer Normen und der Konfidenzintervalle nicht außer Acht gelassen werden.

Drei Fallbeispiele bieten die Möglichkeit, Auswertung und Interpretation gut nachvollziehen zu können.

Für einen groben Vergleich mit anderen Testverfahren zur Erfassung der mathematischen Fähigkeiten vgl. Mann et al. (2013).

**Test-
konstruktion**

Testmaterial
Protokoll und Profilbogen sind übersichtlich gestaltet. Das Testmaterial ist gut verarbeitet und sortiert und somit leicht einsetzbar.

Testdesign
Konzept: Der neuropsychologische Theorierahmen wird nachvollziehbar und für die Interpretation der Ergebnisse hilfreich dargestellt.
Variablen: Es werden zwei Variablen erhoben (Anzahl richtiger Lösungen und Bearbeitungszeit bei 4 Subtests). Die Beschränkung auf diese beiden Variablen erleichtert die Testauswertung und ist für die reine Diagnosestellung einer Dyskalkulie ausreichend. Soll aus den Ergebnissen eine Förderplanung abgeleitet werden, muss unbedingt eine qualitative Auswertung der Ergebnisse erfolgen.
Durchführung: Die Durchführungsobjektivität ist durch detaillierte Instruktionen gesichert. Die Instruktionen sind leicht verständlich.
Auswertung: Die Auswertung ist detailliert beschrieben und wird durch Auswertungs- und Interpretationsbeispiele unterstützt.

Normierung
Stichprobe: Die Stichprobe ist umfangreich und in Bezug auf die demographischen Variablen Alter und Geschlecht ausgewogen. Der Einfluss des Alters ist bei allen Testaufgaben relevant, wohingegen

sich geschlechtsspezifische Effekte nur für manche Untertests nachweisen ließen.es fehlen Angaben hinsichtlich des soziokulturellen Hintergrundes oder neuropsychologischer Variablen. Studien zeigen allerdings, dass die Einkommenshöhe der Eltern mit den mathematischen Leistungen der Schüler korreliert (Eamon, 2005; Hochschild, 2003; Ma & Klinger, 2000). Broussard und Garrison (2004) untersuchten die Beziehung zwischen der Motivation innerhalb des Klassenzimmers und den Mathematiknoten bei Grundschülern und konnten diesbezüglich signifikante Zusammenhänge feststellen. Zudem entstammt die Stichprobe nur einigen Bundesländern. Eine klinische Stichprobe liegt nicht vor.

Normen: Die Normierung ist aktuell und basiert auf einer umfangreichen Stichprobe. Zudem liegt für einige Untertests eine geschlechtsspezifische Normierung vor.

Gütekriterien

Objektivität: Sofern die standardisierten Angaben zur Durchführung, Auswertung und Interpretation eingehalten werden, ist diese als gegeben anzusehen.

Reliabilität: Die Reliabilität wurde anhand einer Stichprobe von gesunden Probanden erhoben. Die Reliabilitätswerte werden als zufriedenstellend bewertet.

Validität: Für die Stichprobe der Kindergartenkinder liegen für die Fremdeinschätzung und die Leistungen im TEDI-MATH niedrige Korrelationswerte vor. Für die Stichprobe der Schulkinder liegen sowohl für die Fremd- als auch die Selbsteinschätzung und die Leistungen im TEDI-MATH gute Korrelationswerte vor.

Angaben zur konvergenten und diskriminanten Validität fehlen, so dass die Konstruktvalidität nicht beurteilt werden kann.

Neuropsychologische Aspekte

Theoretischer Rahmen

Das Testverfahren ist theoretisch fundiert. Der neuropsychologische Hintergrund des Verfahrens wird detailliert und nachvollziehbar dargestellt.

Anwendungsbereiche

Ziel ist einerseits die Erkennung numerischer Stärken und Schwächen im Kindergartenalter, andererseits die Dyskalkuliediagnostik im Grundschulalter. Demzufolge ist der Test primär für eine gute Differenzierung im mittleren und unteren Leistungsbereich geeignet. Des Weiteren ist eine psychometrisch abgesicherte Verlaufsdiagnostik möglich. Neben einer Diagnosestellung ist somit auch die Überprüfung der Wirksamkeit einer therapeutischen Intervention möglich.

Funktionelle Neuroanatomie
Angaben zur funktionellen Neuroanatomie fehlen, werden allerdings nicht als notwendig angesehen.

Ergebnisbeeinflussende Faktoren
Der Testzeitpunkt sollte exakt berücksichtigt werden, damit es nicht zu einer Verfälschung der Ergebnisse kommt. Beeinflussende Faktoren, wie z. B. Aufmerksamkeit, Konzentration und Motivation des Kindes wurden nicht berücksichtigt. Da es sich bei der Normierungsstichprobe um gesunde Probanden handelt, kann bei bestehender Dyskalkulie der Einfluss von komorbiden Störungen auf das Testergebnis nicht beurteilt werden.

Handhabbarkeit und klinische Anwendung

Die detaillierte und übersichtliche Durchführungsanweisung ermöglicht es auch ungeübten Testanwendern das Verfahren adäquat einzusetzen. Die quantitative Auswertung ist ebenfalls schnell durchzuführen, allerdings dürfen die notwendigen Korrekturen hinsichtlich geschlechtsspezifischer Normen sowie die Ermittlung von Konfidenzintervallen nicht außer Acht gelassen werden. Der Anhang des Handbuchs enthält viele Tabellen für die Testauswertung, diese Anzahl bedingt einen erhöhten Zeitaufwand, solange keine Routine in Bezug auf die Testauswertung vorhanden ist.
Die Interpretation hinsichtlich der Entscheidung, ob eine Dyskalkulie vorliegt, ist schnell vollzogen, eine qualitative Auswertung sowie eine Förderplanung ist insbesondere für ungeübte Testanwender deutlich zeitintensiver.
Hilfestellung geben drei Fallbeispiele.
Studien über die Anwendbarkeit bei spezifischen klinischen Gruppen liegen bisher nicht vor.

Julia Patricia Oesterwind

Test zur Diagnose von Dyskalkulie (TeDDy-PC)

Ulrich Schroeders & Wolfgang Schneider unter Mitarbeit von Svetlana Chuleva

Göttingen: Hogrefe, 2008

Zusammenfassende Testbeschreibung

Zielsetzung und Operationalisierung

Konstrukte

Der TeDDy-PC ist ein Computertest zur Überprüfung der rechnerischen Fertigkeiten bei Grundschulkindern. Er eignet sich für die Diagnose von Rechenstörungen (Dyskalkulie) und kann auch zur Feststellung mathematischer Hochbegabung im Grundschulalter eingesetzt werden.

Testdesign

Der TeDDy-PC ist ein computergesteuerter Test zur Erfassung verschiedener Aspekte numerisch-rechnerischer Fertigkeiten. Die Auswahl der Untertests basiert auf den Lehrplänen der deutschen Bundesländer. Die konzeptuelle Zuordnung der Untertests entspricht den drei Zahlenrepräsentationen nach dem Triple-Code-Modell von Dehaene.

Angaben zum Test

Normierung

Alter: TeDDy-PC 1+: 7.76 + 0.44 Jahre (N=269; davon N=124 weiblich und N=145 männlich),
TeDDy-PC 2+: 8.86 + 0.46 Jahre (N=265; davon N=131 weiblich und N=134 männlich),
TeDDy-PC 3+: 9.90 + 0.57 Jahre (N=262; davon N=119 weiblich und N=143 männlich);
Gesamtstichprobe N=796.
Bildung: keine Angaben.
Geschlecht: Gemäß Manual sind Geschlechtsunterschiede nicht bedeutsam.

Material

Manual, Computerprogramm auf CD. Systemanforderung: Microsoft Windows 2000, XP, Vista, Windows 7 und 8 (läuft nicht auf Mac); keine externen Antworttasten (alle Eingaben erfolgen mit der Maus).

Durchführungsdauer

Gesamttest je nach Altersstufe und individueller Bearbeitungsgeschwindigkeit zwischen 20 und 30 Minuten.

Testkonstruktion

Design   **Aufgabe**

Die Anzahl der Untertests variiert je nach Klassenstufe: In den Klassenstufen 1 und 3 werden acht Untertests vorgegeben, in der Klassenstufe 2 sind es neun. Die Anzahl der Items pro Untertest variiert zwischen 2 und 9.

Untertest	Beschreibung	Items	Klassenstufe	Modell-Zuordnung[1]
Simultanerfassung	Kurzzeitig werden zwei bis fünf Objekte präsentiert; das Kind soll deren Anzahl angeben.	9	1	AMR
Grundrechenarten	Rechenaufgaben werden am Bildschirm vorgegeben (zum Beispiel $4+5=$), das Kind soll die Lösung per Mausklick eingeben.			VANF
	Klassenstufe 1: Addition und Subtraktion.	9	1	
	Klassenstufe 2: Addition, Subtraktion und Multiplikation.	12	2	
	Klassenstufe 3: Addition, Subtraktion sowie Multiplikation und Division.	12	3	

Zahlen-strahl	Platzierung von Zahlen am Zahlen-strahl (von 1 bis 10 bzw. 1 bis 100) oder an Teilbereichen des Zahlen-strahls (zum Beispiel 70 bis 85). Die vollen Zehner sind mit arabischen Zahlen gekennzeichnet, die Zahlen dazwischen mit Strichen, die Fünfer durch längere Striche.	4	1, 2, 3	AMR
Sach-auf-gaben	Textaufgaben, die mündlich oder schriftlich präsentiert werden.	4	1, 2, 3	AVWF
Zahlen-verbin-dungs-test	Verbinden von unregelmäßig ange-ordneten Zahlen von 1 bis 20; Zeit-grenze 60 Sekunden.	2	1, 2, 3	percep-tual speed
Ketten-auf-gaben	Mehrere Zahlen sollen addiert oder subtrahiert werden, das Kind soll die Lösung per Mausklick eingeben.	4	1	VANF
Relatio-nen	Bestimmung der Relation mittels ><=Zeichen zwischen einer Zahl und einer einfachen Additions- oder Sub-traktionsaufgabe.	6	1	AMR
Vorgän-ger/ Nachfol-ger	An einem Metermaß sollen fehlende Zahlen ergänzt werden.	4	2	AVWF

Kopf-rechnen	Verbale Präsentation von Rechenaufgaben.	4	2	AVWF
Reihen-bildung	Zahlenfolgetest, bei dem das Kind mithilfe einfacher arithmetischer Regeln die jeweils nächste Zahl in der Reihe ermitteln soll.	6	2	AMR
Geo-metrie	Darstellung von Bildern mit einer geringen Anzahl (vorgegebener) geometrischer Figuren.	4	2	ohne Zuord-nung
Spiege-lung	Geometrische Muster sollen an einer Linie gespiegelt werden.	6	3	ohne Zuord-nung
Umgang mit Geld	Verbal präsentierte Sachaufgaben, die mit Bildern der Kaufgegenstände und den entsprechenden Preisen versehen sind.	4	3	ohne Zuord-nung

[1] Zuordnung gemäß dem Triple-Code-Rechenmodell nach Dehaene (1992): AMR = Analog Magnitude Representation (analoge Mengenrepräsentation); VANF = Visual Arabic Number Form (visuell-arabische Zahlenform); AVWF = Auditory Verbal Word Frame (verbal-phonologische Zahlenrepräsentation).

Design Konzept

Der TeDDy-PC ist ein multikomponentieller Test, der verschiedene Aspekte numerisch-rechnerischer Fertigkeiten erfasst. Dementsprechend werden in jeder Klassenstufe mehrere Untertests vorgegeben, wobei die Zusammensetzung der Untertests je nach Klassenstufe variiert. Laut Manual basieren die Auswahl und die Zusammenstellung der Untertests auf den Lehrplänen der deutschen Bundesländer. Der TeDDy-PC ist somit ein curricular orientierter Rechentest, der auf die Unterrichtsinhalte der Klassenstufen 1+ bis 3+ zugeschnitten ist. Das bedeutet beispielsweise, dass der TeDDy-PC 1+ für Testungen am Ende der ersten Schulstufe (in den letzten sechs Wochen) und am Beginn der zweiten Schulstufe (in den ersten sechs Wochen) geeignet ist.

Die einzelnen Untertests werden konzeptuell jeweils einem der drei von Dehaene (1992) postulierten Zahlenrepräsentationen zugeordnet. Das so genannte Triple-Code Rechenmodell von Dehaene (1992) basiert auf Erwachsenendaten und postuliert drei Arten von Zahlenrepräsentationen: (i) Analog Magnitude Representation (AMR; auf Deutsch: analoge Mengenrepräsentation), (ii) Visual Arabic Number Form (VANF; auf Deutsch: visuell-arabische Zahlenform) und (iii) Auditory Verbal Word Frame (AVWF; auf Deutsch: verbal-phonologische Zahlenrepräsentation). Im Manual werden ausschließlich die englischen Begriffe dieser drei Zahlenrepräsentationen benutzt. Die Autoren weisen darauf hin, dass (i) die drei Repräsentationsformen durch Transkodierprozesse miteinander interagieren und dass (ii) die Zuordnung von jeweils einem Untertests zu einer einzigen Zahlenrepräsentation so zu verstehen ist, dass dieser Zahlenrepräsentation eine Schlüsselrolle beim (direkten) Lösen des Untertests zukommt.

Variablen
– Anzahl der korrekt, falsch und nicht beantworteten Aufgaben für den Gesamttest und die Untertests.
– Bearbeitungszeit pro Aufgabe und Untertest.

Durchführung
Nach Freischaltung werden die drei Menü-Hauptpunkte des TeDDy-PC aufgelistet: Test, Auswerten, Hilfe. Ein so genannter „Teddy-Button" (das ist ein Bild von einem Teddybären, der ein Startfähnchen hält) steuert durch das Programm und wird bei allen Untertests an derselben Bildschirmstelle präsentiert. Jeder Untertest läuft nach demselben Schema ab: motivierende Ankündigung, Instruktion, Präsentation einer Übungsaufgabe mit Feedback und Starten des jeweiligen Untertests. Das Feedback bei der Übungsaufgabe läuft folgendermaßen ab: Solange das Kind die Lösung der Übungsaufgabe noch nicht eingegeben hat, erscheint in der Sprechblase des Teddybärs (am Teddy-Button) ein Fragezeichen. Bei falscher Eingabe erscheint ein Kreuz und bei richtiger Eingabe ein Häkchen. Jeweils nach dem bildlichen Feedback (Häkchen oder Kreuz) wird ein verbales Feedback gegeben. Erst wenn die Übungsaufgabe korrekt gelöst wurde, werden die Aufgaben des jeweiligen Untertests vorgegeben. Je nach Untertest werden Aufgaben teils schriftlich, teils verbal und teilweise auch bildlich präsentiert. Zur Lösung der Testaufgaben gibt es kein Feedback.

Auswertung
Die Auswertung ist automatisiert.
Der Testanwender kann im Menüpunkt *Auswerten* zwischen folgenden Auswertungsoptionen wählen: *Grafiken erstellen*, *Gutachten erstellen*, *Gutachten bearbeiten* oder anonymisierte Daten exportieren (Menü-Unterpunkt: *Exportieren anonym*).
Bei der Option *Grafiken erstellen* wird die Performanz der individuellen Testleistung detailliert dargestellt (je ein Tabellenblatt pro Untertest sowie eines für die Profilanalyse und die Gesamtleistung). Sowohl für den Gesamttest als auch für jeden Untertest werden die Bearbeitungsgenauigkeit (Anzahl der korrekten, der falschen und der nicht beantworteten Aufgaben) und die Bearbeitungszeit bzw. der Reaktionszeitverlauf visuell dargestellt. Die Gesamtleistung wird auf einem Säulendiagramm in Rohwerten (inkl. 5%-igem Vertrauensintervall) abgetragen und in Prozentwerten angegeben. Die Auswertungen auf Untertestebene basieren auf einer Rohwertanalyse. Aus der grafischen Darstellung der Profilanalyse (der Rohwerte) wird durch

eine dreistufige Farbskala ersichtlich, ob die Leistung des Kindes auf Untertestebene relativ zur Klassennorm unterdurchschnittlich (orange), durchschnittlich (gelb) oder überdurchschnittlich (grün) ist. Das Datenblatt „Profilanalyse" kann von mehreren (bis zu 23 Personen) Personen gleichzeitig angezeigt werden (was dann sinnvoll ist, wenn die Leistungsprofile mehrerer Kinder -zum Beispiel einer Schulklasse- miteinander verglichen werden sollen).

Zusätzlich wird vom PC-Programm ein automatisches *Gutachten erstellt*, das die einzelnen Untertests separat abhandelt (Angabe von erzielten Rohwerten, Prozenträngen und des Messwertfehlers bzw. des Konfidenzintervalles).

Beim Menü-Unterpunkt *Gutachten bearbeiten* kann der Testanwender das automatisch erstellte Gutachten individuell ergänzen oder verändern.

Normierung

Stichprobe
796 Grundschüler im Alter zwischen 7.76 (SD 0.44) und 9.90 (SD 0.57) Jahren, $N=374$ weiblich und $N=422$ männlich, es wurde auf eine repräsentative Verteilung hinsichtlich demografischer Variablen geachtet (Stadt/Land Verteilung, soziale Schicht).

Normen
Alter: 3 Alters- bzw. Klassenstufen; TeDDy-PC 1+: $N=269$, TeDDy-PC 2+: $N=265$, TeDDy-PC 3+: $N=262$; Gesamtstichprobe $N=796$ aus den Bundesländern Bayern, Berlin und Nordrhein-Westfalen.
Bildung: keine Angaben
Geschlecht: Gemäß Manual gibt es keine signifikanten Geschlechtsdifferenzen, weswegen auf eine geschlechtsspezifische Normierung verzichtet wurde.

Gütekriterien

Objektivität
Durchführung: Die Durchführungsobjektivität ist hoch, da alle Instruktionen vom Computer verbal (mit visueller Unterstützung) vorgegeben werden.
Auswertung: Die Auswertung erfolgt automatisiert durch den Computer: Die Auswertungsobjektivität ist daher entsprechend hoch.

Reliabilität
Interne Konsistenz: Wurde für den Gesamttest berechnet und variiert je nach Klassenstufe zwischen .924 und .940 (1. Klasse $r_{tt}=.940$; 2. Klasse $r_{tt}=.934$; 3. Klasse $r_{tt}=.924$).
Auf Untertestebene variiert die interne Konsistenz beträchtlich, und zwar sowohl innerhalb jeder Klassenstufe als auch über die verschiedenen Klassenstufen hinweg (zum Beispiel Zahlenstrahl 1. Klasse $r_{tt}=.886$ vs. 2. Klasse $r_{tt}=.703$ vs. 3. Klasse $r_{tt}=.602$; Zahlenverbindungstest 1. Klasse $r_{tt}=.506$ vs. 2. Klasse $r_{tt}=.778$ vs. 3. Klasse $r_{tt}=.508$).

Die internen Konsistenzen auf Untertestebene variieren je Klassenstufe wie folgt: 1. Klasse .506 bis .916; 2. Klasse .703 bis .894; 3. Klasse .508 bis .912.

Die interne Konsistenz über den Gesamttest für die einzelnen Klassenstufen ist wie folgt: 1. Klasse .940; 2. Klasse .934; 3. Klasse .924.

Paralleltest-Reliabilität: Keine Paralleltests vorhanden.

Retest-Reliabilität: keine Angaben

Weitere Reliabilitätsmaße: Die Trennschärfekoeffizienten liegen zwischen $.201 \leq r_{it} \leq .753$ ($N=269$). Für ca. 85 % der Aufgaben wird eine part-whole-korrigierte Trennschärfe von $r_{it} \geq .40$ angegeben (lediglich zwei Aufgaben haben eine Trennschärfe von $r_{it} \leq .30$).

Validität

Konstruktvalidität: Der TeDDy-PC ist curricular orientiert. Nach Angaben des Manuals orientiert sich die Testkonstruktion an den Lehrplänen aller deutschen Bundesländer (die Autoren bezeichnen dies als „Lehrplanvalidität").

Konvergente/diskriminante Validität: Zur Überprüfung der konvergenten Validität wurden Rechentests der DEMAT-Reihe herangezogen. Die Korrelationskoeffizienten r_{kt} variieren von .57 ($N=91$; 3. Klasse) bis .62 ($N=90$; 2. Klasse). Zur Überprüfung der diskriminanten Validität wurden die Würzburger Leise Leseprobe (WLLP) sowie der Aufmerksamkeits-Belastungstest d2 (Variable GZ-2F) herangezogen. Die Korrelationskoeffizienten zwischen dem TeDDy-PC und der WLLP waren nur in der 1. Klassenstufe bedeutsam ($r_{kt} = .51$; $N=83$), in den höheren Klassenstufen wurden die Korrelationskoeffizienten mit .05 ($N=88$; 2. Klasse) und .25 ($N=48$; 3. Klasse) nicht signifikant. Die Korrelationskoeffizienten zwischen dem TeDDy-PC und dem d2 werden als mittelhoch beschrieben und variieren je nach Klassenstufe zwischen $r_{kt} = .35$ ($N=87$; 2. Klasse) und $r_{kt} = .45$ ($N=82$; 1. Klasse).

Kriteriums- bzw. klinische Validität: Als Außenkriterium wurde bei einer Teilstichprobe die Mathematiknote verwendet. Die Validitätskoeffizienten werden als ausreichend beschrieben und variieren je nach Klassenstufe zwischen $r_{ct} = -.55$ ($N=66$; 1. Klasse) und $r_{ct} = -.66$ ($N=67$; 3. Klasse).

Ökologische Validität: keine Angaben

Nebengütekriterien

Akzeptanz: Laut Manual haben die Kinder keine Probleme mit der Handhabung des Computerprogramms und aufgrund des „spielerischen Charakters" bereite den Kindern die Bearbeitung des TeDDY-PC „großen Spaß".

Transparenz: Die Transparenz ist gegeben, da sämtliche Aufgaben des TeDDy-PC Leistungen abfragen, die im Mathematikunterricht der ersten bis dritten Schulstufen relevant sind (Lehrplanvalidität).

Zumutbarkeit: keine Angaben

Verfälschbarkeit: keine Angaben

Störanfälligkeit: keine Angaben

Neuropsychologische Aspekte

Theoretischer Rahmen
Den theoretischen Rahmen für den TeDDy-PC bildet das Triple-Code-Rechenmodell von Dehaene (1992), das auf der Basis von Erwachsenendaten entwickelt wurde. Die Auswahl der Untertests basiert laut Manual auf den Lehrplänen der deutschen Bundesländer.

Anwendungsbereiche
Der TeDDy-PC wurde als Test zur Erfassung von Rechenstörungen (Dyskalkulie) konzipiert und soll auch zur Diagnostik von mathematischer Hochbegabung einsetzbar sein.

Funktionelle Neuroanatomie
Die Aussagen zur funktionellen Neuroanatomie numerisch-rechnerischer Fertigkeiten beziehen sich auf das Triple-Code-Modell von Dehaene (1992). Das Triple-Code-Modell postuliert, dass die Verarbeitung der Analog Magnitude Representation (AMR; analoger Mengenrepräsentationen) primär von parietalen Hirnregionen unterstützt wird, während die Verarbeitung der Visual Arabic Number Form (VANF; visuell-arabische Zahlenrepräsentation) von okzipitalen und die Verarbeitung der Auditory Verbal Word Frame (AVWF; verbal-phonologische Zahlenrepräsentation) von frontalen (nämlich sprachrelevanten) Hirnregionen moduliert wird.

Ergebnisbeeinflussende Faktoren
Die Autoren diskutieren die Vor- und Nachteile der computergesteuerten Testvorgabe, wie zum Beispiel Übungseffekte oder die Angst vor dem Medium Computer.

Testentwicklung

Der TeDDy-PC ist ein eigenständiges Testverfahren. Die Auswahl der Untertests ist curricular orientiert, die Testkonzeption orientiert sich an einem etablierten Rechenmodell, das auf Erwachsenendaten basiert (Dehaene, 1992).

Testbewertung

Die Kritik im Überblick

Positiv ist, dass der TeDDy-PC auf einer neuropsychologischen Theorie basiert und verschiedene Aspekte numerisch-rechnerischer Fertigkeiten erfasst (multikomponentielle Diagnostik). Positiv ist weiters die Tatsache, dass der TeDDy-PC ein Computertest ist und daher (1) für Kinder ansprechend ist und (2) bezüglich der Durchführung und Auswertung objektiv und ökonomisch ist.

Schade ist, dass einzelne Untertests nicht separat vorgegeben werden können (es muss in jeder Klassenstufe immer der gesamte Test präsentiert werden, wobei die Untertests in einer fixen Reihenfolge vorgegeben werden). Positiv zu bewerten ist jedoch, dass bei Testabbruch die bisher gewonnenen Testdaten gespeichert werden und vom Testleiter im Ergebnisprotokoll abgerufen werden können.

Ein Kritikpunkt ist, dass der theoretische Bezugsrahmen auf einem Erwachsenenmodell basiert und die potentiellen Unterschiede zu Entwicklungsmodellen im Manual kaum explizit angesprochen werden. Es wird auch nicht ersichtlich, wie die Untertests und/oder die Items der einzelnen Untertests ausgewählt wurden (pragmatische Gesichtspunkte oder psychometrische Verfahren). Weitere Kritikpunkte sind: die relativ geringe Anzahl der Aufgaben pro Untertests (zwischen 2 und 9); bei der Stichprobenbeschreibung fehlen Angaben zu den Ein- und Ausschlusskriterien; fehlende Angaben zur Berechnung von Geschlechtsunterschieden; teilweise mangelhafte Operationalisierung von Konstrukten (zum Beispiel soll der Untertest *Simultanerfassung* das Subitizing erfassen, wobei jedoch Objektmengen bis 5 präsentiert werden, was die in der Literatur berichtete Subitizing Range von 3 (maximal 4) Items übersteigt; der Untertest Reihenbildung erfasst primär logisch schlussfolgerndes Denken und es ist fraglich, inwieweit dieser Untertest zur Differenzierung von guten und schlechten Rechnern beiträgt); standardisierte Testwerte (PR) werden ausschließlich für den Gesamt-Testwert berechnet, auf Untertestebene gibt es eine Farbskala, aufgrund derer die Performanz als überdurchschnittlich, durchschnittlich oder unterdurchschnittlich eingestuft wird (ohne entsprechende Testwerte oder explizite Angaben, wie diese Leistungsbewertung zustande kommt).

Nicht als Kritikpunkt anzuführen ist, dass beim TeDDy-PC (wie bei vielen anderen Testverfahren auch) die Interpretation des Leistungsprofils abhängig ist vom (neuropsychologischen) Hintergrundwissen des Testanwenders. Die vom Computerprogramm automatisch erstellten Gutachten sind in diesem Sinne lediglich als Grundgerüst für die Interpretation der Testdaten zu betrachten.

**Test-
konstruktion**

Testmaterial

Der TeDDy-PC ist ein computergesteuerter Test. Die Testvorgabe und die Auswertung sind automatisiert. Die Instruktionen sind klar und jeder Untertest wird durch Übungsitems vorgestellt. Die Handhabung des Computerprogramms ist einfach und sollte für alle Kinder problemlos sein (Voraussetzung ist gutes Sprachverständnis, da die Instruktionen verbal gegeben werden).

Das Manual ist gut strukturiert und informativ.

Testdesign

Konzept: Der TeDDy-PC ist ein curricularer Test, da die Auswahl der Untertests auf den Lehrplänen der deutschen Bundesländer basiert. Die Autoren geben an, dass die Testkonzeption am Triple-Code-Modell von Dehaene (1992) orientiert sei (da die Autoren jeden Untertests zu einer von Dehaene postulierten Zahlenrepräsentation zuordnen). Das Triple-Code-Modell basiert jedoch auf Erwachsenendaten (dies wird im Manual auch kurz erwähnt). In Anbetracht der Tatsache, dass es zwischen Kindern und Erwachsenen gravierende neurofunktionelle Unterschiede gibt, ist es jedoch fraglich, inwieweit ein Erwachsenenmodell als Grundlage für die Entwicklung von Kindertests geeignet ist (Karmiloff-Smith, 1997; Kucian & Kaufmann, 2009; Landerl & Kaufmann, 2008). Die Schwierigkeiten der Anwendung eines Erwachsenenmodells auf Kinder werden unter anderem daran ersichtlich, dass die Zuordnung zu den von Dehaene (1992) postulierten Zahlenrepräsentationen (AMR, AVWF, VANF) beim TeDDy-PC eine rein hypothetische bleibt (d. h. nicht psychometrisch begründet ist). Des Weiteren ist anzumerken, dass die Angaben bezüglich der Zuordnungen nicht konsistent sind (siehe Abschnitte 3.2 und 4.2) und teilweise auch schwer nachvollziehbar sind.

Die *Grundrechenarten* erlauben keine Differenzierung in arithmetische Fakten (das sind Rechnungen mit einstelligen Operanden) und mehrstelligen Rechnungen. Beim TeDDy-PC werden daher alle Grundrechenarten (Addition/Subtraktion, Multiplikation/Division) der VANF zugeordnet. Gemäß dem Triple-Code-Modell werden einstellige Multiplikationen und Additionen jedoch primär von der AVWF moduliert.

Es ist auch unklar, warum der Untertest *Reihenbildung* (der laut Manual eine starke Affinität zu diversen Untertests von Intelligenztests hat und höchstwahrscheinlich mit latenten Variablen wie der fluiden Intelligenz konfundiert ist) hier der Zahlenrepräsentation AMR zugeordnet wird.

Ebenfalls unklar ist, warum beim Untertest *Simultanerfassung* (der laut Manual das Subitizing, also das rasche Erfassen kleiner Objektmengen, erfassen soll) die in der Literatur berichtete Subitizing-Range von 3 bis maximal 4 Items überschritten wird (Mandler & Shebo, 1982; Moeller et al., 2009; der TeDDy-PC präsentiert bei diesem Untertest bis zu 5 Items).

Der Untertest *Zahlenverbindungstest (ZVT)* soll laut Manual Hinweise auf Schwierigkeiten hinsichtlich des Zählprozesses liefern. In der Testbeschreibung wird weiters angegeben, dass der ZVT „perceptual speed" (also Verarbeitungsgeschwindigkeit) erfasst, die jedoch mit diesem Untertest nicht hinreichend erfasst werden könne. Der Untertest ZVT besteht lediglich aus 2 Items und ist zusätzlich konfundiert mit der graphomotorischen Geschwindigkeit, da die Items innerhalb einer Zeitgrenze von 60 Sekunden gelöst werden müssen. Es wird aus dem Manual nicht klar ersichtlich, warum der ZVT sowie der Untertest *Geometrie* so genannte „partial-credit-Aufgaben" (S. 22) sind. Das heißt, es werden Teilpunkte für nicht vollständig korrekte Lösungen vergeben (die entsprechenden Rohwertpunkte werden dann für den Gesamtwert künstlich dichotomisiert).

Variablen: Da die Auswertung automatisiert erfolgt, stellt sich für den Testanwender höchstens die Frage nach zusätzlicher deskriptiver Interpretation einzelner Leistungsparameter. Die automatische Auswertung und Gutachtenerstellung produziert zwar den Gesamtwert und das entsprechende Leistungsprofil (auf Untertest-Ebene), liefert aber keinen Hinweis auf das zugrundeliegende testtheoretische Konzept der verschiedenen Zahlenrepräsentationen (AMR, AVWF, VANF). Es bleibt also dem Testanwender überlassen, ob und wie diese zusätzlichen Informationen bei der Auswertung zu berücksichtigen sind. Die Auswertung basiert ausschließlich auf der Bearbeitungsgenauigkeit. Die Bearbeitungsgeschwindigkeit geht nicht in die Leistungsbeurteilung ein. Eine Ausnahme ist der Untertest ZVT, bei dem es eine Zeitgrenze für die Bearbeitung der Items gibt, sodass hier die Bearbeitungszeit indirekt in die Bewertung eingeht.

Durchführung: Die Anwendung des Computerprogramms ist einfach. Die verbalen Instruktionen sind klar verständlich und werden zusätzlich bildlich unterstützt. Das Eingeben von Lösungen (zum Übungsitem) vor dem Ende der jeweiligen Instruktion ist nicht möglich.

Auswertung: Die Auswertung erfolgt automatisch. Vergleichsdaten von klinischen Stichproben (zum Beispiel Kindern mit Rechenstörungen) existieren nicht. Im Manual wird jedoch darauf hingewiesen, dass die Weiterentwicklung des TeDDy-PC angedacht ist (S. 25, Abschnitt 4.2, zweiter Absatz).

Normierung

Stichprobe: Die im Manual bereit gestellten Informationen zur Normstichprobe beschränken sich auf Angaben zu Alter, Geschlecht und Bundesland. Es gibt keine Angaben bezüglich Ein- oder Ausschlusskriterien (Intelligenzniveau, Muttersprache, klinische Diagnosen etc.).

Normen: Die Größe der Normstichprobe ist adäquat (Klassennormen). Die Anzahl der Items ist mit 2 bis 9 pro Untertest teilweise sehr gering.

Im Manual wird explizit darauf hingewiesen, dass geschlechtsspezifische Unterschiede nicht signifikant waren. Es werden jedoch keine Angaben gemacht, wie die geschlechtsspezifischen Unterschiede berechnet wurden. Notwendig wäre die Berechnung geschlechtsspezifischer Analysen separat für die einzelnen Untertests, da sich potentiell vorhandene Performanzunterschiede zwischen den Geschlechtern auf der Ebene des Gesamttestwerts höchstwahrscheinlich nivellieren und der Gesamttestwert daher nicht sensitiv für potentiell vorhandene Geschlechtsunterschiede ist (für geschlechtsspezifische Unterschiede – und demgemäß geschlechtsspezifische Normwerte – bei umschriebenen Aspekten rechnerischer Leistungen siehe Kaufmann et al., 2009).

Gütekriterien

Objektivität: Die Durchführungs- und Auswerteobjektivität ist prinzipiell gewährleistet, da es sich beim TeDDy-PC um ein Computerprogramm handelt. Da die Instruktionen verbal vorgegeben werden, ist der Test für Kinder mit nicht deutscher Muttersprache eventuell nicht geeignet.

Beim Untertest ZVT sollte im Manual explizit darauf hingewiesen werden, dass die Zeitgrenze für die Bearbeitung eine Benachteiligung für Kinder mit feinmotorischen Schwierigkeiten oder Dyspraxie sein kann (und bei diesen Kindern eine schlechte Performanz bei diesem Untertest nicht unbedingt ein Hinweis für mangelhafte Zählfertigkeiten sein muss).

Reliabilität: Für den Gesamttest gut (in jeder Klassenstufe ist die Reliabilität > .9). In Hinblick auf die einzelnen Untertests variieren die angegebenen Retest-Reliabilitätsmaße jedoch beträchtlich (zwischen .508 und .916). Die Angaben zur Reliabilität basieren ausschließlich auf der Retest-Reliabilität.

Validität: Da der TeDDy-PC ein curricular orientierter Test ist, ist die externe Validität gegeben. Die Konstruktvalidität ist statistisch gesehen gegeben (zufriedenstellende Angaben zur diskriminanten und konvergenten Validität). Da für die konvergente Validität ebenfalls ein curricularer Rechentest (DEMAT) verwendet wurde, sind die hohen Korrelationen nicht verwunderlich. Bei weiteren Auflagen des TeDDy-PC könnte zur Berechnung der konvergenten Validität zusätzlich ein neuropsychologischer Rechentest verwendet werden (zum Beispiel ZAREKI-R, Von Aster et al., 2006; TEDI-MATH, Kaufmann et al., 2009).

Bezüglich der Testkonzeption bleibt die Auswahl der Untertests unklar (im Manual wird lediglich angegeben, dass sich die Auswahl der Untertests am Erwachsenen-Rechenmodell von Dehaene [1992] orientiert). Bei der Testbeschreibung (Abschnitt 3.2) sowie beim Kapitel Reliabilität (4.2) findet der Testanwender Angaben über die Zuordnung

der einzelnen Untertests zu den von Dehaene postulierten Zahlenrepräsentationen. Diese Zuordnung erscheint jedoch in der Testauswertung und -interpretation nicht mehr.
Nebengütekriterien: Der TeDDy-PC ist ökonomisch (sowohl in Bezug
auf die Kosten der Anschaffung als auch in Hinblick auf die Zeitres-
sourcen bezüglich Durchführung und Auswertung). Schade ist, dass
einzelne Untertests nicht separat vorgegeben werden können (es
muss immer der Gesamttest – und zwar mit gleichbleibender Reihenfolge der Untertests – vorgegeben werden).
Die Zumutbarkeit und Transparenz sind gegeben.

Testentwicklung
Positiv anzumerken ist, dass die Testkonstruktion theoriegeleitet ist.
Ein Kritikpunkt ist, dass die dem TeDDy-PC zugrundeliegende Theorie auf Erwachsenendaten basiert und die Unterschiede zur Kinderneuropsychologie im Manual kaum bis gar nicht angesprochen
werden. Die Umsetzung der theoretischen Konzepte (nämlich die
Zuordnung der Untertests zu den von Dehaene postulierten Zahlenrepräsentationen) beruht (i) auf hypothetischen Annahmen der Autoren und (ii) wird in der Datenauswertung und -interpretation nicht
mehr aufgegriffen. In Anbetracht der Schwierigkeit, Erwachsenenmo-
delle zur Erklärung von Kinderdaten heranzuziehen, ist das Fehlen
jeglicher Hinweise zur Interpretation der Leistungsprofile in Hinblick
auf die im Dehaene-Modell spezifizierten Zahlenrepräsentationen als
positiv zu bewerten. Nichtsdestotrotz wäre ein entsprechender Hinweis im Manual wünschenswert (vor allem, da das Dehaene Modell
im Abschnitt 2.2 so prominent diskutiert wird und in den Abschnitten
3.2 und 4.2. die Zuordnungen der Untertests zu den drei von Dehaene postulierten Zahlenrepräsentationen expliziert – aber inkonsis-
tent – angeführt werden).
Ob ein Testanwender den TeDDy-PC tatsächlich neuropsychologisch
interpretieren kann, hängt maßgeblich vom neuropsychologischen
Hintergrundwissen des Testanwenders ab.

Neuropsy-
chologische
Aspekte

Theoretischer Rahmen
Der neuropsychologische Hintergrund des TeDDy-PC wird dargestellt.
Es wird zwar kurz erwähnt, dass das zugrundeliegende Rechenmodell auf Erwachsenendaten basiert. Die potentiellen Unterschiede
zwischen Erwachsenen- und Kindermodellen (Karmiloff-Smith, 1997;
Kucian & Kaufmann, 2009; Landerl & Kaufmann, 2008) bzw. die zu
erwartenden Fehlerquellen, die eine direkte Anwendung von Erwach-
senenmodellen auf Kinderdaten mit sich bringen, werden im Manual
jedoch nicht angesprochen (für einen alternativen Ansatz der Aufga-
benklassifikation siehe LeFevre et al., 2010).

Anwendungsbereiche

Der TeDDy-PC ist ein Verfahren zur Dyskalkulie-Diagnose bei Kindern der ersten bis dritten Schulstufe. Bei den Beschreibungen der einzelnen Untertests finden sich auch Hinweise, dass bestimmte Untertests (zum Beispiel *Kettenaufgaben, Reihenbildung, Sachaufgaben, Umgang mit Geld*) auch im oberen Leistungsbereich differenzieren sollen. Welchen Zweck diese Aufgaben bei einem Test zur Erfassung von Dyskalkulie (der per Definition im unteren Leistungsbereich differenzieren soll) leisten sollen, bleibt offen. Der Einsatz zur Hochbegabten-Diagnostik bleibt fraglich. Vergleichsdaten von Kindern mit Dyskalkulie liegen nicht vor.

Funktionelle Neuroanatomie

Die Erläuterungen zur funktionellen Neuroanatomie der Zahlenverarbeitung und des Rechnens bleiben auf das Theoriekapitel beschränkt. Obwohl die Auswahl der Untertests gemäß den Angaben des Manuals auf dem Dehaene-Modell basiert (und die Autoren auch Zuordnungen zwischen den Untertests und den von Dehaene postulierten Zahlenrepräsentationen vornehmen), finden sich bei der Testbeschreibung keine Angaben zu den potentiellen neurofunktionellen Korrelaten der jeweiligen Untertests. Da die Funktionszuordnung bei höheren kognitiven Funktionen (zu denen auch die Zahlenverarbeitung und das Rechnen gehören) komplex ist, wäre eine einfache Zuordnung (eines bestimmten Untertests zu einer einzigen Hirnregion) unzulässig und diagnostisch auch nicht zielführend. Zudem zeigen neuere bildgebende Studien sehr deutlich, dass Kinder und Erwachsene trotz vergleichbarer Performanz unterschiedliche Hirnregionen zur Lösung derselben Aufgaben beanspruchen (für eine aktuelle Meta-Analyse siehe Kaufmann et al., 2011).

Ergebnisbeeinflussende Faktoren

Potentiell testbeeinflussende Faktoren (die jedoch nicht explizit als solche im Manual angegeben werden) sind Sprachentwicklungsstörungen (die Instruktionen und das Feedback sind verbal), feinmotorische Störungen (v. a. beim Untertest ZVT, der eine Zeitbegrenzung hat), niedriges intellektuelles Leistungsniveau (v. a. beim Untertest Reihenbildung) und visuell-räumliche Schwierigkeiten (v. a. bei den Untertests Geometrie und Zahlenstrahl).

Da die Instruktionen verbal vorgegeben werden und teilweise sehr ausführlich sind, könnten Kinder dazu verleitet werden, vor dem Ende der Instruktion mit der Eingabe per Mausklick zu beginnen. Anmerkung: Wenn die Eingabe beim Instruktionsitem nicht korrekt – oder vorschnell – ist, wird die Instruktion wiederholt, wodurch sich die Präsentation der tatsächlichen Testitems weiter verzögert (was bei einigen Kindern eventuell Ungeduld hervorrufen kann).

**Handhab-
barkeit und
klinische
Anwendung**

Der TeDDy-PC ist einfach handhabbar und in der Durchführung und Auswertung sehr ökonomisch. Die mündlichen Instruktionen setzen ein gutes Verständnis der deutschen Sprache voraus. Bei den Übungsitems bekommen die Kinder ein Feedback (ein falsch gelöstes Item muss in jedem Fall richtig bearbeitet werden, bevor das Programm die eigentlichen Testitems präsentiert). Der Test ist kurzweilig, da pro Untertest nur wenige Items (minimal 2, maximal 9) vorgegeben werden und der Gesamttest je nach Klassenstufe 8 oder 9 Untertests beinhaltet, die sehr unterschiedliche Funktionen erfassen (neben numerisch-rechnerischen Fertigkeiten auch visuell-räumliche Funktionen, grapho-motorische Geschwindigkeit und logisch-schlussfolgerndes Denken).

Der Anspruch der Autoren, dass der TeDDy-PC zugleich ein Testinstrument zur Identifikation von Dyskalkulie (erfordert eine Differenzierung im unteren Leistungsbereich) und zur Hochbegabungsdiagnostik (erfordert Differenzierung im oberen Leistungsbereich) ist, ist fragwürdig, da Dyskalkulie-Tests per Definition im unteren Leistungsspektrum differenzieren, Tests zur Erfassung von Hochbegabung jedoch im oberen Leistungsspektrum differenzieren müssen. In Anbetracht der fehlenden Angaben zur Aufgabenauswahl (inkl. Schwierigkeitsindex) sowie der teilweise geringen Anzahl von Aufgaben pro Untertest, ist es fraglich, ob der TeDDy-PC beide Ansprüche (Dyskalkulie-Diagnostik und Hochbegabungs-Diagnostik) erfüllen kann.

Liane Kaufmann

Neuropsychologische Testbatterie für Zahlenverarbeitung und Rechnen bei Kindern – Kindergartenversion (ZAREKI-K)

Michael G. von Aster, Michael W. Bzufka & Ralf Horn unter Mitarbeit von Monika Weinhold Zulauf und Michael Schweiter

Frankfurt am Main: Pearson Assessment & Information GmbH, 2009

Zusammenfassende Testbeschreibung

Zielsetzung und Operationalisierung

Konstrukte

Zählen und Zahlenwissen, Individualverfahren zur Überprüfung von numerischem Bedeutungswissen und Rechnen sowie des Arbeitsgedächtnisses mit dem Ziel der Früherkennung von Risikofaktoren einer Rechenschwäche.

Testdesign

Die Testbatterie enthält 18 Subtests, die anhand einzelner Aufgaben Vorläuferfertigkeiten wie etwa Schätzen, Vorwärts- und Rückwärtszählen, Zahlen lesen und schreiben, Kopfrechnen etc. überprüfen.

Angaben zum Test

Normierung

Alter: 5–7 Jahre (N = 429).
Bildung: Kindergarten-Kinder im letzten Jahr vor der Einschulung, teilweise Kinder aus Sonderkindergärten.
Geschlecht: Nicht überprüft.

Material

Manual mit Normtabellen, Vorlagenringbuch, 8 Holzwürfel, Bewertungs- und Protokollbögen, Arbeitsblätter.

Durchführungsdauer

25 bis 40 Minuten.

Testkonstruktion

Design **Aufgabe**

1. Vorwärtszählen: Bis maximal 30.
2. Rückwärtszählen: Von 10 bis 0.
3. Zählen in 2er-Schritten: Bis maximal 20.
4. Vorgänger/Nachfolger (8 Items): Von je vier Zahlen im Zahlenraum bis 20 soll der Vorgänger bzw. der Nachfolger genannt werden.
5. Abzählen (4 Items): Die erste Vorlage enthält eine linienförmige Anordnung (7 Punkte). Die zweite und vierte Vorlage enthalten 10 und 18 Punkte, die pseudozufällig angeordnet wurden. Bei der dritten Vorlage wurden 8 Punkte in Form einer Rosette dargestellt.
6. Zahlen schreiben (6 Items): Drei gesprochene einstellige und drei gesprochene zweistellige Zahlen werden in ihre arabische Ziffernform transkodiert.
7. Zahlen lesen (6 Items): Drei einstellige und drei zweistellige in arabischer Ziffernform präsentierte Zahlen sollen laut vorgelesen werden.
8. Zahlenvergleich mündlich (8 Items): Es soll die größere von zwei mündlich vorgesprochenen ein- bis zweistelligen Zahlen bestimmt werden.
9. Zahlenvergleich schriftlich (5 Items): Es soll jeweils die größere von zwei ein- bis zweistelligen Zahlen umkreist werden.
10. Symbol-Mengenzuordnung (4 Items): Es sollen zwei einstellige Zahlen benannt und je einer von 5 Möglichkeiten mit Mengen von Gegenständen bzw. zwei Punktmengen bestimmt und je 5 möglichen Zahlen zugeordnet werden.
11. Subitizing/Schätzen (7 Items): Je zwei Bilder mit kleinen Punktmengen, ausgestreckten Fingern und Mengen von Gegenständen sollen nach der Darbietung von einer Sekunde geschätzt und jeweils miteinander hinsichtlich der Größe verglichen werden.
12. Zahlenerhaltung (4 Items): Das Kind soll erkennen, ob die zahlenmäßige Gleichheit oder Differenz zwischen zwei Mengen erhalten bleibt, wenn die Anordnung der Elemente verändert wird.
13. Kognitive Mengenbeurteilung (4 Items): Es soll eine durch ein Zahlwort bestimmte Menge im Hinblick auf einen bestimmten situativen Kontext als viel, normal oder wenig beurteilt werden.
14. Visuelles Rechnen (6 Items): Das Kind soll auf dem Arbeitsblatt die richtige Menge von Kreisen einzeichnen, um mit Mengen von Kreisen dargestellte Subtraktionen und Additionen mit fehlendem zweiten Operanden zu vervollständigen.
15. Kopfrechnen (11 Items): Alle Kopfrechenaufgaben werden mündlich präsentiert und mündlich beantwortet. Sowohl die Additionen als auch die Subtraktionen enthalten nur einstellige Operanden und Ergebnisse.

16. Zahlenstrahl (10 Items): Es soll auf jeweils einer vertikalen Linie, deren Enden mit 0 und 10 sowie 0 und 20 gekennzeichnet sind, derjenige von 4 zwischen den Endpunkten liegenden Querstrichen bestimmt werden, welcher der Zahl entspricht, welche genannt wird.

17. Zahlen nachsprechen (7 Items): Es sollen mündlich vorgegebene drei- bis fünfstellige Ziffernfolgen vorwärts wiederholt werden.

18. Textaufgaben (2 Items): Die in einer kleinen Geschichte eingebetteten Aufgaben müssen in eine analoge Gleichung (Addition und Subtraktion) übersetzt und gelöst werden.

Konzept

Beim Abzählen werden das Beherrschen der verbalen Sequenz von Zahlen (stabiles Ordnungsprinzip; wird auch in den Untertests Vorwärtszählen, Rückwärtszählen, Zählen in 2er-Schritten Vorgänger/ Nachfolger überprüft), das Herstellen einer Eins-zu-Eins-Beziehung zwischen verbaler Sequenz und Zeigesequenz, die Richtigkeit der Zeigesequenz und das Kardinalitätsprinzip (Ergebnis des Abzählens bezeichnet Größe der abgezählten Menge) überprüft. Zahlen schreiben und Zahlen lesen überprüfen das Transkodieren zwischen Zahlmodalitäten. Der Zahlenvergleich von Worten und Ziffern soll die Fähigkeit überprüfen, die Größe einer Zahl in Relation zu einer anderen zu messen, sie also hinsichtlich ihrer kardinalen Bedeutung von einer anderen zu unterscheiden. Die Symbol-Mengenzuordnung, der Untertest Subitizing/Schätzen und der Untertest Zahlenerhaltung prüfen über den Weg der visuellen Aufnahme das exakte bzw. approximative Zahlenverständnis. Die Kognitive Mengenbeurteilung prüft die Fähigkeit, die Bedeutung einer Zahl in Hinblick auf den bezeichneten Kontext vom abstrakten numerischen Wert zu relativieren. Beim Kopfrechnen werden Fertigkeiten und Automatisierungsgrad für einfache Subtraktions- und Additionsaufgaben überprüft. Beim visuellen Rechnen soll das Kind anschaulich addieren und subtrahieren. Der Subtest Zahlenstrahl überprüft das analoge Zahlenverständnis durch das Zuordnen von Zahlen zu einer räumlich analogen Position. Beim Zahlennachsprechen werden die Aufmerksamkeit und das auditive Arbeitsgedächtnis für Zahlworte überprüft. Textaufgaben überprüfen das Anwenden mathematischer Prinzipien auf situative Modelle, was im Kindergartenalter sehr hohe Anforderungen an Textverständnis, Aufmerksamkeitskontrolle und Arbeitsgedächtnis stellt.

Variablen

Summer der richtig gelösten Aufgaben für:
a) Untertests,
b) Gesamtwert,
c) Index-Skalen.

Index 1: Zählen und Zahlenwissen (Vorwärtszählen, Rückwärtszählen, Zählen in 2er-Schritten, Vorgänger/Nachfolger, Abzählen, Zahlen lesen, Zahlen schreiben, Zahlenvergleich mündlich, Zahlenvergleich schriftlich, Symbol-Mengenzuordnung),
Index 2: Numerisches Bedeutungswissen und Rechnen (Subitizing/ Schätzen, Zahlenerhaltung, Mengenbeurteilung kognitiv, visuelles Rechnen, Kopfrechnen, Zahlenstrahl),
Index 3: Arbeitsgedächtnis (Zahlen nachsprechen, Textaufgaben).

Durchführung

Alle Aufgaben werden in Papier-Bleistiftform vorgegeben. Die Testinstruktionen werden mündlich bzw. mittels Testvorlagen präsentiert und sind von den Kindern durch motorische, mündliche oder schriftliche (Antwortblätter) Reaktionen zu beantworten. Es gibt keine Zeitbeschränkungen und bis auf den Subtest Zahlen nachsprechen (Abbruch bei null richtigen von drei Aufgaben eines Blocks) keine Abbruchkriterien.

Auswertung

Bei allen Subtests wird die Anzahl der richtig gelösten Aufgaben erhoben und jeweils 0 oder 1 Punkt vergeben, die für die drei Subskalen addiert werden. Es können Prozentränge für jeden Subtest, für die drei Skalen sowie für den Gesamtwert ermittelt werden. Ein Prozentrang ≤10 in der Gesamtleistung oder in den Skalen Zählen und Zahlenwissen bzw. Numerisches Bedeutungswissen und Rechnen ist als Risikofaktor für die Entwicklung einer Dyskalkulie in den ersten Schuljahren zu werten.

Normierung   **Stichprobe**

429 Kinder im letzten Kindergartenjahr vor der Einschulung aus dem Kanton Zürich in der Schweiz, teilweise aus Sonderkindergärten, repräsentativ für den Kanton Zürich. 215 Jungen und 214 Mädchen.

Normen

Alter: 5–7 Jahre (*N* = 429).
Bildung: Kinder aus Regelkindergärten und Sonderkindergärten im Jahr vor der Einschulung.
Geschlecht: Nicht überprüft.

Gütekriterien   **Objektivität**

Durchführung: Durch die detaillierten Instruktionen sei die Durchführungsobjektivität gesichert.
Auswertung: Durch die eindeutige Beurteilbarkeit aller Aufgaben und die einfache Auswertung gesichert.

Reliabilität
Interne Konsistenz: Cronbachs Alpha für Index 1 (Zählen und Zahlenwissen): $r=.92$, für Index 2 (Numerisches Bedeutungswissen und Zählen): $r=.83$, für Index 3 (Arbeitsgedächtnis): $r=.73$, für den Gesamttest: $r=.94$.
Paralleltest-Reliabilität: Keine Paralleltests vorhanden.
Retest-Reliabilität: Keine Retest-Reliabilität erhoben.
Weitere Reliabilitätsmaße: keine Angaben

Validität
Konstruktvalidität: Eine Hauptkomponentenanalyse mit Varimax-Rotation führte zu einer Lösung mit sieben Faktoren, die insgesamt 68.79 % der Varianz aufklärten, wobei die Subtests Zahlen nachsprechen und Kognitive Mengenbeurteilung jeweils einen eigenen Faktor bildeten.
Konvergente/diskriminante Validität: keine Angaben
Kriteriums- bzw. klinische Validität: An derselben Stichprobe erfolgte 2 Jahre später (Ende der 2. Klasse) mit der ZAREKI-R die Feststellung einer vorliegenden Dyskalkulie, was bei 6.8 % der Kinder der Fall war. Eine Diskriminanzanalyse an den $N=26$ Kindern mit Dyskalkulie vs. den $N=352$ Kindern ohne Dyskalkulie ergab für folgende Untertests der ZAREKI-K die höchsten Klassifizierungskoeffizienten: Rückwärtszählen, Kopfrechnen, Mengenbeurteilung kognitiv und Subitizing/Schätzen. Es konnten 61.5 % der Kinder, die später eine Rechenstörung entwickelten, richtig identifiziert werden. Die Raten der Fehlklassifizierungen (4.5 % falsch-positiv, 38.5 % falsch-negativ) wurden laut Manual als akzeptabel niedrig bewertet.
Ökologische Validität: keine Angaben

Nebengütekriterien
Akzeptanz: keine Angaben
Transparenz: keine Angaben
Zumutbarkeit: keine Angaben
Verfälschbarkeit: keine Angaben
Störanfälligkeit: keine Angaben

Neuropsychologische Aspekte

Theoretischer Rahmen Als Stufen des mathematischen Wissenserwerbs werden (1) angeborene numerische Fähigkeiten (Subitizing, Fähigkeit zwischen größeren Mengen zu unterscheiden), die Symbolisierung von Zahlen durch (2) Worte und (3) Ziffern (Erlernen einer stabilen, ordinalen Zahlwortreihe, arabisches Notationssystem) sowie (4) die Entwicklung einer Zahlenraumvorstellung (mentaler Zahlenstrahl zur Abbildung der Mächtigkeit abstrakter Zahlen) genannt (von Aster & Shalev, 2007).

Anwendungs-bereiche	Bereits am Ende des Kindergartenalters sollen spezifische Schwächen beim Umgang mit Mengen und Zahlen erkannt werden und somit durch frühzeitig eingeleitete gezielte Fördermaßnahmen das Risiko einer späteren Rechenstörung verringert werden.
Funktionelle Neuroanatomie	keine Angaben
Ergebnis-beeinflussende Faktoren	keine Angaben

Testentwicklung

Für fünf Skalen wurden Analysen nach dem dichotomen logistischen Modell von Rasch durchgeführt, um ihre Homogenität zu überprüfen: Mengenbewusstsein (Subtests: Subitizing/Schätzen, Zahlenerhaltung, Mengenbeurteilung kognitiv, Symbol- und Mengen-Zuordnung), Zählfertigkeiten (Subtests: Zählen vorwärts, Zählen rückwärts, Zählen in 2er-Schritten, Vorgänger/Nachfolger, Abzählen), Rechnen (Subtests: Visuelles Rechnen, Kopfrechnen, Textaufgaben), Zahlenwissen (Subtests: Zahlen lesen, Zahlen schreiben, Zahlenvergleich mündlich und schriftlich) sowie Zahlenstrahl. Die Stabilität der Ergebnisse wurde sowohl durch die Einteilung der Kinder in eine jüngere (5;0 bis 6;3 Jahre) und eine ältere (6;4 bis 7;5 Jahre) Teilgruppe als auch durch die Trennung in die beiden Geschlechter überprüft. Die Skalen Mengenbewusstsein und Zahlenstrahl waren (nach Ausschluss des leichtesten Items für Zahlenstrahl) homogen, beim Rechnen führte der Ausschluss von einer der beiden Textaufgaben sowie den leichtesten Subtraktionsaufgaben zu einer homogenen Skala. Beim Zahlenwissen bildeten die einzelnen Untertests jeweils homogene Skalen, jedoch keine gemeinsame. Für die Skala Zählfertigkeiten bestätigte sich, was laut Autoren eine inhaltliche Analyse vermuten ließ, dass nämlich die einzelnen Untertests von mehreren verschiedenen Voraussetzungen abhängen, die individuell sehr unterschiedlich ausgeprägt sein können.

Testbewertung

Die Kritik im Überblick

Bei der ZAREKI-K handelt es sich um einen inhaltlich gut konstruierten und ökonomisch durchführbaren Test zur Prognose von Rechenstörungen im letzten Kindergartenjahr vor der Einschulung. Kritisch zu bewerten ist die Einteilung der Untertests in drei Indizes, welche empirisch nicht gerechtfertigt zu sein scheint.

Testkonstruktion

Testmaterial
Der Bewertungs- und Protokollbogen ist übersichtlich gestaltet. Die Reihenfolge der Untertests am Bewertungsbogen entspricht jedoch nicht der Durchführungsreihenfolge.

Testdesign
Konzept: Der neuropsychologische Theorierahmen wird nachvollziehbar und für die Interpretation der Ergebnisse hilfreich dargestellt.
Variablen: Die Aufnahme von einer Variable zum Arbeitsgedächtnis (Zahlen nachsprechen) in einen Dyskalkulietest ist als kritisch zu bewerten, da das Arbeitsgedächtnis weder zu basisnumerischen Fähigkeiten noch zu Rechenfertigkeiten zu zählen ist.
Durchführung: Sehr übersichtlich gestaltet, wortwörtliche Instruktionen im Protokollbogen, ökonomisch.
Auswertung: Die dichotome Bewertung der einzelnen Subtests mit 0 oder 1 Punkt je nach Anzahl der gelösten Aufgaben führt zu einer gleichen Gewichtung aller Subtests für den Gesamtwert ohne Berücksichtigung der Anzahl der Items pro Subtest, was sowohl Vorteile (Subtests mit mehr Items werden nicht automatisch stärker gewichtet) als auch Nachteile (die Aussagekraft von Subtests mit nur 1–2 Items ist begrenzt, wird aber genauso stark gewichtet) hat. Die Gründe für diese Dichotomisierung werden nicht genannt. Die Bewertung eines Gesamtergebnisses bzw. eines der ersten beiden Indexwerte mit Prozentrang ≤10 als Risikofaktor für die Entwicklung einer Rechenstörung scheint gerechtfertigt.

Normierung
Stichprobe: Große, jedoch nur für den Schweizer Kanton Zürich (nicht für Deutschland) repräsentative Stichprobe von Kindern im Jahr vor der Einschulung.
Normen: Es werden nur Prozentränge pro Subtest, für die drei Indizes und für den Gesamttest angegeben, was vor allem für die Verlaufsdiagnostik keine interferenzstatistisch abgesicherten Aussagen zulässt. Es gibt keine Geschlechtsdifferenzierung.

Gütekriterien

Objektivität: Durch die klar und verständlich formulierten Instruktionen, die eindeutige Beurteilbarkeit aller Aufgaben und die einfache Auswertung gegeben.

Reliabilität: Mit Cronbachs Alpha von .94 für den Gesamttest zufriedenstellend.

Validität Konstruktvalidität: Mittels exploratorischer Faktorenanalyse überprüft.

Prädiktive Validität: Die Rate von fast 40 % falsch-negativer Voraussagen von Kindern, die 2 Jahre später eine Rechenstörung entwickelt haben, ist als zu hoch zu beurteilen. Fraglich ist jedoch, ob dies an der Testkonstruktion oder an der generellen Variabilität der Entwicklung von Zahlenverarbeitungs- und Rechenfähigkeiten im Vorschulalter und Anfang der Grundschulzeit liegt.

Nebengütekriterien: Sehr ökonomisch.

Testentwicklung

Die inhaltliche Auswahl der Untertests ist bis auf die Arbeitsgedächtnisaufgabe (Zahlen nachsprechen vorwärts) als sehr gelungen zu bewerten. Die Zusammenfassung der Untertests in die drei Indizes Zählen und Zahlenwissen, Numerisches Bedeutungswissen und Rechnen sowie Arbeitsgedächtnis wird jedoch weder durch die Hauptkomponentenanalyse noch durch die Rasch-Analyse einzelner Subtestgruppen bestätigt und erscheint somit nicht empirisch gerechtfertigt.

Neuropsychologische Aspekte

Theoretischer Rahmen

Die einzelnen Aspekte der im Entwicklungsmodell dargestellten vier Stufen des mathematischen Wissenserwerbs werden inhaltlich gut operationalisiert.

Anwendungsbereiche

Zur Prognose von Rechenstörungen bereits im Kindergartenalter gut einsetzbar.

Funktionelle Neuroanatomie

Eine Differenzierung parietaler Areale für verschiedene Aspekte der Zahlenverarbeitung und des Rechnens fehlt im Manual.

Ergebnisbeeinflussende Faktoren

Der Test sollte bei Kindern, deren Einschulung im nächsten Schuljahr bevorsteht, durch die relativ geringen prozeduralen Anforderungen in der Durchführung keinen großen Einschränkungen in der Durchführung und Ergebnisinterpretation durch Defizite in motorischen, sprachlichen oder aufmerksamkeitsbezogenen Fähigkeiten unterliegen.

Handhabbarkeit und klinische Anwendung	Gängiges, gut durchführbares Verfahren zur frühen Identifikation von Risikokindern für eine spätere Rechenschwäche.

Helga Krinzinger

Neuropsychologische Testbatterie für Zahlenverarbeitung und Rechnen bei Kindern – revidierte Fassung (ZAREKI-R)

Michael von Aster, Monika Weinhold Zulauf & Ralf Horn

Frankfurt am Main: Pearson Assessment & Information GmbH, 2009
(3., unveränderte Auflage)

Zusammenfassende Testbeschreibung

Zielsetzung und Operationalisierung	**Konstrukte**
	Individuelles Verfahren zur Überprüfung der Zahlenverarbeitung und des Rechnens und zum Erkennen von Rechenstörungen (Dyskalkulie-Diagnostik).

Testdesign

12 Subtests, die wesentliche Aspekte der Zahlenverarbeitung und des Rechnens abdecken: Abzählen, Zählen (vorwärts und rückwärts), Zahlen schreiben, Zahlenstrahl, Zahlenvergleich (visuell und auditiv), Mengenbeurteilung (perzeptiv und kognitiv), Kopfrechnen, Textaufgaben.

Angaben zum Test

Normierung

Alter: Vier Klassenstufen: Klasse 1 (N=104), Klasse 2 (N=455), Klasse 3 (N=113), Klasse 4 (N=92).
Bildung: Grundschulkinder.
Geschlecht: Nicht überprüft.

Material

Manual mit Normtabellen, Vorlagenringbücher, Auswerteschablonen für Zahlenstrahlaufgaben, Bewertungs- und Protokollbögen, Auswertungssoftware (optional).

Durchführungsdauer

Durchschnittlich 35 Minuten, wobei jüngere Kinder mehr und ältere Kinder weniger Zeit zur Bearbeitung benötigen.

Testkonstruktion

Design

Aufgabe

1. Abzählen (5 Items): Die erste Vorlage enthält eine linienförmige Anordnung (13 Punkte). Die zweite, dritte und fünfte Vorlage enthalten 15, 10 und 18 Punkte, die pseudozufällig angeordnet wurden.

Bei der vierten Vorlage wurden die 7 Punkte in Form einer Rosette dargestellt.

2. Rückwärtszählen (2 Items): Die erste Rückwärtszählsequenz (22–1) schließt zwei Zehnerübergänge mit ein, die zweite (67–54) überprüft das Beherrschen des Rückwärtszählens im Hunderterraum.

3. Zahlen schreiben (8 Items): Gesprochene zwei- bis vierstellige Zahlen werden in ihre arabische Ziffernform transkodiert.

4. Kopfrechnen Addition (8 Items): Alle Kopfrechenaufgaben werden mündlich präsentiert und mündlich beantwortet. Variiert wurden die Größe der Addenden (4–25) und des Resultats (13–42) sowie die Position des größeren Addenden. Sechs Aufgaben beinhalten Zehnerübergänge.

   Kopfrechnen Subtraktion (8 Items): Variiert wurden die Anzahl der Zahlwortelemente, die Größe der Resultate, die Größe der Summe von Subtrahend und Minuend, die Kombination von geraden und ungeraden Zahlen sowie die Anzahl und Positionierung von Zehnerübergängen.

   Kopfrechnen Multiplikation (6 Items): Die Aufgaben mit verschiedenen Schwierigkeitsgraden können durch arithmetisches Operieren (z. B. wiederholte Addition) oder Faktenabruf gelöst werden.

5. Zahlen lesen (8 Items): In arabischer Ziffernform präsentierte zwei- bis vierstellige Zahlen sollen laut vorgelesen werden.

6. Zahlenstrahl (2 × 6 Items): Im ersten Teil soll auf jeweils einer vertikalen Linie, deren Enden mit 0 bzw. 100 gekennzeichnet sind, derjenige von 4 zwischen den Endpunkten liegenden Querstrichen bestimmt werden, welcher der Zahl entspricht, welche genannt wird oder neben dem Zahlenstrahl in arabischer Schreibung gezeigt wird. Im zweiten Teil sollen die Markierungen für die visuell oder mündlich vorgegebenen Zahlen selbst vorgenommen werden.

7. Zahlen nachsprechen (2 × 12 Items): Es sollen mündlich vorgegebene Ziffernfolgen vorwärts (3–6 Ziffern) bzw. rückwärts (2–5 Ziffern) wiederholt werden.

8. Zahlenvergleich Worte (8 Items): Es soll die größere von zwei mündlich vorgesprochenen zwei- bis vierstelligen Zahlen angegeben werden, indem die rechte oder linke Hand des Untersuchers berührt wird.

9. Perzeptive Mengenbeurteilung (5 Items): Es soll die Anzahl von für wenige Sekunden präsentierten Mengen von Punkten oder Gegenständen geschätzt werden.

10. Kognitive Mengenbeurteilung (6 Items): Es soll eine durch ein Zahlwort bestimmte Menge im Hinblick auf einen bestimmten situativen Kontext als viel oder wenig beurteilt werden. Beispiel: Zwei Kinder auf einem Spielplatz. Ist das wenig, normal oder viel?

11. Textaufgaben (6 Items): Die in einer kleinen Geschichte eingebetteten Aufgaben müssen in eine analoge Gleichung übersetzt und gelöst werden.

12. Zahlenvergleich Ziffern (8 Trials): Es soll die größere von zwei geschriebenen Zahlen eingekreist werden. Sechs Paare bestehen
aus Zahlen mit gleicher Anzahl an Ziffern (2–4) und zwei Paare
aus einer Zahl mit 4 und einer mit 5 Ziffern. Vier Paare bestehen
aus Zahlen, die aus den jeweils gleichen Ziffern zusammengesetzt
sind (z. B. 96 und 69).

Konzept

Beim Abzählen werden das Beherrschen der verbalen Sequenz von
Zahlen (stabiles Ordnungsprinzip), das Herstellen einer Eins-zu-Eins-
Beziehung zwischen verbaler Sequenz und Zeigesequenz, die Richtigkeit der Zeigesequenz und das Kardinalitätsprinzip (Ergebnis des
Abzählens bezeichnet Größe der abgezählten Menge) überprüft (Wynn,
1990). Das Rückwärtszählen überprüft das Abschreiten einer Zahlreihe
in umgekehrter Richtung, was durch den Aufbau eines gegliederten
Vorstellungsbildes von einem Zahlenstrahl oder einer Zahlreihe ermöglicht wird (Lorenz & Radatz, 1993). Zahlen schreiben und Zahlen lesen
überprüfen das Transkodieren zwischen Zahlmodalitäten (Seron et al.,
1992). Der Subtest Zahlenstrahl überprüft das analoge Zahlenverständnis durch das Zuordnen von Zahlen zu einer räumlich analogen Position
(vgl. Dehaene, 1992). Beim Zahlennachsprechen werden die Aufmerksamkeit und das auditive Arbeitsgedächtnis für Zahlworte überprüft
(vgl. Wechsler, 1974). Der Zahlenvergleich von Worten und Ziffern soll
die Fähigkeit überprüfen, die Größe einer Zahl in Relation zu einer anderen zu messen, sie also hinsichtlich ihrer kardinalen Bedeutung von
einer anderen zu unterscheiden. Die perzeptive Mengenbeurteilung
prüft über den Weg der visuellen Aufnahme das Zahlenverständnis im
Sinne eines Schätzvorgangs. Die kognitive Mengenbeurteilung prüft
die Fähigkeit, die Bedeutung einer Zahl in Hinblick auf den bezeichneten Kontext vom abstrakten numerischen Wert zu relativieren. Textaufgaben überprüfen das Anwenden mathematischer Prinzipien auf situative Modelle (Stern, 1993).

Variablen

Summe der richtig gelösten Aufgaben je Untertest und Gesamtwert.

Durchführung

Alle Aufgaben werden in Papier-Bleistiftform vorgegeben. Die Testinstruktionen werden mündlich bzw. mittels Testvorlagen präsentiert und
sind von den Kindern durch motorische, mündliche oder schriftliche
(Antwortblätter) Reaktionen zu beantworten. Es gibt keine Zeitbeschränkungen und bis auf Zahlen nachsprechen (Abbruch bei null richtigen von drei Antworten eines Aufgabenblocks) keine Abbruchkriterien.

Auswertung
Bei allen Subtests wird die Anzahl der richtig gelösten Aufgaben erhoben. Beim Subtest Zählen rückwärts mündlich werden jeweils 2 Punkte bei fehlerlosem Rückwärtszählen und 1 Punkt bei einem Fehler vergeben. Die Auswertung der Zahlenstrahlaufgabe II erfolgt mit Hilfe von Auswerteschablonen. Pro Altersgruppe könne Prozenträng für jeden Subtest sowie für den Gesamtwert ermittelt werden. Die Diagnose einer Rechenstörung darf erfolgen, wenn eines der beiden folgenden Kriterien erfüllt ist: 1. Der Gesamtwert liegt unter einem Prozentrang von 10; 2. Die Werte in mindestens drei Subtests aus jenen, die auf einem der ersten beiden Faktoren aus der Hauptkomponentenanalyse (siehe unten) laden und deren Reliabilitätswerte ausreichend gut sind, liegen unter einem Prozentrang von 10. Die Subtests, für welche diese Kriterien gelten, sind: Zahlenschreiben, Zahlenlesen, Kopfrechnen Addition, Kopfrechnen Subtraktion, Kopfrechnen Multiplikation, Zahlenvergleich Worte, Zahlenvergleich Ziffern, Kognitive Mengenbeurteilung, Zahlenstrahl I, Zahlenstrahl II.

Normierung

Stichprobe
764 Grundschulkinder der ersten bis vierten Klasse, davon 421 aus Deutschland (eine Schule aus dem Einzugsgebiet einer Großstadt in Hessen) und 343 Kinder einer repräsentativen Bevölkerungsstichprobe von Zweitklässlern aus dem Kanton Zürich, Schweiz (davon 5.3 % mit erhöhtem Förderbedarf im Rahmen des Regelschulcurriculums).

Normen
Prozenträng für die Untertests und bei dem Gesamtwert nach Klassenstufen.
Alter: Vier Altersgruppen aus Deutschland: 1. Klasse ($N=104$), 2. Klasse ($N=112$), 3. Klasse ($N=113$), 4. Klasse ($N=92$); eine Altersgruppe aus der Schweiz: 2. Klasse ($N=343$).
Bildung: Grundschulkinder.
Geschlecht: Keine geschlechtsspezifische Überprüfung.

Gütekriterien

Objektivität
Durchführung: Durch die detaillierten Instruktionen sei die Durchführungsobjektivität gesichert.
Auswertung: Durch die eindeutige Beurteilbarkeit aller Aufgaben und die sehr einfache Auswertung gesichert.

Reliabilität
Interne Konsistenz: Cronbachs Alpha: .97 (Deutschland) bzw. .93 (Schweiz) für die gesamte Testbatterie mit 114 Items.
Paralleltest-Reliabilität: Keine Paralleltests vorhanden.

Retest-Reliabilität: Keine Retest-Reliabilität erhoben.
Weitere Reliabilitätsmaße: keine Angaben

Validität
Konstruktvalidität: Eine Hauptkomponentenanalyse mit Varimax-Rotation beruhend auf der Schweizer Stichprobe (2. Klasse; $N=343$) führte zu einer Lösung mit vier interpretierbaren Faktoren, die insgesamt 58.4 % der Varianz aufklärten. Im ersten Faktor scheint hauptsächlich das kulturvermittelte Zahlen- und Faktenwissen repräsentiert zu sein (Transkodieren, Zahlenvergleich, Multiplizieren), während im 2. Faktor der Hauptakzent auf prozeduralen (Kopfrechnen) und analog-semantischen Fähigkeiten (Zahlenstrahl) liegt. Im 3. Faktor laden Zählfertigkeiten sowie Addition und Subtraktion (Abzählstrategien) besonders hoch.
Konvergente/diskriminante Validität: keine Angaben
Kriteriums- bzw. klinische Validität: Einen weiteren Hinweis auf die Validität des ZAREKI-R gibt der kombinierte Effekt von Alter und Unterrichtsdauer, der sich in einem Leistungsanstieg von Klasse 1 bis 4 (Veränderung der Mittelwerte, Reduktion der Streuung, Erhöhung der Minimalwerte) zeigt. Es zeigten sich auch signifikant schlechtere Leistungen einer longitudinal getesteten Risiko-Teilstichprobe (Kinder aus Sprachheilkindergärten, Teil der Schweizer Stichprobe) in allen Subtests außer dem Abzählen. Als externes Kriterium wurden Pearson-Korrelationen mit der Einschätzung der Rechenkompetenzen durch die Lehrer (5-stufige Skala; $r=.69$) sowie mit den Schulnoten in Mathematik ($r=.64$) durchgeführt.
Ökologische Validität: keine Angaben

Nebengütekriterien
Akzeptanz: keine Angaben
Transparenz: keine Angaben
Zumutbarkeit: keine Angaben
Verfälschbarkeit: keine Angaben
Störanfälligkeit: keine Angaben

Neuropsychologische Aspekte

Theoretischer Rahmen
Als Grundkomponenten des mathematischen Wissenserwerbs werden (1) angeborene numerische Fähigkeiten (Subitizing, Fähigkeit zwischen größeren Mengen zu unterscheiden), (2) die Symbolisierung von Zahlen durch Worte und Ziffern (Erlernen einer stabilen, ordinalen Zahlwortreihe, arabisches Notationssystem) sowie (3) die Entwicklung einer Zahlenraumvorstellung (mentaler Zahlenstrahl zur Abbildung der Mächtigkeit abstrakter Zahlen) genannt. Als Entwicklungsmotor hierfür wer-

den Aufmerksamkeit und Arbeitsgedächtnis genannt. Am Ende des dritten Entwicklungsschritts sei im Wesentlichen das erreicht, was Deheane (1992) im „Triple-Code Model" als modular gegliedertes neurokognitives System der Zahlenverarbeitung beim erwachsenen Menschen beschrieben hat: drei unterscheidbare, miteinander verbundene neuronale Netzwerke, die entsprechend der verschiedenen repräsentationalen Eigenschaften und Funktionen von Zahlen (sprachlich-alphabetisches Zahlwort, visuell-arabische Notation, analoge mentale Zahlenraumvorstellung) in den unterschiedlichen Regionen des Gehirns lokalisiert sind und aufgabenbezogen aktiviert werden.

Anwendungsbereiche

Der Test wurde für die Diagnose von Rechenstörungen im Grundschulalter entwickelt und soll durch eine Analyse des Testprofils Hinweise für die Förderplanung liefern.

Funktionelle Neuroanatomie

Als Hirnfunktionen, die beim Rechnen beteiligt sind, sowie deren Lokalisierung werden genannt: Aufmerksamkeit (frontal), bildliche Vorstellungskraft (parietal), Fähigkeit zum visuellen Erkennen (okzipital), sprachliche Begriffsbildung (links fronto-temporal), sensomotorische Intregration (präfrontal), Lernvorgänge und die damit verbundenen emotionalen Komponenten (Limbisches System).

Ergebnisbeeinflussende Faktoren

keine Angaben

Testentwicklung

Der Test stellt eine Revision der von Michael von Aster in der Schweiz entwickelten und normierten ZAREKI dar (von Aster, 2001). In der vorliegenden Revision wurden die Untertests „Zahlen nachsprechen vorwärts" und „Zahlen nachsprechen rückwärts" neu aufgenommen, außerdem finden sich zusätzlich zu den Additions- und Subtraktionsaufgaben auch Multiplikationsaufgaben im Untertest „Kopfrechnen". Bei dem Untertest „Kognitive Mengenbeurteilung" wurden wegen sehr geringer Item-Trennschärfewerten jene Aufgaben eliminiert, bei denen eine Menge als durchschnittlich bzw. normal groß eingeschätzt werden sollte. Der Untertest „Zahlenstrahl" enthält sechs zusätzliche Aufgaben, bei denen dir Probanden die räumliche Positionierung selbständig vornehmen müssen. Bei den übrigen Untertests wurden Items hinzugefügt, was insgesamt die Testdurchführung geringfügig verlängerte, gleichzeitig aber die psychometrischen Kennwerte auf Skalen- und Itemebene verbesserte. Die Auswertung wurde bei allen Untertests mit Ausnahme des

Rückwärtszählens und eines Teils der Zahlenstrahlaufgaben vereinfacht, in dem nur noch ein Punkt pro Item vergeben wird.
Die Subtests „Abzählen", „Perzeptive Mengenbeurteilung" und „Rückwärtszählen" weisen bezogen auf die testdiagnostischen Anforderungen ungenügende Werte auf. Beim Abzählen (Crobachs Alpha: $r=.34$ in der deutschen Stichprobe) erzielen schlechte Schüler gute Resultate, weil sie hier besonders sorgfältig arbeiten und die guten Schüler schlechte Resultate, weil ihnen die Aufgabe zu leicht erscheint und sie dieser Problemstellung keine besondere Aufmerksamkeit schenken. Beim Rückwärtszählen (Cronbachs Alpha: $r=.5$ in der deutschen Stichprobe) und der perzeptiven Mengenbeurteilung (Cronbachs Alpha: $r=.39$ in der deutschen Stichprobe) dürfte die geringe Anzahl der Testitems zu den mäßigen Reliabilitätswerten beitragen.
Es existieren zahlreiche Forschungsversionen in anderen Sprachen, die in epidemiologischen, kulturvergleichenden und neuropsychologischen Studien Anwendung finden (Manual, S. 5).

Testbewertung

Die Kritik im Überblick

Bei der ZAREKI-R handelt es sich um einen inhaltlich gut konstruierten und sehr ökonomisch durchführbaren Test zur Diagnose von Rechenstörungen im Grundschulalter. Die Aussagekraft des Gesamtwerts ist jedoch hinsichtlich einiger Punkte kritisch zu bewerten: die fehlende Differenzierung innerhalb der einzelnen Schuljahre, die fehlende Geschlechtsdifferenzierung, die Anzahl der Untertests mit Deckeneffekten ab der 3. Klasse sowie die Aufnahme von zwei Untertests (ohne Deckeneffekte) zum Arbeitsgedächtnis. Letztere zwei Punkte können vor allem bei Kindern der 4. Klasse mit komorbidem AD(H)S zu falsch-positiven Diagnosen führen.

Testkonstruktion

Testmaterial
Der Bewertungs- und Protokollbogen ist übersichtlich gestaltet.

Testdesign
Konzept: Der neuropsychologische Theorierahmen wird nachvollziehbar und für die Interpretation der Ergebnisse hilfreich dargestellt.
Variablen: Die Aufnahme von zwei Variablen zum Arbeitsgedächtnis (Zahlen nachsprechen vorwärts und rückwärts) in einen Dyskalkulietest ist als kritisch zu bewerten (siehe unten). Die höchste diagnostische Aussagekraft bis zur 4. Klasse auf der Untertestebene weisen „Kognitive Mengenbeurteilung" und „Zahlenstrahl II" (freies Einzeichnen, keine Markierungen) auf, da sie sowohl inhaltlich relevante Aspekte überprüfen als auch so konstruiert wurden, dass sie keine Deckeneffekte aufweisen.

Durchführung: Sehr übersichtlich gestaltet, wortwörtliche Instruktionen im Protokollbogen, ökonomisch.

Auswertung: Die Auswertung der offenen Zahlenstrahlaufgaben erfolgt mit Hilfe von Auswerteschablonen, die restliche Auswertung gestaltet sich sehr einfach. Weiter vereinfacht wird die Auswertung durch die Software, die neben der Bestimmung der Prozentränge des Gesamtwerts und der Subtests auch die Bestimmung von Subtypen der Dyskalkulie ermöglicht. Das erste von zwei möglichen Kriterien für die Diagnosestellung (Gesamt-Prozentrang ≤ 10) entspricht (bei gleichzeitiger Erfüllung des Diskrepanzkriteriums zum IQ) den ICD-10-Kriterien, die Motivation für das zweite mögliche Kriterium (3 aus 10 genannten Untertest-Prozenträngen ≤ 10) ist unklar.

Normierung

Stichprobe: Die deutsche Normgruppe stammt aus einer einzigen Schule, was die Repräsentation der Population fraglich erscheinen lässt. Völlig unklar ist, zu welchem Zeitpunkt innerhalb des Schuljahres die Normdaten erhoben wurden, was für die Beurteilung von Rechenleistungen mit stetigen Leistungszuwächsen während des Schuljahres einen deutlichen Kritikpunkt darstellt. Eine klinische Stichprobe wurde nicht erhoben.

Normen: Es werden nur Prozentränge pro Subtest und für den Gesamttest angegeben, was vor allem für die Verlaufsdiagnostik keine interferenzstatistisch abgesicherten Aussagen zulässt. Geschlechtsunterschiede wurden nicht untersucht.

Gütekriterien

Objektivität: Durch die klar und verständlich formulierten Instruktionen, die eindeutige Beurteilbarkeit aller Aufgaben und die einfache Auswertung gegeben.

Reliabilität: Mit Cronbachs Alpha von .97 (Deutsche Stichprobe) bzw. .93 (Schweizer Stichprobe) für den Gesamttest gut.

Validität: Die Validität kann als gesichert gelten. Sie wurde aus drei Bereichen erschlossen: 1. der Konstruktvalidität auf Basis einer Faktorenanalyse, 2. dem kombinierten Effekt von Alter und Unterrichtsdauer, 3. der Kriteriumsvalidität über eine Longitudinalstudie einer Risikogruppe aus Kindern eines Sprachheilkindergartens sowie dem Lehrerurteil und Schulnoten als externem Kriterium.

Nebengütekriterien: Sehr ökonomisch.

Testentwicklung

Die inhaltliche Auswahl der Untertests ist überwiegend als sehr gelungen zu bewerten. Die Auswahl und Anzahl der Items führte jedoch für die 3. Klasse in der Hälfte der Untertests und für die 4. Klasse in 11 von 16 Untertests zu sehr starken Deckeneffekten (Prozentrang ≤ 10 bereits bei 2 Punkten Abzug), was deutlich unreliablere diagnostische Aussagen zur Folge hat (Reliabilitäten wurden nicht für die Klassenstufen getrennt angegeben).

Neuropsy-
chologische
Aspekte

Theoretischer Rahmen

Die Auswahl aller Zahlenverarbeitungs- und Rechenaufgaben ist vor dem Hintergrund des beschriebenen neuro- und entwicklungspsychologischen Rahmens gut nachvollziehbar und interpretierbar. Als Begründung für die Aufnahme der beiden Arbeitsgedächtnisaufgaben werden die hohe Komorbidität von Dyskalkulie und Aufmerksamkeitsstörungen bzw. Befunde von frontalen Aktivierungsunterschieden bei dyskalkulischen Kindern angegeben, welche jedoch auf Basis der Ergebnisse im ZAREKI-R ausgewählt wurden. Inhaltlich (nach ICD-10 Kriterien) ist die Aufnahme von Arbeitsgedächtnisaufgaben in einen Dyskalkulietest nicht gerechtfertigt. Vor allem, wenn man im Fall der ZAREKI-R bedenkt, dass diese beiden Untertests zu den fünf gehören, die in der 4. Klasse keine Deckeneffekte aufweisen, ist eine falsch-positive Diagnose einer Rechenstörung bei eigentlich vorliegender Aufmerksamkeitsstörung denkbar. Konkret wäre dies rechnerisch folgendermaßen möglich: Wenn ein Kind in der 4. Klasse in beiden Zahlennachsprechaufgaben einen Prozentrang von 10 (insgesamt 10 von 24 möglichen Punkten in beiden Untertests) erreicht, würden insgesamt fünf weitere fehlende Punkte in allen anderen 14 Untertests dazu führen, dass das Kind auch im Gesamtwert nur 100 von 119 Punkten erlangt, somit einen Prozentrang von 10 erreicht und damit das Diagnosekriterium erfüllt.

Anwendungsbereiche

Zur Diagnose von Rechenstörung bei Grundschulkindern gut einsetzbar.

Funktionelle Neuroanatomie

Die aktuellere Differenzierung parietaler Areale für verschiedene Aspekte der Zahlenverarbeitung und des Rechnens wurde im Manual nicht berücksichtigt.

Ergebnisbeeinflussende Faktoren

Vor allem für die 4. Klasse ist Vorsicht bei der Interpretation des Gesamtwertes geboten, da dieser bei Defiziten des Arbeitsgedächtnisses (wie häufig bei AD(H)S zu beobachten) nach unten verzerrt sein kann.

Handhab-
barkeit und
klinische
Anwendung

Sehr benutzerfreundliches Verfahren. Unter Berücksichtigung allfälliger Ergebnisverzerrung durch Defizite des Arbeitsgedächtnisses für die klinische Praxis gut geeignet.

Helga Krinzinger

2.5   Intelligenztests in der neuropsychologischen Diagnostik

Renate Drechsler

2.5.1   Sind IQ-Tests neuropsychologische Tests?

Ob IQ-Tests auch neuropsychologische Tests sind, darüber herrschen in der Literatur sehr kontroverse Auffassungen. In den letzten Jahren hat es, was Terminologie und theoretische Fundierung angeht, eine gewisse Annäherung zwischen den Disziplinen gegeben. Es gibt einige IQ-Aufgaben oder IQ-Batterie-Untertests, die einen neuropsychologischen Hintergrund haben und aus einer neuropsychologischen Tradition stammen. Aber es gibt auch Verfahren, die sich als neuropsychologisch bezeichnen, obwohl sie streng genommen kognitive Leistungen untersuchen, ohne einen spezifischen neuropsychologischen Hintergrund. In den bekannten Kompendien neuropsychologischer Testverfahren (Baron, 2004; Lezak, Howieson, Bigler & Tranel, 2012; Strauss, Sherman & Spreen, 2006) werden Testverfahren zur IQ-Messung, wie die Wechsler-Tests, selbstverständlich referiert. Allerdings wird etwa bei Lezak und Kollegen (2012) klar ausgeführt, dass das IQ-Konstrukt sich nicht mit neuropsychologischen Konzepten deckt: Aggregierte IQ-Werte sind neuropsychologisch gesehen inhaltslos und ein unauffälliges Gesamt-Ergebnis in einem IQ-Verfahren kann zu der falschen Schlussfolgerung führen, dass bei einem Patienten keine neuropsychologischen Defizite vorliegen. Baron (2004) stellt in ihrem grundlegenden Buch zur kinderneuropsychologischen Diagnostik klar fest, dass IQ-Tests keine neuropsychologischen Tests sind. Auch im vorliegenden Kapitel wird für eine Abgrenzung von neuropsychologischer Diagnostik und Intelligenzdiagnostik plädiert. Dies bezieht sich auf theoretische Konzepte, Zielsetzungen und Vorgehen. In der praktischen Umsetzung und in Bezug auf einzelne Instrumente und Testaufgaben wird diese Grenze dagegen schwerer zu ziehen sein. Eine Abgrenzung von neuropsychologischer und Intelligenzdiagnostik bedeutet auch nicht, dass IQ-Untersuchungen in der Kinderneuropsychologie überflüssig sind. Das Gegenteil ist der Fall: Die Durchführung von standardisierten Intelligenz- oder Entwicklungstests mit dem Ziel einer Einordnung des kognitiven Entwicklungsstandes im Vergleich zur Altersnorm und eines Leistungsscreenings sollte in der Kinderneuropsychologie fester Bestandteil jeder Diagnostik sein (vgl. Band 2, Kapitel 2).

2.5.2   Intelligenz-Modelle und Verfahren

In der Geschichte der Intelligenzdiagnostik ist zu unterscheiden zwischen Entwicklung von diagnostischen Verfahren und der Entwicklung von Intelligenzmodellen. Frühe Intelligenztests basierten auf keiner spezifischen Intelligenztheorie, sondern das Strukturmodell der erfassten Fähigkeiten wurde bestenfalls im Nachhinein statistisch aus den erhobenen Daten abgeleitet. Die Intelligenzdiagnostik begann 1904, als Alfred Binet und Théodore Simon den Auftrag erhielten, ein Untersuchungsverfahren zur Diagnose von intellektueller Beeinträchtigung bei Kindern zu entwickeln. Auf dieser Grundlage wurde die „échelle métrique de l'intelligence" entwickelt (Binet & Simon, 1905), die Aufgaben aus verschiedenen Leistungsbereichen nach altersgestufter Schwierigkeit enthielt. Anhand dieser Skala ließ sich das Intelligenzalter eines Kindes bestimmen (vgl. Funke, 2006). Der Binet-Simon Test war also gleichermaßen ein Intelligenz- wie ein Entwicklungstest. Diese Skala diente nach Adaptation und Weiterentwicklung durch verschiedene Autoren in den USA und der Überführung der Alterswerte in eine IQ-Punkte-Skala letztlich als Vorbild für die Entwicklung der Wechsler-Intelligenzskalen für Erwachsene in den dreißiger Jahren – mit Mittelwert 100 und Standardabweichung 15 (Wechsler, 1939; vgl. Hagmann-von Arx, Meyer & Grob, 2008).

Intelligenztheorien beschäftigen sich mit der Frage, auf welche Faktoren sich das Konstrukt „Intelligenz" zurückführen lässt und welche Strukturen ihm zugrunde liegen. Spearman (1904) ging von der These aus, dass Intelligenz auf einem sogenannten g-Faktor oder General-Faktor beruht, der sich in untergeordneten spezifischen Leistungsdomänen (s-Faktoren) zeigt (Zwei-Faktoren-Theorie). Ein Beleg dafür wären etwa hoch korrelierende Noten in Schulfächern, die auf unterschiedlichen Fähigkeiten beruhen, wie Englisch und Mathematik.

Thurstone (1938) extrahierte anhand einer faktorenanalytischen Untersuchung aus breit gestreuten Leistungstests einer studentischen Stichprobe sieben mentale Fähigkeiten: Gedächtnis, Umgang mit Zahlen, Wahrnehmungsgeschwindigkeit, schlussfolgerndes Denken, räumliches Vorstellungsvermögen, sprachliches Verständnis und Wortflüssigkeit. Diese sieben „Primärfaktoren" waren allerdings statistisch nicht voneinander unabhängig. Dieses Modell der Primärfaktoren hat verschiedene IQ-Tests – zumindest teilweise – beeinflusst, wie z. B. das Prüfsystem für Schul- und Bildungsberatung (Horn, Lukesch, Mayrhofer & Kormann, 2003). Hierarchische Intelligenzmodelle begannen ab den 40er Jahren weiter an Bedeutung zu gewinnen: Cattell und später (Horn & Cattell, 1966) stellten die These auf, dass sich zwei allgemeine Fähigkeiten (Generalfaktoren G) unterschieden lassen: fluide (Gf) und kristalline (Gc) Intelligenz. Fluide Intelligenz bezieht sich auf die Fähigkeit, Dinge unterscheiden und Beziehungen zwischen ihnen erkennen zu können. Kristalline Intelligenz bezieht sich auf Fähigkeiten, die mit dem Abruf und der Anwendung von erlerntem Wissen zusammenhängen. Auf einer hierarchisch untergeordneten Ebene sind in diesem Modell die folgenden Generalfaktoren angesiedelt: Kurzzeitgedächtnis (short term memory), Langzeitgedächtnis (long term retrieval), visuelle Informationsverarbeitung (visual processing), auditive Informationsverarbeitung (auditory processing), Verarbeitungsgeschwindigkeit (cognitive processing speed), Entscheidungsgeschwindigkeit (correct decision speed), quantitatives Wissen (quantitative knowledge), Lesen und Schreiben (reading and writing). Verschiedene, vor allem nonverbale Intelligenztests sind von Cattell und Nachfolgern entwickelt worden, die auf die Messung von fluider Intelligenz zugeschnitten sind, wie z. B. die Grundintelligenztest-Skala (CFT 1, Cattell et al., 1997; CFT1-R, CFT-20-R, Weiß & Weiß, 2006). Sie verbanden damit auch den Anspruch, dass die Tests „culture fair" sein sollten, d. h. ohne sprachliches und ohne Zahlenmaterial, und damit kulturübergreifend einsetzbar. Auf die Weiterentwicklungen der Cattell-Horn-Theorie durch Caroll wird wegen ihrer Bedeutung für die aktuelle Intelligenzdiagnostik in einem gesonderten Abschnitt eingegangen.

Das Berliner Intelligenz-Struktur Modell von Jäger (1967, 1984) ist ein Konstrukt, bei dem sich Leistungsfaktoren in eine Matrix-Struktur aus 12 Zellen einfügen, die aus einer Achse mit vier Operationskategorien und einer Achse mit drei Inhaltskategorien gebildet wird. Zu den Operationskategorien gehören Verarbeitungskapazität, Einfallsreichtum, Gedächtnis und Bearbeitungsgeschwindigkeit. Die Inhaltskategorien setzen sich aus Sprachgebundenem Denken, Zahlengebundenem Denken und Anschauungsgebundenem Denken zusammen. Testverfahren wie der I-S-T 2000 R (Intelligenz-Struktur-Test 2000 R; Liepmann, Beauducel, Brocke & Amthauer, 2007) und der BIS-HB (Berliner Intelligenzstrukturtest für Jugendliche:

Begabungs- und Hochbegabungsdiagnostik; Jäger et al., 2006) orientieren sich an diesem Konzept.

In den 80er Jahren des letzten Jahrhunderts wurden erweiterte Intelligenzkonzepte propagiert, die für eine stärkere Gewichtung von Fähigkeiten bei der Beurteilung von Intelligenz eintraten, die nicht im engeren Sinne kognitiv sind, sondern auch soziale oder emotionale Aspekte einschließen. Dazu gehören z. B. das Modell der Multiplen Intelligenzen nach Gardner (1983), mit Kategorien wie musikalische, körperlich-kinästhetische oder sozial-interpersonale Intelligenz, oder die Theorie der Emotionalen Intelligenz nach Mayer & Salovey (1997). Bislang gibt es keine diagnostischen Verfahren im Kinderbereich, die auf diesen Konzepten aufbauen, und sie werden daher hier nicht weiter referiert (zur Darstellung und methodischen Kritik vgl. Rost, 2013). Aus neuropsychologischer Sicht würden diese Funktionen den Domänen der Emotionsverarbeitung oder den exekutiven Funktionen zugeordnet.

2.5.2.1 Die Cattell-Horn-Carroll (CHC) Theorie

Die Weiterentwicklung der Cattell-Horn Theorie zum heute in der IQ-Diagnostikforschung sehr einflussreichen CHC-Modell geht auf Arbeiten Carrolls in den neunziger Jahren des letzten Jahrhunderts zurück (Carroll, 1993; vgl. Carroll, 2012). Er unterzog mehr als 460 Datensets aus relevanten Veröffentlichungen zu kognitiven Tests einer Reanalyse. Jedes Datenset umfasste mindestens 100 Teilnehmer einer umschriebenen Population. Mittels Faktorenanalyse gelangte er zu einem Modell, das drei hierarchisch aufgebaute Schichten (Straten) enthielt: Die oberste Schicht (Stratum III) entsprach dem übergeordneten Faktor der Allgemeinen Intelligenz (General Intelligence). Darunter befand sich eine Schicht (Stratum II), die ebenfalls übergeordnete Fähigkeiten enthielt, die der sogenannten „weiten" Fähigkeiten (broad abilities). Dazu gehörten in der ursprünglichen Version von Carroll folgende acht Fähigkeiten: die fluide Intelligenz, die kristalline Intelligenz, allgemeines Gedächtnis und Lernen, allgemeine („broad") visuelle Wahrnehmung, allgemeine auditive Wahrnehmung, allgemeine Fähigkeit des Abrufs, allgemeine kognitive Schnelligkeit und Verarbeitungsgeschwindigkeit (Reaktions- und Wahlentscheidungszeit). Caroll nahm an, dass es wohl noch weitere „weite" Fähigkeiten geben dürfte, etwa im Bereich Sensomotorik oder Aufmerksamkeit. Die letzte Schicht (Stratum I) ist der Schicht II untergeordnet und enthält die sogenannten „engen" Fähigkeiten („narrow abilities"). In Carrolls Model waren es insgesamt 65. Zu den engen Fähigkeiten der fluiden Intelligenz etwa zählte er „General Sequential Reasoning", „Induction", „Quantitative Reasoning", „Speed of Reasoning". Jede „enge" Fähigkeit ist einer der „weiten" Fähigkeiten zugeordnet. Innerhalb der „engen" Fähigkeiten gibt es im Modell keine erkennbaren weiteren Hierarchien.

Inzwischen hat es verschiedenen Weiterentwicklungen und Ergänzungen des CHC-Modells gegeben. In der aktuellen Version von Schneider und McGrew (2012, siehe Abbildung 2.8) umfassen die „engen" Fähigkeiten über 80 Komponenten. Die „weiten" Fähigkeiten wurden ergänzt und um motorische, taktile und kinästhetische Fähigkeiten erweitert. Diese letzteren beiden gelten allerdings als provisorisch und bedürfen weiterer Überprüfung (deshalb sind sie in der Graphik mit Fragezeichen versehen). Die insgesamt 16 „weiten" Fähigkeiten des aktuellen Modells wurden nochmals zusammengefasst zu sechs übergeordneten Einheiten: Schlussfolgern/Denken, Erworbenes Wissen, Gedächtnis und Effizienz, Sensorik,

Motorik, Effizienz und Geschwindigkeit. Eine Auflistung der „weiten" Fähigkeiten und der dazugehörigen „engen" Fähigkeiten findet sich in Abbildung 2.8.

Verschiedene Forscher streben an, aktuelle CHC-Modelle direkt in Testverfahren umzusetzen. Am weitreichendsten wurde dies bislang im Woodcock-Johnson IV Tests of Cognitive Abilities (WJ IV COG; Schrank, McGrew & Mather, 2014) realisiert. Dessen Untertests zielen unmittelbar auf einen Teil der in der CHC-Theorie definierten Fähigkeiten ab (vgl. Testreview von Reynolds & Niileksela, 2015). Auch der WISC-IV (Petermann & Petermann, 2011), die RIAS (Reynold's Intellectual assessment scales, deutsche Version Hagmann-von Arx & Grob, 2014) oder die K-ABC-II (Melchers & Melchers, 2015) beziehen sich ganz explizit auf CHC-Theorien.

2.5.2.2 CHC-Theorie und Neuropsychologie

Es ist unschwer zu erkennen, dass sich die in der CHC-Theorie definierten „engen" Fähigkeiten in Bezeichnungen und Aufgaben zum Teil mit neuropsychologischen Konzepten überschneiden und mit Komponenten, die in einer neuropsychologischen Diagnostik untersucht werden. Z. B. werden innerhalb der „weiten" Fähigkeiten „Short term memory" und „Long term memory and retrieval" Variablen erhoben wie Gedächtnisspanne (MS), Arbeitsgedächtnis-Kapazität (MW), Gedächtnis freier Abruf (M6), Benennungsleichtigkeit (NA), Ideenflüssigkeit (FI), Wortflüssigkeit (FW), Figurale Flüssigkeit (FF), Figurale Flexibilität (FX), die auch aus neuropsychologischen Paradigmen und Testverfahren bekannt sind und die in beiden Disziplinen gemeinsamen Studien und Verfahren wurzeln. Trotzdem muss man bedenken, dass die CHC-Fähigkeiten nicht auf neuropsychologischen Theorien von Hirnfunktionen basieren, sondern faktorenanalytisch gewonnene Konstrukte sind. Dieser fehlende Bezug zu neuropsychologischen Grundlagen darf beim Einsatz von Verfahren, die auf der CHC-Theorie basieren, nicht außer Acht gelassen werden. Inwieweit Aufgaben, die auf CHC-Fähigkeiten abzielen, wirklich geeignet sind, um Störungen bei hirngeschädigten Individuen zu erfassen und intakte und beeinträchtigte Komponente gegeneinander abgrenzen zu können, ist völlig ungeklärt und eher fragwürdig. Ein Intelligenzmodell ist kein Störungsmodell. Dies räumen auch Vertreter der CHC-Theorie ein (vgl. Schneider & McGrew, 2012). Auch werden Interaktionen und sekundäre Auswirkungen von Störungen nicht abgebildet.

Das CHC-Modell ist eine typische a-posteriori-Theorie, d. h. die gefundenen Strukturen beruhen auf der Analyse empirisch gewonnener Daten kognitiver Fähigkeiten (vgl. Rost, 2013). Diese Studien aber nutzen vorbestehende Testparadigmen und Operationalisierungen, die sehr unterschiedliche oder auch keine spezielle theoretische Fundierungen haben. Hierin ist die CHC-Theorie eklektizistisch. Auch die neuropsychologische Forschung hat Daten beigetragen, was gewisse Überschneidungen verständlich macht. Es gibt aber auch Kategorisierungen und Einteilungen, die aus neuropsychologischer Sicht schwer nachvollziehbar sind. So sind z. B. alle sprachlichen Fähigkeiten der „kristallinen" Intelligenz zugeordnet, während die „fluide" Intelligenz unterschiedliche Formen des schlussfolgernden Denkens umfasst. Dies mag auch erklären, warum sprachliche Funktionen in Testverfahren, die auf dem CHC-Modell basieren, einen eher geringen Raum einnehmen. Das CHC-Modell gibt außerdem nicht vor, wie stark die einzelnen Fähigkeiten in der Diagnostik gewichtet werden sollten.

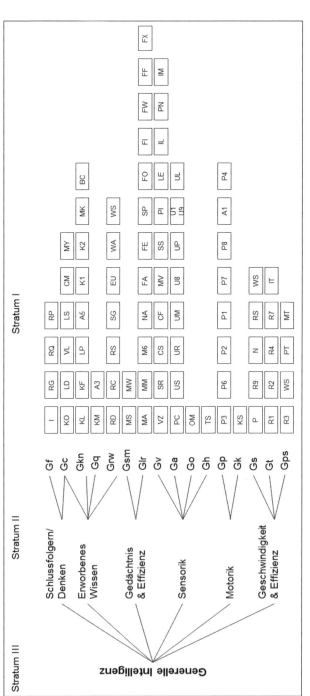

Abbildung 2.8: Das aktuelle Cattell-Horn-Carroll (CHC)-Modell kognitiver Fähigkeiten (nach Schneider & McGrew, 2012 und Flanagan, Alfonso, Ortiz & Dynda, 2013)

Gf (fluid intelligence): Fluide Intelligenz

Gc (crystallized intelligence): Kristalline Intelligenz

Gkn (general (domain-specific) knowledge abilities): Domänenspezifisches Allgemeinwissen

– Induktion (I); allgemeines sequentielles Schlussfolgern (RG); quantitatives Schlussfolgern (RQ); Piagetsches Schlussfolgern (RP)

– Allgemeines (sprachliches) Wissen (KO); Sprachentwicklung (LD); lexikalisches Wissen (VL); Zuhörfähigkeit (LS); kommunikative Fähigkeiten (CM); grammatikalische Sensibilität (MY)

– Fremdsprachenkenntnisse (KL); Gebärdensprache (KF); Lippenlesen (LP); geographisches Wissen (A5); allgemeine naturwissenschaftliche Kenntnisse (K1); Kulturwissen (K2); mechanische Kenntnisse (MK); Verhaltensinhalte (BC)

Gq (quantitative knowledge): Quantitatives Wissen
– mathematisches Wissen (KM); mathematische Fertigkeiten (A3)

Grw (reading and writing): Lesen und Schreiben
– Dekodieren beim Lesen (RD); Lesesinnverständnis (RC); Lesegeschwindigkeit (RS); Buchstabieren (SG); Schreibkonventionen (EU); schriftliche Ausdrucksfähigkeit (WA); Schreibgeschwindigkeit (WS)

Gsm (short term memory): Kurzzeitgedächtnis
– Gedächtnisspanne (MS); Arbeitsgedächtnis-Kapazität (MW)

Glr (long-term storage and retrieval): Langzeitspeicherung und Abruf
– assoziatives Gedächtnis (MA); semantisches Gedächtnis (MM); freier Gedächtnisabruf (M6); Benennungsleichtigkeit (NA); assoziative Flüssigkeit (FA); Ausdrucksflüssigkeit (FE); Lösungsflexibilität (SP); Originalität/Kreativität (FO); Ideenflüssigkeit (FI); Wortflüssigkeit (FW); figurale Flüssigkeit (FF); figurale Flexibilität (FX)

Gv (visual processing): Visuelle Verarbeitung
– Visualisierung (VZ); schnelle mentale Rotation (SR); Geschwindigkeit beim Gestalterschließen (CS); Flexibilität beim Gestalterschließen (CF); visuelles Gedächtnis (MV); visuelles Scanning (SS); serielle visuelle Integration (PI); Längenschätzung (LE); Wahrnehmungsillusionen (IL); Alternieren zwischen Wahrnehmungen (PN) ; visuelles Vorstellungsvermögen (IM)

Ga (auditory processing): Auditive Verarbeitung
– phonologisches Bewusstsein (PC); Analyse von Sprechlauten (US); Resistenz gegen Verzerrung (UR); Gedächtnis für Tonfolgen (UM); Rhythmus halten und erkennen (U8); absolutes Gehör (UP); Analyse und Verständnis von Musik (U1 U9); Tonlokalisierung (UL)

Go (olfactroy abilities): Olfaktorische Fähigkeiten
– olfaktorische Gedächtnis (OM)

Gh (tactile abilities): Taktile Fähigkeiten
– Tastgefühl (TS) (?)

Gp (psychomotor abilities): Psychomotorische Fähigkeiten
– statische Kraft (P3); Koordination der Extremitäten (P6); Fingergeschicklichkeit (P2); Handgeschicklichkeit (P1); Arm-Hand-Genauigkeit (P7); Kontroll-Genauigkeit (P8); Zielen (A1); Körpergleichgewicht (P4)

Gk (kinesthetic abilities): Kinästhetische Fähigkeiten
– kinästhetische Sensibilität (KS) (?)

Gs (processing speed): Verarbeitungsgeschwindigkeit
– Wahrnehmungsgeschwindigkeit (P); Testbearbeitungsgeschwindigkeit (R9); Rechengeschwindigkeit (N); Lesegeschwindigkeit (RS); Schreibgeschwindigkeit (WS)

Gt (reaction and decision speed): Reaktions- und Entscheidungsgeschwindigkeit
– einfache Reaktionszeit (R1); Wahlreaktionszeit (R2); semantische Verarbeitungszeit (R4); – mentale Vergleichsgeschwindigkeit (R7); visuelle Inspektionszeit (IT)

Gps (psychomotor speed): Psychomotorische Geschwindigkeit
– Geschwindigkeit der Extremitätenbewegung (R3); Schreibgeschwindigkeit (WS); Artikulationsgeschwindigkeit (PT); Bewegungszeit (MT)

2.5.3 Abgrenzung und Überlappung von Intelligenz-Diagnostik und neuropsychologischer Diagnostik

In der klinischen Praxis der neuropsychologischen Diagnostik hat es gerade in der Kinderneuropsychologie schon immer eine Vermischung von kognitiven und neuropsychologischen Verfahren gegeben (vgl. Miller & Maricle, 2012). Dies hängt nicht zuletzt damit zusammen, dass lange nur wenige normierte neuropsychologische Verfahren im Kinderbereich zur Verfügung standen.

Es gibt aber trotzdem grundlegende Unterschiede im Vorgehen und bei der Zielsetzung von neuropsychologischer und Intelligenzdiagnostik. Einige davon sind in der Tabelle 2.2 zusammengefasst: Während beim neuropsychologischen Testen eine fortschreitende Aufgliederung in intakte und beeinträchtigte Funktionen und die Beschreibung von Profilunterschieden angestrebt wird, fassen Intelligenztests Leistungen in übergeordnete Indizes zusammen. Neuropsychologisch gesehen wäre das eine unerwünschte Vergröberung der Ergebnisse und bedeutet einen Verlust an relevanten Informationen. Der diagnostische Prozess verläuft in der neuropsychologischen Diagnostik genau in die andere Richtung: Ausgehend von Störungshypothesen werden geeignete Verfahren ausgewählt. Dabei wird trichterförmig vorgegangen: Man beginnt mit einem eher übergreifenden Verfahren und versucht beim weiteren Vorgehen Funktionskomponenten immer feiner zu trennen und zu kontrastieren, bis nach Möglichkeit ein detailliertes Profil mit intakten und beeinträchtigten Teilkomponenten einer Funktion erkennbar wird. Erst dann können spezifische Interventionen geplant werden. Ein solches Vorgehen setzt voraus, dass der Diagnostiker über ein detailliertes Wissen zu neuropsychologischen Funktionen und Störungsmodellen verfügt, auf dessen Grundlage Hypothesen für den individuellen Fall abgeleitet werden können, die wiederum eine Auswahl von Testverfahren begründen. Die Beobachtung des Vorgehens des Kindes bei der Testdurchführung und eine Analyse der Fehler können zur Hypothesenbildung und -überprüfung ebenso beitragen wie das erreichte Endergebnis. Ein IQ-Test besteht dagegen aus einer festen Batterie und die Testvorgabe ist hochstandardisiert. Individuelle Abweichungen von der Vorgabe werden nicht geduldet, da sie die Gültigkeit des Tests herabsetzen würden: Alle Kinder absolvieren exakt denselben Test, unabhängig von ihren individuellen Voraussetzungen. Für den Diagnostiker sind zur Durchführung von IQ-Tests vor allem allgemeine Kenntnisse erforderlich, die die standardisierte Durchführung und Auswertung psychologischer Tests betreffen, aber keine vertieften konzeptuellen Kenntnisse der verschiedenen Testinhalte. Es geht beim IQ-Test auch nicht um das Ermitteln von Störungen, sondern um die Einordnung von Leistungen in eine Leistungsnorm.

Die Orientierung an neuropsychologischen Störungen und die Verankerung in neuropsychologischen sowie neuroanatomisch und neurofunktionell plausiblen Modellen bei der neuropsychologischen Diagnostik gehört daher zu den wichtigsten Unterscheidungskriterien. Gestützt werden neuropsychologische Modelle heute durch Bildgebungsstudien mit Patientengruppen, durch Läsionsstudien und früher, in der klassischen kognitiven Neuropsychologie, durch Störungsanalysen basierend auf dem Prinzip der doppelten Dissoziation (Teuber, 1955; vgl. Hartje, 2012). IQ-Konstrukte beruhen dagegen auf psychologischen Modellen und werden faktorenanalytisch gestützt.

Tabelle 2.2: Gegenüberstellung von Zielen und Prinzipien neuropsychologischer Diagnostik und Intelligenzdiagnostik

Neuropsychologische Diagnostik	Intelligenzdiagnostik
neuropsychologische Funktionen	kognitive Fähigkeiten
fortschreitende Aufgliederung in intakte und beeinträchtigte Funktionen	Zusammenfassung in Indizes und übergeordnete Gesamtwerte
hypothesengeleitet: trichterförmiges Vorgehen, basierend auf neuropsychologischen Theorien	Screening, ohne Vorannahmen
flexible Batterie	feste Batterie; feste Reihenfolge der Untertests
hypothesenorientiertes Testen: setzt Kenntnisse über zugrundeliegende theoretische Modelle, neuroanatomische und neurofunktionelle Strukturen und Störungsmodelle voraus	hochstandardisierte Testdurchführung: Setzt vom Anwender keine vertieften Kenntnisse über kognitive Funktionen und deren Beziehungen untereinander voraus
störungsorientiert	normorientiert
ergebnisorientiert und prozessorientiert	überwiegend ergebnisorientiert
Aufgaben sollten auf die selektive Erfassung einzelner Komponenten von Funktionen ausgerichtet sein	Aufgaben können auch mehrere Funktionen gleichzeitig erfassen (multifaktoriell)
neuropsychologische Evaluation: individuell, ausgehen von Fragestellung, Vorwissen und Vorannahmen über das Störungsbild	IQ-Testung: ein Test und ein identisches Vorgehen für alle Individuen
Berücksichtigung testbeeinflussender Faktoren	geringe oder keine Berücksichtigung testbeeinflussender Faktoren
basierend auf Theorien neuropsychologischer Funktionen: in Einklang mit neuro-funktionellen Modellen, Studien mit Patienten, Läsionsstudien, Modellen neurofunktioneller Entwicklung und deren Störungen	basierend auf Modellen kognitiver Fähigkeiten bei Gesunden: psychologische Modelle; faktorenanalytisch ermittelte Konstrukte

Eine Gegenüberstellung wie in Tabelle 2.2 ist notwendigerweise schematisch und verkürzt. Außerdem lässt sich eine solche Abgrenzung zunehmend weniger gut aufrechterhalten:

- Neuere Intelligenz-Testverfahren nähern sich teilweise an neuropsychologische Vorgehensweisen an: So berücksichtigt der WISC-IV (Petermann & Petermann, 2011) im Gegensatz zu Vorgängerversionen ausdrücklich auch Prozessvariablen und bietet die Möglichkeit, Subtests ohne Zeitbeschränkung vorzugeben (vgl. Kaplan, Fein, Morris & Delis, 1991).

– Neuere Ansätze der kognitiven Diagnostik wenden sich ab vom festen Batterie-Ansatz (fixed battery approach) und schlagen flexiblere Vorgehensweisen vor: Der „Cross-battery"-Ansatz des kognitiven Testens (Flanagan, Ortiz & Alfonso, 2012; Flanagan, Ortiz & Alfonso, 2013) propagiert im Prinzip ein hypothesengeleitetes Testen, das sich an kognitiven Theorien, vor allem an der CHC-Theorie orientiert. Anstatt anhand eines einzigen hochstandardisierten IQ-Verfahrens einen Gesamtwert zu berechnen, schlagen sie ein Vorgehen vor, bei dem gezielt Einzeltests aus verschiedenen Verfahren ausgewählt werden (flexible battery approach), um „enge" Fähigkeiten gezielt und systematisch erfassen zu können. Wie beim neuropsychologischen Testen sollte auch bei diesem Ansatz ein Diagnostiker über ein vertieftes Wissen über Inhalt und theoretischen Hintergrund einzelner Testverfahren und der untersuchten kognitiven Funktionen verfügen. Dieses Vorgehen erinnert stark an das hypothesengeleitete Testen der klinischen Neuropsychologie. Dass sich die Autoren allerdings explizit auf Lurias Ansatz berufen (z. B. Fiorello, Hale & Wycoff, 2012), obwohl sie vertreten, auf den Bezug zu neuropsychologischen Modellen und Gehirnfunktionen verzichten zu können, scheint ein klassisches wissenschaftliches Missverständnis zu sein.
– Ansätze der „School Neuropsychology" (Miller, 2007, 2010) kombinieren Vorgehensweisen und Verfahren der klinischen Neuropsychologie mit IQ-Tests und Schulleistungstests. Hier besteht allerdings der wichtige Unterschied, dass ein Rückbezug zu neuropsychologischen Modellen und Hirnfunktionen erkennbar bleibt.
– Umgekehrt hat die klinische Neuropsychologie schon immer auf kognitive Methoden zu ihrer Modellbildung zurückgegriffen, gerade wenn es um exekutive Funktionen und Arbeitsgedächtnis geht, die gerne mal spekulativ mit einem G-Faktor oder mit fluider Intelligenz gleichgesetzt wurden (z. B. Engle, Tuholski, Laughlin & Conway, 1999; Roca et al., 2010; vgl. Salthouse, 2005). So basiert etwa das in der Neuropsychologie einflussreiche Drei-Faktoren-Modell exekutiver Funktionen von Miyake und Kollegen (2000), ausschließlich auf einem faktorenanalytischen Vorgehen, ohne jeglichen neurofunktionellen Bezug. Zunehmend findet sich auch eine Entwicklung, in der die kognitiven Neurowissenschaften die neuropsychologische Forschung ersetzen und in der Untersuchungen von gesunden Probanden zur Theoriebildung an die Stelle der Untersuchungen mit Patienten treten (zur Kritik siehe Hartje, 2012).

Kann eine neuropsychologische Testsammlung auch als ein brauchbarer Intelligenztest genutzt werden? Interessanterweise wird in einem aktuellen US-Grundlagenwerk zur Intelligenzdiagnostik auch die NEPSY-II ausführlich referiert (Matthews, Riccio & Davis, 2012). Die NEPSY-II ist eine flexible Testsammlung aus über 35 sorgfältig konstruierten Einzeltests, die praktisch alle auf bewährten neuropsychologischen Testparadigmen beruhen und die für den klinischen Einsatz bei Kindern mit Entwicklungsstörungen oder erworbener Hirnschädigung konzipiert wurde (Korkman, Kirk & Kemp, 2007, vgl. Rezension S. 481). Das Testmanual wurde allerdings so gestaltet, dass jeglicher Bezug zu neuropsychologischen Modellen fehlt und die Anwendung der Testverfahren auch für Diagnostiker ohne neuropsychologische Kenntnisse gut möglich scheint. Dies mag zwar neue Märkte für das Instrument erschließen, ist aber aus neuropsychologischer Sicht keine positive Entwicklung. Ein hypothesengeleitetes neuropsychologisches Testen ohne Rückbezug auf Hirnfunktionen und Kenntnisse der Störungsbilder ist nicht möglich.

Kognitive und neuropsychologische Modelle werden sich vermutlich in Zukunft weiter annähern und können einander bedeutende Impulse geben. Umso wichtiger ist es, dass die klinisch-neuropsychologische Diagnostik ihren Anspruch aufrechterhält, eine störungsbezogene Diagnostik zu sein, die in neuropsychologischen und neurobiologischen Modellen verankert ist, und die Spezialkenntnisse über Störungen und Störungsbilder voraussetzt, die weit über das Vertrautsein mit CHC-Theorien hinausgehen.

2.5.4 Der Einsatz von IQ-Verfahren bei der neuropsychologischen Untersuchung von Kindern

Ein sinnvoller Einsatz von IQ-Verfahren in der neuropsychologischen Diagnostik kann unterschiedlichen Zwecken dienen:

1. Ein Intelligenztest kann in der neuropsychologischen Diagnostik die Funktion eines ersten Leistungsscreenings erfüllen. Ein unauffälliger IQ-Test ist aber keinesfalls ein Beleg dafür, dass keine neuropsychologischen Störungen vorliegen.
2. Ein Intelligenztest ermöglicht die Einordnung des Entwicklungsstandes/Leistungsstandes im Vergleich zu einer gleichaltrigen Normgruppe. Damit ist ein IQ-Test oft auch ein guter Prädiktor für den Schulerfolg, z. B. bei Wiedereingliederung nach einer Hirnverletzung.
3. Ein IQ-Test kann Hinweise auf bedeutsame Profildifferenzen im Leistungsprofil geben. Selbst wenn die Ergebnisse von zwei unterschiedlichen Fähigkeiten im Normbereich und darüber liegen, können unter Umständen bedeutsame Leistungsunterschiede zwischen ihnen aufgedeckt werden.
4. Ein IQ-Verfahren mit engen Altersstufen ist wichtig bei Verlaufsuntersuchungen und ermöglicht es, die Zunahme oder Abnahme von Defiziten absolut (Rohwerte) und im Vergleich zur Altersnorm (T-Werte) zu dokumentieren.
5. IQ-Tests in Verlaufsuntersuchungen ermöglichen es – zusätzlich zu neuropsychologischen Screenings – die Entwicklung im Gesamtbild zu verfolgen, was besonders wichtig ist bei diffusen, nur schwer eingrenzbaren Läsionen und Störungsfolgen (z. B. bei frühem Schädelhirntrauma, Tumortherapie mit Strahlenbehandlung). Bei frühen Reorganisierungsprozessen können langfristige kognitive Auswirkungen eher unspezifisch sein oder andere Leistungsbereiche betreffen, als die ursprüngliche Läsion erwarten lassen würde (z. B. „Crowding Effekt", vgl. Kapitel 2 in Bd. 2 dieses Handbuches).
6. IQ-Tests tragen dazu bei, Diskrepanzen zwischen dem eigentlichen Leistungspotential und der tatsächlich gezeigten Leistung im schulischen Kontext aufzudecken (Underachiever/Overachiever).
7. Nach dem Diskrepanzkriterium (ICD-10) können mittels IQ-Tests umschriebene Teilleistungsstörungen bestimmt werden (das Kriterium ist so im DSM-5 nicht mehr enthalten).
8. In der Forschung dienen IQ-Tests zum Parallelisieren von Gruppen. Mittels IQ-Verfahren können außerdem unterschiedliche kognitive Alterseinstufungen für verschiedene Leistungsbereiche bestimmt werden. Je nachdem, was man untersuchen möchte, kann es z. B. sinnvoll sein, eine Gruppe von beeinträchtigten Kindern anhand ihres tatsächlichen Alters, anhand ihres Gesamt-IQ-Alters oder des Alters, das in einem bestimmten Bereich dem Fähigkeitsstand entspricht, mit einer Vergleichsgruppe zu parallelisieren.

9. Es werden – zumindest nach ICD-10-Vorgaben – mittels IQ-Verfahren Intelligenzminderungen bzw. der Grad von Intelligenzminderungen bestimmt.

Beim Einsatz von Intelligenztests im Rahmen neuropsychologischer Untersuchungen ergeben sich eine Reihe von Fragen und Besonderheiten, die Diagnostiker beachten sollten. Wie Mickley und Renner (2015) aufzeigen, sind die meisten IQ-Testverfahren nur unzureichend auf Kinder mit Behinderungen zugeschnitten und berücksichtigen diese in ihrer Normierung und Standardisierung nicht. Von 24 deutschsprachigen Testverfahren zur Intelligenz enthalten 50 % gar keine Hinweise, wie beim Einsatz mit behinderten Kindern zu verfahren sei und nennen weder Ein- noch Ausschlusskriterien. Sogenannte Zugangsfertigkeiten (d. h. welche körperlichen oder kognitiven Voraussetzungen müssen beim Kind erfüllt sein, damit der Test sinnvoll durchgeführt werden kann?) werden in keinem Testmanual aufgeführt. Zu den Zugangsfertigkeiten zählen Mickley und Renner neben intakten Sinnesfunktionen und motorischen Fähigkeiten auch Aufmerksamkeit und die Fähigkeit, sich interaktiv angemessen verhalten zu können, also Bedürfnisse äußern und nachfragen zu können, wenn etwas nicht verstanden wurde.

Daraus lässt sich schlussfolgern, dass auch bei Kindern mit ADHS oder nach Schädelhirntrauma, die ausgeprägte Aufmerksamkeitsstörungen und eine beeinträchtigte Verarbeitungsgeschwindigkeit aufweisen, eigentlich kein Gesamt-IQ berechnet werden sollte. Einzelne IQ-Testverfahren (z. B. WISC-IV, Petermann & Petermann, 2011) geben die Empfehlung, einen Gesamt-IQ nur dann zu berechnen, wenn die Diskrepanzen zwischen den verschiedenen Index-Werten unter einem bestimmten Cut-off liegen, z. B. unter einer Standardabweichung, da sich der IQ-Gesamtwert sonst nicht angemessen interpretieren lässt.

Tatsächlich ist man bei der neuropsychologischen Diagnostik sehr häufig damit konfrontiert, dass man in einem Intelligenztest ausgeprägte umschriebene Leistungsdefizite findet – dies ist ja gerade eine Intention der Diagnostik. Folgt man der oben beschriebenen Argumentation, dürften die Ergebnisse dieser beeinträchtigten Subtests nicht in die Berechnung des Gesamt-IQ eingehen. Bei diesem Vorgehen werden allerdings noch keine Einschränkungen berücksichtigt, die sich möglicherweise, unabhängig von domänenspezifischen Einschränkungen, bei neuropsychologisch beeinträchtigten Kindern auf die gesamte Testbearbeitung auswirken, wie z. B. rasche Ermüdbarkeit, vermindertes sprachliches Instruktionsverständnis, vermindertes Behalten von Instruktionen, erhöhte Ablenkbarkeit, motorische Verlangsamung usw.

Aus all dem folgt, dass der Umgang mit Ergebnissen aus IQ-Tests in der neuropsychologischen Diagnostik eine besondere Umsicht erfordert. Ein Diagnostiker muss entscheiden, ob mit der Durchführung eines IQ-Verfahrens 1. eine Einordnung unter standardisierten Bedingungen in eine Leistungsnorm bezweckt werden soll, 2. ob im Sinne einer größtmöglichen Testfairness und der Berücksichtigung der individuellen Voraussetzungen des Kindes ein IQ-Wert ermittelt werden soll, oder 3. ob lediglich ein allgemeines Leistungsscreening durchgeführt werden soll. Diese Entscheidung wird vom jeweiligen Untersuchungszweck und der Fragestellung abhängen. Im letzten Fall – beim reinen Leistungsscreening – empfiehlt es sich häufig, auf die Ermittlung eines Gesamt-IQ-Wertes ganz zu verzichten bzw.

Gesamt-IQ-Wert und Index-Werte nur dann mitzuteilen, wenn sie sich sinnvoll interpretieren lassen. Bei der Durchführung von IQ-Verfahren bei eingeschränkten Testvoraussetzungen seitens des Kindes sollte sich ein neuropsychologischer Diagnostiker seiner Verantwortung bewusst sein: Mit einem IQ-Wert verbinden auch Nicht-Psychologen eine klare Vorstellung. Wird in einem neuropsychologischen Bericht ein Gesamt-IQ-Wert mitgeteilt, obwohl er eigentlich nicht im Sinne der Testintention interpretierbar ist, dann muss man damit rechnen, dass von allen Ergebnissen genau dieser eine IQ-Wert tradiert wird. Dabei spielt meist keine Rolle, ob und wie sorgfältig seine Bedeutung im neuropsychologischen Bericht relativiert wurde.

Geht es in der Diagnostik um die Abschätzung des individuellen IQs, dann sollte die Testfairness Vorrang vor der Standardisierung haben. Bei Kindern mit Zerebralparesen z. B. erhöht sich der IQ deutlich, wenn alle Tests mit motorischer Komponente weggelassen werden (Sherwell et al., 2014). Ist aber ein Test nicht unter annähernd standardisierten Bedingungen durchführbar, dann kann man ihn auch nicht als Verfahren zur Intelligenzmessung verwenden.

Im klinischen Alltag kommen durchaus Fragestellungen vor, bei denen die Einordnung eines Patienten unter standardisierten Bedingungen in eine Leistungsnorm den Vorrang gegenüber anderen Zielen hat. Bei einem Jugendlichen mit ADHS ist es z. B. bei einer schulischen Beratung relevant, sein kognitives Leistungsniveau im Vergleich zu anderen Schülern zu erfassen. Dabei geht es weniger darum, das Potential zu ermitteln, dass er erreichen könnte, wenn alle ADHS-Effekte möglichst eliminiert würden (was in anderem Kontext ebenfalls eine relevante Frage sein kann). Stattdessen soll untersucht werden, auf welchem Niveau die Leistungen liegen, die er tatsächlich in einer standardisierten Situation abruft. (Dass gerade bei ADHS in einer Testsituation manchmal mehr Ressourcen mobilisiert werden, als bei langweiligen Alltagsaufgaben, hat dagegen eher mit der ökologischen Validität des Testens bei diesem Störungsbild zu tun als mit Testfairness).

Schließlich ist auch noch zu bedenken, dass die meisten IQ-Tests in Extrembereichen (d. h. < 80 oder > 120) weniger gut differenzieren. Während für hochbegabte Kinder spezielle Verfahren zur Verfügung stehen, fehlen aktuell normierte Verfahren für Kinder mit leichter bis ausgeprägter intellektueller Beeinträchtigung.

2.5.5 Störungen der Intelligenz

2.5.5.1 Einteilungen des Intelligenzniveaus und Intelligenzminderung nach ICD-10 und DSM-5

Nach ICD-10 (Remschmidt et al., 2012) bildet das Intelligenzniveau die dritte Achse im multiaxialen Klassifikationssystem. Von Intelligenzminderung im Sinne einer zu klassifizierenden Beeinträchtigung spricht man ab einem IQ unter 69 (Tabelle 2.3). Im ICD-10 wird Intelligenzminderung auf die Entwicklung bezogen, als sich „in der Entwicklung manifestierende, stehen gebliebene oder unvollständige Entwicklung der geistigen Fähigkeiten (...)" (S. 304).

Tabelle 2.3: Einteilung des Intelligenzniveaus und der Intelligenzminderung nach ICD-10

Bezeichnung	IQ-Bereich
Sehr hohe Intelligenz Weit überdurchschnittliche Intelligenz	über 129
Hohe Intelligenz Überdurchschnittliche Intelligenz	115–129
Normvariante Durchschnittliche Intelligenz	85–114
Niedrige Intelligenz Unterdurchschnittliche Intelligenz	70–84
F7 INTELLIGENZMINDERUNG	
F70 Leichte Intelligenzminderung Leichte intellektuelle Behinderung	50–69
F71 Mittelgradige Intelligenzminderung Mittelgradige intellektuelle Behinderung	35–49
F72 Schwere Intelligenzminderung Schwere intellektuelle Behinderung	20–34
F73 Schwerste Intelligenzminderung Schwerste intellektuelle Behinderung	unter 20

Gemäß ICD-10 bildet die psychometrische Leistungsdiagnostik einen wichtigen Baustein bei der Diagnose einer Intelligenzminderung. Es sollten möglichst vielfältige weitere Informationen erhoben werden, z. B. zum Anpassungsverhalten und zu psychischen oder körperlichen Krankheiten. Zur Diagnosestellung sind standardisierte Verfahren einzusetzen. Oft verfügen die Patienten mit Intelligenzminderung über eine Diagnose auf der Achse 4, wenn die Ursache der Intelligenzminderung bekannt ist (z. B. Q90, Down-Syndrom).

Eine Intelligenzminderung ist Ausschlusskriterium für die Diagnosestellung der meisten Störungen auf der Achse 2 (Umschriebene Entwicklungsrückstände). So sollte die Diagnose einer Sprachstörung, einer Lese-Rechtschreibstörung oder einer Rechenstörung nicht gestellt werden, wenn der non-verbale IQ unter 70 liegt. Ansonsten gilt für einige Störungen ein sogenanntes Diskrepanzkriterium in Bezug auf die allgemeine Intelligenz: Zur Diagnosestellung von Rechenstörungen sollte die Rechenleistung mindestens zwei Standardabweichungen unter dem allgemeinen Intelligenzniveau liegen, analog sollten zur Diagnose von Lese-Rechtschreibstörungen die Leistungen in Lese- und Rechtschreibtests mindestens zwei Standardabweichungen unter dem allgemeinen Intelligenzniveau liegen.

Im DSM-5 (Falkai & Wittchen, 2014) werden intellektuelle Beeinträchtigungen (Intellektuelle Entwicklungsstörungen) den Störungen der neuronalen und mentalen Entwicklung zugeordnet. Zu den Kriterien gehören A. Defizite in intellektuellen Funktionen (wie Schlussfolgern, Problemlösen, Planen, abstraktes Denken, Urteilen, schulisches Lernen, Lernen durch Erfahrung), B. Defizite der Anpassungsfähigkeit (Selbständigkeit und soziale Kompetenz) und C. ein Beginn in der frühen Entwicklungsphase (vgl. S. 43, gekürzt). Die intellektuellen Defizite werden durch die klinische Beurteilung und eine psychometrische Intelligenzdiagnostik erfasst. Die Kodierung des Schweregrades richtet sich hier nach dem Anpassungsniveau, nicht nach dem gemessenen IQ, und ist unterteilt nach leicht (F70), mittel (F71), schwer (F72) und extrem (F73). Bei der Untersuchung der intellektuellen Leistungsfähigkeit sollen individuell durchgeführte, psychometrisch valide, sprachunabhängige Intelligenztests eingesetzt werden. Bei Menschen mit intellektueller Beeinträchtigung liegen die Ergebnisse mindestens zwei Standardabweichungen unter dem Normmittelwert. Bei der Beurteilung des Ergebnisses muss der Messfehler des Tests berücksichtigt werden. Differentialdiagnostisch sind intellektuelle Beeinträchtigungen zu unterschieden von neurokognitiven Störungen, bei denen es zu einem Verlust von kognitiver Funktionsfähigkeit kommt. Es gibt aber auch Fälle, in der beide Diagnosen gleichzeitig gestellt werden (z. B. wenn ein Kind mit Down Syndrom ein Schädelhirntrauma erleidet). Weitere Differentialdiagnosen sind Kommunikationsstörungen, spezifische Lernstörungen und Autismus Spektrum Störungen. Anders als im ICD-10 ist bei der Diagnose von spezifischen Lernstörungen nach DSM-5 keine Diskrepanz zum allgemeinen Intelligenzniveau definiert. Spezifische Lernstörungen können im gesamten intellektuellen Leistungsspektrum auftreten, auch bei intellektueller Hochbegabung, und werden hier möglicherweise mit Anstrengung kompensiert und fallen daher weniger auf. Es gilt aber auch im DSM-5, dass die Diagnose einer spezifischen Lernstörung in der Regel nicht gestellt werden sollte, wenn der IQ unter 70 liegt.

2.5.5.2 Neuropsychologische Störungen und Intelligenz

Entwicklungsstörungen und neuropsychologische Beeinträchtigungen können bei Kindern im gesamten IQ-Spektrum auftreten, auch bei intellektueller Hochbegabung, z. B. bei ADHS oder Autismus Spektrum Störungen (Chiang, Tsai, Cheung, Brown & Li, 2014; Katusic et al., 2011). Hohe Intelligenz mag einen protektiven Faktor darstellen („kognitive Reserve"), wenn es um die kognitiven Folgen von leichtem Schädelhirntrauma bei Kindern geht (Fay et al., 2010), wobei die Studien nicht einheitlich sind (vgl. Fuentes, McKay & Hay, 2010). Ein hoher IQ ist möglicherweise auch ein protektiver Faktor, wenn eine genetische Vulnerabilität für neuropsychiatrische Störungen besteht.

Im Zusammenhang mit einer Hirnschädigung finden sich meist verminderte IQ-Werte: Kinder mit neuropsychologischen Störungen nach schwerem Schädelhirntrauma, nach geringem Geburtsgewicht, mit fetalem Alkoholsyndrom, mit ADHS oder Epilepsie oder vielen anderen Ätiologien erreichen im Durchschnitt niedrigere IQ-Werte als gesunde Vergleichsgruppen (vgl. Anderson & Doyle, 2008; Anderson et al., 2009; Frazier, Demaree & Youngstrom, 2004; Kodituwakku, 2009; Lopes et al., 2013), wobei im individuellen Fall die Leistungen trotzdem noch im Normbereich liegen können. Je früher und schwerer die Hirnschädigung, desto gravierender ist die intellektuelle Beeinträchtigung (Königs, Engenhorst & Oosterlaan, 2015). Auch wenn die Hirnsubstanz in ihrem Regenerationspotential geschädigt wird, wie durch Radiotherapie bei Tumorbehandlungen, kann es langfristig zu generellen intellektuellen Beeinträchtigungen kommen (vgl. de Ruiter, Van Mourik, Schouten-van Meeteren, Grootenhuis & Oosterlaan,

2013). Bei verschiedenen Patientengruppen mit Intelligenzminderung finden sich allerdings nicht einfach nivellierte kognitive Leistungen, sondern oft sehr spezifische neuropsychologische Profile mit ausgeprägten Leistungsstärken und Schwächen. Dies ist zum Beispiel bei genetischen Syndromen wie Down Syndrom oder Williams Beuren Syndrom beschrieben worden (Grieco, Pulsifer, Seligsohn, Skotko & Schwartz, 2015; Martens, Wilson & Reutens, 2008; Silverman, 2007), trifft aber auch auf andere Störungsbilder zu. Um dies zu untersuchen, eignen sich spezifische neuropsychologische Untersuchungen besser als IQ-Test, die im unteren Spektrum möglicherweise ungenügend diskriminieren.

2.5.5.3 Prämorbide Intelligenz

Die Abschätzung des prämorbiden Intelligenzniveaus bei erworbener Hirnschädigung ist bei Kindern schwieriger als bei Erwachsenen, da prämorbide Leistungen vor dem Ereignis oft erst in Entwicklung waren und kein klares prämorbides Leistungsprofil oder stabile kristalline IQ-Daten herangezogen werden können. Am einfachsten lassen sich wohl die prämorbiden Schulleistungen des Kindes heranziehen, die normalerweise mit dem IQ korreliert sind, was aber nicht immer der Fall sein muss. Zur Vorhersage werden in der Literatur Methoden verwendet, bei denen anhand demographischer Variablen, wie ethnische Zugehörigkeit und Ausbildungsdauer der Eltern, dem IQ von Eltern oder Geschwistern oder Kombinationen aus beidem, anhand der besten Leistung in einer Batterie oder anhand von prämorbiden Schulleistungen der prämorbide IQ geschätzt wird (vgl. Darstellung bei Strauss, Sherman & Spreen, 2006, Kap. 6; oder Baade, Heinrichs, Coady & Stropes, 2011). Verschiedene Regressionsgleichungen, die aktuelle Ergebnisse im WISC-IV mit demographischen Daten kombinieren, wurden für Kindern nach Schädelhirntrauma evaluiert (anhand US-Daten; Schoenberg, Lange, Brickell & Saklofske, 2007; Schoenberg, Lange, Saklofske, Suarez & Brickell, 2008, abgedruckt in Baade et al., 2011). Es wird empfohlen, nach Möglichkeit immer mehr als nur eine Methode zu verwenden und so zu überprüfen, ob man mit der Schätzung richtig liegt (Baade et al., 2011).

2.5.6 Intelligenz-Diagnostik: Hinweise zur Tabelle der Intelligenz-Verfahren und zur Auswahl der Tests

Es stehen auf Deutsch zahlreiche IQ-Tests zur Verfügung. IQ-Verfahren lassen sich nach unterschiedlichen Kriterien einteilen. Schmidt-Atzert und Amelang (2012) unterscheiden als Merkmale zur Einordnung die Messintention (z. B. allgemeine Intelligenz, bestimmte Konstrukte, sprachfreie versus bildungsabhängige Verfahren), die Durchführungsbedingungen (Einzel-Gruppensituation, Speed-Powertest, Papier und Bleistift versus Computer, Testdauer) und Zielgruppe (z. B. bestimmter Altersbereich, bestimmter Intelligenzbereich, spezielle Personengruppen).

In der folgenden Übersichtstabelle sind die IQ-Testverfahren nach Zielgruppe und Messintention geordnet, d. h. 1) nach Verfahren, die nur für jüngere Kinder einschließlich Vorschulalter geeignet sind, 2) nach Verfahren, die für Kinder ab dem Schulalter und für Jugendliche geeignet sind, wobei diese Kategorie Verfahren einschließt, die auch bereits für jüngere Kinder normiert sind. 3) Die dritte Kategorie umfasst non-verbale IQ-Verfahren. Geordnet sind die Verfahren jeweils alphabetisch.

In der ersten Spalte der Tabelle werden die Test- und Autorennamen angegeben, in der zweiten der Altersbereich, in der dritten die Untertests und/oder die wichtigsten Indizes, in der vierten Spalte Anwendungsbesonderheiten oder Zielsetzungen der Verfahren. Die letzte Spalte enthält die Seitenangabe der dazugehörigen Rezension. Ein Kreuz in dieser Spalte bedeutet, dass das Verfahren nur an dieser Stelle aufgelistet wird. Literatur- und Quellenangaben für die einzelnen Verfahren finden sich im Anhang: in der Tabelle „Testverfahren – nach Testnamen geordnet" (S. 845).

Welcher der allgemeinen IQ-Tests am besten geeignet ist für ein Kind mit einer neuropsychologischen Problematik, hängt von der Fragestellung und dem Störungsprofil des Kindes ab. Wie unter 2.5.4 ausgeführt, können IQ-Abklärungen bei Kindern mit neuropsychologischen Problemen sehr unterschiedlichen Zielsetzungen dienen. Danach wird sich die Auswahl des Testverfahrens richten. Verschiedene IQ-Tests setzen unterschiedliche Schwerpunkte bei der Zusammensetzung des IQ-Gesamtwerts. Aus neuropsychologischer Sicht ist vor allem darauf zu achten, wie stark Aufgaben mit Zeitmessung und Zeitbegrenzung gewichtet werden, wie hoch der Anteil an Aufgaben mit visuo-räumlichen und motorischen Anteilen ist, und wie hoch der Anteil sprachlicher Aufgaben und die Komplexität der sprachlichen Instruktion.

Weitere Punkte sollten bei der Auswahl von IQ-Verfahren beachtet werden:
- Je nachdem, welches IQ-Verfahren man bei einem Kind einsetzt, kann man, in Abhängigkeit von dessen neuropsychologischem Profil, zu unterschiedlichen Ergebnissen kommen. Ein Kind mit Autismus Spektrum Störung kann z. B. im K-ABC-II einen Wert von 95 und in dem stärker Geschwindigkeits-basierten WISC-III einen Wert von 77 erreichen (vgl. McGonigle-Chalmers & McSweeney, 2013). Möglicherweise kann dasselbe Kind im Matrizentest von Raven (RPM, z. B. Horn, 2009), einem non-verbalen IQ-Test ohne Speed-Komponente, ein Ergebnis von 110 oder darüber erzielen (Dawson, Soulières, Gernsbacher & Mottron, 2007). Aktuelle Untersuchungen zeigen, dass auch mit dem WISC-IV (Wechsler, 2003; deutsche Version Petermann & Petermann, 2011) bei Autismus Spektrum Störungen deutlich niedrigere Werte im Gesamt-IQ erzielt werden als mit dem RPM. Allerdings kommt der WISC-IV-Index des wahrnehmungsgebundenen logischen Denkens den Ergebnissen des RPM nahe (Nader, Courchesne, Dawson & Soulière, 2014).
- Die Normen des eingesetzten Verfahrens sollten möglichst aktuell sein. Der Flynn-Effekt besagt, dass sich das kognitive Niveau in der Bevölkerung ständig verbessert und dass mit Tests, die veraltete Normen enthalten, die kognitive Leistungsfähigkeit eines Kindes systematisch überschätzt wird. Beim Einsatz von veralteten Testnormen riskiert man daher, leichte Beeinträchtigungen zu übersehen. Es wurde vermutet, dass sich dieser säkulare Effekt in Zukunft etwas abschwächen könnte. Aktuelle Studien gehen aber noch immer von einer durchschnittlichen Verbesserung um 2 bis 3 IQ-Punkte pro Dekade aus (Trahan, Stuebing, Fletcher & Hiscock, 2014). Bei Berufseignungstests besteht inzwischen nach der DIN 33430 Norm die Vorgabe, dass Normierungen nicht älter als 8 Jahre sein sollten (Kersting, 2008).
- Ein nonverbaler IQ-Test ist nicht mit einem im neuropsychologischen Sinn sprachfreien Test gleichzusetzen. „Non-verbal" bedeutet bei IQ-Tests in der Regel lediglich, dass in den Test-Aufgaben kein sprachliches Material verwendet wird. „Sprachfrei" im neuropsy-

chologischen Sinne würde dagegen bedeuten, dass die Aufgabenbearbeitung weitgehend sprachfrei erfolgen kann, das heißt, dass keine sprachlichen Strategien zur Lösung der Aufgaben eingesetzt werden können oder dass diese zumindest die Leistung nicht verbessern. Das dürfte aber auf viele non-verbale IQ-Tests nicht zutreffen bzw. es wurde nicht überprüft. Für ein Kind mit einer Sprachstörung/Sprachentwicklungsstörung ist daher nicht jedes non-verbale Verfahren notwendigerweise auch ein besonders fairer IQ-Test. Außerdem fokussieren non-verbale IQ-Tests besonders auf einen kleinen Ausschnitt kognitiver Fähigkeiten, den des schlussfolgernden Denkens (fluide Intelligenz). Bei Kindern mit Störungen im Bereich visuo-räumlicher Verarbeitung oder Störungen zentraler Sehleistungen sind die Voraussetzungen für die Durchführung non-verbaler IQ-Tests oft nicht gegeben. Führt man mit Kindern, die eine Schwäche im Bereich räumlich-visueller Verarbeitung aufweisen, trotzdem einen non-verbalen IQ-Test durch, führt das möglicherweise zu einer Unterschätzung ihres kognitiven Potentials. Für sie wäre ein non-verbales IQ-Verfahren also ein ziemlich „unfairer" Test. Schließlich ist auch zu bedenken, dass auch bei „non-verbalen" Tests die verbale Instruktion recht anspruchsvoll sein kann. Einige Verfahren sehen daher auch eine nonverbale Instruktion vor. Allerdings ist das manchmal erst recht anspruchsvoll und wird von Kindern oft nicht verstanden (vgl. Preusche, Koller & Kubinger, 2006).

– Zu berücksichtigen bei der Wahl eines Instruments ist auch dessen ökologische Validität – für den jeweiligen diagnostischen Zweck. Bezeichnenderweise ist im DSM-5 nicht mehr der non-verbale IQ, sondern die Alltagsanpassung das Kriterium für den Grad der Intelligenzminderung. Wieso das so ist, lässt sich an einem Beispiel leicht demonstrieren: Ein 12-Jähriger mit Autismus Spektrum Störung erreicht in einem non-verbalen Intelligenz-Test den Wert von 112. Dasselbe Kind ist aber kaum in der Lage, sich am Morgen selbständig anzukleiden oder einfache Abläufe der Tagesroutine selbständig durchzuführen. Ein 15-jähriger Jugendlicher mit Williams Beuren Syndrom, mit ausgeprägter Schwäche der räumlich-visuellen Verarbeitung, zeigt im selben non-verbalen IQ-Test eine Leistung, die einem IQ-Wert von 44 entspricht. Er kommt aber alleine mit dem Bus, ist im Alltag in den meisten Bereichen völlig selbständig und berichtet in der Anamnese begeistert von einem Opernbesuch.

Wenn schon das IQ-Konzept auf Kinder mit neuropsychologischen Störungen angewandt wird, darf eine Alltagsplausibilität nicht völlig außer Acht gelassen werden. Das ist ganz im Sinne einer traditionellen Intelligenzforschung. David Wechsler (1944, S. 3) definierte Intelligenz folgendermaßen: „Intelligence is the aggregate or global capacity of the individual to act purposefully, to think rationally and to deal effectively with his environment."

Empfohlene Literatur

Schneider, W. J. & McGrew, K. S. (2012). The Cattell-Horn-Carroll model of intelligence. In D. P. Flanagan & P. L. Harrison (Eds.) (2012), *Contemporary intellectual assessment: theories, tests, and issues* (3rd ed., pp. 99–144). New York: Guilford Press.

Rost, D. H. (2013). *Handbuch Intelligenz.* Weinheim: Beltz.

Mickley, M. & Renner, G. (2015). Berücksichtigen deutschsprachige Intelligenztests die besonderen Anforderungen von Kindern mit Behinderungen? *Praxis der Kinderpsychologie und Kinderpsychiatrie, 64,* 88–103.

2.5.7   Übersichtstabelle: INTELLIGENZTESTS

Test (Autoren)	Alter	Skalen und Indizes	Zweck/Ziel	
Intelligenztests			**breites Altersspektrum**	
Intelligenz- und Entwicklungsskalen für Kinder und Jugendliche. Intelligence and Development Scales – 2 (IDS-2) Grob & Hagmann-von Arx (2018)	5;0–20;11 Jahre	*Erfasste Funktionsbereiche:* – Intelligenz, – Exekutive Funktionen, – Psychomotorik, – Sozial-Emotionale Kompetenz, – Schulische Kompetenzen, – Arbeitshaltung (Fremdeinschätzung durch den Untersucher). *Intelligenzeinschätzung:* – IQ-Screening mit zwei Untertests – IQ mit sieben Untertests (vergleichbar mit IDS) – IQ-Profil mit vierzehn Untertests und sieben Faktoren (Verarbeitung visuell, Verarbeitungsgeschwindigkeit, Kurzzeitgedächtnis auditiv, Kurzzeitgedächtnis räumlich-visuell, Langzeitgedächtnis, Denken abstrakt, Denken verbal)	Kombinierte Intelligenz- und allgemeine Entwicklungsskala, basierend auf der Cattell-Horn-Carroll-Theorie (CHC-Theorie).	363
Adaptives Intelligenz Diagnostikum 3 (AID 3) Kubinger & Holocher-Ertl (2014)	6–15 Jahre	– *Verbal-akustische Fähigkeiten:* Alltagswissen, Angewandtes Rechnen, Unmittelbares Reproduzieren – numerisch, Synonyme Finden, Funktionen Abstrahieren, Soziales Erfassen, Sachliches Reflektieren. – *Manuell-visuelle Fähigkeiten:* Realitätssicherheit, Soziale und Sachliche Folgerichtigkeit, Kodieren und Assoziieren, Antizipieren und Kombinieren – figural, Analysieren und Synthetisieren – abstrakt, Formale Folgerichtigkeit. – *Zusatztests:* Unmittelbares Reproduzieren – figural/abstrakt, Einprägen durch Wiederholung-lexikalisch, Lernen und langfristiges Merken – figural/räumlich, Antonyme Finden, Strukturieren – visuomotorisch.	Adaptiver allgemeiner IQ-Test: Die Schwierigkeit der nachfolgenden Aufgaben wird an die Leistungen der vorangegangenen angepasst (branched testing; adaptiv), dadurch verkürzte Testzeit.	

Kognitiver Fähigkeitstest für 4. bis 12. Klassen, Revision (KFT 4-12+R) Heller & Perleth (2000)	4.–12. Klasse	– *Sprachliches Denken:* V1 Wortschatz V2 Wortklassifikationen V3 Wortanalogien – *Quantitative (numerische) Fähigkeit:* Q1 Mengenvergleiche Q2 Zahlenreihen Q3 Gleichungen bilden – *Anschauungsgebundenes (figurales) Denken:* N1 Figurenklassifikation N2 Figurenanalogien N3 Faltaufgaben *Kurzform:* V1, V3, Q1, Q2, N1, N2.	Kognitive Fähigkeits-dimensionen, die besonders für schulisches Lernen relevant sind. Basierend auf dem Berliner Intelligenz-Strukturmodell.	
Kaufman Assessment Battery for Children (K-ABC) Deutsche Bearbeitung: Melchers & Preuß (2009) Normierung 1986–89	2;6–12;5 Jahre	– *Sprachfreie Skala:* Wiedererkennen von Gesichtern, Handbewegungen, Dreiecke, Bildhaftes Ergänzen, räumliches Gedächtnis, Fotoserie. – *Fertigkeitenskala:* Wortschatz, Gesichter und Orte, Rechnen, Rätsel, Lesen/Buchstabieren, Lesen/Verstehen. *Skala intellektueller Fähigkeiten (Gesamt-IQ):* – *Skala einzelheitlichen Denkens:* Handbewegungen, Zahlennachsprechen, Wortreihe. – *Skala ganzheitlichen Denkens:* Zauberfenster, Wiedererkennen von Gesichtern, Gestaltschließen, Dreiecke, bildhaftes Ergänzen, räumliches Gedächtnis, Fotoserie.	Intelligenzverfahren, das sich an den Theorien Lurias orientiert	**310** **310**
Kaufman Assessment Battery for Children – II (K-ABC-II) Deutsche Fassung: Melchers & Melchers (2015)	3–18 Jahre (Versionen: 3–6 Jahre und 7–18 Jahre)	5 Skalen (Version 7–18 Jahre) (Ergänzungstests in Klammern): – *Sequentiell/Arbeitsgedächtnis:* Zahlennachsprechen, Wortreihe, (Handbewegungen). – *Simultan/visuelle Verarbeitung:* (Gestaltschließen), Rover, Dreiecke, (Bausteine zählen). – *Lernen:* Atlantis, (Atlantis, Abruf nach Intervall), Symbole, (Symbole, Abruf nach Intervall).	Instrument zur Beurteilung kognitiver Fähigkeiten, das CHC-Prinzipien mit Luriascher Theorie kombiniert (dualer Ansatz).	

		– *Planung:* Geschichten Ergänzen, Muster Ergänzen. – Wissen: Wort und Sachwissen, Rätsel (Wortschatz). *Indizes:* – Intellektueller Verarbeitungs-Index (IVI) – Fluid-Kristallin-Index (FKI) (inklusive Wissensskala) – Sprachfreier Index (SFI)	
Münchner Hochbegabungstestbatterie für die Primarstufe (MHBT-P) Münchner Hochbegabungstestbatterie für die Sekundarstufe (MHBT-S) (Heller & Perleth (2007)	1.–4. Klasse (KFT-HB: 3. und 4. Klasse) 4.–12. Klasse	– *Kognitiver Fähigkeitstest (KFT-HB):* Tests zu verbalen (V), mathematischen (Q) und nonverbalen (technischen) (N) Denkfähigkeiten. (*MHBT-S:* räumliches Vorstellungsvermögen, physikalisch-technisches Problemlösen). – *Screening-Bögen für Lehrer* zur Grobeinschätzung von Intelligenz, Kreativität, Musikalität, Sozialer Kompetenz, Psychomotorik. – *Selbsteinschätzungs-Fragebögen* zu Kreativität, Sozialer Kompetenz, Leistungsmotivation, Arbeitsverhalten, Kausalattribution von Erfolg (*MHBT-S:* Interessen, Schulklima, Familienklima).	Kognitiver Fähigkeitstest für Hochbegabte.
Reynolds Intellectual Assessment Scales and Screening. Deutschsprachige Adaptation der Reynolds Intellectual Assessment Scales (RIAS™) & des Reynolds Intellectual Screening Test (RIST™) Hagmann-von Arx & Grob (2014) Reynolds & Kamphaus (2003, 2015)	3–99 Jahre	*Gesamt Intelligenz Index* (GIX): – *Verbaler Intelligenz Index* (VIX), 2 Untertests, Raten Sie: Begriffe erraten (62 Items), Sätze ergänzen: Verbales Schlussfolgern (49 Items). – *Nonverbaler Intelligenz Index* (NIX), 2 Untertests, Unpassendes Ausschließen (51 Items), Was fehlt? (38 Items). Zusatzverfahren: – *Gesamtgedächtnis Index* (GGX): Verbales Gedächtnis (5-6 Items), Nonverbales Gedächtnis: Wiedererkennen (46 Items). Screening-Version (RIST): – *Verbaler Test:* Raten Sie, – *Nonverbaler Test:* Unpassendes Ausschließen.	Zeitökonomisches Verfahren zur Intelligenzschätzung; Einsatz in einem weiten Altersspektrum (z. B. Forschung).

Screening für Schul- und Bildungsberatung (SBB) Kormann & Horn (2001)	4.–10. Klasse	– *Teil I: Rechtschreibleistung:* Konventionelles Diktat, Lückentext und Diktat, bei dem nur einzelne kritische Wörter diktiert werden. – *Teil II: Sprachfreier Intelligenztest,* basierend auf dem Figure Reasoning Test.	IQ-Grobeinstufung anhand einer nonverbalen Aufgabe zum schlussfolgernden Denken.	
Wechsler Intelligence Scale for Children – Fourth Edition (WISC-IV) Deutsche Ausgabe: Petermann & Petermann (2011) (Normierung 2005/06)	6–16 Jahre	*Gesamt-IQ aus* – *Index Sprachverständnis:* Gemeinsamkeiten finden, Wortschatz-Test, Allgemeines Verständnis (zwei dieser UTs können durch die optionalen UTs Allgemeines Wissen und Begriffe ersetzt werden). – *Index Wahrnehmungsgebundenes logisches Denken:* Mosaik-Test, Bildkonzepte, Matrizen-Test (einer dieser UTs kann durch den optionalen UT Bilder ersetzt werden). – *Index Arbeitsgedächtnis:* Zahlen nachsprechen, Buchstaben-Zahlen-Folgen (einer dieser UTs kann durch den optionalen UT Rechnerisches Denken ersetzt werden). – *Index Verarbeitungsgeschwindigkeit:* Zahlen-Symbol-Test, Symbol-Suche (einer dieser UTs kann durch den optionalen UT Durchstreich-Test ersetzt werden).	Weit verbreiteter, bekanntester IQ-Test, inzwischen orientiert an der CHC-Theorie.	**328**
Wechsler Intelligence Scale for Children – Fifth Edition (WISC-V) Petermann (2017) Wechsler (2014)	6–16 Jahre	*Gesamt-IQ* aus 7 Untertests: – Gemeinsamkeiten finden, Wortschatz-Test, Mosaik-Test, Matrizen-Test, Formenwaage, Zahlen nachsprechen und Zahlen-Symbol-Test. 5 Skalen (15 Untertests): – *Sprachverständnis:* Gemeinsamkeiten finden, Wortschatz-Test, Allgemeines Wissen, Allgemeines Verständnis. – *Visuell-räumliches Denken:* Mosaik-Test, Visuelle Puzzles. – *Fluides Schlussfolgern:* Matrizen-Test, Formenwaage, Rechnerisches Denken. – *Arbeitsgedächtnis:* Zahlen nachsprechen, Bilderfolgen, Buchstaben-Zahlen-Folgen.	Überarbeitung des bekanntesten und weit verbreiteten IQ-Tests, der sich an der CHC-Theorie orientiert.	

		– *Verarbeitungsgeschwindigkeit*: Zahlen-Symbol-Test, Symbol-Suche, Durchstreichtest. Bildung von primären und sekundären Indizes.		

Intelligenztests				**Vorschulalter (2–7 Jahre)**
Intelligenz- und Entwicklungsskalen für das Vorschulalter Intelligence and Development Scales – Preschool (IDS-P) Grob, Reimann, Gut & Frischknecht (2013)	3;0–5;11 Jahre	Fünf Indizes gebildet aus 15 Untertests: – *Kognition (= Intelligenzwert):* Wahrnehmung visuell, Aufmerksamkeit selektiv, Gedächtnis phonologisch, Gedächtnis räumlich-visuell, Gedächtnis auditiv, Denken bildlich, Denken konzeptuell. – *Psychomotorik:* Grobmotorik, Feinmotorik, Visuomotorik. – *Sozial-Emotionale Kompetenz:* Emotionale Kompetenz. – *Denken Logisch-Mathematisch:* Denken logisch-mathematisch. – *Sprache:* Sprache expressiv, Wortschatz, Sprache rezeptiv.	Kombinierte Intelligenz- und allgemeine Entwicklungsskala.	365 **403**
Kognitiver Fähigkeitstest – Kindergartenform (KFT-K) Heller & Geisler (1983)	4;7–7;0 Jahre	4 Untertests mit je 15 Items: – Sprachverständnis – Beziehungserkennen – Schlussfolgerndes Denken – Rechnerisches Denken	Basierend auf dem Cognitive Abilities Test (Thorndike & Hagen). Der Test soll auf mehrere Sitzungen verteilt werden.	
Wechsler Preschool and Primary Scale of Intelligence – III (WPPSI-III) Deutsche Ausgabe: Petermann, Ricken, Fritz, Schuck & Preuß, unter Mitarbeit von Lipsius (3. Auflage, 2014) Wechsler (2002)	4;0–7;2 Jahre 3;0–3;11 Jahre	– *Handlungsteil:* Mosaiktest, Matrizentest, Bildkonzepte, (optional: Figuren legen, Bilderergänzen). – *Verbalteil:* Allgemeines Wissen, Wortschatz Test, Begriffe erkennen, (optional: Allgemeines Verständnis, Gemeinsamkeiten finden). – *Verarbeitungsgeschwindigkeit:* Symbole kodieren und Symbol-Suche. – *Allgemeine Sprachskala:* Passiver und aktiver Wortschatz. Junge Kinder: Passiver Wortschatz, Mosaik-Test, Allgemeines Wissen, Figuren legen, (optional: Aktiver Wortschatz).	IQ-Test für das Vorschulalter basierend auf dem Wechsler-Konzept.	**338**

Wechsler Pre-school and Primary Scale of Intelligence – Fourth Edition (WPPSI-IV) Petermann & Daseking (2018) Wechsler (2012)	2;6–3;11 Jahre 4:0–7;7 Jahre	*Primäre Indizes:* – Sprachverständnis (2;6–7;7) – Visuell-Räumliche Verarbeitung (2;6–7;7) – Fluides Schlussfolgern (4;0–7;7) – Arbeitsgedächtnis (2;6–7;7) – Verarbeitungsgeschwindigkeit (4;0–7;7) *Sekundäre Indizes:* – Wortschatzerwerb (2;6–7;7) – Nonverbaler Index (2;6–7;7) – Allgemeiner Fähigkeitsindex (2;6–7;7) – Kognitiver Leistungsindex (4;0–7;7) Die Testbatterie besteht aus 7 bzw. 15 Untertests; in der jüngeren Altersgruppe müssen 5 Untertests zur Bestimmung des Gesamt-IQs durchgeführt werden, in der älteren Altersgruppe sind es 6 Untertests.	Überarbeitung des IQ-Tests für das Vorschulalter, basierend auf dem Wechsler-Konzept.	
Intelligenztests			**Frühes Schulalter (5–12 Jahre)**	
Bildungs-Beratungs-Test für 3. und 4. Klassen (BBT 3-4) Ingenkamp (1999) (Normierung 1993/94)	3.–4. Klasse	3 Untertests mit je 20 Items: – Wortbedeutung – Zahlenreihe – Denkaufgaben	Vor allem zum Einsatz als Gruppentest in der Klasse.	
Intelligence and Development Scales (IDS) Grob, Meyer & Hagmann-von Arx (2013) (Normierung 2007/08)	5–10 Jahre	*Kognition I (= Intelligenzwert),* gebildet aus 7 Untertests: – Wahrnehmung visuell – Gedächtnis auditiv – Aufmerksamkeit selektiv – Gedächtnis phonologisch – Gedächtnis räumlich-visuell – Denken bildlich – Denken konzeptuell Außerdem: *Psychomotorik (3 UTs), Sozial-Emotionale Kompetenz (4 UTs), Mathematik (1 UT), Sprache (2 UTs), 2 Ratingskalen zur Leistungsmotivation.*	Kombinierte Intelligenz- und allgemeine Entwicklungsskala.	**386**

Kaufman-Computerized Assessment Battery (K-CAB) Deutsche Adaptation: Petermann & Toussaint (2010)	6–10 Jahre	5 Untertests: – Aufmerksamkeit – Wortschatz – Sequenzielles Verarbeiten – Simultanes Verarbeiten – Begriffsbildung *2 Indizes:* – Allgemeiner Kognitive Index – Index des Sequentiellen und Simultanen Verarbeitens	PC-gestütztes Verfahren nach dem französischen Originalverfahren K-Classics; beruht auf der PASS-Theorie und dem CHC-Modell.	**Bd. 2**
Kognitiver Fähigkeitstest für 1. bis 3. Klassen (KFT 1-3) Heller & Geisler (1983)	1.–3. Klasse	4 Untertests mit je 15 Items: – Sprachverständnis – Beziehungserkennen – Schlussfolgerndes Denken – Rechnerisches Denken	Erfassung schulisch relevanter intellektueller Lern- und Leistungsvoraussetzungen; beruht auf dem Cognitive Abilities Test (Thorndike & Hagen).	
Kombinierter Lern- und Intelligenztest für 4. und 5. Klassen – Revidierte Form (KLI 4-5 R) Schröder (6., revidierte Auflage, 2005)	4. und 5. Klasse	– *Lernteil:* Geheimschrift Lernen, Zahlen umwandeln. – *Behaltenstest.* – *Intelligenzteil:* Gemeinsamkeiten finden, Satzbestimmung, Rechenaufgabe, Reihenkorrektur.	Betont die Bedeutung des Zusammenwirkens von Lernen und einzelnen Intelligenzleistungen für den schulischen Erfolg.	
Mannheimer Intelligenztest für Kinder und Jugendliche (MIT-KJ) Conrad, Eberle, Hornke, Kierdorf & Nagel (1976)	9–15 Jahre	6 Untertests: – Antonyme – Eingekleidete Rechenaufgaben – Klappfiguren – Wortmatrizen – Figurenidentifikation – Analogien	Altersangepasste Version des Mannheimer Intelligenztests für Jugendliche und Erwachsene (Conrad et al., 1986)	

Prüfsystem für Schul- und Bildungsberatung für 4. bis 6. Klassen – revidierte Fassung (PSB-R 4-6) Horn, Lukesch, Kormann & Mayrhofer (2002)	4.–6. Klasse	10 Untertests: – Allgemeinwissen – Zahlenreihen – Buchstabenreihen – Figurale Reihen – Wortflüssigkeit – Gliederungsfähigkeit – Raumvorstellung – Gemeinsamkeiten finden – Zahlenaddition – 10. Zahlenvergleich 3 Faktorskalen bilden den Gesamtwert – *Verbalfaktor,* – *Reasoningfaktor,* – *Konzentrationsfaktor.*	Altersangepasste Version des Leistungsprüfsystems, ursprünglich orientiert an den Primärfaktoren nach Thurstone.
Testbatterie für geistig behinderte Kinder (TBGB) Bondy, Cohen, Eggert & Lüer (3. Auflage, 1975)	7–11 Jahre	6 Einzel-Tests (z. T. adaptierte Versionen) – Columbia Maturity Scale – Coloured Progressive Matrices (CPM) – Peabody Picture Vocabulary Test – Befolgen von Anweisungen – Kreise punktieren – Lincoln Oseretzky Motor Developmental Scale – Vineland Social Maturity Scale (Fragebogen)	Zusammenstellung von Aufgaben aus verschiedenen Testverfahren (veraltet) für Kinder mit intellektuellen Beeinträchtigungen.

Intelligenztests — **Adoleszenz (12–18 Jahre)**

Berliner Test zur Erfassung fluider und kristalliner Intelligenz für die 8. bis 10. Jahrgangsstufe (BEFKI 8-10) Wilhelm, Schroeders & Schipolowski (2014)	8.–10. Klasse (8. Klasse nur Hauptschüler) Altersnormen: 14–17 Jahre	*Fluide Intelligenz:* – Schussfolgerndes Denken Verbal (16 Items) – Schussfolgerndes Denken Numerisch(16 Items) – Schussfolgerndes Denken Figural (16 Items) *Kristalline Intelligenz:* – Allgemeinwissen (64 Items; je 4 Fragen aus 16 Wissensbereichen)	Kurzer Test zum Erfassen allgemeiner kognitiver Fähigkeiten.

Berliner Intelligenzstrukturtest für Jugendliche: Begabungs- und Hochbegabungsdiagnostik (BIS-HB) Jäger, Holling, Preckel, Schulze, Vock, Süß & Beauducel (2006)	12;6–16;5 Jahre	3 Testteile mit insgesamt 45 Aufgaben: Pro Zelle innerhalb des Strukturmodells (insgesamt 12) werden drei bis 5 Aufgaben vorgegeben. – *Operative Fähigkeiten:* Einfallsreichtum, Bearbeitungsgeschwindigkeit, Merkfähigkeit, Verarbeitungskapazität. – *Inhaltsgebundene Fähigkeiten:* Figural-bildhaftes Denken, Sprachgebundenes Denken, Zahlengebundenes Denken. Kurzform (Testteil 2 mit 17 Aufgaben): – *Allgemeine Intelligenz,* – *Verarbeitungskapazität.*	Umfangreicher Test, basierend auf dem Berliner Intelligenzstrukturmodell. Differenziert vor allem im oberen Leistungsbereich.
Prüfsystem für Schul- und Bildungsberatung für 6. bis 13. Klassen – revidierte Fassung (PSB-R 6-13) Horn, Lukesch, Mayrhofer & Kormann (2003)	6.– 13. Klasse Schulartbezogene Normen	Gesamtwert aus 3 Faktorskalen – *Verbalfaktor:* Allgemeinwissen, Wortflüssigkeit, Gemeinsamkeiten finden. – *Reasoningfaktor:* Zahlenreihen, Buchstabenreihen, Figurale Reihen, Raumvorstellung. – *Konzentrationsfaktor:* Zahlenaddition, Zahlenvergleich.	Basierend auf dem Konzept der Primärfaktoren nach Thurstone, inklusive schulischer Wissensbereiche.
Intelligenztests		**Adoleszenz und Erwachsenenalter (ab 11 Jahre)**	
Kaufman-Test zur Intelligenzmessung bei Jugendlichen und Erwachsenen (K-TIM) Melchers, Schürmann & Scholten (2006)	11–85 Jahre	– *Skala kristalliner Intelligenz:* Worträtsel, Auditives Verständnis, Doppelte Bedeutungen, Persönlichkeiten. – *Skala fluider Intelligenz:* Symbole Lernen, Logische Denkschritte, Zeichen entschlüsseln, Figurales Gedächtnis. – *Verzögertes Erinnern* (optional)*:* Symbole – Abruf nach Intervall, Auditives Verständnis – Abruf nach Intervall.	Basierend auf dem Konzept fluider und kristalliner Intelligenz. Deutsche Adaptation des Kaufman-Adolescent and Adult Intelligence Test (KAIT)

Leistungsprüf-system 2 (LPS-2) Kreuzpointner, Lukesch & Horn (2013)	ab 14 Jahre Normen nach Al-tersgrup-pen, Klas-senstufe, Schultyp	– *Kristalline Intelligenz:* Allgemeinwissen Anagramme – *Fluide Intelligenz:* Figurenfolgen Zahlenfolgen Buchstabenfolgen – *Visuelle Wahrnehmung:* Mentale Rotation Flächenzahl Linienmuster – *Kognitive Schnelligkeit:* Achtes Zeichen Zeilenvergleich Addieren	Basierend auf der CTC-Theorie; zur Eignungsdiag-nostik im schu-lischen und beruflichen Kontext.
Wilde-Intelli-genz-Test 2 (WIT-2) Kersting, Al-thoff & Jäger (2008)	14–42 Jahre	– *10 Testaufgaben:* Analogien, Abwicklung, Eingeklei-dete Rechenaufgabe, Grundrech-nen, Gleiche Wortbedeutung, Merkfähigkeit, Spiegelbilder, Wissen Informationstechnologie, Wissen Wirtschaft, Zahlenreihen. – *1 Arbeitsprobe:* E-Mails beantworten (Arbeitseffizienz)	Intelligenzver-fahren beson-ders für die Eig-nungsdiagnos-tik. Basiert auf einer modifi-zierten Version des Modells der Primary Mental Abilities.
Intelligenztests			**nonverbal**
Advanced Progressive Matrices von J. C. Raven, J. Raven und J. H. Court (APM) Bulheller & Hacker (1998)	ab 12 Jahre	Matrizentest: Set 1: 12 Items Set 2: 36 Items	Test ohne Zeit-limit; differen-ziert im oberen Leistungs-bereich.
Bildbasierter Intelligenztest für das Vor-schulalter (BIVA) Schaarschmidt, Ricken, Kieschke & Preuß (2. Auf-lage, 2012)	3;6–7;6 Jahre	– *Elementare Untertests (3;6–4;5 Jahre):* Objekte-Herauslösen positiv OHP, Objekte-Herauslösen negativ OHN, Wort-Bild-Vergleich positiv WBP, Wort-Bild-Vergleich negativ WBN. – *Komplexe Untertests (5;6–7;6 Jahre):* Geschichten-Folgen GF, Reihen-Fortsetzen RF, Geschichten-Analogien GA, Reihen-Analogien RA.	Unterschiedli-che bildbasierte Aufgaben mit z. T. verbalen Anteilen und der Möglichkeit abgestufter Hilfestellungen durch den Untersucher.

		Kinder von 4;4–5;5 Jahren bearbeiten zusätzlich zu den elementaren Untertests auch die Geschichten-Folgen.	
Bochumer Matrizentest Standard (BOMAT-Standard) Hossiep & Hasella (2010)	14–20 Jahre Normen nach Altersgruppen, Klassenstufe, Schultyp	Matrizentest: 5 × 3-Felder-Matrix mit 6 Antwortalternativen (30 Items)	Matrizentest.
Bildertest für 1. und 2. Klassen (BT 1-2) Horn & Schwarz, unter Mitarbeit von Vieweger (1977) Kühn & Heck-Möhling (2. Aufl. 1994) Normierung 1975/76	1.–2. Klasse	8 Untertests mit 10–12 Items: – Instruktionen – Nichtpassendes – Ergänzungen – Unsinniges – Spiegelbilder – Folgen – Wesentliches – Reihen	Papier-und Bleistifttest (multiple choice) mit Zeitbegrenzung. Als Gruppentests in der Klasse durchführbar.
Bildertest für 2. und 3. Klassen (BT 2-3) Ingenkamp (1976)	2.–3. Klasse	*Allgemeinbegabung (general ability)* mit 5 Untertests: – Aufgabenverständnis – Unterscheidungsfähigkeit – Verständnis von Folgen – Raumorientierung – Analogiebildung	Papier-und Bleistifttest (multiple choice) mit Zeitbegrenzung. Als Gruppentests in der Klasse durchführbar.
Grundintelligenzskala 1 – Revision (CFT 1-R) Weiß & Osterland (2012)	5;3–9 Jahre Förderschüler: 6;6–11;11 Jahre	*Teil 1, Figurale Wahrnehmung/Speed:* – Substitutionen – Labyrinthe – Ähnlichkeiten *Teil 2, Figurales Denken:* – Reihen fortsetzen – Klassifikationen – Matrizen Kurzform mit verkürzten Testzeiten.	Weiterentwicklung des CFT 1 von Weiss, Cattell & Osterland (1997)

Grundintelligenztest Skala 2 – Revision (CFT 20-R) mit Wortschatztest und Zahlenfolgentest – Revision (WS/ZF-R) Weiss (2008)	8;5–19 Jahre 20–60 Jahre	*Teil 1 und Teil 2 mit* jeweils 4 Untertests: – Reihen fortsetzen – Klassifikationen – Matrizen – topologische Schlussfolgerungen *Ergänzungstests:* – Wortschatz (WS) – Zahlenfolgeaufgaben (ZF)	„Fluide Intelligenz" plus Zusatzverfahren; Weiterentwicklung des CFT 2 und CFT 20 mit verbesserter Diskrimination im oberen Leistungsbereich.
Columbia Mental Maturity Scale 1-3 (CMM 1-3) Schuck, Eggert & Raatz (2. Auflage, 1994) (Normierung 1975)	1.–3. Klasse	*Grundintelligenz:* Aus 5 farbigen Bildern soll dasjenige angekreuzt werden, das nicht zu den anderen passt (50 Items).	Sprachfreier Gruppen-Intelligenztest.
Gruppenintelligenztest für Lernbehinderte (CMM-LB) Eggert & Schuck (1971, 1992)	9–14 Jahre Sonderschüler	70 Aufgaben nach dem Multiple-Choice-Prinzip mit je 5 Alternativen.	Sprachfreier Grundintelligenztest für die Sonderschule für Lernbehinderte.
Coloured Progressive Matrices von J. C. Raven, J. Raven und J. H. Court (CPM) Bulheller & Häcker (2001)	3;9–11;8 Jahre	Matrizentest. Drei Sets mit je 12 Aufgaben: Set A, Set AB und Set B. Testheft und Board-Form (Puzzle).	Einfacher Matrizentest; diskriminiert im unteren Leistungsspektrum.

Non-verbaler Intelligenztest
 	
(SON-R 2½-7) Tellegen, Laros & Petermann (2007)
	2;6–7;11 Jahre	*Gesamtwert (SON-IQ)* aus:
		– *Denkskala:*
		  Kategorien
		  Analogien
		  Situationen
		– *Handlungsskala:*
		  Mosaike
		  Puzzles
		  Zeichenmuster
			Mehrdimensionales non-verbales Verfahren zur Intelligenzprüfung, besonders fluider IQ-Komponenten und des visuo-räumlichen Denkens.

Snijders-Oomen Non-verbaler Intelligenztest für Kinder von zwei bis acht Jahren (SON-R 2-8) Tellegen, Laros & Peter-mann (2018)	2–8 Jahre	*Gesamtwert (SON-IQ)* aus – Denktests: Kategorien (15 Items) Analogien (17 Items) Situationen (13 Items) – *Handlungstests:* Mosaike (15 Items) Puzzles (14 Items) Zeichenmuster (16 Items)	Revidierte Fassung des SON-R 2½-7. Zur Verbesse-rung der Diffe-renzierung im oberen Leis-tungsbereich wurde die Zeit-begrenzung im zweiten Teil der Handlungsun-tertests redu-ziert.	
Non-verbaler Intelligenztest (SON-R 6-40) Tellegen, Laros & Peter-mann (2012)	6–40 Jahre (deutsch-nieder-ländische Stich-probe)	*Gesamtwert (SON-IQ)* aus – Abstraktes Denken: Analogien Kategorien – *Räumliches Vorstellungsvermö-gen:* Mosaike Zeichenmuster	Individualver-fahren zur Er-fassung insbe-sondere fluider Intelligenzkom-ponenten und des visuo-räumlichen Denkens.	**318**
Standard Pro-gressive Mat-rices von J. C. Raven (SPM) Horn (2. Auf-lage, 2009) (Normierung 1998/99)	Ab 6 Jahre	Matrizentest. Standard- und Parallel-Version: Fünf Sets mit je 12 Testaufgaben. Plus-Version: Erweiterung um Aufga-ben mit hohem Schwierigkeitsgrad; Entfernung von Aufgaben mittlerer Schwierigkeit.	Standard Matri-zentest ohne Zeitbegrenzung.	
Wechsler Non-verbal Scale of Ability von D. Wechsler & J. A. Naglieri (WNV) Deutsche Bearbeitung Petermann (2014)	4–7 Jahre 8–21 Jahre	*Version für 4- bis 7-Jährige:* – Matrizen Test (K) – Zahlen-Symbol-Test – Figuren legen – Formen-Wiedererkennen (K) *Version für 8- bis 21-Jährige:* – Matrizen Test (K) – Zahlensymbol-Test – Visuell-räumliche Merkspanne (K) – Bilder ordnen *Kurzformen (K)* aus 2 Untertests	Der Test wird empfohlen als faires Verfahren zur Erfassung kognitiver Fä-higkeiten bei Sprachentwick-lungsstörungen; er basiert auf Tests aus ande-ren Wechsler-Verfahren.	

Anmerkung: UT = Untertest; Zusätzlich zum Jahr der jüngsten Veröffentlichung wird der Zeitraum zur Erhebung der Normierungsstichprobe angegeben, sofern diese mehr als fünf Jahre voneinander ab-weichen.

Kaufman – Assessment Battery for Children (K-ABC)[1]

Peter Melchers & Ulrich Preuss (Deutsche Bearbeitung)
Originalausgabe: Alan S. Kaufman & Nadine S. Kaufman

Frankfurt am Main: Pearson Assessment & Information GmbH, 2009

Zusammenfassende Testbeschreibung

Zielsetzung und Operationalisierung

Konstrukte

Die K-ABC misst Intelligenz, die definiert wird als die Art und Weise, in der ein Individuum Probleme löst und Informationen verarbeitet. Sie ist vor allem ein Diagnostikum zur Beurteilung der intellektuellen Fähigkeiten von Vorschul- und Schulkindern.

Testdesign

Die K-ABC besteht je nach Alter aus maximal 13 Untertests, die sich auf vier Skalen verteilen: Skala einzelheitlichen Denkens, Skala ganzheitlichen Denkens, Sprachfreie Skala und Fertigkeitenskala. Die Skalen einzelheitlichen Denkens und ganzheitlichen Denkens bilden zusammen die Skala intellektueller Fähigkeiten.

Angaben zum Test

Normierung

Alter: 2;6–12;5 Jahre
Bildung: nein
Geschlecht: Keine geschlechtsspezifischen Normen.

Material

Der Test wird in einem stabilen Koffer geliefert und umfasst ein Durchführungs- und Auswertungshandbuch (181 Seiten) und ein Interpretationshandbuch (283 Seiten). In drei Testordnern finden sich die Bildvorlagen für die Kinder, sowie auf der jeweils anderen Seite eine kurze Testanweisung zusammen mit Auswertungshinweisen. In zwei kleinen Schachteln sind die Dreiecke (9 Stücke) sowie die Fotos für die 17 Items der Fotoserie untergebracht. Für das Bildhafte Ergänzen sind abnehmbare Lösungsteile aus Weichplastik in einem Kuvert beigefügt. Für die Kleineren gibt es eine drehbare Vorlage für den Untertest Zauberfenster.

---

1 Die K-ABC-II erschien 2015 nach Redaktionsschluss der Testrezensionen und konnte daher nicht mehr berücksichtigt werden. Sie ist lediglich in die Übersichtstabelle aufgenommen worden. Aufgrund der großen Verbreitung der K-ABC wurde die vorliegende Rezension trotzdem im Handbuch beibehalten.

Durchführungsdauer
Mit dem Alter ergibt sich eine ansteigende Durchführungszeit: 2;6 bis 3;9 Jahre (5 Untertests) ca. 30 Minuten; 4 bis 5;9 Jahre (7 Untertests) ca. 60 Minuten; 6 bis 12;9 Jahre (8 Untertest) ca. 90 Minuten.

Testkonstruktion

Design   **Aufgabe**
Die K-ABC besteht aus insgesamt 16 Untertests, von denen je nach Alter maximal 13 durchgeführt werden und die sich wie folgt auf die einzelnen Skalen verteilen:
– Skala einzelheitlichen Denkens (SED; serielles Arbeitsgedächtnis) mit den Untertests Handbewegungen, Zahlennachsprechen (bei den 2;6- bis 3;9-Jährigen) und Wortreihe (ab 4 Jahre).
– Skala ganzheitlichen Denkens (SGD; Informationen aus verschiedenen Quellen ganzheitlich integrieren). Sie umfasst bei den 2;6- bis 3;9-Jährigen die Untertests Zauberfenster, Gesichter Wiedererkennen und Gestaltschließung. Bei den 4-Jährigen kommt der Untertest Dreiecke dazu. Ab dem Alter von 5 Jahren fallen die Untertests Zauberfenster und Wiedererkennen von Gesichtern weg und werden ersetzt durch Bildhaftes Ergänzen und Räumliches Gedächtnis. Ab 6 Jahren wird auch der Untertest Fotoserie durchgeführt.
– Beide Skalen zusammen bilden die Skala intellektueller Fähigkeiten (SIF). Diese wird als zusammenfassendes Maß der Gesamtintelligenz in dieser Testbatterie verstanden.
– Sprachfreie Skala (NV) bestehend aus den Untertests Wiedererkennen von Gesichtern, Handbewegungen, Dreiecke, bildhaftes Ergänzen, räumliches Gedächtnis und Fotoserie.
– Fertigkeitenskala (FS) mit den Untertests Wortschatz, Gesichter und Orte, Rechnen, Rätsel, Lesen/Buchstabieren und Lesen/Verstehen.

Konzept
Intelligenz wird gemäß K-ABC definiert als die Art und Weise, in der ein Individuum Probleme löst und Informationen verarbeitet (siehe Handbuch, S. 7). Der Schwerpunkt liegt dabei auf der Vorgehensweise, das heißt auf der Gewandtheit bei der Informationsverarbeitung. Dementsprechend wird im Bereich der intellektuellen Funktionen zwischen sequentieller und simultaner Informationsverarbeitung unterschieden. Praktische Umsetzung findet dies in den Skalen zum einzelheitlichen sowie zum ganzheitlichen Denken. Diese Skalen repräsentieren diejenigen Fähigkeiten, die dem flexiblen Umgang mit unbekannten Problemen dienen und somit das Niveau der eigentlichen intellektuellen Fähigkeiten zum gegenwärtigen Zeitpunkt darstellen. Dieser Ansatz entspricht dem Konzept der „flüssigen Intelligenz" (Cattell, 1963), also der Fähigkeit zur Lösung unbekannter Probleme insbesondere dann,

wenn Anpassung und Flexibilität von Bedeutung sind. Die Fertigkeitenskala hingegen misst durch Lernen erworbene Kompetenzen (Wissen
und Können). Dies entspricht der „kristallinen Intelligenz". Die Unterscheidung zwischen Problemlösen und Faktenwissen ist grundlegend:
Problemlösen wird als Intelligenz definiert, Faktenwissen als Ausdruck
erfolgten Lernens. Aufgrund dieser Unterscheidung wird kein gemein-
sames Maß für die Fertigkeitenskala und die Skala intellektueller Fähigkeiten gebildet. Entsprechend der grundlegenden Unterscheidung
in einzelheitliches versus ganzheitliches Denken finden sich Aufgaben,
die entweder ein serielles Abarbeiten verlangen (Handbewegungen,
Zahlennachsprechen, Wortreihe) oder Lösungen auf einen Blick (Gestaltschließen, Bildhaftes Ergänzen, Räumliches Gedächtnis) oder
Manipulationen (Dreiecke, Fotoserie). Die Fertigkeitenskala wiederum
orientiert sich an Aufgaben zur Messung der kristallinen Intelligenz
(Wortschatz, Rätsel, Gesichter und Orte) und an Schulfertigkeiten
(Lesen, Rechnen).

Variablen
Für die einzelnen Untertest werden aus den Rohwerten Wertpunkte
berechnet und diese in den Skalen einzelheitliches Denken (SED),
ganzheitliches Denken (SGD), intellektuelle Fähigkeiten (SIF) und non-
verbale Leistungen (NV) zu Standardwerten zusammengefasst. Die
Standardwertskala hat einen Mittelwert von 100 und eine Standardabweichung von ±15, entspricht also der IQ-Skala.

Durchführung
Es gibt für jeden Untertest genaue Anweisungen, wie die Aufgabe zu
instruieren ist. Der Versuchsleiter kann die wörtliche Formulierung auf
der ihm zugekehrten Seite des jeweiligen Testordners ablesen. Je nach
Alter gelten unterschiedliche Einstiegsstufen: Bei älteren Kindern fängt
ein Untertest zum Beispiel mehrfach erst mit der fünften Aufgabe an.
Es sind auch Abbruchkriterien angegeben.

Auswertung
a) Rohwertbestimmung: Von der zuletzt bearbeiteten Aufgabe wird die
   Anzahl falscher Antworten abgezogen und der Rohwert bestimmt.
b) Vergleich mit der Normgruppe: Für die einzelnen Untertests werden
   anhand der Rohwerte Wertpunkte errechnet. Die Aufsummierung
   der Wertpunkte für die einzelnen Skalen lässt die Umwandlung des
   Gesamtskalenwertes in Standardwerte zu. Für den fakultativen Untertest Lesen/Buchstabieren werden Prozenträuge angegeben.

Normierung   **Stichprobe**
Die deutschsprachige Normierung wurde an Kindern aus der BRD, Ös-
terreichs, der Schweiz und Südtirols vorgenommen ($N=3098$).

Normen
Alter: 2;6 bis 12;5 Jahre. Die Normierung erfolgt in Dreimonatsschritten (insgesamt 40 Normierungsstufen). Die Stichprobengröße für die einzelnen Altersgruppen (Jahrgangsstufen) schwankt zwischen 97 und 349.
Bildung: Keine Abstufung nach Bildungsniveau. Die Kinder der Normierungsstichprobe besuchten zu 6,6% keinen Kindergarten; 36% waren im Kindergarten; 45,5% besuchten Grund- und Hauptschulen; 1,4% waren Realschüler; 7,9% Gymnasiasten und Gesamtschüler. Sonderschulen besuchten 1% der Untersuchten. Bei einem weiteren Prozent fehlen Angaben zum Bildungsniveau.
Geschlecht: Es gibt keine geschlechtsspezifischen Normen. In der Normierungsstichprobe befinden sich 1563 Mädchen und 1535 Jungen.

Gütekriterien   ### Objektivität
Durchführung: Durch die detaillierten Instruktionen ist die Durchführungsobjektivität gesichert.
Auswertung: Die Auswertungsobjektivität ist hoch, da in der Regel eindeutige richtig/falsch Zuordnungen möglich sind. Da keine sprachlichen Aufgaben interpretiert werden müssen, entfällt ein hohes Maß an Unsicherheit.

Reliabilität
Interne Konsistenz: Die Split-half-Methode ergibt bei einem $N=3098$ für die Gesamtskala hohe Werte zwischen $r=.83$ und $r=.98$.
Retest-Reliabilität: Retest-Reliabilitäten für die einzelnen Skalen bei $N=24$ (Altersgruppe 9 bis 12,5) und einem Zeitintervall von 19 Tagen liegen zwischen $r=.84$ und $r=.97$.

Validität
Konstruktvalidität: Eine Varimax-rotierte Faktorenanalyse der zehn Untertests der Skala intellektueller Fähigkeiten zeigt eine deutliche zweifaktorielle Lösung, welche die Zuordnung der einzelnen Untertests zu einem der beiden Faktoren zulässt. Eine Ausnahme bildet der UT Handbewegungen, der bei den 5- bis 7-Jährigen nicht eindeutig zugeordnet werden kann. Bei den Untertests der Fertigkeitenskala liegt regelmäßig eine hohe Ladung auf einem Faktor vor. Im Unterschied zur Skala intellektueller Fähigkeiten liegt aber häufig auch eine ähnlich hohe Ladung auf einem zweiten Faktor vor. Angaben zur aufgeklärten Varianz gibt es nicht.
Konvergente/diskriminante Validität: Untersuchungen mit der WISC-R und dem HAWIK-R zeigen eine vergleichsweise hohe Korrelation der Skala einzelheitliches Denken mit dem Verbal-IQ der Wechslerskalen und ähnliche hohe Korrelationen der Skala ganzheitliches Denken mit dem Handlungs-IQ. Gleiches gilt für die Korrelation des SIF-Wertes mit dem Gesamt-IQ. Auch die Fertigkeitenskala korreliert hoch mit den Werten der jeweiligen Wechsler-Skalen.

Kriteriums- bzw. klinische Validität: Die Fertigkeitenskala korreliert bei einer Stichprobe von $N=24$ Kindern hoch mit der Deutschnote, dagegen nur mäßig mit den Noten in Mathematik und Sachkunde (Madest, 1989). Die Ergebnisse der drei anderen Gesamtskalen korrelieren nur mäßig mit den Schulnoten.

Nebengütekriterien
keine Angaben

Neuropsychologische Aspekte

Theoretischer Rahmen Bei der Kaufman-ABC handelt es nicht um ein neuropsychologisches Testverfahren im engeren Sinne. Die Testautoren nehmen aber Bezug auf die dichotome Spezialisierung des Gehirns für einzelheitliche und ganzheitliche Vorgehensweisen (Handbuch S. 11; 17f.), die grob Prozessen der linken und der rechten Hemisphäre zugeordnet werden. Explizit erwähnen sie auch, dass die Untertests Handbewegungen und Wortreihe auf neuropsychologische Untersuchungstechniken von Luria (1966) zurückgehen.

Anwendungsbereiche Kinder im Vorschul- und Schulalter mit und ohne zerebrale Einschränkungen.

Funktionelle Neuroanatomie keine Angaben

Ergebnisbeeinflussende Faktoren keine Angaben

Testentwicklung

Bei der Kaufman-ABC handelt es sich um die deutschsprachige Adaptation des gleichnamigen amerikanischen Verfahrens, welches von 1978 bis 1983 von Alan S. Kaufman und Nadeen L. Kaufman in den USA entwickelt und 1983 herausgegeben wurde. Seit der Veröffentlichung der deutschen Version im Jahre 1991 sind keine Veränderungen am Testmaterial vorgenommen worden. Die Veröffentlichung einer Neunormierung ist angekündigt.[2]

---

2   Die K-ABC-II erschien 2015 nach Redaktionsschluss der Testrezensionen.

Testbewertung

Die Kritik im Überblick

Die Kaufman-ABC ist auch zwanzig Jahre nach ihrem Erscheinen ein handliches und attraktives Verfahren zur Messung der Intelligenz bei Kindern im Alter von 2;6 bis 12;5 Jahren. Diese Altersspanne ist zwar attraktiv, aber der Anwender muss sich im Klaren sein, dass für unterschiedliche Altersstufen zum Teil erheblich anders geartete Aufgaben verwendet werden. Der Test hat sich vor allem im Bereich des schulischen Lernens als ein Diagnostikum etabliert, dessen Ergebnisse auch konkrete Fördermaßnahmen nach sich ziehen können. Solche sind im Kapitel 8 des Interpretationshandbuches detailliert beschrieben. Kritisch anzumerken ist, dass die Normierung inzwischen eigentlich als veraltet gelten muss, auch wenn in den neueren Handbüchern das Bestehen eines Flynn-Effektes bestritten wird. Die angekündigte Neunormierung und Adaptation wird hier möglicherweise Abhilfe schaffen.

Testkonstruktion

Testmaterial

Das Testmaterial bestach 1991 durch seine farbigen Vorlagen (Zeichnungen, Fotografien), die erheblich mit den damals üblichen Schwarz-Weiß-Zeichnungen, z. B. des HAWIK-R (1983), kontrastierten. Auch die Präsentation der Bildvorlagen mittels Klappständern war innovativ. Das bis heute unveränderte Testprotokollblatt ist übersichtlich und leicht auszufüllen. Computergestützte Auswertungsprogramme für die K-ABC sind heute üblich und problemlos als Zusatz zum Test erhältlich.

Testdesign

Konzept: Im engeren Sinne ist die Kaufman-ABC kein neuropsychologisches Verfahren, sondern eine Intelligenztestbatterie, welche versucht, problemlösendes Verhalten (Skala SIF) unabhängig von gelerntem Anwendungswissen (Fertigkeitenskala) zu messen. Die Unterscheidung einzelheitliches versus ganzheitliches Denken versucht zwar, einen neuropsychologischen Bezug zu linkshemisphärischen vs. rechtshemisphärischen Prozessen herzustellen, scheitert dabei aber an der schieren Globalität eines solchen Konzepts.

Variablen: Die Kaufman-ABC trennt klar zwischen problemlösenden Aspekten der Intelligenz, welche in den Skalen SED und SGD (zusammengefasst als SIF) erfasst werden, und dem Aspekt des gelernten (schulischen) Wissens (Fertigkeitenskala). Bei der Interpretation der Skalenwerte ist zu berücksichtigen, dass die Skala SED aus maximal drei Untertests besteht, während die Skala SGD bis zu fünf Untertests umfasst.

Durchführung: Die Durchführung der Kaufman-ABC ist für einen mit Kindern erfahrenen Testanwender problemlos. Es empfiehlt sich bei nicht so häufiger Durchführung des Verfahrens eine sorgfältige Vorbereitung, um mit dem Testmaterial problemlos umgehen zu können. *Auswertung:* Die Auswertung ist sowohl von Hand als auch computergestützt mühelos.

Normierung
Stichprobe: Die Normierungsstichprobe aus der BRD, Österreich, Schweiz und Südtirol ist ausreichend groß ($N=3098$). Die Altersabhängigkeit der Rohwerte ist wie bei allen Testverfahren im Kindesalter sehr hoch. Geschlechtsspezifische oder länderspezifische Unterschiede werden nicht mitgeteilt.
Normen: Mittlerweile ist die Kaufman-ABC seit zwanzig Jahren im Gebrauch. Bei dieser Version stellt sich daher die Frage nach dem Flynn-Effekt. Das Vorliegen eines solchen wird im aktuellen Handbuch in Abrede gestellt. Als Beleg werden Untersuchungen im Zusammenhang mit der Normierung der K-NEK und der K-TIM aus den Jahren 2004 und 2006 angeführt. Oest (2002) publizierte in diesem Zusammenhang Mittelwerte für die K-TIM und die K-ABC, die nahe beieinander lagen und keinen Flynn-Effekt zeigten. Auch eine Studie an 371 Schweizer Kindern (Preuß et al., 2006) zeigte damals keinen bedeutsamen Effekt. Gleichwohl bleibt festzuhalten, dass die Normierung der Kaufman-ABC länger als zwanzig Jahre zurückliegt und andere Verfahren für diesen Altersbereich neuere Normen aufweisen (z. B. HAWIK-IV, WPPSI-III).

Gütekriterien
Objektivität: Die Auswertung der Kaufman-ABC ist sowohl von Hand als auch computergestützt objektiv, dies auch deshalb, weil es für alle Aufgaben nur richtige oder falsche Antworten gibt. Es entfällt damit die fehlerbehaftete Entscheidung, ob eine bestimmte Lösung einen, zwei oder gar drei Punkte verdient. Auch Zeitpunkte werden nicht vergeben. Die Zeitgrenzen für das Erbringen der richtigen Lösungen, zum Beispiel beim Untertest Dreiecke, sind weit gesteckt.
Validität: Es sind lediglich Altersnormen vorhanden; kein Vergleich mit Patientenkollektiven.

Neuropsychologische Aspekte

Theoretischer Rahmen
Das Testdesign stützt sich nur bezüglich der Unterscheidung einzelheitlicher versus ganzheitlicher Problemlösungsprozesse auf analoge neuropsychologische Konzepte im Sinne von linkshemisphärisch vs. rechtshemisphärisch. Ebenso bedeutsam für die Testentwicklung ist die Intelligenztheorie von Horn und Cattell (1966) und deren Unterscheidung in fluide und kristalline Intelligenz. Die fluide Intelligenz wird dabei in der Gesamtskala intellektueller Fähigkeiten abgebildet,

während die kristalline Intelligenz ihren Niederschlag in der Fertigkeitenskala findet.

Ergebnisbeeinflussende Faktoren: Der Untertest Dreiecke setzt eine intakte bimanuelle Manipulationsfähigkeit voraus, so dass motorische Einschränkungen bei Kindern, z. B. nach Schädelhirntraumen, das Testergebnis negativ beeinflussen können.

Anwendungsbereiche

Es ist bei Verlaufsuntersuchungen zu berücksichtigen, dass im Verlaufe des Älterwerdens der Kinder Untertests wegfallen (Zauberfenster, Wiedererkennen von Gesichtern) und neue dazu kommen (Dreiecke, Wortreihe, bildhaftes Ergänzen, räumliches Gedächtnis, Fotoserie). Bei den 5-Jährigen zum Beispiel fallen die Untertests Zauberfenster und Wiedererkennen von Gesichtern weg. Stattdessen wird die Skala SGD durch die Untertests Dreiecke (schon ab 4 Jahren), bildhaftes Ergänzen und räumliches Gedächtnis gebildet nebst dem Untertest Gestaltschließen, welcher als einziger Untertest überhaupt für alle Altersgruppen durchgeführt wird. Das erfordert behutsames Interpretieren möglicher Veränderungen des SGD-Skalenwertes bei wiederholten Messungen.

Handhabbarkeit und klinische Anwendung

Die Kaufman-ABC hat seit ihrem Erscheinen einen festen Platz in der neuropsychologisch orientierten Untersuchung von Kindern. Das Testmaterial ist nach wie vor attraktiv, und die Normierung der einzelnen Untertests mittels Wertpunkten gestattet auch Aussagen auf der Ebene eines einzelnen Untertests, so dass nicht immer die Skalenwerte die entscheidende Information liefern. Die relative Unabhängigkeit des Tests von aktiven Sprachäußerungen des Kindes erlaubt es, auch Kinder mir Sprachstörungen (Aphasie, Sprachentwicklungsstörungen) hinreichend zu untersuchen. Gleichzeitig ist aber darin auch ein Mangel zu sehen: Über sprachabhängige Intelligenzleistungen gibt der Test kaum Auskunft. Da müssen je nach Fragestellung Teile aus anderen Verfahren herangezogen werden, oder es kommt von Anfang an ein anderes Verfahren, wie der HAWIK-IV, zum Zuge. Bei vielen klinischen Anwendern stieß der Untertest „Gesichter und Orte" der Fertigkeitenskala von Anfang an auf Kritik, weil die Bildauswahl nicht zwingend schien und Kinder je nach Herkunft in diesem Test schlecht abschnitten. Neuere Untersuchungen zeigen zwar, dass der Untertest „Gesichter und Orte" innerhalb der Fertigkeitenskala nicht schlechter misst als die anderen Untertests. Eine Untersuchung an Schweizer Kindern von Preuß (2006) zeigte jedoch, dass „Gesichter und Orte" einige problematische Items enthält, was bei Kindern ohne deutschen Akkulturationshintergrund zu Problemen führen kann.

Ernst Schieler & Martin Michel

Snijders-Oomen Non-verbaler Intelligenztest (SON-R 6-40)

Peter J. Tellegen, Jacob A. Laros & Franz Petermann

Göttingen: Hogrefe, 2012

Zusammenfassende Testbeschreibung

Zielsetzung und Operationalisierung	**Konstrukte** *Sprachfreies Individualverfahren zur Erfassung von intellektuellen Fähigkeiten, insbesondere fluider Intelligenzkomponenten und visuo-räumlichen Denkens.*

Testdesign

Anhand der Ergebnisse der vier Untertests des SON-R 6-40 lässt sich ein Gesamt-IQ ableiten. Zwei der Tests erfassen das logische Denkvermögen, die anderen zwei Tests das räumliche Vorstellungsvermögen. Die insgesamt 124 Items werden mit aufsteigendem Schwierigkeitsgrad vorgegeben. Bei den beiden räumlichen Tests besteht zudem eine Zeitbegrenzung.

Angaben zum Test

Normierung

Alter: Normen für 6- bis 40-Jährige, 17 Altersgruppen, N = 1933.
Bildung: Nein. Bevölkerungsrepräsentativer Hintergrund der Stichprobe.
Geschlecht: Nein.

Material

Technisches Manual, Manual mit Normtabellen, Instruktionen, Protokollbogen, je ein Ringordner für die Subtests Analogien, Kategorien und Mosaike, Mosaikteile und Legerahmen, Arbeitsbogen Zeichenmuster und Schablone mit Auswertemuster, Computerprogramm zur Auswertung.

Durchführungsdauer

Ca. 50–60 Minuten.

Testkonstruktion

Design

Aufgabe

Der Intelligenztest besteht aus den folgenden vier Untertests:
1) Analogien: Eine geometrische Figur verändert sich nach einem bestimmten Prinzip, welches erkannt und anschließend auf eine andere

Figur übertragen werden soll. Die Lösung kann jeweils aus vier Antworten ausgewählt werden (36 Items).

2) Mosaike: Ein vorgegebenes Muster muss mit verschiedenen rot-weißen Mosaiksteinen in einem Rahmen nachgelegt werden (26 Items).

3) Kategorien: In jeder Aufgabe sollen aus einer Auswahl von fünf Bildern zwei ausgewählt werden, die dem gleichen Konzept folgen wie drei vorgegebene Bilder (36 Items).

4) Zeichenmuster: Bei Mustern, die aus einer oder mehreren durchlaufenen Linien bestehen, sollen deren Gesetzmäßigkeit erkannt und in einer Lücke das Muster durch Zeichnen ergänzt werden (26 Items).

Konzept

1) Mit dem Untertest „Analogien" wird abstraktes und schlussfolgerndes Denken erfasst, das Erkennen und Anwenden von Ordnungsprinzipien bzw. Analogien bei transformierten Figuren wird gefordert.

2) Der Untertest „Mosaike" erfasst das Denken in räumlichen Beziehungen zwischen Teilen und dem Ganzen sowie die Analyse der Vorlage und Synthese der Einzelteile.

3) Der Untertest „Kategorien" erfasst die Fähigkeit, Ordnungsprinzipien abzuleiten und Gegenstände nach gemeinsamen Merkmalen in Kategorien zu gruppieren, und damit das abstrakte Denkvermögen.

4) Mit dem Untertest „Zeichenmuster" werden das räumliche Denken sowie visuomotorische Fertigkeiten und die Handlungsplanung geprüft. Der Test erfordert die differenzierte visuelle Wahrnehmung und Wiedergabe von Raumlage und Anordnung einer Figur.

Variablen

Aus der Anzahl richtig gelöster Aufgaben eines Subtests ergibt sich ein normierter Standardwert. Von der Summe der Subtest-Standardwerte lässt sich der Gesamtwert (SON-IQ) ableiten.

Durchführung

Die Tests können sowohl mit als auch ohne Zuhilfenahme von Sprache durchgeführt werden, die Instruktionen sind verbal und non-verbal vorgegeben. Die Subtests beginnen mit zwei bis drei Beispielaufgaben, bei denen Hilfestellung gegeben werden kann. Die Testperson erhält nach jeder Antwort eine Rückmeldung. Richtige Antworten werden mit 1 bewertet, falsche mit 0. Die Items der Untertests sind in zwei bis drei Reihen unterteilt, anhand deren die Aufgaben adaptiv vorgegeben werden. Eine Reihe wird abgebrochen, wenn insgesamt zwei Fehler gemacht werden, oder wenn das Ende erreicht wird. Der Score für jede Reihe ergibt sich aus der Nummer des letzten bearbeiteten Items abzüglich der Fehler. Die zweite und dritte Reihe werden mit dem Item begonnen, das dem Score der vorherigen Reihe minus 2 entspricht. Bei den Subtests 2 und 4 ist die Maximalzeit zur Beantwortung eines Items auf zwei bzw. drei Minuten begrenzt.

Auswertung
Der Rohwert eines Untertests entspricht der Summe der jeweils korrekt
gelösten Items der einzelnen Reihen. Für jeden Untertest wird der Rohwert in einen altersnormierten Standardwert ($M=10$; $SD=3$) transformiert. Für die Summe der vier Standardwerte der Untertests kann der
Gesamtwert (SON-IQ) in den Normtabellen nachgeschlagen werden
(Mittelwert 100; Standardabweichung 15; Bandbreite von 55 bis 145).
In der Normtabelle wird zu jedem Wert des SON-IQ das 80%-Wahr-
scheinlichkeitsintervall angegeben, das auf der Generalisierungsmög-
lichkeit des Gesamtwertes basiert. Zudem werden der Prozentrang, das
95%-Vertrauensintervall und die kritische Differenz (pro Altersgruppe)
angegeben.
Die Auswertung kann sowohl von Hand als auch mit Hilfe des Auswer-
tungsprogramms der SON-R-Tests vorgenommen werden. Dabei müssen Geburts- und Testdatum sowie die Rohwerte der einzelnen Untertests eingegeben werden, um sich die Ergebnisse anzeigen zu lassen.
Es werden im Auswertungsprogramm einige Zusatzinformationen angegeben, die den Normtabellen nicht entnommen werden können (z. B.
das Referenzalter und der um den Flynn-Effekt berichtigte IQ).

Normierung   **Stichprobe**
$N=1\,933$; Kinder und Erwachsene ohne schwere körperliche und/oder
geistige Behinderung aus einer zusammengefassten deutsch-niederländischen Stichprobe (deutsche Stichprobe $N=995$, niederländische
Stichprobe $N=938$; weiblich $N=971$, männlich $N=962$). Grundlage der
deutsch-niederländischen Normberechnung bilden 17 Altersgruppen,
beginnend mit 6.0 Jahren aufsteigend bis zum Alter von 40.0 Jahren.
Die Geschlechterverteilung ist in fast allen Altersgruppen ausgeglichen.
Die deutsche Normierungsstichprobe wurde anhand der Kriterien de-
mografische Verteilung, Schulzweig bei Schülern aus dem Sekundar-
bereich, Alters- und Geschlechterverteilung, Migrationshintergrund und
Bildungsniveau der Eltern bzw. der erwachsenen Testperson erstellt.
Die Repräsentativität der niederländischen Normen wurde anhand der
Kriterien Alter und Geschlecht, soziodemografische Merkmale, Schul-
typ bzw. schulisches Bildungsniveau sowie Migrationshintergrund belegt.

Normen
Alter: 17 Altersgruppen. Bis zum Alter von 8 Jahren umfasst eine Altersgruppe bei den Untertests jeweils 3 Monate, bis 11 Jahre sind es
6 Monate, ab 11 Jahren gibt es Jahresintervalle, ab 16 Jahren liegen
2-Jahres-Abstände vor und die Gruppe der 22- bis 40-Jährigen wird
zu einer Gesamtgruppe zusammengefasst. Die Gruppenintervalle bezüglich des Gesamt-IQs sind etwas breiter. Es wurde ein kontinuierli-
ches Normierungsmodell angewendet.

Bildung: Keine Normierung für Bildungsgruppen. Bei der Stichproben-zusammensetzung wurde auf Repräsentativität des Bildungshinter-grundes geachtet.

Geschlecht: Keine geschlechtsspezifische Normierung. Im Mosaiktest schneiden die weiblichen Teilnehmer signifikant schlechter ab, im Hin-blick auf den IQ ist die Differenz nicht signifikant. Aufgrund der insge-samt geringen Unterschiede wurde bei der Erstellung der Normtabel-len auf eine Differenzierung nach Geschlecht verzichtet.

Gütekriterien **Objektivität**

Durchführung: Durch die vorgegebenen Instruktionen auf verbal-münd-liche und non-verbale (mit Gesten) Art ist die Durchführungsobjektivi-tät gesichert.

Auswertung: Aufgrund des übersichtlich gestalteten Protokollbogens (mit Lösungen für die Subtests Analogien und Kategorien), der Aus-werteschablone für die Zeichenmuster, der computergestützten Aus-wertung und den übersichtlichen Normtabellen kann von einer guten Auswertungsobjektivität ausgegangen werden.

Reliabilität

Interne Konsistenz: Die interne Konsistenz für die Untertests (Lam-bda-3) liegt zwischen .87 und .89. Das stratifizierte Alpha des SON-IQ beträgt im Mittel .95.

Retest-Reliabilität: $N = 116$: zwischen .71 und .84 für die Subtests, .92 für den SON-IQ; Testabstand ca. 4 Monate.

Weitere Reliabilitätsmaße: keine Angaben

Validität

Konstruktvalidität: Die gemittelte Korrelation zwischen den normierten Untertestwerten beträgt .56, die höchste Korrelation besteht zwischen den Untertests Mosaike und Zeichenmuster (.67), die Subtests Kate-gorien und Analogien korrelieren zu .53. Eine sinnvolle Unterscheidung zwischen Handlungs- und Denkskala wie beim SON-R 2½-7 konnte aufgrund der hohen Korrelationen zwischen den Untertests nicht ge-troffen werden. Faktoranalytisch erklärt ein Faktor bereits 94 % der ge-meinsamen Varianz der Untertests, die inhaltliche Interpretation die-ses Faktors entspricht dem SON-IQ.

Konvergente/diskriminante Validität: Zur Überprüfung des Zusammen-hangs zwischen SON-R 6-40 und der Wechsler Intelligence Scale for Children (WISC-IV) wurden 35 Kinder mit beiden Verfahren getestet. Die Korrelation des SON-IQ mit dem Gesamt-IQ der WISC-IV beträgt .77. Der Index WLD (Wahrnehmungsgebundenes Logisches Denken) der WISC-IV korreliert am stärksten mit dem Gesamt-IQ des SON-R 6-40 ($r = .74$). Mit insgesamt 50 Personen wurde zudem der Hamburg Wechs-ler Intelligenztest für Erwachsene (WIE) durchgeführt. Die Korrelation zwischen dem SON-IQ und dem Gesamt-IQ des WIE beträgt .83. Dabei liegt die Korrelation mit dem Handlungsteil bei .81 und die Korrelation mit dem Verbalteil bei .73. Der Gesamtwert der Wechsler Nonverbal Intelligence Scale (WNV) korreliert um .77 mit dem SON-IQ ($N=123$). *Kriteriums- bzw. klinische Validität:* Kinder mit Lese-Rechtschreibstörung (LRS) aus einer LRS-Klasse ($N=36$) schnitten im Vergleich zu Regelschülern ohne LRS ($N=36$) in allen Subtests und im Gesamt-IQ signifikant schlechter ab. Kinder mit Aufmerksamkeitsstörungen ($N=32$) unterschieden sich nicht signifikant von Kontrollkindern aus der Normstichprobe, zeigten jedoch in fast allen Untertests tendenziell schlechtere Leistungen. Die Leistungen hörbeeinträchtigter Kinder ($N=35$) waren in allen Subtests und im Gesamt-IQ signifikant geringer als bei Kontrollkindern. Die Mittelwerte der Testleistungen der Kinder mit Migrationshintergrund ($N=35$) lagen in allen Untertests tendenziell niedriger als die Werte der Kontrollgruppe; in der Normierungsstichprobe schnitten die Personen mit Migrationshintergrund ($N=368$) in allen Subtests und im SON-IQ signifikant schlechter ab als die Personen ohne Migrationshintergrund ($N=1\,525$).

Mit steigendem Bildungsniveau der Eltern nimmt der Gesamt-IQ der Kinder signifikant zu ($r=.39$), auch die Korrelation zwischen dem schulischen Bildungsniveau der Erwachsenen und dem Gesamt-IQ ist mit .56 signifikant.

Die Lehrer- und Elternurteile bei Kindern und die Selbstbeurteilung der Intelligenz bei Erwachsenen korrelieren signifikant mit dem SON-IQ zwischen .28 (Eltern Grundschule) und .53 (Lehrkraft), im Mittel zu .41. Die Schulnoten korrelieren in der Grundschule zu .58 mit dem SON-IQ ($N=182$), in weiterführenden Schulen zu .30. In der Grundschule tragen die Zeugnisnoten am meisten zur Varianzaufklärung des IQ bei, auf weiterführenden Schulen hat der Unterrichtstyp die größte Bedeutung.

Nebengütekriterien
Zumutbarkeit: Aufgrund des adaptiven Charakters und der stetigen Rückmeldung über die Richtigkeit der Antworten gegeben.
Störanfälligkeit: Die Testleiterbeurteilung der Motivation, Konzentration, Kooperation und des Instruktionsverständnisses der Testperson fällt mit einer Abnahme des IQ schlechter aus. Eine unmotivierte und unkonzentrierte Bearbeitung des SON wird mit großer Wahrscheinlichkeit zu einem niedrigeren Ergebnis führen, das nicht zwangsläufig der „wahren" Intelligenz entsprechen muss.

Neuropsychologische Aspekte

Theoretischer Rahmen   Der SON-R 6-40 ist zur Diagnostik der allgemeinen Intelligenz konzipiert und wird daher nicht primär in einen neuropsychologischen Rahmen eingebettet. Testergebnisse des SON-R 6-40 erlauben eine Aussage über das allgemeine kognitive Niveau eines Kindes oder Erwachsenen durch die Untersuchung mehrerer Intelligenzdimensionen (Tellegen & Laros, 2011). Neben typischen Handlungstests enthält der SON-R 6-40 auch Denkaufgaben (abstraktes Schlussfolgern). Der Messbereich ist durch den non-verbalen Charakter und das Fehlen spezifisch verbaler Teile jedoch eingeschränkt. Die Sprachentwicklung kann die Lösungsfindung aber erheblich erleichtern, daher wäre es richtiger, von einem non-verbalen Test der Intelligenz zu sprechen als von einem Test der non-verbalen Intelligenz (Baving & Schmidt, 2000).

Ein spezifisches Intelligenzmodell liegt dem Test nicht zugrunde. Eingeordnet in die Zwei-Faktoren-Theorie der Intelligenz von Cattell (1971), der die Intelligenz in zwei voneinander unabhängige Faktoren untergliedert, erfassen die Untertests des SON-R 6-40 überwiegend den Faktor „fluide Intelligenz", womit die Fähigkeit, sich neuen Situationen anzupassen und neuartige Probleme zu lösen, ohne dabei auf erlerntes Wissen zurückgreifen zu müssen, verstanden wird (Daseking, Janke & Petermann, 2006).

Anwendungsbereiche

Der Test kann als Individualverfahren mit Personen vom Schulkind- bis ins Erwachsenenalter durchgeführt werden. Er eignet sich durch den sprachfreien Charakter besonders zur Untersuchung kommunikativ behinderter Kinder und Erwachsener (dazu gehören gehörgeschädigt bzw. gehörlose Personen und Personen mit Störungen der Sprachentwicklung). Das Verfahren ist darüber hinaus sinnvoll einzusetzen bei Entwicklungsverzögerungen, geistiger Behinderung oder bei Personen, die die Sprache des Untersuchers nicht oder nur unzureichend beherrschen. Die Möglichkeiten einer differenzierten Profilinterpretation sind bei einer relativ geringen Anzahl von vier Untertests jedoch eingeschränkt, es empfiehlt sich bei wichtigen diagnostischen Entscheidungen einen zweiten Test durchzuführen.

Funktionelle Neuroanatomie

keine Angaben

Ergebnisbeeinflussende Faktoren

Einschränkungen für die Anwendung ergeben sich bei visuellen Wahrnehmungsproblemen und schwerwiegenden Sehschwierigkeiten sowie bei ausgeprägten motorischen Schwierigkeiten. Wenig Sinn macht die Durchführung bei Kindern mit massiven Verhaltensstörungen, die sich auf eine Testsituation gar nicht einlassen können.

Testentwicklung

Der SON-R 6-40 ist der Nachfolger des SON 5½-17, der 2005 von Tellegen und Laros veröffentlicht wurde. Die erste Ausgabe der SON Testreihe wurde bereits 1943 von der niederländischen Psychologin Nan Snijders-Oomen publiziert, ursprünglich als für die Untersuchung

gehörloser Kinder konzipiert (Snijders-Oomen, 1943). Eine Erweiterung für Hörende und Gehörlose 3- bis 16-Jährige erfolgte 1958 (Snijders & Snijders-Oomen, 1958). 1975 kam es zur Teilung der Testreihe
für zwei Altersgruppen. Der SON-R 2½-7 liegt mittlerweile in der dritten überarbeiteten Version vor (Tellegen, Laros & Petermann, 2007),
die aktuelle Version des SON-R 5½-17 beinhaltet Normdaten einer
niederländischen Stichprobe von 1989 (Snijders, Tellegen & Laros) und
ein überarbeitetes Manual von 2005. Hauptgründe für eine Überarbeitung des SON-R 5½-17 lagen in der Notwendigkeit, die Normen zu
aktualisieren, das Testmaterial im Hinblick auf eine weniger kulturab-
hängige Gestaltung zu überarbeiten, das Differenzierungsvermögen
insbesondere für Personen mit begrenzten Fähigkeiten zu optimieren,
eine Eignung für Erwachsene herzustellen und die Durchführungszeit
zu verkürzen. Zudem sollte ein nahtloser Anschluss an den SON-R
2½-7 realisiert werden. Die Entwicklung des SON-R 6-40 erfolgte an
der Universität Groningen. Die niederländischen Normierungsunter-
suchungen fanden 2009/2010 statt, die deutschen Untersuchungen
einige Monate später. Die deutschsprachige Publikation wurde von Petermann und Tuissant von der Universität Bremen erstellt.
Die vier Untertests des SON-R 6-40 wurden dem SON-R 5½-7 entnommen. Das Bildmaterial wurde basierend auf Konstruktionsuntersuchungen in den Niederlanden, Asien, Afrika und Südamerika so angepasst,
dass die Aufgaben in unterschiedlichen Kulturkreisen verständlich sind.
Die Summe der Items der vier Untertests wurde von 98 auf insgesamt
124 erhöht, um einer Einschränkung der Reliabilität durch die Kürzung
entgegenzuwirken. Fast die Hälfte der Items des SON-R 5½-7 wurden
unverändert übernommen, zwanzig Prozent der Items wurden angepasst, gut dreißig Prozent der Items sind neu. Nach Abschluss der verschiedenen Konstruktionsuntersuchungen wurde im Januar 2009 die
endgültige Auswahl der Items vorgenommen. Der Schwierigkeitsauf-
bau wurde verbessert und die Qualität der Items erhöht mit dem Zweck,
das Unterscheidungsvermögen der Untertests und das Differenzierungsvermögen am oberen und am unteren Rand zu steigern. Für den Einsatz
bei Erwachsenen wurde einem Deckeneffekt im Untertest Mosaike im
SON-R 5½-7 durch Erhöhung des Schwierigkeitsgrades entgegenge-
wirkt. Ansonsten musste das Testmaterial nicht wesentlich verändert
werden, um auch für Erwachsene einsetzbar zu sein.

Testbewertung

| Die Kritik im Überblick | Der SON-R 6-40 ist ein reliables Verfahren zur sprachfreien Er-fassung des allgemeinen Leistungsniveaus, das sich nicht nur ein-seitig auf schlussfolgerndes Denken bezieht (wie z. B. die Raven- |

Matrizen). Die Auswahl der Untertests ist allerdings nicht theoretisch begründet. Testmaterial, Manuale und Protokollbögen sind übersichtlich gestaltet. Die Durchführung und Auswertung sind sehr einfach und gut dokumentiert. Nachteile ergeben sich durch die fehlende geschlechtsspezifische Normierung, die zu einer Unterschätzung der Leistung weiblicher Testpersonen führt. Ebenso scheinen trotz des non-verbalen Charakters hörgeschädigte Personen und Personen mit Migrationshintergrund benachteiligt zu sein. Wie die Autoren selbst betonen, ist der Test mit vier Untertests zu wenig umfangreich, um als alleiniges Verfahren eine zuverlässige Intelligenzmessung leisten zu können.

**Test-
konstruktion**

Testmaterial
Material und Protokollbögen sind sehr übersichtlich und größtenteils selbsterklärend aufgebaut, die Tests einfach durchführbar, die Manuale gut strukturiert.

Testdesign
Konzept: Die konzeptionellen Grundlagen der Auswahl der Subtests werden im Testmanual nicht ausführlich beschrieben und scheinen eher an älteren Versionen der SON-Testreihe orientiert zu sein als theoriegeleitet. Die Interpretation der Testergebnisse geht nicht über eine Einschätzung des kognitiven Leistungsniveaus hinaus. Eine Durchführung von einzelnen Untertests ist nicht empfehlenswert bzw. lässt keine Interpretationen zu.
Variablen: Die Untertestwerte ergeben sich wie bei den meisten IQ-Tests aus der Summe der richtigen Lösungen und sagen daher nichts über die Vorgehensweise der Testperson aus. Z. B. könnte ein niedriger Wert im Subtest Mosaike aufgrund von visuo-konstruktiven Defiziten oder einer allgemeinen Verlangsamung entstehen; der Testwert erlaubt diesbezüglich keine Aussage. Die gewählten Zeitbegrenzungen scheinen zudem eher willkürlich (z. B. Anstieg von 2 auf 3 Minuten beim Subtest Zeichenmuster kommt abrupt, die 2 Minuten sind eher knapp für das letzte Item mit dieser Zeitbegrenzung).
Durchführung: Die Testdurchführung ist genau beschrieben und übersichtlich dargestellt, der Protokollbogen mit Gedächtnisstützen und optischen Hilfestellungen sehr leicht handhabbar. Es sind für Diagnostiker keine über das übliche Maß hinausgehenden Kenntnisse erforderlich, um den Test objektiv durchführen und auswerten zu können.
Auswertung: Da die Entscheidung über die Richtigkeit einer Antwort während der Testdurchführung fortlaufend erfolgt, ist die Auswertung aller vier Subtests eindeutig definiert und einfach gestaltet. Es ist positiv zu bewerten, dass die Autoren auf den explorativen Charakter der Interpretation von unterschiedlichen Untertestwerten hindeuten und

auch die Bedeutung des SON-IQ kritisch hinterfragen sowie die Wichtigkeit einer ausführlichen Diagnostik mit verschiedenen Methoden betonen. Zur Interpretation des Referenzalters bieten die Autoren ebenfalls sinnvolle Anhaltspunkte.

Normierung

Stichprobe: Das Zusammenführen der deutschen und niederländischen Normen erscheint sinnvoll. Beide Normierungsstichproben können als repräsentativ hinsichtlich der Faktoren Alter, Geschlecht, Bildung, Migrationshintergrund und demografischer Verteilung betrachtet werden.

Normen: Keine Differenzierung nach Geschlecht, obwohl die weiblichen Teilnehmer der Normierung im Subtest „Mosaike" signifikant schlechter abschnitten und damit auch im SON-IQ schlechtere Leistungen erzielen (jedoch nicht signifikant).

Gütekriterien

Validität: Faktoranalytisch ließ sich eine Unterteilung der Tests in logisches Denkvermögen und eine handlungsbezogene Komponente nicht nachweisen.

Die Validität des Tests als kulturfreies und nicht-sprachgebundenes Verfahren scheint eingeschränkt, da die Personen mit Migrationshintergrund der Normstichprobe in allen Subtests und im Gesamt-IQ signifikant schlechtere Leistungen zeigten als Einheimische. Dies nur auf die Bildung zurückzuführen, scheint keine ausreichende Erklärung zu sein. Die Untersuchungen mit klinischen Gruppen wecken ebenfalls Zweifel an der Validität. Die Leistungen hörbehinderter Kinder und Kinder mit LRS unterschieden sich signifikant von den Leistungen der unauffälligen Kontrollgruppen.

Neuropsychologische Aspekte

Theoretischer Rahmen

Erwartungsgemäß wird für ein Verfahren zur Erfassung der allgemeinen Intelligenz auf eine neuropsychologische Fundierung verzichtet. Die vier Subtests messen gemäß Angaben der Autoren logisches Schlussfolgern und visuell-räumliches Denken, allerdings wird die Operationalisierung dieser Konstrukte nicht auf eine Theorie gestützt. Der SON-R 6-40 ist als Intelligenztest konzipiert, kann aber nicht als solcher interpretiert werden, wenn wesentliche Testvoraussetzungen nicht erfüllt sind. Beim Vorliegen visueller oder räumlich-konstruktiver Störungen oder bei visuo-motorischen Einschränkungen sind verminderte Leistungen in den Untertests Mosaike und Zeichenmuster zu erwarten. Neuropsychologische Funktionen wie Problemlöseverhalten, Handlungsregulation, Monitoring, Abruf aus dem Langzeitgedächtnis gehen in die Bearbeitung aller Untertests ein. Intelligenztests sind aus neuropsychologischer Sicht allgemein schwierig zu interpretieren, da sie sich nicht auf basale kognitive Funktionen beziehen (Ardila, 1999). Es fehlen Untersuchungen, inwieweit sich die Untertests „Mosaike" oder „Zeichenmuster" auch als klinisch-diagnostische Tests zur Erfassung von visuo-konstruktiven Störungen einsetzen lassen.

Unklar bleibt, inwieweit der non-verbale Test tatsächlich ein faires IQ-Verfahren für Menschen mit sprachlichen/kommunikativen Defiziten darstellt. Die Tatsache, dass kein sprachliches Material verwendet wird, bedeutet nicht, dass keine sprachlichen vermittelten Lösungsstrategien verwendet werden müssen.

Anwendungsbereiche
Die verminderten Ergebnisse von Kindern mit Hörbehinderung und Dyslexie im SON-R 6-40 lassen Zweifel aufkommen, ob der Test wirklich ein geeigneter Intelligenztest ist für Menschen mit sprachlichen/kommunikativen Schwierigkeiten. Für Kinder mit visuo-räumlichen, konstruktiven oder visuellen Störungen sind die Testvoraussetzungen ohnehin nicht gegeben.

Handhabbarkeit und klinische Anwendung

Die Testdurchführung und Auswertung der vier Untertests ist klar und nachvollziehbar und lässt sich bei einer sehr breit gefassten Zielgruppe anwenden. Neuropsychologische Fragestellungen werden im Manual nicht berücksichtigt; deshalb lässt sich nicht beantworten, ob sich die Untertests auch für klinische Fragestellungen eignen.

Franziska Minder

Wechsler Intelligence Scale for Children – Fourth Edition. Deutschsprachige Adaptation nach D. Wechsler (WISC-IV)[1]

Franz Petermann & Ulrike Petermann

Frankfurt am Main: Pearson Assessment & Information GmbH, 2011; 2., ergänzte Auflage 2014

Zusammenfassende Testbeschreibung

Zielsetzung und Operationalisierung

Konstrukte

Der Gesamt-Test erfasst Intelligenz als globales Konstrukt. Gleichzeitig werden einzelne, die Intelligenz mit bestimmende Faktoren erfasst:
1) Sprachliches Verständnis – sprachliche Begriffsbildung, sprachliches Schlussfolgern, erworbenes Wissen.
2) Wahrnehmungsgebundenes logisches Denken – Wahrnehmungsorganisation und logisches Denken.
3) Arbeitsgedächtnis – Aufmerksamkeit, Konzentration, Arbeitsgedächtnis.
4) Verarbeitungsgeschwindigkeit – Geschwindigkeit der mentalen und graphomotorischen Verarbeitung.

Testdesign

Intelligenz als globales Konstrukt wird durch Anwendung einer Testbatterie erfasst, welche die oben genannten, spezifischen Faktoren (Indizes) enthält.
– Index Sprachverständnis: Gesamtwert aus den Untertests Gemeinsamkeiten finden, Wortschatz-Test und Allgemeines Verständnis, von denen zwei durch die optionalen Untertests Allgemeines Wissen und Begriffe erkennen ersetzt werden können.
– Index Wahrnehmungsgebundenes logisches Denken: Gesamtwert aus den Untertests Mosaik-Test, Bildkonzepte und Matrizen-Test, von denen einer durch den optionalen Untertest Bilder ergänzen ersetzt werden kann.
– Index Arbeitsgedächtnis: Gesamtwert aus den Untertests Zahlen nachsprechen und Buchstaben-Zahlen-Folgen, von denen einer durch den optionalen Untertest Rechnerisches Denken ersetzt werden kann.
– Index Verarbeitungsgeschwindigkeit: Gesamtwert aus den Untertests Zahlen-Symbol-Test und Symbol-Suche, von denen einer durch den optionalen Untertest Durchstreich-Test ersetzt werden kann.

---

1 Die WISC-V erschien 2017 nach Redaktionsschluss der Testrezensionen und konnte daher nicht mehr berücksichtigt werden. Sie ist lediglich in die Übersichtstabelle der Intelligenztests aufgenommen worden.

Angaben zum Test

Normierung

Alter: Elf Altersgruppen in Ein-Jahresschritten von 6 bis 16 Jahren mit je 150 Probanden.

Bildung: Die Normierungsstichprobe enthält Schüler verschiedener Schularten in repräsentativer Häufigkeit. Eine Trennung nach Bildungsgruppen erfolgt nicht.

Geschlecht: Nicht bedeutsam, daher keine getrennten Normtabellen, aber Gleichverteilung der Geschlechter in jeder Altersgruppe.

Material

Testkoffer mit zwei Manualen (Grundlagen/Testauswertung/Interpretation und Durchführung), Protokollbögen, vier Aufgabenhefte, zwei Vorlagenbücher, ein Satz Mosaiktest-Würfel.

Optional: Computer-Auswertungsprogramm.

Durchführungsdauer

Gesamttest (zehn Kernuntertests): 60 bis 90 Minuten; optionale Untertests: insgesamt 20 Minuten.

Keine Angaben zu den Untertests, es folgen Erfahrungswerte der Rezensentin:

Gemeinsamkeiten finden: 5–10 Minuten,

Wortschatz-Test: 5–10 Minuten,

Allgemeines Verständnis: 10–15 Minuten,

Allgemeines Wissen (optional): 5–10 Minuten,

Begriffe erkennen (optional): 5–10 Minuten,

Mosaik-Test: 10–15 Minuten,

Bildkonzepte: 5–10 Minuten,

Matrizen-Test: 5–10 Minuten,

Bilder ergänzen (optional): 5 Minuten,

Zahlen nachsprechen: 5 Minuten,

Buchstaben-Zahlen-Folgen: 5 Minuten,

Rechnerisches Denken (optional): 5 Minuten,

Zahlen-Symbol-Test: 5 Minuten,

Symbol-Suche: 5 Minuten,

Durchstreich-Test (optional): 3 Minuten.

Testkonstruktion

Design

Aufgabe

10 bis 15 verschiedene Untertests, die anhand von Fragen, Bildmaterial oder als Papier-Bleistift-Tests gelöst werden müssen.

– Gemeinsamkeiten finden: Das Gemeinsame von mündlich vorgegebenen Begriffspaaren (Alltagskonzepte und -Gegenstände) soll benannt oder beschrieben werden.

– Wortschatz-Test: Es sollen Bilder benannt und Definitionen für vorgegebene Worte gegeben werden.

- Allgemeines Verständnis: Es sollen Fragen beantwortet werden, die das Verständnis von allgemeinen Prinzipien und sozialen Situationen oder Regeln betreffen.
- Allgemeines Wissen (optional): Das Kind beantwortet Fragen über allgemein bekannte Ereignisse, Sachverhalte, Orte und Persönlichkeiten.
- Begriffe erkennen (optional): Das Kind entschlüsselt den allgemeinen Begriff, der mit einer Reihe von Sätzen umschrieben wird.
- Mosaik-Test: Mit Hilfe von zweifarbigen Würfeln sollen unterschiedlich komplexe Mustervorlagen innerhalb einer vorgegebenen Zeitspanne nachgebaut werden.
- Bildkonzepte: Aus zwei oder drei Bildreihen soll jeweils ein Bild ausgewählt werden, um daraus eine Gruppe mit einer gemeinsamen Eigenschaft zu bilden.
- Matrizen-Test: Das Kind betrachtet eine unvollständige Matrize und wählt das fehlende Teil aus fünf Antwortmöglichkeiten.
- Bilder ergänzen (optional): Das Kind zeigt oder benennt auf Bildern das fehlende Teil/Detail.
- Zahlen nachsprechen: Dem Kind wird eine Zahlenreihe vorgelesen, die es in derselben Reihenfolge (ZN vorwärts) oder in umgekehrter Reihenfolge (ZN rückwärts) nachsprechen soll.
- Buchstaben-Zahlen-Folgen: Dem Kind wird eine Reihe von Zahlen und Buchstaben vorgelesen. Es gibt die Zahlen in aufsteigender und die Buchstaben in alphabetischer Reihenfolge wieder.
- Rechnerisches Denken (optional): Es sollen mündlich vorgegebene Rechenaufgaben gelöst werden.
- Zahlen-Symbol-Test: In einer begrenzten Zeit sollen einer Serie einfacher geometrischer Figuren (ZST-A, 6 bis 7-Jährige) oder Ziffern (ZST-B, 8 bis 16-Jährige) anhand eines vorgegebenen Schlüssels schriftlich abstrakte Symbole zugeordnet werden.
- Symbol-Suche: In einer begrenzten Zeit soll eine Gruppe von abstrakten Symbolen mit einem oder zwei Zielsymbolen verglichen und dabei entschieden werden, ob sich das Zielsymbol in der Suchgruppe befindet oder nicht.
- Durchstreich-Test (optional): In einer unstrukturierten bzw. strukturierten Bilderanordnung sollen in einer begrenzten Zeit die Zielbilder (Tiere) markiert werden.

Konzept
Die Testbatterie soll die Intelligenz als globales Konstrukt einerseits erfassen, andererseits die spezifischen Faktoren (Indizes) darstellen, die zur globalen Intelligenz beitragen. Dieses Konzept wird durch die Vorgabe verschiedener Aufgaben operationalisiert, die verbale und wahrnehmungsgebundene Fähigkeiten, verbales Arbeitsgedächtnis und mentale bzw. graphomotorische Verarbeitungsgeschwindigkeit verlangen. Die spezifischen Faktoren können gesondert betrachtet werden.

Variablen

Es wird für jeden Untertest die Anzahl der korrekten Lösungen erfasst. Bei den meisten Untertests (Zahlen nachsprechen, Bildkonzepte, Buchstaben-Zahlen-Folgen, Matrizen-Test, Allgemeines Wissen, Begriffe erkennen) entspricht eine korrekte Lösung einem Punkt. In einzelnen Untertests (Mosaik-Test, Bilder ergänzen, Rechnerisches Denken) ist die Punktvergabe abhängig von der Bearbeitungszeit je Aufgabe. In einzelnen Untertests (Gemeinsamkeiten finden, Wortschatz-Test, Allgemeines Verständnis) werden korrekte Antworten gestuft bewertet (Vergabe von 1 oder 2 Punkten). Für die Untertests zur Verarbeitungsgeschwindigkeit (Zahlen-Symbol-Test, Symbol-Suche, Durchstreich-Test) werden die innerhalb der vorgegebenen Zeit korrekt bearbeiteten Zeichen/Zeilen gezählt.

Durchführung

Der Test muss als Einzeltestung durchgeführt werden.

Die (mündlich zu gebenden) Instruktionen liegen schriftlich ausformuliert vor, inklusive erklärender Schemata/Abbildungen für einzelne Aufgaben und Hinweise für das Vorgehen bei Rückfragen, falschen Antworten etc.

Die Untertests werden teils mündlich (Index Sprachliches Verständnis, Index Arbeitsgedächtnis) vorgegeben, teils mit Material (Index Wahrnehmungsgebundenes logisches Denken), teils wird eine Papier-Stift-Bearbeitung verlangt (Index Verarbeitungsgeschwindigkeit).

Auswertung

Die Rohwerte werden je Untertest addiert. In die Auswertung gehen zunächst die Rohwertsummen je Untertest ein, für die Indizes und den Gesamtwert werden Wertpunkt-Summen berechnet.

Altersnormierte Standardwerte (Wertpunkte) für alle Untertests; Standardwerte (IQ-Skala) für die Indizes und den Gesamtwert. Auswertung anhand von Tabellen im Manual oder mit Hilfe eines Computerprogramms möglich. Im Manual werden darüber hinaus Angaben zu so genannten „Prozesswerten" gemacht, welche eine gesonderte Profilinterpretation erlauben, sowie Angaben zu kritischen Differenzen.

Normierung

Stichprobe

Normierung zwischen 2005 und 2006 an 1 650 Kindern und Jugendlichen aus Deutschland ($N=1440$), Österreich ($N=84$) und der Schweiz ($N=126$), davon 825 männlich und 825 weiblich. Das Bildungsniveau für deutsche Kinder wurde nach den Angaben des statistischen Jahrbuchs für die Bundesrepublik Deutschland (2004) stratifiziert.

Normen

Alter: Elf Altersgruppen in Ein-Jahresschritten zwischen 6 und 16 Jahren, mit je 150 Personen (75 männlich und 75 weiblich).

Bildung: Keine bildungsspezifische Normierung. Bildungsgruppen der deutschen Kinder in der Normstichprobe: Kindergarten/Vorschule:

5.51 %, Sonderschule: 5.37 %, Grundschule: 34.96 %, Orientierungs-
stufe (Klassen 5/6): 1.61 %, Haupt-/Realschule: 22.4 %, Gymnasium:
20.8 %, Gesamtschule: 9.35 %.
Geschlecht: Keine signifikanten Geschlechtsdifferenzen, daher keine
geschlechtsspezifische Normierung. Gleichverteilung der Geschlechter in jeder Altersgruppe.

Gütekriterien   **Objektivität**
Durchführung: Eine explizite Beurteilung der Objektivität wird im Handbuch nicht abgegeben. Durch detaillierte Instruktionen ist die Durchführungsobjektivität jedoch weitgehend gesichert. Es werden für verschiedene Eventualitäten (z. B. Rückfragen) Beispielreaktionen vorgeschlagen.
Auch wird betont, dass es besonders wichtig ist, sich vor der Anwendung
mit den Testmaterialien und der Durchführung vertraut zu machen.
Auswertung: Generell kann aufgrund der einfachen Berechnung der Rohwerte, der Hilfestellung durch Auswerteschablonen und der übersichtlichen Normtabellen von einer hohen Auswerteobjektivität ausgegangen
werden. Lediglich die Untertests, bei denen Antworten mit 0, 1 oder 2
Punkten bewertet werden müssen, bieten (trotz ausführlicher Beispielantworten für die einzelnen Kategorien) Spielraum für Testleitereffekte.

Reliabilität
Interne Konsistenz: Die altersgemittelten Split-Half-Korrelationen für
die Untertests der Indizes Sprachverständnis, Wahrnehmungsgebundenes Logisches Denken und Arbeitsgedächtnis liegen zwischen .79
(Begriffe erkennen) und .91 (Buchstaben-Zahlen-Folgen).
Paralleltest-Reliabilität: Keine Paralleltests vorhanden.
Retest-Reliabilität: Die Retest-Reliabilität wurde für die Untertests des
Index Verarbeitungsgeschwindigkeit erfasst. Insgesamt $N = 103$ Kinder
und Jugendliche, Testwiederholung nach durchschnittlich 18 Tagen
(6 bis 40 Tage). Die altersgemittelten Koeffizienten betragen zwischen
.76 (Durchstreich-Test) und .85 (Zahlen-Symbol-Test).
Weitere Reliabilitätsmaße: Die Reliabilitäten der IQ- und Index-Werte
wurden aus den Interkorrelationen und Reliabilitäten der Untertests berechnet, die in den betreffenden IQ-/Indexwert eingehen. Die altersgemittelten Koeffizienten betragen zwischen .87 (Verarbeitungsgeschwindigkeit) und .97 (Gesamt-IQ).

Validität
Konstruktvalidität: Interkorrelationsanalysen ergaben, dass die Untertests der Indizes jeweils hoch miteinander und weniger hoch mit Untertests anderer Skalen korrelieren. Alle Untertests korrelieren jedoch auch
mittel bis hoch mit dem Gesamt-IQ (.47 [Zahlen-Symbol-Test] bis .73
[Gemeinsamkeiten finden]). Exploratorische Faktorenanalysen ergaben für alle Altersgruppen (6–7, 8–10, 11–13 und 14–16 Jahre) eine
vierfaktorielle Lösung mit der vorhergesagten, den Indizes entsprechenden Struktur. Die vier Index-Werte können damit als eigenständige

Werte berechnet und interpretiert werden. Konfirmatorische Faktoren-analysen wurden nur für die amerikanische Original-Version durchge-führt. Die beste Passung ergaben Lösungen mit 4 bzw. 5 Faktoren. *Konvergente/diskriminante Validität:* Ein direkter Vergleich mit der Vor-gängerversion HAWIK-III an $N=127$ Kindern zwischen 6 und 16 Jah-ren ergab mittlere bis hohe Korrelationen für alle Untertests (.59 [Sym-bol-Suche] bis .81 [Zahlen-Symbol-Test]). Der Gesamt-IQ der beiden Versionen korreliert mit .86 hoch. Im direkten Vergleich mit dem Wechs-ler-Verfahren für Vorschulkinder (WPPSI-III) an $N=45$ sechsjährigen Kindern korrelierte der Gesamt-IQ mit .91 ebenfalls hoch.
Kriteriums- bzw. klinische Validität: Es wurden Validierungsstudien an verschiedenen klinischen Subgruppen durchgeführt. Vorher als *hoch-begabt* diagnostizierte Kinder schnitten zwar signifikant besser ab, als eine Kontrollgruppe, der Gesamt-IQ lag jedoch deutlich unterhalb der Diagnosegrenze. Es wird vorgeschlagen, nur Sprachverständnis und Wahrnehmungsgebundenes Logisches Denken zu berücksichtigen. Kinder mit geistiger Behinderung schnitten signifikant schlechter ab als eine Kontrollgruppe. Bei Kindern mit Lese-Rechtschreib-Störung erga-ben sich eine deutliche Diskrepanz zwischen Sprachverständnis und Wahrnehmungsgebundenem logischem Denken, sowie signifikant niedrigere Leistungen im Arbeitsgedächtnis. Kinder mit ADHD schnit-ten tendenziell schlechter im Durchstreich-Test und im Zahlen nach-sprechen ab als die Kontrollgruppe.
Ökologische Validität: keine Angaben

Nebengütekriterien
Störanfälligkeit: Alter, Sprache, Schullaufbahn und kultureller Hinter-grund stellen mögliche Störvariablen dar, die durch den Testleiter be-rücksichtigt werden müssen.

Neuropsychologische Aspekte

Theoretischer Rahmen Die Wechsler-Intelligenztests wurden nicht als neuropsychologisches Testinstrument konzipiert, trotzdem werden sie zunehmend als inte-graler Bestandteil neuropsychologischer Untersuchungen eingesetzt. Der WISC-IV alleine ermöglicht jedoch keine Differenzialdiagnostik.

Testentwicklung

Beim WISC-IV handelt es sich um die deutsche Adaptation des gleich-namigen amerikanischen Verfahrens. Bis Ende Juli 2011 lautete die Produktbezeichnung der deutschen Version HAWIK-IV (Petermann & Petermann, 2010) – die Namensänderung ergab sich daraus, dass das Verfahren zunächst in Lizenz durch den Huber-Verlag und danach vom Pearson-Verlag selbst vertrieben wurde. Trotz unterschiedlichen Namens zeigt ein Vergleich der beiden Manuale, dass es sich um identische Verfahren handelt, einschließlich der Normierungsstichprobe. Wechsler-Intelligenztests gibt es seit über 60 Jahren, sie wurden in dieser Zeit mehrfach aktualisiert und angepasst. Im Folgenden soll daher nur auf relevante Unterschiede zur Vorgängerversion WISC-III von Wechsler (1991; deutsche Adaptation: HAWIK-III von Tewes, Schallberger & Rossmann, 1999) eingegangen werden.

Mit dem WISC-IV wurden durch die Einführung neuer Untertests die theoretischen Grundlagen aktualisiert. Primär wird nicht mehr nur zwischen „Verbal-Teil" und „Handlungs-Teil" unterschieden, sondern es werden neben dem Gesamt-IQ vier Index-Werte ausgegeben, deren Profil auch für eine neuropsychologische Diagnostik erste Hinweise geben kann. Daneben erhält das fluide Denken durch die neuen Untertests Matrizen-Test, Bildkonzepte und Begriffe erkennen (optional) einen höheren Stellenwert. Die Messung des Arbeitsgedächtnisses wurde durch die Einführung des Untertests Buchstaben-Zahlen-Folgen, gesonderter Prozesswerte für das Zahlen nachsprechen vorwärts und rückwärts, sowie die Überarbeitung des Untertests Rechnerisches Denken (optional) aufgewertet. Die Messung der Verarbeitungsgeschwindigkeit sollte durch die Einführung des Durchstreich-Tests als neuem optionalen Untertest anstelle der Symbol-Suche und den Zahlen-Symbol-Test erleichtert werden.

Die bestehenden Untertests des Index Sprachverständnis wurden leicht revidiert (Veränderung der Beispielaufgaben, Revision der Bewertungskriterien). Der Untertest Rechnerisches Denken wurde zum optionalen Untertest, ohne Zeitbonus für besonders schnelle Lösungen. Für den Index Wahrnehmungsgebundenes Logisches Denken wurden die Aufgaben des Mosaik-Test revidiert, so dass die Bearbeitungszeit vor allem bei jüngeren Kindern insgesamt eine geringere Rolle spielt. Der Untertest Bilder ergänzen wurde zum optionalen Untertest, seine Aufgaben wurden im Design und in den Bewertungskriterien verändert. Die HAWIK-III-Untertests Figurenlegen, Bilderordnen und Labyrinth-Test (optional) wurden gestrichen. Im deutschen Manual werden dafür keine Gründe angegeben, diese drei Untertests wiesen im HAWIK-III neben dem Bilder ergänzen jedoch die geringsten mittleren Reliabilitäten auf (.68 [Figurenlegen] bis .75 [Bilderordnen]).

Testbewertung

Die Kritik im Überblick

Der WISC-IV ist eine Intelligenztestbatterie für Kinder und Jugendliche, die über die Ermittlung des allgemeinen intellektuellen Niveaus hinaus durch das differenziert darzustellende Leistungsprofil bereits erste Hinweise auf neuropsychologische Problembereiche liefern kann. Da für fast alle neuropsychologischen Fragestellungen bei Kindern und Jugendlichen eine Intelligenzdiagnostik durchgeführt werden sollte, bietet der WISC-IV hier eine gut etablierte und international hoch akzeptierte Möglichkeit, beide Fragestellungen zu verknüpfen.

Test-
konstruktion

Testmaterial
Der Protokoll- und Auswertungsbogen ist übersichtlich gestaltet und enthält für die meisten Untertests alle notwendigen Informationen zur Durchführung und Auswertung. Für einzelne Untertests des Index Sprachverständnis ist zusätzlich das Handbuch notwendig, was die Durchführung verkompliziert. Die Materialien sind kindgerecht gestaltet, allerdings sind viele der verwendeten Bilder klar im US-amerikanischen Kontext verhaftet und teilweise für europäische Kinder nicht direkt zuzuordnen.

Testdesign
Konzept: In seiner neuesten Überarbeitung ist der WISC nun mehr als die Vorgängerversionen geeignet, bereits im Rahmen der Intelligenzdiagnostik Hinweise auf neuropsychologische Problembereiche vergleichsweise differenziert darzustellen. Dennoch darf eine weiterführende neuropsychologische Diagnostik nicht vernachlässigt werden.
Variablen: Im neuropsychologischen Kontext wird besonders die Profilanalyse, sowie die Auswertung nach den so genannten Prozesswerten von Bedeutung sein. Typische Profile finden sich beispielsweise bei Kindern mit Schädel-Hirn-Trauma (eingeschränkte Verarbeitungsgeschwindigkeit; Rackley et al., 2012) und Lese-/Rechtschreibstörung (eingeschränktes Arbeitsgedächtnis; eigene Daten der Autoren und De Clercq-Quaegebeur et al., 2010). Für Kinder mit ADHS ergaben sich in eigenen Daten der Autoren nur tendenzielle Effekte in die erwartete Richtung. Die hier zitierten Studien beziehen sich auf die amerikanische und die französische Version des WISC-IV.
Durchführung: Die Durchführung des Testverfahrens bedarf zwar einer guten Einarbeitung, durch die detaillierten Anweisungen im Handbuch kann das Verfahren jedoch auch durch weniger erfahrene Testleiter unter Supervision vergleichsweise schnell erlernt werden.
Auswertung: Die Auswertung der einzelnen Untertests ist meist wenig fehleranfällig. Einzig bei den Untertests Gemeinsamkeiten finden, Wortschatz-Test und Allgemeines Verständnis bietet die Aufteilung in Ein- und Zweipunktantworten Raum für Testleitereffekte. Zwar werden detaillierte Beispielantworten für die einzelnen Kategorien angegeben, deren Zuordnung ist bei einzelnen Items jedoch nicht vollständig nachvollziehbar.

Normierung

Stichprobe: Die Normierungsstichprobe ist mit insgesamt 1 650 Kindern und Jugendlichen ausreichend groß und vergleichbar mit derjenigen der Vorgängerversion HAWIK-III. Es wurde sorgfältig darauf geachtet, dass Geschlecht und Schultyp repräsentativ verteilt sind. Anwender im deutschsprachigen Ausland müssen sich darüber im Klaren sein, dass nur sehr wenige Kinder aus Österreich ($N=84$) und der Schweiz ($N=126$) in die Normstichprobe eingingen.

Gütekriterien

Objektivität: Die Durchführungs- und Auswertungsobjektivität ist durch die detaillierten Instruktionen sowie die Möglichkeit einer computergestützten Auswertung zweifellos insgesamt hoch, einzige Ausnahme bilden die oben genannten Untertests mit Ein- und Zweipunktantworten.

Validität: Leider werden im Handbuch keine Daten zur konvergenten Validität mit anderen Intelligenztestverfahren vorgestellt, sondern lediglich Korrelationen mit der Vorgängerversion, sowie mit dem Vorschulverfahren der Wechsler-Reihe. Auch die prädiktive Validität, z. B. zu Schulerfolg etc., wird in keiner Weise diskutiert, was angesichts der Tatsache, dass der WISC sehr häufig für pädagogische Fragestellungen eingesetzt wird, verwundert.

Neuropsy-chologische Aspekte

Theoretischer Rahmen

Da die Autoren zu Beginn des Manuals klar äußern, dass es sich beim WISC-IV nicht um ein neuropsychologisches Verfahren handelt, erscheint eine Einordnung in neuropsychologische Theorien zunächst verzichtbar. Angesichts des erfreulichen Angebots an inter- und individuellen Diskrepanzvergleichen sowie der so genannten Prozesswerte wäre eine kursorische Darstellung des theoretischen Hintergrunds dieser Analysemöglichkeiten jedoch wünschenswert gewesen. Daher soll hier eine kurze Einordnung der relevantesten Werte folgen.

Diskrepanzvergleiche: Große Unterschiede zwischen Skalenwerten in Intelligenztests kommen auch ohne zugrundeliegende neurologische Pathologie häufiger vor, als Kliniker gemeinhin annehmen. Zwar liegen bislang keine entsprechenden Publikationen zum WISC-IV vor, jedoch ist das Bild über andere Verfahren hinweg konsistent (Hurks et al., 2013; Renner, 2013). Daher sollten die im WISC-IV zur Verfügung gestellten Grundraten für Differenzen zwischen Indexwerten oder Untertests unbedingt berücksichtigt werden. Signifikante Differenzen können dann im Sinne von Teilleistungsstörungen interpretiert werden, die auf neuropsychologische Probleme hindeuten können. Die verschiedenen Funktionsbereiche, welche zur Leistung in den einzelnen Indices beitragen, werden im Einleitungskapitel kurz beschrieben. Ergänzend dazu ist anzumerken, dass der Index Arbeitsgedächtnis lediglich *verbale* Gedächtniskomponenten erfasst. *Prozesswerte:* Die Prozesswerte sind insofern neuropsychologisch interessant, als dass mit ihrer Hilfe versucht wird, den Einfluss einzelner kognitiver Teilprozesse auf die Gesamtleistung in einem Untertest heraus zu arbeiten. Beim Zahlen nachsprechen gibt der Prozesswert für das Zahlen nachsprechen vorwärts Auskunft über die verbal-auditive Merkspanne, das Zahlen nachsprechen rückwärts dagegen beinhaltet eine stärkere Arbeitsgedächtniskomponente.

Beim Mosaiktest kann – bei älteren Kindern – der Einfluss der Verarbeitungsgeschwindigkeit von rein räumlich-konstruktiven Prozessen getrennt werden. Beim Durchstreich-Test kann der Vergleich zwischen strukturierter und unstrukturierter Reizdarbietung einen Hinweis auf die Systematik der visuellen Exploration, also Komponenten von Handlungssteuerung und visueller Aufmerksamkeit liefern. Allerdings zeigten Ryan und Mitarbeiter (2013), dass die Prozesswerte und insbesondere die prozessbezogenen Differenzwerte nur eine geringe Stabilität bei Retestung aufweisen und raten zur Vorsicht bei ihrer Interpretation.

Ergebnisbeeinflussende Faktoren
Wie bei den meisten Testbatterien für Kinder müssen Sprachschwierigkeiten (Fremdsprachigkeit, Sprachentwicklungsstörung, Aphasie), sensomotorische Behinderungen, Aufmerksamkeitsstörungen, Temperament und Motivation bei der Interpretation der Testergebnisse berücksichtigt werden.

Auf die Angabe bzw. Interpretation des Gesamt-IQ sollte verzichtet werden, sofern zu große Diskrepanzen zwischen den Indexwerten bestehen.

**Handhab-
barkeit und
klinische
Anwendung**

Der WISC-IV ist ein zwar umfangreiches, aber gut handhabbares Verfahren zur umfassenden Einschätzung der intellektuellen Begabung von Kindern. Gerade die Möglichkeit einer genauen Profilanalyse rechtfertigt den Einsatz trotz vergleichsweise hohem Zeitaufwand. Zwar sind die Einsatzmöglichkeiten bei Patienten mit schweren sprachlichen, visuellen, motorischen oder intellektuellen Beeinträchtigungen begrenzt, für die meisten Patientengruppen der klinischen Kinderneuropsychologie kann das Verfahren jedoch – zumindest von erfahrenen Anwendern – gut genutzt werden.

Karen Lidzba

Wechsler Preschool and Primary Scale of Intelligence – III, Deutsche Version (WPPSI-III)[1]

Deutsche Adaptation: Franz Petermann, Gabi Ricken, Annemarie Fritz, Karl Dieter Schuck & Ulrich Preuss, unter Mitarbeit von Maike Lipsius
Originalversion: David Wechsler

Frankfurt am Main: Pearson Assessment & Information GmbH, 2014

Zusammenfassende Testbeschreibung

Zielsetzung und Operationalisierung

Konstrukte
Gesamt-IQ als Maß für den kognitiven Entwicklungsstand eines Kindes im Vorschulalter.

Testdesign
Testbatterie aus insgesamt 14 Untertests, mit denen ein Gesamt-IQ und vier übergeordnete Werte bestimmt werden können: Verbalteil, Handlungsteil, Verarbeitungsgeschwindigkeit, Allgemeine Sprachskala. Angepasste Batterien für die Altersbereiche 3;0–3;11 und 4;0–7;2 Jahre.

Angaben zum Test

Normierung
N = 710, aufgeteilt in 17 Normierungsstufen à N = 42 (außer Stufe 3;0–3;2 Jahre: N = 38).
Alter: 3;0–7;2 Jahre, abgestuft in Dreimonatsstufen
Bildung: Bildungsniveau der Eltern erfasst.
Geschlecht: Jede Altersstufe setzt sich aus 50 % Mädchen und 50 % Jungen zusammen. Ansonsten keine Angaben.

Material
Testkoffer mit Manual, Stimulusbuch 1, Stimulusbuch 2, Mosaikwürfel, Kästchen mit Puzzleteilen, Protokollbogen für 3;0- bis 3;11-Jährige, Protokollbogen für 4;0- bis 7;2-Jährige; Aufgabenhefte, Auswertungsschablonen.
Eine DVD mit Durchführungsbeispielen sowie Auswertungssoftware können separat erworben werden.

Durchführungsdauer
3;0–3;11 Jahre: 20 bis 40 Minuten,
4;0–7;2 Jahre: 40 bis 50 Minuten (Kerntests).

---

1 Die WPPSI-IV erscheint 2018.

Testkonstruktion

Design   **Aufgabe**

Die Batterie setzt sich zusammen aus *Kerntests (KT)*, die zur Berechnung des IQs erforderlich sind, aus *optionalen Tests*, die durchgeführt werden, wenn ein Kerntest ausgetauscht werden muss oder um weitere Informationen zu erheben, sowie aus *zusätzlichen Tests*, die im Altersbereich von 4;0–7;2 zur Berechnung der *Allgemeinen Sprachskala* dienen. Batterie für die Altersgruppe 4;0–7;2 Jahre:

1. Mosaik-Test (KT). Es sollen mit ein- oder zweifarbigen Würfeln Vorlagen nachgebaut (Modelle, dreidimensional) oder Muster nach Bildvorlagen nachgelegt werden (mit Zeitmessung und Zeitbegrenzung).
2. Allgemeines Wissen (KT). Der Untertest enthält Bildaufgaben (ab 3.0 Jahre) und verbale Aufgaben (ab 4.0 Jahre). Bei den Bildaufgaben soll das Kind aus vier Bildern durch Zeigen die richtige Antwort auswählen. Bei den verbalen Antworten sollen einfache Fragen beantwortet werden.
3. Matrizen-Test (KT). Das Kind soll aus fünf Antwortmöglichkeiten diejenige auswählen, die ein Muster, in dem ein Teil fehlt, korrekt ergänzt (mit Zeitbegrenzung).
4. Wortschatz-Test (KT). Es sollen Wörter erklärt werden, die der Versuchsleiter vorliest.
5. Bildkonzepte (KT). Aus zwei Bildreihen (mit jeweils zwei oder drei Bildern) sollen diejenigen Bilder durch Zeigen ausgewählt werden, die etwas gemeinsam haben (mit Zeitbegrenzung).
6. Symbol-Suche (optional). Jedes Item enthält ein Zielsymbol und eine Gruppe von mehreren Symbolen. Das Kind soll die Gruppe von Symbolen absuchen und entscheiden, ob das Zielsymbol darin enthalten ist (mit Zeitbegrenzung).
7. Begriffe erkennen (KT). In einer Art „Ratespiel" werden vom Versuchsleiter Begriffe beschrieben. Das Kind soll angeben, um welchen Begriff es sich handelt. (Beispiel: Es ist ein Tier, das macht „Miau". Was ist das?)
8. Symbole kodieren (KT). Es werden in einem Kodierungsschlüssel Formen und Symbole zugeordnet. Das Kind soll entsprechend dieser Zuordnung Symbole in die passenden Formen einzeichnen (mit Zeitbegrenzung).
9. Allgemeines Verständnis (optional). Es sollen Fragen beantwortet werden, die sich auf alltägliche Zusammenhänge oder Regeln beziehen.
10. Bilder ergänzen (optional). Es werden dem Kind Bilder von Gegenständen oder Lebewesen vorgelegt, bei denen ein Teil fehlt. Dieses Teil soll vom Kind gezeigt oder genannt werden.
11. Gemeinsamkeiten finden (optional). Es werden zwei Dinge vorgegeben. Das Kind soll sagen, was beiden gemeinsam ist (Beispiel: Hunde und Katzen; beides sind …).

12. Passiver Wortschatz (zusätzlich). Der Versuchsleiter sagt ein Wort und das Kind soll durch Zeigen aus vier Bildern das entsprechende Bild auswählen.
13. Figuren legen (optional). Puzzleteile sollen zu einem Gegenstand zusammengefügt werden (mit Zeitmessung und Zeitbegrenzung).
14. Aktiver Wortschatz (zusätzlich). Das Kind sieht Dinge abgebildet und soll sie benennen.

Die Batterie der Altersgruppe 3;0–3;11 Jahre setzt sich aus einer Auswahl der obigen Verfahren zusammen:
1. Passiver Wortschatz (KT)
2. Mosaik-Test (KT)
3. Allgemeines Wissen (KT)
4. Figuren legen (KT)
5. Aktiver Wortschatz (optional)

Konzept
Der Gesamt-IQ wird als Maß für den kognitiven Entwicklungsstand eines Kindes im Vorschulalter konzipiert.
Die Untertests erfassen laut Manual folgende Fähigkeiten (S. 19 ff.):
1. Mosaik-Test: Analyse und Synthetisierung abstrakter visueller Stimuli. Erfordert außerdem: nonverbale Konzeptbildung, gleichzeitige Verarbeitung, visuelle Wahrnehmung und Organisation, visuomotorische Koordination und Figur-Grund-Unterscheidung.
2. Allgemeines Wissen: Fähigkeit, allgemeines Faktenwissen zu erwerben, zu behalten und wiederzugeben. Erfordert außerdem: kristalline Intelligenz, Langzeitgedächtnis, die Fähigkeit, Informationen aus der Umgebung zu behalten, auditive Wahrnehmung, auditives Verständnis, verbale Ausdrucksfähigkeit.
3. Matrizen-Test: Fluide Intelligenz.
4. Wortschatz-Test: Wortwissen und Begriffsbildung. Außerdem: kindlicher Wissensschatz, Lernfähigkeit, Langzeitgedächtnis, Stand der Sprachentwicklung. Setzt auditive Wahrnehmung und sprachliche Konzeptualisierung voraus.
5. Bildkonzepte: Fähigkeit zum abstrakt kategorialen Denken. Außerdem: Beachtung visueller oder abstrakter Merkmale.
6. Symbol-Suche: Kognitive Verarbeitungsgeschwindigkeit, visuelles Kurzzeitgedächtnis, visuomotorische Koordination, kognitive Flexibilität, visuelle Diskrimination und Konzentration.
7. Begriffe erkennen: Sprachliches Verständnis, analoges und allgemeines Schlussfolgern, verbale Abstraktion, Bereichswissen, Integration und Synthetisierung verschiedener Informationsarten, Generierung alternativer Konzepte.
8. Symbole kodieren: Kognitive Verarbeitungsgeschwindigkeit, zusätzlich visuelles Kurzzeitgedächtnis, Lernfähigkeit, visuomotorische Koordination.

9. Allgemeines Verständnis: Verbales Schlussfolgern, Konzeptbildung, sprachlichen Ausdruck, Fähigkeit, vergangene Erfahrung zu beurteilen und zu gebrauchen.
10. Bilder ergänzen: Setzt das visuelle Wiedererkennen wichtiger Objektdetails voraus und erfasst visuelle Wahrnehmung, visuelle Organisation und Konzentration.
11. Gemeinsamkeiten finden: Verbales Schlussfolgern und Konzeptbildung. Außerdem: Auditives Verständnis, Gedächtnis, Unterscheidung von wichtigen und unwichtigen Anteilen.
12. Passiver Wortschatz: Fähigkeit, verbale Anweisungen zu verstehen. Außerdem: Diskrimination auditiver und visueller Information, auditive Verarbeitung, auditives Gedächtnis, Integration von visueller und auditiver Information.
13. Figuren legen: Visuelle Wahrnehmung, nonverbales Schlussfolgern, Integration und Synthese der Beziehungen eines Teils zum Ganzen.
14. Aktiver Wortschatz: Sprachlicher Ausdruck, Zugriff auf das Langzeitgedächtnis, Verknüpfung visueller Stimuli und Sprache.

Variablen
Für jeden Subtest wird ein Summenwert richtiger Antworten (Rohwert) gebildet. Durch Aufaddieren werden daraus ein Gesamtwert (Gesamt-IQ) sowie die Indexskalen gebildet.
Der Gesamt-IQ wird unterteilt in einen Verbal- und einen Handlungsteil, die sich aus folgenden Subtests zusammensetzen:
– Handlungsteil: Mosaik-Test, Matrizen-Test, Bildkonzepte (optional: Figuren legen, Bilderergänzen) – für den Altersbereich von 4;0–7;2 Jahre.
  Mosaiktest, Figuren legen – für den Altersbereich 3;0–3;11 Jahre.
– Verbalteil: Allgemeines Wissen, Wortschatz Test, Begriffe erkennen (optional: Allgemeines Verständnis, Gemeinsamkeiten finden) – für den Altersbereich von 4;0–7;2 Jahre.
  Passiver Wortschatz, Allgemeines Wissen – für den Altersbereich 3;0–3;11 Jahre.
– Die Allgemeine Sprachskala wird gebildet aus:
  Passiver und aktiver Wortschatz – für die Altersbereiche 3;0 bis 3;11 Jahre und 4;0–7;2 Jahre.
– Der Verarbeitungsgeschwindigkeits-Index wird aus den Untertests Symbole kodieren und Symbol-Suche gebildet – nur Altersbereich 4;0–7;2 Jahre.

Durchführung
Einzeltest. Die Reihenfolge der Untertests ist vorgegeben. Es gibt genaue Angaben, wie die Testinstruktion vorgegeben und die Aufgaben durchgeführt werden sollen. Ebenso gibt es allgemeine Anweisungen, wie mit motivationalen oder Verständnisproblemen in diesen Alters-

gruppen umgegangen werden sollte. Bei Problemen der Durchführung kann jeweils ein Subtest aus dem Verbal- und Handlungsteil durch eines der optionalen Verfahren ersetzt werden. Es sind für jeden Untertest altersspezifische Startpunkte, Umkehr- und Abbruchregeln definiert.

Auswertung
Im Manual sind detaillierte Auswertungsanweisungen mit der Bewertung unterschiedlicher Lösungsbeispiele aufgeführt. Es wird für jedes Testergebnis ein Rohwert gebildet, der durch Nachschlagen in der Normtabelle in Wertpunkte umgewandelt wird. Durch Aufsummieren der entsprechenden Wertpunkte werden die Index-Werte gebildet. Als separater Zusatz wird vom Verlag ein PC-gestütztes Auswertungsprogramm angeboten.

Normierung

Stichprobe
$N=710$, erhoben 2009. Aufteilung in 17 Normierungsstufen, die jeweils drei Monate umspannen. Jede Stufe à $N=42$ (außer Stufe 3;0–3;2 Jahre: $N=38$).

Normen
Alter: 3;0–7;2 Jahre, in 3-Monats-Stufen.
Bildung: Bildungsniveau von Vater und Mutter erfasst.
Geschlecht: 50% Mädchen und 50% Jungen in jeder Normierungsstufe.

Gütekriterien

Objektivität
Keine expliziten Angaben zur Objektivität.

Reliabilität
Interne Konsistenz: Berechnet nach Split-half separat für Altersstufen in Jahren (3, 4, 5, 6–7 Jahre) für jeden einzelnen Untertest, sowie für die Skalen und den Gesamt-IQ, mit meist guten Werten (>.84 bis .95 bei 3-Jährigen), aber einigen Werten im nur mittleren Bereich bei 6 bis 7-Jährigen (.62 bis .90). Die Reliabilitätswerte für Symbol-Suche, Symbole kodieren und Figurenlegen wurden dem US-Manual entnommen.
Paralleltest-Reliabilität: Entfällt.
Retest-Reliabilität: keine Angaben
Weitere Reliabilitätsmaße: Für jeden Untertest werden Standardmessfehler angegeben.

Validität
Konstruktvalidität: Berichtet werden die Interkorrelationen der Untertests in verschiedenen Altersgruppen. Es werden weiterhin die explorativen Faktorenanalysen für die Kerntests der US-Version (2002) dargestellt, sowie für die Kerntests der deutschen WPPSI-III und des

HAWIVA-III getrennt für die Gruppen der 3-Jährigen und der 4;0 bis 7;2-Jährigen. Die Ergebnisse belegen die Unterteilung in Verbal- und Handlungsteil. Belege für den Faktor Verarbeitungsgeschwindigkeit werden wiederum anhand der US-Version (2002) dargestellt.

Konvergente/diskriminante Validität: Für den HAWIVA-III wurden Korrelationen zwischen verbalen Kerntests und dem CFT-1 und der K-ABC berechnet ($N=41$), die abgesehen von Korrelationen mit der K-ABC-Aufgabe „Rätsel" (.72 bis .80) nur mittel bis niedrig ausfallen. Erwähnt werden auch Untersuchungen zur Übereinstimmung von HAWIVA-III und dem Bielefelder Screening (BISC; Jansen et al., 2002). Hier ergaben sich nur geringe Übereinstimmungen; die Verfahren komplementieren sich.

Kriteriums- bzw. klinische Validität: Mit einer Stichprobe von ($N=45$) 6-Jährigen wurden sowohl HAWIVA-III und HAWIK-IV durchgeführt (mittlerer Testabstand 26 Tage). Die Ergebnisse der beiden Testverfahren wiesen einen sehr hohen Zusammenhang auf (Gesamt-IQ $r=.91$). Für weitere Vergleiche mit anderen Verfahren wird auf die US-Version verwiesen.

Trotzdem wird ab dem Alter von 6;0 Jahren aufgrund möglicher Deckeneffekte die Anwendung des WISC-IV empfohlen.

Was die klinische Validität angeht, werden klinische Validierungsstudien anhand der US-Version beschrieben: mit Kindern mit Hochbegabung $N=70$ (hier gibt es auch eine kleine Stichprobe anhand des HAWIVA-III von $N=17$), mit leichter oder ausgeprägter Intelligenzminderung ($N=40$), mit expressiver Sprachstörung ($N=23$), mit motorischer Entwicklungsverzögerung ($N=16$), mit ADHS ($N=40$).

Nebengütekriterien
Störanfälligkeit: Es wird darauf hingewiesen, dass bei der Untersuchung von kleinen Kindern generell eine erhöhte Störanfälligkeit und Tagesschwankungen bestehen, was bei der Interpretation berücksichtigt werden muss.

Neuropsychologische Aspekte

Theoretischer Rahmen Kein neuropsychologischer Test. Verfahren zur Messung der Intelligenz nach dem Konzept von David Wechsler, das Intelligenz als globales Konstrukt versteht, das sich in einzelne Faktoren unterteilen lässt, wobei die Unterteilung in Verbal- und Handlungsteil bislang am besten evaluiert ist.

Anwendungsbereiche Psychologisches Testverfahren zur umfassenden Beurteilung der kognitiven Funktionen eines Kindes im Vorschulalter.
Zur Beurteilung des konkreten Förderbedarfs und zur Differentialdiagnostik müssen allerdings laut Manual noch weitere Verfahren hinzugezogen werden.

Funktionelle Neuroanatomie	keine Angaben
Ergebnis-beeinflussende Faktoren	Körperliche, sprachliche, sensorische Beeinträchtigungen, fremde Muttersprache.

Testentwicklung

David Wechsler entwickelte die erste Version der Wechsler Preschool and Primary Scale of Intelligence (WPPSI) 1967, für Vorschulkinder im Alter von 4;0 bis 6;6 Jahren. 1989 erschien die revidierte Fassung (WPPSI-R) mit identischen Untertests und dem zusätzlichen Subtest Figurenlegen. Eine deutsche Version (HAWIVA) des Verfahrens erschien 1975 (Eggert et al.). Die amerikanische Version der WPPSI-III in der aktuellen Struktur wurde 2002 veröffentlicht (für den Altersbereich 2;6 bis 7;3) und basierend auf einer Normstichprobe von $N=1700$, davon $N=600$ im unteren und $N=1100$ im oberen Alterssegment. Die deutschsprachige Adaptation HAWIVA-III erschien 2007 (Ricken et al.) beim Huber Verlag, auf der Grundlage einer Stichprobengröße von $N=1322$. Wie auch in der US-Version wurden die Normdaten anhand von Flächentransformationen und regressionsanalytischen Glättungen der jeweiligen Alters-Jahresgruppen berechnet. 2009 erschien, nach dem Wechsel zum Pearson-Verlag, die erste Auflage des Tests unter dem Namen WPPSI-III auf Deutsch unter der Autorenschaft von Petermann und Lipsius (Mitarbeit) und 2011 eine korrigierte, ergänzte Fassung derselben Autoren. In der Normierung von 2009 wurde die Alterspanne von 2;6 bis 6;11 Jahre auf 3;0 bis 7;2 Jahre verschoben. In der aktuellen 3. Auflage von 2014 erscheint der Test in gemeinsamer Autorenschaft der HAWIVA-III-Autoren und der Autoren der WPPSI-III. Laut Vorwort konnten aufgrund der Analogie der Daten von HAWIVA-III und WPPSI-III die Aussagen zur Güte des Tests in der 3. Auflage zusammengeführt werden.[2]

Testbewertung

Die Kritik im Überblick	Die WPPSI-III ist ein sehr gut eingeführtes „klassisches" Verfahren. Es ermöglicht einen Überblick über kognitive Fähigkeiten eines Vorschulkindes, die mit einem allgemeinen Intelligenzkonzept vereinbar sind. Als ein Verfahren zur IQ-Messung ist es der goldene Standard bei der Untersuchung von Vorschulkindern und

---

2 Mitte 2018 ist die Publikation der WPPSI-IV geplant.

ermöglicht die Einordnung in ein allgemeines kognitives Fähigkeits- und Entwicklungsniveau im Vergleich zu Gleichaltrigen. Es ist allerdings kein neuropsychologisches Verfahren und auch nicht konzipiert zur Erstellung eines differentiellen neuropsychologischen Leistungsprofils in Hinblick auf spezifische Interventionen. Das wird im Manual auch ausdrücklich angemerkt.

Die Ablösung der Verlagslizenz und die wohl etwas überhastete Neunormierung, die auf einer deutlich verkleinerten, nationalen Stichprobe beruht, haben dem Verfahren nicht unbedingt gut getan. Die Tatsache, dass nach 2009 und 2011 bereits 2014 die dritte, neubearbeitete Auflage des Manuals erscheint, obwohl keine nach 2010 veröffentlichte Publikation und keine neu erhobenen Daten berücksichtigt wurden, spricht wohl für sich. In dieser dritten Auflage mit erweiterter Autorenschaft wird detailliert auf die sorgfältigen Angaben zu Gütekriterien aus HAWIVA-III Bezug genommen, wobei eine direkte, nachvollziehbare Gegenüberstellung der Stichprobennormdaten von 2007 und 2009 leider fehlt. Ein solcher Vergleich wäre, zusammen mit Angaben zur Retestreliabilität und aktualisierten Ausführungen zur Validität, gerne auch noch mit Querverweisen zu Übereinstimmungen mit neueren Testverfahren, eine sinnvolle Ergänzung für eine vierte, überarbeitete Auflage.

	Testmaterial
Testkonstruktion	Gut einsetzbares Material, klar strukturierte Bögen und Anweisungen.

Testdesign

Konzept: Kein neuropsychologisches Verfahren. Die WPPSI-III steht in der Tradition der Wechsler'schen Intelligenztests, die sich heute letztlich an Cattell-Horn-Caroll-Theorien anlehnt.

Durchführung: Die Durchführungsanweisungen sind klar und verständlich. Der Testleiter sollte den Test allerdings sehr gut kennen und einige Routine haben, um ihn reibungslos durchführen zu können. Das trifft vor allem auf die verbalen Aufgaben zu, bei denen man die Auswertungsbeispiele genau kennen muss, um gezielt nachfragen zu können. Darauf wird im Manual auch hingewiesen. Positiv sind die Hinweise beim Testen von kleinen Kindern hervorzuheben, die das Herstellen einer positiven Beziehung zum Kind während des Testens als eine wichtige Voraussetzung beschreiben.

Auswertung: Trotz der ausführlichen Vorgaben besteht ein subjektiver Interpretationsspielraum gerade bei der Bewertung der verbalen Aufgaben. Die Angaben für ein-Punkt und zwei-Punkt Lösungen sind nicht immer intuitiv nachvollziehbar, und man erhält als Untersucher manchmal Antworten, die sich trotz Nachfragens nicht anhand der Beispielvorgaben exakt einordnen lassen. Die Tatsache, dass es

Angaben von signifikanten Testwertdifferenzen und Auftretenshäufigkeiten in der Normierungsstichprobe gibt, ist für die Interpretation hilfreich.

Normierung
Stichprobe: Eine Stichprobengröße von $N=42$ pro Altersstufe ist relativ klein für einen IQ-Test.

Normen: Folgt man den Ausführungen des Manuals auf Seite 26, dann sollte man eigentlich schlussfolgern, dass die Normen des Manuals von 2014 auf der Normierung des HAWIVA-III aus dem Jahr 2007 beruhen (mit Ausnahme des Altersbereichs 7;0 bis 7;2, der im HAWIVA-III nicht enthalten war): „Vergleichende Auswertungen mit den Normen des HAWIVA-III und mit den Normen der deutschen Version der WPPSI-III zeigen ausschließlich im Leistungsrandbereich einzelne Abweichungen in der Größe der Werte, die aber zu keiner abweichenden Interpretation führen. Der Punkt ist deshalb bedeutsam, da somit der Normierungshintergrund für die WPPSI-III auf zwei Normierungsstichproben mit einem Gesamtumfang 2032 zurückgeführt werden kann. Aufgrund der großen Übereinstimmung wurde auf eine Neuberechnung der Normwerte verzichtet" (Manual, S. 26). Wurden also die Normtabellen des HAWIVA-III übernommen? Da aber die Werte der Normtabellen der Ausgaben von 2007 und 2014 leicht unterschiedlich sind, scheint sich dieser Satz wohl doch nur auf Angaben zu den Gütekriterien zu beziehen, die jetzt von der Version im Jahr 2007 übernommen wurden. Allerdings: Eine direkte Gegenüberstellung von WPPSI-III und HAWIVA-III-Ergebnissen (z. B. Mittelwerte und Standardabweichungen der Stichproben in den verschiedenen Altersstufen), die es erlauben würde, die Übereinstimmungen nachzuvollziehen, gibt es im Manual leider nicht. Da dies aber die Grundlage darstellt, um die Untersuchungen zu Gütekriterien aus HAWIVA-III und WPPSI-III „zusammenzuführen", wäre es wichtig, diese Äquivalenz auch genau und nachvollziehbar aufzuzeigen.

Die WPPSI-III-Normen enthalten Angaben zur Häufigkeit von Indexwert-Differenzen, gestaffelt nach dem Gesamt-IQ (Tabellen B3–B5 im Anhang). Die entsprechenden Tabellen aus dem HAWIVA-III geben dazu die Stichprobengrößen an, auf denen diese Häufigkeiten beruhen. Diese liegen weitgehend unter 20 Kindern, bis hinunter zu 4 Kindern, erstrecken sich aber über fünf statt drei IQ-Abstufungen (Tabellen B3–B7 im Anhang). Aufgrund der deutlich kleineren Normierungsstichprobe sind für die WPPSI-III trotz der geringeren Anzahl von Abstufungen ebenfalls sehr geringe Stichprobengrößen für die einzelnen IQ-Abstufungen anzunehmen, hierzu fehlen im Manual die Angaben. Es ist daher ratsam, für die Betrachtung der Auftretenshäufigkeiten auf die Gesamtstichprobe zurückzugreifen.

Gütekriterien

Objektivität: Dieser Punkt wird nicht explizit im Manual erwähnt. In der US-Version gibt es Untersuchungen zur Interraterreliabilität der sprachlichen Untertests, da bei der Bewertung der Antworten des Kindes oft Unklarheiten für den Untersucher entstehen können, wenn eine plausible Antwort nicht aufgeführt ist. Während die Durchführungsobjektivität aufgrund der detaillierten Anweisungen gegeben scheint, ließen sich die Angaben zur Auswerteobjektivität durchaus verbessern.

Reliabilität: Die Reliabilitätsmaße von drei Untertests, die auf Aufgaben mit Zeitbegrenzung beruhen (also nicht nach Split-half berechnet werden können), wurden aus der US-Version übernommen. Es wird leider nicht genannt, welches Reliabilitätsmaß in der US-Version verwendet wurde (denn es muss einen Grund geben, wieso dies in der Originalversion berechnet werden konnte).

In der US-Version und auch im HAWIVA-III wurden Untersuchungen zur Retestreliabilität durchgeführt, die hier fehlen. Gerade bei einem IQ-Verfahren wären Informationen über Lern- und Wiederholungseffekte aber wichtig. Es wird im Manual allerdings auf mögliche Wiederholungseffekte verwiesen und die Empfehlung gegeben, bei sprachlichen Aufgaben mindestens ein Jahr zu warten, da kürzere Test-Abstände zu einer Verzerrung der Ergebnisse führen könnten.

Validität: Es ist schade, dass bezüglich Validität 2014 keine sorgfältigere Überarbeitung stattfand. Arbeiten, die nach 2010 zur WPPSI erschienen sind, wurden in die dritte Auflage (2014) nicht aufgenommen, nicht einmal die relevante Arbeit zur Validität der WPPSI-III bei motorisch- und sprachentwicklungsverzögerten Vorschulkindern (Kastner et al., 2011), die von den Testautoren stammt. In der Beschreibung der Studie von Daseking und Kollegen (2010) (im Literaturverzeichnis mit unvollständigem Titel) zum Vergleich von HAWIK-IV und HAWIVA-III finden sich in der dazugehörigen Tabelle (hier im Text ein Zuordnungsfehler) Korrelationen mit dem WISC-IV aufgeführt, die aber keiner Studie zugeordnet werden.

Testentwicklung

Eine gewisse Intransparenz und Vordergründigkeit in der Formulierung, was die Entwicklung von HAWIVA-III zu WPPSI-III (und den Wechsel des Verlags) angeht, zeigt sich an einigen Stellen im Manual (siehe auch unter „Normen"). So wird etwa auf S. 25 unter der Überschrift „Von HAWIK-III zur deutschsprachigen WPPSI-III" überwiegend die Umsetzung von der US-Version zur HAWIVA-III und nur kurz (in den weiter oben zitierten Zeilen) der Weg von HAWIVA-III zur deutschsprachigen WPPSI-III beschrieben. Hier ist nicht klar, auf welche deutschsprachige Version sich die Beschreibung der Normerstellung bezieht. Auch wird die erneute Änderung der Autorschaft (in den Ausgaben von 2009 und 2011 Petermann unter Mitarbeit von Lipsius, in der 3. Auflage Petermann und die Autoren des HAWIVA-III unter Mitarbeit von Lipsius) im Manual nicht kommentiert. In der Einleitung wird lediglich dazu angemerkt, dass nun in der dritten Auflage auf die Datenlage aus HAWIVA-III und WPPSI-III zurückgegriffen werden kann.

Handhabbarkeit und klinische Anwendung

Die WPPSI-III ist ein bewährtes und sehr gut handhabbares Verfahren, das sich gerade von Klinikern, die mit dem Wechsler'schen Ansatz vertraut sind, sehr gut einsetzen lässt. Positiv zu vermerken ist auch, dass anwendungsbezogene Aspekte der Durchführung beschrieben werden, z. B. typische Anwendungsfehler oder die Bedeutung der Herstellung einer positiven Arbeitsbeziehung zum Kind.
Bedauerlich und in Anbetracht der Anlehnung des Tests an das CHC-Modell der Intelligenz unverständlich ist das Fehlen von Aufgaben zur (auditiven) Kurzzeitmerkfähigkeit. Dieser Aspekt sollte in der kognitiven Diagnostik von Vorschulkindern nicht fehlen.
Die Übernahme von Papier- und Bleistiftaufgaben zur Messung der Verarbeitungsgeschwindigkeit aus den Wechsler-Tests für das Schulalter erscheint aus entwicklungspsychologischer Perspektive ungünstig. Die graphomotorischen Fertigkeiten von Vorschulkindern, besonders von Kindern unter fünf Jahren, sind noch nicht so entwickelt, dass diese zur Operationalisierung von Aufmerksamkeits- und Geschwindigkeitsleistungen geeignet wären. Auch haben Vorschulkinder in der Regel noch keine Erfahrungen mit dem „zeilenweisen Abarbeiten". Dies wird auch bei der Verhaltensbeobachtung im Untertest Bildkonzepte (HAWIVA-III: Klassen bilden) deutlich, bei dem insbesondere die 4-Jährigen oft große Schwierigkeiten haben, die Instruktion „aus jeder Reihe ein Bild" zu verstehen. Dies schlägt sich auch in den Normen der HAWIVA-III nieder: Die Stichprobengrößen unterscheiden sich für die einzelnen Untertests und fallen bei den 4-Jährigen für die Kerntests „Symbole kodieren" und „Klassen bilden" niedriger aus als für alle anderen Kerntests (siehe Tabelle 12, S. 93, HAWIVA-III-Manual zur Testentwicklung). Klinische Beobachtungen legen die Vermutung nahe, dass bei vielen 4-jährigen Kindern aus der Normierungsstichprobe diese Untertests nicht durchgeführt werden konnten. In den beiden Handbüchern zur WPPSI-III fehlen die Angaben zur Stichprobengröße der einzelnen Untertests in Abhängigkeit von der Altersgruppe.
Im Untertest „Allgemeines Wissen" erweist sich das Wort „womit" für viele Kinder – nicht nur, aber besonders solche mit Deutsch als Zweitsprache – als zu schwierig. Die Frage: „Womit schreiben/schneiden Menschen?" können viele junge Vorschulkinder nicht beantworten. Bei der Umformulierung in: „Was brauchen Menschen zum Schreiben/Schneiden?" gelingt es den Kindern häufiger, allerdings wird durch diese Umformulierung die standardisierte Vorgabe missachtet.

Auf die teilweise nicht nachvollziehbaren Bewertungen der sprachlichen Antworten (z.B. aus Gemeinsamkeiten finden: „Hemd und
Schuhe, beides sind …?", die Antwort „Anziehsachen" ergibt 0 Punkte,
während sie im entsprechenden Item der WISC-IV 2 Punkte ergäbe)
wurde bereits hingewiesen.

Bei 4-jährigen Kindern mit Entwicklungsstörungen machen sich Bodeneffekte in den WPPSI-III-Normen bemerkbar. Während ein 4;0–
4;2 Jahre altes Kind nach den HAWIVA-Normen unter Berücksichtigung der „0-Rohwertpunkte-Regelung" mit je einem Rohwertpunkt in
fünf der sieben Kerntests und 0 Punkten in den übrigen zwei Kerntests einen Gesamt-IQ von 50 erzielen würde, läge der Gesamt-IQ
bei dieser Konstellation nach den WPPSI-III-Normen bei einem Wert
von 59. Bei unter 5-Jährigen mit deutlichen Entwicklungsstörungen
empfiehlt sich der Einsatz der WPPSI-III daher nicht.

Renate Drechsler und Hedwig Freitag

2.6   Entwicklungstests

Renate Drechsler

Neuropsychologische Abklärungen von Säuglingen, Kleinkindern und Kindern im Vorschulalter lassen sich nur schwer von Entwicklungsuntersuchungen abgrenzen. In diesem Altersbereich überlappen entwicklungspsychologische, entwicklungsneurologische, kinderneuropsychologische, heil- und sonderpädagogische Ansätze (vgl. Aylward, 2009). Es sind zahlreiche Berufsgruppen involviert, die über sehr unterschiedliche Voraussetzungen verfügen und auch unterschiedliche Zielsetzungen verfolgen. Für ein Routine-Screening während einer Vorsorgeuntersuchung stehen für eine Kinderärztin andere Aspekte und Ziele im Vordergrund als für eine Erzieherin, die anhand von Fragebögen und kleinen Aufgaben Aussagen zum Entwicklungsstand eines Kindes machen soll, als wiederum für eine Neuropsychologin, die bei einem vierjährigen Kind mit Spina Bifida oder nach Hirninsult Aussagen über kognitive Beeinträchtigungen, Entwicklungsrisiken und Fördermöglichkeiten ableiten soll. Das Spektrum der Entwicklungsverfahren ist sehr breit und reicht von Entwicklungsscreenings mit Aufgabensammlungen für verschiedene Altersstufen, die aber keine Tests im engeren Sinne darstellen, bis zu psychometrisch gut überprüften Verfahren, die auf Modellen neuropsychologischer Funktionen und ihrer Entwicklung basieren. Im vorliegenden Kapitel liegt der Schwerpunkt auf den allgemeinen Entwicklungstests. Es wird eine Auswahl von allgemeinen Entwicklungstests in Rezensionen dargestellt, und es werden allgemeine Entwicklungstests in einer Tabelle zusammengefasst. Mit Ausnahme von Verfahren, die domänenübergreifend Vorläuferfähigkeiten untersuchen, wird in diesem Kapitel nicht auf spezifische Entwicklungstests eingegangen, die in den Kapiteln zu spezifischen Funktionen behandelt werden (z. B. motorische Entwicklungstests wie die M-ABC-2 im Kapitel zur Motorik oder der FEW-2 bei visuellen und visuo-räumlichen Funktionen, beide in Band 2).

2.6.1   Inhalte und Ziele von Entwicklungstests

Entwicklungsdiagnostik ist in erster Linie an Entwicklungsmodellen orientiert und basiert auf Erkenntnissen über normgerechte Entwicklung. Dazu gehören in fast allen Entwicklungstheorien (vgl. Überblick bei Ahnert, 2014) Annahmen zu normalen Entwicklungsverläufen bei Kindern. Demzufolge erfolgt normale Entwicklung:
– sequentiell, d. h. Entwicklungsschritte folgen aufeinander,
– irreversibel, d. h. die Entwicklungsschritte sind nicht umkehrbar,
– unidirektional, d. h. auf ein bestimmtes Entwicklungsziel hin verlaufend,
– universell, d. h. bei allen Individuen ähnlich,
– strukturell, d. h. qualitative Änderungen mit sich bringend (vgl. Ettrich, 2000).

Entwicklungsdiagnostik und deren Ziele sind je nach theoretischem Hintergrund verschieden definiert. Eine pragmatische Zusammenfassung von Zielen der Entwicklungsdiagnostik findet sich bei Lohaus und Glüer (2014; Tabelle 2.4; vgl. auch Esser & Petermann, 2010; Reuner & Pietz, 2006).

Tabelle 2.4: Ziele und Aufgaben von Entwicklungsdiagnostik (nach Lohaus & Glüer, 2014, S. 26)

Anwendungsbereich	Ziele und Aufgaben
Statusdiagnostik	Bestimmung des gegenwärtigen Entwicklungsstandes eine Kindes im Vergleich zum Entwicklungsstand einer Gruppe von Gleichaltrigen (Bezugsnorm).
Veränderungsdiagnostik	– Bestimmung der Veränderung des Entwicklungsstandes über mindestens zwei Messzeitpunkte hinweg. – Feststellung der relativen Veränderungsgeschwindigkeit durch den Vergleich von mindestens zwei Entwicklungszeiträumen. – Feststellung der Veränderungsrichtung (Stillstand, Verzögerung oder Beschleunigung). – Bestimmung des Veränderungsmusters (Synchronität und Dissynchronität der Entwicklung in verschiedenen Entwicklungsbereichen).
Förderdiagnostik	Bestimmung des Entwicklungsstandes zur Feststellung und Planung einer Förderung.
Prognose	Vorhersage des zukünftigen Entwicklungsstandes aufgrund des aktuellen Entwicklungsstandes.
Qualitätssicherung	Feststellung der Einhaltung von Qualitätsstandards in Institutionen, deren Ziel die Förderung der kindlichen Entwicklung ist (z. B. in einer Frühgeborenenstation).

Es lassen sich bei der Entwicklungsdiagnostik Anwendungsbereiche sowie Ziele und Aufgaben unterschieden. Als Anwendungsbereiche nennen Lohaus und Glüer (2014) Statusdiagnostik, Veränderungsdiagnostik, Förderdiagnostik, Prognose und Qualitätssicherung. Ziele können z. B. das Feststellen des Entwicklungsstandes sein, das Feststellen einer abweichenden Entwicklungsgeschwindigkeit oder die Erstellung einer Entwicklungsprognose. Diese pragmatische Zusammenstellung (vgl. Tabelle 2.4) ließe sich vielfach ergänzen. Zum Beispiel ist als weiterer Anwendungsbereich die Prävention zu nennen und als ein weiteres Ziel das Abschätzen von Entwicklungsrisiken (als ein Teilaspekt von Prognose). Eine Förderdiagnostik sollte auch das Herausarbeiten von Stärken und Ressourcen umfassen (vgl. Esser & Petermann, 2010). Aus dieser Einteilung geht allerdings nicht hervor, dass Entwicklung nicht nur in Bezug auf Geschwindigkeit und Richtung, sondern auch grundlegend strukturell und qualitativ abweichen kann (vgl. Band 2). Deshalb ist es oft nicht sinnvoll, Entwicklungsabweichungen nur auf das Entwicklungsalter zu beziehen oder in Bezug auf untersuchte Fähigkeiten ein vom Lebensalter abweichendes Entwicklungsalter anzugeben (vgl. Macha & Petermann, 2013). Selbst wenn in erster Linie ein Entwicklungsrückstand vorliegt, ist die Angabe eines Entwicklungsalters für eine bestimmte Fähigkeit nur ein Ausschnitt, der dem Gesamtbild vermutlich nicht gerecht wird. Denn natürlich ist ein Vierjähriger, dessen kognitiven Leistungen auf dem Niveau eines durchschnittlichen Zweijährigen stehen, nicht wirklich mit einem typisch entwickelten Zweijährigen zu vergleichen (vgl. Aylward, 2009). Für manche Eltern mag eine solche Einstufung jedoch hilfreich sein, damit sie sich besser vorstellen, wo ihr Kind in seiner Entwicklung ungefähr steht.

2.6.2 Die pädiatrische Vorsorgeuntersuchung als grundlegendes Entwicklungsscreening

In deutschsprachigen Ländern erfolgt ein standardisiertes Entwicklungsscreening in den pädiatrischen Vorsorgeuntersuchungen, die zumindest in Deutschland gesetzlich verankert sind. Dabei folgen die Kinderärzten Checklisten, Fragebögen oder standardisierten Interviews (Baumann, 2013) und stellen den Kindern kleine Aufgaben, z. B. etwas zu zeichnen. Es sind auch Materialien für eine erweiterte Vorsorgeuntersuchung erhältlich (EVU, Melchers et al., 2003), die eine standardisierte Untersuchung ermöglichen sollen. Die Vorsorge beginnt idealerweise mit einer vorgeburtlichen Konsultation, in der z. B. Schwangerschaftskomplikationen und Familienanamnese erfragt werden. Direkt nach der Geburt findet die erste Untersuchung des Neugeborenen statt. Dabei wird zur Bestimmung des pathophysiologischen Zustandes des Neugeborenen direkt nach der Geburt mehrmals der Apgar-Wert erhoben. Der Apgar-Wert ist ein Indikator für perinatale Komplikationen und wird in der neuropsychologischen Anamnese häufig aufgeführt.

Tabelle 2.5: Apgar-Wert

Kriterium	0 Punkte	1 Punkt	2 Punkte
Herzfrequenz	0 oder Asystolie	< 100/Min.	> 100/Min.
Atmung	fehlend	unregelmäßig, flach	kräftiger Schrei
Reflexe auf Stimulation der Sohle	fehlend	grimassieren	kräftiges Schreien
Muskeltonus	fehlend	schwach, leichte Beugung der Extremitäten	normal, aktive Bewegung, deutliche Beugung der Extremitäten
Hautfarbe	blau, weiß	Körper rosig, Extremitäten blau	ganzer Körper rosig

In den darauffolgenden regelmäßigen Untersuchungen der nächsten Monate und Jahre (siehe Tabelle 2.6) untersuchen Kinderärzte unterschiedliche Entwicklungsbereiche, zu denen die motorische Entwicklung, die Sprache, die kognitive Entwicklung und die sozioemotionale Entwicklung gehören. Sie erheben außerdem Aktivitätsniveau und Energie, die Familiensituation des Kindes, Schule und Freizeit, Risikofaktoren (wie z. B. den Umgang mit Medien, Ernährung, Schulbereitschaft) und überprüfen die körperliche Entwicklung, den somatischen Status und körperliche Funktionen, was auch Sehvermögen und Gehör einschließt. Bei Kindern, die diese umfassenden Vorsorgeuntersuchungen durchlaufen haben, sollte man in der Regel davon ausgehen, dass Sinnesbehinderungen und neurologische Auffälligkeiten frühzeitig festgestellt und abgeklärt wurden. Häufig sind Auffälligkeiten, die in diesen Vorsorgeuntersuchungen gefunden wurden, der Anlass für eine Zuweisung zu einer vertieften testpsychologischen Abklärung. Es kann aber Fälle geben, z. B. bei Kindern mit Migrations- oder Flüchtlingshintergrund oder bei Vernachlässigung, in denen kein solches ausführliches Screening stattgefunden hat oder bei denen man aus anderen Gründen bei der neuropsychologischen Diagnostik nicht auf Vorbefunde zurückgreifen kann. In diesen Fällen sollte der Untersucher die Möglichkeit in Betracht ziehen, dass Sinnesbeeinträchtigungen oder basale Wahrnehmungsstörungen das Testergebnis beeinflussen könnten und bei Verdacht entsprechende Abklärungen veranlassen.

Tabelle 2.6: Zeitpunkt der pädiatrischen Vorsorgeuntersuchung in deutschsprachigen Ländern (nach Baumann, 2013, S. 469)

Lebensalter	Deutschland	Schweiz	Österreich
Postnatal	U1 (nach Geburt)	Neugeborenenuntersuchung	VU des Neugeborenen
1. Lebenswoche	U2 (3.–10. Tag)	VU 1. Lebenswoche	VU 1. Lebenswoche
1 Monat	U3 (3.–6. Woche)	VU 1 Monat	VU 4.–6. Lebenswoche
2 Monate		VU 2 Monate	
4 Monate	U4 (3.–4. Monat)	VU 4 Monate	
6 Monate	U5 (5.–6. Monat	VU 6 Monate	
9 Monate		VU 9 oder 12 Monate	VU 7.–9.Lebensmonat
12 Monate	U6 (10.–12. Monat)		VU 10.–14. Lebensmonat
2 Jahre	U7 (21.–24. Monat)	VU 2 Jahre	VU 22.–36. Lebensmonat
3 Jahre	U7a (34.–36. Monat)	VU 3 Jahre	VU 34.–38 Lebensmonat
4 Jahre	U8 (3.5–4 Jahre)	VU 4 Jahre	VU 4. Lebensjahr
5 Jahre	U9 (5–5;5 Jahre)		VU 5. Lebensjahr
6 Jahre		VU 6 Jahre	
7 Jahre	U10 (7–8 Jahre)		
10 Jahre	U11 (9–10 Jahre)	VU 10 Jahre	
12 Jahre		VU 12 Jahre	
14 Jahre	J1 (13–15 Jahre)	VU 14–16 Jahre	
17 Jahre	J2 (17–18 Jahre)		

2.6.3   Meilensteine, Grenzsteine, Entwicklungspfade

Bei der Entwicklungsdiagnostik kann man grundsätzlich zwischen Verfahren nach dem Meilensteinprinzip oder nach dem Grenzsteinprinzip unterscheiden. *Meilensteine* kennzeichnen ein Entwicklungsziel, das von 50 % der Normalpopulation in einer bestimmten Altersgruppe erreicht wird. Meilensteine stellen daher einen Durchschnittswert dar. *Grenzsteine* bezeichnen dagegen ein Entwicklungsziel, das in einer bestimmten Altersgruppe von 95 % (je nach Test 90 %) aller Kinder erreicht wird. Ein Beispiel: Krabbeln ist ein Meilenstein der motorischen Entwicklung, der von 50 % aller Kinder im Alter von 8.5 Monaten erreicht wird (Michaelis & Haas, 1994). Wenn ein Kind im Alter von 8.5 Monaten noch nicht krabbelt, lässt sich daraus noch keinesfalls der Schluss einer Entwicklungsverzögerung ziehen, da 49 % der Kinder in diesem Alter ebenfalls noch nicht krabbeln. Der Grenzstein für Krabbeln ist bei 10.5 Monaten angesiedelt. Das bedeutet, dass 95 % aller Kinder im Alter von 10.5 Jahren krabbeln oder gekrabbelt haben. Ein Kind, das mit 10.5 Monaten die Stufe des Krabbeln noch nicht erreicht hat, weist also im Vergleich zu 95 % aller Kinder eine Entwicklungsverzögerung auf. Trotzdem lässt das noch keine eindeutigen Rückschlüsse auf eine gestörte Entwicklung zu. Tatsächlich kann ein motorischer Entwicklungspfad auch die Phase des Krabbelns überspringen. Das Kind gelangt dann über die Etappen Kriechen, Sitzen, sich an Gegenständen-Hochziehen schließlich zum Gehen, und dies womöglich innerhalb des für motorische Meilensteine vorgesehenen Zeitrasters.

Forschungen der letzten Jahre, vor allem der Entwicklungspädiatrie und -neurologie (vgl. Jenni, Chaouch, Caflisch & Rousson, 2013; vgl. Michaelis, Berger, Nennstiel-Ratzel & Krägeloh-Mann, 2013; vgl. Michaelis, 2010a) und der Entwicklungspsychopathologie (vgl. Petermann, 2011) haben dagegen besonders in Bezug auf motorische und sprachliche Entwicklung gezeigt, dass auch normale Entwicklungsverläufe im individuellen Fall sehr unterschiedlich sein können, Entwicklungsphasen im individuellen Fall auch übersprungen werden können und Prognosen anhand von verspäteten Entwicklungsetappen unsicher sind. Michaelis (2010a) greift daher auf den Begriff der Entwicklungspfade zurück. Nach Sroufe (1997; vgl. Petermann, 2011) muss ein Entwicklungspfad nicht linear verlaufen, sondern kann auch Umwege und zeitweilige Sackgassen enthalten, vergleichbar der Verästelung eines Baumes. Tritt eine solche „Sackgasse" vorübergehend auf, sagt das noch nichts darüber aus, ob ein Entwicklungsziel erreicht werden kann oder nicht. Solche Sackgassen, von Michaelis (2010a) auch als „transitorische Entwicklungskomponenten TEK" bezeichnet, können dazu verleiten, ein vorübergehendes Entwicklungsphänomen als pathologisch fehlzudeuten und möglicherweise eine unnötige Behandlung zu veranlassen. Transitorische neurologische Phänomene, wie Hyper- oder Hypotonien oder motorische Asymmetrien, sind in den ersten Lebensmonaten häufig und können im normalen Entwicklungsverlauf als Ausdruck eines Umbaus der neuronalen Steuerung verstanden werden. Allerdings sind transitorische neurologische Phänomene gelegentlich stark ausgeprägt und dann auch behandlungsbedürftig, wenn sie die weitere Entwicklung möglicherweise beeinträchtigen. Manchmal können sie sich aber auch als Vorboten einer späteren neurologischen Störung herausstellen (vgl. Michaelis, 2010b).

Wichtig ist es daher bei der Beurteilung des Entwicklungsstandes auf den „Fit" oder „Misfit" zu achten, d. h. wie gut das Kind mit seinen jeweiligen Fähigkeiten an Umwelterfordernisse angepasst ist (Baumann, 2013). Insgesamt lässt sich zusammenfassen, dass Entwicklung innerhalb bestimmter Grenzen variabel verläuft. Konsequenterweise sind daher auch in verschiedenen Neuauflagen entwicklungspädiatrischer Monographien keine exakten Tabellen mit alterstypischen Meilensteinen mehr enthalten (etwa Michaelis, 2010a).

2.6.4 Einteilung von Entwicklungstests

Entwicklungstests können nach inhaltlichen oder methodischen Aspekten klassifiziert werden. Inhaltlich lassen sich Breitbandverfahren oder allgemeine Entwicklungstests von spezifischen Entwicklungstests unterscheiden. *Allgemeine Entwicklungstests* möchten ein möglichst umfassendes Bild des Entwicklungsstandes unterschiedlicher Fähigkeiten erheben. Zu den Bereichen, die in allgemeinen Entwicklungstests erhoben werden, gehören Wahrnehmung, Sprache, kognitive Fähigkeiten, emotionale und soziale Entwicklung, Motorik, zum Teil auch alltagspraktische Aspekte wie Nahrungsaufnahme, Ankleiden, Körperhygiene etc. Typische allgemeine Entwicklungstests sind z.B. der Bayley-III oder der ET 6-6-R. *Spezifische Entwicklungstests* beziehen sich dagegen auf einzelne Funktionsbereiche, sie untersuchen also z.B. nur die motorische Entwicklung (z.B. M-ABC-2) oder nur die sprachliche Entwicklung (z.B. SETK 3-5). In der Literatur werden als dritte Kategorie meist *Entwicklungsscreenings* genannt, die aus Gründen der Zeitökonomie lediglich eine grobe Orientierung über Entwicklungsauffälligkeiten ermöglichen sollen (Hagmann-von Arx, Meyer & Grob, 2008). In Screening-Verfahren geht es meist nur um das Aufzeigen von Entwicklungsrisiken und Abweichungen, um dann im Anschluss eine genauere Diagnostik einzuleiten, die zu einem detaillierteren Entwicklungsprofil und zu Behandlungsempfehlungen führen soll (vgl. Macha & Petermann, 2013). Aus den Screenings selbst kann aufgrund Ihres geringen Umfangs kein detailliertes Entwicklungsprofil abgeleitet werden. Wie bei allen Screenings bergen sie das Risiko, dass möglichweise relevante Bereiche nicht untersucht und dadurch Probleme übersehen werden. Allerdings wird der Begriff „Screening" auch in einem inhaltlich abweichenden Sinn für Verfahren benutzt, die eine Risikoabschätzung für die Entwicklung von zukünftigen Beeinträchtigungen ermöglichen sollen, z.B. bei der Untersuchung von Vorläuferfertigkeiten (vgl. Quaiser-Pohl, 2010). Screening-Verfahren in diesem zweiten Sinn können umfangreich und ausführlich sein. Unter der Bezeichnung „Screening-Verfahren" findet man daher sowohl allgemeine (z.B. NES) als auch fähigkeitsspezifische Tests (z.B. BASIC-Preschool).

Bei den methodischen Aspekten ist zu unterscheiden, auf welche Weise der Vergleich mit der Altersnorm vorgenommen wird. Hier lassen sich jeweils gegenüberstellen:
1) Tests, die nach dem Stufenleiterprinzip konstruiert sind und Leistungen untersuchen, die in verschiedenen Altersstufen strukturell unterschiedlich sind, versus Tests, die dieselbe Fähigkeit in verschiedenen Altersstufen testen,
2) Tests, die an Meilensteinen orientiert sind, versus Verfahren, die Grenzsteine oder normalverteilte Leistungen als Maß nehmen,
3) Tests, die lediglich im unteren Leistungsbereich eine Differenzierung ermöglichen oder grobe Abweichungen nach unten erfassen, versus Verfahren, die im gesamten Leistungsspektrum differenzieren.

Viele Entwicklungsverfahren sind nach dem sogenannten *Stufenleiterprinzip* konstruiert. Dabei werden Aufgaben so zusammengestellt, dass sie von den Anforderungen her auf bestimmte Altersstufen zugeschnitten sind. Aufgaben, die eine bestimmte Fertigkeit erfassen, folgen einander in aufsteigender Schwierigkeit oder Komplexität und sind strukturell oft unterschiedlich, je nachdem welches Entwicklungsziel in einem Alter im Vordergrund steht. Es ist z. B. bei der Motorik-Untersuchung von einem 5 Monate alten Kind sinnvoll zu überprüfen, ob es sich umdrehen kann, während das bei einem 12 Monate alten Kind keine relevante Aufgabe mehr ist, da diese Fertigkeit bei normaler Entwicklung vorausgesetzt werden kann. Stattdessen werden bei 12 Monate alten Kindern Krabbeln oder Laufen untersucht. Normalerweise sehen Verfahren nach dem Stufenleiterprinzip für jeden Altersbereich Einstiegsaufgaben vor, die etwas unter dem Alter des untersuchten Kindes liegen. Gelingen diese, dann wird weitergetestet, mit Aufgaben, die ansteigende Entwicklungsanforderungen enthalten. Die meisten Entwicklungstests sehen auch für jeden Altersbereich Ausstiegsaufgaben vor, da das Erreichen des altersentsprechenden Entwicklungsziels und mögliche Abweichungen nach unten erfasst werden sollen. Das Übertreffen eines Entwicklungsziels ist dagegen nicht relevant, wenn es um das frühe Erfassen von Förderbedürftigkeit geht. Gelingen die altersgerechten Aufgaben nicht, dann wird in der Stufenleiter mit Aufgaben für jüngere fortgefahren, bis man zu einer Stufe kommt, auf der die Aufgaben bewältigt werden können. Auf diese Weise lässt sich das Entwicklungsalter für eine Fähigkeit bestimmen, die vom tatsächlichen Lebensalter abweichen kann.

Verfahren nach dem Stufenleiterprinzip orientieren sich oft an Meilensteinen und erfassen lediglich, ob das Entwicklungskriterium erreicht wurde oder nicht (z. B. „Kann den Schuh alleine zubinden"). Häufig wird in solchen Fällen nur mit „ja" oder „nein" vermerkt, ob das Zielkriterium erreicht wurde. Dieses Prinzip findet sich vor allem in Screenings und in älteren Entwicklungsverfahren. Entwicklungstests neueren Datums orientieren sich dagegen eher an Grenzsteinen, also am Prozentrang 95 (z. B. ET 6-6-R), da nur auf diesem Niveau von Entwicklungsabweichungen im eigentlichen Sinne gesprochen werden kann. Screening-Verfahren, die zur Grobeinschätzung eines Entwicklungsbereichs oder der Gesamtentwicklung eingesetzt werden, differenzieren oft nur im unteren Leistungsbereich (z. B. BUEVA-III). Wenn es um Vorläuferfertigkeiten geht, also die Abschätzung von Risikofaktoren für den zukünftigen Erwerb von schulischen Fertigkeiten, kann das auch sinnvoll sein, da die Untersuchung präventiv erfolgt und nicht auf konkrete schulische Leistungen oder aktuelle Defizite ausgerichtet ist.

In den meisten spezifischen Tests oder Testbatterien zielen dagegen die Items eines Untertests auf dieselbe Funktion ab. Altersbedingte Leistungsunterschiede werden durch den ansteigenden Schwierigkeitsgrad bei den Aufgaben eines Untertest und durch unterschiedliche Einstiegsaufgaben berücksichtigt. Trotz der Schwierigkeitsunterschiede sind die Aufgaben, anders als beim Stufenleiterprinzip, strukturell vergleichbar. Damit möglichst dieselbe Fähigkeit in unterschiedlichen Altersstufen erfasst werden kann und nicht einfach Decken- oder Bodeneffekte produziert werden, gibt es manchmal vereinfachte Testversionen für kleinere Kinder. Diese sollen dann dasselbe Konstrukt mit einem äquivalenten Paradigma erfassen wie die Versionen für ältere Kinder. Ein Beispiel dafür sind die Versionen der IDS (für den Altersbereich 5 bis 10 Jahre) und der IDS-P (für den Altersbereich 2 bis

5 Jahre), in denen zum großen Teil äquivalente Konstrukte, aber mit vereinfachten, altersgerechten Aufgaben umgesetzt werden. Ein anderes Beispiel sind die Wechsler Test-Versionen für verschiedene Alterssegmente (WISC-IV, WISC-V, WPPSI-III, WIE, WAIS-IV). Von einigen neuropsychologischen Verfahren für Erwachsene liegen Kinderversionen vor, die nach einem vergleichbaren Prinzip konstruiert sind (z. B. KiTAP im Vergleich zur TAP). Sie bieten kindgerechte Versionen, die vom Stimulusmaterial her für Kinder ansprechender sind und von den Aufgaben her etwas vereinfacht. Im Gegensatz zu Entwicklungstests zielen sie aber nicht primär auf die Erfassung von Entwicklungsprozessen ab, sondern auf funktionsspezifische Normabweichungen.

Ein spezifischer motorischer Entwicklungstest wie der M-ABC-2, kombiniert beide methodische Prinzipien und enthält Testversionen für jüngere und ältere Kinder mit strukturell zum Teil unterschiedlichen Aufgaben. Innerhalb der beiden Altersversionen steigen die Aufgaben der Untertests nach Schwierigkeitsgrad an und erfassen dabei dieselbe Funktion. In einem anderen spezifischen Entwicklungstest für sensomotorische Funktionen, dem BOT-2, werden dagegen dieselben sensomotorische Aufgaben über das gesamte Altersspektrum hinweg eingesetzt.

Verfahren, die auf abweichende Entwicklungsverläufe und auf bestimmte Störungen oder Populationen ausgerichtet sind, bilden bei den Entwicklungstests die Ausnahme, z. B. die Ordinalskalen zur sensomotorischen Entwicklung (Sarimski, 1987, vgl. auch Sarimski & Steinhausen, 2007). Einige störungsspezifische Verfahren, wie der ADOS-2 für den Autismusbereich (Poustka et al., 2015), sind an Entwicklungstests und am Stufenleiterprinzip orientiert.

2.6.5 Entwicklungstests in der neuropsychologischen Diagnostik

Ob und wie gut sich ein Entwicklungstest für neuropsychologische Fragestellungen verwenden lassen, hängt – ähnlich wie bei Intelligenzverfahren – von den Zielen, der Standardisierung und der Testgüte sowie von dem zugrundeliegenden Testkonstrukt ab. Die Funktion von Entwicklungstests ist es vor allem, den Entwicklungsstand und entwicklungsbedingte Veränderungen sichtbar machen zu können. Neuropsychologische Testverfahren möchten dagegen Abweichungen von der Altersnorm aufzeigen, wobei die im Test erfassten Konstrukte mit neuropsychologischen Modellen vereinbar sein sollten. Grundsätzlich sind bei neuropsychologischen Fragestellungen normorientierte Entwicklungstests kriteriumsorientierten Verfahren vorzuziehen. Je jünger die Kinder, desto weniger klar lassen sich, vor allem im kognitiven Bereich, Entwicklungsabweichungen von -Verzögerungen trennen. Entwicklungstests, die dieselbe Fähigkeit über verschiedene Altersstufen erfassen und im gesamten Leistungsspektrum differenzieren (z. B. Wiener Entwicklungstest, WET), sind meist besser mit neuropsychologischer Herangehensweise zur Deckung zu bringen als Verfahren nach dem Stufenleiterprinzip (z. B. Bayley-III). Es gibt unter den Entwicklungstests einige Verfahren, die sich explizit auf neuropsychologische Modelle und Paradigmen berufen (z. B. BASIC-Preschool). Daneben gibt es auch Verfahren, die keiner bestimmten Theorie folgen oder die eklektizistisch sind (z. B. Bayley-III). Einige ältere Entwicklungstests beruhen eher auf Verhaltensbeobachtungen als auf objektiven Tests, sind unzureichend standardisiert und psychometrisch unzureichend überprüft (z. B. Griffith Skalen; vgl. Macha, Proske & Petermann, 2005; vgl. Macha & Petermann, 2013). Auch bei Entwicklungstests gibt es eine Art Flynn-Effekt, d. h. eine Verschiebung der Leistungsnorm in der Bevölkerung (vgl. Esser & Petermann, 2010; Macha & Petermann, 2013), die zur Diagnostik verwendeten Normen sollten daher möglichst nicht älter als 10 Jahre sein. Wie in der Entwicklungsdiagnostik ist auch neuropsychologische Diagnostik bei Kindern in der Regel keine rein defizitbezogene Statusdiagnostik, sondern wird immer auch prognostische und interventionsbezogene Aspekte einschließen.

2.6.6   Entwicklungsstörungen

2.6.6.1   Klassifizierung der Entwicklungsstörungen nach ICD-10 und DSM-5

In der Erweiterung des ICD-10 für Kinder und Jugendliche (Remschmidt, Schmidt & Poustka, 2012, 2017) und im DSM-5 (Falkai & Wittchen, 2014) werden zahlreiche Störungen als alters- oder entwicklungsbezogen eingestuft. Die Kategorien beider Systeme decken sich jedoch nicht ganz. Im DSM-5 werden sie unter dem Oberbegriff „Störungen der neuronalen und mentalen Entwicklung" (neurodevelopmental disorders) zusammengefasst. Die dazugehörigen Störungskategorien sind in Tabelle 2.7 aufgeführt. In der kinder- und jugendpsychiatrischen Klassifikation des ICD-10 wird nach unterschiedlichen Achsen klassifiziert: Nach klinisch-psychiatrischen Syndromen (erste Achse), umschriebenen Entwicklungsrückständen (zweite Achse), dem Intelligenzniveau (dritte Achse), körperlichen Erkrankungen (bzw. anderen als psychiatrischen Erkrankungen) (vierte Achse), assoziierten aktuellen abnormen psychosozialen Umständen (fünfte Achse) und der globalen Beurteilung des psychosozialen Funktionsniveaus (Achse 6). Umschriebene Entwicklungsrückstände (Achse 2) nach ICD-10 müssen folgende Kriterien erfüllen (Remschmidt et al., 2012, S. 281):

– Beginn im Kleinkindalter oder in der Kindheit.
– Einschränkung oder Verzögerung in der Entwicklung von Funktionen, die eng mit der biologischen Reifung des Zentralnervensystems verknüpft sind.
– Stetiger Verlauf, der nicht die für viele psychische Erkrankungen typischen charakteristischen Remissionen und Rezidive zeigt.

Die Intelligenzminderung wird im ICD-10 einer eigenen Achse zugeordnet und gehört daher nicht zu den Entwicklungsrückständen. Intelligenzminderung wird aber definiert als „sich in der Entwicklung manifestierende, stehen gebliebene oder unvollständige Entwicklung der geistigen Fähigkeiten" und ist somit zumindest entwicklungsbezogen.

Die Aufmerksamkeitsdefizit-Hyperaktivitätsstörung (ADHS), die im DSM-5 eine eigene Kategorie innerhalb der Störungen der neuronalen und mentalen Entwicklung bildet, wird im ICD-10 unter die „Störungen der Verhaltens- und emotionalen Störungen mit Beginn in der Kindheit und Jugend" eingeordnet. Dort sind auch die Störungen des Sozialverhaltens (F91) angesiedelt, die im DSM-5 nicht zu den „Störungen der neuronalen und mentalen Entwicklung" zählen. Auch im DSM-5 werden sie allerdings als altersbezogen beschrieben. Ticstörungen werden im DSM-5, anders als im ICD-10, den motorischen Störungen zugeordnet.

Tabelle 2.7: Entwicklungsstörungen bzw. entwicklungs- und altersbezogene Störungen nach DSM-5 und nach dem multiaxialen Schema nach ICD-10.

DSM-5	ICD-10
Störungen der neuronalen und mentalen Entwicklung	
Intellektuelle Beeinträchtigungen (Intellektuelle Entwicklungsstörungen) (F70) leicht (F71) mittel (F72) schwer (F73) extrem (F88) Allgemeine Entwicklungsverzögerung (Kinder unter 5 Jahren) (F79) Nicht näher bezeichnete intellektuelle Beeinträchtigung (intellektuelle Entwicklungsstörung) (Kinder über 5 Jahre, wenn der Schweregrad aufgrund sensorischer, körperlicher, komorbider psychischer Probleme oder Verhaltensproblemen nicht zuverlässig erhoben werden kann)	**Achse 3 Intelligenzniveau** **Intelligenzminderung** F70 leicht F71 mittelgradig F72 schwere F73 schwerste F78 sonstige Intelligenzminderung F79 nicht näher bezeichnete Intelligenzminderung
Kommunikationsstörungen	**Achse 2 Umschriebene Entwicklungsrückstände** F80 Umschriebene Entwicklungsstörung des Sprechens und der Sprache
Spezifische Lernstörung (F81.0) Mit Beeinträchtigung beim Lesen (F81.1) Mit Beeinträchtigung beim schriftlichen Ausdruck (F81.2) Mit Beeinträchtigung beim Rechnen	F81 umschriebene Entwicklungsstörung schulischer Fertigkeiten F81.0 Lese- und Rechtschreibstörung F81.1 Isolierte Rechtschreibstörung F81.2 Rechenstörung F81.3 Kombinierte Störung schulischer Fertigkeiten F81.8 Sonstige Entwicklungsstörung schulischer Fertigkeiten F81.9 nicht näher bezeichnete Entwicklungsstörung schulischer Fertigkeiten
Motorische Störungen (F82) Entwicklungsbezogene Koordinationsstörung (F98.4) Stereotype Bewegungsstörung (F95) Tic Störungen	F82 Umschriebene Entwicklungsstörung der motorischen Funktionen F83 kombinierte umschriebene Entwicklungsstörung

(F88) Andere spezifische neuronale Entwick-lungsstörung (F89) Nicht näher bezeichnete neuronale Entwicklungsstörung	F88 sonstige Entwicklungsstörung F89 nicht näher bezeichnete Entwicklungs-störung
(F84.0) Autismus Spektrum Störungen	**Achse 1 Klinisch-psychiatrisches Syndrom** **Altersbezogene Störungen** F84 Tiefgreifende Entwicklungsstörungen
(F90) Aufmerksamkeitsdefizit-/Hyperaktivi-tätsstörung	**F90-F98 Verhaltens- und emotionale Störungen mit Beginn in der Kindheit und Jugend** F90 Hyperkinetische Störungen F91 Störungen des Sozialverhaltens F92 kombinierte Störung des Sozialverhaltens und der Emotionen F93 emotionale Störungen des Kindesalters F94 Störungen sozialer Funktionen mit Beginn in der Kindheit F95 Ticstörungen F98 Sonstige Verhaltens- und emotionale Störung mit Beginn in der Kindheit

2.6.6.2 Abweichende Entwicklung und Entwicklungsstörungen

Dass gestörte Entwicklung nicht nur linear, sondern sehr variabel im Vergleich zur typischen Entwicklung vom Verlauf her erfolgen kann, ist bereits im Kapitel 2.1 in Band 2 dargelegt worden. Die Schere der beeinträchtigten im Vergleich zur typischen Entwicklung kann sich weiter öffnen oder schließen, U-förmig oder auch völlig unregelmäßig und abweichend verlaufen, oder es kann zu einem Entwicklungsstillstand kommen. Entwicklung kann aber auch scheinbar rückläufig sein, und es kommt dann zu einem Verlust von Fähigkeiten und Funktionen. Der Abbau von bereits erworbenen Fähigkeiten ohne erkennbares auslösendes Ereignis ist ein Warnsignal und erfordert sorgfältige Abklärung. Zahlreiche neurologische Störungen, die oft genetisch bedingt sind, führen zu einem Verlust bereits erworbener Fähigkeiten: Für den Bereich der Motorik sind das z. B. hereditäre Ataxien oder Muskeldystrophien. Ein fortschreitender genereller Verlust von Fähigkeiten findet sich bei neurodegenerativen Erkrankungen wie dem Morbus Gaucher oder bei mitochondrialen Enzephalomyopathien, bei denen es im Kindes- oder Jugendalter zu einem fortschreitenden Abbau von Funktionen kommt. Eine Übersicht über neurologischen Störungen des Kindes- und Jugendalters mit progredientem Verlauf findet sich bei Niemann und Wolf (2010). Eine Umkehr der Entwicklung mit einem Abbau bereits erworbener Fähigkeiten, vor allem kommunikativer Fähigkeiten, wird auch häufig bei Kindern mit Autismus berichtet (Kalb et al., 2010). Selbst wenn ein schädigendes Ereignis bekannt ist, kann die eigentliche Schädigungsfolge, ein Verlust oder eine Beeinträchtigung von kognitiven Funktionen, mit deutlicher Verzögerung zum Ereignis auftreten, bzw. es kann zu einer Abflachung der Entwicklungskurve kommen. Dies lässt sich unter anderem bei malignen Epilepsieformen, bei Diabetes mit hypoglykämischen Zuständen, nach Hirnschädigung, Schädelhirntrauma, Hirntumor mit Strahlentherapie beobachten (vgl. Baade, Soetaert & Heinrichs, 2011).

Empfohlene Literatur

Esser, G. & Petermann, F. (2010). *Entwicklungsdiagnostik.* Göttingen: Hogrefe

Hagmann von Arx, P., Meyer, C. S. & Grob, A. (2008). Intelligenz- und Entwicklungsdiagnostik im deutschen Sprachraum. *Kindheit und Entwicklung, 17,* 232–242.

Macha, T. & Petermann, P. (2013). Objektivität von Entwicklungstests. Zur Standardisierung der entwicklungsdiagnostischen Befunderhebung. *Diagnostica, 59,* 183–191.

Michaelis, R., Berger, R., Nennstiel-Ratzel, U. & Krägeloh-Mann, I. (2013). Validierte und teilvalidierte Grenzsteine der Entwicklung. *Monatsschrift Kinderheilkunde, 161,* 898–910.

Suchodoletz, W. von (2004). *Welche Chancen haben Kinder mit Entwicklungsstörungen?* Göttingen: Hogrefe.

2.6.7   Übersichtstabelle: ENTWICKLUNGSTESTS

Entwicklungsverfahren werden bekanntlich von unterschiedlichen Berufsgruppen und mit unterschiedlichen Zielsetzungen eingesetzt. Daher finden sich hier ebenso Verfahren, die für ein rudimentäres Screening von kindlichen Fähigkeiten durch deren Erzieherinnen konzipiert wurden, Verfahren, die die ärztlichen Vorsorgeuntersuchung ergänzen sollen, wie im engeren Sinne psychologische Testverfahren mit überprüften Gütekriterien. Als einzige spezifische Entwicklungstests werden in einer separaten Rubrik Testverfahren für schulische Vorläuferfertigkeiten aufgeführt. Alle anderen spezifischen Entwicklungsverfahren werden bei den jeweiligen Funktionsdomänen behandelt (z. B. M-ABC-2 bei Motorik und FEW-2 bei visuomotorischen Diagnostikverfahren in Band 2 oder SET-K 3-5 bei sprachlichen Verfahren im vorliegenden Band). Unter Fragebogenverfahren werden Verfahren vorgestellt, die mehrheitlich durch Eltern oder Erzieherinnen ausgefüllt werden sollen.

In der folgenden Übersichtstabelle sind allgemeine Entwicklungsverfahren nach Altersbereichen geordnet: Zunächst werden Tests aufgeführt, die bei einer relativ weiten Alterspanne, die mindestens 5 Jahre umfasst, eingesetzt werden können. Es folgen Verfahren für Säuglinge und Kleinkinder bis zum Alter von 3 Jahren, gefolgt von Verfahren für den Altersbereich der 3- bis 7-Jährigen. Während in der linken Spalte jeweils die Verfahren in alphabetischer Reihenfolge aufgeführt sind, und die zweite Spalte Angaben zum Altersrange enthält, sind in der dritten Spalte die jeweils erfassten Funktionsbereiche aufgelistet. In der vierten Spalte folgt die Seitenangabe der dazugehörigen Rezension. Ein Kreuz in dieser Spalte bedeutet, dass das Verfahren nur an dieser Stelle erwähnt ist. Literatur- und Quellenangaben für die einzelnen Verfahren finden sich im Anhang: in der Tabelle „Testverfahren – nach Testnamen geordnet" (S. 845).

Entwicklungstests		Altersspanne mehr als 5 Jahre	
Entwicklungstest für Kinder von 6 Monaten bis 6 Jahren – Revision (ET 6-6-R) Petermann & Macha (2013)	0;6–6;11 Jahre	Altersstufen-angepasste Aufgaben: 1. Körpermotorik (37 Aufgaben), 2. Handmotorik (37 Aufgaben), 3. Kognitive Entwicklung (59 Aufgaben), 4. Sprachentwicklung (25 Aufgaben), 5. Sozial-emotionale Entwicklung (79 Fragen).	**369**
Erweiterte Vorsorgeuntersuchung (EVU) Melchers et al. (2003)	2–64 Monate	Ärztliche Vorsorgeuntersuchung U4 bis U9 mit standardisiertem Material. 1. Motorische Entwicklung 2. Sprachentwicklung 3. Kognitive Entwicklung Verhaltensauffälligkeiten (Fragebogen).	✕

Intelligence and Development Scales (IDS) Grob, Meyer & Hagmann-von Arx (2. Aufl. 2013)	5–10 Jahre	*Kognitiver Teil (= Intelligenzwert):* 1. Wahrnehmung visuell, 2. Gedächtnis auditiv (Teil 1 u.2), 3. Aufmerksamkeit selektiv, 4. Gedächtnis phonologisch, 5. Gedächtnis räumlich-visuell, 6. Denken bildlich, 7. Denken konzeptuell. *Allgemeiner Teil:* – Psychomotorik (8. Grobmotorik, 9. Feinmotorik, 10. Visuomotorik), – Sozial-Emotionale Kompetenz (11. Emotionen Erkennen, 12. Emotionen Regulieren, 13. Soziale Situationen verstehen, 14. Sozial kompetent Handeln), – Mathematik (15. Denken logisch-mathematisch), – Sprache (16. Sprache expressiv, 17. Sprache rezeptiv), – Leistungsmotivation (18. Durchhaltevermögen, 19. Leistungsfreude).	**386** 302
Intelligenz- und Entwicklungsskalen für Kinder und Jugendliche. Intelligence and Development Scales – 2 (IDS-2) Grob & Hagmann-von Arx (2018)	5;0–20;11 Jahre	Erfasste Funktionsbereiche: – Intelligenz, – Exekutive Funktionen, – Psychomotorik, – Sozial-Emotionale Kompetenz, – Schulische Kompetenzen, – Arbeitshaltung (Fremdeinschätzung durch den Untersucher).	297
Entwicklungstests			**Altersbereich 0 bis 42 Monate**
Bayley Scales of Infant and Toddler Development – Third Edition (Bayley-III) Reuner & Rosenkranz (2015)	1–42 Monate	Nach Schwierigkeit geordnete Aufgaben aus 5 Bereichen: 1. Kognition (91 Aufgaben), 2. Sprache rezeptiv (49 Aufgaben), 3. Sprache expressiv (46 Aufgaben), 4. Feinmotorik (66 Aufgaben), 5. Grobmotorik (72 Aufgaben). Zusätzlich Bayley-III-Screening-Version mit Aufgaben aus allen 5 Bereichen.	
Griffiths-Entwicklungsskalen (GES) Brandt & Sticker (2. Aufl. 2001)	1–24 Monate	5 Funktionsbereiche (208 Aufgaben): 1. Motorik, 2. Persönlich-Sozial, 3. Hören und Sprechen, 4. Auge und Hand, 5. Leistungen.	**377**

Münchener Funktionelle Entwicklungsdiagnostik (MFED 1 und MFED 2-3) Hellbrügge (1994)	0;0–0;11 Jahre 1;0–2;11 Jahre	1. Lebensjahr: Krabbeln, Sitzen, Laufen, Greifen, Perzeption, Sprechen, Sprachverständnis, Sozialverhalten. 2. und 3. Lebensjahr: Statomotorik, Handmotorik, Wahrnehmungsverarbeitung, Sprechen, Sprachverständnis, Selbstständigkeit, Sozialverhalten.	
Neuropsychologisches Entwicklungs-Screening (NES) Petermann & Renziehausen (2005)	3–24 Monate	Screening der Bereiche: 1. Haltungs- und Bewegungssteuerung, 2. Feinmotorik, 3. Visuomotorik, 4. Visuelle Wahrnehmung, 5. Explorationsverhalten, 6. Rezeptive und expressive Sprache, 7. Kognitive Leistungen.	426
Ordinalskalen zur sensomotorischen Entwicklung Sarimski (1987) Uzgiris & Hunt (1975)	1–24 Monate	7 Bereiche kognitiver Kompetenz (nach Piaget) werden anhand von Spielsituationen beurteilt: 1. Objektpermanenz, 2. Wahrnehmung von Mittel-Zweck-Beziehungen, 3. Lautimitation, 4. Gestenimitation, 5. Wahrnehmung kausaler Zusammenhänge, 6. Wahrnehmung von räumlichen Beziehungen, 7. Schemata im Umgang mit Objekten.	
Entwicklungstests			**Altersbereich 3 bis 6 Jahre**
BIKO-Screening zur Entwicklung von Basiskompetenzen für 3- bis 6-Jährige (BIKO 3-6) Seeger, Holodynski & Souvignier (2014)	3–6 Jahre	4 separate Screenings: 1. Sprache (HASE) (4 Skalen), 2. Sozio-emotionale Kompetenzen (KIPPS) (6 Skalen), 3. Motorik (MOT 4-8) (1 Skala), 4. Numerische Entwicklung (MBK-0) (1 Skala).	
Dortmunder Entwicklungsscreening für den Kindergarten (DESK 3-6) Tröster, Flender & Reineke (2004) Revision (DESK 3-6 R) Tröster, Flender, Reineke & Wolf (2016)	3–6 Jahre	Altersspezifische Aufgabenbögen (alltagsintegrierte Gruppen- und Einzelaufgaben) (für 3-, 4-, 5- und 6-Jährige) zu 4 Funktionsbereichen: 1. Feinmotorik (Auge-Hand-Koordination). 2. Grobmotorik (Körperkoordination, Körperkontrolle). 3. Sprache und Kognition (Sprachproduktion, Sprachverständnis, kommunikative Fähigkeiten, Konzentrations-und Gedächtnisleistungen, einfache Zähl- und Rechenleistungen). 4. Soziale Entwicklung (Beachtung sozialer Regeln, soziale Kompetenzen).	

Intelligence and Development Scales – Preschool (IDS-P) Grob, Reimann, Gut & Frischknecht (2013)	3–5 Jahre	5 Indizes gebildet aus 15 Untertests: – *Kognition* (= Intelligenzwert): Wahrnehmung visuell, Aufmerksamkeit selektiv, Gedächtnis phonologisch, Gedächtnis räumlich-visuell, Gedächtnis auditiv, Denken bildlich, Denken konzeptuell. – *Psychomotorik* (Grobmotorik, Feinmotorik, Visuomotorik). – *Sozial-Emotionale Kompetenz* (Emotionale Kompetenz). – *Denken Logisch-Mathematisch:* Denken logisch-mathematisch. – *Sprache:* Sprache expressiv, Wortschatz, Sprache rezeptiv).	**403** 301
Kognitiver Entwicklungstest für das Kindergartenalter (KET-KID) Daseking & Petermann (2009)	3;0–6;6 Jahre	10 Untertests für Basiskompetenzen und Teilleistungen 1. Psychomotorik, 2. Artikulation Nachsprechen, 3. Auditives Gedächtnis, 4. Sprachverständnis, 5. Räumliche Vorstellung, 6. Visuokonstruktion, 7. Bildhaftes Gedächtnis, 8. Rhythmus, 9. Wortflüssigkeit (einen Satz mit vorgegebenen Wörtern bilden), 10. Aufmerksamkeit (Durchstreichtest). Getrennte Bewertung von verbalen und nonverbalen Fähigkeiten sowie der Lateralität.	**416**
Münchener Funktionelle Entwicklungsdiagnostik für Kinder von 3 bis 6 Jahren (MFED 3-6) Ernst (2012, 2015)	3–6 Jahre	Form A (3–4-Jährige), Form B (4–6-Jährige) 1. Feinmotorik 2. Visuelle Wahrnehmungsverarbeitung 3. Sprache und Allgemeines Wissen 4. Zahlenverständnis 5. Selbständigkeit 6. Logisches Denken (nur Version B)	
Wiener Entwicklungstest (WET) Kastner-Koller & Deimann (3. erweiterte Auflage, 2012)	3–6 Jahre	Altersspezifische Aufgaben aus 6 Funktionsbereichen: 1. Motorik (Turnen, Lernbär) (14 Aufgaben). 2. Visuomotorik, visuelle Wahrnehmung (Nachzeichnen, Bilderlotto) (34 Aufgaben). 3. Lernen und Gedächtnis (Zahlenmerken, Schatzkästchen). 4. Kognitive Entwicklung (Muster legen, Muster legen neu, Bunte Formen, Quiz, Rechnen) (51 Aufgaben). 5. Sprache (Gegensätze, Quiz, Wörter erklären, Puppenspiel) (23 Aufgaben). 6. Emotionale Entwicklung (Fotoalbum, Elternfragebogen) (9 Aufgaben).	

Spezifische diagnostische Entwicklungstests (domänenübergreifend): Vorläuferfertigkeiten			
Screening für kognitive Basiskompetenzen im Vorschulalter (BASIC-Preschool) Daseking & Petermann (2008)	4;9–5;11 Jahre	10 Untertests zu 4 Bereichen, verpackt in eine Geschichte: 1. *Visuell-räumliche Leistungen* (Visuelle Analyse, Raumwahrnehmung, Schneller Mengenvergleich). 2. *Sprachverständnis* (Passiver Wortschatz, Verbale Merkfähigkeit). 3. *Zahlen- und Mengenwissen* (Automatische Mengenerfassung, Mengeninvarianz, Zahlenwissen). 4. *Selektive Aufmerksamkeit* (Kurzfristige Aufmerksamkeitsfokussierung, Selektive visuelle Aufmerksamkeit).	**435**
Basisdiagnostik für umschriebene Entwicklungsstörungen im Vorschulalter – Version II (BUEVA-II) Esser & Wyschkon (2012)	4;0–6;5 Jahre	Kerntests: – Nonverbale Intelligenz, – Verbale Intelligenz, – Expressive Sprache, – Aufmerksamkeit, – Auditives Arbeitsgedächtnis. Fakultativ: – Artikulationsleistung, – Visuomotorik.	**48**
Entwicklungstests			**Fragebogenverfahren**
Beobachtungsbogen für 3- bis 6-jährige Kinder (BBK 3-6) Frey, Duhm, Althaus, Heinz & Mengelkamp (2008)	3–6 Jahre	Elternfragebogen zu gut beobachtbaren Alltagssituationen; 12 Fähigkeits- bzw. Funktionsbereiche: 1. Aufgabenorientierung, 2. Erstlesen-Erstrechnen-Erstschreiben, 3. Kommunikation, 4. Reflexivität, 5. Sprachentwicklung, 6. Literaturverständnis, 7. Feinmotorik, 8. Grobmotorik, 9. Medientechnik, 10. Spielintensität, 11. Aggression, 12. Schüchternheit.	

Elternfragebogen zur kindlichen Entwicklung (EFkE) Brandstetter, Bode & Ireton (2003)	11–67 Monate	Elternfragebogen; 270 Fragen zu 8 Teilgebieten: 1. Soziale Entwicklung (40 Fragen), 2. Selbstständigkeit (40 Fragen), 3. Grobmotorik (30 Fragen), 4. Feinmotorik (30 Fragen), 5. Sprachausdruck (50 Fragen), 6. Sprachverständnis (50 Fragen), 7. Buchstaben (15 Fragen), 8. Zahlen (15 Fragen), Zusätzlich 30 Fragen zu speziellen Entwicklungs- und Verhaltensproblemen. Kriteriumsorientiert (Ja-/Nein-Antworten).
Elternfragebögen zu Grenzsteinen der kindlichen Entwicklung im Alter von 1 bis 6 Jahren Nennstiel-Ratzel, Lüders, Arenz, Wildner & Michaelis (2013)	1–6 Jahre	Elternfragebögen für die Altersstufen 12, 24, 36, 48, 60 und 72 Monate mit definierten altersabhängigen Grenzwerten. Bereiche: – Körpermotorik, – Hand-Fingermotorik, – Kognitive Entwicklung, – Sprachentwicklung, – Soziale Kompetenz.
Elternfragebogen zur Beurteilung der Entwicklung und des Verhaltens von 5 bis 15 Jahre alten Kindern (Five to Fifteen, FTF) Steinhausen (2012)	5–15 Jahre	Elternfragebogen, 181 Items zu 8 Funktionsbereichen: 1. Motorik, 2. Exekutive Funktionen, 3. Wahrnehmung, 4. Gedächtnis, 5. Sprache, 6. Lernen, 7. Soziale Fertigkeiten, 8. Emotionale Verhaltensprobleme.
Fragebogen zur Erfassung Kognitiver Prozesse bei 4- bis 6-Jährigen (KOPKI 4-6) Gleisner, Krause & Reuner (2011)	4–6 Jahre (Kindergartenkinder)	Elternfragebogen, 98 Items, die 6 Skalen zugeordnet werden: 1. Sprache (24 Items) 2. Gedächtnis (17 Items) 3. Visuell-räumliche Leistungen (12 Items) 4. Allgemeine kognitive Leistungen (18 Items) 5. Aufmerksamkeit (16 Items) 6. Selbständigkeit (11 Items) Zusätzlich 11 allgemeine Fragen zu häufigen klinischen Symptomen und eine Frage zur globalen Entwicklungseinschätzung.

Skala zur Einschätzung des Sozial-Emotionalen Entwicklungsniveaus (SEN) Hoekman, Miedema, Otten & Gielen (2012) (niederländische Normierung)	0–14 Jahre	Fremdbeurteilung durch Experten in Absprache mit einer Bezugsperson *Soziale Entwicklung (9 Dimensionen):* Kontaktaufnahme, Soziale Selbstständigkeit, Moralische Entwicklung, Impulskontrolle, Ich-Bewusstsein im sozialen Kontext, Soziales Einschätzungsvermögen, Sozialverhalten, Umgang mit Vorschriften und Autoritätspersonen, Soziale Aspekte der sexuellen Entwicklung. *Emotionale Entwicklung (7 Dimensionen):* Selbstbild, Emotionale Selbständigkeit, Realitätsbewusstsein, Moralische Entwicklung, Ängste, Impulskontrolle und Regulation von Emotionen.
Verhaltensfragebogen bei Entwicklungsstörungen (VFE) Einfeld, Tonge & Steinhausen (2007)	4 Jahre bis Erwachsenenalter	Fragebogen zu Verhaltensauffälligkeiten bei Menschen mit geistiger Behinderung. Elternversion (VFE-E) (96 Items), Lehrerversion (VFE-L) (94 Items), Version für Erwachsene (VFE) (107 Items). Gesamtverhaltensproblemwert aus 5 Skalen: – Disruptiv/antisoziales Verhalten, – Selbstabsorbierung, – Kommunikationsstörung, – Angst, – Soziale Beziehung.

Entwicklungstest für Kinder von 6 Monaten bis 6 Jahren – Revision (ET 6-6-R)

Franz Petermann & Thorsten Macha

Frankfurt am Main: Pearson Assessment & Information GmbH, 2013

Zusammenfassende Testbeschreibung

Zielsetzung und Operationalisierung

Konstrukte

Entwicklungsinventar zur Erstellung eines Entwicklungsprofils für die Bereiche Körpermotorik, Handmotorik, kognitive Leistungen, Sprachentwicklung und sozial-emotionale Entwicklung. Entwicklungsstörungen des Sprechens und der Sprache, motorischer Funktionen, tiefgreifende Entwicklungsstörungen und Teilleistungsstörungen sollen abgebildet werden. Das Verfahren orientiert sich am Grenzsteinprinzip (Michaelis et al., 2013) und bietet die Vorteile eines standardisierten Materialsatzes an.

Testdesign

Entwicklungsinventar zu den Bereichen Körpermotorik, Handmotorik, kognitive Entwicklung und Sprachentwicklung mit altersangepassten Testaufgaben und einem Elternfragebogen zur sozial-emotionalen Entwicklung. Ab 42 Monaten wird zusätzlich ein Untertest zum Nachzeichnen durchgeführt.

Die Itemsammlung umfasst Aufgaben zu den Grenzsteinen, die definiert sind als Fertigkeiten, die von 95 % aller Kinder zu einem definierten Zeitpunkt erfüllt sein sollten, inhaltliche Relevanz für eine normale Entwicklung besitzen und eine hohe prognostische Validität für Entwicklungsauffälligkeiten besitzen.

Angaben zum Test

Normierung

Alter: 6–7,5 Monate (N=64); 7,5–9 Monate (N=69); 9–12 Monate (N=74); 12–15 Monate (N=67); 15–18 Monate (N=64); 18–21 Monate (N=74); 21–24 Monate (N=76); 24–30 Monate (N=77); 30–36 Monate (N=82); 36–42 Monate (N=84); 42–48 Monate (N=83); 48–60 Monate (N=114); 60–72 Monate (N=125); insgesamt N=1 053.

Bildung: keine Angaben

Geschlecht: keine Angaben

Material

Der komplette Test besteht aus einem Manual mit Normtabellen, einer Durchführungshilfe, Gedächtnis- und Nachlegetafeln, einem Bildkartenheft, je zehn Protokollbögen pro Altersgruppe, Auswertungsschablone und dem Testmaterial zur Durchführung der einzelnen Aufgaben

*im Koffer. Zusätzlich kann ein Auswertungsprogramm als Einzelplatz-
version oder als Netzwerkversion erworben werden (Betriebssystem
Windows 2000, XP, Vista, 7, 8 oder Mac OS X).*

Durchführungsdauer
Je nach Altersgruppe zwischen 20 und 50 Minuten.

Testkonstruktion

Design   **Aufgabe**
Zu den vier Bereichen Körpermotorik (37 Aufgaben), Handmotorik (37
Aufgaben), kognitive Entwicklung (59 Aufgaben), Sprachentwicklung
(25 Aufgaben) werden je nach Altersbereich typische Anforderungen
als Aufgabe formuliert und geprüft.
Beispiele:
Körpermotorik für den Altersbereich 6–7,5 Monate „Hebt Kopf und Brust
in Bauchlage", für den Altersbereich 48–72 Monate „Balanciert rück-
wärts auf einem Seil oder einer Linie, Spitze an Ferse."
Handmotorik für den Altersbereich 24–42 Monate: „Öffnet und schließt
Schraubverschluss."
Kognitive Entwicklung für den Altersbereich 6–15 Monate: „Sucht ziel-
gerichtet nach einem versteckten Spielzeug"; für den Altersbereich
60–72 Monate: „Vollzieht Klasseninklusion."
Sprachentwicklung für den Altersbereich 21–36 Monate: „Zeigt auf Objekte auf Bildern"; für den Altersbereich 36–72 Monate: „Bildet vier korrekte Pluralformen."
Im Bereich *Nachzeichnen* für die Altersgruppe der 42–72 Monate alten
Kinder müssen acht geometrische Figuren kopiert werden in unterschiedlichem Schwierigkeitsgrad (von Waagerechte über Kreis bis zu Sechseck).
Im Bereich *sozial-emotionale Entwicklung* wird den Eltern eine je Altersbereich unterschiedliche Auswahl aus insgesamt 79 Fragen vorgelegt.

Untersuchungsmaterial des ET 6-6-R (Abbildung mit Genehmigung des Pearson Verlags)

Konzept
Es wird der Anspruch erhoben, in Form eines Entwicklungsinventars eine für die allgemeine Entwicklung eines Kindes relevante Auswahl an Aufgaben (und Fragen für die Eltern) vorzulegen und daraus eine Bestimmung eines Entwicklungsprofils ableiten zu können. Es werden Aufgaben zu den fünf relevanten Entwicklungsbereichen vorgelegt, die nach dem Grenzstein-Konzept in Anlehnung an Michaelis und Mitarbeiter (2013) besondere Bedeutung für die Entwicklung eines Kindes haben. Die Bestimmung und Differenzierung von Entwicklungsstörungen im engeren und weiteren Sinne sowie von Teilleistungsstörungen soll ermöglicht werden.

Variablen
Anzahl der gelösten Aufgaben je Entwicklungsbereich.

Durchführung
Die einzelnen Aufgaben werden gemäß dem Testbogen der Reihenfolge nach vorgelegt und bearbeitet. Die einzelnen Aufgaben sind im Erhebungsbogen kurz, im Manual ausführlich hinsichtlich zu benutzendem Material, Vorgehensweise und Bewertung der Lösung beschrieben.

Auswertung
Je nach Entwicklungsbereich werden die gelösten Aufgaben zu einer Rohwertsumme addiert. Je nach Alters- und Entwicklungsbereich werden hieraus Entwicklungsquotienten ($MW=10$, $SD=3$) oder Prozentrangwerte aus den Normtabellen bestimmt. Kritische Differenzen zwischen den Entwicklungsbereichen können über eine Tabelle überprüft werden. Aktuelle Vergleichswerte klinischer Gruppen liegen derzeit noch nicht vor.

Normierung
Stichprobe
Die Normierungsstichprobe umfasst insgesamt 1 053 Probanden aus fünf Bundesländern. Aufgelistete Stichprobenkennwerte: alleinerziehender Elternteil 8,0 %; Geschwisterzahl 0,63; Wohnlage; Mehrsprachigkeit 12 %; durchschnittliches Geburtsgewicht 3 405 g; Geburtsgröße 50,5 cm; durchschnittlich vollendete Schwangerschaftswoche 39,1; Frühgeborene 4,4 %; geringes Geburtsgewicht (<2 000 g) 1,5 %; chronische Erkrankung 4,9 %; entwicklungsrelevanter Befund bei letzter U-Untersuchung 4,8 %; Förderung oder Therapie 10,9 %.

Normen
Alter: 6–7;5 Monate ($N=64$); 7;5–9 Monate ($N=69$); 9–12 Monate ($N=74$); 12–15 Monate ($N=67$); 15–18 Monate ($N=64$); 18–21 Monate ($N=74$); 21–24 Monate ($N=76$); 24–30 Monate ($N=77$); 30–36

Monate ($N=82$); 36–42 Monate ($N=84$); 42–48 Monate ($N=83$); 48–60 Monate ($N=114$); 60–72 Monate ($N=125$); insgesamt $N=1053$.
Bildung: keine Angaben
Geschlecht: Geschlechterverteilung 48,9 % Mädchen, 51,1 % Jungen; keine Angaben zu geschlechtsspezifischen Differenzen.

Gütekriterien **Objektivität**
Durchführung: Aufgrund der vorgegebenen Materialien, einer ausführlichen Beschreibung der Instruktionen zu den Aufgaben und einer ausführlichen Erläuterung der Bewertung der Aufgabenlösungen wird die Durchführungsobjektivität als gesichert beschrieben.
Auswertung: Übersichtliche Testbögen, eindeutige Bewertungsrichtlinien, übersichtliche Normtabellen und Auswertungsbeispiele sichern eine gute Auswertungsobjektivität.

Reliabilität
Interne Konsistenz: Cronbachs Alpha je nach Altersgruppe und Skala zwischen .47 und .85.
Weitere Reliabilitätsmaße: Nicht aufgeführt.

Validität
Inhaltliche Validität: Die inhaltliche Validität sei gegeben, da die inhaltliche Gliederung gängigen Entwicklungstests und Forschungsfeldern der Entwicklungspsychologie mit den bereits genannten Bereichen entspricht. Ein hoher Anteil relevanter Grenzsteine der Entwicklung sichere eine Prüfung einer ungestörten Entwicklung.
Konstruktvalidität: Die Konstruktvalidität sei mit moderaten Skalenkorrelationen und einem der erwarteten Leistungsentwicklung angepasstem Verlauf der Schwierigkeitsindizes gegeben.
Kriteriums- bzw. klinische Validität: Zur kriterienbezogenen Validität liegen keine neuen Werte vor, es wird auf die Daten des ET 6-6 verwiesen.

Nebengütekriterien
keine Angaben

Neuropsychologische Aspekte

Theoretischer Rahmen Die Autoren sehen den ET 6-6-R als ein Entwicklungsinventar mit heterogenen Tests, die unterschiedliche Entwicklungsaspekte abbilden können. Sie orientieren sich am Grenzsteinkonzept, das Fertigkeiten definiert, die für eine ungestörte Entwicklung zu einem bestimmten Lebensalter von 90 % bis 95 % aller Kinder erworben sein sollten. Diesen Grenzsteinen wird eine hohe prognostische Validität zugeschrieben. Sie seien vielfach auch im Alltag des Kindes zu beobachten.

Anwendungs-bereiche Der Test ermöglicht die Beschreibung von Entwicklungsstörungen im engeren (ICD-10: F8) wie im weiteren Sinne (ICD-10: F7) und von Teilleistungsstörungen.

Funktionelle Neuroanatomie In den theoretischen Teilen des Manuals werden keine Angaben zur funktionellen Neuroanatomie gemacht.

Ergebnis-beeinflussende Faktoren Der strukturierte Ablauf, die Eindeutigkeit der Untersuchungssituation und das einfache Material minimieren Einschränkungen bei der Testdurchführung.

Testentwicklung

Der ET 6-6-R ist eine Weiterentwicklung des im Jahr 2000 erschienen ET 6-6, der sich in die Gruppe der Entwicklungstests einreiht. Orientiert am Grenzsteinkonzept von Michaelis und Mitarbeiter (2013) nimmt der ET 6-6-R neue Aufgaben in den Itempool auf, so dass zu allen getesteten Entwicklungsbereichen jeweils zu allen Zeitpunkten, an denen eine Altersgruppe beginnt oder endet, Grenzsteine zu testen sind. Von 166 Testaufgaben erfüllen 88 Aufgaben die Grenzsteinfunktion, die zusätzlich aufgenommenen Aufgaben haben sich im Kontext der Entwicklungsdiagnostik bewährt.
Die Durchführungs- und Bewertungshinweise wurden deutlich verbessert, die vormalige Aufteilung des kognitiven und sprachlichen Bereichs wurde zugunsten einer Bündelung aufgegeben, wodurch eine höhere Robustheit gegenüber Messfehlern und eine erhöhte Vergleichbarkeit über den gesamten Altersbereich erreicht wurde. Durch die Einführung einheitlicher Entwicklungsquotienten besteht gegenüber der Vorgängerversion eine geringere Fehleranfälligkeit und eine höhere Praktikabilität in der Auswertung.

Testbewertung

Die Kritik im Überblick Die Revision des ET 6-6 stellt eine bedeutsame Verbesserung gegenüber dem Vorläufer dar. Der Test ist für den erfahrenen Anwender geeignet, sich mit überschaubarem zeitlichen Aufwand einen Überblick über den Entwicklungsstand von Kindern mit vermuteter Entwicklungsstörung zu verschaffen. Gerade bei älteren Kindern ist aber, wenn neuropsychologisch orientierte Fördermaßnahmen entwickelt werden sollen, eine weiterführende differenzierende Diagnostik notwendig.

**Test-
konstruktion**

Testmaterial

Das Material ist kinderfreundlich motivierend gestaltet, die Beschreibungen der Testdurchführung und der Bewertung der Lösungen sind
sehr ausführlich und übersichtlich. Die Anleitung zur Interpretation ist
genau und durch Fallbeispiele illustriert.

Testdesign

Konzept: Der neuropsychologische Hintergrund wird nicht erläutert,
es handelt sich um ein übliches Instrument zur Entwicklungsdiagnostik. Gleichwohl ist der Test zur Diagnostik von Kindern mit neuropä-
diatrischen Erkrankungen geeignet.

Variablen: Wesentliche Entwicklungsbereiche (Körpermotorik, Handmotorik, kognitive Entwicklung, Sprachentwicklung und sozial-emotionale Entwicklung) werden erfasst, bei älteren Kindern (etwa ab 48
Monaten) ist eine differenziertere Diagnostik bei handmotorischen,
kognitiven und sprachlichen Defiziten mittels entsprechender neuropsychologischer Verfahren ergänzend notwendig.

Durchführung: Anwendung und Auswertung werden ausführlich beschrieben, unterstützende Rahmenbedingungen thematisiert und Lö-
sungsmöglichkeiten bei schwierigen Testbedingungen und mangelnder Mitarbeit seitens der Kinder beschrieben.

Auswertung: Die Auswertung wird durch einen sehr übersichtlichen Testbogen erleichtert, Interpretationsbeispiele werden beschrieben. Kritische Differenzen zwischen den Entwicklungsbereichen sind aufgeführt.

Normierung

Stichprobe: Mit der Erhebung der Normdaten in fünf Bundesländern
und den im Manual aufgeführten Kennwerten der Stichprobe erscheint die Normgruppe hinreichend differenziert.

Normen: Die Normen sind aktuell und nach Altersgruppen angemessen unterteilt. Vergleichswerte zu klinischen Gruppen fehlen leider.

Gütekriterien

Objektivität: Ausführliche Instruktionen und Bewertungskriterien sichern eine gute Objektivität.

Reliabilität: Die aufgeführten inneren Konsistenzen sind in den Altersgruppen bei unterschiedlichen Bereichen teilweise etwas niedrig, was die Schwierigkeit dokumentiert, ein einheitliches Entwick-
lungsdiagnostikum über einen breiten Altersbereich zu konstruieren.

Validität: Die inhaltliche Validität ist gegeben, das Verfahren berücksichtigt relevante Grenzsteine der Entwicklung und die erhobenen
Bereiche entsprechen typischen Entwicklungstests und Untersu-
chungsfeldern der Entwicklungspsychologie.

Mit moderaten Skalenkorrelationen und einem der erwarteten Leistungsentwicklung angepasstem Verlauf der Schwierigkeitsindizes
kann von einer guten Konstruktvalidität ausgegangen werden.

Zur kriterienbezogenen Validität liegen leider keine neuen Werte vor, es muss auf die Daten des ET 6-6 verwiesen werden.

Testentwicklung

Die Revision des ET 6-6 profitiert im Wesentlichen von einer Orientierung am Grenzsteinkonzept und der Hinzunahme von Aufgaben in allen Bereichen.

Besonders hervorzuheben ist die Bündelung der früher getrennten Bereiche Gedächtnis, Handlungsstrategien, Kategorisieren und Körperbewusstsein zum Bereich kognitive Entwicklung, die zur Verbesserung der Messgenauigkeit beiträgt. Weiterhin ist sehr zu begrüßen, dass das Urteil der Eltern im Gegensatz zur Vorversion nicht mehr über das Abfragen einzelner Leistungsanforderungen in die Testitems einfließt.

Neuropsychologische Aspekte

Theoretischer Rahmen

Neuropsychologische Aspekte der einzelnen Leistungsbereiche werden nicht diskutiert. Beschrieben wird die Einsatzmöglichkeit bei Kindern mit Entwicklungsstörungen, ohne dass aktuelle Vergleichswerte einzelner klinischer Gruppen aufgelistet werden können.

Anwendungsbereiche

Der Test eignet sich zur raschen Überprüfung eines globalen Entwicklungsstandes insbesondere bei kleineren Kindern, bei denen geeignete aktuelle Testbatterien nicht zur Verfügung stehen. Ab einem Alter von 36 Monaten stehen hinreichend Alternativen in Form von Testbatterien oder Untertests aus Testbatterien zur Verfügung, um einzelne Bereiche oder neuropsychologisch relevante Funktionen zu überprüfen.

Funktionelle Neuroanatomie

Das Handbuch enthält Hinweise darauf, dass das Verfahren bei Kindern mit Entwicklungsstörungen im engeren wie im weiteren Sinne eingesetzt werden kann und auch in der Lage ist, Teilleistungsstörungen abzubilden. Der ET 6-6 ist in der Lage, Entwicklungsstörungen Frühgeborener abzubilden (Gadow, 2000; Macha et al., 2005; Rapp et al., 2005), spezifische Entwicklungsabweichungen von Kindern mit körperlichen Erkrankungen abzubilden (Heubrock et al., 2003; Hülser et al., 2007; Macha et al., 2006) und spezifische Auffälligkeiten bei Kindern mit Verhaltensstörungen abzubilden (Gadow, 2003).

Handhabbarkeit und klinische Anwendung

Für Anwender, die mit dem ET 6-6 vertraut sind, bedeutet die Revision des Testverfahrens eine deutliche Verbesserung. Aufgabenstellung und Bewertung sind eindeutig beschrieben, die Interpretation ist durch Fallbeispiele und eine eindeutige Zuweisung zu Skalenwerten wesentlich erleichtert. Aufgrund der Vielfältigkeit der Aufgabenstel-

lungen benötigt das Verfahren für Testanwender, die mit Entwicklungstests weniger erfahren sind, eine aufwendigere Einarbeitung,
da die Aufgabenstellungen und Bewertungen exakt eingehalten werden müssen, um zu validen Einschätzungen zu gelangen.

Das Verfahren eignet sich gut für einen raschen Überblick über den
Entwicklungsstand insbesondere jüngerer Kinder, bei Entwicklungsauffälligkeiten sind gerade bei älteren Kindern weitere, differenzierende neuropsychologisch orientierte Verfahren notwendig.

Rainer Lasogga

Griffiths-Entwicklungsskalen zur Beurteilung der Entwicklung in den ersten beiden Lebensjahren (GES)

Deutsche Bearbeitung: Ingeborg Brandt und Elisabeth J. Sticker

Göttingen: Beltz Test GmbH, 2., überarb. u. erw. Auflage 2001

Zusammenfassende Testbeschreibung

Zielsetzung und Operationalisierung	**Konstrukte**

Standardisiertes, entwicklungsdiagnostisches Testverfahren für Kinder ab Geburt bis zu 24 Monaten. Der Entwicklungstest dient vor allem Psychologen und Ärzten zur Differenzierung der allgemeinen Beobachtung in den einzelnen Leistungsbereichen und zur Quantifizierung der Leistung des Kindes im Vergleich zu seiner Altersgruppe.

Testdesign

Testbatterie bestehend aus fünf Unterskalen für die Bereiche A: Motorik, B: Persönlich-Sozial, C: Hören und Sprechen, D: Auge und Hand sowie E: Leistungen. Durch die standardisierten Aufgaben kann der Entwicklungsstand eines Kindes mit der Normgruppe verglichen und objektiver beurteilt werden. Das Verfahren orientiert sich am Stufenleiterprinzip.

Angaben zum Test

Normierung

Alter: 1–24 Monate, in Monatsschritten.
Bildung: Bildung der Eltern wird erfasst.
Geschlecht: Nicht bedeutsam (N = 51 Mädchen, 51 Jungen).

Material

Manual mit Normtabellen und Tabellen mit den kumulativen Häufigkeiten zu den Unterskalen, Protokollbögen und folgende Testgegenstände: Taschenlampe, Papierservietten, Glöckchen mit Handgriff, Ring mit Glöckchen, roter Holzring an roter Schnur, kleiner roter runder Holzstab, acht Holzklötzchen von 3 cm Kantenlänge in den Farben rot, blau, gelb und grün, Plastikteelöffel, Stimmgabel, Plastiktasse mit Untertasse, Spiegel, kleine Zuckerpillen, drei Holzkästchen mit je zwei Würfeln von 2,5 cm Kantenlänge und einem Deckel in den Farben rot, blau und gelb, Spielzeugauto zum Anstoßen, Bilderbuch, kleiner farbiger Gummiball, Set von vier Formbrettern mit vier Einlagen, Schachtel mit zwölf Spielsachen: Stuhl, Puppe, Ball, Pferd, Hund, Katze, Tasse, Löffel, Knopf, Auto, Baustein, Geldstück, kleines Holzspielzeug auf Rädern mit einer Schnur zum Ziehen, ca. 15 cm große Schlafpuppe, ca. 30 mal 50 cm großes Stück farbiger Filz, ein Paar Plastikbecher, Schachtel mit 20 kleinen farbigen Bildkarten, Spielzeug zum Auf- und Zuschrauben. Empfohlen werden zudem ein Auto zum Aufziehen oder mit Batterieantrieb, um die Kinder im zweiten Lebensjahr zur Fortbewegung zu motivieren, und ein weicher bunter Ball aus Wollplüsch, der bei ängstlichen und weniger kooperativen Kindern die Kontaktaufnahme erleichtern soll.

Durchführungsdauer
Gesunde Kinder benötigen im ersten Lebensjahr ca. 20–30 Minuten, danach ca. 45 Minuten. Bei ängstlichen oder behinderten Kindern ist oft erheblich mehr Zeit erforderlich, z. B. ca. 30 Minuten für die Eingewöhnung bei ängstlichen Kindern.

Testkonstruktion

Design   **Aufgabe**
Testbatterie bestehend aus fünf Unterskalen für die Bereiche A: Motorik, B: Persönlich-Sozial, C: Hören und Sprechen, D: Auge und Hand sowie E: Leistungen. Der Test umfasst für die ersten zwei Lebensjahre 208 Aufgaben. Je nach Bereich bestehen die Aufgaben aus der Stimulierung des Kindes durch Testgegenstände, welche durch ihre Einfachheit einen Aufforderungscharakter für das Kind haben und als „Aktivator" verstanden werden, oder aus Verhaltensbeobachtungen in einem klar strukturierten Setting.
Beispiel: Unterskala D: Auge und Hand; D 33/34 Kann einen Ball werfen [16.1 Monate (13–19 Monate)]
Das Kind muss den Gummiball eine kurze Strecke werfen und dabei auch das Handgelenk bewegen; es darf den Ball nicht einfach aus der Hand fallen lassen.

Konzept
Dem Griffiths-Test liegt ein Verständnis von Entwicklung zugrunde, demzufolge der Mensch nicht primär passiver Empfänger von Entwicklungsreizen, sondern aktiver Gestalter der eigenen Entwicklung ist. Die spontane Aktivität des Kindes von Geburt an wird als entscheidende Triebfeder für Entwicklung (Schlack, 1999) angesehen. Die Stadien der sensomotorischen Entwicklung nach Piaget und die daraus abgeleiteten Entwicklungsskalen von Uzgiris und Hunt (1975) fanden bei der Testentwicklung Beachtung. Als Anwender kommen sowohl Psychologen als auch Kinderärzte in Betracht. Die standardisierten Aufgaben sollen ihre klinischen Beobachtungen ergänzen und objektivieren.

Variablen

Es werden Aufgaben in aufsteigendem Schwierigkeitsgrad zu fünf Unterskalen durchgeführt und die erfolgreich absolvierten Aufgaben festgehalten. Ein Entwicklungsquotient wird errechnet aus der Summe der bewältigten Aufgaben, gesondert für jede Skala sowie für den Gesamttest.

Durchführung

Gemäß dem Manual werden die Aufgaben zu den fünf Unterskalen durchgeführt und im Protokollblatt mit „plus" oder „minus" protokolliert. Es wird mit Aufgaben für etwa zwei Monate unter dem tatsächlichen Alter begonnen. Je nach Erfolg, wird dann vorwärts geschritten oder sich weiter nach unten getastet. Spontane Verhaltensweisen werden ebenfalls protokolliert und müssen im Testablauf nicht nochmals geprüft werden. Das Kind erhält Spielsachen mit einem starken Aufforderungscharakter, gelegentlich wird auch die Mutter nach dem Erfüllen einer Aufgabe befragt. Die Testreihenfolge richtet sich nach dem Interesse und der Bereitschaft zur Mitarbeit des Kindes. Es wird empfohlen, die Aufgaben zur Motorik (Unterskala A) zuletzt durchzuführen und das Kind dafür auszuziehen, damit eine motorische Behinderung nicht übersehen wird. Wenn mehr als zwei Aufgaben in jeder Unterskala hintereinander nicht gelöst worden sind, wird der Test in der Regel beendet.

Auswertung

Die Auswertung besteht aus dem Addieren der bewältigten Aufgaben. Jede Unterskala besteht aus 41 bis 43 Aufgaben, welche in der Regel mit einem, in einzelnen Fällen mit zwei Punkten bewertet werden, so dass insgesamt 48 Punkte pro Skala, d. h. zwei Punkte pro Monat, erreicht werden können. Für 32 besonders wichtige Aufgaben werden zwei Punkte gegeben, so dass insgesamt 240 Punkte in 24 Monaten erreicht werden können, das entspricht zehn Punkten pro Monat.

Zur Berechnung des Entwicklungsquotienten wird das Entwicklungsalter durch das chronologische Alter geteilt und mit 100 multipliziert. Dabei gibt es einige Besonderheiten zu beachten: Bei frühgeborenen Kindern erfolgt eine Alterskorrektur, bei Kindern bis zum Alter von drei Monaten wird der Floor-Effekt durch das Hinzuzählen von zwei Monaten ausgeglichen, und bei Kindern über 21 Monaten muss einem Ceiling-Effekt Rechnung getragen werden. Die Diagnose eines Entwicklungsdefizits wird gestellt, wenn das Testergebnis zwei Standardabweichungen unter dem Mittelwert liegt.

Normierung   ## Stichprobe

Die gesamte Stichprobe umfasst 102 Kinder (51 Mädchen, 51 Jungen) mit insgesamt 1 750 Untersuchungen in monatlichen Abständen. Die Kinder wurden in den Jahren 1967–1974 geboren und von Geburt an regelmäßig untersucht. Die Stichprobe umfasst Reifgeborene ($N=58$), welche überwiegend in zwei großen Bonner Kliniken zur Welt kamen, und Frühgeborene ($N=44$) aus der Universitäts-Kinderklinik Bonn. Die Stichproben wurden für die Erstausgabe des Tests (1983) erhoben. Es liegen Tabellen der Entwicklungsquotienten vor mit Mittelwerten und Standardabweichung, getrennt für Reifgeborene und Frühgeborene jeder Altersstufe. In den Normtabellen, die als kumulierte Häufigkeiten dargestellt werden, d. h. als Prozentangaben für den Altersbereich, in dem ein Item bewältigt wird, wurden Reifgeborene und Frühgeborene zusammengefasst. Allerdings wurden Frühgeborene nur bei solchen Aufgaben bei der Berechnung der Normwerte berücksichtigt, bei denen keine Mittelwertsunterschiede der Leistung zwischen Reif- und Frühgeborenen gefunden wurden. Da das nicht bei allen Aufgaben der Fall war, ist die Stichprobengröße je nach Item unterschiedlich.

Normen
Alter: 1–24 Monate, abgestuft nach Monatsschritten.
Bildung: Bei den Reifgeborenen stammen 44 % aus Familien der Ober-, 32 % aus der Mittel- und 24 % aus der Grundschicht. Bei den Frühgeborenen sind es 11 % aus der Ober-, 42 % aus der Mittel- und 47 % aus der Grundschicht. Die Schichtzugehörigkeit wurde bei der Normierung nicht berücksichtigt, da keine signifikanten Korrelationen zwischen Bildung und Sozialschicht des Vaters und den Gesamt-Entwicklungsquotienten sowie den Unterskalen-Quotienten gefunden wurde.
Geschlecht: Da bei den 51 Mädchen und 51 Jungen keine signifikanten Geschlechtdifferenzen gefunden worden sind, gibt es keine geschlechtsspezifische Normierung.

Gütekriterien   **Objektivität**
Durchführung: Gemäß den Autorinnen ist die Beschreibung der Items so klar und eindeutig, dass Testdurchführung und Bewertung objektiv sind.
Auswertung: Es habe sich gezeigt, dass die Beschreibungen der Items keinen Ermessensspielraum zulassen und von trainierten Untersuchern stets im richtigen Sinn interpretiert wurden. Die Autoren gehen von einer nahezu 100 %igen Objektivität von Testdurchführung und -bewertung aus. Um diese zu erreichen, werden spezifische mehrtägige Trainings- und Fortbildungstage angeboten.

Reliabilität
Interne Konsistenz: Wenn die Gruppen der früh- und reifgeborenen Kinder gemeinsam einbezogen werden, ergibt sich für die fünf Funktionsbereiche eine gute Übereinstimmung. Die Werte der einzelnen Unterskalen unterscheiden sich im Altersbereich von sechs und zwölf Monaten um maximal 4,3 Punkte.
Paralleltest-Reliabilität: Das Konzept der Paralleltest- oder Split-half-Reliabilität erschien nicht sinnvoll, da auf redundante Aufgaben verzich-

tet wurde und jede Aufgabe eine eigenständige Entwicklungsleistung erfasst.

Retest-Reliabilität: Es wurde auf das Konzept der Retest-Reliabilität zurückgegriffen und die Testzuverlässigkeit bezogen auf 3-Monats-Intervalle für die Reifgeborenen korrelationsstatistisch ermittelt. Die Pearson-Korrelationskoeffizienten liegen für den Gesamtentwicklungsquotienten GEQ zwischen .49 und .81 und sind allesamt hoch signifikant. Für die Unterskalen liegen die Werte mehrheitlich zwischen .32 und .80 und sind überwiegend hochsignifikant, wobei die Unterskala Motorik die höchste Retest-Reliabilität erbringt. Insgesamt kann von einer befriedigenden Testzuverlässigkeit der deutschen Version des Griffiths-Tests ausgegangen werden.

Validität

Konstruktvalidität: Faktorenanalysen erschienen nicht sinnvoll, da die Zuordnung der Items nicht generell in Frage gestellt werden sollte. Vereinzelt wurden nicht genügend operationalisierte Items eliminiert und durch inhaltlich passendere Items aus einer anderen Unterskala ersetzt.

Konvergente/diskriminante Validität: keine Angaben

Kriteriums- bzw. klinische Validität: Die Unterteilung in die fünf Funktionsbereiche basiert auf gängigen entwicklungspsychologischen Ansätzen. Die Validität des Griffiths-Tests ließ sich an Kindern mit Teilausfällen in bestimmten Funktionsbereichen (blinde oder taube Kinder) und entsprechend reduzierten Ergebnissen im betroffenen Bereich belegen.

Nebengütekriterien

Keine expliziten Angaben zu Nebengütekriterien.

Neuropsychologische Aspekte

Theoretischer Rahmen	Kein neuropsychologisches Verfahren. Das Testverfahren basiert auf entwicklungspsychologischen Theorien von J. Piaget (1969) und L. Montada (1995).
Anwendungsbereiche	Entwicklungsdiagnostik bei Kindern von 1–24 Monaten und bei entwicklungsretardierten und behinderten Kindern auch über dieses Alter hinaus. Er ist vor allem zur Voraussage bzw. Bestätigung der frühkindlichen Normalentwicklung bei Risikokindern geeignet. Auch die Früherkennung einer verzögerten Entwicklung oder Behinderung gehört zu den Stärken des Griffiths-Tests.
Funktionelle Neuroanatomie	keine Angaben

Ergebnis-   Kooperation des Kindes; Gegenwart und Verhaltenszustand einer ver-
beeinflussende   trauten Bezugsperson; Beziehung des Untersuchers zum Kind.
Faktoren

Testentwicklung

Ruth Griffiths (1895–1973) hat ihre Mental Development Scale 1954 erstmalig unter dem Titel „The Abilities of Babies" veröffentlicht. Im Jahre 1970 hat sie diesen Test dann von 257 auf 240 Items gestrafft und ihn gleichzeitig bis zum 8. Lebensjahr erweitert. Das Manual erhielt nun den Titel „The Abilities of Young Children".

Im Rahmen einer an der Universitäts-Kinderklinik in Bonn durchgeführten Langzeitstudie, mit in den Jahren 1967–1974 geborenen Kindern, entstand die deutsche Bearbeitung des Tests für die ersten beiden Lebensjahre. Diese wurde mit den Ergebnissen der Langzeitstudie mit deutschen Kindern normiert und neu standardisiert. Die Ärztin Ingeborg Brandt und die Psychologin Elisabeth Sticker zeichneten für die deutsche Bearbeitung verantwortlich (1983). In der Neuauflage von 2001 wurden die Tabellen mit den kumulativen Häufigkeiten der Bewältigung von Testitems hinzugefügt.

1996 kam das von Huntley revidierte Manual des englischsprachigen Tests für die ersten zwei Lebensjahre heraus. Im Jahr 2006 wurde der von Luiz und Mitarbeitern überarbeitete und in Großbritannien und Irland an 1 026 Kindern neu normierte Test für 2- bis 8-jährigen Kinder publiziert (Griffiths, 2006). Er trägt den Namen „Griffiths Mental Development Scales – Extended Revised (GMDS-ER)" und wurde von der Association for Research in Infant and Child Development (ARICD) bei Hogrefe – The Test Agency Ltd Oxford herausgegeben. Dieser Test hat neben den Bereichen A: *Locomotor*, B: *Personal-Social*, C: *Language*, D: *Eye* and *Hand Co-ordination*, E: *Performance* zusätzlich den Subtest F: *Practical Reasoning*. Diese erweiterte Version, die auf Deutsch nicht erhältlich ist, hat den Vorteil, dass die Entwicklung von Kindern über einen längeren Zeitraum begleitet werden kann und auch behinderte Kinder mit einem uneinheitlichen Entwicklungsprofil differenziert erfasst werden können. Eine erneute Revision der englischen Griffith-Skalen für 0–72 Monate alte Kinder liegt seit 2016 vor (Green et al., 2016).

Testbewertung

Die Kritik im   Der Griffiths-Test ist ein klassischer Entwicklungstest, er war seiner-
Überblick   zeit der erste Entwicklungstests mit deutschsprachigen Normen und
                 ist vor allem in Großbritannien eine noch häufig benutzte Methode

zur Untersuchung kindlicher Entwicklung im Alter von 0–24 Monaten. Die Altersbegrenzung in der deutschsprachigen Version hat allerdings den Nachteil, dass aufgrund eines Deckeneffekts die Erfassung bereits bei 21 Monate alten Kindern ungenau wird. Heutigen testtheoretischen Anforderungen (Reliabilität, Validität, Normierung) hält das Verfahren in der vorliegenden deutschsprachigen Adaptation nicht mehr stand. Neben einem soliden theoretischen Hintergrund wären diesem Test eine Erweiterung der Altersgruppe, wie in der englischen Version, und eine Überprüfung der Normen zu wünschen.

Test-konstruktion

Testmaterial

Ansprechendes, kindgerechtes und stabiles Material für die Aufgaben der Kinder. Übersichtliche Auswertungsbogen, die allerdings nur +/– Antworten zulassen. Eine qualitative Auswertung muss separat notiert werden.

Testdesign

Konzept: Kein neuropsychologisches Testverfahren. Es werden fünf Subquotienten erhoben, die ein Entwicklungsprofil ergeben, sowie einen Gesamtentwicklungsquotienten, der einem Entwicklungsalter zugeordnet werden kann.

Variablen: Fünf Entwicklungsbereiche, deren Aufgaben sehr heterogen sind. Eine Korrelation der Untertestskalen und Faktorenanalysen fehlen.

Durchführung: Gute Angaben und Hinweise für eine auf die kleinen Kinder bezogene Durchführung, die deutlich machen, dass die Autorinnen Praktikerinnen sind. Die offiziellen Zeitangaben können gemäß meiner Erfahrung praktisch nie eingehalten werden. Es wird darauf hingewiesen, dass eventuell mehr Zeit eingesetzt werden muss.

Auswertung: Die Auswertung erfolgt vor allem quantitativ durch Aufsummieren der Anzahl bewältigter Aufgaben. Die qualitative Auswertung wird zwar erwartet, ist aber nicht operationalisiert.

Normierung

Stichprobe: Die Stichprobe wurde seit der ersten Auflage des Tests (1983) nicht verändert. Die Stichprobe umfasst 102 Kinder der Jahrgänge 1967 bis 1974, die wiederholt untersucht wurden. Die Unterteilung zwischen alterskorrigierten früh- und reifgeborenen Kindern ergibt teilweise signifikante Unterschiede, welche aber für die Normierung der Entwicklungsquotienten nicht berücksichtigt worden sind.

Normen: Eine Zusammenlegung der Stichproben der Reif- und Frühgeborenen für die Normtabellen der kumulativen Häufigkeiten ist aus methodischer Sicht inakzeptabel. Auch wenn die Autorinnen davon ausgehen, dass ein säkularer Trend fehlt, wäre eine Überprüfung der

Normen angezeigt. Wenn allgemein davon ausgegangen wird, dass Normen alle 8 Jahre auf ihre Gültigkeit geprüft werden sollten, ist eine Prüfung bei diesem Test überfällig.

Gütekriterien
Objektivität: Es wird zwar von hoher Objektivität gesprochen, die aber statistisch nicht belegt ist und vor allem bei einer einmaligen Erfassung des Entwicklungsstandes höchstens bei sehr kooperativen Kleinkindern gegeben ist. Verschiedene Items können auch bei der Mutter erfragt werden. Die regelmäßige Wiederholung bzw. Ergänzung der Testitems verbessert die Zuverlässigkeit der Ergebnisse.
Reliabilität: Der Test orientiert sich an der Normalentwicklung, es liegen keine Reliabilitätsmaße für klinische Stichproben vor. Die im Manual enthaltenen Profile für Kinder mit Behinderungen basieren auf Einzelfällen.
Validität: Wurde durch klinischen Beobachtungen, nicht objektiv belegt.

Testentwicklung
Die Testentwicklung basiert auf der Übersetzung des 1970 erschienen englischsprachigen Tests und der Normierung an deutschen Kleinkindern. Aus heutiger Sicht hält die Testentwicklung den notwendigen Gütekriterien nicht mehr stand.

Neuropsychologische Aspekte

Theoretischer Rahmen
Kein neuropsychologisches Verfahren. Das Testverfahren basiert auf verschiedenen entwicklungspsychologischen Theorien vor allem von Piaget, wobei diesbezüglich nur wenige Angaben gemacht werden. Der Test ist in erster Linie eine Übersetzung der alten englischen Version der Griffiths-Skalen.

Anwendungsbereiche
Der Test findet vor allem in der pädiatrischen Praxis Anwendung, ist aber aufwändiger als ein Screening Verfahren. Er ist vor allem zur Voraussage bzw. Bestätigung der frühkindlichen Normalentwicklung bei Risikokindern bzw. zur Früherkennung einer verzögerten Entwicklung oder Behinderung geeignet.

Ergebnisbeeinflussende Faktoren
Die Kooperationsmöglichkeiten so junger oder in ihrer Entwicklung retardierter Kinder sind sehr unterschiedlich. Eine unbekannte Person und neue Räumlichkeiten können ein Kind so sehr ablenken, dass das dargebotene Testmaterial seinen Aufforderungscharakter verliert. Die Anwesenheit und Kooperationsfähigkeit einer nahen Bezugsperson beeinflussen nicht nur den Testverlauf, sondern auch das Ergebnis.

Handhabbarkeit und klinische Anwendung

Es muss mit deutlich mehr Zeit für die Durchführung des Tests gerechnet werden, was die Ökonomie des Tests etwas reduziert und ihn für die Anwendung in der kinderärztlichen Sprechstunde sehr aufwändig macht. Bei genauer Anwendung können sowohl allgemeine Entwicklungsrückstände als auch Retardierungen in einzelnen Bereichen schon bei sehr kleinen Kindern erfasst werden. Obwohl klinische Beispiele beschrieben werden, gibt es keine Normen für klinische Gruppen. Es bleibt beim Vergleich mit der Stichprobe bzw. der Normalentwicklung.

Maria Haag Turner

Intelligenz- und Entwicklungsskalen für Kinder von 5–10 Jahren (IDS). Intelligence and Development Scales

Alexander Grob, Christine S. Meyer & Prisca Hagmann-von Arx

Bern: Verlag Hans Huber, 2013, 2., veränderte Auflage

Zusammenfassende Testbeschreibung

Zielsetzung und Operationalisierung	**Konstrukte**

Der Individualtest Intelligence and Development Scales (IDS) ermöglicht sowohl eine differenzierte Bestimmung des Entwicklungsstandes und des Entwicklungsprofils kognitiver Bereiche (Intelligenz) als auch der allgemeinen Entwicklung (Motorik, Sozial-Emotionale Kompetenz) von Kindern im Alter von 5;0 bis 10;11 Jahren. Die Testbatterie besteht aus den beiden Teilen Kognitive Entwicklung und Allgemeine Entwicklung, die auch getrennt durchgeführt werden können.

Testdesign

Testbatterie aus 19 Subtests, aufgeteilt in neun Funktionsbereiche. Der Kognitive Teil besteht aus den vier Funktionsbereichen Wahrnehmung, Aufmerksamkeit, Gedächtnis, Denken, die mit insgesamt 7 Untertests geprüft werden.
Der Allgemeine Teil besteht aus den fünf Funktionsbereichen Psychomotorik, Sozial-Emotionale Kompetenz, Mathematik, Sprache, Leistungsmotivation, die mit 12 Untertests geprüft werden. Die Leistungsmotivation wird als Einschätzung durch den Testleiter erhoben.
Aus den 7 Untertests des Kognitiven Teils wird ein Intelligenzwert (IQ) berechnet. Die fünf Funktionsbereiche des Allgemeinen Teils können modulartig auch einzeln getestet werden.

Angaben zum Test · **Normierung**

N = 1330 Kinder aus der Schweiz (55 %), Deutschland (27 %) und Österreich (18 %).
Alter: 5;0–10;11 Jahre; 6-Monatsschritte
Bildung: Sozioökonomischer Status erfasst.
Geschlecht: Keine Differenzierung; je 50 % Mädchen und Jungen.

Material

Manual mit Normtabellen, Protokollbögen, Testkoffer mit Aufstellordner Kognitive Entwicklung, Aufstellordner Allgemeine Entwicklung, Aufstellordnerhalter, Unterlage Bäume, Box mit sieben Kartensets, Test-

bogen Aufmerksamkeit selektiv, Auswerteschablone, Klötzchenset, Unterlage unbedruckt, Seil, Tennisball, Block A6 und Bleistift, Perlenset, Aufgabenblatt Mathematik, Holzfigurenset, Protokollbogen, Auswertungsprogramm auf CD.

Durchführungsdauer
Kognitive Entwicklung: Ca. 45 Minuten.
Allgemeine Entwicklung: Je Funktionsbereich ca. 10–15 Minuten.
Gesamttest: 90–120 Minuten.

Aufgabe	Aufgabenbeschreibung	Beispiel/ Visualisierung
Kognition		
1. Wahrnehmung Visuell	Das Kind soll 7 Kärtchensets (anfangs 4, danach 7 Karten mit je einem vertikalen Strich) von links nach rechts der Größe nach innerhalb einer bestimmten Zeit anordnen.	
2a. Gedächtnis Auditiv	Dem Kind wird eine spannende Kurzgeschichte erzählt oder vorgelesen, bei der es gut zuhören soll. Das Kind erfährt, dass es später nach der Geschichte gefragt werden wird.	
3. Aufmerksamkeit Selektiv	Das Kind bearbeitet ein Arbeitsblatt, auf dem 9 Zeilen mit je 25 farbigen Entchen abgebildet sind. Schnäbel und Füße sind ganz oder teilweise gelb. Das Kind soll jede Zeile 15 Sekunden lang absuchen und diejenigen Enten durchstreichen, die zwei bestimmte Kriterien gleichzeitig erfüllen.	
4. Gedächtnis Phonologisch	Der/die Testleiter/-in spricht alternierend Reihen aus Zahlen oder aus Buchstaben vor, die das Kind aus dem Gedächtnis wiederholen soll. Die erste Reihe umfasst 2 Elemente, die letzte 7.	1 A 2 B F 4 5 O P
5. Gedächtnis Räumlich- Visuell	Dem Kind werden zuerst eine, später mehrere farbige geometrische Formen während 5, 10, oder 15 Sekunden gezeigt. Unmittelbar danach soll es diese Formen in einer Gruppe von Figuren unabhängig von der Farbe finden und zeigen. Begonnen wird mit einer Figur, die unter drei anderen zu finden ist. Danach steigt die Anzahl der Zielreize und der Distraktoren systematisch an.	

6. Denken Bildlich	Das Kind erhält eine vorgegebene Anzahl drei- und viereckiger Klötzchen und soll mit ihnen innerhalb von 30 oder 45 Sekunden geometrische Figuren nachlegen, die auf einer Vorlage abgebildet sind.	
7. Denken Konzeptuell	Das Kind soll bei drei Bildern das Gemeinsame (das Konzept) erkennen und aus fünf weiteren Bildern die zwei passenden auswählen.	
2b. Gedächtnis Auditiv (Teil 2)	Nach der Durchführung des letzten kognitiven Untertests wird das Kind zum Erzählen der Geschichte aufgefordert. Danach werden gegebenenfalls die fehlenden Elemente erfragt.	

Allgemeine Entwicklung

Psychomotorik

8. Grobmotorik	Das Kind soll mit geschlossenen Augen und ausgestreckten Armen auf einem Seil balancieren, in schnellem Tempo seitlich über das Seil springen, sowie mehrmals einen Tennisball fangen und dem/der Testleiter/-in zuwerfen.	
9. Feinmotorik	Das Kind soll Perlen und Würfel möglichst schnell nach einer vorher gezeigten Bildvorlage auffädeln.	
10. Visuomotorik	Das Kind soll vier geometrische Figuren abzeichnen.	

Sozial-Emotionale Kompetenz

11. Emotionen Erkennen	Auf Fotos werden Emotionen von Kindern präsentiert, die anhand ihres Gesichtsausdrucks erkannt und benannt werden sollen.	

12. Emotionen Regulieren	Das Kind soll Strategien zur Regulation der Emotionen Wut, Angst und Trauer nennen.	
13. Soziale Situationen Verstehen	Das Kind soll zwei verschiedene, auf Bildern vorgelegte soziale Situationen verstehen und genau beschreiben und erklären.	
14. Sozial Kompetent Handeln	Dem Kind werden Bildvorlagen mit sozialen Konfliktsituationen gezeigt und es soll sozial kompetente Reaktionen darauf nennen.	

Mathematik

| 15. Denken Logisch-Mathematisch | Logisch-mathematische Verständnisaufgaben werden vorgegeben, die das Kind mit Würfeln oder auf dem Arbeitsblatt bearbeitet. | |

Sprache

| 16. Sprache Expressiv | Das Kind soll aus vorgegebenen Substantiven semantisch sinnvolle und grammatisch korrekte Sätze bilden. Die Begriffe werden ihm vorgesprochen und zusätzlich auf Bildvorlagen gezeigt. | |
| 17. Sprache Rezeptiv | Der Testleiter gibt dem Kind Sätze vor, die es mit Holzfiguren nachspielen soll. Die Satzstrukturen werden fortlaufend komplexer. | |

Leistungsmotivation

| 18. Durchhalte-vermögen | Einschätzung des Testleiters, inwieweit das Kind beharrlich an den Aufgaben arbeitet (Ratingskala aus 4 Items). | |
| 19. Leistungs-freude | Einschätzung des Testleiters, inwieweit das Kind Freude an seinen Leistungen zeigt (Ratingskala aus 4 Items). | |

Die Reihenfolge der Tests entspricht der Durchführungsreihenfolge.

Testkonstruktion

Design   **Aufgabe**
Insgesamt 19 Subtests mit 198 Items.
Beschreibung der Funktionsbereiche und Aufgaben siehe oben.

Konzept
Kognition: Die IDS beinhalten insgesamt sieben kognitive Untertests, die vier in der Komplexität ansteigenden Bereichen zugeordnet werden können: Wahrnehmung (visuell), Aufmerksamkeit (selektiv), Gedächtnis (phonologisch, räumlich-visuell, auditiv) und Denken (bildlich, konzeptuell).

Psychomotorik: Psychomotorik wird als Zusammenspiel motorischer und psychischer Prozesse verstanden. In den IDS werden die Teilbereiche Grob- oder Körpermotorik, Fein- oder Handmotorik und Visuomotorik (d. h. Zusammenspiel visueller Wahrnehmung mit feinmotorischer Leistung) einzeln beurteilt.

Sozial-emotionale Kompetenz: Emotionale Kompetenz wird als notwendige Voraussetzung für die Entwicklung sozialer Kompetenz gesehen. Emotionale Kompetenz beinhaltet Emotionserkennung einerseits als Basiskompetenz, andererseits als Voraussetzung für Emotionsverständnis und Emotionsregulation. Erst eine adäquate Emotionsregulation ermöglicht sozial kompetentes Handeln. Prosoziale Verhaltensweisen, Konfliktlösefähigkeiten und Beziehungsfähigkeiten gehören zu den sozialen Basisfähigkeiten. Im Zusammenspiel mit differenziertem Wahrnehmen und Verstehen sozialer Situationen, Perspektivenübernahme und Antizipieren von Handlungskonsequenzen entsteht soziale Kompetenz. Aufgrund der engen Verknüpfung emotionaler und sozialer Fähigkeiten und ihrer weitgehend parallelen Entwicklung bei Kindern werden beide Konzepte als Gesamtkonstrukt gesehen und erhoben.

Sprache: Rezeptives Sprachverständnis wird als die Fähigkeit des Kindes verstanden, gesprochener Sprache sinnvolle Informationen zu entnehmen. Komplexe Satzstrukturen beanspruchen zudem das Arbeitsgedächtnis. Geprüft wird das Verständnis von Passiv- und Temporalsätzen, eingebetteten Relativsätzen und Objekt-vor-Subjekt-Sätzen.
Unter expressiver Sprache wird die Fähigkeit verstanden, Ideen, Gedanken oder Botschaften in Worte zu fassen.

Mathematik: Logisch-mathematische Fähigkeiten werden als Kulturtechnik betrachtet und fließen deshalb ebenfalls nicht in die Berechnung des IQ ein. Die Aufgaben beziehen sich auf die Lernziele des Mathematikunterrichts und umfassen Geometrie, Rechnen, Sachprobleme und Problemlösen. Dabei werden neben den quantitativen Daten auch Lösungswege des Kindes durch standardisierte Fragen berücksichtigt.

Leistungsmotivation: Bei der Beurteilung der Leistungsmotivation werden die Dimensionen Zielsetzung, Antriebsstärke, Beharrlichkeit, Erfolgshoffnung und Misserfolgsbefürchtung berücksichtigt. Leistungsmotivation wird als Auseinandersetzung mit einem Güte- oder Tüchtigkeitsmaßstab aufgefasst, die zu einer Selbstbewertung führt und Stolz oder Scham auslöst, wenn das Kind seine Leistung auf die eigene Anstrengung zurückführt.

Variablen

Für jeden der 19 Untertests wird eine Rohwertsumme berechnet, die durch Nachschlagen in der Normtabelle in Wertpunktäquivalente umgewandelt wird. Die Bestimmung des Gesamt-Intelligenzwerts erfolgt anhand der Wertpunktsumme der sieben kognitiven Untertests. Für jeden Funktionsbereich (Kognition, Psychomotorik, Sozial-Emotionale Kompetenz, Mathematik, Sprache, Leistungsmotivation) wird ein Wertpunktmittelwert berechnet. Aus den Wertpunktmittelwerten aller Funktionsbereiche ergibt sich ein Wertpunktmittelwert der Gesamtentwicklung.

Durchführung

Die IDS werden als Individualtest durchgeführt. Der Teil *Kognitive Entwicklung* muss in der vorgegebenen Reihenfolge in einem Durchgang durchgeführt werden. Der Teil *Allgemeine Entwicklung* kann zu einem anderen Zeitpunkt durchgeführt und seine Funktionsbereiche können auch zu verschiedenen Zeitpunkten untersucht werden. Die Instruktionen liegen schriftlich und für das Kind nicht einsehbar vor, sie werden mündlich gegeben und können aus den Aufstellordnern wörtlich abgelesen werden. Bei einigen Aufgaben bearbeitet der/die Testleiter/-in gemeinsam mit dem Kind zuerst ein Beispiel. Die erste Aufgabe gilt in der Regel als Einstiegsaufgabe. Danach fahren 8- bis 10-jährige Kinder mit einer schwierigeren Aufgabe fort als 5- bis 7-Jährige. Zu Untertests mit aufsteigendem Schwierigkeitsgrad gigt es definierte Abbruchkriterien.

Auswertung

- Kognition: Es wird in den sieben kognitiven Untertests die Anzahl korrekt (gegebenenfalls innerhalb der Zeitgrenze) gelöster Aufgaben erhoben.
- Psychomotorik: Es wird die Anzahl der korrekten Reaktionen erfasst. Bei einigen Untertests wird das Reaktionstempo gemessen (benötigte Zeit für das Auffädeln; Anzahl seitlicher Hüpfer in 10 Sekunden). Fehler werden von der Bewertung des Reaktionstempos abgezogen.
- Sprache: Beim rezeptiven Sprachverständnis wird die Anzahl richtig nachgespielter Handlungsabläufe bewertet. Beim Untertest zur expressiven Sprache wird jeder grammatikalisch korrekte Satz, der die Substantive in eine sinnvolle Beziehung zueinander bringt, gewertet (1 Punkt). Bei fremdsprachigen Kindern wird für Sätze mit reinen Artikel-Fehlern ein halber Punkt vergeben.
- Sozial-Emotionale Kompetenz: Bei „Emotionen Erkennen" werden die richtigen Antworten gezählt. Bei „Soziale Situationen Verstehen" werden zuerst die vom Kind korrekt aufgezählten Aspekte erfasst und danach durch standardisierte Nachfragen ergänzt. Bei den Untertests

„Emotionen Regulieren" und „Sozial Kompetent Handeln" wird die Qualität der Antworten nach den im Manual vorgegebenen Kategorien eingeteilt und mit 0 bis 2 Punkten bewertet.

– Mathematik: Die Anzahl der richtig gelösten Aufgaben wird erhoben.

– Leistungsmotivation: Das Verhalten des Kindes wird bezüglich Beharrlichkeit (vier Items) und Freude an der eigenen Leistung (vier Items) auf vierstufigen Rating-Skalen eingeschätzt.

Die Rohwerte jedes Untertests werden addiert, die Summen in Wertpunkte transformiert und in das Profilblatt eingetragen. Die Wertpunktsumme des kognitiven Teils wird in einen Intelligenz-Wert transformiert. Es werden die Wertpunkte der Untertests innerhalb jedes Funktionsbereichs separat gemittelt und ebenfalls in ein Profil übertragen. Zusätzlich wird der Wertpunkt-Mittelwert über den gesamten Allgemeinen Teil berechnet.

Wertpunkte und Wertpunktmittelwerte können auch mit dem Auswerteprogramm ermittelt werden. Das Auswertungsprotokoll mit den Profilen kann ausgedruckt werden.

Normierung **Stichprobe**

$N=1330$ Kinder aus der Schweiz (56 %), Deutschland (26 %) und Österreich (18 %); 50 % Knaben, 50 % Mädchen.

Rekrutierung über Spielgruppen, Kindergärten und Schulen. Spezifische Subgruppen wurden separat von der Normstichprobe über Elternvereine bzw. Stiftungen, Sonderklassen, kinderpsychiatrische Kliniken, ambulante Praxen und Jugendhilfeeinrichtungen in der Schweiz und in Süddeutschland rekrutiert.

Normen

Alter: 5;0 bis 10;11 Jahre.

Wertpunktäquivalente für die Rohwertsummen der Untertests pro Altersgruppe in 6-Monatsschritten (5;0 bis 5;5, 5;6 bis 5;11, 6;0 bis 6;5 usw.).

Subgruppen: Mittelwerte für Subgruppen mit jeweils gleich großen Kontrollgruppen (vgl. S. 183 ff., für fremdsprachige Kinder ($N=73$ aus der CH-Normstichprobe, nach Alter, Geschlecht und sozioökonomischem Status gepaart, vgl. S. 179), hochbegabte Kinder ($N=77$, CH), lernbehinderte Kinder ($N=25$, CH), hyperaktive ($N=27$, D), aggressiv verhaltensauffällige ($N=57$, CH, D) und Kinder mit Asperger-Autismus ($N=38$, CH, D).

Bildung: Die Autoren fanden keinen bedeutsamen Einfluss des sozioökonomischen Status (bestimmt als höchster Ausbildungsabschluss des Vaters) auf die Testleistung. Es ergaben sich aber bedeutsame Korrelationen zwischen den Untertestmittelwerten und dem sozioökonomischen Status bis zu $r=.27$ bei fünf der sieben kognitiven Untertests, sowie für Psychomotorik und Leistungsmotivation.

Die Autoren fanden nur sehr geringe Unterschiede zwischen den Leistungen der Kinder aus den verschiedenen nationalen Kontexten, so dass gemeinsame Normtabellen erstellt wurden.

Geschlecht: Die Autoren fanden keine bedeutsamen Geschlechtsunterschiede, daher wurden gemeinsame Normtabellen für Mädchen und Jungen erstellt.

Gütekriterien **Objektivität**

Durchführung: Die Instruktionen sind wörtlich vorgegeben. Zudem wurden Nachfrageregeln erstellt, um die Reaktionen des Testleiters auf die Antworten des Kindes zu standardisieren. Wo nötig, sind Übungsdurchgänge vorgesehen, die das Instruktionsverständnis des Kindes sicherstellen, bevor ein Untertest durchgeführt wird. Für die Subtests mit ansteigendem Schwierigkeitsgrad der Items sind eindeutige Abbruchregeln festgelegt. Die Zeitmessung erfolgt mit einer Stoppuhr.

Auswertung: Die Testantworten werden als richtig oder falsch bewertet. Bei den Konstruktions- und Zeichenaufgaben werden quantitative Kriterien für die maximal erlaubten geometrischen Abweichungen angegeben sowie qualitative Kriterien, die im Manual durch abgebildete Beispiele demonstriert werden. Für die komplexeren Antwortreaktionen in den Bereichen Psychomotorik, Sozial-Emotionale Kompetenz und Sprache sind im Manual Bewertungshilfen und Bewertungsbeispiele aufgeführt. Die Bestimmung der Wertpunkte und des IQ-Wertes kann auch anhand des im Testkoffer enthaltenen PC-Programmes erfolgen.

Reliabilität

Interne Konsistenz: Cronbachs alpha: Intelligenz-Gesamtwert $\alpha = .92$. Untertests Kognition: Zwischen $\alpha = .68$ (Gedächtnis Räumlich-Visuell) und $\alpha = .96$ (Aufmerksamkeit Selektiv). Untertest Allgemeine Entwicklung: Psychomotorik $\alpha = .57$ bis .71; Sozial-Emotionale Kompetenz zwischen $\alpha = .59$ (Emotionen Erkennen) und .79 (Emotionen Regulieren); Denken Logisch-Mathematisch $\alpha = .87$; Sprache Rezeptiv $\alpha = .81$; Sprache Expressiv $\alpha = .88$; Durchhaltevermögen $\alpha = .86$; Leistungsfreude $\alpha = .76$.

Retest-Reliabilität: Nach 15 Monaten ($N = 31$ Normalbegabte): Intelligenz-Gesamtwert $r = .83$. Untertests Kognition zwischen $r = .45$ (Gedächtnis Phonologisch) und $r = .81$ (Gedächtnis Auditiv). Untertest Allgemeine Entwicklung: Psychomotorik zwischen $r = .34$ (Feinmotorik) und $r = .67$ (Visuomotorik); Sozial-Emotionale Kompetenz zwischen $r = .45$ (Emotionen Regulieren) und $r = .74$ (Sozial Kompetent Handeln); Denken Logisch-Mathematisch $r = .88$; Sprache Rezeptiv $r = .57$; Sprache Expressiv $r = .72$; Durchhaltevermögen $r = .71$; Leistungsfreude $r = .41$.

Weitere Reliabilitätsmaße: 20 % der Items weisen eine Trennschärfe $< .30$ auf; 62 % der Items haben eine Trennschärfe zwischen .40 und $> .60$.

Validität

Konstruktvalidität: Alterstrends, Interkorrelationen und Faktorenanalysen wurden berechnet. Die Mittelwerte der Subtestleistungen weisen einen kontinuierlichen Alterstrend über die einzelnen Jahrgänge (5–10 Jahre) hinweg auf. Die Interkorrelationen der Subtestleistungen liegen im niedrigen bis mittleren Bereich.

Die exploratorische Hauptkomponenten-Faktorenanalyse mit anschließender Varimax-Rotation ergab eine 4-Faktoren-Lösung. Diese klärt insgesamt 42.12% der Varianz auf. Die extrahierten Faktoren Kognition (15.5%), Sozial-Emotionale Kompetenz (9.59%), Leistungsmotivation (8.91%) und Psychomotorik (8.13%) decken sich nach Angaben der Autoren mit dem theoretischen Testkonzept.

Die Differenzierungsfähigkeit der IDS nimmt nach Angaben der Autoren nach einer Abweichung von 3 Standardabweichungen unter bzw. über dem Mittelwert ab. Daher ist der untere Grenzwert des IQ mit IQ < 55 angegeben, der obere Grenzwert mit IQ > 145.

Konvergente/diskriminante Validität:

- IQ-Test: Korrelation des IDS-Intelligenzwerts mit dem HAWIK-IV ($N=172$, Normalbegabte, CH, Alter 8;6 Jahre): IQ-Gesamt $r=.69$; SV $r=.48$; WLD $r=.62$; AG $r=.56$; VG $r=.34$.
- Entwicklungstest: Korrelation der IDS Sozial-Emotionale Kompetenz mit dem Untertest Fotoalbum des Wiener Entwicklungstests (WET; Kastner-Koller & Deimann, 2002) ($N=136$, Alter 5;0 bis 5;11): Emotionen Erkennen $r=.50$; Emotionen Regulieren $r=.17$; Soziale Situationen Verstehen $r=.35$; Sozial Kompetent Handeln $r=.11$.
- Fremdeinschätzungsverfahren: Korrelationen zwischen IDS Sozial-Emotionale Kompetenz und Fragebogen-Subskalen (vgl. Meyer, Hagmann-von Arx & Grob, 2009) zur Emotionsregulation (CESS; Coping with Emotional Situations Scale), zu Problemverhalten und Sozialverhalten aus Elternsicht (PRSSC; Parent Rating Scale of Social Competence) und zu Sozial- und Lernverhalten aus Lehrersicht (LSL; Lehrereinschätzliste für Sozialverhalten) ($N=146$): Emotionen Erkennen $r=0$; Emotionen Regulieren $r=0$ bis $-.17$; Soziale Situationen Verstehen $r=0$ bis $-.18$; Sozial Kompetent Handeln $r=-.18$ bis $.27$.
- Schulleistungstests: Korrelation des IDS-IQ ($N=160$, Normalbegabte, CH, Alter 8;8 Jahre) mit dem Salzburger Lese- und Rechtschreibtest (SLRT: Landerl, Wimmer & Moser, 2006) $r=.27$ (Lesen) und $r=.21$ (Schreiben) sowie mit dem Schweizer Rechentest 1.–3. Klasse (SR 1-3; Lobeck & Frei, 1987) $r=.41$ (Rechnen).

Diskriminierungsfähigkeit: Schulleistungstestergebnisse Hochbegabter: 25% aufgeklärte Varianz durch IDS-IQ.

Neuropsychologische Aspekte

Theoretischer Rahmen — Die IDS basieren auf einem entwicklungspsychologischen Ansatz: Es wird der Entwicklungsstand hinsichtlich verschiedener Funktionsbereiche geprüft. Die Autoren beziehen sich je nach Funktionsbereich auf unterschiedliche Theorien mit z. T. kognitionspsychologischem, entwicklungspsychologischem oder neuropsychologischem Hintergrund. Die Auswahl der Subtests und Items wird durch allgemeinpsychologische bzw. entwicklungspsychologische Konstrukte und Studienergebnisse begründet. Durch die Berechnung eines Intelligenzwertes anhand der sieben kognitiven Untertests möchten die Autoren den „Partikularismus" der modernen Entwicklungspsychologie überwinden. Es liege den IDS keine spezifische Intelligenztheorie zugrunde, sie gehen jedoch von einem g-Faktor der Intelligenz (Spearman) aus und unterscheiden zwischen fluider und kristalliner Intelligenz. Um den Einfluss kristalliner, d. h. erfahrungsabhängiger Leistung auf den IQ möglichst gering zu halten, werden sprachliches und mathematisches Denken in die IQ-Berechnung nicht einbezogen. Der Entwicklungsstand im motorischen und sozial-emotionalen Bereich sowie die Beurteilung der Leistungsbereitschaft des Kindes sollen vor allem Hinweise auf mögliche pädagogische Probleme geben, die in Kindergarten und Schule zu erwarten sind.

Anwendungsbereiche — Bestimmung von Begabung (Minder- und Hochbegabung); Fragestellungen bezüglich Einschulung, Sonderschulung, Schulart- u. Schulniveau; Intelligenzprüfung bei umschriebenen Entwicklungsstörungen des Sprechens, der Sprache (expressiv/rezeptiv), schulischer Fertigkeiten (Legasthenie, Dyskalkulie), motorischer Funktionen (Grob-/Feinmotorik), bei tiefgreifenden Entwicklungsstörungen (frühkindlicher Autismus, Asperger-Syndrom) sowie zur Diagnostik und Interventionsplanung bei Verhaltens- und emotionalen Störungen (Hyperkinetische Störungen, Störung des Sozialverhaltens, Emotionale Störungen).

Funktionelle Neuroanatomie — keine Angaben

Ergebnisbeeinflussende Faktoren — Es wird darauf hingewiesen, dass besonders jüngere Kinder ihre Aufmerksamkeit nur über relativ kurze Zeiträume hinweg aufrechterhalten können.

Testentwicklung

Ursprünglich war der Test als Revision des Kramer-Intelligenztests (KIT; Kramer, 1972) geplant. Anhand einer systematischen Sichtung aktueller Intelligenz- und Entwicklungstests entschied man sich jedoch 2003 für eine völlige Neukonstruktion. Die zahlreichen Verfahren, aus denen Konstrukte unmittelbar oder in ähnlicher Form übernommen wurden, werden im Manual genau aufgeführt. Zur Veranschaulichung der Entwicklungsgeschichte findet sich eine Zeittafel der wichtigsten Entwicklungs- und Intelligenztest für das Kindesalter, sowie eine Tabelle zum Vergleich der Aufgabentypen mit historischen Intelligenz-Tests und aktuellen Testverfahren. Eine Voruntersuchung und Pilotphase wurde 2005 mit 100 Kindern im Raum Basel durchgeführt. Aufgrund deren Ergebnisse wurde die Validierungsbatterie angepasst; mit der daraus resultierenden Testbatterie wurde 2007 bis 2008 die Normierungsstichprobe untersucht.

Testbewertung

Die Kritik im Überblick

Durch eine Kombination aus Intelligenz- und Entwicklungsdiagnostik im Altersbereich zwischen 5 und 10 Jahren, sollen mit den IDS Aussagen sowohl zur Schulleistungsfähigkeit als auch zur sozialen Anpassungsfähigkeit möglich sein. Dieser interessante Ansatz wurde auf der Ebene der Testmaterialien und der Itemkonstruktion ansprechend und kompetent umgesetzt. Die Konstruktvalidität, insbesondere des Allgemeinen Teils und zum Teil auch des Kognitiven Teils, überzeugt jedoch nicht. Auch fehlt ein Nachweis über die Interrater-Reliabilität der Untertests im Allgemeinen Teil. Längsschnittsstudien könnten in der Zukunft Aussagen zur prädiktiven Validität der Allgemeinen Entwicklung für die schulische Anpassung ermöglichen.

Testkonstruktion

Testmaterial

Das Testmaterial ist für Kinder ansprechend und stabil gestaltet. Die farbigen Holzfiguren, Biegepüppchen und die in klarem, ausdrucksvollem Zeichnungsstil gehaltenen Abbildungen haben für Kinder einen hohen Aufforderungscharakter. Das Testmaterial wirkt dadurch motivierend. Es ist übersichtlich im Testkoffer angeordnet, das Protokollblatt ist gut strukturiert und erleichtert die Testdurchführung und -auswertung. Die Berechnungen und grafischen Darstellungen können durch das mitgelieferte Programm rasch und benutzerfreundlich ausgeführt werden.

Testdesign

Konzept: Die Intention der IDS ist es, durch eine ganzheitliche Untersuchung des Kindes eine aussagekräftige Beurteilung seiner Anpassungsfähigkeit im schulischen und sozialen Kontext zu ermöglichen. Dies ist sinnvoll, sehr begrüssenswert und für den Altersbereich „mittlere Kindheit" neu. Der Bestimmung kognitiver Fähigkeiten wird dabei etwa gleich viel Zeit gewidmet wie den Kompetenzen in anderen Bereichen. Der modulare Testaufbau erlaubt es, ausgewählte Entwicklungsbereiche unabhängig voneinander zu untersuchen. Es stellen sich verschiedene Fragen zur Konstruktvalidität der Funktionsbereiche (s. u. Validität), die sich insbesondere auf die Ergebnisse der Faktorenanalyse beziehen.

Variablen: Der qualitativen Bewertung der Antworten im Subtest „Emotionen Regulieren" scheint eine Dichotomie zugrunde zu liegen, bei der das Kind entweder ganz selbständig seine negative Stimmung reguliert (2 Punkte) oder dysfunktional reagiert (0 Punkte). Antworten, für die ein Punkt vergeben wird, finden sich in einer „Restkategorie", die z. B. das Aufsuchen sozialer Unterstützung, das Mitteilen negativer Gefühle oder auch die Selbstkontrolle umfasst. Erstens ist es fraglich, ob zwischen dem Vorschulalter (z. B. bei 5- bis 6-Jährigen) und der Vorpubertät (ab 10 Jahren) wirklich einheitliche Kriterien angewendet werden können. Die Autoren führen im Manual selbst aus, dass ab dem Vorschulalter zunehmend kognitive Emotionsregulationsstrategien eingesetzt werden. Auch ist kritisch zu diskutieren, ob die Suche nach sozialer Unterstützung (z. B. „jemandem erzählen, wie es mit geht"/„jemanden suchen, der mir vielleicht helfen kann" – 1 Punkt) eine weniger kompetente Regulationsstrategie ist, als „Zerstreuung" oder „Vergessen" (2 Punkte). Zweitens gilt z. B. in der Bindungsforschung das Aufsuchen von sozialer Unterstützung als Hinweis auf eine sichere Bindungsrepräsentation, die ein protektiver Faktor in der Entwicklung von Kindern ist. Für die Präferenz solitärer Emotionsregulationsstrategien werden im Manual keine validierenden Daten präsentiert.

Durchführung: Die Durchführung wird auf 80 Seiten des Manuals (S. 43–123) übersichtlich beschrieben. Zusätzlich enthalten die Aufstellordner für jedes Item eine genaue Anweisung, die der Testleiter während der Darbietung vor Augen hat.

Der „Kognitive Teil" muss in einem Durchgang durchgeführt werden, weil zur Prüfung des Gedächtnisses die Subtests 3 bis 7 als Interferenzaufgaben dienen.

Die Durchführung (und Auswertung) der Subtests „Grobmotorik" und „Feinmotorik" ist anspruchsvoll und würde durch eine Videoaufnahme erleichtert: Während der Untersucher die Zeitmessung mit der Stoppuhr vornimmt, muss er gleichzeitig die genaue Beobachtung der Bewegungen des Kindes vornehmen und auf dem Protokollblatt notieren: Verfehlt das Kind mit der Perlenschnur ein- oder mehrfach ein

Loch? Fällt ihm eine Kugel/ein Würfel aus der Hand (Feinmotorik)? Bei der Balancieraufgabe (Grobmotorik) muss der Untersucher Gesicht und Oberkörper des Kindes (Hat es die Augen geschlossen? Rudert es mit den Armen?) und gleichzeitig seine Füße im Blick haben (Tritt es neben das Seil? Wie oft? Sind die Hüpfer korrekt? Wie viele sind gelungen?). Beim Fangen und Werfen muss der Testleiter die Rolle eines Interaktionspartners einnehmen, gleichzeitig die Reaktionen des Kindes nach mehreren Kriterien bewerten und unmittelbar danach protokollieren. Die Objektivität und damit die Reliabilität der beiden Subtests sind dadurch beeinträchtigt.

Auswertung: Die Auswertung ist für alle Untertests nach der jeweiligen Durchführungsanleitung sehr übersichtlich beschrieben. Etwas Einarbeitung – im üblichen Umfang – erfordert die Auswertung der Untertests „Soziale Situationen verstehen", Emotionen Regulieren" und „Visuomotorik". Die Auswertung der Subtests „Grobmotorik" und „Feinmotorik" ist fehleranfällig (siehe oben). Die Berechnung der Normwerte und die Profildarstellung sind mit der Software zuverlässig und benutzerfreundlich möglich.

Es wird nicht beschrieben, in welcher Weise die Einschätzung der Leistungsmotivation in die Auswertung bzw. Interpretation der Testergebnisse eingehen könnte. Ein sehr geringes Durchhaltevermögen und fehlende Leistungsfreude könnten z. B. die Zuverlässigkeit der Resultate schmälern.

Normierung

Stichprobe: Die Angaben sind ausreichend detailliert. Selektionseffekte, die sich durch die freiwillige Teilnahme der Schulverwaltungen einerseits und der Eltern andererseits ergeben, müssen in Kauf genommen werden.

Normen: Die Angaben sind ausreichend, bis auf das Fehlen der Standardabweichungen zu den Mittelwerten der Rohwertsummen für die einzelnen Altersgruppen (Tabelle 13). Eine Tabelle mit den Ergebnissen der Sprachtests für die verschiedenen Dialektregionen (Schweiz, Süd- vs. Norddeutschland, Österreich) wäre interessant, auch wenn die Unterschiede „keine praktische Bedeutung" haben sollen. Die Bezeichnung für die IQ-Bereiche ist uneinheitlich. Statt des Begriffs „Hochbegabung" wird für den Bereich zwischen IQ 130 und 145 „weit überdurchschnittlich" verwendet (S. 122). Auf Seite 184 (Tabelle 20) werden hingegen Kinder mit einem mittleren IQ von 117 als „Hochbegabte" bezeichnet.

Gütekriterien

Objektivität: „Grobmotorik", „Feinmotorik" sind in der Durchführung für Testleitereffekte anfällig. Die Auswertungsobjektivität von „Emotionen Regulieren" und „Sozial Kompetent Handeln" ist nicht belegt.

Reliabilität: Es fehlen Angaben zur Interraterreliabilität für diejenigen Subtests, deren Durchführung und Auswertung erfahrungsabhängig ist. Dies betrifft die Funktionsbereiche Grobmotorik und Feinmotorik sowie den Subtest „Emotionen Regulieren".

Konstruktvalidität: Kognitiver Teil: Die Faktorenanalyse (S. 177) zeigt bei genauer Betrachtung, dass die Varianzaufklärung (15 %) durch den Faktor „Kognition" nur unter Einbezug der hohen Ladungen von „Sprache" und „Mathematik" erreicht wird, wodurch vermutlich die geringe Ladung von „Aufmerksamkeit Selektiv" kompensiert wird. Letztere lädt dafür recht hoch auf dem Faktor „Motorik". Es ist nicht nachvollziehbar, weshalb angesichts dieser Ergebnisse die Zuordnung der Subtests zu den Funktionsbereichen nicht revidiert wurde. Weshalb die Autoren daran festhalten (S. 176), dass mit den Subtests „Sprache Rezeptiv", „Sprache Expressiv" und „Denken Logisch-Mathematisch" kristalline Intelligenz, jedoch mit dem Subtest „Gedächtnis Auditiv" fluide Intelligenz gemessen werde, bleibt offen.

Inwiefern die IDS Schulleistungen vorhersagen kann, wurde über Korrelationen mit Testverfahren aus den Bereichen Lesen, Rechtschreibung und Rechnen überprüft. Dabei zeigen sich nur wenige und spezifische Korrelationen, die bei $r = .31$ oder tiefer liegen, d. h. es kann höchstens 9 % der Varianz der Schultestwerte mit IDS-Werten aufgeklärt werden. Diese Auffassung von Schulleistung stellt zudem ein nur bedingt geeignetes Außenkriterium dar. Besser wäre, Schulnoten oder Lehrereinschätzungen zu verwenden, was eine gültigere Einschätzung des sogenannten „Schulerfolgs" darstellen würde, und einen aussagekräftigeren Schultest im Sprachbereich. Der Anspruch der IDS, aus dem Testprofil schulische Maßnahmen abzuleiten, könnte so besser eingelöst werden. Insgesamt scheint die IDS darauf ausgerichtet, Defizite zu erkennen und eine Intelligenzschätzung auch bei fremdsprachigen Kinder zu ermöglichen. Unter anderem sollen mit dem Test Aussagen für die zukünftige Schullaufbahn getroffen werden, weshalb aber eine reliable und valide Erfassung auch der Stärken und Ressourcen wichtig wäre. Die Erfahrung zeigt, dass der Kognitive Teil der IDS eine vorläufige Beurteilung erlaubt, und eine spätere Intelligenztestung nicht ersetzen kann. Leider fehlen Angaben zur prädiktiven Validität der IDS hinsichtlich des Schulerfolgs.

- Allgemeiner Teil: „Sprache" und „Mathematik" fließen nicht in den IDS-IQ ein, da es sich um (erworbene) „Kulturtechniken" handele. Dieser Ansatz wird weder inhaltlich noch durch die Datenanalyse ausreichend begründet.
- Sprache: Die Testwerte von „Sprache Rezeptiv" und „Sprache Expressiv" korrelieren nur gering mit den Ergebnissen standardisierter Lese- und Rechtschreibtests (S. 180) und scheinen daher auch nicht so stark mit schulisch erworbenen Fertigkeiten („Kulturtech-

niken") zusammenzuhängen, wie die Autoren annehmen. Auch die hohe Korrelation der IDS-Sprachsubtests mit dem Gesamt-IQ im WISC-IV ($r=.53$) (Hagmann-von Arx et al., 2012) führt zur Vermutung, dass sprachliche Intelligenz und nicht so sehr erworbenes Wissen einen bedeutsamen Faktor dieser Subtestleistungen darstellt. Offensichtlich misst „Sprache Expressiv" auch die verbale Kreativität und begriffliches Denken anhand von Bildern. Dies zeigt sich auch in der Faktorenanalyse von Hagmann-von Arx und Kollegen (2012): Hier laden nämlich „Sprache Expressiv" und „Sprache Rezeptiv" nicht nur hoch auf demselben Faktor wie die Subtests „Gedächtnis Auditiv" und „Bildkonzepte" aus dem Kognitiven Teil der IDS, sondern auch wie sämtliche Untertests des Index „Sprachverständnis" des WISC-IV. Es erscheint deshalb willkürlich, den Funktionsbereich „Sprache" nicht in den Kognitiven Teil mit einzubeziehen.

Tatsächlich erreichen aber fremdsprachige Kinder in den Sprachsubtests schlechtere Resultate (S. 188) als Kinder deutscher Muttersprache. Dies erstaunt nicht, weil grammatisch korrekte Sätze gebildet werden bzw. verschachtelte Sätze genau nachvollzogen werden müssen. Es bedeutet trotzdem nicht, dass die Subtests lediglich erworbenes Wissen messen. Wahrscheinlicher ist, dass die Sprachsubtests bei Fremdsprachigkeit kein valider Indikator der sprachlichen Fähigkeiten sind und dass sie zusätzlich die ökologische Validität des IDS-Intelligenzwerts beeinträchtigen: Fremdsprachige Kinder unterscheiden sich einzig im Subtest „Gedächtnis Auditiv" des Kognitiven Teils von der Kontrollgruppe.

- Mathematik: Bereits die Bezeichnung des Subtests „Denken Logisch-Mathematisch" steht im Widerspruch zur seiner Ausgliederung aus der IQ-Berechnung. Die Faktorenanalyse an der Gesamtstichprobe (Manual S. 177) ergab, dass „Mathematik" von allen Subtests die höchste Ladung (.70) auf dem Faktor Kognition aufwies, gefolgt von den Sprachsubtests (.63 und .55).

- Differenzierungsfähigkeit: Die Validität des IDS-IQ ist für den unteren Leistungsbereich höher als für den oberen Leistungsbereich: Während die Korrelation mit dem WISC-IV für die Gesamtstichprobe mit $r=.69$ (S. 178) angegeben wird, fanden Hagmann-von Arx und Kollegen (2012) beim Vergleich zwischen Hochbegabten ($r=.51$) und durchschnittlichen Primarschülern ($r=.73$) unterschiedlich starke Zusammenhänge. Dabei fällt auf, dass der IQ-Mittelwert der Hochbegabten in der oben genannten Studie ($N=77$) mit 122 ($SD=8$) angegeben wird, was den Kriterien einer Hochbegabung gar nicht entspricht. Dies gilt ebenso für die im Manual erwähnte Teilstichprobe „Hochbegabter" mit einem mittleren IQ von 117 ($SD=10$). Korrekter wäre, hier von „überdurchschnittlicher Intelligenz" zu sprechen.

Der Deckeneffekt zeigt sich auch in der Rohwerte-Tabelle (S. 174) für den Kognitiven Teil: 9- und 10-Jährige erreichen in allen Untertests die gleichen Rohwerte, was unwahrscheinlich erscheint. Die Ergänzung der Standardabweichungen und eine Aufschlüsselung in Halbjahres-Schritte wäre aufschlussreich.

– Sozial-Emotionale Kompetenz: Die sehr niedrigen Korrelationen der Subtests mit den Beurteilungsbögen zur Emotionsregulation und zum Sozialverhalten (S. 182) belegen die Konstruktvalidität des Funktionsbereichs nicht. Auch die sehr aufschlussreichen Mittelwertsvergleiche klinischer Subgruppen mit Kontrollgruppen werfen Fragen auf: So zeigt sich bei aggressiv verhaltensauffälligen Kinder ausgerechnet im Untertest „Emotionen Regulieren" kein Unterschied zur Kontrollgruppe, wenn auch „Soziale Situationen Verstehen" und „Sozial Kompetent Handeln" erwartungsgemäß tiefere Mittelwerte ergeben. Ausgerechnet im Funktionsbereich „Psychomotorik" sind keine Unterschiede zwischen hyperkinetischen Kindern zur Kontrollgruppe zu sehen. Wesentlich besser differenzieren hier die Verhaltensbeobachtung bzw. die einfache Ratingskala, mit der Durchhaltevermögen und Leistungsfreude beurteilt werden. Für die Kinder mit Asperger-Syndrom ergeben sich aber spezifische Unterschiede, die im klinischen Untersuchungskontext diagnostisch hilfreich sein können. Die Validität des Bereichs „Sozial-Emotionale Kompetenz" ist nur für den Subtest „Emotionen Erkennen" zufriedenstellend.

Testentwicklung
Die wissenschaftsgeschichtliche Übersicht zu Entwicklungs- und Intelligenztests in Form einer Grafik auf S. 156 ist eine interessante Bereicherung des Testmanuals, ebenso die tabellarischen Übersichten zu Vorläufertests von Intelligenz- und Entwicklungsverfahren. „Emotionen Regulieren", „Sozial Kompetent Handeln": Der Leser vermisst eine Erwähnung des „Separation Anxiety Tests (SAT)" von Klagsbrun und Bowlby (1976) bzw. Hansburg (1972), die im Kontext der Bindungsforschung den Ansatz entwickelt haben, mit Bildvorlagen (Fotos) Emotionsregulationsstrategien bei Kindern zu erfassen. Die SAT-Version von Klagsbrun und Bowlby hatte zum Ziel, die schulische Anpassung von Kindern vorherzusagen und benutzte Lehrerurteile als Außenkriterium. Wright, Binney und Smith (1995) erweiterten das Verfahren, indem sie zuerst fragten, was das Kind auf dem Bild wohl tun wird, und danach fragten, was der Proband selbst wohl tun würde – ein sehr ähnliches Vorgehen wie in den IDS-Untertests. Es erstaunt auch, dass zum Hintergrund des Konzepts der „Theory of Mind" (S. 32) der Psychoanalytiker P. Fonagy (2008) zitiert wird, statt die Primatenforscher Premack und Woodruff (1978), die Entwicklungspsychologen Wimmer & Perner (1983) mit ihrem „False-belief"-Experiment oder der Autismusforscher Baron-

Cohen, der mit der Sally-Anne-Aufgabe bei Kindern mit Autismus ein spezifisches Defizit der „Theory of Mind" nachgewiesen hat (Baron-Cohen et al., 1985).

Neuropsychologische Aspekte

Theoretischer Rahmen

Anwendungsbereiche

Die IDS wurden nicht als neuropsychologisches Verfahren im engeren Sinn konzipiert. Sie enthalten aber Untertests, wie die Verfahren zur sozialen und emotionalen Kompetenz, die mit deutschsprachiger Normierung sonst für diesen Altersbereich nicht zur Verfügung stehen.

Der Test kann als ansprechendes und fundiertes Screening-Verfahren im Kindergarten- und Primarschulbereich eingesetzt werden und Hinweise auf Entwicklungsstörungen geben, wie z. B. Störungen der visuellen Diskriminationsfähigkeit, der visuomotorischen und der motorischen Koordination, des Sprachverständnisses, des sprachlichen Ausdrucks und der numerischen Fähigkeiten. Eine eingehende Untersuchung einzelner Funktionen mit spezifischeren Instrumenten sollte sich gegebenenfalls anschließen.

Funktionelle Neuroanatomie
keine Angaben

Ergebnisbeeinflussende Faktoren
Bei jüngeren oder konzentrationsschwachen Kindern kann die Testung oft nicht in einer Sitzung (von max. 90 Minuten) durchgeführt werden. Die Interaktion des Testleiters mit dem Kind während des Ballwerfens und -fangens kann unter Umständen die Leistung des Kindes beeinflussen.

Handhabbarkeit und klinische Anwendung

Die IDS haben sich im klinisch-psychologischen Alltag als Diagnostikinstrument gut etabliert. Der Test lässt sich gut einsetzen und ermöglicht viel Interaktion mit dem Kind. Die Erfahrung zeigt, dass zeitlich in der Regel zwei Sitzungen erforderlich sind. Eine Schwierigkeit liegt darin, dass einige Kinder den kognitiven Teil nicht in einer Sitzung durchhalten. In diesem Fall ist eine IQ-Ermittlung nicht möglich.

Marina Zulauf Logoz

Intelligenz- und Entwicklungsskalen für das Vorschulalter (IDS-P). Intelligence and Development Scales – Preschool.

Alexander Grob, Giselle Reimann, Janine Gut & Marie-Claire Frischknecht

Bern: Huber, 2013

Zusammenfassende Testbeschreibung

Zielsetzung und Operationalisierung

Konstrukte

Erfassung der kognitiven und allgemeinen Entwicklung sowie den Umgang mit der Testsituation von Kindern im Alter von 3 bis 5 Jahren.

Testdesign

Testbatterie bestehend aus 15 Untertests zur Schätzung des übergeordneten Leistungsstandes der kognitiven und allgemeinen Entwicklung von Kindern. Fünf zentrale Funktionsbereiche: Kognition, Psychomotorik, Sozial-Emotionale Kompetenz, Denken Logisch-Mathematisch, Sprache. Aus sieben kognitiven Untertests kann ein individueller Intelligenzquotient abgeleitet werden. Drei weitere Untertests lassen Aussagen über den Umgang mit der Testsituation zu.

Angaben zum Test

Normierung

Alter: N = 713 Kinder aus der deutschsprachigen Schweiz, Deutschland und Österreich 3;0 bis 5;11 Jahre; 4-Monatsschritte.
Bildung: Sozioökonomischer Status der Eltern erfasst.
Geschlecht: Keine bedeutsamen Geschlechtsdifferenzen.

Material

Testkoffer mit Manual, zwei Aufstellordnern zur Itempräsentation, drei Kärtchensets, 15 Kunstfigurenkarten, 15 Holzklötzchen, Plastikplatte, zwei Unterlagen, Zeichenblock Visuomotorik, Bleistift und Seil, Dose mit Perlenset (fünf Perlen, fünf Würfel mit Loch, ein Band), Würfelset (zehn Würfel ohne Loch), Bild mit Spielplatzsituation, Holzfigurenset, 25 Geschenke, 25 Protokollbögen und CD-ROM mit Auswerteprogramm.

Durchführungsdauer

Gesamttest: 60–90 Minuten; Kognition: 40 Minuten; Psychomotorik: 15 Minuten; Sozial-Emotionale Kompetenz: 5 Minuten; Denken Logisch-Mathematisch: 5 Minuten; Sprache: 10 Minuten; Umgang mit der Testsituation: 10 Minuten.

Testkonstruktion

Design   **Aufgabe**
Die Testbatterie besteht aus fünf Funktionsbereichen untergliedert in
15 Untertests. Im Folgenden sind die Aufgaben in ihrer vorgegebenen
Reihenfolge (1–17) aufgeführt:
Einstiegsaufgabe: Theory of Mind. Falsche Überzeugungen einer anderen Person sollen in einer vorgelesenen und mit Figuren dargestellten Geschichte erkannt werden.

(1)   Wahrnehmung Visuell. Abbildungen von unterschiedlich langen
      Buntstiften sollen der Größe nach geordnet werden.

(2a) Gedächtnis Auditiv. 1. Teil: Eine kurze Geschichte wird vorgele-
      sen oder erzählt. Das Kind erfährt, dass es später danach ge-
      fragt wird.

(3)   Aufmerksamkeit Selektiv. Karten mit Enten sollen nach Farbe
      des Schnabels innerhalb von 90 Sekunden in zwei Gruppen
      (weiße und gelbe Schnabel) sortiert werden.

(4)   Gedächtnis Phonologisch. Kunstwörter zunehmender Silbenzahl
      sollen nachgesprochen werden.

(5)   Gedächtnis Räumlich-Visuell. Wiedererkennen von geometri-
      schen Figuren aus einer Auswahl ähnlicher Figuren.

(6)   Denken Bildlich. Geometrische Figuren unterschiedlicher Kom-
      plexität sollen mit Hilfe von drei- und viereckigen Klötzchen nach-
      gelegt werden.

(7)   Denken Konzeptuell. Bei drei Bildern soll das Gemeinsame bzw.
      das Konzept erkannt (z. B. drei Erdbeeren) und aus fünf weiteren
      Bildern zwei zum jeweiligen Konzept passende Bilder ausgewählt
      werden.

(2b) Gedächtnis Auditiv. 2. Teil: Die zuvor gehörte Geschichte soll
      nach ca. 20 Minuten nochmal erzählt werden; danach werden
      fehlende Details erfragt.

(8)   Grobmotorik. Das Kind soll ein Seil seitlich überspringen, auf dem
      Seil balancieren und auf einem Bein stehen (linkes und rechtes
      Bein für je 10 Sekunden).

(9)   Feinmotorik. Fünf Perlen und fünf Würfel sollen abwechselnd auf-
      gefädelt werden. Bewertet werden die Qualität des Greifens und
      Fädelns, die Einhaltung der Reihenfolge sowie die Geschwindig-
      keit.

(10) Visuomotorik. Fünf geometrische Figuren (waagerechte Linie,
      Kreis, Quadrat, Dreieck und Raute) sollen frei abgezeichnet wer-
      den.

(11) Sozial-Emotionale Kompetenz. 1. Teil: Auf vier Fotos sollen die
      Emotionen von Kindern anhand ihres Gesichtsausdruckes er-
      kannt werden (Freude, Trauer, Wut und Angst). 2. Teil: Das Kind
      soll zwei auf Bildern präsentierte soziale Situationen („Gemeiner
      Junge", „winkender Mann") erklären.

(12) Denken Logisch-Mathematisch. Vier logisch-mathematische Verständnisaufgaben sollen mittels zehn Würfeln und anhand von Bildern gelöst werden: Zählen (z.B. „Wieviel Würfel habe ich hier?"), Ordinalität, Mengenbegriff und Mengen erkennen (z.B. „Wo sind am meisten Sonnen?").

(13) Sprache Expressiv. Das Geschehen auf einem Bild einer Spielplatzsituationen soll frei beschrieben werden. Bewertet werden inhaltliche und grammatikalische Komplexität, Redefluss und Aussprache.

(14) Wortschatz. Auf Bildkarten präsentierte Objekte und Tätigkeiten sollen benannt werden.

(15) Sprache Rezeptiv. Vorgesprochene Sätze sollen mit Holzfiguren nachgespielt werden (z.B. „Der Hund geht in die Hundehütte").

(16) Belohnungsaufschub. Das Kind soll mit geschlossenen Augen 90 Sekunden abwarten, während der Testleiter ein Geschenk einpackt.

(17) Anstrengungsbereitschaft. Nach der Testung werden auf zwei Ratingskalen mit jeweils vier Items Durchhaltevermögen und Leistungsfreude des Kindes eingeschätzt.

Konzept

Die frühe kognitive und die allgemeine Entwicklung sowie der Umgang mit der Testsituation von Kindern im Vorschulalter sind operationalisiert in fünf Funktionsbereichen. Die kognitive Entwicklung beinhaltet sieben Untertests. Für den Bereich Kognition kann außerdem ein Gesamtwert (Intelligenzwert) gebildet werden. Die allgemeine Entwicklung besteht aus acht Untertests: Grobmotorik, Feinmotorik, Visuomotorik, Denken Logisch-Mathematisch, Sozial-Emotionale Kompetenz, Sprache Expressiv, Wortschatz und Sprache Rezeptiv. Der Umgang mit der Testsituation gliedert sich in drei Untertests: Theory of Mind, Belohnungsaufschub und Anstrengungsbereitschaft.

Variablen

Für jeden der 15 Untertests wird ein Rohsummenwert aus den richtig beantworteten Aufgaben berechnet. Es werden fünf Indizes gebildet:

- Kognition (Wahrnehmung Visuell, Aufmerksamkeit Selektiv, Gedächtnis Phonologisch, Gedächtnis Räumlich-Visuell, Gedächtnis Auditiv, Denken Bildlich, Denken Konzeptuell),
- Psychomotorik (Grobmotorik, Feinmotorik, Visuomotorik),
- Sozial-Emotionale Kompetenz (Emotionale Kompetenz),
- Denken Logisch-Mathematisch (Denken Logisch-Mathematisch),
- Sprache (aus Sprache Expressiv, Wortschatz, Sprache Rezeptiv).

Aus der Wertpunktsumme der sieben kognitiven Subtests wird der
Intelligenzwert gebildet. Aus den Wertpunkten aller Untertests wird
der Index der Gesamtentwicklung berechnet.

Durchführung
Für jeden Untertest sind Materialangaben, Beginn-, Umkehr- bzw. altersspezifische Einstiegs- und Abbruchkriterien, Instruktionen, Bewertungskriterien und Bewertungshilfen ausführlich erläutert. Alle Instruktionen und wichtigen Informationen finden sich zudem in den
Aufstellordnern bzw. auf den entsprechenden Protokollbögen. Es ist
gestattet, die Instruktionen im Dialekt des Kindes wiederzugeben, wenn
sie dadurch nicht verändert werden. Die Durchführung der Aufgaben
erfolgt in vorgegebener standardisierter Reihenfolge. Der Untertest
„Theory of Mind" ist als Einstiegsaufgabe vor der Durchführung des
ersten Untertests auszuführen. Der kognitive Untertest „Gedächtnis
Auditiv" ist in zwei Teile gegliedert: Teil 1 erfolgt als zweite Aufgabe in
der Testdurchführung und 2. Teil nach ca. 20 Minuten nach dem sieb-
ten Untertest „Denken Konzeptuell".
Der Testleiter soll weder verbale noch nonverbale Rückmeldungen zu
individuellen Leistungen geben, er kann aber das Kind für gutes Mit-
machen loben. Der Test kann nur als Einzeltest durchgeführt werden.
Grundsätzlich sollte der Test in einem Durchgang durchgeführt werden; er kann aber auch in zwei Teile aufgeteilt werden, wenn das Kind
ermüdet.

Auswertung
Die Auswertung der IDS-P kann manuell oder PC-gestützt erfolgen.
Die Rohwerte der einzelnen Aufgaben werden aufaddiert und die Rohwertsummen mittels Tabellen in Wertepunkte umgewandelt, die alters-
standardisiert sind (mit $MW=10$, $SD=3$.) Die Wertpunktsummen der
Tests zur kognitiven Entwicklung können in einer gesonderten Tabelle
in Prozentränge und IQ-Werte überführt werden ($MW=100$, $SD=15$).
Für den Bereich der kognitiven Entwicklung lässt sich ein Gesamtwert
bzw. Intelligenzwert anhand der Wertpunktsumme aus allen kognitiven
Untertests berechnen. Zur Interpretation der Wertpunkte und der Intelligenzwerte liegen detaillierte Angaben vor.
Für jeden Funktionsbereich kann zusätzlich ein Entwicklungsalter als
Äquivalent zur Rohwertsumme angegeben werden (Tabellen im Anhang D).
Intraindividuelle Analysen zur Bestimmung von Schwächen und Stärken des Kindes können auf Ebene der Funktionsbereiche untertest-
spezifisch oder auf Ebene der Gesamtentwicklung funktionsspezifisch
erfolgen. Die Berechnung der dafür erforderlichen Wertpunkte und
Wertpunktbänder ist detailliert im Manual beschrieben.

Liegen alle Wertpunkte innerhalb des Funktionsbereich-spezifischen Wertpunktbandes bzw. innerhalb des Bandes zur Gesamtentwicklung, weist der Proband ein homogenes Entwicklungsprofil auf. Liegen Wertpunkte hingegen darüber oder darunter, ist von intraindividuellen Stärken oder Schwächen im jeweiligen Funktionsbereich auszugehen. Hierbei sind untertestspezifische Standardmessfehler zu berücksichtigen. Auf die Berechnung von Konfidenzintervallen wird im Manual eingegangen.

Für die Auswertung der Untertests zum Umgang mit der Testsituation liegen zu den Bereichen Belohnungsaufschub und Anstrengungsbereitschaft Prozentränge in drei Stufen (≤ 15, 16–85, ≥ 86) vor. Für den Untertest Theory of Mind wird die prozentuale Häufigkeit der drei Antwortkategorien angegeben.

Normierung

Stichprobe
360 Mädchen und 353 Jungen ($N=713$) aus der deutschsprachigen Schweiz, Deutschland und Österreich. Es wurden keine bedeutsamen länderspezifischen Effekte gefunden.

Normen
Alter: Elf Altersgruppen in 4-Monatsschritten: <3.0 ($N=3$), 3;0–3;3 ($N=57$), 3;4–3;7 ($N=82$), 3;8–3;11 ($N=84$), 4;0–4;3 ($N=94$), 4;4–4;7 ($N=79$), 4;8–4;11 ($N=80$), 5;0–5;3 ($N=80$), 5;4–5;7 ($N=80$), 5;8–5;11 ($N=64$), $\geq 6;0$ ($N=10$).
Bildung: Sozioökonomischer Status erfasst als höchste Ausbildung des Vaters. Signifikante, aber sehr niedrige Korrelationen zwischen dem sozioökonomischen Status und folgenden Untertests: Wahrnehmung Visuell ($r=.19$), Gedächtnis Auditiv ($r=.09$), Denken Bildlich ($r=.12$), Visuomotorik ($r=.13$), Denken Logisch-Mathematisch ($r=.11$), Wortschatz ($r=.09$), Sprache Rezeptiv ($r=.22$) und Theory of Mind ($r=.12$). Bedeutsame, aber niedrige Korrelation zwischen Gesamtwert Intelligenz und sozioökonomischen Status ($r=.17$).
14.6% der Kinder besuchten eine Spielgruppe, 32.6% ein Kindertagesheim, 40.1% einen Kindergarten und 2.6% wurden zum Testzeitpunkt zu Hause betreut.
Geschlecht: Keine bedeutsamen Geschlechtsdifferenzen.

Gütekriterien

Objektivität
Durchführung: Durch die detaillierten und übersichtlichen Instruktionen zur Vorbereitung, Testung sowie deren Protokollierung ist die Durchführungsobjektivität gesichert.
Auswertung: Aufgrund der ausführlich dargestellten Bewertungskriterien und Bewertungshilfen sowie der übersichtlichen Normtabellen kann von einer guten Auswertungsobjektivität ausgegangen werden. Das dichotome Antwortformat (richtig/falsch) in den Funktionsbereichen Ko-

gnition und Denken Logisch-Mathematisch ermöglichen eine objektive Auswertung dieser Teilbereiche. Erfolgt die Auswertung PC-gestützt, ist die Objektivität entsprechend hoch.

Zur Interpretationsobjektivität tragen das Fallbeispiel und die Normwerte bei.

Reliabilität

Interne Konsistenz: Cronbachs Alpha wurden für insgesamt $N=700$ Kinder berechnet, womit sich folgende interne Konsistenzen ergeben: Kognition $\alpha=.91$, Psychomotorik $\alpha=.92$, Sozial-Emotionale Intelligenz $\alpha=.72$, Denken Logisch-Mathematisch $\alpha=.84$ und Sprache $\alpha=.85$.

Retest-Reliabilität: Zur Berechnung der Stabilität wurden nach zwei bis acht Monaten ($MW=5$ Monate, $SD=0.81$ Monate) insgesamt $N=57$ Kinder ein zweites Mal getestet. Es ergaben sich folgende Korrelationen: Kognition (Intelligenz) $r=.90$, Psychomotorik $r=.85$, Sozial-Emotionale Intelligenz $r=.53$, Denken Logisch-Mathematisch $r=.80$ und Sprache $r=.69$.

Weitere Reliabilitätsmaße: $N=25$ Kinder aus der Normstichprobe wurden im Testungsverlauf auf Video aufgezeichnet und durch eine zweite Beurteilerin bewertet. Es resultieren Intraklassen-Korrelationen zwischen $r=.81$ und $r=.99$, mit den niedrigsten Werten für Gedächtnis Phonologisch und Gedächtnis Auditiv.

Validität

Konstruktvalidität: Für sämtliche Untertests ergaben sich signifikante und erwartungskonforme Alterstrends, wobei durch die Altersgruppe pro Untertest zwischen 8 % bis 48 % der Varianz aufgeklärt werden kann. Vergleiche zwischen den Altersgruppen zeigten für den Untertest Visuomotorik mit .46 die stärksten und für Sprache Expressiv mit .25 die niedrigsten Effekte.

Die theoretisch angenommene Skalenstruktur wurde anhand einer konfirmatorischen Faktoranalyse überprüft. Alle Untertests des kognitiven Funktionsbereichs luden signifikant auf einen gemeinsamen Faktor Kognition (zwischen .61 und .75). Im Bereich der allgemeinen Entwicklung luden die Untertests ebenfalls signifikant auf einem Faktor Psychomotorik (.51 bis .65) sowie einem Faktor Sprache (.45 bis .86).

Konvergente/diskriminante Validität: Denken Logisch-Mathematisch der IDS-P korreliert mit dem Untertest Rechnen aus dem K-ABC (Melchers & Preuß, 2009) mit $r=.86$ ($N=26$).

Alle sprachlichen Untertests der IDS-P (Sprache Expressiv, Sprache Rezeptiv und Wortschatz) sowie der Index Sprache korrelieren zwischen $r=.49$ und $r=.61$ mit den Untertests Satzverstehen und Morphologische Regelbildung des SETK 3-5 (Grimm, 2001).

Bedeutsame Zusammenhänge wurden sowohl zwischen den einzelnen kognitiven Untertests als auch dem Intelligenzwert und den Index-Werten der RIAS (Hagmann-von Arx & Grob, 2014) gefunden: $r=49$ bis $r=.63$.

Sozial-Emotionale Kompetenz, Belohnungsaufschub, Anstrengungsbereitschaft und Theory of Mind korrelierten negativ mit Verhaltensproblemen im SDQ (Strength and Difficulties Questionnaire; Goodman, 1997) und ebenso mit den elterlich eingeschätzten Temperamentseigenschaften Negativer Affekt und Kontrollfähigkeit im CBQ (Children's Behavior Questionnaire; Rothbart et al., 2001).

Klinische Validität:

Fremdsprachigkeit: Fremdsprachige Kinder ($N=26$, $MW=4.48$ Jahre, $SD=0.85$) zeigten gegenüber einer deutschsprachigen Kontrollgruppe deutlich und signifikant tiefere Leistungen in allen Untertests der Sprache, aber nicht in anderen Bereichen der IDS-P.

Trisomie 21: Erwartungskonform erzielten Kinder mit Trisomie 21 ($N=21$, Alter $MW=5.6$ Jahre, $SD=1.65$) sowohl in allen kognitiven als auch in den allgemeinen Entwicklungsbereichen tiefere Leistungen als Kinder der Kontrollgruppe.

Sprachauffällige Kinder ($N=21$) zeigten im kognitiven Funktionsbereich lediglich im Untertest Gedächtnis Phonologisch bedeutsam tiefere Leistungen als die Kontrollgruppe. Weiter zeigten sich Gruppenunterschiede zu Gunsten der Kontrollgruppe in den Untertests Denken Logisch-Mathematisch sowie der Sprache Expressiv.

Kinder dieser Gruppe ($N=21$) wiesen im Sinne der Mischkategorie nach ICD-10 (F83) umschriebene Entwicklungsauffälligkeiten der Sprache, der vorschulischen Fähigkeiten und der motorischen Funktionen auf. Es zeigten sich im kognitiven Bereich bezüglich Intelligenz (Wahrnehmung Visuell, Aufmerksamkeit Selektiv und Gedächtnis Phonologisch) im Bereich der Psychomotorik sowie der Sozial-Emotionalen Kompetenz bedeutsame Unterschiede zu Gunsten der Kontrollgruppe.

Frühgeborene: Beim Vergleich frühgeborener Kinder (Alter $MW=4.26$ Jahren; $SD=1.05$) mit einer Kontrollgruppe zeigten sich unter Kontrolle des Gestationsalters signifikante Unterschiede in den Untertests Gedächtnis Räumlich-Visuell und Denken Bildlich. Frühgeborene erreichten im Gegensatz zu termingeborenen Kindern auch in allen Bereichen der Psychomotorik bedeutsam tiefere Werte.

Nebengütekriterien

keine Angaben

Neuropsychologische Aspekte

Theoretischer Rahmen   Die Autoren stützen sich in erster Linie auf entwicklungspsychologische Modelle der kognitiven und allgemeinen Entwicklung von Kindern im Vorschulalter. Allerdings beziehen sich die Testautoren bei der

Beschreibung der Testbereiche auch explizit auf neuropsychologische Literatur und entsprechende Modelle; vor allem in Bezug auf Aufmerksamkeit und Gedächtnis (z. B. Baddeley, 2000; Häusler & Sturm, 2009; Logie & Pearson, 1997; Maricle, Miller & Mortimer, 2011; Niemann & Gauggel, 2010).

Anwendungs-
bereiche Die IDS-P eignet sich für das gesamte Spektrum der Leistungs- und Entwicklungsdiagnostik, für die Kindergarten- bzw. Schuleignungsdiagnostik sowie für klinische Fragestellungen. Weitere Einsatzbereiche sind: Entwicklungs- und Schulpsychologie, Erziehungs- und Familienberatung, klinische Kinderpsychologie, Kinderpsychiatrie und Pädiatrie.

Funktionelle keine Angaben
Neuroanatomie

Ergebnis- Es soll auf Ermüdungserscheinungen des Kindes geachtet werden.
beeinflussende Bei den Untertests Gedächtnis Auditiv, Sprache Expressiv, Wortschatz
Faktoren und Sprache Rezeptiv ist bei der Untersuchung fremdsprachiger Kinder eine besondere Aufmerksamkeit erforderlich.

Testentwicklung

Die IDS-P ist eine Adaptation der Intelligence and Development Scales für 5–10-Jährige (IDS; Grob, Meyer & Hagmann-von Arx, 2009) für den Altersbereich der drei- bis fünfjährigen Kinder. Die Gliederung in die einzelnen Funktionsbereiche wurde weitgehend übernommen. Sieben Untertests wurden leicht und sechs stark modifiziert sowie zwei Untertests des Funktionsbereiches Sprache komplett neu konstruiert. Die IDS-P sowie ihre Vorläuferversion IDS waren ursprünglich als Überarbeitung des Kramer-Intelligenztests (KIT; Kramer, 1972) angelegt. Die Konzeption der IDS-P gründet aus der Forschungstradition der konstruktivistischen Perspektive nach Binet (Binet & Simon, 1904).
Auf die spezifischen Konstruktionen der einzelnen IDS-P Untertests wird im Manual einzeln und übersichtlich eingegangen.
– Der Untertest Wahrnehmung Visuell geht auf Tests mit ähnlichen Aufgaben (z. B. Binet & Simon, 1904) und auf den entsprechenden Aufgabentypus im KIT zurück.
– Die Konstruktion des Untertests Aufmerksamkeit Selektiv erfolgte in Anlehnung an den Durchstreichtest d2 (Brickenkamp, 2002). Im IDS-P ist dies allerdings als Kärtchensortieraufgabe operationalisiert worden, da sich die Durchstreichaufgabe für jüngere Kinder aufgrund fein- und visuomotorischer Schwierigkeiten als ungeeignet erwies.

- Weil sich jüngere Kinder in Voruntersuchungen zum IDS-P das Zahlen- und Buchstabennachsprechen verweigerten, wurde der Untertest „Gedächtnis Phonologisch" in Anlehnung an den Mottier-Test (Mottier, 1951) über das Nachsprechen von Kunstwörtern operationalisiert.
- Basierend auf einer entsprechenden KIT-Aufgabe entstand der Untertest „Gedächtnis Räumlich-Visuell".
- Der Untertest „Gedächtnis Auditiv" korrespondiert zum entsprechenden Vorläuferuntertest der IDS.
- Der Aufgabentyp des Untertests „Denken Bildlich" basiert auch auf dem KIT, wobei einige Figurenvorlagen direkt daraus übernommen wurden.
- Die Entwicklung der Aufgabe im Untertest „Denken Konzeptuell" erfolgte in Abwandlung von „Oberbegriffe" des KIT.
- Die Turnübungen im Untertest „Grobmotorik" wurden in Anlehnung an den Motoriktest für vier- bis sechsjährige Kinder (MOT 4-6; Zimmer & Volkamer, 1997) und den Wiener Entwicklungstest (WET; Kastner-Koller & Deimann, 2002) entwickelt.
- Das Auffädeln von Perlen und Würfeln als Aufgabe im Untertest „Feinmotorik" korrespondiert in modifizierter Form mit KIT „Perlen aufreihen".
- Das Erkennen von Basisemotionen im Untertest „Sozial-Emotionale Kompetenz" wurde – wie im IDS – in Anlehnung an den WET Untertest Fotoalbum (Kastner-Koller & Deimann, 2002) entwickelt.
- Das Verstehen von sozialen Situationen auf Bildern geht auf die Aufgabe „Bilder erklären" im KIT zurück.
- Der Untertest „Denken Logisch-Mathematisch" orientiert sich an dem entsprechenden Untertest der IDS.
- Beim Untertest „Sprache Expressiv" wird das freie Sprechverhalten eingeschätzt, orientiert an der normativen Sprachentwicklung sowie an etablierten Sprachentwicklungsverfahren (z. B. SETK 3-5; Grimm, 2001).
- Der Untertest „Wortschatz" orientiert sich an ähnlich konzipierten Verfahren (z. B. K-ABC; Melchers & Preuß, 2009).
- „Sprache Rezeptiv" wurde in Anlehnung an die Aufgabe „Aufträge ausführen" der auf Binet-Simon basierenden Verfahren konzipiert, wobei in den IDS-P die Aufträge nicht selbst ausgeführt, sondern mit Holzfiguren nachgespielt werden.
- „Anstrengungsbereitschaft" wurde aus den IDS übernommen.
- Neu konstruiert wurden „Theory of Mind" zur Erfassung falscher Überzeugungen (vgl. dazu Gopnik & Astington, 1988) und der Untertest „Belohnungsaufschub" gemäß dem klassischen Warteparadigma nach Mischel (Mischel & Metzner, 1962).

Testbewertung

Die Kritik im Überblick

Die IDS-P ist ein benutzerfreundliches und kindgerechtes Verfahren zur Entwicklungs- und Intelligenzdiagnostik im Vorschulalter. Der Test umfasst ein ausgesprochen breit gefächertes Inventar mit Aufgaben aus verschiedenen Funktionsbereichen, die in unterschiedlichen theoretischen Ansätzen verankert sind. Die Autoren haben sich sichtlich bemüht, möglichst diverse Funktionsaspekte und Paradigmen in der IDS-P zu berücksichtigen, die aktuellen Entwicklungstheorien gerecht werden. So integriert die IDS-P auch Aspekte „heißer" Exekutiver Funktionen wie Belohnungsaufschub, Theory of Mind, Anstrengungsbereitschaft und Emotionsverarbeitung, was derzeit kein anderes deutschsprachiges Entwicklungsverfahren vergleichbar leistet. Ein solcher Ansatz, von allem etwas bieten zu wollen – Intelligenztest plus Breitband-Entwicklungstest plus „heiße" exekutive und andere neuropsychologische Funktionen und Vorläuferfähigkeiten –, ist anspruchsvoll und reizvoll. Dabei lässt sich nicht vermeiden, dass diese Vielfalt möglicherweise auf Kosten der Validität geht und dass der Test, der sich auf keine Kategorie festlegen möchte, auch nur schwer für präzise Fragestellungen einsetzen lässt: Als IQ-Test etwas zu eingeschränkt, als klinischer Test nicht ausreichend validiert und trennscharf, als Entwicklungstests möglicherweise mit zu vielen Boden- und Deckeneffekten in den Altersrandbereichen. Für Neuropsychologen bietet der Test trotzdem eine Reihe von interessanten und auch als Einzelmodul gut einsetzbaren Aufgaben, deren klinische und prognostische Validität aber noch besser überprüft werden sollte.

Testkonstruktion

Testmaterial
Ansprechendes, buntes und kindgerechtes Material, z. B. mit Holzfiguren, um Antworten nachzuspielen und nicht nur zu beschreiben.

Testdesign
Konzept: Das Konzept eines sehr umfassenden Tests, der sozusagen „alles in einem" erfasst und dadurch Vergleiche zwischen unterschiedlichen Funktionsbereichen ermöglicht, ist reizvoll, aber anspruchsvoll.
Durchführung: Die Durchführungsanweisungen sind meist klar und eindeutig. Zum Teil erfordert der Test aber für eine exakte Punktevergabe eine sehr genaue Beobachtung durch den Untersucher und paralleles Beobachten und Notieren, was schwierig ist: Beispiel: Für das Auffädeln der Perlen und Würfel wird vorgegeben, wo genau das Lederband vom Kind zu fassen ist und ob das Loch einmal oder mehrmals nicht getroffen wird.

Normierung

Normen: Die Normgruppen umfassen jeweils vier Monate mit durchschnittlichen Zellgrößen von $N = 58$. Erstaunlich ist, dass keine Überprüfung von Geschlechtseffekten berichtet wird. Jungen und Mädchen sind zwar etwa gleich verteilt in allen Altersgruppen. Man würde aber erwarten, dass es in diesem Alterssegment geschlechtsspezifische Unterschiede gibt. Beim Emotionsverarbeiten z. B. haben Mädchen häufig einen Entwicklungsvorsprung.

Die Testautoren weisen darauf hin, dass es erhebliche Decken- und Bodeneffekte für einzelne Verfahren gibt, was für einen Entwicklungstest ungewöhnlich ist.

Gütekriterien

Reliabilität: Die Interrater-Übereinstimmung für die subjektivsten Untertest (d. h. bei denen der Untersuchung eine Beurteilung abgibt, auf der dann die Bewertung beruht) liegt zwischen befriedigend (.70; Anstrengungsbereitschaft) bis perfekt (1.0; Theory of Mind). Möglicherweise könnten die Merkmale von Anstrengungsbereitschaft noch besser definiert werden bzw. ist die Skala möglicherweise mit vier Items zu kurz, um reliabel zu sein.

Es wird die Retest-Stabilität nach vier Monaten berichtet, die sehr gut ist für Kognitive Funktionen insgesamt (d. h. IQ-Wert) und gering bis befriedigend für die anderen Funktionsbereiche und ihre einzelnen Funktionen. Die Autoren erklären dies mit den Entwicklungseffekten nach fünf Monaten. In der Tat wäre dies ein möglicher Beleg für die Validität des Verfahrens als Entwicklungstest. Das würde im Prinzip gut ins Konzept passen – nämlich dass der IQ als Gesamtwert stabiler ist, während sich andere Funktionen entwickeln. Allerdings zeigen die einzelnen kognitiven Funktionen nur eine eher geringe bis befriedigende Stabilität, was weniger gut ins Konzept passt. Um Übungseffekte zu ermitteln, wäre es vermutlich sinnvoller gewesen, schon nach kürzerer Zeit eine Testwiederholung durchzuführen. Es gibt keine Angaben, nach welchem Zeitraum eine Testwiederholung zulässig wäre, was bei einem Intelligenzverfahren sinnvoll wäre. Auch ob sich das Verfahren für Verlaufsuntersuchungen eignet, z. B. vor und nach einer Intervention, wird nicht thematisiert. Dies scheint aber, auch in Anbetracht der Boden- und Deckeneffekte einzelner Untertests, eher unsicher.

Bei der konfirmatorischen Faktorenanalyse stimmen die dargestellten Faktoren (der kognitiven Tests) nicht ganz mit den Untertests überein. Diese Analyse hätte noch besser erklärt werden können.

Bei der Untersuchung der konvergenten Validität wird die Reynolds Intellectuals Assessment Scales (RIAS; Hagmann-von Arx & Grob, 2014) eingesetzt, eine auf Deutsch adaptierte neu erschienene Version eines englischsprachigen Verfahrens. Hier fallen die Übereinstimmungen wenig überzeugend aus. Zur Beschreibung der Kriteriumsvalidität hätte man sich eher ein gut eingeführtes Verfahren für Kinder in diesem Altersbereich gewünscht, das tatsächlich einen Vergleich ermöglicht und nicht ein Intelligenz-Kurzscreening für Probanden von 3 bis 99 Jahren. Von der K-ABC wird leider nur ein Vergleich mit einem einzigen Untertest berichtet. Die diskriminante Validität der Verfahren zum sozial-emotionalen Kompetenz und der Untertests zum Umgang mit der Testsituation werden nicht sehr gut gestützt durch die Elternfragebögen. Insgesamt würde man sich noch bessere Analysen der Kriteriumsvalidität, gerne auch prognostische Untersuchungen, wünschen, um die Validität dieser Aufgaben besser einschätzen zu können.

Neuropsy-
chologische
Aspekte

Theoretischer Rahmen
Nicht immer entsprechen die Konstrukte genau der Beschreibung der Testintention: So beinhaltet der Test Gedächtnis Räumlich-Visuell auch Aufmerksamkeits- und exekutive Komponenten, da nur die Form unabhängig von der Farbe wiedererkannt werden muss.

Anwendungsbereiche
Laut Überblicksinformationen soll die Testbatterie der Früherkennung von Entwicklungsabweichungen, der Diagnostik von Minder- und Hochbegabung, der Bestimmung von Schulart oder -niveau sowie der Standortbestimmung von Intelligenz und allgemeiner Entwicklung dienen (S. 14). Im hinteren Teil des Manuals werden die Ausführungen für den Einsatz durch klinische Psychologen etwas relativiert. Hier scheint es, dass der Test vor allem für Lehrpersonen ein umfassendes Profil für eine Förderung ermitteln kann, oder für Kinderärzte, um ein umfassendes Bild des Entwicklungsstandes zu gewinnen. Für Psychologen zur Diagnosestellung z. B. von ADHS kann die IDS-P dagegen „ergänzend" eingesetzt werden. Es dürfen, so die Testautoren, anhand der Testaufgaben keine „Ursache-Wirkung"-Schlüsse im Sinne von Diagnosen abgeleitet werden. Es wird daraufhin gewiesen, dass weitere Tests zur Diagnosestellung durchgeführt werden müssen und dass die IDS-P für eine neuropsychologische Abklärung nicht ausreicht. Die einzelnen Tests der IDS-P dürfen allerdings auch „modular" eingesetzt werden. Auf der anderen Seite wird aber argumentiert, dass die IDS-P zufriedenstellend zwischen klinischen Gruppen differenziert.

Handhab-
barkeit und
klinische
Anwendung

Der Test ist insgesamt ein interessantes, zum Teil innovatives und mit Kindern dieses Alters sehr gut einsetzbares Instrument. Die Auswertung mit dem Programm ist deutlich komfortabler als von Hand. Man kann die Profildarstellung mit den Wertpunktbändern gut in Diagnosegesprächen mit Eltern verwenden.

Trotzdem werden sich zumindest (Neuro-)Psychologen fragen, wann genau man den Test klinisch einsetzen sollte und welche Schlussfolgerungen man daraus ziehen kann. Als ein Screening-Verfahren? Als ein im engeren Sinne klinisches Verfahren scheint der Test nicht konzipiert, obwohl er gemäß Autoren, Hinweise auf Störungen geben kann. Gerade bei der Interpretation der Untertests zur emotionalen Entwicklung und zur Beurteilung des Umgangs mit der Testsituation bleiben einige Interpretationsunsicherheiten, auch wenn diese zumindest einen klinischen Eindruck vom Verhalten des Kindes vermitteln. Beim Belohnungsaufschub ist anzumerken, dass das Kind nicht darauf hingewiesen wird, dass es nicht nur nicht hinschauen, sondern auch nicht reden darf, während das Geschenk eingepackt wird.

Ivana Ilieva

Kognitiver Entwicklungstest für das Kindergartenalter (KET-KID)

Monika Daseking & Franz Petermann

Göttingen: Hogrefe, 2009

Zusammenfassende Testbeschreibung

Zielsetzung und Operationalisierung	**Konstrukte** *Erfassung neuropsychologischer Basisfähigkeiten und Teilleistungen verschiedener kognitiver Funktionsbereiche im Kindergartenalter.*

Testdesign

Testbatterie bestehend aus 10 Untertests und drei Lateralitätsaufgaben zur Prüfung des Entwicklungsstands verschiedener kognitiver Funktionsbereiche: 1.Psychomotorik, 2. Artikulation, 3. Auditives Gedächtnis, 4. Sprachverständnis, 5. Räumliche Vorstellung, 6. Visuokonstruktion, 7. Bildhaftes Gedächtnis, 8. Rhythmus, 9. Wortflüssigkeit, 10. Aufmerksamkeit; Lateralitätsaufgaben zur Präferenz von Auge, Hand und Fuß.

Als übergeordnete Skalen können eine Nonverbale und eine Verbale Skala berechnet werden; acht Untertests (d. h. alle Tests außer Wortflüssigkeit und Aufmerksamkeit) bilden die Entwicklungsskala.

Angaben zum Test

Normierung
Alter: 3;0–6;5 Jahre in 6-Monatsstufen.
Bildung: Bildung der Eltern erfasst.
Geschlecht: Keine Geschlechtsnormen.

Material
Manual mit Normtabellen, 10 Protokollbögen, 10 Arbeitsbögen, 5 Bildvorlagen, eine Lochkarte und eine Audio-CD. Zusätzlich benötigt werden ein Ball und ein CD-Player.

Durchführungsdauer
Circa 30 Minuten.

Testkonstruktion

Design   **Aufgabe**

Die Testbatterie besteht aus 10 Untertests und vier Lateralitätsaufgaben:

1. *Psychomotorik:* Der Untertest besteht aus sieben motorischen Aufgaben, die das Kind nach Vorführung durch den Testleiter nachmachen soll, zum Teil mit Zeitvorgabe. Zusätzlich wird notiert, welche Hand bzw. Bein spontan vom Kind zum Vorführen der Aufgaben eingesetzt wird.

2. *Artikulation:* Es werden 20 Wörter von der CD einzeln abgespielt, die das Kind nachsprechen soll.

3. *Auditives Gedächtnis:* Es werden 12 Sätze von der CD einzeln abgespielt. Das Kind soll diese wiederholen.

4. *Sprachverständnis:* Ein kurzer Text wird einmal langsam vorgelesen (9 Sätze – circa 50 Sekunden). Dann werden dem Kind 10 Fragen zur Geschichte gestellt.

5. *Räumliche Vorstellung:* Der Untertest besteht aus 12 Aufgaben. In den Aufgaben 1 bis 11 soll das Kind verbalen Anweisungen zur räumlichen Positionierung folgen (Beispiel: „Berühre mit der rechten Hand dein rechtes Ohr"). In der zwölften Aufgabe soll das Kind mit einem Stift den eingezeichneten Linien in einem Feld im Arbeitsbogen folgen, während der Testleiter dazu Anweisungen gibt.

6. *Visuokonstruktion:* Mit einem Bleistift sollen die auf dem Arbeitsbogen dargestellten geometrischen Figuren nachgezeichnet werden. Das Benutzen eines Radiergummis ist hierbei nicht erlaubt.

7. *Bildhaftes Gedächtnis:* Eine Bildervorlage mit 10 Objekten wird eine Minute lang gezeigt. Dann hat das Kind 90 Sekunden Zeit zum Aufzählen aller Objekte, an die es sich erinnert.

8. *Rhythmus:* Der Testleiter klatscht verschiedene Rhythmussequenzen vor. Das Kind soll die Folgen wiedergeben.

9. *Wortflüssigkeit:* Das Kind soll einen Satz mit vorgegebenen Wörtern bilden. Der Satz soll so lang wie möglich sein und einen Sinn ergeben. Beispiel: Baum, Löwe und Luftballon.

10. *Aufmerksamkeit:* Es handelt sich um einen typischen Durchstreichtest: In einem Arbeitsbogen mit Reihen geometrischer Figuren soll das Kind so viele Quadrate wie möglich mit einem Kreuz durchstreichen. Zeitbegrenzung auf 30 Sekunden.

Lateralität: Es wird die Lateralität von Auge, Hand und Fuß evaluiert. Zusätzlich werden Beobachtungen aus anderen Untertests hinzugenommen. Um die Lateralität des Auges festzustellen, soll das Kind durch ein Loch in einer Karte durchschauen und drei verschiedene Objekte, die der Testleiter nacheinander hochhält, benennen. Notiert wird, welches Auge dafür benutzt wird. Um die Lateralität der Hand festzustellen, werden zwei Tests verwendet: Zunächst soll das Kind im Arbeitsbogen einen Kreis aufzeichnen. Die hierfür benutzte Hand wird notiert. Im zweiten Test steht der Testleiter circa zwei Meter vom Kind entfernt. Das Kind soll auf Zuruf dem Testleiter einen kleinen Ball mit nur einer Hand zuwerfen. Hier wird ebenfalls die eingesetzte Hand notiert. Um die Lateralität des Fußes festzustellen, wird der Ball auf den Boden vor das Kind gelegt. Das Kind wird aufgefordert, gegen den Ball zu treten und ihn zum Testleiter zu schießen. Es wird notiert, welchen Fuß das Kind benutzt. Dann stoppt der Testleiter den Ball und schießt ihn zurück. Das Kind soll den Ball mit dem Fuß zurückschießen. Man notiert, welcher Fuß benutzt wurde, egal ob der Ball getroffen wurde oder nicht.

Konzept
Diese Testbatterie soll die kognitiven Funktionsbereiche erfassen, die für die Entwicklung schulischer Primärleistungen essentiell sind. Diese werden operationalisiert mittels verschiedener Untertests, in denen diese verschiedenen Bereiche untersucht werden. Für jeden Untertest lassen sich Prozentränge ermitteln, anhand derer die verschiedenen Komponenten des kognitiven Entwicklungsstands quantifiziert werden können. Folgende Kompetenzen sollen durch die Untertests erfasst werden:
1. Psychomotorik: Grob- und Feinmotorik, sowie die Koordinationsfähigkeit.
2. Artikulation: expressive Sprache, Artikulation.
3. Auditives Gedächtnis: Auditives Arbeitsgedächtnis und rezeptive Sprachfähigkeit.
4. Sprachverständnis: Auditives Gedächtnis und das Sprachverständnis für komplexe Zusammenhänge.
5. Räumliche Vorstellung: Rechts-links Differenzierung und Raum- und Körperorientierung.
6. Visuokonstruktion: Graphomotorik und visuokonstruktive Fähigkeiten.
7. Bildhaftes Gedächtnis: Visuelles Arbeitsgedächtnis bzw. crossmodales Arbeitsgedächtnis.
8. Rhythmus: Phonologische Bewusstheit, auditives Gedächtnis und Motorik.
9. Wortflüssigkeit: Wortflüssigkeit und Aufgabenverständnis.
10. Aufmerksamkeit: Selektive Aufmerksamkeit und Graphomotorik.
Lateralität: Lateralität von Auge, Hand und Fuß, d. h. die Präferenz einer Hand/eines Fusses/eines Auges bei der Handlungsausführung.

Variablen
Drei KET-KID-Skalen (gebildet durch Aufaddieren der jeweiligen Untertestergebnisse):
– Nonverbale Skala aus den 5 Untertests: Psychomotorik, Räumliche Vorstellung, Visuokonstruktion, Bildhaftes Gedächtnis, Rhythmus.

– Verbale Skala aus den 3 Untertests: Artikulation, Auditives Gedächtnis, Sprachverständnis.
– Gesamtentwicklungsskala aus Nonverbaler Skala und Verbaler Skala.

Die Untertests Wortflüssigkeit und Aufmerksamkeit gehen nicht in die Entwicklungsskala ein.

Durchführung

Die einzelnen Untertests sollen in der oben genannten Reihenfolge durchgeführt werden. Die Instruktionen erfolgen in mündlicher Form und sind in ihrem genauen Wortlaut vorgegeben. Für jeden Untertest liegt im Handbuch eine Beschreibung vor, in der erläutert wird, welche Anforderungen an den Testleiter und an den Patienten gestellt werden. Aufgrund der engen Alterspanne des KET-KID werden allen Altersgruppen dieselben Aufgaben vorgelegt. Es gibt kein Einstiegs- oder Abbruchkriterium. Lediglich in den zwei Untertests Visuokonstruktion und Rhythmus soll bei mehrmaliger Bewertung mit null Punkten abgebrochen werden. Der Test sollte nur als Einzeltest durchgeführt werden.

Auswertung

Die in den jeweiligen Untertests erreichten Punkte werden zu Rohwertsummen aufaddiert und mittels Tabellen in Prozentränge transformiert. Zusätzlich lassen sich für die Entwicklungsskala, die Nonverbale und die Verbale Skala ebenfalls Prozentränge angeben. Diese Werte können im Protokollbogen als Profil dargestellt werden. Es liegen Cut-off-Werte für die Lateralität vor.

Ein Kapitel des Manuals ist den Auswertungshilfen zu den Untertests Auditives Gedächtnis, Sprachverständnis, Visuokonstruktion und Bildhaftes Gedächtnis gewidmet. Für den Untertest Aufmerksamkeit liegen zwei Normtabellen vor für die Werte „Richtige" und „Differenz" (Es ist hierbei die Differenz zwischen richtig und falsch angestrichenen Items gemeint).

Zur Interpretation der Untertests und der Skalen wird aus dem Protokollbogen durch Farbabstufungen ersichtlich, dass ein Prozentrang unter 15 als unterdurchschnittlich zu werten ist.

Normierung   **Stichprobe**
Normierungsstichprobe aus 622 Kindern, 312 davon weiblich.
Kindergarten- und Grundschulkinder aus 16 Standorten in 7 Bundesländern.

Normen
Alter: Sieben Altersgruppen, in 6-Monatsstufen: 3;0–3;5 Jahre ($N=62$), 3;6–3;11 Jahre ($N=84$), 4;0–4;5 Jahre ($N=106$), 4;6–4;11 Jahre ($N=115$), 5;0–5;5 Jahre ($N=113$), 5;6–5;11 Jahre ($N=88$), 6;0–6;5 Jahre ($N=54$).

Bildung: Erfasst wurde der Schulabschluss der Eltern (circa 30% Abitur, 30% mittlere Reife, 17% Hauptschule, 1% Sonderschule, 22% ohne Angabe).

Geschlecht: Keine geschlechtsspezifische Normierung. Nach einer Alpha-Fehler-Adjustierung (Korrektur gegen multiples Testen) ergaben sich signifikante geschlechtsspezifische Leistungsunterschiede in den Untertests Visuokonstruktion und Aufmerksamkeit. Diese bewegen sich allerdings nur im Rahmen eines Rohwertpunktes. Diese Differenz schlägt sich auch in der Nonverbalen Skala nieder, beträgt aber de facto nur zwei Rohwertpunkte und erscheint den Autoren damit vernachlässigbar.

Gütekriterien **Objektivität**

Durchführung: Die Durchführungsobjektivität darf bei strikter Einhaltung der Durchführungsanweisung als gegeben betrachtet werden.

Auswertung: Es wird im Manual von einer angemessenen Auswertungs- und Interpretationsobjektivität ausgegangen, da eine Beschreibung der Auswertungsschritte gegeben ist, sowie Hinweise zur Interpretation und Beispiele. Die Interrater-Reliabilität ist nicht überprüft worden.

Reliabilität

Interne Konsistenz: Cronbachs Alpha variiert zwischen $r = .68$ und $r = .90$.

Retest-Reliabilität: Die Retest-Reliabilität wurde 35 Tage nach der ersten Untersuchung mit einer Stichprobe von 42 Kindern untersucht. Die Reliabilitäten sind hoch bis sehr hoch für die meisten Untertests (.57-.93), mit Ausnahme der Untertests Rhythmus (.12) und Bildhaftes Gedächtnis (.35). Die Autoren erklären dies durch eine instabile Aufmerksamkeitsleistung, die in diesen Tests besonders zum Tragen kommt und die im Kindergartenalter noch sehr anfällig für Stressoren ist. Die Retestreliabilität in den übergeordneten Skalen Entwicklungsskala (.94), Nonverbale Skala (.82) und Verbale Skala (.96) ist sehr hoch.

Validität

Konstruktvalidität: Zur Überprüfung der Gültigkeit der hypothetisch angenommenen Skalen wurde eine Hauptkomponentenanalyse durchgeführt. Diese ergab eine instabile Faktorenstruktur, was mit der Untersuchung verschiedener Altersgruppen erklärt wird. Zum Beispiel laden in den jüngeren Altersgruppen die Untertests Räumliche Vorstellung und Bildhaftes Gedächtnis stark auf dem Sprachfaktor, wohingegen die Altersgruppe der 6;0–6;5-Jährigen die erwartete Zwei-Faktoren-Lösung mit Aufteilung in einen verbalen und einen nonverbalen Faktor aufzeigt. Die Untertests korrelieren alle miteinander ($r = .19$ bis .66), wobei die sprachgebundenen Untertests stärker miteinander korrelieren als die der

Nonverbalen Skala. Daher entschieden sich die Autoren für einen gemeinsamen Entwicklungswert: die Entwicklungsskala.

Konvergente/diskriminante Validität: keine Angaben

Kriteriums- bzw. klinische Validität: Der KET-KID wurde an 35 Kindern mit Sprachentwicklungsstörungen und -verzögerungen validiert. Es ergaben sich signifikante Unterschiede zur Normierungsstichprobe in den Untertests Artikulation und Auditives Gedächtnis, sowie in den Untertests Psychomotorik und Räumliche Wahrnehmung. Darüber hinaus konnten signifikante Leistungsunterschiede zwischen ein- und zweisprachig aufwachsenden Kindern festgestellt werden. Die Stichprobe bestand aus 123 zweisprachigen Kindern, die nach Alter und Geschlecht einsprachig aufwachsenden Kindern zugeordnet sind. Die signifikanten Unterschiede fanden sich in den sprachgebundenen Untertests, besonders im Auditiven Gedächtnis und im Sprachverständnis und bildeten sich auch sowohl in der Verbalen als auch in der Entwicklungsskala noch deutlich ab.

Nebengütekriterien
keine Angaben

Neuropsychologische Aspekte

Theoretischer Rahmen Die Konzeption des KET-KID basiert auf den Erkenntnissen des Psychologen und Neurologen Alexander Romanowitsch Luria. Dieser teilt das Gehirn in drei funktionale Einheiten (Luria, 1970): 1) die Aktivierungseinheit, 2) die Aufnahme-, Verarbeitungs- und Speichereinheit, 3) die tertiären Rindenzonen im (prä-)frontalen Kortex, verantwortlich für Planung, Entscheidung, Bewertung von Handlungen und Ausführungskontrolle. Zusätzlich gehen die Autoren auf den aktuellen Stand der Forschung hinsichtlich verschiedener kognitiver Funktionen ein. Deren Untersuchung im Kindergartenalter soll zur Früherkennung von Entwicklungsstörungen führen. Durch das Anbahnen gezielter therapeutischer Interventionen sollen langfristige schulische, soziale und emotionale Folgen vermieden werden. Es werden die Funktionen Psychomotorik, Sprache, Gedächtnis, Visuokonstruktion, Rhythmus und Aufmerksamkeit vorgestellt, sowie spezifische Entwicklungsstörungen als Folge von entwicklungsbedingten Beeinträchtigungen dieser Bereiche. Dafür wird das Modell von Daseking et al. (2006) für das Zusammenwirken kognitiver Funktionsbereiche bei der Entwicklung von schulischen Primärleistungen zitiert: Aufmerksamkeits- und Gedächtnisleistungen dienen hier als Grundvoraussetzung für weitere kognitive Verarbeitungsprozesse. Diese Prozesse beinhalten einerseits visuell-räumliche Fähigkeiten, andererseits sprachliche Fähigkeiten, die gemeinsam den Erwerb der Kulturtechniken Lesen, Schreiben und Rechnen ermöglichen.

Anwendungs-bereiche
Die Autoren sehen eine Anwendung der Testbatterie bei Kindern mit Verdacht auf eine kognitive oder motorische Teilleistungsstörung. Bisher eingesetzt wurde der Test bei Kindern mit Lernbehinderung, mit niedrigem Geburtsgewicht, mit Sprachentwicklungsverzögerung und -störung.

Funktionelle Neuroanatomie
Die Theorie von Luria wird zusammenfassend angeführt: Drei funktionale Einheiten lassen sich neuroanantomisch lokalisieren: 1) die Aktivierungseinheit, die der allgemeinen Tonusregulation, der Aktivierung des Bewusstseins und Wachheit sowie der Reizselektion dient. Diese Einheit soll in der Formatio reticularis im Hirnstamm angesiedelt sein. 2) Die Aufnahme-, Verarbeitungs- und Speichereinheit, die in den posterioren Kortexregionen angesiedelt ist und sich in die drei Funktionsbereiche primäre Projektionsareale, sekundäre Assoziationsfelder und tertiäre Rindenzonen teilt. 3) Die tertiären Rindenzonen im (prä-)frontalen Kortex, die für die Planung, Entscheidung, Bewertung von Handlungen und für Ausführungskontrolle verantwortlich sind.

Ergebnis-beeinflussende Faktoren
Eine Zweisprachigkeit der Kinder beeinflusst signifikant die Leistung in den sprachgebundenen Untertests und schlägt sich auch in der Verbalen Skala und in der Entwicklungsskala nieder.

Testentwicklung

Der KET-KID ist die deutsche Adaptation der spanischen Testbatterie CUMANIN von Portellano Perez, Mateos Mateos, Martinez Arias, Tapia Pavon & Granados Garcia-Tenorio aus dem Jahr 2002. Diese Originalversion wurde in Spanien normiert. Klinisch validiert wurde der KET-KID in seiner spanischen Originalversion CUMANIN an 34 Kinder mit niedrigem Geburtsgewicht und an 22 Kindern mit einer Lernbehinderung. In der ersten Gruppe zeigten sich im Vergleich zur Normierungsstichprobe signifikante Unterschiede in allen Untertests mit Ausnahme der Untertests Aufmerksamkeit und Räumliche Vorstellung, in der zweiten Gruppe ebenfalls in allen Bereichen außer in den Untertests Psychomotorik und Rhythmus.

Die Konstruktionsstichprobe für den deutschsprachigen KET-KID bestand aus 172 Kinder (51.2 % weiblich) aus Deutschland, im Alter von 3–6,5 Jahren. Sie diente zur Anpassung der spanischen Version, zur Überprüfung der Itemschwierigkeiten und Trennschärfen (vor allem bei sprachlichen Aufgaben) sowie zur besseren Formulierung der Handanweisungen. Im Vergleich zum CUMANIN wurden einzelne Items angepasst oder hinzugefügt, der Untertest Lesen und Schreiben wurde weggelassen.

Testbewertung

Die Kritik im Überblick

Es handelt sich beim KET-KID um eines der wenigen normierten neuropsychologischen Testverfahren für die Altersspanne der 3- bis 6-Jährigen; es gibt sonst kaum Normen zur Handlateralisation in dieser Altersgruppe. Innerhalb eines überschaubaren Zeitrahmens können wichtige Informationen über verschiedene kognitive Fähigkeiten erfasst und neuropsychologische Defizite aufgedeckt werden. Somit kann das Verfahren mit wenig Aufwand bei entwicklungsverzögerten und neurologisch auffälligen Kindern eingesetzt werden und einen wichtigen Beitrag bei der Erstellung individueller Förderpläne leisten.

Testkonstruktion

Testmaterial
Das Material ist platzsparend, übersichtlich und ansprechend gestaltet.

Testdesign
Konzept: Im Vergleich zur großen Bandbreite der untersuchten kognitiven Funktionsbereiche fällt die Darstellung des Theorierahmens etwas spärlich und grob aus. Eine Interpretation der Ergebnisse ist anhand des dargebotenen Theorierahmens nur begrenzt möglich.
Durchführung: Die Bearbeitungsdauer ist mit nur circa 30 Minuten Dauer recht kurz, weswegen der KET-KID innerhalb einer Sitzung durchgeführt werden kann. In der Anwendung bei neurologisch auffälligen Kindern ist jedoch eher mit 45 Minuten zu rechnen (oder auch 2 kürzeren Untersuchungsterminen), was aber immer noch einen akzeptablen Zeitrahmen darstellt.
Der Einarbeitungsaufwand ist überschaubar, mindestens eine Probedurchführung ist jedoch gerade bei den Aufgaben aus dem Bereich Psychomotorik zu empfehlen, da auch der Testleiter hier motorisches Geschick aufweisen muss und körperlich in guter Verfassung sein sollte.
Auswertung: Zur Interpretation der Untertests und der Skalen wird aus dem Protokollbogen durch Farbabstufungen ersichtlich, dass ein Prozentrang unter 15 als unterdurchschnittlich zu werten ist, dies wird an anderer Stelle nicht weiter erläutert. Eine klare Stellungnahme der Autoren, ab welchem Wert eine Leistung als auffällig gilt, wäre wünschenswert.
Es liegen keine Angaben zur Auswertungsdauer vor, aus Erfahrung ist der KET-KID per Hand innerhalb einer Viertelstunde auszuwerten. Ein Auswertungsprogramm auf CD wäre wünschenswert. Als Hilfestellung zur Interpretation der Ergebnisse sind im Manual fünf Fallbeispiele aus der klinischen Praxis abgedruckt. Die Auswertungshilfen

zu den Untertests Auditives Gedächtnis, Sprachverständnis, Visuokonstruktion und Bildhaftes Gedächtnis erleichtern die Auswertung. Es handelt sich beim KET-KID eher um eine Skala, die Störungen und Normabweichungen im Bereich neuropsychologischer Kompetenzen erfasst, als um eine allgemeine Entwicklungsskala.

Normierung
Stichprobe: Der Bildungsstand der Eltern wurde zwar erhoben, es werden aber leider keine Angaben zu möglichen Korrelationen zwischen Leistungen der Kinder und Schulabschluss der Eltern gemacht. *Normen:* Jeder Untertest verfügt über eine eigene Normierung. Es gibt keine Aussage darüber, ob man Untertests einzeln anwenden darf. Dies wäre wünschenswert. Für die Präferenz von Auge, Hand und Fuß liegt ein Cut-off-Wert zur Lateralität vor. Es gibt leider keine Vergleichswerte klinischer Gruppen.

Gütekriterien
Objektivität: Durch klare und kindgerechte Instruktionen ist die Objektivität gut.
Reliabilität: Hohe Reliabilitäten in allen Untertests außer in den Untertests Rhythmus (.12) und Bildhaftes Gedächtnis (.35). Die Autoren geben durchaus plausible Erklärungen für diesen Effekt (instabile Aufmerksamkeitsleistung, die in diesen Tests besonders zum Tragen kommt und im Kindergartenalter noch sehr anfällig für Stressoren ist).
Validität: Es liegen keine Vergleichswerte von Patientengruppen vor, obwohl eine klinische Validierung durchgeführt wurde (35 Kinder mit Sprachentwicklungsstörungen und -verzögerungen).
Da mit dem KET-KID eine Früherkennung (spezifischer) Entwicklungsstörungen angestrebt wird, wären weitere klinische Validierungsstudien mit anderen Störungsgruppen wünschenswert. Wünschenswert wären außerdem Untersuchungen zur konvergenten und divergenten Validität mit bereits erprobten Testverfahren für spezifische Störungen (z.B. des Spracherwerbs, der Psychomotorik oder des Arbeitsgedächtnisses).
Nebengütekriterien: Es können innerhalb eines überschaubaren Zeitrahmens wichtige Informationen über verschiedene kognitive Fähigkeiten eingeholt werden und neuropsychologische Defizite aufgedeckt werden. Die Akzeptanz der einzelnen Untertests bei den Kindern ist sehr hoch.

Testentwicklung
Bei einem Verfahren, dass entwicklungsspezifische Aspekte bei Kindern untersucht, wäre eine Paralleltestentwicklung wünschenswert. Die Adaptation der spanischen Version ist gelungen – die verschiedenen Items der Untertests sind ansprechend, die sprachlichen Untertests sind angemessen an die deutsche Sprache angepasst worden.

Neuropsychologische Aspekte

Theoretischer Rahmen

Der neuropsychologische Hintergrund des Verfahrens nach Luria wird lehrbuchmäßig und sehr konzentriert dargestellt. Darüber hinaus beschreiben die Autoren den aktuellen Stand der Forschung hinsichtlich verschiedener kognitiver Funktionen. Es wird deutlich die Verbindung zwischen kognitiver Funktionsstörung und der Entwicklung spezifischer Entwicklungsstörungen dargelegt. Bei der Vorstellung der einzelnen kognitiven Funktionen werden verschiedene Modelle, wie z. B. das Arbeitsgedächtnis nach Baddeley gebündelt dargestellt. Eine ausführlichere Darstellung neuropsychologischer Modelle wäre sinnvoll. Darüber hinaus wird das Modell der Zusammenwirkung kognitiver Funktionsbereiche bei der Entwicklung von schulischen Primärleistungen von Daseking et al. (2006) skizziert: Die Aufmerksamkeits- und Gedächtnisleistungen dienen als Grundvoraussetzung für kognitive Verarbeitungsprozesse. Diese Prozesse beinhalten einerseits visuell-räumliche Fähigkeiten, andererseits sprachliche Fähigkeiten, die gemeinsam den Erwerb der Kulturtechniken Lesen, Schreiben und Rechnen ermöglichen. Hinsichtlich der Breite der untersuchten Funktionsbereiche wäre eine detailliertere Erklärung des Zusammenspiels der sich entwickelten kognitiven Funktionen und der schulischen Primärleistungen wünschenswert. Dennoch ist der theoretische Rahmen insgesamt sehr gut nachvollziehbar dargestellt und ausreichend, um den Test anwenden zu können.

Anwendungsbereiche

Der Test ist für die klinisch-neuropsychologische Untersuchung bei entwicklungsgestörten und neurologisch auffälligen Kinder sehr gut geeignet.

Handhabbarkeit und klinische Anwendung

Benutzerfreundliches Testverfahren. Der Anschaffungspreis ist im Vergleich zu ähnlichen Testverfahren eher günstig. Aufgrund der abweichenden Ergebnisse bei zweisprachigen Kindern sollten die Ergebnisse bei zweisprachigen Patienten hinsichtlich kognitiver Defizite vor allem im verbalen Bereich mit Vorsicht interpretiert werden. Die Anwendung des KET-KID ist sicher sinnvoll bei der Untersuchung entwicklungsgestörter Kinder, um spezifische Leistungsprofile sowie individuelle Förderbedürfnisse zu ermitteln. Inwiefern ein aufsummierter Entwicklungswert für die Interpretation der Ergebnisse eines einzelnen Patienten sinnvoll ist, ist zu hinterfragen.

Marion Kämpf

Neuropsychologisches Entwicklungs-Screening (NES)

Franz Petermann & Anja Renziehausen

Bern: Verlag Hans Huber, 2005

Zusammenfassende Testbeschreibung

Zielsetzung und Operationalisierung

Konstrukte

Das NES bildet entwicklungsneuropsychologische Reifungsprozesse ab, indem grundlegende Fertigkeiten geprüft werden, die sieben Entwicklungsbereichen zugeordnet werden können: Haltungs- und Bewegungssteuerung, Feinmotorik, Visuomotorik, visuelle Wahrnehmung, Explorationsverhalten, Sprache (expressiv und rezeptiv) sowie kognitive Leistungen.

Testdesign

Für jeden Entwicklungsbereich werden drei Aufgaben vorgegeben, die als elementar für die jeweilige Dimension gelten, wobei für jede Altersgruppe ihre eigene Aufgabenzusammenstellung vorliegt. Aus Gründen der entwicklungsbedingten Relevanz für einen Altersbereich werden in keiner Altersgruppe alle sieben Entwicklungsdimensionen geprüft, sondern lediglich vier oder fünf.

Ergänzend kann am Ende der Testdurchführung das Verhalten eines Kindes im Protokollbogen hinsichtlich Befindlichkeit, Kommunikation, Aufmerksamkeit, Motorik und Tonus anhand vorgegebener Merkmalsbeschreibungen beurteilt werden.

Angaben zum Test

Normierung

Alter: Fünf Altersgruppen für die Zeitpunkte der kinderärztlichen Vorsorgeuntersuchungen U4 bis U7 und einem zusätzlichen Testzeitpunkt: 3.–4. Lebensmonat (U4), 6.–7. Lebensmonat (U5), 10.–12. Lebensmonat (U6), 17.–19. Lebensmonat (U6a), 22.–24. Lebensmonat (U7). Bildung: Nicht bedeutsam. Geschlecht: Nicht bedeutsam.

Material

Manual, Durchführungs- und Bewertungsanleitung, DVD zum Test, Protokollbögen für die verschiedenen Testzeitpunkte. Unterschiedlichstes kindgerechtes Testmaterial ist vollständig im Testkoffer enthalten: Großer und kleiner roter Ring an Schnur, Holzpüppchen an Schnur, Steckbrett mit vier Stiften, Formbrett mit zwei Scheiben, Formbrett mit Haus, Mond und Stern, zehn bunte Holzwürfel, zehn Holzperlen, Holz-

stab, Zieh-Ente, zwei Autos, Plexiglasröhrchen, Plexiglasbecher, Essbesteck, Plastik-Fläschchen, fünf Stapelbecher, Hund, Puppe, großer Ball, Quietschball, drei Wachsmalstifte, Stofftuch.

Abbildung 1: Testmaterial des NES

Durchführungsdauer
Maximal 10–15 Minuten.

Testkonstruktion

Design **Aufgabe**
Mit dem NES werden sieben entwicklungsrelevante Bereiche erfasst. Ein Funktionsbereich enthält jeweils drei Testitems, wovon jedes eine eigenständige Fertigkeit abbildet.

1) *Haltungs- und Bewegungssteuerung:* Überprüft Aspekte wie Körperbeweglichkeit, Haltungskontrolle, Gleichgewicht, freies Gehen sowie spezifische alltägliche Fertigkeiten (z. B. Ballwerfen).
2) *Feinmotorik:* Gezieltes Greifen, willkürliches Loslassen und Manipulieren werden getestet, sowie Mundmotorik und Lautbildung.
3) *Visuomotorik:* Erfasst die Koordination von feinmotorischen Fähigkeiten mit starkem Einbezug visueller Kontrolle (Auge-Hand-Koordination).
4) *Visuelle Wahrnehmung:* Geprüft wird das Aufnehmen, Fixieren und Verfolgen visueller Reize, das binokulare Sehen und die räumliche Wahrnehmung.
5) *Explorationsverhalten:* Der Umgang mit bzw. das Erkunden von Gegenständen und das Imitationsverhalten werden untersucht.
6) *Rezeptive und expressive Sprache:* Rezeptiv wird das Sprachverständnis mit dem Befolgen von verbalen Anweisungen geprüft, expressiv durch Wortproduktion und Wortkombination.

7) *Kognitive Leistungen:* Geprüfte Aspekte beinhalten Objektperma-
nenz, Aufmerksamkeitszuwendung, Kausalitätsverständnis, Form-
zuordnung und Wahrnehmung räumlicher Zusammenhänge.

Konzept

Das NES bildet als Screening-Verfahren ökonomisch eine grobe Einteilung der Probanden in „auffällig" bzw. „unauffällig".
Das NES testet Reifungsvorgänge, um einen bereits bestehenden
oder sich anbahnenden Entwicklungsrückstand aufdecken zu können.
Dies geschieht mittels Prüfung neuropsychologischer Basisfertigkei-
ten, die den oben erwähnten Funktionsbereichen zugeschrieben werden. Diese stellen eine umfassende Repräsentation der wichtigsten
Merkmale frühkindlicher Entwicklung dar. Jeder Entwicklungsbereich
wird mittels drei inhaltlich unterschiedlichen Aufgaben geprüft, so dass
möglichst vielfältige Aspekte der jeweiligen Dimension abgedeckt werden. Jeder Aufgabe liegt eine eigenständige Fertigkeit zu Grunde,
deren Bewältigung bedeutend ist für die kindliche Entwicklung. Einem
Probanden werden dabei spielerisch kindgerechte Aufgaben vorgegeben.

Variablen

Ein Gesamtwert und verschiedene Funktionsskalenwerte (Haltungs-
und Bewegungssteuerung, Feinmotorik, Visuomotorik, Visuelle Wahrnehmung, Explorationsverhalten, Sprache, Kognitive Leistungen).

Durchführung

Für jeden der vier bzw. fünf geprüften Entwicklungsbereiche werden
dem Kind jeweils drei Items vorgegeben, so dass maximal 15 Aufgaben zu bewältigen sind.
Die Testanweisungen erfolgen mündlich und sind für den Untersucher
in der Durchführungsanleitung genau beschrieben. Je nach Aufgabe
sind das Kind (der Säugling) und das benötigte Material in eine bestimmte Position zu bringen. Die Ausgangsstellungen sind schriftlich
erläutert und werden, wo nötig, mit Zeichnungen verdeutlicht.
Die einzelnen Items sind nach Funktionsbereichen geordnet, die Durchführungsreihenfolge kann frei an das Verhalten des Kindes angepasst
werden. Einzelne Aufgabeninhalte können zudem beiläufig beobachtet und das entsprechende Item somit als „gelöst" abgehakt werden
(z. B. Freies Gehen: Kind läuft selbständig in den Testraum). Können
bestimmte Verhaltensweisen nicht durch den Versuchsleiter hervorge-
rufen werden, kann das Befragen der Begleitperson Aufschluss bringen und in die Bewertung mit einfließen.

Noch während der Testdurchführung werden die einzelnen Aufgaben im Protokollbogen als "altersgerecht" (gelöst) oder "auffällig" (nicht gelöst) festgehalten.

Auswertung

Für jeden Funktionsbereich wird die Summe der gelösten Items zusammengezählt (Maximum drei Punkte), diese wiederum werden zu einem Gesamtwert aufsummiert. Der Summenwert für die einzelnen Funktionsbereiche sowie der Gesamtwert können direkt in ein vorgedrucktes Ergebnisprofil übertragen werden. Die Einstufung der Testergebnisse erfolgt in „auffällig" (<10. Perzentil), „grenzwertig" (10.–25. Perzentil) und „unauffällig" (>25. Perzentil). Im Manual sind Aufgabenschwierigkeiten, Mittelwerte, Standardabweichungen, Perzentilbänder für die Funktionsbereiche und Prozentränge der Gesamtsumme für die verschiedenen Altersgruppen aufgeführt.

Normierung	### Stichprobe

Die Normierung fand mit $N=677$ Kindern statt; $N=310$ waren Mädchen, $N=367$ Knaben. Bei 109 Kindern (16%) wurden pränatale Komplikationen berichtet, bei 205 perinatale (30%) und bei 90 (13%) bestanden postnatale Schwierigkeiten. Die Testung frühgeborener Kinder wurde alterskorrigiert. Des Weiteren wurden die erlernten Berufe der Eltern erfasst, das familiäre und das Wohnumfeld des Kindes, als auch die Staatsangehörigkeit.

Normen

Alter: Fünf Altersgruppen, die den kinderärztlichen Vorsorgeuntersuchungen U4 bis U7 entsprechen, sowie einem zusätzlichen Erhebungszeitraum zwischen U6 und U7: 3.–4. Lebensmonat ($N=144$), 6.–7. Lebensmonat ($N=143$), 10.–12. Lebensmonat ($N=169$), 17.–19. Lebensmonat ($N=49$) und 22.–24. Lebensmonat ($N=172$).
Bildung: Es fiel kein signifikanter Unterschied zwischen sozialer Schicht der Eltern und Testleistung der Probanden auf.
Geschlecht: Keine signifikanten Geschlechtsdifferenzen, dadurch waren keine geschlechtsspezifischen Normen notwendig.

Gütekriterien	### Objektivität

Durchführung: Die Durchführungsobjektivität ist gewährleistet durch standardisiertes Testmaterial und schriftlich vorgegebene Instruktionen.
Auswertung: Durch die schriftlich ausgeführten Bewertungsanleitungen, die einfache Ermittlung der Skalen- und des Gesamtwertes mittels Summenbildung und das Übertragen der Werte in vorgefertigte Ergebnisprofile ist eine schnelle und objektive Auswertung der Testwerte möglich.

Reliabilität

Interne Konsistenz: Die Berechnung erfolgte mit Cronbachs Alpha und führte zu Werten zwischen .28 und .74.

Die Split-Half-Reliabilität wurde wegen der geringen Itemzahl nicht überprüft.

Retest-Reliabilität: keine Angaben

Validität

Konstruktvalidität: Das Manual weist Interkorrelationen zwischen den erfassten Funktionsbereichen aus, getrennt nach Altersgruppen. Die signifikanten Werte liegen dabei zwischen $r=.218$ und $r=.479$. Interkorrelationen zwischen einzelnen Funktionsbereichen und der jeweiligen Gesamtsumme des Tests liegen zwischen $r=.454$ und $r=.766$.

Konvergente/diskriminante Validität: keine Angaben

Kriteriums- bzw. klinische Validität: keine Angaben

Ökologische Validität: keine Angaben

Nebengütekriterien

keine Angaben

Neuropsychologische Aspekte

Theoretischer Rahmen

Die Testautoren gehen von einem weiten Entwicklungsbegriff aus, der eine genetisch festgelegte Ausbildung neurobiologischer Grundfunktionen annimmt, die in Wechselwirkung mit den vorherrschenden Umweltbedingungen gesehen wird. Dadurch kann es zu einer großen interindividuellen Variabilität im Entwicklungsverlauf kommen. Da in den ersten beiden Lebensjahren vor allem reifungsbedingte neurobiologische Faktoren eine herausragende Rolle spielen, stellen diese die Grundlage für das Rahmenkonzept dar.

Anwendungsbereiche

Kinderärzten und -ärztinnen soll für die Vorsorgeuntersuchungen U4 bis U7 ein standardisiertes Verfahren zur Verfügung stehen, um Kinder mit Entwicklungsrisiken oder -beeinträchtigungen in den Bereichen Motorik, Haltungs- und Bewegungssteuerung, Wahrnehmung, Exploration, Sprache und kognitive Leistungen erfassen zu können.

Funktionelle Neuroanatomie

Für jeden der sieben Funktionsbereiche werden der allgemeine Entwicklungsverlauf und die beteiligten Reifungsvorgänge ausgeführt sowie entwicklungsrelevante Wechselwirkungen zwischen den Bereichen erläutert. Weiter werden bedeutsame neurophysiologische und -biologische Erkenntnisse berichtet, beteiligte Hirnareale benannt.

**Ergebnis-
beeinflussende
Faktoren**
In der Diagnostik mit (Klein-)Kindern und vor allem Säuglingen spielt die Tagesform eine große Rolle: so können z. B. Müdigkeit, Unsicherheit oder Verweigerungsverhalten das Testergebnis negativ beeinflussen. Zudem können (mündliche) Anweisungen, insbesondere von Säuglingen, kaum oder gar nicht befolgt werden, die erwünschte Reaktion des Kindes muss durch die Vorgabe des Testmaterials ausgelöst werden. Da gewisse Informationen unter Umständen nur von der Begleitperson zu erhalten sind, kann deren subjektive Beurteilung des kindlichen Verhaltens zu Verzerrungen der Ergebnisse führen.

Testentwicklung

Die Festlegung der sieben im NES erfassten Entwicklungsbereiche erfolgte vor dem Hintergrund älterer, gängiger Entwicklungstests, wie z. B. den Griffiths-Entwicklungsskalen (GES; Brandt, 1983; Brandt & Sticker, 2001), der Münchener Funktionellen Entwicklungsdiagnostik (1. Lebensjahr: Hellbrügge et al., 1978; Hellbrügge, 1994a; 2./3. Lebensjahr: Hellbrügge, 1994b; Köhler & Egelkraut, 1984) oder dem Entwicklungstest für Kinder von 6 Monaten bis 6 Jahren (ET 6-6-R; Petermann et al., 2004). Im Gegensatz zu anderen Testverfahren wurde bei der Entwicklung des NES darauf geachtet, dass jeder Bereich gleich viele Aufgaben umfasst und diese klar einem bestimmten Alter oder einer Funktion zugeordnet werden.

Die Auswahl der Testitems orientierte sich an den so genannten „Essentiellen Grenzsteinen" (Michaelis & Niemann, 2004). Dabei handelt es sich um „Entwicklungsziele, die von etwa 90 bis 95 % einer definierten Population gesunder Kinder bis zu einem bestimmten Alter erreicht worden sind. Die ausgewählten Items der Grenzsteine sind übliche Durchgangsstadien der kindlichen Entwicklung in unserer mitteleuropäischen Kultur" (Michaelis & Niemann, 2010, S. 123).

Testbewertung

**Die Kritik im
Überblick**
Entwicklungsscreenings stellen Kurztestverfahren dar, deren Durchführungsdauer bei 10 bis 20 Minuten liegen und den „Entwicklungsstand in auffällig oder unauffällig klassifizieren sollten" (Petermann & Macha, 2005, S. 132). Diese Anforderungen werden durch das NES erfüllt. Durch die Tatsache, dass eine bestimmte Fertigkeit durch ein einziges Testitem repräsentiert wird, kann es durch Ver-

weigerung, Müdigkeit oder Aufmerksamkeitsschwankungen von Seiten des Kindes schnell zu ungerechtfertigt negativen Ergebnissen kommen. Dies muss vom Untersucher in der abschließenden Interpretation berücksichtigt werden. Bezüglich der Gütekriterien wären weitere Erkenntnisse wünschenswert, vor allem bezüglich der prognostischen Validität und Differenzierungsfähigkeit.

Als Screening-Verfahren ist das NES in der kinderärztlichen Praxis gut einsetzbar, sofern die Testergebnisse nicht isoliert betrachtet werden und bei Auffälligkeiten eine weiterführende neuropsychologische und neuropädiatrische Diagnostik eingeleitet wird.

Testkonstruktion

Testmaterial
Die Protokollbögen sind übersichtlich und praktisch in der Handhabung, das Material für die Kinder ist farbig, ansprechend, mit hohem Aufforderungscharakter.

Testdesign
Konzept: Es werden allgemeine Erkenntnisse aus Entwicklungsneurologie, -biologie und -psychologie zusammengefasst und für die im NES getesteten Funktionsbereiche weiter präzisiert. Der Rückschluss von auffälligen Testresultaten auf die Dysfunktion spezifischer Hirnareale oder auf beeinträchtigte Funktionen ist aber in diesem jungen Alter eine große Herausforderung, da das Gehirn in den ersten Lebensjahren eine stetige strukturelle und funktionelle neuronale Umgestaltung durchläuft (Michaelis & Niemann, 2010). Deshalb kann ein solcher Rückschluss nur bedingt erfolgen.

Geprüft werden sieben Entwicklungsbereiche aus Motorik, Wahrnehmung, Lernen und Sprache, die sich während der vergangenen Jahrzehnte entwicklungs- und testpsychologisch bewährt haben. Dass nicht in jeder Altersstufe dieselben Bereiche getestet werden, ist sinnvoll, da deren Relevanz je nach Altersstufe variiert. So machen z. B. Aufgaben zur Sprache bei Säuglingen wenig Sinn und werden daher erst ab dem 17. Lebensmonat durchgeführt.

Durchführung: Die Anweisungen und die für den jeweiligen Untertest benötigten Materialien sind im Handbuch ausgeführt und werden teilweise mit einfachen Zeichnungen verdeutlicht. Das Testen von Kleinkindern erfordert immer ein hohes Maß an Flexibilität von Seiten des Untersuchers, weshalb eine gute Kenntnis der Aufgaben und Materialien notwendig ist.

Auswertung: Die korrekte Bewertung der einzelnen Testitems ist in der Anleitung erklärt, die Auswertung gelingt entsprechend einfach. Das Umwandeln von Rohwerten in Standardwerte durch Umrechnen oder Nachschlagen in Tabellen entfällt.

Aufgrund geringer Itemschwierigkeiten fehlt bei manchen Funktionsbereichen der „grenzwertige" Ergebnisbereich. So kann bereits das

Nicht-Lösen eines einzigen Items zu einem auffälligen Ergebnis führen. Dies muss durch den Testleiter in der Interpretation berücksichtigt werden. Zudem ist zu beachten, ob sich ein Kind zum Testzeitpunkt am Anfang oder Ende seiner entsprechenden Altersgruppe befindet.

Normierung
Normen: Die grobe Einteilung in „auffällig", „grenzwertig" oder „unauffällig" ist für ein Screeningverfahren vertretbar.

Gütekriterien
Objektivität: Überprüfungen der Interraterreliabilität und der Interpretationsobjektivität fehlen. Die Instruktionen sind standardisiert, Interpretationsbeschreibungen und eine einfache Auswertung sprechen insgesamt für das NES als objektives Verfahren.
Reliabilität: Die Werte zur internen Konsistenz (Cronbachs Alpha) der erfassten Funktionsbereiche liegen zwischen .28 und .74 und sind somit insgesamt als ungenügend bis mäßig einzuschätzen.
Validität: Eine Prüfung der Stabilität der kategorialen Zuordnung in „unauffällig", „grenzwertig" und „auffällig" ergab stabile Kategoriezuordnungen für „auffällig" und „grenzwertig" getestete Kinder über die Testzeitpunkte U4 bis U7 (Renziehausen & Petermann, 2007). Bei „unauffällig" getesteten Kindern erschien der Verlauf variabler. Angaben zur prognostischen Validität sowie zur Differenzierungsfähigkeit des NES, zur Sensitivität und Spezifität, fehlen.
Nebengütekriterien: Aufgrund der kurzen Durchführungszeit und des ansprechenden Testmaterials ist das NES Säuglingen und Kleinkindern zumutbar.

Testentwicklung
Das NES wurde entwickelt, um Entwicklungsauffälligkeiten möglichst früh, bei möglichst vielen Kindern erkennen zu können, weshalb die Untersuchungszeitpunkte den kinderärztlichen Vorsorgeuntersuchungen in Deutschland entsprechen. Die Zusammenstellung der einbezogenen Entwicklungsbereiche ergibt sich aus deren langjähriger Gültigkeit innerhalb der Geschichte der Entwicklungsdiagnostik. Der Aufgabenauswahl des NES liegt das Prinzip der essentiellen Grenzsteine (Michaelis & Niemann, 1999) zu Grunde, wonach bestimmte „Knotenpunkte" (Petermann & Renziehausen, 2005, S. 48) absolviert werden müssen, die unabhängig von der übrigen Variabilität des Entwicklungsverlaufs zu sehen sind.

Neuropsychologische Aspekte

Theoretischer Rahmen
Eine Reifungshypothese allein kann verschiedene Phänomene der kindlichen Entwicklung nicht erklären (Mrakotsky, 2007). Das dem NES zugrunde liegende entwicklungstheoretische Konzept basiert auf der Annahme genetisch determinierter Basisstrukturen und

deren individuellem Zusammenspiel mit spezifischen Umweltbedingungen. So wird vom sogenannten Schaufelmodell von Kopp und McCall (1982) ausgegangen, nach welchem in den ersten beiden Lebensjahren reifungsbedingte biologische Einflüsse dominieren, so dass die kleinkindliche Entwicklung relativ einheitlich verlaufe. Es bestehe aber eine ständige (phasenweise mehr oder weniger stark ausgeprägte) Interaktion mit Umweltfaktoren, deren Bedeutung für den Entwicklungsverlauf stetig stärker wird, weshalb Entwicklungsverläufe mit der Zeit interindividuell an Varianz zunehmen. Entsprechend dem Prinzip der essentiellen Grenzsteine (Michaelis & Niemann, 2010) erreichen viele gesunde Kinder ein bestimmtes Entwicklungsziel vor dem eigentlichen Grenzsteinalter. Das Nicht-Bewältigen einer Aufgabe darf somit nicht verharmlost werden, sondern sollte den Beginn einer weiterführenden neuropsychologischen Diagnostik darstellen. Diese den Grenzsteinen zugrunde liegende „Warnfunktion" entspricht auch dem grundlegenden Anspruch des NES.

Anwendungsbereiche

Das NES ist für Säuglinge und Kleinkinder bei routinemäßigen Vorsorgeuntersuchungen in kinderärztlichen Praxen vorgesehen. Es dient nicht zur Erstellung einer spezifischen Diagnose. Dafür sollen die durch das NES aufgespürten „auffälligen" Kinder in einem nächsten Schritt umfassenderen neuropsychologischen Abklärungen zugeführt werden.

Ergebnisbeeinflussende Faktoren

Bei Kleinkindern können der „altersgemäß ausgeprägte motorische Antrieb, Impulsivität und Ablenkbarkeit" (Macha et al., 2005, S. 151) eine Herausforderung bei der Diagnostik darstellen. Weiter weist der Sprachentwicklungsstand eine große Bandbreite auf, was der Testleiter berücksichtigen muss und weshalb die Instruktionen kurz gehalten sind.

Handhabbarkeit und klinische Anwendung

Die Durchführung und Auswertung des NES sind einfach und ökonomisch. Für eine flexible Handhabung des Testmaterials ist eine vorausgehende Einarbeitung sinnvoll. Säuglingen und Kleinkindern ist das NES gut zumutbar, einzelne Testitems können bereits in der Verhaltensbeobachtung überprüft werden. Die Interpretation des Ergebnisprofils sollte nicht isoliert betrachtet, ergebnisbeeinflussende Faktoren müssen mit berücksichtigt werden. Zudem lässt das Ergebnis des NES bei Auffälligkeiten keine Diagnosestellung zu.

Natascha Buschta

BASIC-Preschool
Screening für kognitive Basiskompetenzen im Vorschulalter

Monika Daseking, Franz Petermann

Bern: Verlag Hans Huber, 2008

Zusammenfassende Testbeschreibung

Zielsetzung und Operationalisierung

Konstrukte
Neuropsychologische Basiskompetenzen (Vorläuferfähigkeiten) im Vorschulalter, die zum späteren Erlernen von Lesen, Schreiben und Rechnen erforderlich sind.

Testdesign
10 Testaufgaben, die Teilleistungen aus den Bereichen visuell-räumliche Leistungen, selektive Aufmerksamkeit, Sprachverständnis, Zahlen- und Mengenwissen erfassen.

Angaben zum Test

Normierung
N = 710
Alter: 4;9 bis 5;11 Jahre, gestuft in drei-Monatsschritten.
Bildung: Bildungsniveau der Eltern beschrieben.
Geschlecht: 50.2 % Jungen; 49.8 % Mädchen.

Material
Stimulus-CD, Stimulusbuch mit Abdeckfolie, Abzählvorlage, Testbogen „Durchstreichen", Protokollbogen, Legefiguren, Quietschball, Buntstift.

Durchführungsdauer
25 bis 30 Minuten.

Testkonstruktion

Design

Aufgabe
Der Test besteht aus 10 Testaufgaben, die Teilleistungen aus den Bereichen visuell-räumliche Leistungen (visuelle Analyse, Raumwahrnehmung, schneller Mengenvergleich), selektive Aufmerksamkeit (kurzfristige Aufmerksamkeitsfokussierung, selektive visuelle Aufmerksamkeit), Sprachverständnis (passiver Wortschatz, variable Merkfähigkeit), Zahlen- und Mengenwissen (automatische Mengenerfassung, Mengeninvarianz, Zahlenwissen) erfassen.

Erfasste Teilleistung	Untertest, Beschreibung	Beispiel/Visualisierung
Visuell-räumliche Leistungen		
Visuelle Analyse	Wurmhöhlen WH (10): Das Kind soll eine vorgegebene Höhlenform aus vier Auswahlmöglichkeiten erkennen.	
Raumwahrnehmung	Versteckter Wurmling VW (6): Dem Kind werden zwei Bilder gezeigt. Auf einem sind Würmer, auf dem anderen ein kleines Quadrat abgebildet. Das Kind soll angeben, welcher Wurm durch das Quadrat verdeckt würde, wenn man die Bilder übereinanderlegt.	
Schneller Mengenvergleich	Wer hat mehr Luftballons? ML (9): Es werden kurzzeitig zwei Luftballon-Mengen gezeigt. Das Kind soll angeben, welche Menge größer ist.	
Sprachverständnis		
Passiver Wortschatz	Legespiel LS (7): Es werden Figuren in unterschiedliche Farben präsentiert. Das Kind soll auf verbale Anweisungen hin die Figuren berühren oder anders legen.	
Verbale Merkfähigkeit	Wurmlings Freunde WF (4): Das Kind soll die Namen von Wurmlingen (Kunstwörter) nachsprechen.	
Zahlen- und Mengenwissen		
Automatische Mengenerfassung	Schnellzähler SZ (2): Es werden kurzzeitig kleine Mengen von Luftballons dargeboten. Das Kind soll die Anzahl der Ballons nennen.	
Mengeninvarianz	Wurmlings Geschenke WG (8): Das Kind soll angeben, ob zwei Mengen von Geschenken gleich oder unterschiedlich groß sind.	

Zahlenwissen	Abzählen AZ (1): Das Kind soll Gesichter auf einer Vorlage zählen.	
Selektive Aufmerksamkeit		
Kurzfristige Aufmerksamkeitsfokussierung	Durchstreichen DS (3): Auf einem Testbogen mit Wurmlingen sollen diejenigen durchgestrichen werden, die nach links schauen.	
Selektive visuelle Aufmerksamkeit	Tomaten pflücken TP (5): Dem Kind werden hintereinander unterschiedliche Objekte auf dem Bildschirm präsentiert. Es soll nur bei einer Tomate durch Drücken eines Quietschballs reagieren.	

Zahlen in Klammern geben die Reihenfolge (und Nummerierung) der Untertests an.

Konzept

Erfasst werden kognitive Basiskompetenzen, die als Vorläuferfähigkeiten für den späteren Erwerb von Kulturtechniken in der Schule angesehen werden – d. h. Lesen, Schreiben, Rechnen. Selektive Aufmerksamkeit und visuell-räumliche Leistungen werden als unspezifische Vorläuferfähigkeiten angesehen. Selektive Aufmerksamkeit stellt eine Voraussetzung zum Erwerb von Schriftsprache und Rechnen dar. Beeinträchtigungen in diesem Bereich können in Kombination mit anderen kognitiven Störungen zu umschriebenen Störungen schulischer Fertigkeiten führen. Visuo-räumliche Störungen können bei der Entstehung von Lese-Rechtschreibstörungen oder Rechenstörungen eine ursächliche Rolle spielen. Sprachverständnis sowie Zahlen- und Mengenwissen werden als spezifische Vorläuferfähigkeiten für den Lese-Rechtschreiberwerb und Mathematikleistungen betrachtet.

Der Test ist als Screening konzipiert, der eine Früherkennung und eine Risikoabschätzung von Beeinträchtigungen im Bereich der Vorläuferfähigkeiten ermöglichen soll. Er diskriminiert daher eher im unteren Leistungsbereich. Die Risikoabschätzung wird nur anhand des Gesamtwerts vorgenommen. Bei Auffälligkeiten wird eine umfassendere Abklärung, die auch einen IQ-Test umfassen sollte, empfohlen.

Variablen

Für jeden Untertest werden alle richtigen Antworten zu Rohwertsummen aufaddiert, die in Prozentränge und Risikopunkte umgewandelt werden. Alle Risikopunkte werden zu einem Gesamtwert zusammengezählt.

Durchführung

Zur Durchführung wird die CD gestartet, auf der sich die Anweisungen der PC-gestützten Tests befinden. Durch Klicken auf „Weiter" kann von einer Seite zur nächsten gewechselt werden. Die Instruktionen der anderen Tests sind auf dem Protokollbogen abgedruckt. Die einzelnen Untertests sind in eine zusammenhängende Geschichte eingebettet, mit „Lena Wurmling" als Ankerfigur. Daher wird empfohlen, die Reihenfolge der Untertests einzuhalten. In jedem Fall sollte „Wurmlings Freunde" vor der Aufgabe „Wurmlings Geschenke" durchgeführt werden.

Auswertung

Die Rohwertsummen der einzelnen Untertests werden in den Protokollbogen übertragen; sie werden durch Nachschlagen in den Normtabellen in Prozentränge umgewandelt und im Protokollbogen eingetragen. Angaben zur Befindlichkeit und Verhaltensbeobachtungen können ebenfalls im Protokollbogen eingetragen werden. Den Prozenträngen ist ein Risikowert zwischen null und zwei Punkten zugeordnet.

Normierung **Stichprobe**

Kindergartenkinder, $N=710$. Kinder mit umschriebenen Entwicklungsstörungen wurden ausgeschlossen.
Weiblich $N=352$, männlich $N=358$; städtische Umgebung 57 %, halbstädtisch 21.9 %, ländlich 20.6 %.
Beim Vergleich von Leistungen zwischen Süd- und Norddeutschland konnten systematische Unterschiede ausgeschlossen werden.

Normen

Alter: Drei Altersgruppen: 4;9–5;1 Jahre ($N=211$); 5;2–5;6 Jahre ($N=258$); 5;7–5;9 Jahre ($N=241$).
Bildung: Das Bildungsniveau der Eltern wird beschrieben; Eltern mit höherer Schulbildung sind leicht überrepräsentiert.
Geschlecht: Keine Geschlechtsnormen. Verteilung von Jungen zu Mädchen ist repräsentativ.

Gütekriterien **Objektivität**

Durchführung: Die Ergebnisse wurden varianzanalytisch auf die Unabhängigkeit von Testleiter und Testort hin überprüft.
Auswertung: Objektivität ist gegeben durch die genaue Beschreibung der einzelnen Auswertungsschritte. Interpretationsobjektivität ist gegeben durch die Angabe von Beispielen und Hinweisen und durch die Vergabe von normierten Werten.

Reliabilität

Interne Konsistenz: Berechnet für alle Aufgaben, die sich aus mehreren Items zusammensetzen. Cronbachs Alpha von $r=.57$ (Untertests 9 und 10) bis $r=.78$ (Untertest 6).

Retest-Reliabilität: Berechnet anhand von $N=55$ Kindern. Die Zeit zwischen den Testzeitpunkten betrug im Mittel 14 Tage. Ein Mittelwertvergleich zu Testzeitpunkt 1 und 2 verweist auf deutliche Lerneffekte bei den Untertests 3 und 5. Retestreliabilität der Rohwerte zwischen .43 (Aufgabe 9) und .87 (Aufgabe 2, Schnellzähler).

Weitere Reliabilitätsmaße: Die Stabilität der Ergebnisse wurde anhand einer Stichprobe von $N=170$ Kindern überprüft, die nach ca. 4.4 Monaten erneut getestet wurden, mit der Hypothese, dass es zu einem entwicklungsbedingten Änderung kommen sollte. Es wurden anhand von Retest- und Konsistenzkoeffizienten Stabilitätskoeffizienten gebildet, die zwischen .41 (Mengeninvarianz) und .88 (Automatische Mengenerfassung) liegen. Der Zusammenhang zwischen Risikopunkten zum Zeitpunkt T1 und T2 liegt zwischen .23 (Wurmhöhlen) und .56 (Abzählen). Er wird für die meisten Untertests als gut bis befriedigend eingeschätzt. Die Korrelation der Gesamtrisikopunkte zwischen T1 und T2 beträgt .77.

Validität

Konstruktvalidität: Es wurden alle Untertests miteinander korreliert. Die höchsten Korrelationen treten innerhalb der Untertests zum Zahlen- und Mengenwissen auf, d. h. zwischen „Wurmlings Geschenke" und Abzählen (.44) und „Wurmlings Geschenke" und Schnellzähler (.40). Eine Überprüfung der Faktorenstruktur mittels Faktorenanalyse ergab eine vier-Faktoren-Lösung. Dabei laden die Untertests der ältesten Altersgruppe für den Index Zahlen- und Mengenwissen auf einem Faktor (Faktor 1), die Untertests des Index visuell räumliche Leistungen auf Faktor 2, die Untertests des Index selektive Aufmerksamkeit auf Faktor 3, Wurmlings Freunde und Legespiel laden auf Faktor 4. In den jüngeren Altersstufen weicht die Faktorenstruktur davon leicht ab.

Konvergente/diskriminante Validität: Der BASIC-Preschool wurde mit Untertests zu äquivalenten Bereichen aus dem Bielefelder Screening zur Früherkennung von Leserechtschreibschwierigkeiten (BISC, Jansen et al. 2002) und der K-ABC (Melchers & Preuß, 2009) korreliert. Hier ergaben sich niedrige bis moderate Korrelationen, am höchsten zwischen „Tomaten pflücken" und Schnelles-Benennen-Farben im BISC (.43). Der K-ABC-Untertest Zahlennachsprechen korreliert .63 mit „Wurmlings Freunde", der K-ABC Untertest Rechnen zwischen .59 und .62 mit den BASIC-Preschool-Untertests zur Zahlenverarbeitung. Zusätzlich wurden Zusammenhänge mit dem Entwicklungstest ET 6-6 untersucht. Bedeutsame Zusammenhänge ergaben sich hier vor allem zwischen „Schnellzähler" und ET 6-6 Handlungsstrategien, Kategorisieren und Expressiver Sprache, sowie zwischen „Legespiel" und verschiedenen ET 6-6-Dimensionen.

Kriteriums- bzw. klinische Validität: BASIC-Preschool-Ergebnisse korrelieren hochsignifikant ($r=.49$) mit Elterneinschätzungen zu Vorläuferfähigkeiten (Fragebogen abgedruckt im Handbuch) und spezifisch, aber gering mit Angaben zu Geburtskomplikationen/Entwicklungsverzögerungen.

Neuropsychologische Aspekte

Theoretischer Rahmen

Die Autoren skizzieren den theoretischen Hintergrund zu spezifischen Prädiktoren zum Erwerb von Kulturtechniken. Bei Rechtschreib- und Leseleistungen gehen sie auf das logographische Modell von Frith (1986) ein und nennen die Double-Deficit-Hypothese (nach Compton, de Fries, Ohlson 2000). Mögliche Störungen werden den Bereichen der phonologischen Informationsverarbeitung, der visuellen Wahrnehmung, der Entwicklung von Wortschatz und Grammatik sowie der Benenngeschwindigkeit zugeordnet. Bei der Beschreibung der Prädiktoren für den Erwerb der Rechenfähigkeit beziehen sie sich auf das Triple-Code-Modell von Dehaene (1992) und unterteilen primäre mathematische Fähigkeiten nach Geary (2000) in automatische Mengenerfassung, Ordinalität, Zählen und einfache Rechenoperationen. Außerdem wird das Entwicklungsmodell früher mathematischer Kompetenzen nach Krajewski (2008) beschrieben und graphisch veranschaulicht. Als unspezifische Prädiktoren werden die Entwicklung von Gedächtnisleistungen, vor allem des Arbeitsgedächtnisses (z. B. nach Baddeley), und der Aufmerksamkeit kurz dargestellt. Bei letzterem werden unter anderem die Modelle von van Zomeren und Brouwer (1994) sowie Posner und Raichle (1994) zitiert, und es wird auf die Bedeutung der visuellen Aufmerksamkeit für den Schriftsprachenerwerb eingegangen.

Anwendungsbereiche

Kinder im Vorschulalter, möglichst zu Beginn des letzten Kindergartenjahres, sodass bei Bedarf noch vor der Einschulung Fördermaßnahmen eingeleitet werden können. Nach etwa fünf Monaten kann eine erneute Messung zur Überprüfung der Maßnahmen durchgeführt werden. Der BASIC-Preschool ist als Screening-Verfahren konzipiert, das keine Diagnose, sondern eine Risikoabschätzung ermöglichen soll.

Funktionelle Neuroanatomie

Es wird auf Entwicklungsmodelle und das Konzept der sensiblen Phasen bei der Hirnreifung verwiesen. Dabei wird zwischen erfahrungserwartenden und erfahrungsabhängigen Prozessen unterschieden. Treten in einem erfahrungserwartenden Bereich Anomalien auf (z. B. Sprachentwicklung), dann werden spätere, auf Lernen basierende Prozesse (Lesen, Schreiben), dadurch beeinflusst.

Spezifische Angaben zur funktionellen Neuroanatomie einzelner Vorläuferfähigkeiten werden nicht gemacht.

Ergebnis-
beeinflussende
Faktoren

Bei zweisprachigen Kindern ergaben sich beim Abzählen und beim Legespiel geringfügig, aber signifikant schwächere Leistungen.

Testentwicklung

Der Test ist eine Neuentwicklung der Testautoren, mit dem Ziel, ein valides Instrument zu schaffen, das bei Kindern im Kindergartenalter eine hohe Akzeptanz aufweist. Mit Ausnahme von zwei Untertests („Schnellzähler" und „Wer hat mehr Luftballons") orientieren sich alle Untertests an bekannten Untersuchungsparadigmen für ältere Kinder oder für Erwachsene. Diese Quellen sind in einer Tabelle aufgeführt (z. B. ZAREKI-R, Aster, Weinhold Zulauf & Horn 2006; VOSP, Warrington & James 1991; KiTAP, Zimmermann, Gondan & Fimm, 2002).

Eine erste Testversion wurde 2005 an einer Konstruktionsstichprobe von 87 Kindern erhoben. Die Überprüfung von Schwierigkeit und Trennschärfe der Items machte einige inhaltliche Veränderungen notwendig, die im Detail im Manual dargestellt werden. Dazu gehört auch, dass ein Test zur visuellen Objektwahrnehmung aus dem Verfahren ausgeschlossen wurde.

Testbewertung

Die Kritik im
Überblick

Der BASIC-Preschool ist ein vom Konzept her eigenständiges und sorgfältig konstruiertes Verfahren zur Untersuchung von Vorläuferfähigkeiten bei Kindergartenkindern. Sein Zweck ist die Früherkennung von Risikofaktoren noch vor Schuleintritt, die zu umschriebenen Störungen schulischer Fertigkeiten führen können. Der Test ist als ein Screening-Verfahren konzipiert und diskriminiert nur im unteren Messbereich. Er dient daher zur Selektion auffälliger Kinder, nicht zur Diagnostik. Im Gegensatz zu einigen anderen Screening-Verfahren ist der BASIC-Preschool theoretisch gut fundiert und stützt sich auf bekannte neuropsychologische oder kognitive Paradigmen. Eher unklar ist die prädiktive Validität des Verfahrens. Auch wie relevant die einzelnen Testbereiche und Aufgaben sowie der Gesamtrisikowert tatsächlich für die Vorhersage spezifischer schulischer Leistungen sind, ist nicht gut belegt. Sprachverständnis und verbales Arbeitsgedächtnis scheinen möglicherweise bedeutsamer zu sein als andere Fähigkeiten. Aus neuropsychologischer Sicht ist es schade, dass diese sorgfältig und kindgerecht gestalteten Untertests als Screening und nicht als neuropsychologische Testaufgaben konstruiert wurden – d. h. nicht ausreichend schwierig sind, um im gesamten Leistungsspektrum zu diskriminieren. Daher können sie auch nur als Screening eingesetzt werden. Das ist aber ganz im Sinne der Testintention und kann daher nicht als Kritik am Test gelten. Allerdings: vielleicht führt gerade die geringe Schwierigkeit der Testaufgaben letztlich auch zu der geringen bzw. unklaren spezifischen prädiktiven Validität der der Untertests.

Test-konstruktion

Testmaterial

Das Testmaterial mit einer Figur, die durch die Tests führt, ist sehr ansprechend für Kinder gestaltet. Die Auswertebogen sind klar und übersichtlich; die Farbgestaltung unterstützt die Interpretation. Nur dem Quietschball, der im Testkoffer zusammengedrückt wird, ist leider kein Quietschen zu entlocken. Das Manual ist klar und übersichtlich gestaltet. Allein die inkonsistente Verwendung der Testbezeichnungen (mal werden Testnamen, mal Bezeichnungen für die erfasste Teilleistung oder deren Abkürzungen verwendet) ist manchmal etwas verwirrend.

Testdesign

Konzept: Der Test überprüft unter Angabe eines klar begründeten und nachvollziehbaren theoretischen Rahmens spezifische und unspezifische Vorläuferfähigkeiten von Kulturtechniken. Dabei berufen sich die Autoren auf relevante neuropsychologische und entwicklungspsychologische Literatur. Dass der Test vom Schwierigkeitsgrad her sehr einfach ist, wird damit begründet, dass es sich lediglich um ein Screeningverfahren handelt, bei dem Auffälligkeiten aufgedeckt werden sollen, und dass es in dieser Altersgruppe wichtig ist, die Kooperationsbereitschaft zu sichern und die Motivation aufrecht zu erhalten.

Durchführung: Die Einbettung der Aufgaben in eine Geschichte und auch die Darbietung einiger Aufgaben am Bildschirm ist für die Kinder motivierend; der Wechsel von PC-Darbietung zu Paper-Pencil-Aufgaben ist abwechslungsreich. Auch für den Untersucher ist es mit der Bildschirmanleitung problemlos, den Vorgaben der Durchführung zu folgen und von CD und Bildschirmvorgabe zum Stimulusbuch zu wechseln.

Auswertung: Die Auswertung ist sehr einfach durchzuführen. Es werden im Manual sechs ausführliche Fallbeispiele vorgestellt, in denen auch Ergebnisse von ergänzenden Verfahren (z. B. ET 6-6; HAWIK-IV) zum Vergleich herangezogen werden. Über diese Einzelbeispiele hinaus finden sich im Manual allerdings keine Belege zur klinischen Validität des Tests.

Normierung

Stichprobe: Die Stichprobe ist detailliert beschrieben. Der Anteil von Jungen und Mädchen ist repräsentativ; es wird allerdings nicht erwähnt, ob Geschlechtsunterschiede geprüft wurden.

Gütekriterien

Objektivität: Die Objektivität von Durchführung und Auswertung ist aufgrund der klaren Vorgaben gegeben. Allerdings erfolgt die Registrierung der Antworten ausschließlich durch den Untersucher; die Stimuli werden zwar zum Teil von der CD vorgegeben, der Test ist aber nicht im eigentlichen Sinne PC-gestützt.

Reliabilität: Die Items haben eine geringe Schwierigkeit, die Antworten sind linksschief verteilt, und die Itemtrennschärfe ist folglich gering. Dies ist sorgfältig beschrieben und dargestellt. Die Autoren geben dies als einen beabsichtigten Effekt an, da der Test als Screening konzipiert ist und lediglich die Risikokinder identifizieren soll.

Validität: Das Testmanual enthält kaum Angaben zur klinischen Validität und zur Vorhersage von schulischen Fertigkeiten, abgesehen von Fallbeispielen. Entsprechende Untersuchungen der Autoren sind erst später separat veröffentlicht worden. In einer Längsschnittstudie zeigten Knievel und Kollegen (2010), dass Leistungen in vier BASIC-Preschool-Untertests (verbale Merkfähigkeit (= auditive Merkspanne), Raumwahrnehmung, Legespiel, Durchstreichen) spätere Schulleistungen (Beginn 2. Klasse) vorhersagen. Der Gesamtwert aus den vier Untertests ermöglichte die beste Vorhersage. Das Sprachverständnis (Legespiel) war höher mit Rechen- als mit Rechtschreibleistungen korreliert. Da in dieser Arbeit nur vier Untertests des BASIC-Preschool untersucht wurden, lassen sich die Schlussfolgerungen der Arbeit leider nur eingeschränkt auf den gesamten Test beziehen. Knievel und Kollegen (2011) zeigten, dass der BASIC-Preschool-Gesamtwert eine kombinierte Rechtschreib- und Rechenschwäche vorhersagte. Als bedeutsam erwiesen sich dabei vor allem Arbeitsgedächtnis, Sprachverständnis und der schnelle Abruf von Faktenwissen (automatische Mengenerfassung, Abzählen). Eine einfache Rechenschwäche wurde jedoch besser durch sprachliche und Aufmerksamkeitsleistungen als durch rechnerische Vorläuferfertigkeiten vorhergesagt. Nach einer Studie von Daseking et al. (2011) schnitten Kinder mit Migrationshintergrund, vor allem türkische Kinder, in den meisten Verfahren des BASIC-Preschool schlechter ab, und nicht nur, wie erwartet, in den sprachlichen Verfahren. Diese Arbeiten stützen bisher die Validität des Tests in Hinblick auf seine prädiktive Validität nur eingeschränkt. Weitere Arbeiten wären nötig, um den Wert des Verfahrens als prognostisch relevantes spezifisches Screening zu belegen.

**Neuropsy-
chologische
Aspekte**

Theoretischer Rahmen

Die Test-Aufgaben sind, mit zwei Ausnahmen, aus neuropsychologischen Paradigmen abgeleitet (z. B. das Legespiel basiert einerseits auf dem SETK-3-5 von Grimm (2001), ist aber letztlich eine an Kindergartenkinder angepasste Form des Token Tests). Die Auswahl der Testbereiche orientiert sich an aktuellen Theorien und ist gut begründet Die Auswahl der Paradigmen selbst ist etwas weniger eindeutig nachvollziehbar und wohl auch an möglichst einfacher Umsetzbarkeit orientiert (z. B. das Verfahren für räumlich-visuelle Wahrnehmung).

Anwendungsbereiche

Der Test ist als allgemeines Screeningverfahren für Kindergartenkinder konstruiert und richtet sich nicht an spezifische klinische Gruppen. Die Tatsache, dass Kinder mit Migrationshintergrund allgemein schlechter abschneiden, weist auf die Bedeutung des Sprachverständnisses bei der Testdurchführung.

Ergebnisbeeinflussende Faktoren

Ereignisbeeinflussende Faktoren werden nicht spezifiziert. Kinder mit Sinnesbehinderungen und fremd-/mehrsprachlichem Hintergrund dürften benachteiligt sein.

**Handhab-
barkeit und
klinische
Anwendung**

Der Test ist einfach anzuwenden. Tatsächlich ist der BASIC-Preschool kein PC-gestützter Test, da der Bildschirm nur für die visuellen Stimulusvorgaben genutzt wird (z. T. mit exakter Zeitbegrenzung), das Lesen der Instruktionen und Registrieren der Reaktionen aber durch den Untersucher erfolgen. Das ermöglicht eine fortlaufende Kontrolle durch den Untersucher und eine Abstimmung der zeitlichen Vorgaben an den Rhythmus des Kindes. Der Untersucher hat aber deutlich mehr zu tun als bei einem PC-gestützten Test.

Die Instruktionen sind auf dem Protokollbogen abgedruckt. Die Instruktionen sind klar und kindgerecht, wobei einberechnet wird, dass Kinder im Vorschulalter unerwartet reagieren können. Es ist hilfreich, dass im Manual angegeben ist, wie man mit derartigen Reaktionen, Verständigungsproblemen, Rückfragen oder unzureichender Mitarbeit des Kindes bei den verschiedenen Aufgaben umzugehen hat. Ein Ausnahme bildet die Aufgabe „Versteckter Wurmling". Diese Aufgabe scheint, trotz Erklärung mit Schablone, für viele Kinder schwierig zu verstehen zu sein.

Renate Drechsler

2.7 Domänenübergreifende neuropsychologische Testbatterien, Testsammlungen und Fragebögen

Renate Drechsler

Es gibt nur sehr wenige Instrumente für Kinder, die neuropsychologische Funktionen domänenübergreifend erfassen und zugleich eine klinische Zielrichtung haben; d. h. die primär auf das Erfassen von Störungen ausgerichtet sind und nicht auf Entwicklungsabweichungen. Im Folgenden werden drei Instrumente rezensiert, von denen zwei, die ANT und die NEPSY-2 nicht auf Deutsch veröffentlicht sind. Das dritte Instrument, die TÜKI, erfüllt zwar den Anspruch, klinisch, in neuropsychologischen Theorien verankert und domänenübergreifend zu sein, verfügt aber lediglich über eine Art Grobnormierung.

Als domänenübergreifende und nicht-störungsspezifische Instrumente werden außerdem die beiden Fragebögen KOPKI 4-6 und KOPKIJ in die Tabelle aufgenommen. KOPKI 4-6 lässt sich nicht nur als klinische, sondern vor allem als kognitive Entwicklungsskala einsetzen (deshalb wohl auch „kognitive Prozesse" und nicht „Probleme") und ist auch unter den Entwicklungsverfahren aufgeführt.

2.7.1 Übersichtstabelle: TESTBATTERIEN, TESTSAMMLUNGEN UND FRAGEBÖGEN

Test	Alter	Aufgaben	
Testbatterien und Testsammlungen			
Tübinger Luria-Christensen Neuropsychologische Untersuchungsreihe für Kinder (TÜKI) Deegener et al. (1997)	5–16 Jahre	Aufgaben zu siebzehn Funktionsbereichs-Skalen: 1. Gesamtkörperkoordination 2. motorische Funktionen der Hände 3. orale Praxie 4. sprachliche Regulation motorischer Vollzüge 5. akustisch-motorische Koordination 6. höhere hautkinästhetische Funktionen 7. Stereognosie 8. höhere visuelle Funktionen 9. räumliche Orientierung 10. Mosaiktest 11. rezeptive Sprache: Wortverständnis, einfache Sätze 12. rezeptive Sprache: logisch-grammatikalische Strukturen 13. expressive Sprache: Artikulation und reproduzierende Sprache 14. expressive Sprache: nominative Funktionen und erzählende Sprache	498

		15. Lernprozess: Wortreihe 16. mnestische Prozesse 17. Denkprozesse	
Amsterdam Neuropsychological Tests, Version 4.0 (ANT) (englisch) Sonneville (2012)	4–18 Jahre (Einzelne Aufgaben für unterschiedliche Altersstufen normiert, z. T. bis 67 Jahre)	38 PC-gestützte Aufgaben: 1. Baseline Speed 2. Delay Frustration 3. Encoding 4. Focussed Attention 5. Focused Attention 4 Letter 6. Focused Attention Objects 1 Key 7. Focused Attention Objects 2 Keys 8. Feature Identification 9. Flanker 10. Face Recognition 11. Gaze-Arrow Cueing 12. Go/NoGo 13. Identification Averted Emotions 14. Identification of Facial Emotions 15. Mental Arithmetic Simple Addition 16. Mental Arithmetic Complex Addition 17. Mental Arithmetic Multiplication 18. Matching Facial Emotions 4 19. Matching Facial Emotions 6 20. Matching Facial Emotions 8 21. Memory Search 2D Objects 22. Memory Search Letters 23. Memory Search Objects 1 Key 24. Memory Search Objects 2 Keys 25. Prosody 26. Pursuit 27. Response Organization Arrows 28. Response Organization Objects 29. Sustained Attention Auditory 30. Sustained Attention Dots 31. Sustained Attention Objects 1 Key 32. Sustained Attention Objects 2 Keys 33. Shifting Attentional Set Auditory 34. Spatial Temporal Span 35. Shifting Attentional Set Visual 36. Tapping 37. Tracking 38. Visual Spatial Sequencing	**448**
Developmental Neuropsychological Assessment-II (NEPSY-II) (englisch)	3–16 Jahre	Testsammlung aus 32 Untertests zu den Funktionsbereichen *1. Aufmerksamkeit und Exekutive Funktionen* Animal Sorting, Auditory Attention (1) und Response Set (2), Clocks, Design Fluency, Inhibition, Statue	**481**

Korkman, Kirk & Kemp (2007)		*2. Sprache* Body Part Naming and Identification, Comprehension of Instructions, Oromotor Sequences, Phonological Processing, Repetition of Nonsense Words, Speeded Naming, Word Generation *3. Gedächtnis und Lernen* List memory (1), List Memory Delayed (2); Memory for Design (1), Memory for Design Delayed (2); Memory for Faces (1), Memory for Faces Delayed (2); Memory for Names (1), Memory for Names Delayed (2), Narrative Memory, Sentence Repetition, Word List Interference *4. Sensomotorischen Funktionen* Fingertip Tapping, Imitating Hand Positions, Manual Motor Sequences, Visuo-Motor Precision *5. Soziale Wahrnehmung* Affect Recognition, Theory of Mind *6. Visuo-räumliche Verarbeitung* Arrows, Block Construction, Design Copying, Geometric Puzzles, Picture Puzzles, Route Finding
Fragebogen		
Fragebogen zur Erfassung kognitiver Prozesse bei 4- bis 6-jährigen Kindern (KOPKI 4-6) Gleissner, Krause & Renner (2011)	4–6 Jahre	Elternfragebogen mit 6 Skalen 1. Sprache (24 Items) 2. Gedächtnis (17 Items) 3. Visuell-räumliche Leistungen (12 Items) 4. Allgemeine kognitive Leistungen (18 Items) 5. Aufmerksamkeit 16 Items) 6. Selbständigkeit (11 Items) Allgemeine Fragen (A1-A11) zu häufigen klinischen Symptomen
Kognitive Probleme bei Kindern und Jugendlichen (KOPKIJ) Gleissner et al. (2006)	6–16 Jahre	Elternfragebogen mit 6 Skalen: 1. Sprache (19 Items) 2. Gedächtnis (16 Items) 3. Visuell-räumliche Funktionen (7 Items) 4. Verhaltenssteuerung (33 Items) 5. Aufmerksamkeit (6 Items) 6. Lesen, Schreiben, Rechnen (18 Items) Allgemeine Fragen: 7. Allgemeines 8. Eltern

Amsterdam Neuropsychological Tasks (ANT, Version 4.0)

Leo M. J. de Sonneville

www.sonares.nl, 2012

Zusammenfassende Testbeschreibung

Zielsetzung und Operationalisierung	**Konstrukte** *Erfassung eines breiten Spektrums von Aufmerksamkeits sowie „kalten" und „heißen" Exekutivfunktionen.*

Testdesign

Die ANT besteht aus insgesamt 38 Testverfahren. Jeder Test kann unabhängig von den anderen durchgeführt und ausgewertet werden.

Angaben zum Test

Normierung

Alter: Für 30 der 38 Testverfahren liegen Normen vor. Alle Standardwerte werden über Regressionsmodelle berechnet. Daher gibt es keine Altersnormgruppen. Die Altersbereiche der Normgruppen liegen zwischen 4 und 67 Jahren (N = 40 bis 4 000).
Bildung: Es wird nicht nach Bildung unterschieden.
Geschlecht: Es wird nicht nach Geschlecht unterschieden.

Material

USB-Stick mit Lizenz und Manual. Windows-PC mit Maus. Zusätzlich Headset und/oder Mikrophon.

Durchführungsdauer

Je nach Aufgabe zwischen einer und zwanzig Minuten.

Testkonstruktion

Design

Aufgabe

Eine nach Funktionsbereichen geordnete Übersicht aller Testaufgaben ist in Tabelle 1 am Ende der Rezension dargestellt. Eine alphabetisch geordnete Aufstellung kann bei www.sonares.nl heruntergeladen werden.

Konzept

Die ANT ist eine umfassende Testsammlung zur Überprüfung von Aufmerksamkeitsfunktionen (Einfachreaktionen, Daueraufmerksamkeit, Fokussierte und Geteilte Aufmerksamkeit), „kalten" Exekutivfunktionen (Inhibition, Flexibilität, Arbeitsgedächtnis) sowie „heißen" Exekutivfunktionen (Frustrationstoleranz, Emotionswahrnehmung). Einige Aufgaben sind auf Vorschulkinder von 4 bis 6 Jahren abgestimmt, andere auf Schulkinder und Jugendliche, weitere beziehen Erwachsene bis 67 Jahre ein.

Variablen

Je nach Verfahren werden die Anzahl der Richtigen, Auslassungen, Fehler und Antizipationen für die verschiedenen Testbedingungen erfasst. Für Richtige und Fehler werden Mittelwert und Standardabweichungen ausgegeben. In einigen Verfahren werden zudem spezifische Indizes wie d' (Sensitivität) oder bei mehreren Testdurchgängen (z. B. bei Sustained Attention) die Fluktuation des Arbeitstempos berechnet.

Durchführung

Zu jedem Test gibt es im Programm Instruktionen auf Englisch für den Testleiter. Dieser instruiert den Probanden mündlich. Alle Tests werden mit der Maus durchgeführt, und der Testleiter muss die Handhabung der Maus zunächst erklären (insbesondere bei kleinen Kindern). Es gibt keine gesonderten Reaktionstasten. Zur Unterstützung der Instruktion können im Programm die Zielreize, Ablenker und/oder die Rahmenhandlung dem Probanden gezeigt werden. Anschließend gibt es zu jedem Test eine Übungssequenz, die beliebig wiederholt werden kann. Danach wird der eigentliche Test gestartet.

Auswertung

Die Auswertung erfolgt automatisiert. Die Ergebnislisten werden teilweise ergänzt durch graphische Darstellungen (z. B. Verlaufskurven). Als Normwerte werden z-Werte angegeben, die über Regressionsmodelle berechnet werden.

Normierung   ## Stichprobe

Für 30 Testverfahren liegen Normen vor, wobei die Normstichprobe pro Test zwischen 111 und 4 288 variiert. Angaben zum Jahr der Erhebungen sind nicht vorhanden.

Normen

Alter: Über Regressionsmodelle berechnete z-Werte; keine Normtabellen für bestimmte Altersgruppen. Einige Verfahren sind für einen großen Altersrange normiert (z. B. Baseline Speed, $N=4288$; von 4–67 Jahren), wohingegen andere nur für Schulkinder (7–12 Jahre) oder für Vorschulkinder (4–6 Jahre) normiert sind (vgl. Tabelle 1).

Bildung: keine Angaben
Geschlecht: keine Angaben

Gütekriterien　**Objektivität**
Durchführung: Aufgrund der überwiegenden Automatisierung durch den Computer ist eine gute Objektivität gegeben.
Auswertung: Die Auswertung erfolgt über den Computer, die Auswerteobjektivität ist dementsprechend hoch.

Reliabilität
Interne Konsistenz: keine Angaben
Paralleltest-Reliabilität: keine Angaben
Retest-Reliabilität: keine Angaben
Weitere Reliabilitätsmaße: keine Angaben

Validität
Konstruktvalidität: keine Angaben
Konvergente/diskriminante Validität: keine Angaben
Kriteriums- bzw. klinische Validität: keine Angaben
Ökologische Validität: keine Angaben

Nebengütekriterien
Akzeptanz: keine Angaben
Transparenz: keine Angaben
Zumutbarkeit: keine Angaben
Verfälschbarkeit: keine Angaben
Störanfälligkeit: keine Angaben

Neuropsychologische Aspekte

Theoretischer Rahmen　keine Angaben

Anwendungsbereiche　Einsatz im klinischen Setting und im Forschungskontext.

Funktionelle Neuroanatomie　keine Angaben

Ergebnisbeeinflussende Faktoren　keine Angaben

Testentwicklung

Die ANT wurde 1985 entwickelt und auf Basis zahlreicher wissenschaftlicher Studien kontinuierlich verbessert. Im Handbuch werden keine Hintergründe zu den entwickelten Verfahren referiert. Viele der Verfahren sind jedoch in Studien zur Überprüfung neuropsychologischer Theorien eingesetzt worden, insbesondere in den Bereichen Aufmerksamkeit (z. B. Sturm, 2009), Gedächtnis (Sander et al., 2012) und exekutive Funktionen (Pickens et al., 2010). Ab den 1990er Jahren wurden in zahlreichen Studien Aufgaben aus der ANT zur Erforschung von kognitiven Einschränkungen bei unterschiedlichen Störungsbildern eingesetzt: Entwicklungsstörungen (z. B. Perinatale Störungen), Metabolismusstörungen (z. B. PKU), psychiatrische Störungen (z. B. ADHS), erworbene Hirnstörungen (z. B. SHT). Die Liste auf der Homepage des Herstellers umfasst 151 Publikationen (Stand 2016; Liste aktualisiert 2011).

Testbewertung

Die Kritik im Überblick

Die ANT ist eine Sammlung von unterschiedlichen Testverfahren, die unabhängig voneinander konstruiert wurden und einzeln durchgeführt werden können. Einen klaren Schwerpunkt bilden Verfahren zu den Bereichen Aufmerksamkeit und exekutive Funktionen. Dort lassen sich mit einer Reihe von Verfahren unterschiedliche Aspekte in einem großen Altersspektrum untersuchen. Es gibt aber auch viele Test, die sehr spezifisch sind und eher experimentellen Charakter haben. Wenn man als Untersucher jedoch eine klare Hypothese hat, bietet die ANT ein breites Spektrum an Möglichkeiten, diese zu prüfen. Die Tests können in gewissem Maße angepasst und variiert werden. Dadurch können viele Verfahren gut experimentell eingesetzt werden. Ein großer Vorteil vieler Verfahren ist zudem die Eignung und Normierung für Kinder ab vier Jahren. Das Handbuch hilft bei der Installation und Durchführung, jedoch fehlen essentielle Angaben zu den theoretischen Hintergründen, Stichproben, Normierung, Validität und Reliabilität.

Testkonstruktion

Testmaterial

Die programmtechnische Umsetzung der ANT entspricht nicht mehr den heutigen Standards. Das Programm hat noch den Charme von Windows 98 und der Testleiter braucht Zeit, um sich in der Menüführung und in dem Interface zurecht zu finden. Andererseits bietet das

Programm sehr viele Möglichkeiten, um unterschiedliche Projekte und Testmodelle anzulegen. Ferner können die einzelnen Tests auch angepasst und verändert werden, wodurch im Forschungsbereich einzelne Tests angepasst eingesetzt werden können. Das Testmaterial und die Instruktionen sind auf Englisch. Nahezu alle Verfahren sind jedoch sprachfrei. Da die Instruktionen durch den Testleiter gegeben werden, sind für den Probanden keine Englischkenntnisse notwendig.

Testdesign

Konzept: Auch wenn dies im Handbuch nicht explizit beschrieben wird, basieren die meisten Verfahren auf gängigen Konzepten in den Bereichen Aufmerksamkeit und exekutive Funktionen. Einige Verfahren für junge Kinder beruhen auf klassischen Paradigmen (z. B. Daueraufmerksamkeit), die für Kinder ansprechender gestaltet wurden. Viele Verfahren haben Paralleltests, wobei die Parallelität der Versionen nicht überprüft wurde (z. B. Go/Nogo mit roten und grünen Ampelmännchen versus gelber Kasten mit oder ohne Öffnung).

Variablen: Die erhobenen Variablen Reaktionszeit, Standardabweichung, Fehler und Auslasser sind übliche Variablen zur Messung von kognitiven Leistungen in PC-gestützten Verfahren. Es gibt jedoch im Handbuch keine Angaben dazu, welche Variablen für welchen Test besonders aussagekräftig sind. Hierzu muss gegebenenfalls Hintergrundliteratur herangezogen werden.

Durchführung: Die Testverfahren, inklusive Instruktionen, sind einfach gestaltet und für den Probanden gut durchzuführen. Die Übungsbeispiele und die Illustrationen der Items erleichtern das Verständnis. Die visuellen und auditiven Stimuli sind gut zu erkennen und somit auch bei verminderter visueller und auditiver Wahrnehmungsleistung gut zu unterscheiden.

Auswertung: Die Berechnung der Normwerte erfolgt automatisiert über Regressionsmodelle. Leider sind im Handbuch oder im Programm die zugrunde liegenden Regressionsmodelle nicht zugänglich. Das Handbuch gibt keine Hilfe oder Anleitung zur Interpretation der Standardwerte.

Normierung

Die Größe der einzelnen Stichproben ist ausreichend bis sehr gut. Leider werden außer der Anzahl keine weiteren Angaben zu den Stichproben gegeben. Eine genauere Beschreibung der Stichproben wäre wünschenswert.

Gütekriterien

Objektivität: Die Auswertungsobjektivität ist durch die PC-Auswertung gegeben. Bei der Durchführung gibt es jedoch beeinflussende Faktoren. Die Instruktionen müssen beispielsweise durch den Testleiter gegeben werden. Diese sind zwar vorgegeben, laufen aber nicht automatisiert ab. Die ANT liefert lediglich Software. Dadurch können aufgrund unterschiedlicher Bildschirme, Tastaturen und Mäuse Unterschiede zu den Normdaten entstehen.

Reliabilität: Im Handbuch und auf der Herstellerseite gibt es dazu leider keine Angaben. Zu einzelnen Verfahren wurden Reliabilitätsmaße von anderen Autoren publiziert (z. B. Günther et al., 2005).

Validität: Im Handbuch und auf der Herstellerseite gibt es dazu keine Angaben. Es gibt jedoch für einige der Subtests Validierungsstudien (z. B. de Sonneville et al., 1993). Zudem gibt es viele Studien mit klinischen Stichproben, in denen signifikante Unterschiede zwischen Kontrollgruppen und klinischen Stichproben beschrieben werden (siehe Referenzliste auf der Homepage des Herstellers).

Neuropsychologische Aspekte

Theoretischer Rahmen

Im Manual wird nicht auf neuropsychologische Aspekte oder zugrunde liegende Modelle eingegangen. Meist ist erkennbar, auf welchen Modellen die einzelnen Verfahren beruhen, aber in vielen Bereichen ist nicht nachvollziehbar, warum die Aufgabe so gestaltet wurde. Viele der Tests gehen über die gängigen Modelle hinaus und unterscheiden sich damit auch von anderen Anbietern. Beispielsweise gibt es in der ANT Aufgaben für Aufmerksamkeitsleistungen und exekutive Funktionen, die ausschließlich auditiv dargeboten werden. Insgesamt ist der Anwender in Bezug auf die Auswahl und den Einsatz der einzelnen Verfahren auf seine eigene Expertise angewiesen.

Anwendungsbereiche

Die ANT umfasst eine Reihe von Verfahren, die bereits bei Kindern ab 4 Jahren eingesetzt werden können. Insbesondere für die Bereiche Aufmerksamkeit und exekutive Funktionen gibt es eine große Anzahl von Publikationen mit unterschiedlichen klinischen Stichproben im Kinder- und Jugendbereich. Im Handbuch gibt es jedoch keine Hinweise zu spezifischen Anwendungsbereichen oder Hilfestellungen, welche Parameter sich besonders gut zur Interpretation eignen. Gleichwohl: Die vielfältigen Möglichkeiten der Parameteranpassung machen sie zu einem brauchbaren Forschungsinstrument.

Ergebnisbeeinflussende Faktoren

Auch hier gibt es leider keine Angaben im Handbuch. Insbesondere bei den auditiven Verfahren muss jedoch darauf geachtet werden, dass die Lautsprecher oder Kopfhörer eine ausreichende Qualität haben.

Handhab-barkeit und klinische Anwendung

Nach einer Einarbeitungsphase kann ein Testleiter mit dem Programm gut und zügig arbeiten. Einige Abläufe entsprechen nicht mehr den heutigen Standards, lassen sich aber schnell erlernen. Diese sind im Handbuch gut beschrieben und mit Screenshots ergänzt. Die Probanden kommen mit den Verfahren gut zurecht. Bei jungen Kindern muss darauf geachtet werden, dass sie Zeit brauchen, um den Umgang mit der Maus ausreichend zu beherrschen, um die Aufgabe gut durchführen zu können. Zudem sind für die kleinen Kinder die Instruktionen häufig zu komplex. Hier sollte direkt in die Übungsitems gegangen und die Aufgabe „online" erklärt werden.

Tabelle: Überblick über die Aufgaben der Amsterdam Neuropsychological Tasks (ANT)

Test	Alter	Beschreibung	N
Aufmerksamkeit		Aufmerksamkeitsintensität: Alertness	
Baseline Speed (BS)	4–67	Einfache visuelle Reaktionsaufgabe. Tastendruck bei Erscheinen eines weißen Quadrats.	4 288
Aufmerksamkeit		Daueraufmerksamkeit	
Sustained Attention Auditory (SAA)	7–12	Auditive Daueraufmerksamkeit. Auf einen aus drei randomisiert dargebotenen Tönen (hoch, mittel, tief) soll der Proband mit Tastendruck reagieren. Dauer: 6–15 Minuten.	359
Sustained Attention Dots (SAD)	7–66	Visuelle Daueraufmerksamkeit. Über einen längeren Zeitraum soll bei Präsentation des Zielreizes (vier Punkte) mit der Ja-Taste reagiert werden. 50 Durchgänge à 12 Trials (600 Reize). Self-paced. Dauer: 7–20 Minuten.	3 187
Sustained Attention Objects 1 Key (SAO1)	4-6	Der Proband soll die Taste drücken, sobald ein bestimmtes Tier (z. B. Hund) in einem der drei Fenster eines Hauses erscheint. Bei anderen Tieren soll er nicht drücken. Dauer: 9–12 Minuten.	111

Sustained Attention Objects 2 Keys (SAO2)	4-6	Der Proband soll die Ja-Taste drücken, sobald ein bestimmtes Tier (z. B. Hund) in einem der drei Fenster eines Hauses erscheint. Bei anderen Tieren soll er die Nein-Taste drücken. Dauer: 9–12 Minuten.	147

Aufmerksamkeit			Selektive/Fokussierte Aufmerksamkeit
Focused Attention 2 Letters (FA2L)	7–37	Teil 1: Erscheint ein bestimmter Buchstabe (z. B. ein „f") auf der relevanten Diagonalen einer Zweiermatrix, soll die Ja-Taste gedrückt werden; bei anderen Buchstaben oder auf der entgegengesetzten Diagonalen die Nein-Taste. Teil 2: Erscheint einer von drei vorgegebenen Buchstabe (z. B. m – s – v) auf der relevanten Diagonalen einer Zweiermatrix, soll die Ja-Taste gedrückt werden; bei anderen Buchstaben oder auf der entgegengesetzten Diagonalen die Nein-Taste.	450
Focused Attention 4 Letters (FA4L)	7–64	Teil 1 und Teil 2 wie zuvor, jedoch mit einer Vierermatrix.	515
Focused Attention Objects 1 Key (FAO1)	4–6	Erscheint eine bestimmte Frucht (z. B. Apfel) auf der relevanten Achse des Obstkorbs, soll die Taste gedrückt werden; bei anderen Früchten oder an anderem Ort soll keine Taste gedrückt werden.	157

Focused Attention Objects 2 Keys (FAO2)	4–8	Erscheint eine bestimmte Frucht (z. B. Apfel) auf der relevanten Achse des Obstkorbs, soll der Proband die Ja-Taste drücken; bei anderen Früchten oder an anderem Ort soll die Nein-Taste gedrückt werden.	178
Selektive Aufmerksamkeit und Arbeitsgedächtnis (Speicherfunktionen)			
Memory Search 2D Objects (MS2D)	7–16	In den Ecken eines virtuellen Quadrats erscheinen gleichzeitig vier verschiedene Formen in verschiedenen Farben. Teil 1: Der Proband soll auf die Ja-Taste drücken, wenn eine vorgegebene Form in einer bestimmten Farbe erscheint, z. B. ein roter Kreis; andernfalls auf die Nein-Taste. Teil 2: Der Proband soll auf die Ja-Taste drücken, wenn eines von drei definierten Objekten erscheint, z. B. ein grünes Quadrat, andernfalls auf die Nein-Taste. Version 1 Version 2 Version 3	248
Memory Search Objects 1 Key (MSO1)	4–6	Teil 1: Jeweils vier Tiere erscheinen gleichzeitig an vier verschiedenen Positionen eines Hauses. Der Proband soll die Ja-Taste drücken, sobald irgendwo das „Zieltier" (z. B. Maus) erscheint. Teil 2: Der Proband soll die Ja-Taste drücken, sobald irgendwo eines von zwei „Zieltieren" (z. B. Maus und Biene) erscheint.	149
Memory Search Objects 2 Keys (MSO2)	4–8	Teil 1: Jeweils vier Tiere erscheinen gleichzeitig an vier verschiedenen Positionen eines Hauses. Der Proband soll die Ja-Taste drücken, sobald irgendwo das „Zieltier" (z. B. Maus) erscheint, und die Nein-Taste, falls es nicht dabei ist. Teil 2: Der Proband soll die Ja-Taste drücken, sobald irgendwo eines von zwei „Zieltieren" (z. B. Maus und Biene) erscheint, und die Nein-Taste, falls keines der beiden dabei ist.	298

Memory Search Letters (MSL)	7–64	In den Ecken eines virtuellen Quadrats erscheinen gleichzeitig vier Buchstaben Teil 1: Der Proband soll die Ja-Taste drücken, wenn der vorgegebene Buchstabe (z. B. ein „k") in einer der vier Ecken erscheint; andernfalls die Nein-Taste. Teil 2: Der Proband soll die Ja-Taste drücken, wenn von zwei vorgegebenen Buchstaben (z. B. k + r) gleichzeitig beide erscheinen; andernfalls die Nein-Taste. Teil 3: Der Proband soll die Ja-Taste drücken, wenn gleichzeitig die drei vorgegebenen Buchstaben (z. B. k + r + s) erscheinen; andernfalls die Nein-Taste.	3244
„Kalte" exekutive Funktionen			Arbeitsgedächtnis
Visual Spatial Sequencing (VSS)	4–15	In einer 3×3-Matrix sollen vorgegebene Sequenzen nachgetippt werden.	377
Spatial Temporal Span (STS)	nicht normiert	In einer 3×3-Matrix sollen vorgegebene Sequenzen vorwärts (Teil 1) und rückwärts (Teil 2) nachgetippt werden.	–
Feature Identification (FI)	6–65	Zunächst wird in einer 3×3-Matrix ein Muster aus roten und weißen Quadraten gezeigt, anschließend erhält der Proband zur Auswahl vier Muster. Ist das zuerst gezeigte dabei, soll der Proband die Ja-Taste drücken, andernfalls die Nein-Taste.	3379

Encoding (ENC)	7–38 (a) 7–15 (b)	Teil 1: Ein bestimmter Buchstabe (z. B. „P") soll aus vieren erkannt werden, wobei die Items teilweise verzerrt dargestellt sind. Ist der Buchstabe dabei, soll der Proband die Ja-Taste drücken, andernfalls die Nein-Taste. Teil 2: Erscheint einer von drei vorgegebenen Buchstaben (z. B. m – s – v), soll der Proband die Ja-Taste drücken, andernfalls die Nein-Taste.	476 (a) 261 (b)
Mental Arithmetic Simple Addition (MAA1)	nicht normiert	Leichte Additionen: zwei einstellige Zahlen (z. B. 9 + 4). Der Proband muss laut die Antwort sagen. Die Reaktionszeit wird über Mikrophon erfasst.	–
Mental Arithmetic Complex Addition (MAA2)	nicht normiert	Schwierigere Additionen: zwei zweistellige Zahlen (z. B. 13 + 15).	–
Mental Arithmetic Multiplication (MAM1)	nicht normiert	Multiplikationen im Bereich des kleinen Einmaleins.	–
„Kalte" exekutive Funktionen			Inhibition / Flexibilität
Go-NoGo (GNG)	4–12	Auf einen von zwei Zielreizen soll mit Tastendruck reagiert werden, auf den anderen nicht.	537
Flanker (FL)	7–14	3 × 3-Matrix, entscheidend ist die Farbe des Quadrats im Zentrum, die Farbe der äußeren Quadrate (Flankers) ist für die Reaktion unbedeutend. Teil 1: Ist das Quadrat im Zentrum z. B. blau, soll der Proband die linke Taste drücken, ist es gelb, die rechte. Die Umgebungsfarbe ist entweder identisch (kompatibel) oder eine neutrale Farbe.	222

	Version 1		Version 2		Version 3	
	left hand	right hand	left hand	right hand	left hand	right hand
Neutral						
Compatible						

Teil 2: Die Umgebungsfarbe ist entweder identisch (kompatibel), oder sie entspricht der Farbe für Reaktionen mit der anderen Hand (inkompatibel).

Task	Range	Description	No.
Response Organization Arrows (ROA)	6–16	Teil 1: Es erscheint ein farbiger Pfeil (z. B. grün), dessen Richtung zeigt an, ob der Proband die linke oder die rechte Taste drücken soll (kompatibel). Teil 2: Es erscheint ein Pfeil in einer anderen Farbe (z. B. rot) und der Proband soll jeweils entgegen der Pfeilrichtung die Taste drücken (inkompatibel). Teil 3: Der Proband soll in Abhängigkeit von der Farbe des Pfeils kompatibel oder inkompatibel reagieren.	246

- Part 3

	Version 1	Version 2	Version 3
Compatible			
Incompatible			

| Response Organization Objects (ROO) | 4–12 | Teil 1: Es erscheint ein farbiger Kreis (z. B. grün) links oder rechts auf dem Bildschirm, der Proband soll die Taste auf der Seite drücken, wo der Kreis erscheint (kompatibel). Teil 2: Es erscheint ein Kreis in einer anderen Farbe (z. B. rot), und der Proband soll auf der entgegengesetzten Seite die Taste drücken (inkompatibel). | 613 |

- Part 3

	Version 1	Version 2	Version 3
Compatible			
Incompatible			

| Shifting Attentional Set Auditory (SSA) | 7–12 | Teil 1: Es wird ein Ton (z. B. ein tiefer) entweder ein- oder zweimal präsentiert, und der Proband soll der Anzahl entsprechend ein- oder zweimal die Taste drücken (kompatibel). | 351 |

		Teil 2: Es wird ein anderer Ton (z. B. ein hoher) entweder ein- oder zweimal präsentiert, und der Proband soll die Taste bei einem Ton zweimal und bei zwei Tönen einmal drücken (inkompatibel). Teil 3: Der Proband soll in Abhängigkeit von der Tonhöhe kompatibel oder inkompatibel reagieren.	
Shifting Attentional Set Visual (SSV)	5–63	In einer waagrechten Reihe aus grauen Quadraten ist ein farbiges enthalten. Diese springt unvorhersehbar nach links oder rechts. Teil 1: Das farbige Quadrat ist z. B. grün, und der Proband soll die linke Taste drücken, wenn das Quadrat nach links hüpft, und die rechte Taste, wenn es nach rechts hüpft (kompatibel). Teil 2: Das farbige Quadrat hat eine andere Farbe, und der Proband soll die Tasten entgegengesetzt drücken (inkompatibel). Teil 3: Der Proband soll in Abhängigkeit von der Farbe des Quadrates kompatibel oder inkompatibel reagieren.	2988
Gaze-Arrow Cueing (GAC)	nicht normiert	Ein farbiger Kreis (z. B. grün) erscheint links oder rechts vom Fixationspunkt, und der Proband soll entsprechend die linke oder rechte Taste drücken. Zuvor erscheint ein Hinweisreiz (Pfeil oder Gesicht), der die Richtung angibt (kompatibel), jedoch nicht immer korrekt (inkompatibel). Manchmal erscheinen in der Mitte zwei kleine rote Kreuze, dann soll der Proband beide Tasten gleichzeitig drücken.	–
„Heiße" exekutive Funktionen			Frustrationstoleranz
Delay Frustration (DF)	nicht normiert	Der Proband muss eine Figur mit vier anderen Figuren vergleichen und die Figur über Mausklick auswählen, die entweder in Form oder Farbe identisch ist. Unregelmäßig reagiert der PC nicht auf die Auswahl.	–

„Heiße" exekutive Funktionen			Gesichterwahrnehmung
Face Recognition (FR)	4–38 (a) 7–16 (b) 12–16 (c)	Material: Gesichter von Mädchen, Jungen, erwachsenen Frauen und Männern; neutraler Gesichtsausdruck. Aus vier Gesichtern muss ein zuvor gezeigtes Gesicht (Targetitem) wiedererkannt werden. Ja-Taste, wenn das Targetitem dabei ist, sonst Nein-Taste. 3 Subtests: a) Frontansicht; b) im Profil, c) auf dem Kopf stehend. 	3 054 (a) 251 (b) 38 (c)

„Heiße" exekutive Funktionen			Emotionswahrnehmung
Identification Averted Emotions (IAE)	6–12	Identifizieren von emotionalen Gesichtsausdrücken, wobei die Person den Probanden anschaut (Frontansicht) oder zur Seite schaut (Profil). 4 Subtests: Glück, Trauer, Wut, Angst.	181
Identification of Facial Emotions (IFE)	4–33 (1–4) 10–12 (5–6)	 8 Subtests: Glück, Trauer, Wut, Angst, Überraschung, Ekel, Scham, Verachtung. In jedem Subtest werden dem Probanden eine Reihe von Gesichtern einzeln dargeboten. Er soll die Ja-Taste drücken, wenn die „Zielemotion" (z. B. glücklich) mit der gezeigten Person übereinstimmt, andernfalls die Nein-Taste.	2 662 2 220
Matching Facial Emotions 4 (MEF4)	6–32	Wiedererkennen, ob ein neues Gesicht eine vorher gezeigte Emotion zeigt. 4 Subtests: glücklich, traurig, wütend, ängstlich.	152
Matching Facial Emotions 6 (MEF6)	nicht normiert	Wie zuvor, jedoch zusätzlich mit „Überraschung" und „Ekel".	–

Matching Facial Emotions 8 (MEF8)	nicht normiert	Wie zuvor, jedoch zusätzlich mit „Scham" und „Anteilnahme".	–
Prosody (PR)	6–12	Es wird ein Satz präsentiert, und der Proband muss anhand der Prosodie beurteilen, ob der Sprecher fröhlich, traurig, böse oder ängstlich ist. Sprache: Niederländisch.	201
Sensomotorik			**Visuomotorik**
Pursuit (PU)	4–63	Mit der Maus muss ein Zielreiz, ein grüner Stern, verfolgt werden. Teil 1: linke Hand. Teil 2: rechte Hand.	1444
Tapping (TP)w	4–12	Teil 1: Mit dem linken Zeigefinger soll der Proband so schnell wie möglich hintereinander auf die Taste tippen. Teil 2: Mit dem rechten Zeigefinger. Teil 3: Linker und rechter Zeigefinger im Wechsel. Teil 4: Mit beiden Zeigefingern gleichzeitig.	454
Tracking (TR)	4–63	Der Proband soll mit der Maus einen Kreis auf dem Bildschirm zeichnen, dies innerhalb vorgegebener Begrenzungslinien. Teil 1: linke Hand. Teil 2: rechte Hand.	1921

Thomas Günther

Cambridge Neuropsychological Test Automated Battery (CANTAB)

Cambridge Cognition Limited

http://www.cantab.com

Zusammenfassende Testbeschreibung

Zielsetzung und Operationalisierung

Konstrukte
Die englischsprachige Testbatterie erfasst ein breites Spektrum an kognitiven Funktionen der Bereiche Gedächtnis, exekutive Funktionen, Aufmerksamkeit.

Testdesign
Die Testbatterie besteht aus 24 computerbasierten Untertests.

Angaben zum Test

Normierung
Alter: Kinder und Erwachsene; 4–80+ Jahre; N>5000.
Bildung: Verschiedene Stufen auf Basis des National Adult Reading Test (NART).
Geschlecht: Geschlechtsspezifische Normdaten vorhanden.

Material
Zwei Manuale (auf Englisch), Computerprogramm (Jahreslizenz), Antworttasten. Zusätzlich werden windowsbasierte Computer mit berührungsempfindlichem Bildschirm oder ein Tablet benötigt.

Durchführungsdauer
Die Untertests dauern zwischen 3 und 30 Minuten, die reine Testzeit für die gesamte Testbatterie beträgt etwa 140 Minuten.

Testkonstruktion

Design

Aufgabe
Die Testbatterie umfasst 24 Untertests. Neben zwei Screening-Aufgaben zur Überprüfung, inwiefern sensomotorische Defizite und mangelndes Instruktionsverständnis die Datenerhebung beeinflussen, enthält die CANTAB Aufgaben zur Erfassung der Aufmerksamkeit, des visuellen, räumlichen und verbalen Gedächtnisses, verschiedener Exekutivfunktionen, wie z.B. Planen, Entscheidungsfindung, Inhibitionskontrolle und Kategorienwechsel sowie zwei Aufgaben zum Erkennen und

Verarbeiten von Emotionen. Eine nach Funktionsbereichen geordnete Übersicht aller Testaufgaben ist in Tabelle 1 am Ende der Rezension dargestellt.

Die Stimuli sind mehrheitlich sprachfrei, so dass der kulturelle Hintergrund die Testleistung nicht beeinflussen sollte. Sprachgebundene Aufgaben (Affective Go/No-go (AGN), Verbal Recognition Memory (VRM)) wurden in verschiedene Sprachen übersetzt. Die Testitems innerhalb eines Subtests sind nach Schwierigkeitsgrad geordnet, um Decken- und Bodeneffekte zu vermeiden. Auf der cloud-basierten Internet-Plattform ändert die Darbietungsfolge bei jedem neuen Aufruf einer Aufgabe, um Lern- und Übungseffekte zu vermeiden. Von einigen Untertests sind Parallelversionen vorhanden, die wiederholte Testungen ermöglichen.

Konzept

Die Konzepte der Testaufgaben basieren auf Paradigmen aus Tierexperimenten zu den neuronalen Korrelaten von Kognition und Verhalten und der kognitiven Neuropsychologie des Menschen. Durch das Verwenden derselben Tests für Menschen wie für nicht-menschliche Primaten sollen die kognitiven Befunde vergleichbar sein.

Für zahlreiche Krankheitsbilder, z.B. Autismus, Aufmerksamkeitsdefizit-/Hyperaktivitätsstörung, Demenzerkrankungen, erworbene Hirnläsionen, Depressionen, Schizophrenie etc. wird von Cambridge Cognition eine Auswahl an Testverfahren zusammengestellt (Test Selector).

Variablen

Je nach Verfahren werden die Anzahl und der Anteil der richtigen Antworten, Fehler, Auslassungen und die durchschnittliche Reaktionszeit erfasst. Bei den Planungs- und Entscheidungsaufgaben die Zeit bis zum ersten Versuch, die Anzahl der Versuche und die Zeit bis zur richtigen Lösung. Die Variablen für den jeweiligen Test sind in Tabelle 1 am Ende der Rezension dargestellt.

Durchführung

Es handelt sich um eine Einzeltestung. Die Tests werden im Einzelsetting durchgeführt. Die im Manual abgedruckten wörtlichen Instruktionen (englisch) werden durch den Untersucher vorgegeben. Jeder Test beginnt mit einer Übungsaufgabe. Die Eingabe erfolgt via Touch-Screen, ist aber auch über Buttons mit der Maus möglich.

Vom Hersteller werden verschiedene Testbatterien zur Diagnostik bei spezifischen Krankheitsbildern zusammengestellt: Substanzmissbrauch, Alzheimer-Demenz, Aufmerksamkeitsdefizit-Hyperaktivitäts-Störung, Autismusspektrum-Störung, Depression und andere affektive Störungen, Zwangsstörungen, Down-Syndrom, Epilepsie, Chorea Huntington,

Parkinson, neuromuskuläre Erkrankungen, Schizophrenie, Schlaganfall und zerebrovaskuläre Erkrankungen, Schädel-Hirn-Tauma.

Auswertung
Alle Variablen werden vom Programm ausgewertet und in Normwerte transformiert: Prozentränge (Genauigkeit 5% oder 1%) und z-Werte mit graphischer Veranschaulichung. Die jeweils verwendete Normstichprobe wird in der Auswertungsdatei angegeben.
Das Programm wählt auf Basis der in der Datenbank vorhandenen Referenzwerte die am besten geeignete Vergleichsgruppe mit N>30 aus. Hierfür werden berücksichtigt: Alter>NART>Geschlecht.

Normierung   **Stichprobe**
Gesunde (N>5000) im Alter von 4–90 Jahren.

Normen
Alter: Kinder und Erwachsene.
Bildung: Vier IQ-Bereiche auf Basis des National Adult Reading Test (NART).
Geschlecht: Geschlechtsspezifische Normdaten vorhanden.
Das Programm wählt auf Basis der Patientendaten die am besten geeignete Vergleichsgruppe mit N>30 aus. Normdaten gibt es nur für die Klinische Version der Batterie.

Gütekriterien   **Objektivität**
Durchführung: keine Angaben
Auswertung: keine Angaben

Reliabilität
Interne Konsistenz: keine Angaben
Paralleltest-Reliabilität: keine Angaben
Retest-Reliabilität: keine Angaben
Weitere Reliabilitätsmaße: keine Angaben

Validität
Konstruktvalidität: keine Angaben
Konvergente/diskriminante Validität: keine Angaben
Kriteriums- bzw. klinische Validität: keine Angaben
Ökologische Validität: keine Angaben

Nebengütekriterien
keine Angaben

Neuropsychologische Aspekte

Theoretischer Rahmen　Die Untertests basieren auf Konzepten der kognitiven Psychologie und der Neuropsychologie (z. B. räumliches Arbeitsgedächtnis, Entscheidungsfindung, mentale Flexibilität), wobei im Manual nicht auf Modelle oder Theorien eingegangen wird.

Anwendungsbereiche　Die Tests sind geeignet für Kinder und Erwachsene im Alter zwischen 4 und 90 Jahren sowie für ein breites Spektrum an Störungsbildern. Der Hersteller macht Vorschläge für die Testauswahl für krankheitsspezifische Testbatterien.

Funktionelle Neuroanatomie　Einige Testleistungen werden bestimmten Hirnregionen zugeordnet (ohne Literaturangaben). Die Testbatterie sei sensitiv für Dysfunktionen im medialen Temporallappen (Delayed Matching to Sample, Pattern Recognition Memory), Frontallappen (Intra/Extradimensional Set Shift, One Touch Stockings of Cambridge, Stockings of Cambridge, Rapid Visual Information Processing, Spatial Recognition Memory, Spatial Span, Spatial Working Memory) und Parietallappen (Rapid Visual Information Processing).

Ergebnisbeeinflussende Faktoren　Die vorgegebenen Instruktionen stellen sicher, dass die Probanden nicht zu einer bestimmten Strategie angewiesen werden.

Testentwicklung

Als Testbatterie wurde CANTAB erstmals 1992 beschrieben (Sahakian & Owen, 1992). Sie umfasste ursprünglich die Untertests Paired Associates Learning, Delayed-Matching-To-Sample, Spatial Working Memory, Tower of London (als Vorgänger des One Touch Stockings of Cambridge) und Intra-/Extradimensional Set Shift. Diese decken die Bereiche visuelles Gedächtnis, Aufmerksamkeit, Arbeitsgedächtnis und Planen ab. Nach und nach wurden weitere Testverfahren hinzugefügt. Die Konzepte basieren auf Paradigmen aus Tierexperimenten zu den neuronalen Korrelaten von Kognition und Verhalten und der kognitiven Neuropsychologie des Menschen. Durch das Verwenden derselben Tests für Menschen wie für nicht-menschliche Primaten sollen Befunde vergleichbar sein. Das Konzept wurde an verschiedenen Störungsbildern validiert (z. B. Demenzerkrankungen, erworbene Hirnläsionen, Depressionen, Autismus, Aufmerksamkeits-/Hyperaktivitätsstörung, etc., vgl. Levaux et al., 2007, Luciana, 2003). Studien mit funktioneller Magnetresonanztomographie und Positronen-Emissions-Tomographie bestätigten die Annahmen über zugrunde liegende Substrate (Lee et al., 2000). Die Testitems sind nach Schwierigkeitsgraden abgestuft, um Boden- und Deckeneffekte zu vermeiden (Sahakian et al., 1988). CANTAB wurde für die klinischen Testversionen an einer großen Stichprobe von Kindern und Erwachsenen zwischen 4 und 90 Jahren normiert (Strauss et al., 2006).

Die Entwicklung der Untertests werden im Folgenden kurz erläutert:

1) Motor Screening, Big/Little Circle, Choice Reaction Time, Reaction Time, Rapid Visual Information Processing, Simple Reaction Time und Verbal Recognition Memory: keine Angaben im Handbuch und in der Literatur.
2) Delayed Matching to Sample und Match to Sample Visual Search (Sahakian et al., 1988) basieren auf dem klassischen Delayed Non-Matching-To-Sample Test, der von Mishkin (1982) zur Erfassung des visuellen Gedächtnisses von Affen verwendet wurde.
3) Paired Associates Learning, Pattern Recognition Memory und Spatial Recognition Memory wurden von Sahakian et al. (1988) entwickelt. Diese sind analog dem Serial Recognition Test für Affen von Gaffan (1974) und Mishkin (1982) und erfassen jeweils separate bzw. kombinierte Aspekte davon.
4) Der Intra/Extradimensional Set Shift (Downes et al., 1989) basiert auf dem Wisconsin Card Sorting Test von Berg (1948), erfasst jedoch zwei Dimensionen von Kategorienwechsel.
5) One Touch Stockings of Cambridge und Stockings of Cambridge (Owen et al., 1990) sind Modifikationen des Turm von London (Shallice, 1982).
6) Der Spatial Span (Owen et al., 1990) basiert auf der Corsi Block Tapping Task (Milner, 1971).
7) Owen et al. (1990) entwickelten den Spatial Working Memory auf Grundlage des Self-Ordered Task von Petrides & Milner (1982). Im SWM muss aber nur die Lokalisation, nicht aber bestimmte Eigenschaften des Objekts erinnert werden.
8) Der Rapid Visual Information Processing basiert auf dem Continuous Performance Test (Rosvald et al., 1956).
9) Der Graded Naming Test von McKenna & Warrington (1980) wurde als verbaler Test der CANTAB hinzugefügt (Normwerte: Warrington, 1997).
10) Der Affective Go/No-go wurde in Anlehnung an die Untersuchung der Aufmerksamkeits- und affektiv-bezogenen Inhibition von Marmosetten (Dias et al., 1996) von Murphy et al. (1999) entwickelt.
11) Der Cambridge Gambling Task (Rogers et al., 1999) basiert auf dem Iowa Gambling Task (Bechara et al., 1994).
12) Der Information Sampling Task (Clark et al., 2006) greift Kagans Persönlichkeitskonzept der Reflexivität/Impulsivität (Kagan, 1966) auf.
13) Der Stop Signal Task (Turner et al., 2003) beruht auf dem klassischen Stop-Signal Paradigma von Logan & Cowan (1984).

Testbewertung

Die Kritik im Überblick

Die CANTAB ist eine breit einsetzbare und etablierte neuropsychologische Testbatterie. In der Forschung wird sie sehr häufig verwendet. Stark zu bemängeln sind die fehlenden Beschreibungen von theoretischem Hintergrund und Gütekriterien, Normwerten bzw. -stichproben und fehlende Interpretationsbeispiele im Manual. Auch gibt es von zwei der drei sprachlichen Tests keine deutsche Version. Nur für etwa die Hälfte der Tests sind Normwerte vorhanden. In Verbindung mit den hohen Lizenzgebühren ist das Verhältnis von Kosten zu Nutzen für die klinische Anwendung nicht angemessen. Die Verwendung von Original- oder alternativen Testversionen stellt eine akzeptable Möglichkeit dar.

Testkonstruktion

Testmaterial

Die computerbasierten Tests sind durch den berührungsempfindlichen Bildschirm und den bunten Stimuli interessant und motivierend. Das Manual liefert eine genaue und einfach nachvollziehbare Beschreibung der Testdurchführung und -auswertung. Es fehlen aber Erläuterungen zum theoretischen Rahmen, Hinweise zur Reliabilität und Validität, zur Anwendung für klinische Gruppen, Normwerte und Interpretationshinweise. Die Manuale umfassen lediglich eine Bedienungsanleitung für das Computerprogramm (Software User Guide) sowie für die Durchführung der einzelnen Untertests (Test Administration Guide). Es gibt eine Lizenzform für den wissenschaftlichen Gebrauch und eine für die klinische Prüfung von Arzneimitteln. Andere Lizenzformen müssen gesondert angefragt werden. Lizenzen unterscheiden sich in der Laufzeit und der Zusammensetzung der Untertests.

Testdesign

Konzept: Verschiedenen Bereichen kognitiver Funktionen sind mehrere Tests zugeordnet, sodass jeweils einzelne Aspekte separat erfasst werden können. Dabei sind die Konzepte, auf denen die Untertests beruhen, gut validiert. Zum einen lassen sie sich bestimmten Hirnregionen zuordnen, zum anderen diskriminieren sie zwischen verschiedenen Patienten- und Altersgruppen (Levaux et al., 2007; Luciana, 2003).

Variablen: In den Untertests lassen sich viele Variablen auswerten, wobei nicht für alle Variablen Normwerte vorhanden sind. Im Manual wird weder herausgestellt, welche Variablen quantitativ und welche nur qualitativ ausgewertet werden können, noch welche Variablen zentral sind.

Durchführung: Die Testdurchführung wird gut und nachvollziehbar erklärt. Auch psychologisch ungeschulte Personen können die Tests durchführen. Die Instruktionen können und sollen wörtlich übernommen werden.

Auswertung: Im Manual werden keine Auswertungs- und Interpretationsbeispiele gegeben. Cambridge Cognition bietet auf Anfrage Interpretationshilfen durch ihre psychologischen Mitarbeiter an. Es ist jedoch für die Testauswahl und -durchführung nicht sinnvoll, wenn sich der Testanwender mit dem Manual keine grundlegenden Kenntnisse für die Interpretation aneignen kann.

Normierung

Da die Normstichprobe im Manual nicht beschrieben wird, kann der Testleiter vorher nur schwer entscheiden, ob die Durchführung eines CANTAB-Tests für seinen Patienten sinnvoll ist oder nicht. Für die Parallelversionen sind keine Normwerte vorhanden, sodass bei wiederholten Testungen die Leistungsverläufe nur schwer interpretiert werden können. Negativ anzumerken ist, dass für 10 von 24 Untertests keine Normwerte vorhanden sind. Darüber informiert Cambridge Cognition nur auf Nachfrage.

Gütekriterien

Reliabilität: Als computerbasierte Testbatterie sind eine reliable Erhebung der Variablen und objektive Rückmeldungen sichergestellt. Die Retest-Reliabilität ist nach früheren Studien für viele Untertests als mittel bis hoch einzuschätzen. Niedrigere Reliabilitäten weisen die Tests für exekutive Funktionen auf, die auf Neuheit beruhen (Lowe & Rabbitt, 1998). Levaux et al. (2007) kritisieren, dass die Retest-Reliabilitäten nicht optimal sind und Übungseffekte auftreten.

Validität

Die Tests wurden in Verhaltens- und psychopharmakologischen Studien bei Gesunden und einem breiten Spektrum von Störungsbildern an Patientengruppen validiert: ADHS, Autismus, Demenz, Depression, Schizophrenie etc. Die Literaturangaben auf der Homepage werden laufend ergänzt, zur Zeit umfasst die Bibliographie auf der Homepage von Cambridge Cognition mehr als 2000 Studien.

Nebengütekriterien

Testökonomie: Die CANTAB ist im Vergleich zu anderen Verfahren ungewöhnlich teuer (Informationen zum Preis der Lizenzen gibt es nur auf Anfrage). Original- oder alternative Testversionen, wie z.B. Turm von London, Graded Naming Test, Continous Performance Test, Corsi Block Tapping Task etc. erfassen zu einem wesentlich günstigeren Preis dieselben Konzepte.

Zumutbarkeit: Einzelne Tests können für jüngere Kinder oder Kinder mit psychiatrischen Störungen zu lang sein.

**Neuropsy-
chologische
Aspekte**

Theoretischer Rahmen

Das Manual benennt nur kurz neuropsychologische Theorien, ohne auf diese einzugehen. Der Testanwender ist damit bei der Testauswahl und Interpretation der Ergebnisse auf sich allein gestellt. Cambridge Cognition hat für verschiedene Störungsbilder „Core Batteries" zusammengestellt. Die jeweiligen Tests haben sich in Studien für das entsprechende Störungsbild als besonders sensitiv herausgestellt. Z. B. enthält die *ADHD-Batterie* die Untertests Motor Screening, Rapid Visual Information Processing, Spatial Working Memory und Stop Signal Task. Die *Alzheimer-Batterie* besteht aus Motor Screening, Rapid Visual Information Processing, Paired Associates Learning, Reaction Time und Spatial Working Memory. Die *Depression-Batterie* enthält Motor Screening, Spatial Span, Delayed Matching to Sample, One Touch Stockings of Cambridge, Rapid Visual Information Processing, Affective Go/No-go. *Schizophrenie-Batterie:* Motor Screening, Rapid Visual Information Processing, Reaction Time, Spatial Working Memory, Verbal Recognition Memory, Paired Associates Learning, One Touch Stockings of Cambridge, Emotion Recognition Task.

Anwendungsbereiche

Patientengruppen mit neurodegenerativen und psychiatrischen Erkrankungen und mit Hirnläsionen. Es liegen bei Kindern Studien vor zu Autismus, ADHS, Epilepsie, Fetales Alkohol-Syndrom, Tourette und vieles mehr. Kinder und Erwachsene von 4 bis 90 Jahren können (mit Einschränkungen) getestet werden. Damit deckt die CANTAB einen großen Anwendungsbereich ab.

**Handhab-
barkeit und
klinische
Anwendung**

Durch die vielen Untertests lässt sich für einen Patienten ein Leistungsprofil für verschiedene neuropsychologische Funktionsbereiche erstellen. Die verbalen Tests Affective Go/No-go und Verbal Recognition Memory sind nur auf Englisch vorhanden. Trotz Abbruchkriterien sind die Tests teilweise recht lang (10 bis 30 Minuten). Dadurch können zwar sehr viele Variablen differenziert erhoben werden, aber gerade bei jungen Kindern oder Patienten mit Aufmerksamkeitsproblemen führt dies zu Langeweile und Motivationsverlust.

Tabelle: Überblick über die Aufgaben der Cambridge Neuropsychological Test Automated Battery (CANTAB)

Test	Erfasste Funktion Operationalisierung	Variablen Testversionen Durchführungsdauer Normgruppe
Aufmerksamkeit und psychomotorische Geschwindigkeit		
Motor Screening (MOT)	– Screening sensomotorischer Defizite und des Instruktionsverständnisses. – Kreuze an unterschiedlicher Stelle auf dem Bildschirm müssen angetippt werden, so schnell und so genau wie möglich. – Ein Übungsdurchgang (3 Items) ein Testdurchgang (10 Items).	Variablen: – durchschnittliche Reaktionszeit, – mittlerer Abstand zwischen Berührungspunkt und Stimulus. Testversionen: – Klinische Version, – Version mit besser erkennbarem Kreuz (dickere Linien). Dauer: 3 Minuten Normen: 4–80+ Jahre
Big/Little Circle (BLC)	– Instruktionsverständnis und Reversal Learning. – Im ersten Durchgang (20 Trials) müssen kleine, im folgenden (20 Trials) große Kreise angetippt werden.	Variablen: – Reaktionszeit der richtigen Antworten, – Anzahl und Anteil der richtigen Antworten, – Anzahl Fehler, – Anzahl Versuche. Dauer: 3 Minuten Normen: 4–80+ Jahre
Simple Reaction Time (SRT)	– Reaktionsgeschwindigkeit. – Tastendruck, sobald ein weißes Quadrat auf dem Bildschirm erscheint. – Ein Übungsdurchgang (24 Trials), zwei Testdurchgänge (je 50 Trials).	Variablen: – Reaktionszeit der richtigen Antworten, – Fehler, – Auslassungen. Dauer: 6 Minuten Normen: nein

Reaction Time (RTI)	– Reaktionsgeschwindigkeit. – Ein gelber Punkt erscheint a) in der Mitte des Bildschirms; b) an 5 möglichen Positionen. – Der Proband soll so schnell wie möglich reagieren: a) durch Berühren des Punktes, b) durch Loslassen der Reaktionstaste, c) durch Loslassen der Reaktionstaste und anschliessendes Berühren des Punktes. 	Variablen: – Reaktions- und Bewegungszeiten, – Genauigkeits- und Fehlerkennwerte. Testversionen: – Klinische Version, – Parallelversion, – Kinderversion. Dauer: 4–5 Minuten Normen: 4–16 Jahre und 16–80+ Jahre
Rapid Visual Information Processing (RVP)	– Visuelle Daueraufmerksamkeit, Arbeitsgedächtnis. – Es werden nacheinander randomisiert die Zahlen 2 bis 9 präsentiert (100/Minute; langsame Version: 40/Minute). Tastendruck, sobald eine bestimmte Reihenfolge erfolgt ist, z. B. 2–4–6. – Sieben Durchgänge (Langversion: 10) mit 50 bzw. 100 Trials. 	Variablen: – richtige Antworten, – Auslassungen, – Fehler, – korrekte Zurückweisungen, – Wahrscheinlichkeiten und Sensitivität im Sinne der Signalentdeckungstheorie, – Reaktionszeiten. Testversionen: – Jüngere Kinder – (4–8 Jahre), – ältere Kinder (6–14 Jahre). – Erwachsene, – Langsame Version. Dauer: 7,10 oder 15 Minuten Normen: 4–8 Jahre, 6–14 Jahre, 9–16 Jahre
Choice Reaction Time (CRT)	– Wahlreaktionsaufgabe. – Ein Pfeil erscheint links oder rechts auf dem Bildschirm, und der Proband soll die entsprechende Taste drücken. – Ein Übungsblock mit 24 Trials, zwei Testblöcke mit je 50 Trials.	Variablen: – Reaktionszeit, – richtige Antworten, – falsche Antworten, – zu frühe Reaktionen, – zu späte oder fehlende Reaktionen.

Testversionen:
- Klinische Version mit unmittelbarem Feedback,
- Standardversion ohne Feedback.

Dauer: 7 Minuten

Normen: nein

Match to Sample Visual Search (MTS)	– Geschwindigkeit bei der Zuordnung visueller Stimuli. – Der Proband soll möglichst schnell aus einer variierenden Anzahl von Mustern das mit dem Stimulus identische auswählen; dazu muss er die Reaktionstaste loslassen und das Muster antippen. – Klinische Version: 4 Übungstrials, Test mit je 12 Trials je Schwierigkeitsstufe (1, 2, 4 oder 8 Muster). – Parallelversionen: 3 Übungstrials, Test mit je 12 Trials je Schwierigkeitsstufe (2, 4 oder 8 Muster). 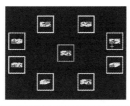	Variablen: – Anzahl und Anteil richtiger Antworten, – durchschnittliche Reaktionszeiten, – Reaktionszeiten in Abhängigkeit von der Schwierigkeitsstufe. Testversionen: – Klinische Version, – 4 Parallelversionen. Dauer: 9 bzw. 7 Minuten Normen: nein
Gedächtnis		
Spatial Span (SSP)	– Arbeitsgedächtnis. – Neun weiße Quadrate, von denen einige nacheinander die Farbe wechseln. Der Proband soll die Quadrate in der vorher gezeigten Reihenfolge antippen (Corsi-Variante). – Vorwärts- und Rückwärts-Version; Sequenzlänge: 2–9 Positionen; Level-Aufstieg bei einer korrekten Sequenz, Abbruch nach drei Fehlern. 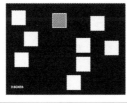	Variablen: – Gedächtnisspanne, – Fehler, – Anzahl Versuche, – Reaktionszeit. Testversionen: – Klinische Version, – 5 Parallelversionen, – High Functioning Version Dauer: 5 Minuten Normen: 4–80+ Jahre

Delayed Matching to Sample (DMS)	– Unmittelbare und verzögerte visuelle Zuordnung. – Der Proband soll aus vier ähnlichen Mustern das zuvor präsentierte auswählen. Die vier Muster werden entweder gleichzeitig mit der Vorlage oder ohne Vorlage mit einer Verzögerung von 0, 4 oder 12 Sekunden gezeigt. Bei falscher Auswahl muss der Proband erneut wählen, bis die Lösung korrekt ist. – Drei Übungsdurchgänge, zwei Blöcke mit je 20 Trials (5 je Bedingung). 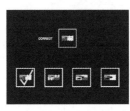	Variablen: – Anzahl und Anteil richtiger Antworten, – Reaktionszeit, – bedingte Wahrscheinlichkeiten für einen Fehler nach vorangegangener richtiger bzw. falscher Antwort. Testversionen: – Klinische Version, – 4 Parallelversionen, – 5 Parallelformen, Langversion, – Kinderversion. Dauer: 7 bzw. 8 Minuten Normen: 4–16 Jahre, 16–80+ Jahre
Paired Associates Learning (PAL)	– Visuelles Gedächtnis. – Auf dem Bildschirmwerden in randomisierter Abfolge Felder aufgedeckt, eines davon oder mehrere enthalten ein Muster. Anschliessend wird in der Mitte ein Muster präsentiert, und der Proband soll angeben, wo dieses vorher zu sehen war. – Bei Fehlern wird die Position nochmal gezeigt. – Bis zu 10 Versuche pro Level sind möglich, dann bricht das Programm ab. – Standardversion: 8 Schwierigkeitsstufen (je 10 Trials) mit 1, 2, 3, 6 oder 8 Mustern. – High Functioning Version: 6 Schwierigkeitsstufen (je 10 Trials) mit 3, 6, 8, 10 und 12 Mustern. 	Variablen: – Fehler, – Durchgänge, – Kennwert für die Erinnerungsleistung, – Anzahl vervollständigter Stufen. Testversionen: – Klinische Version, – 5 Parallelversionen, – High Functioning Version. Dauer: 6–12 Minuten Normen: 4–80+ Jahre
Pattern Recognition Memory (PRM)	– Visuelle Wiedererkennungsleistung. – Dem Probanden werden nacheinander 12 Muster gezeigt, unmittelbar anschließend werden sie in umgekehrter Reihenfolge mit jeweils einem zweiten Muster dargeboten,	Variablen: – Anzahl und Anteil richtiger und falscher Antworten, – Reaktionszeiten, – Kennwerte für Genauigkeit.

	und er soll das vorherige wiedererkennen (2-forced choice). Es folgt ein zweiter Lerndurchgang mit neuen Mustern, die nach 20–30 Minuten abgefragt werden. – High Functioning Version: 24 Muster, die nur verzögert wiedererkannt werden sollen. 	Testversionen: – Klinische Version, – 4 Parallelversionen, – High Functioning Version. Dauer: 4 Minuten Normen: 4–80+ Jahre
Spatial Recognition Memory (SRM)	– Visuo-räumliches Wiedererkennen. – Auf dem Bildschirm erscheint an fünf verschiedenen Positionen hintereinander ein Quadrat. Unmittelbar anschließend werden je zwei Quadrate gezeigt, von denen eines an einer Position wie zuvor ist (2-forced choice). – Vier Testdurchgänge mit jeweils anderen Positionen. 	Variablen: – Anzahl und Anteil richtiger Antworten, – durchschnittliche Reaktionszeit der richtigen Antworten. Testversionen: – Klinische Version, – 4 Parallelversionen. Dauer: 5 Minuten Normen: 4–80+ Jahre
Verbal Recognition Memory (VRM)	– Verbales Lernen und Wiedererkennen. – Wortliste mit 12 oder 18 Wörtern. – Unmittelbarer freier Abruf und Wiedererkennen aus doppelter Anzahl. – Verzögerter freier Abruf und Wiedererkennen nach 20 Minuten. 	Variablen: – Anzahl richtiger Antworten, – falsch-positive Wörter beim freien Abruf, – falsch-positive Wörter beim Wiedererkennen, – Perseverationen beim freien Abruf. Testversionen (auch auf Deutsch): – Klinische Version, – 4 Parallelversionen. Dauer: 20 Minuten Normen: nein

Graded Naming Test (GNT) **ohne Normwerte**	– Wortfindungsstörung. – Dargestellte Abbildungen sollen benannt werden. – 30 Schwarz-Weiß-Zeichnungen mit aufsteigendem Schwierigkeitsgrad. 	Variablen: – Anzahl und Anteil richtiger Antworten, – Anzahl falscher Antworten, – Anzahl Versuche. Testversionen: – Klinische Version für UK-Bevölkerung, – Klinische Version für andere Gruppen. Dauer: 3 Minuten Normen: nein
Exekutivfunktionen		
Spatial Working Memory (SWM)	– Visuell-räumliches Arbeitsgedächtnis, Strategiegebrauch. – Der Proband soll unter Kästchen versteckte Steine finden und diese rechts am Bildschirm platzieren. – Bei jedem Trial ist nur ein Stein versteckt, und jedes Mal an einem anderen Ort, dadurch lässt sich die Suche eingrenzen. – Klinische Version: Vier Übungsdurchgänge mit 3 Feldern, jeweils vier Testdurchgänge mit 4, 6 und 8 Feldern. – Weitere Testversionen mit weniger Trials (8 oder 6) und mit mehr Kästchen (10 und 12). 	Variablen: – Fehler innerhalb eines Suchdurchgangs, – Fehler zwischen Suchdurchgängen, – Strategiekennwert, – Reaktionszeiten Testvarianten: – Klinische Version, – verkürzte Version, – High Functioning Version. Dauer: 5–9 Minuten Normen: 4–80+ Jahre
One Touch Stockings of Cambridge (OTS)	– Planungsfähigkeiten. – Der Proband soll drei verschiedenfarbige Bälle in einer bestimmten Anzahl an Zügen nach einer Vorlage anordnen, wobei nur eine Kugel nach der anderen verschoben werden darf (Variante des Tower of London).	Variablen: – Anzahl auf Anhieb gelöster Aufgaben, – durchschnittliche Anzahl Versuche bis zur richtigen Lösung, – durchschnittliche Zeit bis zum ersten Zug,

		– durchschnittliche Zeit bis zur richtigen Lösung. Testversionen: – maximal 5 Züge (20 Items), – maximal 6 Züge (15 oder 24 Items, – alte Version mit maximal 5 Zügen (20 Items), – alte Version mit maximal 6 Zügen (24 Items), Dauer: 8–12 Minuten Normen: nein
Stockings of Cambridge (SOC)	– Planungsfähigkeiten. – Variation des OTS. – Zwei Beispiele, 18 Testtrials und zwei Kontrollaufgaben für die Bewegungszeit: Der Computer bewegt in der oberen Bildhälfte jeweils eine Kugel, der Proband muss diese Bewegung in der unteren Bildhälfte nachmachen.	Variablen: – Anzahl gelöster Aufgaben mit minimaler Anzahl Züge, – benötigt Anzahl Züge, – durchschnittliche Anzahl Züge pro Level, – benötigt Zeit bis zum ersten Zug, – Zeit zur Lösung eines Trials. Dauer: 10 Minuten. Normen: 4–80+ Jahre
Intra-Extra Dimensional Set Shift (IED):	– Erfassen von Regeln und Kategorienwechsel. – Der Proband soll nach einer impliziten Regel zwischen zwei Mustern auswählen (Variante des Wisconsin Card Sorting Test). – Maximal neun Stufen, nach sechs richtigen Antworten ist eine Stufe erfolgreich beendet. Testabbruch, wenn dieses Kriterium nach 50 Durchgängen nicht erreicht wurde.	Variablen: – Fehler vor und nach dem Dimensionswechsel, – Anzahl und Anteil der Fehler insgesamt, – Anzahl der Fehler einzelner Stufen, – Anzahl der Durchgänge, – erreichte Stufe. Testversionen: – Klinische Version, – 7 Parallelversionen. Dauer: 7 Minuten Normen: 4–80+ Jahre

Attention Switching Task (AST) andere Bezeichnung: Multi Tasking Test (MTT)	– Reaktionswechsel. – Links oder rechts erscheint auf dem Bildschirm ein Pfeil. Ein Cue gibt an, ob der Proband auf die Richtung oder den Ort des Pfeils reagieren soll. – Sieben Durchgänge, davon vier Übungsstufen und drei Teststufen: a) nur kongruente, b) nur inkongruente und c) gemischte Stimuli (je 40 bzw. 80 Trials). 	Variablen: – Reaktionszeiten – Fehler Dauer: 8 Minuten Normen: keine Angaben
Stop Signal Task (SST)	– Impulskontrolle. – Übungsdurchgang: Nach einem weißen Ring erscheint ein weißer Pfeil: Zeigt dieser nach links, soll die linke Taste gedrückt werden, zeigt er nach rechts, die rechte Taste (16 Trials). – Fünf Testdurchgänge mit je 64 Trials. Ertönt ein Piepston (25%) soll der Proband die Tastenreaktion unterdrücken. Das Stop-Signal-Delay variiert zwischen 100 und 500 ms. 	Variablen: – Fehler bei Reaktion auf Pfeilrichtung, – Anteil erfolgreicher Inhibitionen, – Kennwert für erfolgreiche Inhibition, – Reaktionszeit bei Go-Trials. – Reaktionszeit bei Stop-Signal. Dauer: ca. 15 Minuten Normen: nein
Information Sampling Task (IST)	– Impulsivität und Entscheidungsfindung. – Es erscheinen 5 × 5 graue und darunter zwei unterschiedlich farbige Kästchen. Nach dem Aufdecken mindestens eines grauen Feldes soll der Proband entscheiden, welche Farbe häufiger vorhanden ist. Er kann dabei Punkte gewinnen oder verlieren.	Variablen: – Fehler, Reaktionszeiten, – durchschnittliche Wahrscheinlichkeit für eine richtige Entscheidung, – mittlere Anzahl aufgedeckter Felder.

	– 2 Bedingungen: a) gleicher Gewinn für jede korrekte Entscheidung oder b) sinkender Gewinn für jedes zusätzlich aufgedeckte Feld. – Ein Übungsdurchgang mit fixem Gewinn, ein Testdurchgang mit Bedingung a) zuerst, gefolgt von b) oder ein Testdurchgang mit Bedingung b) zuerst, gefolgt von a) . 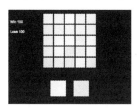	Testvarianten: – zuerst fixer Gewinn, dann sinkender Gewinn, – zuerst sinkender Gewinn, dann fixer Gewinn. Dauer: ca. 12 Minuten Normen: nein
Cambridge Gambling Task (CGT)	– Impulskontrolle und Risikoverhalten. – 1. Schritt: Aus einer Reihe von 10 blauen und roten Kästchen am oberen Bildschirmrand ist dasjenige auszuwählen, unter dem ein gelbes Quadrat vermutet wird. Der Farbe des Kästchens entsprechend, soll der Button am unteren Bildschirmrand angetippt werden. – 2. Schritt: Wetten auf die getroffene Entscheidung mit einem Anteil des Spielguthabens, das in einem Feld am rechten Rand angezeigt wird. Der Betrag ändert sich im 5-Sekunden-Takt (je nach Bedingung auf- oder absteigend), der Proband soll das Feld antippen, wenn der angezeigte Betrag seinem Wunscheinsatz entspricht. Bei richtiger Entscheidung wird der Betrag zum Spielkapital dazugerechnet, bei falscher Entscheidung davon abgezogen. Startkapital: 100 Punkte. – Drei Übungsstufen und zwei Teststufen. 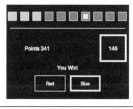	Variablen: – Qualität der Entscheidungsfindung, – durchschnittliche Entscheidungszeit, – Risikoverhalten, – Anpassung des Risikoverhaltens, – Impulsivität beim Wetteinsatz, – durchschnittliche Höhe des Wetteinsatzes (als prozentualer Anteil des aktuellen Punktestands). Testversionen: – aufsteigender Wetteinsatz zuerst, dann absteigender. – absteigender Wetteinsatz zuerst, dann aufsteigender – Kurzversion, aufsteigender Wetteinsatz zuerst. Dauer: 23 bzw. 10 Minuten Normen: nein

Emotionen und soziale Wahrnehmung		
Affective Go/ No-go (AGN)	– Impulskontrolle und Beeinflussung durch positive und negative Stimuli. – Es werden in rascher Folge positive, negative oder neutrale Wörter eingeblendet. Dem Probanden wird eine der drei Valenzen genannt, und er soll möglichst schnell auf die Antworttaste drücken, wenn in der Folge ein dazu passendes Wort erscheint. – Die Wörter werden 300 Millisekunden lang präsentiert mit einem Interstimulusintervall von 900 Millisekunden. – 10 bzw. 20 Blöcke mit je 18 Wörtern. 	Variablen: – durchschnittliche Reaktionszeiten (alle Wörter, getrennt nach Valenzen, getrennt nach Testdurchgang), – Fehler, – Auslassungen, – Antwort-Bias. Testversionen: – 6 Testversionen mit positivem und negativen Wörtern, – 2 Testversionen mit positiven, negativen und neutralen Wörtern (nicht auf Deutsch). Dauer: 6 bzw. 10 Minuten Normen: nein
Emotion Recognition Task (ERT)	– Erkennen der Basisemotionen Trauer, Glück, Angst, Wut, Ekel und Überraschung. – Am Bildschirm wird für 200 ms ein Gesicht gezeigt, nach einem Intervall von 250 ms ohne Bild soll der Proband aus sechs Optionen auswählen. – 2 Testdurchgänge mit je 90 Trials (für jede Emotion 15 Trials).  	Variablen: – Anzahl und Anteil der richtigen Antworten – falsche Antworten – Reaktionszeiten für die einzelnen Emotionen – Reaktionszeit für den Gesamttest Dauer: 6–10 Minuten Normen: keine Angaben

Elise Bobrowski

Developmental Neuropsychological Assessment-II (NEPSY-II)

Marit Korkman, Ursula Kirk & Sally Kemp

San Antonio: Pearson, 2007

Zusammenfassende Testbeschreibung

Zielsetzung und Operationalisierung

Konstrukte

Umfassende englischsprachige Batterie zur Untersuchung neuropsychologischer Funktionen bei Kindern, abgeleitet aus den Prinzipien Lurias zur Untersuchung erwachsener hirnverletzter Patienten. NEPSY-II-Aufgaben sollen es ermöglichen, ein Leistungsprofil zu erstellen, aus dem sich ableiten lässt, inwieweit Beeinträchtigungen kognitiver Basisfunktionen zu Beeinträchtigungen höherer kognitiver Funktionen beitragen.

Testdesign

Testbatterie aus 32 Untertests der Funktionsbereiche 1. Aufmerksamkeit und Exekutive Funktionen, 2. Sprache, 3. Gedächtnis und Lernen, 4. Sensomotorischen Funktionen, 5. Soziale Wahrnehmung, 6. Visuoräumliche Verarbeitung. Neben der Durchführung der Gesamtbatterie (Full Battery) ist es möglich, Testaufgaben fragenspezifisch zusammenzustellen. Alternativ schlagen die Autoren acht feste Testbatterien zur Abklärung für spezifische Fragestellungen vor sowie eine allgemeine Screening Batterie (General Referral Battery).

Angaben zum Test

Normierung

N = 1200 Kinder in den USA; N = 100 Kinder pro Altersgruppe (50 % Mädchen, 50 % Jungen), erhoben 2005–2006.
Alter: 3–16 Jahre.
Bildung: Keine Bildungsnormen, aber bevölkerungsrepräsentative Stichprobe (USA).
Geschlecht: Keine Geschlechtsnormen.

Material

Durchführungsmanual, Klinisches und Interpretationsmanual, Stimulusbook 1, Stimulusbook 2, Antwortformulare für die Altersgruppen 3–4 und 5–16 Jahre, Kartenset Memory for Designs, Kartenset Memory for Names, Kartenset Animal Sorting, Memory Grid, Auswerteschablone für Design Copying, zwölf rote Würfel in Schachtel, schwarzer Bleistift in Schachtel, Trainings-CD mit Durchführungsbeispielen als Videos und Audiodateien für die auditiven Untertests Auditory Attention, Response Set, Repetition of Nonsense Words.

Als Zusatz zum Test kann man ein PC-gestütztes Auswertungsprogramm erwerben, das auch bei der Testplanung unterstützt.

Durchführungsdauer
Zwischen 45 Minuten und 3.5 Stunden, abhängig von der gewählten Batterieversion und dem Alter.

Testkonstruktion

Design **Aufgabe**

Die 32 Testaufgaben der NEPSY-II und Altersbereiche, in denen sie eingesetzt werden können, sind in Tabelle 1 am Ende dieser Rezension aufgeführt und kurz beschrieben. Sie sind den Funktionsbereichen 1. Aufmerksamkeit und Exekutive Funktionen, 2. Sprache, 3. Gedächtnis und Lernen, 4. Sensomotorische Funktionen, 5. Soziale Wahrnehmung, 6. Visuo-räumliche Verarbeitung zugeordnet.

Neben der Full Battery (alle Verfahren, die für einen Altersbereich normiert sind), werden neun verkürzte Testbatterien zur Abklärung spezifischer klinischer Fragestellungen vorgeschlagen (zur Zusammenstellung von Untertests für die verschiedenen Batterien siehe Tabelle 1):

1. Allgemeine Funktionsbeurteilung/Screening (General Referral) als Überblick/Screening bei unklarer oder unspezifischer Fragestellung,
2. Batterie Teilleistung Lesen (Learning Differences Reading) zur Abklärung von Lesestörungen/Dyslexie,
3. Batterie Teilleistung Mathematik (Learning Differences Mathematics) zur Abklärung von Dyskalkulie/Abgrenzung von Rechenstörung gegen Dyslexie oder andere Lernstörungen,
4. Batterie Aufmerksamkeit (Attention/Concentration) bei Störungen der Aufmerksamkeit, Ablenkbarkeit und Problemen der Selbstregulation,
5. Batterie Verhalten (Behavior Management) bei Störungen des Sozialverhaltens und der Selbstregulation,
6. Batterie Sprachentwicklungs-/Sprachstörung (Language Delays/ Disorders) bei Sprachentwicklungsstörungen oder Kommunikationsstörungen,
7. Batterie Wahrnehmungs- und/oder motorische Entwicklungsstörung (Perceptual and/or Motor Delay/Disorder) bei sensomotorischen Entwicklungsstörungen und Störungen der visuellen oder visuoräumlichen Verarbeitung,
8. Schulreife-Batterie (School Readiness) für Kinder von 3 bis 6 Jahren zur Abklärung von kognitiven Entwicklungsverzögerungen, die den Schuleintritt beeinträchtigen könnten,
9. Batterie soziale/interaktive Unterschiede (Social/Interpersonal Differences) bei abweichendem Verhalten im sozialen Kontakt und bei

sozialen Beziehungen, zur Untersuchung von Kindern mit Verdacht auf Autismus oder Asperger Syndrom.

Die Durchführung der Gesamtbatterie (Full Battery) wird empfohlen beim Vorliegen einer Hirnschädigung oder bei Störungen mit Beteiligung des ZNS (z. B. Schädelhirntrauma, Chemotherapie, Infektionen etc.).

Die Vorgabe von festen Batterien ist aber nicht zwingend; es ist für den Untersucher ebenso möglich, Subtests für spezielle Fragestellungen auszuwählen und theoriegeleitet neu zusammenzustellen (selective assessments).

Konzept
Untersuchung neuropsychologischer Funktionen bei Kindern, abgeleitet aus den Prinzipien Lurias zur Untersuchung erwachsener hirnverletzter Patienten. NEPSY-II-Aufgaben sollen es ermöglichen, ein neuropsychologisches Leistungsprofil zu erstellen, bei dem basale und höhere kognitive Beeinträchtigungen unterschieden und intakte von beeinträchtigten Funktionsbereichen abgegrenzt werden können.

Variablen
1. Primary Scores (primäre Ergebnisvariablen) bilden das unmittelbare Testergebnis ab. Dies sind in der NEPSY-II meist Summenscores. In den meisten Untertests wird das Ergebnis als die Anzahl korrekt bearbeiteter Items berechnet (z. B. Total Score in Design Fluency). Vergleichbar mit Entwicklungs- und IQ-Tests, sind die Items der meisten Untertests nach aufsteigender Schwierigkeit geordnet. Es existieren für diese Untertests klar definierte Abbruchkriterien (discontinue rules) und altersabhängige Einstiegsaufgaben (start points) sowie eine obere Alterslimite (stop points). Auch hier werden Summenscores, beruhend auf der Anzahl korrekt gelöster Aufgaben, als primäre Ergebnisvariable berechnet (z. B. Picture Puzzles). Einige wenige Aufgaben (z. B. Memory for Designs) bieten die Möglichkeit, zusätzlich Bonuspunkte für besonders gute Leistungen zu vergeben. Kombinierte Werte (Combined Scores) sind ein Spezialfall von Primary Scores: Das Endergebnis setzt sich hier aus unterschiedlichen Variablen, zum Teil auch aus Variablen unterschiedlicher Dimensionen zusammen. Beispiel: Beim Subtest „Inhibition" wird ein Combined Score aus dem Standardwert der Fehler und dem Standardwert der Zeit berechnet, wobei die Fehlervariable aus inhaltlichen Gründen stärker gewichtet wird.
2. Prozessvariablen (Process Scores) geben Auskünfte über das Zustandekommen von Ergebnissen. Sie werden ebenfalls in Standardwerte umgewandelt. Beispiel: Bei „Affect Recognition" sind nicht nur Normwerte für die Gesamtfehlerzahl, sondern auch jeweils für die einzelnen Emotionen vorhanden, um etwaige emotionsspezifische Verarbeitungsdefizite ableiten zu können. Ansonsten werden meist Fehler- und Zeitvariablen als Prozessvariablen angesehen.

3. Kontrastwerte (Contrast Scores) erlauben es, höhere und basalere Prozesse in einer Testaufgabe systematisch zu kontrastieren. Beispiel: Bei „Word List Interference (WI)" wird der Kontrast-Standardwert (WI Repetiton vs. Recall Contrast Scaled Score) berechnet aus dem Kontrast zwischen Skalenwert der direkten Wiederholung von Wörtern einer Liste (WI Repetition Scaled Score) und dem Skalenwert für den Abruf von Wörtern aus zwei interferierenden Wortlisten (WI Recall Scaled Score). Beispiel 2: Es wird im Bereich visueller Verarbeitung ein Design Copying Local vs. Global Contrast Scaled Score gebildet, bei dem lokale und globale Verarbeitungsprozesse kontrastiert werden.
4. Verhaltensbeobachtungen (Behavioral Observations) werden bei vielen Aufgaben systematisch erhoben; z. B. werden bei „Manual Motor Sequences" Perseverationen oder Körper-Mitbewegungen erfasst; bei „Visuomotor Precision" die Stifthaltung; bei „Comprehension of Instruction" die Anzahl von Bitten nach Wiederholung der Instruktionen. Auch für systematische Verhaltensbeobachtungen existieren altersgestufte Vergleichswerte (als Prozentränge oder als kumulative Prozente).

Durchführung
Untersuchung im Einzelsetting. Für die Durchführung jedes einzelnen Subtests liegt eine ausführliche schriftliche Instruktion vor. Zusätzlich gibt es für jeden Subtest Videobeispiele zur Durchführung auf der mitgelieferten Trainings-CD. Die Testinstruktionen enthalten in der Regel ein Übungsbeispiel für das Kind (teaching example). Die Reihenfolge der Subtests soll der Untersucher auswählen, und zwar so, dass Motivation und Kooperation des Kindes möglichst gut aufrecht erhalten werden können. (Die Abfolge der Testaufgaben im Manual und in den Antwortformularen ist lediglich alphabetisch.) Es ist möglich, die Batterie auf mehrere Tage aufzuteilen.

Auswertung
Die Rohwerte werden auf der Auswertungsseite im Antwortheft für den jeweiligen Subtest eingetragen. In der Auswertungstabelle im „Clinical and Interpretative Manual" können die sogenannten „Scaled Scores" (Standardwerte) für die entsprechende Altersstufe nachgeschlagen werden. „Scaled Scores" haben den Mittelwert 10 und eine Standardabweichung von 3. Die „Scaled Scores" werden ebenfalls auf der Auswertungsseite eingetragen. Zusätzlich gibt es für die verschiedenen Altersstufen Umrechnungstabellen, in denen die „Scales Scores" in Prozentränge (bzw. Prozentrangintervalle) übertragen werden können. „Combined Scores" und „Contrast Scores" werden anhand der „Primary scores" berechnet, also anhand der korrekten Anworten oder Fehlersummen. Die entsprechenden Standardwerte der „Contrast Scores" und „Combined Scores" können ebenfalls in Normtabellen im

Anhang nachgeschlagen und dann auf das Antwortblatt übertragen werden. Ebenso werden die Prozentränge für die Ergebnisse der Verhaltensbeobachtung auf ein spezielles Antwortblatt übertragen. Bei einigen Tests, mit schiefer Verteilung der Ergebnisvariablen, werden nur Prozentränge, keine Standardwerte angegeben.

Für jeden Untertest werden im Manual relativ detaillierte Interpretationshilfen gegeben, in denen erklärt wird, was Testergebnisse und einzelne Variablen bedeuten, für welche Fragestellungen der Test eingesetzt werden kann, welche primären und sekundären Faktoren das Ergebnis beeinflussen können und wie die Ergebnisse der verschiedenen Variablen eines Tests aufeinander bezogen und Störungsmuster interpretiert werden können.

Normierung

Stichprobe
Stichprobe aus 1 200 Kindern, mit 100 Kindern (50 Mädchen, 50 Jungen) pro Altersstufe. Stichprobe repräsentativ für die USA in Bezug auf Regionen, ethnische Zugehörigkeit, Bildung der Eltern.

Normen
Alter: Normierung in 6-Monatsstufen (mit jeweils $N = 100$; 50% Mädchen; 50% Jungen) bis zum Alter von 12.11 Jahren, danach Normierung in Jahresstufen (12 Monate).

Die meisten Verfahren umfassen den Altersbereich von 3 bis16 Jahren (d. h. mit 24 Normierungsstufen). Einige Verfahren sind dagegen nur für kleine Kinder im Alter von 3;0 bis 4;11 Jahren konzipiert oder haben ein für dieses Alter angepasstes Stimulusmaterial (z. B. „Comprehension of Instructions" mit Häschen anstelle von abstrakten Formen), andere sind für den Vorschulbereich konzipiert (z. B. Statue) und entsprechend nur von 3;0 bis 6;11 Jahre normiert, andere werden aufgrund der Aufgabenschwierigkeit erst ab 7 Jahren eingesetzt (siehe Tabelle 1).

Bildung: Ausbildungsjahre der Eltern repräsentativ für die USA.

Geschlecht: Keine Angaben zu Geschlechtsdifferenzen.

Gütekriterien

Objektivität
Durchführung: Keine direkten Angaben zur Objektivität im Manual. Aufgrund detaillierter Angaben zur Durchführung und Auswertung und der überprüften Interraterreliabilität kann die Objektivität als gesichert gelten.

Reliabilität
Interne Konsistenz: Für jede der 78 Testvariablen und für jede Altersstufe (in 12-Monatsstufen, 13/14- und 15/16 Jährige zusammengefasst) wurden Reliabilitätsmaße berechnet, mit in der Regel zufriedenstellenden bis guten Ergebnissen, und in Tabellenform ausführlich dargestellt.

Paralleltest-Reliabilität: Keine Paralleltests vorhanden.

Retest-Reliabilität: Für $N = 165$ Kinder wurde die Retest-Stabilität der NEPSY-II berechnet (Pearson und Effektstärken der Veränderung T1–

T2), mit einem mittleren Retestintervall von 21 Tagen. Die Retest-Stabilität wurde jeweils separat berechnet für die Altersgruppen 3–4, 5–6, 7–8, 9–10, 11–12, 13–16 und wird für sämtliche Variablen in Tabellenform aufgeführt. Insgesamt ergab sich eine akzeptable Stabilität. In vielen Verfahren zeigen sich leichte Übungseffekte, am ausgeprägtesten im Gedächtnisbereich.

Um den oft schiefen Verteilungen der Ergebnisvariablen bei der Berechnung der Stabilität methodisch besser gerecht zu werden, wurde bei einem Teil der Variablen die Konsistenz der klassifikatorischen Entscheidung als klinisch auffällig oder unauffällig zwischen Test 1 und Test 2 berechnet. D. h. es wurde untersucht, ob die Einreihung in drei Prozentrang-Klassen über zwei Testzeitpunkte hinweg stabil blieb: Unter PR 11, zwischen PR 11 und PR 75, über PR 75. Hier ergab sich für die meisten Variablen eine hohe Stabilität zwischen Test 1 und Test 2. Es ist daher davon auszugehen, dass auch bei Testwiederholung klinisch auffällige Leistungen mit hoher Wahrscheinlichkeit wieder als auffällig klassifiziert werden.

Weitere Reliabilitätsmaße: Die Interrater-Reliabilität wurde für alle Subtests berechnet. Erzielt wurde eine sehr hohe Interrater-Reliabilität für Tests mit eindeutigen Bewertungskriterien. Auch für Verfahren, bei deren Auswertung eine Beurteilung der Leistung erforderlich ist (z. B. Clocks, Design Copying, Theory of Mind, Memory for Names, Word Generation) wurde eine sehr hohe Übereinstimmung erzielt (93 % bis 99 %).

Validität

Konvergente/diskriminante Validität: Es werden Übereinstimmungen mit zahlreichen anderen Verfahren untersucht und im Detail in Korrelationstabellen dargestellt:

1. Mit Verfahren zur Untersuchung von Intelligenz/ allgemeinen kognitiven Fähigkeiten:
   - Wechsler Intelligence Scale for Children – IV (WISC-IV; Wechsler, 2003) ($N=51$),
   - Differential Abilities Scale – II (DAS-II; Elliot, 2007) ($N=242$),
   - Wechsler Nonverbal Scale of Ability (WNV; Wechsler & Naglieri, 2006) ($N=62$).
2. Mit Schulleistungsverfahren:
   - Wechsler Individual Achievement Test – II (WIAT-II; Wechsler, 2005) ($N=82$),
3. Mit spezifischen neuropsychologischen Instrumenten:
   - Gedächtnis: Children's Memory Scale (CMS; Cohen, 1997) ($N=43$),
   - Exekutive Fuktionen: Delis-Kaplan Executive Function System (D-KEFS; Delis et al., 2001) ($N=49$),
   - Sprache: Bracken Basic Concept Scale-3 Receptive (BBCS-3: R; Bracken, 2006a) und Bracken Basic Concept Sale-3 Expressive (BBCS-3: E; Bracken, 2006b) ($N=60$).

4. Mit Verhaltensskalen:
   - Devereux Scales of Mental Disorders (DSMD; Naglieri, LeBuffe & Pfeiffer, 1994) ($N=51$, Kinder mit klinischen Diagnosen),
   - Adaptive Behavior Assessment System-2 (ABAS-II; Harrison & Oakland, 2003) ($N=120$; Kinder mit klinischen Diagnosen),
   - Brown Attention-Deficit Disorder Scale for Children and Adolescents (Brown ADD Scales; Brown, 2001) ($N=81$, Kinder mit klinischen Diagnosen),
   - Children's Communication Checklist-2 (CCC-2; Bishop, 2006) ($N=48$).
5. Übereinstimmungen zwischen NEPSY und NEPSY-II ($N=109$).

Kriteriums- bzw. klinische Validität: Zur Überprüfung der klinischen Validität der NEPSY-II wurden Untersuchungen mit folgenden neun klinischen Gruppen durchgeführt, die jeweils mit nach Alter, Geschlecht und Ausbildungsdauer der Eltern parallelisierten, nicht-klinischen Kontrollen verglichen wurden.

Kinder der untersuchten klinischen Gruppen zeigen in folgenden Bereichen Auffälligkeiten in der NEPSY-II:

ADHS ($N=55$): Auffälligkeiten in vielen Domänen, darunter Aufmerksamkeit und exekutive Funktionen, Sprache, verbales Gedächtnis, Erkennen von Emotionen, sensomotorische Funktionen.

Dyslexie ($N=36$): Verminderte Leistungen in allen Sprachtests der NEPSY-II und beim „Picture Puzzle" sowie beim „Inhibition Naming".

Rechenstörung ($N=20$): Verminderte Leistungen in vielen Bereichen, vor allem Aufmerksamkeit, Exekutive Funktionen, visuelles und räumliches Gedächtnis, visuo-räumliche Verarbeitung.

Sprachstörungen ($N=29$): Verminderte Leistungen in allen sprachlichen Tests und sprachlich basierten Tests aus anderen Domänen, wie z. B. „Auditory Attention and Response Set", „Inhibition".

Leichte Intelligenzminderung ($N=20$): Verminderte Leistungen in allen Domänen.

Autismus ($N=23$; Einschlusskriterium IQ>80): Verminderte Leistungen in allen Domänen, besonders ausgeprägt Sprache, Aufmerksamkeit und kognitive Flexibilität.

Asperger-Syndrom ($N=19$): Beeinträchtigungen in visuellem Gedächtnis, Aufmerksamkeit, Feinmotorik, Aufgaben mit Zeitvorgabe, visuokonstruktiven Aufgaben. Keine Beeinträchtigung im Bereich der sozialen Wahrnehmung.

Hörbehinderung ($N=10$): Durchführung möglich für einen großen Teil der Batterie.

Emotionale Störung (umfasst unterschiedliche Arten psychischer Störung, z. B. affektiver Störung, Angststörung, Störung des Sozialverhaltens, Psychose etc.) ($N=30$): Zahlreiche Beeinträchtigungen in unterschiedlichen Domänen, was für die Heterogenität der Stichprobe und Störungen spricht.

Ergebnisse einer weiteren Gruppe, Kinder mit Schädelhirntrauma, werden im Manual nur kurz referiert, aufgrund der zu kleinen Stichprobe.

Nebengütekriterien
keine Angaben

Neuropsychologische Aspekte

Theoretischer Rahmen

Die NEPSY-II beruft sich auf Lurias klinische Vorgehensweise bei der neuropsychologischen Diagnostik von Erwachsenen. Dabei wird auf die Notwendigkeit verwiesen, Leistungsparameter und klinische Beobachtungen/Prozessparameter zu kombinieren, um primäre und sekundäre Defizite unterscheiden zu können. Auch andere Ansätze wie das Hypothesen-testende Vorgehen (vgl. Anderson et al., 2001) wird als theoretischer Bezug genannt, demzufolge zunächst eine Art Screening und in Phase 2 eine fokussierte, Hypothesen-geleitete Untersuchung zu erfolgen hat.

Anwendungsbereiche

Sehr breiter Einsatz bei unterschiedlichsten kinderneuropsychologischen Fragestellungen (Schule, Klinik, neurologische Störungen, Entwicklungsstörungen, Teilleistungsstörungen, etc.).

Funktionelle Neuroanatomie

keine Angaben

Ergebnisbeeinflussende Faktoren

Seh- und Hörstörung, grob- und feinmotorische Beeinträchtigungen, allgemeine intellektuelle Beeinträchtigung, schwere Sprachstörung, schwere Aufmerksamkeitsstörung, Impulsivität, geringe Anstrengung (Effort), fehlende Kooperation, Müdigkeit, stark verminderte Verarbeitungsgeschwindigkeit.

Testentwicklung

Auf der Basis von Lurias Ansatz entwickelte M. Korkman mit Kolleginnen zunächst eine finnische Version der NEPSY (Korkman et al., 1980, 1998). Dabei wurden Testprinzipien aus der Diagnostik erwachsener hirnverletzter Patienten auf die neuropsychologische Diagnostik von Kindern übertragen, Anregungen wurden auch von anderen Autoren (z. B. Benton; Reitan) übernommen. Bei den meisten Verfahren wurde auf klassische neuropsychologische Aufgaben zurückgegriffen, die für den Einsatz bei neurologischen erwachsenen Patienten konzipiert waren, und die lediglich von Design und Schwierigkeit her für Kinder angepasst wurden (so ist etwa die NEPSY-„Comprehension of Instruction" vom Token Test inspiriert, NEPSY-„Arrows" von Bentons „Line Orientation Test"). Einige Testaufgaben, z. B. „Statue", wurden offensichtlich für Kinder neu entwickelt. Die ursprüngliche Testversion (1980) war vorwiegend auf 6-jährige Kinder zugeschnitten. Die finnische Version der NEPSY von 1988 entsprach dagegen bereits in den meisten Untertests und im Aufbau der englischsprachigen Version der NEPSY von 1998.

NEPSY-II (2007) weist gegenüber NEPSY (1998) einige wichtige Änderungen auf, wobei die Aufteilung in Funktionsdomänen gleich geblieben ist mit Ausnahme des Bereichs der sozialen Wahrnehmung, der neu hinzugefügt wurde.

Folgende Subtests sind neu in NEPSY-II enthalten: Animal Sorting, Clocks, Inhibition, Memory for Designs (/Delayed), Word List Interference, Affect Recognition, Theory of Mind, Geometric Puzzles, Picture Puzzles.

Folgende Tests wurden nicht aus der NEPSY (1998) in die NEPSY-II übernommen: Knock and Tap, Tower, Visual Attention, Finger Discrimination. Als Begründung wird die zu geringe klinische Sensitivität der Tests bzw. die vergleichsweise geringe klinische Bedeutung (Finger Discrimination) genannt.

Die Bildung von spezifischen Batterien für unterschiedliche klinische Störungsbilder wurde neu in NEPSY-II eingeführt.

Bei den meisten aus NEPSY (1998) übernommenen Tests wurden Durchführung oder Auswertung verändert; zum Teil wurden neue Items hinzugefügt, sowie die Normierungsobergrenze von 12 auf 16 Jahren erweitert. Auf die in NEPSY (1998) enthaltenen „Domain Scores" oder „Composite Scores" wurde verzichtet. Stattdessen wurden neu „Combined" und „Contrast Scores" eingefügt.

Die NEPSY-II wurde inzwischen in verschiedene Sprachen übertragen, darunter Italienisch, Französisch und Spanisch.

Testbewertung

| **Die Kritik im Überblick** | Die NEPSY-II ist eine umfassende Testsammlung, die 32 für den Kinderbereich adaptierte und über eine weite Altersspanne normierte neuropsychologische Aufgaben enthält. Eine deutschsprachige Adaptation steht leider noch aus. Für Forschungs- wie für klinische Zwecke lassen sich Verfahren daraus sehr gut einsetzen. Dies gilt besonders für erfahrene Neuropsychologen, die aufgrund |

ihres Hintergrundwissens in der Lage sind, hypothesengeleitet vorzugehen. Im Handbuch werden die Prinzipien neuropsychologischen Testens gut und sehr anwendungsbezogen erklärt. Leider fehlt aber jeglicher Hinweis auf neuropsychologische Modelle und auf den neuroanatomischen Hintergrund, sodass letztlich der falsche Eindruck entsteht, man könne hypothesengeleitet neuropsychologisch testen ohne jegliche Kenntnisse der theoretischen Zusammenhänge. Obwohl die NEPSY-II von ihrer Entwicklungsgeschichte, dem Bezug auf Lurias Prinzipien neuropsychologischen Testens, und den Aufgabenparadigmen her in einer neuropsychologischen Tradition steht, ist sie in ihrer heutigen Form eher eine für die klinische Anwendung bestimmte kognitive Entwicklungsbatterie und richtet sich wohl auch eher an Untersucher ohne neuropsychologischen Hintergrund. Dazu passt auch, dass die Aufgaben im Manual nicht an Kindern und Jugendlichen mit umschriebenen neurologischen Störungen validiert wurden, sondern an Kindern mit Entwicklungsstörungen und Teilleistungsstörungen. Für diese Gruppen existieren im deutschsprachigen Raum allerdings einige diagnostische Alternativen, z.B. PC-gestützte Verfahren bei ADHS, deren Spezifität und Sensibilität für die individuelle klinische Diagnostik besser überprüft sind. Trotzdem bietet die NEPSY-II für viele Funktionsbereiche, etwa im Bereich der sozialen Wahrnehmung, interessante Aufgaben. Hier bleibt allerdings die klinische Validität und Sensibilität noch genauer zu untersuchen.

Test-konstruktion

Testmaterial
Die Testformulare sind überaus klar und anwenderfreundlich gestaltet, mit Erinnerungen und Hinweisen für die Durchführung von Zeitmessung, Querverweisen auf die Auswertetabellen und Interpretationsvorschlägen. Das Testmaterial ist zweckmäßig und kindgerecht.

Testdesign
Konzept: NEPSY-II ist aktuell die umfassendste Sammlung bekannter neuropsychologischer Testparadigmen, die für Kinder- und Jugendliche adaptiert wurden und über einen weiten Altersrange normiert sind. Aber auch eine so umfangreiche Testsammlung ist natürlich nicht vollständig, und es fehlen Verfahren etwa zur Untersuchung von Händigkeit, Daueraufmerksamkeit, Planen und Problemlösen, einfache Spannmaße und anderes.

Variablen: Es wird im Gegensatz zu NEPSY in NEPSY-II kein Gesamtindex zu Funktionsdomänen gebildet, sondern es wird angestrebt, einzelne Komponenten zu erheben und gezielt zu kontrastieren. Damit und auch mit der Untersuchung von Prozessvariablen folgt die NEPSY-II den Prinzipien neuropsychologischen Testens und setzt sich gegen ein rein ergebnisorientiertes Testen, wie etwa in IQ-Testverfahren, ab. Etwas unklar ist, wie die einzelnen „Combined Scores", zustandekommen. So wie das Prozedere der Bildung von „Combined Standard Scores" beschrieben wird, ergibt sich der Wert rein rechnerisch aus der Verteilung der Kombinationen von Standardwerten beider Variablen in der Stichprobe. Inwiefern inhaltliche Gewichtungen hier zusätzlich eine Rolle spielen, wie im Manual angedeutet, ist nicht ganz klar.

Durchführung: Die Anweisungen zur Durchführung sind im Manual sehr gut dargestellt; die Trainings-CD mit Videobeispielen ist hilfreich.
Auswertung: Eine detaillierte Anleitung zur Auswertung wird auf der Trainings-CD gegeben. Das Vorgehen für die Bewertung von Leistungen, etwa beim „Design Copying", wird im Manual genau beschrieben. Auswertungsbeispiele anhand von Fällen fehlen leider.

Normierung

Normen: Die Verwendung von Scaled Scores anstelle von Prozenträngen oder T-Werten ist etwas gewöhnungsbedürftig. Es ist darauf hingewiesen worden, dass sich die Einteilung in auffällige und unauffällige Leistungen anhand der Scaled Scores nicht ganz mit denen der Wechslerschen Skalen deckt, was zu Missverständnissen führen kann (Brooks et al., 2010). Es fehlt eine Überprüfung der Daten im Hinblick auf geschlechtsspezifische Unterschiede. Gerade bei Inhibitionsaufgaben und bei der Verarbeitung von Gesichtern und deren emotionalem Ausdruck, wären diese aber zu erwarten.

Gütekriterien

Reliabilität: Sehr ausführliche Darstellung der Reliabilitätsuntersuchungen aller Variablen in allen Altersstufen.
Bei Gedächtnisaufgaben sind Retestuntersuchungen bei Gesunden natürlich problematisch. Hier müssten Retestuntersuchungen sinnvollerweise mit Parallelversionen durchgeführt werden, die leider fehlen.
Validität: Bei den ausführlichen Untersuchungen zur klinischen Validität fehlen ausgerechnet Kinder mit neurologischen Störungen. Kinder nach Schädelhirntrauma werden aufgrund der geringen Probandenzahl nur kurz erwähnt. Wie sensibel die klinischen Testbatterien auf individueller Ebene sind, muss offen bleiben. Die klinischen Gruppen erreichen beim Vergleich mit Kontrollkindern trotz mittlerer Effektstärken im Mittel Standardwerte, die nicht im klinischen Bereich liegen (z. B. bei ADHS), aber das ist in Anbetracht der neuropsychologischen Heterogenität bei Entwicklungsstörungen nicht anders zu erwarten und ist auch nicht spezifisch für die NEPSY-II. Aufgaben zur sozialen Wahrnehmung diskriminieren nicht zwischen Kindern mit Asperger-Syndrom und Gesunden, was auf den eingeschränkten Wert dieser Verfahren bei der Diagnose von Beeinträchtigungen der

sozialen Interaktion hinweist. Auch gesunde Kinder zeigen, je älter sie sind, desto häufiger unterdurchschnittliche Leistungen in einigen Verfahren der NEPSY-II (Brooks, Sherman & Iverson, 2010). Das ist aber eher als ein allgemeines, methodisches Artefakt bei der Durchführung umfangreicher Testsammlungen aufzufassen.

Dass ausführliche Untersuchungen zur konvergenten Validität vorliegen (z. B. WISC-IV, D-KEFS), ist ein großes Plus der NEPSY-II und erleichtert die Interpretation.

Testentwicklung

Die ab NEPSY-II vorgenommene Einführung von Batterien für spezifische klinischen Gruppen weist die NEPSY-II vor allem als Verfahren zur Abklärung von Entwicklungsstörungen oder sogar von spezifischen schulpsychologischen Fragestellung aus. Das ist etwas erstaunlich, da in ihrer Ursprungsversion viele Verfahren der NEPSY-II als auch der Luriasche Ansatz selbst zunächst auf die klinische Diagnostik von Patienten mit Hirnschädigung ausgerichtet waren.

Neuropsychologische Aspekte

Theoretischer Rahmen

Die Autorinnen beziehen sich immer wieder auf Lurias Prinzipien klinisch-neuropsychologischer Diagnostik. Diese Prinzipien werden sehr verständlich und anwendungsbezogen beschrieben. (z. B. möglichst selektive Ausrichtung von Testverfahren auf einzelne Funktionen, primäre und sekundäre Ergebnisse, Beeinflussbarkeit von kognitiven Leistungen durch unspezifische Faktoren, etc.).

Leider fehlt darüber hinaus jeder Bezug zu aktuellen neuropsychologischen Modellen und Theorien. Das Manual vermittelt den Eindruck, dass eine neuropsychologische Diagnostik „hypothesengeleitet" auch ohne Bezug auf Gehirnfunktionen und neuropsychologische Modelle erfolgen könne, solange nur die funktionale Ebene sorgfältig genug beschrieben wird. Dadurch wirkt das Manual auf seltsame Weise atheoretisch, die Interpretationsvorschläge manchmal etwas vordergründig bis zirkulär. Ein Beispiel: Die Einführung von unterschiedlichen Puzzles in der NEPSY-II, Picture Puzzle und Geometric Puzzle, ermöglicht die Kontrastierung von unterschiedlichen Funktionen, die der neuroanatomisch ventralen oder der dorsalen Route der visuellen Verarbeitung zugerechnet werden. Nichts davon wird aber im NEPSY-II-Manual erwähnt; stattdessen sind die Erklärungen ausschließlich auf der funktionalen Ebene angesiedelt: „A low Picture Puzzle Total Score is thought to indicate difficuties with visual perception and scanning." „A low Geometric Puzzle Total Score is thought to indicate difficulty with visual-spatial analysis, including mental rotation". Ein Manual muss kein neuropsychologisches Lehrbuch sein; zumal wenn es so sorgfältige klinische Interpretationshinweise liefert wie das der NEPSY-II. Das völlige Fehlen von Hinweisen auf einen theoretischen Hintergrund wird einem neuropsychologischen Ansatz aber nicht gerecht und muss auch zu Missverständnissen bei der Rezeption führen.

Anwendungsbereiche
Inzwischen gibt es eine Reihe von Veröffentlichungen, in denen die NEPSY-II bei weiteren klinischen Gruppen angewandt wurde, z. B. beim fetalen Alkoholsyndrom (Rasmussen et al., 2013).
In einer aktuellen Untersuchung zu Autismus-Spektrum-Störungen, die Asperger und High-Functioning Autismus einschloss, zeigten sich, wie bei früheren Validätsstudien, keine signifikanten Auffälligkeiten im Vergleich zu Kontrollen bei den Verfahren zur sozialen Wahrnehmung (Barron-Linnankoski et al., 2015).

Funktionelle Neuroanatomie
Konsequent verzichten die Autorinnen auf jeden neuroanatomischen Bezug. Der Luriasche Ansatz beruhte dagegen auf komplexen neurofunktionellen Modellen und zog auch daraus seine Legitimation. Den sorgfältigen Interpretationshinweisen in der NEPSY-II fehlt damit das eigentliche Fundament.

Ergebnisbeeinflussende Faktoren
Sehr positiv hervorzuheben ist die explizite Berücksichtigung ergebnisbeeinflussender Faktoren in der NEPSY-II.

Handhabbarkeit und klinische Anwendung

Die Testbatterie ist überaus anwenderfreundlich und praktisch gestaltet. Man macht es dem Anwender leicht, die Untertests auf sinnvolle Weise einzusetzen und zu interpretieren. Neben Interpretationsvorschlägen bei beeinträchtigten Testleistungen gibt es eine Art Checkliste, welche primären und sekundären Ursachen den beobachteten Schwierigkeiten zugrunde liegen könnten. Leider fehlen aber Fallbeispiele.
Bei der Untersuchung von spezifischen klinischen Gruppen mit den entsprechenden Batterien ist darauf zu achten, dass z. T. nicht die eigentlichen Hauptsymptome, also etwa die Rechenstörung selbst, mit der NEPSY-II untersucht werden, sondern lediglich mögliche assoziierte kognitive Störungen.

Tabelle 1: Überblick über NEPSY-II Domänen und Tests

NEPSY Test	Alter	Beschreibung	Batterie/n
Aufmerksamkeit und Exekutive Funktionen			
Animal Sorting	7–16	Das Kind soll Karten mit Tierbildern in jeweils zwei Gruppen à 4 Bilder sortieren, wobei die Zuordnungskriterien selbständig gefunden werden müssen.	(4), 5, (6), 9
Auditory Attention (1) und Response Set (2)	5–16 7–16	Bei einer auditiv dargebotenen Wortliste soll reagiert werden 1. auf das Wort „Rot" durch Zeigen auf einen roten Kreis (Auditory Attention), 2. auf das Wort „Rot" durch Zeigen auf den gelben Kreis, auf das Wort „Gelb" durch Zeigen auf den roten Kreis, auf das Wort „Blau" durch Zeigen auf den blauen Kreis (Response Set).	1, 2, 3, 4, 5, 6, 7, 9
Clocks	7–16	1. Eine Uhr wird frei gezeichnet. Die Uhrzeiger sollen eine vorgegebene Zeit anzeigen. 2. Das Kind soll an einer Uhr die Uhrzeit ablesen.	4, 5,(6), 7,
Design Fluency	5–12	Fünf Punkte in einem Rechteck sollen auf möglichst verschiedene Arten miteinander verbunden werden. Durchgang 1: strukturierte Anordnung der Punkte, Durchgang 2: unstrukturierte Anordnung der Punkte.	4, (5), 7, 9
Inhibition	5–16	Auf einer Vorlage sind Reihen mit schwarzen oder weißen Formen oder Pfeilen abgebildet. Es soll abhängig von der Farbe die korrekte oder die entgegengesetzte Form oder Richtung genannt werden.	1, 2, 3, 4, 5, 6, 9
Statue	3–6	Das Kind soll mit geschlossenen Augen ganz still stehen, wie eine Statue, und sich nicht durch Störungen wie Hüsteln etc. davon abbringen lassen.	1, 2, 3, 4,5, 6, 7, 8, 9
Sprache			
Body Part Naming and Identification	3–4	1. Das Kind zeigt auf Körperteile, die der Untersucher nennt. 2. Das Kind benennt Körperteile, auf die der Untersucher zeigt.	6
Comprehension of Instructions	3–16	Das Kind soll gemäß mündlich gegebener Instruktionen, die zunehmend komplexer werden, auf Bilder zeigen („Zeige den großen gelben Kreis").	1. 2, 3, 5, 6, 8,

Oromotor Sequences	3–12	Das Kind soll Äußerungen mit zunehmender artikulatorischer Schwierigkeit (Zungenbrecher) wiederholen.	2, 6, 7, 9
Phonological Processing	3–16	1. Wortsegmente erkennen: Wörter, die in Phoneme zerlegt dargeboten werden, („do-g") sollen erkannt werden. 2. Phonologische Segmentation: Das Kind soll Wörter nachsprechen und dabei bestimmte Phoneme auslassen.	2, 8, (9)
Repetition of Nonsense Words	5–12	Nachsprechen von Pseudowörtern.	6
Speeded Naming	3–16	Unterschiedliche Farben und Formen (bzw. Buchstaben und Zahlen) sollen so schnell wie möglich benannt werden.	1, 2, 3, 4, 5, 6, 8, 9
Word Generation	3–16	Es sollen nach inhaltlicher Kategorie (z. B. „Tiere") oder nach dem Anfangsbuchstaben (z. B. „s") so viele Wörter wie möglich aufgezählt werden.	4, (5), 8, 9
Gedächtnis und Lernen			
List Memory List Memory Delayed	7–12	Auditive Präsentation einer Wortliste, die gelernt werden soll. Nach 5 Lern- und Abrufdurchgängen gibt es eine Interferenzliste mit Abruf, dann erfolgt wieder der Abruf der ersten Liste. Nach etwa 30 Minuten wird die erste Liste nochmals abgefragt.	4
Memory for Design (1) Memory for Design Delayed (2)	3–16 5–16	Mehrere abstrakte Muster innerhalb einer Matrix werden gezeigt. Das Kind soll direkt anschließend (1) und zeitverzögert (2) Kärtchen mit den gleichen Mustern aussuchen und an die gleiche Stelle innerhalb eines Rasters platzieren.	3, 7, 8, (9)
Memory for Faces (1) Memory for Faces Delayed (2)	5–16	Es wird ein Foto eines Gesichts gezeigt; es soll angegeben werden, ob es sich dabei um einen Jungen oder ein Mädchen handelt. Direkt anschließend (1) oder zeitverzögert nach ca. 30 Minuten (2) soll das zuvor gezeigte Gesicht unter drei Gesichtern wiedererkannt werden.	1, 3, (5), 9
Memory for Names (1) Memory for Names Delayed (2)	5–16	Den Kindern werden wiederholt Karten mit Zeichnungen von Kindern gezeigt und deren Namen dazu genannt. Die Namen werden unmittelbar (1) und nach ca. 30 Minuten (2) abgefragt.	2, 6

Narrative Memory	3–16	Je nach Alter hört das Kind eine Geschichte oder einen naturwissenschaftlichen Text und soll den Inhalt anschließend frei wiedergeben (free recall), dann mit Hilfe von Hinweisreizen (cued recall) und schließlich Fragen zum Text beantworten (recognition).	1, 6, 9
Sentence Repetition	3–6	Es sollen auditiv dargebotene Sätze von zunehmender Länge und Komplexität wiederholt werden.	4, 5, 6, 8,
Word List Interference	7–16	Zunächst soll das Kind eine erste auditiv dargebotene Sequenz aus Wörtern wiederholen, dann eine zweite (repetition trials). Anschließend sollen beide Wortsequenzen hintereinander aus dem Gedächtnis reproduziert werden (recall trial).	1, 2, 3, 4, 6, 9
Sensomotorik			
Fingertip Tapping	5–16	1. Repetitives Berühren der Fingerspitzen von Daumen und Zeigefinger. 2. Sequenzielles Berühren der Fingerspitzen; dabei soll das Kind so schnell wie möglich hintereinander mit dem Daumen erst den Zeigefinger und dann alle weiteren Finger berühren.	5, 7, 9
Imitating Hand Positions	3–12	Das Kind soll Hand- und Fingerpositionen, die der Untersucher vormacht, imitieren.	(4), 6, 7, 9
Manual Motor Sequences	3–12	Vom Untersucher wird eine Sequenz von Handgesten vorgeführt. Diese sollen vom Kind mit der dominanten Hand imitiert werden.	2, 4, 7, (9)
Visuo-Motor Precision	3–12	Mit dem Stift soll so schnell und so genau wie möglich auf dem Papier ein Weg durchfahren werden, ohne dabei die Ränder des Weges zu berühren oder zu übertreten.	1, 3, 5, (6), 7, 8, 9
Soziale Wahrnehmung			
Affect Recognition	3–16	Das Kind soll 1. angeben, ob zwei Gesichter den gleichen emotionalen Ausdruck haben; 2. zwei Gesichter aus mehreren auswählen, die denselben Ausdruck haben; 3. aus drei Bildern denjenigen Ausdruck auswählen, der mit dem auf einem vierten Bild identisch ist; 4. nach der Darbietung eines affektiven Ausdrucks aus dem Gedächtnis den gleichen Gesichtsausdruck unter Antwortalternativen auswählen.	(4), 5, (6), (7), 9

| Theory of Mind | 3–16 | 1. Verbal Task: Zu einem Bild werden kurze Geschichten erzählt und dann Fragen gestellt, die eine Einfühlung in die betreffende Person oder Situation erfordern. 2. Contextual Task: Es werden Bilder von emotionalen Situationen gezeigt. Aus vier möglichen Gesichtsausdrücken soll derjenige gewählt werden, der zur Situation passt. | 4, (5), 9 |

Visuo-räumliche Verarbeitung

Arrows	5–16	Es sind Pfeile abgebildet, die auf eine Zielscheibe gerichtet sind. Es soll angegeben werden, welche der Pfeile so ausgerichtet sind, dass sie ins Ziel treffen werden.	(4), (5), (9)
Block Construction	3–16	Es werden Abbildungen vorgelegt mit Figuren, die aus Würfeln gebaut sind. Die jeweilige Figur soll mit Würfeln dreidimensional nachgebaut werden.	3 (3–6 J.), 7, 8, 9 (3–6 J.)
Design Copying	3–16	Formen sollen nach Vorlage abgezeichnet werden.	1, 2, 3, 4, 5, 6, 7, 8, 9
Geometric Puzzles	3–16	Formen (Puzzleteile) außerhalb einer Matrix sollen den entsprechenden identischen Formen innerhalb einer Matrix (Puzzles) zugeordnet werden.	1, 3 (7–16 J.), 7, 9
Picture Puzzles	7–16	Das Kind sieht ein Bild mit einem Gegenstand, über das ein Raster gedruckt ist; daneben befinden sich Bildausschnitte, die den Rasterabschnitten des Bildes zugeordnet werden sollen.	2, 3, (9)
Route Finding	5–12	Es wird die Zeichnung eines Hauses mit Zugangsweg gezeigt. Anschließend soll dasselbe Haus auf einer Karte mit mehreren Häusern und Wegen wiedergefunden werden.	

Batterien: 1 = Allgemeine Funktionsbeurteilung/Screening (General Referral), 2 = Teilleistung Lesen (Learning Differences Reading), 3 = Teilleistung Mathematik (Learning Differences Mathematics), 4 = Aufmerksamkeit (Attention/Concentration), 5 = Verhalten (Behavior Management), 6 = Sprachentwicklung/Sprachstörung (Language Delays/Disorders), 7 = Wahrnehmung und/oder motorische Entwicklungsstörung (Perceptual and/or Motor Delay/Disorder), 8 = Schulreife (School Readiness), 9 = Sozial/Interaktiv (Social/Interpersonal).

Renate Drechsler

Tübinger Luria-Christensen Neuropsychologische Untersuchungsreihe für Kinder (TÜKI)

G. Deegener, B. Dietel, W. Hamster, C. Koch, R. Matthaei, H. Nödl, N. Rückert, U. Stephani & E. Wolf

Göttingen: Beltz-Test GmbH, 1997

Zusammenfassende Testbeschreibung

Zielsetzung und Operationalisierung

Konstrukte

Mit der TÜKI sollte eine neuropsychologische Untersuchungsreihe für Kinder entwickelt werden, „die vom Vorschulalter an eine an den Belangen der klinisch-therapeutischen Praxis orientierte Diagnostik ermöglicht. Ausgehend vom Modell der Teilleistungsschwächen suchten wir ein neuropsychologisches Screeningverfahren, das in einer Reihe von Bereichen zu einem differenzierten Einblick in das komplexe Gefüge der an der Lösung einer Aufgabe beteiligten Basisfunktionen und Teilleistungen ... führt" (Manual, S. 5).

Es werden acht große Untersuchungsbereiche erfasst, die auch in der TÜLUC (Hamster et al., 1980) geprüft werden. Im Einzelnen:
- *Motorische Funktionen*
- *Akustisch-motorische Koordination*
- *Höhere hautkinästhetische Funktionen*
- *Höhere visuelle Funktionen*
- *Rezeptive Sprache*
- *Expressive Sprache*
- *Mnestische Prozesse*
- *Denkprozesse*

Testdesign

Zur quantitativen Auswertung werden 17 Funktionsbereichsskalen gebildet, für die einzelne Aufgaben angewiesen werden. Im Einzelnen:
1. *Gesamtkörperkoordination*
2. *Motorische Funktionen der Hände*
3. *Orale Praxie*
4. *Sprachliche Regulation motorischer Vollzüge*
5. *Akustisch-motorische Koordination*
6. *Höhere hautkinästhetische Funktionen*
7. *Stereognosie*
8. *Höhere visuelle Funktionen*
9. *Räumliche Orientierung*

10. *Mosaiktest*
11. *Rezeptive Sprache: Wortverständnis, einfache Sätze*
12. *Rezeptive Sprache: logisch-grammatikalische Strukturen*
13. *Expressive Sprache: Artikulation und reproduzierende Sprache*
14. *Expressive Sprache: nominative Funktion und erzählende Sprache*
15. *Lernprozess: Wortreihe*
16. *Mnestische Prozesse*
17. *Denkprozesse*

Angaben zum Test

Normierung

Alter: Profilanalyse für drei Altersgruppen möglich: 5-jährige, 6 bis 8-jährige, 9 bis 16-jährige Kinder/Jugendliche. Gesamtstichprobe N=282, bestehend aus kinderpsychiatrischen Patienten (N=85), sprachgestörten Kindern (N=56), Kindergarten-Kindern (N=40) und lese-rechtschreibschwachen Kindern (N=50).
Bildung: nein
Geschlecht: nein

Material

Testkoffer mit Manual, Protokollheft, Profilauswertung und Materialsatz, bestehend aus: Tennisball, Band, Metallophon, Spieluhr; Box mit Alltagsgegenständen wie Taschenmesser, Radiergummi, Spielwürfel; Plastikring, fünf Holzwürfeln, sechs Plättchen zum Nachlegen von Mustern; Box mit Bildvorlagen für visuelle Wahrnehmung, räumliche Orientierung, Wortverständnis, Verständnis für einfache Sätze, Verständnis für logisch-grammatikalische Strukturen, Behalten und Wiedererkennen, Verständnis für Situationsbilder und Texte; Ordner mit 24 Abbildungen zur Prüfung der phonematischen Lautdifferenzierung; Bildordner mit 17 Abbildungen zur Prüfung des Wortverständnisses, des Verständnisses für logisch-grammatikalische Strukturen und mnestische Prozesse; Ordner mit elf Abbildungen zur Überprüfung visueller Funktionen; Kopiervorlagen für Tracing Aufgabe und Ergänzen eines Rautenmusters; zwei Bildvorlagen zum perspektivischen Sehen; zwei Vorlagen für die Prüfung der kinästhetischen Sensibilität.

Durchführungsdauer

75 bis 135 Minuten.

Testkonstruktion

Design

Aufgabe

D1 Gesamtkörperkoordination

- Seitliches Hin- und Herspringen über eine Kordel. Zwei Versuche je 15 Sekunden. Anzahl ausgeführter Sprünge.
- Einbeinstand, je eine Minute.

- Hampelmannsprung, 10 Sekunden.
- Balancieren auf einem 10 cm breiten Teppichstreifen.
- Tennisring auffangen.

D2 Feinmotorik
- Tracing (Wege mit Stift nachfahren).
- Tapping-Aufgabe (mit Stift Punkte setzen, 5 Sekunden).

D3 Motorische Funktionen der Hände
- Einfache und komplexe Bewegungen nachmachen (mit und ohne visuelle Kontrolle).

D4 Orale Praxie
- Einfache Bewegungen im orofazialen Raum nachmachen.

D5 Sprachliche Regulation motorischer Vollzüge
- Ausführen lautsprachlich gegebener Anweisungen.

E1 Akustisch-motorische Koordination
- Wahrnehmung der Tonhöhe.
- Reproduktion von Melodien.

E2 Wahrnehmung und Reproduktion rhythmischer Strukturen
- Wahrnehmung und Beurteilung akustischer Signale.
- Reproduktion von Rhythmen.

F1 Hautempfindungen
- Tastempfindungen (Berührungspunkte erkennen in Pronation und Supination).
- Fingeridentifikation in Pronation der Hände.
- Taktile Mustererkennung in der Handfläche.

F2 Muskel- und Gelenksensibilität (kinästhetische Sensibilität)
F3 Haptische Stereognosie
G1 Höhere visuelle Funktionen: visuelle Wahrnehmung
- Gegenstände und Abbildungen (Formunterscheidung).
- Figur-Grund-Differenzierung.
- Seriation.

G2 Räumliche Orientierung
- Raumlage Wahrnehmung.
- Räumliche Analogien.
- Perspektivisches Sehen (räumliche Beziehungen).

G3 Räumliches Denken
- Mosaiktest.
- Abzeichnen einer Vorlage.

H1 Wortverständnis
- Phonematische Lautdifferenzierung (Wort-Bild-Zuordnung).
- Definitionen (Einzelworte und Objekte).
- Komplexere Identifizierung.

H2 Verständnis für einfache Sätze
H3 Verständnis für logisch-grammatikalische Strukturen
J1 Artikulation von Sprachlauten (Nachsprechen von Einzelworten)
J2 Reproduzierende Sprache (Nachsprechen von zwei/drei Wörtern)
J3 Nominative Funktion des Sprechens (Benennen)

J4 Erzählende Sprache
M1 Lernprozesse (acht Wörter merken in maximal fünf Lerndurchgängen).
M2 Behalten und Erinnern (Wiedergabe/Wiedererkennen visueller und akustischer Reize).
N1 Verständnis für Situationsbilder und Texte
N2 Begriffsbildung
   · Definitionen.
   · Logische Beziehungen.
   · Kategorien.

Konzept
Den Autoren schwebt ein Screeningverfahren vor, das auf der Basis von Lurias Theorien der Hirnfunktionen und seinem klinischen Untersuchungsansatz Beeinträchtigungen von Basisfunktionen und Teilleistungen bei Kindern und Jugendlichen erfasst. Dabei soll die Untersuchung, ausgehend von einer standardisierten Batterie unter Einbezug psychometrischer Fähigkeits- und Leistungstests und/oder systematisch variierter Aufgabendurchführung, individuell gestaltet werden können.

Variablen
Summenvariable für jeden der 17 Funktionsbereiche. Für die einzelnen Aufgaben werden 0, 1 oder maximal 2 Punkte vergeben.

Durchführung
Einzeltest. Für jede Aufgabe gibt das Manual eine präzise Anweisung vor, z. B. sprachliche Regulation motorischer Vollzüge: „Zeichne einen Kreis und einen Strich. Bevor Du beginnst, sage mir, was Du tun sollst" (Manual, S. 33).

Auswertung
Die Rohwerte für die Einzelaufgaben der 17 Funktionsbereiche werden jeweils aufsummiert und können dann für drei Altersgruppen in Prozentränge umgewandelt werden (TÜKI-Profilauswertung für Funktionsbereiche).

Normierung **Stichprobe**
Gesamtstichprobe $N=282$ bestehend aus:
– kinderpsychiatrischen Patienten ($N=85$),
– sprachgestörten Kindern ($N=56$),
– Kindergarten-Kindern ($N=40$),
– lese-rechtschreibschwachen Kindern ($N=50$).

Normen
Alter: Profilanalyse für drei Altersgruppen möglich: 5-jährige, 6- bis 8-jährige, 9- bis 16-jährige Kinder/Jugendliche.

Bildung: nein
Geschlecht: In den einzelnen Stichproben befinden sich deutlich mehr
Jungen ($N=196$) als Mädchen ($N=86$). Keine geschlechtsspezifische
Normierung.

Gütekriterien

Objektivität
Durchführung: Die detaillierten Instruktionen lassen die Durchführungs-
objektivität als gesichert erscheinen.
Auswertung: Auswertungsobjektivität gegeben.

Reliabilität
Interne Konsistenz: Split-half-Koeffizienten zwischen.70 und.91.
Retest-Reliabilität: Testwiederholungsdaten bei $N=138$ Kindern zeigen in neun von 16 Funktionsbereichen Korrelationen zwischen .74
und.88, in drei Bereichen zwischen .61 bis .65 und in vier Bereichen
zwischen .36 und .54 (keine näheren Angaben zu den einzelnen Bereichen).

Validität
Im Manual werden Gruppenvergleiche aus der Normstichprobe berichtet, bei denen die stärker beeinträchtigten Gruppen erniedrigte Werte
erreichen (Kinder mit Sprachstörungen unterschiedlichen Schwere-
grads, lernbehinderte und leserechtschreib-schwache Kinder).

Nebengütekriterien
keine Angaben

Neuropsychologische Aspekte

Theoretischer Rahmen

Die Testautoren beziehen sich explizit auf Lurias Theorie der Hirnfunktionen. Dieser ging von drei hierarchisch gegliederten funktionalen Einheiten aus:
1. Aktivationseinheit (formatio reticularis), die der Regulation des kortikalen Erregungsniveaus und der Aufmerksamkeit sowie der Infor-
   mationsfilterung dient.
2. Einheit zur Aufnahme, Verarbeitung und Speicherung der Informationen.
3. Einheit zur Planung, Entscheidung und Bewertung von Handlungen
   sowie zur Kontrolle der Ausführungen.

Anwendungsbereiche

Die TÜKI ist gedacht als Untersuchungsreihe für Kinder ab dem Vorschulalter zur neuropsychologischen Untersuchung von Basisfunktionen und Teilleistungen.

Funktionelle Neuroanatomie	Es wird eine relativ ausführliche Zusammenfassung zu den Basiskonzepten der Hirnfunktionen nach Luria, ihrer Lokalisation und den Stufen ihrer Entwicklung gegeben. Die untersuchten Funktionen werden in dieses Konzept eingeordnet.
Ergebnis-beeinflussende Faktoren	Kindern mit motorischen Einschränkungen infolge frühkindlicher oder erworbener Hirnschädigungen können je nach Ausmaß der Beeinträchtigung nicht alle Aufgaben vorgegeben werden.

Testentwicklung

„Die Einteilung der TÜKI in acht große Untersuchungsbereiche mit insgesamt ca. 200 Proben erfolgt gemäß Lurias Vorschlägen zur Untersuchung höherer kortikalen Funktionen und der darauf beruhenden TÜLUC [Hamster, Langner & Mayer, 1980] (…), wobei auch die Buchstabenbezeichnungen der TÜLUC beibehalten wurden" (Manual, S. 9). Die TÜKI wurde 1992 veröffentlicht; in der zweiten Auflage von 1997 wurden Durchführungsanweisungen und Protokollblätter überarbeitet.

Testbewertung

Die Kritik im Überblick	Die TÜKI ist ein auf Luria basierendes und auf die TÜLUC zurückgehendes Verfahren, das in den 1980er Jahren als umfassendes neuropsychologisches Screeningverfahren für Kinder mit Hirnschädigung und Entwicklungsstörungen konzipiert wurde. Die Besonderheit war dabei die Kombination von hypothesengeleiteter qualitativer Herangehensweise und quantitativer Einordnung. Heutigen Anforderungen an Normierung und Gütekriterien genügt es jedoch nicht mehr, und es liegen inzwischen für viele Untersuchungsbereiche neuropsychologische Testverfahren für Kinder als Alternativen vor.

Test-konstruktion	**Testmaterial** Der Protokollbogen ist sehr detailliert, der Profilauswertungsbogen einfach und leicht handzuhaben. **Testdesign** *Konzept:* Die TÜKI orientiert sich einerseits am Untersuchungskonzept von Luria mit den drei Funktionsbereichen Aktivierung, Verarbeitung und Speicherung, sowie Planung, Entscheidung und Bewertung von

Handlungen. Gleichzeitig fließt aber auch das Konzept der Teilleistungsstörungen in die Überlegungen mit ein. Es ist der Anspruch der TÜKI, einerseits eine qualitative Bewertung der Leistungen eines Kindes zu ermöglichen und gleichzeitig einen quantitativen Vergleich vorzunehmen. Sowohl für den Rückgriff auf Luria als auch für das Konzept der Teilleistungsstörungen erweist sich der theoretische Rahmen der TÜKI als in den 1980er Jahren verankert.

Variablen: Es werden in der Profilauswertung 17 Variablen nebeneinander gestellt und einzeln bewertet. Das entspricht der damals verbreiteten Suche nach Schwächen und Stärken in einzelnen Funktionsbereichen, welche die Gesamtleistung bedeutsam beeinflussen können.

Durchführung: Die Durchführung des Tests ist einerseits sehr zeitaufwändig und andererseits sehr stark von der klinischen Erfahrung des Untersuchers abhängig. Berufsanfänger sind mit diesem Verfahren schnell überfordert.

Auswertung: Die Auswertung ist objektiv.

Normierung

Stichprobe: Die Normstichprobe ist klein und beschränkt sich auf Kindergartenkinder. Die übrige Stichprobe setzt sich aus klinischen Teilstichproben zusammen aus der Kinder- und Jugendpsychiatrie sowie aus Kindern mit Sprachstörungen oder Verhaltensauffälligkeiten. Diese Art der Normierung ist eher eine Art Auflistung von altersabgestuften Vergleichswerten aus verschiedenen klinischen Gruppen und genügt aktuellen Normierungskriterien für Testverfahren im Kindesalter nicht.

Normen: Die Stichprobendaten wurden in den 1980er Jahren erhoben und dürften mittlerweile veraltet sein.

Handhabbarkeit und klinische Anwendung

Für ein Screeningverfahren ist die TÜKI insgesamt zeitlich zu aufwändig und ihr diagnostischer Wert vergleichsweise gering. Viele der Aufgaben sind in anderen Testsammlungen ebenfalls enthalten, z. B. der Mosaiktest im WISC-IV (Petermann & Petermann, 2011), und sind dort besser normiert. Die Leistungen der visuellen Wahrnehmung können z. B. mit dem FEW-2 genauer untersucht werden. Für Aspekte der Sprachentwicklung eignen sich Untersuchungsmittel wie der SET 5-10 (Petermann, 2012) besser, und auch bezüglich der mnestischen Funktionen bei Kindern liegen mittlerweile mehrere Untersuchungsmöglichkeiten vor. Mit aus diesen Gründen hat sich die TÜKI im klinischen Alltag nie richtig durchgesetzt und ist heute nur noch von historischem Interesse, genauso wie auch die BLN-K, welche 1989 publiziert wurde und sich ebenfalls an Lurias Ansatz orientiert (Neumärker & Bzufka, 1988).

Martin Michel

Literatur

Abercrombie, M. L. J., Lindon, R. L. & Tyson, M. C. (1964). Associated movements in normal and handicapped children. *Developmental Medicine and Child Neurology, 6* (6), 573–580.

Ahnert, L. (2014). *Theorien in der Entwicklungspsychologie.* Berlin: Springer.

Allemand, I., Fox-Boyer, A. V. & Gumpert, M. (2008). Diagnostikverfahren bei kindlichen Aussprachestörungen – ein Überblick. *Forum Logopädie, 22,* 14–21.

American Psychiatric Association. (2013). *Diagnostic and Statistical Manual of Mental Disorders, 5th Edition: DSM-5.* Washington D. C.: American Psychiatric Association.

American Speech-Language-Hearing Association (ASHA). (2005). *Evidence-based practice in communication disorders* [Position Statement]. Available from www.asha.org/policy.

Amorosa, H. & Noterdaeme, M. (2003). *Rezeptive Sprachstörungen. Ein Therapiemanual.* Göttingen: Hogrefe.

Anderson, S. J. & Doyle, L. W. (2008). Cognitive and educational deficits in children born extremely preterm. *Seminars in Perinatology, 32,* 51–58. http://doi.org/10.1053/j.semperi.2007.12.009

Anderson, V. & Catroppa, C. (2005). Recovery of executive skills following paediatric traumatic brain injury (TBI): a 2 year follow-up. *Brain Injury, 19* (6), 459–470.

Anderson, V., Spencer-Smith, M., Leventer, M., Cleman, L., Anderson, S., Williams, J. et al. (2009). Childhood brain insult: Can age at insult help us to predict outcome? *Brain, 132,* 45–56.

Anderson, V. & Yeates, K. O. (2010). *Pediatric traumatic brain injury: New frontiers in clinical and translational research.* Cambridge: Cambridge University Press. http://doi.org/10.1017/CBO9780511676383

Anderson, V. A., Anderson, S., Northam, E., Jacobs, R. & Catroppa, C. (2001). Development of executive functions through late childhood and adolescence in an Australian sample. *Developmental Neuropsychology, 20,* 385–406. http://doi.org/10.1207/S15326942DN2001_5

Angermaier, M. J. W. (2007). *Entwicklungstest Sprache für Kinder von 4 bis 8 Jahren (ETS 4-8).* Frankfurt am Main: Pearson Assessment & Information GmbH.

Ansari, D. (2010). Neurocognitive approaches to developmental disorders of numerical and mathematical cognition: The perils of neglecting the role of development. *Learning and Individual Differences, 20,* 123–129. http://doi.org/10.1016/j.lindif.2009.06.001

Ansari, D., Donlan, C., Thomas, M. S., Ewing, S. A., Peen, T. & Karmiloff-Smith, A. (2003). What makes counting count? Verbal and visuo-spatial contributions to typical and atypical number development. *Journal of Experimental Child Psychology, 85,* 50–62.

Ardila, A. (1999). A neuropsychological approach to intelligence. *Neuropsychology Review, 9,* 117–136. http://doi.org/10.1023/A:1021674303922

Artelt, C., Stanat, S., Schneider, W. & Schiefele, U. (2001). Lesekompetenz: Testkonzeptionen und Ergebnisses. In J. Baumert, E. Klieme, M. Neubrand, M. Prenzel, U. Schiefele, W. Schneider, S. Stanat, K.-J. Tillmann & M. Weiß (Hrsg.) *PISA 2000: Basiskompetenzen von Schülerinnen und Schülern im internationalen Vergleich* (S. 69–140). Opladen: Leske + Budrich. http://doi.org/10.1007/978-3-322-83412-6_4

Asbrock, D. (2009). Sprachentwicklungsdiagnostik bei mehrsprachigen Vorschulkindern: Erfassung der deutschen Zweitsprache mit dem SETK 3-5. *Die Sprachheilarbeit, 54* (5), 197–203.

Atkinson, J. (2000). *The developing visual brain.* Oxford: Oxford University Press.

Auer, M., Gruber, G., Mayringer, H. & Wimmer, H. (2005). *Salzburger Lese-Screening für die Klassenstufen 5–8 (SLS 5-8).* Bern: Verlag Hans Huber.

Aylward, G. (2009). Developmental Screening and Assessment: What Are We Thinking? Journal of Developmental & *Behavioral Pediatrics, 30,* 169–173.

Baade, L. E., Heinrichs, R. J., Coady, E. L. & Stropes, J. (2011). Assessment of premorbid functioning in a pediatric population. In A. S. Davis (ed.), *Handbook of Pediatric Neuropsychology* (pp. 191–200). New York: Guilford.

Baade, L. E., Soetaert, D. K. & Heinrichs, R. J. (2011). Delayed and progressive decline in pediatric patients. In A. S. Davis (ed.), *Handbook of Pediatric Neuropsychology* (pp. 471–478). New York: Springer.

Baddeley, A. D. (1986). *Working memory.* Oxford: Oxford University Press.

Baddeley, A. D. (2000). The episodic buffer: A new component of working memory? *Trends in Cognitive Sciences, 4* (11) 417–423.

Badian, N. A. (1983). Arithmeric and nonverbal learning. In H. R. Myklebust (ed.). *Progress in learning disabilities* (Vol. 5, pp. 235–264). New York: Gruene and Stratton.

Baron, I. S. (2004). *Neuropsychological evaluation of the child.* New York: Oxford Unversity Press.

Baron, I. S. (2010). Maxims and a model for the practice of pediatric neuropsychology. In K. O. Yeates, I. S. Baron & C. Rey-Casserly (eds.). (2013). *Pediatric neuropsychology: Medical advances and lifespan outcomes* (pp. 473–498). New York: Oxford University Press.

Baron-Cohen, S., Leslie, A. M. & Frith, U. (1985). Does the autistic child have a „theory of mind"? *Cognition, 21* (1), 37–46.

Barrett, M. (1999). An introduction to the nature of language and to the central themes and issues in the study of language development. In M. Barrett (ed.). *The development of language* (pp. 1–24). Hove: Psychology Press.

Barron-Linnankoski, S., Reinvall, O., Lahervuori, A., Voutilainen, A., Lahti-Nuuttila, S. & Korkman, M. (2015). Neurocognitive performance of children with higher functioning autism spectrum disorders on the NEPSY-II. *Child Neuropsychology, 21,* 55–77. http://doi.org/10.1080/09297049.2013.873781

Barwitzki, K., Hofbauer, C., Huber, M. & Wagner, L. (2008). *Leipziger Testbatterie zur Messung des formal sprachlichen Entwicklungsstandes bei Jugendlichen (LTB-J).* Leipzig: Berufsbildungswerk für Hör- und Sprachgeschädigte.

Bäuerlein, K., Lenhard, W. & Schneider, W. (2012). *Lesetestbatterie für die Klassenstufen 6-7 (LESEN 6-7). Verfahren zur Erfassung der basalen Lesekompetenz und des Textverständnisses.* Göttingen: Hogrefe.

Bäuerlein, K., Lenhard, W. & Schneider, W. (2012). *Lesetestbatterie für die Klassenstufen 8-9 (LESEN 8-9). Verfahren zur Erfassung der basalen Lesekompetenz und des Textverständnisses.* Göttingen: Hogrefe.

Baumann, T. (2013). *Atlas der Entwicklungsdiagnostik. Vorsorgeuntersuchungen von U1 bis U10/J1* (3., vollständig überarbeitete und erweiterte Aufl.). Stuttgart: Thieme.

Bäumler, G. (1974). *Lern- und Gedächtnistest 3.* Göttingen: Hogrefe.

Baving, L. & Schmidt, M. H. (2000). Testpsychologie zwischen Anspruch und Wirklichkeit am Beispiel der Intelligenzdiagnostik. *Zeitschrift für Kinder- und Jugendpsychiatrie und Psychotherapie, 28,* 163–176. http://doi.org/10.1024//1422-4917.28.3.163

Bayley, N. (2006). *Bayley Scales of Infant and Toddler Development – Third Edition (Bayley-III).* San Antonio, TX: Psychological Corporation.

Bechara, A., Damasio, A. R., Damasio, H. & Anderson, S. W. (1994). Insensitivity to future consequences following damage to human prefrontal cortex. *Cognition, 50,* 7–15. http://doi.org/10.10 16/0010-0277(94)90018-3

Behörde für Schule, Jugend und Berufsbildung (2000). *Hamburger Schulleistungstest für achte und neunte Klassen (SL-Ham).* Hamburg.

Berg, E. A. (1948). A simple objective technique for measuring flexibility in thinking. *The Journal of general psychology, 39,* 15–22. http://doi.org/10.1080/00221309.1948.9918159

Berninger, V., Abbott, R., Vermeulen, K. & Fulton, C. (2006). Paths to reading comprehension in at-risk second-grade readers. *Journal of Learning Disabilities, 39* (4), 334–351. http://doi.org/10.1177/00222194060390040701

Binet, A. & Simon, T. (1904). Méthodes nouvelles pour le diagnostic du niveau intellectuel des anormaux. L'*Anneé Psychologique, 11,* 191–244.

Binet, A. & Simon, T. (1905). Méthodes nouvelles pour le diagnostic du niveau intellectuel des anormaux. L'*Année Psychologique, 11,* 191–244. http://doi.org/10.3406/psy.1904.3675

Birkel, P. (2007a). *Weingartener Grundwortschatz Rechtschreib-Test für erste und zweite Klassen (WRT 1+)*. Göttingen: Hogrefe.

Birkel, P. (2007b). *Weingartener Grundwortschatz Rechtschreib-Test für zweite und dritte Klassen (WRT 2+)*. Göttingen: Hogrefe.

Birkel, P. (2007c). *Weingartener Grundwortschatz Rechtschreib-Test für dritte und vierte Klassen (WRT 3+)*. Göttingen: Hogrefe.

Birkel, P. (2007d). *Weingartener Grundwortschatz Rechtschreib-Test für vierte und fünfte Klassen (WRT 4+)*. Göttingen: Hogrefe.

Bishop, D. V. M. (2006). *The Children's Communication Checklist – Second Edition (CCC-2)*. London: The Psychological Corporation.

Blankenstijn, C. & Scheper, A. (2003). *Language development in children with psychiatric impairment.* Utrecht: LOT.

Blomert, L. & Willems, G. (2010). Is there a causal link from a phonological awareness deficit to reading failure in children at familial risk for dyslexia? *Dyslexia, 16* (4), 300–317.

Bockmann, A. K. & Kiese-Himmel, C. (2006). *ELAN. Elternfragebogen zur Wortschatzentwicklung im frühen Kindesalter*. Göttingen: Hogrefe Verlag.

Bockmann, A. K. & Kiese-Himmel, C. (2012). *ELAN-R. Elternfragebogen zur Wortschatzentwicklung im frühen Kindesalter – Revision*. Göttingen: Beltz Test.

Böhme, G. (2008). *Auditive Verarbeitungs- und Wahrnehmungsstörungen (AVWS) im Kindes- und Erwachsenenalter* (2. Aufl.). Bern: Verlag Hans Huber.

Bondy, C., Cohen, R., Eggert, D. & Lüer, G. (1975). *Testbatterie für geistig behinderte Kinder (TBGB)* (3., überarbeitete und erweiterte Auflage). Weinheim: Beltz Test.

Booth, J. R., Burman, D. D., Meyer, J. R., Gitelman, D. R., Parrish, T. B. & Mesulam, M. M. (2004). Development of brain mechanisms for processing orthographic and phonologic representations. *Journal of Cognitive Neuroscience, 16* (7), 1234–1249. http://doi.org/10.1162/0898929041920496

Botting, N., Simkin, Z. & Conti-Ramsden, G. (2006). Associated Reading Skills in Children with a History of Specific Language Impairment (SLI). *Reading and Writing, 19* (1), 77–98. http://doi.org/10.1007/s11145-005-4322-4

Bova, S. M., Fazzi, E., Giovenzana, A., Montomoli, C., Signorini, S. G., Zoppello, M. & Lanzi, G. (2007). The development of visual object recognition in school-age children. *Developmental Neuropsychology, 31* (1), 79–102. http://doi.org/10.1080/87565640709336888

Bracken, B. A. (2006a). *Bracken Basic Concept Scale – Third Edition: Receptive (BBCS-3: R)*. San Antonio, TX: Pearson Education.

Bracken, B. A. (2006b). *Bracken Basic Concept Scale – Third Edition: Expressive (BBCS-3: E)*. San Antonio, TX: Pearson Education.

Brandstetter, G., Bode, H. & Ireton, H. R. (2003). *Elternfragebogen zur kindlichen Entwicklung: 1–6 Jahre (EFkE)*. Augsburg: Verlag Alexander Möckl.

Brandt, I. (1983). *Griffiths Entwicklungsskalen (GES)*. Weinheim: Beltz Test GmbH.

Brandt, I. & Sticker, E. J. (2001). *Griffiths-Entwicklungsskalen zur Beurteilung der Entwicklung in den ersten beiden Lebensjahren* (2., überarbeitete und erweiterte Auflage). Göttingen: Beltz Test GmbH.

Breuer, H. & Weuffen, M. (2005). *Lernschwierigkeiten am Schulanfang – Lautsprachliche Lernvoraussetzungen und Schulerfolg. Eine Anleitung zur Einschätzung und Förderung lautsprachlicher Lernvoraussetzungen*. Weinheim: Beltz.

Brickenkamp, R. (2002). *Test d2: Aufmerksamkeits-Belastungs-Test*. Göttingen: Hogrefe.

Brooks, B. L. Sherman, E. M. & Iverson, G. L. (2010). Healthy children get low scores too: prevalence of low scores on the NEPSY-II in preschoolers, children, and adolescents. *Archives Clinical Neuropsycholoy, 25,* 182–190. http://doi.org/10.1093/arclin/acq005

Brooks, B. L., Sherman, E. M. S. & Strauss, E. (2010). Test Review: NEPSY-II: A developmental neuropsychological assessment (2nd ed.). *Child Neuropsycholoy, 16,* 80–101. http://doi.org/10.1080/09297040903146966

Broussard, S. C. & Garrison, M. E. (2004).The relationshipbetweenclassroom motivation and academic achievment in elementary school-aged children. *Family Consumer Science Research Journal, 33* (2), 106–120. http://doi.org/10.1177/1077727X04269573

Brown, T. E. (2001). *Brown Attention-Deficit Disorder Scale for Children and Adolescents (Brown ADD Scales)*. San Antonio, TX: The Psychological Corporation.

Brunner, M., Dierks, A. & Seibert, A. (2002). *Heidelberger Lautdifferenzierungstest (H-LAD). Prüfung der auditiv-kinästhetischen Wahrnehmung und Differenzierung der Ursachen bei Lese-Rechtschreibschwäche. CD 19* (2. erweiterte Auflage mit Normwerten für die Klassen 1, 2, 3 und 4). Wertingen: WESTRA.

Brunner, M. & Hornberger, C. (2007). Auditive Verarbeitungs- und Wahrnehmungsstörungen (AVWS). Drei Thesen zur Diagnosestellung und Therapie. *HNO, 55,* 331–332.

Brunner, M., Pfeifer, B., Schlüter, K., Steller, F., Möhring, L., Heinrich, I. & Pröschel, U. (2001). *Heidelberger Vorschulscreening zur auditiv-kinästhetischen Wahrnehmung und Sprachverarbeitung (HVS). Testanweisung und Auswertung CD 21.* Wertingen WESTRA.

Brunner, M. & Schöler, H. (2008). *Heidelberger Auditives Screening in der Einschulungsdiagnostik.* Binswangen: WESTRA.

Brunner, M., Seibert, A., Dierks, A. & Körkel, B. (1998). *Heidelberger Lautdifferenzierungstest zur Überprüfung der auditiven Wahrnehmungstrennschärfe. Audiometrie Disk 19.* Wertingen: Westra Elektroakustik.

Buchweitz, A., Mason, R. A., Tomitch, L. M. B. & Just, M. A. (2009). Brain activation for reading and listening comprehension: An fMRI study of modality effects and individual differences in language comprehension. *Psychology & Neuroscience, 2* (2), 111–123. http://doi.org/10.3922/j.psns.2009.2.003

Bulheller, S. & Häcker, H. (Hrsg.). (1998). *Advanced Progressive Matrices.* Frankfurt am Main: Swets Test Services.

Bulheller, S. & Häcker, H. (2001). *Coloured Progressive Matrices* (3., neu normierte Auflage). Frankfurt am Main: Harcourt Test Services.

Bulheller, S., Ibrahimovic, N. & Häcker, H. O. (2001). *Rechtschreibtest – Neue Rechtschreibung (RST-NRR)* (2. Auflage mit erweiterten Normen für höhere Altersgruppen). Frankfurt am Main: Harcourt Test Services.

Burani, C., Marcolini, S. & Stella, G. (2002). How early does morpholexical reading develop in readers of a shallow orthography? *Brain and Language, 81* (1–3), 568–586.

Butterworth, B. (2005). The development of arithmetical abilities. *J. Child Psychol. Psychiatry, 46,* 3–18. http://doi.org/10.1111/j.1469-7610.2004.00374.x

Cain, K. & Oakhill, J. (2011). Matthew effects in young readers: reading comprehension and reading experience aid vocabulary development. *Journal of Learning Disabilities, 44* (5), 431–443. http://doi.org/10.1177/0022219411410042

Carmona, S., Hoekzema, E., Castellanos, F. X., García-García, D., Lage-Castellanos, A., Van Dijk, K. R. & Sepulcre, J. (2015). Sensation-to-cognition cortical streams in attention-deficit/hyperactivity disorder. *Human Brain Mapping, 36,* 2544–2557. http://doi.org/10.1002/hbm.22790

Carroll, J. B. (1993). *Human cognitive abilities. A survey of factor-analytic studies.* Cambridge: Cambridge University Press. http://doi.org/10.1017/CBO9780511571312

Carroll, J. B. (2012). The Three Stratum Theory of Cognitive Abilities. Appendix. In D. S. Flanagan & S. L. Harrison (eds.), *Contemporary Intellectual Assessment: Theories, Tests, and Issues* (3rd ed.) (pp. 883–890). New York: Guilford Press.

Carroll, J. M., Maughan, B., Goodman, R. & Meltzer, H. (2005). Literacy difficulties and psychiatric disorders: evidence for comorbidity. *Journal of Child Psychology and Psychiatry, 46* (5), 524–532. http://doi.org/10.1111/j.1469-7610.2004.00366.x

Casalis, S., Quémart, S. & Duncan, L. G. (2015). How language affects children's use of derivational morphology in visual word and pseudoword processing: evidence from a cross-language study. *Frontiers in Psychology, 6,* 452.

Cashon, C. H. & Holt, N. A. (2015). Developmental origins of the face inversion effect. *Advances in Child Development and Behavior, 48,* 117–150. http://doi.org/10.1016/bs.acdb.2014.11.008.

Cattell, R. B. (1963). Theory of fluid and crystallized intelligence: A critical experiment. *Journal of Educational Psychology, 54,* 1–22. http://doi.org/10.1037/h0046743

Cattell, R. B. (1971). *Abilities: Their structure, growth and action.* Boston: Houghton Mifflin.

Cattell, R. B. & Weiß, R. H. (1977). *Grundintelligenzskala 1.* Braunschweig: Westermann.

Cattell, R. B., Weiß, R. H. & Osterland, J. (1997). *Grundintelligenztest – Skala 1 (CFT 1)* (5. Aufl.). Göttingen: Hogrefe.

Catts, H. W., Adlof, S. M., Hogan, T. S. & Weismer, S. E. (2005). Are specific language impairment and dyslexia distinct disorders? *Journal of Speech Language and Hearing Research, 48* (6), 1378–1396.

Chiang, H. M., Tsai, L. Y., Cheung, Y. K., Brown, A. & Li, H. (2014). A meta-analysis of differences in IQ profiles between individuals with Asperger's disorder and high-functioning autism. *Journal of Autism and Developmental Disorders, 44,* 1577–1596. http://doi.org/10.1007/s10803-013-2025-2

Chilla, S. & Haberzettl, S. (2014). *Handbuch Spracherwerb und Sprachentwicklungsstorungen: Band 4: Mehrsprachigkeit.* München: Elsevier GmbH

Chomsky, N. (1988). *Generative grammar. Studies in English Linguistics and Literature.* Kyoto.

Christiansen, H., Hirsch, O., Drechsler, R., Wanderer, S., Knospe, E. L., Günther, T. & Lidzba, K. (im Druck). German validation of the Conners 3® rating scales for parents, teachers and children. *Zeitschrift für Kinder- und Jugendpsychiatrie und Psychotherapie.*

Clahsen, H. (1986). *Die Profilanalyse. Ein linguistisches Verfahren für die Sprachdiagnose im Vorschulalter.* Berlin: Marhold.

Clahsen, H. & Hansen, D. (1991). *COPROF – Computerunterstützte Profilanalyse. Ein linguistisches Untersuchungsverfahren für die sprachdiagnostische Praxis.* Köln: Focus.

Clahsen, H. & Hansen, D. (2018). *Computerunterstützte Profilanalyse (COPROF).* Abgerufen am 28.01.2018 von www.sopaed-sprache.uni-wuerzburg.de/ambulatorium/coprof-10/

Clark, L. Robbins, T. W., Ersche, K. D. & Sahakian, B. J. (2006). Reflection impulsivity in current and former substance users. *Biological Psychiatry, 60,* 515–522. http://doi.org/10.1016/j.biopsych.2005.11.007

Cohen, M. (1997). *Children's Memory Scale (CMS).* San Antonio, TX: The Psychological Corporation.

Coltheart, M. (1978). Lexical access in simple reading tasks. In G. Underwood (ed.), *Strategies of Information Processing* (pp. 151–216). London: Academic Press.

Compton, D. L., de Fries, J. C., Ohlson, R. K. (2000). Are RAN- and phonological awareness-deficits additive in children with reading disabilities? *Dyslexia, 7,* 125–149.

Connolly, K. & Stratton, P. (1968). Developmental changes in associated movements. *Developmental Medicine and Child Neurology, 10* (1), 49–56.

Conrad, W., Büscher, P., Hornke, L., Jäger, R., Schweizer, H., von Stünzer, W. & Wienecke, W. (1986). *Mannheimer Intelligenztest (MIT)* (3., überarbeitete und erweiterte Auflage). Weinheim: Beltz Test.

Conrad, W., Eberle, G., Hornke, L., Kierdorf, B. & Nagel, B. (1976). *Mannheimer Intelligenztest für Kinder und Jugendliche (MIT-KJ).* Weinheim: Beltz Test.

Cordewener, K. A. H., Bosman, A. M. T. & Verhoeven, L. (2012). Predicting early spelling difficulties in children with specific language impairment: a clinical perspective. *Research in Developmental Disabilities, 33* (6), 2279–2291. http://doi.org/10.1016/j.ridd.2012.07.003

Costard, S. (2007). *Störungen der Schriftsprache: Modellgeleitete Diagnostik und Therapie.* Stuttgart: Thieme.

Costard, S. (2011). *Störungen der Schriftsprache: Modellgeleitete Diagnostik und Therapie unter Mitarbeit von C. Bader und D. Kamutzki* (2. überarbeitete und erweiterte Auflage). Stuttgart: Thieme.

Cronbach, L. J. (1951). Coefficient alpha and the internal structure of tests. *Psychometrika, 16,* 297–334. http://doi.org/10.1007/BF02310555

Cutler, A. & Clifton, C. J. (1999). Comprehending spoken language: a blueprint of the listener. In C. M. Brown & S. Hagoort (eds.), *The Neurocognition of Language* (pp. 123–166). Oxford: University Press.

Das, J.P., Naglieri, J.A. & Kirby, J.R. (1994). *Assessment of cognitive processes: The PASS theory of intelligence.* Boston: Allyn & Bacon.

Daseking, M., Bauer, A., Knievel, J., Petermann, F. & Waldmann, H.-C. (2011). Kognitive Entwicklungs-risiken bei Kindern mit Migrationshintergrund im Vorschulalter. *Praxis der Kinderpsychologie und Kinderpsychiatrie, 60,* 351–368.

Daseking, M., Janke, N. & Petermann, F. (2006). Intelligenzdiagnostik. *Monatsschrift Kinderheilkunde, 154,* 314–319. http://doi.org/10.1007/s00112-006-1333-4

Daseking, M. & Petermann, F. (2008). *Battery for Assessment in Children (BASIC-Preschool). Screening für kognitive Basiskompetenzen im Vorschulalter unter Mitarbeit von J. Knievel.* Bern: Verlag Hans Huber.

Daseking, M. & Petermann, F. (2009). *Kognitiver Entwicklungstest für das Kindergartenalter (KET-KID). Unter Mitarbeit von J. Danielsson.* Göttingen: Hogrefe Verlag.

Daseking, M., Petermann, F. & Waldmann, H.C. (2010). Intelligenzdiagnostik mit den Wechsler-Skalen bei sechsjährigen Kindern. Ein empirischer Vergleich von HAWIVA-III und HAWIK-IV. *Zeitschrift für Kinder- und Jugendpsychiatrie und Psychotherapie, 37,* 111–121. http://doi.org/10.1024/1422-4917.a000018

Davis, A.S. (ed.). (2011). *Handbook of pediatric neuropsychology.* New York: Guilford.

Dawson, M., Soulières, I., Gernsbacher, M.A. & Mottron, L. (2007). The level and nature of autistic intelligence. *Psychological Science, 18,* 657–662.

De Clercq-Quaegebeur, M., Casalis, S., Lemaitre, M.S., Bourgois, B., Getto, M. & Vallée, L. (2010). Neuropsychological profile on the WISC-IV of French children with dyslexia. *Journal of Learning Disabilities, 43,* 563–574.

De Haan, M., Mishkin, M., Baldeweg, T. & Vargha-Kadem, F. (2006). Human memory development and its dysfunction after early hippocampal injury. *Trends in Neurosciences, 29* (7), 374–381.

De Langen-Müller, U., Kauschke, C., Kiese-Himmel, C., Neumann, K. & Noterdaeme, M. (2011). *Diagnostik von Sprachentwicklungsstörungen (SES), unter Berücksichtigung umschriebener Sprachentwicklungsstörungen (USES), (Synonyme Spezifische Sprachentwicklungsstörung (SSES)). Interdisziplinäre S2k Leitlinie.* AWMF-Leitlinien-Register-Nr. D49/006.

De Langen-Müller, U., Kauschke, C., Kiese-Himmel, C., Neumann, K. & Noterdaeme, M. (Hrsg.) (2012). *Diagnostik von (umschriebenen) Sprachentwicklungstörungen.* Frankfurt am Main: Peter Lang.

De Ruiter, M.A., Van Mourik, R., Schouten-van Meeteren, A.Y., Grootenhuis, M.A. & Oosterlaan, J. (2013). Neurocognitive consequences of a paediatric brain tumour and its treatment: A meta-analysis. *Developmental Medicine & Child Neurology, 55,* 408–417. http://doi.org/10.1111/dmcn.12020

De Sonneville, L.M.J., Geeraets, M.H.W. & Woestenburg, J.C. (1993). Information processing in children with minor neurological dysfunction: behavioural and neurophysiological indices. *Early Human Development, 34,* 69–78. http://doi.org/10.1016/0378-3782(93)90042-S

Deegener, G., Aderhold, K., Nödl, H. & Lambert, D. (1992). Aufgabenbeschreibung der TÜKI. In G. Deegener, B. Dietel, H. Kassel, R. Matthaei & H. Nödl (Hrsg.), *Neuropsychologische Diagnostik bei Kindern und Jugendlichen. Handbuch zur TÜKI –Tübinger Luria-Christensen Neuropsychologische Untersuchungsreihe für Kinder* (S. 41–135).Weinheim: Psychologie Verlags Union.

Deegener, G., Dietel, B., Hamster, W., Koch, C., Matthaei, R., Nödl, H. et al. (1997). *TÜKI. Tübinger Luria-Christensen Neuropsychologische Untersuchungsreihe für Kinder. Manual* (2. Aufl.). Göttingen: Beltz Test.

Deegener, G., Dietel, B., Hamster, W., Koch, C., Matthaei, R., Nödl, H., Rückert, N., Stephani, U. & Wolf, E. (1997). Tübinger Luria-Christensen Neuropsychologische Untersuchungsreihe für Kinder (TÜKI) (2., überarb. Aufl.). *Zeitschrift für Entwicklungspsychologie und Pädagogische Psychologie, 30* (3), S. 149–151.

Dehaene, S. (1992). Varieties of numerical abilities. *Cognition, 44,* 1–42. http://doi.org/10.1016/0010-0277(92)90049-N

Dehaene, S. (1999). *Der Zahlensinn oder warum wir rechnen können.* Berlin: Birkhäuser. http://doi.org/10.1007/978-3-0348-7825-8

Dehaene, S. & Cohen, L. (1995). Towards an anatomical and functional model of number processing. *Mathematical Cognition, 1,* 83–120.

Dehaene, S., Le Clec'H, G., Poline, J.-B., Le Bihan, D. & Cohen, L. (2002). The visual word form area: a prelexical representation of visual words in the fusiform gyrus. *Neuroreport, 13* (3), 321–325.

Dehaene, S., Piazza, M., Pinel, S. & Cohen, L. (2003). Three parietal circuits for number processing. *Cognitive Neuropsychology, 20,* 487–506. http://doi.org/10.1080/02643290244000239

Denckla, M. B. (1985). Revised neurological examination for subtle signs. *Psychopharmacology Bulletin, 21,* 773–800.

Dennis, M., Yeates, K., Taylor, H. & Fletcher, J. (2006). Brain reserve capacity, cognitive reserve capacity, and aged-based functional plasticity after congenital and acquired brain injury in children. In Y. Stern (ed.), *Cognitive reserve theory and applications* (pp. 53–83). London: Taylor & Francis.

Deutsche Gesellschaft für Kinder- und Jugendpsychiatrie (2015). *Diagnostik und Behandlung von Kindern und Jugendlichen mit Lese- und / oder Rechtschreibstörung – Evidenz- und konsensbasierte Leitlinie.* Düsseldorf: Arbeitsgemeinschaft der Wissenschaftlichen Medizinischen Fachgesellschaften e. V. (AWMF).

Deutsche Gesellschaft für Kinder- und Jugendpsychiatrie, Psychosomatik und Psychotherapie (2003). *Leitlinien zur Diagnostik und Therapie von psychischen Störungen im Säuglings-, Kindes- und Jugendalter* (2., überarb. Aufl.). Köln: Deutscher Ärzte Verlag.

Dewart, H. & Summers, S. (1995). *The Pragmatic Profile of Everyday Communication in Children.* Windsor: NFER-Nelson.

DGPP (2010). *Auditive Verarbeitungs- und Wahrnehmungsstörung – S1 Leitlinie der Deutschen Gesellschaft für Phoniatrie und Pädautiologie:* AAWMF Register Nr. 049/012.

Dias, R., Robbins, T. W. & Roberts, A. C. (1996). Dissociation in prefrontal cortex of affective and attentional shifts. *Nature, 380,* 69–72. http://doi.org/10.1038/380069a0

Diehl, K. & Hartke, B. (2012). *Inventar zur Erfassung der Lesekompetenz im 1. Schuljahr (IEL-1). Ein curriculumbasiertes Verfahren zur Abbildung des Lernfortschritts.* Göttingen: Hogrefe Verlag.

Dilling, H., Mombour, W. & Schmidt, M. H. (Hrsg.) (1993). *Internationale Klassifikation psychischer Störungen – ICD-10* (2. Auflage). Bern: Verlag Hans Huber.

Dilling, H., Mombour, W. & Schmidt, M. H. (2000). *Internationale Klassifikation psychischer Störungen, ICD-10. Klinisch-diagnostische Leitlinien* (3. Auflage). Bern: Verlag Hans Huber.

Dohmen, A. (2009). *Das Pragmatische Profil. Analyse kommunikativer Fähigkeiten von Kindern.* München: Elsevier GmbH, Urban & Fischer.

Dowker, A. (2005). *Individual Differences in Arithmetical Abilities: Implications for Psychology, Neuroscience and Education.* New York, NY: Psychology Press. http://doi.org/10.4324/9780203324899

Downes, J. J., Roberts, A. C., Sahakian, B. J., Evenden, J. L., Morris, R. G. & Robbins, T. W. (1989). Impaired extra-dimensional shift performance in medicated and unmedicated Parkinson's disease: evidence for a specific attentional dysfunction. *Neuropsychologia, 27,* 1329–1343.

Dunn, L. M. & Dunn, L. M. (2004). *Peabody Picture Vocabulary Test (PPVT).* Frankfurt am Main: Pearson Assessment & Information GmbH.

Dunn, L. M. & Dunn, D. M. (2007). *PPVT-4. Peabody Picture Vocabulary Test – Fourth Edition.* Minneapolis, MN: Pearson Education.

Dzieciol, A. M., Bachevalier, I., Saleem, K. S., Gadian, D. G., Saunders, R., Chong, W. K. … & Vargha-Kadem, F. (2017). Hippocampal and diencephalic pathology in developmental amnesia. *Cortex, 86,* 33–44.

Eadie, S., Morgan, A., Ukoumunne, O. C., Ttofari Eecen, K., Wake, M. & Reilly, S. (2014). Speech sound disorder at 4 years: prevalence, comorbidities, and predictors in a community cohort of children. *Developmental Medicine & Child Neurology,* online first.

Eamon, M. K. (2005). Socio-demographic, school, neighbourhood, and parenting influence on academic achievement of Latino young adolescent. *Journal of Youth and Adolescent, 34* (20), 163–175.

Edebol, H., Helldin, L. & Norlander, T. (2012). Objective Measures of Behavior Manifestations in Adult ADHD and Differentiation from Participants with Bipolar II Disorder, Borderline Personality Disorder,

Participants with Disconfirmed ADHD as Well as Normative Participants. Clinical Practice and Epidemiology in Mental Health: CP & *EHM, 8*, 134–143. http://doi.org/10.2174/1745017901208010 134

Edebol, H., Helldin, L. & Norlander, T. (2013). Measuring adult attention deficit hyperactivity disorder using the Quantified Behavior Test Plus. *PsyCh Journal, 2* (1), 48–62. http://doi.org/10.1002/pchj.17

Eeles, A. L., Spittle, A. J., Anderson, S. J., Brown, N., Lee, K. J., Boyd, R. N. & Doyle, L. W. (2013). Assessments of sensory processing in infants: A systematic review. Developmental Medicine & *Child Neurology, 55*, 314–326. http://doi.org/10.1111/j.1469-8749.2012.04434.x

Egami, C., Morita, K., Ohya, T., Ishii, Y., Yamashita, Y. & Matsuishi, T. (2009). Developmental characteristics of visual cognitive function during childhood according to exploratory eye movements. *Brain Development, 31* (10), 750–757. http://doi.org/10.1016/j.braindev.2008.12.002.

Eggert, D., Feldmann-Bange, G. & Schuck, K. D. (1975). *Hannover-Wechsler-Intelligenztest für das Vorschulalter: Deutsche Bearbeitung der Wechsler preschool and primary scale of intelligence.* Bern: Verlag Hans Huber.

Eggert, D. & Schuck, K. D. (1971). *Columbia Mental Maturity Scale (Sprachfreier Gruppenintelligenztest für die Sonderschule für Lernbehinderte) (CMM-LB).* Weinheim: Beltz Test GmbH.

Eggert, D. & Schuck, K. D. (1992). *Columbia Mental Maturity Scale für Lernbehinderte (CMM-LB)* (2. Auflage). Weinheim: Beltz Test GmbH.

Ehri, L. C. (1999). Phases of development in learning to read words. In J. Oakhill & R. Beard (eds.), *Reading Development and the Teaching of Reading: A Psychological Perspective* (pp. 79–108). Oxford, UK: Blackwell Publishers.

Einfeld, S. L. & Tonge, B. J. (2002). *Manual for the Developmental Behaviour Checklist: Primary Carer Version (DBC-P) & Teacher Version (DBC-T)* (Second Edition). Clayton, Melbourne: Monash University, Centre for Developmental Psychiatry and Psychology.

Einfeld, S. L., Tonge, B. J. & Steinhausen, H.-C. (2007). *Verhaltensfragebogen bei Entwicklungsstörungen (VFE). Deutsche Version der Developmental Behaviour Checklist (DBC).* Göttingen: Hogrefe Verlag.

Elben, C. E. & Lohaus, A. (2000). *Marburger Sprachverständnistest für Kinder (MSVT).* Göttingen: Hogrefe Verlag.

Elizabeth Green, E., Stroud, L., Bloomfield, S., Cronje, J., Foxcroft, J. et al. (2016). *Griffiths Scales of Child Development, Third Edition (Griffiths III).* Oxford, UK: Hogref Ltd.

Elliot, C. D. (2007). *Differential Abilities Scale – Second Edition (DAS-II).* San Antonio, TX: Harcourt Assessment.

Ellis, A. W. & Young, A. W. (1988). *Human Cognitive Neuropsychology.* Hove: Lawrence Erlbaum.

Engle, R. W., Tuholski, S. W., Laughlin, J. E. & Conway, A. R. (1999). Working memory, short-term memory, and general fluid intelligence: A latent-variable approach. Journal of Experimental Psychology: *General, 128*, 309–331. http://doi.org/10.1037/0096-3445.128.3.309

Ernst, B. (2012). *MFED 3-6. Münchener Funktionelle Entwicklungsdiagnostik für Kinder von 3 bis 6 Jahren. Ein Entwicklungs- und Intelligenztest für das Vorschulalter* (2. Auflage). München: medimont verlag.

Ernst, B. (2015). *MFED 3-6. Münchener Funktionelle Entwicklungsdiagnostik für Kinder von 3 bis 6 Jahren. Ein Entwicklungs- und Intelligenztest für das Vorschulalter* (3. überarbeitete und erweiterte Auflage). München: medimont verlag.

Errata-Zettel für den TEA-Ch K, 1. Auflage: Zugriff am 16. 10. 2011 http://www.pearsonassessment.de/front_content.php?idart=288.

Eslinger, S. J., Robinson-Long, M., Realmuto, J., Moll, J., deOliveira-Souza, R., Tovar-Moll, F. & Yang, Q. X. (2009). Developmental frontal lobe imaging in moral judgment: Arthur Benton's enduring influence 60 years later. *Journal of Clinical and Experimental Neuropsychology, 31*, 158–169.

Esser, G. & Petermann, F. (2010). *Entwicklungsdiagnostik.* Göttingen: Hogrefe.

Esser, G. & Wyschkon, A. (2002). *BUEVA. Basisdiagnostik Umschriebener Entwicklungsstörungen im Vorschulalter.* Göttingen: Hogrefe Verlag.

Esser, G. & Wyschkon, A. (2012). *BUEVA-II. Basisdiagnostik Umschriebener Entwicklungsstörungen im Vorschulalter – Version II.* Göttingen: Hogrefe.

Esser, G. & Wyschkon, A. (2017). *BUEVA-III. Basisdiagnostik Umschriebener Entwicklungsstörungen im Vorschulalter – Version III.* Göttingen: Hogrefe Verlag.

Esser, G., Wyschkon, A. & Ballaschk, K. (2008). *BUEGA: Basisdiagnostik Umschriebener Entwicklungsstörungen im Grundschulalter.* Göttingen: Hogrefe.

Esser, G. & Wyschkon, A. unter Mitarbeit von Ballasch, K. und Hänsch, S. (2010). *Potsdam-Illinois Test für Psycholinguistische Fähigkeiten (P-ITPA). Deutsche Fassung des Illinois Test of Psycholinguistic Abilities – Third Edition (IPTA-3) von D. D. Hammill, N. Mather & R. Roberts.* Göttingen: Hogrefe Verlag.

Ettrich, K. U. (2000). *Entwicklungsdiagnostik im Vorschulalter: Grundlagen – Verfahren – Neuentwicklungen – Screenings.* Göttingen: Vandenhoeck & Ruprecht.

Euler, H. A., Holler-Zittlau, I., Minnen, S. V., Sick, U., Dux, W., Zaretsky, Y. & Neumann, K. (2010). Psychometrische Gütekriterien eines Kurztests zur Erfassung des Sprachstands 4-jähriger Kinder. *HNO, 58,* 1116–1123.

Evans, J. L. (2001). An emergent account of language impair¬ments in children with SLI: implications for assessment and intervention. *Journal of Communication Disorders, 34,* 39–54. http://doi.org/10.1016/S0021-9924(00)00040-X

Everatt, J., Smythe, I., Adams, E. & Ocampo, D. (2000). Dyslexia screening measures and bilingualism. *Dyslexia, 6* (1), 42–56. http://doi.org/10.1002/(SICI)1099-0909(200001/03)6:1<42::AID-DYS157>3.0.CO;2-0

Fabbro, F. (2004). Neurogenic language disorders in children: An Introduction. In F. Fabbro (ed.), *Neurogenic language disorders in children* (pp. 1–7). Amsterdam: Elsevier Ltd.

Falkai, P. & Wittchen, H.-U. (2014). *Diagnostisches und Statistisches Manual Psychischer Störungen DSM-5. Deutsche Ausgabe.* Mitherausgegeben von Döpfner, M., Gaebel, W., Maier, W., Rief, W., Saß, H. & Zaudig, M. Göttingen: Hogrefe.

Fay, T. B., Yeates, K. O., Taylor, H. G., Bangert, B., Dietrich, A., Nuss, K. E. & Wright, M. (2010). Cognitive reserve as a moderator of postconcussive symptoms in children with complicated and uncomplicated mild traumatic brain injury. *Journal of the International Neuropsychological Society, 16,* 94–105.

Feder, K. S. & Majnemer, A. (2003). Children's handwriting evaluation tools and their psychometric properties. Physical & *Occupational Therapy in Pediatrics, 23,* 65–84. http://doi.org/10.1080/J006v23n03_05

Fiorello, C. A., Hale, J. B. & Wycoff, K. L. (2012). Cognitive hypothesis testing: Linking test results to the real world. In D. S. Flanagan & S. L. Harrison (eds.), *Contemporary Intellectual Assessment: Theories, Tests, and Issues* (3rd ed., pp. 484–495). New York: Guilford Press.

Fiori, A., Huber, W., Dietrich, T., Schnitker, R., Shah, J., Herpertz-Dahlmann, B. & Konrad, K. (2006). Acquired dyslexia after stroke in the prereading stage: a single case treatment study with fMRI. *Neurocase, 12* (4), 252–262. http://doi.org/10.1080/13554790600910367

Flanagan, D. S., Alfonso, V. C., Ortiz, S. O. & Dynda, A. Z. (2013). Cognitive assessment: Progress in psychometric theories of intelligence, the structure of cognitive ability tests, and interpretative approaches to cognitive test performance. In D. H. Saklofske, C. R. Reynolds & V. I. Schwean (eds.), *The Oxford Handbook of Child Psychological Assessment* (pp. 239–285). New York: Oxford University Press.

Flanagan, D. S., Ortiz, S. O. & Alfonso, V. C. (2012). The cross-battery assessment approach: Past, present, and future. In D. S. Flanagan & S. I. Harrison (eds.), *Contemporary intellectual assessment: Theories, Tests, and Issues* (3rd ed., pp. 643–669). New York: Guilford.

Flanagan, D. S., Ortiz, S. O. & Alfonso, V. C. (2013). *Essentials of cross-battery assessment* (3rd ed.). New York, NY: John Wiley & Sons.

Flores d'Arcais, G. B. (1990). Parsing principles and language comprehension during reading. In D. A. Balota, G. B. Flores d'Arcais & K. Rayner (eds.), *Comprehension process in reading* (pp. 345–357). Hillsdale: Lawrence Erlbaum Associates.

Fodor, J. A. (1983). *The modularity of the mind.* Cambridge, MA: MIT Press.

Fonagy, P. (2008). The mentalization-focused approach to social development. In F. N. Busch (Ed.), *Mentalization: Theoretical considerations, research findings, and clinical implications* (Psychoanalytic Inquiry Book Series: Volume 29) (pp. 3–56). New York, NY: Analytic Press.

Förderung von Kindern und Jugendlichen mit einer Rechenstörung in der Schule. Aktueller Wissensstand zum Thema Dyskalkulie (ohne Jahr). Bundesverband Legasthenie und Dyskalkulie e. V. in Zusammenarbeit mit dem Landesverband Legasthenie und Dyskalkulie e. V. Bayern.

Fox, A. V. (2002). *PLAKSS. Psycholinguistische Analyse kindlicher Sprechstörungen (PLAKSS).* Frankfurt am Main: Swets Test Services.

Fox, A. V. (2007). *Psycholinguistische Analyse kindlicher Sprechstörungen (PLAKSS)* (3. Auflage). Frankfurt am Main: Harcourt Test Services.

Fox-Boyer, A. V. (2014). *PLAKSS-II. Psycholinguistische Analyse kindlicher Aussprachestörungen – II* (2., vollständig überarbeitete Neuauflage der PLAKSS). Frankfurt am Main: Pearson Assessment & Information GmbH.

Fox-Boyer, A. V. (2016). *Test zur Überprüfung des Grammatikverständnisses (TROG-D) unter Mitarbeit von T. Bäumer, M. Müller und S. Merzbecher* (7. Auflage). Idstein: Schulz-Kirchner Verlag.

Frazier, T. W., Demaree, H. A. & Youngstrom, E. A. (2004). Meta-analysis of intellectual and neuropsychological test performance in attention-deficit/hyperactivity disorder. *Neuropsychology, 18,* 543–555. http://doi.org/10.1037/0894-4105.18.3.543

Frey, A., Duhm, E., Althaus, D., Heinz, P. & Mengelkamp, E. (2008). *Beobachtungsbogen für 3- bis 6-jährige Kinder (BBK 3-6).* Göttingen: Hogrefe Verlag.

Fricke, S. & Schäfer, B. (2008). *Test für Phonologische Bewusstheitsfähigkeiten (TPB).* Idstein: Schulz-Kirchner Verlag.

Fricke, S. & Schäfer, B. (2011). *Test für Phonologische Bewusstheitsfähigkeiten (TPB)* (2. überarbeitete Auflage): Idstein: Schulz-Kirchner Verlag.

Fried, L. (1980a). *Lautbildungstest für Vorschulkinder (LBT).* Weinheim: Beltz Test.

Fried, L. (1980b). *Lautunterscheidungstest für Vorschulkinder (LUT).* Weinheim: Beltz Test.

Friede, S. (2011). *Langzeitverlauf der Aphasie bei Kindern und Jugendlichen: Sprache und soziales Umfeld.* Medizinische Fakultät der Rheinisch-Westfälischen Technischen Hochschule Aachen, Aachen.

Friederici, A. (2002). Towards a neural basis of auditory sentence processing. *Trends in Cognitive Sciences, 6* (2), 78–84. http://doi.org/10.1016/S1364-6613(00)01839-8

Friedrich, G. (1998). *Teddy-Test.* Göttingen: Hogrefe.

Friedrich, G., Bigenzahn, W. & Zorowka, S. (2013). *Phoniatrie und Pädaudiologie – Einführung in die medizinischen, psychologischen und linguistischen Grundlagen von Stimme, Sprache und Gehör.* Bern: Verlag Hans Huber.

Frith, U. (1985). Beneath the Surface of developmental dyslexia 15. In K. E. Patterson, J. C. Marshall & M. Coltheart (eds.) *Surface dyslexia: Neuropsychological and cognitive studies of phonological reading.* London: Erlbaum.

Frith, U. (1986). A developmental framework for developmental dyslexia. *Annals of Dyslexia, 36,* 69–81. http://doi.org/10.1007/BF02648022

Frith, U. (1991). Dyslexia as a developmental disorder of language. In *Bundesvereinigung Legasthenie (Hrsg.): Legasthenie: Bericht über den Europäischen Fachkongress 1990* (S. 26–34). Emden: Ostfriesische Beschützende Werkstätten.

Fritz, A. & Hussy, W. (2000). *Zoospiel – Ein Test zur Planungsfähigkeit von Grundschulkindern.* Göttingen: Beltz.

Fritz, A., Hussy, W. & Bartels, S. (1997). Ein spielbasiertes Training zur Verbesserung der Planungsfähigkeit bei Kindern. *Psychologie in Erziehung und Unterricht, 44,* 110–124.

Fritz, A., Hussy, W. & Tobinski, D. (in Vorb.). *Das Zoo-Spiel DIGITAL. Ein computerbasierter Test zur Erfassung der Planungsfähigkeit von Grundschulkindern.* https://www.uni-ue.de/udeedu/david_pub.shtml

Fritz, A. & Ricken, G. (2008). *Rechenschwäche.* München: UTB, Reinhardt Verlag.

Fritz, A., Ricken, G. & Gerlach, M. (2007). *Kalkulie – Diagnose und Trainingsprogramm für rechenschwache Kinder. Handreichung zur Durchführung der Diagnose.* Berlin: Cornelsen.

Fuentes, A., McKay, C. & Hay, C. (2010). Cognitive reserve in paediatric traumatic brain injury: Relationship with neuropsychological outcome. *Brain injury, 24,* 995–1002. http://doi.org/10.3109/02699052.2010.489791

Funke, J. (2006). Binet, A. (1857 bis 1911). Der erste Intelligenztest der Welt. In G. Lamberti (Hrsg.), *Intelligenz auf dem Prüfstand. 100 Jahre Psychometrie* (S. 23–40). Göttingen: Vandenhoeck & Ruprecht.

Fuson, K. C. (1988). *Children's counting and concepts of number.* New York, NY: Springer. http://doi.org/10.1007/978-1-4612-3754-9

Fuster, J. M. (2002). Frontal lobes and cognitive development. *Journal of Neurocytology, 31,* 373–385.

Gadow, T. (2000). *Niedriges Geburtsgewicht als Risikofaktor für sprachliche, kognitive und souial-emotionale Kompetenzdefizite sowie deren Zusammenhang mit externalisierenden Verhaltensstörungen.* Dortmund: Diplomarbeit an der Fakultät für Rehabilitationswissenschaften der Universität Dortmund.

Gadow, T. (2003). *Die Bedeutung des sozial-kognitiven Lernens für die Entwicklung externalisierenden Verhaltens. Eine biopsychosoziale Analyse.* Dissertation, Universität Dortmund.

Gaffan, D. (1974). Recognition impaired and association intact in the memory of monkeys after transaction of the fornix. *Journal of comparative and physiological psychology, 86,* 1100–1109. http://doi.org/10.1037/h0037649

Gagarina, N. (2014). Diagnostik von Erstsprachkompetenzen im Migrationskontext. In S. Chilla & S. Haberzettl, *Handbuch Spracherwerb und Sprachentwicklungsstorungen: Band 4 Mehrsprachigkeit* (S. 73–84). München: Elsevier GmbH.

Gallistel, C. R. & Gelman, R. (1992). Preverbal and verbal counting and computation. *Cognition, 44,* 43–47. http://doi.org/10.1016/0010-0277(92)90050-R

Garcia, M. & Stippich, C. (2013). Funktionelle Neuroanatomie: Sensomotorisches System. Der Radiologe. Zeitschrift für diagnostische und interventionelle Radiologie, Radioonkologie, *Nuklearmedizin, 53,* 584–591. http://doi.org/10.1007/s00117-013-2483-8

Gardiner, J. M., Brandt, K. R., Baddeley, A. D., Vargha-Kadem, F. & Mishkin, M. (2008). Charting the aquisition of semantic Knowledge in a case of developmental amnesia. *Neuropsychologia, 46* (11), 2865–2868.

Gardner, H. (1983). *Frames of mind. The theory of multiple intelligences.* New York: Basic Books.

Geary, D. C. (2000). From infancy to adulthood: The development of numerical abilities. *European Child and Adolescent Psychiatry, 9,* 11–16. http://doi.org/10.1007/s007870070004

Geary, D. C. (2004). Mathematics and learning disabilities. *Journal of Learning Disabilities, 37,* 4–15. http://doi.org/10.1177/00222194040370010201

Gelman, R. & Gallistel, C. R. (1978). *The Child's Understanding of Number.* Cambridge, Mass.: Harvard University Press.

Ghanizadeh, A. (2008). Tactile sensory dysfunction in children with ADHD. *Behavioural Neurology, 20,* 107–112. http://doi.org/10.1155/2008/786905

Gilmore, R., Sakzewski, L. & Boyd, R. (2010). Upper limb activity measures for 5- to 16-year-old children with congenital hemiplegia: A systematic review. Developmental Medicine & *Child Neurology, 52,* 14–21. http://doi.org/10.1111/j.1469-8749.2009.03369.x

GKV-Spitzenverband (2016). *Heilmittel-Schnellinformation nach § 84 Abs. 5 i. V. m. Abs. 8 SGB.* Heusenstamm: ITSG.

Gleissner, U., Krause, M. P. & Reuner, G. (2011). *Fragebogen zur Erfassung Kognitiver Prozesse bei 4- bis 6- jährigen Kindern (KOPKI 4-6)*. Frankfurt am Main: Pearson Assessment & Information GmbH.

Glück, C. W. (2007). *Wortschatz- und Wortfindungstest für 6- bis 10-Jährige (WWT 6-10)*. Göttingen: Hogrefe.

Glück, C. W. & Spreer, M. (2014). Sprachstörungen im Kindes- und Jugendalter – Ein Überblick. *Kinder- und Jugendmedizin, 14* (5), 289–300.

Golllin, E. S. (1960). Developmental studies of visual recognition of incomplete objects. *Perceptual and Motor Skills, 11,* 289–298. http://doi.org/10.2466/PMS.11.7.289-298

Goodman, R. (1997). The Strenght and Difficulties Questionnaire: A research note. *Journal of Child Psychology and Psychiatry, 38,* 581–586. http://doi.org/10.1111/j.1469-7610.1997.tb01545.x

Gopnik, A. & Astington, J. W. (1988). Children's understanding of representational change and its relation to the understanding of false belief and the appearance-reality distinction. *Child Development, 59,* 26–37. http://doi.org/10.2307/1130386

Götz, L., Lingel, K. & Schneider, W. (2013). *Deutscher Mathematiktest für fünfte Klassen (DEMAT 5)*. Göttingen: Hogrefe Verlag.

Götz, L., Lingel, K. & Schneider, W. (2013). *Deutscher Mathematiktest für sechste Klassen (DEMAT 6)*. Göttingen: Hogrefe Verlag.

Grégoire, J., Van Nieuwenhoven, C. & Noël, M. S. (2004). *TEDI-MATH* (Flemish adaptation: A. Desoete, H. Roeyers & M. Schittekatte). Antwerpen: Harcourt Test Services.

Grieco, J., Pulsifer, M., Seligsohn, K., Skotko, B. & Schwartz, A. (2015). Down syndrome: Cognitive and behavioral functioning across the lifespan. American Journal of Medical Genetics Part C: *Seminars in Medical Genetics, 169,* 135–149. http://doi.org/10.1002/ajmg.c.31439

Griffiths, R. (1954). *The Abilities of Babies. A Study in Mental Measurement.* London: University of London Press.

Griffiths, R. (1970). *The Abilities of Young Children: A Comprehensive System of Mental Measurement for the First Eight Years of Life.* London: Child Development Research Centre.

Grimm, H. (1978). Der Heidelberger Sprachentwicklungstest (H-S-E-T): Theoretische Grundlagen und empirische Ergebnisse. In G. Augst (Hrsg.), *Spracherwerb von 6 bis 16* (S. 53–77). Düsseldorf: Pädagogischer Verlag Schwann.

Grimm, H. (1999). *Störungen der Sprachentwicklung*. Göttingen: Hogrefe.

Grimm, H. (2000). *SETK-2: Sprachentwicklungstest für zweijährige Kinder unter Mitarbeit von M. Aktaş und S. Frevert*. Göttingen: Hogrefe Verlag.

Grimm, H. (2001). *SETK 3-5: Sprachentwicklungstest für drei- bis fünfjährige Kinder*. Göttingen: Hogrefe Verlag.

Grimm, H. (2003a). *SSV. Sprachscreening für das Vorschulalter unter Mitarbeit von M. Aktaş und U. Kießig*. Göttingen: Hogrefe.

Grimm, H. (2003b). *Störungen der Sprachentwicklung: Grundlagen – Ursachen – Diagnose – Intervention – Prävention* (2. überarbeitete Auflage). Göttingen: Hogrefe Verlag.

Grimm, H. (2010). *SETK 3-5. Sprachentwicklungstest für drei- bis fünfjährige Kinder* (2., überarbeitete Auflage). Göttingen: Hogrefe.

Grimm, H. (2015). *SETK 3-5: Sprachentwicklungstest für drei- bis fünfjährige Kinder. Diagnose von Sprachverarbeitungsfähigkeiten und auditiven Gedächtnisleistungen. Unter Mitarbeit von M. Aktaş und S. Frevert* (3., überarbeitete und neu normierte Auflage). Göttingen: Hogrefe Verlag.

Grimm, H. (2016). *SETK-2. Sprachentwicklungstest für zweijährige Kinder. Unter Mitarbeit von M. Aktaş und S. Frevert* (2. überarbeitete und neu normierte Auflage). Göttingen: Hogrefe Verlag.

Grimm, H. (2017). *SSV: Sprachscreening für das Vorschulalter. Kurzform des SETK 3-5 unter Mitarbeit von M. Aktaş* (2., überarbeitete und neu normierte Auflage). Göttingen: Hogrefe Verlag.

Grimm, H. & Doil, H. (2006). *ELFRA. Elternfragebögen für die Früherkennung von Risikokindern* (2., überarbeitete und erweiterte Aufl.). Göttingen: Hogrefe Verlag.

Grimm, H. & Schöler, H. (1985). *Sprachentwicklungsdiagnostik. Was leistet der Heidelberger Sprachentwicklungstest?* Göttingen: Hogrefe.

Grimm, H. & Schöler, H. (1991). *Heidelberger Sprachentwicklungstest (HSET)* (2. verbesserte Auflage). Göttingen: Hogrefe Verlag.

Grimm, H., Schöler, H. & Wintermantel, M. (1975). *Zur Entwicklung sprachlicher Strukturformen bei Kindern.* Weinheim: Beltz.

Grimm, H. & Wintermantel, M. (1975). *Zur Entwicklung von Bedeutungen – Forschungsberichte zur Sprachentwicklung II.* Weinheim: Beltz.

Grissemann, H., Baumberger, W. & Hollenweger, J. (1991). *Heidelberger Sprachentwicklungstest (HSET) Schweizer Version. Handbuch.* Bern: Verlag Hans Huber.

Grob, A. & Hagmann-von Arx, S. (2018). *IDS-2: Intelligence and Development Scales. Intelligenz- und Entwicklungsskalen für Kinder und Jugendliche.* Bern: Hogrefe Suisse.

Grob, A., Meyer, C. S. & Hagmann-von Arx, S. (2009). *IDS Intelligence and Development Scales. Intelligenz- und Entwicklungsskalen für Kinder von 5–10 Jahren.* Bern: Verlag Hans Huber.

Grob, A., Meyer, C. S. & Hagmann-von Arx, S. (2013). *Intelligence and Development Scales (IDS), Manual* (2. Auflage). Bern: Verlag Hans Huber.

Grob, A., Reimann, G., Gut, J. & Frischknecht, M. C. (2013). *Intelligence and development scales – Preschool (IDS-P). Intelligenz- und Entwicklungsskalen für das Vorschulalter. Manual und Testset.* Bern: Verlag Hans Huber.

Grube, D., Weberschock, U., Blum, M., Hasselhorn, M. & Gölitz, D. (2010). *Diagnostisches Inventar zu Rechenfertigkeiten im Grundschulalter (DIRG).* Göttingen: Hogrefe.

Grund, M., Haug, G. & Naumann, C. L. (2004a). *Diagnostischer Rechtschreibtest für 4. Klassen (DRT 4)* (2. Aufl. in neuer Rechtschreibung). Göttingen: Hogrefe.

Grund, M., Haug, G. & Naumann, C. L (2004b). *Diagnostischer Rechtschreibtest für 5. Klassen (DRT 5)* (2. Aufl. in neuer Rechtschreibung). Göttingen: Hogrefe.

Grund, M., Leonhart, R. & Naumann, C. L. (2003). *Diagnostischer Rechtschreibtest für 4. Klassen (DRT 4)* (3. aktualisierte und neu normierter Auflage). Göttingen: Hogrefe Verlag.

Grund, M., Leonhart, R. & Naumann, C. L. (2003). *Diagnostischer Rechtschreibtest für 5. Klassen (DRT 5)* (3. aktualisierte und neu normierte Auflage). Göttingen: Hogrefe Verlag.

Günther, K. B. (1986). Ein Stufenmodell der Entwicklung kindlicher Lese- und Schreibstrategien. In H. Brügelmann (Hrsg.), *ABC und Schriftsprache: Rätsel für Kinder, Lehrer und Forscher* (S. 32–54). Konstanz: Faude.

Günther, T., Holtkamp, K., Jolles, J., Herpertz-Dahlmann, B. & Konrad, K. (2005). The influence of sertraline on attention and verbal memory in children and adolescents with anxiety disorders. *Journal of Child and Adolescent Psychopharmacology, 15* (4), 608–618.

Hacker, D. & Wilgermein, H. (2006). *Analyseverfahren zu Aussprachestörungen bei Kindern (AVAK).* München: Reinhardt.

Haffner, J., Baro, K., Parzer, P. & Resch, F. (2005). *Heidelberger Rechentest (HRT 1-4). Erfassung mathematischer Basiskompetenzen im Grundschulalter (unter Mitarbeit von C. Langner).* Göttingen: Hogrefe Velag.

Hagmann-von Arx, S. & Grob, A. (2014). *Reynolds Intellectual Assessment Scales and Screening. Deutschsprachige Adaptation der Reynolds Intellectual Assessment Scales (RIAS) & des Reynolds Intellectual Screening Test (RIST) von Cecil R. Reynolds und Randy W. Kamphaus.* Bern: Verlag Hans Huber.

Hagmann-von Arx, S., Grob, A., Petermann, F. & Daseking, M. (2012). Konkurrente Validität des WISC-IV und der Intelligence and Development Scales (IDS). Zeitschrift für Kinder- und Jugendpsychiatrie und *-psychotherapie, 40,* 41–50. http://doi.org/10.1024/1422-4917/a000148

Hagmann-von Arx, S., Meyer, C. S., Grob, A. (2008). Assessing intellectual giftedness with the WISC-IV and the IDS. *Journal of Psychology, 216,* 172–179. http://doi.org/10.1027/0044-3409.216.3.172

Hamm, L. M., Black, J., Dai, S. & Thompson, B. (2014). Global processing in amblyopia: a review. *Frontiers in Psychology, 5,* 583. http://doi.org/10.3389/fpsyg.2014.00583

Hammill, D. D., Mather, N. & Roberts, R. (2001). *Illinois Test of Psycholinguistic Abilities* (IPTA-3, 3rd edition). Austin: pro ed.

Hampton, L. E., Fletcher, J. M., Cirino, P., Blaser, S., Kramer, L. A. & Dennis, M. (2013). Neuropsychological profiles of children with aqueductal stenosis and Spina Bifida myelomeningocele. *Journal of the International Neuropsychological Society, 19* (2), 127–136. http://doi.org/10.1017/S1355617712001117.

Hamster, W., Langner, W. & Mayer, K. (1980). *Tübinger Luria Christensen-Neuropsychologische Untersuchungsreihe. TÜLUC.* Weinheim: Beltz.

Hansburg, H. G. (1972/1980). *Adolescent separation anxiety. A method for the study of adolescent separation problems.* Springfield, IL: C. C. Thomas.

Harrison, P. & Oakland, T. (2003). *Adaptive Behavior Assessment System – Second Edition (ABAS-II).* San Antonio, TX: The Psychological Corporation.

Hartig, J., Jude, N. (2008). Sprachkompetenzen von Mädchen und Jungen. In E. Klieme u. a. (Hrsg.), *Unterricht und Kompetenzerwerb in Deutsch und Englisch* (S. 202–207). Weinheim: Beltz.

Hartje, W. (2012). Zu Entwicklung kognitiver Neurowissenschaften. In H.-O. Karnath & S. Thier (Hrsg.), *Kognitive Neurowissenschaften* (S. 1–9). Berlin: Springer.

Hasselhorn, M. & Werner, I. (2000). Zur Bedeutung des phonologischen Arbeitsgedächtnisses für die Sprachentwicklung. In H. Grimm (Hrsg.), *Enzyklopädie der Psychologie* (Themenbereich C Theorie und Forschung, Serie III Sprache, Bd. 3 Sprachentwicklung, S. 363–378). Göttingen: Hogrefe.

Häuser, D., Kasielke, E., Scheidereiter, U. (1994). *Kindersprachtest für das Vorschulalter (KISTE).* Weinheim: Beltz Test.

Häusler, J. & Sturm, W. (2009). Konstruktvalidierung einer neuen Testbatterie für Wahrnehmungs- und Aufmerksamkeitsfunktionen (WAF). *Zeitschrift für Neuropsychologie, 20,* 327–339.

Heavey, L., Phillips, W., Baron-Cohen, S. & Rutter, M. (2000). The Awkward Moments Test: a naturalistic measure of social understanding in autism. *Journal of Autism and Developmental Disorders, 30* (3), 225–236.

Heck-Möhling, R. (1986). *KT 3-4, Konzentrationstest für 3. und 4. Klassen.* Weinheim: Beltz.

Heinemann, M. & Höpfner, C. (1993). *Screeningverfahren zur Erfassung von Sprachentwicklungsverzögerungen (SEV).* Weinheim: Beltz.

Hellal, S. & Lorch, M. S. (2010). The emergence of the age variable in 19th-century neurology: considerations of recovery patterns in acquired childhood aphasia. In S. J. Vinken & G. W. Bruyn (eds.), *Handbook of Clinical Neurology* (pp. 843–850). Amsterdam-New York: North-Holland.

Hellbrügge, T. (1994a). *Münchner Funktionelle Entwicklungsdiagnostik: Erstes Lebensjahr (MFED 1)* (4., überarbeitete Aufl.). Lübeck: Hansisches Verlagskontor.

Hellbrügge, T. (1994b). *Münchner Funktionelle Entwicklungsdiagnostik: 2. und 3. Lebensjahr (MFED 2-3)* (4., korrigierte und erweiterte Aufl.). Universität München: Institut für Soziale Pädiatrie und Jugendmedizin.

Hellbrügge, T., Lajosi, F., Menara, D., Schamberger, R. & Rautenstrauch, T. (1978). *Münchner Funktionelle Entwicklungsdiagnostik. Erstes Lebensjahr.* München: Urban & Schwarzenberg.

Heller, K. A. & Geisler, K. (1983a). *Kognitiver Fähigkeitstest – Kindergartenform (KFT-K).* Weinheim: Beltz Test.

Heller, K. A. & Geisler, K. (1983b). *Kognitiver Fähigkeitstest für 1. bis 3. Klassen (KFT 1-3).* Weinheim: Beltz Test.

Heller, K. A. & Perleth, C. (2000). *Kognitiver Fähigkeitstest für 4. bis 12. Klassen, Revision (KFT 4-12+ R).* Weinheim: Beltz Test.

Heller, K. A. & Perleth, C. (2007a). *Münchner Hochbegabungstestbatterie für die Primarstufe (MHBT-P).* Göttingen: Hogrefe Verlag.

Heller, K. A. & Perleth, C. (2007b). *Münchner Hochbegabungstestbatterie für die Sekundarstufe (MHBTS).* Göttingen: Hogrefe Verlag.

Helmstaedter, C., Lendt, M. & Lux, S. (2001). *Verbaler Lern- und Merkfähigkeitstest (VLMT)*. Göttingen: Beltz.

Henkin, Y. & Bar-Haim, Y. (2015). An auditory-neuroscience perspective on the development of selective mutism. *Developmental Cognitive Neuroscience, 12,* 86–93. http://doi.org/10.1016/j.dcn.2015.01.002

Heubrock, D., Eberl, I., Petermann, F. (2004). *Abzeichentest für Kinder (ATK)*. Göttingen: Hogrefe.

Heubrock, D. & Petermann, F. (2000). *Lehrbuch der Klinischen Kinderneuropsychologie*. Göttingen: Hogrefe.

Heubrock, D., Spranger, S., Lex, B., Lepach, A. C. & Petermann, F. (2003). Interstitial Deletion on Chromosome 5q33.3q35.1 in a 6-Year-Old-Girl – Neuropsychological Findings and Follow-up in an Extremely Rare Chromosomal Aberration. *Child Neuropsychology, 9,* 129–141.

Heuckmann, C., Massinger, C., Burger, T., Kunze, S. & Nickisch, A. (2006). *Münchner Auditiver Screeningtest für Verarbeitungs- und Wahrnehmungsstörungen (MAUS) – Untersuchungen zur Kriteriumsvalidität*. Poster auf der 23. Wissenschaftliche Jahrestagung der Deutschen Gesellschaft für Phoniatrie und Pädaudiologie, Heidelberg, Zugriff am 12. August 2014. Verfügbar unter http://www.egms.de/static/en/meetings/dgpp2006/06dgpp08.shtml

Heuckmann, C., Massinger, C., Burger, T. & Nickisch, A. (2005). *Münchner Auditiver Screeningtest für Verarbeitungs-und Wahrnehmungsstörungen (MAUS) – Retest-Reliabilität und Sensivität*. Poster auf der 22. Jahrestagung der Deutschen Gesellschaft für Phoniatrie und Pädaudiologie, Berlin, Zugriff am 12. August 2014. Verfügbar unter www.egms.de/en/meetings/dgpp2005/05dgpp074.shtml

Hillen, R., Günther, T., Kohlen, C., Eckers, C., van Ermingen-Marbach, M., Sass, K., et al. (2013). Identifying brain systems for gaze orienting during reading: fMRI investigation of the Landolt paradigm. *Frontiers in Human Neuroscience, 7,* 384,1–14.

Hiscock, M. & Kinsbourne, M. (2008). Lateralization of Language across Life Span. In B. Stemmer & H. A. Whitaker, *Handbook of the Neuroscience of Language* (pp. 247–255). Amsterdam: Elsevier.

Hochschild, J. (2003). Social class in public schools. *Journal of Social Issues, 59,* 821–840. http://doi.org/10.1046/j.0022-4537.2003.00092.x

Hoekman, J., Miedema, A., Otten, B. & Gielen, J. (2012). *Skala zur Einschätzung des Sozial-Emotionalen Entwicklungsniveaus (SEN)*. Göttingen: Hogrefe Verlag.

Holland, S., Vannest, J., Mecoli, M., Jacola, L., Tillema, J., Karunanayaka, S. et al. (2007). Functional MRI of language lateralization during development in children. *International Journal of Audiology, 46* (9), 533–551. http://doi.org/10.1080/14992020701448994

Holler-Zittlau, I., Dux, W. & Berger, R. (2003). *Marburger Sprach-Screening für 4- bis 6-jährige Kinder (MSS). Ein Sprachprüfverfahren für Kindergarten und Schule*. Horneburg: Persen Verlag.

Holler-Zittlau, I., Dux, W. & Berger, R. (2017). *Marburger Sprach-Screening (MSS). Ein Sprachprüfverfahren für Kindergarten und Schule* (komplett überarbeitete Neuauflage). Hamburg: Persen Verlag.

Holzer, N., Lenart, F. & Schaupp, H. (2017). *Eggenberger Rechentest für Jugendliche und Erwachsene (ERT JE). Diagnostikum für Dyskalkulie für Beginn der 7. Schulstufe bis Ende der 8. Schulstufe und nach Schulabschluss unter Mitarbeit von U. Grasser und R. Haider*. Bern: Hogrefe.

Holzer, N., Schaupp, H. & Lenart, F. (2010). *ERT 3+. Eggenberger Rechentest 3+. Diagnostikum für Dyskalkulie für das Ende der 3. Schulstufe bis Mitte der 4. Schulstufe*. Bern: Verlag Hans Huber.

Hood, M. & Conlon, E. (2004). Visual and auditory temporal processing and early reading development. *Dyslexia, 10* (3), 234–252. http://doi.org/10.1002/dys.273

Horbach, J., Scharke, W., Cröll, J. & Günther, T. (2014). Neuer Aufgabentyp in der Früherkennung von LRS. *Forum Logopädie, 28* (1), 36–40.

Horn, H. & Schwarz, E. (1977). *Bildertest 1-2 (BT 1-2). Intelligenztest für 1. und 2. Klassen. Unter Mitarbeit von G. Vieweger*. Weinheim: Beltz Test GmbH.

Horn, J. L. & Blankson, N. (2005). Foundations for better understanding of cognitive abilities. In D. P. Flanagan & P. L. Harrison (Eds.), *Contemporary intellectual assessment: Theories, tests, and issues* (2nd edition, pp. 41–68). New York: Guilford.

Horn, J. L. & Cattell, R. B. (1966). Refinement and test of the theory of fluid and crystallized general intelligences. *Journal of Educational Psychology, 57*, 253–270. http://doi.org/10.1037/h0023816

Horn, R. (2003). Intelligenztests für Kinder. Eine kritische Anmerkung zum K-ABC. *Report Psychologie, 28,* 189.

Horn, R. (2009). *Standard Progressive Matrices (SPM). Deutsche Bearbeitung und Normierung nach J. C. Raven* (2. Auflage). Frankfurt am Main: Pearson Assessment & Information GmbH.

Horn, R. (Hrsg.). (2009). *Standard Progressive Matrices (SPM). Classic/Parallel/Plus* (2. Auflage). Frankfurt am Main: Pearson Assessment & Information GmbH.

Horn, W., Lukesch, H., Kormann, A. & Mayrhofer, S. (2002). *Prüfsystem für Schul- und Bildungsberatung für 4. bis 6. Klassen. Revidierte Fassung (PSB-R 4-6).* Göttingen: Hogrefe Verlag.

Horn, W., Lukesch, H., Mayrhofer, S. & Kormann, A. (2003). *Prüfsystem für Schul- und Bildungsberatung für 6. bis 13. Klassen – revidierte Fassung (PSB-R 6-13).* Göttingen: Hogrefe.

Hossiep, R. & Hasella, M. (2010). *Bochumer Matrizentest Standard (BOMAT-Standard).* Göttingen: Hogrefe Verlag.

Hülser, K., Dubowy, K. O., Knobl, H., Meyer, H. & Schölmerich, A. (2007). Developmental outcome and psychological adjustment in children after surgery for congenital heart desease during infancy. *Journal of Reproductive and Infant Psychology, 25,* 139–151.

Huntley, M. (1996). *Griffiths Mental Development Scales – Revised: Birth to 2 years (GMDS 0-2).* Oxford: Hogrefe – The Test Agency.

Hurks, S. S., Hendriksen, J. G., Dek, J. E. & Kooij, A. S. (2013). Normal variability of children's scaled scores on subtests of the Dutch Wechsler Preschool and Primary scale of Intelligence (3rd ed.). *Clinical Neuropsychology, 27,* 988–1003. http://doi.org/10.1080/13854046.2013.797502

Ibrahimovic, N. & Bulheller, S. (2013). *Rechtschreibtest – Aktuelle Rechtschreibregelung (RST-ARR)* (3. neu normierte Auflage). Frankfurt am Main: Pearson Assessment & Information GmbH.

Iliadou, V., Bamiou, D.-E., Kaprinis, S., Kandylis, D. & Kaprinis, G. (2009). Auditory Processing Disorders in children suspected of Learning Disabilities--a need for screening? *International Journal of Pediatric Otorhinolaryngology, 73* (7), 1029–1034.

Ingenkamp, K. (Hrsg.). (1976). *Bildertest 2-3 (BT 2-3). Intelligenztest für 2. und 3. Klassen.* Weinheim: Beltz-Test GmbH.

Ingenkamp, K. (1999). *Bildungs-Beratungs-Test für 3. und 4. Klassen (BBT 3-4)* (3. überarbeitete Auflage mit Neunormierung). Weinheim: Beltz Test.

IQWiG Institut für Qualität und Wirtschaftlichkeit im Gesundheitswesen (2008). Früherkennungsuntersuchung auf umschriebene Entwicklungsstörungen des Sprechens und der Sprache. Abschlussbericht. *IQWiG-Berichte – Jahr: 2009 Nr. 57.* Retrieved June 12, 2014, from https://www.iqwig.de/download/S06-01_Abschlussbericht_Frueherkennung_umschriebener_Stoerungen_des_Sprechens_und_der_Sprache.pdf

Ireton, H. (1992). *Child Development Inventory (CDI). Manual.* Minneapolis, MN: Behavior Science Systems, Inc.

Ise, I., Haschke, J. & Schulte-Körne, G. (2013). *Empfehlungen zur Diagnostik und Förderung von Kindern und Jugendlichen mit einer Rechenstörung in der Schule.* Bonn: Bundesverband Legasthenie und Dyskalkulie.

Iwansky, R. (2002). *Rechtschreiben o. k. – trotz LRS. Rat und Hilfe für Eltern und Pädagogen.* CD. Offenburg: Mildenberger.

Iwansky, R. (2003). *Rechtschreiben o. k. – trotz LRS. Ein Programm zur gezielten Förderung von LRS-Schülern in den Klassen 3–6.* Offenburg: Mildenberger.

Jackson, N. E. & Coltheart, M. (2001). *Routes to Reading Success and Failure: Toward an Integrated Cognitive Psychology of Atypical Reading.* New York: Psychology Press.

Jacobs, C. & Petermann, F. (2005). *Rechenfertigkeiten und Zahlenverarbeitungs-Diagnostikum (RZD 2-6)*. Göttingen: Hogrefe Verlag.

Jacobs, C. & Petermann, F. (2014). *Rechenfertigkeiten und Zahlenverarbeitungs-Diagnostikum (RZD 2-6)* (2., überarbeitete und erweiterte Auflage). Göttingen: Hogrefe Verlag.

Jäger, H. O. (1967). *Dimensionen der Intelligenz*. Göttingen: Hogrefe.

Jäger, H. O. (1984). Intelligenzstrukturforschung. Konkurrierende Modelle, neue Entwicklungen, Perspektiven. *Psychologische Rundschau, 35,* 21–35.

Jäger, H. O., Holling, H., Preckel, F., Schulze, R., Vock, M., Süß, H.-M. & Beauducel, A. (2006). *BIS-HB. Berliner Intelligenzstrukturtest für Jugendliche: Begabungs- und Hochbegabungsdiagnostik. Manual*. Göttingen: Hogrefe.

Jansen, H., Mannhaupt, G., Marx, H. & Skowronek, H. (1999). *Bielefelder Screening zur Früherkennung von Lese-Rechtschreibschwierigkeiten (BISC)*. Göttingen: Hogrefe.

Jansen, H., Mannhaupt, G., Marx, H. & Skowronek, H. (2002). *Bielefelder Screening zur Früherkennung von Lese-Rechtschreibschwächen (BISC)* (2., überarbeitete Auflage). Göttingen: Hogrefe.

Jenni, O. G., Chaouch, A., Caflisch, J. & Rousson, V. (2013). Infant motor milestones: poor predictive value for outcome of healthy children. *Acta Paediatrica, 102,* e181–184. http://doi.org/10.1111/apa.12129

Jobard, G., Crivello, F. & Tzourio-Mazoyer, N. (2003). Evaluation of the dual route theory of reading: a metanalysis of 35 neuroimaging studies. *Neuroimage, 20* (2), 693–712. http://doi.org/10.1016/S1053-8119(03)00343-4

Jones, J. N., Abbott, R. D. & Berninger, V. W. (2014). Predicting Levels of Reading and Writing Achievement in Typically Developing, English-Speaking 2nd and 5th Graders. *Learning and Individual Differences, 32,* 54–68. http://doi.org/10.1016/j.lindif.2014.03.013

Kadesjö, B., Janols, L. O., Korkman, M., Mickelsson, K., Strand, G., Trillingsgaard, A. & Gillberg, C. (2004). The FTF (Five to Fifteen): The development of a parent questionnaire for the assessment of ADHD and comorbid conditions. European Child & *Adolescent Psychiatry, 13,* Supplement 3, 3–13.

Kagan, J. (1966). Reflection-impulsivity: the generality and dynamics of conceptual tempo. *Journal of Abnormal Psychology, 71,* 17–24. http://doi.org/10.1037/h0022886

Kaiser, M. D. & Shiffrar, M. (2009). The visual perception of motion by observers with autism spectrum disorders: a review and synthesis. *Psychonomic Bulletin and Review, 16* (5), 761–777. http://doi.org/10.3758/PBR.16.5.761.

Kalb, G., Rabenstein, R. & Rost, H. (1979). *Lesen und Verstehen – Diagnose*. Braunschweig: Westermann.

Kalb, L. G., Law, J. K., Landa, R. & Law, S. A. (2010). Onset patterns prior to 36 months in autism spectrum disorders. *Journal of Autism and Developmental Disorders, 40,* 1389–1402. http://doi.org/10.1007/s10803-010-0998-7

Kannengieser, S. (2012). *Sprachentwicklungsstörungen* (2. Aufl.). München: Elsevier Urban & Fischer.

Kany, W. & Schöler, H. (2007). Fokus: Sprachdiagnostik. Berlin: Cornelsen Scriptor.

Kaplan, E., Fein, D., Morris, R. & Delis, D. C. (1991). *WAIS-R as a neuropsychological instrument*. San Antonio: The Psychological Corporation.

Karmiloff-Smith, A. (1997). Crucial differences between developmental cognitive neuroscience and adult neuropsychology. *Developmental Neuropsychology, 13,* 513–524. http://doi.org/10.1080/87565649709540693

Kasielke, E., Frank, K. & Scheidereiter, U. (1992). Untersuchungen zur Validierung des Kindersprachtests (KISTE) mit Hilfe des Heidelberger Sprachentwicklungstests (HSET) an sechsjährigen Vorschulkindern: Untersuchungen zur Validierung des Kindersprachtests (KISTE) mit Hilfe des. *Zeitschrift für Psychologie, 200* (3), 237–253.

Kastner, J., Lipsius, M., Hecking, M., Petermann, F., Petermann, U., Mayer, H. & Springer, S. (2011). Kognitive Leistungsprofile motorisch- und sprachentwicklungsverzögerter Vorschulkinder. *Kindheit und Entwicklung, 20,* 173–185. http://doi.org/10.1026/0942-5403/a000054

Kastner, J. & Petermann, F. (2010). Entwicklungsbedingte Koordinationsstörungen: Zum Zusammenhang von motorischen und kognitiven Defiziten. *Klinische Pädiatrie, 222,* 26–34.

Kastner-Koller, U. & Deimann, S. (1998). *Wiener Entwicklungstest (WET).* Göttingen: Hogrefe Verlag.

Kastner-Koller, U. & Deimann, S. (2002). *Wiener Entwicklungstest (WET)* (2., überarbeitete und neu normierte Aufl.). Göttingen: Hogrefe.

Kastner-Koller, U. & Deimann, S. (2012). *Wiener Entwicklungstest (WET) Ein Verfahren zur Erfassung des allgemeinen Entwicklungsstandes bei Kindern von 3 bis 6 Jahren* (3., überarbeitete und erweiterte Auflage). Göttingen: Hogrefe Verlag.

Katusic, M. Z., Voigt, R. G., Colligan, R. C., Weaver, A. L., Homan, K. J. & Barbaresi, W. J. (2011). Attention-deficit/hyperactivity disorder in children with high IQ: Results from a population-based study. *Journal of Developmental and Behavioral Pediatrics, 32,* 103–109.

Kaufman, A. S. & Kaufman, N. L. (1998). *Kaufman Assessment Battery for Children (K-ABC).* Circle Pines, MN: American Guidance Service.

Kaufman, A. S. & Kaufman, N. L. (2004). *Kaufman Assessment Battery for Children – II (K-ABC-II).* Circle Pines, MN: American Guidance Service.

Kaufman, A. S. & Kaufman, N. L. (2007). *K-CLASSIC. Evaluation informatisée des capacités cognitives et attentionnelles.* Paris: ECPA.

Kaufman, A. S. & Kaufman, N. L. (2009). *K-ABC: Kaufman – Assessment Battery for Children* (8., unveränderte Auflage) (Dt. Bearbeitung von S. Melchers & U. Preuß). Frankfurt am Main: Pearson Assessment & Information GmbH.

Kaufmann, L., Mazzocco, M. M., Dowker, A., von Aster, A., Göbel, S. M., Grabner, R. H. & Nuerk, H.-C. (2013). Dyscalculia from a developmental and differential perspective. *Frontiers in Psychology, 4,* 516.

Kaufmann, L., Nuerk, H.-C., Graf, M., Krinzinger, H., Delazer, M. & Willmes, K. (2009). *TEDI-MATH. Test zur Erfassung numerisch-rechnerischer Fertigkeiten vom Kindergarten bis zur 3. Klasse. Deutschsprachige Adaptation des Test Diagnostique des Compétences de Base en Mathématiques (TEDI-MATH) von Marie-Pascale Noël, Jacques Grégoire und Catherine van Nieuwenhoven.* Bern: Verlag Hans Huber.

Kaufmann, L., Wood, G., Rubinsten, O. & Henik, A. (2011). Meta-analysis of developmental fMRI studies investigating typical and atypical trajectories of number processing and calculation. *Developmental Neuropsychology, 36,* 763–778. http://doi.org/10.1080/87565641.2010.549884

Kaufmann, S. & Wessolowski, S. (2006). *Rechenstörungen: Diagnose und Förderbausteine.* Seelze: Kallmeyer.

Kauschke, C. (2000). *Der Erwerb des frühkindlichen Lexikons. Eine empirische Studie zur Entwicklung des Wortschatzes.* Tübingen: Gunter Narr Verlag.

Kauschke, C. (2007). Sprache im Spannungsfeld von Erbe und Umwelt. *Die Sprachheilarbeit, 52,* 4–16.

Kauschke, C. & Siegmüller, J. (2002). *Patholinguistische Diagnostik bei Sprachentwicklungsstörungen (PDSS).* München: Elsevier, Urban und Fischer.

Kauschke, C. & Siegmüller, J. (2010). *Patholinguistische Diagnostik bei Sprachentwicklungsstörungen (PDSS)* (2., völlig überarbeitete Aufl.). München: Elsevier Urban & Fischer.

K-CAB Computerized Assessment Battery Komplettsatz. Retrieved November 4, 2014, from http://www.pearsonassessment.de/Kaufman-Computerized-Assessment-Battery-K-CAB.html

Keilmann, A., Moein, G. & Schöler, H. (2012). Werden mit dem SETK 3-5 klinisch diagnostizierte Sprachentwicklungsstörungen erfasst? *HNO, 60,* 63–71.

Kellogg, R. (1969). *Analyzing children's art.* City, CA: National Press-Books.

Kemper, C., Sauer, K. Glaeske, G. (2011). Barmer GEK Heil-und Hilfsmittelreport 2011. *Schriftenreihe zur Gesundheitsanalyse, 10.* URL: http/www.barmer.gek.de

Kersting, M. (2008). *Qualität in der Diagnostik und Personalauswahl – der DIN-Ansatz.* Göttingen: Hogrefe Verlag.

Kersting, M. & Althoff, K. (2004). *Rechtschreibungstest (RT)* (3., vollständig überarbeitete und neu normierte Auflage). Göttingen: Hogrefe Verlag.

Kersting, M., Althoff, K. & Jäger, A. O. (2008). *Wilde-Intelligenz-Test 2 (WIT-2)*. Göttingen: Hogrefe Verlag.

Kiese-Himmel, C. (2005). Rezeptive und produktive Sprachentwicklungsleistungen frühgeborener Kinder im Alter von zwei Jahren. *Zeitschrift für Entwicklungspsychologie und Pädagogische Psychologie, 37,* 27–35. http://doi.org/10.1026/0049-8637.37.1.27

Kiese-Himmel, C. (2006). *Aktiver Wortschatztest für 3- bis 5-jährige Kinder – Revision (AWST-R)*. Göttingen: Beltz Test.

Kiese-Himmel, C. (2008). Haptic perception in infancy and first acquisition of object words: Developmental and clinical approach. In M. Grunwald (ed.), *Human haptic perception: Basics and applications* (pp. 321–334). Berlin: Springer.

Kiese-Himmel, C. & Kruse, E. (2006). Kritische Analyse einer Kinderklientel mit Verdacht auf auditive Verarbeitungs- und Wahrnehmungsstörung. *Laryngo-Rhino-Otologie, 85,* 738–745. http://doi.org/10.1055/s-2006-925325

Kiese-Himmel, C. & Maaß, K. (2009, September). *Über Zungenfertigkeiten hinaus: Taktil-kinästhetische Responsivität bei sprachentwicklungsgestörten Kindern und Kindern mit entwicklungsbedingten Artikulationsstörungen.* Paper presented at 26. Wissenschaftliche Jahrestagung der Deutschen Gesellschaft für Phoniatrie und Pädaudiologie (DGPP), Leipzig.

Kirk, S. A., McCarthy, J. J. & Kirk, W. D. (1968). *Illinois test of psycholinguistic abilities* (S. 1–136). Urbana: University of Illinois Press.

Kittel, A. M. (2014). *Myofunktionelle Therapie*. Idstein: Schulz-Kirchner.

Klagsbrun, M. & Bowlby, J. (1976). Responses to separation from parents: a clinical test for young children. *British Journal for Projective Psychology, 21,* 7–21.

Kleining, G. & Moore, H. (1968). Soziale Selbsteinstufung (SSE) – Ein Instrument zur Messung sozialer Schichten. *Kölner Zeitschrift für Soziologie und Sozialpsychologie, 20,* 502–522.

Klicpera, C., Gasteiger-Klicpera, B. & Schabmann, A. (2007). *Legasthenie* (2. Aufl.). München: Reinhardt.

Klicpera, C., Schabmann, A. & Gasteiger-Klicpera, B. (2010). *Legasthenie – Modelle, Diagnosen, Therapie und Förderung*. München: Ernst Reinhardt.

Knievel, J., Daseking, M. & Petermann, F. (2010). Kognitive Basiskompetenzen und ihr Einfluss auf die Rechtschreib- und Rechenleistung. *Zeitschrift für Entwicklungspsychologie und Pädagogische Psychologie, 42,* 15–25. http://doi.org/10.1026/0049-8637/a000002

Knievel, J., Petermann, F. & Daseking, M. (2011). Welche Vorläuferdefizite weisen Kinder mit einer kombinierten Rechtschreib- und Rechenschwäche auf? *Diagnostica, 57,* 212–222.

Knye, M., Roth, N., Westhus, W. & Heine, A. (1996). *Continuous Performance Test CPT*. Göttingen: Hogrefe.

Koch, H., Kastner-Koller, U. & Deimann, S. (2011). Testbesprechung (IDS). *Zeitschrift für Entwicklungspsychologie und Pädagogische Psychologie, 43,* 108–113. http://doi.org/10.1026/0049-8637/a000040

Kodituwakku, S. W. (2009). Neurocognitive profile in children with fetal alcohol spectrum disorders. *Developmental Disabilities Research Reviews, 15,* 218–224. http://doi.org/10.1002/ddrr.73

Köhler, G. & Egelkraut, H. (1984). *Münchner Funktionelle Entwicklungsdiagnostik für das zweite und dritte Lebensjahr. Handanweisung*. München: Universität München, Institut für Soziale Pädiatrie und Jugendmedizin.

Kolling, T. & Knopf, M. (2015). Developmetrics: Measuring declarative memory from infancy to childhood: The Frankfurt imitation tests for infants and children aged 12–36 months. *European Journal of Experimental Psychology, 12,* 359–376.

Königs, M., Engenhorst, S. J. & Oosterlaan, J. (2015). Intelligence after traumatic brain injury: Meta-analysis of outcomes and prognosis. *European Journal of Neurology*.

Kopp, C. B. & McCall, R. B. (1982). Predicting later mental performance for normal, at risk and hand-icapped infants. In S. B. Baltes & O. G. Brim (eds.), *Life-span-development and behaviour* (Vol. 4, pp. 33–61). New York: Academic Press.

Korkman, M. (1980). *NEPS. Lasten neuropsykologinen tutkimus.* Helsinki, Finnland: Psykolgien Kustannus Oy.

Korkman, M., Kirk, U. & Kemp, S. (1998). *NEPSY. A developmental neuropsychological assessment. Manual.* San Antonio: The Psychological Corporation.

Korkman, M., Kirk, U. & Kemp, S. (2007). *NEPSY-II.* San Antonio, TX: Pearson.

Kormann, A. & Horn, R. (2001). *Screening für Schul- und Bildungsberatung (SSB).* Frankfurt am Main: Swets Test Services.

Kowalski, K. & Voss, A. (2009). Die IGLU-Ergänzungsstudie 2006 zur Rechtschreibkompetenz von Viertklässlern. In R. Valtin & B. Hofmann (Hrsg.), *Kompetenzmodelle der Orthographie. Empiri-sche Befunde und förderdiagnostische Möglichkeiten* (S. 26–38). Berlin: Beiträge 10 der Deut-schen Gesellschaft für Lesen und Schreiben.

Krajewski, K. (2003). *Vorhersage von Rechenschwäche in der Grundschule.* Hamburg: Kovac.

Krajewski, K. (2008). Vorschulische Förderung mathematischer Kompetenzen. In F. Petermann & W. Schneider (Hrsg.), *Enzyklopädie der Psychologie, Reihe Entwicklungspsychologie. Angewandte Entwicklungspsychologie* (S. 275–304). Göttingen: Hogrefe.

Krajewski, K., Küspert, P. & Schneider, W. (2002). *Deutscher Mathematiktest für erste Klassen (DEMAT 1+).* Göttingen: Beltz Test.

Krajewski, K., Liehm, S. & Schneider, W. (2004). *Deutscher Mathematiktest für zweite Klassen (DEMAT 2+).* Göttingen: Beltz Test.

Kramer, J. (1972). *Intelligenztest. Mit einer Einführung in Theorie und Praxis der Intelligenzprüfung* (4., revidierte Aufl.) Solothurn: Antonius.

Kreuzpointner, L., Lukesch, H. & Horn, W. (2013). *Leistungsprüfsystem 2 (LPS-2).* Göttingen: Hogrefe Verlag.

Krinzinger, H. (2011). *The role of multi-digit numbers in the development of numeracy.* Saarbrücken: Südwestdeutscher Verlag für Hochschulschriften.

Krinzinger, H. (2016). Differentialdiagnose zwischen primärer Rechenstörung und sekundärer Rechen-schwäche: Hinweise aus dem BASIS-MATH 4-8. *Zeitschrift für Kinder- und Jugendpsychiatrie und Psychotherapie, 44,* 5, 338–350.

Krinzinger, H., Kaufmann, L., Dowker, A., Thomas, G., Graf, M., Nuerk, H.-C. & Willmes, K. (2007). Deutschsprachige Version des Fragebogens für Rechenangst (FRA) für 6- bis 9-jährige Kinder. *Zeitschrift für Kinder- und Jugendpsychiatrie und Psychotherapie, 35* (5), 341–351.

Kubinger, K. D. & Holocher-Ertl, S. (2014). *AID 3: Adaptives Intelligenz Diagnostikum 3.* Göttingen: Beltz Test.

Kucian, K. & Kaufmann, L. (2009). A developmental model of number representations. *Behavioral and Brain Sciences, 32,* 340–341. A commentary to Cohen Kadosh, R. & Walsh, V. (2009). Numerical representations in the parietal lobes: Abstract or not abstract? *Behavioral and Brain Sciences, 32,* 313–373. http://doi.org/10.1017/S0140525X09990069

Kühn, R. & Heck-Möhling, R. (1994). *Bildertest 1-2 (BT 1-2). Intelligenztest für 1. und 2. Klassen* (2. Auflage). Weinheim: Beltz Test GmbH.

Küspert, S. & Schneider, W. (1998). *Würzburger Leise Leseprobe (WLLP): Ein Gruppenlesetest für die Grundschule.* Göttingen: Hogrefe.

Landerl, K. & Kaufmann, L. (2008). *Dyskalkulie: Modelle, Diagnostik, Intervention.* München: Ernst Reinhardt.

Landerl, K. & Moll, K. (2010). Comorbidity of learning disorders: prevalence and familial transmission. *Journal of Child Psychology and Psychiatry, 51* (3), 287–294. http://doi.org/10.1111/j.1469-7610. 2009.02164.x

Landerl, K. & Wimmer, H. (2008). Development of word reading fluency and spelling in a consistent orthography: An 8-year follow-up. *Journal of Educational Psychology, 100* (1), 150–161. http://doi.org/10.1037/0022-0663.100.1.150

Landerl, K., Wimmer, H. & Moser, E. (1997). *Salzburger Lese- und Rechtschreibtest (SLRT). Verfahren zur Differentialdiagnose von Störungen des Lesens und Schreibens für die 1. bis 4. Schulstufe.* Bern: Verlag Hans Huber.

Landerl, K., Wimmer, H. & Moser, E. (2006). *Salzburger Lese- und Rechtschreibtest (SLRT)* (2., korrigierte und aktualisierte Aufl.). Bern: Verlag Hans Huber.

Lauer, N. (2001). *Zentral-auditive Verarbeitungsstörungen im Kindesalter.* Stuttgart: Thieme.

Lauer, N. (2014). *Auditive Verarbeitungsstörungen im Kindesalter.* Stuttgart: Thieme.

Lee, A. C. H., Owen, A. M., Rogers, R. D., Sahakian, B. J. & Robbins, T. W. (2000). Utility of CANTAB in functional neuroimaging. In M. Ernst & J. Rumsey (eds.), *Functional neuroimaging in child psychiatry* (pp. 366–378). Cambridge: University Press.

Lee, K., Anzures, G., Quinn, S. C., Pascalis, O. & Slater, A. (2011). Development of face processing expertise. In A. J. Calder, G. Rhodes, M. H. Johnson & J. V. Haxby (eds.), *The Oxford Handbook of Face Perception* (pp. 753–778). New York: Oxford University Press. http://doi.org/10.1093/oxfordhb/9780199559053.013.0039

Lehmann, R. H., Peek, R. & Poerschke, J. (2006). *HAMLET 3-4. Hamburger Lesetest für 3. und 4. Klassen* (2., überarbeitete Auflage). Göttingen: Hogrefe Verlag.

Lehrl, S. (2005). *Mehrfachwahl-Wortschatz-Intelligenztest (MWT-B)* (5. unveränderte Auflage). Balingen: Spitta.

Lenart, F., Holzer, N. & Schaupp, H. (2008). *ERT 2+. Eggenberger Rechentest 2+. Diagnostikum für Dyskalkulie für das Ende der 2. Schulstufe bis Mitte der 3. Schulstufe.* Bern: Verlag Hans Huber.

Lenhard, A., Lenhard, W. & Schneider, W. (2017). *Ein Leseverständnistest für Erst- bis Siebtklässler – Version II (ELFE II).* Göttingen: Hogrefe Verlag.

Lenhard, A., Lenhard, W., Segerer, R. & Suggate, S. (Hrsg.). (2015). *PPVT-4. Peabody Picture Vocabulary Test – 4. Ausgabe.* Frankfurt am Main: Pearson Assessment & Information GmbH.

Lenhard, W. & Schneider, W. (2006). *Ein Leseverständnistest für Erst- bis Sechstklässler (ELFE 1-6).* Göttingen: Hogrefe.

Levaux, M.-N., Potvin, S., Sepehry, A. A., Sablier, J., Mendrek, A. & Stip, E. (2007). Computerized assessment of cognition in schizophrenia: promises and pitfalls of CANTAB. *European Psychiatry, 22,* 104–115. http://doi.org/10.1016/j.eurpsy.2006.11.004

Levelt, W. J. M. (1989). *Speaking: From Intention to Articulation.* Cambridge, MA: MIT Press.

Levelt, W. J. M. (1999). Producing spoken language: a blueprint of the speaker. In C. M. Brown & S. Hagoort (eds.), *The Neurocognition of Language* (pp. 83–122). Oxford: University Press.

Lewis, C., Hitsch, G. J. & Walker, S. (1994). The prevalence of specific arithmetic difficulties and specific reading difficulties in 9- and 10-years-old boys and girls. *Journal of Child Psychology and Psychiatry, 35,* 283–292. http://doi.org/10.1111/j.1469-7610.1994.tb01162.x

Lezak, M. D., Howieson, D. B., Bigler, E. D. & Tranel, D. (2012). *Neuropsychological assessment* (5th edition). New York: Oxford University Press.

Liepmann, A. Beaducel, A., Brocke, R. & Amthauer, R. (2007). *I-S-T- 2000 R. Intelligenz-Strukturtest 2000-R* (2. Auflage). Göttingen: Hogrefe.

Lindeboom, J. & Schmand, B. (2003). *Visueller Assoziations-Test (VAT).* Leiden: PITS.

Linder, M. & Grissemann, H. (1968). *Zürcher Lesetest.* Bern: Verlag Hans Huber.

Lobeck, A. & Frei, M. (1987). *Schweizer Rechentest 1.-3. Klasse (SR 1-3).* Basel: Verlag Julius Beltz.

Lobeck, A., Frei, M. & Blöchlinger, R. (1990). *Schweizer Rechentest 4.-6. Klasse (SR 1-3).* Basel: Verlag Julius Beltz.

Logan, G. D. & Cowan, W. B. (1984). On the ability to inhibit thought and action: a theory of an act of control. *Psychological Review, 91,* 295–327. http://doi.org/10.1037/0033-295X.91.3.295

Logie, R. H. & Pearson, D. G. (1997). The inner eye and the inner scribe of visuo-spatial working memory: Evidence from developmental fractionation. *European Journal of Cognitive Psychology, 9* (3), 241–257.

Lohaus, A. & Glüer, M. (2014). Grundlagen der Entwicklungsförderung. In A. Lohaus & M. Glüer (Hrsg.), *Entwicklungsförderung im Kindesalter* (S. 11–43). Göttingen: Hogrefe.

Long, B., Spencer-Smith, M. M., Jacobs, R., Mackay, M., Leventer, R., Barnes, C. & Anderson, V. (2010). Executive function following child stroke: The impact of lesion location. *Journal of Child Neurology, 26,* 279–287.

Lopes, A. F., Simões, M. R., Monteiro, J. S., Fonseca, M. J., Martins, C., Ventosa, L. & Robalo, C. (2013). Intellectual functioning in children with epilepsy: Frontal lobe epilepsy, childhood absence epilepsy and benign epilepsy with centro-temporal spikes. *Seizure, 22,* 886–892.

Lorenz, J. H. & Radatz, H. (1993). *Handbuch des Förderns im Mathematikunterricht.* Hannover: Schroedel.

Lowe, C. & Rabbitt, S. (1998). Test/re-test reliability of the CANTAB and ISPOCD neuropsychological batteries: theoretical and practical issues. Cambridge Neuropsychological Test Automated Battery. International Study of Post-Operative Cognitive Dysfunction. *Neuropsychologia, 36,* 915–923. http://doi.org/10.1016/S0028-3932(98)00036-0

Luciana, M. (2003). Practitioner review: computerized assessment of neuropsychological function in children: clinical and research applications of the Cambridge Neuropsychological Testing Automated Battery (CANTAB). *Journal of Child Psychology and Psychiatry, 44,* 649–663.

Luiz, D., Barnard, A., Knoesen, N., Kotras, N., McAlinden, P. & O'Connell, R. (2004). *Griffiths Mental Development Scales – Extended Revised (GMDS-ER). Administration Manual.* Oxford, UK: Hogrefe Ltd.

Lunn, J., Lewis, C. & Sherlock, C. (2015). Impaired performance on advanced Theory of Mind tasks in children with epilepsy is related to poor communication and increased attention problems. *Epilepsy and Behavior, 43,* 109–116. http://doi.org/10.1016/j.yebeh.2014.11.010.

Luria, A. R. (1966). *Human brain and psychological processes.* New York: Harper and Row.

Luria, A. R. (1970). The functional organization of the brain. *Scientific American, 222,* 66–78. http://doi.org/10.1038/scientificamerican0370-66

Ma, X. & Klinger, D. A. (2000). Hierarchical linear modelling of student and school effects on academic achievement. *Canadian Journal of Education, 25,* 41–55. http://doi.org/10.2307/1585867

Macha, T. & Petermann, F. (2006). Wie gut bilden Entwicklungstests die kognitive Entwicklung ab? Die kognitiven Dimensionen des ET 6-6. *Kinder- und Jugendmedizin, 6,* 381–388.

Macha, T. & Petermann, F. (2013). Objektivität von Entwicklungstests. Zur Standardisierung der entwicklungsdiagnostischen Befunderhebung. *Diagnostica, 59,* 183–191. http://doi.org/10.1026/0012-1924/a000094

Macha, T., Proske, A. & Petermann, F. (2005). Allgemeine Entwicklungsdiagnostik. Validität von Entwicklungstests. *Kindheit und Entwicklung, 14* (3), 150–162. http://doi.org/10.1026/0942-5403.14.3.150

Madest, R. (1989). *Untersuchung zur deutschen Form der Kaufman-Assessment-Battery for Children: Reliabilität und Validität.* Unveröffentlichte Diplomarbeit, Universität Mainz.

Mallot, H. A. (2012). Raumkognition. In H. O. Karnath & P. Thier (Hrsg.), *Kognitive Neurowissenschaften* (S. 217–224). Berlin/Heidelberg: Springer.

Mandler, G. & Shebo, B. J. (1982). Subitizing: an analysis of its component processes. Journal of Experimental Psychology: *General, 11,* 1–22. http://doi.org/10.1037/0096-3445.111.1.1

Mann, A., Fischer, U. & Nürk, H.-C. (2013). TEDI-MATH – Test zur Erfassung numerisch-rechnerischer Fertigkeiten vom Kindergarten bis zur 3. Klasse. In M. Hasselhorn, A. Heinze, W. Schneider & U. Trautwein (Hrsg.), *Diagnostik mathematischer Kompetenzen* (Jahrbuch der pädagogisch-psychologischen Diagnostik – Tests und Trends, Neue Folge Band 11; S. 97–111). Göttingen: Hogrefe.

Mannhaupt, G. (2005). *MÜSC: Münsteraner Screening zur Früherkennung von Lese-Rechtschreibschwierigkeiten. Handreichungen zur Durchführung der Diagnose.* Berlin: Cornelsen Verlag.

Maricle, D., Miller, D. C. & Mortimer, J. (2011). Memory tests in pediatric neuropsychology. In A. David (Ed.), *Handbook of Pediatric Neuropsychology* (pp. 275–291). New York: Springer.

Martens, M. A., Wilson, S. J. & Reutens, D. C. (2008). Research Review: Williams syndrome: A critical review of the cognitive, behavioral, and neuroanatomical phenotype. *Journal of Child Psychology and Psychiatry, 49,* 576–608. http://doi.org/10.1111/j.1469-7610.2008.01887.x

Martin, A., Schurz, M., Kronbichler, M. & Richlan, F. (2015). Reading in the brain of children and adults: A meta-analysis of 40 functional magnetic resonance imaging studies. *Human Brain Mapping, 36* (5), 1963–1981. http://doi.org/10.1002/hbm.22749

Marx, H. (1998). *Knuspels Leseaufgaben (Knuspel-L).* Göttingen: Hogrefe.

Matthews, R. N., Riccio, C. A. & Davis, J. L. (2012). The NEPSY-II. In D. P. Flanagan & P. L. Harrison (eds.), *Contemporary intellectual assessment. Theories, tests, and issues* (pp. 422–435). New York: Guilford.

May, P. (2012). *Hamburger Schreibprobe 1-10 (HSP 1-10) zur Erfassung der grundlegenden Rechtschreibstrategien* (6., neu normierte Auflage). Hamburg: verlag für pädagogische medien (vpm).

May, P., Vieluf, U. & Malitzky, V. (2000). *Hamburger Schreib-Probe (HSP).* Göttingen: Hogrefe.

May, S. (1990). Kinder lernen rechtschreiben: Gemeinsamkeiten und Unterschiede guter und schwacher Lernen. In H. Balhorn & H. Brügelmann (Hrsg.), *Das Gehirn, sein Alfabet und andere Geschichten. DGLS-Jahrbuch, Bd. 4.* Konstanz: Faude.

May, S. (1993). Vom Umgang mit Komplexität beim Schreiben. Herausbildung orthographischer Kompetenz als erweiterte Rekonstruktion sprachlicher Strukturen. In Balhorn & Brügelmann (Hrsg.), *Bedeutungen erfinden – im Kopf, mit Schrift und miteinander. DGLS-Jahrbuch, Bd. 5.* Konstanz: Faude.

May, S. (1996). *Erfassung bildnerischer und textualer Gestaltungsfähigkeiten von Kindern: Hamburger Leitfaden für die Bewertung von Bild- und Textprodukten (HLBT).* Universität Hamburg: Psychologisches Institut II.

May, S. (2002). *Hamburger Schreib-Probe. HSP 1-9. Diagnose orthographischer Kompetenz. Zur Erfassung der grundlegenden Rechtschreibstrategien mit der Hamburger Schreibprobe* (6., aktualisierte und erweiterte Auflage). Hamburg: verlag für pädagogische medien.

May, S. (2009). Auswertung der Rechtschreibleistung nach dem Strategiekonzept. In R. Valtin & B. Hofmann (Hrsg.), *Kompetenzmodelle der Orthographie. Empirische Befunde und förderdiagnostische Möglichkeiten* (Beiträge 10, Seite 75–89). Berlin: Deutsche Gesellschaft für Lesen und Schreiben.

May, S. (2012). *Hamburger Schreib-Probe HSP 1-10. Diagnose orthographischer Kompetenz. Zur Erfassung der grundlegenden Rechtschreibstrategien mit der Hamburger Schreibprobe* (6., neu normierte Auflage). Hamburg: verlag für pädagogische medien.

May, S. & Arntzen, H. (2003). *Hamburger Leseprobe HLP 1-4. Testverfahren zur Beobachtung der Leselernentwicklung in der Grundschule.* Hamburg: Selbstverlag.

May, S., Dehn, M. & Hüttis, S. (2006). *Lese- und Schreibprobe 1: Lese- und Rechtschreibtest für die 1. Klasse.* Hamburg: Typoskript.

Mayer, A. (2008). *Phonologische Bewusstheit, Benenngeschwindigkeit und automatisierte Leseprozesse. Aufarbeitung des Forschungsstandes und praktische Möglichkeiten.* Aachen: Shaker.

Mayer, A. (2011). *Test zur Erfassung der phonologischen Bewusstheit und der Benennungsschwierigkeiten (TEPHOBE).* München: Reinhardt Verlag.

Mayer, A. (2016). *Test zur Erfassung der phonologischen Bewusstheit und der Benennungsschwierigkeiten (TEPHOBE)* (3. überarbeitete Auflage). München: Reinhardt Verlag.

Mayer, J. D. & Salovey, S. (1997). What is emotional intelligence? In S. Salovey & D. J. Sluyter (eds.). *Emotional development and emotional intelligence: Educational implications* (pp. 3–31). New York: Basic Books.

May-Mederake, B. & Shehata-Dieler, W. (2013). A case study assessing the auditory and speech development of four children implanted with cochlear implants by the chronological age of 12 months.

Case reports in otolaryngology, 2013, 359218. Retrieved June 2, 2014, from http://www.ncbi.nlm. nih.gov/pmc/articles/PMC3590554/ http://doi.org/10.1155/2013/359218

Mayringer, H. & Wimmer, H. (2014). *Salzburger Lese-Screening für die Schulstufen 2–9 (SLS 2-9).* Göttingen: Hogrefe Verlag.

Mayringer, H. & Wimmer, H. (2003). *Salzburger Lese-Screening für die Klassenstufen 1–4 (SLS 1-4).* Bern: Verlag Hans Huber.

McGonigle-Chalmers, M. & McSweeney, M. (2013). The role of timing in testing nonverbal IQ in children with ASD. *Journal of Autism and Developmental Disorders, 43,* 80–90. http://doi.org/10.1007/ s10803-012-1545-5

McKenna, S. & Warrington, E. K. (1980). Testing for nominal dysphasia. Journal of neurology, neurosurgery, *and psychiatry, 43,* 781–788. http://doi.org/10.1136/jnnp.43.9.781

McNamara, T. S., Miller, D. L. & Bransford, J. D. (1991). Mental Models and Reading Comprehension. In T. S. McNamara, D. L. Miller, J. D. Bransford & R. Barr (eds.), *Handbook of Research on Reading, Vol 2* (pp. 490–511). Hillsdale: Laurence Erlbaum Associates.

Melchers, P. & Melchers, M. (2015). *Kaufman Assessment Battery for Children-II (KABC-II). Deutschsprachige Adaptation der US-amerikanischen „Kaufman Assessment Battery for Children – Second Edition (KABC-II)“ von A. Kaufman & N. Kaufman.* Frankfurt am Main: Pearson Assessment & Information GmbH.

Melchers, P., Schürmann, S. & Scholten, S. (2006). *Kaufman-Test zur Intelligenzmessung bei Jugendlichen und Erwachsenen (K-TIM). Deutschsprachige Fassung des Kaufman – Adolescent and Adult Intelligence Test (KAIT) von A. S. Kaufman & N. L. Kaufman.* Frankfurt am Main: Pearson Assessment & Information GmbH.

Melchers, S., Floss, S., Brandt, I., Esser, K. J., Lehmkuhl, G., Rauh, H. & Sticker, E. J. (2003). *EVU: Erweiterte Vorsorgeuntersuchung. Entwicklungsneurologische und entwicklungspsychologische Ergänzung zur pädiatrischen Vorsorge bei U4 bis U9.* Leiden: Pits.

Melchers, S. & Preuß, U. (2009). *Kaufman Assessment Battery for Children (K-ABC)* (8., unveränderte Aufl.). Frankfurt am Main: Pearson Assessment & Information GmbH.

Mercator-Institut für Sprachförderung und Deutsch als Zweitsprache (Hrsg.) (2013). *Qualitätsmerkmale für Sprachstandsverfahren im Elementarbereich. Ein Bewertungsrahmen für fundierte Sprachdiagnostik in der Kita.* Köln: Eigenverlag.

Merdian, G., Merdian, F. & Schardt, K. (2012). *Bamberger Dyskalkuliediagnostik 5-8+. Ein förderdiagnostisches Verfahren zur Erfassung von Rechenproblemen.* Bamberg: PaePsy Verlag.

Metz, D., Belhadj Kouider, E., Karpinski, N. & Petermann, F. (2011). Die Validität des Sprachstandserhebungstests für fünf- bis zehnjährige Kinder (SET 5-10): Erste Analysen. *Gesundheitswesen, 73,* 637–643.

Meyer, C., Hagmann-von Arx, S. & Grob, A. (2009). Die Intelligence and Development Scale Sozial-Emotionale Kompetenz (IDS-SEK). Psychometrische Eigenschaften eines Tests zur Erfassung sozial-emotionaler Fähigkeiten. *Diagnostica, 55,* 234–244. http://doi.org/10.1026/0012-1924.55. 4.234

Michaelis, R. (2010a). Entwicklung und Entwicklungsbeurteilung. In R. Michaelis & G. Niemann (Hrsg.), *Entwicklungsneurologie und Neuropädiatrie. Grundlagen und diagnostische Strategien* (S. 85–131). Stuttgart: Thieme.

Michaelis, R. (2010b). Entwicklungsrisiken und neurologische Untersuchungen. In R. Michaelis & G. Niemann (Hrsg.), *Entwicklungsneurologie und Neuropädiatrie. Grundlagen und diagnostische Strategien* (S. 61–81). Stuttgart: Thieme.

Michaelis, R., Berger, R., Nennstiel-Ratzel, U. & Krägeloh-Mann, I. (2013). Validierte und teilvalidierte Grenzsteine der Entwicklung. Ein Entwicklungsscreening für die ersten 6 Lebensjahre. *Monatsschrift Kinderheilkunde, 161,* 898–910.

Michaelis, R. & Haas, G. (1994). Meilensteine der frühkindlichen Entwicklung – Entscheidungshilfen für die Praxis. In H. G. Schlack, R. H. Largo, R. Michaelis, G. Neuhäuser, B. Ohrt (Hrsg.), *Praktische Entwicklungsneurologie* (S. 93–103). München: Marseille.

Michaelis, R. & Niemann, G. W. (1999). *Entwicklung und Entwicklungsbeurteilung. Entwicklungsneurologie und Neuropädiatrie* (2., überarbeitete und erweiterte Auflage). Stuttgart: Thieme.

Michaelis, R. & Niemann, G. W. (Hrsg.) (2004). *Entwicklungsneurologie und Neuropädiatrie. Grundlagen und diagnostische Strategien* (3. Aufl.). Stuttgart: Thieme.

Michaelis, R. & Niemann, G. W. (Hrsg.) (2010). *Entwicklungsneurologie und Neuropädiatrie. Grundlagen und diagnostische Strategien* (4., vollständig überarbeitete und erweiterte Aufl.). Stuttgart: Thieme.

Michel, E., Roethlisberger, M., Neuenschwander, R. & Roebers, C. M. (2011). Development of cognitive skills in children with motor coordination impairments at 12-month follow-up. *Child Neuropsychology, 17,* 151–172. http://doi.org/10.1080/09297049.2010.525501

Michel, H. J. (2005). *Grundlagen, Diagnosemöglichkeiten, praktische Übungen zum Thema LRS.* Lichtenau: AOL Verlag.

Mickley, M. & Renner, G. (2015). Berücksichtigen deutschsprachige Intelligenztests die besonderen Anforderungen von Kindern mit Behinderungen? *Praxis der Kinderpsychologie und Kinderpsychiatrie, 64,* 88–103.

Mietzel, G. & Willenberg, H. (2000). *Hamburger Schulleistungstest für vierte und fünfte Klassen (HAST 4-5).* Göttingen: Hogrefe.

Miller, D. C. (2007). *Essentials of school neuropsychological assessment.* Hoboken: Wiley.

Miller, D. C. (ed.). (2010). *Best practice in school neuropsychology. Guidelines for effective practice, assessment and evidence-based intervention.* Hoboken: Wiley.

Miller, D. C. & Maricle, D. E. (2012). The emergence of neuropsychological constructs into tests of intelligence and cognitive abilities. In D. S. Flanagan & S. L. Harrison (eds.), *Contemporary intellectual assessment* (3rd ed., pp. 800–819). New York: Guilford.

Milner, B. (1971). Interhemispheric differences in the localization of psychological processes in man. *British Medical Bulletin, 27,* 272–277.

Mischel, W. & Metzner, R. (1962). Preference for delayed reward as a function of age, intelligence, and length of delay interval. *The Journal of Abnormal and Social Psychology, 64,* 425–431.

Mischel, W., Shoda, Y. & Rodriguez, M. I. (1989). Delay of gratification in children. *Science, 244,* 933–938.

Mishkin, M. (1982). A memory system in the monkey. Philosophical Transactions of the Royal Society of London. Series B, *Biological sciences, 298,* 83–95.

Miyake, A., Friedman, N. S., Emerson, M. J., Witzki, A. H., Howerter, A. & Wager, T. D. (2000). The unity and diversity of executive functions and their contributions to complex „frontal lobe" tasks: A latent variable analysis. *Cognitive Psychology, 41,* 49–100. http://doi.org/10.1006/cogp.1999.0734

Moeller, K., Neuburger, S., Kaufmann, L., Landerl, K. & Nuerk, H.-C. (2009). Basic number processing deficits in developmental dyscalculia: Evidence from eye tracking. *Cognitive Development, 24,* 371–386. http://doi.org/10.1016/j.cogdev.2009.09.007

Molenaar, H. M., Zuidam, J. M., Selles, R. W., Stam, H. J. & Hovius, S. E. (2008). Age-specific reliability of two grip-strength dynamometers when used by children. *Journal of Bone and Joint Surgery. American Volume, 90* (5), 1053–1059. http://doi.org/10.2106/JBJS. G.00469.

Moll, K. & Länder, K. (2014). SLRT-II: Lese und Rechtschreibtest. *Weiterbildung des Salzburger Lese- und Rechtschreibtests (SLRT)* (2., korrigierte Auflage mit erweiterten Normen). Bern: Verlag Hans Huber.

Montada, L. (1995). Fragen, Konzepte, Perspektiven. In R. Oerter & L. Montada (Hrsg.), *Entwicklungspsychologie* (3. Auflage, S. 1–83). Weinheim: Psychologie Verlags Union.

Moser Opitz, E., Freesemann, O., Grob, U. & Prediger, S. (2016). *BASIS-MATH-G 4+-5. Gruppentest zur Basisdiagnostik Mathematik für das vierte Quartal der 4. Klasse und für die 5. Klasse.* Bern: Hogrefe.

Moser Opitz, E., Reusser, L., Moeri Müller, M., Anliker, B., Wittich, C. & Freesemann, O. (2010). *Basisdiagnostik Mathematik 4-8 (BASIS-MATH 4-8).* Göttingen: Hogrefe.

Motsch, H. J. (2008). *ESGRAF-R: Modularisierte Diagnostik grammatischer Störungen – Testmanual.* München: Ernst Reinhardt Verlag.

Motsch, H. J. (2011). *ESGRAF-MK: Modularisierte Diagnostik grammatischer Störungen – Testmanual.* München: Ernst Reinhardt Verlag.

Motsch, H. J. & Rietz, C. (2016). *ESGRAF 4–8: Grammatiktest für 4- bis 8-jährige Kinder. Manual.* München: Ernst Reinhardt Verlag.

Mottier, G. (1951). Mottier-Test. Über Untersuchungen zur Sprache lesegestörter Kinder. *Folia Phoniatrica et Logopeadica, 3,* 170–177.

Mrakotsky, C. (2007). Konzepte der Entwicklungsneuropsychologie. In L. Kaufmann, H.-C. Nuerk, K. Konrad & K. Willmes (Hrsg.), *Kognitive Entwicklungsneuropsychologie* (S. 25–57). Göttingen: Hogrefe.

Müller, R. (1990). *Diagnostischer Rechtschreibtest für 1., 2. und 3. Klassen.* Weinheim: Beltz.

Müller, R. (2003a). *Diagnostischer Rechtschreibtest für 1. Klassen (DRT 1)* (2. aktualisierte Aufl. in neuer deutscher Rechtschreibung). Göttingen: Beltz Test.

Müller, R. (2003b). *Diagnostischer Rechtschreibtest für 2. Klassen (DRT 2)* (4. aktualisierte Aufl. in neuer deutscher Rechtschreibung). Göttingen: Beltz Test.

Müller, R. (2004a). *Diagnostischer Rechtschreibtest für 2. Klassen (DRT 2)* (4. Aufl. in neuer Rechtschreibung). Göttingen: Hogrefe.

Müller, R. (2004b). *Diagnostischer Rechtschreibtest für 3. Klassen (DRT 3)* (4. Aufl. in neuer Rechtschreibung). Göttingen: Hogrefe.

Müller, R. & Jäger, H. (1974). *Material für gezieltes Rechtschreibtraining (MGR).* Weinheim: Beltz.

Müller, R. & Jäger, H. (1974). Material für gezieltes Rechtschreibtraining. In G. Spitta et al. (Hrsg.), *Rechtschreibunterricht* (S. 245–257). Braunschweig: Westermann.

Murphy, F. C., Sahakian, B. J., Rubinsztein, J. S., Michael, A., Rogers, R. D., Robbins, T. W. & Paykel, E. S. (1999). Emotional bias and inhibitory control processes in mania and depression. *Psychological Medicine, 29,* 1307–1321. http://doi.org/10.1017/S0033291799001233

Musselman, K. E., Stoyanov, C. T., Marasigan, R., Jenkins, M. E., Konczak, J., Morton, S. M. & Bastian, A. J. (2014). Prevalence of ataxia in children: A systematic review. *Neurology, 82,* 80–89. http://doi.org/10.1212/01.wnl.0000438224.25600.6c

Muth, A., Hönekopp, J. & Falter, C. M. (2014). Visuo-Spatial Performance in Autism: A Meta-analysis. *Journal of Autism and Developmental Disorders, 44,* 3245–3263.

Nader, A. M., Courchesne, V., Dawson, M. & Soulières, I. (2014). Does WISC-IV underestimate the intelligence of autistic children? *Journal of Autism and Developmental Disorders,* 1–8.

Naglieri, J. A., LeBuffe, P. A. & Pfeiffer, S. I. (1994). *Devereux Scales of Mental Disorders (DSMD).* San Antonio, TX: The Psychological Corporation.

Nennstiel-Ratzel, U., Lüders, A., Arenz, S., Wildner, M. & Michaelis, R. (2013). Elternfragebögen zu Grenzsteinen der kindlichen Entwicklung im Alter von 1 bis 6 Jahren. *Kinderärztliche Praxis, 84,* 106–114.

Neugebauer, U. & Becker-Mrotzek, M. (2013). *Die Qualität von Sprachstandsverfahren im Elementarbereich. Eine Analyse und Bewertung.* Köln: Mercator-Institut für Sprachförderung und Deutsch als Zweitsprache.

Neumann, K., Holler-Zittlau, I., van Minnen, S., Sick, U., Zaretsky, Y. & Euler, H. A. (2011). Katzengoldstandards in der Sprachstandserfassung: Sensitivität-Spezifität des Kindersprachscreenings (KiSS). *HNO, 59,* 97–109.

Neumärker, K. J. & Bzufka, M. W. (1988). *Berliner Luria Neuropsychologisches Verfahren für Kinder (BLN-K). Handanweisung.* Göttingen: Hogrefe.

Newbury, D. F., Paracchini, S., Scerri, T. S., Winchester, L., Addis, L., Richardson, A. J., et al. (2011). Investigation of dyslexia and SLI risk variants in reading- and language-impaired subjects. *Behavior Genetics, 41* (1), 90–104. http://doi.org/10.1007/s10519-010-9424-3

Nickisch, A. (2005). Diagnostik und Therapiebausteine (3. Aufl.). In A. Nickisch, D. Heber & J. Burger-Gartner (Hrsg.), *Auditive Verarbeitungs- und Wahrnehmungsstörungen (AVWS) bei Schulkindern. Diagnostik und Therapie* (S. 9–82). Dortmund: Verlag modernes lernen.

Nickisch, A., Gross, M., Schönweiler, R., Uttenweiler, V., Dinnesen, A. G., Berger, R., Radü, H. J. & Ptok, M. (2007). Auditive Verarbeitungs- und Wahrnehmungsstörungen. Konsensus-Statement der Deutschen Gesellschaft für Phoniatrie und Pädaudiologie. *HNO, 55,* 61–72.

Nickisch, A., Heuckmann, C. & Burger, T. (2004). *Münchner Auditiver Screeningtest für Verarbeitungs- und Wahrnehmungsstörungen (MAUS).* Göttingen: Hogrefe Verlag.

Nickisch, A. & Kiese-Himmel, C. (2009). Auditive Verarbeitungs- und Wahrnehmungsleistungen 8- bis 10-Jähriger: Welche Tests trennen auffällige von unauffälligen Kindern? *Laryngo-Rhino-Otologie, 88,* 469–476.

Nickisch, A. & Oberle, D. (2002). Analyse von Testprofilen bei auditiven Verarbeitungs- und Wahrnehmungsstörungen. In E. Kruse & M. Gross (Hrsg.), *Aktuelle phoniatrisch-pädaudiologische Aspekte 2002/2003* (S. 327–331). Heidelberg: Median.

Niemann, G. & Wolff, M. (2010). Klinisch Diagnostische Strategien. In R. Michaelis & G. Niemann (Hrsg.), *Entwicklungsneurologie und Neuropädiatrie. Grundlagen und diagnostische Strategien* (Teil 2, S. 153–375). Stuttgart: Thieme.

Niemann, H. & Gauggel, S. (2010). Störungen der Aufmerksamkeit. In P. Frommelt & H. Lösslein (Hrsg.), *Neurorehabilitation: Ein Praxisbuch für interdisziplinäre Teams* (S. 145–170). Berlin: Springer.

Nubel, K., Grohmann, G. & Starzacher, E. (o. J.). *Hogrefe TestSystem 4: Handbuch Continuous Attention Performance Test (CAPT).* Göttingen: Hogrefe. Zugriff am 18. 07. 2014. Verfügbar unter https://www.unifr.ch/ztd/HTS/inftest/WEB-Informationssystem/de/4dej01/a388c5e5516b4f70bb5480dc-c47be814/hb.htm

Oerter, R. & Montada, L. (2008). *Entwicklungspsychologie: Ein Lehrbuch* (6. Aufl.). Weinheim: Beltz Psychologie Verlags Union.

Oest, C. (2002). *Untersuchung der Validität der deutschen Adaptation des Kaufman Adolescent and Adult Intelligence Test (KAIT) und der Kaufman Short Neuropsychological Assessment Procedure (K-SNAP) an einer Stichprobe 11-jähriger und 12-jähriger Kinder.* Diplomarbeit am Psychologischen Institut der Universität Köln.

Osgood, C. E. (1957). A behavioristic analysis of perception and language as cognitive phenomena. In J. Brunner (ed.), *Contemporary approaches to cognition* (pp.75–118). Cambridge, MA: Harvard University Press.

Otaiba, A. I. S., Puranik, C., Rouby, A. D., Greulich, L., Folsom, J. S. & Lee, J. (2010). Predicting kindergartners' end of year spelling ability from their reading, alphabetic, vocabulary, and phonological awareness skills, and prior literacy experiences. *Learning Disability Quarterly: Journal of the Division for Children with Learning Disabilities, 33* (3), 171–183.

Owen, A. M., Downes, J. J., Sahakian, B. J., Polkey, C. E. & Robbins, T. W. (1990). Planning and spatial working memory following frontal lobe lesion in man. *Neuropsychologia, 28,* 1021–1034. http://doi.org/10.1016/0028-3932(90)90137-D

Paquier, S. F., De Smet, H. J., Mariën, S., Poznanski, N. & Van Bogaert, S. (2006). Acquired alexia with agraphia syndrome in childhood. *Journal of Child Neurology, 21* (4), 324–330.

Paquier, S. F. & Van Dongen, H. R. (1996). Review of research on the clinical presentation of acquired childhood aphasia. *Acta Neurologica Scandinavica, 93* (6), 428–436. http://doi.org/10.1111/j.1600-0404.1996.tb00022.x

Paterson, S. J., Brown, J. H., Gsodl, M. K., Johnson, M. H. & Karmiloff-Smith, A. (1999). Cognitive modularity and genetic disorders. *Science, 286,* 2355–2358. http://doi.org/10.1126/science.286.5448.2355

Pearson (2014). *Entwicklungstest Sprache für Kinder von 4–8 Jahren.* URL: http://www.pearsonassessment.de/Entwicklungstest-Sprache-fuer-Kinder-von-4-8-Jahren.html

Penfield, W. & Rasmussen, T. (1950). *Cerebral Cortex of Man.* New York: McMillan.

Penner, Z., Krügel, C. & Nonn, K. (2005). Aufholen oder Zurückbleiben: Neue Perspektiven bei der Frühintervention von Spracherwerbsstörungen. *Forum Logopädie, 19* (6), 6–15.

Petermann, F. (Hrsg.). (2010). *Kaufman-Computerized Assessment Battery (K-CAB). Deutsche Adaptation des französischen Originalverfahrens K-Classic unter Mitarbeit von Anne Toussaint.* Frankfurt am Main: Pearson Assessment & Information GmbH.

Petermann, F. (2011). Entwicklungspsychopathologische Grundlagen. In F. Petermann, A. Maercker, W. Lutz & U. Stangier (Hrsg.), *Klinische Psychologie: Grundlagen* (S. 118–137). Göttingen: Hogrefe.

Petermann, F. (2012). *Sprachstandserhebungstest für Kinder im Alter zwischen 5 und 10 Jahren (SET 5-10).* Göttingen: Hogrefe.

Petermann, F. (Hrsg.). (2014). *Wechsler Nonverbal Scale of Ability von D. Wechsler & J.A. Naglieri (WNV) (Deutsche Bearbeitung).* Frankfurt am Main: Pearson Assessment & Information GmbH.

Petermann, F. (Hrsg). (2017). *Wechsler Intelligence Scales for Children – Fifth Edition (WISC-V; deutsche Fassung).* Frankfurt am Main: Pearson Assessment.

Petermann, F. & Daseking, M. (2015). *Zürcher Lesetest – II (ZLT-II). Weiterentwicklung des Zürcher Lesetests (ZLT) von Maria Linder und Hans Grissemann* (3., überarbeitete Auflage mit erweiterten Normen). Bern: Verlag Hans Huber.

Petermann, F. & Daseking, D. (Hrsg.). (2018). *Wechsler Preschool and Primary Scale of Intelligence – Fourth Edition (WPPSI-IV; deutsche Fassung).* Frankfurt am Main: Pearson Assessment.

Petermann, F. & Macha, T. (2005). Entwicklungsdiagnostik. *Kindheit und Entwicklung, 14,* 131–139. http://doi.org/10.1026/0942-5403.14.3.131

Petermann, F. & Macha, T. (2013). *Entwicklungstest für Kinder von 6 Monaten bis 6 Jahren – Revision (ET 6-5 R).* Frankfurt am Main: Pearson Assessment & Information GmbH.

Petermann, F., Metz, D. & Fröhlich, L.P. (2012). *Sprachstandserhebungstest für Kinder im Alter zwischen 5 und 10 Jahren (SET 5-10) unter Mitarbeit von D. Metz und L.P. Fröhlich* (2., überarbeitete Auflage). Göttingen: Hogrefe Verlag.

Petermann, F. & Petermann, U. (Hrsg.). (2007). *Hamburg-Wechsler Intelligenztest für Kinder–IV (HAWIK-IV).* Bern: Verlag Hans Huber.

Petermann, F. & Petermann, U. (Hrsg.). (2010). *Hamburg Wechsler Intelligenztest für Kinder–IV (HAWIK-IV)* (3., ergänzte Aufl.). Bern: Verlag Hans Huber.

Petermann, F. & Petermann, U. (Hrsg.). (2011). *Wechsler Intelligence Scale for Children – Fourth Edition (WISC-IV). Deutschsprachige Adaptation nach D. Wechsler.* Frankfurt am Main: Pearson Assessment & Information GmbH.

Petermann, F. & Renziehausen, A. (2005). *Neuropsychologisches Entwicklungs-Screening (NES).* Bern: Verlag Hans Huber.

Petermann, F., Ricken, G., Fritz, A., Schuck, D. & Preuß, U., (Hrsg.). (2014). *Wechsler Preschool and Primary Scale of Intelligence – III (WPPSI-III), Deutschsprachige Adaptation nach D. Wechsler unter Mitarbeit von M. Lipsius* (3. überarbeitete und erweiterte Auflage). Frankfurt am Main: Pearson Assessment & Information GmbH.

Petermann, F., Stein, I.A. & Macha, T. (2004). *Entwicklungsdiagnostik mit dem ET 6-6* (2., veränderte und erweiterte Aufl.). Frankfurt am Main: Harcourt Test Services.

Petrides, M. & Milner, B. (1982). Deficits on subject-ordered tasks after frontal- and temporal-lobe lesions in man. *Neuropsychologia, 20,* 249–262. http://doi.org/10.1016/0028-3932(82)90100-2

Piaget, J. (1969). *Das Erwachen der Intelligenz beim Kinde.* Stuttgart: Ernst Klett Verlag.

Pickens, S., Ostwald, S.K., Murphy-Pace, K. & Bergstrom, N. (2010). Systematic review of current executive function measures in adults with and without cognitive impairments. *International Journal of Evidence-Based Healthcare, 8,* 110–125. http://doi.org/10.1111/j.1744-1609.2010.00170.x

Plante, E., Almryde, K., Patterson, D.K., Vance, C.J. & Asbjørnsen, A.E. (2015). Language lateralization shifts with learning by adults. *Laterality, 20,* 306–325.

Plante, E. & Vance, R. (1994). Selection of preschool language tests: a data-based approach. Language, Speech, and Hearing Services in Schools, 25, 15–24. http://doi.org/10.1044/0161-1461.2501.15

Pollack, C., Luk, G. & Christodoulou, J. A. (2015). A meta-analysis of functional reading systems in typically developing and struggling readers across different alphabetic languages. Frontiers in Psychology, 6, 191. http://doi.org/10.3389/fpsyg.2015.00191

Portellano Perez, J. A., Mateos Mateos, R., Martinez Arias, R., Tapia Pavon, A., Granados Garcia-Tenorio, M. J. (2002). CUMANIN. Cuestionario de Madurez Neuropsicologica Infantil. Madrid: TEA Ediciones.

Posner, M. I. & Boies, S. J. (1971). Components of attention. Psychological Review, 78, 391–408.

Posner, M. I. & Raichle, M. E. (1994). Images of mind. New York: Freeman.

Poustka, L., Rühl, D., Feineis-Matthews, S., Bölte, S., Poustka, F. & Hartung, M. (2015). Diagnostische Beobachtungsskala für Autistische Störungen – 2 (ADOS-2). Deutschsprachige Fassung der Autism Diagnostic Observation Schedule – 2 von C. Lord, M. Rutter, S. C. Dilavore, S. Risi, K. Gotham & S. L. Bishop (Module 1–4) bzw. C. Lord, R. J. Luyster, K. Gotham & W. Guthrie (Kleinkind-Modul). Bern: Verlag Hans Huber.

Premack, D. & Woodruff, G. (1978). Does the chimpanzee have a theory of mind? Behavioral and Brain Sciences, 1, 515–526.

Preusche, I., Koller, M. & Kubinger, K. D. (2006). Sprachfreie Administration von Intelligenztests nicht ohne Äquivalenzprüfung: Am Beispiel des AID 2. Praxis der Kinderpsychologie und Kinderpsychiatrie, 55, 559–569.

Preuss, U. (2006). Kaufman Assessment Battery for Children: Die psychometrischen Eigenschaften des Untertests „Gesichter und Orte" nach 14 Jahren Anwendung. Kindheit und Entwicklung, 15, 76–82. http://doi.org/10.1026/0942-5403.15.2.76

Price, C. J. (2012). A review and synthesis of the first 20 years of PET and fMRI studies of heard speech, spoken language and reading. NeuroImage, 62, 816–847. http://doi.org/10.1016/j.neuroimage.2012.04.062

Ptok, M. (2006). Auditive Verarbeitungs- und Wahrnehmungsstörungen. Erläuterungen zum „Technical Report" der ASHA. HNO, 54, 6–8. http://doi.org/10.1007/s00106-005-1334-y

Ptok, M., Berger, R., von Deuster, C., Gross, M., Lamprecht-Dinnesen, A., Nickisch, A., Radü, H. J. & Uttenweiler, V. (2000). Auditive Verarbeitungs- und Wahrnehmungsstörungen. Konsensus-Statement der Deutschen Gesellschaft für Phoniatrie und Pädaudiologie. HNO, 48 (5), 357–360.

Pujol, J., Soriano-Mas, C., Ortiz, H., Sebastian Gallés, N., Losilla, J. M. & Deus, J. (2006). Myelination of language-related areas in the developing brain. Neurology, 66, 339–343.

Quaiser-Pohl, C. (2010). Was ist Entwicklungsdiagnostik? In C. Quaiser-Pohl & H. Rindermann (Hrsg.), Entwicklungsdiagnostik (S. 18–26). München: Reinhardt.

Quaiser-Pohl, C. & Köhler, A. (2008). Diagnostik der Sprachentwicklung. In C. Quaiser-Pohl & H. Rindermann (Hrsg.), Entwicklungsdiagnostik (S. 147–168). München: Reinhardt.

Quenzel, I. & Mai, N. (2000). Kinematische Analyse von Schreibbewegungen im Erstschreibunterricht. Unterrichtswissenschaft, 28, 290–303.

Rackley, C., Allen, D. N., Fuhrman, L. J. & Mayfield, J. (2012). Generalizability of WISC-IV index and subtest score profiles in children with traumatic brain injury. Child Neuropsychology, 18, 512–519. http://doi.org/10.1080/09297049.2011.628308

Raither, B. (2000). Schreibanalyse. Ravensburg: Sprachheilzentrum.

Rapin, I. (1995). Acquired aphasia in children. Journal of Child Neurology, 10, 267–270. http://doi.org/10.1177/088307389501000401

Rapp, M., Thyen, U., Müller-Steinhardt, K. & Kohl, M. (2005). Morbidität und Mortalität extrem frühgeborener Kinder in Schleswig-Holstein. Nachuntersuchung von extrem frühgeborenen Kindern unter 27+0 Schwangerschaftswochen im korrigierten Alter von drei bis sechs Jahren in Schleswig-Holstein. Zeitschrift für Geburtshilfe und Neonatologie, 4, 135–143.

Rasmussen, C., Tamana, S., Baugh, L., Andrew, G., Tough, S. & Zwaigenbaum, L. (2013). Neuropsychological impairments on the NEPSY-II among children with FASD. *Child Neuropsychology, 19*, 337–349. http://doi.org/10.1080/09297049.2012.658768

Rathenow, S. (1980). *Westermann Rechtschreibtest 4-5 (WRT 4-5)*. Göttingen: Hogrefe.

Rausch, M. (2003). *Linguistische Gesprächsanalyse in der Diagnostik des Sprachverstehens am Beginn der expressiven Sprachentwicklung*. Idstein: Schulz-Kirchner.

Raven, C. J. (1956). *Standard Progressive Matrices, Sets A, B, C, D, E*. London: Lewis.

Raven, J., Raven, J. C. & Court, J. H. (1998). *Raven Manual: Section 4, Advanced Progressive Matrices, 1998 Edition*. Oxford, UK: Oxford Psychologists Press.

Raven, J. C. (1963). *Coloured Progressive Matrices*. London: Lewis.

Remming, S. (2010). Erfahrungen mit der IDS. *Psychologie und Erziehung, 36*, 32–34.

Remschmidt, H., Schmidt, M. & Poustka, F. (2012). *Multiaxiales Klassifikationsschmea für psychoische Störungen des Kindes- und Jugendalters nach ICD-10 der WHO* (6., korrigierte Aufl.). Bern: Verlag Hans Huber.

Remschmidt, H., Schmidt, M. & Poustka, F. (2017). *Multiaxiales Klassifikationsschema für psychische Störungen des Kindes- und Jugendalters nach ICD-10. Mit einem synoptischen Vergleich von ICD-10 und DSM-5* (7. aktualisierte Aufl.). Göttingen: Hogrefe Verlag.

Renner, G. (2000). Die Tübinger Luria-Christensen Neuropsychologische Untersuchungsreihe für Kinder (TÜKI, 2. Aufl.). *Report Psychologie, 25*, 29–51.

Renner, G. (2011). Testrezension (IDS). *Praxis der Kinderpsychologie und Kinderpsychiatrie, 60*, 481–494.

Renner, G. (2013). Heterogenität von Intelligenztestprofilen im Vorschulalter am Beispiel der „Kaufman-Assessment Battery for Children (K-ABC)" und des „Nonverbalen Intelligenztests (SON-R 2 ½-7)": Diskrepanzen sind die Regel, nicht die Ausnahme. *Frühförderung interdisziplinär, 32*, 169–174.

Renziehausen, A. & Petermann, F. (2007). Zur prädiktiven Validität des neuropsychologischen Entwicklungs-Screenings NES. *Kindheit und Entwicklung, 16* (1), 62–72. http://doi.org/10.1026/0942-5403.16.1.62

Reuner, G. & Pietz, J. (2006). Entwicklungsdiagnostik im Säuglings- und Kleinkindalter. *Monatsschrift Kinderheilkunde, 154*, 305–313. http://doi.org/10.1007/s00112-006-1315-6

Reuner, G. & Rosenkranz, J. (Hrsg.). (2015). *Bayley Scales of Infant and Toddler Development – Third Edition (Bayley-III). Deutsche Fassung*. Frankfurt am Main: Pearson Assessment & Information GmbH.

Reynolds, C. & Fletcher-Janzen, E. (2009). *Handboock of clinical child neuropsychology* (3rd ed.). New York: Springer. http://doi.org/10.1007/978-0-387-78867-8

Reynolds, C. R. & Bigler, E. D. (1994). *Test of Memory and Learning (TOMAL)*. Austin, TX: Pro-Ed.

Reynolds, C. R. & Kamphaus, R. W. (2003). *Reynolds Intellectual Assessment Scales (RIAS) & Reynolds Intellectual Screening Test (RIST)*. Odessa, FL: Psychological Assessment Resources (PAR).

Reynolds, C. R. & Kamphaus, R. W. (2015). *Reynolds Intellectual Assessment Scales, Second Edition (RIAS-2)*. Torrance, CA: Western Psychological Services (wps).

Reynolds, M. R. & Niileksela, C. R. (2015). Test Review: Woodcock-Johnson IV Tests of cognitive abilities. *Journal of Psychoeducational Assessment, 33*, 381–390. http://doi.org/10.1177/0734282915571408

Rhoades, B. L., Greenberg, M. T., Lanza, S. T. & Blair, C. (2011). Demographic and familial predictors of early executive function development: contribution of a person-centered perspective. *Journal of Experimental Child Psychology, 108* (3), 638–662. http://doi.org/10.1016/j.jecp.2010.08.004.

Riccio, C. A., Sullivan, J. R. & Cohen, M. J. (2010). *Neuropsycholagical assessment and intervention for childhood and adolescent disorders*. Hoboken, N. J.: John Wiley & Sons. http://doi.org/10.1002/9781118269954

Richland, L. E. & Burchinal, M. R. (2013). Early executive function predicts reasoning development. *Psychological Science, 24*, 87–92. http://doi.org/10.1177/0956797612450883

Rinderle, B. (2001). *Fit trotz LRS. Strategien und Übungen Klasse 3–7*. Lichtenau: AOL Verlag.

Roca, M., Parr, A., Thompson, R., Woolgar, A., Torralva, T., Antoun, N. & Duncan, J. (2010). Executive function and fluid intelligence after frontal lobe lesions. *Brain, 10,* 234–247.

Rogers, R. D., Everitt, B. J., Baldacchino, A., Blackshaw, A. J., Swainson, R., Wynne, K., Baker, N. B., Hunter, J., Carthy, T., Booker, E., London, M., Deakin, J. F., Sahakian, B. J. & Robbins, T. W. (1999). Dissociable deficits in the decision-making cognition of chronic amphetamine abusers, opiate abusers, patients with focal damage to prefrontal cortex, and tryptophan-depleted normal volunteers: evidence for monoaminergic mechanisms. *Neuropsychopharmacology, 20,* 322–339.

Röhr-Sendlmeier, U. M., Wagner, H. & Götze, I. (2007). Die Auswirkungen unterschiedlicher Didaktiken und elterlicher Anregungen auf den Orthographieerwerb im Grundschulalter. *Bildung und Erziehung, 60,* 357–375.

Roick, T., Gölitz, D. & Hasselhorn, M. (2004). *Deutscher Mathematiktest für dritte Klassen (DEMAT 3+).* Göttingen: Beltz Test.

Roick, T., Gölitz, D. & Hasselhorn, M. (2006). *Deutscher Mathematiktest für vierte Klassen (DEMAT 4).* Göttingen: Hogrefe Verlag.

Roick, T., Gölitz, D. & Hasselhorn, M. (2011). *Kettenrechner für dritte und vierte Klassen (KR 3-4).* Göttingen: Hogrefe.

Roos, J. & Schöler, H. (2007). Sprachentwicklungsdiagnostik mittels standardisierter Tests. In H. Schöler & A. Welling (Hrsg.), *Sonderpädagogik der Sprache* (S. 531–550). Göttingen: Hogrefe.

Rosenfeld, J., Wohlleben, B., Rohrbach-Volland, S. & Gross, M. (2010). Phänotypisierung von Vorschulkindern mit spezifischer Sprachentwicklungsstörung. Laryngo-Rhino-*Otologie, 89,* 216–223. http://doi.org/10.1055/s-0029-1242795

Rosenkötter, H. (2003). *Auditive Wahrnehmungsstörungen.* Stuttgart: Klett-Cotta.

Rosenkötter, H. (2004). Studie zur Früherkennung von Legasthenie. *Forum Logopädie, 18,* 6–13.

Rost, D. H. (2013). *Handbuch Intelligenz.* Weinheim: Beltz.

Rosvold, H. E., Mirsky, A. F., Sarason, I., Bransome, E. D. J. & Beck, L. D. (1956). A continuous performance test of brain damage. *Journal of consulting psychology, 20,* 343–350. http://doi.org/10.1037/h0043220

Rothbart, M. K., Ahadi, S. A., Hershey, K. L. & Fisher, P. (2001). Investigations of temperament at 3–7 years: The Children's Behavior Questionnaire. *Child Development, 72,* 1394–1408.

Rourke, B. P. (1989). *Nonverbal Learning Disabilities: The Syndrome and the Model.* New York: Guilford Press.

Ryan, J. J., Umfleet, L. G. & Kane, A. (2013). Stability of WISC-IV process scores. *Applied Neuropsychology Child, 2,* 43–46. http://doi.org/10.1080/21622965.2012.670554

Sachse, S., Anke, B. & Suchodoletz, W. v. (2007). Früherkennung von Sprachentwicklungsstörungen – ein Methodenvergleich. Zeitschrift für Kinder- *und Jugendpsychiatrie und Psychotherapie, 35,* 323–331. http://doi.org/10.1024/1422-4917.35.5.323

Sachse, S. & Suchodoletz, W. v. (2008). Early identification of language delay by direct language assessment or parent report? *Journal of Developmental and Behavioral Pediatrics, 29,* 34–41.

Sahakian, B. J., Morris, R. G., Evenden, J. L., Heald, A., Levy, R., Philpot, M. & Robbins, T. W. (1988). A comparative study of visuospatial memory and learning in Alzheimer-type dementia and Parkinson's disease. *Brain, 111,* 695–718. http://doi.org/10.1093/brain/111.3.695

Sahakian, B. J. & Owen, A. M. (1992). Computerized assessment in neuropsychiatry using CANTAB: discussion paper. *Journal of the Royal Society of Medicine, 85,* 399–402.

Sallat, S. (2014). Silbengewicht und Phonologie. Sprache – Stimme – *Gehör, 38,* 35.

Salthouse, T. A. (2005). Relations between cognitive abilities and measures of executive functioning. *Neuropsychology, 19,* 532–545. http://doi.org/10.1037/0894-4105.19.4.532

Sander, M. C., Werkle-Bergner, M., Gerjets, S., Shing, Y. L. & Lindenberger, U. (2012). The two-component model of memory development, and its potential implications for educational settings. *Developmental Cognitive Neuroscience, 2* (1), 67–77. http://doi.org/10.1016/j.dcn.2011.11.005

Sandford, J. A. & Turner, A. (1995). *Manual for the Integrated Visual and Auditory (IVA). Continuous Performance Test.* Richmond, VA: Brain Train.

Sarimski, K. (1987). *Ordinalskalen zur sensomotorischen Entwicklung.* Weinheim: Beltz Test.

Sarimski, K. (2001). Sprachentwicklungstest für zweijährige Kinder (SETK-2). Besprechung. *Diagnostica, 47* (3), 163–165.

Sarimski, K. (2002). Sprachentwicklungstest für drei- bis fünfjährige Kinder (SETK 3-5).Testinformationen. *Diagnostica, 48,* 200–207. http://doi.org/10.1026//0012-1924.48.4.200

Sarimski, K. & Steinhausen, H. C. (2007). *KIDS 2 – Geistige Behinderung und schwere Entwicklungsstörung.* Göttingen: Hogrefe.

Schaarschmidt, U., Ricken, G., Kieschke, U. & Preuß, U. (2012). *Bildbasierter Intelligenztest für das Vorschulalter (BIVA)* (2. Auflage). Göttingen: Hogrefe Verlag.

Schäfer, H. (1986). *Bildwortserie zur Lautagnosieprüfung und zur Schulung des phonematischen Gehörs.* Weinheim: Beltz.

Schardt, K. & Merdian, G. (2015). *Bamberger Dyskalkuliediagnostik 1-4+ (R). Ein förderdiagnostisches Verfahren zur Erfassung von Rechenproblemen.* Bamberg: PaePsy Verlag.

Schaupp, H., Holzer, N. & Lenart, F. (2007). *Eggenberger Rechentest 1+ (ERT 1+).* Bern: Verlag Hans Huber.

Schaupp, H., Holzer, N. & Lenart, F. (2010). *ERT 4+. Eggenberger Rechentest 4+. Diagnostikum für Dyskalkulie für das Ende der 4. Schulstufe bis Mitte der 5. Schulstufe.* Bern: Verlag Hans Huber.

Schaupp, H., Lenart, F. & Holzer, N. (2014). *Diagnostikum für Dyskalkulie-Disposition (ETR 0+) für das Ende des Kindergartenalters bis Mitte der 1. Schulstufe.* Bern: Verlag Hans Huber.

Scheuermann, S., Speicher, J. & Sarimski, K. (2009). Erste Erfahrungen mit dem „Entwicklungstest Sprache für Kinder von 4 bis 8 Jahren (ETS 4-8)" im Frühbereich. *Frühförderung interdisziplinär, 28,* 187–190.

Schlack, H. G. (1999). *Wie kleine Leute handeln lernen – Aktuelle Förderkonzepte in der Frühförderung.* Abstract zu einem Vortrag, gehalten auf dem III. Förderkongress vom 30.9.–2.10.1999.

Schlagmüller, M. & Schneider, W. (2007). *Würzburger Lesestrategie-Wissenstest für die Klassen 7–12 (WLST 7-12).* Göttingen: Hogrefe Verlag.

Schlett, T., Mäder, S., Frank, A. & Günther, T. (2014). Vergleich von verschiedenen Varianten der Spontansprachanalyse bei der Diagnostik von Kindern mit Aussprachestörungen und/oder Dysgrammatismus. Sprache – Stimme – *Gehör, 38,* 37–41.

Schmidhauser, J., Caflisch, J., Rousson, V., Bucher, H. U., Largo, R. H. & Latal, B. (2006). Impaired motor performance and movement quality in very-low-birthweight children at 6 years of age. Developmental Medicine & *Child Neurology, 48,* 718–722.

Schmidt, S., Ennemoser, M. & Krajewski, K. (2012). *Deutscher Mathematiktest für neunte Klassen (DEMAT 9).* Göttingen: Hogrefe Verlag.

Schmidt-Atzert, L. & Amelang, M. (2012). *Psychologische Diagnostik* (5., überarbeitete und erweiterte Aufl.). Berlin: Springer. http://doi.org/10.1007/978-3-642-17001-0

Schneider, W., Blanke, I., Faust, V. & Küspert, P. (2011). *Würzburger Leise Leseprobe – Revision (WLLP-R).* Göttingen: Hogrefe Verlag.

Schneider, W. & Näslund, J.-C. (1997). The early prediction of reading and spelling: Evidence from the Munich Longitudinal Study on the genesis of individual competencies. In C. K. Leong & R. Joshi (eds.), *Cross-language studies of learning to read and spell* (pp. 139–159). Dordrecht: Kluwer Academic Publishers.

Schneider, W., Schlagmüller, M. & Ennemoser, M. (2007). *Lesegeschwindigkeits- und -verständnistest für die Klassen 6–12 (LGVT 6-12).* Göttingen: Hogrefe.

Schneider, W., Schlagmüller, M. & Ennemoser, M. (2017). *Lesegeschwindigkeits- und -verständnistest für die Klassen 5–12+ (LGVT 5-12+)* (2., erweiterte und neu normierte Auflage). Göttingen: Hogrefe Verlag.

Schneider, W. J. & McGrew, K. S. (2012). The Cattell-Horn-Carroll model of intelligence. In D. S. Flanagan & S. L. Harrison (eds.), *Contemporary intellectual assessment: Theories, Tests, and Issues* (pp. 99–144). New York: Guilford Press.

Schnitzler, C. D. (2008). *Phonologische Bewusstheit und Schriftspracherwerb.* Stuttgart: Thieme.

Schoenberg, M. R., Lange, R. T., Brickell, T. A. & Saklofske, D. H. (2007). Estimating premorbid general cognitive functioning for children and adolescents using the American Wechsler Intelligence Scale for Children-Fourth Edition: Demographic and current performance approaches. *Journal of Child Neurology, 22,* 379–388.

Schoenberg, M. R., Lange, R. T., Saklofske, D. H., Suarez, M. & Brickell, T. A. (2008). Validation of the Child Premorbid Intelligence Estimate method to predict premorbid Wechsler Intelligence Scale for Children-Full Scale IQ among children with brain injury. *Psychological Assessment, 20,* 377–384.

Schöler, H. & Scheib, K. (2004). Desiderate und Thesen zur Diagnostik bei Sprachentwicklungsstörungen. Sprache – Stimme – *Gehör, 28,* 37–41.

Schönweiler, R. (2006). „APD" neu definiert ein Vorbild für AVWS? Sprache – Stimme – *Gehör, 30,* 36–37.

Schrank, F. A., McGrew, K. S. & Mather, N. (2014). *Woodcock-Johnson IV Tests of Cognitive Abilities.* Rolling Meadows, IL: Riverside.

Schröder, H. (2005). *KLI 4-5 R. Kombinierter Lern- und Intelligenztest für 4. und 5. Klassen – Revidierte Form* (6., revidierte Aufl.). Göttingen: Hogrefe Verlag.

Schroeders, U. & Schneider, W. (2008). *Test zur Diagnose von Dyskalkulie (TeDDy-PC).* Göttingen: Hogrefe.

Schroeders, U., Wilhelm, O. & Schipolowski, S. (2014). *Berliner Test zur Erfassung fluider und kristalliner Intelligenz für die 8. bis 10. Jahrgangsstufe (BRFKI 8-10).* Göttingen: Hogrefe Verlag.

Schuck, K. D., Eggert, D. & Raatz, U. (1975). *Columbia Mental Maturity Scale (CMM 1-3). Sprachfreier Gruppenintelligenztest für die Grundschule.* Weinheim: Beltz Test.

Schuck, K. D., Eggert, D. & Raatz, U. (1994). *Columbia Mental Maturity Scale (CMM 1-3)* (2. Auflage). Weinheim: Beltz Test.

Schulz, P. & Tracy, R. (2011). *Linguistische Sprachstandserhebung – Deutsch als Zweitsprache.* Göttingen: Hogrefe Verlag.

Schulz, S. (2007). Frühdiagnostik: Frühindikation und Verfahren zur Früherkennung von Risikokindern. In H. Schöler & A. Welling (Hrsg.), *Sonderpädagogik der Sprache* (S. 678–704). Göttingen: Hogrefe.

Schweiter, M., Weinhold Zulauf, M. & Aster, M. G. von (2005). Die Entwicklung räumlicher Zahlenrepräsentationen und Rechenfertigkeiten bei Kindern. *Zeitschrift für Neuropsychologie, 16,* 105–113. http://doi.org/10.1024/1016-264X.16.2.105

Seeger, D., Holodynski, M. & Souvignier, E. (2014). *BIKO-Screening zur Entwicklung von Basiskompetenzen für 3- bis 6-Jährige (BIKO 3-6).* Göttingen: Hogrefe Verlag.

Semel, E., Wiig, E. H. & Secord, W. A. (2003). *Clinical Evaluation of Language Fundamentals, Fourth Edition (CELF-4).* Antonio, TX: Psychological Corporation.

Semrud-Clikeman, M. & Teeter Ellison, A. S. (2009). *Child neuropsychology: Assessment and interventions for neurodevelopmental disorders.* New York: Springer. http://doi.org/10.1007/978-0-387-88963-4

Seron, X., Pesenti, M., Noel, M. S., Deloche, G. & Cornet, J. A. (1992). Images of numbers, or „when 98 is upper left and 6 sky blue". *Cognition, 44,* 159–196. http://doi.org/10.1016/0010-0277(92)90053-K

Sexton, C. C., Gelhorn, H. L., Bell, J. A. & Classi, S. M. (2012). The co-occurrence of reading disorder and ADHD: epidemiology, treatment, psychosocial impact, and economic burden. *Journal of Learning Disabilities, 45,* 538–564. http://doi.org/10.1177/0022219411407772

Shaki, S., Fischer, M. & Petrusic, W. M. (2009). Reading habits for both words and numbers contribute to the SNARC effect. Psychonomic Bulletin & *Review, 16,* 328–331. http://doi.org/10.3758/PBR.16.2.328

Shallice, T. (1982). Specific impairments of planning. Philosophical Transactions of the Royal Society of London. Series B, *Biological sciences, 298,* 199–209. http://doi.org/10.1098/rstb.1982.0082

Sherwell, S., Reid, S. M., Reddihough, D. S., Wrennall, J., Ong, B. & Stargatt, R. (2014). Measuring intellectual ability in children with cerebral palsy: Can we do better? *Research in Developmental Disabilities, 35,* 2558–2567.

Sheslow, D. & Adams, W. (2004). *Wide Range Assessment of Memory and Learning* (2nd ed.). Lutz, FL: Psychological Assessment Resources.

Siegler, R. & Araya, R. (2005). A computational model of conscious and unconscious strategy discovery. *Advances in child development and behaviour, 33,* 1–44. http://doi.org/10.1016/S0065-2407 (05)80003-5

Siegler, R. S. & Opfer, J. E. (2003). The development of numerical estimation: Evidence for multiple representations of numerical quantity. *Psychological Science, 14,* 237–243. http://doi.org/10.1111/1467-9280.02438

Siegmüller, J. (2011). Störungen der Grammatik. In J. Siegmüller & H. Bartels (Hrsg.), *Leitfaden Sprache Sprechen Stimme Schlucken* (3. Auflage, S. 73–86). München: Elsevier Urban & Fischer.

Siegmüller, J. (2014). Warum wirkt Therapie? Zur Entwicklung und Geschichte der Kindersprachtherapie. *Forum Logopädie, 28,* 41.

Siegmüller, J. & Bittner, D. (2005). Langzeitanalyse der frühen lexikalischen Entwicklung eines späteren SES-Kindes – wann gab es welche Warnzeichen? *Forum Logopädie, 19* (6), 22–26.

Siegmüller, J., Kauschke, S., von Minnen, S. & Bittner, D. (2011). *Test zum Satzverstehen von Kindern (TSVK). Eine profilorientierte Diagnostik der Syntax.* München: Urban & Fischer Verlag, Elsevier.

Silverman, W. (2007). Down syndrome: Cognitive phenotype. *Mental Retardation and Developmental Disabilities Research Reviews, 13,* 228–236. http://doi.org/10.1002/mrdd.20156

Sims, D. M. & Lonigan, C. J. (2013). Inattention, hyperactivity, and emergent literacy: different facets of inattention relate uniquely to preschoolers' reading-related skills. *Journal of Clinical Child and Adolescent Psychology: the Official Journal for the Society of Clinical Child and Adolescent Psychology, American Psychological Association, Division 53, 42,* 208–219.

Skala, K. & Bruckner, T. (2014). Beating the odds: an approach to the topic of resilience in children and adolescents. *Neuropsychiatry, 28,* 208–217. http://doi.org/10.1007/s40211-014-0125-7

Snijders, J. T. & Snijders-Oomen, N. (1958). *Snijders-Oomen niet-verbale intelligentieschaal SON-58.* Groningen: Wolters-Noordhoff.

Snijders, J. T., Tellegen, S. J. & Laros, J. A. (1988). *Snijders-Oomen niet-verbale intelligentietest SON-R 5½-17. Verantwoording en handleiding.* Groningen: Wolters-Noordhoff.

Snijders-Oomen, N. (1943). *Intelligentieoenderzoek van doofstommenkinderen.* Nijmegen: Berkhout.

Song, S., Su, M., Kang, C., Liu, H., Zhang, Y., McBride-Chang, C., et al. (2015). Tracing children's vocabulary development from preschool through the school-age years: an 8-year longitudinal study. *Developmental Science, 18,* 119–131. http://doi.org/10.1111/desc.12190

Souvignier, E., Trenk-Hinterberger, I., Adam-Schwebe, S. & Gold, A. (2008). *Frankfurter Leseverständnistest 5-6 (FLVT 5-6).* Göttingen: Hogrefe.

Spannenkrebs, M., Crispin, A. & Krämer, D. (2013). Die neue Einschulungsuntersuchung in Baden-Württemberg: welche Determinanten beeinflussen die schulärztliche Gesamtbewertung Intensiver pädagogischer Förderbedarf im kindlichen Entwicklungsfeld Sprache. *Das Gesundheitswesen, 75,* 838–847.

Spearman, C. (1904). „General intelligence", objectively determined and measured. *The American Journal of Psychology, 15,* 201–292. http://doi.org/10.2307/1412107

Spreen, O. (2011). Nonverbal learning disabilities: a critical review. *Child Neuropsychology, 17* (5), 418–443. http://doi.org/10.1080/09297049.2010.546778.

Spreer, M. & Sallat, S. (2011). Prosodie – diagnostische Möglichkeiten. Sprache – Stimme – *Gehör, 35,* e112–e117. http://doi.org/10.1055/s-0031-1284406

Spreer, M. & Sallat, S. (2015). Möglichkeiten der Diagnostik kommunikativ-pragmatischer Fähigkeiten im Kindesalter. *Praxis Sprache, 60,* 13–20.

Sroufe, L.A. (1997). Psychopathology as an outcome of development. *Development and Psychopathology, 9,* 251–268. http://doi.org/10.1017/S0954579497002046

Starzacher, E. (2002). *Untersuchung modalitätsspezifischer Aufmerksamkeit bei Kindern mit auditiver Verarbeitungs- und Wahrnehmungsstörung mittels des Continuous Attention Performance Tests (CAPT)* (Aktuelle phoniatrisch-pädaudiologische Aspekte, Band 10, 2002/2003). Heidelberg: Median-Verlag.

Starzacher, E. (2006). *Untersuchung modalitätsspezifischer Aufmerksamkeit bei Kindern mit auditiver Verarbeitungs- und Wahrnehmungsstörung mittels des Continuous Attention Performance Tests.* Dissertationsschrift der medizinischen Fakultät der Charité – Universitätsmedizin Berlin, Klinik für Audiologie und Phoniatrie.

Statistisches Bundesamt (2004). *Datenreport 2004* (2., aktualisierte Auflage). Bonn: Bundeszentrale für politische Bildung.

Steingrüber, H.J. & Lienert, G.A. (1971; 1976). *Hand-Dominanz-Test (HDT)* (2., überarbeite Auflage). Göttingen: Hogrefe.

Steinhausen, H.-C. (2012). Elternfragebogen zur Beurteilung der Entwicklung und des Verhaltens von 5–15 Jahre alten Kindern. In M. Döpfner & H.-C. Steinhausen (Hrsg.), *KIDS 3 – Störungsübergreifende Verfahren zur Diagnostik psychischer Störungen im Kindes- und Jugendalter* (S. 128–144). Göttingen: Hogrefe Verlag.

Stemmer, B. (2008). Neuropragmatics: Disorders and Neural Systems. In B. Stemmer & H.A. Whitaker (eds.), *Handbook of the Neuroscience of Language* (pp. 175–187). Amsterdam: Elsevier.

Stern, E. (1993). *Die Entwicklung des mathematischen Verständnisses im Kindesalter.* Habilitationsschrift. München: Fakultät für Psychologie und Pädagogik der Ludwig-Maximilians-Universität München.

Stock, C., Marx, H. & Schneider, W. (2003). *Basiskompetenzen für Lese-Rechtschreibleistungen (BAKO 1-4).* Göttingen: Hogrefe.

Stock, C., Marx, H. & Schneider, W. (2017). *Basiskompetenzen für Lese- Rechtschreibleistungen (BAKO-4)* (2., ergänzte und aktualisierte Auflage). Göttingen: Hogrefe Verlag.

Stock, C. & Schneider, W. (2008). *Deutscher Rechtschreibtest für das erste und zweite Schuljahr (DERET 1-2+).* Göttingen: Hogrefe Verlag.

Stock, C. & Schneider, W. (2008). *Deutscher Rechtschreibtest für das dritte und vierte Schuljahr (DERET 3-4+).* Göttingen: Hogrefe Verlag.

Strauss, E., Sherman, E.M. S & Spreen, O. (2006). *A compendium of neuropsychological tests: administration, norms, and commentary* (3rd ed.). New York: Oxford University Press.

Sturm, W. (2009). Aufmerksamkeitsstörungen. In W. Sturm, M. Herrmann & T.F. Münte (Hrsg.), *Lehrbuch der Klinischen Neuropsychologie* (2. Aufl., S. 421–443). Heidelberg: Spektrum Akademischer Verlag.

Stuss, D.T. (1991). Self, awareness and the frontal lobes: A neuropsychological perspective. In J. Straus & G.R. Goethals (Eds.), *The self: interdisciplinary approaches* (pp. 255–278). New York: Springer.

Subellok, K. (2011). *Potsdam-Illinois Test für Psycholinguistische Fähigkeiten (P-ITPA) – Eine Rezension.* Zugriff am 28.11.2014. Verfügbar unter: http://www.dbs-ev.de

Süss-Burghart, H. (2003). Der Sprachtest SETK-2 in der Anwendung bei entwicklungsauffälligen und geistig behinderten Kindern und im Vergleich zum MFED2/3. *Frühförderung interdisziplinär, 22,* 79–85.

Szagun, G., Stumper, B. & Schramm, S.A. (2009). *Fragebogen zur frühkindlichen Sprachentwicklung: FRAKIS (Standardform) und FRAKIS-K (Kurzform).* Frankfurt am Main: Pearson Assessment & Information GmbH.

Tellegen, P.J. & Laros, J.A. (2005). *SON-R 5½-17 Nonverbaler Intelligenztest. Manual* (3. korrigierte Aufl.). Göttingen: Hogrefe.

Tellegen, P.J. & Laros, J.A. (2011). *SON-R 6-40 Snijders-Oomen Niet-verbale intelligentietest.* Amsterdam: Hogrefe.

Tellegen, P.J., Laros, J.A. & Petermann, F. (2007). *Non-verbaler Intelligenztest (SON-R 2½-7). Testmanual mit deutscher Normierung und Validierung.* Göttingen: Hogrefe Verlag.

Tellegen, P.J., Laros, J.A. & Petermann, F. (2012). *Snijders-Oomen Non-verbaler Intelligenztest (SON-R 6-40).* Göttingen: Hogrefe Verlag.

Tellegen, P.J., Laros, J.A. & Petermann, F. (2018). *Snijders-Oomen Nonverbaler Intelligenztest (SON-R 2-8). Sprachfreie Intelligenzmessung für Kinder von 2 bis 8 Jahren.* Göttingen: Hogrefe Verlag.

Tellegen, P.J., Winkel, M., Wijnberg-Williams, B.J. & Laros, J.A. (1998). *Snijders-Oomen Nonverbal Intelligence Test (SON-R 2½-7). Manual and Research Report.* Lisse: Swets & Zeitlinger.

Teuber, H.L. (1955). Physiological psychology. *Annual Review of Psychology, 6,* 267–296. http://doi.org/10.1146/annurev.ps.06.020155.001411

Tewes, U., Schallberger, U. & Rossmann, S. (1999). *Hamburg-Wechsler Intelligenztest für Kinder III (HAWIK-III).* Bern: Verlag Hans Huber.

Tharpe, A. M & Olson, B.J. (1994). Landau-Kleffner syndrome: acquired epileptic aphasia in children. *Journal of the American Academy of Audiology, 5,* 146–150.

Thompson, S.A., Hulme, C., Nash, H.M., Gooch, D., Hayiou-Thomas, E. & Snowling, M.J. (2015). Developmental dyslexia: predicting individual risk. *Journal of Child Psychology and Psychiatry.* http://doi.org/10.1111/jcS.12412

Thurstone, L.L. (1938). *Primary mental abilities.* Chicago, IL: University of Chicago Press.

Tippelt, S., Kühn, S., Großheinrich, N. & Suchodoletz, W.v. (2011). Diagnostische Zuverlässigkeit von Sprachtests und Elternrating bei Sprachentwicklungstörungen. *Laryngo-Rhino-Otologie, 90,* 421–427.

Tirosh, E. & Cohen, A. (1998). Language deficit with attention-deficit disorder: a prevalent comorbidity. *Journal of Child Neurology, 13,* 493–497. http://doi.org/10.1177/088307389801301005

Tiu, R.D., Thompson, L.A. & Lewis, B.A. (2003). The role of IQ in a component model of reading. *Journal of Learning Disabilities, 36,* 424–436. http://doi.org/10.1177/00222194030360050401

Torppa, M., Poikkeus, A.-M., Laakso, M.-L., Eklund, K. & Lyytinen, H. (2006). Predicting delayed letter knowledge development and its relation to grade 1 reading achievement among children with and without familial risk for dyslexia. *Developmental Psychology, 42,* 1128–1142.

Touwen, B.C. & Prechtl, H.F. (1979). *The Neurological Examination of the Child with Minor Nervous Dysfunction. Clinics in Developmental Medicine, No. 38.* London: Spastics International Medical Publications (Mac Keith Press).

Trahan, L.H., Stuebing, K.K., Fletcher, J.M. & Hiscock, M. (2014). The Flynn effect: A meta-analysis. *Psychological Bulletin, 140,* 1332–1360. http://doi.org/10.1037/a0037173

Trolldenier, H.S. (2014). *Würzburger Rechtschreibtest für 1. und 2. Klassen (WÜRT). Ein Verfahren für Grund- und Förderschüler.* Göttingen: Hogrefe.

Tröster, H., Flender, J. & Reineke, D. (2004). *Dortmunder Entwicklungsscreening für den Kindergarten (DESK 3-6).* Göttingen: Hogrefe Verlag.

Tröster, H., Flender, J., Reineke, D. & Wolf, S.M. (2015). *Dortmunder Entwicklungsscreening für den Kindergarten – Revision (DES 3-6 R).* Göttingen: Hogrefe Verlag.

Turati, C., Valenza, E., Leo, I. & Simion, F. (2005). Three-month-olds' visual preference for faces and its underlying visual processing mechanisms. *Journal of Experimental Child Psychology, 90* (3), 255–273. http://doi.org/10.1016/j.jecp.2004.11.001

Turner, D.C., Robbins, T.W., Clark, L., Aron, A.R., Dowson, J. & Sahakian, B.J. (2003). Cognitive enhancing effects of modafinil in healthy volunteers. *Psychopharmacology, 165,* 260–269.

Ulberstad, F. *Discriminant Validity of QbTest in an adolescent/adult population.* Data on file.

Ulberstad, F. *No correlation between computer experience or computer/video game experience and QbTest performance.* Data on file.

Ulberstad, F. *Test-Retest Reliability for QbTest in an adolescent/adult population.* Data on file.

Ulberstad, F. *Test-Retest Reliability for QbTest in children.* Data on file.

Ullrich, K. & Suchodoletz, W. (2011). Früherkennung von Sprachentwicklungsstörungen bei der U7. *Monatsschrift Kinderheilkunde, 159,* 461–467. http://doi.org/10.1007/s00112-010-2374-2

Uzgiris, I. C. & Hunt, J. McV. (1975). *Assessment of Infancy: Ordinal Scales of Psychological Development.* Urbana, IL: Universitiy of Illinois Press.

van Hout, A. (1997). Acquired aphasia in children. *Seminars in Pediatric Neurology, 4,* 102–108. http://doi.org/10.1016/S1071-9091(97)80026-5

van Nieuwenhoven, C., Grégoire, J. & Noël, M. S. (2001). *Le TEDIMATH. Test Diagnostique des Compétences de Base en Mathématiques (Tedi-Math).* Paris: Edition du Centre de Psychologie Appliquée (ECPA).

van Nieuwenhoven, C., Noël, M. S. & Grégoire, J. (2005). *TEDI-MATH. Test para el Diagnóstico de las Competencias Básicas en Matemáticas* (Spanish adaptation: M. J. Sueiro Abad & J. Perena-Brand). Madrid: TEA Ediciones.

van Zomeren, A. H. & Brouwer, W. H. (1994). Theories and Concepts of Attention. In A. H. van Zomeren & W. H. Brouwer (eds.), *Clinical Neuropsychology of Attention* (pp. 7–38). New York, Oxford: Oxford University Press.

Vargha-Kadem, F., Gadian, D. G. & Mishkin, M. (2001). Dissociations in cognitive memory: the syndrome of developmental amnesia. *Philosophical Transactions of the Royal Society of London B: Biological Sciences, 356* (1413), 1435–1440.

Vigneau, M., Beaucousin, V., Herve, S., Duffau, H., Crivello, F., Houde, O. et al. (2006). Meta-analyzing left hemisphere language areas: phonology, semantics, and sentence processing. *NeuroImage, 30,* 1414–1432. http://doi.org/10.1016/j.neuroimage.2005.11.002

von Aster, M. (2001). *Testbatterie für Zahlenverarbeitung und Rechnen bei Kindern (ZAREKI) unter Mitwirkung von M. Weinhold.* Frankfurt am Main: Swets Test Services.

von Aster, M., Bzufka, M. W. & Horn, R. (2009). *Neuropsychologische Testbatterie für Zahlenverarbeitung und Rechnen bei Kindern – Kindergartenversion (ZAREKI-K) unter Mitarbeit von M. Weinhold Zulauf und M. Schweiter.* Frankfurt am Main: Pearson Assessment & Information GmbH.

von Aster, M. & Lorenz, J. H. (2013). *Rechenstörungen bei Kindern: Neurowissenschaft, Psychologie, Pädagogik* (2. überarb. Auflage). Göttingen: Vandenhoeck & Ruprecht. http://doi.org/10.13109/9783666462580

von Aster, M. & Shalev, R. S. (2007). Number development and developmental dyscalculia. *Developmental Medicine and Child Neurology, 49,* 868–873. http://doi.org/10.1111/j.1469-8749.2007.00868.x

von Aster, M., Weinhold Zulauf, M. & Horn, R. (2009). *Neuropsychologische Testbatterie für Zahlenverarbeitung und Rechnen bei Kindern – revidierte Fassung (ZAREKI-R)* (3. unveränderte Auflage). Frankfurt am Main: Pearson Assessment & Information GmbH.

von Suchodoletz, W. (2004). *Welche Chancen haben Kinder mit Entwicklungsstörungen?* Göttingen: Hogrefe.

von Suchodoletz, W. (2011). *Früherkennung von Sprachentwicklungsstörungen. Der SBE-2-KT und SBE-3-KT für zwei- bzw. dreijährige Kinder.* Unter Mitarbeit von S. Sachse, S. Kademann und S. Tippelt. Stuttgart: Kohlhammer.

von Suchodoletz, W. (2012). *Methoden zur Diagnostik und Therapie von Sprech- und Sprachentwicklungsstörungen. Ergänzung zu Kapitel 3 des Leitfadens Kinder- und Jugendpsychotherapie, Band 17 „Sprech- und Sprachstörungen".* Göttingen: Hogrefe.

von Suchodoletz, W. & Höfler, C. (1996). Stellenwert des Heidelberger Sprachentwicklungstests (HSET) in der Diagnostik von Kindern mit Sprachentwicklungsstörungen. *Zeitschrift für Kinder- und Jugendpsychiatrie und Psychotherapie, 24,* 4–11.

von Suchodoletz, W. & Sachse, S. (2015). *Sprachbeurteilung durch Eltern. Kurztest für die U7 (SBE-2-KT) Handbuch.* https://www.ph-heidelberg.de/fileadmin/wp/wp-sachse/SBE-2-KT/Handbuch-SBE-2-KT_31.3.2015.pdf Zugriff: 30.01.2018

von Suchodoletz, W. & Sachse, S. (o. J.). *Versionen des SBE-2-KT für Kinder mit anderen Muttersprachen.* https://www.ph-heidelberg.de/sachse-steffi/professur-fuer-entwicklungspsychologie/elternfragebogen-sbe-2-kt-sbe-3-kt/sbe-2-kt-fremdspr.html Zugriff: 30.01.2018

Wagner, H. J. & Born, C. (1994). *Diagnostikum: Basisfähigkeiten im Zahlenraum 0 bis 20 (DBZ 1)*. Göttingen: Hogrefe Verlag.

Walter, J. (2009). *Lernfortschrittsdiagnostik Lesen (LDL). Ein curriculumbasiertes Verfahren.* Göttingen: Hogrefe Verlag.

Warrington, E. K. (1997). The graded naming test: a restandardisation. *Neuropsychological Rehabilitation, 7*, 143–146. http://doi.org/10.1080/713755528

Weber, P., Pache, M., Lütschg, J. & Kaiser, H. J. (2004). Testbatterie für visuelle Objekt- und Raumwahrnehmung (VOSP): Normwerte für 8–12jährige. *Klinische Monatsblätter für Augenheilkunde, 221*, 583–587. http://doi.org/10.1055/s-2004-813391.

Wechsler, D. (1939). *The measurement of adult intelligence.* Baltimore: Wood. http://doi.org/10.1037/10020-000

Wechsler, D. (1944). *The measurement of adult intelligence* (3rd ed.). Baltimore: Williams & Wilkins. http://doi.org/10.1037/11329-000

Wechsler, D. (1974). *Manual for the Wechsler Intelligence Scale for Children – Revised.* New York: Psychological Corporation.

Wechsler, D. (1991). *The Wechsler Intelligence Scale for Children – Third Edition.* San Antonio, TX: The Psychological Corporation.

Wechsler, D. (2002). *Wechsler Preschool and Primary Scale of Intelligence – Third Edition (WPPSI-III).* San Antonio, TX: Psychological Corporation.

Wechsler, D. (2003). *Wechsler Intelligence Scale for Children – Fourth Edition (WISC-IV).* San Antonio, TX: Psychological Corporation.

Wechsler, D. (2005). *Wechsler Individual Achievement Test – Second Edition (WIAT-II).* London: The Psychological Corporation.

Wechsler, D. (2012). *Wechsler Preschool and Primary Scale of Intelligence – Fourth Edition (WPPSI-IV).* San Antonio, TX: Psychological Corporation.

Wechsler, D. (2014). *Wechsler Intelligence Scales for Children – Fifth Edition (WISC-V).* Bloomington, MN: Pearson.

Wechsler, D. & Naglieri, J. A. (2006). *Wechsler Nonverbal Scale of Ability (WNV).* San Antonio, TX: The Psychological Corporation.

Weinert, S. & Grimm, H. (2008). Sprachentwicklung. In R. Oerter & L. Montada (Hrsg.), *Entwicklungspsychologie* (S. 502–534). Weinheim: Beltz.

Weiß, R. H. (1998). *Grundintelligenztest Skala 2 mit Wortschatztest (WS) und Zahlenfolgentest (ZF)* (4., überarbeitete Auflage). Göttingen: Hogrefe Verlag.

Weiß, R. H. & Osterland, J. (2012). *Grundintelligenzskala 1 – Revision (CFT 1-R).* Göttingen: Hogrefe Verlag.

Wettstein, P. (1983). *Logopädischer Sprachverständnistest (LSVT).* Zürich: Heilpädagogisches Seminar, Abteilung Logopädie.

Whitebread, D., Almeqdad, Q., Bryce, D., Demetriou, D., Grau, V. & Sangster, C. (2010). Metacognition in young children. Current methodological and theoretical developments. In A. Efklides & P. Misailidi (Eds.), *Trends and prospects in metacognition research* (pp. 233–258). New York: Springer.

Whurr, R. & Evans, S. (1998). Children's acquired aphasia screening test. *International Journal of Language & Communication Disorders/Royal College of Speech & Language Therapists, 33* Suppl, 343–344. http://doi.org/10.3109/13682829809179448

Wiig, E. H., Secord, W. & Semel, E. M. (2004). *Clinical Evaluation of Language Fundamentals – Preschool, Second Edition (CELF Preschool-2).* Antonio, TX: Psychological Corporation.

Wilhelm, O., Schroeders, U. & Schipolowski, S. (2014). *Berliner Test zur Erfassung fluider und kristalliner Intelligenz für die 8. bis 10. Jahrgangsstufe (BEFKI 8-10).* Göttingen: Hogrefe Verlag.

Willcutt, E. G. & Pennington, B. F. (2000). Psychiatric comorbidity in children and adolescents with reading disability. *Journal of Child Psychology and Psychiatry, 41*, 1039–1048. http://doi.org/10.1111/1469-7610.00691

Willinger, U. (2001). SETK-2. Sprachentwicklungstest für zweijährige Kinder, Diagnose rezeptiver und produktiver Sprachverarbeitungsfähigkeiten. Besprechung. *Zeitschrift für Entwicklungspsychologie und Pädagogische Psychologie, 33,* 124–127. http://doi.org/10.1026//0049-8637.33.2.124

Wilson, A. J. & Dehaene, S. (2007). Number sense and DD. In D. Coch, K. W. Fischer & G. Dawson (eds.), *Human Behavior, Learning, and the Developing Brain: Atypical Development* (pp. 212–378). New York: Guilford Press.

Wimmer, H. & Perner, J. (1983). Beliefs about beliefs: Representation and constraining function of wrong beliefs in young children's understanding of deception. *Cognition, 13,* 103–128. http://doi.org/10.1016/0010-0277(83)90004-5

Witteman, J., van Ijzendoorn, M. H., van de Velde, D., van Heuven, V. J. J. S. & Schiller, N. O. (2011). The nature of hemispheric specialization for linguistic and emotional prosodic perception: a meta-analysis of the lesion literature. *Neuropsychologia, 49,* 3722–3738.

Wolff, P. H., Gunnoe, C. E. & Cohen, C. (1983). Associated movements as a measure of developmental age. *Developmental Medicine and Child Neurology, 25* (4), 417–429.

Wolff, U. (2014). RAN as a predictor of reading skills, and vice versa: results from a randomised reading intervention. *Annals of Dyslexia, 64,* 151–165. http://doi.org/10.1007/s11881-014-0091-6

Wolke, D., Ratschinski, G., Ohrt, B. & Riegel, K. (1994). The cognitive outcome of very preterm infants may be poorer than often reported: an empirical investigation of how methodological issues make a big difference. *European Journal of Pediatrics, 153,* 906–915.

Wright, J. C., Binney, V. & Smith, S. K. (1995). Security of attachment in 8–12 year-olds. A revised version of the separation anxiety test, its psychometric properties and clinical interpretation. *Journal of Child Psychology and Psychiatry, 36,* 757–774.

Wynn, K. (1990). Childrens understanding of counting. *Cognition, 36,* 155–193. http://doi.org/10.1016/0010-0277(90)90003-3

Yeates, K. O., Ris, M. D., Taylor, H. G. & Pennington, B. S. (2010). *Pediatric neuropsychology: Research, theory, and practice.* New York: Guilford Press.

Yu, V. Y., MacDonald, M. J., Oh, A., Hua, G. N., De Nil, L. F. & Pang, E. W. (2014). Age-related sex differences in language lateralization: A magnetoencephalography sttudy in children. *Developmental Psychology, 50* (9), 2276–2284. http://doi.org/10.1037/a0037470

Ziler, H. (1977). *Der Mann-Zeichen Test in detaillistischer Auswertung.* Münster: Aschendorf.

Zimmer, R. & Volkamer, M. (1997). *Motoriktest für vier- bis sechsjährige Kinder. MOT 4-6.* Weinheim: Beltz Test.

Teil II

Beschwerdenvalidierung

3 Beschwerdenvalidierung

Thomas Merten

3.1 Neuropsychologie und Beschwerdenvalidierung sowie Prävalenz negativer Antwortverzerrungen

3.1.1 Neuropsychologie und Beschwerdenvalidierung

Neuropsychologen haben sich seit den 1990er Jahren mehr und innovativer mit Methoden zur Diagnostik der Beschwerdenvalidität beschäftigt als Psychologen anderer Spezialdisziplinen. Mithilfe dieser Methoden wird untersucht, ob die durch einen Patienten oder Probanden gelieferte Beschwerdenschilderung aufrichtig erfolgt und ob die beobachtbaren Funktionseinschränkungen oder in Tests gezeigten Leistungen authentisch oder verzerrt sind. Dies ist insbesondere im gutachtlichen Kontext, wo in der Regel ein sekundärer Krankheitsgewinn situationsimmanent ist, unumgänglich und nicht wegzudenken, d. h. ohne eine adäquate Beschwerdenvalidierung sind die dort erhaltenen Ergebnisse nicht mit hinreichender Sicherheit beurteilbar und die gutachtliche Untersuchung muss als unvollständig angesehen werden (Bush et al., 2005, 2007; Bush, 2007; Heilbronner et al., 2009; Iverson, 2006; vgl. dazu auch die juristische Perspektive: Brockmeyer, 2009). Aber auch in klinischen und rehabilitativen Kontexten ist, wenngleich meist mit geringerer Prävalenz, mit dem Auftreten negativer Antwortverzerrungen bei einem Teil der Patienten zu rechnen, die nur durch eine adäquate Diagnostik zu erfassen sind. Damit wird zunehmend eine adäquate Diagnostik der Beschwerdenvalidität nicht nur bei gutachtlichen, sondern auch bei klinischen Fragestellungen diskutiert und empirisch untersucht (z. B. Carone, Iverson & Bush, 2010; Heilbronner et al., 2009; Stulemeijer, Andriessen, Brauer, Vos & van der Werf, 2007).

3.1.2 Der Neuropsychologe als Gutachter

Für die Frage, ob sich Neuropsychologen im gutachtlichen Kontext mit dem Problem möglicher negativer Antwortverzerrungen beschäftigen dürfen, sollen oder sogar müssen, ist insbesondere eine Erörterung der Rolle des Gutachters als unabhängiger, unparteiischer und zur gewissenhaften Beurteilung verpflichteter Sachverständiger unumgänglich. Über diese Rolle herrscht insbesondere bei primär therapeutischen oder rehabilitativen Tätigen häufig Unklarheit. Anders als der Behandler darf der Gutachter nicht parteiisch die Interessen des Probanden vertreten, auch wenn er mit einer subjektiven Notsituation sympathisieren mag, ebenso wenig wie er parteiisch die Interessen einer Privatversicherung oder Berufsgenossenschaft vertreten darf. Wo er dies aus Gründen, gleich welcher Art, nicht tun kann oder will, darf er unter keinen Umständen als Gutachter tätig werden, sondern muss Gutachtenaufträge zurückgeben. Dieser Punkt ist undiskutierbar, seine Ignorierung bedeutet eine Verletzung der Position des Sachverständigen im Gutachtenwesen.

So erfüllt etwa der für eine Sozialversicherung tätige Gutachter eine Mittlerfunktion zwischen dem Antragsteller einerseits und der Solidargemeinschaft andererseits. Insofern ist der Gutachter, der sich aus falsch verstandener Solidarisierung mit einem Antragsteller verbündet, dessen Antrag aus sachlichen Gründen als ungerechtfertigt zurückgewiesen werden müsste, keineswegs versichertenfreundlich, wie häufig angenommen wird. Wenn er fälschlicherweise eine nicht vorhandene oder nicht beweisbare Funktionsminderung als nachgewiesen ausweist, verhält er sich im Gegenteil versichertenfeindlich, weil er die Interessen und das Recht der Versichertengemeinschaft als Ganzes verletzt (Fabra, 2007). Eine falsche gutachtliche Beurteilung verletzt immer das Recht einer Partei.

Über diese potenzielle Rollenkonfusion hinausgehend ist eine Reihe ethischer Aspekte des Einsatzes von Beschwerdenvalidierungstests explizit diskutiert worden (Bush, 2007; Iverson, 2006). Dem aktuellen Stand des Wissens entsprechend, dem der Sachverständige verpflichtet ist, schließt die Gutachterrolle demnach ein, eine sorgfältige Prüfung vorzunehmen, ob Antwortverzerrungen das erhaltene Testprofil möglicherweise ungültig machen.

3.1.3   Prävalenz negativer Antwortverzerrungen

Mit dem Auftreten negativer Antwortverzerrungen ist im gutachtlichen Kontext mit hoher A-priori-Auftretenswahrscheinlichkeit zu rechnen, weniger häufig im rehabilitativen, seltener im klinischen Kontext. Die umfangreichsten bislang verfügbaren Schätzungen, die seit ihrer Veröffentlichung immer wieder zitiert werden, stammen aus einer multizentrischen Erhebung von Mittenberg, Patton, Canyock und Condit, (2002), deren Ergebnisse in Tabelle 3.1 zusammengefasst wurden.

Tabelle 3.1: Prävalenzraten wahrscheinlicher Aggravation oder Simulation im gutachtlichen Kontext (Auszug). Angaben nach Mittenberg et al. (2002).

Diagnosegruppe	Geschätzte Prävalenz (adjustiert)	Konfidenzintervall der Schätzung
Leichtes Schädel-Hirn-Trauma	41,2	4,5
Fibromyalgie/chronisches Müdigkeitssyndrom	38,6	5,5
Schmerzstörungen/somatoforme Störungen	33,5	5,5
Neurotoxische Störungen	29,5	5,8
Depressive Störungen	16,1	4,2
Mittelschwere und schwere Schädel-Hirn-Traumen	8,8	2,0

Inzwischen liegen zahlreiche Schätzungen zur Prävalenz negativer Antwortverzerrungen in der neuropsychologischen Begutachtung aus verschiedenen Staaten und unterschiedlichen Untersuchungskontexten vor. Eine Zusammenstellung von Prävalenzuntersuchungen findet sich bei Merten (2011). Zusammenfassend ist festzustellen, dass in gutachtlichen Kontexten ein substanzieller Anteil an untersuchten Personen in einer neuropsychologischen Untersuchung eine suboptimale Anstrengungsbereitschaft entfaltet, sodass die Validität der erhaltenen Testwerte ernstlich infrage gestellt erscheint. In einigen Kontexten kommt nach der Studienlage der Anteil von Probanden, für die Beschwerdenvalidierungstests positiv ausfallen, der 50-Prozent-Marke nahe oder übersteigt diese (z. B. Armistead-Jehle, 2010; Chafetz, Abrahams & Kohlmaier, 2007; Gill et al., 2007; Miller, Boyd & Cohn, 2006; Schmand et al., 1998; Sullivan, May & Galbally, 2007).

3.2 Grundlagen

3.2.1 Negative Antwortverzerrungen in der neuropsychologischen Diagnostik

3.2.1.1 Grundbegriffe

Die wichtigsten Grundbegriffe, die für die Thematik von Bedeutung sind, werden im nachfolgenden Kasten zusammengefasst.

Grundbegriffe

Beschwerdenvalidität (symptom validity): Der Grad an Vertrauen, den der Untersucher der Aufrichtigkeit der Beschwerdenschilderung und der Gültigkeit gezeigter Leistungen (psychologische Testergebnisse eingeschlossen) entgegenbringen kann.

Beschwerdenvalidierung (symptom validation) oder *Diagnostik der Beschwerdenvalidität (assessment of symptom validity):* Prozess, der zur Beurteilung der Beschwerdenvalidität führt. Der Begriff der Symptomvalidierung sollte heute im Deutschen vermieden werden, da er auf einer ursprünglichen Fehlübersetzung beruht (engl. *symptoms* = Beschwerden; engl. *signs* = Symptome).

Beschwerdenvalidierungstest BVT (symptom validity test SVT): Im engeren, ursprünglichen Sinne (Pankratz, 1983) Bezeichnung für Alternativwahltests, die mittels zufallskritischer Auswertung eine Aussage über mögliche gezielte Antwortmanipulationen durch einen Probanden gestatten. In einem weiteren Sinne werden alle Verfahren, die speziell zur Verifizierung oder Falsifizierung der durch einen Probanden berichteten Beschwerden oder gezeigten Symptome konstruiert wurden, unter dem Begriff der BVT zusammengefasst. In diesem Sinne werden in der Literatur *kognitive BVT* (Tests zur Überprüfung der Validität der Ergebnisse von Leistungstests) von *psychologischen BVT* (Fragebögen und Kontrollskalen zur Überprüfung der Validität geltend gemachter psychischer Störungen) unterschieden. In weitesten bisher gefassten Sinne (Greve & Bianchini, 2009) werden unter BVT alle psychometrischen Verfahren, Testwerte und Indikatoren verstanden, die zur Erkennung negativer Antwortverzerrungen in jeder ihrer potenziellen Erscheinungsformen verwendet werden.

Antwortverzerrungen (response bias): Verhalten einer untersuchten Person, das durch unzutreffende Antworten und fälschliche Auskünfte oder durch ein Testverhalten, das nicht ihren tatsächlichen Leistungsvoraussetzungen entspricht, gekennzeichnet ist und das, wenn nicht erkannt, zu falschen diagnostischen Urteilen führt.

Negative Antwortverzerrungen (negative response bias): Antwortverzerrungen in Richtung auf eine Präsentation von mehr oder schwereren Beschwerden oder Symptomen oder stärkeren Leistungseinschränkungen, als tatsächlich vorhanden sind.

Positive Antwortverzerrungen (positive response bias): Antwortverzerrungen in Richtung auf eine Präsentation von weniger oder geringeren Beschwerden oder Symptomen oder geringeren Leistungseinschränkungen, als tatsächlich vorhanden sind.

Suboptimale Leistungsanstrengung (suboptimal effort): Verhalten einer Person in der neuropsychologischen Testuntersuchung, das unterhalb der Möglichkeiten liegt, die diese Person tatsächlich entfalten könnte, wenn sie wollte.

Dissimulation (fake good): Verkleinerung, Bagatellisierung oder Verleugnung von tatsächlich vorhandenen Beschwerden, Symptomen und Gesundheitsstörungen.

Alternativwahlverfahren (alternative choice test), Zwangswahlverfahren (forced-choice test): Typisches Testformat, bei dem die Antworterfassung mittels Alternativwahl (Wahl zwischen zwei Antwortalternativen) erfolgt. (Die einfachste Form einer solchen Alternativwahl sind Ja-Nein-Antworten, dieses Format ist für die Beschwerdenvalidierung nicht anzuwenden, da hier die Signalerkennungstheorie zur Analyse herangezogen werden müsste.)

3.2.1.2 Auftretensformen negativer Antwortverzerrungen

Negative Antwortverzerrungen treten in zwei Formen oder in Kombination dieser beiden Formen in Erscheinung: als nicht-authentische Beschwerdenschilderung (d. h. die in freier Schilderung, in halbstandardisierten Interviews oder in Fragebögen angegebenen Beschwerden werden nicht aufrichtig, den tatsächlichen Gegebenheiten entsprechend wiedergegeben) oder als nicht-authentische Symptompräsentation (d. h. Symptome werden dem Untersucher in verfälschter Form präsentiert oder Testaufgaben werden mit suboptimaler Anstrengungsbereitschaft bearbeitet).

Eines der basalen Missverständnisse, das bei Gegnern der modernen Beschwerdenvalidierung unvermindert zu erkennen ist, besteht darin, negative Antwortverzerrungen und Simulation gleichzusetzen. Auf der Grundlage eines solchen Missverständnisses und einer grundsätzlichen Abneigung gegenüber der bloßen Möglichkeit, dass sich in Form negativer·Antwortverzerrungen auch Simulationsversuche darstellen, wird dann in der Regel auch die Notwendigkeit einer adäquaten Diagnostik der Beschwerdenvalidität verneint. Tatsächlich erfordert eine verantwortungsbewusste Diagnostik der Beschwerdenvalidität wegen der potenziellen Brisanz der getroffenen Beurteilungen und wegen der häufig im Begutachtungskontext weit reichenden Entscheidungen, die auf der Grundlage der gutachtlichen

Einschätzung getroffen werden, eine höchst sorgfältige, korrekte und verantwortungsbewusste Klärung bereits auf der konzeptionellen Ebene, die sich auf der sprachlichen Ebene widerspiegeln muss. Die Verwendung von Begriffen wie negative Antwortverzerrungen, ungültiges Antwortverhalten und suboptimale Leistungsanstrengung bietet eine solche Möglichkeit. Das Verhalten, das mit diesen Begriffen beschrieben wird, ist relevant für die Erkennung von Simulationsversuchen, aber keineswegs mit ihnen gleichzusetzen (vgl. auch Heilbronner et al., 2009). In diesem Sinne sind auch BVT keineswegs Simulationstests, auch wenn einige Tests ihren Namen danach ausgerichtet haben – konsequenterweise wären sie, um groben Missverständnissen vorzubeugen, umzubenennen. So kann die diagnostische Beurteilung einer Simulation oder Aggravation nach dem Konsensuspapier der American Academy of Clinical Neuropsychology (Heilbronner et al., 2009) als Ergebnis eines klinischen Prozesses aufgefasst werden, der hohe Sorgfalt auf Seiten des Diagnostikers erfordert, auf objektive Kriterien zu gründen ist und die Benutzung von Indikatoren einschließt, deren diagnostische Güte bekannt ist, wobei in diesem Prozess eine klinische Urteilsbildung mit den Ergebnissen empirisch validierter Messwerte kombiniert wird.

Negative Antwortverzerrungen können in unterschiedlichen Kontexten in Erscheinung treten, die im Folgenden kurz dargestellt werden.
1) Unter einer Simulation versteht man die bewusste, reflektierte, zielgerichtete Vortäuschung von Beschwerden oder Symptomen. Ein klarer, außerhalb von Gesundheit, Krankheit und Patientenrolle liegender externaler Gewinn muss identifizierbar sein. Dieser wird sekundärer oder externaler Krankheitsgewinn genannt und umfasst solche Motivationen wie Haftverschonung, Arbeitsbefreiung, Entschädigungs-, Pensions- oder Rentenzahlungen.
2) Unter einer Aggravation versteht man eine Beschwerdenübertreibung, -ausweitung oder -überhöhung, die ebenfalls bewusst erfolgt und einem externalen Ziel dient (sekundärer Krankheitsgewinn). Die Abgrenzung von einer Simulation ist dadurch gegeben, dass für die Feststellung einer Aggravation eine im Kern authentische Symptomatik als plausibel angenommen oder als bewiesen gelten muss. Wo dies nicht der Fall ist, ist in der Regel eine Abgrenzung zwischen Simulation oder Aggravation schwer, wenn nicht unmöglich.
3) Das Kernmerkmal von somatoformen und Konversionsstörungen liegt darin, dass berichtete Beschwerden und präsentierte Symptome nicht ausreichend morphologisch-funktionell erklärbar sind. Die nicht-authentische klinische Präsentation darf per definitionem dem Probanden nicht bewusst sein, die zugrunde liegende Motivation muss plausibel in einem innerpsychischen Konflikt erkannt werden können, der dem Probanden ebenfalls nicht bewusst ist (vgl. Tabelle 3.2).
4) In der Präsentation ganz ähnlich wie bei einer Simulation erfolgt bei Artifiziellen oder Selbstmanipulierten Störungen bewusst und gezielt eine falsche Beschwerdenpräsentation, jedoch nicht aus einer externalen Motivation heraus, sondern motiviert durch die Krankenrolle, medizinische oder psychologische Behandlungen, das Kranksein selbst oder damit verbundene soziale Zuwendung (primärer oder internaler Krankheitsgewinn), nicht zuletzt auch durch Operationswünsche. Um eine solche psychische Störung zu diagnostizieren, muss diese Motivation als dem Individuum nicht bewusst plausibel nachvollziehbar sein.

Tabelle 3.2: Zwei Dimensionen, die Annahmen über innerpsychische Prozesse machen, die dem Beobachter nicht direkt zugänglich sind, bestimmen die diagnostische Einordnung nicht-authentischer Beschwerden.

Diagnostische Kategorie	Willenskontrolle über Symptome/ Aufrichtigkeit der Beschwerdenschilderung	Zugrunde liegende Motivation/ Krankheitsgewinn
Simulation	kontrolliert (Fremdbetrug, absichtlich, unaufrichtig)	external/sekundärer Krankheitsgewinn
Artifizielle Störung	kontrolliert (Fremdbetrug, absichtlich, unaufrichtig)	innerpsychisch/primärer Krankheitsgewinn
Somatoforme Störung	nicht kontrolliert (Selbstbetrug, Selbsttäuschung)	innerpsychisch/aber sekundärer Krankheitsgewinn auch möglich

5) Negative Antwortverzerrungen treten auch im Rahmen von Persönlichkeitsstörungen auf (insbesondere wenn sich in deren Rahmen eine ausreichende Mitarbeit in der Untersuchung nicht erreichen lässt), infolge situativer Faktoren (von der schlichten Unlust eines Probanden, sich einer Untersuchung zu unterziehen, bis zu fehlerhaftem Testleiterverhalten oder unzureichender Aufklärung über die Notwendigkeit einer optimalen Leistungsanstrengung in der Untersuchung). Solche Phänomene dürfen natürlich nicht als Simulation, Aggravation oder somatoforme Störung fehlbewertet werden.

6) Eine besondere Problematik für die Diagnostik stellen minder schwere Verdeutlichungstendenzen dar. Diese können nicht als grob situationsinadäquat, in einem gewissen Sinne sogar situationsimmanent angesehen werden. Sie stellen die Gültigkeit von Beschwerdenschilderung und Befunderhebung nicht grundsätzlich in Frage. Die Übergänge zu einer Aggravation sind ebenso fließend wie die von einer Aggravation zu einer Simulation; eine exakte Abgrenzung kann im Einzelfall schwierig sein. Für minder schwere Verdeutlichungstendenzen sollte zu erwarten sein, dass erstens spezifische Maße zur Beschwerdenvalidierung unauffällig ausfallen und zweitens der Diagnostiker keine wesentlichen Schwierigkeiten dabei haben wird, die authentischen Beschwerden und Symptome von ihrer Ausgestaltung abzugrenzen. Es ist allerdings festzustellen, dass Methoden für eine befriedigende formale Differenzierung zwischen einer Aggravation und solchen minder schweren Verdeutlichungstendenzen bislang nicht ausgearbeitet wurden. Entsprechend liefert auch Widder (2011) kein Entscheidungskriterium, wie sich tatsächlich ein solcher „mehr oder weniger bewusster Versuch, den Gutachter vom Vorhandensein der Beschwerden zu überzeugen" von einer Aggravation abgrenzen lässt.

In der Regel wird durch Methoden der Beschwerdenvalidierung eine Aussage über die Gültigkeit individueller Testprofile und/oder der subjektiven Angaben des Probanden getroffen. Im Falle festgestellter negativer Antwortverzerrungen stellt die Beurteilung, in welchen der oben aufgeführten Kontexte diese einzuordnen sind, eine weitergehende Leistung des Gutachters dar, der hierzu die Gesamtheit der zur Verfügung stehenden Informationen heranziehen muss. Dabei ist insbesondere die Motivationslage für Antwortverzerrungen zu untersuchen und zu diskutieren. Häufig ist im Rahmen eines konkreten Gutachtenauf-trags eine endgültige Klärung aber weder möglich noch zwingend notwendig, sofern nicht reine Spekulationen an die Stelle diagnostisch sorgfältiger Erwägungen treten sollen.

3.2.1.3 Wissenschaftliche Konzepte zur Simulation von Gesundheitsstörungen

Im Gegensatz zu somatoformen, dissoziativen und artifiziellen Störungen, in deren Rah-men ebenfalls bedeutsame Inkonsistenzen zwischen subjektiven Angaben und objektiven Befunden zu erwarten sind, handelt es sich bei einer Simulation von Gesundheitsstörun-gen nicht um eine psychische Störung, sondern um ein Verhalten, das aus einer sehr un-terschiedlichen Motivation heraus verwirklicht und auch ethisch sehr unterschiedlich be-wertet werden kann.

Rogers (1990) hat drei Modelle für die Erklärung von vorgetäuschten psychischen Störun-gen entwickelt, denen Experten in unterschiedlichem Ausmaße folgen: das pathogeneti-sche, das kriminologische und das adaptative. Dem pathogenetischen Modell entspre-chend ist es eine im Entstehen begriffene psychische Störung selbst, die der Vortäuschung von Gesundheitsstörungen zugrunde liegt. Die inzwischen veraltete Konzeption der „Ren-tenneurose" folgt in Grundzügen solchen Modellannahmen. Dem kriminologischen Modell zufolge ist es eine moralisch verwerfliche Person, die unter bestimmten Umständen (ins-besondere nach einer Straftat) ein abzulehnendes Verhalten, nämlich die Vortäuschung einer psychischen Störung, verwirklicht. Diesem Modell entstammen sowohl die inzwischen weithin als unbrauchbar abgelehnten DSM-IV-Kriterien für die Feststellung einer Simula-tion als auch die fortgesetzt von einigen Experten sowohl in der Literatur als auch in der diagnostischen Praxis benutzten Begriffe wie „Entlarvung", „Enttarnung" oder „Überführung". Demgegenüber versucht das von Rogers vorgeschlagene adaptative Modell zu erklären, wie Personen unter widrigen Umständen, in denen sehr viel für sie von ihren Verhaltensent-scheidungen abhängt, als Lösungsmöglichkeit auch die Vortäuschung von psychischen Störungen erwägen und einer Kosten-Nutzen-Betrachtung unterziehen. Das adaptative Modell kann nach einer Reihe empirischer Analysen (z. B. Rogers, Sewell & Goldstein, 1994) am ehesten als prototypisch für ein Verständnis der komplexen Entscheidungssitu-ation, in der sich ein Patient oder Proband befindet, herangezogen werden.

Frederick und Bowden (2009) haben zeigen können, dass unterschiedliche Beschwerden-validierungstests möglicherweise mit verschiedenen Konstrukten verbunden sind. Sie un-terschieden insbesondere eine Dimension „Absicht, kognitive Störungen vorzutäuschen" (diese entspricht dem Konzept der Simulation oder Aggravation, engl. *malingering*), die sich distinkt von einer anderen Dimension, „eingeschränkte Leistungsmotivation während der Testausführung" (hier ist eher das Konzept der Anstrengungsbereitschaft, engl. *effort*, repräsentiert), darstellte.

Weiterhin wird die Frage nach einer Taxonomie sowohl von Personen, die negative Ant-wortverzerrungen verwirklichen, als auch von Verhaltensweisen, die dabei realisiert wer-den, gestellt. So haben Walters, Berry, Rogers, Payne und Granacher (2009) in einer Da-tenanalyse über 527 Gutachtenprobanden Belege dafür erbracht, dass die Vortäuschung kognitiver Störungen konzeptionell eher dimensional als kategorial aufzufassen wäre. In einer faktorenanalytischen Studie von Nelson, Sweet, Berry, Bryant und Granacher (2007) wurde gezeigt, dass unterschiedliche Tests, die negative Antwortverzerrungen erfassen sollen, auf verschiedenen Faktoren luden und damit unterschiedliche Strategien der Vortäuschung von Beschwerden charakterisieren.

3.2.1.4 Zwei Aspekte von Motivation und Anstrengungsbereitschaft

In der Motivationsanalyse bzw. bei der Beurteilung der Anstrengungsbereitschaft (engl. *effort*) eines Probanden ist es wichtig, zwei Aspekte zu unterscheiden: Erstens gibt es die Motivation, mit der ein Proband in die Untersuchung hineingeht, bzw. jene motivationalen

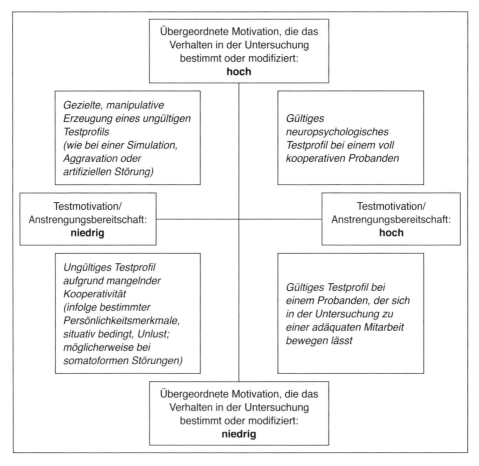

Abbildung 3.1: In der Motivationsanalyse sind grundsätzlich zwei unterschiedliche Aspekte der Anstrengungsbereitschaft zu unterscheiden.

Aspekte, die sein Handeln und seine Kooperativität in der Untersuchung selbst bestimmen und die auf ein bestimmtes vorgefasstes, übergeordnetes Ziel ausgerichtet sein können. Darunter fällt etwa ein Bestreben, durch die Untersuchung ein möglichst gutes Abbild der eigenen Leistungsfähigkeit zu erhalten, aber auch das vorgefasste Ziel, in jedem Falle vorgebliche, vermeintliche oder tatsächliche Leistungseinschränkungen gutachtlich attestiert zu bekommen. Davon zu unterscheiden ist zweitens die Anstrengungsbereitschaft oder Leistungsmotivation eines Probanden, in der Testuntersuchung selbst seinem tatsächlichen Fähigkeitsniveau entsprechend möglichst gut abzuschneiden, also sich in den Tests selbst instruktionsgemäß zu verhalten. Beide Aspekte sind auch in der diagnostischen Beurteilung strikt zu unterscheiden. So kann sich etwa ein Proband sehr anstrengen (also hoch motiviert sein), in der Untersuchung möglichst schlechte Leistungen darzustellen und diese suboptimale Testmotivation dem Untersucher gegenüber zu verbergen. Diese Dichotomie der Anstrengungsbereitschaft mit den sich daraus ergebenden Konsequenzen für die Beurteilung sind schematisch in Abbildung 3.1 dargestellt.

3.2.2 Statistische und methodische Probleme

3.2.2.1 Klassifikationsbasierte Diagnostik

Im Gegensatz zur in der neuropsychologischen Diagnostik verbreiteten normativen Interpretation von Testdaten wird bei der Beurteilung von Antwortverzerrungen in der Regel auf die Methoden der klassifikatorischen Diagnostik unter Bezugnahme auf epidemiologische Begriffe zurückgegriffen (z. B. Faller & Lang, 2006). Für eine eingehende Analyse und Diskussion der hier dargestellten klassifikationsdiagnostischen Grundlagen mit Bezug auf die Beschwerdenvalidierung kann auch auf Mossman (2003) verwiesen werden. Eine Methode ist umso besser, je mehr Merkmalsträger einer Population sie korrekt als solche (positiv) identifiziert *und* je mehr Nicht-Merkmalsträger sie korrekt als solche (negativ) einordnet. Fehler (als Falsch-Klassifikationen) können sowohl positiv (ein Nicht-Merkmalsträger wird inkorrekt positiv identifiziert) als auch negativ (ein Merkmalsträger wird als solcher übersehen) ausfallen (vgl. Tabelle 3.3).

Tabelle 3.3: Vierfeldertafel zur Bestimmung von Sensitivität und Spezifität eines Tests.

	Merkmal tatsächlich vorhanden	Merkmal tatsächlich nicht vorhanden	Σ
	(Goldstandard)		
Positives Testergebnis	richtig positiv a	falsch positiv b	a + b
Negatives Testergebnis	falsch negativ c	richtig negativ d	c + d
Σ	a + c	b + d	a + b + c + d

Die Sensitivität und die Spezifität einer Methode werden aus den Angaben der Vierfeldertafel (Tabelle 3.3) berechnet. Für die tatsächliche diagnostische Einzelfallbeurteilung sind
Sensitivität und Spezifität jedoch von untergeordneter Bedeutung; hier interessiert vielmehr, wie sicher ein konkretes, für einen einzelnen Probanden erhaltenes Testergebnis ihn
als Merkmalsträger identifiziert oder zurückweist. Diese Frage lässt sich nur dann beantworten, wenn die Prävalenz oder Grundrate des Merkmals in der jeweils interessierenden
Population berücksichtigt wird (vgl. Tabellen 3.4 und 3.5).

Tabelle 3.4: Wichtige epidemiologische Grundbegriffe zur Beschreibung der Güte von Beschwerdenvalidierungstests.

Sensitivität	Anteil von Probanden, die mittels einer Methode korrekt als Merkmalsträger iden-tifiziert werden	$a/(a+c)$
Spezifität	Anteil von Probanden, die mithilfe der Methode korrekt als Nicht-Merkmalsträger identifiziert werden	$d/(b+d)$
Prävalenz oder Grundrate (P)	Auftretenshäufigkeit des Merkmals in einer definierten Population (Gesamt-bevölkerung oder spezifische Gruppe)	$(a+c)/(a+b+c+d)$
Positiver Prädiktiver Wert/ Positiver Vorhersagewert (PPP)	Wahrscheinlichkeit, dass einem positiven Testwert tatsächlich ein Merkmalsträger entspricht	$a/(a+b)$
Negativer Prädiktiver Wert/ Negativer Vorhersagewert (NPP)	Wahrscheinlichkeit, dass einem negativen Testwert tatsächlich ein Nicht-Merkmals-träger entspricht	$d/(d+c)$

Dann drückt der positive Vorhersagewert (*positive predictive power*, PPP) eines Tests die
Wahrscheinlichkeit aus (nach Erhalt eines individuellen Testwerts in der konkreten diagnostischen Situation), dass das auffällige Testergebnis tatsächlich realisierte negative Antwortverzerrungen signalisiert. Mit dem negativen Vorhersagewert (*negative predictive
power*, NPP) hingegen wird angezeigt, dass ein unauffälliger Testwert (der in einer individuellen Testsituation erhalten wurde) tatsächlich unauffälliges Leistungsverhalten anzeigt.
Damit sind dies im Gegensatz zur Sensitivität und Spezifität eines Tests die diagnostisch
wirklich interessierenden Kennwerte, was bei der Beurteilung von diagnostischen Verfahren und bei der Bewertung der diagnostischen Sicherheit in Einzelfallbeurteilungen häufig
übersehen wird.

Die in Tabelle 3.4 aufgeführten Formeln für P, PPP und NPP gelten nur dann, wenn in der
Vierfeldertafel (Tabelle 3.3) die Auftretensraten für das interessierende Merkmal korrekt wi-
dergespiegelt werden, d. h. wenn die untersuchte Stichprobe die Verhältnisse in der Grund-

gesamtheit repräsentativ abbildet. Für künstlich gezogene Stichproben, für die dies nicht der Fall ist (also zum Beispiel in der Demenzdiagnostik in einer Stichprobe von 50 Gesunden und 50 Alzheimerpatienten), muss für die Berechnung von PPP und NPP die Prävalenz berücksichtigt werden, sodass sich die folgenden Formeln ergeben:

$$PPP = \frac{\text{Sensitivität} \times P}{\text{Sensitivität} \times P + [1 - \text{Spezifität}] \times [1 - P]}$$

$$NPP = \frac{\text{Spezifität} \times [1 - P]}{\text{Spezifität} \times [1 - P] + [1 - \text{Sensitivität}] \times P}$$

Um die Abhängigkeit von PPP und NPP von der Prävalenz zu veranschaulichen, sind für einen Test mit einer bekannten Sensitivität und Spezifität für drei verschiedene Prävalenzen die entsprechenden Werte in Tabelle 3.5 dargestellt. Um die Bedeutung dieser Werte zu illustrieren, betrachte man einen Test mit einer bekannten Sensitivität von 0.80 und Spezifität von 0.80. Bei einer Auftretenshäufigkeit des Merkmals in der Grundgesamtheit von 10 % (Prävalenz = 0.10) bedeutet dies, dass ein *positives* Testergebnis mit größerer Wahrscheinlichkeit für die *Abwesenheit* des Merkmals bei der untersuchten Person als für die Anwesenheit des Merkmals spricht. Der entsprechende Wert (PPP), auf den wir uns hier beziehen müssen, beträgt 0.31. Dieses scheinbar paradoxe Ergebnis wird in der praktischen Diagnostik häufig nicht berücksichtigt. Im gleichen Beispiel würde jedoch ein negatives Testergebnis mit hoher Wahrscheinlichkeit (NPP = 0.97) vorhersagen, dass das Merkmal bei der betreffenden Person nicht vorliegt. Der Test, auf den sich das Beispiel bezieht, hätte also einen viel größeren Wert für den Ausschluss des Vorliegens eines Merkmals (bei negativem Testergebnis) als für den Merkmalsnachweis (positives Testergebnis).

Tabelle 3.5: Abhängigkeit der positiven und negativen Vorhersagewerte (PPP und NPP) von der Prävalenz des Merkmals in der Grundgesamtheit, beispielhaft dargestellt für fünf verschiedene Kombinationen von Sensitivität und Spezifität eines Tests.

| Sensiti-vität | Spezifi-tät | Hypothetische Prävalenz | | | | | |
| | | 0.10 | | 0.20 | | 0.40 | |
		PPP	NPP	PPP	NPP	PPP	NPP
0.70	0.90	0.44	0.96	0.64	0.92	0.82	0.82
0.80	0.80	0.31	0.97	0.50	0.94	0.73	0.86
0.80	0.90	0.47	0.98	0.67	0.95	0.84	0.87
0.90	0.90	0.50	0.99	0.69	0.97	0.86	0.93
0.95	0.80	0.35	0.99	0.54	0.98	0.76	0.96

3.2.2.2 Bestimmung optimaler Trennwerte und Receiver Operating Curve-Analysen

Die Bestimmung eines optimalen Trennwertes ergibt sich aus einer ROC-Analyse (Receiver Operating Curve), die aus dem Umfeld der Signalerkennungstheorie stammt und einen effizienten Weg zur Darstellung des Zusammenhangs zwischen Sensitivität und Spezifität in Abhängigkeit von allen potenziellen Grenzwerten bietet (Abb. 3.2). In einer solchen Kurve werden die Sensitivität und die Falsch-positiv-Rate (1 – Spezifität) in Abhängigkeit von individuellen Grenzwerten abgetragen. Damit wird der Anwender in die Lage versetzt, rasch und unkompliziert die Klassifikationsgüte der überprüften Variablen zu erkennen, und zwar für alle möglichen Trenn- oder Grenzwerte. Die Fläche unter der Kurve (AUC) stellt mathematisch einen Kennwert zur Beurteilung der Testgüte dar. Eine Kurve, die der Diagonalen entspräche (wie in Abb. 3.3 eingetragen), würde einen Test darstellen, der eine Klassifikation nach Zufall vornimmt, der also keinen Beitrag zur korrekten Diagnosestellung leistet. Je weiter sich die Kurve nach oben von der Diagonalen entfernt und je größer damit die AUC ausfällt, eine umso bessere diagnostische Güte kommt einem Test zu.

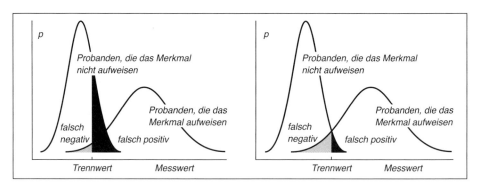

Abbildung 3.2: Je nach Grad der Überlappung der Verteilungen und in Abhängigkeit von der Wahl des Trennwerts können unterschiedliche Anteile falsch-negativer (gepunktete Teilfläche) und falsch-positiver (dunkel ausgefüllte Teilfläche) diagnostischer Ergebnisse resultieren. In der Abbildung sind die Anteile bei Wahl eines niedrigen (links) und eines hohen Trennwerts (rechts) gegenübergestellt.

Im Ergebnis der ROC-Analyse werden Schwellen festgelegt, die die Trennung zwischen unauffälligen und auffälligen Testwerten markieren. Bei der Wahl eines optimalen Grenzwerts sind die Kosten falsch-positiver und falsch-negativer Entscheidungen zu berücksichtigen. Diese Grenzwerte sind nicht fix, sondern können in Abhängigkeit von der Fragestellung, der Referenzpopulation und der angestrebten Höhe von Fehlklassifikationen variieren. Aus praktischen Gründen wird in der Regel *ein* Grenzwert zur Verwendung empfohlen. Dabei ist nicht immer eine maximale Testeffizienz wünschenswert, sondern es kann auch (wie besonders im Rahmen der Beschwerdenvalidierung häufig empfohlen) vorrangig eine Minimierung der Falsch-positiv-Rate angestrebt werden. Die Entscheidung für die Verwendung der empfohlenen oder eines anderen Cut-offs hat direkte Auswirkungen auf die Sensitivität und Spezifität des Tests.

Finden sich für einen Test die ROC-Daten veröffentlicht, lassen sich für individuelle Beurteilungen auch alternative Trennwerte anwenden, etwa wenn in einem bestimmten Kontext die Spezifität erhöht werden soll (vgl. dazu im Kontext des Amsterdamer Kurzzeitgedächtnistests: Schmand & Lindeboom, 2005; vgl. auch Abbildung 3.3).

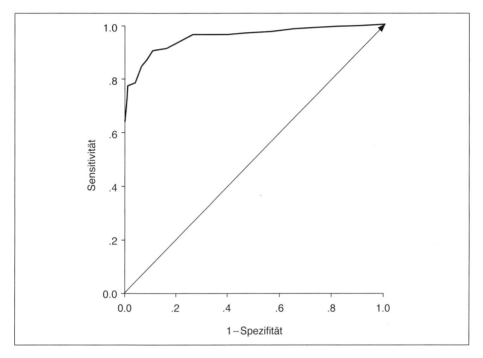

Abbildung 3.3: Receiver Operating Curve (ROC), beispielhaft dargestellt an Daten für den Amsterdamer Kurzzeitgedächtnistest. Die Analyse schloss Daten von experimentellen Simulanten aus drei Validierungsstudien sowie Patienten mit verschiedenen neurologischen Störungen (z. B. Schädel-Hirn-Trauma, schwer behandelbare Epilepsie, Multiple Sklerose) ein. Modifiziert nach: Schmand und Lindeboom (2005); Abdruck mit freundlicher Genehmigung des PITS-Verlags, Leiden.

3.2.2.3 Falsch-positive Klassifikationsergebnisse

Klassifikationen, die auf einem optimal bestimmten Trennwert beruhen, werden, sofern Sensitivität und Spezifität unter 100 Prozent liegen, zwangsläufig falsch-positive und falsch-negative Resultate ergeben. Fehlbeurteilungen lassen sich nur bei gänzlich fehlender Überlappung der Verteilungen vermeiden. Aufgrund der besonderen Kosten solcher fehlerhaften Beurteilungen hat Rogers (2008) vorgeschlagen, eine polychotome Urteilsprozedur zu entwickeln, die einen Graubereich des *Nicht-Entscheidbaren* (weder als positiv noch als negativ zu beurteilendes Ergebnis) einschließt.

Die Konsequenzen von Fehlbeurteilungen können insbesondere im gutachtlichen Kontext sehr groß sein. Es ist daran zu erinnern, dass jede falsche gutachtliche Beurteilung das Recht eines anderen Menschen oder einer Gemeinschaft verletzt. In den letzten Jahren ist insbesondere das Problem der Falsch-Positiven verstärkt diskutiert worden (vgl. dazu insbesondere Merten, Bossink & Schmand, 2007). Beschwerdenvalidierungstests scheinen in unterschiedlichem Maße für falsch-positive Klassifikationen anfällig zu sein.

Ansätze zur Lösung dieses äußerst wichtigen Problems schließen beispielsweise eine zusätzliche Profilanalyse ein, bei der geprüft wird, ob bei Leistungen unterhalb des Trennwertes ein Testprofil vorliegt, das von spezifischen Patientengruppen (z.B. Patienten mit Demenz) bekannt ist. Solche Profilanalysen sind Bestandteil einiger Beschwerdenvalidierungstests (insbesondere des Medical Symptom Validity Test und des Non-Verbal Symptom Validity Test).

3.2.2.4 Inkrementelle Validität

Wenn diagnostische Beurteilungen wesentlich auf Ergebnissen von Tests basieren, die eine unvollständige Sensitivität und Spezifität aufweisen (was die Regel ist), so stellt sich zwangsläufig die Frage, wie viele Beschwerdenvalidierungstests oder andere Validitätsindikatoren sinnvoll für die Beurteilung der Gültigkeit des neuropsychologischen Testprofils zu berücksichtigen sind. Es gibt zwar bislang keine abschließende Lösung für dieses Problem, doch wird heute in der Regel empfohlen, die Beurteilung nicht auf ein einziges Maß zu beschränken (Bush et al., 2007). Insbesondere sollte wegen unzureichender Klassifikationsgüte *nicht* als einziger BVT der Fifteen Item Test (FIT) von Rey (1958) gegeben werden (vgl. dazu Henry, 2009; Blaskewitz, Rezension zum Fifteen Item Test in diesem Band). Als einziges Maß zur Beschwerdenvalidierung diesen Test einzusetzen, ist nicht besser, als gänzlich auf eine Beschwerdenvalidierung zu verzichten.

Verschiedene eingesetzte Validitätsindikatoren sollten eine inkrementelle Validität aufweisen, d.h. die diagnostische Information, die ein Verfahren liefert, soll signifikant über die hinausgehen, die andere Verfahren der gleichen Testbatterie bereits liefern. Zur Ermittlung des Beitrags, den zusätzliche Verfahren für die Klassifikationsgüte liefern, kann mathematisch auf die Methode der hierarchischen logistischen Regressionsanalyse zurückgegriffen werden (z.B. Blaskewitz, Merten & Kathmann, 2008).

3.2.2.5 Reliabilitätsdilemma für Beschwerdenvalidierungstests

Auf ein Reliabilitätsdilemma ist hier gesondert hinzuweisen, welches die Bewertung von Beschwerdenvalidierungstests von anderen Testverfahren unterscheidet (Merten, 2004). Zur Reliabilitätsschätzung wird häufig die Stabilität der Messwerte über die Zeit (Retest-Reliabilität) herangezogen. Einerseits variieren für Beschwerdenvalidierungstests die Testwerte von Personen, die eine optimale Leistungsmotivation aufweisen, in der Regel nur sehr gering, da sie nahe der Testdecke liegen. Infolge der geringen interindividuellen Varianz fallen damit die Korrelationen zwischen den Testwerten verschiedener Messzeitpunkte gering aus, die Reliabilität würde damit unterschätzt. Andererseits können bekanntermaßen die Testwerte von solchen Personen, die eine suboptimale Leistungsmotivation verwirklichen, sowohl innerhalb einer Testsitzung als auch zwischen verschiedenen Messzeitpunkten erheblich variieren, sodass auch hier Schätzungen der Teststabilität eine Unterschätzung der Reliabilität bedeuten würden. Aus diesem Grunde sind für eine Reihe von Beschwerdenvalidierungstests keine Reliabilitätsschätzungen verfügbar.

Unterschiedliche Lösungsvorschläge wurden bislang für den Amsterdamer Kurzzeit-Gedächtnistest (Schmand & Lindeboom, 2005; Rückgriff auf eine stärker variierende Stichprobe von Patienten mit klinisch offenkundigen kognitiven Störungen; Blaskewitz & Merten, 2006; Schätzung von Phi-Koeffizienten) und für den Medical Symptom Validity Test (Blaskewitz & Merten, 2006; Konstruktion einer Paralleltestform zur Schätzung der Äquivalenz) unterbreitet.

3.3   Diagnostik

3.3.1   Methoden der Beschwerdenvalidierung

3.3.1.1   Konsistenz- und Plausibilitätsanalyse

Kernstück einer jeden Betrachtung der Validität der Untersuchungsergebnisse im Rahmen einer Begutachtung muss eine explizite und nachvollziehbare Konsistenz- und Plausibilitätsanalyse sein, in die alle verfügbaren Informationen (Anknüpfungs- und Befundtatsachen) einzubeziehen sind. In Abbildung 3.4 sind wichtige Bestimmungsstücke einer solchen Prüfung dargestellt. Die Ergebnisse der Konsistenzprüfung sind möglichst explizit darzustellen und damit nachvollziehbar zu machen.

Larrabee (2005) hat insbesondere vier „klassische" Konsistenzprobleme von besonderer Bedeutung für die Neuropsychologie identifiziert, die sich in die folgenden Fragen kleiden lassen:
a) Sind die Daten innerhalb und zwischen den einzelnen neuropsychologischen Funktionsbereichen konsistent?
b) Entspricht das neuropsychologische Profil dem, das bei der in Frage stehenden Erkrankung oder Verletzung zu erwarten ist?
c) Entsprechen die neuropsychologischen Daten dem dokumentierten Schweregrad der Verletzung?
d) Sind die Ergebnisse der neuropsychologischen Untersuchung mit dem beobachtbaren Verhalten des Probanden konsistent?

Um eine Konsistenz- und Plausibilitätsprüfung handelt es sich letztlich auch bei den in vielen Artikeln und Überblicksdarstellungen zu findenden Listen von „Simulationsmarkern". Kritisch für das Verständnis und damit für die Anwendung solcher Listen ist, dass sie die Feststellung einer Simulation nicht leisten können (ebenso wenig wie auf der Basis so genannte „Hysteriemarker" positiv eine dissoziative Störung bewiesen werden kann; vgl. auch

Gould, Miller, Goldberg & Benson, 1986), da sie die eigentliche diagnostische Grundent-
scheidung keineswegs zu liefern vermögen: die Entscheidung, (1) ob reflektiert, bewusst
Gesundheitsstörungen vorgetäuscht werden und (2) ob dies zum Zwecke eines externalen Gewinns (sekundärer Krankheitsgewinn) erfolgt. Erst aufgrund der positiven Beantwortung dieser beiden Fragen ist mit ausreichender Sicherheit die Feststellung einer Simulation zu treffen.

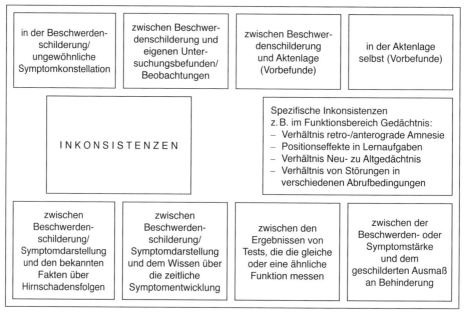

Abbildung 3.4: Wichtige traditionelle Indikatoren für nicht-authentische Störungen kognitiver Funktionen lassen sich als Inkonsistenzen verstehen. Nach Merten (2005).

Einbezogen in die Beurteilung der Plausibilität werden etwa die Angabe seltener, unwahrscheinlicher oder bizarrer Beschwerden, seltener oder ungewöhnlicher Beschwerdenkom-
binationen, ungewöhnlicher Verläufe, eine undifferenzierte Bestätigung von Beschwerden
in Symptomlisten, die Übergeneralisierung von Beschwerden, fehlerhafte Stereotypen, die
in Laienkreisen von bestimmten Störungen vorherrschen. Profunde psychopathologische
Kenntnisse sind vom Untersucher zu erwarten, um die Beurteilung sachkundig und dem
Einzelfall angemessen vornehmen zu können. Dies ist besonders für einige neuropsychologische Störungsbilder zu fordern, die häufig als bizarr und nicht-authentisch verkannt
werden, wie dies bereits bei Agnosien oder Diskonnektionssyndromen der Fall sein kann,
stärker noch beispielsweise bei solchen seltenen Bildern wie dem Capgras-, Fregoli- oder
Anton-Syndrom. Diskrepanzen beim Vergleich von Freizeitverhalten vs. Arbeitsverhalten
oder die Gegenüberstellung gemessener extremer Reaktionszeiten mit dem fortgesetzten
problemlosen Führen eines Kraftfahrzeugs können bedeutsam sein. Auch eine fehlende
Einsicht in eine infrage zu stellende Fahreignung trotz gezeigter extremer Reaktionsver-

langsamung oder anderer hochgradiger Aufmerksamkeitsstörungen in der Testuntersuchung kann aufschlussreich sein und sollte gutachtlich stets kritisch diskutiert werden.

Der Schwachpunkt einer Konsistenz- oder Plausibilitätsprüfung liegt darin, dass diese nicht ausreichend formalisierbar und letztlich sehr stark subjektiv geprägt ist, in hohem Maße von der Art und der Menge der zur Verfügung stehenden Information, der vorgenommenen Gewichtung der Einzelinformation und den fachlichen Kenntnissen des Gutachters abhängt. Dazu gehören auch spezifisch gutachtliche Kenntnisse auf dem jeweiligen Rechtsgebiet (insbesondere bzgl. beweisrechtlicher Anforderungen und Kausalitätstheorien) und die logische Stringenz, die ein Gutachter bei der Konsistenz- und Plausibilitätsprüfung anlegt. Trotz dieser Schwächen stellt eine solche Prüfung unbestreitbar ein Kernstück der gutachtlichen Leistung dar.

3.3.1.2 Alternativwahlverfahren

Zunächst für sensorische Störungen entwickelte Zwangs- oder Alternativwahlverfahren gestatten es, mithilfe einzelfallexperimenteller Anordnungen auf individueller Ebene zu prüfen, ob dargebotene Ausfälle gezielt manipuliert werden. Mithilfe eines solchen Vorgehens, das auf wahrscheinlichkeitstheoretischer Grundlage mathematisch abgesichert erfolgt, ist es also nach heute weitgehend vorhandenem Konsens in der Forschergemeinschaft (vgl. insbesondere Slick, Sherman & Iverson, 1999; ferner Greve & Bianchini, 2009; Iverson, 2003) möglich, Aussagen über gezielte, zweckvolle, absichtliche Antwortmanipulationen zu treffen. Dies ist dann der Fall, wenn ein Proband Antworten unter der Schwelle für reines Raten liefert und damit anzeigt, dass er die tatsächlichen Lösungen gewusst haben muss, weil er ansonsten nicht so viele Fehler hätte produzieren können. Antwortmuster, die in Alternativwahlverfahren unterhalb der Schwelle für Raten (also unterhalb des Zufallsbereichs) liegen, gelten damit als der sicherste Nachweis für eine gezielte Manipulation von Antwortverhalten durch einen Probanden.

Dabei lassen sich die Zufallsbereiche exakt nach der Binomialverteilung bestimmen. Im Gegensatz dazu muss etwa für den Amsterdamer Kurzzeitgedächtnistest, bei dem pro Item durch den Probanden eine Mehrfachwahl 3 aus 5 erfolgt, für die Bestimmung der Zufallsschwelle eine hypergeometrische Verteilung zugrunde gelegt werden, die sich in der Stochastik ergibt, wenn Urnenmodelle ohne Zurücklegen betrachtet werden.

Bei einzelfallexperimentellen Anordnungen oder Tests ist zunächst ein Zielsymptom zu identifizieren, dessen Validität überprüft werden soll. Dieses muss sich in jeweils zwei distinkten Zuständen darstellen lassen (z. B. bei geltend gemachter Achromatopsie: grünes Licht vs. rotes Licht; bei Prüfung auf authentischen Hörverlust: hoher Ton vs. tiefer Ton; bei geltend gemachten Gedächtnisstörungen: gezeigt wurde eine Blume vs. ein Baum). Je nach spezifischer Fragestellung kann eine unterschiedliche Anzahl von Einzelversuchen durchgeführt werden; häufig werden 100 Versuche empfohlen (Tabelle 3.6). Nach einem vorab festgelegten Versuchsschema wird dann konsekutiv Item für Item präsentiert. Falls die Testperson keine Antwort weiß, muss geraten werden (deshalb: Zwangswahlverfahren).

Tabelle 3.6: Schema zur Beschwerdenvalidierung als einzelfallexperimentelle Anordnung. Es sind zwei distinkte Stimuluszustände X und Y zu definieren; die Darbietung erfolgt in der vorab festgelegten Reihenfolge. Bei einseitiger Fragestellung belegen 59 oder mehr falsche Antworten mit 95-prozentiger Wahrscheinlichkeit oder mindestens 63 falsche Antworten mit 99-prozentiger Wahrscheinlichkeit eine gezielte Antwortmanipulation.

	X	Y	X	Y	X	Y	X	Y	X	Y
1	O		O		O		O			O
2		O	O			O	O			O
3		O		O	O			O	O	
4		O		O	O		O		O	
5	O		O		O			O		O
6		O		O	O		O		O	
7	O			O	O		O		O	
8		O		O	O		O			O
9	O		O		O		O		O	
0	O		O		O		O		O	
1	O			O	O		O			O
2		O	O		O		O		O	
3		O	O		O			O		O
4		O		O	O		O		O	
5	O		O		O		O			O
6	O		O			O	O		O	
7		O		O	O		O		O	
8	O		O		O		O			O
9		O	O		O			O	O	
0	O		O		O		O			O

Tabelle 3.7: Exakte Wahrscheinlichkeiten zur zufallskritischen Absicherung bei Alternativwahlverfahren mit 100 Einzelversuchen.

Anzahl der richtigen Antworten (k)	Wahrscheinlichkeit bei einseitiger Fragestellung	Wahrscheinlichkeit bei zweiseitiger Fragestellung
50	0,540	1
49	0,460	0,920
48	0,382	0,764
47	0,309	0,617
46	0,242	0,484
45	0,184	0,368
44	0,136	0,271
43	0,097	0,193
42	0,067	0,133
	——— 5%	
41	0,044	0,089
40	0,028	0,057
		——— 5%
39	0,018	0,035
38	0,010	0,021
	——— 1%	
37	0,006	0,012
		——— 1%
36	0,003	0,006
35	0,002	0,004

Unter Verwendung des Binomialtheorems lassen sich die exakten Wahrscheinlichkeiten berechnen, mit denen, unter der Hypothese reinen Ratens (wie bei einem Totalausfall der infrage stehenden Zielfunktion), die einzelnen Antworthäufigkeiten zu erwarten sind (Tabelle 3.7). Damit sind auch Schwellen zu bestimmen, unterhalb derer Raten unwahrscheinlich ist. Eine ausführliche Falldiskussion findet sich bei Merten und Puhlmann (2004), eine weitergehende Darstellung zu den Alternativwahlverfahren bei Giger und Merten (2009).

3.3.1.3 Schwelle für zufälliges Antworten vs. empirische Grenzwerte

Die hohe Spezifität des diagnostischen Ansatzes von Alternativwahlverfahren, die Antwortmuster unter Zufall als Kriterium für die Feststellung negativer Antwortverzerrungen benutzen, wird durch eine geringe Sensitivität erkauft, die unter Anderem in einer leichten Durchschaubarkeit der Prozedur begründet liegt. Eine deutlich bessere Sensitivität für die Erkennung negativer Antwortverzerrungen wird erreicht, wenn empirisch ermittelte Trennwerte zur Klassifikation Verwendung finden. Die Berechtigung ergibt sich daraus, dass die Beschwerdenvalidierungstests (nach Möglichkeit gegen den Augenschein) sehr leicht zu bestehen sind und eine niedrige Testdecke aufweisen. Wiedererkennungsaufgaben stellen häufig an die zu ihrer Lösung notwendigen kognitiven Ressourcen nur geringe

Anforderungen. Die tatsächliche Schwierigkeit wird von Probanden, die kognitive Beschwerden vortäuschen, überschätzt, sodass deren Testleistungen häufig schlechter sind als die von Patienten mit wirklichen, unzweifelhaften Hirnschädigungen.

Die Bestimmung eines optimalen Grenzwertes erfolgt nach der oben dargestellten *Receiver Operation Curve* Analyse. Mit solchen empirisch begründeten Cut-offs ist a priori eine bestimmte Rate von Fehlklassifikationen einkalkuliert, die insbesondere für die falsch-positiven Klassifikationen minimiert werden sollte. Falsch-positive Testergebnisse stellen gegenwärtig eine der Grenzen der Beschwerdenvalidierungstestung und eine der größten Herausforderungen für die weitere Verfahrensentwicklung dar (vgl. Merten et al., 2007). Für den Diagnostiker liegt eine wichtige Aufgabe darin, möglichst sicher solche Probanden, die im Test fälschlicherweise als positiv klassifiziert wurden, herauszufiltern. Dazu ist die Stimmigkeit aller zur Verfügung stehenden Informationen abzuklären, letztlich sind also die Ergebnisse der Beschwerdenvalidierungstests im Rahmen einer umfassenderen Plausibilitätsanalyse zu betrachten. Für detaillierte Falldarstellungen von falsch-negativer und richtig-positiver Klassifikation kann auf Henry, Merten und Wallasch (2008) sowie Merten (2010) verwiesen werden.

3.3.1.4 Beschwerdenvalidierungstests

Beschwerdenvalidierungstests sind häufig nach dem Prinzip der Alternativwahlverfahren aufgebaut, stellen aber, im Gegensatz zu den für den Einzelfall konstruierten Aufgaben (s. o.), dem Anwender fertige Itemsammlungen zur Verfügung. Neben der zufallskritischen Bestimmung von Antwortmustern unterhalb der Schwelle für reines Raten und von solchen, die im Zufallsbereich liegen, sind für diese Tests heute empirisch ermittelte Trennwerte vorhanden, die Wahrscheinlichkeitsaussagen zum Vorliegen negativer Antwortverzerrungen gestatten. Die wichtigsten und häufig verwendeten Verfahren werden in diesem Band rezensiert.

3.3.1.5 Eingebettete Beschwerdenvalidierungsindikatoren

Ein weiterer Ansatz, der gegenwärtig in großem Maßstab Forschungsgegenstand ist, betrifft die Untersuchung von eingebauten Validitätsindikatoren, d. h. Formeln oder Indikatoren für negative Antwortverzerrungen, die aus verbreiteten neuropsychologischen Tests gewonnen werden. Ein Überblick ist bei Blaskewitz und Merten (2007) zu finden. Arbeiten liegen beispielsweise zum Benton Visual Retention Test, zum Aufmerksamkeits-Belastungs-Test (Test d2), zu den Progressiven Matrizen, dem California Verbal Learning Test, den Wechsler-Gedächtnisskalen, den Wechsler-Intelligenztests und dem Wisconsin Card Sorting Test vor.

Einige neuropsychologische Tests, wie der Auditiv-Verbale Lerntest oder der Rey Complex Figure Test, sind um zusätzliche Testteile erweitert worden, die speziell der Beschwerdenvalidierung dienen. Dabei handelt es sich in der Regel um Wiedererkennungsdurchgänge mit dichotomem Antwortformat nach dem Vorbild der Alternativwahlverfahren. Einschränkungen für die diagnostische Brauchbarkeit ergeben sich daraus, dass die Klassifikationseigenschaften solcher Indikatoren häufig primär nicht ausreichend sind oder Versuche der Kreuzvalidierung unbefriedigend ausfallen (z. B. Schmidt-Atzert, Bühner, Rischen & Warkentin, 2004, sowie Merten, Blaskewitz & Stevens, 2007, für den Test d2; Egeland & Langfjaeran, 2007, für den Stroop Farbe-Wort-Interferenztest). Als Vorteile solcher Indikatoren sind nach Greve und Bianchini (2009) zu nennen:

1) Bei Verwendung eingebetteter Validitätsindikatoren wird die Sensitivität der Gesamtheit der zur Validitätsprüfung eingesetzten Verfahren verbessert, ohne dass zusätzliche Testzeit beansprucht wird.

2) Eingebettete Validitätsindikatoren liefern direkte Information über die Validität der gezeigten Leistung in spezifischen Tests.

3) Gegenüber eigenständigen Beschwerdenvalidierungstests sind sie vermutlich weniger anfällig gegenüber einem gezielten Coaching.

4) Sie können zur Bestimmung der Validität auch in solchen Kontexten herangezogen werden, in denen spezielle Beschwerdenvalidierungsverfahren nicht eingesetzt werden oder wurden, wie beispielsweise bei retrospektiven Datenanalysen. Dies gilt sowohl für die rückblickende Beurteilung von Einzelfällen als auch für die Bewertung von empirischen Forschungsergebnissen (vgl. Larrabee, Millis und Meyers, 2008).

Ihr Nachteil ist darin zu sehen, dass sie gegenüber den Beschwerdenvalidierungstests i. e. S. in der Regel bezüglich der Klassifikationseigenschaften (insbesondere im positiven und negativen Vorhersagewert, PPP und NPP) unterlegen sind. Eine höhere Anfälligkeit gegenüber falsch-positiven Ergebnissen lässt sich daraus herleiten, dass sie auf Leistungen in Tests beruhen, die speziell für die Erfassung von neuropsychologischen Störungen konstruiert wurden. Bei Verwendung solcher Indikatoren, die prinzipiell als ein Baustein im Rahmen der Validitätsanalyse zu empfehlen sind, muss der qualifizierte Diagnostiker eine besondere Umsicht und Sorgfalt in der Beurteilung erkennen lassen. Einzelheiten zu eingebetteten Indikatoren sind in der Tabelle in Kapitel 3.4 dargestellt.

3.3.1.6 Beurteilung der „Fehlergröße 1"

Es ist immer wieder zu beobachten, dass Probanden bei bestimmten Aufgaben systematisch die „Fehlergröße 1" aufweisen, also „knapp daneben" antworten. Dies kann beispielsweise in der Orientierungsprüfung, bei der Datierung historischer oder autobiografischer Ereignisse, bei Rechenproben oder bei Wissensfragen auffallen. So könnte ein Proband beispielsweise statt des korrekten Datums, Samstag, der 03. September 2011, als Antwort Freitag, der 04. Oktober 2010, liefern, als Ortsangabe statt Station 7 die 8 nennen, sein eigenes Alter ebenfalls um die Größe 1 korrigieren usw. Ein solches Verhalten ist ein wichtiger Hinweis auf das Vorliegen negativer Antwortverzerrungen, die in solchen Fällen zwingend vertiefend zu untersuchen sind.

3.3.1.7 Leistung in neuropsychologischen Tests und Profilanalysen

Die Frage, inwieweit Testwerte in traditionellen neuropsychologischen Tests für sich genommen oder in Kombination bereits zuverlässige Aussagen über mögliche Antwortverzerrungen gestatten, ist weit diskutiert und untersucht worden (z. B. Steck, Reuter, Meir-Korrell & Schönle, 2000; Suhr, Tranel, Wefel & Barrash, 1997; Trueblood, 1994; van Gorp et al., 1999). Dabei hat sich wiederholt gezeigt, dass in Leistungstests Personen, die kognitive Funktionsausfälle vortäuschen, häufig über das Ziel hinausschießen und unglaubhaft schlechte Leistungen demonstrieren, oft viel schlechter, als dies bei Patienten mit tatsächlichen schweren kognitiven Störungen der Fall ist. Eine Reihe von Grenzwerten ist für Leistungstests vorgeschlagen und hinsichtlich ihrer Klassifikationsgüte untersucht worden. Sie werden heute häufig den „eingebetteten Validitätsindikatoren" zugeordnet (siehe oben). Die wichtigsten davon sind in Kapitel 3.4 näher dargestellt worden.

Einer der Vorteile solcher eingebetteten Validitätsindikatoren besteht darin, dass sie die Plausibilität oder Konsistenz von Testdaten in prinzipiell allen kognitiven Funktionsbereichen berücksichtigen, während aus methodischen Gründen Beschwerdenvalidierungstests vorwiegend auf den Funktionsbereich Gedächtnis abstellen.

Profilanalysen sind wichtiger Bestandteil der Plausibilitätsprüfung und werden von vielen Neuropsychologen mehr oder weniger intuitiv vorgenommen. So werden häufig für die Beurteilung die Reaktionszeiten in einfachen Alertness-Aufgaben anderen, komplexeren Reaktionszeiten (z. B. in Aufgaben der selektiven Aufmerksamkeit) gegenüber gestellt. Fallen erstere höher aus, ist dies zunächst als unplausibel zu bewerten. Problematisch dabei ist allein, dass bislang keine veröffentlichten empirischen Daten zur Güte dieses Vorgehens (also auch zur Klassifikationsgenauigkeit) vorliegen, der individuelle Anwender also letztlich intuitiv sowohl die Grenzwerte bestimmen muss als auch im Unklaren über die Rate falsch-positiver und falsch-negativer Ergebnisse bleibt. In diesem Sinne ist zu empfehlen, solche Daten als relativ nachrangig gegenüber anderen, härteren Daten zur Beschwerdenvalidität zu behandeln. Tatsächlich ist die Güte von nur intuitiv vorgenommenen Profilbeurteilungen durch Experten, anders als immer wieder durch diese geltend gemacht, erheblich eingeschränkt, wie empirisch klar belegt ist (Heaton, Smith, Lehman & Vogt, 1978; van Gorp et al., 1999).

Empirische Daten zu Profilanalysen sind relativ schwer zu erhalten, schwer zu kreuzvalidieren und schwer auf andere Untersuchungskontexte zu verallgemeinern. Dies resultiert aus der Tatsache, dass der Umfang und die Art der eingesetzten Verfahren in der Regel eine hohe Variabilität zwischen einzelnen Neuropsychologen aufweist. Damit lassen sich veröffentlichte empirische Ergebnisse in der Regel nur dann auf andere Untersuchungskontexte übertragen, wenn auf die gleiche Testauswahl zurückgegriffen wird. Anders verhält es sich, wenn auf feste Testbatterien oder mehrdimensionale Verfahren zurückgegriffen wird und die Profile innerhalb dieser analysiert werden, wie dies etwa für die Halstead-Reitan Battery (McKinzey & Russell, 1997; Mittenberg, Rotholc, Russell & Heilbronner, 1996) vorgeschlagen worden ist. Viele Vorschläge für formalisierte Profilanalysen greifen insbesondere auf Diskriminanzfunktionen zu (z. B. Mittenberg et al., 1996; Sherman, Boone, Lu & Razani, 2002; van Gorp et al., 1999). Für den Rey Complex Figure Test and Recognition Trial (RCFT-RT) haben die Autoren (Meyers & Meyers, 1995) neben einer speziellen Fehlerauswertung (Memory Error Patterns, MEP) auch eine Profilanalyse vorgeschlagen, bei der die Leistung unter drei verschiedenen Abrufbedingungen (unmittelbare und verzögerte freie Reproduktion sowie Wiedererkennung) gegenüber gestellt wird. Es wurden fünf Leistungsprofile identifiziert, von denen drei untypisch für Patienten mit tatsächlichen bedeutsamen Gedächtnisstörungen, jedoch weitgehend erhaltener selbstständiger Lebensführung sind. Sherman et al. (2002) schlugen eine Profilanalyse über ausgewählte Untertests des RCFT und des Auditory Verbal Learning Test (AVLT) vor (vgl. auch Blaskewitz, Merten & Brockhaus, 2009; weiterreichend für einen Überblick über Profilanalysen: Larrabee, 2007).

3.3.1.8 Fragebogenmethoden und Fremdbeurteilungsverfahren

Neben den hier behandelten Methoden zur Validierung geltend gemachter und in Leistungstests erkennbarer kognitiver Einschränkungen sind auch Urteilsmethoden von Bedeutung, die auf die Überprüfung negativer oder positiver Antwortverzerrungen auf der Ebene der Beschwerdenschilderung ausgerichtet sind. Zu nennen sind hier insbesondere Fremdbeurteilungsskalen (z. B. Structured Interview of Reported Symptoms, SIRS, Rogers, Sewell & Gillard, 2010; Miller-Forensic Assessment of Symptoms Test, M-FAST, Miller, 2001), eigenständige Verfahren zur Prüfung von Antwortverzerrungen (Strukturierter Fragebogen Simulierter Symptome, SFSS, Cima et al., 2003; Supernormality Scale-Revised, SS-R, Cima, van Bergen & Kremer, 2008; Wildman Symptom Checklist, WSC, Wildman & Wildman, 1999) und Validitätsskalen in multidimensionalen Persönlichkeitsinventaren (z. B. Minnesota Multiphasic Personality Inventory-2, MMPI-2, Engel, 2000; Verhaltens- und Erlebensinventar, VEI, Engel & Groves, 2012). Das Freiberger Persönlichkeitsinventar (FPI-R, Fahrenberg, Hampel & Selg, 2010) enthält keine Kontrollskalen zur Erfassung negativer Antwortverzerrungen. Die Offenheitsskala erfasst Antwortstile im Sinne einer sozialen Erwünschtheit, ist also eher geeignet, Dissimulationstendenzen zu erfassen. Fällt die Offenheitsskala unauffällig aus, ist dies kein Hinweis auf fehlende *negative* Antwortverzerrungen (vgl. dazu insbesondere Merten, Friedel, Mehren & Stevens, 2007).

Eine weiterreichende Einführung in das sehr komplexe und mit umfassenden Forschungsaktivitäten verknüpfte Thema des Einsatzes von Fragenbogenmaßen im Rahmen der Beschwerdenvalidierung wird von Dohrenbusch (in diesem Band) gegeben. Dort werden auch die wichtigsten im deutschen Sprachraum verfügbaren Skalen und Verfahren in Tabellen dargestellt. Für weitergehende Darstellungen kann auch auf eine umfangreiche Literatur verwiesen werden (z. B. Dohrenbusch, Henningsen & Merten, 2011; Franke, 2002; Greene, 2008; Merten, 2011; Nelson, Sweet & Demakis, 2006).

Hinzuweisen ist schließlich darauf, dass es neben der Diagnostik und Forschung zur Anstrengungsbereitschaft (engl. *effort*) oder Leistungsmotivation *in einer gegebenen Untersuchung* (und damit zur Validität individueller Testprofile) eine eigenständige Forschungsrichtung gibt, die sich mit Leistungsmotivation als *Persönlichkeitsmerkmal* beschäftigt und die eigene Fragebogenmethoden hervorgebracht hat (Hermans, 1976; Hermans, Petermann & Zielinski, 1978).

3.3.2 Wichtige grundlegende Publikationen

3.3.2.1 Kriterien für die Beurteilung und Auswahl von Beschwerdenvalidierungstests

Neben den für psychologische Testsverfahren üblichen Gütekriterien wie Objektivität, Reliabilität, Validität, Utilität, Skalierung und Zumutbarkeit können für BVT spezifische andere Gütemerkmale diskutiert werden. Hartman (2002) hat einen Katalog von Kriterien aufgestellt, an denen Beschwerdenvalidierungstests gemessen werden können (siehe Kasten).

Kriterien zur Beurteilung der Güte von Beschwerdenvalidierungstests
1) Die Sensitivität des Verfahrens für die Erfassung eingeschränkter Leistungsbereitschaft, 2) die Spezifität des Verfahrens, das nach Möglichkeit keine Patienten mit tatsächlichen Hirnschädigungen und voller Leistungsanstrengung falsch-positiv identifizieren soll, 3) die Resistenz des Verfahrens gegenüber Coaching, 4) der Grad, in dem der Test augenscheinlich (aus der Sicht des Probanden) die definierte Zielfunktion (Gedächtnis, Sprache, Rechenfähigkeit) misst, 5) das Vorhandensein adäquater Vergleichswerte für Gesunde, Patienten mit Hirnschädigungen und Probanden, die kognitive Störungen vortäuschen, 6) die Einfachheit in der Testanwendung und -auswertung, 7) die Einfachheit in der Interpretation der Ergebnisse, 8) positive Impulse, die das Verfahren für laufende Forschungsfragestellungen liefert, 9) eine hohe Wahrscheinlichkeit, dass die definierte Zielfunktion des Tests (z. B. sprachbezogenes Gedächtnis) durch den Probanden auch als Zielsymptom für eine Aggravation oder Simulation gewählt wird.

Vorhandene Verfahren unterscheiden sich bezüglich solcher Gütekriterien deutlich voneinander, mit dem Fifteen-Item Test (Rey, 1958) und dem Punktezähltest des gleichen Autors am unteren Ende des Spektrums. Unter Rückgriff auf die Kriterien von Hartman (2002) hat Henry (2009) eine unabhängige Bewertung einer Reihe von im deutschen Sprachraum anwendbaren Verfahren vorgenommen.

3.3.2.2 Die Slick-Kriterien für die Diagnosestellung vorgetäuschter neurokognitiver Störungen

Ein umfassender Versuch, diagnostische Kriterien für die Diagnostik vorgetäuschter kognitiver Störungen zu formulieren, stammt von Slick et al. (1999). Darin werden unterschiedliche Grade an diagnostischer Sicherheit formuliert, in Abhängigkeit von den zur Verfügung stehenden Informationen, die in Richtung einer Vortäuschung kognitiver Störungen zu bewerten sind. Die der diagnostischen Urteilsbildung zugrunde gelegten Kriterien A bis D sind in Tabelle 3.8 im Überblick dargestellt.

Während die Kriterien A und D obligat für die Diagnose vorgetäuschter neurokognitiver Störungen sind, werden je nach Art und Umfang des Vorhandenseins von Hinweisen auf negative Antwortverzerrungen (Kriterien B und C) unterschiedliche Wahrscheinlichkeitsgrade definiert: die sichere Feststellung einer Vortäuschung (dazu muss das Kriterium B1 erfüllt sein), sodann eine wahrscheinliche oder lediglich mögliche Vortäuschung kognitiver Störungen. Eine ausführliche Diskussion und vorgeschlagene Modifikationen dieser Kriterien sind von Larrabee, Greiffenstein, Greve und Bianchini (2007) vorgelegt worden.

Spezifisch für das Gebiet geltend gemachter schmerzbezogener Funktionsstörungen, in deren Rahmen häufig auch kognitive Leistungsbeschwerden beschrieben werden, haben Bianchini, Greve und Glynn (2005) die Slick-Kriterien angepasst. Für dieses Spezialgebiet der klinischen und der gutachtlichen Beurteilung kann auch auf eine ausführliche Übersicht von Greve und Bianchini (2009) verwiesen werden.

Tabelle 3.8: Diagnostische Kriterien nach Slick et al. (1999), die bei der Diagnose vorgetäuschter kognitiver Störungen zu berücksichtigen sind.

Kriterium	Erläuterung
A. Identifizierung eines bedeutsamen externalen Störungsgewinns	Eingangskriterium, das für die Feststellung einer Vortäuschung (Simulation oder Aggravation) positiv sein muss
B. Hinweise auf Antwortverzerrungen, die aus der neuropsychologischen Testdiagnostik stammen	B1. Unter-Zufall-Antworten in Alternativwahlverfahren B2. Weitere auffällige Ergebnisse in gut empirisch gestützten Beschwerdenvalidierungstests und -indikatoren B3. Diskrepanzen zwischen den Testdaten und bekannten Mustern von Hirnfunktionen/Hirnschädigungen B4. Diskrepanzen zwischen den Testdaten und dem beobachtbaren Verhalten B5. Diskrepanzen zwischen den Testdaten und zuverlässiger Informationen von dritter Seite B6. Diskrepanzen zwischen den Testdaten und anamnestischen Informationen aus der Aktenlage
C. Hinweise auf Antwortverzerrungen, die aus den gelieferten Angaben des Probanden und der Selbstbeurteilung stammen	C1. Diskrepanzen zwischen den gelieferten Angaben und anamnestischen Informationen aus der Aktenlage C2. Diskrepanzen zwischen der Beschwerdenschilderung und den bekannten Mustern von Hirnfunktionen/Hirnschädigungen C3. Diskrepanzen zwischen der Beschwerdenschilderung und dem beobachtbaren Verhalten C4. Diskrepanzen zwischen der Beschwerdenschilderung und zuverlässiger Informationen von dritter Seite C5. Hinweise auf eine Übertreibung oder Erfindung psychischer Dysfunktionalität, u. a. aus gut validierten Fragebogenskalen
D. Ausschluss anderer Ursachen	Die Verhaltensweisen, die unter B und C aufgeführt sind, dürfen nicht *vollständig* durch psychiatrische, neurologische oder Entwicklungsfaktoren erklärt werden.

3.3.2.3 Positionspapier der NAN und Leitlinien zur neuropsychologischen Begutachtung

Ein vom Policy and Planning Commitee der National Academy of Neuropsychology (NAN) erstmals 2005 veröffentlichtes Positionspapier „Diagnostik der Beschwerdenvalidität: Praktische Gesichtspunkte und medizinische Erfordernisse" (deutsch: Bush et al., 2007) ist rasch nach seinem Erscheinen zu einer der meistzitierten Referenzen im Rahmen der Beschwerdenvalidierung geworden. Die dort niedergelegten allgemeinen und verfahrensübergreifenden Grundsätze einer adäquaten Diagnostik der Beschwerdenvalidität stellen die bislang beste Darstellung dieser Thematik in einer solchen kurzgefassten Form dar. Eine Kenntnis und, bei Bedarf, der Bezug auf dieses Positionspapier ist nachdrücklich zu empfehlen.

Danach ist eine adäquate Prüfung der Angaben eines Probanden auf ihre Gültigkeit ebenso erforderlich wie die Prüfung der Anstrengungsbereitschaft bei Leistungstests. Zur Diagnostik der Beschwerdenvalidität können spezifische Tests, Indizes und Beobachtungen herangezogen werden, welche Methoden im Einzelnen eingesetzt werden, ist jedoch kontextabhängig durch den Neuropsychologen zu entscheiden. Das kann nur geschehen, wenn dieser mit den aktuellen Entwicklungen auf diesem diagnostischen Gebiet vertraut ist.

In klinischen Kontexten, in denen eine neuropsychologische Untersuchung indiziert ist, kann auch eine adäquate Diagnostik der Beschwerdenvalidität unverzichtbar und damit „medizinisch notwendig" sein. Im Gutachtenkontext, in dem von einer erhöhten Prävalenz negativer Antwortverzerrungen auszugehen ist, „stehen Neuropsychologen in der Verantwortung, eine besonders umfangreiche Diagnostik der Beschwerdenvalidität vorzunehmen" (Bush et al., 2007, S. 160). Mit Bezug auf eine sich inzwischen in nordamerikanischen Begutachtungspraxis herausgebildete Grundhaltung (z. B. Iverson, 2003) wird von den Autoren des Positionspapiers eine neuropsychologische Untersuchung, die keine sorgfältige Überprüfung der Leistungsmotivation und Anstrengungsbereitschaft enthält, als unvollständig angesehen.

3.4 Übersichtstabelle: BESCHWERDENVALIDIERUNG

Der folgende tabellarische Überblick über Beschwerdenvalidierungsverfahren ist in drei Tabellen untergliedert: Die erste Tabelle enthält alle besprochenen Verfahren: sowohl jene, die ausführlich rezensiert sind, als auch weitere Verfahren, die nur im Rahmen einer zweiten Tabelle kurz beschrieben werden. Diese Tabelle mit „weiteren Verfahren" schließt sich unmittelbar an. In einer dritten Tabelle werden Testverfahren aufgelistet, in denen Validitätsindikatoren eingebettet sind. Das sind also Tests, die primär zur Überprüfung kognitiver Funktionen konzipiert sind und zusätzlich Auswertungsmöglichkeiten bieten, die für eine Beschwerdenvalidierung eingesetzt werden können.

Fragebögen zur Beschwerdenvalidierung sind in diesem tabellarischen Überblick nicht mit aufgenommen; sie werden in Kapitel 3.5 gesondert dargestellt.

Die Testverfahren in den drei Tabellen sind nach den kognitiven Funktionen untergliedert, die von den Testaufgaben primär beansprucht werden.

Beschwerdenvalidierung: rezensierte Verfahren	Beschwerdenvalidierung: weitere Verfahren	eingebettete Validitätsindikatoren
– Gedächtnis	– Gedächtnis	– Gedächtnis
– Aufmerksamkeit	– Aufmerksamkeit	– Aufmerksamkeit
– Wahrnehmung	–	– Wahrnehmung
–	–	– Exekutive Funktionen
– Emotionen	–	–
– Testbatterien und Testsammlungen	–	–

Die folgende Tabelle enthält in der ersten Spalte den Namen des Verfahrens. Wie die Anstrengungsbereitschaft bzw. negative Antwortverzerrungen operationalisiert werden, ist in der zweiten Spalte skizziert, die Seitenangaben sind in der dritten Spalte zu finden. Kursiv gedruckt werden jene „weiteren Verfahren", die in der zweiten Tabelle (s. u.) kurz beschrieben sind. Fett gedruckt sind die Tests, für die eine Rezension vorliegt.

Beschwerdenvalidierung: Rezensierte Verfahren		
Gedächtnis		
Kurzzeitgedächtnis		verbal
Amsterdamer Kurzzeitgedächtnistest (AKGT, ASTM)	**Einprägen einer Liste von fünf assoziativ stark miteinander verbundenen Targetwörtern; Distraktoraufgabe; Wiedererkennung im Mehrfachwahl-Format.**	585
Letter Memory Test (LMT)	*Tabelle: Weitere Verfahren*	577
Kurzzeitgedächtnis		numeral
Computerized Assessment of Response Bias (CARB)	*Tabelle: Weitere Verfahren*	577
One-in-Five Test	*Tabelle: Weitere Verfahren*	577
Portland Digit Recognition Test (PDRT)	*Tabelle: Weitere Verfahren*	577
Victoria Symptom Validity Test (VSVT)	*Tabelle: Weitere Verfahren*	577
Kurzzeitgedächtnis		visuell
Kurzzeitgedächtnis A (KZG-A) aus: Testbatterie zur Forensischen Neuropsychologie (TBFN)	Wiedererkennen von Bildobjekten; Alternativwahl	648
Rey Memory Test (RMT) Fifteen-Item Test (FIT)	**Einprägen einer sehr leicht merkbaren Anordnung von 15 Zeichen für 10 Sekunden; freier Abruf sofort im Anschluss.**	630
Rey II	*Tabelle: Weitere Verfahren*	578
Rey 15-Item Recognition Trial	*Tabelle: Weitere Verfahren*	578
Coin-in-the-Hand Test	*Tabelle: Weitere Verfahren*	578

Kurzzeitgedächtnis	verbal und visuell-räumlich	
Aggravations- und Simulationstest (AST)	Präsentation von Bildern, Wörtern und Zahlen; Wiedererkennung sofort im Anschluss an jede Präsentation; Format: Alternativwahl.	593
Kurzzeitgedächtnis	**auditiv**	
Kurzzeitgedächtnis B (KZG-B) aus: Testbatterie zur Forensischen Neuropsychologie (TBFN)	Wiedererkennen von Geräuschen; Alternativwahl.	648
Episodisches Langzeitgedächtnis	**verbal**	
Word Memory Test (WMT)	Lernen von assoziativ verbundenen Wortpaaren; Wiedererkennung in den Formaten Alternativwahl und Mehrfachwahl, Paarassoziationsabruf, freier Abruf und verzögerter freier Abruf.	657
Medical Symptom Validity Test (MSVT)	Lernen von assoziativ eng verbundenen Wortpaaren; Wiedererkennung im Format Alternativwahl, Paarassoziationsabruf und freier Abruf.	608
Gedächtnisfähigkeit im Alltag (TÜGA) aus: Testbatterie zur Forensischen Neuropsychologie (TBFN)	Einprägen von fünf Termin-Kombinationen à drei Informationseinheiten, freier Abruf und Wiedererkennen der einzelnen Informationen aus vier Antwort-Alternativen.	645
Word Recognition List (WRL)	*Tabelle: Weitere Verfahren*	578
Episodisches Langzeitgedächtnis	**visuell-räumlich**	
Test of Memory Malingering (TOMM)	Einprägen von 50 Strichzeichnungen von Objekten; Wiedererkennung im Format Alternativwahl.	637
Non-Verbal Medical Symptom Validity Test (NV-MSVT)	Einprägen von Bildern, die jeweils zwei ungewöhnlich miteinander assoziierte Elemente enthalten; Wiedererkennung im Format Alternativwahl, Paarassoziationsabruf und freier Abruf.	618
Episodisches Langzeitgedächtnis	**auditiv**	
Bremer Auditiver Gedächtnistest (BAGT) aus: Testbatterie zur Forensischen Neuropsychologie (TBFN)	Einprägen von 5 Geräuschsequenzen à 3 Items; freier Abruf sofort im Anschluss.	649

Implizites Gedächtnis		verbal
Word Completion Memory Test (WCMT)	*Tabelle: Weitere Verfahren*	579
Aufmerksamkeit		
b Test	*Tabelle: Weitere Verfahren*	579
Punkte-Zähl-Test, Dot Counting Test (DCT)	*Tabelle: Weitere Verfahren*	579
Wahrnehmung		
Wahrnehmung		visuell
Bremer Symptom-Validierung (BSV), Wahrnehmung visuell aus: Testbatterie zur Forensischen Neuropsychologie (TBFN)	Zwei verschieden Reizmuster sollen zugeordnet werden; Alternativwahl-Format. Sechs Untertests zur Validierung folgender Beschwerden: – kein Sehvermögen auf beiden Augen – eingeschränktes Sehvermögen auf beiden Augen – eingeschränktes Kontrastsehen auf beiden Augen – eingeschränktes Kontrastsehen auf einem Auge – eingeschränktes Konturenerkennen (geometrische Formen) – eingeschränktes Konturenerkennen (Fotos)	645
Wahrnehmung		auditiv
Bremer Symptom-Validierung (BSV), Wahrnehmung auditorisch aus: Testbatterie zur Forensischen Neuropsychologie (TBFN)	Zwei verschiedene Reizmuster sollen zugeordnet werden; Alternativwahl-Format. Elf Untertests zur Validierung folgender Beschwerden: – kein Hörvermögen auf beiden Ohren – kein Hörvermögen auf einem Ohr – eingeschränktes Hörvermögen auf beiden Ohren – eingeschränktes Hörvermögen auf einem Ohr – Geräuschagnosie	645
Emotionen		
Erkennen von Gesichtsausdrücken		
Morel Emotional Numbing Test (MENT)	**Erkennen von emotionalen Ausdrücken auf Fotos von Gesichtern, Format: Alternativwahl.**	**600**
Testbatterien und Testsammlungen		
Testbatterie zur Forensischen Neuropsychologie (TBFN)	22 computerbasierte Einzeltests, die auf unterschiedliche Materialien und Testprinzipien zurückgreifen, in der Mehrzahl nach Alternativwahl.	645

Beschwerdenvalidierung: Weitere Verfahren		
Gedächtnis		
Kurzzeitgedächtnis		**verbal/numeral**
Computerized Assessment of Response Bias (CARB)	*Material:* computerbasierter Test, Präsentation je einer Ziffernfolge. *Aufgabe:* Nach Distraktoraufgabe (Rückwärtszahlen) Wiedererkennung der zuvor dargebotenen Ziffernfolge.	Allen, L. M., Conder, R. L., Green, P. & Cox, D. R. (1997). *CARB '97. Manual for the Computerized Assessment of Response Bias.* Durham, NC: CogniSyst.
Letter Memory Test (LMT)	*Material:* computerbasierter Test, Präsentation von Buchstabenfolgen variabler Länge, die aus den ersten 10 Konsonanten des Alphabets erstellt wurden. *Aufgabe:* Nach einem Warteintervall Wiedererkennung der zuvor dargebotenen Buchstabenfolge unter zwei, drei oder vier Wahlmöglichkeiten.	Inman, T. H., Vickery, C., Berry, D., Lamb, D., Edwards, C. & Smith, G. (1998). Development and initial validation of a new procedure for evaluating adequacy of effort given during neuropsychological testing: The Letter Memory Test. *Psychological Assessment, 10,* 120–127.
One-in-Five Test	*Material:* Stimuluskarten mit einer Anordnung von jeweils vier einzuprägenden Ziffern. Antwortkarten mit fünf Ziffern. *Aufgabe:* Wiedererkennung einer der zuvor gezeigten Ziffer. Über drei Aufgabenserien hinweg nimmt das Warteintervall zu.	Gubbay, J. (o. J.). *Guidelines for 1-In-5 Test.* Unpublished manuscript. Sydney, Australia. Tydecks, S., Merten, T. & Gubbay, J. (2006). The Word Memory Test and the One-in-Five-Test in an analogue study with Russian-speaking participants. *International Journal of Forensic Psychology, 1* (3), 29–37.
Portland Digit Recognition Test (PDRT)	*Material:* Auditive Präsentation einer Ziffernfolge. *Aufgabe:* Nach Distraktoraufgabe (Rückwärtszählen) Wiedererkennung der zuvor dargebotenen Ziffernfolge. Drei Blöcke mit zunehmender Länge der Distraktoraufgabe.	Binder, L. M. (1993). Assessment of malingering after mild head trauma with the Portland Digit Recognition Test. *Journal of Clinical and Experimental Neuropsychology, 15,* 170–182.
Victoria Symptom Validity Test (VSVT)	*Material:* computerbasierte Präsentation einer Ziffernfolge. *Aufgabe:* Nach Warteintervall Wiedererkennung der zuvor dargebotenen Ziffernfolge. Drei Blöcke mit zunehmender Länge des Warteintervalls.	Slick, D. J., Hopp, G., Strauss, E. & Spellacy, F. J. (1996). Victoria Symptom Validity Test: Efficiency for detecting feigned memory impairment and relationship to neuropsychological tests and MMPI-2 validity scales. *Journal of Clinical and Experimental Neuropsychology, 18,* 911–922.

Kurzzeitgedächtnis		**visuell**
Coin-in-the-Hand Test	*Material:* Münze und vorab festgelegtes Darbietungsschema. *Aufgabe:* Münze wird dem Probanden kurz präsentiert. Nach Ablenkungsaufgabe bei geschlossenen Augen soll der Proband erinnern, in welcher Hand des Untersuchers sich die Münze befindet.	Kapur, N. (1994). The Coin-in-the-Hand Test: A new „bedside" test for the detection of malingering in patients with suspected memory disorder. *Journal of Neurology, Neurosurgery and Psychiatry, 57,* 385–386.
Rey II	*Material:* Stimulus-Karte mit 15 Symbolen ähnlich dem Fifteen-Item Test. *Aufgabe:* Einprägen der Symbole und unmittelbare freie Reproduktion. *Auswertung:* Zusätzlich zur Auszählung der korrekt wiedergegebenen Elemente wird auch ein qualitatives Auswerteschema vorgeschlagen, das sowohl Ausschmückungs- als auch Anordnungsfehler umfasst.	Griffin, G. A. E., Glassmire, D. M., Henderson, E. A. & McCann, C. (1997). Rey II: Redesigning the Rey screening test of malingering. *Journal of Clinical Psychology, 53,* 757–766.
Rey 15-Item Recognition Trial	*Material:* Im Anschluss an den Fifteen-Item Test vorzulegende Tafel mit 30 Buchstaben, Zahlen und Symbolen. *Aufgabe:* Wiedererkennung der zur Originaltafel des Fifteen-Item Test gehörenden Zeichen. *Auswertung:* Berechnung eines kombinierten Wertes aus freiem Abruf, korrekt wiedererkannten Zeichen und Falsch-Positiven.	Boone, K. B., Salazar, X., Lu, P., Warner-Chacon, K. & Razani, J. (2002). The Rey 15-Item Recognition Trial: A technique to enhance sensitivity of the Rey 15-Item Memorization Test. *Journal of Clinical and Experimental Neuropsychology, 24,* 561–573. Erster deutscher Einsatz: Rüsseler, J., Brett, A., Klaue, U., Sailer, M. & Münte, T. F. (2008). The effect of coaching on the simulated malingering of memory impairment. *BMC Neurology, 8,* 37.
Episodisches Langzeitgedächtnis		**verbal**
Word Recognition List (WRL)	*Material:* Zwei Wortlernlisten (A und B) und eine Wiedererkennungsliste. *Aufgabe:* Im Test A Wiedererkennung der Wörter aus einer schriftlich dargebotenen Liste; im Test B freie Reproduktion der Wörter.	Rey, A. (1941). L'examen psychologique dans les cas d'encéphalopathie traumatique. *Archives de Psychologie, 28,* 286–340. Deutsche Variante: Heubrock, D. (1995). Neuropsychologische Diagnostik bei Simulationsverdacht – ein Überblick über Forschungsergebnisse und Untersuchungsmethoden. *Diagnostica, 41,* 303–321.

Implizites Gedächtnis		**verbal**
Word Completion Memory Test (WCMT)	*Material:* Zwei Wortlisten. Listen von Wortanfängen. *Aufgabe:* Abschreiben der Wortlisten und Beurteilung der emotionalen Valenz jedes Wortes. Inklusionsbedingung: Ergänzung der Wortanfänge mit erinnerten Listenwörtern. Exklusionsbedingung: Ergänzung von Wortanfängen mit Wörtern, die nicht aus der zugehörigen Liste stammten.	Hilsabeck, R. C., LeCompte, D. C., Marks, A. R. & Grafman, J. (2001). The Word Completion Memory Test (WCMT): A new test to detect malingered memory deficits. *Archives of Clinical Neuropsychology, 16,* 669–677. Deutsche Version: Merten, T., Henry, M. & Hilsabeck, R. (2004). Symptomvalidierungstests in der neuropsychologischen Diagnostik: eine Analogstudie. *Zeitschrift für Neuropsychologie, 15,* 81–90.
Aufmerksamkeit		
b Test	*Material:* In großem Druck auf einem Blatt angeordnete Buchstaben b, d, p und q. *Aufgabe:* Alle Buchstaben b heraussuchen und einkreisen.	Boone, K. B., Lu, P. H. & Herzberg, D. S. (2002). *The b Test. Manual.* Los Angeles, CA: Western Psychological Services.
Punkte-Zähl-Test, Dot Counting Test (DCT)	*Material:* Karten mit unsystematisch oder systematisch angeordneten Punkten. *Aufgabe:* Möglichst rasches Zählen der Punkte.	Rey, A. (1941). L'examen psychologique dans les cas d'encéphalopathie traumatique. *Archives de Psychologie, 28,* 286–340. Testvariante mit adaptiertem Testmaterial: Boone, K. B., Lu, P. H., Back, C., King, C., Lee, A., Philpott, L. et al. (2002). Sensitivity and specificity of the Rey Dot Counting Test in patients with suspect effort and various clinical samples. *Archives of Clinical Neuropsychology, 17,* 625–642.
Eingebettete Beschwerdenvalidierungsindikatoren		
Gedächtnis		
Kurzzeitgedächtnis		**verbal/numeral**
Reliable Digit Span (RDS)	*Aufgabe:* Zahlen-Nachsprechen vorwärts und rückwärts. *Auswertung* zur Beschwerdenvalidierung: Berechnung der Summe aus der längsten Ziffernreihe, die in beiden Einzelversuchen vorwärts korrekt wiederholt wurde, und der längsten Ziffernreihe, die in beiden Einzelversuchen rückwärts korrekt wiederholt wurde.	Greiffenstein, M. F., Baker, W. J. & Gola, T. (1994). Validation of malingered amnesia measures with a large clinical sample. *Psychological Assessment, 6,* 218–224.

Kurzzeitgedächtnis		visuell
Reliable Spatial Span (RSS)	*Aufgabe:* Blockspanne vorwärts und rückwärts. *Auswertung* zur Beschwerdenvalidierung: Entwicklung äquivalent zur RDS, d. h. Berechnung der Summe aus der längsten Blockspanne, die in beiden Einzelversuchen vorwärts korrekt wiederholt wurde, und der längsten Blockspanne, die in beiden Einzelversuchen rückwärts korrekt wiederholt wurde.	Ylioja, S. G., Baird, A. D. & Podell, K. (2009). Developing a spatial analogue of the Reliable Digit Span. *Archives of Clinical Neuropsychology, 24*, 729–739.

Episodisches Langzeitgedächtnis		figural
Rey Complex Figure Test und Recognition Trail (RCFT-RT)	*Aufgabe:* Abzeichnen der komplexen Figur von Rey/Osterrieth, freie Reproduktion der Figur nach 3 und nach 30 Minuten, anschließend Wiedererkennung von Einzelelementen (ja/nein). *Auswertung* zur Beschwerdenvalidierung: (a) Profilanalyse über die Leistung in den drei Abrufbedingungen des Tests; Bestimmung des Profiltyps. (b) Fehleranalyse im Wiedererkennungsdurchgang; zwei untypische Fehlerarten sind verdächtig auf negative Antwortverzerrungen.	Meyers, J. E. & Meyers, K. R. (1995). *Rey Complex Figure Test and Recognition Trial.* Professional Manual. Lutz, FL: Psychological Assessment Resources. Blaskewitz, N., Merten, T. & Brockhaus, R. (2009). Detection of suboptimal effort with the Rey Complex Figure Test and Recognition Trial. *Applied Neuropsychology, 16*, 54–61.
Visual Retention Test (VRT), Benton-Test	*Aufgabe:* Unterschiedliche Darbietungsformen. In der meistverwendeten Form C Darbietung einer Anordnung geometrischer Figuren für 10 Sekunden, anschließend freie Reproduktion durch den Probanden. In der Alternativ-Wahl-Form Vorlage von jeweils vier Mustern, unter denen das zuvor einzuprägende auszuwählen ist *Auswertung* zur Beschwerdenvalidierung: (a) Qualitative Auswertung unterschiedlicher Fehlertypen. (b) Zufallskritische Analyse der Antworten in der Alternativ-Wahl-Form.	Sivan, A. B. & Spreen, O. (1996). *Der Benton-Test. Handbuch* (7., vollständig überarbeitete Auflage). Bern: Huber. Benton, A. L. & Spreen, O. (1961). Zur Simulation intellektueller Leistungsdefekte im Benton-Test. *Psychologische Beiträge, 7*, 147–150. Loewer, H. D. & Ulrich, K. (1971). Eine Alternativ-Wahl-Form des Benton-Testes zur besseren Erfassung von Aggravation und Simulation. In E. Duhm (Hrsg.), *Praxis der klinischen Psychologie, Band II* (S. 63–75). Göttingen: Hogrefe.

Episodisches Langzeitgedächtnis		verbal
California Verbal Learning Test (CVLT, CVLT-II)	*Aufgabe:* Lernen einer Wortliste A, die fünfmal dargeboten wird, Darbietung einer Interferenzliste, dann freier und semantisch gestützter Abruf der Liste A. Nach 20-minütigem Intervall erneut freier und semantisch gestützter Abruf der Liste A, dann Wiedererkennung. Optional nach weiterem Intervall Alternativwahl-Wiedererkennung. *Auswertung* zur Beschwerdenvalidierung: Verschiedene eingebettete Variablen sind als Validitätsparameter diskutiert und untersucht worden. Eine gute Eignung wird bislang verschiedenen Diskriminabilitäts-Indizes und der Anzahl richtiger Antworten im verzögerten freien Abruf zugesprochen. Die Untersuchung zuverlässiger Validitätsindizes erscheint durch die große Anzahl der im Test bestimmten Variablen erschwert.	Niemann, H., Sturm, W., Thöne-Otto, A. I. T. & Willmes, K. (2008). *California Verbal Learning Test (CVLT) – Deutsche Adaptation.* Frankfurt/Main: Pearson Assessment. Curtis, K. L., Greve, K. W., Bianchini, K. J. & Brennan, A. (2006). California Verbal Learning Test indicators of malingered neurocognitive dysfunction. Sensitivity and specificity in traumatic brain injury. *Assessment, 13,* 46–61. Wolfe, P. L., Millis, S. R., Hanks, R., Fichtenberg, N., Larrabee, G. J. & Sweet, J. J. (2010). Effort indicators within the California Verbal Learning Test-II (CVLT-II). *The Clinical Neuropsychologist, 24,* 153–168.
Verbaler Lern- und Merkfähigkeitstest (VLMT) (Rey) Auditory Verbal Learning Test (RAVLT; AVLT)	*Aufgabe:* Lernen einer Wortliste, die fünfmal dargeboten wird. Unmittelbarer Abruf einer zweiten Liste (Interferenz), dann erneuter freier Abruf der Liste 1. Verzögerte freie Reproduktion nach ca. 30 Minuten und Wiedererkennungsdurchgang. *Auswertung* zur Beschwerdenvalidierung: Studien liegen zu zahlreichen möglichen Validierungsparametern und -formeln vor, unter anderem: – Fehlen eines Primacy-Effektes – Verschlechterung in der Wiedererkennung – Inkonsistenz zwischen freiem Abruf und Wiedererkennung – speziell entwickelter Aggravationsindex (EI) – Parameter in einer erweiterten Testfassung (AVLTX).	Helmstaedter, C., Lendt, M. & Lux, S. (2001). *VLMT – Verbaler Lern- und Merkfähigkeitstest.* Manual. Göttingen: Beltz Test. Barrash, J., Suhr, J. & Manzel, K. (2004). Detecting poor effort and malingering with an expanded version of the Auditory Verbal Learning Test (AVLTX): Validation with clinical samples. *Journal of Clinical and Experimental Neuropsychology, 26,* 125–140. Rey, A. (1964). *L'examen clinique en psychologie.* Paris: Presses Universitaires de France. Schmidt, M. (1996). Los Angeles: Western Psychological Services.

Episodisches Langzeitgedächtnis		Gesichter
Recognition Memory Test (RMT), Faces	*Aufgabe:* Einprägen von 50 Gesichtern (Schwarz-Weiß-Fotos von männlichen Erwachsenen). Wiedererkennung im Alternativwahlformat. *Auswertung* zur Beschwerdenvalidierung: Zufallskritische Auswertung nach der Binomialverteilung möglich, mit Bestimmung von Unter-Zufall-Antworten und Antwortmustern im Zufallsbereich. Zusätzlich wurde ein empirischer Grenzwert bestimmt, unterhalb dessen eine suboptimale Anstrengungsbereitschaft wahrscheinlich ist.	Warrington, E. K. (1984). *Recognition Memory Test. Manual.* Berkshire: NFER-Nelson. Millis, S. R. (2002). Warrington's Recognition Memory Test in the detection of response bias. *Journal of Forensic Neuropsychology, 2,* 147–166.

Aufmerksamkeit		
Fokussierte Aufmerksamkeit		**Durchstreichtests**
Aufmerksamkeits-Belastungs-Test (Test d2)	*Aufgabe:* Erkennen und Durchstreichen aller Buchstaben d mit zwei Strichen. Beispiele: d̈, d́ *Auswertung* zur Beschwerdenvalidierung: a) Doppelfehler als Indikator für Simulation. b) Buchstabenfehler als Indikator für Simulation.	Brickenkamp, R. (2002). *Test d2 – Aufmerksamkeits-Belastungs-Test. Manual* (9. Auflage). Göttingen: Hogrefe. Schmidt-Atzert, L. & Bühner, M. (1998). Fehlertypen im Aufmerksamkeits-Belastungs-Test d2. *Diagnostica, 44,* 142–152. Schmidt-Atzert, L., Bühner, M., Rischen, S. & Warkentin, V. (2004). Erkennen von Simulation und Dissimulation im Test d2. *Diagnostica, 50,* 124–133.
Geteilte Aufmerksamkeit		**auditiv**
Progressiver Auditiver Serieller Additionstest (PASAT)	*Aufgabe:* Akustisch dargeboten werden fortlaufend in zufälliger Reihenfolge die Zahlen von 1 bis 9. Jeweils die letztgenannte Zahl muss zur vorausgegangenen addiert und das Ergebnis laut genannt werden. Präsentierte Zahlen 5 3 7 4 2 Richtige Antworten 8 10 11 6 *Auswertung* zur Beschwerdenvalidierung: Profilanalyse: (a) Leistung bei unterschiedlicher Darbietungsgeschwindigkeit; (b) Vergleich 1. vs. 2. Testhälfte der vier Untertests.	Schellig, D., Niemann, H. & Schächtele, B. (2005). *Progressiver Auditiver Serieller Additions-Test (PASAT).* Mödling: Schuhfried. Schellig, D., Niemann, H. & Schächtele, B. (2003). *Progressiver Auditiver Serieller Additions-Test (PASAT).* Frankfurt/Main: Swets. Lezak, M. D. (2004). *Neuropsychological assessment* (4th. ed.). New York: Oxford University Press.

Visuell-räumliche Wahrnehmung		
Line Orientation Test (LOT) Judgment of Line Orientation Test (JLO)	*Material:* Zu bestimmen ist die Winkelausrichtung von je paarweise dargebotenen Linien. Die Antwort erfolgt mittels Mehrfachwahl (Auswahl von 2 unter 11 möglichen Linien einer Vorlage). *Auswertung* zur Beschwerdenvalidierung: Bestimmung der absoluten Fehlergröße.	Benton, A. L., Sivan, A. B., Hamsher, K.deS., Varney, N. R. & Spreen, O. (1994). *Contributions to neuropsychological assessment. A clinical manual* (2nd ed.). New York: Oxford University Press. Meyers, J. E., Galinsky, A. M. & Volbrecht, M. (1999). Malingering and mild brain injury: How low is too low? *Applied Neuropsychology, 6,* 208–216. Iverson, G. L. (2001). Can malingering be identified with the Judgment of Line Orientation Test? *Applied Neuropsychology, 8,* 167–173.
Exekutive Funktionen		
Wechseln		
Trail Making Test (TMT)	*Aufgabe:* Teil A: Verbinden von 25 Zahlen in aufsteigender Reihenfolge: 1 – 2 – 3 – 4 … Teil B: Alternierendes Verbinden von Zahlen und Buchstaben: 1 – A – 2 – B – 3 – C … *Auswertung* zur Beschwerdenvalidierung: unter anderem das Verhältnis der Zeiten TMT-B : TMT-A.	Reitan, R. M. (1992). *Trail Making Test. Manual for administration and scoring.* South Tucson, AZ: Reitan Neuropsychology Laboratory. Ruffulo, L. F., Guilmette, T. J. & Willis, W. G. (2000). Comparison of time and error rates on the Trail Making Test among patients with head injuries, experimental malingerers, patients with suspect effort on testing, and normal controls. *Clinical Neuropsychologist, 14,* 223–230.
Problemlösen/Planen: Sortieren und Kategorisieren		
Wisconsin Card Sorting Test (WCST)	*Aufgabe:* Karten mit geometrischen Figuren sollen nach einer bestimmten Regel sortiert werden. Die jeweils gültige Regel soll durch den Probanden anhand von Rückmeldungen (richtig/falsch) erkannt werden. *Auswertung* zur Beschwerdenvalidierung: Studien liegen zu zahlreichen möglichen Validierungsparametern und -formeln vor, unter anderem zu: – Anzahl der *unique responses* – Anzahl der *failures zu maintain set* – Fehlerzahl bei eindeutig zuordenbaren Karten (sog. *perfect mismatches*).	Heaton, R. K., Chelune, G. J., Talley, J. L., Kay, G. G. & Curtiss, G. (1993). *Wisconsin Card Sorting Test manual – revised and expanded.* Odessa, FL: Psychological Assessment Resources. Sweet, J. J. & Nelson, N. W. (2007). Validity indicators within executive function measures: Use and limits in detection of malingering. In K. B. Boone (Ed.), *Assessment of feigned cognitive impairment: A neuropsychological perspective* (pp. 152–177). New York: Guilford Press.

Kognitive Regulation: Exekutive Aufmerksamkeitsprozesse – Konfliktverarbeitung

Farbe-Wort-Interferenz-test (FWIT)	*Aufgabe:* Lesen von Farbwörtern; Benennen von Farbstrichen; Interferenzversuch (Benennen der Farbe von farbig gedruckten Farbwörtern). *Auswertung* zur Beschwerdenvalidierung: Umkehrung des Stroop-Effekts, d. h. relativ bessere Leistung im Interferenzversuch.	Bäumler, G. (1985). *Farbe-Wort-Interferenztest nach J. R. Stroop.* Göttingen: Hogrefe. Osimani, A., Alon, A., Berger, A. & Abarbanel, J. M. (1997). Use of the Stroop phenomenon as a diagnostic tool for malingering. *Journal of Neurology, Neurosurgery, and Psychiatry, 62,* 617–621.

Konvergentes Denken   **figural**

Raven Standard Progressive Matrices (SPM)	*Aufgabe:* Klassische Matrizenaufgabe; Ergänzung einer Matrix aus geometrischen Figuren, in der ein Element ausgelassen wurde. *Auswertung* zur Beschwerdenvalidierung: Ermittlung der Leistungskurve innerhalb der Serien A bis E und Überprüfung auf Plausibilität.	Raven, J. C. (1956). *Standard Progressive Matrices, Sets A, B, C, D, E.* London: Lewis. Gudjonsson, G. S. & Shackleton, H. (1986). The pattern of scores on Raven's Matrices during ‚faking bad' and ‚non-faking' performance. *British Journal of Clinical Psychology, 25,* 35–41.

Amsterdamer Kurzzeitgedächtnistest (AKGT)

Ben Schmand & Jaap Lindeboom

Leiden, NL: PITS, 2005

Zusammenfassende Testbeschreibung

Zielsetzung und Operationalisierung	**Konstrukte**
	Anstrengungsbereitschaft bei geltend gemachten Gedächtnis- und/ oder Konzentrationsstörungen, Leistungsmotivation in der Testuntersuchung, negative Antwortverzerrungen.

Testdesign

Prinzip der verdeckten Leichtigkeit bei verbalen Wiedererkennungsaufgaben – als Basisaufgabe dient das Behalten einer kurzen Wortliste, gefolgt von einer Distraktoraufgabe und einer anschließenden Wiedererkennungsabfrage (Mehrfachwahl-Wiedererkennung).

Angaben zum Test

Vergleichsgruppe

experimentelle Simulanten (N = 84), Gruppe mit neurologischen Erkrankungen (N = 146) bzw. Schädel-Hirn-Trauma (N = 60); keine soziodemografischen Angaben.

Material

PC-Software, Manual (deutsch, englisch), Protokollbogen mit Interpretationshinweisen.

Durchführungsdauer

10 bis 15 Minuten; bei Probanden mit suboptimalem Leistungsverhalten deutlich länger.

Testkonstruktion

Design

Aufgabe

Zwei Übungs- und 30 Testtrials mit einem jeweils dreistufigen Ablauf: Fünf Wörter aus derselben semantischen Kategorie (z. B. Kleidung, Möbel) werden auf dem Bildschirm präsentiert. Die Wörter sind laut vorzulesen und zu merken. Es folgt eine Additions- oder Subtraktionsaufgabe im zweistelligen Zahlenbereich, bei der das Resultat mündlich

anzugeben ist (vereinfachte Aufgaben bei offenkundigen Rechendefi-
ziten). Anschließend werden erneut fünf Wörter vorgegeben, von denen
drei bereits in der ersten Liste enthalten waren – diese sind zu benennen.

Wortliste	Rechenaufgabe	Abfrage
Hose Jacke Hut Mantel Kleid	46 + 15	Mantel Bluse Hut Kleid T-Shirt

Konstruiertes Beispiel einer Testaufgabe

Konzept
Der Test beansprucht, die Anstrengungsbereitschaft des Probanden in
testpsychologischen Untersuchungen zu erfassen. Insbesondere dient
der AKGT der Validierung von Beschwerden im Bereich der Gedächtnis-
und Aufmerksamkeitsfunktionen. Zur Anwendung kommt das Prinzip
der verdeckten Leichtigkeit bei Wiedererkennungsaufgaben: Präsentation einer leicht zu behaltenden Wortliste, gefolgt von einer Distraktoraufgabe (Rechenaufgabe), unmittelbar danach erfolgt die Abfrage.
Im Gegensatz zu vielen anderen Beschwerdenvalidierungstests (BVT)
wird beim AKGT kein dichotomes, sondern ein Mehrfachwahlformat
bei der Abfrage verwendet. Zudem bietet der AKGT die Möglichkeit
einer zufallskritischen Auswertung bei geringerer Transparenz bezüglich der Ratewahrscheinlichkeit.

Variablen
Summe der richtig erinnerten Wörter (Gesamtpunktwert).

Durchführung
Mündliche Instruktion gemäß Manual; der Test wird dem Probanden
als Kurzzeitgedächtnisaufgabe präsentiert.
Computergestützte Durchführung: Visuelle Vorgabe der fünf Stimu-
luswörter (acht Sekunden); Rechenaufgabe (ohne Zeitbegrenzung);
Präsentation der fünf Antwortmöglichkeiten (Auswahl ohne Zeitbe-
grenzung). Der Proband soll nur die drei Targetwörter nennen. Die
Antworten werden vom Testleiter auf dem Protokollbogen markiert.
Unabhängig von der erreichten Punktzahl wird nach jedem Wiedererkennungsdurchgang eine positive Rückmeldung gegeben.
Vorzeitiger Abbruch: bei eindeutigen Antworttendenzen innerhalb der
ersten Testhälfte, wenn der Trennwert bereits überschritten ist oder der
Test zügig und mit höchstens zwei Fehlern bearbeitet wurde. Die Testautoren empfehlen trotz dieser Möglichkeit des vorzeitigen Abbruchs,
den Test vollständig durchzuführen.

Auswertung

Aufsummieren der richtig wiedererkannten Wörter: Bei 30 Trials á fünf Wörter mit jeweils drei Targetwörtern liegt der Rohwert zwischen 30 und 90 Punkten – mindestens eines der drei ausgewählten Wörter ist immer richtig (=30 Punkte). Die Lösungen der Rechenaufgaben werden nicht bewertet.

Bei instruktionswidrigem Vorlesen der fünf Auswahlmöglichkeiten fließt das entsprechende Trial nicht in die Auswertung ein: Der Gesamtwert muss durch Extrapolation ermittelt werden.

Neben der Beurteilung des Testergebnisses anhand des empirischen Trennwerts ist eine zufallskritische Ergebnisbewertung möglich.

Normierung   **Stichprobe**

Es liegt eine Vielzahl von Stichproben aus verschiedenen Ländern vor, für die Ermittlung des empirischen Trennwerts wurden folgende einbezogen:
- experimentelle Simulanten (N=84),
- Patienten mit neurologischen Erkrankungen (N=146),
- Patienten mit Schädel-Hirn-Trauma (N=60).

Normen

Trennwert für die Summe der richtig erinnerten Wörter: keine soziodemografischen Angaben.

Zufallskritische Ergebnisbewertung: entsprechend der Häufigkeit der richtigen und falschen Antwortmöglichkeiten.

Gütekriterien   **Objektivität**

Durchführungs- und Auswertungsobjektivität: keine Angaben.

Sensitivität/Spezifität

Experimentelle Simulanten: Sensitivität zwischen 75 und 100 Prozent in drei niederländischen Validierungsstudien (N=58), bei denen überwiegend eine Vorversion des AKGT zum Einsatz kam. Hundertprozentige Sensitivität in drei britischen Validierungsstudien (Bolan et al., 2002; N=46), in denen eine probandengesteuerte Computerversion benutzt wurde.

Gesunde Kontrollprobanden: Hohe Spezifitätswerte in den oben genannten niederländischen (89–100%; N=59) und britischen Untersuchungen (90–100%; N=46).

Neurologische Patienten: Spezifität von 100 Prozent in einer niederländischen Studie mit Patienten, die ein Schädel-Hirn-Trauma erlitten hatten (Schagen, Schmand, de Sterke & Lindeboom, 1997; N=20).

Weitere Angaben zur Messgenauigkeit:

Interne Konsistenz: Cronbachs Alpha erreicht .91 in einer größeren Stichprobe unterschiedlicher Untersucher.

Retest-Reliabilität: Bona-fide-Patientengruppen mit leicht- bis schwergradigen neurologischen Störungen (*N*=26): Korrelationskoeffizient
(phi) von *r*=.84 (Stabilität der Testleistung in Bezug auf den Trennwert).
Korrelationen von *r*=.91 (Pearson) bzw. *r*=.84 (Spearman) zwischen
erster und zweiter Testdurchführung; Testabstand ein bis drei Tage.

Validität
Positiver und negativer prädiktiver Wert (PPP/NPP): keine Angaben.
Konstruktvalidität: Für die Konstruktvalidität des AKGT sprechen gemäß
den Testautoren:
– die hohe Güte bei der Klassifikation experimenteller Simulanten und
   motivierter Kontrollprobanden in den Validierungsstudien,
– eine Abnahme der AKGT-Punktwerte bei Patientengruppen mit einem
   potenziellen sekundären Krankheitsgewinn (Entschädigungsanfor-
   derung, rechtliche Auseinandersetzung),
– die hohe Übereinstimmung mit Klassifikationsergebnissen anderer
   BVTs (siehe konvergente Validität).
Konvergente/diskriminante Validität: Hohe Übereinstimmung mit dem
Test of Memory Malingering (TOMM; Tombaugh, 1996) in einer Untersuchung mit einer englischen Version des AKGT (Bolan, Foster,
Schmand & Bolan, 2002; van Hout, Schmand, Wekking, Hagemann &
Deelman, 2003). Übereinstimmung von 79 Prozent mit dem Word Memory Test (WMT; Green, 2005a) in der Klassifikation einer gemischten
klinischen Stichprobe (*N*=470); Korrelationen von *r*=.66 (Spearman)
bzw. *r*=.71 (Pearson) der AKGT-Werte mit den Motivationsvariablen
des WMT. Deutliche Überlegenheit des AKGT gegenüber älteren BVT
wie dem Fifteen-Item-Test, dem Punktezähltest und einem Beschwer-
denvalidierungsparameter des Auditory Verbal Learning Test (alle Tests
von Rey, 1958).
In einer stufenweisen Regressionsanalyse von Untersuchungsdaten
neurologischer Patienten wurde ein starker Zusammenhang mit dem
Teil B des Trail Making Test (TMT; Reitan, 1992) festgestellt; der Anteil
aufgeklärter Varianz betrug 66 Prozent.
Kriteriums- bzw. klinische Validität: Hohe Übereinstimmung der Testergebnisse mit dem Urteil eines Facharztes bezüglich unplausibler neurologischer Symptome.

Nebengütekriterien
Akzeptanz/Transparenz/Zumutbarkeit/Verfälschbarkeit: keine Angaben. Die Transparenz der Testintention kann nicht Ziel eines Beschwerdenvalidierungsverfahrens sein.
Störanfälligkeit: Patienten mit aphasischen Störungen bzw. mit stark
eingeschränkter Lesefähigkeit sowie anderen klinisch offenkundigen
kognitiven Störungen sollten nicht mit dem AKGT untersucht werden.
Das Verfahren sollte gemäß den Autoren nur in der Muttersprache des
Probanden durchgeführt werden.

Neuropsychologische Aspekte

Theoretischer Rahmen
Das Verfahren folgt dem Ansatz der Beschwerdenvalidierung nach Pankratz. Es wird als Kurzzeitgedächtnisaufgabe präsentiert, dient jedoch der Erhebung der Anstrengungsbereitschaft des Probanden. Realisiert wird dies entsprechend dem Prinzip der verdeckten Leichtigkeit: Die Aufgabe erscheint anspruchsvoller, als sie tatsächlich ist. Die Vereinfachung der Testschwierigkeit wird unter anderem durch die Auswahl prototypischer Begriffe einer bestimmen semantischen Kategorie als Zielwörter erreicht. Hierbei wurde auf die „Produktionsnormen für verbale Reaktionen zu 40 geläufigen Kategorien" zurückgegriffen (Mannhaupt, 1983).

Anwendungsbereiche
- Einsatzmöglichkeiten: im gutachtlichen und klinischen Kontext.
- Patienten: hirnorganische und mit psychischen Störungen; insbesondere, wenn die Patienten Gedächtnis- oder Konzentrationsstörungen schildern.
- Alter: ab acht Jahren; bei hohem Alter und gleichzeitig einer Depression kommt es vermehrt zu auffälligen Testergebnissen.
- Nicht geeignet: bei Patienten mit klinisch offenkundigen kognitiven Störungen. Darunter werden Defizite verstanden, die bereits in der Verhaltensbeobachtung oder Anamneseerhebung – ohne formale Untersuchung – offensichtlich werden (z. B. bei Patienten mit Alzheimer-Demenz, Korsakow-Syndrom oder posttraumatischer Amnesie). Im Manual wird ferner darauf verwiesen, dass psychiatrische Erkrankungen (wie Somatisierungs- und Konversionsstörungen), extreme Müdigkeit oder extremer Schmerz zu einer suboptimalen Leistungsbereitschaft führen können.

Funktionelle Neuroanatomie
Neuronale Korrelate der zur Testdurchführung notwendigen kognitiven Funktionen: keine Angaben.

Testentwicklung

Der in den Niederlanden entwickelt Test (Schagen et al., 1997) wurde für das Englische und Deutsche adaptiert. Die im Handbuch beschriebenen Validierungsstudien weisen auf eine Äquivalenz dieser Testversionen hin, eine statistische Überprüfung erfolgte nicht.

Während das Verfahren früher als Papier-und-Bleistift-Version vorlag, wird es heute ausschließlich als computergestützte Version vertrieben. Untersuchungsdaten deuten auf eine Vergleichbarkeit der unterschiedlichen Präsentationsformen hin – keine statistische Absicherung.

Testbewertung

Die Kritik im Überblick

Der AKGT ist ein international untersuchter, gut konstruierter und sensitiver Beschwerdenvalidierungstest (BVT). Er hebt sich im Vergleich zu anderen BVTs durch eine innovative Konzeption hervor: Der Verzicht auf das häufig verwendete dichotome Itemformat macht ihn weniger durchschaubar (insbesondere in Bezug auf die Ratewahrscheinlichkeit). Das Handbuch ist übersichtlich und liefert für den klinischen Gebrauch wichtige Zusatzinformationen. Die Interpretation der individuellen Testergebnisse wird so in optimaler Weise unterstützt. Das Verfahren zeichnet sich durch eine hohe Sensitivität für negative Antwortverzerrung aus – auch im Vergleich mit anderen Verfahren. In seinen Klassifikationsergebnissen weist der AKGT eine hohe Übereinstimmung mit dem Word Memory Test auf.

Hauptkritikpunkt ist gegenwärtig die noch unzureichende Überprüfung des Verfahrens im klinischen bzw. forensischen Bereich. Hier wäre vor allem eine weitergehende Untersuchung der Spezifität erforderlich. Im praktischen Gebrauch führt dies jedoch nur bedingt zu Einschränkungen, insofern der Test – wie von den Autoren empfohlen – nur bei Patienten ohne offenkundige kognitive Störungen eingesetzt werden soll.

Testkonstruktion

Testmaterial

Das Handbuch ist übersichtlich und anwenderfreundlich gestaltet. Das Computerprogramm ist problemlos zu installieren und leicht zu bedienen. Ein Schlüsselcode muss beim Testverlag erfragt werden (per Internet, Email, Fax oder Post).

Testdesign

Konzept: Der AKGT ist ein innovativer Beschwerdevalidierungstest: Statt eines dichotomen Antwortformats wird ein Mehrfachwahlprinzip verwendet – was ihn gerade für testerfahrene Probanden weniger durchschaubar macht.

Durchführung: Bei einer Durchführungsdauer von etwa 15 Minuten ist der AKGT ein zeitökonomisches Verfahren. Die Möglichkeit eines vorzeitigen Abbruchs ist kritisch zu betrachten, da (auch gemäß den Testautoren) negative Antwortverzerrungen häufiger in der zweiten Testhälfte auftreten. Angesichts der relativ geringen Bearbeitungsdauer sollte der Test daher *immer* vollständig durchgeführt werden (vgl. Herzberg & Frey, 2007).

Auswertung: Auswertung und Interpretation werden durch das Manual in sinnvoller Weise unterstützt. Die einzelfallbezogene Berechnung wird durch eine auf der Test-CD enthaltene Excel-Datei erleichtert.

Normierung

Stichprobe: Es liegen Daten von einer Vielzahl unterschiedlicher Untersuchungsgruppen vor ($N=1\,503$). Zur Ermittlung des empirischen Trennwerts wurden aber nur kleine und unpräzise beschriebene Stichproben herangezogen (vgl. Herzberg & Frey, 2007).

Trennwerte: Für alle Probanden wird der gleiche empirische Trennwert zugrunde gelegt. Eine Metaanalyse der vorliegenden Daten zur Sensitivität und Spezifität fehlt ebenso wie Angaben zu den positiven und negativen prädiktiven Werten (PPP/NPP).

Andererseits: Es wird darauf verwiesen, dass ein Ergebnis unterhalb des vorgeschlagenen Trennwerts nicht mit einer Simulation oder Aggravation gleichgesetzt werden kann. Alternative Erklärungsmöglichkeiten für auffällige Testwerte werden gegeben. Die zufallskritische Bewertung der Testergebnisse wird durch Erläuterungen und vorberechnete Daten unterstützt, eine Anpassung des Trennwerts an die jeweilige diagnostische Situation dargelegt. Positiv hervorzuheben ist die Darstellung des Einflusses der sog. Grundrate auf den diagnostischen Beurteilungsprozess.

Gütekriterien

Objektivität: Standardisierte Instruktionen, computergestützte Durchführung und einfache Auswertung lassen eine hohe Objektivität erwarten.

Reliabilität: Der AKGT ist einer der wenigen BVTs, dessen Handbuch Angaben zur Reliabilität enthält. Dass diese sonst fehlen, ist auf methodische Probleme zurückzuführen (vgl. Einführungskapitel Beschwerdenvalidierung): Vor diesem Hintergrund erscheinen die ermittelten Reliabilitätswerte zufriedenstellend.

Validität: Die Aussagekraft der im Handbuch beschriebenen Validierungsstudien wird durch die Verwendung teils unterschiedlicher Testversionen und teils abweichender Trennwerte eingeschränkt. Abgesehen hiervon hat sich in zahlreichen unabhängigen Untersuchungen gezeigt, dass der Test eine hohe Klassifikationsgüte aufweist (Blaskewitz & Merten, 2006; Giger, Merten, Merckelbach & Oswald, 2010; Gorny & Merten, 2005; Jelicic, Merckelbach, Candel & Garaerts, 2007; Merten, Green, Henry, Blaskewitz & Brockhaus, 2005; Merten, Henry & Hilsabeck, 2004). Da es sich bei vielen der genannten Untersuchungen um Analogstudien handelt (gesunde Kontrollprobanden vs. experimentelle Simulanten), werden weitere Studien benötigt, um die Spezifität des Verfahrens im klinischen Kontext ausreichend zu belegen.

Nebengütekriterien: Die Verfälschbarkeit der Testergebnisse durch ein sogenanntes „Coaching" ist auch beim AKGT ein Problem, scheint jedoch verhältnismäßig geringer zu sein, als bei anderen BVTs (Giger et al., 2010; Gorny & Merten, 2005; Jelicic et al., 2007).

Neuropsychologische Aspekte

Theoretischer Rahmen

Im Handbuch wird auf einen hohen Zusammenhang zwischen den Testwerten im AKGT und dem TMT-B hingewiesen – einem Maß, das üblicherweise als sensitiv für exekutive Dysfunktionen gilt. Zudem sei das semantische Wissen für die Testbearbeitung von Bedeutung. Wie allerdings der vergleichsweise hohe Zusammenhang zu einem Maß exekutiver Funktionen (bei Patienten mit neurologischen Erkrankungen) zu erklären ist, wird nicht weiter spezifiziert, der Einfluss dieser Faktoren auf die Testleistung nicht dargelegt.

Anwendungsbereiche

Das Verfahren wurde für eine Anwendung bei Probanden konzipiert, die keine klinisch offenkundigen kognitiven Störungen aufweisen. Was hierunter zu verstehen ist, wird im Handbuch beschrieben. Auch in weiteren Untersuchungen zeigte sich, dass Patienten mit offenkundigen kognitiven Störungen den empirischen Trennwert oft verfehlen (Merten, Bossink & Schmand, 2007). In einer neueren niederländischen Studie waren Kinder unter neun Jahren vereinzelt nicht in der Lage, den Trennwert zu erreichen (Rienstra, Spaan & Schmand, 2010).

Im gutachtlichen Kontext, in welchem auch mit Probanden nicht deutscher Muttersprache gerechnet werden muss, führt die Begrenzung der Anwendung auf muttersprachige Probanden zu Einschränkungen des Anwendungsbereichs. Eine nähere Untersuchung der benötigten Sprachkenntnisse erschiene hier wünschenswert.

Funktionelle Neuroanatomie

Die Aufgaben des Tests erfordern Rechen- und verbale Gedächtnisleistungen: Auf die neuronalen Korrelate dieser Funktionen sowie Erkrankungen, bei denen diese kognitiven Funktionen häufig betroffen sind, wird nicht eingegangen – und damit nicht auf eine testspezifische Fehlerquelle.

Handhabbarkeit und klinische Anwendung

Das Handbuch ist übersichtlich und anwenderfreundlich gestaltet. Das Computerprogramm ist problemlos zu installieren und leicht zu bedienen. Ein Schlüsselcode muss beim Testverlag erfragt werden (per Internet, Email, Fax oder Post). Der AKGT ist für den Einsatz bei Patienten mit fraglichen oder leichtgradigen kognitiven Störungen zweifelsohne geeignet. Bei Probanden mit deutlicheren kognitiven Beeinträchtigungen ist dies dagegen aufgrund der erhöhten Zahl falsch-positiver Ergebnisse nicht zu empfehlen.

Peter Giger und Matthias Henry

Aggravations- und Simulationstest (AST 4.0)

Axel Eberl & Hans Wilhelm

Lüdenscheid: Mnemo-Verlag, 2007

Zusammenfassende Testbeschreibung

Zielsetzung und Operationalisierung

Konstrukte

Negative Antworttendenzen; willentliche Verfälschungstendenzen.

Testdesign

Prinzip der verdeckten Leichtigkeit bei figurativen, verbalen und numerischen Wiedererkennungsaufgaben; Alternativwahlverfahren (forced choice).

Angaben zum Test

Vergleichsgruppe

Gesunde Probanden (N=51): 16–73 Jahre; 20 mit Haupt- oder Realschule, 31 mit Abitur oder Hochschule; 22 männlich, 29 weiblich. Der Test erwies sich als alters-, geschlechts- und bildungsunabhängig. Instruierte Simulanten (N=32): 17–51 Jahre; 17 männlich, 15 weiblich. Patienten mit leichter bis mittelschwerer kognitiver Beeinträchtigung (N=39): 17–80 Jahre; 29 männlich, 10 weiblich; Bildung: keine Angaben.
Alters-, Bildungs- und Geschlechtseffekte bei Patienten und instruierten Simulanten: keine Angaben.

Material

Manual, Computerprogramm (deutsche, türkische und englische Sprachversion), USB- oder LPT-Dongle.

Durchführungsdauer

5 bis 10 Minuten.

Testkonstruktion

Design

Aufgabe

Der Proband soll sich einen auf dem Bildschirm präsentierten Stimulus einprägen und anschließend aus zwei Auswahlreizen wiedererkennen. Als Stimuli werden abstrakte Figuren, Zeichnungen, Wörter oder

Zahlen verwendet. Zur Auswahl erscheinen entweder zwei Reize in derselben „Modalität" (kongruent) oder in verschiedenen (inkongruent: z. B. Kirsche als Zeichnung vs. Kirsche als Wort). Die jeweiligen Kombinationen aus Stimulus und Auswahlreizen werden als Objektklasse bezeichnet. Die Reaktion erfolgt mit zwei Tasten auf der Computertastatur: die linke STRG-Taste und die rechte Cursor-/Pfeil-Taste.

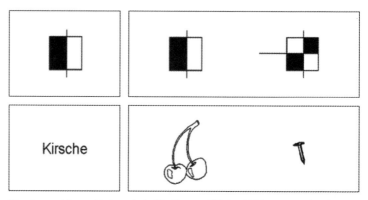

Stimulus und Auswahlreize: abstrakte Figuren, Wörter, Zeichnungen; oben kongruente, unten inkongruente Bedingung

Konzept
Der Test greift auf das Prinzip der verdeckten Leichtigkeit zurück. Die Vielfalt der verwendeten Stimuli soll eine augenscheinliche Schwierigkeit suggerieren.
Die Antworten werden nach dem Alternativwahlformat (forced choice) erfasst. Da das Unterschreiten der Zufallswahrscheinlichkeit (< 50 %) keine ausreichende Sensitivität erwarten ließ, wurde ein empirisch validierter Trennwert gesucht.

Variablen
Hauptvariable: Prozent richtiger Antworten (über alle Trials hinweg).
Zusätzliche Variablen: Median, Mittelwert und Standardabweichung der Reaktionszeiten.
Die Ausgabe weiterer Variablen ist möglich: allerdings, so die Autoren, ohne Nutzen für die Beschwerdenvalidierung.

Durchführung
Die Testdurchführung findet automatisiert am Computer statt: Instruktion, zwei Beispielaufgaben, 70 Testtrials. Jeder zu lernende Stimulus wird für 1,5 Sekunden präsentiert, nach einer Pause von 1,5 Sekunden (leerer Bildschirm) erscheinen die beiden Auswahlreize.

Auswertung

Die Auswertung erfolgt durch den Computer:
a) numerische Darstellung aller Variablen; grafische Darstellung des Median der Reaktionszeiten und des Anteils korrekter Antworten für die verschiedenen Objektklassen sowie des Verlaufs der Reaktionszeiten über alle Trials.
b) Vergleich der prozentual richtigen Antworten mit dem Trennwert.

Normierung **Stichprobe**

Gesunde Probanden ($N=51$): 16–73 Jahre ($M=37{,}6$; $s=16{,}8$); 20 mit Haupt- oder Realschulabschluss, 31 mit Abitur oder Hochschulabschluss; 22 männlich, 29 weiblich.

Instruierte Simulanten ($N=32$): 17–51 Jahre ($M=30{,}5$; $s=8{,}2$); 17 männlich, 15 weiblich; 22 „Fachleute" aus dem Klinikpersonal, 10 Nicht-Fachleute.

Patienten mit leichter bis mittelschwerer kognitiver Beeinträchtigung ($N=39$): 17–80 Jahre ($M=32{,}0$; $s=16{,}2$); 29 männlich, 10 weiblich; Bildung: keine Angaben.

Normen

Ein empirisch bestätigter Trennwert lässt sich auf der Basis obiger Stichproben allein für die Variable „Prozent richtiger Antworten" sinnvoll berechnen:

Testergebnis $<90\%$ → wahrscheinliche negative Antworttendenz.

Alter/Bildung/*Geschlecht:* für die Variablen „Prozent richtiger Antworten", „Median der Reaktionszeiten" und „Standardabweichung der Reaktionszeiten" in der Stichprobe der Gesunden ($N=51$) nicht bedeutsam.

Gütekriterien **Objektivität**

Durchführung/Auswertung: Aufgrund der computerbasierten Durchführung ist von einer hohen Durchführungs- und Auswertungsobjektivität auszugehen.

Sensitivität/Spezifität

Bei dem postulierten Trennwert von (knapp) 90% richtiger Antworten liegen Sensitivität und Spezifität bei 100 Prozent.

Sensitivität und Spezifität der Reaktionszeitvariablen sind nicht aussagekräftig genug: durchgängig langsame Reaktionen können den Simulationsverdacht nur weiter bestätigen.

Weitere Angaben zur Messgenauigkeit:

Interne Konsistenz (Cronbachs Alpha): $r=.97$ für die Variable „Prozent richtiger Antworten", $r=.89$ für den Median der Reaktionszeiten und $r=.67$ für die Standardabweichung der Reaktionszeiten.

Validität
Positiver und negativer prädiktiver Wert (PPP/NPP): keine Angaben. *Konstruktvalidität:* Aufgrund der Plausibilität des Testprinzips wird die Konstruktvalidität als gegeben angesehen.
Konvergente/diskriminante Validität: keine Angaben
Kriteriums- bzw. klinische Validität: Als „Außenkriterium" für die Variable „Prozent richtiger Antworten" werden verschiedene neuropsychologische Leistungstests (z. B. WMS-R, Benton-Test, TMT, TAP-Alertness, Zahlenmerkspanne) betrachtet. In der Kontroll- und Patientengruppe korreliert diese Variable allein mit dem verbalen Kurzzeit- bzw. Arbeitsgedächtnis bedeutsam: Sie ist weitgehend unabhängig von kognitiven Fähigkeiten. *Ökologische Validität:* keine Angaben

Nebengütekriterien
keine Angaben
Transparenz: Die Transparenz der Testintention kann nicht Ziel eines Beschwerdenvalidierungsverfahrens sein.

Neuropsychologische Aspekte

Theoretischer Rahmen
Theoretischer Hintergrund für den Einsatz des AST und dessen Interpretation bilden die Kriterien von Slick, Sherman und Iverson (1999). Vor diesem Hintergrund wird davor gewarnt, allein aufgrund des AST-Ergebnisses das Vorliegen einer Simulation oder Verfälschungstendenz zu diagnostizieren.
Das Prinzip der verdeckten Leichtigkeit wird über die wechselnde Modalität der dargebotenen Reize und deren Abfrage realisiert.

Anwendungsbereiche
Die Autoren empfehlen den Test nur bei Verdacht auf Simulation einzusetzen und nicht im Rahmen einer Routinediagnostik, um falsch positive Diagnosen zu vermeiden.

Funktionelle Neuroanatomie
Neuronale Korrelate der zur Testdurchführung notwendigen kognitiven Funktionen: keine Angaben.

Testentwicklung

1990 programmierte der Zweitautor einen Vortest, der auf dem Alternativwahlprinzip basierte, mit Rückgriff auf eine Idee von Loewer & Ulrich (1971). Neben der deutschen existiert auch eine englische und türkische Version: Alle Versionen sind im Computerprogramm integriert.

Testbewertung

Die Kritik im Überblick	Als deutschsprachige Entwicklung trägt der AST zu einer größeren Vielfalt der Beschwerdenvalidierung bei. Positiv hervorzuheben sind die gute Handhabbarkeit, das hohe Maß an Objektivität durch die computergesteuerte Darbietung und Auswertung sowie die anhand der Normierungsstichprobe bestimmte hohe Spezifität, die auch bei leicht bis mittelschwer kognitiv beeinträchtigten Probanden erhalten bleibt.

Kritisch sei angemerkt, dass bislang kaum unabhängige Forschungsergebnisse zu diesem Verfahren vorliegen, vor allem Vergleiche zu anderen Beschwerdenvalidierungstests fehlen. Eine erste Vergleichsstudie (Merten et al., 2010) weist auf eine deutlich niedrigere Sensitivität im Vergleich zu anderen Verfahren hin – dies deckt sich mit unserer praktischen Erfahrung. Die englische und türkische Version sind bislang nicht untersucht, sodass diese nur eingeschränkt einsetzbar erscheinen. Kritisch erscheint ferner die ungenaue und z. T. irreführende Verwendung von fachspezifischen Begrifflichkeiten im Manual – und dies obgleich die Autoren ausführlich die Rahmenbedingungen einer klassifikatorischen Einordnung beschreiben.

Der Einsatz des AST empfiehlt sich im Rahmen einer breit abgestützten neuropsychologischen Untersuchung ergänzend zu anderen Beschwerdenvalidierungsverfahren. Seine ausschließliche Verwendung erscheint aufgrund seiner zu geringeren Sensitivität nicht empfehlenswert.

Testkonstruktion	**Testmaterial** Das Computerprogramm ist einfach in der Bedienung und übersichtlich gestaltet. Die Reaktionen erfolgen mit der linken „STRG-Taste" und der rechten Cursor-/Pfeil-Taste: Diese Tastenbelegung führt bei manchen Probanden zu Irritationen.

Testdesign

Konzept: Das vielfältig bewährte Alternativwahlformat und das Prinzip der verdeckten Leichtigkeit wurden adäquat umgesetzt.

Variablen: Von der Vielzahl der untersuchten Variablen ist für die Einzelfallentscheidung lediglich ein Parameter – der Prozentsatz der richtigen Antworten – relevant.

Durchführung und Auswertung: Die Instruktion ist verständlich, die Durchführung weitgehend komplikationslos (Ausnahme: siehe Absatz „Testmaterial"), die computerbasierte Auswertung bietet viele Einstellungsmöglichkeiten und ist komfortabel.

Normierung

Stichprobe: Die Angaben zur Stichprobengröße differieren zwischen Manual (*N*=122) und Angaben auf der Homepage (*N*=233). Die Gesamtstichprobe ist klein. Die Gruppen, insbesondere die Patientengruppe, sind nur sehr orientierend beschrieben. Die Interpretationsfähigkeit ist dadurch eingeschränkt.

Die Gruppe der instruierten Simulanten bestand zum Großteil aus Personen mit Fachkenntnissen bezüglich neurokognitiver Defizite. Dies muss keine Einschränkung bedeuten: Bezüglich Verfälschbarkeit der Testergebnisse zeigt eine Studie von Eberl, Heusler und Schimrigk (2008), dass experimentelle Simulanten, die über das neuropsychologische Störungsbild instruiert wurden, nicht „besser" abschneiden als Probanden, die nicht instruiert wurden.

Leider stehen keine Vergleichsstichproben oder Verlaufsprofile zur Verfügung. Der Ergebnisausdruck enthält keine standardisierte Interpretation, lediglich im Manual finden sich entsprechende Hinweise.

Gütekriterien

Sensitivität/Spezifität: Keine Kreuzvalidierung des empirisch bestimmten Trennwerts anhand einer unabhängigen Stichprobe. Keine Angaben zu den positiven und negativen prädiktiven Werten (PPP/NPP). Es kann zwar von einer hohen Spezifität ausgegangen werden, allerdings deutet eine erste Untersuchung zur konvergenten Validität (Merten, Krahl, Krahl & Freytag, 2010) darauf hin, dass die Sensitivität im Vergleich zu anderen Beschwerdenvalidierungsverfahren eingeschränkt sein könnte – was sich mit der praktischen Erfahrung der Rezensenten deckt.

Validität: Das Prinzip der verdeckten Leichtigkeit setzt voraus, dass Probanden die Einfachheit eines Tests nicht durchschauen: Davon kann nach der praktischen Erfahrung der Rezensenten beim AST nicht ausgegangen werden.

Im Manual finden sich keine Angaben zur konvergenten Validität, also keine Vergleiche mit anderen Verfahren zur Beschwerdenvalidierung. Als „Außenkriterien" werden verbreitete neuropsychologische Testverfahren bezeichnet: Eine Aussage zur Validität des AST als ein Test zur Beschwerdenvalidierung ist dadurch kaum möglich.

Testentwicklung

Eine gesonderte Überprüfung der Gültigkeit der türkischen oder englischen Version fehlt – entsprechend sollte deren Einsatz allenfalls orientierend erfolgen.

Neuropsychologische Aspekte

Theoretischer Rahmen

Positiv hervorzuheben ist der Hinweis der Autoren, dass die Testergebnisse immer im Kontext weiterer Faktoren interpretiert werden müssen, dies unter Bezugnahme auf die Kriterien von Slick, Shermann und Iverson (1999). Dem entgegen steht jedoch ihr Anspruch, willentliche Verfälschungstendenzen zu erfassen, wie es schon durch die Testbezeichnung „Aggravations- und Simulationstest" suggeriert wird. Anhand der grafischen Darstellung über den Zusammenhang von Sensitivität und Spezifität in der untersuchten Stichprobe zeigt sich, dass der AST vornehmlich negative Antwortverzerrungen erfasst und nur in geringerem Umfang (Sensitivität <30 %) eindeutige negative Antwortverzerrungen (im Sinne eindeutiger willentlicher Verfälschungstendenzen). Wie andere Beschwerdevalidierungsverfahren auch, kann der AST nur das Vorliegen einer negativen Antwortverzerrung hinreichend begründen, nicht das Vorliegen einer Aggravation oder Simulation (vergleiche Theoriekapitel). Das Manual enthält hierzu teils widersprüchliche Formulierungen und setzt häufig negative Antwortverzerrung und Simulation gleich. Um Missverständnissen durch eine ungeeignete Wortwahl bei der Interpretation eines nicht authentisches Leistungsprofils vorzubeugen, sollte erwogen werden, das Verfahren umzubenennen.

Anwendungsbereiche
Von den Autoren wird empfohlen, dass der AST nicht in der Routinediagnostik eingesetzt werden sollte, sondern lediglich bei Simulationsverdacht. Es ist hervorzuheben, dass die Autoren dies nur auf den AST beziehen. Das Spektrum der Einsatzmöglichkeiten von Beschwerdenvalidierungstests ist allerdings deutlich größer (siehe vorangegangenen Abschnitt). Aufgrund der vermuteten Einschränkungen bezüglich der Sensitivität ist der alleinige Einsatz dieses Verfahrens ohne andere Beschwerdenvalidierungsverfahren kritisch zu sehen.

Handhabbarkeit und klinische Anwendung
Die Handhabbarkeit ist aufgrund der computergesteuerten Darbietung vorbildlich – bis auf die oben beschriebenen Schwierigkeiten bei der Benutzung der Tastatur.

Christina Krahl und Gordon Krahl

Morel Emotional Numbing Test for Posttraumatic Stress Disorder (MENT)

Kenneth R. Morel

Kenneth R. Morel, 2. Auflage, 2010[1]

Zusammenfassende Testbeschreibung

Zielsetzung und Operationalisierung	**Konstrukte** *Negative Antwortverzerrungen.* **Testdesign** *Prinzip der verdeckten Leichtigkeit bei Aufgaben, die das Zuordnen von Gesichtsausdrücken und emotionsbezogenen Adjektiven verlangen.*
Angaben zum Test	**Vergleichsgruppe** *Sechs Vergleichsgruppen von Kriegsveteranen (je N = 17)* *Alter: 18–59 Jahre und >62 Jahre.* *Bildung: keine Angaben* *Geschlecht: nur Männer.* **Material** *Manual (englisch), Testheft, Antwort- und Auswertungsbögen (zusätzlich Bögen mit Übersichten zu normativen Daten und Hinweise zur Umrechnung der Testwerte in z-Werte).* **Durchführungsdauer** *5 bis 15 Minuten; bei Probanden mit suboptimalem Leistungsverhalten u. U. länger.*

Testkonstruktion

Design	**Aufgabe** Drei Aufgabenvarianten mit je 20 Trials, bei denen Fotografien von Gesichtern, die Emotionen ausdrücken, und emotionsbezogene Adjektive einander zugeordnet werden sollen. Set I: Welches der beiden Adjektive passt zum abgebildeten Gesicht? Set II: Welches der beiden Gesichter entspricht dem dargebotenen Adjektiv?

---

[1] Bezugsquelle der Testmaterialien: www.mentptsd.com (letzter Zugriff: 12.02.2018). Die 4. Auflage des Tests ist 2016 erschienen. Alle statistischen Kennwerte, die auf der angegebenen Internetseite zu finden sind, unterscheiden sich nicht von denen der 2. Auflage, die hier rezensiert wird.

Set III: Zwei Gesichter und zwei Adjektive sollen einander zugeordnet werden.

Itembeispiele für Set I und II (keine Originalfotos)

Konzept
Der Test basiert auf dem Prinzip der verdeckten Leichtigkeit, das Design entspricht dem sogenannten Zwangswahlformat mit zwei Antwortmöglichkeiten.

Variablen
Summe der falschen Antworten (Gesamtfehlerwert).

Durchführung
Die dem Probanden vorgelegten schriftlichen Instruktionen werden vom Testleiter vorgelesen. Die Testaufgaben werden im Testheft präsentiert und die Antworten durch den Probanden selbstständig auf dem Antwortbogen markiert. Rückmeldungen werden nicht gegeben. Es besteht keine zeitliche Begrenzung.

Auswertung
Aufsummieren der Fehler zu einem Gesamtfehlerwert mithilfe der Auswertungsbögen.
Vergleich mit dem Trennwert oder Umrechnung in z-Wert und Vergleich mit normativen Daten, was vom Autor für ein klinisches Setting ausdrücklich empfohlen wird.

Normierung   Stichprobe
Sechs Vergleichsgruppen (je $N = 17$; nur männlich), bei denen innerhalb einer Testbatterie auch der MENT eingesetzt worden war. Stichproben im Nachhinein aus Archivdaten von Kriegsveteranen gewonnen:
- Vier Stichproben mit Personen mit geltend gemachten Entschädigungsansprüchen: Veteranen mit PTBS (Posttraumatischer Belastungsstörung), ohne PTBS, ältere Veteranen (> 62 Jahre) und bezüglich Simulation/Aggravation auffällige Personen.
- Zwei Gruppen von Veteranen ohne Entschädigungsansprüche: Patienten mit Substanzabhängigkeit und chronischer Schizophrenie.

Normen
Trennwerte: für 18–59 Jahre und 60–75 Jahre; keine Begründung für
die Altersgrenzen.
Bildung: keine Angaben
Geschlecht: ausschließlich männliche Probanden.
Standard Cutoff-Wert auf der Basis früher Studien (Morel, 1998b):
≥9 Fehler.

Gütekriterien   **Objektivität**
Durchführung/Auswertung: keine Angaben

Sensitivität/Spezifität
Sensitivität 82%, Spezifität 100%
Weitere Angaben zur Messgenauigkeit: Korrelationen von Testteil I, II
und III mit dem Gesamtwert: .94, .92 und .87 (p <.0001).

Validität
Positiver und negativer prädiktiver Wert (PPP/NPP): Positiver Vorher-
sagewert: 100%. Negativer Vorhersagewert: 94%. Die Rate korrekter
Klassifikationen beträgt 96 Prozent.
Inhaltsvalidität: Wird vom Autor eingehend und nachvollziehbar be-
gründet.
Konvergente/diskriminante Validität: Übereinstimmung zwischen dem
F-K-Index (Gough, 1950) des MMPI-2 sowie dem Word Memory Test
(WMT; Green, Allen & Astner, 1996) von $r = .71$ bzw. $r = .83$.
In zwei klinischen Vergleichsgruppen traten bei Patienten mit Schizo-
phrenie ($N = 17$) oder mit Substanzabhängigkeit ($N = 17$) weniger Feh-
ler auf als bei Veteranen mit Entschädigungsbegehren.

Nebengütekriterien
Akzeptanz: keine Angaben
Transparenz: Informationen, die zu einer Reduktion der Effektivität
des Tests führen könnten, sollen ausdrücklich nicht kommuniziert wer-
den.
Zumutbarkeit: keine Angaben
Verfälschbarkeit: Selbst bei einer nahezu perfekten Testleistung sei die
Möglichkeit einer Aggravation oder Simulation nicht auszuschließen:
Dies insbesondere dann, wenn die Testperson ein gezieltes Coaching
erhalten hat.
Störanfälligkeit: Der Test sei auch bei Personen mit eingeschränkter
Lesefähigkeit und geringerer Ausbildung einsetzbar, da außer den
leicht verständlichen Instruktionen nur einzelne Wörter präsentiert
werden.

Neuropsychologische Aspekte

Theoretischer Rahmen

Hintergrund der Testkonstruktion bildet das Phänomen der emotionalen Abflachung von PTBS-Patienten bzw. inadäquate Vorstellungen über die Manifestation derselben. Die Symptomatik äußert sich in einer emotionalen Stumpfheit, nicht aber in der Unfähigkeit, Emotionen bei anderen zu erkennen, wie im Test gefordert. Das Erkennen von Gesichtsausdrücken wird vom Autor als universelle, kulturunabhängige Fähigkeit des Menschen beschrieben, die von Kindesalter an vorhanden ist und bis ins hohe Alter nahezu unverändert bestehen bleibt.

Der MENT ist in die moderne Forschung zur Diagnostik der Beschwerdenvalidität eingebettet und orientiert sich am Prinzip der verdeckten Leichtigkeit sowie am Konzept der Alternativwahlverfahren. Letzteres wird im Handbuch ausführlich beschrieben, einschließlich der Interpretation der dabei gewonnenen Testergebnisse.

Anwendungsbereiche

Der Autor hebt die Bedeutung der Beschwerdenvalidierung in psychologischen Untersuchungen hervor. Dies treffe insbesondere für die Diagnostik der PTBS zu, da deren Diagnosestellung zu großen Teilen auf einer Selbstschilderung der Probanden beruhe. Keinen Einfluss auf die Testergebnisse scheint das Vorliegen einer Substanzabhängigkeit oder chronischen Schizophrenie zu haben. Der Test sei auch bei Personen mit eingeschränkter Lesefähigkeit und geringerer Ausbildung einsetzbar, da außer den leicht verständlichen Instruktionen nur einzelne Wörter präsentiert werden.

Bei Personen mit neurologischen Beeinträchtigungen, die sich in mangelhafter Worterkennung oder Sehschärfe manifestieren, sollte der MENT nicht eingesetzt werden. Aufgrund der Ergebnisse der Validierungsstudie ist zudem davon auszugehen, dass sich eine reduzierte Funktionsfähigkeit der rechten Hemisphäre auf die Testleistung auswirkt. Demnach ist bei älteren Personen oder allgemein beim Vorliegen von Störungen/Erkrankungen, die mit einer Dysfunktionalität der rechten Hemisphäre einhergehen, Vorsicht geboten.

Funktionelle Neuroanatomie

Neuronale Korrelate der zur Testdurchführung notwendigen kognitiven Funktionen: keine Angaben zur funktionellen Neuroanatomie der Emotionserkennung.

Testentwicklung

Basierend auf dem Ansatz eines Zwangswahlverfahrens wurde der Test im Kontext der PTBS entwickelt. Das Design folgt dem Prinzip der verdeckten Leichtigkeit. Für die im Test verwendeten Fotos wurden zwei Schauspiel-Studenten beim Darstellen von Gesichtsausdrücken fotografiert. Die resultierenden 72 Fotografien wurden zusammen mit Listen von verbalen Beschreibungen der Emotionen einer Gruppe von Militärveteranen (*N*=16) vorgelegt. Ausgewählt wurden insgesamt 20 Bilder, die am häufigsten den jeweiligen Emotionen zugeordnet worden waren. Neben der amerikanischen Originalversion von Morel (1998a) liegen eine revidierte englische (MENT-R; Messer & Fremouw, 2007) und eine niederländische Version (Geraerts, Jelicic & Merckelbach, 2006) vor – mit vom Original abweichenden Fotografien. Fremdsprachige Adaptationen sind in Deutsch, Türkisch und Vietnamesisch erhältlich.

Testbewertung

Die Kritik im Überblick

Beim MENT handelt es sich um ein innovatives und originelles, auf etablierten Erkenntnissen der aktuellen Forschung im Gebiet der Diagnostik der Beschwerdevalidität beruhendes Verfahren. Der Test orientiert sich am Prinzip der verdeckten Leichtigkeit sowie der Methodik der Zwangswahlverfahren.

Gesunde Personen sowie Patienten mit neurologischen oder psychiatrischen Erkrankungen (auch mit PTBS) sind in der Regel problemlos in der Lage, den Test nahezu fehlerfrei zu bearbeiten. Zudem scheint sich der Test durch eine relativ hohe Resistenz gegenüber Coaching auszuzeichnen. Weiterführende Forschung ist jedoch bei älteren Testpersonen und/oder Demenzpatienten wünschenswert.

Der MENT bietet sich nicht nur zur Plausibilitätsprüfung anlässlich der Diagnostik von PTBS an, sondern auch zur generellen Interpretationshilfe weiterer psychologischer Daten (siehe auch Rubenzer, 2009). Bestätigt wird dies in zahlreichen internationalen Studien mit verschiedenen Versionen des Tests. Diese attestieren dem MENT eine hohe Klassifikationsgüte und deuten darauf hin, dass er sich renommierten BVTs als ebenbürtig erweist.

Gleichwohl bleibt die Gefahr von Falsch-Klassifikationen bestehen: Und deshalb sollte auch dieser Test trotz seiner offenkundigen Vorteile nur als Screening-Verfahren oder bevorzugt in einer multi-methodalen Testbatterie, zusammen mit anderen BVTs, eingesetzt werden.

Testkonstruktion

Testmaterial

Das Handbuch enthält alle nötigen Angaben, um den Test fachgerecht anwenden, auswerten und interpretieren zu können. Die Informationen werden übersichtlich dargeboten.

Kritisch anzumerken ist, dass mehrere Grafiken am Ende des Handbuchs abgedruckt sind, ohne dass im Text darauf Bezug genommen wird, sodass offen bleibt, um welche Untersuchung oder Stichproben es sich dabei handelt. Zudem stimmen die Legenden der Grafiken teilweise nicht mit dem dargestellten Inhalt überein; im Literaturverzeichnis werden Quellen aufgeführt, auf die im Handbuch nicht eingegangen wird.

Testdesign

Konzept: Das Prinzip der verdeckten Leichtigkeit bei diesem Forced-Choice-Verfahren gehört zu den anerkannten Methoden zur Untersuchung negativer Antwortverzerrungen.

Durchführung: Durch die kurze und standardisierte Instruktion sowie die Option, die Instruktionen bei Verständnisproblemen zu wiederholen, ist das Instruktionsverständnis weitgehend gewährleistet. Einzig beim Testteil III sind nach Erfahrungen des Rezensenten die Probanden oftmals unsicher, wie sie die Antworten notieren sollen. Ein exemplarisches Beispiel auf dem Antwortbogen wäre hier von Vorteil.

Auswertung: Die Auswertungsbogen sind unproblematisch anzuwenden und die Ergebnisse aufgrund der vorgegebenen Trennwerte einfach zu interpretieren. Allerdings fehlt eine Begründung für die Bestimmung der beiden Altersgruppen.

Positiv zu konstatieren ist, dass der Autor – neben einer ausführlichen Beschreibung der grundsätzlichen Prinzipien von Alternativwahlverfahren – auch Hinweise zur gewissenhaften Interpretation der erhaltenen Ergebnisse bietet.

Normierung

Stichprobe: Die Normierungsstichprobe besteht ausschließlich aus sogenannten „known-groups". Die Kriterien für die Zuteilung in die Gruppe der nachweislich Beschwerden aggravierenden/simulierenden Personen werden transparent und ausführlich dargestellt. Das Fehlen von Analogstudien ist kritisch zu beurteilen. Zu bemängeln sind auch die kleinen Stichproben ($N < 20$).

Normen: Normen im engeren Sinn liegen nicht vor, sondern Trennwerte. Aufgrund der klassifikationsbasierten Interpretation ist dies zwar nicht grundsätzlich als Mangel zu bewerten, sollte jedoch im Handbuch explizit dargelegt werden. Dass von „repräsentativen Normen" gesprochen wird, erscheint in Anbetracht der sehr kleinen Stichproben unangebracht.

Gütekriterien

Objektivität: Aufgrund der standardisierten Instruktionen und dem detailliert vorgeschriebenen Ablauf ist die Durchführung problemlos. Die Auswertungsobjektivität ist durch die einfache Addition von Fehlern mittels Auswertungsbogen gewährleistet.

Sensitivität/Spezifität: Eine Metaanalyse (Morel & Shepherd, 2008a), die insgesamt fünf Studien umfasst, attestiert dem Test mit einer Sensitivität von 63 bis 92 Prozent und einer Spezifität von 77 bis 100 Prozent eine insgesamt gute bis sehr gute psychometrische Qualität. Vergleichbare Ergebnisse brachte eine deutsche Adaption des Tests: Merten, Lorenz und Schlatow (2010) ermittelten eine Sensitivität von 65 bis 95 Prozent. Geraerts et al. (2009) erzielten eine Sensitivität von 91 Prozent.

Reliabilität: Angaben zu Reliabilitätsmaßen sind kaum vorhanden. Während dies bei der Retest-Reliabilität durch ein generelles Reliabilitätsdilemma bei Beschwerdenvalidierungstests (BVT) zu begründen ist (vgl. Einführungstext), ist das gänzliche Fehlen von Konsistenzmaßen und Schwierigkeitsindizes für die einzelnen Items negativ zu bewerten.

Validität: Das Verfahren wurde in den vergangenen Jahren in zahlreichen empirischen Studien überprüft – auch unter experimentellen Bedingungen. In die aktuelle, zweite Auflage des Handbuchs fanden deren Ergebnisse jedoch keinen Eingang. Dort werden ausschließlich Daten der Validierungsstudie des Autors (siehe dazu auch Morel, 1998b) erläutert. Weitere Untersuchungen (z. B. eine Fallstudie) werden nur anhand von Grafiken im Anhang des Manuals dargestellt – ohne zusätzliche Informationen, was deren Aussagekraft erheblich mindert. Ebenfalls nicht aufgenommen wurde eine neuere Publikation des Testautors (Morel & Marshman, 2008), in der dieser Test in Bezug auf die Bewertungskriterien für BVTs von Hartman (2002) gut abschnitt. In einer prospektiven Studie (Merten, Thies, Schneider & Stevens, 2009) wurde beim Vergleich von drei BVTs die höchste Übereinstimmung zwischen dem MENT und dem Word Memory Test gefunden ($\kappa = .60$). Auch Morel (2008) konnte mit $r = -.83$ einen engen Zusammenhang zwischen MENT und WMT aufzeigen.

Nebengütekriterien: Die vordergründige Verwendung eines „echten" Symptoms der PTBS (emotionale Abflachung) zusammen mit inadäquaten Vorstellungen über dessen Manifestation machen den MENT wohl auch für testerfahrene Probanden weniger durchschaubar. Bezüglich der Problematik des Coaching erwies sich der Test in einer Studie mit experimentellen Simulanten als relativ widerstandsfähig – im Vergleich zu anderen BVTs sogar als überlegen (Giger, Merten, Merckelbach & Oswald, 2010). So reduzierte sich die Sensitivität von 80 Prozent bei naiven Simulanten auf 65 Prozent bei Simulanten, die vor der Testbearbeitung darauf hingewiesen wurden, ihre vorzutäuschenden Beschwerden nicht zu übertreiben.

Testentwicklung

Die Entwicklung des MENT wird eingehend und nachvollziehbar erläutert, so auch die dem Test zugrundeliegende Methodik der Zwangswahlverfahren (für eine weiterführende Abhandlung siehe Morel & Shepherd, 2008b).

Kritisch anzufügen ist, dass verschiedene Testversionen im Umlauf sind, deren jeweilige Anpassungen nicht genügend transparent gemacht werden. Wird – wie in einigen Studien – nicht explizit erwähnt, welche Version zum Einsatz kam, ist die Vergleichbarkeit der (internationalen) Forschungsergebnisse erschwert.

Neuropsychologische Aspekte

Theoretischer Rahmen

Die testtheoretische Umsetzung einer universellen Fähigkeit des Menschen, das Erkennen von Gesichtsausdrücken, stellt gerade für den Einsatz im forensischen Kontext einen nicht genug hervorzuhebenden Wert des Instruments dar.

Eine knappe Darstellung neuropsychologischer Aspekte der Emotionserkennung wäre wünschenswert, ebenso wie eine vertiefende Darstellung des Symptoms der emotionalen Abflachung.

Anwendungsbereiche

Der vom Autor geäußerte Anspruch, dass der Test problemlos bei jungen und älteren sowie weniger gebildeten Personen einsetzbar sei, ist wegen fehlender differenzierter Daten vorsichtig zu handhaben. Die vom Autor erwähnte Einzelfallstudie eines 69-jährigen Demenzpatienten muss als wenig aussagefähig eingeschätzt werden. Der Einfluss von neurologischen Erkrankungen, Demenzen, Autismus auf die Testleistung ist als (noch) ungeklärt einzustufen.

Handhabbarkeit und klinische Anwendung

Der Test ist gut handhabbar, zeitökonomisch durchzuführen und auszuwerten sowie nach klaren Vorgaben zu interpretieren. Die Interpretationshilfen sind jedoch eher kurz gehalten und ersetzen das Expertenwissen nicht, sodass die Testdurchführung und Interpretation nur durch qualifizierte Anwender vorgenommen werden sollte.

Peter Giger

Medical Symptom Validity Test (MSVT)

Paul Green

Edmonton, CDN: Green's Publishing, 2004

Zusammenfassende Testbeschreibung

Zielsetzung und Operationalisierung

Konstrukte
Anstrengungsbereitschaft, Leistungsmotivation in der Testuntersuchung, negative Antwortverzerrungen.

Testdesign
Prinzip der verdeckten Leichtigkeit bei verbalen Wiedererkennungsaufgaben; computergestütztes Lernen von Wortpaaren mit unterschiedlichen Abfragezeitpunkten und Abfrageformen (direkte und verzögerte Wiedererkennung, Paarassoziationsabruf, freier Abruf).

Angaben zum Test

Normierung
Alter: Verschiedene Vergleichsgruppen im Alter von 6 bis über 60 Jahren (Stichproben überwiegend ohne Altersangaben).
Bildung: überwiegend keine Angaben
Geschlecht: Nicht bedeutsam.

Material
Englischsprachiges Manual, Computerprogramm mit einer Standard- und einer sogenannten „Stealth-Version" sowie mehreren Sprachoptionen (u. a. deutsch); erweitertes Auswertungsprogramm (Advanced Interpretation Program), das zusätzlich beim Testverlag erworben werden kann.

Durchführungsdauer
5 bis 10 Minuten reine Testzeit, zusätzlich 10 Minuten Behaltensintervall.

Testkonstruktion

Design **Aufgabe**

Testdesign		
Durchgang	**Zeit**	**Aufgabe**
1. Lerndurchgang	Testbeginn	Lesen von 10 Wortpaaren (z. B. Seil – Tänzer)
2. Lerndurchgang	unmittelbar danach	Erneutes Lesen der 10 Wortpaare
3. Wiedererkennung unmittelbar (IR)	unmittelbar danach	Auswahl der erlernten Wörter aus zwei angezeigten Worten (z. B. Seil – Lampe; Maus – Tänzer)
4. Wiedererkennung verzögert (DR)	nach 10 Minuten	Erneute Auswahl der erlernten Wörter aus zwei Worten (z. B. Seil – Stern; Gras – Tänzer)
5. Paarassoziationen (PA)	unmittelbar danach	Vervollständigen der Wortpaare bei Vorgabe des jeweils ersten Wortes (z. B. Seil – [Tänzer])
6. Freier Abruf (FR)	unmittelbar danach	Freier Abruf aller erinnerten Wörter der Lernliste

Konzept

Der MSVT wurde auf Grundlage des Word Memory Test (WMT; Green, 2005) entwickelt. Durch eine Vereinfachung der Testaufgabe soll die Eignung des Tests auch für schwerer beeinträchtigte Patienten sichergestellt werden. Dies soll durch eine Halbierung der Anzahl zu erlernender Wortpaare (10 statt 20), die enge Verknüpfung der Wortpaare zu einem neuen Begriff (wie im Deutschen durch zusammengesetzte Substantive ausgedrückt), ein verkürztes Warteintervall (10 statt 30 Minuten) zwischen der unmittelbaren (IR) und verzögerten Wiedererkennung (DR) sowie eine geringere Anzahl von Untertests realisiert werden.

Die Untertests unmittelbare und verzögerte Wiedererkennung (IR und DR) dienen der Messung der Leistungsbereitschaft. Als dritter Wert für die Bestimmung der Leistungsmotivation wird die Konsistenz (CNS) zwischen diesen beiden Durchgängen berechnet. Paarassoziations-durchgang (PA) und freier Abruf (FR) weisen eine zunehmende Schwierigkeit auf. Sie dienen nicht primär zur Beurteilung der Leistungsmotivation, sondern sind nach Aussage des Testautors als Gedächtnismaße konzipiert. Im Rahmen weiterführender Auswertungsmodalitäten können auch sie zur Motivationsdiagnostik herangezogen werden (vgl. hierzu den Abschnitt zur Profilanalyse unter „Auswertung").

Variablen
Parameter der Anstrengungsbereitschaft:
– Unmittelbare Wiedererkennung (IR): Prozent der richtig erkannten Zielitems.
– Verzögerte Wiedererkennung (DR): Prozent der richtig erkannten Zielitems.
– Konsistenz (CNS): Übereinstimmung der wiedererkannten Wörter bei unmittelbarer und verzögerter Abfrage – in Prozent.
Weitere Leistungsmaße (als authentisch eingeschätzte Gedächtnisvariablen):
– Paarassoziationen (PA): Prozent der richtig ergänzten Paare.
– Freier Abruf (FR): Prozent der richtigen Zielitems.

Durchführung
Die Durchführung erfolgt am Computer, wobei der Testleiter die Instruktionen laut vorliest. Die Auswahl der Zielitems in den Wiedererkennungsdurchgängen (IR und DR) geschieht durch den Probanden per Mausklick oder Tastatur. Nach jeder Antwort wird ein auditives und visuelles Feedback gegeben. Während des Warteintervalls zwischen IR und DR sollte eine Aufgabe durchgeführt werden, die nicht mit dem MSVT interferiert. Bei den Untertests PA und FR wird der Proband gebeten, sich vom Bildschirm abzuwenden. Die Antworten werden vom Testleiter in den Computer eingegeben.

Auswertung
a) Die Auswertung erfolgt vollständig durch den Computer. Alle Werte werden in Prozent korrekter Antworten angegeben (IR, DR, CNS, PA, FR). Es können verschiedene Vergleichsgruppen und Auswertungsmodalitäten (grafisch, numerisch) ausgewählt werden.
b) Der Auswertung zugrunde gelegt werden Trennwerte („A-Kriterium"). Ein Ergebnis unterhalb des Trennwerts in einem der drei Leistungsmotivationsmaße (IR, DR, CNS) wird als Hinweis auf ein suboptimales Leistungsverhalten gewertet. Einschränkend wird dazu angemerkt, dass in diesem Fall eine Demenz bzw. eine vergleichbar schwere kognitive Störung ausgeschlossen werden sollte. Bei Unklarheit darüber, ob ein auffälliger Wert in den Motivationsvariablen auf eine mangelnde Leistungsbereitschaft oder auf authentische kognitive Defizite zurückzuführen ist (z. B. Demenz), wird eine Profil-

analyse (s. u.) durchgeführt. Bei der Profilbestimmung lassen sich drei verschiedene Typen unterscheiden: (a) Profil bei unauffälliger Anstrengungsbereitschaft; (b) Profil bei schweren authentischen kognitiven Beeinträchtigungen, aber ausreichender Anstrengungsbereitschaft; (c) Profil bei eingeschränkter Anstrengungsbereitschaft. Zur Beurteilung der Plausibilität des Profils liegen diagnostische Kriterien („B-Kriterien") vor (zum diagnostischen Vorgehen siehe das folgende Flussdiagramm).

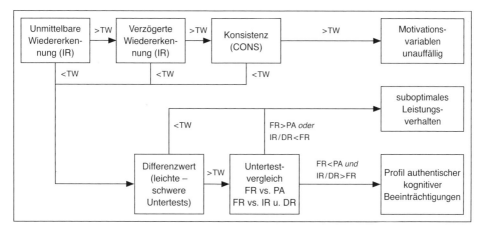

Anmerkungen: TW: Trennwert; IR: Unmittelbare Wiedererkennung; DR: Verzögerte Wiedererkennung; CONS: Konsistenz; PA: Paarassoziationsdurchgang; FR: freier Abruf

Flussdiagramm zur Veranschaulichung des zweistufigen diagnostischen Vorgehens beim MSVT (nach Henry, 2009). Überprüfung des Testergebnisses anhand empirischer Trennwerte (A-Kriterium) für die Variablen IR, DR und CONS. Bei Unterschreitung eines Trennwerts erfolgt in einem zweiten Schritt eine Analyse des Leistungsprofils anhand vordefinierter B-Kriterien. Wiederabdruck mit freundlicher Genehmigung des Deutschen Psychologen Verlag.

Normierung   **Stichprobe**
Experimentelle Simulanten: 18–61 Jahre
Gesunde Vergleichspersonen: 6–68 Jahre
Patienten mit Demenz: keine Angaben
Kinder mit unterschiedlichen neurologischen und/oder psychiatrischen Diagnosen: keine Angaben

Normen
Anstrengungsbereitschaft:
a) Trennwerte (A-Kriterium) für IR, DR und CNS empirisch ermittelt auf der Basis verschiedener Vergleichsgruppen im Alter von 6 bis über 60 Jahren (Stichproben überwiegend ohne Altersangaben).

b) Profilanalysen: Vergleiche innerhalb des individuellen Testprofils: zwischen den Motivationsvariablen (IR, DR, CNS) und den authentischen Gedächtnisvariablen (PA, FR).

c) Testprofilvergleiche: In einem zweiten Schritt können individuelle Testprofile mit den Profilen mehrerer Stichproben (Patienten, gesunde Kontrollprobanden, experimentelle Simulanten; vgl. Unterpunkt „Stichprobe") verglichen werden. Die Daten stammen von unterschiedlichen Untersuchern und werden in Form von Programm-Updates kontinuierlich erweitert.

Gedächtnisleistungen: Keine Normdaten für die als authentisch eingestuften Leistungen in den Variablen Paarassoziationen (PA) und Freier Abruf (FR) vorhanden.

Gütekriterien   **Objektivität**
Durchführung/Auswertung: Computerbasierte Durchführung und detaillierte Instruktionen gewährleisten eine hohe Objektivität.

Sensitivität/Spezifität
Gesunde Kontrollprobanden: Bei mehreren im Handbuch erwähnten Stichproben liegt die Spezifität des Verfahrens bei 100 Prozent.
Experimentelle Simulanten ($N=18$): In einer Analogstudie wurde eine Sensitivität von 100 Prozent erreicht. Darüber hinaus keine Angaben zur Sensitivtät und Spezifität.
Weitere Angaben zur Messgenauigkeit: Keine Angaben zu Reliabilitätsmaßen.

Validität
Positiver und negativer prädiktiver Wert (PPP/NPP): keine Angaben
Konstruktvalidität: keine Angaben
Konvergente/diskriminante Validität: Hohe Übereinstimmung der Klassifikationsergebnisse (auffällige vs. unauffällige Leistungsmotivation) mit dem WMT ($r=.81$) in einer Analyse von Untersuchungsdaten des Testautors ($N=256$). Sehr hohe Übereinstimmung ($r=.90$ bis $r=.94$) mit dem Amsterdamer Kurzzeitgedächtnistest (Schmand & Lindeboom, 2005) in einer deutschen Untersuchung (Merten, Green, Henry, Blaskewitz & Brockhaus, 2005).
Ökologische Validität: keine Angaben

Nebengütekriterien
Akzeptanz: keine Angaben
Transparenz: Die Transparenz der Testintention kann nicht Ziel eines Beschwerdenvalidierungsverfahrens sein.

Zumutbarkeit: keine Angaben

Verfälschbarkeit: Der Autor verweist auf die Möglichkeit eines Coaching (im Sinne einer Anleitung zur Manipulation der Testergebnisse). Die Verwendung der sog. „Stealth-Version", die zusätzlich durchgeführt werden kann und im Vergleich zur Standardversion schwieriger zu erlernende Wortpaare enthält, soll ein Coaching bzw. die Manipulation der Testergebnisse erschweren.

Störanfälligkeit: Der Test erfordert eine basale Lesefähigkeit. Wenn diese nicht vorausgesetzt werden kann, besteht die Möglichkeit, den Probanden aufzufordern, die Wörter laut zu lesen und ihn gegebenenfalls zu verbessern. Weitere Hilfestellungen werden nicht gegeben.

Neuropsychologische Aspekte

Theoretischer Rahmen
Auf eine ausführliche Darstellung des theoretischen Hintergrunds wird im Handbuch verzichtet.

Anwendungsbereiche
Der Autor fordert generell eine Überprüfung der Beschwerdenvalidität bei neuropsychologischen Untersuchungen. Für den MSVT beschreibt er ein breites Anwendungsspektrum: Der Test kann bei Kindern ab einem Alter von sieben Jahren durchgeführt werden, ebenso mit älteren Probanden – auch mit kognitiven Beeinträchtigungen.

Funktionelle Neuroanatomie
Neuronale Korrelate der zur Testdurchführung notwendigen kognitiven Funktionen: keine Angaben

Testentwicklung

Das Verfahren wurde vom Word Memory Test (WMT) ausgehend entwickelt. Der Test wurde in der Entwicklungsphase als Medical Advice Compliance Test bzw. als Memory and Attention Complaints Test (MACT) bezeichnet und erst später in MSVT umbenannt. Es lag zunächst eine gedruckte, nicht-computergestützte Testfassung vor („oral version"), mit der ein Teil der im Handbuch aufgeführten Daten erhoben wurde. Diese Version ist inzwischen nicht mehr erhältlich.

Durch eine Vereinfachung gegenüber dem WMT (u. a. Halbierung der zu lernenden Wortpaare sowie Reduzierung der Untertests von sechs auf vier) soll der Test eine höhere Spezifität aufweisen als der WMT und somit auch bei kognitiv schwer beeinträchtigten Personen sowie bei Kindern eingesetzt werden können. Instruktionen und Testitems

sind mittlerweile in neun Sprachen übertragen worden (deutsch, englisch, spanisch, französisch, dänisch, niederländisch, norwegisch, portugiesisch, schwedisch).

Testbewertung

Die Kritik im Überblick

Der MSVT weist gegenüber anderen BVTs zahlreiche Vorteile auf:
Er erzielte in einer Vielzahl von (unabhängigen) Untersuchungen
eine hohe Klassifikationsgüte, er ist einfach und schnell anzuwenden und die simple Aufgabenstellung macht ihn auch für den Einsatz bei Kindern und schwer beeinträchtigten Probanden geeignet. Es bietet sich an, das Verfahren als Teil einer Testbatterie
einzusetzen, in welcher mehrere BVTs zur Anwendung kommen,
wie dies von verschiedenen Autoren (z. B. Iverson, 2006; Lynch,
2004) besonders für gutachtliche Untersuchungen als notwendig
erachtet wird.

Die bislang vielversprechend erscheinenden Untersuchungsergebnisse zur Profilanalyse bedürfen einer weiteren Bestätigung,
um sicherzustellen, dass die damit angestrebte Erhöhung der Spezifität tatsächlich erreicht wird – ohne die Sensitivität wesentlich
zu reduzieren.

Das Handbuch ist recht unübersichtlich gestaltet; wünschenswert
wären eine klarere Trennung der verschiedenen Themen sowie
eine genauere Beschreibung der aufgeführten Stichproben.

Zusammenfassend kann der MSVT trotz der oben beschriebenen Kritikpunkte (Testmanual, Stichprobenbeschreibung) als ein
gut untersuchter, einfach anwendbarer und effizienter BVT gelten.

Testkonstruktion

Testmaterial
Der Test ist ansprechend gestaltet und bietet vielfältige Auswertungsmöglichkeiten. Die Instruktionen sind knapp und eindeutig. Die Freischaltung der Testlizenz erfolgt erst nach telefonischem Kontakt mit
dem Testverlag (Kanada).

Für die Durchführung an einem Apple Macintosh Computer ist eine
zusätzliche kostenpflichtige Software erforderlich, da der Test derzeit
nur unter Windows läuft.

Das Handbuch ist eher unübersichtlich und erschwert es, wichtige
Informationen schnell zu finden.

Testdesign

Konzept: Die Vereinfachung der Aufgabe gegenüber dem WMT scheint in der Tat hilfreich, um den Test bei Probanden mit einem geringeren kognitiven Leistungsniveau einzusetzen (vgl. Unterpunkt „Anwendungsbereiche").

Variablen: Die Testvariablen sind eindeutig beschrieben. Laut Handbuch soll der Test neben der Funktion der Beschwerdenvalidierung auch ein Gedächtnis-Screening ermöglichen; dazu werden jedoch keine weiteren Angaben gemacht. Zwar wird ein Wert unter 50 Prozent korrekter Antworten im freien Abruf (FR) als auffällig benannt. Es fehlen jedoch Normen oder ausreichende Vergleichsdaten für eine Einordnung der Ergebnisse, sodass ein Einsatz als Gedächtnistest nicht empfohlen werden kann.

Durchführung: Die vorgegebenen Instruktionen sind kurz und ausreichend. Für die Eingabe der Antworten per Tastatur oder Maus ist keine Hilfeleistung vorgesehen, was bei Probanden mit wenig Erfahrung bei der Bedienung von Computern zu Schwierigkeiten führen kann.

Auswertung: Die Auswertung erfolgt computerbasiert. Trotz der bestehenden Möglichkeit, die individuellen Testwerte mit den Ergebnissen relevanter Untersuchungsgruppen zu vergleichen und grafisch anschaulich darzustellen, müssen gleichwohl erhaltene Ergebnisse immer in den gesamten Kontext der übrigen (Untersuchungs-)Befunde gesetzt werden. Insbesondere kann die Entscheidung, ob bei einem auffälligen Testergebnis ein suboptimales Leistungsverhalten oder eine schwere kognitive Beeinträchtigung vorliegt, nicht allein anhand des Leistungsprofils im MSVT getroffen werden (Axelrod und Schutte, 2010). Die Interpretation wird durch computergenerierte Hinweise bezüglich der Testergebnisse und der vorhandenen Bewertungskriterien (A- und B-Kriterien) unterstützt.

Normierung

Die Untersuchungsstichproben werden unzureichend beschrieben (Alter, Geschlecht, Bildung).

Die Trennwerte beruhen auf einer relativ kleinen Stichprobe. Für alle Probanden werden die gleichen Trennwerte zugrunde gelegt – ohne empirische Überprüfung dieser Annahme.

Eine Normierung zur Beurteilung der „tatsächlichen Gedächtnisleistungen" (Paarassoziation [PA] und freier Abruf [FR]), wie vom Autor ursprünglich vorgesehen, fehlt.

Gütekriterien

Sensitivität/Spezifität: Bei der Untersuchung von Patienten mit demenziellen Syndromen erreichte der MSVT unter Anwendung der Profilanalyse eine Spezifität von bis zu 100 Prozent (Howe et al., 2007;

Howe & Loring, 2009; Singhal, Green, Ashaye, Shankar & Gill, 2009).
Eine Metaanalyse der vorliegenden Daten zur Sensitivität und Spezifität steht noch aus.

Reliabilität: Zur Bestimmung der Reliabilität wurde im Rahmen einer
deutschen Untersuchung (Blaskewitz & Merten, 2006) eigens eine
Parallelform entwickelt, die jedoch nicht vertrieben wird. Die damit
berechneten Äquivalenz-Reliabilitätswerte, ausgedrückt als Phi-Kor-
relationen, lagen für die Motivationsvariablen des MSVT zwischen
.66 (IR) und .92 (DR).

Validität: Positive und negative prädiktive Werte (PPP/NPP) sind nicht
angegeben.

Validierungsstudien sind im Manual recht knapp und teils unübersichtlich dargestellt. Positiv zu bewerten ist jedoch das Vorliegen mehrerer unabhängiger Untersuchungen, die eine hohe Klassifikationsgüte des MSVT belegen (z. B. Carone, 2008; Singhal et al., 2009;
Weinborn, Woods & Fox, 2008).

Nebengütekriterien: Das Verfahren ist bei einer reinen Testzeit von 5
bis 10 Minuten zeitökonomisch. Auch wenn der Test bei direkter Nachfrage von manchen Untersuchten als Leistungsmotivationstest identifiziert werden kann, scheint dies nicht mit einer erfolgreichen Manipulation der Ergebnisse einherzugehen (Blaskewitz & Merten, 2006).
Die Erfahrung zeigt, dass das Verfahren eine hohe Akzeptanz auch
bei Patienten erfährt, bei denen suboptimales Leistungsverhalten unwahrscheinlich ist.

Testentwicklung

Die ursprünglichen Auswertungsrichtlinien wurden erweitert („B-Kriterien"), wobei die Beschreibung der neuen Kriterien nur im Anhang
des Testhandbuchs erfolgt und keine empirischen Daten vorgelegt werden. Eine genauere Ausdifferenzierung sowie Untersuchungsbefunde zur Profilanalyse finden sich bei Howe und Kollegen
(Howe, Anderson, Kaufman, Sachs & Loring, 2007; Howe & Loring,
2009).

Neuropsy-   **Anwendungsbereiche**
chologische   Der MSVT kann aufgrund der geringen Testschwierigkeit und der
Aspekte   hohen Zeitökonomie auf einen breiten Anwendungsbereich verwei-
                       sen. Eine wachsende Anzahl an Studien untersucht den Einsatz des
                       MSVT bei Kindern. In Untersuchungen mit gesunden sowie mit neu-
                       rologisch auffälligen Kindern zeigte sich, dass der Test bei voller Leis-
                       tungsbereitschaft gut gelöst werden kann und sich in den Motivations-
                       variablen keine signifikanten Unterschiede zu den Werten motivierter
                       Erwachsener ergeben (Blaskewitz, Merten & Kathmann, 2008; Ca-
                       rone, 2008; Kirkwood & Kirk, 2010).

Obwohl der MSVT ein sprachbasiertes Verfahren ist, können Probanden bei Testdurchführung in einer ihnen nicht geläufigen Sprache in den Motivationsvariablen Ergebnisse oberhalb des Trennwerts erzielen (Richman et al., 2006).

Funktionelle Neuroanatomie
Neuronale Korrelate der zur Testdurchführung notwendigen kognitiven Funktionen: Im Handbuch werden hierzu keine Aussagen gemacht. Aus neuropsychologischer Sicht werden basale Anforderungen an das verbale Gedächtnis gestellt. Es ist somit insbesondere von einer Beteiligung temporaler und frontaler Strukturen der dominanten Hemisphäre auszugehen.

Handhabbarkeit und klinische Anwendung

Der MSVT ist nicht zuletzt aufgrund der computergestützten Durchführung und Auswertung einfach anzuwenden. Im Testhandbuch wird darauf hingewiesen, dass der Testleiter den Raum während der Durchgänge IR und DR verlassen soll. Diese später vom Testautor in ihrer Gültigkeit eingeschränkte Anweisung dürfte in den meisten Untersuchungskontexten nicht praktikabel sein.

Nina Blaskewitz und Matthias Henry

Non-Verbal Medical Symptom Validity Test (NV-MSVT)

Paul Green

Edmonton, CDN: Green's Publishing, 2008

Zusammenfassende Testbeschreibung

Zielsetzung und Operationalisierung	**Konstrukte**
	Anstrengungsbereitschaft, Leistungsmotivation in der Testuntersuchung, negative Antwortverzerrungen.

Testdesign

Prinzip der verdeckten Leichtigkeit bei visuellen Wiedererkennungsaufgaben; eingebettet sind die Aufgaben in einen komplexen visuellen Gedächtnistest mit unterschiedlichen Abfragezeitpunkten und Abfrageformen (Paarassoziationsabruf, freier Abruf).

Angaben zum Test

Vergleichsgruppe

Trennwerte, Profilanalysen und Testprofilvergleiche.
Trennwerte empirisch ermittelt auf der Basis von Vergleichsgruppen im Alter von 7 bis 85 Jahren (Stichproben überwiegend ohne detaillierte Altersangaben).
Bildung: keine Angaben
Geschlecht: nicht bedeutsam.
Profilanalysen: Innerhalb des individuellen Testprofils: Vergleiche zwischen den Motivationsvariablen und den Gedächtnisvariablen des NV-MVST.
Testprofilvergleiche mit klinischen und experimentellen Vergleichsgruppen – keine soziodemografischen Angaben.

Material

Englischsprachiges Manual (Version 1.0), Computerprogramm (Windows), laminierter Bogen mit Distraktoren, deutschsprachige mündliche Instruktionen (Download von der Homepage des Testautors möglich, www.wordmemorytest.com); erweitertes Auswertungsprogramm: Advanced Interpretation Program.

Durchführungsdauer

5 bis 10 Minuten reine Testzeit, zusätzlich 9 Minuten Behaltensintervall.

Testkonstruktion

Design Aufgabe

Testdesign		
Durchgang	**Zeit**	**Aufgabe**
1. Lerndurchgang	Testbeginn	10 Objektpaare benennen (z. B. Delfin und Ball …)
2. Lerndurchgang	unmittelbar danach	Erneutes Benennen der 10 Objektpaare (Delfin und Ball …)
3. Wiedererkennung unmittelbar (IR)	unmittelbar danach	Benennen beider Bilder; Auswahl des bereits bekannten Objekts Delfin – Baum Sonnenschirm – Ball
4. Lerndurchgang Distraktorbilder	unmittelbar danach	Distraktorbilder auf Papier: Einminütige Lernphase (ohne Benennen)
5. Wiedererkennung verzögert (DR)	nach 9 Minuten	Auswahl der auf dem Computerbildschirm gesehenen Objekte (ohne Benennen).
6. Paarassoziationen (PA)	unmittelbar danach	Benennen des zum ursprünglichen Objektpaar fehlenden Objekts Delfin – [Ball]
7. Freier Abruf der Objektpaare (FR)	unmittelbar danach	Freier Abruf der 10 Objektpaare

Präsentiert werden zehn farbige Zeichnungen, in denen jeweils zwei Objekte dargestellt sind. Ab dem unmittelbaren Wiedererkennungsdurchgang (IR) werden die Objekte separat dargestellt. Im verzögerten Wiedererkennungsdurchgang (DR) kommen drei verschiedene Arten von Zielitems und Distraktoren zum Einsatz, welche getrennt ausgewertet werden (vgl. „Variablen").

Konzept
Der Test greift auf das Prinzip der verdeckten Leichtigkeit zurück. Das Wiedererkennen erfolgt nach dem Alternativwahl-Prinzip. Durch die unterschiedliche Aufgabenschwierigkeit innerhalb des Verfahrens (Wiedererkennung, Paarassoziations- und freier Abruf) wird die bewusste

Nachstellung eines Profils authentischer kognitiver Beeinträchtigungen erschwert.
Die beiden Untertests IR und DR dienen primär der Erfassung der Leistungsmotivation. Als dritter Wert kommt die Konsistenz (CNS) zwischen diesen beiden Durchgängen hinzu. Die Untertests PA und FR hängen in stärkerem Ausmaß von der tatsächlichen Gedächtniskapazität der Probanden ab, sie sind nach Aussage des Testautors als Gedächtnismaße konzipiert. Im Rahmen weiterführender Auswertungsmodalitäten (vgl. hierzu den Abschnitt zur Profilanalyse) können auch sie zur Beurteilung der Leistungsmotivation herangezogen werden.
Auf Basis der unterschiedlichen Schwierigkeit der Untertests kann ein Leistungsprofil von Patienten mit schweren kognitiven Störungen (z. B. im Rahmen einer Demenz) bestimmt werden, mit dem das individuelle Testprofil abgeglichen wird. Damit lassen sich drei verschiedene Profiltypen unterscheiden: (a) Profil bei unauffälliger Leistungsanstrengung; (b) Profil bei ausreichender Leistungsanstrengung, aber schweren authentischen kognitiven Beeinträchtigungen; (c) Profil bei eingeschränkter Anstrengungsbereitschaft (vgl. „Auswertung").

Variablen
Parameter der Anstrengungsbereitschaft:
– Unmittelbare Wiedererkennung (IR): Prozent der richtig erkannten Zielitems.
– Verzögerte Wiedererkennung (DR): Prozent der richtig erkannten Zielitems.
– Konsistenz (CNS): Übereinstimmung der wiedererkannten Objekte bei unmittelbarer und verzögerter Abfrage (Prozent).
– Verzögerte Wiedererkennung Archetypen (DRA): Prozent der richtig erkannten Zielitems.
– Verzögerte Wiedererkennung Variationen (DRV): Prozent der richtig erkannten Zielitems.
Weitere Leistungsmaße (Untertests zur Erfassung von Gedächtnisleistungen):
– Paarassoziationen (PA): Prozent der richtigen ergänzten Paare.
– Freier Abruf (FR): Prozent der richtigen Zielitems.

Durchführung
Mündliche Instruktion. Darbietung der Bilder am Computer (4 Sekunden). Das Benennen der Bildobjekte ist während der zweimaligen Präsentation und des unmittelbaren Wiedererkennungsdurchgangs (IR) zwingend erforderlich. Im Anschluss Präsentation der Distraktorbilder auf einem Papierbogen (eine Minute). Nach einem neunminütigen Intervall folgt ein zweiter Wiedererkennungsdurchgang (DR) am Computer. Im Paarassoziationsdurchgang (PA) und freien Abruf (FR) müssen die mündlichen Antworten des Probanden vom Untersucher in den Computer eingegeben werden. Im Untertest FR ist darauf zu achten, dass der Proband den Computerbildschirm nicht einsehen kann.

Auswertung

a) Die Auswertung erfolgt komplett durch den Computer. Sämtliche Werte (IR, DR, CNS, DRA, DRV, PA, FR) werden in Prozent korrekter Antworten ausgegeben. Der Untersucher hat die Möglichkeit, verschiedene Vergleichsgruppen und Auswertungsmodalitäten (grafisch, numerisch) anzuwählen. Auch eine Ausgabe der Einzelantworten mit den dazu gehörigen Reaktionszeiten ist möglich.

b) Für die diagnostische Beurteilung wird eine hierarchische Prozedur durchlaufen: Ein Flussdiagramm zur Veranschaulichung dieses zweistufigen diagnostischen Vorgehens findet sich in Henry (2009) sowie bei Henry und Mitarbeitern (2010). Zunächst werden zwei empirische Trennwerte herangezogen („A-Kriterien"). Das Computerprogramm gibt an, ob diese Trennwerte erreicht wurden. Zusätzlich erfolgt eine verbale Bewertung der Testleistungen für einzelne Variablen (IR, DR, CNS, DRA, DRV); dazu werden Interpretationshinweise gegeben.

Bei einem Testergebnis unterhalb der empirischen Trennwerte (A-Kriterien nicht erfüllt) wird anhand der sog. „B-Kriterien" durch das Computerprogramm geprüft, ob das Leistungsprofil eher als Korrelat einer authentischen kognitiven Störung („Demenzprofil") oder als Ausdruck einer eingeschränkten Leistungsmotivation zu werten ist. Es werden entsprechende Interpretationshinweise in Textform ausgegeben.

Normierung **Stichprobe**

a) Stichproben für Trennwerte (meist ist nur das N angegeben): Die Trennwerte (A-Kriterien) wurden vom Autor anhand einer Stichprobe von Kindern mit fötalem Alkoholsyndrom bestimmt (*N*=43).

b) Stichproben für authentische Gedächtnisleistungen: keine Angaben

c) Stichproben für Testprofilvergleiche
   - Gesunde Vergleichspersonen (*N*=40);
   - Experimentelle Simulanten (*N*=40);
   - Patienten mit Demenz (*N*=42);
   - Hochmotivierte Probanden im sorgerechtlichen Kontext: 19–59 Jahre (*N*=46);
   - Patienten mit leichtem Schädel-Hirn-Trauma (*N*=55);
   - Patienten mit mittel- bis schwergradigem Schädel-Hirn-Trauma (*N*=18);
   - Klinische Stichprobe von Kindern und Jugendlichen: 7–19 Jahre (*N*=133); darunter eine Teilstichprobe von Kindern mit fötalem Alkoholsyndrom (*N*=43).

Normen

a) Trennwerte für IR, DR, CNS, DRA, DRV: werden an dieser Stelle zur Wahrung der Testintegrität nicht aufgeführt.

b) Gedächtnisvariablen: Keine Normdaten für Paarassoziationen (PA) und Freien Abruf (FR) vorhanden.

c) Profilanalyse: Vergleiche innerhalb des individuellen Testprofils: insbesondere zwischen den Motivationsvariablen (IF, DR, CNS, DRA, DRV) und den Gedächtnisvariablen (PA, FR).

• Testprofilvergleiche: In einem weiteren Schritt können individuelle Testprofile mit den Profilen mehrerer Stichproben (z. B. experimentelle Simulanten, gesunde Kontrollpersonen, Patienten mit Demenz) verglichen werden. Die Daten stammen von unterschiedlichen Untersuchern und werden im Rahmen von Programm-Updates ständig erweitert. Die weiteren Angaben hier beziehen sich auf diese Vergleichsgruppen.

Gütekriterien   **Objektivität**
Durchführung/Auswertung: Computerbasierte Durchführung und detaillierte Instruktionen gewährleisten eine hohe Objektivität.

Sensitivität/Spezifität
Gesunde Kontrollprobanden ($N=40$): Klassifikationsgüte (Spezifität) von 100 Prozent.
Experimentelle Simulanten ($N=40$): Bei Anwendung der empirischen Trennwerte (A-Kriterien) wird eine Sensitivität von 97,5 Prozent erreicht. Werden auch die B-Kriterien angewendet, sinkt die Sensitivität auf 53 Prozent.
Patienten mit demenziellen Erkrankungen ($N=42$) verfehlten in 83 Prozent der Fälle die Trennwerte (A-Kriterien). Nach Analyse des Leistungsprofils mittels der B-Kriterien wurde eine Spezifität von 100 % erreicht.
Darüber hinaus keine Angaben zur Sensitivtät und Spezifität.
Weitere Angaben zur Messgenauigkeit: keine Angaben zu Reliabilitätsmaßen.

Validität
Positiver und negativer prädiktiver Wert (PPP/NPP): keine Angaben
Konstruktvalidität: keine Angaben
Konvergente/diskriminante Validität: Hohe Übereinstimmung der Klassifikation (unauffällig vs. suboptimale Leistungsmotivation) mit dem Test of Memory Malingering (TOMM; Tombaugh, 1996) in zwei unabhängigen Stichproben (87 bzw. 88 %).
Kriteriums- bzw. klinische Validität: keine Angaben
Ökologische Validität: In einer Vergleichsgruppe ($N=46$), in der eine hohe Leistungsmotivation anzunehmen war (Eltern, die um das Sorgerecht für ihre Kinder stritten), erzielte keiner der Probanden ein Ergebnis unterhalb der empirischen Trennwerte (A-Kriterien).

Nebengütekriterien

Akzeptanz: keine Angaben

Transparenz: Die Transparenz der Testintention kann nicht Ziel eines Beschwerdenvalidierungsverfahrens sein.

Zumutbarkeit: keine Angaben

Verfälschbarkeit: Zur Manipulation der Testergebnisse bzw. einem möglichen Coaching (Verfälschbarkeit eines Tests, der Verfälschungstendenzen messen soll) werden keine Angaben gemacht.

Störanfälligkeit: Der Test kann unabhängig von der Lesefähigkeit des Probanden durchgeführt werden: Auf dem Bildschirm erscheinen zu keinem Zeitpunkt der Testdurchführung verbale Stimuli. Wegen dieser „Sprachfreiheit" der Itempräsentation geht der Autor davon aus, dass der Test unproblematisch in andere Sprachen zu übertragen sei (lediglich eine Übersetzung der mündlichen Instruktionen sei erforderlich).

Neuropsychologische Aspekte

Theoretischer Rahmen

Im Rahmen der Forschung zur Diagnostik der Beschwerdenvalidität wurde gezeigt, dass neuropsychologische Testergebnisse in hohem Maße von einer adäquaten Leistungsmotivation des Untersuchten abhängen und dass eine ungenügende Berücksichtigung dieses Effekts zu gravierenden Fehlinterpretationen testpsychologischer Befunde führen kann.

Beschwerdenvalidierungstests (BVT) zeichnen sich in der Regel durch eine Insensitivität gegenüber realen kognitiven Störungen aus. Dennoch wurde in wissenschaftlichen Studien der vergangenen Jahre wiederholt eine erhöhte Rate falsch-positiver Ergebnisse (i. S. einer reduzierten Spezifität) bei Patienten mit schwerwiegenden kognitiven Defiziten (v. a. demenziellen Erkrankungen) festgestellt. Mit der Analyse von Leistungsprofilen zur Differenzierung authentischer von nicht-authentischen Testergebnissen soll dem begegnet werden (vgl. Unterpunkt „Konzept").

Das Prinzip der verdeckten Leichtigkeit wird in der Testkonstruktion u. a. durch die Verwendung eines Wiedererkennungsparadigmas, einem engen semantischen Bezug der Bildpaare und die wiederholte Präsentationen der Lernitems umgesetzt. Gleichzeitig soll der Test auf den Probanden als anspruchsvolle Aufgabe wirken.

Anwendungsbereiche

Der Testautor hält neuropsychologische Diagnostik ohne eine adäquate Überprüfung der Beschwerdenvalidität für unvollständig. Der Einsatz von BVT wird für alle psychologischen Untersuchungskontexte für notwendig erachtet, in denen Testwerte von der Kooperativität der untersuchten Person abhängen.

Die Verwendung des NV-MSVT ist auch bei Patienten mit mittel- bis schwergradigen kognitiven Beeinträchtigungen (z. B. bei demenziellen Syndromen) vorgesehen. Der Test kann auch bei Kindern ab einem Alter von acht Jahren eingesetzt werden.

Der Autor empfiehlt die Verwendung des Verfahrens in Kombination mit dem Medical Symptom Validity Test (MSVT; Green, 2004) und dem Word Memory Test (WMT; Green, 2005). Damit werde eine Verbesserung der Differenzierungsmöglichkeiten zwischen authentischen und nicht-authentischen Leistungsprofilen erreicht.

Funktionelle Neuroanatomie

Neuronale Korrelate der zur Testdurchführung notwendigen kognitiven Funktionen: Die Testaufgaben erfordern das Einprägen, die Wiedererkennung und den Abruf von visuell dargebotenen Objektdarstellungen. Die Testergebnisse, insbesondere die Abrufleistung im Untertest FR, seien deshalb insbesondere von der Intaktheit nicht-dominanter temporaler Strukturen abhängig. Da die Objekte im Test benannt werden müssen, zieht der Autor auch eine Beteiligung des verbalen Gedächtnisses (und somit dominanter temporaler Strukturen) in Betracht.

Ergebnisbeeinflussende Faktoren

Nach der Erwartung des Autors sollten sich authentische schwere kognitive Störungen im Test in spezifischer Weise niederschlagen (sog. „Demenzprofil").

Testentwicklung

Das Verfahren wurde in seiner Grundstruktur an den vom gleichen Autor stammenden Word Memory Test (WMT) und den Medical Symptom Validity Test (MSVT) angelehnt. Ausgangspunkt für die Testentwicklung war ein Bedarf an BVTs, die eine hohe Resistenz gegenüber schwereren (authentischen) kognitiven Störungen aufweisen. Ein weiteres Ziel war die Ergänzung der o. g. sprachbasierten BVTs durch ein weitgehend sprachfreies Verfahren (was aber nur zum Teil verwirklicht wurde). Dieses sollte in Abgrenzung zu anderen verfügbaren nonverbalen Verfahren die Möglichkeit einer Profilanalyse bieten, um eine Interpretation jenseits einfacher Trennwert-basierter Bewertungen zu ermöglichen. Letztendlich soll hieraus eine verbesserte Klassifikationsgüte, insbesondere hinsichtlich der Spezifität, resultieren.

Im Handbuch wird die Umsetzung des Prinzips der verdeckten Leichtigkeit in der Testentwicklung nachvollziehbar gemacht. So wurde beispielsweise in Vorstudien festgestellt, dass das inzidentelle Wiedererkennen von Bildern, welche zuvor als Distraktor präsentiert worden waren, selbst für kognitiv unbeeinträchtigte Probanden eine kaum zu lösende Herausforderung darstellte. Daher wurden neue, „archetypische" Distraktoren entwickelt, welche die Aufgabe entsprechend dem Ausschlussprinzip wesentlich erleichterten. Auch das Benennen der Objekte wurde als notwendige Bedingung zur Lösbarkeit der Aufgabe identifiziert.

Testbewertung

Die Kritik im Überblick

Auch wenn der NV-MSVT bis dato weniger gut untersucht ist als die übrigen Verfahren des Autors (WMT und MSVT), deutet sich an, dass das Verfahren eine sinnvolle Ergänzung im Bereich der Beschwerdenvalidierungsdiagnostik darstellt (vgl. Wager & Howe, 2010).

Bislang vorliegende Untersuchungsergebnisse weisen darauf hin, dass – bei Verwendung aller A- und B-Kriterien – eine hohe Spezifität auch bei Patienten mit erheblichen kognitiven Beeinträchtigungen erreicht werden kann. Es bleibt jedoch zu klären, ob dies mit einem Verlust an Sensitivität einhergeht. Anhaltspunkte hierfür ergeben sich aus der mit 53 Prozent vergleichbar geringen Sensitivität in der Klassifizierung experimenteller Simulanten der Validierungsstudien.

Im Testmanual ist zudem eine mangelnde Stringenz in der Anwendung der Auswertungskriterien zu konstatieren. Es ist nicht nachvollziehbar, warum insbesondere die sog. B-Kriterien nicht konsequent zur Anwendung gebracht werden. Insgesamt leidet das Manual unter einer gewissen Unübersichtlichkeit und Ungenauigkeit, sodass eine Überarbeitung angeraten erscheint.

Das Verfahren selbst bedarf einer weiteren empirischen Überprüfung. Von besonderem Interesse wären hierbei Daten aus dem klinischen bzw. forensischen Kontext.

Studienergebnisse, die mithilfe experimenteller Simulanten erhoben wurden, sind nicht zwingend auf den realen Untersuchungskontext übertragbar. Notwendig wäre daher vor allem eine weitergehende Untersuchung der Sensitivität des Verfahrens, auch im direkten Vergleich zu anderen BVTs.

Nicht zuletzt aus diesem Grund sollte der NV-MSVT – wie auch vom Autor vorgeschlagen – vorerst eher in Kombination mit anderen BVTs verwendet werden. Hierbei könnte sich die – auch in ersten unabhängigen Studien belegte – hohe Spezifität des Verfahrens als Vorteil erweisen.

Wie viele andere „nonverbale" Testverfahren kann auch der NV-MSVT nicht als sprachfrei gelten: die Stimuli sind leicht zu verbalisieren; die Testdurchführung sieht ein Benennen und einen verbalen Abruf vor. Da der Test primär einer Erfassung der Leistungsmotivation und nicht der nonverbalen Gedächtnisleistung dient, erscheint dies in der praktischen Anwendung jedoch von nachrangiger Bedeutung.

Test-konstruktion

Testmaterial

Das Computerprogramm ist übersichtlich im Aufbau und einfach in der Bedienung. Die Installation wird durch einen Code freigegeben, der telefonisch beim Testautor in Kanada erfragt werden muss – dies mag vom deutschen Testanwender als umständlich empfunden werden. Die Distraktorbilder auf dem Papierbogen sind aufgrund ihrer geringen Größe und der fragmentierten Darstellungsweise nicht für alle Probanden gut erkennbar, was zu einer übermäßig langen Beschäftigung mit einzelnen Darstellungen führen kann.

Kritisch ist das 114-seitige Testmanual (Version 1.0) zu bewerten, das eher unübersichtlich und streckenweise redundant erscheint. Wichtige Informationen, z. B. zur Beschreibung der verschiedenen Stichproben, fehlen. Auch fällt es teilweise schwer, die einzelnen Gruppen zuzuordnen bzw. voneinander zu unterscheiden. Angaben im Fließtext divergieren zum Teil von denen in Tabellen und Abbildungen.

Testdesign

Konzept: Das Konzept einer über mehrere Untertests hinweg variierenden Aufgabenschwierigkeit zur Ermöglichung von Profilanalysen hat sich in den anderen Verfahren des Autors (WMT, MSVT) bewährt: Gegenüber der alleinigen Auswertung anhand eines einzelnen Trennwerts ermöglicht es eine differenzierte Beurteilung der Testleistung und hat somit das Potenzial zu einer Verbesserung der Klassifikationsgüte. Die Operationalisierung erscheint beim vorliegenden Verfahren nicht zuletzt aufgrund dieses Rückgriffs auf bereits bewährte Testprinzipien im Endresultat gelungen. Einzelne Punkte bleiben dabei jedoch eingeschränkt nachvollziehbar – so z. B. die Verwendung *fragmentierter* Distraktorbilder auf dem Papierbogen.

Die ursprünglich intendierte Entwicklung eines nonverbalen BVT wurde aufgrund der Notwendigkeit des Benennens der Bilder, des verbalen Abrufs in den Untertests PA und FR und der leichten Verbalisierbarkeit der Objekte nicht konsequent umgesetzt. Hierauf wird auch vom Testautor verwiesen.

Variablen: Die Vielzahl an Variablen erschwert zunächst die Übersicht – insbesondere durch die Aufteilung der verzögerten Wiedererkennung in drei Auswertungsvariablen. Aufgrund der computerbasierten Auswertung entsteht hieraus jedoch kein weiterreichendes Problem. Darüber hinaus gleicht der Test in seiner Struktur den anderen beiden

Verfahren des Autors, sodass mit diesen Verfahren vertraute Anwender sich rasch einfinden werden.

Durchführung: Die Instruktion ist detailliert und verständlich. Bei älteren Personen mit wenig Erfahrung in der Bedienung eines Computers und insbesondere bei Patienten mit deutlichen kognitiven Beeinträchtigungen sollte der Untersucher die Eingabe per Maus übernehmen. Patienten mit Wortfindungsstörungen haben oft Schwierigkeiten mit dem zügigen Benennen der Objekte während der Erstpräsentation; der Untersucher ist angehalten, auch in diesem Fall Hilfestellungen zu geben.

Auswertung: Die computerbasierte Auswertung ist komfortabel und bietet vielerlei Möglichkeiten. Der diagnostische Prozess wird durch computergenerierte Interpretationshinweise auf sinnvolle Weise unterstützt. Eine sorgfältige Auseinandersetzung mit den Testergebnissen bleibt dem Anwender dennoch nicht erspart: Wie bei anderen Verfahren müssen die gewonnenen Daten im Kontext der übrigen (klinischen) Informationen beurteilt werden. Die abschließende Interpretation der Ergebnisse obliegt somit dem Untersucher. So ist z. B. bei Resultaten unterhalb der empirischen Trennwerte (A-Kriterien) zu überprüfen, ob es plausibel ist, dass der Untersuchte unter schwergradigen kognitiven Störungen (z. B. einem demenziellen Syndrom) leidet. Es ist positiv zu bewerten, dass im Manual sowie in der Testauswertung detailliert hierauf hingewiesen wird. Negativ anzumerken ist die inkonsequente Behandlung der sog. B-Kriterien: So wird das Kriterium B3 im Manual nicht durchgehend und im Rahmen der computergenerierten Ergebnisauswertung gar nicht berücksichtigt. Eine Begründung hierfür fehlt.

Normierung

Stichprobe: Das Vorhandensein vieler Vergleichsgruppen ist positiv zu bewerten. Dieser Vorteil wird durch die nicht immer klare Darstellungsweise und die unzureichenden Stichprobenbeschreibungen relativiert. Die Datenbasis des NV-MSVT wird insbesondere im englischsprachigen Raum fortlaufend erweitert und in Form von Updates im Programm integriert.

Trennwerte: Für alle Probanden werden die gleichen Trennwerte zugrunde gelegt. Eine zusammenfassende Übersicht der vorliegenden Daten zur Sensitivität und Spezifität fehlt ebenso wie Angaben zu den positiven und negativen prädiktiven Werten (PPP/NPP).

Eine Normierung im eigentlichen Sinne fehlt bislang. Eine gleichzeitige Beurteilung tatsächlicher Gedächtnisleistungen, die vom Autor ursprünglich vorgesehen wurde, erscheint aus diesem Grund – auch für den Untertest FR – wenig sinnvoll.

Gütekriterien

Objektivität: Die Auswertung erfolgt vollständig per Computer und ist somit zweifellos objektiv. Die Durchführung weist aufgrund der detaillierten Instruktionen und des weitgehend computerbasierten Ablaufs ebenfalls eine hohe Objektivität auf, erfordert zunächst jedoch etwas Übung.

Reliabilität: Dem Fehlen von Angaben liegt ein Reliabilitätsdilemma im Bereich der Beschwerdenvalidierung zugrunde (vgl. Einführungstext zu diesem Kapitel). Wünschenswert wäre, wenn die Anwendung neuerer Lösungsansätze für dieses Problem künftig geprüft würde (vgl. Blaskewitz & Merten, 2006).

Validität: Die vorliegenden Daten liefern Anhaltspunkte für die Validität des Verfahrens. Sie deuten auf eine hohe Spezifität bei moderater Sensitivität hin (bei Anwendung aller diagnostischen Kriterien). Das Ziel einer hohen Resistenz gegenüber authentischen kognitiven Störungen erscheint somit erreicht, was auch in neueren wissenschaftlichen Studien Bestätigung findet (Singhal, Green, Ashaye, Shankar & Gill, 2009; Henry, Merten, Wolf & Harth, 2010; vgl. auch Wager & Howe, 2010). Eine Untersuchung anhand umfangreicherer Stichproben, z. B. auf Basis eines sog. „known-groups"-Ansatzes, wäre jedoch als weitergehender Beleg der Validität der empirischen Trennwerte und verschiedenen Leistungsprofile wichtig gewesen.

Aussagen zur konvergenten Validität sind dem Manual nur bedingt zu entnehmen, da auf eine direkte Darstellung der klassifikatorischen Übereinstimmung zu anderen BVTs weitgehend verzichtet wird. Die vergleichende Darstellung der Raten auffälliger Testergebnisse für verschiedene BVTs innerhalb einer Probandengruppe bietet hierfür keinen Ersatz. Eine stringentere Darstellung wäre hier von großem Nutzen gewesen, da die Klassifikationsgüte als zentrales Gütekriterium eines BVT anzusehen ist. Gleiches gilt für eine Analyse der negativen und positiven Vorhersagewerte bei variabler Grundrate, auf die im Testhandbuch verzichtet wurde. Die Relevanz dieser Werte für BVTs wird aufgrund ihrer großen praktischen Bedeutung inzwischen weithin akzeptiert und sollte daher Berücksichtigung finden.

Nebengütekriterien: Der Test ist auch Patienten mit deutlichen kognitiven Beeinträchtigungen zumutbar. Eine offene Frage bleibt, für wie anspruchsvoll die Testaufgabe von den Untersuchten subjektiv gehalten wird (Augenscheinvalidität). Gemäß dem Prinzip der verdeckten Leichtigkeit ist ein ausreichender subjektiver Schwierigkeitsgrad Bedingung für die Augenscheinvalidität eines Tests – schließlich wird das Verfahren dem Probanden als Gedächtnisaufgabe präsentiert. Ein zu geringes Anforderungsniveau brächte die Gefahr mit sich, dass das Testkonzept transparent wird, was zu einer reduzierten Sensitivität führen kann.

Testentwicklung
Über eine mögliche Selektion der Testitems und der Distraktoren werden keine Informationen geliefert. Es ist davon auszugehen, dass keine empirische Itemselektion aus einem größeren Pool erfolgte.

Neuropsychologische Aspekte

Theoretischer Rahmen
Das Konzept eines einheitlichen „Demenzprofils" erscheint aufgrund der unterschiedlichen Phänomenologie demenzieller Syndrome und unterschiedlicher Schweregrade mnestischer Störungen in deren Verlauf fragwürdig. Auch wenn sich bestätigen sollte, dass kognitive Störungen unterschiedlicher Ätiologie zu einem vergleichbaren Ergebnisprofil im NV-MSVT führen, wäre eine Änderung der Profilbezeichnung nachdrücklich zu empfehlen. Da es sich tatsächlich um ein Profil handelt, das auf *schwere* kognitive Defizite hinweist, erschiene es beispielsweise angemessener, von einem „Profil authentischer kognitiver Beeinträchtigungen" zu sprechen (vgl. Henry, 2009).

Anwendungsbereiche
Die wachsende Anzahl an Stichproben kann als Beleg für das große Einsatzspektrum des Verfahrens herangezogen werden.

Ergebnisbeeinflussende Faktoren
Das Vorliegen einer Aphasie, Wahrnehmungsstörung oder anderen schwereren kognitiven Störung (auch außerhalb demenzieller Erkrankungen) kann leistungslimitierend wirken. In solchen Fällen, in denen die A-Kriterien nicht erfüllt werden, sollte damit ein Profil authentischer kognitiver Störungen ermittelt werden („Demenzprofil"). Systematische Untersuchungen dazu liegen jedoch bislang nicht vor.

Handhabbarkeit und klinische Anwendung

Das Verfahren ist aufgrund der computerbasierten Durchführung gut handhabbar. Ausnahme ist hierbei die Präsentation des Distraktorbogens, die aufgrund des notwendigen Medienwechsels dem ungeübten Anwender Probleme bereiten kann. Gemäß den Durchführungsrichtlinien des Manuals kann der Testleiter den Untersuchungsraum während des Untertests DR verlassen – hierauf sollte in der Regel verzichtet werden.

Matthias Henry und Thomas Merten

Rey Fifteen-Item Test (FIT) bzw. Rey Memory Test (RMT)

André Rey

Deutsche Adaptation von Dietmar Heubrock & Franz Petermann

Paris: Presses Universitaires de France, 1958
Frankfurt am Main: Swets Test Services, 2000
Frankfurt am Main: Pearson Assessment & Information GmbH, 3. Auflage, 2011

Zusammenfassende Testbeschreibung

Der Rey Fifteen Item Test (FIT) wird als eigenständiges Testverfahren nicht kommerziell vertrieben, sondern wurde häufig in wissenschaftlichen Abhandlungen abgedruckt und ist heute selbst im Internet frei verfügbar (z. B. www.behavenet.com/capsu1es/images/rey15. jpg). Es existiert kein Testhandbuch. Die vorliegende Testrezension weicht daher von den anderen in diesem Band abgedruckten Rezensionen ab: Die Angaben im ersten Teil beziehen sich zum einen auf das Buchkapitel von Rey (1958), in dem jedoch nur begrenzte Informationen zum Test enthalten sind, zum anderen aber auch auf eine zusammenfassende Arbeit von Frederick (2002) sowie auf das Handbuch der für den deutschen Sprachraum interessanten Testbatterie für Forensische Neuropsychologie (TBFN: Heubrock & Petermann, 2000), in die der FIT als Untertest mit aufgenommen wurde. Testmodifikationen, die nachfolgend von anderen Autoren vorgeschlagen wurden, finden in den späteren Teilen der Rezension Erwähnung.

Zielsetzung und Operationalisierung	**Konstrukte** *Anstrengungsbereitschaft, Leistungsmotivation in der Testuntersuchung, negative Antwortverzerrungen.*
	Testdesign *Prinzip der verdeckten Leichtigkeit, Präsentation einer Stimulusvorlage mit 15 Zeichen, anschließend freier Abruf.*
Angaben zum Test	**Vergleichsgruppe** *Alter: keine Angaben* *Bildung: keine Angaben* *Geschlecht: keine Angaben*
	Material *Stimulusvorlage, kein Testhandbuch. In der TBFN wird der FIT per Computerbildschirm dargeboten.*
	Durchführungsdauer *Ca. 3 Minuten.*

Testkonstruktion

Design   **Aufgabe**

15 Items (5×3 Zeichen), die in einem engen konzeptionellen Zusammenhang zueinander stehen (z. B. 1 2 3/a b c; Abbildung S. 650), sollen frei reproduziert werden.

Konzept

Der Test beruht auf dem Prinzip der verdeckten Leichtigkeit. Die objektiv sehr einfache Aufgabe soll durch die gleichzeitige Vorgabe von 15 einzuprägenden Items schwieriger erscheinen.

Variablen

Anzahl korrekt reproduzierter Zeichen.

Durchführung

Die Stimulusvorlage wird für 30 Sekunden präsentiert; anschließend wird der Proband aufgefordert, möglichst viele der Items auf einem leeren Blatt wiederzugeben, ohne dabei Wert auf die Reihenfolge zu legen. Die Zeitdauer hierfür beträgt zwei Minuten.

In späteren Versionen gibt es eine Verkürzung der Darbietungszeit auf 10 Sekunden (vgl. Frederick, 2002).

Auswertung

Auszählen der richtig wiedergegebenen Zeichen, unabhängig von deren Reihenfolge oder der Vollständigkeit der wiedergegebenen Sequenzen.

Normierung   **Stichprobe**

In der Originalversion von Rey wird keine Untersuchungsstichprobe beschrieben.

Im Handbuch der TBFN benennen Heubrock und Petermann eine Gruppe von experimentellen Simulanten (N=20), neurologischen Patienten (N=14) und hirnorganisch unauffälligen Kontrollprobanden (N=37), die zur Datengewinnung herangezogen wurden.

Normen

Trennwert empirisch ermittelt auf Basis obiger Stichproben. Für alle Probanden wird derselbe Trennwert verwendet. Keine Korrektur für Alter, Bildung oder Geschlecht.

Gütekriterien   **Objektivität**

Durchführung/Auswertung: keine Angaben

Sensitivität/Spezifität
Experimentelle Simulanten (*N*=20): Sensitivität 10 Prozent, Spezifität 100 Prozent (Untersuchungen zur TBFN).
Weitere Angaben zur Messgenauigkeit: keine Angaben zu Reliabilitätsmaßen.

Validität
keine Angaben

Nebengütekriterien
Akzeptanz: keine Angaben
Transparenz: Der Test ist leicht als BVT zu identifizieren, so dass ein negatives Ergebnis wenig Aussagekraft hat.
Zumutbarkeit: keine Angaben
Verfälschbarkeit: Schon ein leichtes Coaching (im Sinne einer Anleitung zur Manipulation der Testergebnisse) kann die Sensitivität deutlich reduzieren.
Störanfälligkeit: Ergebnisse aus Untersuchungen zur TBFN mit Probanden ab einem Alter von 16 Jahren legen nahe, dass Alter und Bildung keinen Einfluss auf die Ergebnisse im FIT haben.

Neuropsychologische Aspekte

Theoretischer Rahmen Soweit bekannt, hat Rey mit diesem und anderen Tests das Prinzip der verdeckten Leichtigkeit in die Psychodiagnostik eingeführt, um die Authentizität von Testdaten zu überprüfen.

Anwendungsbereiche Nach Angaben von Rey (1958) wird der Test dann durchgeführt, wenn in einer vorherigen verbalen Merkfähigkeitsaufgabe ein auffälliger Wert erzielt wurde. Der FIT sollte nur im Rahmen einer umfassenden neuropsychologischen Untersuchung Anwendung finden und nur vor dem Hintergrund weiterer Informationen (testdiagnostische Befunde, Kontextfaktoren, mögliche Motivation für negative Antwortverzerrung) interpretiert werden (vgl. auch Frederick, 2002). Schwere kognitive Einschränkungen stellen die Validität positiver Testergebnisse infrage.

Testentwicklung

Der Fifteen-Item Test (FIT) wird bisweilen auch als Rey 3 × 5 Test, Fifteen Item Memory Test oder häufiger noch als Rey Memory Test (RMT) bezeichnet. Das von André Rey 1958 publizierte Verfahren ist einer der ersten Beschwerdenvalidierungstests nach dem Prinzip der verdeckten Leichtigkeit und eines der meistgenutzten Verfahren weltweit.

Der Test hat verschiedene Überarbeitungen und Modifikationen erfahren bezüglich Material, Design, Auswertung und Trennwert:

a) Material: Die von Paul, Franzen, Cohen und Fremouw (1992) entwickelte Testversion mit 4×4 Items ergab keine bessere Klassifikationsgüte des 16-Item gegenüber dem 15-Item-Test (Fisher & Rose, 2005). Griffin, Glassmire, Henderson und McCann (1997) verwendeten im Rey-II komplexere Figuren.

b) Design: Die Verkürzung der ursprünglichen Darbietungsdauer der Vorlage von 30 auf 10 Sekunden ist inzwischen Standard (vgl. Frederick, 2002). Boone, Salazar, Warner-Chacon und Razani (2002) führten einen Wiedererkennungsdurchgang mit 15 Distraktoren ein, der sich unmittelbar an das Aufzeichnen der erinnerten Items anschließt. Ein kombinierter Leistungswert – (freier Abruf: Richtige) + (Wiedererkennen: Richtig-Positive – Falsch-Positive) – soll eine Verbesserung der Klassifikationsgüte erbringen.

c) Auswertung: Durch zusätzliche qualitative Auswertungsmöglichkeiten erzielten Griffin und Kollegen (1997) mit dem Rey-II bessere Klassifikationsergebnisse als mit der Standardvariante. Gleichwohl bleiben diese deutlich hinter der Klassifikationsgüte des Tests of Memory Malingering (TOMM; Tombaugh, 1996) zurück (Whitney, Hook, Steiner, Shepard & Callaway, 2008).

d) Trennwert: Zur Vermeidung von falsch-positiven-Urteilen wurde der Trennwert mehrfach angepasst; es konnte sich jedoch kein einheitlicher Trennwert durchsetzen.

Testbewertung

Die Kritik im Überblick

Der FIT kann bei der vorhandenen Datenlage nur sehr eingeschränkt zur Beurteilung der Leistungsbereitschaft empfohlen werden (vgl. auch Henry, 2009).

Kritisch für die Testanwendung ist, dass verschiedene Testversionen, Instruktionen und unterschiedliche Trennwerte existieren. Eine einheitliche Zusammenstellung der Forschungsergebnisse und eine daraus resultierende Handanweisung mit genauen Instruktionen und der Darstellung der verschiedenen Auswertemodalitäten wären wünschenswert. Das Handbuch der TBFN erfüllt diese Ansprüche nicht.

Ein positives Ergebnis ist auffällig und sollte in jedem Fall weitere Überprüfungen der Leistungsbereitschaft nach sich ziehen. Deutliche Grenzen der Aussagefähigkeit sind jedoch bei unauffälligen Testwerten gesetzt, was primär auf die leichte Durchschaubarkeit der Testintention zurückzuführen ist. Als unterstützendes Instrument innerhalb einer Reihe von neuropsychologischen Untersuchungsbefunden kann der FIT jedoch die Sicherheit der Diagnosestellung unterstützen. Eine solche Vorgehensweise würde auch dem ursprünglich von Rey vorgeschlagenen Vorgehen gerecht werden.

**Test-
konstruktion**

Testmaterial
Das Material selbst, ob in Papierform oder als Computerdarbietung (TBFN), ist übersichtlich.

Testdesign
Variablen: Der Test dient ausschließlich als BVT. Neben dem einfach zu bestimmenden Rohwert kann ein kombinierter Wert aus freiem Abruf und Wiedererkennung berechnet werden (vgl. Unterpunkt „Testentwicklung"), der zu einer Erhöhung der Klassifikationsgüte, insbesondere der Sensitivität, führen soll. Erste Ergebnisse der Autoren selbst scheinen dies zu bestätigen (Boone et al., 2002); weitere Untersuchungen sind jedoch notwendig.
Durchführung: Statt der ursprünglich von Rey vorgeschlagenen Darbietungszeit von 30 Sekunden und Reproduktionsdauer von zwei Minuten findet heute zumeist die Version nach Lezak (1995) mit einer Darbietungsdauer von 10 Sekunden und ohne zeitliche Begrenzung der Wiedergabeleistung Verwendung. Eine einheitliche Instruktion existiert nicht, was wünschenswert wäre. Gleichwohl sind alle veröffentlichten Instruktionen recht kurz und eindeutig.
Auswertung: Es gibt keinen einheitlichen und allgemein anerkannten Trennwert für den FIT; auch ob die korrekte Platzierung in die Rohwertbestimmung einfließt, wird je nach Auswertungsversion unterschiedlich gehandhabt. Der in Studienveröffentlichungen zumeist verwendete Trennwert wurde auch von Rey als auffällig benannt. Von anderen Autoren verwendete niedrigere Trennwerte konnten sich nicht durchsetzen.

Normierung
Stichprobe: In einer Metaanalyse von Reznek (2005) werden wesentliche Studien und die darin enthaltenen Stichproben übersichtlich zusammengefasst. Die in der Sekundärliteratur vorzufindenden Untersuchungsstichproben sind jedoch unterschiedlich detailliert dargestellt. Es gibt häufig keine Unterteilung der Trennwerte nach Alter oder Bildung. Sofern eine solche Unterteilung vorgenommen wurde, zeigte sich in mehreren Studien eine Abhängigkeit des Testergebnisses von Alter und kognitiver Leistungsfähigkeit.
Normen: Weder in der Originalveröffentlichung von Rey (1958) noch in Veröffentlichungen zu späteren Testadaptionen werden Normierungsangaben gemacht. Eine Einordnung der Ergebnisse erfolgt anhand eines für alle Untersuchten gleichen Trennwertes, für den es jedoch nach wie vor keine einheitliche Festlegung gibt.

Gütekriterien

Objektivität: Aufgrund der fehlenden einheitlichen Instruktionen kann die Durchführungsobjektivität nur als mittelgradig eingeschätzt werden. Es gibt verschiedene Auswertungsmöglichkeiten; die Auswertungsobjektivität ist jeweils als hoch einzustufen.

Reliabilität: Nach Wissen der Autorin liegen keine Untersuchungen zur Reliabilität vor.

Validität: In der Originalveröffentlichung von Rey fehlen Validierungsstudien vollständig; und auch die Untersuchungen im Rahmen der TBFN liefern nur eine sehr eingeschränkte Datenbasis. Interessant sind daher die zahlreichen unabhängigen Untersuchungen, in denen dem FIT zumeist bei hoher Spezifität eine (zu) geringe Sensitivität bescheinigt wird. So wurde in einer Kreuzvalidierungsstudie von Inman und Berry (2002) bei einer Spezifität von 100 Prozent und einer Sensitivität von nur zwei Prozent eine Gesamtklassifikationsgüte von 53 Prozent erzielt. Suhr, Gunstadt, Greub und Barrash (2004) fanden bei der Untersuchung von experimentellen Simulanten eine Sensitivität von acht Prozent, die bei gecoachten Simulanten sogar auf vier Prozent sank. Die Spezifität lag auch in dieser Studie bei 100 Prozent.

Die schlechten Sensititvitätswerte dürften auch mit der geringen Augenscheinvalidität des Tests zusammenhängen – er ist relativ leicht als BVT zu identifizieren (vgl. Frederick, 2002).

Nebengütekriterien: Der Test ist zu offensichtlich als BVT erkennbar und daher anfällig für Verfälschungen.

Unter ökonomischen Gesichtspunkten ist der Test sehr benutzerfreundlich, da er frei verfügbar, sehr schnell durchführbar und auswertbar ist. Diese Aspekte dürften auch seine nach wie vor weite Verbreitung erklären.

Testentwicklung

Aus heutiger Sicht und in isolierter Anwendung weist der Test gegenüber anderen BVT zahlreiche Mängel auf. Die Entwicklung des Wiedererkennungsdurchgangs trägt zur Erhöhung der Klassifikationsgüte bei. Eine genauere Analyse desselben ist jedoch vonnöten.

Neuropsy-chologische Aspekte

Theoretischer Rahmen

Rey entwickelte seine Testverfahren unter Bezug auf das diagnostische, klinisch-psychologische und lernpsychologische Wissen der 1950er Jahre. Funktionell-neuroanatomische Erwägungen spielten dabei keine Rolle.

Die Hinweise des Testautors, nie aufgrund eines einzelnen Testwerts auf mangelnde Anstrengungsbereitschaft zu schließen, sondern ein Ergebnis in einem BVT immer in den Kontext der übrigen Untersuchungsbefunde zu setzen, können auch heute noch als vorbildlich in der Interpretation von Testergebnissen gelten. Eine solche Zurückhaltung ist im Verlauf der Forschung zur Beschwerdenvalidierung bisweilen leider aufgegeben worden.

Anwendungsbereiche
Der FIT schneidet bei der Identifizierung von negativen Antwortverzerrungen im Vergleich zu anderen BVT ungünstig ab. Er sollte daher
höchstens ergänzend zu einem oder mehreren anderen BVT eingesetzt werden und vorzugsweise zu Anfang der Untersuchung durchgeführt werden, um die Einfachheit der Aufgabe zu überdecken.
Der in der Literatur üblicherweise verwendete Trennwert sollte bei
Patienten mit starken kognitiven Einschränkungen (fortgeschrittene
Demenz, geistige Behinderung) nach unten korrigiert werden, um die
Gefahr von falsch-positiven Klassifikationen zu reduzieren (vgl. Unterpunkt „Ergebnisbeeinflussende Faktoren").

Ergebnisbeeinflussende Faktoren
In mehreren Studien zeigte sich eine Abhängigkeit des Testergebnisses von der kognitiven Leistungsfähigkeit. Bei Verwendung des
üblichen Trennwerts erzielten Patienten mit einer geistigen Behinderung (Goldberg & Miller, 1986; Hurley & Deal, 2006) oder einer
Demenz (Philpott & Boone, 1994; Schretlen, Brandt, Krafft & van
Gorp, 1991) häufig falsch-positive Ergebnisse.
In einer deutschen Studie wurde der Einfluss des Lebensalters auf
die Leistung im FIT untersucht. Zwischen den Kindern der 2., 3. und
4. Klasse fanden sich signifikante Unterschiede in den Testergebnissen (Blaskewitz, Merten & Kathmann, 2008). Ähnliche Befunde erzielten Constantinou und McCaffrey (2003). Sie schlagen daher vor,
den FIT erst ab dem Alter von zehn Jahren einzusetzen. Ergebnisse
aus Untersuchungen zur TBFN, die eine Resistenz des FIT gegenüber Alterseinflüssen ergaben, sind dagegen wohl dadurch zu begründen, dass bei dieser Untersuchung nur ältere Probanden ab
einem Alter von 16 Jahren teilnahmen.

Handhabbarkeit und klinische Anwendung

Die Durchführung ist unkompliziert und, sofern der Benutzer sich auf
eine Auswerteversion festlegt, eindeutig. Da außer der Stimulusvorlage, einem leeren Blatt und einem Stift keine weiteren Utensilien
notwendig sind, kann der Test in den allermeisten Untersuchungskontexten problemlos eingesetzt werden.

Nina Blaskewitz

Test of Memory Malingering (TOMM)

Tom N. Tombaugh

North Tonawanda, NY: Multi-Health Systems, 1996

Zusammenfassende Testbeschreibung

Zielsetzung und Operationalisierung

Konstrukte

Anstrengungsbereitschaft, Testmotivation, Kooperativität in der Testuntersuchung, negative Antwortverzerrungen.

Testdesign

Prinzip der verdeckten Leichtigkeit bei visuellen Wiedererkennungsaufgaben (Alternativwahl).

Angaben zum Test

Vergleichsgruppe

Gesunde Probanden (N = 70); Altersspanne 17–73 Jahre, Bildungsjahre 12.7 (SD = 1.9), 44 männlich, 26 weiblich. Alters-, Bildungs- und Geschlechtseffekte nicht bedeutsam.

Material

Englischsprachiges Manual, drei Spiralhefte, Protokollbögen.

Durchführungsdauer

15 bis 20 Minuten zuzüglich Warteintervall (in dem andere Verfahren durchgeführt werden können).

Testkonstruktion

Design

Aufgabe

Testdesign		
Durchgang	**Zeit**	**Aufgabe**
1. Lerndurchgang 1	Testbeginn	50 gezeichnete Objekte einprägen
2. Wiedererkennung 1	unmittelbar danach	Alternativauswahl aus je zwei Objekten
3. Lerndurchgang 2	unmittelbar danach	dieselben 50 Objekte einprägen

| 4. Wiedererkennung 2 | unmittelbar danach | Alternativauswahl aus je zwei Objekten |
| 5. Wiedererkennung 3 | nach 15 Minuten | Alternativauswahl aus je zwei Objekten |

Einprägen von 50 Strichzeichnungen von Objekten. Zwei Lerndurchgänge, jeweils gefolgt von unmittelbarem Wiedererkennen. Optional eine weitere Abfrage nach 15 Minuten. Die Reihenfolge der Target-Bilder ist in jedem Durchgang anders, alle Distraktoren kommen nur einmal vor.

Konzept
Der Test verwirklicht das Prinzip der verdeckten Leichtigkeit. Die hohe Anzahl der Zeichnungen soll eine augenscheinliche Schwierigkeit suggerieren. Das Wiedererkennen erfolgt nach dem Alternativwahl-Prinzip.

Variablen
Anzahl der Richtigen im zweiten und dritten Testdurchgang.
Optional: Anzahl der Richtigen im ersten Testdurchgang.

Durchführung
Die Instruktion wird mündlich vorgegeben. Der Test wird als Gedächtnisaufgabe für Bilder präsentiert. Alle 50 Zeichnungen (Targets) werden nacheinander für jeweils drei Sekunden dargeboten. Im unmittelbar anschließenden ersten Testdurchgang soll unter jeweils zwei Objektdarstellungen (Target und Distraktor) diejenige ausgewählt werden, die zuvor gezeigt wurde. Eine korrekte Wahl wird durch den Testleiter bestätigt, eine falsche korrigiert. Es folgt ein zweites Mal die Darbietung der Zeichnungen, gefolgt vom zweiten Testdurchgang mit Wiedererkennung, allerdings mit neuen Distraktoren. Nach einem Intervall von ca. 15 Minuten erfolgt im dritten (optionalen) Testdurchgang erneut eine Wiedererkennung, wiederum mit neuen Distraktoren. Der Test wird als Einzeltest vorgegeben; eine Parallelform ist nicht vorhanden.

Auswertung
a) Die Anzahl der richtig wiedererkannten Targets wird bestimmt.
b) Die diagnostische Beurteilung erfolgt anhand eines empirisch ermittelten Grenzwerts im zweiten und dritten Testdurchgang. Bei Antwortmustern im Zufallsbereich oder darunter kann auch der erste Testdurchgang ausgewertet werden.
c) Ein Vergleich mit zahlreichen klinischen Gruppen (z. B. Patienten mit Demenz, Depression und chronischem Schmerz) ist möglich.

Normierung   **Stichprobe**
Phase 1 (schwierigere Vorform): 405 Gesunde im Alter von 16 bis 84 Jahren (M=54.8; SD=20.2), 47 % männlich.
Phase 2 (Endform): 70 Gesunde im Alter von 17 bis 73 Jahren (M=37.8; SD=14.2), 44 männlich und 26 weiblich.

Normen

Alter/Bildung/*Geschlecht:* Gemäß Autor ohne bedeutsamen Einfluss auf die Testleistung.

Gütekriterien

Objektivität

Durchführung/Auswertung: Nach Angabe im Manual sind Durchführung und Auswertung objektiv.

Sensitivität/Spezifität

keine Angaben
Weitere Angaben zur Messgenauigkeit: keine Angaben zu Reliabilitätsmaßen.

Validität

Positiver und negativer prädiktiver Wert (PPP/NPP): keine Angaben
Konstruktvalidität: keine Angaben
Konvergente/diskriminante Validität: keine Angaben
Kriteriums- bzw. klinische Validität:
- Patienten ($N=158$), die zur neuropsychologischen Diagnostik vorgestellt wurden, verfehlten selten die Grenzwerte – mit Ausnahme einer kleinen Gruppe von Demenzpatienten.
- Experimentelle Simulanten ($N=27$) wurden in der Mehrheit der Fälle korrekt identifiziert, während Kontrollpersonen ($N=22$) unauffällig abschnitten.
- Patienten nach Schädel-Hirn-Trauma ($N=28$) mit vs. ohne Verdacht auf Antwortmanipulation; Kontrollpatienten ($N=12$), bona fide; gesunde Kontrollprobanden ($N=11$): hohe Klassifikationsgenauigkeit des TOMM.

Ökologische Validität: keine Angaben

Nebengütekriterien

Akzeptanz/Zumutbarkeit/Verfälschbarkeit: keine Angaben
Transparenz: Die Messintention des Tests darf ausdrücklich nicht transparent gemacht werden.
Störanfälligkeit: Lesefähigkeit ist keine Voraussetzungen für die Testdurchführung.

Neuropsychologische Aspekte

Theoretischer Rahmen

Die Ergebnisse neuropsychologischer Tests sind von der Kooperativität der untersuchten Personen abhängig. Mit der zunehmenden Nachfrage nach neuropsychologischen Gutachten in den USA hat sich die Entwicklung von Verfahren als notwendig erwiesen, die die Gültigkeit der Testprofile bei solchen Probanden überprüfen, für die ein substanzieller Gewinn aus niedrigen Testwerten resultiert. Zum Zeitpunkt der Konzeption des Tests waren die verwendeten Strategien zur Erkennung von Simulationsversuchen unbefriedigend. Mit der Entwicklung von Alternativwahlverfahren war eine methodische Möglichkeit zum besseren Erkennen aufgezeigt worden, die der Testautor nutzte. Das Verfahren folgt dem Prinzip der verdeckten Leichtigkeit.

Anwendungs-bereiche

Erkennung von suboptimaler Leistungsanstrengung in einer Testuntersuchung. Ob eine festgestellte eingeschränkte Testmotivation als Simulation oder Aggravation gewertet werden kann, ist nicht allein anhand des Testergebnisses zu beurteilen.

Funktionelle Neuroanatomie

Neuronale Korrelate der zur Testdurchführung notwendigen kognitiven Funktionen: keine Angaben

Ergebnis-beeinflussende Faktoren

Authentische Leistungsstörungen neurologischer Patienten interferieren in der Regel nur gering mit der Testleistung, von schweren Störungen (etwa im Rahmen demenzieller Erkrankungen) abgesehen. Da die Zeichnungen nicht benannt werden sollen, sind Wortfindungs- oder aphasische Störungen nicht wesentlich für die Testleistung, auch wenn sie die Enkodierung möglicherweise etwas erschweren können.

Testentwicklung

Das Verfahren stellt eine originäre, eigenständige Testentwicklung dar, einen der ersten standardisierten Beschwerdenvalidierungstests (BVT), die nach dem Prinzip der Alternativwahl konstruiert sind. Ursprünglich war das Verfahren als Gedächtnistest zur Diagnose einer Alzheimer-Demenz entwickelt worden, doch stellte sich heraus, dass die Aufgaben für viele Patienten mit beginnendem demenziellem Syndrom zu einfach waren, um ein trennscharfes Verfahren zu ergeben. Durch die hohe Zahl an Zielitems, die zunächst fortlaufend präsentiert werden, kann der TOMM besser als andere BVTs die Messintention verbergen. Dazu trägt zusätzlich der verzögerte Wiedererkennungsdurchgang bei.

Anders als beim vorliegenden Alternativwahlformat wurde in der Vorform ein Mehrfachwahlformat verwendet, bei dem jeweils drei Distraktoren dargeboten wurden. Zudem wurde den Probanden bei der Vorform keine Rückmeldung zu ihren Antworten gegeben.

Eine Computerversion des Verfahrens konnte durch den Rezensenten nicht beurteilt werden. Sie soll zur Buchform äquivalent sein (Rees, Tombaugh, Gansler & Moczynski, 1998).

Da der TOMM praktisch sprachfrei und die Instruktion leicht zu übersetzen ist (bzw. bei Probanden mit Migrationshintergrund selbst mit Dolmetscher unkompliziert durchzuführen ist), hat er nicht nur eine Verbreitung weit über den englischen Sprachraum hinaus gefunden, sondern kann auch in vielfältigen Kontexten ohne Mühe eingesetzt werden.

Testbewertung

Die Kritik im Überblick

Es handelt sich um ein bewährtes und solides Verfahren zur Diagnostik der Beschwerdenvalidität mit einem breiten Anwendungsbereich. Mittlerweile ist es eines der bestuntersuchten Verfahren zur Beschwerdenvalidierung.

Testkonstruktion

Testmaterial

Das Material ist ansprechend gestaltet, das Handbuch übersichtlich, Testvorgabe, Protokollierung und Auswertung sind einfach und fehlerarm zu realisieren. Die Verwendung von Zeichnungen gewährleistet eine gute Homogenität des Materials. Das Testhandbuch liegt nur in englischer Sprache vor. Das vor 15 Jahren publizierte Manual erscheint überarbeitungswürdig. Es sollten darin auch die zahlreichen Studien zum Test aufgenommen werden, zumal der TOMM mittlerweile als eines der bestuntersuchten Verfahren zur Beschwerdenvalidierung gilt.

Testdesign

Konzept: Das dem TOMM zugrunde liegende Konzept der Alternativwahl stellt den am besten untersuchten und am besten theoretisch fundierten methodischen Ansatz zur Erfassung negativer Antwortverzerrungen in der Leistungsdiagnostik dar. Das Konzept ist nach wie vor als modern zu beurteilen.

Variablen: Der Testautor beschränkt sich auf die Auswertung der Richtigen im zweiten und dritten Testdurchgang; bei Unter-Zufall-Antworten kann auch das Ergebnis des ersten Durchgangs ausgewertet werden. Dieser erste Durchgang (in isolierter Anwendung) wird mittlerweile von einer Reihe von Autoren als Siebtest mit einem gesonderten Trennwert empfohlen (z. B. Horner, Bedwell & Duong, 2006). Die Analyse der Konsistenz zwischen den drei Testdurchgängen schlagen Davis und Kollegen vor (Davis, Ramos, Sherer, Bertram & Wall, 2009). Beide Vorschläge haben sich bisher nicht als Praxisroutine durchgesetzt.

Durchführung: Die Testdurchführung ist einfach und wird verständlich erläutert. Zu beachten ist, dass während des Warteintervalls bis zum dritten Durchgang keine Tests durchgeführt werden, die mit dem vom TOMM verwendeten Material interferieren könnten. Der Autor weist darauf hin, dass bei motivierten Probanden ein Leistungsrückgang vom zweiten zum dritten Testdurchgang nur sehr selten auftritt, im Gegensatz zu Probanden mit eingeschränkter Testmotivation. Aus der Sicht des Rezensenten sollte der Test stets vollständig durchgeführt werden, d. h. einschließlich der optionalen verzögerten Abfrage nach 15 Minuten. Eine Reduktion auf den ersten Testdurchgang, wie gelegentlich empfohlen, ist nicht überzeugend und mit einer deutlich reduzierten Sensitivität verbunden.

Auswertung: Eingehend werden im Manual die Entscheidungsregeln zu *Antworten unter Zufall* und *Testwerten unterhalb des Grenzwertes* dargestellt und besprochen. Die Möglichkeit der Interpretation einer Simulation oder Aggravation, die nicht allein auf den Testwerten beruhen darf, wird umfassend diskutiert. Das Manual enthält fünf Fallstudien mit Interpretationsbeispielen.

Normierung

Stichprobe: Die Testleistung ist nicht wesentlich von demografischen Variablen abhängig, da bei voll motivierten Probanden die Leistung nahe der Testdecke liegt.

Normen: Aufgrund des Testdeckeneffektes sind umfangreichere an Gesunden erhobene Normen nicht notwendig. Die im Manual gelieferten Vergleichswerte für klinische Gruppen sind ausreichend und werden durch eine umfangreiche Sekundärliteratur ergänzt.

Gütekriterien

Objektivität: Durch die detaillierte Instruktionen und das einfache Zusammenzählen der richtigen Lösungen ist die Objektivität von Durchführung und Auswertung gesichert.

Reliabilität: Das Fehlen von Reliabilitätsangaben liegt in der Natur von Verfahren zur Beschwerdevalidierung begründet (vgl. Einführungstext zu diesem Kapitel).

Validität: Eine umfangreiche Forschungsliteratur belegt die gute Eignung des Verfahrens im Rahmen der Beschwerdenvalidierung und seine Validität für die Fragestellung der Gültigkeit von Testprofilen in neuropsychologischen Untersuchungen. Ein Großteil der Forschungsergebnisse ist im Handbuch noch nicht enthalten. Dazu gehört auch eine faktorenanalytische Studie von Nelson und Kollegen (Nelson, Sweet, Berry, Bryant & Granacher, 2007).

Nebengütekriterien: Der Test ist ökonomisch und zumutbar. Er wird von Patienten mit authentischen Leistungsproblemen gern bearbeitet, weil bei voller Leistungsanstrengung viel positive Rückmeldung gegeben wird. Für einen standardmäßigen klinischen Einsatz bei routinemäßig geringem Zeitbudget für die Diagnostik ist der Zeitbedarf von 15 bis 20 Minuten wohl meist zu hoch. Bei schwierigen differenzialdiagnostischen Fragestellungen, deren Beantwortung mit weit reichenden Konsequenzen verbunden sein kann, wird der Test immer als ökonomisch zu beurteilen sein. In einem solchen Rahmen und bei gutachtlichen Fragestellungen wird ohnehin die Beschwerdenvalidierung nicht auf ein einziges Verfahren zu reduzieren sein.

Testentwicklung
Ob und in welcher Weise eine (empirische) Itemselektion vorgenommen wurde, wird im Manual nicht angegeben.

Neuropsychologische Aspekte

Theoretischer Rahmen
Der Stand der Diagnostik der Beschwerdenvalidität zum Zeitpunkt der Publikation (damals noch verkürzt als „Simulationsdiagnostik" behandelt) wird adäquat dargestellt. Das verwendete Konzept des Alternativwahlverfahrens ist fundiert.

Anwendungsbereiche
Der Test ist als Verfahren im Rahmen von gutachtlichen Untersuchungen auch bei Probanden mit tatsächlichen Leistungsstörungen einsetzbar, so auch im strafrechtlichen Kontext (Delain, Stafford & Ben-Porath, 2003). In jüngerer Zeit wird zunehmend der Einsatz der Beschwerdenvalidierung in klinischen und rehabilitativen Kontexten diskutiert; auch hier ist der TOMM geeignet. Wichtige Anwendungsgebiete im klinischen Kontext sind die Überprüfung der Kooperativität (damit der Validität der geltend gemachten Beschwerden) etwa bei Schmerzstörungen, somatoformen und dissoziativen Störungen (vgl. Merten & Merckelbach, 2013); ein weiteres wichtiges Anwendungsgebiet wäre das Vorliegen einer artifiziellen Störung (oder der Verdacht auf eine solche).
Wichtig erscheint die Eignung des Tests für den Einsatz bei Migranten, die die deutsche Sprache nicht oder nicht ausreichend beherrschen, um sprachbasierte Tests zu bearbeiten. Der Test ist nicht nur bei Erwachsenen sondern auch bei Kindern ab etwa 5 Jahren einsetzbar, dies unter Zugrundelegung der Grenzwerte für Erwachsene (Blaskewitz, Merten & Kathmann, 2008; Constantinou & McCaffrey, 2003).

Ergebnisbeeinflussende Faktoren
Schwerergradige kognitive Störungen oder eine erhebliche Intelligenzminderung (MacAllister, Nakhutina, Bender, Karantzoulis & Carlson, 2009; Merten, Bossink & Schmand, 2007; Rudman, Oyebode, Jones & Bentham, 2011), können die Fähigkeit zur Testlösung beeinträchtigen und Ergebnisse unterhalb der Grenzwerte bedingen.

Ergebnisse im Zufallsbereich sind nur bei schwersten kognitiven Störungen zu erwarten, Ergebnisse unterhalb der Schwelle für reines Raten belegen eine gezielte Antwortmanipulation durch den Probanden. Das Vorliegen einer psychischen Störung (wie Anpassungsstörungen, Depression und Angst) oder chronischer Schmerz beeinflusst das Testergebnis nicht (Ashendorf, Constantinou & McCaffrey, 2004; Iverson, Le Page, Koehler, Shojania & Badii, 2007).

Handhabbarkeit und klinische Anwendung

Der Test ist in allen Aspekten benutzerfreundlich (von einem fehlenden deutschsprachigen Handbuch abgesehen). Bei der Interpretation der Testergebnisse ist zu prüfen, ob schwere authentische kognitive Störungen für ein Unterschreiten der Grenzwerte verantwortlich sein können. Diese müssen zweifelsfrei anhand anderer Informationsquellen (u. a. klinischer Befund, Aktivitäten des täglichen Lebens) nachweisbar sein.

Für eine sachgemäße Interpretation der Testergebnisse sind profunde Kenntnisse in der Beschwerdenvalidierung und in der klinisch-psychologischen Differenzialdiagnostik unverzichtbar, um sicher falsch-positive und falsch-negative Ergebnisse zu erkennen.

Thomas Merten

Testbatterie zur Forensischen Neuropsychologie (TBFN)

Dietmar Heubrock & Franz Petermann

Frankfurt am Main: Swets Test Services, 2007

Frankfurt am Main: Pearson Assessment & Information GmbH, 3. Auflage, 2011

Zusammenfassende Testbeschreibung

Zielsetzung und Operationalisierung

Konstrukte

Erfassung nicht authentischer neuropsychologischer Störungen in den Bereichen auditive und visuelle Wahrnehmung sowie Gedächtnis.

Testdesign

Die „Testbatterie" umfasst zwei Testsammlungen:
Teil A: Bremer Symptom-Validierung (BSV),
Teil B: Testpool aus vier Gedächtnistests.

Teil A: Bremer Symptom-Validierung (BSV),
19 computergestütze Untertests in Form von Zwangswahlverfahren (Forced-choice):
- *sechs Tests zur Validierung visueller Störungen,*
- *elf Tests zur Validierung akustischer Störungen,*
- *zwei Kurzzeitgedächtnisaufgaben.*

Teil B: Vier Gedächtnistests nach dem Prinzip der verdeckten Leichtigkeit:
- *Bremer Auditiver Gedächtnistest (BAGT) – freier Abruf,*
- *Test zur Überprüfung der Gedächtnisfähigkeit im Alltag TÜGA – freier Abruf,*
- *TÜGA-M – Wiedererkennen (Multiple-Choice Form, 1 aus 4),*
- *Rey Memory Test (RMT) – freier Abruf.*

Angaben zum Test

Vergleichswerte

Teil A: Trennwerte und/oder Wahrscheinlichkeitsberechnungen (Blockanalyse).
Trennwerte empirisch ermittelt auf der Basis von vier Vergleichsgruppen im Alter von 25 bis 63 Jahre.
Bildung: nicht berücksichtigt; Hinweise auf Bildungsunterschiede.
Geschlecht: nicht berücksichtigt.

Teil B: Trennwerte, empirisch ermittelt auf der Basis von drei Vergleichs-
gruppen im Alter von 16 bis über 60 Jahren.
Alter: Keine altersspezifischen Trennwerte; Hinweise auf Leistungsein-
bussen ab 50 Jahren.
Bildung: keine bildungsspezifischen Trennwerte; Hinweise auf niedri-
gere Leistungen bei Hauptschulabsolventen.
Geschlecht: keine Angaben

Material
Manual, Computerprogramm, Protokollbogen für die Gedächtnistests;
Brille und Kopfhörer (nicht im Lieferumfang).

Durchführungsdauer
Je nach Untertest 3 bis 17 Minuten (vergleiche die Beschreibung der
Untertests).

Testkonstruktion

Design   **Aufgabe**
Teil A: Bremer Symptom-Validierung (BSV), Testsammlung aus neun-
zehn Untertests im Alternativwahl-Design (forced choice): sechs Untertests zur Validierung geklagter visueller Störungen, elf zur Überprüfung
geklagter auditiver Störungen und zwei Alternativwahlverfahren zur Validierung von Störungen des Kurzzeitgedächtnisses.

a) Wahrnehmung visuell (W-v)
Konstrukt: Visuell-figurale Wahrnehmung.
Material: Brille (bei einseitiger Störung wird beim gesunden Auge das
Brillenglas abgeklebt).
Aufgabe: Aus zwei Antwortmustern das entsprechende anklicken (rechte
bzw. linke STRG-Taste); 100 Entscheidungen, Randomisierung für alle
Untertests identisch.
Veränderbare Voreinstellungen:
– Darbietungsdauer der visuellen Reize (400 Millisekunden),
– Pause zwischen den Items (1 000 Millisekunden),
– Lautstärke des Warntons (mittlere Lautstärke).
Durchführungsdauer: 3–4 Minuten je Untertest.

Untertest	Funktionen	**Aufgabe** (Beispiele nicht original)	
Visuell A1 Visuell A2	*Sehvermögen:* auf beiden Augen – auf einem Auge	◀⫶ (nur Ton) ◆ + ◀⫶ (Raute + Ton)	→ linke Taste → rechte Taste

Untertest	Funktionen	Aufgabe (Beispiele nicht original)		
Visuell B1 Visuell B2	*Kontrastsehen:* auf beiden Augen – auf einem Auge	Bildschirm einfarbig Bildschirm zweifarbig	→ linke Taste → rechte Taste	parallel akustische Warnreize
Visuell C	*Konturenerkennen*	○ + ◆ (Kreis + Raute) ◆ + ◆ (Raute + Raute)	→ linke Taste → rechte Taste	parallel akustische Warnreize
Visuell D	*Konturenerkennen*	2 verschiedene Fotos (sequenziell) 2 gleiche Fotos (sequenziell)	→ linke Taste → rechte Taste	parallel akustische Warnreize

b) Wahrnehmung auditorisch (W-a)

Konstrukt: auditorische Wahrnehmung.

Aufgabe: Aus zwei Antwortmustern das entsprechende anklicken (rechte bzw. linke STRG-Taste); 100 Entscheidungen, Randomisierung für alle Untertests identisch.

Material: Stereokopfhörer bei einseitiger Störung.

Veränderbare Voreinstellungen:
- Darbietungsdauer der visuellen Reize (400 Millisekunden),
- Pause zwischen den Items (1 000 Millisekunden),
- Lautstärke des akustischen Reizes für die Untertests A und B (mittlere Lautstärke).

Durchführungsdauer: 3–15 Minuten je nach Untertest.

Untertest	Funktionen	Aufgabe (Beispiele nicht original)	
Auditorisch A Auditorisch B	*Hörvermögen:* – auf beiden Ohren – auf einem Ohr	🔊 (nur Ton) ↓ linke Taste	B1 mit „gesundem" Ohr B2 mit „geschädigtem" Ohr
Auditorisch C	*Hörvermögen:* – auf beiden Ohren		C1 Reize weit unterhalb, C2 knapp unterhalb, C3 knapp über der angegebenen Hörschwelle

Untertest	Funktionen	Aufgabe (Beispiele nicht original)	
Auditorisch D	*Hörvermögen:* auf einem Ohr	◆ + ◀: (Ton + Raute) ↓ rechte Taste	D1 mit „gesundem" Ohr: Reize weit unterhalb der angegebenen Hörschwelle D2/D3/D4 mit „geschädigtem" Ohr: D2 Reize weit unterhalb, D3 knapp unterhalb, D4 knapp über der angegebenen Hörschwelle
Auditorisch E	*Geräusch-agnosie*	2 verschiedene Geräusche (sequenziell) 2 gleiche Geräusche (sequenziell)	→ linke Taste → rechte Taste	parallel visuelle Warnreize

c) Kurzzeitgedächtnis (KZG)
Beschwerden: Störungen des kurzfristigen Behaltens.

Unter-test	Konstrukt und Material	Aufgabe (Beispiele nicht original)
Kurzzeit-gedächt-nis A (KZG-A)	*Konstrukt:* visuell-figurales Kurzzeitgedächtnis (wiedererkennen) *Material:* 5 × 20 Bildersets; 100 Bildobjekte und 100 Auswahl-Alternativen: in einer der beiden komplexeren Zeichnungen ist das Objekt eingebettet. *Durchführungsdauer:* 4 Minuten	Wiedererkennen eines (Bild-)Objekts (Zeichnung) Zeichnung eines LKW Zeichnung: Zeichnung: LKW Reh im Wald im Wald Antwort durch Tastendruck
Kurzzeit-gedächt-nis B (KZG-B)	*Konstrukt:* auditives Kurzzeitgedächtnis (wiedererkennen) *Material:* 5 × 20 Geräusch-Sets; 100 Geräuschdarbietungen und 100 gesprochene und geschriebene Begriffspaare, von denen jeweils ein Begriff dem Geräusch entspricht. *Durchführungsdauer:* 16–17 Minuten	Wiedererkennen und Zuordnen von Geräusch und Wort ◀: (Wasserfall) Donner Wasserfall Antwort durch Tastendruck

Teil B: Gedächtnistests BAGT, TÜGA/TÜGA-M und RMT

Untertest	Beschreibung/Aufgabe (Beispiele nicht original)
Bremer Auditiver Gedächtnistest (BAGT)	*Konstrukt:* auditiv-nonverbale Merkfähigkeit (Geräusche); akustische Variante des Rey Memory Test. *Material:* 5 Geräuschsequenzen à 3 Items, die inhaltlich zusammenhängen. Intervall zwischen den Geräuschen: 2 Sekunden. *Beispiel einer Geräuschsequenz:* Regentropfen / Bachlauf / Wasserfall *Aufgabe:* Zwei Instruktionsbeispiele. Nach Darbietung der fünf Geräuschsequenzen am PC sollen möglichst viele Geräusche aufgezählt werden; der Versuchsleiter protokolliert. *Durchführungsdauer:* 6 Minuten.
Test zur Überprüfung der Gedächtnisfähigkeit im Alltag (TÜGA)	*Konstrukt:* auditiv-verbale Merkfähigkeit (Termine und Daten). *Material:* 5 Termin-Kombinationen à 3 inhaltlich zusammenhängenden Informationseinheiten. *Beispiel:* Um 17 Uhr haben Sie einen Termin beim Anwalt Tugend in der Gerechtigkeitsgasse. *Aufgabe:* Vorgabe der fünf Sätze über die PC-Lautsprecher, anschließend freie Reproduktion der Informationen, die vom Versuchsleiter protokolliert werden. *Durchführungsdauer:* 3 Minuten.
TÜGA-Multiple Choice (TÜGA-M)	*Konstrukt:* Wiedererkennen auditiv-verbalen Materials. *Aufgabe:* Wiedererkennen der einzelnen Informationen durch Anklicken von einer aus vier Antwort-Alternativen – nach 5-minütigem Behaltensintervall. *Beispiel einer Multiple-Choice-Aufgabe:* Wie heißt der Anwalt, bei dem Sie einen Termin haben: – Herr Parteilich, – Herr Unrecht, – Herr Streit oder – Herr Tugend? *Durchführungsdauer:* 4 Minuten.

Untertest	Beschreibung/Aufgabe (Beispiele nicht original)
Rey Memory Test (RMT) Exemplarisch, aber modifiziert: **A B C** **I II III** : : : : : : **1 2 3** Original im Internet frei verfügbar: z. B. www.behavenet.com/capsules/images/ rey15.jpg	*Konstrukt:* visuell-figurale Merkfähigkeit. *Material:* Vorlage aus 5×3 Zeichen. *Aufgabe:* Darbietung der Stimulusvorlage am Bildschirm für zehn Sekunden; anschließend Aufzeichnen möglichst vieler Zeichen auf einem Blatt. *Durchführungsdauer:* 3 Minuten.

Konzept

Teil A: Die Untertests der Bremer Symptom-Validierung (BSV) basieren auf dem Prinzip der verdeckten Leichtigkeit sowie dem Alternativwahlverfahren mit zwei Antwortmöglichkeiten, d. h. vom Probanden werden wiederholt Entscheidungen zwischen jeweils zwei möglichen Antworten verlangt (forced choice). Falls das Testergebnis signifikant über 50 % falscher Antworten liegt, kann mit hoher Wahrscheinlichkeit auf ein bewusstes negatives Antwortverhalten geschlossen werden.

Teil B: Die Gedächtnistests BAGT, TÜGA/TÜGA-M, RMT basieren ebenfalls auf dem Prinzip der verdeckten Leichtigkeit. Die Aufgaben sind so einfach konstruiert, dass sie auch kognitiv beeinträchtigte Probanden ohne größere Probleme bewältigen können, sodass das Unterschreiten eines bestimmten Trennwertes für eine wahrscheinliche negative Antworttendenz spricht.

Variablen

Teil A: Bremer Beschwerdenvalidierung (BSV)
Hauptvariable: Anzahl der Fehler.
Zusätzliche Variablen: mittlere Reaktionszeiten, dargestellt als Tabelle und Diagramm.

Teil B: Gedächtnistests BAGT, TÜGA/TÜGA-M, RMT
Anzahl der richtig reproduzierten Items.

Durchführung

Teil A: Bremer Beschwerdenvalidierung (BSV)
Schriftliche Instruktion auf dem Computermonitor. Der Proband gibt seine Antwort über die Tastatur ein. Die einzelnen Aufgaben sind in obiger Tabelle aufgelistet.

Teil B: Gedächtnistests BAGT, TÜGA/TÜGA-M, RMT
Instruktion schriftlich und mündlich über Monitor und Lautsprecher. Dabei wird hervorgehoben, dass es sich um einen schwierigen Test handelt. Der Versuchsleiter protokolliert die Antworten; beim Wiedererkennen klickt der Proband die entsprechende Auswahlalternative an.

Auswertung
Teil A: Bremer Beschwerdenvalidierung (BSV)
Auswertung durch den Computer. Aufgeführt werden (a) die Anzahl der richtigen und falschen Reaktionen insgesamt sowie getrennt für die linke und rechte Reaktionstaste und (b) die Reaktionszeiten in Millisekunden für die einzelnen Items sowie die mittlere Reaktionszeit (Mittelwert und Median) für die richtig bzw. falsch gelösten Items.
Zusätzlich erfolgt ein Interpretationshinweis für die Hauptvariable: die Anzahl der Fehler. „Das Fehlerverhalten ist unauffällig; die Fehlerzahl übersteigt den Cut-off-Wert; die Antworten liegen im Zufallsbereich mit randomisierter Verteilung über den Test; die Antworten liegen im Zufallsbereich mit identifizierbarem Antwortmuster; die überzufällige Anzahl Fehler wird als auffällig eingestuft. Bei Fehlern im Zufallsbereich wird auf wahrscheinlichkeitstheoretische Überlegungen (Blockanalyse) zurückgegriffen, die auf Loewer und Ulrich (1971), Miller (1986) und Cliffe (1992) zurückgehen.

Teil B: Gedächtnistests
Aufsummieren der richtig wiedergegebenen Items und Vergleich mit dem entsprechenden Trennwert.

Normierung   **Stichprobe**
Teil A: Bremer Beschwerdenvalidierung (BVT)
Vier Vergleichsgruppen (*N*=86): Gesunde (*N*=39), Patienten (*N*=31), „At-risk"-Probanden (*N*=12), Instruierte Simulanten (*N*=4).
Alter: 25–64 Jahre. *Bildung:* 36 Personen mit Abitur, 13 mit Mittlerer Reife, 37 Hauptschulabsolventen. *Geschlecht:* 45 männlich, 41 weiblich. Die Gruppe der „At-risk"-Probanden umfasst Patienten, die vom behandelnden Arzt und/oder Psychologen als auffällig, möglicherweise simulierend eingeschätzt wurden.

Teil B: Gedächtnistests BAGT, TÜGA, TÜGA-M und RMT
Drei Vergleichsgruppen (*N*=71): Gesunde (*N*=37, *Alter:* 16 bis > 60 Jahre, *Bildung:* 8 Uni, 10 Abitur, 15 Realschule oder abgeschlossene Berufsausbildung, 5 Hauptschule), Patienten mit hirnorganischer Störung (*N*=14), Instruierte Simulanten (*N*=20).

Normen
Teil A: Bremer Beschwerdenvalidierung (BSV)
Trennwerte: Zwei Standardabweichungen unter dem Fehler-Mittelwert der Patientenstichprobe.

Teil B: Gedächtnistests: Trennwerte.
BAGT: Niedrigster Wert der Patientengruppe minus Eins (6 Punkte).
TÜGA: Alle bis auf einen der Patienten erreichten höhere Werte
(5 Punkte).
TÜGA-M: Niedrigster Wert der Patientengruppe minus Eins (7 Punkte).
RMT: Verweis auf Literatur (8 Punkte).

Gütekriterien **Objektivität**
Durchführung/Auswertung: Die computerbasierte Durchführung und
detaillierte Instruktionen gewährleisten eine hohe Objektivität.

Sensitivität/Spezifität
Genaue Angaben zur Klassifikationsgüte fehlen.
Weitere Angaben zur Messgenauigkeit: keine Angaben zu Reliabilitäts-
maßen.

Validität
Positiver und negativer prädiktiver Wert (PPP/NPP): keine Angaben
Konstruktvalidität: keine Angaben
Konvergente/diskriminante Validität: Die externe Validierung der BSV mit
dem Test of Memory Malingering (TOMM) zeige die gleiche Tendenz: Hirnorganisch erkrankte Patienten machten etwa doppelt so viele Fehler
wie Gesunde, während sich die Gruppe der „At-risk"-Probanden von diesen beiden Gruppen deutlich abhob (konkrete Angaben fehlen jedoch).
Ökologische Validität: keine Angaben

Nebengütekriterien
Akzeptanz: keine Angaben
Transparenz: Die Transparenz der Testintention kann nicht Ziel eines
Beschwerdenvalidierungsverfahrens sein.
Zumutbarkeit: keine Angaben
Verfälschbarkeit: keine Angaben
Störanfälligkeit: Die Ergebnisse der BSV sind durch eine Neglectsym-
ptomatik, Rechts-Links-Schwäche und Impulskontrollstörung beein-
flussbar. Der Testleiter kann assistieren, wenn z. B. die Instruktion wäh-
rend der gesamten Testdauer nicht behalten werden kann.

Neuropsychologische Aspekte

Theoretischer Vor dem Hintergrund des Klassifikationssystems DSM-IV werden die
Rahmen Begrifflichkeiten von Simulation, artifizieller Störung (die Autoren benutzen hierfür den Begriff „vorgetäuschte Störung") und Konversionsstö-
rung erläutert. In diesem Kontext wird die Rolle und die Aufgabe der Forensischen Neuropsychologie erläutert: Diese beschäftige sich mit der
Beurteilung des Wahrheitsgehaltes bzw. der Plausibilität vorgetragener

neuropsychologischer Symptome. Es werden die Möglichkeiten der Untersuchungsmethoden bei Simulationsverdacht ausführlich beschrieben, wobei das Alternativwahlverfahren als Methodik mit der besten empirischen Absicherung dargestellt wird.

Anwendungs-bereiche Die Testbatterie soll zur Abklärung neuropsychologisch unstimmiger Störungen eingesetzt werden: im Rahmen von Begutachtungen im Zivil- und Sozialrecht aber auch in der klinischen Praxis.

Funktionelle Neuroanatomie *Neuronale Korrelate der zur Testdurchführung notwendigen kognitiven Funktionen:* keine Angaben

Testentwicklung

Ziel der Bremer Arbeitsgruppe zur Forensischen Neuropsychologie war es, Untersuchungsmethoden zur Beschwerdenvalidierung zu adaptieren, für die klinische Praxis zur Verfügung zu stellen und in klinischen Settings zu evaluieren. In Anlehnung an den Rey Memory Test (RMT) wurden der Bremer Auditive Gedächtnistest (BAGT) und die Tests zur Überprüfung der Gedächtnisfähigkeit im Alltag (TÜGA und TÜGA-M) entwickelt. Für den BAGT werden verschiedene Vorversuche beschrieben. Weitergehende Angaben über die Testentwicklung sind dem Manual nicht zu entnehmen.

Testbewertung

Die Kritik im Überblick Die TBFN ist die erste deutsche Entwicklung eines modernen Beschwerdenvalidierungstests (BVT). Kernstück der Testbatterie sind die Untertests der Bremer Symptom-Validierung. Sie gestatten neben der Überprüfung der Authentizität von Gedächtnisstörungen auch die Überprüfung der Authentizität von akustischen und visuellen Beeinträchtigungen.
Hervorzuheben sind die Benutzerfreundlichkeit und die weitgehende Testdurchführung mittels Computer, was ein hohes Maß an Objektivität gewährleistet. Dass viele Einstellungsmöglichkeiten bei den BSV vorhanden sind, unterstreicht die Benutzerfreundlichkeit, dass die meisten Verfahren in wenigen Minuten einsetzbar sind, seine Ökonomie.
Der Anspruch der TBFN, dass authentische neuropsychologische Störungen anhand der beschriebenen Kriterien von artifiziellen und Konversions-Störungen unterschieden werden können, muss kritisch hinterfragt werden.

Kritisch zu sehen sind die mangelnde Sensitivität und damit die erhöhte Transparenz einzelner Verfahren in Bezug auf das Testprinzip. In der dargestellten Stichprobe ist nicht durchgängig klar, welche Untertests verwendet wurden, auch erscheint die untersuchte Stichprobengröße zu gering. Weiterhin liegen kaum unabhängige Forschungsergebnisse und Vergleiche mit anderen BVTs vor. Damit besteht noch die Notwendigkeit weiterer empirischer Untersuchungen. Bis diese vorliegen, kann der Einsatz der BSV nur ergänzend zu anderen BVTs angeraten werden.

Der Rey Memory Test (RMT) muss aufgrund der beschriebenen Testergebnisse in seiner Eignung als Messinstrument für negative Antwortverzerrungen infrage gestellt werden: Sein Einsatz kann nicht empfohlen werden. Und der Einsatz des BAGT, TÜGA und TÜGA-M kann aufgrund der beschriebenen geringen Sensitivität nur ergänzend zu anderen BVTs nahe gelegt werden.

Test-
konstruktion

Testmaterial
Die Einfachheit und Übersichtlichkeit des Computerprogramms ist vorbildlich, die Installation ist komplikationslos. Viele Funktionen sind individuell einstellbar. Kopfhörer und eine speziell präparierte Brille müssen zusätzlich zum Programm erworben werden. Das Manual ist bezüglich der jeweiligen Instruktion sehr übersichtlich, im Anhang sind die einzelnen Tests umfangreich dargestellt. Einzelne Angaben im Manual könnten gleichwohl detaillierter sein: So ist nicht durchgängig klar, welcher Untertest der BSV in der Normierungsstichprobe zum Einsatz kam.

Testdesign
Konzept: Das Prinzip der verdeckten Leichtigkeit und das Alternativwahlformat sind gut umgesetzt. Beide Prinzipien haben sich in der Literatur bewährt.
Variablen: Pro Testverfahren gibt es eine entscheidungsrelevante Variable, was zu einer guten Übersichtlichkeit beiträgt.
Durchführung: Die Instruktionen sind verständlich, nach kurzer Orientierungszeit ist die Durchführung der jeweiligen Untertests problemlos möglich. Bei manchen Probanden kann es notwendig sein, dass der Untersucher das Drücken der Tasten bei den BSV übernimmt (z. B. bei Vorliegen einer Impulskontrollstörung). Probanden geben gelegentlich an, dass bei dem Kurzzeitgedächtnistest A der BSV die Präsentationszeit des zu lernenden Stimulus zu kurz sei. Was bei Probanden ohne eine eindeutige neurologische Symptomatik kritisch zu hinterfragen wäre, kann bei Probanden mit z. B. einer schweren rechtshemisphärischen Störung ein nachvollziehbarer Störfaktor sein. Hier kann im Setup die Präsentationszeit verlängert werden.

Auswertung: Die computerbasierte Auswertung ist problemlos, die weitergehende Auswertung anhand der detaillierten Angaben im Manual gut umsetzbar. Für die BSV wird bei Fehlerwerten im Zufallsbereich das Ergebnis als unauffällig eingestuft. Als Erklärung wird ein „Totalausfall der untersuchten Modalität" vorgeschlagen. Nach der praktischen Erfahrung der Rezensenten überzeugt diese Erklärung häufig nicht. Probanden, die im Test manipulierten und dies bei Konfrontation auch zugaben, erreichten solche Punktwerte ebenfalls.

Normierung
Stichprobe: Die Stichprobengrößen sind sehr gering. Klinische Vergleichsstichproben fehlen.

Gütekriterien
Objektivität: Die Objektivität ist aufgrund der fast vollständigen Durchführung am Computer und der detaillierten Beschreibungen zur Durchführung der Tests im Manual als gegeben zu bewerten.
Sensitivität/Spezifität: Angaben zu Sensitivität oder Spezifität fehlen. Aus der detaillierten Ergebnisdarstellung der Gruppe der instruierten Simulanten im Manual geht hervor, dass die Gedächtnistests BAGT, TÜGA, TÜGA-M und RMT nur eine eingeschränkte Sensitivität aufweisen. Besonders deutlich zeigt sich dies beim Rey Memory Test (RMT): Dieser war lediglich in der Lage, einen von 20 instruierten Simulanten als solchen zu erkennen. Als Grund kann eine erhöhte Transparenz des Testkonzepts vermutet werden.
Reliabilität: Es liegen keine Angaben zur Reliabilität vor.
Validität: Positive und negative prädiktive Werte (PPP/NPP) sind nicht angegeben. Die Ergebnisse der externen Validierung mittels Test of Memory Malingering sind nicht ausführlich dargestellt und damit nicht sicher nachvollziehbar.
Bislang liegt nur eine unabhängige Untersuchung für den Kurzzeitgedächtnistest A vor (Merten, Krahl, Krahl & Freytag, 2010) und keine für die restlichen Tests der BSV sowie für den BAGT, TÜGA und TÜGA-M.

Neuropsychologische Aspekte

Theoretischer Rahmen
Auffällige Ergebnisse der Tests im TBFN werden konsequent als nicht authentische neuropsychologische Störungen klassifiziert. Allerdings wird auf die möglichen Interpretationen ausführlich eingegangen und die Annahme von Aggravation und Simulation als nur eine mögliche Konsequenz dargestellt.

Anwendungsbereiche

Die vorliegende Testbatterie ist im Rahmen von psychologischen und neuropsychologischen Begutachtungen vielfältig einsetzbar. Die Rezensenten setzen den Kurzzeitgedächtnis A häufiger bei Probanden mit geklagten Gedächtnisstörungen im Rahmen psychotraumatologischer Fragestellungen ein: insbesondere bei Probanden mit Migrationshintergrund, die Deutsch nicht als Muttersprache haben.

Neben der Überprüfung der Authentizität von beklagten Gedächtnisstörungen können auch beklagte sensorische Defizite überprüft werden. Aufgrund der mangelnden Sensibilität erscheinen aber einige Untertests gar nicht oder nur sehr eingeschränkt ohne weitere Verfahren zur Beschwerdenvalidierung einsetzbar. Bei schwer neurologisch erkrankten Probanden müssen die Ausschlusskriterien und die kurze Präsentationszeit bedacht werden.

**Handhab-
barkeit und
klinische
Anwendung**

Die Handhabbarkeit der Tests ist vorbildlich.

Gordon Krahl und Christina Krahl

Green's Word Memory Test (WMT)

Paul Green, Vorwort von Paul Lees-Haley

Edmonton: Green's Publishing Inc., 2005

Zusammenfassende Testbeschreibung

Zielsetzung und Operationalisierung

Konstrukte
Sprachlicher Gedächtnistest zur Messung negativer Antwortverzerrungen.

Testdesign
Prinzip der verdeckten Leichtigkeit; Wortpaarlernaufgabe mit unterschiedlichen Abfragezeitpunkten und Abfrageformen (Paarassoziationsabruf, freier Abruf).

Angaben zum Test

Vergleichsgruppe
Anstrengungsbereitschaft, Trennwerte: Gruppe mit 112 Hirnverletzten; keine demografischen Angaben.
Alter: keine Angaben
Bildung: keine Angaben
Geschlecht: keine Angaben

Material
Englischsprachiges Testmanual, Software zur Durchführung und Auswertung, zehn Sprachoptionen (u. a. deutsch).

Durchführungsdauer
20 bis 25 Minuten reine Testzeit, zusätzlich Behaltensintervalle von 30 und 20 Minuten.

Testkonstruktion

Design

Aufgabe
Der Word Memory Test (WMT) enthält sechs Untertests, die computergestützt mit standardisierten Bildschirminstruktionen vorgegeben werden. Die Probanden lernen zu Beginn zweimal hintereinander eine Liste von 20 sequentiell am Bildschirm vorgegebenen Wortpaaren, die eine große Assoziationsnähe haben. Es folgt eine Aufgabe zum unmittelbaren Wiedererkennen durch visuelle Paarassoziationen (IR), nach

einer 30-minütigen Pause wird diese Wiedererkennensaufgabe (DR)
wiederholt. Daran schließen sich vier unterschiedliche Messungen an,
nämlich das Wiedererkennen unter einem Multiple-choice-Paradigma
(MC), auditive Paarassoziationen (PA), der freie Abruf (FR) und nach
weiteren 20 Minuten der verzögerte freie Abruf (LDFR). Der Test wird
im Handbuch als „teilselbstinstruiert" bezeichnet, die Anwesenheit eines
Untersuchers zu bestimmten Testteilen ist gleichwohl notwendig. Nach
Beendigung des Tests werden verschiedene Parameter automatisch
vom Programm generiert.
Zwei identische Lerndurchgänge. Sechs Abrufdurchgänge mit steigendem Schwierigkeitsgrad vom Wiedererkennen bis zum verzögerten
freien Abruf.

Konzept
Der Test folgt dem Prinzip der verdeckten Leichtigkeit. Das Wiederer-
kennen erfolgt nach dem Alternativwahl-Prinzip: eins aus zwei (IR und
DR) respektive eins aus acht (MC).
Über das unmittelbare und verzögerte Wiedererkennen wird die An-
strengungsbereitschaft erfasst. Hinzu kommt ein Plausibilitätsmaß
(CNS) zwischen diesen beiden Durchgängen.

Variablen
– Wiedererkennen unmittelbar (IR): Prozent richtig erkannter Targets,
– Wiedererkennen, 30 Minuten verzögert (DR): Prozent richtig erkann-
  ter Targets,
– Konsistenz (CNS): Übereinstimmung der wiedererkannten Wörter
  bei unmittelbarer und verzögerter Abfrage in Prozent,
– Mehrfachauswahl (MC): Prozent richtig erkannter Targets,
– Paarassoziationen (PA): Prozent der richtig ergänzten Paare,
– Freier Abruf unmittelbar (DFR): Prozent der richtigen Targets,
– Freier Abruf verzögert (LDFR): Prozent der richtigen Targets.

Durchführung
Die ausführlichen Instruktionen werden am Bildschirm vorgegeben.
Sequentielle Vorgabe der Wortpaare, zweimal hintereinander in derselben Abfolge. Wiedererkennen (IR): Markieren des jeweiligen Targets
durch Mausklick oder Tastatur. Auditives und visuelles Feedback: kor-
rekt=grün + hoher Ton, falsch=rot + tiefer Ton. Anschließend startet
das Programm eine Uhr und erinnert zusätzlich akustisch an die Wiederholung des identischen Abfragemodus nach 30 Minuten (DR). Zur
folgenden Multiple-Choice-Abfrage wird das erste Wort der anfangs
gezeigten Paare gezeigt sowie eine Liste aus acht Wörtern zur Auswahl. Die Eingabe erfolgt wiederum durch Anklicken. Die Abfrage der
Paarassoziationen erfolgt mündlich. Die Antworten des Probanden tippt

der Untersucher ein. Gleiches gilt für die Antworten in den beiden Durchgängen zum freien Abruf. Hierbei ist darauf zu achten, dass der Proband den Computerbildschirm nicht einsehen kann. Eine Rückmeldung über korrekte Lösungen wird nicht gegeben, auch nicht zur Anzahl der Richtigen.

Auswertung

a) Die Auswertung übernimmt die Software. Alle Werte werden in Prozent korrekter Antworten angegeben (IR, DR, CNS, MC, PA, DFR, LDFR). Das Programm bietet verschiedene Auswertungsmodalitäten (grafisch, numerisch) und umfangreiche Vergleichsmöglichkeiten mit klinischen und experimentellen Gruppen.

b) Für die diagnostische Beurteilung wird eine hierarchische Prozedur durchlaufen. Zunächst wird der empirische Kennwert für die Variablen IR, DR und CNS herangezogen. Bei einem Wert oberhalb gilt der Test als „bestanden". Es wird außerdem ein „Demenzkennwert" berechnet, der die Beurteilung des Testergebnisses als Ausdruck negativer Antwortverzerrungen oder als Zeichen einer schweren Störung des geistigen Leistungsvermögens unterstützt, wie es z. B. bei demenziellen Erkrankungen auftritt. Im Testmanual finden sich für die anderen Parameter (PA, FR, LDFR) außerdem an verschiedenen Stellen Hinweise auf die Abgrenzung auffälliger Testwerte zwischen Probanden mit negativen Antwortverzerrungen und Patienten mit demenziellen Erkrankungen.

Normierung   **Stichprobe**

Stichprobe für Trennwerte: Patienten mit mittelschweren und schweren Hirnverletzungen ($N = 112$).

Zwischen 1995 und 2003 wurden außerem mehrere Tausend klinische Probanden getestet sowie verschiedene experimentelle Gruppenstudien durchgeführt. Der Test enthält derzeit 50 Vergleichsgruppen, die laut Testmanual über 2800 Probanden repräsentieren. Die Stichproben sind im Testmanual hinsichtlich der Pathologie, aber nicht bezüglich der soziodemographischen Variablen beschrieben.

Normen

Die Trennwerte für IR, DR und CNS liegen drei Standardabweichungen unterhalb der Referenzstichprobe; keine soziodemografischen Angaben. Im Anhang des Testmanuals sind außerdem deskriptive Statistiken (Mittelwerte und Standardabweichungen) für die Parameter MC, PA, FR und LDFR bezogen auf vier Altersgruppen und vier Bildungsgruppen dokumentiert. Diese werden in das Auswertungsprogramm nicht mit einbezogen.

Gütekriterien **Objektivität**
Durchführung/Auswertung: Aufgrund der computergestützt vorgege-
benen Instruktionen sowie des computergestützen Testablaufs ist die
Durchführungsobjektivität weitgehend gegeben. Soweit sich bei der
Tastatureingabe durch den Testleiter bei den Untertests PA, FR und
LDFR unbemerkt Schreibfehler ergeben, besteht die Gefahr einer
Unterschätzung des Leistungsvermögens, da Schreibfehler vom Programm als falsche Lösung klassifiziert werden. Die Auswertung erfolgt automatisiert. Klinische und experimentelle Vergleichsgruppen
können im Programm ausgewählt werden, dienen aber nur der ori-
entierenden Einordnung. Die Auswertungsobjektivität ist gegeben,
wenn bei einem auffälligen Ergebnis der „Demenzkennwert" mit einbezogen wird. Im Manual finden sich umfangreiche Hinweise zur Bewertung unterschiedlicher Testprofile.

Sensitivität/Spezifität
Sensitivität ≥ 96 %; Spezifität 99 %. Laut Testmanual möglicherweise
überschätzt, da es sich um Daten instruierter Simulanten handelt.
Untersucht an experimentellen Gruppen: hirngesunde Freiwillige, instruierte Simulanten (überwiegend Psychologen und Ärzte), Patienten
mit erworbenen Hirnschädigungen, in Richtung Simulation instruierte
Patienten mit erworbener Hirnschädigung und aggravierende Patienten mit erworbenen Hirnschädigungen. Instruierte Simulanten und Probanden mit vermuteten negativen Antwortverzerrungen zeigten maßgeblich schlechtere Werte als die Gruppe der nicht instruierten oder
anstrengungsbereiten Probanden.
Weitere Angaben zur Messgenauigkeit: Retestreliabilität für die verschiedenen Variablen zwischen $r = .83$ und $r = .99$ ($N = 20$ Gesunde).

Validität
Positiver und negativer prädiktiver Wert (PPP/NPP): keine Angaben
Konstruktvalidität: keine Angaben.
Konvergente/diskriminante Validität: Im Manual erfolgt der Hinweis
auf publizierte Studien zur Bestimmung der konvergenten Validität
ohne Angabe der Korrelationen: Assessment of Response Bias
(CARB; Allen, Conder, Green & Cox, 1997), California Verbal Learning Test (CVLT; Delis, Kramer, Kaplan & Ober, 1987) und Warrington's Recogition Memory Test for Words an Faces (RMT; Warrington,
1984).
Kriteriums- bzw. klinische Validität: Zahlreiche Studien zur Validität belegen, dass die Parameter des WMT, die die Anstrengungsbereitschaft
operationalisieren, nicht sensitiv für das Vorliegen einer Hirnsubstanz-
schädigung bzw. dessen Schwere, für aktuelle Einschränkungen des
geistigen Leistungsvermögens insgesamt sind. Auf einen starken De-

ckeneffekt wird erklärend hingwiesen: So erzielen Patienten mit auffälligen Werten im CVLT im Mittel 96,1 % Richtige beim unmittelbaren Wiedererkennen (IR).
Ökologische Validität: keine Angaben

Nebengütekriterien
Akzeptanz: keine Angaben
Transparenz: keine Angaben
Zumutbarkeit: keine Angaben
Verfälschbarkeit (Coachingmöglichkeiten): keine Angaben
Störanfälligkeit: keine Angaben

Neuropsychologische Aspekte

Theoretischer Rahmen

Der WMT wird als sehr sensitives Verfahren gegenüber mangelnder Anstrengungsbereitschaft beschrieben. Begründet wird dies mit seiner hohen Insentivität gegenüber tatsächlichen Einschränkungen der kognitiven Leistungsfähigkeit. Nur sehr extreme kognitive Einschränkungen können sich so deutlich auf die WMT-Ergebnisse auswirken, dass ein falsch-positives Urteil in Richtung mangelnder Anstrengungsbereitsschaft getroffen wird.

Um die Anzahl falsch-positiver Urteile weiter zu vermindern, wird ein „Demenzkennwert" berechnet. Der WMT weist drei verschiedene Schwierigkeitsgrade bei den zu lernenden Wortpaaren auf: basierend auf der unterschiedlichen Assoziationsnähe der Wörter in diesen Wortpaaren. Tatsächlich gedächtnisgestörte Probanden sollten umso mehr Fehler machen, je schwerer die Wortpaare wegen einer größeren Assoziationsferne zu lernen sind. Trifft dies bei einem Patienten zu, so ist von einer genuinen Gedächtnisstörung oder dementiellen Erkrankung auszugehen – auch wenn auffällige WMT Ergebnisse auf eine eingeschränkte Anstrengungsbereitschaft hinweisen. Der Demenzkennwert ist nur Bestandteil der computergestützten Auswertung.

Im ausführlichen Anhang F des Testmanuals (S. 71 ff.) werden ergänzende qualitative Hinweise zur Differenzierung vorgetäuschter vs. durch eine demenzielle Erkrankung verursachter Testergebnisse gegeben.

Anwendungsbereiche

Der WMT oder andere leistungsstarke BVTs sollen Bestandteil jeder neuropsychologischen Untersuchung sein.

Funktionelle Neuroanatomie

Neuronale Korrelate der zur Testdurchführung notwendigen kognitiven Funktionen: keine Angaben

Testentwicklung

Green weist im Manual (2005) darauf hin, dass die Entwicklung des WMT durch das seit Ende der 1980er-Jahre zunehmende Forschungsinteresse an der Anstrengungsbereitschaft bei psychologischen Testuntersuchungen befördert wurde. Der Test wurde von Green, Allen und Astner im Jahr 1996 erstmals publiziert, inzwischen wird die 2003 eingeführte computerbasierte Form als Standardvariante eingesetzt. Der WMT stellt explizit ein quantitatives Messinstrument zur Messung der Anstrengungsbereitschaft dar. Er liegt in zehn Sprachen vor: Deutsch, Englisch, Niederländisch, Spanisch, Türkisch, Russisch, Hebräisch, Dänisch, Portugiesisch, Französisch.

Testbewertung

Die Kritik im Überblick

Soweit Untersuchungsbefunde erhoben werden, die sich vor dem Hintergrund wissenschaftlicher Erkenntnisse und klinischer Erfahrung auch unter Einbeziehung sämtlicher relavanter diagnostischer Informationsquellen nicht plausibel interpretieren lassen oder auf Seiten des Untersuchers der Verdacht auf das Vorliegen sekundärer Interessen bei den Probanden besteht, sollte der Einsatz des Word Memory Test (WMT) erwogen werden. In diesem Kontext ist der Einsatz des WMT, der wesentliche Untersuchungsziele bewusst maskiert, als Bestandteil der diagnostischen Urteilsbildung nicht nur vertretbar, sondern erleichtert maßgeblich die Aufkärung uneindeutiger Befunde. Der Einsatz des WMT stellt aber nur einen weiteren Schritt in der Plausibilitätsprüfung der Gesamtheit der jeweils erhobenen diagnostischen Informationen dar. Wenn Bedenken bestehen, dass die Verwendung des WMT die therapeutische Beziehung belasten könnte, sollte man sich vergegenwärtigen, dass jeder Testeinsatz die Verifikation von geschilderten Beschwerden darstellt, um eine tragfähige diagnostische Einschätzung zu gewährleisten. Die maßgeblichen methodischen Mängel der Testkonstruktion lassen eine Klassifikation nicht als psychologischer Test im eigentlichen Sinne, sondern als standardisierte Verhaltensprobe notwendig erscheinen.

Zur quantifizierbaren Überprüfung der Anstrengungsbereitschaft ist der WMT ein sehr geeignetes Verfahren. Soweit er nach den üblichen psychologischen diagnostischen Prinzipien – nämlich der Einbettung in weitere diagnostische Informationen – eingesetzt wird, wird er durchaus dem im angloamerikanischen Sprachraum geltenden Rang als „Goldstandard" gerecht.

**Test-
konstruktion**

Testmaterial
Die Lieferung umfasst Handbuch und Programm-CD, nicht aber den nötigen Freischalt-Code. Dieser muss telefonisch beim Testautor in Kanada erfragt und jährlich bzw. alle zwei Jahre erneuert werden. Die Bedienung des Programms und die Auswertung der Resultate ist komfortabel. Die auf dem Bildschirm gezeigten Instruktionen sind ausführlich, für Patienten ohne Sprachstörungen gut verständlich und für Patienten mit hirnorganischen Störungen auch hinreichend redundant. Das Testmanual ist unübersichtlich, die für die Beurteilung der Güte eines Tests erforderlichen und international anerkannten Parameter sind entweder an verschiedenen Stellen des Manuals dokumentiert oder fehlen ganz. Wünschenswert wäre die Entwicklung von Parallelversionen, um einen mehrfachen Einsatz zu ermöglichen.

Testdesign
Konzept: Das Prinzip der verdeckten Leichtigkeit bei diesem als sprachliche Lern- und Abrufaufgabe konzipierten Test gehört zu den anerkannten Methoden zur Untersuchung negativer Antwortverzerrungen (Bush et al., 2009, S. 307). Das Konstruktionsprinzip und die Wirkweise des WMT werden sehr transparent und nachvollziehbar dargestellt. Durch die Einführung verschieden schwieriger Items wird teilweise auf auf Prinzipien der klassischen Testtheorie (vgl. Pawlik, 2006, S. 569 ff.) zurückgegriffen. Aufgrund der notwendigen niedrigen Testdecke (Itemschwierigkeit gering: p > .80) ist der WMT nicht als psychologischer Test im klassischen Sinne, sondern als standardisierte Verhaltensprobe zu verstehen.
Variablen: Die vom Auswerteprogramm zur Verfügung gestellten Variablen sind hinreichend, die dem Test zugrunde liegende Fragestellung zu beantworten. Neben den Motivationsvariablen (IR, DR und CNS) werden weitere Variablen erhoben, die hilfreiche Hinweise zur Beurteilung von Gedächtnisleistungen liefern. Der vom Programm generierte „Demenzkennwert" sollte bindend in die Interpretation der Testwerte einbezogen werden.
Durchführung: Die computerbasierte Testdurchführung erweist sich im Wesentlichen als gut handhabbar. Ungünstig wirkt sich aus, dass während der Untersuchung des freien Abrufs der Bildschirm vom Probanden weggedreht werden muss, sodass er ihn nicht einsehen kann. Abhilfe könnte ein zweiter Monitor schaffen und auch ein Hinweis auf dieses Vorgehen bei der Instruktion.
Auswertung: Die computergenerierte Auswertung ist komfortabel und bietet vielerlei Möglichkeiten, nicht zuletzt durch eine Fülle von klinischen Vergleichsgruppen. Zur Beurteilung der individuellen Leistungen von Probanden mit schweren kognitiven Störungen enthält das Testmanual qualitative Hinweise. Das Einbeziehen des vom Programm

generierten „Demenzkennwerts" ist bei diesen Probanden unabdingbar, wenn der Demenzkennwert größer als 30 ist, zwingend auch das
Einbeziehen weiterer Testresultate sowie der Informationen aus der
Verhaltensbeobachtung und Anamnese. Auch für den WMT gilt, dass
die diagnostische Urteilsbildung nicht allein anhand von Testbefun-
den vorgenommen werden soll.

Normierung
Stichprobe: Gemessen an den Maßstäben der klassischen Testtheorie ist die zur Bildung der Trennwerte ursprünglich herangezogene,
klinische Vergleichsgruppe von 112 Patienten mit mäßigen bis schweren Hirnverletzungen zu klein. Es fehlt auch an einer Stichprobe „normaler" Probanden, die in klassischen psychologischen Leistungstests
üblicherweise als Referenzstichprobe zur Normierung herangezogen
werden. Es fehlt in der computergenerierten Auswertung außerdem
eine explizite Altersnormierung, Geschlechts- oder Bildungskorrek-
tur. Die Testdecke des WMT ist allerdings so niedrig, dass sich diese
sonst durchaus wesentlichen Variablen nicht maßgeblich auf die Testergebnisse auswirken.
Zur qualitativen Einordnung der Testresultate liegt außerdem eine
große Zahl von klinischen Vergleichsgruppen vor, deren Umfang zwischen $n=2$ und $n=883$ variiert. Diese klinischen Vergleichsnormen
werden durch Programmupdates aktualisiert. Sie gehen in die automatisierte Auswertung des entscheidungserheblichen Trennwertes
aber nicht ein.

Gütekriterien
Objektivität: Aufgrund der computergestützten Durchführung und Aus-
wertung ist die Objektivität als hoch einzuschätzen. Schreibfehler des
Untersuchers bei der Eingabe der Lösungen zu den Durchgängen PA,
DFR und LDFR werden als Fehler gewertet und können dadurch zur
Unterschätzung des Leistungsvermögens des Probanden führen. Eine
Nachprüfung der Rechtschreibung in diesen Testteilen bietet sich an.
Sensitivität/Spezifität: Die Untersuchung anhand von Gruppen ins-
truierter Simulanten ist nicht hinreichend.
Reliabilität: Die im Testmanual angegebene Retestreliabilität der ein-
zelnen Testparameter ist mit $r_{tt}=.83$ bis $r_{tt}=.99$ als hoch einzustufen.
Allerdings basiert die Berechnung auf einer Stichprobe von lediglich
20 gesunden Probanden und ist gemessen an den Maßstäben der
klassischen Testheorie deutlich zu klein. Auf das im Einführungstext
zu diesem Kapitel beschriebene Reliabilitätsdilemma im Bereich der
Beschwerdenvalidierungstests wird verwiesen.
Validität: Zur Überprüfung der Validität wurde bei der Testentwicklung
im Wesentlichen auf Extremgruppenbildung gesetzt, außerdem finden sich Hinweise zur konvergenten Validität, die anhand zweier weiterer Beschwerdenvalidierungstests sowie zweier aggregierter Para-

meter des CVLT überprüft wurde. Eine Überprüfung der faktoriellen Struktur wird ebenso vermisst wie eine angemessene Kriteriumsvalidierung an einem Außenkriterium, das außerhalb anderer Beschwerdenvalidierungstests liegt. Es fehlen außerdem Angaben zu positiven und negativen prädiktiven Werten (PPP und NPP). Die Gültigkeit der Interpretation der WMT-Resultate und damit der diagnostischen Urteilsbildung steigt durch die Einbeziehung des vom Programm generierten „Demenzkennwertes" und durch die Einbeziehung weiterer diagnostischer Informationen.

Nebengütekriterien: Fraglos ist der WMT hinsichtlich Durchführungsdauer, Bedienung und Ablauf des Tests auch für Patienten mit schweren Hirnsubstanzschädigungen zumutbar. Soweit das Verfahren selbst oder das Prinzip der verdeckten Leichtigkeit bekannt sind, können unauffällige Testwerte negative Antwortverzerrungen nicht hinreichend sicher ausschließen und zu falsch-negativen Urteilen führen (Suhr & Gunstad, 2007).

Testentwicklung
Gemessen an den Regeln der klassischen Testtheorie handelt es sich beim WMT nicht um einen psychologischen Test im eigentlichen Sinne: Zu viele der für eine adäquate Testkonstruktion üblichen Entwicklungsschritte sind bisher nicht unternommen worden. Die Bezeichnung als standardisierte Verhaltensprobe wäre für den WMT angemessener.

Neuropsychologische Aspekte

Theoretischer Rahmen
Mit der Untersuchung der Anstrengungsbereitschaft wird ein neuer Wirkbereich psychologischer und neuropsychologischer Theorienbildung eröffnet, der zwar nicht im Testmanual ausgebreitet wird, für den es aber schon eine maßgebliche Anzahl von Lehrbüchern und Nachschlagwerken gibt (z. B. Boone, 2007; Merten & Dettenborn, 2009). Der als sprachlicher Gedächtnistest mit verdeckter Leichtigkeit konstruierte WMT nutzt das Prinzip der sprachlichen Paarassoziationen, um die Anstrengungsbereitschaft der Probanden zu untersuchen und zu quantifizieren. Dieses wird im Testmanual expliziert, ohne dass Bezug zu anerkannten Gedächtnistheorien genommen wird.

Anwendungsbereiche
Es wurde in der Vergangenheit eine Vielzahl von Studien publiziert, die die Differenzierungsfähigkeit des WMT in verschiedenen Populationen mit unterschiedlichen Krankheiten bestätigten. Die im Testmanual vorgenommene Begrenzung auf „neuropsychologische" Fragestellungen könnte explizit dahingehend erweitert werden, dass der Test negative Antwortverzerrungen grundsätzlich bei der Untersuchung

der geistigen Leistungsfähigkeit überprüft. So wären auch die Einschränkungen der geistigen Leistungsfähigkeit mit erfasst, die sich im Zusammenhang mit depressiven Störungen, Ängsten, Zwängen, Formen der Schizophrenien usw. ergeben können. Einige der im Testmanual dokumentierten Validierungsstudien betreffen zwar psychische Störungen außerhalb erworbener Hirnschädigungen, diese beziehen sich aber ganz überwiegend auf Kinder (Intelligenzminderung, ADHS, bipolare Störungen oder Schizophrenie). Da der Test in 10 verschiedenen Sprachen vorgegeben werden kann, können auch Probanden mit geringen deutschen Sprachkenntnissen untersucht werden. Wünschenswert wären zusätzlich Versionen, die den serbokroatischen und arabischen Sprachraum miteinschließen.

Handhabbarkeit und klinische Anwendung

Testgestaltung, -durchführung und -auswertung sind sehr benutzerfreundlich. Bis auf die Notwendigkeit, im Testverlauf den Bildschirm aus dem Gesichtsfeld des untersuchten Probanden wegzudrehen, gibt es keine Einschränkungen der Handhabbarkeit. Die Einhaltung der Intervalle zwischen den einzelnen Abrufphasen ist durch eine in das Programm integrierte, rückwärtszählende Uhr gewährleistet.

Sebastian Bodenburg

3.5   Kontrolle von Antworttendenzen und Beschwerdenvalidierung mittels Fragebogen

Ralf Dohrenbusch

Der Einsatz von Fragebögen zu klinischen Symptomen oder Funktionsbeeinträchtigungen ist üblich in der Wirksamkeitsbeurteilung therapeutischer Maßnahmen und der Begutachtung psychischer Störungen und Krankheitsfolgen. Da Fragebogenergebnisse insbesondere in Gutachtensituationen dem Risiko intentionaler Verzerrung unterliegen, wirft ihr Gebrauch in diesem Kontext Objektivitäts- und Interpretationsprobleme auf. Dies gilt vor allem für Messverfahren mit durchsichtiger Messintention wie z. B. für Symptomlisten oder Fragebögen zur klinischen Diagnostik. Individuelle Fragebogenkennwerte zu Beschwerden, Beeinträchtigungen, biopsychosozialen Funktionen oder Funktionsminderungen sind daher im gutachtlichen Kontext nicht per se als valide anzusehen. Nicht selten bilden sie ab, was der oder die Befragte unter den spezifischen Befragungsbedingungen glaubt sagen oder darstellen zu müssen. Antwortverhalten ist hier immer auch Folge und Funktion der Art und Weise, wie die Befragungssituation und die Konsequenzen des Untersuchungsergebnisses vom Befragten interpretiert werden. Entsprechend sollten Fragebogen-Kontrollskalen Informationen dazu liefern, inwiefern Antwortmuster oder Messwerte nicht nur aufgrund der tatsächlichen Merkmalsausprägung, sondern auch aufgrund begleitender kognitiver und motivationaler Bedingungen in der Befragungssituation zustande gekommen sind.

Dabei leitet sich der praktisch-diagnostische Nutzen von Fragebogen-Kontrollskalen – in Abgrenzung zu den in diesem Handbuch rezensierten „neuropsychologischen" Beschwerdenvalidierungstests – nicht allein aus ihren empirisch gewonnenen Trenneigenschaften zwischen zwei einheitlich vordefinierten Personengruppen („authentisch" vs. „verzerrt/verfälschend" antwortend) ab. Die Validierung von Selbstberichten mittels Antworttendenz-Kontrollskalen erfordert theoretische Überlegungen und Entscheidungen dazu, welche Facette der Verzerrung oder Verfälschung geprüft und wie die Ergebnisse in die nachfolgende Ergebnisinterpretation einbezogen werden soll. Während die Entwicklung „neuropsychologischer" Beschwerdenvalidierungstests darauf ausgerichtet ist, eine zuverlässige Differenzierung zwischen Personen mit optimaler vs. suboptimaler Anstrengungsbereitschaft zu ermöglichen, entwickelten sich Kontrollskalen zur Erfassung von Antworttendenzen primär aus der Erkenntnis, dass Selbstberichte unterschiedlichen intentionalen und nicht intentionalen Verzerrungen unterliegen können. Antwortverhalten kann zum Beispiel beeinflusst sein durch die Randbedingungen der Messung, durch die Interaktion zwischen motivationalen Bedingungen und Antwortformaten, von der Eindeutigkeit und Klarheit, in der der Befragte die Items versteht, von der Art des Vergleichs, den die befragte Person der Beantwortung zugrunde legt, von Fähigkeiten zur Selbsteinschätzung bis hin zu zielgerichteten Motiven oder Rollenausrichtungen, die der Befragte als Orientierungshilfe nutzt und die das Antwortverhalten bestimmen können. Der Nutzen vieler Antwortkontrollskalen bemisst sich vor diesem Hintergrund weniger an Sensitivitäten und Spezifitäten für eine einheitlich vordefinierte Gruppe (z. B. „authentisch/wahrheitsgemäß" vs. „nicht authentisch/wahrheitsgemäß" antwortende Personen), sondern daran, inwiefern sie inkrementelle Beiträge zur Abschätzung unterschiedlicher mentaler und motivationaler Einflüsse auf ein Antwortmuster liefern.

Viele Antworttendenz-Kontrollskalen dienen bislang eher der Kontrolle der inhaltlichen Validität und der Konstruktvalidität, also der semantischen und operationalen Abgrenzung latenter Beschreibungsdimensionen, als der klassifikatorischen Zuordnung zu einem vorher bestimmten Kriterium. Ausnahmen davon bilden Kennwerte, die ausschließlich aufgrund ihrer psychometrischen Trenneigenschaften für vordefinierte Gruppen (z. B. psychisch Kranke innerhalb vs. außerhalb rechtlicher Konfliktsituationen) entwickelt wurden wie z. B. ausgewählte Forschungsskalen zur Beschwerdenvalidität des MMPI-2 (z. B. Fake-Bad-Skala). Bislang finden sich Angaben zur Vorhersagegüte von Antworttendenzskalenwerten mittels Sensitivitäts- und Spezifitätsanalysen nur ausgesprochen selten in Testhandbüchern. Dies ist jedoch m. E. kein prinzipieller Einwand gegen deren Eignung im gutachterlichen Kontext.

Eine Interpretationssicherheit, wie sie ein „neuropsychologischer" Beschwerdenvalidierungstest auf der Grundlage eines statistischen Binomialtests leistet, kann für Antworttendenz-Kontrollskalen in aller Regel nicht angenommen werden. Dies ist u. a. in der induktiv-empirischen Vorgehensweise bei der Konstruktion der meisten Antworttendenz-Kontrollskalen begründet, die meist keine zuverlässigen Angaben dazu erlaubt, aufgrund welcher Kombination aus bewusstseinsnah-willkürlichen und bewusstseinsfern-unwillkürlichen Prozessen ein Antwortmuster zustande gekommen ist. Diese Unsicherheit muss – stärker als bei Beschwerdenvalidierungstests mit zufallskritischer Absicherung des Antwortprofils – bei der Interpretation von Kontrollskalenergebnissen zu Antworttendenzen berücksichtigt werden. Angesichts des begrenzten Nutzens von Kontrollskalen zur Erfassung bewusstseinsnah-willentlicher Verzerrungen oder Verfälschungen ist es wesentlich, Kontrollskalenergebnisse nicht isoliert zu interpretieren, sondern in eine am Einzelfall orientierte komplexe Validierungsstrategie einzubetten. Dies beinhaltet selbstverständlich die Kombination von Maßnahmen zur Kontrolle von Antworttendenzen mit Maßnahmen zur Erfassung krankhafter oder gestörter (bewusstseinsferner oder unwillkürlicher) Prozesse. Im Übrigen gilt, dass aus dem Nachweis mutmaßlich intentional verzerrter Angaben nicht auf das Fehlen psychopathologischer (bewusstseinsferner) Anteile geschlossen werden kann. Eine Beschwerdenvalidierung, die ausschließlich auf bewusstseinsnah-willkürliche Verzerrungen eingeht, muss als unzureichend gelten.

3.5.1 Systematisierung von Antworttendenzen

Allgemein können Kontrollskalen zur Erfassung formaler und inhaltlicher Antworttendenzen unterschieden werden. Inhaltliche Antworttendenzen können noch weiter in „positive" und „negative" Verzerrungen differenziert werden. Diese Einteilung ist in der Praxis gängig, sie ist aber nicht vollständig, weil innerhalb der inhaltlichen Antworttendenzen meist noch weitere operationale Unterscheidungen vorgenommen werden. Aus Gründen der Vereinfachung stützt sich die nachfolgende Darstellung auf die allgemeine Einteilung.

3.5.2 Formale Antworttendenzen

Formale Antworttendenzen spiegeln die Abkehr von den Frageinhalten wider und die Neigung, sich an formalen Antwortmerkmalen oder Aspekten der Antwortskalierung zu orientieren (Tendenz zur Mitte oder zu Extremwerten, Bevorzugung von Zustimmungs- oder

Ablehnungskategorien). *Akquieszenz* kann Ausdruck einer Verweigerungshaltung sein, aber auch Teil einer ängstlichen oder selbstunsicheren Persönlichkeitsakzentuierung. Nach empirischen Studien steigt Akquieszenz mit dem Alter, mit sinkender Schulbildung bzw. geringeren kognitiven Fähigkeiten, im Zustand der Müdigkeit sowie bei unpersönlichen Befragungen (z. B. Krebs & Matschinger, 1993; Jonkisz, Moosbrugger & Brandt, 2012). Die Tendenz zur Bevorzugung der mittleren Antwortkategorie *(Tendenz zur Mitte, z. B. GT, 16-PF-R)* kann auf die Neigung hinweisen, sich nicht konturiert oder differenziert darstellen zu wollen oder zu können. Hintergrund dafür können z. B. Verständnisprobleme im Umgang mit den Frageinhalten sein, Ängste vor einer negativen Beurteilung, Selbstwertbeeinträchtigungen, generelle Entscheidungsunsicherheiten oder zwanghaftes Denken, das eine abschließende inhaltliche Festlegung scheut.

Die *Tendenz zu extremen Urteilen* kann umso deutlicher hervortreten, je mehr Antwortmöglichkeiten vorgesehen sind, sie kann auf eine reduzierte Bereitschaft oder Fähigkeit zu differenzierter Selbstbeschreibung hinweisen, eine erhöhte Ungeduld in der Befragungssituation oder eine größere Emotionalität bzw. Expressivität in der Selbstbeschreibung bis hin zu histrionischen Persönlichkeitsakzentuierungen.

Tabelle 3.9 zeigt deutschsprachige Fragebögen mit Kontrollskalen zur Erfassung formaler Antworttendenzen. Die aus den Fragebögen abgeleiteten Kennwerte unterscheiden sich in ihrem Anspruch auf Generalisierbarkeit. So ist die Generalisierbarkeit der Ergebnisse umso höher zu veranschlagen, je breiter und thematisch heterogener der Itempool angelegt ist. Beispielsweise kann eine generalisierte Zustimmungs- oder Ablehnungstendenz, die sich im Allgemeinen Depressionsinventar im sog. „Lügenkriterium" widerspiegelt, streng genommen nur auf die Beschreibung einer depressiven Symptomatik angewendet werden. Demgegenüber basieren Aussagen zur logischen Antwort(in)konsistenz im MMPI-2 auf dem Vergleich von 134 Aussagen zu thematisch heterogenen Sachverhalten. Insofern ist der MMPI-2-VRIN- oder TRIN-Wert eher als Indikator für eine situationsübergreifende Tendenz zu logisch inkonsistenten oder an formalen Kriterien orientierten Antworten zu werten als das Lügenkriterium der ADS. Die mess- und testtheoretisch besten Voraussetzungen zur Kontrolle logisch widersprüchlichen Antwortverhaltens liefert das Hamburger Zwangsinventar auf der Grundlage der probabilistischen Testtheorie. Allerdings wird auch hier eine „formale Antworttendenz" ausschließlich aus symptombezogenen Aussagen abgeleitet. Insofern besteht auch hier die Einschränkung, dass die Ergebnisse nur bedingt auf andere Befragungssituationen generalisiert werden können.

Generell können auffällig erhöhte formale Antworttendenzen Hinweise darauf sein, dass elementare mentale oder psychische Voraussetzungen für die Beantwortung der Fragebögen nicht erfüllt sind. Zu prüfen sind daher bei auffälligen Testwerten Probleme der sensorischen (visuellen) Wahrnehmung, Leseschwierigkeiten oder Leseunfähigkeit, mangelndes Verständnis der Instruktion oder der Frageinhalte aufgrund begrenzter sprachlicher oder intellektueller Fähigkeiten, erhebliche Konzentrations- oder Gedächtnisprobleme, allgemeine Entscheidungsunfähigkeit sowie oder auch die Möglichkeit einer deutlichen Abwehr der Untersuchungssituation insgesamt oder des jeweiligen Fragebogens. Möglich ist auch, dass formale Antworttendenzen gemeinsame Varianzanteile mit inhaltlichen Antworttendenzen aufweisen. Entsprechende Hinweise dazu finden sich in der rechten Spalte der Tabelle 3.9 (Interpretationshilfen).

Tabelle 3.9: Fragebögen mit Kontrollskalen zu formalen Antworttendenzen

Verfahren/Autoren	Kontrollskala	Anzahl Items	Skalenbeschreibung und Validität	Kommentare/ Interpretationshilfen
16-Persönlichkeits-Faktoren-Test – Revidierte Fassung (16 PF-R) Schneewind & Graf (1998)	IF Infrequenz Skala	51	Tendenz, die Alternative „unsicher/weiß nicht/kann mich nicht entscheiden" zu wählen.	Mögliche Hinweise auf Testabwehr. Oppositionelle Probanden mit hohen IF-Werten haben oft erhöhte Selbstsicherheits- u. Misstrauenswerte, ambivalente Probanden sind besorgt oder desorganisiert; Probanden, die sich nicht öffnen wollen, haben hohe Werte auf der Skala „Privatheit".
16 Persönlichkeitsfaktoren Fragebogen (16 PF-R) Schneewind & Graf (1998)	AK Aquieszenz Skala	100	Tendenz, Antworten unabhängig vom Iteminhalt zuzustimmen (Alternative „stimmt" wählen).	Korreliert hoch u. a. mit Misstrauen und Besorgtheit, ggf. auch Hinweis auf zufälliges Antworten.
Allgemeine Depressions-Skala (ADS) Hautzinger & Bailer (1993)	Lügenkriterium	8	Beantwortungsinkonsistenz: Summe der positiv gepolten Items minus Summe der negativ gepolten Items.	Möglicher Hinweis auf Konzentrationsmängel bei der Bearbeitung, Testabwehr oder fragliche inhaltliche Gültigkeit der Angaben zur Depressivität.
California Psychological Inventory von G. Gough (Deutscher CPI) Weinert (1982)	Communality	28	Hinweis auf zufälliges oder inkonsistentes Antwortmuster	Nicht mehr im Handel erhältlich. Normen veraltet.
Gießen-Test (GT) Beckmann, Brähler & Richter (1991) Gießen-Test-II (GT-II) Beckmann, Brähler & Richter (2012)	M Mittelankreuzungen	40	Anzahl von Ankreuzungen in der Mitte des Antwortformats	Möglicher Hinweis auf geringe Bereitschaft zur Selbstöffnung; negativer Zusammenhang mit fast allen klinischen MMPI-2-Skalen und mit der MMPI-2 F-Skala.
	E Extremankreuzungen	40	Anzahl der Extremankreuzungen	Möglicher Hinweis auf geringe Bereitschaft oder geringe Fähigkeit zu differenzierter quantifizierender Selbsteinschätzung; positive Korrelation mit MMPI-Skalen F, Pp, Pa, Sc, Ma, negative Korr. mit der K-Skala; Hinweis auf wenig Selbstkontrolle oder hilfloser Appell.

Tabelle 3.9: Fortsetzung

Verfahren/Autoren	Kontroll-skala	Anzahl Items	Skalenbeschreibung und Validität	Kommentare/ Interpretationshilfen
Hamburger Zwangs-Inventar (HZI) Zaworka, Hand, Jauernig & Lünenschloß (1983)	Nicht inhalts-bezogenes Antwort-verhalten	188	Kontrollierter Vergleich von 4 Item-schwierigkeitsstufen auf probabilistischer Grundlage; Gleichverteilung der Rohwerte in 4 Prüfskalen (P1–P4) mit ansteigender Schwierigkeit spricht für inhaltlich inkonsistentes Antworten.	Möglicher Hinweis auf Konzentrations- oder Verständnismängel bei der Testbearbeitung
Minnesota Multiphasic Personality Inventory (MMPI-2) Hathaway & McKinley, dt. Bearbeitung von Rolf R. Engel (2000); Literaturangaben zu Untertests in Thies (2012)	VRIN Beantwortungs-inkonsistenz-skala	67 Item-paare	Neigung zu inkonsistentem, in sich widersprüchlichem Antworten.	Möglicher Hinweis auf Testabwehr, Konzentrationsprobleme, Lese- oder Verständnisschwierigkeiten
	TRIN Zustim-mungs-/Ab-lehnungsten-denzskala	23 Item-paare	Neigung, entweder positive oder negative Antwortpolungen zu bevorzugen.	Zusammenhänge zu Selbstunsicherheit und Misstrauen
	K Korrektur-Skala	30	Abwehrende Leugnung von Problemen oder gängigen menschlichen Erfahrungen im Sinne von Selbsttäuschung; komplexer Kennwert.	Mögliche Hinweise auf Dissimulation oder Verdrängung, Beitrag zur Identifikation klinisch auffälliger Personen mit normalen Testwerten. Hoher Bildungsstatus erhöht den Wert auf der K-Skala.
Mehrdimensionaler Persönlichkeitstest für Erwachsene (MPT-E) Schmidt (1981)	K Kontrollskala	15	Erfasst unkorrekte Testbearbeitung oder Eintragungsfehler.	Hinweis auf unzureichende kognitive (konzentrative, mentale) Voraussetzungen oder allgemeine Testabwehr
Multiphasic Sex Inventory Fragebogen zur Erfassung psychosexueller Merkmale bei Sexualtätern (MSI) Deegener (1996)	SZ Sexuelle Zwang-haftigkeit	20	Versuch, die Antworttendenz einer Person in Richtung auf Zustimmung einzuschätzen.	Schwache interne Konsistenz von $r_{tt}=0.65$; Retest-Reliabilität aller MSI-Skalen zwischen .58 und .91.

Tabelle 3.9: Fortsetzung

Verfahren/Autoren	Kontroll-skala	Anzahl Items	Skalenbeschreibung und Validität	Kommentare/ Interpretationshilfen
Verhaltens- und Erlebens-Inventar (VEI) Engel & Groves, (2013)	I Inkonsistenz	10 Item-paare	Logische Wider-sprüchlichkeit des Antwortmusters bei Fragen, die hoch (positiv oder negativ) miteinander korrelie-ren.	Mögliche Hinweise auf (man-gelnde) Sorgfalt und Gewis-senhaftigkeit bei der Itembe-antwortung oder auf unzureichende mentale Vor-aussetzungen für die Bear-beitung.

3.5.3 Positive Antworttendenzen

Positive Tendenzen lassen die antwortende Person in einem vermeintlich besseren oder günstigeren Licht erscheinen, d. h. es überwiegen die Zuschreibung positiver und/oder die Leugnung negativer Merkmale oder Eigenschaften. Relevant ist die Kontrolle positiver Antworttendenzen immer dann, wenn es im Interesse des Probanden ist, sich als funktions- und anpassungsfähig, moralisch einwandfrei, belastbar, gesund, compliant usw. darzustellen. Dies kann im rechtlichen Begutachtungskontext der Fall sein, z. B. bei der Erhebung von Informationen zur Geschäftsfähigkeit, Testierfähigkeit, zur Fahreignung, im Zusammenhang mit Hafterleichterungen oder vorzeitiger Haftentlassung oder im Rahmen der Begutachtung von Besuchs- und Sorgerechtsregelungen, wenn der oder die Befragte an der Demonstration der eigenen Eignung/Zuverlässigkeit/Kompetenz/Verantwortlichkeit usw. interessiert ist.

Im Kontext einer isolierten Beschwerdenvalidierung haben Kennwerte zur Erfassung positiver Antwortverzerrungen, insbesondere *sozial erwünschter Antworttendenzen*, nur begrenzten Wert, weil die Befragten in der Regel am Nachweis von Beschwerden und Beeinträchtigungen interessiert sind und die Neigung, sich moralisch einwandfrei darzustellen, zumindest konzeptionell unabhängig davon ist, ob jemand Beschwerden oder Beeinträchtigungen verzerrt darstellt oder nicht. Dennoch kann die Tendenz zu sozial erwünschtem oder positiv verzerrtem Antworten nicht generell als irrelevant im Begutachtungskontext angesehen werden. Es gibt Hinweise darauf, dass Personen mit erhöhten Werten in Kontrollskalen zu sozial erwünschtem Antworten dazu neigen, sich auch im medizinischen Kontext stärker im Sinne der Krankenrolle zu verhalten. Umgekehrt kann – je nach Operationalisierung des Konstrukts – eine sehr gering ausgeprägte Neigung zu sozial erwünschtem Verhalten die Tendenz zum Ausdruck bringen, wenig sozial erwünschte, also z. B. krankhafte, gestörte oder beeinträchtigte Merkmale oder Eigenschaften der eigenen Person stärker zum Ausdruck zu bringen, als es der Realität entspricht. Dabei scheint die Neigung zu sozial erwünschtem Antworten von der Art psychischer Gestörtheit abhängig zu sein (z. B. Logan et al., 2008). Schließlich kann es bei Angaben zu Persönlichkeitseigenschaften, Bewältigungsstilen, Behandlungscompliance oder gesundheitsbezogenen Überzeugungen für die Bewertung gesundheitlicher Beschwerden bedeutsam sein, ob die Angaben authentische oder positiv verzerrte Selbsteinschätzungen zum Ausdruck bringen (z. B. Stafford, Jackson & Berk, 2008). Insofern sollte die Bedeutung sozial erwünschten Antwortens im Rahmen der Beurteilung von

Krankheitsverläufen oder bei prognostischen Aussagen auch nicht unterschätzt werden. Zu der Frage, wie sich spezifische Erkrankungen und krankheitsassoziierte Merkmale wie etwa die Krankheitseinsicht auf die Neigung zu positiv verzerrter Selbstbeschreibung auswirken, liegen u. E. keine gesicherten wissenschaftlichen Erkenntnisse vor.

Tabelle 3.10 zeigt einige Fragebögen mit Skalen zur Erfassung von sozial erwünschtem oder positiv verzerrtem Antwortverhalten. Auch hier stehen Fragebögen mit thematisch eng begrenzten Kontrollskalen anderen Fragebögen mit Kontrollskalen mit breitem thematischem Bezug gegenüber. Diese Unterscheidung hat Auswirkungen darauf, ob und inwiefern die Kennwerte im Sinne spezifisch themenbezogener oder situationsübergreifender, generalisierter Antworttendenzen interpretierbar sind. Beispielsweise erscheinen Antworttendenzen im Fragebogen zur Erfassung psychosexueller Merkmale bei Sexualtätern (Deegener, 1996) eng auf die Darstellung tat- oder störungsspezifischer Merkmale ausgerichtet, sodass die Interpretation der Testwerte ausschließlich in Bezug auf die sonstigen Ergebnisse dieses Fragebogens erfolgen sollte. Zugleich zeichnet sich hier eine konzeptionelle Nähe zwischen Bewältigungsstilen und Antworttendenzen ab. Hingegen sind bei Fragebögen, die positive Antworttendenz als eigenständiges komplexes Konstrukt operationalisieren (z. B. die „Lügenskala" im EPI oder die „Impression Management-Skala" im 16 PF) auch leichter themen- und situationsübergreifende generalisierende Interpretationen der Skalenwerte möglich.

In der Forschung zu positiven Antworttendenzen hat die im Balanced Inventory of Desirable Responding (BIDR; Musch, Brockhaus & Bröder, 2002) vorgesehene Unterscheidung zwischen positiv verzerrter Darstellung gegenüber anderen Personen und positiv verzerrter Sicht sich selbst gegenüber weithin Beachtung gefunden. Der im BIDR verfolgte Ansatz verdeutlicht, dass die Tendenz zu sozial erwünschtem Antworten keine eindimensionale Einflussgröße mit einheitlicher linearer Wirkung auf das Antwortverhalten darstellt.

Die in Tabelle 3.10 dargestellten Verfahren machen auch deutlich, dass positive Verzerrungen sich sowohl aus der unzutreffenden Angabe falscher (unzutreffend positiver), als auch aus der Verneinung bzw. Leugnung wahrer (zutreffend negativer) Merkmale zusammensetzen können. Entsprechend dient es der psychometrischen Absicherung von Angaben zu positiven Antwortverzerrungen, wenn beide Seiten positiver Verzerrungen in einen Gesamtindex integriert werden, wie dies z. B. im Gesamtwert der Lügen-Leugnen-Skala (Amelang & Borkenau, 1981) zum Ausdruck kommt oder auch durch die Kombination verschiedener Subskalen des MMPI-2 erfolgen kann.

Eine besondere Herausforderung stellt im klinischen Untersuchungskontext die Beurteilung der Leugnung von Krankheitsmerkmalen oder von Merkmalen des Krankheitsverhaltens dar. Beurteilungsprobleme können dadurch entstehen, dass Leugnungstendenzen mit psychischen Störungen vergesellschaftet auftreten (z. B. bei Alkoholabhängigkeit) oder auch unmittelbarer Ausdruck einer Störung sein können (z. B. Anosognosie). In diesen Fällen können auffällige Werte in Kontrollskalen, die generalisierte Leugnungstendenzen oder formale Nein-Sage-Tendenzen erfassen, nicht oder nur unter Vorbehalt als Indikatoren einer möglicherweise bewusstseinsnahen positiven Antwortverzerrung (Bagatellisierung oder Verleugnung von Krankheit) interpretiert werden. Für die spezifische krankheitswertige Verleugnung manifester neuropsychologischer Symptome bei definierten Erkrankungen existieren bislang keine zuverlässigen Erhebungsinstrumente.

In Bezug auf die Interpretation der Kontrollskalenwerte gilt, dass mit zunehmender Ausprägung der Kennwerte die befragte Person durch ihr Antwortmuster wahrscheinlich kein realistisches oder authentisches Bild von sich selbst vermittelt, sondern sich darzustellen versucht, wie es ihr im gegebenen Befragungskontext als günstig und zielführend erscheint. Diese Tendenz muss nicht bewusst sein, sondern kann auch Ausdruck einer individuellen Situationsbewertung sein. Ungeachtet der Bewusstseinsnähe kann in der gutachterlichen Praxis aus auffällig positiv verzerrten Messwerten dennoch der Schluss gezogen werden, dass der Befragte den Ergebnissen zufolge wahrscheinlich kein authentisches Bild von der eigenen Person gezeichnet hat. Die Bedeutung dieser Schlussfolgerung für die Gesamtbewertung des Antwortverhaltens wird vom Geltungsbereich der Kontrollskala abhängen: Bezieht sie sich z. B. überwiegend auf die Leugnung unerwünschten Sozialverhaltens (z. B. LULE) oder auf die Leugnung spezifischen Symptomverhaltens (z. B. MSI) oder eher auf die Leugnung gängiger menschlicher Erfahrungen (z. B. MMPI K-Skala)? Je nach Geltungsbereich des Verfahrens können auffällige Antworttendenzen mehr oder weniger relevant für die Beantwortung der gutachterlichen Fragestellungen sein. Untersucher sind gehalten, den Geltungsbereich der Kontrollskalen auf das Untersuchungsanliegen abzustimmen und rechtzeitig bei der Auswahl der Kontrollverfahren zu berücksichtigen.

Tabelle 3.10: Fragebögen mit Kontrollskalen zu positiven Antworttendenzen

Verfahren/Autoren	Kontroll-skala	Anzahl Items	Skalenbeschreibung und Validität	Kommentare/ Interpretationshilfen
16 Persönlichkeitsfaktoren Fragebogen (16 PF-R) Schneewind & Graf (1998)	IM Impression Management	10	Soziale Erwünschtheit, Tendenz, sich moralisch besser/unangreifbar darzustellen.	Substanzieller Zusammenhang u. a. mit der Einstellung zum Test, sozialem Verständnis und Selbstwertgefühl/Bewertung der Meinung anderer (Ich-Stärke, Anspannung).
Balanced Inventory of Desirable Responding Dt. Version (BIDR-D) Musch, Brockhaus & Bröder (2002)	Selbsttäuschung	10	Neigung zu Antwortverzerrungen, die dem Schutz des eigenen Selbstwertes bzw. Selbstbildes dienen.	Mögliche Hinweise auf starkes Selbstbewusstsein, Leugnung von Problemen, emotionale Stabilität, Antworttendenz eher im Sinne eines persönlichen Verarbeitungsstils als einer situativen Antwortverzerrung.
	Fremdtäuschung	10	Neigung zu Antwortverzerrungen im Sinne von Impression Management bzw. strategisch motivierter positiv verzerrter Selbstdarstellung gegenüber anderen.	Positive Zusammenhänge zu Extraversion, Gewissenhaftigkeit und Verträglichkeit, negative Zusammenhänge zu Offenheit für neue Erfahrungen; Konvergente Validität, z. B. mit SDS-17.

Tabelle 3.10: Fortsetzung

Verfahren/Autoren	Kontroll-skala	Anzahl Items	Skalenbeschreibung und Validität	Kommentare/ Interpretationshilfen
Balanced Inventory of Desirable Responding-Kurzskala (BIDR-K) Winkler, Kroh & Spiess (2006)	Selbst-täuschung	3	Neigung zu Antwortver-zerrungen, die dem Schutz des eigenen Selbstwertes bzw. Selbstbildes dienen.	Vgl. Hinweise Langform; eher erhöhte Werte bei Männern, sonst nicht von soziodemo-grafischen Einflüssen abhän-gig; Prävalenzrate für „Selbst-täuschung" ca. 18 %.
	Fremd-täuschung	3	Neigung zu Antwortver-zerrungen im Sinne von Impression Management bzw. strategisch moti-vierter Selbstdarstellung gegenüber anderen.	Vgl. Hinweise Langform, eher erhöhte Werte bei Frauen; sonst nicht von soziodemo-grafischen Einflüssen abhän-gig; Prävalenzrate für „Fremdtäuschung" ca. 30 %.
Berliner Verfah-ren zur Neuro-sendiagnostik (BVND) Hänsgen (1991)	BAG Bagatelli-sierung		Neigung zur Verharmlo-sung/Bagatellisierung negativer Erfahrungen und Beschwerden	Keine Angaben zu kontrollier-ten Stichprobenvergleichen bzw. Sensitivität/Spezifität.
California Psychological Inventory von G. Gough (Deutscher CPI) Weinert (Hrsg.) (1982)	Good im-pression	40	Neigung zu positiv ver-fälschter Selbstbeschrei-bung	Nicht mehr im Handel erhält-lich. Normen veraltet.
Eysenck Persön-lichkeits- Inventar (dt. Version) (EPI) Eggert & Rat-schinski (1983)	Lügen-skala	9	Tendenz zu sozial er-wünschtem, moralisch einwandfreiem Antwor-ten	Erhöhte Werte gehen einher mit geringerem Neurotizismus bzw. geringer emotionaler Labilität, geringer Alexithy-mie, erhöhter Anpassungs-bereitschaft, erhöhter Sug-gestibilität u. a.
Eysenck Perso-nality Profiler (EPP-D) Häcker & Bulhel-ler (1998)	Offenheit		Neigung zu sozial er-wünschtem, moralisch einwandfreiem Antwor-ten ohne faktorielle Dif-ferenzierung	Ausrichtung von Antwort-verzerrungen an der Eysenck-Testfamilie, erhöhte Werte gehen einher mit eher geringem Neurotizismus und erhöhter Extraversion.
Fragebogen zur Erfassung von Aggressivitäts-faktoren (FAF) Hampel & Selg (1975)	Offenheit	12	Kontrollskala zur Bereit-schaft, kleinere Schwä-chen und Fehler zuzuge-ben (nicht zu leugnen) und sich erwünschte Ei-genschaften nicht fälsch-lich zuzuschreiben.	Niedrige Offenheitswerte gehen einher mit erhöhter Gehemmtheit, Neigung zu positiv verzerrter Selbstdar-stellung.

Tabelle 3.10: Fortsetzung

Verfahren/Autoren	Kontroll-skala	Anzahl Items	Skalenbeschreibung und Validität	Kommentare/ Interpretationshilfen
Freiburger Persönlichkeits-inventar (FPI) Fahrenberg, Hampel & Selg (2010)	Offenheit	12	Erfasst 3 Aspekte: 1) Bereitschaft, kleine Fehler zuzugeben/ Unkonventionalität 2) soziale Erwünscht-heit 3) Selbstidealisierung	Geringe, z. T. negative Korre-lationen mit Selbst- und Fremdeinschätzung Zusammenhang mit DE (Gießen Test, Grundstim-mung) $r=.38$; die Autoren unterstellen dem Inventar eine positive Testmotivation als Grundvoraussetzung
Hamburger Zwangs-Inventar (HZI) Zaworka, Hand, Jauernig & Lünenschloß (1983)	Dissimu-lation	47	Absinken der Stanine-werte in den Prüfskalen 3 und 4; aufgrund der Item-response-Testkons-truktion kann die Einheit-lichkeit der Prüfskalen als Vergleichsmaßstab für die Passung der Aussagen (Rangfolge nach Itemschwierigkeit) gewertet werden.	Hinweis darauf, dass gravie-rendere Symptome oder Merkmale, die typischerweise mit der angegebenen Zwangssymptomatik einher-gehen, vom Befragten nicht genannt/geleugnet werden.
	Soziale Erwünscht-heit	47	Nur Items aus P1 mit niedriger Itemschwie-rigkeit werden bejaht, d. h. Aussagen zu zwanghaftem Verhalten mit geringer Schwierig-keit bzw. hoher Zustim-mungswahrscheinlich-keit.	Abgrenzung von Normorien-tierung im Sinne von Regel-bewusstsein und Anpas-sungsbereitschaft und Normorientierung im Sinne von rigider und zwanghafter Regelbefolgung und Konfor-mismus.
LULE-Skala Lügen-Leugnen-Skala Amelang & Bartussek (1970); Amelang & Borkenau (1981)	LU-Skala Lügen	14	Tendenz, positiven oder sozial erwünschten Aus-sagen zuzustimmen, ob-wohl sie wahrscheinlich nicht zutreffen.	Inhaltliche Nähe zu Aquies-zenz, aber stärkere Modera-toreffekte auf FPI Persönlich-keitsbeschreibungen im Vergleich zu Aquieszenz.
	LE Leugnen	18	Tendenz, negative Aus-sagen oder Angaben zu unerwünschten Eigen-schaften zu leugnen, ob-wohl sie wahrscheinlich zutreffen.	Nähe zu formaler Ableh-nungstendenz, negativer Zu-sammenhang.

Tabelle 3.10: Fortsetzung

Verfahren/Autoren	Kontroll-skala	Anzahl Items	Skalenbeschreibung und Validität	Kommentare/ Interpretationshilfen
	Lges Gesamt-wert	32	Mittelwert aus „Lügen" und „Leugnen"	Unabhängig von Intelligenz und Interessen (bei Schülern), sign. negative Korrelation mit Neurotizismus, Labilität, Aggressivität, Depressivität, Erregbarkeit, positive Korrelation mit Gelassenheit und Gehemmtheit (FPI).
Minnesota Multiphasic Personality Inventory (MMPI-2) Hathaway & McKinley, dt. Bearbeitung von Rolf R. Engel (2000) Literaturangaben zu Untertests in Thies (2012)	L Lügen-Skala, „fake good"	15	Leugnen sozial unerwünschter Merkmale oder Eigenschaften	Defensiver Antwortstil, auch als Ablehnungstendenz interpretierbar; durchschaubar, anfällig für Coaching.
	K Korrektur-Skala	30	Abwehrende Leugnung von Problemen oder gängigen menschlichen Erfahrungen im Sinne von Selbsttäuschung; komplexer Kennwert.	Mögliche Hinweise auf Dissimulation oder Verdrängung, Beitrag zur Identifikation klinisch auffälliger Personen mit normalen Testwerten. Hoher Bildungsstatus erhöht den Wert auf der K-Skala.
	O-S Offensichtlich-Subtil Skalen; Wiener (1948)	110 subtile, 146 offensichtliche	Verhältnis aus Bejahung offensichtlicher und Verneinung subtiler Krankheitssymptome bezogen auf 5 Basisskalen des MMPI-2	Hinweis auf eine Orientierung des Antwortverhaltens an stereotypen bzw. laienhaften Krankheitsvorstellungen; Effektstärke 1.00–1.51 (Thies, 2012). Cave: Basisskalen entsprechen nicht mehr den aktuellen psychopathologischen Vorstellungen.
	So Edwards Social Desirability Scale; Edwards, (1962)	37	Leugnung von Problemen und sozial erwünschtes Antworten im Sinne von Selbsttäuschung	Hoher Bildungsstatus erhöht den Wert auf der So-Skala; geringere Anfälligkeit gegenüber Coaching im Vergleich zur L-Skala.

Tabelle 3.10: Fortsetzung

Verfahren/Autoren	Kontroll-skala	Anzahl Items	Skalenbeschreibung und Validität	Kommentare/ Interpretationshilfen
	Sd Wiggins Social Desirability Scale; Wiggins (1959)	33	Sozial erwünschtes Antworten im Sinne von Impression Management	Kaum Einflüsse des Bildungsstandes, höchste Aufdeckungsrate für sozial erwünschtes Antwortverhalten im Vergleich der MMPI-2 Indices.
	Odecp Other Deception Scale; Nichols & Greene (1991)	33	Erfassung der Untertreibung psychischer Beschwerden, Angabe von Selbstvertrauen, Leugnung psychischer Probleme, Leugnung negativ bewerteter Ereignisse/ Erfahrungen.	Die Skala teilt 24 Items mit Sd, stimmt damit also weitgehend überein; Effektstärke zur Aufdeckung positiver Verzerrung/Leugnung psychischer Probleme von 1,52.
	S Superla-tive Scale; Butcher & Han (1995)	50	Leugnung negativer Eigenschaften und psychischer Probleme, positive Darstellung im Sinne von Selbsttäuschung.	Konfundierung mit allgemeiner (formaler) Ablehnungstendenz
Maudsley-Persönlichkeits-fragebogen (MMQ) Eysenck (1964)	Lügenliste	18	Dissimulation (Lügenwert <3) neurotischer Tendenzen	
Mehrdimensionaler Persönlichkeitstest für Erwachsene (MPT-E) Schmidt (1981)	SE Soziale Erwünscht-heit	13	Undifferenziertheit, Unreife, formale Überangepasstheit, evtl. Dissimulation	Hinweis auf fragliche inhaltliche Gültigkeit des Profils, erfasst SE eher im Sinne eines Persönlichkeitsmerkmals als im Sinne situativer Antworttendenz.
Multiphasic Sex Inventory Fragebogen zur Erfassung psychosexueller Merkmale bei Sexualtätern (MSI) Deegener (1996)	SSE Soziale Sexual-Erwünscht-heit	35	Einschätzung von Antworttendenzen einer Person in Richtung auf „normale" sexuelle Wünsche und Interessen.	Im Vergleich zu den anderen MSI-Skalen relativ hohe interne Konsistenz von $r_{tt}=0.71$, aber immer noch gering für psychometrische Einzelfalldiagnostik.

Tabelle 3.10: Fortsetzung

Verfahren/Autoren	Kontroll-skala	Anzahl Items	Skalenbeschreibung und Validität	Kommentare/ Interpretationshilfen
	Lügen - Sex. Missbrauch von Kindern; Vergewaltigung; Exhibitionismus; Inzest		Vier Skalen mit dem jeweiligen Versuch, die Absicht der Person einzuschätzen, ihre jeweilige sexuelle Devianz zu minimalisieren.	Keine faktorenanalytische Absicherung, interne Validität über Expertenratings; Hinweis auf eingeschränkte Bereitschaft zur Auseinandersetzung mit sexuell devianten Eigenschaften.
	Kognitive Verzerrungs- und Unreife-Skala	20	Tendenz zur Marginalisierung oder positiven Umdeutung sexuell devianten Verhaltens	Keine faktorenanalytische Absicherung, interne Validität über Expertenratings; erfasst Täuschungstendenz zur eigenen Verteidigung.
	Rechtfertigungsskala	24	Tendenz zur Rechtfertigung devianten Verhaltens	Keine faktorenanalytische Absicherung, interne Validität über Expertenratings; erfasst Täuschungstendenz zur eigenen Verteidigung.
The Social Desirability Scale-17 (SDS-17; dt. Version: SES-17) Stöber (1999)	Soziale Erwünschtheit	17	Tendenz, sozial erwünscht und moralisch einwandfrei zu antworten.	Kurzform der Marlowe-Crown-Skala zur Erfassung sozial erwünschten Verhaltens, Korr. mit EPI Lügenskala $r = .60$. Andere Kennwerte bilden ab, wie der Proband sich glaubt darstellen zu sollen/müssen.
Test zur Erfassung verkehrsrelevanter Persönlichkeitsmerkmale (TVP) Spicher & Hänsgen (2003)	Soziale Erwünschtheit mit den Facetten – Schwächen und Fehler – Bagatellisierung – Aggravation		Der TVP erfasst alle NEO-Facetten situationsübergreifend und verkehrsspezifisch inclusive Kontrollskala. So entsteht ein „Doppelprofil", das eine Auswertung der Ergebnisse auch bei Bagatellisierungstendenzen ermöglicht.	Je nach Bagatellisierungstendenz differenzieren die Merkmale zwischen auffälligen und unauffälligen Verkehrsteilnehmern. Korrekte Zuordnung von 70 %.

Tabelle 3.10: Fortsetzung

Verfahren/Autoren	Kontroll-skala	Anzahl Items	Skalenbeschreibung und Validität	Kommentare/ Interpretationshilfen
Verhaltens- und Erlebens-Inventar (VEI) Engel & Groves (2012)	G Günstiger Eindruck	9	Tendenz, einen übertrieben guten Eindruck erwecken zu wollen, Leugnung kleiner Fehler oder Missgeschicke.	Hinweis auf Antworten im Sinne von sozialer Erwünschtheit und Impression Management
	DEF Defensive-Index; Morey (1996)	9	Zusatzkennwert; Indikator aus konfiguralen Merkmalen des VEI.	Erfasst Defensivität bzw. Verhalten im Sinne sozialer Erwünschtheit/Überangepasstheit, u. a. verglichen mit Patienten.
	CDF Cashel Diskriminanzfunktion; Cashel, Rogers, Sewell & Martin-Cannice (1995)	6	Zusatzkennwert; Indikator aus konfiguralen Merkmalen (Skalenwerten) des VEI-Profils (u. a. Manie, Borderline, Alkoholprobleme, Ablehnung von Behandlung).	Eignung zur Unterscheidung von defensivem/überangepasstem und authentischem Antwortverhalten.
Wender Utah Rating Scale – Kurzform (WURS-K) Ward, Wender & Reimherr (1993) Dt. Version: HASE – Homburger ADHS-Skalen für Erwachsene Rösler, Retz-Junginger, Retz & Stieglitz (2008)	Kennwert aus Kontrollitems	4	Neigung, die eigene Person im Kindesalter bei der retrospektiven Erfassung des hyperkinetischen Syndroms positiv verzerrt bzw. sozial erwünscht darzustellen (Cut-off ≥ 10).	Möglicher Hinweis auf Verdrängung oder Verleugnung belastender oder konflikthafter Kindheitserfahrungen oder auf die Überzeichnung des Schweregrades aktueller Belastungen oder Beeinträchtigungen durch hyperkinetische Symptome.

3.5.4 Negative Antworttendenzen

Mit negativen Antworttendenzen wird die Neigung bezeichnet, unzutreffende problematische, krankhafte, beeinträchtigende oder unerwünschte Sachverhalte als zutreffend anzugeben oder aber unproblematische, gesunde, normale, vernünftige oder erwünschte Sachverhalte bzw. Merkmale zu leugnen. Die Wahrscheinlichkeit für das Auftreten negativer Antworttendenzen kann erhöht sein bei der Beurteilung z. B. des Grades der Behinderung oder des Grades der Schädigungsfolgen, der Minderung der Erwerbsfähigkeit, der Beurteilung der Berufsfähigkeit, der Einschätzung der Hilflosigkeit im sozialrechtlichen Sinn oder bei Fragen zum Therapie- oder Rehabilitationsbedarf, sofern die Befragten im gegebenen Kontext ein implizites oder explizites Interesse an einer „negativen" Selbstdarstellung haben. So wie positive Antwortverzerrungen kann sich auch die Erfassung negativer Antworttendenzen auf verschiedene Vorgehensweisen und Prinzipien der Validierung stützen.

Ein Prinzip geht von der Erfassung vielfältiger unwahrscheinlicher Beschwerden oder Symptomkonstellationen aus. Dazu werden niedrige Itemschwierigkeiten an Normalpersonen oder klinischen Stichproben ermittelt. Infrequency-Skalen wie etwa beim MMPI-2 oder dem Verhaltens- und Erlebens-Inventar (VEI) sind durch Items mit niedrigen Itemschwierigkeiten bestimmt, entsprechend zeigen hohe Infrequency-Kennwerte an, dass die Person im Test zur Bestätigung vielfältiger unwahrscheinlicher negativer Aussagen etwa zu Beschwerden, Beeinträchtigungen, ungünstigen Eigenschaften oder negativen Einstellungen neigt.

Komplementär zum Prinzip der Erfassung wahrscheinlich unzutreffender negativer Eigenschaften ist das Prinzip der Leugnung von Eigenschaften oder Merkmalen, die auf normale, stabilisierende, gesunde oder andere positive Eigenschaften schließen lassen. Ein möglicher Aggravationsverdacht aufgrund von bizarren, seltsamen oder ungewöhnlichen Beschwerden oder negativen Eigenschaften kann insofern dadurch gestützt werden, dass diese Tendenz in Verbindung mit einer auffälligen Leugnung bzw. Verneinung von Aussagen auftritt, die auf alltägliche bzw. normale psychische Probleme oder Funktionen hinweisen. Dieses Prinzip wird z. B. in der F-K-Differenz des MMPI-2 realisiert.

In einem weiteren störungsspezifischen Validierungsansatz wird das Antwortmuster auf offensichtlich störungsbezogene Fragen ins Verhältnis gesetzt zu weniger offensichtlich störungsbezogenen Fragen. Geprüft wird auf diese Weise, ob sich die Klagen über Beschwerden oder Beeinträchtigungen eher an stereotypen Annahmen über die zugrundeliegenden Erkrankungen oder eher an realen individuellen Erfahrungen orientieren. Werden dann auffällig viele offenkundige Items symptombejahend, subtile Items aber symptomverneinend beantwortet, dann kann das dafür sprechen, dass die beklagte psychische Störung nicht den für „echte" Patienten typischen Erlebnischarakter hat bzw. vorgetäuscht oder negativ verzerrt dargestellt wurde. Dieses Prinzip realisiert z. B. der MMPI-2 durch die O-S-Skalen.

Ein anderer Validierungsansatz liegt Kennwerten zugrunde, die weder aufgrund allgemeiner, noch störungsbildbezogener Antwortwahrscheinlichkeiten (Itemschwierigkeiten), sondern aufgrund ihrer empirisch ermittelten Trenneigenschaften zwischen Personengruppen aus verschiedenen Befragungskontexten gebildet wurden. Zum Beispiel liefert die Fake-Bad-Skala oder der Henry-Heilbronner-Index (ebenfalls MMPI-2) Informationen dazu, ob ein Antwortmuster eher charakteristisch ist für Personen mit psychischen Beschwerden im Behandlungskontext oder eher für psychopathologisch vergleichbare Personen, die für die rechtliche Anerkennung ihrer Beschwerden streiten. Aufgrund des induktiven Vorgehens bei der Skalenermittlung sind Itemhomogenität und Transparenz (Durchsichtigkeit) dieser Skalen meist eher niedrig. Ein Interpretationsrisiko dieser und anderer rein empirisch gewonnener Skalen besteht in ihrer relativ schwachen Einbettung in ein theoretisch begründetes einheitliches Beschreibungs-, Erklärungs- und Vorhersagemodell.

Die genannten Prinzipien finden sich in den in Tabelle 3.11 aufgelisteten Fragebögen mit Kennwerten zu negativen Antworttendenzen in unterschiedlicher Form verwirklicht. Bislang kommt dem MMPI-2 sowohl aufgrund der im Testmanual beschriebenen Kennwerte zu negativen Antworttendenzen, vor allem aber aufgrund einiger neuerer in der Tabelle aufgeführter MMPI-2 Forschungskennwerte (z. B. FBS, HHI, MMDS, Md, RBS) eine Sonderstellung zu. Die deutsche Version des strukturierten Fragebogens zur Erfassung simulierter Symptome (Cima et al., 2003) strebt die direkte Erfassung ausschließlich syndromspezifischer negativer Antwortverzerrungen an. Durch diese Ausrichtung ist das Verfahren einerseits kürzer und ökonomischer als die umfangreichen Persönlichkeitsinventare MMPI-2 oder VEI, mit der besseren Testökonomie ist aber bei fehlenden Distraktoritems zugleich auch das Risiko einer leichteren Transparenz der Messintention des Verfahrens erhöht, wodurch die praktische Verwendbarkeit je nach Setting eingeschränkt sein kann.

Für die Interpretation der Skalenwerte zu negativen Antworttendenzen gilt analog, dass mit zunehmender Ausprägung der Kennwerte die antwortende Person durch ihr Reaktionsmuster wahrscheinlich kein authentisches Bild von sich vermittelt, sondern sich so darzustellen versucht, wie es ihr im gegebenen Befragungskontext zielführend erscheint. Im rechtlich-gutachterlichen Kontext kann diese Neigung zulasten der Person gehen, insofern sie den geforderten Nachweis der geltend gemachten Beschwerden oder Beeinträchtigungen nicht mit der nötigen Sicherheit erbringen kann.

Tabelle 3.11: Fragebögen mit Kontrollskalen zu negativen Antworttendenzen

Verfahren/Autoren	Kontroll-skala	Anzahl Items	Skalenbeschreibung und Validität	Kommentare/ Interpretationshilfen
16 Persönlichkeitsfaktoren Fragebogen (16 PF-R) Schneewind & Graf (1998)	IF Infrequenz Skala	51	Tendenz, die Alternative „unsicher/weiß nicht/kann mich nicht entscheiden" zu wählen bzw. gängige Erfahrungen zu leugnen	Mögliche Hinweise auf Testabwehr Oppositionelle Probanden mit hohen IF-Werten haben oft erhöhte Selbstsicherheits- u. Misstrauenswerte, ambivalente Probanden sind besorgt oder desorganisiert; Probanden, die sich nicht öffnen wollen, haben hohe Werte auf der Skala „Privatheit".
Berliner Verfahren zur Neurosendiagnostik (BVND) Hänsgen (1991)	AGV Aggravation		Negative Antwortverzerrung Neigung zu übertriebener Beschwerdedarstellung und Angabe größerer Krankheitsschwere	Keine Angaben zu kontrollierten Stichprobenvergleichen bzw. Sensitivität/ Spezifität.
California Psychological Inventory von G. Gough (Deutscher CPI) Weinert (Hrsg.) (1982)	Well-being	44	Sehr niedrige Werte sprechen für Verleugnung von Gesundheit und Funktionsfähigkeit	Nicht mehr im Handel erhältlich. Normen veraltet. Keine Angaben zu Trenneigenschaften.

Tabelle 3.11: Fortsetzung

Verfahren/Autoren	Kontroll-skala	Anzahl Items	Skalenbeschreibung und Validität	Kommentare/ Interpretationshilfen
Hamburger Zwangs-Inventar (HZI) Zaworka, Hand, Jauernig & Lünen-schloß (1983)	Simula-tions-tendenz	47	Ansteigende Standard-werte in den Prüfskalen (P1-P4) zeigen an, dass schwierigere Items (stärkere Patho-logie) häufiger ange-geben werden als leichte (schwache Pathologie).	Hinweis auf fraglich gül-tige Angaben zur Schwere der Zwangssym-ptomatik bzw. Hinweise auf geringere Schwere der beklagten Beschwer-den.
Minnesota Multi-phasic Personality Inventory (MMPI-2) Hathaway & McKinley, dt. Bearbeitung von Rolf R. Engel (2000) Literaturangaben zu Untertests in Thies (2012)	F Selten-heitsskala	42	Zustimmung zu Inhal-ten, die von Normalper-sonen selten angege-ben werden.	Hohe Effektstärke für Aufdeckung von negativer Verzerrung/Simulation (Rogers & Bender, 2003), Problem der Konfundie-rung mit echter Psycho-pathologie (Psychasthe-nie, Schizophrenie).
	F-K Gough Dis-simulation Index	72	Verhältnis aus Be-jahung unwahrscheinli-cher Merkmale und Leugnung wahrschein-lich zutreffender Erfah-rungen.	Effektstärke zwischen 0,7 und 1,98, Grenzwert von 18 Punkten als Maß für wahrscheinliche „Simula-tion".
	O-S Offensicht-lich-Subtil Skalen Wiener (1948)	110 subtile, 146 of-fen-sichtli-che	Verhältnis aus Be-jahung offensichtlicher und Verneinung subtiler Krankheitssymptome bezogen auf 5 Basis-skalen des MMPI-2; Ef-fektstärke 1.00–1.51.	Hinweis auf eine Orientie-rung des Antwortverhal-tens an stereotypen bzw. laienhaften Krankheitsvor-stellungen; Cave: Basisskalen ent-sprechen nicht mehr den aktuellen psychopatholo-gischen Vorstellungen.
	LW kritische Items nach Lachar und Wrobel	107	Zustimmung zu Items, die offensichtlich auf schwere psychische Probleme hinweisen.	Annahme: Simulierende Probanden stimmen einer Vielzahl kritischer Items zu; Effektstärke eher geringer als bei anderen MMPI-Validitätsskalen.
	Ds und Ds-r Gough Dissimu-lation Scale	58 (Ds) 32 (Ds-r)	Ausrichtung an „fal-schen Stereotypen über Neurotizismus"	Effektstärken zur Differen-zierung zwischen Patien-ten und Simulanten von 0,6–1,6 (Rogers & Ben-der, 2003).

Tabelle 3.11: Fortsetzung

Verfahren/Autoren	Kontroll-skala	Anzahl Items	Skalenbeschreibung und Validität	Kommentare/ Interpretationshilfen
	Fb Infrequency Back Scale	40	Zustimmung zu Inhalten, die von Normalpersonen selten angegeben werden, in der zweiten Testhälfte.	Effektstärke 0,6–1,62 (Rogers & Bender, 2003). Tendenz, bei nachlassender Konzentration (Steuerungsfähigkeit) negativ verzerrtes Antworten beizubehalten.
	FBS Fake Bad Scale Lees-Haley et al. (1991)	43	Angabe stereotyper Vorstellungen über einen erlittenen Schaden und daraus resultierende Beeinträchtigungen, Leugnung prämorbider Probleme.	Kennzeichnend für negative Verzerrungen in rechtlichen Konfliktsituationen; relativ hohe Sensitivität bei gleichzeitig erhöhtem Risiko einer falsch positiven Klassifikation.
	Fp Infrequency Psychopathology Scale Arbisi & Ben-Ponrath (1995)	27	Zustimmung zu Inhalten, die von Normalen und psychiatrischen Patienten selten angegeben werden.	Effektstärke 1,9 (Rogers & Bender, 2003) Geeignet zur Erfassung vorgetäuschter schwerer Psychopathologie; weniger geeignet zur Erfassung negativ verzerrter neurokognitiver Defizite.
	Fptsd Infrequency Posttraumatic Stress Disorder Elhai et al. (2002)	32	Zustimmung zu Inhalten oder Beschwerden, die von PTBS-Patienten selten angegeben werden.	Kein Cut-off-Wert für eine simulierte PTBS-Symptomatik; Klassifikationseigenschaften sind denen von F und Fp vergleichbar.
	MVI Meyers Validity Index Meyers et al. (2002)		Gewichteter Index aus F, FBS, Fp, Ds-r, Es, F-K, O-S zur Differenzierung von Schmerzpatienten innerhalb vs. außerhalb eines gerichtlichen Klageverfahrens.	Der Kennwert trägt bei Probanden mit Schädel-Hirn-Trauma zur Identifizierung von aggravierten neurokognitiven Dysfunktionen bei.
	Ich-Stärke Es-Skala		Negative Antwortverzerrung bei einem extrem niedrigen Wert und normalem Funktionsniveau im Alltag.	Nur in Kombination mit Zusatzinformationen zur Aggravationsdiagnostik verwertbar.

Tabelle 3.11: Fortsetzung

Verfahren/Autoren	Kontroll-skala	Anzahl Items	Skalenbeschreibung und Validität	Kommentare/ Interpretationshilfen
	Md Malingered Depression Scale Bagby et al. (2005)	32	Zustimmung zu unzutreffenden Stereotypen über Depression, Cut-off-Rohwert von > 22 zur Differenzierung simulierter und echter Depressivität.	Sensitivität 70%, Spezifität 96% Effektstärke 1,8; keine Ausrichtung an aktuellen diagnostischen Kriterien; bei schwer Depressiven ist ein höherer Cut-off-Wert angezeigt.
	HHI Henry Heilbronner Index Henry et al. (2006)	17	Items aus FBS und zu pseudoneurologischen Symptomen, die Probanden mit geringer Anstrengung von Kooperativen unterscheiden; Erfassung pseudosomatischer Beschwerden.	Differenziert zwischen Personen, die einen psychischen oder körperlichen Personenschaden rechtlich geltend machen und vergleichbar Kranken, die dies nicht tun; inhaltliche und konzeptionelle Nähe zur FBS.
	RBS Response Bias Scale Gervais et al. (2007)	28	Angabe von Inhalten, die Patienten mit geringer Anstrengung von Kooperativen unterscheiden; Erfassung der Antwortverzerrung bzgl. kognitiver Einschränkungen.	Beschreibt den Zusammenhang zwischen neuropsychologischer Testung und Antwortverhalten; enge Beziehung zu subjektiven Gedächtnisbeschwerden; Korrelation mit Word Memory Test und Medical Symptom Validity Test.
	MMDS Malingered Mood Disorder Scale Henry et al. (2008)	15	Kurzform von Md; Items aus Md, die Patienten mit geringer Anstrengung von Kooperativen unterscheiden.	Sensitivität 47%, Spezifität 100% bezogen auf die Zuordnung zu echter vs. vorgetäuschter Depressivität und Funktionsbeeinträchtigung, Effektstärke 1,65.
Maudsley-Persönlichkeitsfragebogen (MMQ) Eysenck, 1964	Lügenliste	18	Simulation (hoher Lügenwert >9 oder Dissimulation (niedriger Lügenwert <3) neurotischer Tendenzen.	Bei Werten über 12 sollte der Fragebogen nicht inhaltlich interpretiert werden.
Deutsche Personality Research Form (PRF) Stumpf, Angleitner, Wieck et al. (1985)	Infrequency	10	Angabe von mehr als 3 kritischen Items mit sehr geringer Itemschwierigkeit (unwahrscheinlicher Gültigkeit).	Hinweis auf fragliche Gültigkeit des gesamten Testprofils zur Persönlichkeit; bei Überschreiten des kritischen Wertes keine inhaltliche Interpretation der Skalenwerte.

Tabelle 3.11: Fortsetzung

Verfahren/Autoren	Kontroll-skala	Anzahl Items	Skalenbeschreibung und Validität	Kommentare/ Interpretationshilfen
Strukturierter Fragebogen simulierter Symptome (SFSS) Dt. Version des Structered Inventory of Malingered Symptomatology (SIMS) Cima et al. (2003)	NI Niedrige Intelligenz	15	Simulation niedriger Intelligenz	Gruppenunterschiede signifikant (MW): Kontrollgruppe < Patientengruppe < Simulationsgruppe In realistischen Settings hohe Anteile an falsch-positiven Testergebnissen Hohe Korrelationen mit Word Memory Test: .57–.70. Trenneigenschaften im Vergleich von simulierenden vs. ehrlichen Antworten aus einer Stichprobe mit Kontrollpersonen, instruierten Simulanten und Patienten ($N=266$): Sensitivität$=0.87$; Spezifität$=0.86$.
	AF Affektive Störung	15	Simulation einer affektiven Störung	
	N Neurologische Beeinträchtigung	15	Simulation einer neurologischen Erkrankung	
	P Psychose	15	Simulation einer Psychose	
	AM Amnestische Störung	15	Simulation einer Amnesie	
Verhaltens- und Erlebens-Inventar (VEI) Engel & Groves (2012)	S Seltenheit	8	Stellt fest, ob nachlässig oder willkürlich geantwortet wurde. Die Items haben eine extrem hohe oder extrem niedrige Zustimmungsrate, sind aber neutral hinsichtlich psychischer Auffälligkeiten.	Mögliche Hinweise auf (mangelnde) Sorgfalt und Gewissenhaftigkeit bei der Itembeantwortung oder auf formale Antworttendenzen (generalisierte Zustimmung oder Ablehnungstendenz).
	U Ungünstiger Eindruck	9	Prüft, ob jemand einen übertrieben ungünstigen Eindruck erwecken will oder auffällige Symptome simuliert. Bei psychisch Kranken haben die Items eine relativ niedrige Zustimmungsrate.	Hinweis auf die Neigung, Antworten im Sinne demonstrativ überzeichneter Beschwerden/Sorgen/Beeinträchtigungen verzerrt darzustellen. Enger Zusammenhang zu SFSS und WMT, bester Prädiktor für Simulation.

Tabelle 3.11: Fortsetzung

Verfahren/Autoren	Kontroll-skala	Anzahl Items	Skalenbeschreibung und Validität	Kommentare/ Interpretationshilfen
	Simula-tions-index MAL Morey (1996)	8	Zusatzkennwert; von der Art der Psychopa-thologie relativ unab-hängiger Indikator aus konfiguralen Merkma-len (Skalenwerten) des VEI-Profils, die typisch sind für vorgetäuschte schwere psychische Störungen.	Die MAL-Merkmale rei-chen von allgemeinen Er-höhungen auf den Validi-tätsskalen bis hin zu bestimmten konfiguralen Auffälligkeiten der klini-schen Skalen und Sub-skalen; Unterscheidung Simulanten – Patienten.
	RDF Rogers Dis-kriminanz-funktion Rogers, Sewell, Morey & Ustad (1996)	20	Zusatzkennwert; Summe aus 20 gewich-teten T-Werten (Ska-lenwerten) aus dem VEI-Profil.	Nach Bagby et al. (2002) leistete die RDF im Ver-gleich zu allen anderen VEI-Validitätsmaßen die beste Vorhersage aggra-vierter/simulierter Be-schwerden.

Literatur

Allen, L. M., Conder, R. L., Green, P. & Cox, D. R. (1997). *CARB 97 manual for the Computerized Assessment of Response Bias*. Durham: CogniSyst.

Amelang, A. & Borkenau, S. (1981). Untersuchungen zur Validität von Kontrollskalen für soziale Erwünschtheit und Aquieszenz. *Diagnostica, 27,* 295–312.

Amelang, A. & Bartussek, D. (1970). Untersuchungen zur Validität einer neuen Lügen-Skala. *Diagnostica, 16,* 103–122.

Arbisi, P. A. & Ben-Porath, Y. S. (1995). An MMPI-2 infrequent response scale for use with psychopathological populations: The Infrequency-Psychopathology Scale F(p). *Psychological Assessment, 7* (4), 424–431.

Armistead-Jehle, S. (2010). Symptom validity test performance in U. S. veterans referred for evaluation of mild TBI. *Applied Neuropsychology, 17,* 52–59.

Ashendorf, L., Constantinou, M. & McCaffrey, R. J. (2004). The effect of depression and anxiety on the TOMM in community-dwelling older adults. *Archives of Clinical Neuropsychology, 19,* 125–130.

Aster, M. von, Neubauer, A. & Horn, R. (2006). *Wechsler Intelligenztest für Erwachsene (WIE)*. Frankfurt am Main: Harcourt Test Services.

Axelrod, B. N. & Schutte, C. (2010). Analysis of the dementia profile on the Medical Symptom Validity Test. *The Clinical Neuropsychologist, 24,* 873–881.

Axelrod, B. N., Vanderploeg, R. D. & Schinka, J. A. (1999). Comparing Methods for Estimationg Premorbid Intellectual Funtioning. *Archives of Clinical Neuropsychology, 14,* 341–346.

Baddeley, A., Emslie, H. & Nimmo-Smith, I. (1993). The Spot-the-Word test: A robust estimate of verbal intelligence based on lexical decision. *British Journal of Clinical Psychology, 32,* 55–65.

Bagby, R. M., Marshall, M. B. & Bacchiochi, J. R. (2005). The validity and clinical utility of the MMPI-2 Malingering of Depression scale. *Journal of Personality Assessment, 85* (3), 304–311.

Bagby, R. M., Nicholson, R. A., Bacchiochi, J. R., Ryder, A. G. & Bury, A. S. (2002). The predictive capacity ofthe MMPI-2 and PAI validity scales and indexes to detect coached and uncoached faking. *Journal of Personality Assessment, 78,* 69–86.

Barona, A., Reynolds, C. R. & Chastain, R. (1984). A demographically based index of premorbid intelligence for the WAIS-R. *Journal of Consulting and Clinical Psychology, 52,* 885–887.

Bartzsch, U. (2002). *Allensbacher Feinmotoriktest* (2., überarbeitete und veränderte Auflage).

Beckmann, D., Brähler, E., Richter, H.-E. (1991). *Gießen-Test*. (4. Auflage). Bern: Huber.

Beckmann, D., Brähler, E. & Richter, H.-E. (2012). *Gießen-Test-II*. Bern: Huber.

Benkert, O. & Hippius, H. (2015). *Kompendium der Psychiatrischen Pharmakotherapie*. Berlin: Springer.

Benton, A. (1994). *Contributions to Neuropsychological Assessment*. Lutz, FL: Psychological Assessment Resources.

Benton, A. L. (2009). *Der Benton-Test*. (8., überarbeitete und ergänzte Auflage). Bern: Huber.

Bianchini, K. J., Greve, K. W. & Glynn, G. (2005). On the diagnosis of malingered pain-related dysability: Lessons from cognitive malingering research. *Spine Journal, 5,* 404–417.

Bishop, D. V. M., Ross, V. A., Daniels, M. S. & Bright, P. (1996). The measurement of hand preference: A validation study comparing three groups of right-handers. *British Journal of Psychology, 87,* 269–285.

Blair, J. R. & Spreen, O. (1989). Prediciting premorbid IQ: A revision of the National Adult Reading Test. *The Clinical Neuropsychologist, 3,* 129–136.

Blaskewitz, N. & Merten, T. (2006). Validität und Reliabilität von Beschwerdenvalidierungstests und -indikatoren: Eine experimentelle Studie. *Zeitschrift für Neuropsychologie, 17,* 35–44.

Blaskewitz, N. & Merten, T. (2007). Diagnostik der Beschwerdenvalidität – Diagnostik bei Simulationsverdacht: ein Update 2002 bis 2005. *Fortschritte der Neurologie Psychiatrie, 75,* 140–154.

Blaskewitz, N., Merten, T. & Brockhaus, R. (2009). Detection of suboptimal effort with the Rey Complex Figure Test and Recognition Trial. *Applied Neuropsychology, 16,* 54–61.

Blaskewitz, N., Merten, T. & Kathmann, N. (2008). Performance of children on symptom validity tests: TOMM, MSVT, and FIT. *Archives of Clinical Neuropsychology, 23*, 379–391.

Boeger, A., Seiffge-Krenke, I. (1994). Symptomatik, Selbstkonzept und Entwicklungsverzögerung bei gesunden und chronisch kranken Jugendlichen mit Typ I Diabetes. *Zeitschrift für Kinder- und Jugendpsychiatrie, 22*, 5–15.

Bolan, B., Foster, J. K., Schmand, B. & Bolan, S. (2002). A comparison of three tests to detect feigned amnesia: The effects of feedback and the measurement of response latency. *Journal of Clinical and Experimental Neuropsychology, 24*, 154–167.

Bonnardel, R. (1946). Le test du Double Labyrinth. *Le Travail Humain*, 212–218.

Bonnardel, R. (2003). *Doppellabyrinthtest*. Mödling: SCHUHFRIED GmbH.

Boone, K. B. (ed.). (2007). *Assessment of feigned cognitive impairment. A neuropsychological perspective*. New York: The Guilford Press.

Boone, K. B., Lu, P. & Herzberg, D. S. (2002). *Dot Counting Test*. Los Angeles: Western Psychological Services.

Boone, K. B., Salazar, X., Lu, S., Warner-Chacon, K. & Razani, J. (2002). The Rey 15-Item recognition trial: A technique to enhance sensitivity of the Rey 15-Item memorization test. *Journal of Clinical and Experimental Neuropsychology, 24*, 561–573.

Bovend'Eerdt, T. J. H., Dawes, H., Johansen-Berg, H. & Wade, D. T. (2004). Evaluation of the modified Jebsen test of hand function and the University of Maryland arm questionnaire for stroke. *Clinical rehabilitation, 18*, 195–202.

Brockhaus, R. & Merten, T. (2004). Neuropsychologische Diagnostik suboptimalen Leistungsverhaltens mit dem Word Memory Test. *Nervenarzt, 75*, 882–888.

Brockmeyer, M. (2009). Simulation und Aggravation aus sozialrichterlicher Sicht. In T. Merten & H. Dettenborn (Hrsg.), *Diagnostik der Beschwerdenvalidität* (S. 280–287). Berlin: Deutscher Psychologen Verlag.

Bulheller, S. & Häcker, H. O. (2003). *Peabody Picture Vocabulary Test (PPVT)*. Frankfurt am Main: Swets Test Services GmbH.

Bush, S., Ruff, R. M., Tröster, A. I., Barth, J. T., Koffler, S. S., Pliskin, N. H., Reynolds, C. R. & Silver, C. H. (2009). Diagnostik der Beschwerdenvalidität: Praktische Gesichtspunkte und medizinische Erfordernisse. In T. Merten & H. Dettenborn (Hrsg.), *Diagnostik der Beschwerdenvalidität* (S. 303–314). Berlin: Deutscher Psychologen Verlag.

Bush, S. S. (2007). Ethische Aspekte der Diagnostik der Beschwerdenvalidität. *Praxis der Rechtspsychologie, 17*, 63–82.

Bush, S. S., Ruff, R. M., Tröster, A. I., Barth, J. T., Koffler, S. P., Pliskin, N. H. et al. (2005). Symptom validity assessment: Practice issues and medical necessity. Official position or the National Academy of Neuropsychology. *Archives of Clinical Neuropsychology, 20*, 419–426.

Bush, S. S., Ruff, R. M., Tröster, A. I., Barth, J. T., Koffler, S. S., Pliskin, N. H., Reynolds, C. R. & Silver, C. H. (2007). Diagnostik der Beschwerdenvalidität: Praktische Gesichtspunkte und medizinische Erfordernisse. *Praxis der Rechtspsychologie, 17*, 155–166.

Butcher, J. N., Graham, J. R., Ben-Porath, Y. S., Tellegen, A., Dahlstrom, W. G. & Kaemmer, B. (2001). *Minnesota Multiphasic Personality Inventory-2 (MMPI-2). Manual for administration, scoring, and interpretation (rev. ed.)*. Minneapolis: University of Minnesota Press.

Butcher, J. N. & Han, K. (1995). Development of an MMPI-2 scale to assess the presentation of seif in a superlative manner: The S Scale. In J. N. Butcher & C. D. Spielberger (Eds), *Advances in personality assessment* (volume 10, pp. 25–50). Hillsdale, NJ: Earlbaum.

Carone, D. A. (2008). Children with moderate/ severe brain damage/ dysfunction outperform adults with mild-to-no brain damage on the Medical Symptom Validity Test. *Brain Injury, 22*, 960–971.

Carone, D. A., Iverson, G. L. & Bush, S. S. (2010). A model to approaching and providing feedback to patients regarding invalid test performance in clinical neuropsychological evaluations. *The Clinical Neuropsychologist, 24*, 759–778.

Cashel, M. L., Rogers, R., Sewell, K. & Martin-Cannici, C. (1995). The Personality Assessment Inventory and the detection of defensiveness. *Assessment, 2,* 333–342.

Chafetz, M. D., Abrahams, J. S. & Kohlmaier, J. (2007). Malingering on the Social Security Disability Consultative Exam: A new rating scale. *Archives of Clinical Neuropsychology, 22,* 1–14.

Cima, M., Hollnack, S., Kremer, K., Knauer, E., Schellbach-Matties, R., Klein, B. & Merckelbach, H. (2003). Strukturierter Fragenbogen Simulierter Symptome: Die Deutsche Version des Structured Inventory of Malingered Symptomatology (SIMS). *Nervenarzt, 74,* 977–986.

Cima, M., van Bergen, S. & Kremer, K. (2008). Development of the Supernormality Scale-Revised and its relationship with psychopathy. *Journal of Forensic Sciences, 53,* 975–981.

Cliffe, M. J. (1992). Symptom validity testing of feigned sensory or memory deficits: A further elaboration for subjects who understand the rationale. *British Journal of Clinical Psychology, 31,* 207–209.

Constantinou, M. & McCaffrey, R. J. (2003). Using the TOMM for evaluating children's effort to perform optimally on neuropsychological measures. *Child Neuropsychology, 9,* 81–90.

Crawford, J. R. & Allan, K. M. (1997). Estimating premorbid WAIS-RIQ with Demographic Variables: Regression equations derived from a UK sample. *The Clincial Neuropsychologist, 11,* 192–197.

Crawford, J. R., Cochrane, R. H. B., Besson, J. A. O., Parker, D. M. & Stewart, L. E. (1990). Premorbid IQ estimates obtained by combining the NART and demographic variables: construct validity. *Personality and Interindividual Differences, 11,* 209–210.

Crawford, J. R., Nelson, H. E., Blackmore, L., Cochrane, R. H. B & Allan, K. M. (1990). Estimating premorbid intelligence by combining the NART and demographic variables: An examination of the NART standardisation sample and supplementary equations. *Personality and Interindividual Differences, 11,* 1153–1157.

Crawford, J. R., Parker, D. M. & Besson, J. A. O. (1989).Estimation of Premorbid Intelligence in Organic Conditions. *British Journal of Psychiatry, 153,* 178–181.

Crawford, J. R., Stewart, L. E., Cochrane, R. H. B., Foulds, J. A., Besson, J. A. O. & Parker, D. M. (1989). Estimating premorbid IQ from demographic variables: Regression equations derived from a UK sample. *British Journal of Clinicial Psychology, 28,* 275–278.

Crawford, J. R., Stewart, L. E., Parker, D. M., Besson, J. A. O. & Cochrane, R. H. B. (1989). Estimation of premorbid intelligence: combining psychometric and demographic approaches improves predictive accuracy. *Personality and Interindividual Differences, 10,* 793–796.

Crowne, D. P. & Marlowe, D. (1960). A new scale of social desirability independent of psychopathology. *Journal of Consulting Psychology, 24,* 349–354.

Davis, J. J., Ramos, C. K., Sherer, C. M., Bertram, D. M. & Wall, J. R. (2009). Use of consistency on the TOMM to assess effort (Abstract). *Archives of Clinical Neuropsychology, 24,* 456.

Dean, R. S. & Woodcock, R. W. (2003). *Dean-Woodcock Sensory-Motor Battery.* Itasca, IL: Riverside Publishing.

Debelak, R., Mandler, G. & Topfstedt, E. (2012). *Mauseignungstest (MOUSE).* Mödling: SCHUFRIED GmbH.

Deegener, G. (1996). *Multiphasic Sex Inventory (MSI): Fragebogen zur Erfassung psychosexueller Merkmale bei Sexualtätern. Handbuch.* Göttingen: Hogrefe.

Delain, S. L., Stafford, K. S. & Ben-Porath, Y. S. (2003). Use of the TOMM in a Criminal Court Forensic Assessment Setting. *Assessment, 10,* 370–381.

Delis, D. C., Kramer, J. H., Kaplan, E. & Ober, B. A. (1987). *California Verbal Learning Test: Adult Verion.* San Antonio: The Psychological Cooperation.

Delis, D. C., Kramer, J. H., Kaplan, E. & Ober, B. A. (2000). *Manual for the California Verbal Learning Test (CVLT-II).* San Antonio, TX: The Psychological Corporation.

Dellon, A. L. (1981). It's academic but not functional. In. *Evaluation of Sensibility and Re-education of Sensation in the Hand* (pp. 95–114). Baltimore, MD: Williams and Wilkins.

Desrosiers, J., Hébert, R., Bravo, G. & Dutil, É. (1995). Upper extremity performance test for the elderly (TEMPA): normative data and correlates with sensorimotor parameters. *Archives of physical medicine and rehabilitation, 76* (12), 1125–1129.

Dohrenbusch, R., Henningsen, S. & Merten, T. (2011). Die Beurteilung von Aggravation und Dissimulation in der Begutachtung psychischer und psychosomatischer Störungen. *Versicherungsmedizin, 63,* 81–85.

Dunn, L. M. (1959). *Peabody Picture Vocabulary Test.* Circle Pines, Minnesota: American Guidance Service.

Dunn, L. M. & Dunn, L. M. (1981). *Peabody Picture Vocabulary Test-Revised.* Circle Pines, Minnesota: American Guidance Service.

Dunn, L. M. & Dunn, L. M. (1997). *Examiner's manual for the Peabody Picture Vocabulary Test Third Edition.* Circle Pines, Minnesota: American Guidance Service.

Eberl, A. (2007). *Simulationsdiagnostik bei Gedächtnisstörungen.* Essen: Mnemo Verlag.

Eberl, A., Heusler, M. & Schimrigk, S. (2008, July). *Detection of Malingering in Prepared and Unprepared Experimental Simulators.* Paper presented at the international congress of Psychology, Berlin.

Eberl, A. & Wilhelm, H. (2007). *Aggravations- und Simulationstest (AST 4.0)* (2. Aufl.). Lüdenscheid: Mnemo Verlag.

Edwards, A. L. (1962). Social desirability and expected means on MMPI scales. *Educational and Psychological Measurement, 22* (1), 71–76

Egeland, J. & Langfjaeran, T. (2007). Differentiating malingering from genuine cognitive dysfunction using the Trail Making Test-ratio and Stroop interference scores. *Applied Neuropsychology, 14,* 113–119.

Eggert, D., Ratschinski, G. (1983). *Eysenck Persönlichkeits Inventar EPI.* Göttingen: Hogrefe.

Elhai, J. D., Ruggiero, K. J., Frueh, B. C., Beckham, J. C., Gold, P. B. & Feldman, M. E. (2002). The Infrequency-Posttraumatic Stress Disorder Scale (Fptsd) for the MMPI-2: Development and initial validation with veterans presenting with combat-related PTS. *Journal of Personality Assessment, 79* (3), 531–549.

Engel, R. & Groves, J. (2012). *VEI. Verhaltens- und Erlebensinventar. Deutschsprachige Adaptation des Personality Assessment Inventory (PAI) von L. C. Morey.* Bern: Huber.

Engel, R. R. (Hrsg.). (2000). *MMPI-2. Minnesota Multiphasic Personality Inventory. Revidierte Fassung (MMPI-2) von R. Hathawy und J. McKinley.* Bern: Verlag Hans Huber.

Erzberger, C. S. & Engel, R. R. (2010). Zur Äquivalenz der Normen des Wechsler-Intelligenztests für Erwachsene (WIE) mit denen des Hamburg-Wechsler-Intelligenztests für Erwachsene – Revision (HAWIE-R). *Zeitschrift für Neuropsychologie, 21* (1), 25–37.

Eysenck, H. J. (1964). *Maudsley-Persönlichkeitsfragebogen* (2. verbesserte Auflage). Göttingen: Hogrefe Verlag.

Eysenck, H. J. & Eysenck, S. B. G. (1968). *Manual of the Eysenck Personality Inventory (EPI).* San Diego, CA: Educational and Industrial Testing Service.

Eysenck, H. J., Wilson, G. & Jackson, C. (1996). *Manual of the Eysenck Personality Profiler (EPP).* London: Guilford Press.

Fabra, M. (2007). *Posttraumatische Belastungsstörung und psychischer Querschnittsbefund: Konsequenzen für die psychiatrisch-psychotherapeutische Begutachtung.* Vortrag, 28. Fortbildungstagung des Verbandes Deutscher Bahnärzte, Rostock.

Fahrenberg, J., Hampel, R. & Selg, H. (2001). *Das Freiburger Persönlichkeitsinventar* (7. Auflage). Göttingen: Hogrefe.

Fahrenberg, J. Hampel, R. & Selg, H. (2010). *Freiburger Persönlichkeitsinventar (FPI)* (8., erweiterte Auflage). Göttingen: Hogrefe Verlag.

Faller, H. & Lang, H. (2006). *Medizinische Psychologie und Soziologie.* 2. Auflage. Heidelberg: Springer.

Fehringer, B., Habermann, N., Becker, N. & Deegener, G. (2016). *Multiphasic Sex Inventory (MSI). Fragebogen zur Erfassung psychosexueller Merkmale bei Sexualtätern. Handbuch* (2. vollständig überarbeitete und neu normierte Auflage). Göttingen: Hogrefe Verlag.

Fisher, H. L. & Rose, D. (2005). Comparison of the effectiveness of two versions of the Rey Memory Test in discriminating between actual and simulated memory impairment, with and without the addition of a standard memory test. *Journal of Clinical and Experimental Neuropsychology, 27* (7), 840–858.

Franke, G. H. (2002). Faking bad in personality inventories: Consequences for the clinical context. *Psychologische Beiträge, 44,* 50–61.

Frederick, R. I. (2002). A review of Rey's strategies for detecting malingered neuropsychological impairment. *Journal of Forensic Neuropsychology, 2,* 1–25.

Frederick, R. I. & Bowden, S. C. (2009). Evaluating constructs represented by symptom validity tests in forensic neuropsychological assessment of traumatic brain injury. *Journal of Head Trauma Rehabilitation, 24,* 105–122.

Fugl-Meyer, A. R., Jasko, L. & Leyman, I. (1975). The post-stroke patient. A method for evaluation of physical performance. *Scandinavian Journal of Rehabilitation in Medicine, 7,* 13–31.

George, S. (2014). *Praxishandbuch COPM.* Bergisch Gladbach: Schulz-Kirchner Verlag.

Geraerts, E., Jelicic, M. & Merckelbach, H. (2006). Symptom overreporting and recovered memories of childhood sexual abuse. *Law and Human Behavior, 30,* 621–630.

Geraerts, E., Kozari-Kovai, D. Merckelbach, H., Peraica, T., Jelicic, M. & Candel, I. (2009). Detecting deception of war-related posttraumatic stress disorder. *Journal of Forensic Psychiatry and Psychology, 20,* 278–285.

Gervais, R. O., Ben-Porath, Y. S., Wygant, D. B. & Green, P. (2007). Development and validation of a Response Bias Scale (RBS) for the MMPI-2. *Assessment, 14* (2), 196–208.

Giger, S. & Merten, T. (2009). Alternativwahlverfahren in der straf- und zivilrechtlichen Begutachtung. In T. Merten & H. Dettenborn (Hrsg.), *Diagnostik der Beschwerdenvalidität* (S. 101–117). Berlin: Deutscher Psychologen Verlag.

Giger, S., Merten, T., Merckelbach, H. & Oswald, M. (2010). Detection of feigned crime-related amnesia: A multi-method approach. *Journal of Forensic Psychology Practice, 10,* 440–463.

Gill, D., Green, P., Flaro, L. & Pucci, T. (2007). The role of effort testing in independent medical examinations. *Medico-Legal Journal, 75,* 64–72.

Goldberg, J. O. & Miller, H. R. (1986). Performance of psychiatric inpatients and intellectually deficient individuals on a task that assesses the validity of memory complaints. *Journal of Clinical Psychology, 42,* 792–795.

Golden, C. J., Hammeke, T. A. & Purisch, A. D. (1980). *Luria-Nebraska Neuropsychological Battery.* Los Angeles, CA: Western Psychological Services.

Gorny, I. & Merten, T. (2005). Symptom information – warning – coaching: how do they affect successful feigning in neuropsychological assessment? *Journal of Forensic Neuropsychology, 4,* 71–97.

Gough, H. (1950). The F minus K dissimulation index for the Minnesota Multiphasic Personality Inventory. *Journal of Consulting Psychology, 14,* 408–413.

Gould, R., Miller, B. L., Goldberg, M. A. & Benson, D. F. (1986). The validity of hysterical signs and symptoms. *Journal of Nervous and Mental Disease, 174,* 593–597.

Green, P. (2004). *Green's Medical Symptom Validity Test (MSVT) for Microsoft Windows. User's Manual.* Edmonton, Canada: Green's Publishing. (Download der deutschsprachigen mündlichen Instruktionen: www.wordmemorytest.com)

Green, P. (2005a). *Green's Word Memory Test. User's Manual.* Edmonton, Canada: Green's Publishing.

Green, P. (2005b). *Green's non-verbal medical symptom validity test (NV-MSVT) for Microsoft Windows. User's Manual 1.0.* Edmonton, Canada: Green's Publishing.

Green, P., Allen, L. M. & Astner, K. (1996). *The Word Memory Test: A user's guide to the oral and computer-administered forms,* US Version 1.0. Durham, NC: CogniSyst, Inc.

Greene, R. L. (2008). Malingering and defensiveness on the MMPI-2. In R. Rogers (ed.), *Clinical assessment of malingering and deception* (pp. 159–182). New York: The Guilford Press.

Greve, K. W. & Bianchini, K. J. (2009). Schmerz und Beschwerdenvalidierung. In T. Merten & H. Dettenborn (Hrsg.), *Diagnostik der Beschwerdenvalidität* (S. 193–229). Berlin: Deutscher Psychologen Verlag.

Griffin, G. A. E., Glassmire, D. M., Henderson, E. A. & McCann, C. (1997). Rey II: Redesigning the Rey screening test of malingering. *Journal of Clinical Psychology, 53*, 757–766.

Grober, E., Sliwinski, M. & Korey, S. R. (1991). Development and validation of a model of premorbid verbal intelligence in the elderly. *Journal of Clinical and Experimental Neuropsychology, 13*, 933–994.

Grünberger, J. (1977). *Psychodiagnostik des Alkoholkranken: ein methodischer Beitrag zur Bestimmung der Organizität in der Psychiatrie*. Wien: Maudrich.

Häcker, H. & Bulheller, S. (1998). *Eysenck Personality Profiler – EPP-D. Entwicklung und Evaluation der deutschsprachigen Fassung*. Frankfurt am Main: Swets Test.

Haid, T., Kofler, M., Bonatti, E., Gamper, E., Quirbach, E. & Saltuari, L. (2006). Normwerte für ein einfaches Verfahren zur Quantifizierung automatisierter Bewegungen über die Schreibgeschwindigkeit: Haid-Bonatti 1–20 Test-revidierte Fassung (HABO 1–20-r). *Neurologie & Rehabilitation, 12*, 329–334.

Hampel, R. & Selg, H. (1975). *FAF – Fragebogen zur Erfassung von Aggressivitätsfaktoren. Handanweisung*. Göttingen: Hogrefe.

Hamster, W. (1980). *Die Motorische Leistungsserie – MLS. Handanweisung*. Mödling: Schuhfried GmbH.

Hänsgen, K.-D. (1991). *Berliner Verfahren zur Neurosendiagnostik (BVND). Mehrdimensionale Erfassung von Beschwerden und Selbstkonzept* (2., erweiterte und neu bearbeitete Auflage). Göttingen: Hogrefe.

Hartman, D. E. (2002). The unexamined lie is a lie worth fibbing. Neuropsychological malingering and the Word Memory Test. *Archives of Clinical Neuropsychology, 17*, 709–714.

Hartwig, M. (2011). Evidenz, Spaß und Motivation. Computergestützte Armbehandlung mit dem Pablo-System. *praxis ergotherapie, 24*, 322–328.

Hathaway, S. R. & McKinley, J. C. (2000). *MMPI-2. Minnesota Multiphasic Personality Inventory 2*. Deutsche Bearbeitung von Rolf R. Engel. Bern: Huber.

Hautzinger, M. & Bailer, M. (1993). *Allgemeine Depressionsskala. Manual*. Göttingen: Beltz Test GmbH.

Heaton, R. K., Smith, H. H., Lehman, R. A. W. & Vogt, A. T. (1978). Prospects for faking believable deficits on neuropsychological testing. *Journal of Consulting and Clinical Psychology, 46*, 892–900.

Heilbronner, R. L., Sweet, J. J., Morgan, J. E., Larrabee, G. J., Millis, S. R., et al. (2009). American Academy of Clinical Neuropsychology consensus conference statement on the neuropsychological assessment of effort, response bias, and malingering. *The Clinical Neuropsychologist, 23*, 1093–1129.

Heinke, J. (2013). Arbeitstherapie im WorkPark. *praxis ergotherapie, 6*, 331–334.

Henry, G. K., Heilbronner, R. L., Mittenberg, W. & Enders, C. (2006). The Henry-Heilbronner Index: a 15-item empirically derived MMPI-2 subscale for identifying probable malingering in personal injury litigants and disability claimants. *Clinical Neuropsychology, 20* (4), 786–797.

Henry, M. (2009). Beschwerdenvalidierungstests in der zivil- und sozialrechtlichen Begutachtung: Verfahrensüberblick. In T. Merten & H. Dettenborn (Hrsg.), *Diagnostik der Beschwerdenvalidität* (S. 118–161). Berlin: Deutscher Psychologen Verlag.

Henry, M., Merten, T. & Wallasch, T. (2008). Semantische Demenz. Ein kasuistischer Beitrag zur Differenzialdiagnostik der degenerativen Demenzen. *Fortschritte der Neurologie Psychiatrie, 76*, 453–464.

Henry, M., Merten, T., Wolf, S. A. & Harth, S. (2010). Nonverbal Medical Symptom Validity Test performance of elderly healthy adults and clinical neurology patients. *Journal of Clinical and Experimental Neuropsychology, 32*, 19–27.

Hermans, H. J. M. (1976). *LMT-J. Leistungsmotivationstest für Jugendliche*. Deutsche Fassung von Udo Undeutsch. Amsterdam: Swets & Zeitlinger.

Hermans, H. J. M., Petermann, F. & Zielinski, W. (1978). *LMT. Leistungsmotivationstest*. Amsterdam: Swets & Zeitlinger.

Hermsdörfer, J. & Mai, N. (1992). Untersuchung gestörter Handfunktionen durch die Registrierung von Griffkräften und Fingerbewegungen. *praxis ergotherapie, 4,* 224–231.

Hermsdörfer, J., Mai, N., Rudroff, G. & Münssinger, M. (1994). *Untersuchung zerebraler Handfunktionsstörungen Ein Vorschlag zur standardisierten Durchführung. Manual und Untersuchungsbogen*. Dortmund: verlag modernes lernen.

Herzberg, S. Y. & Frey, A. (2007). Testinformation: Amsterdamer Kurzzeitgedächtnistest (AKGT). *Diagnostica, 55,* 226–228.

Heubrock, D., Eberl, I. & Petermann, F. (2002). Neuropsychologische Diagnostik bei Simulationsverdacht. Empirische Bewährung der Bremer Symptom-Validierung als simulationssensibles Untersuchungsverfahren. *Zeitschrift für Neuropsychologie, 13,* 45–58.

Heubrock, D. & Petermann, F. (2000). *Testbatterie zur Forensischen Neuropsychologie (TBFN): Neuropsychologische Diagnostik bei Simulationsverdacht*. Frankfurt am Main: Swets Test Services.

Heubrock, D. & Petermann, F. (2007). *Testbatterie zur Forensischen Neuropsychologie (TBFN)* (2. Auflage). Frankfurt am Main: Harcourt Test Services.

Horch, K., Hardy, M., Jimenez, S. & Jabaley, M. (1992). An automated tactile tester for evaluation of cutaneous sensibility. *The Journal of hand surgery, 17,* 829–837.

Horner, M. D., Bedwell, J. S. & Duong, A. (2006). Abbreviated form of the Test of Memory Malingering. *International Journal of Neuroscience, 116,* 1181–1186.

Howe, L. L. S., Anderson, A. M., Kaufman, D. A. S., Sachs, B. C. & Loring, D. W. (2007). Characterization of the Medical Symptom Validity Test in evaluation of clinically referred memory disorder clinic patients. *Archives of Clinical Neuropsychology, 22,* 753–761.

Howe, L. L. S. & Loring, D. W. (2009). Classification accuracy and predictive ability of the Medical Symptom Validity Test's dementia profile and general memory impairment profile. *The Clinical Neuropsychologist, 23,* 329–342.

Hudak, P., Amadio, P. C., Bombardier, C. and the Upper Extremity Collaborative Group (1996). Development of an Upper Extremity Outcome Measure: The DASH (Disabilities of the Arm, Shoulder, and Hand). *American Journal of Industrial Medicine, 29,* 602–608.

Hurley, K. E. & Deal, W. S. (2006). Assessment instruments measuring malingering used with individuals who have mental retardation: potential problems and issues. *Mental Retardation, 44,* 112–119.

Inman, T. H. & Berry, D. T. R. (2002). Cross-validation of indicators of malingering. A comparison of nine neuropsychological tests, four tests of malingering, and behavioral observations. *Archives of Clinical Neuropsychology, 17,* 1–23.

Isernhagen, S. (1995). Contemporary issues in functional capacity evaluation. In S. Isernhagen (ed.), *The Comprehensive Guide to Work Injury Management* (pp. 410–429). Gaithersburg: Aspen Publishers.

Iverson, G. L., Le Page, J., Koehler, B. E., Shojania, K. & Badii, M. (2007). Test of Memory Malingering (TOMM) scores are not affected by chronic pain or depression in patients with fibromyalgia. *The Clinical Neuropsychologist, 21,* 532–546.

Iverson, G. L. (2003). Detecting malingering in civil forensic evaluations. In A. M. Horton & L. C. Hartlage (eds.), *Handbook of forensic neuropsychology* (pp. 137–177). New York: Springer.

Iverson, G. L. (2006). Ethical issues associated with the assessment of exaggeration, poor effort, and malingering. *Applied Neuropsychology, 13,* 77–90.

Jahn, T., Beitlich, D., Hepp, S., Knecht, R. Köhler, K., Ortner, C. Sperger, E. & Kerkhoff, G. (2013). Drei Sozialformeln zur Schätzung des (prämorbiden) Intelligenzquotienten nach Wechsler. *Zeitschrift für Neuropsychologie, 24,* 7–24.

Jahn, T., Ortner, C., Kerkhoff, G. & Reischies, F. M. (2008). Lector – Ein Lesetest zur prämorbiden Intelligenzschätzung. *Der Nervenarzt, 79* (Suppl.), 384.

Jastak, J. & Jastak, S. (1978). *The Wide Range Achievement Test.* Wilmington, DE: Jastak Associates.

Jastak, S. & Wilkinson, G. S. (1984). *WRAT-R: Wide Range Achievement Test administration manual.* Los Angeles: Western Psychological Services.

Jebsen, R. H., Taylor, N., Trieschmann, R. B., Trotter, M. H. & Howard, L. A. (1969). An objective and standardized test of hand function. *Archives of Physical Medicine and Rehabilitation, 50,* 311–319.

Jelicic, M., Merckelbach, H., Candel, I. & Geraerts, E. (2007). Detection of feigned cognitive dysfunction using special malinger tests: A simulation study in naive and coached malingerers. *International Journal of Neuroscience, 117,* 1185–1192.

John, E. & Crawford, D. M. (1981). *The Crawford Small Parts Dexterity Test manual revised.* London: Psychological Corporation.

Jonkisz, E., Moosbrugger, H., Brandt, H. (2012). Planung und Entwicklung von Tests und Fragebogen. In H. Moosbrugger & A. Kelava (Hrsg.), *Testtheorie und Fragebogenkonstruktion* (S. 27–74). Berlin: Springer.

Kaiser, H., Kersting, M., Schian, H. M., Jacobs, A. & Kasprowski, D. (2000). Der Stellenwert des EFL-Verfahrens nach Susan Isernhagen in der medizinischen und beruflichen Rehabilitation. *Die Rehabilitation, 39,* 297–306.

Kennedy, C. A., Beaton, D. E., Solway, S., McConnell, S. & Bombardier, C. (2011). Disabilities of the Arm, Shoulder and Hand (DASH). *The DASH and QuickDASH Outcome Measure User's Manual* (Third Edition). Toronto, Ontario: Institute for Work & Health.

Kildebro, N., Amirian, I., Gögenur, I. & Rosenberg, J. (2015). Test re-test reliability and construct validity of the star-track test of manual dexterity. *PeerJ, 3,* e917.

Kirkwood, M. W. & Kirk, J. W. (2010). The base rate of suboptimal effort in a pediatric mild TBI sample: Performance on the Medical Symptom Validity Test. *Journal of Clinical Neuropsychology, 24,* 860–872.

Kopp, B., Kunkel, A., Flor, H., Platz, T., Rose, U., Mauritz, K. H. & Taub, E. (1997). The Arm Motor Ability Test: reliability, validity, and sensitivity to change of an instrument for assessing disabilities in activities of daily living. *Archives of physical medicine and rehabilitation, 78,* 615–620.

Krebs, D. & Matschinger, H. (1993). *Richtungseffekte bei Itemformulierungen.* Mannheim: ZUMA.

Krull, K. R., Scott, J. G. & Sherer, M. (1995). Estimation of Premorbid Intelligence from Combined Performance and Demorgraphic Variables. *The Clinical neuropsychologist, 9,* 83–88.

Krupp, S., Kasper, J., Balck, F., Schnoor, M., Eisemann, N., Lohse, K. & Willkomm, M. (2015). „Timed up and go" für die Finger in Form des 20-Cents-Tests. *Zeitschrift für Gerontologie und Geriatrie, 48,* 121–127.

Lafayette Instrument Company (1985). *Instructions and Normative Data for Modell 31020 Purdue Pegboard.* Loughborough: Lafayette Instrument Company.

Lafayette Instrument Company (2002). *Grooved Pegboard Test, Modell 31025. User Instructions.* Loughborough: Loughborough: Lafayette Instrument Company.

Larrabee, G. J. (2005). A scientific approach to forensic neuropsychology. In G. J. Larrabee (ed.), *Forensic neuropsychology: A scientific approach* (pp. 3–28). Oxford: Oxford University Press.

Larrabee, G. J. (2007). Identification of malingering by pattern analysis on neuropsychological tests. In G. J. Larrabee (ed.), *Assessment of malingered neuropsychological deficits* (pp. 81–99). Oxford: Oxford University Press.

Larrabee, G. J., Greiffenstein, M. F., Greve, K. W. & Bianchini, K. J. (2007). Refining diagnostic criteria for malingering. In G. J. Larrabee (ed.), *Assessment of malingered neuropsychological deficits* (pp. 335–371). Oxford: Oxford University Press.

Larrabee, G. J., Millis, S. R. & Meyers, J. E. (2008). Sensitivity to brain dysfunction of the Halstead-Reitan vs an ability-focused neuropsychological battery. *The Clinical Neuropsychologist, 22,* 813–825.

Law, M., Baptiste, S., Carswell-Opzoomer, A., McColl, M. A., Polatajko, H. & Pollock, N. (1991). *Canadian Occupational Performance Measure.* Toronto, ON: CAOT Publications ACE.

Lees-Haley, P. R., English, L. T. & Glenn, W. J. (1991). A fake bad scale on the MMPI-2 for personal injury claimants. *Psychological Reports, 68* (1), 203–210.

Lehrl, S. (1999). *Mehrfachwahl-Wortschatz-Intelligenztest: MWT-B.* Balingen: Splitta.

Leplow, B., Dierks, C., Merten, T. & Hänsgen, K. (1997). Probleme des Geltungsbereiches deutschsprachiger Altgedächtnistests. *Zeitschrift für Neuropsychologie, 8,* 137–144.

Leplow, B. & Friege, L. (1998). Eine Sozialformel zur Schätzung der prämorbiden Intelligenz. *Zeitschrift für Klinische Psychologie, 27,* 1–8.

Lezak, M. D. (1995). *Neuropsychological Assessment* (3rd ed.). New York: Oxford.

Lezak, M. D., Howieson, D. B. & Loring, D. W. (2004). *Neuropsychological Assessment* (4th ed.). Oxford: Oxford University Press.

Lincoln, N. & Leadbitter, D. (1979). Assessment of motor function in stroke patients. *Physiotherapy, 65,* 48–51.

Lincoln, N. B., Jackson, J. M. & Adams, S. A. (1998). Reliability and revision of the Nottingham Sensory Assessment for stroke patients. *Physiotherapy, 84,* 358–365.

Loewer, H. D. & Ulrich, K. (1971). Eine Alternativ-Wahl-Form des Benton-Testes zur besseren Erfassung von Aggravation und Simulation. In E. Duhm (Hrsg.), *Praxis der Klinischen Psychologie* (Bd. 2, S. 63–75). Göttingen: Hogrefe.

Logan, D. E., Claar, R. L., Scharff, L. (2008). Social desirability response bias and self-report of psychological distress in pediatric chronic pain patients. *Pain, 136,* 366–72.

Lüllmann, H., Mohr, L., Wehling, M. & Hein, K. (2016). *Pharmakologie und Toxikologie.* Stuttgart: Thieme.

Lyle, R. C. (1981). A performance test for assessment of upper limb function in physical rehabilitation treatment and research.1981. *International Journal of Rehabilitation Research, 4,* 483–492.

Lynch, W. (2004). Determination of effort level, exaggeration, and malingering in neurocognitive assessment. *Journal of Head Trauma Rehabilitation, 19,* 277–283.

MacAllister, W. S., Nakhutina, L., Bender, H. A., Karantzoulis, S. & Carlson, C. (2009). Assessing effort during neuropsychological evaluation with the TOMM in children and adolescents with epilepsy. *Child Neuropsychology, 16,* 521–531.

Mannerfelt, L. (1966). Studies on the hand in ulnar nerve paralysis: a clinical-experimental investigation in normal and anomalous innervation. *Acta Orthopaedica Scandinavia, 37* (S87), 3–176.

Mannhaupt, H.-R. (1983). Produktionsnormen für verbale Reaktionen zu 40 geläufigen Kategorien. *Sprache und Kognition, 4,* 264–278.

Marquardt, C. & Mai, N. (1994). A computational procedure for movement analysis in handwriting. *Journal of Neuroscience Methods, 52,* 39–45.

Mathiowetz, V., Kashman, N., Volland, G., Weber, K., Dowe, M. & Rogers, S. (1985). Grip and pinch strength: normative data for adults. *Archives of Physical Medicine & Rehabilitation, 66,* 69–74.

Mathiowetz, V., Volland, G., Kashman, N. & Weber, K. (1985). Adult norms for the Box and Block Test of manual dexterity. *American Journal of Occupational Therapy, 39,* 386–391.

Mathiowetz, V., Weber, K., Kashman, N. & Volland, G. (1985). Adult Norms for the Nine Hole Peg Test of Finger Dexterity. *The Occupational Therapy Journal of Research, 5,* 24–33.

McKinzey, R. K. & Russell, R. K. (1997). Detection of malingering on the Halstead-Reitan battery: A cross validation. *Archives of Clinical Neuropsychology, 12,* 585–589.

Merten, T. (2003). Authentisch oder vorgetäuscht? Neuropsychologische Diagnostik bei Simulationsverdacht: die Testbatterie zur Forensischen Neuropsychologie. *Report Psychologie, 28,* 236–240.

Merten, T. (2004). Lässt sich suboptimales Leistungsverhalten messen? Diagnostik bei Simulationsverdacht. In W. Vollmoeller (Hrsg.), *Grenzwertige psychische Störungen. Diagnostik und Therapie in Schwellenbereichen* (S. 93–100). Stuttgart: Thieme.

Merten, T. (2005). Der Stellenwert der Symptomvalidierung in der neuropsychologischen Begutachtung: eine Positionsbestimmung. *Zeitschrift für Neuropsychologie, 16,* 29–45.

Merten, T. (2010). Diagnostik bei Verdacht auf negative Antwortverzerrungen bei geltend gemachten kognitiven Störungen – Herr K., 56 Jahre. In K. D. Kubinger & T. M. Ortner (Hrsg.), *Psychologische Diagnostik in Fallbeispielen* (S. 515–529). Göttingen: Hogrefe.

Merten, T. (2011). Beschwerdenvalidierung bei der Begutachtung kognitiver und psychischer Störungen. *Fortschritte der Neurologie Psychiatrie, 79,* 102–116.

Merten, T., Blaskewitz, N. & Stevens, A. (2007). Kann suboptimale Testmotivation mit dem Aufmerksamkeits-Belastungs-Test (Test d2) erkannt werden? *Aktuelle Neurologie, 34,* 134–139.

Merten, T., Bossink, L. & Schmand, B. (2007). On the limits of effort testing: Symptom validity tests and severity of neurocognitive symptoms in nonlitigant patients. *Journal of Clinical and Experimental Neuropsychology, 29,* 308–318.

Merten, T. & Dettenborn, H. (Hrsg.). (2009). *Diagnostik der Beschwerdenvalidität.* Berlin: Deutscher Psychologen Verlag.

Merten, T., Friedel, E., Mehren, G. & Stevens, A. (2007). Über die Validität von Persönlichkeitsprofilen in der nervenärztlichen Begutachtung. *Nervenarzt, 78,* 511–520.

Merten, T., Green, P., Henry, M., Blaskewitz, N. & Brockhaus, R. (2005). Analog validation of German-language symptom validity tests and the influence of coaching. *Archives of Clinical Neuropsychology, 20,* 719–726.

Merten, T., Henry, M. & Hilsabeck, R. (2004). Symptomvalidierungstests in der neuropsychologischen Diagnostik: eine Analogstudie. *Zeitschrift für Neuropsychologie, 15,* 81–90.

Merten, T., Krahl, G., Krahl, C. & Freytag, H. W. (2010). Prävalenz negativer Antwortverzerrungen in der berufsgenossenschaftlichen Begutachtung. *Versicherungsmedizin, 62,* 126–131.

Merten, T., Lorenz, R. & Schlatow, S. (2010). Posttraumatic stress disorder can easily be faked, but faking can be detected in most cases. *The German Journal of Psychiatry, 13,* 140–149.

Merten, T. & Merckelbach, H. (2013). Symptom validity testing in somatoform and dissociative disorders: A critical review. *Psychological Injury and Law, 6,* 122–137.

Merten, T. & Puhlmann, H.-U. (2004). Symptomvalidierungstestung (SVT) bei Verdacht auf eine Simulation oder Aggravation neurokognitiver Störungen: ein Fallbericht. *Versicherungsmedizin, 56,* 67–71.

Merten, T., Thies, E., Schneider, K. & Stevens, A. (2009). Symptom validity testing in claimants with alleged posttraumatic stress disorder: Comparing the Morel Emotional Numbing Test, the Structured Inventory of Malingered Symptomatology, and the Word Memory Test. *Psychological Injury and Law, 2,* 284–293.

Messer, J. M. & Fremouw, W. J. (2007). Detecting malingered posttraumatic stress disorder using the Morel Emotional Numbing Test-Revised (MENT-R) and the Miller Forensic Assessment of Symptoms Test (M-FAST). *Journal of Forensic Psychology Practice, 7,* 33–57.

Meyers, J. E. & Meyers, K. R. (1995). *Rey Complex Figure Test and Recognition Trial. Professional Manual.* Lutz, FL: Psychological Assessment Resources.

Meyers, J. E., Millis, S. R. & Volkert, K. (2002). A validity index for the MMPI-2. *Archives of Clinical Neuropsychology,* 157–169.

Miller, E. (1986). Detecting hysterical sensory symptoms: An elaboration of the forced choice technique. *British Journal of Clinical Psychology, 25,* 231–232.

Miller, H. A. (2001). *Miller-Forensic Assessment of Symptoms Test.* Professional manual. Odessa, FL: Psychological Assessment Resources.

Miller, L. S., Boyd, M. & Cohn, A. (2006). Prevalence of sub-optimal effort in disability applicants [Abstract]. *Journal of the International Neuropsychological Society, 12* (S1), 159.

Minkwitz, K. (2000). Allensbacher Feinmotoriktest (AFM-Test). *Ergotherapie & Rehabilitation, 1,* 19–22.

Minshew, N. J. & Hobson, J. A. (2008). Sensory sensitivities and performance on sensory perceptual tasks in high-functioning individuals with autism. *Journal of autism and developmental disorders, 38,* 1485–1498.

Mittenberg, W., Patton, C., Canyock, E. M. & Condit, D. C. (2002). Base rates of malingering and symptom exaggeration. *Journal of Clinical and Experimental Neuropsychology, 24,* 1094–1102.

Mittenberg, W., Rotholc, A., Russell, E. & Heilbronner, R. (1996). Identification of malingered head injury on the Halstead-Reitan Battery. *Archives of Clinical Neuropsychology, 112,* 71–281.

Moberg, E. (1958). Objective methods for determining the functional value of sensibility in the hand. *Journal of Bone & Joint Surgery, British Volume, 40,* 454–476.

Morel, K. R. (1998a). *MENT – Manual for the Morel Emotional Numbing Test for postraumatic stress disorder.*

Morel, K. R. (1998b). Development and preliminary validation of a forced-choice test of response bias for posttraumatic stress disorder. *Journal of Personality Assessment, 70,* 299–314.

Morel, K. R. (2008). Comparison of the Morel Emotional Numbing Test for posttraumatic stress disorder to the Word Memory Test in neuropsychological evaluations. *The Clinical Neuropsychologist, 22,* 350–362.

Morel, K. R. (2010). *MENT – Manual for the Morel Emotional Numbing Test for postraumatic stress disorder* (2nd edition, 4th edition 2016). www.mentptsd.com

Morel, K. R. & Marshman, K. C. (2008). Critiquing symptom validity tests for posttraumatic stress disorder: A modification of Hartman's criteria. *Journal of Anxiety Disorders, 22,* 1542–1550.

Morel, K. R. & Shepherd, B. E. (2008a). Meta-analysis of the Morel Emotional Numbing Test for PTSD: Comment on Singh, Avasthi, and Grover. *German Journal of Psychiatry, 11,* 128–131.

Morel, K. R. & Shepherd, B. E. (2008b). Developing a symptom validity test for posttraumtic stress disorder: Application of the binominal distribution. *Journal of Anxiety Disorders, 22,* 1297–1302.

Morey, L. C. (1996). *An interpretive guide to the Personality Assessment Inventory (PAI).* Odessa, FL: Psychological Assessment Resources.

Mossman, D. (2003). Daubert, cognitive malingering, and test accuracy. *Law and Human Behavior, 27,* 229–249.

Musch, J., Brockhaus, R. & Bröder, A. (2002). Ein Inventar zur Erfassung von zwei Faktoren sozialer Erwünschtheit. *Diagnostica, 48,* 121–129.

Nitzbon (2013). WorkPark – Medizinisch-berufliche Rehabilitation. *ergopraxis, 6* (10), 42.

Neidhart, B. (1993). *Allensbacher Feinmotoriktest.* Konstanz: Eigenverlag.

Nelson, H. E. (1982). *National Adult Reading test (NART): Test Manual.* Windsor, UK: NFER Nelson.

Nelson, H. E. & McKenna, S. (1975). The use of current reading ability in the assessment of dementia. *British Journal of Social and Clinical Psychology, 4,* 234–244.

Nelson, H. E. & O'Connell, A. (1978). Dementia: The estimation of premorbid intelligence levels using the new adult reading test. *Cortex, 14,* 234–244.

Nelson, H. E. & Willison, J. (1991). *National Adult Reading Test (NART): Test manual* (2nd ed.). Windsor, UK: NFER Nelson.

Nelson, N. W., Hoelze, J. B., Sweet, J. J., Arbisi, S. A., Demakis, G. J. (2010). Updated meta-analysis of the MMPI-2 Symptom Validity Sclae (FBS): Verified utility in forensic practice. *Clinical Neuropsychologist, 24,* 701–724.

Nelson, N. W., Sweet, J. J., Berry, D. T. R., Bryant, F. B. & Granacher, R. S. (2007). Response validity in forensic neuropsychology: Exploratory factor analytic evidence of distinct cognitive and psychological constructs. *Journal of the International Neuropsychology Society, 13,* 440–449.

Nelson, N. W., Sweet, J. J. & Demakis, G. J. (2006). Meta-analysis of the MMPI-2 Fake Bad Scale: Utility in forensic practice. *The Clinical Neuropsychologist, 20,* 39–58.

Neuwirth, W. & Benesch, M. (2004). *Motorische Leistungsserie – MLS,* Version 24.00. Handanweisung. Mödling: Schuhfried GmbH.

Nichols, D. S. & Greene, F. L. (1991). *New measures for dissimulation on the MMPI/MMPI-2.* Paper presented at the 26th Annual Symposium on Recent Developments in the Use of the MMPI. St. Petersburg Beach, Fl.

Nowak, D. A. & Hermsdörfer, J. (2004). Die Analyse der Griffkraft bei der Manipulation von Objekten. *Nervenarzt, 75,* 725–733.

Oldfield, R. C. (1971). The assessment and analysis of handedness: The Edinburgh inventory. *Neuropsychologia, 9,* 97–113.

Osborne, R. T. & Sanders, W. B. (1956). The Crawford Small Parts Dexterity Test as a Time-Limit Test. *Personnel Psychology, 9,* 177–180.

Oswald, W. D. & Fleischmann, U. M. (1999). *Nürnberger Altersinventar (NAI). Testinventar, NAI-Testmanual und Textband* (4. unveränderte Auflage). Göttingen: Hogrefe.

Oswald, W. D. & Roth, E. (1987). *Zahlen-Verbindungs-Test (ZVT)* (2., überarbeitete und erweiterte Auflage). Göttingen: Hogrefe.

Pankratz, L. (1983). A new technique for the assessment and modification of feigned memory deficit. *Perceptual and Motor Skills, 57,* 367–372.

Paul, D. S., Franzen, M. D., Cohen, S. H. & Fremouw, W. (1992). An investigation into the reliability and validity of two tests used in the detection of dissimulation. *International Journal of Clinical Neuropsychology, 14,* 1–9.

Paulhus, D. L. (1998). *Paulhus Deception Scales (PDS): Manual for The Balanced Inventory of Desirable Responding (BIDR). Version 7.* North Tonawanda, NY: Multi-Health Systems.

Pawlik, K. (2006). Psychologische Diagnostik I: Methodische Grundlagen. In K. Pawlik (Hrsg.), *Handbuch Psychologie. Wissenschaft – Anwendung – Berufsfelder* (S. 563–580). Heidelberg: Springer.

Petermann, F., Waldmann, H.-C., Daseking, M. & Werpup, L. (2013). *Frostigs Entwicklungstest der visuellen Wahrnehmung – Jugendliche und Erwachsene (FEW-JE). Deutsche Bearbeitung des Developmental Test of Visual Perception – Adolescent and Adult (DTVP-A) von Reynolds, C. R., Pearson, N. A. & Voress, J. K.* Göttingen: Hogrefe.

Phillip, J. (1999). *Ein Meßsystem zur Untersuchung der Feinmotorik beim Greifen und Bewegen von Gegenständen.* Dissertation, Ludwig-Maximilians-Universität München.

Philpott, L. M. & Boone, K. B. (1994). *The effects of cognitive impairment and age on two malingering tests: An investigation of the Rey Memory Test and Rey Dot Counting Test in Alzheimer's patients and normal middle aged/ older adults.* Paper presented at to the International Neuropsychological Society, Cincinnati, Ohio.

Platz, T. & Pinkowski, C., van Wijck, F. & Johnson, G. (2005). *Arm Rehabilitation Measurement.* Baden-Baden: Deutscher Wissenschafts-Verlag.

Podsakoff, S. M., MacKenzie, S. B., Lee, J.-Y. & Podsakoff, N. S. (2003). Common method biases in behavioral research: A critical review of the literature and recommended remidies. *Journal of Applied Psychology, 88,* 879–903.

Powell, B. D., Brossart, D. F. & Reynolds, C. R. (2003). Evaluation of accuracy of two regression-based methods for estimating premorbid IQ. *Archives of General Neuropsychology, 18,* 277–292.

Rees, L. M., Tombaugh, T. N., Gansler, D. A. & Moczynski, N. S. (1998). Five validation experiments of the Test of Memory Malingering (TOMM). *Psycholocical Assessment, 10,* 10–20.

Reischies, F. M., Wertenauer, F. & Kühl, K.-S. (2005). Der „Lector" – ein Untersuchungsverfahren zur Bestimmung des verbalen Intelligenzniveaus. *Der Nervenarzt, 76,* 849–855.

Reitan, R. & Wolfson, D. (1985). *Halstead-Reitan neuropsychological test battery: Theory and clinical interpretation.* Tucson, AZ: Neuropsychology Press.

Reitan, R. M. (1992). *Trail Making Test. Manual for administration and scoring.* South Tucson, AZ: Reitan Neuropsychology Laboratory.

Reitan, R. M. (1992). *Trail Making Test.* Tucson, AZ: Reitan Neuropsychology Laboratory.

Rey, A. (1958). *L'examen clinique en psychologie.* Paris: Presses Universitaires de France.

Reynolds, C. R (1997). Postscripts on Premorbid Ability Estimation: Conceptual Addenda and a Few Words on Alternative and Conditional Approaches. *Archives of Clinical Neuropsychology, 12* (8), 769–778.

Reynolds, C. R. & Gutkin, T. B. (1979). Predicting the premorbid intellectual status of children using demographic data. *Clinical Neuropsychologist, 1,* 36–38.

Reynolds, C. R. Pearson, N. A. & Voress, J. K. (2002). *Developmental Test of Visual Perception – Adolescent and Adult (DTVP-A).* Austin, Texas: Pro-ed.

Reznek, L. (2005). The Rey 15-item memory test for malingering: A meta-analysis. *Brain Injury, 19,* 539–543.

Richman, J., Green, S., Gervais, R., Flaro, L., Merten, T., Brockhaus, R. & Ranks, D. (2006). Objective tests of symptom exaggeration in independent medical examinations. *Journal of Occupational and Environmental Medicine, 48,* 303–311.

Riederer, S. F. & Laux, G. (2010). *Grundlagen der Neuro-Psychopharmakologie: Ein Therapiehandbuch.* Berlin: Springer.

Rienstra, A., Spaan, S. E. J. & Schmand, B. (2010). Validation of symptom validity tests using a „childmodel" of adult cognitive impairments. *Archives of Clinical Neuropsychology, 25,* 371–382.

Rockstroh, S. (2002). *Grundlagen der Neuropsychopharmakologie.* Bern: Huber.

Rogers, R. (1990). Models of feigned mental illness. *Professional Psychology: Research and Practice, 21,* 182–188.

Rogers, R. (2008). Researching response styles. In R. Rogers (ed.), *Clinical assessment of malingering and deception.* Third edition (pp. 411–434). New York: Guilford.

Rogers, R. & Bender, D. (2003). Evaluation of malingering and deception. In A. Goldstein & I. B. Weiner (Eds.), *Handbook of Psychology. Vol. 11: Forensic Psychology* (pp. 109–132). New Jersey: John Wiley and Sons Inc.

Rogers, R., Sewell, K. W. & Gillard, N. D. (2010). *Structured Interview of Reported Symptoms,* 2nd edition (SIRS-2). Professional Manual. Lutz, FL: Psychological Assessment Resources.

Rogers, R., Sewell, K. W. & Goldstein, A. M. (1994). Explanatory models of malingering: A prototypical analysis. *Law and Human Behavior, 18,* 543–552.

Rogers, R., Sewell, K. W., Morey, L. C. & Ustad, K. L. (1996). Detection of feigned mental disorders on the Personality Assessment Inventory: A discriminant analysis. *Journal of Personality Assessment, 67,* 629–640.

Rosen, B. & Lundborg, G. (1998). A new tactile gnosis instrument in sensibility testing. *Journal of Hand Therapy, 11,* 251–257.

Rösler, M., Retz-Junginger, P., Retz, W. & Stieglitz, R. D. (2008). *HASE – Homburger ADHS-Skalen für Erwachsene.* Göttingen: Hogrefe.

Rubenzer, S. (2009). Posttraumatic stress disorder: Assessing response style and malingering. *Psychological Injury and Law, 2,* 114–142.

Rudman, N., Oyebode, J. R., Jones, C. A. & Bentham, S. (2011). An investigation into the validity of effort tests in a working age dementia population. *Aging & Mental Health, 15,* 47–57.

Sattler, B. (2008). *S-MH® Beobachtungs- und Anamnesebogen zur Abklärung der Händigkeit nach Methodik Dr. Johanna Barbara Sattler,* München, Stand: April 2008 Download:

Sattler, J. B. (2002). *Fragebogen zur Bestimmung der Händigkeit.* Verfügbar unter: www.eduhi.at/dl/Barbara_Sattler.pdf (Zugriff: September 2015)

Schädler, S., Kool, J., Lüthi, H., Marks, D., Oesch, P., Pfeffer, A. & Wirz, M. (2006). *Assessments in der Neurorehabilitation.* Bern: Huber.

Schagen, S., Schmand, B., de Sterke, S. & Lindeboom, J. (1997). Amsterdam Short-Term Memory test: A new procedure for the detection of feigned memory deficits. *Journal of Clinical and Experimental Neuropsychology, 19,* 43–51.

Schinka, J. A. & Vanderploeg, R. D. (2000). Estimating premorbid level of functioning. In R. D. Vanderploeg (ed.), *Clinicians guide to neuropsychological assessment* (2nd ed., pp. 37–63). Mahwah, N. J.: Lawrence Erlbaum Associates, Inc.

Schmand, B. & Lindeboom, J. (2005). *The Amsterdam Short-Term Memory Test – Amsterdamer Kurzzeitgedächtnistest. Manual – Handanweisung.* Leiden, NL: PITS.

Schmand, B., Lindeboom, J., Schagen, S., Heijt, R., Koene, T. & Hamburger, H. L. (1998). Cognitive complaints in patients after whiplash injury: The impact of malingering. *Journal of Neuroloy, Neurosurgery, and Psychiatry, 64,* 339–343.

Schmidt, H. (1981). *Mehrdimensionaler Persönlichkeitstest für Erwachsene (MPT-E). Handanweisung.* Braunschweig: Westermann.

Schmidt, K.-H. & Metzler, S. (1992). *Wortschatztest*. Weinheim: Beltz Tests.

Schmidt-Atzert, L., Bühner, M., Rischen, S. & Warkentin, V. (2004). Erkennen von Simulation und Dissimulation im Test d2. *Diagnostica, 50,* 124–133.

Schneewind, K.A. & Graf, J. (1998). *Der 16 Persönlichkeits-Faktoren-Test. Revidierte Fassung (16 PF-R)*. Bern: Huber.

Schoenberg, M.R., Duff, K., Dorfman, K. & Adams, R.L. (2004). Differential estimation of Verbal Intelligence and Performance Intelligence Scored from Combined Performance and Demographic Variables: The OPIE-3 Verbal and Performance Algorithms. *The Clinical Neuropsychologist, 18,* 266–276.

Schoenberg, M.R., Duff, K., Scott, J.G. & Adams, R.L. (2003). An evaluation of the Clinical Utility of the OPIE-3 as an Estimate of Premorbid WAIS-III FSIQ. *The Clinical Neuropsychologist, 17,* 308–321.

Schoenberg, M.R., Lange, R.T., Brickell, T.A., Saklofske, D.H. (2007). Estimating Premorbid General Cognitive Functioning for Children and Adolescents Using the American Wechsler Intelligence Scale for Children – Fourth Edition: Demographic and Current Performance Approaches. *Journal of Child Neurology, 22,* 379–388.

Schoenberg, M.R., Lange, R.T., Iverson, G.L., Chelune, G.J., Scott, J.G. & Adams, R.L (2006). Clinical validation of the General Ability index – Estimate (GAI-E): Estimating premorbid GAI. *The Clinical Neuropsychologist, 20,* 365–381.

Schoenberg, M.R., Lange, R.T., Saklofske, D.H., Suarez, M. & Brickell, T.A. (2008). Validation of the Child Premorbid Intelligence Estimate method to predict premorbid Wechsler Intelligence Scale for Children-Full Scale IQ among children with brain injury. *Psychological assessment, 20* (4), 377–384.

Schoenberg, M.R., Scott, J.G., Duff, K. & Adams, R.L. (2002). Estimation of WAIS-III intelligence from combined performance and demographic variables: Development of the OPIE-3. *The Clinical Neuropsychologist, 16,* 426–437.

Schoppe, K.J. (1974). Das MLS-Gerät: ein neuer Testapparat zur Messung feinmotorischer Leistungen. *Diagnostica, 20,* S. 43–47.

Schretlen, D., Brandt, J., Krafft, L. & van Gorp, W. (1991). Some caveats using the Rey 15-Item Memory Test to detect malingered amnesia. *Psychological Assessment, 3,* 667–672.

Schuhfried, G. (1994). *Zweihand Koordination (2HAND)*. Mödling: SCHUFRIED GmbH.

Sherman, D.S., Boone, K.B., Lu, S. & Razani, J. (2002). Re-examination of a Rey Auditory Learning Test/Rey Complex Figure discriminant function to detect suspect effort. *The Clinical Neuropsychologist, 16,* 242–250.

Singhal, A., Green, P., Ashaye, K., Shankar, K. & Gill, D. (2009). High specificity of the Medical Symptom Validity Test in patients with very severe memory impairment. *Archives of Clinical Neuropsychology, 24,* 721–728.

Slick, D.J., Sherman, E.M. & Iverson, G.L. (1999). Diagnostic criteria for malingered neurocognitive dysfunction: proposed standards for clinical practice and research. *The Clinical Neuropsychologist, 13,* 545–561.

Sollerman, C. & Ejeskar, A. (1995). Sollerman hand function test. A standardised method and its use in tetraplegic patients. *Scandinavian Journal of Plastic and Reconstructive Surgery and Hand Surgery, 29,* 167–176.

Sollman, M.J., Ranseen, J.D. & Berry, D.T.R. (2010). Detection of feigned ADHD in college students. *Psychological Assessment, 22,* 325–335.

Spicher, B. & Hänsgen, K.D. (2003). *Test zur Erfassung verkehrsrelevanter Persönlichkeitsmerkmale (TVP)*. Bern: Verlag Hans Huber.

Spiegel, R. (2012). Psychopharmakotherapie. In M. Perrez & U. Baumann (Hrsg.), *Lehrbuch Klinische Psychologie-Psychotherapie*. Bern: Huber.

Spinks, R., McKrigan, L.W., Arndt, St., Caspers, K., Yucus, R. & Pfalzgraf, C.J. (2009). IQ estimate smackdown: Comparing IQ proxy measures to the WAIS-III. *Journal of the International Neuropsychological Society, 15,* 590–596.

Stafford, L., Jackson, H. J. & Berk, M. (2008). Illness beliefs about heart disease and adherence to secondary prevention regimens. *Psychosomatic Medicine, 70* (8), 942–948.

Steck, S., Reuter, B., Meir-Korrell, S. & Schönle, S. (2000). Zur Simulierbarkeit von neuropsychologischen Defiziten bei Reaktions- und bei Intelligenztests. *Zeitschrift für Neuropsychologie, 11,* 128–140.

Stöber, J. (1999). Die Soziale-Erwünschtheits-Skala-17 (SES-17): Entwicklung und erste Befunde zu Reliabilität und Validität. *Diagnostica, 45,* 173–177.

Strauss, E., Sherman, E. M. S. & Spreen, O. A. (2006). *A Compendium of Neuropsychological Tests: Administration, Norms, and Commentary* (3rd ed.). New York: Oxford University Press.

Strobach, C. (2007). *Sozialformel zur Schätzung der prämorbiden Intelligenz für die Neuen Bundesländer.* Unveröffentlichte Diplomarbeit, Halle-Wittenberg: Martin-Luther-Universität.

Stromberg, E. L. (1985). *Stromberg Dexterity Test.* Oxford: The Psychological Corporation.

Stulemeijer, M., Andriessen, T. M., Brauer, J. M., Vos, S. E. & van Der Werf, S. (2007). Cognitive performance after mild traumatic brain injury: the impact of poor effort on test results and its relation to distress, personality and litigation. *Brain injury, 21,* 309–318.

Stumpf, H., Angleitner, A., Wieck, T., Jackson, D. N. & Beloch-Till, H. (1985). *Deutsche Personality Research Form (PRF).* Göttingen: Hogrefe.

Sturm, W. & Büssing, A. (1985). Ergänzende Normierungsdaten und Retest-Reliabilitätskoeffizienten zur Motorischen Leistungsserie (MLS) nach Schoppe. *Diagnostica, 3,* 234–245.

Suhr, J., Gunstadt, J., Greub, B. & Barrash, J. (2004). Exaggeration Index for an expanded version of the Auditory Verbal Learning Test: Robustness to coaching. *Journal of Clinical and Experimental Neuropsychology, 26,* 416–427.

Suhr, J., Tranel, D., Wefel, J. & Barrash, J. (1997). Memory performance after head injury: Contributions of malingering, litigation status, psychological factors, and medication use. *Journal of Clinical and Experimental Neuropsychology, 19,* 500–514.

Suhr, J. A. & Gunstad, J. (2007). Coaching and malingering: A review. In G. J. Larabee (ed.), *Malingered neuropsychological deficits* (pp. 287–311). Oxford: Oxford University Press.

Sullivan, B. K., May, K. & Galbally, L. (2007). Symptom exaggeration by college adults in attention-deficit hyperactivity disorder and learning disorder assessments. *Applied Neuropsychology, 14,* 189–207.

Tassler, P. L. & Dellon, A. L. (1995). Correlation of measurements of pressure perception using the pressure-specified sensory device with electrodiagnostic testing. *Journal of Occupational and Environmental Medicine, 37,* 862–868.

Teichner, G. & Wagner, M. T. (2004). The Test of Memory Malingering (TOMM): Normative data from cognitively intact, cognitively impaired and elderly patients with dementia. *Archives of Clinical neuropsychology, 19,* 455–464.

Tewes, U. (1994). *HAWIE-R: Hamburg Wechsler-Intelligenztest für Erwachsene.* Bern: Huber.

Thies, E. (2012). *Der deutsche MMPI-2: Effektivität der Validitätsskalen in der Aufdeckung von Antwortverzerrung.* Marburg: Tectum.

Tobler-Ammann, B. (2015). Der „Virtuelle Peg Insertions-Test" (VPIT). Ein neues Assessment zur Prüfung der Geschicklichkeit der oberen Extremität nach Schlaganfall. *Ergotherapie, 12/15,* 6–12.

Tobler-Ammann, B. C., de Bruin, E. D., Fluet, M. C., Lambercy, O., de Bie, R. A. & Knols, R. H. (2016). Concurrent validity and test-retest reliability of the Virtual Peg Insertion Test to quantify upper limb function in patients with chronic stroke. *Journal of NeuroEngineering & Rehabilitation, 13,* 8.

Tombaugh, T. N. (1996). *Test of Memory Malingering (TOMM).* North Tonawanda, NY: Multi-Health Systems.

Trueblood, W. (1994). Qualitative and quantitative characteristics of malingered and other invalid WAIS-R and clinical memory data. *Journal of Clinical and Experimental Neuropsychology, 16,* 597–607.

Uttl, B. (2002). *The North American Adult Reading Test: Age Norm, Reliability and Validity, Journal of Clinical and Experimental Neuropsychology, 24,* 1123–1137.

Valero-Cuevas, F. J., Smaby, N., Venkadesan, M., Peterson, M. & Wright, T. (2003). The strength-dexterity test as a measure of dynamic pinch performance. *Journal of Biomechanics, 36,* 265–270.

Van Gorp, W. G., Humphrey, L. A., Kalechstein, A., Brumm, V. L., McMullen, W. J ., Stoddard, M. & Pachana, N. A. (1999). How well do standard clinical neuropsychological tests identify malingering? A preliminary analysis. *Journal of Clinical and Experimental Neuropsychology, 21,* 245–250.

Van Hout, M. S. E., Schmand, B., Wekking, E. M., Hagemann, G. & Deelman, B. G. (2003). Suboptimal performance on neuropsychological tests in patients with suspected chronic toxic encephalopathy. *NeuroToxicology, 24,* 547–551.

Vanderploeg, R. D. & Schinka, J. A (1995). Predicting WAIS-R IQ premorbid ability: Combing subtests performance and demographic variables predictors. *Archives of Clinical Neuropsychology, 10,* 225–239.

Vanderploeg, R. D., Schinka, J. A. & Axelrod, B. N. (1996). Estimating of WAIS-R Premorbid Intelligence: Current Ability and Demographic Data used in a Best-Performance Fashion. *Psychological Assessment, 8,* 404–411.

Wager, J. G. & Howe, L. S. (2010). Nonverbal Medical Symptom Validity Test: Try faking now! *Applied Neuropsychology, 17,* 305–309.

Walters, G. D., Berry, D. T. R., Rogers, R., Payne, J. W. & Granacher, R. S. (2009). Feigned neurocognitive deficit: Taxon or dimension? *Journal of Clinical and Experimental Neuropsychology, 31,* 584–593.

Ward, M. F., Wender, S. H. & Reimherr, F. W. (1993). The Wender Utah Rating Scale: an aid in the retrospective diagnosis of childhood attention deficit hyperactivity disorder. *American Journal of Psychiatry, 150,* 885–890.

Warrington, E. K. (1984). *Recognition Memory Test.* Windsor: NFER-Nelson.

Weinborn, M., Woods, S. P. & Fox, A. (2008). *A validation of the Verbal and Nonverbal Medical Symptom Validity Tests using a simulation design.* Poster presented at the meeting of the International Neuropsychological Society, Buenos Aires, Argentina.

Weinert, A. B. (1982). *Deutscher CPI (California Personality Inventory von H. G. Gough).* Bern: Huber.

Weinstein, S. (1993). Fifty years of somatosensory research: from the Semmes-Weinstein monofilaments to the Weinstein Enhanced Sensory Test. *Journal of Hand Therapy, 6,* 11–22.

Weiß, R. H. (1987). *Wortschatztest (WS) und Zahlenfolgetest (ZS). Ergänzungstests zum Grundintelligenztest CFT 290.* Göttingen: Hogrefe.

Whitney, K. A., Hook, J. N., Steiner, A. R., Shepard, S. H. & Callaway, S. (2008). Is the Rey 15-item memory test (Rey II) a valid symptom validity test? Comparison with the TOMM. *Applied Neuropsychology, 15,* 287–292.

Widder, B. (2011). Beurteilung der Beschwerdenvalidität. In B. Widder & S. Gaidzik (Hrsg.), *Begutachtung in der Neurologie* (2. Auflage, S. 64–92). Stuttgart: Thieme.

Widows, M. R. & Smith, G. P. (2005). *Structured Inventory of Malingered Symptomatology. Professional Manual.* Odessa, FL: Psychological Assessment Resources (PAR).

Wiener, D. N. (1948). Subtle and obvious keys for the MMPI. *Journal of Consulting Psychology, 12,* 164–170.

Wiens, A. N., Bryan, J. E. & Crossen, J. R. (1993). Estimating WAIS-R FSIQ from the national Adult Reading Test-Revises in Normal Subjects. *The Clinical Neuropsychologist, 7,* 70–84.

Wiggins, J. S. (1959). Interrelations among the MMPI measures of Dissimulation under standard and social desirability instructions. *Journal of Consulting Psychology, 23,* 419–427.

Wildman, R. W. & Wildman, R. W. II (1999). The detection of malingering. *Psychological Reports, 84,* 386–388.

Wilkinson, G. S. (1993). *The Wide Range Achievemant Test 3.* Wilmington, DE: Wide Range Inc.

Wilson, R. S., Rosenbaum, G., Brown, G., Rourke, D. Whitman, D. & Grisell, J. (1978). An index of premorbid intelligence. *Journal of Consulting and Clinical Psychology, 46,* 1554–1555.

Winkler, N., Kroh, M. & Spiess, M. (2006). *Entwicklung einer deutschen Kurzskala zur zweidimensionalen Messung von sozialer Erwünschtheit.* Berlin: DIW Berlin.

Winward, C. E., Halligan, P. W. & Wade, D. T. (2002). The Rivermead Assessment of Somatosensory Performance (RASP): standardization and reliability data. *Clinical Rehabilitation, 16,* 523–533.

Wolf, S. L., Lecraw, D. E., Barton, L. A. & Jann, B. B. (1989). Forced use of hemiplegic upper extremities to reverse the effect of learned nonuse among chronic stroke and head-injured patients. *Experimental Neurology, 104,* 125–132.

Wolfram, H. & Wieczorek, V. (1990). Zur Messung des prämorbiden Leistungsniveaus. *Der Nervenarzt, 61,* 495–498.

Yancosek, K. E. & Howell, D. (2009). A narrative review of dexterity assessments. *Journal of Hand Therapy, 22* (3), 258–270.

Zaworka, W., Hand, I., Jauernig, G. & Lünenschloß, K. (1983). *Hamburger Zwangsinventar. Fragebogen zur Erfassung von Zwangsgedanken und Zwangsverhalten (HZI). Manual.* Göttingen: Beltz Test GmbH.

Teil III

Medikamentöse Einflüsse auf neuropsychologische Funktionen

4 Medikamentöse Einflüsse auf neuropsychologische Funktionen

Sybille Rockstroh

4.1 Grundlagen

Psychotrope Substanzen werden bei der Medikamentenentwicklung *nicht* auf kognitive oder emotionale Nebenwirkungen geprüft. Spezifische psychische Nebenwirkungen können daher nicht angegeben werden. In der Roten Liste wird der Warnhinweis *Reaktionsvermögen* gegeben. Das Reaktionsvermögen wurde jedoch nicht geprüft.

4.1.1 Definition psychotrope Substanzen

Psychopharmaka sind Medikamente mit einem kurz- oder langfristigen Effekt auf die Psyche. Der psychotrope Effekt ist die Hauptwirkung der Substanz. Er ist von therapeutischem Nutzen im Gegensatz zur „Droge".

Neuropharmaka sind zentralnervös wirksame Medikamente zur Behandlung von neurologischen Erkrankungen. Sie können psychische Nebenwirkungen haben.

Sekundär psychotrope Substanzen sind Medikamente mit extrazerebralem Zielorgan. Sie haben psychische Nebenwirkungen.

Drogen/missbrauchte Substanzen haben eine psychotrope Hauptwirkung jedoch keinen therapeutischen Nutzen. Sie werden zur Verbesserung des Befindens konsumiert.

Tabelle 4.1: Psychopharmaka und sekundär psychotrope Substanzen

Psychopharmaka	Sekundär psychotrope Substanzen (unvollständig)
– Antidepressiva – Antipsychotika – Anxiolytika/Hypnotika – Antidementiva – Stimulantien	– Appetitzügler (Norpseudoephedrin) – Analgetika (Fentanyl, Morphin) – Antiarrhythmika – Antiemetika (Ondansetron) – Antihypertonika (Clonidin) – Antirheumatika – Antitussiva (Codein) – Kardiaka (Metoprolol) – Magen-Darm-Mittel (Scopolamin) – Migränemittel (Sumatriptan) – Urologika (Yohimbin) – Zytostatika

4.1.2 Wo wirken psychotrope Substanzen?

Alle psychotropen Substanzen wirken über Veränderungen von Prozessen an den Neurotransmittersystemen. Die psychotrope Nebenwirkung kann bei den sekundär psychotropen Substanzen auch indirekt z. B. über Senkung des Blutdrucks verursacht werden. Die Angriffsorte von Substanzen mit psychotroper Haupt- oder Nebenwirkung sind in Tabelle 4.2 angegeben.

Tabelle 4.2: Psychotrope Substanzen und ihre Angriffsorte am Neuron

Neuro-transmitter	Rezeptor	Wirkmechanismus	Psychopharmaka/ Neuropharmaka	Missbrauchte Substanz/Droge
GABA	$GABA_A$	Agonismus	Hypnotika	Alkohol
	$GABA_B$		Anxiolytika	
			Antiepileptika	
Glutamat	NMDA	Antagonismus	Antiepileptika	Phencyclidin
	AMPA			
	mGluR			
Noradrenalin	α_1, α_2, $\beta_{1/2}$	Reuptake-Inhibition	Antidepressiva	
		Erhöhte Freisetzung Agonismus	Stimulantien	Cocain
Acetylcholin	N_1, N_2, M_1–M_5	Inhibition des Metabolismus	Antidementiva	
		Partieller Agonismus		Nikotin
Dopamin	D_1–D_5	Antagonismus	Antipsychotika	
		Vorläufer Agonismus	Parkinsonmittel	
Serotonin	5-HT_1– 5HT_7	Agonismus	Anxiolytikum	MDMA
		Antagonismus	Antipsychotika	
		Reuptake-Inhibition	Antidepressiva	
Opioide	μ, δ, κ	Agonismus	Zentrale Analgetika	Heroin, Morphin

4.1.3 Haupt- und Nebenwirkungen

Haupt- und Nebenwirkungen lassen sich einfach über den Wirkmechanismus ableiten. Die spezifischen Neurotransmittereffekte sind in Tabelle 4.3 dargestellt. Sie gelten für alle psychotropen Substanzen.

Tabelle 4.3: Haupt- und Nebenwirkungen nach Neurotransmittersystem

Neurotransmitter/ Wirkmechanismus	Hauptwirkung	Nebenwirkung
GABA		
Agonismus	Sedierung, Anxiolyse, antikonvulsive Wirkung	Merkfähigkeitsstörung, Antriebsstörungen, Motorik
Noradrenalin		
Rückaufnahme-hemmung	Aktivierung	Tremor, Unruhe, Tachykardie, erhöhter Blutdruck, Schwitzen, Schlafstörungen, Kopfschmerzen
Agonismus	Aufmerksamkeits-fokussierung	
Antagonismus	Sedierung	Orthostatische Dysregulation, Hypotonie mit Reflextachykardie, Schwindel
Acetylcholin		
Verhinderung des Metabolismus	Aufmerksamkeitsinten-sivierung	Gastrointestinale Beschwerden, Bradykar-die, Hypotonie, Muskelkrämpfe, Verwirrtheit
Antagonismus	Sedierung	Mundtrockenheit, verschwommenes Sehen, Obstipation, Harnretention, Hypotonie mit reflektorischer Sinustachykardie, Delir
Dopamin		
Antagonismus	Antipsychotische Wir-kung	Extrapyramidalmotorische Nebenwirkun-gen, Prolaktinerhöhung
Serotonin		
Rückaufnahme-hemmung	Aktivierung	Gastrointestinale Beschwerden, Übelkeit, Anorexie, Kopfschmerzen, Nervosität, Schlafstörungen, sexuelle Dysfunktionen, Schwindel
Agonismus	Anxiolyse	Gastrointestinale Beschwerden, Schwindel, Kopfschmerzen, Nervosität
Antagonismus	Antipsychotische/anti-autistische Wirkung Stimmungsstabilisie-rung	Appetitsteigerung, Gewichtszunahme, Hypersalivation, Sedierung, Kopfschmer-zen, Zyklus- und Potenzstörungen, Angst, Unruhe, Schwindel
Histamin		
Antagonismus	Sedierung	Schwindel, Benommenheit, Konzentrations-störungen, Kopfschmerzen

Psychotrope Nebenwirkungen sind schwieriger *über die Präparateklasse* abzuleiten, da für die älteren Medikamente keine selektive Bindung an ein Neurotransmittersystem besteht. Es ist für Antidepressiva erster und zweiter Generation und trizyklische konventionelle und atypische Antipsychotika daher fast unmöglich, kognitive Nebenwirkungen anzugeben (vgl. Tabelle 4.4).

Tabelle 4.4: Nebenwirkung nach Präparateklasse

Präparateklasse	Kognitive Haupt-/Nebenwirkungen
Antidepressiva	
SSRI, DSA	Reaktionszeiten, Merkfähigkeit
SNRI	Aufmerksamkeit
Erste/zweite Generation, SSNRI, NDRI	Aufmerksamkeit in hoher Dosierung Merkfähigkeit
Antipsychotika	
Erste Generation/konventionelle	Alternierende/geteilte Aufmerksamkeit Working Memory
Atypische/Trizyklika	Aufmerksamkeit in hoher Dosierung Merkfähigkeit
Anxiolytika/Hypnotika	Merkfähigkeit in niedriger Dosierung auch Aufmerksamkeit
Antidementiva	Aufmerksamkeit
Stimulantien	Aufmerksamkeit

Anmerkungen: SSRI Selektive Serotonin-Reuptakeinhibitoren, DSA Dualserotoninerge Antidepressiva, SNRI Selektive Noradrenalin-Reuptakeinhibitoren, SSNRI Selektive Serotonin-Noradrenalin-Reuptakeinhibitoren, NDRI Noradrenalin-Dopamin-Reuptakeinhibitoren

Neurotransmitter haben einen *funktionalen Effekt*, d. h. sie vermitteln spezifische psychische Funktionen (vgl. Tabelle 4.5). Bei den Aminosäuren Glutamat und GABA sind dies Lern- und Merkfähigkeit bzw. Vergessen (neuronale Plastizität). Die biogenen Amine Noradrenalin, Dopamin und Acetylcholin regulieren das Aktivierungsniveau des Gehirns und damit Aufmerksamkeitsprozesse. Serotonin kommuniziert via Hypophyse mit dem endokrinen System und vermittelt darüber homöostatische Prozesse. Die serotoninergen Neuronen feuern wie Schrittmacher ein- bis fünfmal pro Sekunde und vermitteln hierüber das Zeitempfinden. Über Interaktion mit dem dopaminergen System entsteht Impulsivität/Craving.

Tabelle 4.5: Funktionaler Effekt der Neurotransmitter

Neurotransmitter	Funktionaler Effekt
Glutamat	Lernen und Gedächtnis
GABA	Vergessen
Noradrenalin	Selektivitätsfunktion der Aufmerksamkeit
Acetylcholin	Intensitätsfunktion der Aufmerksamkeit
Dopamin	Alternierende/geteilte Aufmerksamkeit Arbeitsgedächtnis
Serotonin	Emotionen (Aggression, Angst, Depression) Impulsivität, Craving Zeitliche Analysen Einfache Lernformen: Habituation und Sensitivierung

4.2 Antidepressiva

4.2.1 Klassifikation

Chronologisch werden Antidepressiva erster, zweiter und dritter Generation sowie Antidepressiva mit neuartigem Wirkmechanismus unterschieden (vgl. Tabelle 4.6).

Antidepressiva erster Generation sind sehr wirksame und bewährte Antidepressiva mit dem Nachteil einer langen Wirklatenz und einer hohen Rate von Nebenwirkungen. Sie haben *sedierende* (Amitriptylin, Doxepin, Maprotilin, Mirtazapin, Trimipramin) oder *aktivierende Eigenschaften* (Clomipramin, Imipramin, Nortriptylin).

Antidepressiva zweiter und dritter Generation haben weniger Nebenwirkungen und eindeutigere Hauptwirkungen, wobei ein „publication bias" besteht. Sie haben überwiegend eine *aktivierende Wirkung mit der Gefahr erhöhter Suizidalität.*

Tabelle 4.6: Antidepressiva

Erste Generation: **Trizyklische Antidepressiva**	– Amitriptylin – Amitriptylinoxid – Clomipramin – Doxepin – Imipramin – Nortriptylin – Trimipramin

Tabelle 4.6: Fortsetzung

Zweite Generation: **Tetra- und Bizyklische Anti-depressiva**	– Maprotilin – Mirtazapin
Dritte Generation: **MAO-Hemmer, SSRI, SNRI,** **SSNRI, NDRI, DSA**	MAO-Hemmer: – Moclobemid – Tranylcypromin Serotonin-Reuptakeinhibitoren (SSRI): – Citalopram – Escitalopram – Fluoxetin – Fluvoxamin – Paroxetin – Sertralin Noradrenalin-Reuptakeinhibitoren (SNRI): – Reboxetin Serotonin-Noradrenalin-Reuptakeinhibitoren (SSNRI): – Duloxetin – Venlafaxin Noradrenalin-Dopamin-Reuptakeinhibitoren (NDRI): – Bupropion Dualserotoninerge Antidepressiva (DSA): – Nefazodon – Trazodon
Sonstige/neuartige	– Agomelatin – Hypericum/Johanniskraut

4.2.2 Wirkmechanismus

Bei den *Antidepressiva erster und zweiter Generation* besteht der Wirkmechanismus in einer Hemmung der Wiederaufnahme von Serotonin und Noradrenalin in Kombination mit einer antagonistischen Wirkung am cholinergen, histaminischen, dopaminergen und noradrenergen System. Diese Antidepressiva haben je nach ihrem Rezeptorbindungsprofil *sedierende* (Amitriptylin, Doxepin, Maprotilin, Mirtazapin, Trimipramin) oder *aktivierende Eigenschaften* (Clomipramin, Imipramin, Nortriptylin; vgl. Abbildung 4.1) und aufgrund der vielen Affinitäten eine hohe Anzahl von Nebenwirkungen (vgl. Tabelle 4.7).

Bei den *Antidepressiva dritter Generation* besteht der Wirkmechanismus in einer selektiven Rückaufnahmehemmung von Serotonin (SSRI), Noradrenalin (SNRI), von zwei Monoaminsystemen (Serotonin und Noradrenalin; SSNRI) bzw. (Noradrenalin und Dopamin; NDRI) oder dualen Wirkung auf Serotonin (Rückaufnahmehemmung und Antagonismus am 5-HT_{1A}- und 5-HT_{2A}-Rezeptor; DSA). Beim Präparat *Agomelatin* besteht ein Melatonin-Agonismus und 5-HT_{2C}-Antagonismus.

Tabelle 4.7: Rezeptorbindungsprofile der Antidepressiva erster und zweiter Generation (Benkert & Hippius, 2015)

Wirkstoff	Eigenschaft	NA-I	5-HT-I	ACh	H_1	$5\text{-}HT_2$	α1	α2
Amitriptylin	sedierend	++	++	++	+++	++	+++	0
Clomipramin	aktivierend	++	+++	++	+	+	++	0
Doxepin	sedierend	++	+	+	+++	++	+++	0
Imipramin	aktivierend	+++	++	+	+/−	+	+	0
Maprotilin	sedierend	++	0	++	+++	+	+	0
Mirtazapin	sedierend	0	+/−	+/−	+++	++	+	++
Nortriptylin	aktivierend	+++	+	+	+	+	+	0
Trimipramin	sedierend	0	0	++	+++	+	+++	0

Anmerkungen: NA-I Noradrenalin-Reuptakeinhibition, 5-HT-I Serotonin-Reuptakeinhibition, ACh cholinerger Antagonismus, H1 Antagonismus am Histaminrezeptor, 5-HT2 Antagonismus am serotoninergen Rezeptor, α1 bzw. α2 Antagonismus am adrenergen Rezeptor

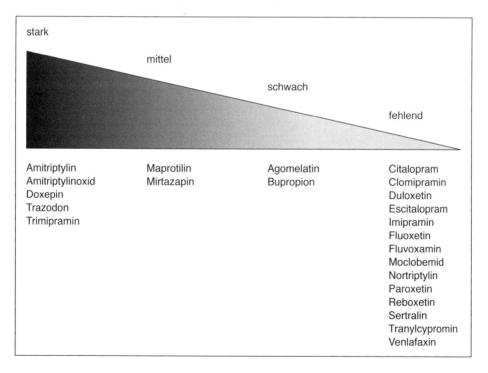

Abbildung 4.1: Sedierende Wirkung von Antidepressiva

4.2.3 Nebenwirkungen

Antidepressiva erster Generation weisen eine hohe Rate an peripher-physiologischen Nebenwirkungen auf und gelten daher als schlecht verträglich. Antidepressiva der nachfolgenden Generation haben eine bessere Verträglichkeit (vgl. Tabelle 4.8).

Tabelle 4.8: Nebenwirkungen von Antidepressiva der 2. und 3. Generation

Antidepressiva	Nebenwirkungen
Tri-, bi- und tetrazyklische Antidepressiva	peripher-physiologische Nebenwirkungen, je nach Rezeptorbindungsprofil (vgl. Tabelle 4.3)
SSRI	gastrointestinale Beschwerden, Gewichtsabnahme, Unruhe, Schlafstörungen, sexuelle Störungen
SNRI	Schlafstörungen, Mundtrockenheit, Verstopfung, Miktionsbeschwerden, Tachykardie, Schwindel, Übelkeit, gastrointestinale Beschwerden, Kopfschmerzen, Blutdruckanstieg, Angst, Schwitzen, Impotenz
SSNRI/NDRI	Agitation, Schlafstörungen, Übelkeit, Erbrechen, Kopfschmerzen, Schwindel, Schwitzen
DSA	Müdigkeit, Blutdruckabfall, gastrointestinale Beschwerden, Kopfschmerzen
Agomelatin	Sedierung, Kopfschmerzen, Schwindel

4.3 Antipsychotika

4.3.1 Klassifikation

Antipsychotika werden klassifiziert
- nach der chemischen Struktur,
- nach der neuroleptischen Potenz,
- in klassische/konventionelle/typische und atypische bzw. chronologisch in Antipsychotika erster und zweiter Generation,
- Aripiprazol in manchen Lehrbüchern als Antipsychotikum dritter Generation.

Einen Überblick über Antipsychotika der ersten, zweiten und dritten Generation liefert Tabelle 4.9.

Der therapeutische Effekt besteht in einer antipsychotischen Wirkung (positiver Effekt auf die Positivsymptomatik, d. h. inhaltliche und formale Denkstörungen, Wahnideen, Affektstörungen), psychomotorischer Dämpfung ohne muskelrelaxierende und narkotische Wirkung sowie positiver Beeinflussung der Negativsymptomatik (Autismus, Anhedonie, Sprachverarmung, Affektverflachung). Die Negativsymptomatik ist überwiegend durch atypische Antipsychotika therapierbar, wobei ein „publication bias" besteht (vergleichende Studien z. B. Clinical Antipsychotic Trials of Intervention Effectiveness). Atypische Antipsychotika haben außerdem eine antimanische, antidepressive und stimmungsstabilisierende Wirkung.

Durch die Therapie mit Antipsychotika tritt keine „Heilung" ein, sondern es wird die psychische Verfassung soweit stabilisiert, dass Selbstheilungskräfte einsetzen können (Spiegel, 2012).

Tabelle 4.9: Antipsychotika

Erste Generation	Hochpotent:
	– Benperidol
	– Bromperidol
	– Fluphenazin (TZK)
	– Fluspirilen
	– Haloperidol
	– Perphenazin (TZK)
	– Pimozid
	Mittel- und niederpotent:
	– Chlorprothixen (TZK)
	– Levomepromazin (TZK)
	– Melperon
	– Perazin (TZK)
	– Pipamperon
	– Prothipendyl (TZK)
	– Sulpirid
	– Thioridazin (TZK)
	– Zuclopenthixol (TZK)
Zweite Generation	Atypika im engeren Sinne:
	– Clozapin
	Atypika im weiteren Sinne:
	– Asenapin
	– Amisulpirid
	– Olanzapin
	– Paliperidon
	– Quetiapin
	– Risperidon
	– Sertindol
	– Ziprasidon
Dritte Generation	Aripiprazol

Anmerkungen: TZK Trizyklisch

4.3.2 Wirkmechanismus

Der Wirkmechanismus der *konventionellen Antipsychotika mit hoher neuroleptischer Potenz* besteht in einem D_2-Antagonismus, bei *Antipsychotika mit sedierender Wirkung (trizyklische Antipsychotika)* in einer zusätzlichen Hemmung des cholinergen, noradrenergen, histaminischen und serotoninergen Systems. Bei den *atypischen Antipsychotika* besteht ein D_2-, D_4- sowie 5-HT_2-Antagonismus ($D_2/5\text{-HT}_2$-Quotient von 1:10, z. B. bei Risperidon). Bei *den trizyklischen atypischen Antipsychotika* besteht zusätzlich eine Bindung an weitere Neurotransmittersysteme (H_1, α_1, 5-HT_{2A}, 5-HT_{2C}, M_1, M_4, D_4, z. B. bei Clozapin, Olanzapin). *Aripiprazol* ist ein partieller D_2-, D_3-Agonist, 5-HT_{2A}- und $-_{2C}$-Antagonist und partieller 5-HT_{1A}-Agonist mit angstlösender und stimmungsaufhellender Wirkung. Es handelt sich um eine strukturchemisch heterogene Präparateklasse (vgl. Tabelle 4.10).

Tabelle 4.10: Rezeptorbindungsprofile der Antipsychotika (Benkert & Hippius, 2015)

Präparat	Konv./Atyp.	TZK	D1	D2	D3	5-HT$_2$	M1	α1	H1
Amisulpirid	Atypisch	–	0	++	++	0	0	0	0
Aripiprazol	Atypisch	–	0	+++	+++	++	0	+	+
Asenapin	Atypisch	–	+	+	++	++	0	+	+
Benperidol	Konv. HP	–	0	+++	++	++	0	+	0
Bromperidol	Konv. HP	–	+	+++	++	0	0	+	0
Chlorprothixen	Konv. NP	+	++	+	+	++	+	+	+++
Clozapin	Atypisch	+	++	+	++	+++	+++	+	+++
Fluphenazin	Konv. HP	+	++	+++	+++	++	0	++	++
Fluspirilen	Konv. HP	–	+	+++	++	+	0	0	0
Haloperidol	Konv. HP	–	+	+++	+	0	0	++	0
Levomepromazin	Konv. NP	+	0	+	+	+	++	++	++
Melperon	Konv. NP	–	0	+	+	++	0	+	+
Olanzapin	Atypisch	+	++	+++	+	+++	+++	+	+++
Paliperidon	Atypisch	–	0	+++	+	+++	0	+	+
Perazin	Konv. MP	+	0	++	++	++	+	++	+++
Perphenazin	Konv. HP	+	0	+++	+++	++	0	++	++

Tabelle 4.10: Fortsetzung

Präparat	Konv./Atyp.	TZK	D1	D2	D3	5-HT$_2$	M1	α1	H1
Pimozid	Konv. HP	–	0	+++	+++	++	0	0	0
Pipamperon	Konv. NP	–	0	+	+	++	0	+	0
Prothipendyl	Konv. NP	+	?	+	?	?	?	?	?
Quetiapin	Atypisch	+	+	+	+	+	0	+	++
Risperidon	Atypisch	–	0	+++	+	+++	0	++	+
Sertindol	Atypisch	–	++	+++	+	+++	0	++	0
Sulpirid	Konv. MP	–	0	+	+++	0	0	0	0
Thioridazin	Konv. NP	+	+	++	+	++	+++	+++	+
Ziprasidon	Atypisch	–	+	++	++	+++	0	+	++
Zuclopentixol	Konv. MP	+	++	+++	++	0	+++	+++	+++

Anmerkungen: TZK Trizyklisch; HP hochpotent, MP mittelpotent, NP niederpotent

4.3.3 Nebenwirkungen

Bei den hochpotenten Antipsychotika treten extrapyramidal-motorische Nebenwirkungen und hormonelle Nebenwirkungen (Prolactinerhöhung) auf, bei den Trizyklika überwiegen vegetative Nebenwirkungen. Atypische Antipsychotika weisen weniger extrapyramidal-motorische Nebenwirkungen und eine geringere Prolactinerhöhung auf. Hämatologische Nebenwirkungen gibt es bei Clozapin (vgl. Tabelle 4.11).

Tabelle 4.11: Nebenwirkungen der Antipsychotika

Extrapyramidal-motorische Nebenwirkungen	Frühdyskinesien (2–17%)	Insbesondere bei schneller Aufdosierung von hochpotenten Antipsychotika Blickkrämpfe, Genickstarre, krampfartiges Herausstrecken der Zunge, unwillkürliches Verziehen des Gesichts, Krampf der Kaumuskulatur, Kiefersperre
	Parkinsonoid (10–20%)	Rigor, Tremor, Akinese, hochfrequentes Zittern der Lippen, vermehrte Speichelproduktion
	Akathisie (20%)	Quälende Unruhe, Drang zu ständiger Bewegung, Stehunruhe, Reizbarkeit, Angst, Konzentrationsstörungen

Tabelle 4.11: Fortsetzung

	Spätdyskinesien (10–20%, leichte Symptome bis 70%)	Stereotype Bewegungen der Zungen-, Mund- und Gesichtsmuskulatur, intensive Schmatz- und Kaubewegungen
	Malignes neuroleptisches Syndrom (0,02–0,5%)	*Symptom Trias Rigor*, Bewusstseinsstörungen und Störungen der Herz-Kreislauf-Funktionen (hohes Fieber, Tachykardie, Schwitzen, vermehrter Speichelfluss, Harninkontinenz). Das maligne neuroleptische Syndrom kann sich innerhalb von einem Tag entwickeln und verläuft in 11% bis 38% der Fälle tödlich. *Es kann bei allen Antipsychotika auftreten.*
Vegetative Nebenwirkungen	**anticholinerg**	Mundtrockenheit, Akkomodationsstörungen, trockene Augen, Harnverhalten, Obstipation, Ejakulationsstörungen, in hoher Dosierung oder in Kombination mit anderen anticholinergen Medikamenten Desorientierung, Delir, Tachykardie
	antiadrenerg	Hypersalivation, Hypotonie mit reflektorischer Tachykardie, kardiale Arrhythmien, Schwitzen, Erektionsstörungen
	antihistaminerg	Sedierung, Gewichtszunahme
	serotoninerg	Appetitsteigerung, Gewichtszunahme (bei Olanzapin bis zu 20% bei der Hälfte der Patienten), Magen-Darm-Beschwerden, Hypersalivation (bei Clozapin bis zu 30%), Zyklus- und Potenzstörungen, kardiale Probleme in unterschiedlicher Ausprägung je nach Präparat, Kopfschmerzen, Schwindel, Schlafstörungen (heftige Träume), Verwirrtheit, Angst, Unruhe, Harninkontinenz
Hämatologische Nebenwirkungen	**Agranulozytose**	Abfall der weißen Blutkörperchen auf unter 3000/µl, *Lebensgefahr!!* Die Wahrscheinlichkeit beträgt bei Clozapin 1–2%, daher ist eine *genaue Überwachung des Blutbildes erforderlich!*
Hormonelle Störungen	**Erhöhte Prolaktinausschüttung**	Amenorrhoe, Galactorrhoe (Schwellung der Brust, Milchbildung), Zyklus- und Potenzstörungen, Libidoverlust, Gynäkomastie bei Männern, Hyperglykämie, Glykosurie, Exzerbation eines Diabetes bzw. Diabetes-Neuerkrankung, Gewichtszunahme (bei Langzeittherapie mit Olanzapin bei ca. 50% der Patienten BMI >30)

4.4   Anxiolytika, Hypnotika

4.4.1   Klassifikation von Anxiolytika und Hypnotika

4.4.1.1   Anxiolytika

Zur Angstlösung werden folgende Präparateklassen eingesetzt:
1. Benzodiazepine (GABA-Agonisten),
2. Buspiron (5-HT_{1A}-Agonist),
3. Beta-Rezeptorenblocker, Antidepressiva, Antihistaminika (Hydroxyzin, Opipramol), Antipsychotika, Antiepileptika (Pregabalin),
4. Pflanzliche Präparate (z. B. Lavendelöl).

4.4.1.2   Hypnotika

Zur Behandlung von Schlafstörungen werden folgende Präparateklassen eingesetzt:
1. Benzodiazepine,
2. Benzodiazepin-ähnliche: sie binden an eigene mit der Benzodiazepin-Bindungsstelle überlappende Bindungsstellen (Zaleplon, Zolpidem, Zopiclon),
3. Antihistaminika: die Nebenwirkung Müdigkeit wird als Haupteffekt genutzt (Diphenhydramin, Doxylamin, Promethazin),
4. Baldrian, Hopfen,
5. Melatonin, Tryptophan.

Tabelle 4.12: Benzodiazepine

Anxiolytika	Hypnotika
– Alprazolam – Bromazepam – Chlordiazepoxid – Clobazam – Diazepam – Dikaliumclorazepat – Lorazepam – Medazepam – Oxazepam – Prazepam	– Brotizolam – Flunitrazepam – Flurazepam – Lormetazepam – Nitrazepam – Temazepam – Triazolam

Bei den Benzodiazepinen mit *schlafanstoßender Wirkung* handelt es sich um Präparate mit rascherer Absorption als bei den Anxiolytika, rascher Elimination, geringer Kumulationsneigung und keinen aktiven Metaboliten.

4.4.2   Nebenwirkungen

Tabelle 4.13: Nebenwirkungen von Anxiolytika und Hypnotika

Benzodiazepine und Benzodiazepin-ähnliche Präparate	– Sedation, Müdigkeit, bei den Hypnotika Veränderung des Schlafmusters (Verkürzung des REM-Schlafs und des Tiefschlafs), Hang-over – Verlangsamte Motorik (verlängerte Reaktionszeiten, verminderte Fahrtauglichkeit), bei älteren Patienten Sturzgefahr, Muskelkrämpfe – Merkfähigkeitsstörungen, u. U. Amnesie bei Überdosierung – bei langfristiger Einnahme Antriebsstörungen, Interesselosigkeit – bei hoher Dosierung gelegentlich Atemdepression, Blutdruckabfall, Herzstillstand
Buspiron	Gastrointestinale Beschwerden, Schwindel, Kopfschmerzen
Antihistaminika	Schwindel, Konzentrationsstörungen, Kopfschmerzen

Benzodiazepine haben ein *Abhängigkeitsrisiko,* daher sollten sie *sehr langsam über Wochen abgesetzt werden.* Bei den Benzodiazepin-ähnlichen Präparaten ist das Abhängigkeitsrisiko geringer.

Abhängigkeits- und Absetzsymptome sind:
– Rebound-Symptome (Unruhe, Angst, Schlaflosigkeit),
– Rückfallsymptome,
– Entzugssymptome:
  • *leichte:* Unruhe, Angst, Schlaflosigkeit;
  • *mittlere:* Übelkeit, Erbrechen, Schwitzen, Tremor, Dysphorie;
  • *schwere:* Delirien, psychoseartige Zustände, Krampfanfälle.

4.5   Antidementiva

„Die Bezeichnung der Wirkstoffgruppe als Antidementiva ist ein unangebrachter Euphemismus" (Lüllmann, Mohr, Wehling & Hein, 2016).

Antidementiva sind eine chemisch und pharmakologisch heterogene Substanzklasse. Bisher liegt nur bei vier Präparaten ein Wirksamkeitsnachweis auf den drei Ebenen Kognition, Aktivitäten des täglichen Lebens und klinischer Gesamteindruck vor. Es besteht weiterhin eine Tendenz zur Zulassung nach weichen Kriterien. Da meist Mehrfach-Medikation und Dauereinnahme vorliegt, ist eine hohe Compliance der Patienten erforderlich. Notwendig wären wirksame, sehr gut verträgliche Medikamente ohne Interaktionen. *Solche Medikamente liegen derzeit nicht vor.*

4.5.1   Klassifikation nach der Wirksamkeit

1. Nachgewiesene Wirksamkeit: Acetylcholinesterase-Hemmer (Donepezil, Galantamin, Rivastigmin) und Glutamat-Modulator Memantin,
2. Sogenannte Nootropika (teilweise bereits in den 1980er Jahren zugelassen, aufgrund des fehlenden Wirksamkeitsnachweises *nicht zu empfehlen*): Co-dergocrin, Ginkgo biloba, Nicergolin, Nimodipin, Piracetam, Pyritinol,
3. Substanzen mit möglichen nootropen Effekten: Vitamin E, Vitamin C.

4.5.2   Klassifikation nach dem Wirkmechanismus

1. Acetylcholinesterase-Hemmer Donepezil, Galantamin, Rivastigmin: Aufgrund des Acetylcholin-Mangels im basalen Vorderhirn entwickelt mit u. U. nur symptomatischer Wirkung,
2. Non-kompetitiver, niedrigaffiner NMDA-Antagonist Memantin: Verhinderung der neurotoxischen Wirkung von Glutamat, vermutlich keine nootrope Wirkung, u. U. neuroprotektiv,
3. Calcium-Antagonist Nimodipin: Zur Blutdrucksenkung und Verhinderung von Gefäßschäden bei vaskulärer Demenz,
4. Vasodilatoren z. B. Co-dergocrin, Nicergolin: Verbesserung der Fließeigenschaften des Blutes durch adrenergen bzw. serotoninergen Agonismus,
5. Antioxidantien Gingko biloba, Vitamin C und E: Fänger von freien Radikalen.

Bei den Acetylcholinesterase-Hemmern erfolgt eine *Verlangsamung der Progredienz der Erkrankung um maximal ein Jahr bei milder bis mittelstarker Demenz bei ca. 20 % der Patienten*. Es kommt jedoch *nicht* zur späteren Einweisung ins Pflegeheim, zu keinem langsameren Fortschreiten krankheitsbedingter Behinderungen und keiner Verlängerung des Lebens (Benkert & Hippius, 2015).

Da der Behandlungserfolg nicht vorhersehbar ist, dürfen Acetylcholinesterasehemmer *nur mit einer besonderen Erfolgskontrolle längerfristig verordnet werden* (Wirtschaftlichkeitsgebot der deutschen Arzneimittel-Richtlinie vom 01. 04. 1999).

4.5.3   Nebenwirkungen

Tabelle 4.14: Nebenwirkungen der Antidementiva

Acetylcholinesterase-Hemmer	Gastrointestinale Beschwerden, Muskelkrämpfe, Müdigkeit, Schlafstörungen, Bradykardie, Hypotonie, Verwirrtheit, Depressionen, vermehrte Infekte, vermehrte Unfälle/Verletzungen
	Anmerkung: Das Abwägen von Risiko und Nutzen ist bei diesen Präparaten besonders wichtig: sie haben viele Kontraindikationen und viele Wechselwirkungen!

Tabelle 4.14: Fortsetzung

	Andere Therapien zur Erhaltung der kognitiven Fähigkeiten (Hirnleistungstraining) sollten einbezogen werden.
Memantin	Motorische Unruhe, Nervosität, Kopfschmerzen, Schwindel
Bei Nimodipin zusätzlich zu Memantin	Blutdrucksenkung, Tachykardie, Übelkeit, Erbrechen, periphere Ödeme, Schlafstörungen, Angst, Schwächegefühl

4.6 Stimulantien, Neuroenhancement

4.6.1 Klassifikation

Zur Präparateklasse der Stimulantien gehören Amphetamin, Methylphenidat und Modafinil. Das Indikationsgebiet ist eng umgrenzt. Es sind nur die Störungsbilder ADS und Narkolepsie. Methylphenidat ist seit dem 01. 09. 2009 gemäß der Arzneimittel-Richtlinie nur noch im Rahmen eines Gesamtbehandlungsplans *unter Aufsicht eines Kinder- und Jugendlichenpsychotherapeuten* verschreibbar. Es fällt unter die Betäubungsmittelverschreibungsverordnung. Ein weiteres zugelassenes Medikament zur Behandlung des ADS ist der selektive Noradrenalin-Reuptakeinhibitor Atomoxetin.

Medikamente zum *Neuroenhancement* sind Amphetamin, Methylphenidat, Modafinil, Donepezil, Rolipram und D-Cycloserin.

Nach Einnahme von Modafinil kommt es zu keinem wissenschaftlich nachweisbaren Effekt im Sinne eines Neuroenhancements.

4.6.2 Nebenwirkungen

Tabelle 4.15: Nebenwirkungen von Stimulantien und Medikamenten zum Neuroenhancement

Methylphenidat	Verzögerung des Längenwachstums, Herzfrequenz- und Blutdruckerhöhung, Schwitzen, Schlafstörungen (bis 28 %), Appetitlosigkeit, gastrointestinale Beschwerden (bis 23 %), Anorexie (bis 41 %), depressive Verstimmung, erhöhte Ängstlichkeit, Reizbarkeit (bis 26 %), Tics (bis 10 %), Stereotypien, Zwangsverhalten, erhöhte Suizidgefahr, erhöhtes Suchtrisiko *Bei Überdosierung:* Wahnvorstellungen, Amphetamin-Psychose
Modafinil	Kopfschmerzen, Benommenheit, Angst, Tachykardie, verminderter Appetit, gastrointestinale Beschwerden
Atomoxetin	Verminderter Appetit, Übelkeit, abdominale Beschwerden, Schlafstörungen, Hitzewallungen, Mundtrockenheit

4.7 Antiepileptika/Anästhetika

4.7.1 Klassifikation

Antiepileptika/Anästhetika umfassen eine heterogene Präparateklasse, die sich nach dem Wirkmechanismus klassifizieren lässt:
- $GABA_A$-Agonismus: Benzodiazepine/Barbiturate (z. B. Clonazepam),
- Verhinderung des Metabolismus von GABA: Ethosuximid, Vigabatrin,
- Erhöhung der Freisetzung von GABA: Gabapentin,
- Non-kompetitive AMPA-Antagonisten: Topiramat, Felbamat,
- Schließen der spannungsabhängigen Natrium- bzw. Calcium-Kanäle: Carbamazepin, Lamotrigin, Oxcarbazepin, Phenytoin, Pregabalin, Valproinsäure,
- Unbekannt: Levetiracetam, Primidon.

4.7.2 Nebenwirkungen

Nebenwirkungen von Antiepileptika/Anästhetika äußern sich in der Beeinträchtigung der Merkfähigkeit sowie der Abnahme der Daueraufmerksamkeit.

Empfohlene Literatur
Benkert, O. & Hippius, H. (2015). *Kompendium der Psychiatrischen Pharmakotherapie.* Berlin: Springer. http://doi.org/10.1007/978-3-642-29810-3
Lüllmann, H., Mohr, L., Wehling, M. & Hein, K. (2016). *Pharmakologie und Toxikologie.* Stuttgart: Thieme.
Riederer, P. F. & Laux, G. (2010). *Grundlagen der Neuro-Psychopharmakologie. Ein Therapiehandbuch.* Berlin: Springer. http://doi.org/10.1007/978-3-211-85473-0
Rockstroh, S. (2002). *Grundlagen der Neuropsychopharmakologie.* Bern: Huber.
Spiegel, R. (2012). Psychopharmakotherapie. In M. Perrez & U. Baumann (Hrsg.), *Lehrbuch Klinische Psychologie-Psychotherapie* (S. 553–574). Bern: Huber.

Teil IV

Prämorbides Leistungsniveau

5   Prämorbides Leistungsniveau

Bernd Leplow

5.1   Wozu eine prämorbide Leistungsdiagnostik?

Der Feststellung des prämorbiden Leistungsniveaus kommt in der neuropsychologischen, aber auch der klinisch-psychologischen Diagnostik, eine zentrale Bedeutung zu. Zum einen ist der „Abbau" des kognitiven Niveaus bei demenziellen Erkrankungen ein definitorisches Kriterium, über welches eine syndromale Zuordnung zu einer diagnostischen Kategorie erst möglich ist. Zum anderen müssen die an hirngeschädigten Patienten erhobenen Testergebnisse unter anderem vor dem Hintergrund des prämorbiden Leistungsniveaus interpretiert werden.

Aber auch bei psychischen Störungen ist die Feststellung des prämorbiden Niveaus wichtig. So sind viele Psychosen u. a. durch den Abfall des allgemeinen intellektuellen Leistungsniveaus charakterisiert und dieser muss zuverlässig bestimmt werden. Auch Depressionen und viele andere psychische Störungen gehen mit substanziellen neuropsychologischen Veränderungen einher, die zu einer Reduktion der kognitiven Leistungsfähigkeit führen. So ist die Kenntnis des prämorbiden Leistungsniveaus aus den folgenden Gründen erforderlich:
1. der Abbau vom prämorbiden kognitiven Niveau ist klassifikatorisch bedeutsam (z. B. bei den Demenzen, bei Psychosen etc.),
2. individuelle neuropsychologische Befunde sind nur vor dem Hintergrund des prämorbiden Niveaus sinnvoll interpretierbar und
3. der Grad des Abbaus sowohl bei cerebralen Schädigungen als auch bei psychischen Störungen kann therapeutisch und prognostisch relevant sein.

Im klinischen Einzelfall ist ein Testwert oft nur über das individuelle prämorbide Leistungsniveau, nicht jedoch über die Populationsnorm interpretierbar. So kann eine aktuell schlechte Leistung bei Nichtberücksichtigung des prämorbiden Niveaus fälschlicherweise einen pathologischen Befund nahe legen. Andererseits kann eine diagnostisch bedeutsame Verschlechterung einer aktuell zwar normgerechten, im Vergleich zum individuellen prämorbiden Niveau jedoch herabgesetzten Leistung übersehen werden. Dieses Dilemma besteht bei kriterienorientierten Testverfahren nicht, bei denen – wie zum Beispiel bei einfachen Benennungsaufgaben – a priori festgelegt ist, dass praktisch alle hirngesunden Probanden einer definierten Population ein bestimmtes Leistungskriterium erreichen sollten.

In der Praxis wird das prämorbide Leistungsniveau meist nur informell und sehr grob über den Ausbildungsgrad oder die berufliche Stellung geschätzt. Derartige ad hoc Schätzungen sind jedoch unzureichend, da sie die individuellen Besonderheiten unberücksichtigt lassen, welche zu bestimmten Ausbildungs- und Lebenswegen geführt haben. Der promovierte Taxifahrer oder der erfolgreiche Unternehmer mit abgebrochener Hauptschulausbildung stellen nur Prototypen dar, bei denen eine ausschließlich über Schulnoten oder die gesellschaftliche Stellung erfolgende Intelligenzschätzung offensichtlich wenig zielführend ist. Zudem geben diese Schätzungen keine reliablen, quantitativen Maße ab, an denen zum Beispiel die Restitution oder ein therapeutischer Fortschritt abgebildet werden kann.

5.2 Grundsätzliche Vorgehensweisen

5.2.1 Strategien zur Schätzung der prämorbiden Leistungsfähigkeit

Für die formale Diagnostik prämorbider Funktionsgrade gibt es drei grundsätzliche Zugangswege: sprachbasierte Tests, aus Sozialdaten gebildete „Sozialformeln" oder komplexe Strategien (vgl. Tabelle 5.1). Erstere nutzen die bei cerebralen Veränderungen oft noch lange erhaltenen Repräsentationen des kristallin gewordenen, sprachgebundenen Wissens. Sozialformeln stellen aus einem Satz leicht zugänglicher Sozialdaten regressionsanalytisch ermittelte Formeln dar, deren Prädiktorqualität an einem üblichen Intelligenztest geprüft wurde. Komplexe Strategien wiederum stellen eine Kombination beider Ansätze dar. Verfahren, welche die sogenannten „Abbauquotienten" nutzen, haben sich insgesamt nicht bewährt (Reynolds, 1997). Bei den zumeist aus dem Wechsler-Intelligenztest zusammengestellten Sets von Untertests, die einerseits „hold"-, andererseits „non hold"-Funktionen abbilden sollen, ist stets unklar, welche dieser Konstrukte bei einer spezifischen Hirnschädigung betroffen sind und welche nicht. Auch lassen sich die einzelnen – relativ breiten – Konstrukte lokalisatorisch weder eindeutig zuordnen, noch gehen hirnorganische Veränderungen nur mit umgrenzten kognitiven Einbußen einher. Folglich können damit keine für alle cerebralen Schädigungen gültigen „hold"-Funktionen benannt werden.

Sprachbasierte Strategien werden zur prämorbiden Leistungsmessung häufig verwendet, da sie noch am ehesten geeignet sind, die unter verschiedenen Kontextbedingungen multipel repräsentierten und dadurch von spezifischen raum-zeitlichen Bezügen unabhängig gewordenen Wissensinhalte zu erfassen. Diese sind weniger von den besonders schädigungssensitiven Hirnregionen (z. B. der CA1-Region im Hippocampus) abhängig und deshalb bei vielen ZNS-Beeinträchtigungen oft noch reaktivierbar. Die entsprechenden Verfahren lassen sich in „Wissenstests" und solche des „impliziten Wortverständnisses" unterteilen.

Bei den *Wissenstests* werden die kristallin gewordenen Inhalte kulturellen und persönlichen Wissens aus Wortschatz- und Verständnistests erfasst. Beispiele sind der Untertest (UT) „Allgemeines Wissen" aus dem HAWIE-R (Tewes, 1994) mit dem Item 4: „Vögel legen Eier, welche Tiere noch?", dem UT „Allgemeines Verständnis" aus dem WIE Wechsler Intelligenztest für Erwachsene (Aster, Neubauer & Horn, 2006) mit dem Item 1: „Wozu braucht man Geld?", dem UT „Wortschatztest" HAWIE-R mit dem Item 3: „Was bedeutet schleunigst?" und dem Item 15 des entsprechenden WIE-UT: „Was ist ein Mandant?". Bei Verwendung dieser, das deklarative Gedächtnis fordernden Untertests, gelten die oben genannten Einschränkungen jedoch in besonderem Maße.

Eine andere Form, das „Verständnis der gesprochenen Sprache" (Bulheller & Häcker, 2003, S. 5) zu erfassen, wurde von Dunn (1959) als „Peabody Picture Vocabulary Test" (PPVT) etabliert, von Dunn und Dunn (1981) zum PPVT-R revidiert und 1997 zum PPVT-III weiterentwickelt (Dunn & Dunn, 1997). Für den Probanden besteht die Aufgabe darin, aus einem Tableau von vier Abbildungen das Bild zu identifizieren, welches am besten zu einem Zielwort passt. Die 130 Zielworte des PPVT-III bezeichnen zum einen sehr Gegenständliches (z. B. das Bild eines Schraubenschlüssels), zum anderen aber auch Adjektive (z. B. „monetär"), Verben (z. B. „erläutern") und ausgesprochen hochsprachliche Begriffe (z. B. „Entomologe"). Der Altersbereich liegt zwischen 2,5 und 90 Jahren. Das Verfahren wird zwar zur Schätzung des prämorbiden Funktionsniveaus eingesetzt, doch schränkt sich seine Verwendbarkeit offenbar auf geringgradige Hirnschädigungen und Personen mit höherer Bildung ein. Für deutsche Verhältnisse liegt eine adaptierte Form vor (vgl. S. 737).

Beim *impliziten Wortverständnis* müssen vorgegebene Begriffe dagegen weder verstanden noch erläutert werden können. Stattdessen wird aus der richtigen Zuordnung dieser Begriffe (z. B. „real existierendes" vs. „nicht-existierendes" Wort) auf das prämorbide Leistungsniveau geschlossen. Ein Beispiel hierfür wäre das Item 1 des „Wortschatztests" WST (Schmidt & Metzler, 1992): „Ronolie – Unidase – Orisal – Ironie – Nirol – Ikomie".

Auf einem entsprechendem Ansatz basiert der „Spot-the-Word Test" von Baddeley, Emslie und Nimmo-Smith (1993). Dieses Verfahren besteht aus 60 Aufgaben, welche jeweils aus einem realen Wort und einer wortähnlichen Buchstabenfolge bestehen. Der Proband ist aufgefordert, die Realwörter zu erkennen. Die Korrelationen dieses zwischen dem 16. und 79. Lebensjahr einsetzbaren Verfahrens mit einem Lesetest (dem „NART") liegen bei .83 und .86.

Bei den *Lesetests* besteht das Prinzip darin, von der korrekten Aussprache eines Begriffes auf die implizite Wissensrepräsentation und damit das prämorbide Leistungsniveau zu schließen. Diese Strategie wurde zunächst im anglo-amerikanischen Bereich entwickelt und über verschiedene Varianten desselben Vorläuferverfahrens variiert (Schonell Graded Reading Test GWRT: Nelson & McKenna, 1975; New Adult Reading Test NART: Nelson & O'Connell, 1978; National Adult Reading Test NART: Nelson, 1982; NART-2: Nelson & Willison, 1991). Anpassungen auf die sprachlichen Besonderheiten des nordamerikanisch-kanadischen Sprachraumes erfolgten von Blair und Spreen (1989, North American Adult Reading Test NART-R/NAART; *Normen:* Wiens, Bryan & Crossen, 1993). Eine weitere Variante entstand für das amerikanische Gebiet aus einer von Schwartz und Saffran 1978 erstellten, aber unpublizierten Vorläuferversion als American Adult Reading Test (AMNART; Grober, Sliwinski & Korey, 1991).

Diese Verfahren umfassen 100 (GWRT), im Regelfall jedoch 50 (NART), 61 (NART-R/NAART) oder 45 (AMNART) Begriffe, die anders geschrieben als ausgesprochen werden (NART: z. B. „subtle", „naive", „thyme"; NART-R: leichtes Item z. B. „Recipe", schweres Item z. B. „Assignate"). Für ein korrektes Lesen muss der Begriff also bereits bekannt sein und folglich kann aus dieser Form der Lesefähigkeit auf das vor dem cerebralen Abbau vorhandene kognitive Leistungsniveau geschlossen werden. Die Korrelationen dieser Verfahren liegen zumindest für den Gesamt- und Verbal-IQ jeweils zwischen .71 und .83 (Spinks et al., 2009; Blair & Spreen, 1989). Offensichtlich lässt sich der Zusammenhang mit dem Handlungs-IQ nicht mit der gleichen Güte schätzen. Hier liegen die Korrelationen oft nur bei .40. Für den deutschen Sprachraum steht bislang nur der „Lector" zur Verfügung (Reischies, Wertenauer & Kühl, 2005; vgl. Kapitel 5.3).

Beim „Wide Range Achievement Test" (WRAT, Jastak & Jastak, 1978; WRAT-R, Jastak & Wilkinson, 1984; WRAT-3, Wilkinson, 1993) wird der „Reading"-Untertest zur prämorbiden Leistungsschätzung verwendet. Mit diesem zwischen dem fünften und 74. Lebensjahr einsetzbaren Verfahren wird die Wiedererkennung von Buchstaben und Wörtern auf verschiedenen Schwierigkeitsniveaus geprüft. Die Leistungen korrelieren mit dem Wechsler Gesamt-IQ zwischen .57 und .66, wobei auch hier wieder der Zusammenhang mit dem Verbal-IQ am höchsten ist (.69–.70; zit. n. Strauss, Sherman & Spreen, 2006). Die revidierte Fassung des WRAT (WRAT-R) korreliert mit der ebenfalls revidierten Version des NART, dem NART-V (Jastak & Wilkinson, 1984; NART-R: Blair & Spreen, 1989) zu .86, mit dem Gesamt-IQ des WAIS-R jedoch nur zu .46.

Tabelle 5.1: Ansätze der prämorbiden Leistungsdiagnostik

Zugang	Verfahren
A. Sprachbasierte Strategien	
A1. Wissenstests	– Allgemeines Wissen, Allgemeines Verständnis – Wortschatztests – Peabody Picture Vocabulary Test (PPVT, PPVT-R, PPVT-III, PPVT-III-R)
A2. Implizites Wortverständnis	– Mehrfachwahl-Wortschatztest-Intelligenztest (MWT-B) – Wortschatztest (WST) – Spot-the-Word Test
A3. Lesetests	– Schonell Graded Word Reading Test (GWRT) – New Adult Reading Test (NART) – National Adult Reading Test (NART, NART-2) – American National Adult Reading Test (AMNART) – North American Adult Reading Test (NAART/NART-R) – Wide Range Achievement Test (WRAT, UT „READ"; WRAT-R & WRAT-3) – Lector
B. Sozialdatenbasierte Strategien	
B0. Anglo-Amerikanische Vorläuferverfahren	Wilson et al. (1978) Barona et al. (1984) Crawford, Stewart, Cochrane et al. (1989) Crawford & Allan (1997)
B1. Alte Bundesländer	Leplow & Friege (1998) Jahn et al. (2013)
B2. Neue Bundesländer	Wolfram & Wieczorek (1990) Strohbach (2007) Jahn et al. (2013) Leplow et al. (in Vorbereitung)

Tabelle 5.1: Fortsetzung

Zugang	Verfahren
C. Kombinierte Strategien	
C1. Leistungsdaten und Lesetest	– Sozialdaten und National Adult Reading Test – Bildungsdaten und Fehler im AMNART
C2. Leistungs- und Sozialdaten	Krull, Scott & Sherer (1995) Vanderploeg & Schinka (1995) Oklahoma Premorbid Intelligence Estimate (OPIE)
C3. Erhaltene Leistungsspitzen	– „Best Practice" (BEST-3) – General Ability Index Estimate (GAI-E)
D. Verfahren für Kinder und Jugendliche	
	– Wortschatz- (WS) & Zahlenfolgetest (ZF; ab 8,7 Jahren) – Peabody Picture Vocabulary Test (PPVT-R; ab 2 Jahren, dt. ab 13 Jahren) – Wide Range Achievement Test (WRAT-3, UT „Read"; ab 5 Jahren, bei schweren Items ab 8 Jahren) – Spot-the-word test (ab 16 Jahren) – Wortschatztest (WST; ab 16 Jahren) – *Sozialdaten:* Reynolds & Gutkin (1979) – *Kombinierte Methoden:* Child Premorbid Intelligence Estimate (CPIE)

Bei *sozialdatenbasierten Strategien* werden unter anderem das Lebensalter, Geschlecht, berufliche Funktions- und Ausbildungsniveau und gelegentlich auch die Region des Wohnortes und ethnische Zugehörigkeit als Prädiktor für entweder den Verbal-, Handlungs- oder Gesamt-IQ genutzt. Ermittelt wird der geschätzte Sozialdaten-IQ regressionsanalytisch. Die Regressionsformeln bestehen aus einer „Konstanten", zu der dann die gewichteten Prädiktoren addiert oder subtrahiert werden. Die Prädiktoren sind zumeist gestuft (z. B. das formale Bildungsniveau in „hoch", „mittel", gering" und „keine formale Bildung"), und die numerisch abgestuften Kodierungen werden mit dem jeweiligen Regressionsgewicht multipliziert.

Beispielsweise ergibt sich der Gesamt-IQ nach Crawford und Allan (1997) aus der „Konstanten" von 87,14, zu welcher die Lebensjahre (multipliziert mit 0,18) addiert, der für eine Berufstätigkeit vorausgesetzte formale Ausbildungsgrad (kodiert von 1 bis 5 und jeweils multipliziert mit 5,21) subtrahiert und die Anzahl der Ausbildungsjahre (1.0 Punkte pro Jahr, multipliziert mit 1,78) wiederum addiert werden. Über die Formel:

$$FSIQ = 87{,}14 + (0{,}18 \times \text{Lebensjahre}) - (5{,}21 \times \text{Berufstätigkeit}) + (1{,}78 \times \text{Ausbildungsjahre})$$

kommt ein 50-jähriger ($50 \times 0{,}18 = 9{,}0$), voll ausgebildeter Facharbeiter ($1 \times 5.21 = 5{,}21$) mit 10 Ausbildungsjahren ($[10 \times 1.0] \times 1.78 = 17{,}8$) somit auf einen Gesamt-IQ von

$$87{,}14 + 9 - 5{,}21 + 17{,}80 = 108{,}73.$$

Dabei wurde die Subtraktion regressionsanalytisch so ermittelt, dass die „1" bei der „Berufstätigkeit" die anspruchsvollste, die „5" die am wenigsten anspruchsvollste berufliche Tätigkeit kodiert.

Dieser Ansatz basiert offenbar auf den Vorläuferarbeiten von Crawford, Stewart, Cochrane, Foulds, Besson und Parker (1989) und Crawford, Parker und Besson (1989), welche die Formeln an verschiedenen klinischen Gruppen eingesetzt haben. Bei Crawford et al. (1989) wurden die IQs über das Alter, die Bildung, soziale Klasse und das Geschlecht bestimmt. Ähnliche Berechnungsgrundlagen entwickelten Barona, Reynolds und Chastain (1984) sowie Wilson, Rosenbaum, Brown, Rourke, Whitman und Grisell (1978).

Die für den deutschsprachigen Bereich einsetzbaren Formeln sind im Prinzip gleich aufgebaut, jedoch integrieren sie häufig die Variable des Bildungsverhaltens wie die Nutzung von Printmedien, des Internets oder anderer Bildungsgüter als Schätzer für das prämorbide Leistungsniveau (vgl. Abschnitt 5.3).

Bei *kombinierten Strategien* werden Sozialdaten mit ausgewählten Leistungstests kombiniert, von denen angenommen wird, dass sie das prämorbide Leistungsniveau auch noch nach dem Eintreten einer Hirnschädigung repräsentieren. Eine Variante hiervon ist die besondere Berücksichtigung von Leistungsspitzen.

Eine Kombination von *Sozialdaten mit Lesetestergebnissen* wurde von Crawford, Stewart, Parker, Besson und Cochrane (1989) versucht. Die Autoren kombinierten den NART mit dem Lebensalter, Geschlecht und der über die Berufstätigkeit operationalisierten „Sozialen Klasse" zu einem Algorithmus, über den sich der Gesamt- und Verbal IQ zu 73 % bis 78 % und der Handlungs-IQ zu 39 % mit einer deutlich höheren Güte vorhersagen ließen als über den Lesetest oder die Sozialdaten allein. Dieses Ergebnis wurde mit Aufklärungsquoten von 60 % bis 66 % für den Gesamt und Verbal-IQ und einer geringeren Vorhersage von 36 % bis 39 % im Großen und Ganzen bestätigt (Crawford, Nelson, Blackmore, Cochrane & Allan, 1990). Darüber hinaus scheint diese kombinierte Methode in sehr hohem Maße den g-Faktor der Intelligenz abzubilden (Crawford, Cochrane, Besson, Parker & Stewart, 1990). Interessanterweise ergab sich in einer Studie von Blair und Spreen (1989) keine bessere Vorhersage der aktuellen IQ-Werte, wenn die NART-R-Lesetestergebnisse mit Sozialdaten kombiniert wurden. Im AMNART (Grober et al., 1991) wird die Leseleitung dagegen nur mit den Ausbildungsjahren zur Verbalintelligenz verrechnet.

Die *Kombination von Sozial- mit Leistungstestdaten* begründet sich aus der Überlegung, dass bei einer Hirnschädigung nie ganz klar sein kann, welche kognitive Teilleistung erhalten bleibt. Deshalb haben Vanderploeg und Schinka (1995) sowohl für den Gesamt- als auch für den Verbal- und Handlungs-IQ jeweils elf Regressionsanalysen (für jeden der 11 WAIS-Untertest jeweils eine Analyse) gerechnet. Die Autoren stellen es jedoch den Anwendern anheim, aus diesen 33 Formeln die für ihre jeweiligen Zwecke besten Schätzer zu verwenden. In ihrer eigenen Arbeit ergab die Kombination der Sozialdaten mit dem WAIS-Untertest „Wortschatz" für den Gesamt-IQ die beste Aufklärung von $R^2 = .68$ und für den Verbal-IQ von $R^2 = .76$ (unter Verwendung des UT „Allgemeines Wissen": $R^2 = .72$). Für den Handlungs-IQ ergab sich die bestmögliche Aufklärung, wenn die Sozialdaten mit „Bilder Ergänzen", „Bilder Ordnen" und „Mosaiktest" verbunden wurden ($R^2 = .65$).

Eine Voraussetzung für dieses Vorgehen ist jedoch die Annahme, dass die einzelnen kognitiven Teilleistungen bei hirngesunden Personen alle ähnlich gut oder schlecht ausgeprägt sind und eine deutliche positive Abweichung (z. B. von 1.5 Standardabweichungen) in einem Untertest mithin das prämorbide Leistungsniveau reflektiert. Damit steht und fällt diese Strategie mit der Akzeptanz der Annahme einer relativ homogenen Verteilung der einzelnen kognitiven Teilleistungen im Sinne des g-Faktors der Intelligenz.

Ein weiteres Beispiel für eine solche Kombination stammt von Krull, Scott und Sherer (1995). Dabei werden die WAIS-Untertests „Wortschatz" für den Gesamt- und Verbal-IQ mit jeweils „Bildung", „Beruf" und „Ethnie" und der Untertest „Bilder Ergänzen" für den Gesamt- und Handlungs-IQ jeweils mit dem Lebensalter, der Bildung, dem Beruf und der Ethnizität zu einem Schätzer für das prämorbide Leistungsniveau verknüpft. Die Korrelationen mit der gemessenen Intelligenz liegen zwischen .63 und .76. Einer Untersuchung von Powell, Brossart und Reynolds (2003) zufolge ergab der Vergleich zwischen diesem kombinierten Verfahren und der Sozialformel von Barona et al. (1984) keine wesentlichen Unterschiede in der Vorhersagegüte, so dass der einfacher anzuwendenden Sozialformel der Vorzug gegeben wurde. Erstellt wurden die Formeln über die knapp 2 000 Personen große Normierungsstichprobe des WAIS-R. Dabei diente die eine Hälfte der Entwicklung der Formeln, während die Güte der Algorithmen an der anderen Hälfte überprüft wurde.

Auf diese Art und Weise wurde der Ansatz von Krull et al. (1995) als „OPIE" (Oklahoma Premorbid Intelligence Estimate) weiterentwickelt (Schoenberg, Scott, Duff & Adams, 2002). Unter Verwendung der Variablen „Alter", „Bildung", „Ethnizität", „Herkunftsregion" und „Geschlecht" wurden für die Schätzung des Gesamt-IQ zusammen mit den WAIS-Untertests „Wortschatz", „Mosaik Test", „Bilder Ergänzen" und „Allgemeines Wissen" insgesamt fünf Formeln entwickelt. Dabei fanden sowohl die Sozial- als auch die Leistungsdaten in unterschiedlichen Kombinationen in die Algorithmen Eingang.

Entsprechend wurde in einer Folgearbeit bei der Prädiktion der Verbal- und Handlungs-IQs vorgegangen (Schoenberg, Duff, Dorfman & Adams, 2004): Alle der bei Schoenberg et al. (2002) verwendeten Sozialdaten wurden für den Verbal-IQ mit dem „Wortschatz"-Untertest, für den Handlungs-IQ mit den Untertests „Bilder Ergänzen" und „Mosaiktest" verknüpft. Auch hier lag die über die Algorithmen mögliche Aufklärung des gemessenen Handlungs-IQ mit einem R^2 von .65 deutlich unter dem für den Verbal-IQ ($R^2 = .77$).

Eine methodische Variante stellt die *Best Practice Strategy* dar, bei der ebenfalls verschiedene Leistungsbereiche mit Sozialdaten (Lebensalter, Bildung, Beruf und Ethnizität) kombiniert werden. Vanderploeg, Schinka und Axelrod (1996) wählten auf der Basis ihrer Vorläuferarbeit (Vanderploeg & Schinka, 1995) für jeden der drei möglichen IQs aus den verwendeten 11 WAIS-R-Untertests den Algorithmus aus, über welchen die beste Schätzung des prämorbiden Niveaus möglich wurde („BEST-11"). Allerdings ging in die Literatur die „BEST-3"-Strategie ein. Hier wurden die jeweils über die Untertests „Allgemeines Wissen", „Wortschatz" und „Bilder Ergänzen" gebildeten „robustesten" Gleichungen berechnet und für den Gesamt- als auch den Verbal- und Handlungs-IQ die jeweils beste Formel ausgewählt (Übersicht: Schinka & Vanderploeg, 2000). Insgesamt korrelierten die Ergebnisse der BEST-3-Strategie am besten mit den aktuellen IQs. Auch ließ sich die Zugehörigkeit zu einer Gruppe hirnorganisch geschädigter Patienten am besten mit dieser Methode realisieren.

Ähnlich wurde von Schoenberg, Duff, Scott und Adams (2003) an verschiedenen klinischen Gruppen vorgegangen. Lag der alterskorrigierte Wortschatztestwert über dem des Mosaiktests, wurde ein aus „Bildung", „Ethnizität", „Herkunftsregion" sowie „Geschlecht" und „Wortschatz" gebildeter Algorithmus verwendet. Trat dagegen der umgekehrte Fall ein, kam die aus „Alter", „Bildung", „Ethnizität", „Herkunftsregion" sowie „Geschlecht" und „Mosaiktest" gebildete Formel zum Einsatz. Beim General Ability Index (GAI-E; Schoenberg, Lange, Iverson, Chelune, Scott & Adams, 2006) werden ebenfalls die Leistungen im „Allgemeinen Wissen", „Wortschatz", „Mosaiktest" und „Bilder Ergänzen" regressionsanalytisch mit soziodemografischen Daten (Alter; Herkunftsregion, ethnische Zugehörigkeit, Bildung, Geschlecht) ergänzt. Bei verschiedenen Gruppen neurologisch Erkrankter wurde nach der BEST-Methode ebenfalls der jeweils bestpassendste Algorithmus ausgewählt.

Verfahren für Kinder. Ebenso wie bei Erwachsenen wird das prämorbide Leistungsniveau bei Kindern entweder über kristalline Intelligenzfunktionen (z. B. Weiß, 1998, 2007; vgl. Kapitel 5.3), die Lesefähigkeit und damit über das Begriffsverständnis (Wilkinson, 1993), Sozialformeln oder Sozialdaten in Kombination mit Leistungstests geschätzt (Schoenberg, Lange, Brickell & Saklofske, 2007).

Das Sprachverständnis lässt sich vom zweiten Lebensjahr an mit dem auch für Erwachsene geeigneten Peabody Picture Vocabulary Test (PPVT-III-R; Dunn & Dunn, 1997; vgl. S. 728–729) testen, allerdings scheint das Verfahren bei schwereren Schädel-Hirn-Traumen des Kindesalters nicht angezeigt zu sein. Für den deutschen Sprachraum beginnt die Einsetzbarkeit mit dem 13. Lebensjahr (Bulheller & Häcker, 2003; vgl. Kapitel 5.3, S. 737).

Das Wortverständnis wird mit dem schon für den Erwachsenenbereich beschriebenen Untertest „READ" des „Wide Range Achievement" Tests erfasst (vgl. Kapitel 5.2.1). Für das fünfte bis siebte Lebensjahr gibt es eine einfache, vom achten Jahr an eine schwerere Form (WRAT-3; Jastak & Jastak, 1978; Wilkinson, 1993; Strauss et al., 2006). Bei Jugendlichen vom 16. Lebensjahr an ist der „Spot-the-Word"-Test von Baddeley et al. (1993; vgl. Kapitel 5.2.1, S. 729) einsetzbar.

Reynolds und Gutkin (1979) konstruierten eine sozialdatenbasierte Formel, welche im Wesentlichen auf der Lebenssituation der Eltern beruht. Das beinhaltete neben der Wohnsituation auch das über die väterliche Berufstätigkeit und Ethnie kodierte sozioökonomische Niveau.

Komplexe Kombinationen von Sozial- und Leistungsdaten wurden an 2172 6- bis knapp 17-jährigen Kindern und Jugendlichen entwickelt (Schoenberg et al., 2007) und an Kindern mit Zustand nach Schädel-Hirn-Trauma validiert (Schoenberg, Lange, Saklofske, Suarez & Brickell, 2008). Im Rahmen dieser „Child Premorbid Intelligence Estimate" (CPIE) wurden neben einer Sozialformel elf Algorithmen erstellt, mit denen der Gesamt-IQ aus einer Kombination von Sozialdaten (Ausbildungsjahre der Eltern und ethnische Zugehörigkeit) und einzelnen WISC-Untertests geschätzt wurde. Danach erwies sich in der Normierungsstichprobe der Algorithmus aus Sozialdaten in der Verknüpfung mit „Allgemeinem Wissen" und „Bilder Ergänzen" (Schoenberg et al., 2007) als bester Schätzer für die prämorbide Intelligenz. In der sehr viel kleineren Gruppe hirnverletzter Kinder ergab sich dagegen die Kombination aus

Sozialdaten (elterliche Bildung und Ethnie) und entweder „Wortschatz", „Allgemeinem Wissen" oder dem „Mosaiktest" bzw. einer der jeweiligen Zweierverknüpfungen als geeigneter Schätzer für die intellektuelle Leistungsfähigkeit vor dem Unfall (Schoenberg et al., 2008).

5.2.2 Vor- und Nachteile der jeweiligen Strategie

Sowohl die sprachbasierten als auch die Sozialdaten nutzenden Strategien haben Vor- und Nachteile. So benachteiligen Sozialformeln Menschen, deren Lebenswege durch geringe Bildungs- und Aufstiegschancen gekennzeichnet waren, die gleichwohl aber über eine hohe Intelligenz verfügen und sich ein umfangreiches individuelles Bildungswissen angeeignet haben. Derartige Konstellationen finden sich zum Beispiel häufig bei Migranten, Angehörigen der Kriegskindergeneration und in besonderem Maße auch bei den Frauen der drei Nachkriegsjahrzehnte in der alten Bundesrepublik. Diese Personengruppen schneiden im Vergleich zu ihrem sozialen Status zum Beispiel bei Worterkennungsaufgaben oft überproportional gut ab.

Sprachbasierte Tests benachteiligen dagegen Menschen, die sich zwar einen hohen ökonomischen und sozialen Status erarbeitet haben, sich aber kein nennenswertes individuelles Bildungswissen aneignen konnten (Beispiel: Der erfolgreiche Unternehmer und self-made man). Außerdem scheiden sprachbasierte Formen der Erfassung des prämorbiden Leistungsniveaus natürlich bei cerebralen Schädigungen aus, die mit Sprachverständnisproblemen einhergehen. Bei anderen hirnorganischen Beeinträchtigungen geringen oder mittleren Schweregrades können sie jedoch eingesetzt werden. Bei Patienten mit einer fortgeschrittenen demenziellen Entwicklung oder einer anderen umfassenden Hirnschädigung sind sie hingegen kontraindiziert.

Bei Sozialformeln ist zudem zu beachten, dass sie gelegentlich den Nutzungsgrad bestimmter Kulturgüter aus der Kunst und Medienwelt beinhalten. Deshalb ist im individuellen Fall stets sicherzustellen, dass die betreffende Person auch Zugang zu diesen Kultur- oder anderen Bildungsangeboten des Landes hatte und nicht beispielsweise durch längere Auslandsaufenthalte, Haftstrafen oder andere gravierende Ereignisse daran gehindert wurde. In Deutschland trifft das vor allem auf die Binnenmigration nach dem II. Weltkrieg, Kriegsgefangenschaft und die besondere Situation der DDR-Flüchtlinge zu. Aus ähnlichen Gründen sind auch Übertragungen britischer oder amerikanischer Sozialformeln nicht geeignet. Diese beinhalten oft die „Ethnizität", „years of education" und die Region des Wohnsitzes als Prädiktorvariable, die auf den deutschsprachigen Raum nicht übertragbar sind.

Die Korrelationen zwischen den Sozialformel-IQs und den bei Gesunden aktuell gemessenen Intelligenzwerten liegen im Regelfall zwischen .67 (Leplow & Friege, 1998) und .84 (.78) bei Wolfram & Wieczorek (1990). Generell gilt, dass der Bereich zwischen etwa 85 und 125 IQ-Punkten am besten geschätzt werden kann. Sehr hohe prämorbide Werte werden dagegen eher unterschätzt, sehr niedrige Intelligenzquotienten überschätzt (Spinks et al., 2009). Von daher sollten diese Methoden bei bekannter geistiger Behinderung und Minderbegabung nicht, bei Hochbegabten nur mit besonders vorsichtiger Interpretation angewendet werden. Auch sind die Korrelationen zum Handlungs-IQ durchgängig sehr viel geringer als zum Verbal- oder Gesamt-IQ.

Aber auch innerhalb einer nationalen und bildungsvergleichbaren Population können Sozialformeln nicht ohne Weiteres eingesetzt werden. Dieses trifft in der Bundesrepublik Deutschland auf die Bewohner der alten Bundesländer beziehungsweise der Bezirke der ehemaligen DDR zu. Bei Personen, die zum Zeitpunkt der Wende 1989 auf dem Gebiet der ehemaligen DDR gelebt und dort mindestens die achte Klasse abgeschlossen haben, 1989 also mindestens 14 und zum Zeitpunkt dieser Handbuchveröffentlichung also mindesten 42 Jahre alt waren, können die an Probanden der Alten Bundesländern entwickelten Formeln nicht eingesetzt werden. Diese Personen sind in entscheidenden Phasen ihrer sozialen und beruflichen Sozialisation durch das jeweilige politische System geprägt worden. Diese Verhältnisse bedingten zusätzlich einen nicht vergleichbaren Zugang zu akademischen Berufen und Medien, führten in der DDR aber auch zu einer sehr intensiven Nutzung der schöngeistigen Literatur. Vielleicht ist das der Grund, warum ältere Bewohner der ehemaligen DDR im MWT-B oft deutlich besser als vergleichbare Personen der alten Bundesländer abschneiden. Andererseits benachteiligte der politisch reglementierte Zugang zu universitären Studiengängen die DDR-Bevölkerung in besonderem Maße, sodass die üblichen Bildungs- und Sozialdaten bei dieser Gruppe keine valide Differenzierungsgrundlage für das prämorbide Leistungsniveau darstellen. Eine entsprechende Problematik zeigt sich bereits bei einer über „öffentliche Ereignisse" erfolgenden Altgedächtnisdiagnostik (Leplow, Dierks, Merten & Hänsgen, 1997).

Die kombinierten Methoden sind im Allgemeinen relativ aufwendig und verbinden natürlich auch die jeweiligen Nachteile der auf Sozial- und Leistungsdaten beruhenden Verfahren. Auch erscheint die simultane Verwendung verschiedenster Regressionsgleichungen mit der Auswahl der besten Prädiktion (vgl. „BEST-3"-Ansatz) methodisch problematisch. Zwar rechtfertigt sich ein solcher Ansatz über die Tatsache, dass es im Grunde keinen Leistungsbereich gibt, welcher von einer Hirnschädigung nicht betroffen sein kann und auch bei fokalen Läsionen über die kortiko-subkortikalen sowie inter- und intrahemisphärischen Projektionen immer „Fernwirkungen" entstehen. Damit wäre die post hoc-Auswahl des bestpassendsten Algorithmus rational begründet. Allerdings führt das nicht nur zu einem erheblichen Mehraufwand in der Bestimmung des prämorbiden Leistungsniveaus, sondern auch zu dem Umstand, dass die unterschiedlichen IQs unter Verwendung unterschiedlicher Leistungstests zu Stande kommen. Auch bei spezifischen, zum Beispiel dem Verbal-IQ, kann die Schätzung bei verschiedenen Stichproben auf der Verwendung unterschiedlicher Leistungstests beruhen.

Damit offenbart sich die ganze Schwäche einer nicht theoriengeleiteten prämorbiden Intelligenzschätzung. Im Ergebnis ist einfachen personenunabhängigen Verfahren mit möglichst aktueller Normierung sicher der Vorzug zu geben. Unter Berücksichtigung der Kontraindikationen sollten deren Ergebnisse mit denen einfacher Lese- und Wortverständnistests verglichen werden (vgl. Kapitel 5.4).

5.3   Verfahren des deutschsprachigen Raumes

Für den deutschsprachigen Bereich findet sich nur eine überschaubare Anzahl von Verfahren, mit denen das prämorbide Intelligenzniveau geschätzt werden kann (vgl. Tabelle 5.1).

5.3.1 Sprachbasierte Strategien

1. *Wissens- und Verständnistests.* Von den Wissenstests werden vor allem die HAWIE-/WIE-Untertests „Allgemeines Wissen, AW", „Allgemeines Verständnis (AV)" und „Wortschatztest, WS" verwendet (vgl. S. 742). Ihre Anwendung, Auswertung, Normierung und Interpretation ist in den Manualen ausführlich beschrieben. Ihrer alleinigen Anwendung als Schätzer für „hold"-Funktionen stehen jedoch die im Kapitel 5.2.1 bereits ausgeführten Überlegungen entgegen.

2. *Implizites Wortverständnis.* Zu den Verfahren, welche das implizite Wortverständnis erfassen, sind im deutschsprachigen Raum der „Mehrfach-Wahlwortschatz-Intelligenztest" in der Form B (MWT-B; Lehrl, 1999) und der „Wortschatztest" (WST; Schmidt & Metzler, 1992) besonders geläufig. In beiden Verfahren ist aus Reihen von „non-words" jeweils das einzige real existierende Wort herauszustreichen, ohne dass dieses erklärt werden muss.

Die auf dem Peabody Picture Vocabulary Test PPVT-III (Dunn & Dunn, 1997) basierende deutsche Version wurde mit zwei Parallelformen an jeweils gut 1 260 Probanden erstellt (Bulheller & Häcker, 2003). Der Geltungsbereich des 89 Items umfassenden Verfahrens liegt zwischen 13 und 60 Jahren, wobei die jüngeren Altersgruppen („13 bis 14", „15", „16", „17" und „>18") sehr viel differenzierter erfasst wurden. So findet sich in der ältesten, bis zum 60. Lebensjahr reichenden Altersgruppe auch nur die relativ geringe Anzahl von gut 70 Probanden. Die Beschreibung des Verfahrens findet sich im Kapitel 5.2.1 (S. 728). Die dort genannten Einschränkungen können sicher auch auf den deutschen Sprachraum übertragen werden.

Beim MWT-B gibt es 37 Aufgaben mit jeweils vier „non-words" und einem echten Wort (z. B. Item 12: „Unfision – Fudision – *Infusion* – Syntusion – Nuridion"). Der Rohwert wird über die Zahl richtiger Antworten bestimmt. Über eine Korrespondenztabelle kann dieser jeweils Prozentrang- und IQ-Werten zugeordnet werden. Die Normstichprobe beruht auf 1952 gesunden 20- bis 65-jährigen Erwachsenen, alters- und geschlechtsbezogene Normen liegen nicht vor. Eine an 612 Probanden errechnete Korrelation mit dem HAWIE-R betrug .54 (Jahn, Ortner, Kerkhoff & Reischies, 2008).

Beim WST sind 42 Aufgaben mit jeweils fünf „non-words" und einem echten Wort vorgesehen (z. B. Item 33: „Vanzak – Regavent – Valtur – Kauzom – *Vakanz* – Kevanz"). Einsetzbar ist dieses Verfahren von 16 bis 90 Jahren; Z-, z- und IQ-Normen liegen für den Bereich von 20 bis 90 Jahren vor. Bei einer an 572 Gesunden und 263 Patienten einer neurologischen Rehabilitationsklinik durchgeführten Normierungsuntersuchung erwies sich das Verfahren nach einer Rasch-Skalierung als alters- und geschlechtsunabhängig. Der Zusammenhang mit dem als Außenkriterium verwendeten Schul- und Berufsabschluss ergab eine Korrelation von 0,60. und 0,63.

Das implizite Wissen wird auch über Lesetests erfasst. Dabei werden den Patienten von der Schreibung und Aussprache her differente Begriffe präsentiert. Im „Lector" (Reischies, Wertenauer & Kühl, 2005) werden 48 Fremdwörter und seltene deutschsprachige Begriffe (z. B. „Corps" oder „kreieren") mit aufsteigender Schwierigkeiten in jeweils drei Sequenzen vorgegeben. Aus der weitgehend schädigungsresistenten Lesefähigkeit wird auf das prämorbide Leistungsniveau geschlossen. Dieses Prinzip entspricht dem „National Adult Reading Test" (NART, NART-R, NAART; vgl. Tabelle 5.1) des englischen Sprachraumes.

Entwickelt wurde das Verfahren an einer Gruppe von 384 Ratsuchenden einer Gedächtnissprechstunde, 74 Bewohnern eines Seniorenheimes und 45 gesunden Kontrollpersonen mittleren Alters. Die Korrelation mit dem MWT-B beträgt .70 (Reischies et al., 2005), ebenso zum HAWIE-R (Jahn et al., 2008). Eine Alters- und Geschlechtsabhängigkeit besteht nicht, wohingegen eine mittlere Korrelation zum MMSE von .48 gefunden wurde. Auch die Korrelationen zu den Bildungsdaten bewegen sich in diesem Bereich. Für die maximal 48 Punkte erreichende Werteskala des Lector werden lediglich Prozentrangbereiche berichtet, die mit den Lector-Rohpunkten sowie denen des MWT-B in Beziehung gesetzt werden (Reischies et al., 2005).

5.3.2 Sozialformeln

1. *Alte Bundesländer.* Bislang gab es für das Gebiet der ehemaligen Bundesrepublik im Wesentlichen die an amerikanischen Vorbildern (vgl. 5.2.1) konstruierte Sozialformel von Leplow und Friege (1998). Diese ist auf Grund der spezifischen Berücksichtigung altbundesdeutscher Bildungs- und Berufskarrieren sowie der besonderen Berücksichtigung der westlichen Mediennutzung jedoch in gar keiner Weise für die in der ehemaligen DDR sozialisierten Personen einsetzbar (vgl. Kapitel 5.2.2, S. 735). Ob diese Aussage für solche Bewohner der neuen Bundesländer, welche ihre weiterführenden Schul- und Ausbildungszeiten nach der Wende begonnen haben, nicht mehr gilt, ist derzeit empirisch nicht geprüft. In der vorliegenden Formel ist über das „Lebensalter", das wesentlich an Leitungsfunktionen definierte „höchste erreichte berufliche Funktionsniveau", den „höchsten jemals erzielten Bildungsgrad" sowie der „Art der in den letzten 10 Jahren regelmäßig konsumierten Print-Medien" eine recht befriedigende Vorhersage des MWT-B IQs möglich (multiple Korrelation = .67; 68 % korrekte Zuordnung). Besondere Sorgfalt wurde bei der Entwicklung dieser Formel auf eine nach Alter, Einkommen, Geschlecht und Stadt-/Land-Wohnsitz repräsentative Zusammenstellung der Analysestichprobe von 420 gesunden Personen im Alter zwischen 18 und 75 Jahren gelegt. Auch wurde die Binnenmigration nach dem II. Weltkrieg ebenso berücksichtigt wie Kriegsgefangenschaft und längere Auslands- und Gefängnisaufenthalte. Darüber hinaus erlaubt die Formel die Integration des Hausfrauen- und Studierendenstatus und berücksichtigt durch die Frage nach dem jeweils „höchsten" Bildungs- und Berufstätigkeitsniveau eine mögliche vertikale soziale Drift innerhalb der Lebensspanne.

Die neueste Entwicklung einer Sozialformel stammt von Jahn et al. (2013). Danach lässt sich mit den Prädiktoren Geschlecht, Wohnort, Internetnutzung, Schulabschluss, Mathematiknote, Musizieren, Berufsstellung sowie Zeitungs- und Buchlektüre der Gesamt-IQ und über das Alter und Geschlecht, den Status als Erstgeborener, dem Schulabschluss, Vorliegen eines Einser-Abiturs und Wohnort sowie der Internet-, Zeitungs- und Buchlektüre der Verbal-IQ vorhersagen. Die Analysestichprobe umfasste 612 nach Alter, Geschlecht und Bildung repräsentativ zusammen gestellte 18- bis 75-jährige gesunde Probanden. Die am HAWIE-R konstruierten Formeln ergaben für den Gesamt-IQ eine Aufklärung $R^2 = .56$ und für den Verbal-IQ von $R^2 = .58$. Für den Handlungs-IQ lag diese Vorhersage bei einer

Güte von unter 30%, weswegen diese Schätzung nicht weiterempfohlen wurde. Die beiden anderen Formeln sind auch für die Bewohner der ehemaligen DDR anwendbar, wenn diese bis 1989 auf dem Gebiet der ehemaligen DDR gelebt und dort die achte Schulklasse abgeschlossen haben (zum Zeitpunkt der Wende also etwa 14 Jahre alt waren).

2. *Neue Bundesländer.* Für die ehemalige DDR-Bevölkerung wurde von Wolfram und Wieczorek schon im Jahre 1990 eine Sozialformel entwickelt. Für die bis 1944 und ab 1945 Geborenen wurde jeweils aus der Art des erreichten „Schulabschlusses" (Schulart, Klassenstufe), die „durchschnittlichen Schulabschlussnote", der „Mathematiknote" (des Abschlusszeugnisses), der „erreichte beruflichen Qualifikationshöhe" (z. B. „Hoch- und Fachhochschulabschluss", „Facharbeiter", „ungelernt" etc.) und der „durchschnittliche Abschlussnote der berufstheoretischen Ausbildung (der erreichten höchsten Qualifikationsebene)" jeweils eine Regressionsformel entwickelt, über die das aus verschiedenen Intelligenz- und Leistungstests (Intelligenz, Lernfähigkeit, Kurz- und Langzeitgedächtnis, Konzentration, kognitives Tempo und Umstellfähigkeit) kombinierte aktuelle Leistungsniveau mit hoher Güte vorhergesagt werden konnte. Da sich die Bildungsdaten notwendigerweise am DDR-Schulsystem orientierten, ist klar, dass eine Übertragbarkeit auf die Bevölkerung der alten Bundesrepublik beziehungsweise auf die gesamtdeutsche jüngere Bevölkerung ausgeschlossen ist.

Auch in der eigenen Arbeitsgruppe gab es einen ersten Versuch, über DDR-typische Sozialdaten die MWT-B-IQs und LPS 50-IQs vorherzusagen (Strobach, 2007). Das Einschlusskriterium dieser, an einer kleineren Stichprobe durchgeführten Untersuchung war der lebenslange Aufenthalt in der DDR und mindestens der Abschluss der 8. Klasse im Schulsystem der DDR. Damit war gewährleistet, dass zumindest der erste, relevante Teil der schulischen Sozialisation im System der DDR verbracht wurde. So ließ sich der LPS 50-IQ zu 68% korrekt aus der gemittelten Abschlussnote der 8. Klasse, der Berufsgruppe und dem Ausbildungsabschluss, der des MWT-B zu gleicher Güte über den Ausbildungsabschluss sowie die „intellektuelle Anregung" (= „Anzahl der Wandbilder im Haushalt") vorhersagen. Auch wenn die Regressionen für den mittleren IQ-Bereich wiederum befriedigende Vorhersagen zuließen, ist vor dem Einsatz sicher eine Überprüfung der beiden Formeln an größeren und differenzierteren Stichproben erforderlich.

3. *Verfahren für Kinder.* Im deutschsprachigen Bereich liegen für Kinder praktisch keine überprüften Verfahren zur prämorbiden Leistungsschätzung vor. Als Ergänzung zum Grundintelligenztest CFT 20 wurde von Weiß (1998, 2007) der zehnminütige „Wortschatztest" (WS) und fünfzehnminütige „Zahlenfolgentest" (ZF) auch für die Schätzung des prämorbiden Niveaus nach traumatischer oder toxischer Hirnschädigung entwickelt. Beide Verfahren erlauben bei 8,7 bis 15,6 Jahre alten Kindern die Erfassung der kristallinen Intelligenz. Zumindest in Bezug auf den Zahlenfolgentest ist nach Angaben des Autors aber auch von einem „gewissen Anteil flüssiger Intelligenz" auszugehen (S. 11).

Der Wortschatztest (WS) enthält 30 Mehrfachwahlaufgaben. Die Probanden sollen „das eine Wort herausfinden, welches die gleiche oder eine sehr ähnliche Bedeutung hat" wie ein Zielwort. Zum Beispiel soll der Begriff „Besteck" verglichen werden mit (a) Hecke, (b) Löffel, (c) Steckdose, (d) Teller, (e) Hindernis. Die Rohwerte lassen sich in PR-, T- und IQ-Werte umrechnen. Beim 21 Aufgaben umfassenden Zahlenfolgentest (ZF) soll jeweils zu einer Folge von sechs Zahlen eine Siebte gefunden werden. Diese ist aus einem Katalog von fünf Alternativen auszuwählen (Beispiel: 1–3–5–7–9–11- ?). Der WS und ZF korrelieren mit dem CFT 20 zu .48 beziehungsweise .57.

Vom 13. Lebensjahr an ist der das Wortverständnis erfassende deutschsprachige Peabody Picture Vocabulary Test von Bulheller und Häcker (2003; vgl. 5.2.1, S. 728, und 5.3.1, S. 737) einsetzbar. Die im Manual zitierten amerikanischen Validitätsuntersuchungen ergaben zwischen .76 und .92 liegende Korrelationskoeffizienten mit der gemessenen Intelligenz (WISC-II; verschiedene Versionen des Kaufmann-Intelligenztests für Kinder). Die im amerikanischen Sprachraum erhobenen Befunde einer Abhängigkeit der Testergebnisse vom Grad der Hirnschädigung können sicher auf das deutsche Verfahren übertragen werden (vgl. S. 728).

5.4 Diagnostisches Vorgehen: Strategie und Testvorschläge

Für die Verhältnisse im deutschsprachigen Raum wird das folgende Vorgehen empfohlen:

Vorgehen bei der Erfassung des prämorbiden Leistungsniveaus:

1. *Erste Grobabschätzung:*
   Deutschsprachige Sozialformel.
   Achtung: Neue Bundesländer; Patienten mit Migrationshintergrund u. Ä. m. (vgl. S. 735–736).

2. *Absicherung:*
   Sprachbasierte Schätzungen: (Mehrfachwahl-)Wortschatztest und/oder Lector-Lesetest.
   Achtung: sprachverständnissensitive Schädigungstopik, Herkunft und Bildungskontext (vgl. S. 735).

3. *Schätzung des aktuellen Leistungsniveaus:*
   Intelligenzkurztests, SPM, Demenztests (z. B. CERAD, PANDA, MoCa, DemTec, Sidam- oder Reisberg-Skalen etc.),
   bei sehr wenig Zeit. „Gemeinsamkeiten Finden" (GF) etc.

4. *Vergleich:*
   IQ-/Normwerte vergleichen, wenn möglich, signifikante Abweichung vom prämorbiden Leistungsniveau in Form von 1.5 Standardabweichungen definieren (vgl. S. 733).

5. *Vorgehen bei Kindern:*
   Ab 8,7 Jahre: Wortschatz- (WS) und Zahlenfolgentest (ZF).
   Ab 13 Jahre: Sprachbasierte Schätzung: Peabody Picture Vocabulary Test (PPVT-III, dt. Version).
   Ab 16 Jahre: Wortschatz- (WS) und Zahlenfolgentest (ZF) (vgl. S. 739).
   Sonst: Sozialformel von Vater und Mutter.
   Achtung: Kriterium Standardabweichung Sozialformeln Eltern-Testergebnis/Kind nicht anwenden, Interpretation nur auf Basis einer qualitativen Betrachtung.

Werden die Ausführungen des Kapitels 5.2.2 in Rechnung gestellt, dann sollten bevorzugt personenunabhängige Verfahren zur prämorbiden Leistungsschätzung eingesetzt werden. Da diese jedoch stark vom jeweiligen kulturellen und politischen Milieu abhängig sind und damit Personen benachteiligen, welche auf Grund solcher Rahmenbedingungen nicht am schulischen und beruflichen Aufstiegsangebot einer Gesellschaft teilhaben konnten, sollte die auf Soziadaten basierende Schätzung wenn immer möglich durch einen Wortverständnistest ergänzt werden. Von diesen ist bei Patienten mit Schädigungen sprach- und sprechsensitiver Regionen aber ebenso abzusehen wie bei Patienten, bei denen bei prämorbid ansonsten hohem Leistungsniveau keinerlei Zugang zu sprachgebundenem Bildungswissen nachweisbar ist. Auch werden Wortschatztests nur empfohlen, „wenn die Hirnleistungsminderung nicht einen höheren Schweregrad erreicht hat" (Schmidt & Metzler, 1992, S. 4).

Bei neurodegenerativen Erkrankungen wiederum können keinerlei auf expliziten Abruftechniken basierende Verfahren angewendet werden. Das schließt die Verwendung von „Wissenstests" und ähnlichen „hold"-Ansätzen aus. Einsetzbar sind im Bereich der Neurodegeneration wie auch bei den meisten anderen psychischen und neuropsychologischen Störungen Verfahren, welche den impliziten Abruf nutzen, also die impliziten Wortverständnis- und Lesetests. Diese sind nur dann kontraindiziert, wenn eine sensorische Aphasie, semantische Demenz oder eine andere Schädigung der temporalen, fronto-temporalen und mesio-temporalen Regionen vor allem der dominanten Hemisphäre vorliegt. Auch sind die „Zahlenspanne" und andere Spannenmaße zur Erfassung des Kurzzeitgedächtnisses bei neurodegenerativen Erkrankungen – anders als beim amnestischen Syndrom – nicht zur Feststellung einer „hold"-Funktion einsetzbar. Sozialformeln können unter Beachtung der im Text genannten Einschränkungen eingesetzt werden.

Auch ist zu bedenken, dass die prämorbide Leistungsschätzung und die aktuelle Intelligenzmessung oft nicht auf denselben Konstrukten beruhen. Wird zum Beispiel ein Lesetest für das prämorbide Niveau und der SPM für die aktuelle Messung verwendet, ist eine schematische Anwendung einer bestimmten Standardabweichung für die „Diagnose" eines kognitiven Abbaus sicher unzulässig. Hier hilft nur die umfassende neuropsychologische Befunderhebung, welche die Besonderheiten der infrage stehenden cerebralen Veränderung genauso berücksichtigt wie den sozialen Hintergrund des Patienten.

Zusammenfassend lässt sich also feststellen, dass möglichst immer ein sprachbasiertes und ein auf Sozialdaten beruhendes Verfahren der prämorbiden Leistungserfassung parallel eingesetzt werden sollten. Etwaige Unterschiede wären dann vor dem Hintergrund der sozialen, bildungsgeschichtlichen und gesundheitlichen Bedingungen zu interpretieren und können ihrerseits aufschlussreiche diagnostische Informationen liefern. Dabei ist aber zu bedenken, dass sehr hohe und niedrige wahre Intelligenzwerte durch die vorgestellten Ansätze im Allgemeinen unter- beziehungsweise überschätzt werden.

5.5   Übersichtstabelle: Strategien und Verfahren einer prämorbiden Leistungsdiagnostik

Die folgende Tabelle enthält alle wichtigen Operationalisierungen der prämorbiden Intelligenz. Die entsprechenden Formeln sind detailliert aufgeführt, um die jeweilige Schätzung der prämorbiden Leistungen nachvollziehbar zu machen und (wo dies die Verfahren erlauben) im klinischen Alltag einsetzen zu können:

- Sprachbasierte Testverfahren
  - Wissenstests
  - Implizite Verständnistests
- Sozialformeln
  - Angloamerikanische Vorläuferverfahren
  - Alte Bundesländer
  - Neue Bundesländer

- Komplexe Strategien
  - „Best Practice Strategien"
  - Kombinierte Strategien
- Verfahren für Kinder

In der zweiten Spalte sind die Kriteriumsvariablen angegeben, die mittels einer oder mehrerer Prädiktorvariablen (und gegebenenfalls einer Regressionsgleichung) vorhergesagt werden können. Die Prädiktorvariablen finden sich in Spalte drei, die Seitenangaben in Spalte vier.

Sprachbasierte Testverfahren			
Sprachbasierte Testverfahren: Wissenstests			
Allgemeines Verständnis (AV), Allgemeines Wissen (AW), Wortschatztest (WT), Figuren Legen (FL) aus: Wechsler Intelligenztest für Erwachsene (WIE) oder Hamburg-Wechsler-Intelligenztest für Erwachsene-Revision (HAWIE-R) WIE: von Aster et al., 2006, HAWIE-R, Tewes, 1994	WIE HAWIE-R	Entweder Vergleich „hold-" (WT; AW, AV, BE; FL) mit „non hold"-Funktionen (Gemeinsamkeiten finden, GF; Mosaiktest, MT; Zahlen nachsprechen, ZN; Rechnerisches Denken, RD; Zahlensymboltest, ZS) oder Mittelwert aus WT und BE oder Auswahl des besten UTs (WS oder BE) oder (heute bevorzugt): Verwendung einzelner „hold"-UTs in Sozialformeln (vgl. „Komplexe Strategien"), dabei häufig AW, AV und WT für den Verbal- und Gesamt-IQ sowie BE und MT für den Handlungs-IQ	728

| Peabody Picture Vocabulary Test (PPVT)

Englische Versionen:
PPVT, Dunn (1959);
PPVT-R, Dunn & Dunn (1981);
PPVT-III, Dunn & Dunn (1997)

Deutsche Version:
Bulheller & Häcker, 2003 | WAIS | Zeigen der Abbildung in einem Tableau von 4 Bildern, welche zu einem Zielwort passt. | 728
737 |

Sprachbasierte Verfahren: Implizites Wortverständnis

Mehrfachwahl-Wort-schatz-Intelligenztest: (MWT-B) Lehrl, 1999	HAWIE-R	Identifikation eines Realwortes aus vier Distraktoren.	737
Wortschatztest (WST) Schmidt & Metzler, 1992	Schul- & Berufs-abschluss	Identifikation eines Realwortes aus fünf Distraktoren.	729 737
„Spot-the-Word test" Baddeley et al., 1993	NART	60 Paare, bestehend jeweils aus einem Wort und einem „non word".	729

Sprachbasierte Verfahren: Lesetests

Schonell Graded Word Reading Test (GWRT) Nelson & McKenna, 1975	WAIS FSIQ	Korrekte Aussprache von 100 Begriffen mit Schrift-Laut Unterschied. FSIQ: 44.1 + 0.71 (Schonell-Score)	729
New Adult Reading Test (NART) Nelson & O'Connell, 1978	WAIS FSIQ, VIQ & PIQ	Schrift-Laut-Leseunterschiede an Hand von 50 Begriffen. FSIQ :128–0.83 (NART-Fehler) VIQ: 129–0.92 (NART-Fehler) PIQ: 124–0.65 (NART-Fehler)	729
National Adult Reading Test (NART/NART-2) Nelson, 1982, NART-2: Nelson & Willison, 1991	WAIS WAIS-R	Schrift-Laut-Leseunterschiede an Hand von 61 (NART-2=50) Begriffen.	729

North American Adult Reading Test/National Adult Reading Test-Revised (NAART/NART-R) Blair & Spreen, 1989 Normen: Uttl (2002)	WAIS-R FSIQ, VIQ & PIQ	Schrift-Laut-Leseunterschiede an Hand von 61 Begriffen. FSIQ = 127.8–0.78 (NART-R-Fehler) VIQ = 128.7–0.89 (NART-R-Fehler) PIQ = 119.4–0.42 (NART-R-Fehler)	729 738
American National Adult Reading Test oder American Version of the Nelson Adult Reading Test (AMNART) Grober et al., 1991	WAIS-R VIQ	Schrift-Laut-Leseunterschiede an Hand von 45 Begriffen VIQ = 118.2 – .89 (AMNART errors) + .64 (Ausbildungsjahre)	730
UT „Read" aus: Wide Range Achievement Test – Third Edition (WRAT, Jastak & Jastak, 1978; WRAT-R, Jastak & Wilkinson, 1984; WRAT-3, Wilkinson, 1993)	WISC-III & WAIS-R	Rekognition von Buchstaben und Wörtern auf verschiedenen Schwierigkeitsniveaus für 5- bis 74-Jährige (ab 8. Lebensjahr für die schwereren Items).	730
LECTOR (Reischies et al., 2005)	MWT-B HAWIE-R	Korrekte Aussprache bei Begriffen mit Schrift-Laut-Unterschied bei 48 Begriffen aus drei Schwierigkeitsebenen; Auswertung über Rohwert-Prozentrangzuordnung von Lector und MWT-B.	737
Sozialformeln			
Anglo-Amerikanische Verfahren			
Wilson et al. (1978)	WAIS	FSIQ = 74.05 + 0.17 (Alter) + 2.97 (Bildung) – 1.53 (Geschlecht) – 11.33 (Ethnizität) + 1.01 (Beruf) VIQ = 70.80 + 0.18 (Alter) + 3.09 (Bildung) – 2.02 (Geschlecht) – 8.99 (Ethnizität) + 0.97 (Beruf) PIQ = 81.55 + 0.14 (Alter) + 2.44 (Bildung) – 0.66 (Geschlecht) – 12.91 (Ethnizität) + 0.91 (Beruf)	730

Barona et al. (1984)	WAIS-R	FSIQ = 54.96 + 0.47 (Alter) + 5.02 (Bildung) + 1.76 (Geschlecht) + 4.71 (Ethnizität) + 1.89 (Beruf) + 0.59 (Region) VIQ = 54.23 + 0.49 (Alter) + 5.25 (Bildung) + 1.92 (Geschlecht) + 4.24 (Ethnizität) + 1.89 (Beruf) + 1.24 (Stadt-Land) PIQ = 61.58 + 0.31 (Alter) + 3.75 (Bildung) + 1.09 (Geschlecht) + 4.95 (Ethnizität) + 1.54 (Beruf) + 0.82 (Region)	730
Crawford et al. (1989)	WAIS FSIQ, VIQ & PIQ	FSIQ = 104.12 − 4.38 (soz. Schicht) + 0.23 (Alter) + 1.36 (Bildung) − 4.70 (Geschlecht) VIQ = 103.56 − 5.07 (soz. Schicht) + 0.25 (Alter) + 1.54 (Bildung) − 5.20 (Geschlecht) PIQ = 105.73 − 3.28 (soz. Schicht) + 0.18 (Alter) + 0.88 (Bildung) − 3.70 (Geschlecht)	730
Crawford & Allan (1997)	WAIS-R FSIQ, VIQ & PIQ	FSIQ = 87.14 + 0.18 (Alter) − 5.21 (Beruf) + 1,78 (Ausbildungsjahre) VIQ = 87.42 + 0.17 (Alter) − 5.08 (Beruf) + 1,77 (Ausbildungsjahre) PIQ = 90.89 + 0.16 (Alter) − 4.34 (Beruf) + 1,338 (Ausbildungsjahre)	730
Deutschsprachige Verfahren			**alte Bundesländer**
Leplow & Friege (1998)	MWT-B	Nicht einsetzbar bei Personen, die bis 1989 auf dem Gebiet der ehemaligen DDR gelebt haben *und* dort mind. die 8. Klasse abgeschlossen haben. IQ 82.08 + 0.22 (Alter) + x (Bildungsniveau) + y (Berufsgruppe) + z (Mediennutzung) x = 0.00: „niedrig", max. 10. Schuljahr + Lehre; 3.28: „untere Mitte", Realschulabschluss 6.97: „obere Mitte", Allg. Hochschulreife 9.48: „hoch", Abitur + Lehre/Studium operationalisiert über das „höchste jemals erreichte Funktionsniveau"	738 751

		y = 0.00: „gering; un-/angelernt 9.94: „untere Mitte", Facharbeiter/Haus- frauen, Azubis 16.65: „obere Mitte", mittl. Leitungse- bene/Studierende 20.57: „hoch", Führungsebene, Unter- nehmer operationalisiert über das „höchste jemals erreichte Verantwor- tungsniveau" z = 0.00: „nur Unterhaltungspresse"; 7.13: „max. regionale Tageszeitung", 8.77: „(zus.) überregionale Presse"	
Jahn et al. (2013)	HAWIE-R	Nicht einsetzbar bei Personen aus der ehemaligen DDR (vgl. Leplow & Friege, 1998), die vor 1986 geboren sind. GIQ = 81.78 + a (Geschlecht) + b (Wohnort) + c (Internetnutzung) + d (Schulabschluss) + e (Mathematiknote) + f (aktives Musizieren) + g (Berufsstellung) + h (Zeitungslektüre) + i (Buchlektüre) a = 0.00: weibl., 2.17: männl. b = 0.00: <20 000, 3.19 >= 20 000 Einw. c = 0.00: nein, 6.01: ja d = 0.00 max. Haupt., 6.90: Real., 12.67 (Abitur) e = 0.00: 3.0–6.0, 4.35: 3.0–2.9, 6.40: 1.0–1.9 f = 0.00: nie oder max. 4.9, 3.72: mind. 5 Jahre g = 0.00: nie, un-/angelernt, Hausfrau 3.48: Lehre, (Fach-)Arbeiter, einf. Angest. 6.34: qual.Angest., Beamte, Meister 7.60: Akademiker & Studierende 8.78: Ltd. Angest. oder beamte h = 0.00: max. regional oder Yellow Press 3.20: überregionale Qualitätspresse i = 0.00: keine, 4.15: Trivialliteratur, 8.80: gehobene Literatur und Sachbücher 11.77: Klassiker, anspruchsvolle Literatur	738 756

		VIQ = 76.80 + 0.11 (Alter) + a (Geschlecht) + b (Geschwisterreihe) + c (Schulabschluss) + d (Abschlussnote) + e (Wohnort) + f (Internetnutzung) + g (Zeitungslektüre) + h (Buchlektüre)
		
		a = 0.00: weibl., 4.42: männl.
		b = 0.00: ältere Geschwister, 2.30: Erstgeborener
		c = 0.00 max. Haupt., 8.69: Real., 16.20 (Abitur)
		d = 0.00: <„1", 4.74: „1"
		e = 0.00: <20 000, 2.87 >= 20 000 Einw.
		f = 0.00: nein, 5.06: ja
		g = 0.00: nur Yellow Press
		    3.54: nichts oder nur Regionalzeitungen
		    8.01: überregionale Qualitätspresse
		h = 0.00 keine, 3.69: Trivialliteratur,
		    9.89: gehobene Literatur und Sachbücher
		    13.88: Klassiker, anspruchsvolle Literatur	

Deutschsprachige Verfahren			**neue Bundesländer**
Wolfram & Wieczorek (1990)	„gemeinsamer MW" aus Intelligenz, Lernfähigkeit, KZG & LZG Konzentration kog. Tempo, Umstellf.	Bis Geburtsjahrgang 1944: $IQ = 5.2 + 0.09 (X_1 - 5.7) + 0.41 (X_2 - 5.6) + 0.18 (X_3 - 5.3) + 0.08 (X_4 - 5.7) + 0.36 (X_5 - 5.4)$. Bis Geburtsjahrgang 1944: $IQ = 5.3 + 0.13 (X_1 - 6.7) + 0.36 (X_2 - 5.6) + 0.33 (X_3 - 5.6) + 0.15 (X_4 - 6.0) + 0.10 (X_5 - 5.4)$. X_1 = Schulabschluss X_2 = durchschnittliche Schulabschlusswerte X_3 = Mathematiknote X_4 = berufliche Qualifikationshöhe X_5 = berufstheoretische Abschlussnote	739
Strobach (2007)	MWT-B LPS-50+	*Derzeit nicht einsetzbar, da noch in der Entwicklung:* IQ = 120.02–10.85 (Ausbildung) + 0,66 („intellektuelle Anregung") *Derzeit nicht einsetzbar, da noch in der Entwicklung:* IQ = 119 562–106,22 Endjahresnote Klasse 8) – 13,29 (Ausbildung) + 8,09 (Berufsgruppe)	739

Komplexe Strategien		
Test	**Kriteri-umsvari-able**	**Prädiktorvariablen**
Kombination von Lesetest- und Sozialdaten Crawford, Stewart, Parker et al. (1989)	WAIS FSIQ, VIQ & PIQ	FSIQ = 135.96 − 0.79 (NART-Fehler) + 0.11 (Alter) − 4.6 (Geschlecht) − 2.15 (soziale Klasse) VIQ = 139.93 − 0.96 (NART-Fehler) + 0.11 (Alter) − 4.9 (Geschlecht) − 2.04 (soziale Klasse) PIQ = 126.01 − 0.46 (NART-Fehler) + 0.11 (Alter) − 3.7 (Geschlecht) − 2.02(soziale Klasse)	732
Kombination von Lesetest- und Sozialdaten Crawford, Nelson, Blackmore et al. (1990)	short-form WAIS FSIQ, VIQ & PIQ	FSIQ = 133.47 − 0.75 (NART-Fehler) + 0.09 (Alter) − 4.2 (Geschlecht) − 1.8 (soziale Klasse) VIQ = 136.10 − 0.86 (NART-Fehler) + 0.05 (Alter) − 4.0 (Geschlecht) − 1.58 (soziale Klasse) PIQ = 124.84 − 0.53 (NART-Fehler) + 0.14 (Alter) − 4.1 (Geschlecht) − 1.5 (soziale Klasse)	732
Kombination von Lesetest und Ausbildungsjahren Grober, Sliwinski & Korey (1991)	WAIS-R VIQ	Schrift-Laut-Leseunterschiede an Hand von 45 Begriffen. VIQ = 118.2 − .89 (AMNART errors) + .64 (Ausbildungsjahre)	732
Kombination von Sozial- und Leistungsdaten Krull et al. (1995)	WAIS-R	VIQ = 65.87 + 0.87 (Bildung) + (−0.15 Ethnizität) + (−0.50 Beruf) + 0.79 (UT „Wortschatz") PIQ = 52.45 + 0.23 (Alter) + 1.34 (Bildung) + (−3.14 Ethnizität) − (−0.62 Beruf) + 2.77 (UT „Bilder ergänzen") FSIQ = 53.80 + 0.10 (Alter) + 0.64 (Bildung) + (−1.73 Ethnizität) − (−0.51 Beruf) + 0.57 (UT „Wortschatz") + 1.33 („Bilder ergänzen") *Bei „schweren" Hirnschädigungen:* FSIQ = 69.43 + 0.85 (Bildung) − 2.68 (Ethnizität) − 0.66 (Beruf) + 0.76 (UT „Wortschatz") *oder* FSIQ = 52.76 + 0.24 (Alter) + 3.10 (Bildung) − 3.73 (Ethnizität) − 0.71 (Beruf) + 2.30 (UT „Bilder ergänzen")	733

Kombination von Sozial- und Leistungsdaten: OPIE-3: Oklahoma Premorbid Intelligence Estimate Schoenberg et al. (2002)	WAIS-III (nur FSIQ)	Fünf Algorithmen aus Kombinationen von Alter, Bildung, Ethnizität, Geschlecht und Wohnregion sowie verschiedene Sets aus „Wortschatz", „Allgemeines Wissen", „Block Design" und „Bilder Ergänzen".	733
Kombination von Sozial- und Leistungsdaten Schoenberg et al. (2004)	WAIS-III (VIQ & PIQ)	PIQ über „Mosaiktest" und „Bilder Ergänzen" VIQ über „Wortschatztest"; beide jeweils mit Alter, Bildung, Ethnizität, Geschlecht und Wohnregion.	734
Kombination von Sozial- und Leistungsdaten Vanderploeg & Schinka (1995)	WAIS-R FSIQ, VIQ & PIQ	Demografische Daten (Ethnizität, Alter, Ausbildung und Beruf) werden mit allen 11 WAIS-Untertests jeweils für den Gesamt-, Verbal- und Handlungs-IQ zu 33 Algorithmen verknüpft; keine allgemeine Empfehlung bzgl. eines bestimmten Algorithmus.	732
BEST-Strategie: Vanderploeg, Schinka & Axelrod (1996); Axelrod, Vanderploeg & Schinka (1999); Schinka & Vanderploeg (2000)	WAIS-R FSIQ, VIQ & PIQ	Auswahl des Algorithmus aus der Vanderploeg und Schinka (1995)-Studie, aus welchem sich der höchste prämorbide Intelligenzwert berechnen lässt. „BEST-3"-Ansatz: Auswahl jeweils der über die Untertests „Wortschatz", „Allgemeines Wissen" und „Bilder Ergänzen" gebildeten Formel mit der besten Vorhersagekraft.	733
BEST-Strategie: Schoenberg et al. (2003)	WAIS-III (nur FSIQ)	An klinischen Gruppen u. a. „BEST"-Strategie: Je nachdem, ob der UT „Wortschatz" oder „Mosaiktest" besser ausfiel, wird der entsprechende UT mit verschiedenen Kombinationen aus Alter, Bildung, Ethnizität, Geschlecht und Wohnregion verknüpft.	734
BEST-Strategie: GAI-E: General Ability Index-Estimate Schoenberg et al. (2006)	WAIS-III	GAI-E: Kombination von Leistungsdaten („Wortschatz", „Allgemeines Wissen", „Schlussfolgerndes Denken" & „Bilder Ergänzen") mit Sozialdaten (Alter, Bildung, Geschlecht, Herkunftsregion und Ethnie). Zehn verschiedene Algorithmen u. a. mit BEST-Prozedur.	734

Untersuchungsverfahren für Kinder			
Wortschatz (WS) und Zahlenfolgetest (ZF) Ergänzungstests zum CFT 20 Weiß, 1987	CFT 20	Erfassung der kristallinen Intelligenz über den „Wortschatz" oder „Zahlenfolgen"-Ergänzungen.	739
Peabody Picture Vocabulary Test – Revised (PPVT) Dunn, 1959, PPVT-R, Dunn & Dunn, 1981, PPVT-III, Dunn & Dunn 1997, dt.: Bulheller & Häcker, 2003)	WISC-II K-ABC	Zeigen der Abbildung in einem Tableau von 4 Bildern, die zu einem Zielwort passt.	740
UT „Read" aus: Wide Range Achievement Test – Third Edition (WRAT; WRAT-R, WRAT-3) Jastak & Jastak, 1978; Wilkinson, 1993; Strauss et al., 2006	WISC-III	Wiedererkennung von Buchstaben und Wörtern auf verschiedenen Schwierigkeitsniveaus vom 5. Lebensjahr an.	734
Reynolds & Gutkin (1979)	WISC-R FSIQ, VIQ & PIQ	$VIQ = 127.85 - 3.70$ (väterl. Beruf) $- 8.86$ (väterl. Ethnizität) $- 2.40$ (Geschlecht) $- 0.68$ (Region) $- 1.16$ (Stadt/Land) $PIQ = 121.08 - 2.80$ (väterl. Beruf) $- 9.18$ (väterl. Ethnizität) $- 0.64$ (Geschlecht) $- 1.07$ (Stadt/Land) $FSIQ = 126.90 - 3.65$ (väterl. Beruf) $- 9.72$ (väterl. Ethnizität) $- 1.79$ (Geschlecht) $- 0.41$ (Region) $- 1.20$ (Stadt/Land)	734
Child Premorbid Intelligence Estimate (CPIE) Schoenberg et al., 2007	WISC-IV	Ein Algorithmus aus Sozialdaten; 11 Algorithmen aus Sozialdaten kombiniert mit Leistungstests; am besten erweisen sich Kombinationen aus Sozialdaten (elterliche Bildung ethnische Zugehörigkeit) mit einzelnen oder paarweise verknüpften Untertests: „Allgemeines Wissen", „Wortschatz", „Bilder Ergänzen", „Mosaiktest (Schoenberg et al., 2008).	734

Anmerkungen: FSIQ = Full Scale IQ, VIQ = Verbal IQ, PIQ = Performance IQ

5.6 Sozialformel zur Schätzung des prämorbiden Intelligenzniveaus: alte Bundesländer

Leplow & Friege, 1998

Berechnung zur prämorbiden Intelligenzschätzung**				
Patient/in (Vor- und Nachname): _____				
Geburtsdatum: _____		Fallnummer: _____		
Untersuchungsdatum: _____		Untersucher/in: _____		
Markieren Sie in den jeweils zutreffenden Zeilen die Gewichtungsfaktoren und addieren Sie diese. Die Summe ergibt die IQ-Schätzung. Diese Formel darf **nicht** bei Personen **angewendet werden**, die bis 1989 auf dem Gebiet der ehemaligen DDR gelebt und dort die achte Schulklasse abgeschlossen haben (zum Zeitpunkt der Wende also etwa 14 Jahre alt waren)!				
Lebensalter	×0,22			....
Bildungsniveau x	niedrig:	höchstens Hauptschulabschluss 10. Klasse mit oder ohne zusätzliche Lehre	+	0,00
	untere Mitte:	untere Mitte: mindestens Realschulabschluss, aber kein Abitur mit oder ohne zusätzliche Lehre	+	3,28
	obere Mitte:	obere Mitte mindestens Abitur, aber keine abgeschlossene weitere Ausbildung	+	6,97
	hoch:	mindestens Abitur und abgeschlossene weitere Ausbildung (akademisch oder gewerblich)	+	9,48
Berufliches Funktionsniveau y	gering:	Tätigkeiten ohne Personalverantwortung	+	0,00
	untere Mitte:	vorwiegend weisungsgebundene Angestellte, Arbeiter oder Beamte mit wenig Personalverantwortung; Hausfrauen, Auszubildende, Bachelor- und Masterstudierende	+	9,94
	obere Mitte:	untere bis mittlere Leitungsebene (z.B. Leitung einer Gruppe oder Arbeitseinheit oder Promotionsstudierende	+	16,65
	hoch:	Höhere oder hohe Leitungsfunktionen in Unternehmen oder staatlichen Einrichtungen	+	20,57
Zeitungslektüre z der letzten 10 Jahre*	gering:	nur Unterhaltungs- oder Freizeitpresse	+	0,00
	mittel:	maximal regionale Tagespresse	+	7,13
	hoch:	(zusätzlich) überregionale Presse	+	8,77
Konstante			+	
geschätzter IQ	Summe		=	82,08

Anmerkungen: ** nach Leplow, B. & Friege, L. (1998). Eine Sozialformel zur Schätzung der prämorbiden Intelligenz. *Zeitschrift für Klinische Psychologie, 27* (1), 1–8. * Wegen des länger zurückliegenden Konstruktionsdatums der Formel konnten die neuen Medien nicht berücksichtigt werden.

„Bildung", „Beruf" und „Mediennutzung" vgl. Tabelle 5.2 (S. 753); „Einkommen" gem. statistischen Jahrbuch von 1992 ein Haushaltsnettoeinkommen ‚niedrig': max. 1 800,00 DM, ‚mittel': zw. 1 801,00 und 3 999,00 DM und ‚hoch': mind. 4 000,00 DM p.M.; „Wohnsitz": längster Wohnaufenthalt ‚Stadt': in Landeshauptstädten und/oder kreisfreien Städten bzw. deren unmittelbarem Einzugsgebiet. ‚Land': alle anderen Gemeinden. Probandenalter zwischen 18 und 75 Jahren; möglicher IQ-Range 86.04–137.40.

Innerhalb eines Intervalls von einen Standardschätzfehler (SEE = 11.22) um den beobachteten MWT-B IQ liegt die korrekte Klassifikation bei 68 %; demgegenüber liegt die korrekte Zuordnung eines Probanden/Patienten in einem der denkbaren zwischen 87.1 und 137.4 liegenden 22-IQ-Punkt-Intervalle nach Zufall bei 3.5 % (Leplow & Friege, 1998).

Alter. Es zählen nur vollendete Lebensjahre. Ist ein Proband beispielsweise 25 Jahre, 8 Monate und 3 Tage alt, sind 25 Jahre anzugeben.

Bildungsniveau. Eingestuft werden soll *„das höchste jemals erreichte Bildungsniveau".* Beispiel: Ein Paketfahrer, der nach der 10. Hauptschulklasse keine weitere Berufsausbildung absolviert hat, wird der *„niedrigen"* formalen Bildungsschicht zugeordnet. Das Gleiche gilt für den gelernten Lageristen, welcher nach der 8. Klasse die Hauptschule mit einem Abschluss verlassen hat. In diese Stufe fallen also alle Personen, welche *maximal* die 10. Klasse einer Hauptschule besucht und einen Lehrberuf erlernt haben sowie alle „darunter" liegenden Bildungswege: unvollständiger oder abgeschlossener Hauptschulbesuch mit oder ohne anschließender Lehre, unvollständige oder abgeschlossene Sonder- oder Förderschule mit oder ohne anschließender Lehre. Eine abgebrochene Realschul- oder Gymnasialausbildung ist ebenso dem „niedrigen" Bildungsniveau zuzuordnen. Beispiel: Der 62-jährige Inhaber und Geschäftsführer eines mittelständigen Unternehmens mit Hauptschulabschluss und kaufmännischer Lehre erhält die „niedrige" Bildungseinstufung.

Liegt ein Realschulabschluss, aber noch keine Allgemeine Hochschulreife vor, ist die *„untere Mitte"* unabhängig davon zuzuordnen, ob zusätzlich ein Lehrberuf erlernt wurde. Beispiel: die 45-jährige Bibliotheksangestellte mit Realschulabschluss. Liegt die Allgemeine Hochschulreife, aber noch keine weitere abgeschlossene Bildungsmaßnahme vor (Studium oder Lehre), ist die *„obere Mitte"* zu vergeben. Beispiel: die 22-jährige Abiturientin, die sich im Bundesfreiwilligendienst befindet. Das Bildungsniveau ist dagegen als *„hoch"* einzustufen, wenn zusätzlich zur Allgemeinen Hochschulreife eine weitere (gewerbliche oder akademische) Ausbildung abgeschlossen wurde, sowie alle weitergehenden formalen Bildungsgrade. Beispiel: der 65-jährige Taxifahrer mit einer vor 30 Jahren erworbenen Promotion erhält den „hohen" Bildungsgrad. Entsprechendes gilt für die ehemals als wissenschaftliche Mitarbeiterin arbeitende Kunstgeschichtlerin, die seit 20 Jahren als Hausfrau tätig ist.

Berufliches Funktionsniveau. Eingestuft werden soll *„das höchste jemals erreichte berufliche Funktionsniveau".* Das Kriterium ist das Niveau der beruflichen Eigenverantwortung, welches irgendwann im Berufsleben einmal erreicht worden ist. Der aktuelle berufliche Status spielt nur dann eine Rolle, wenn er mit dem höchsten erreichten Funktions- und Verantwortungsniveau identisch ist. Beispiele: der 65-jährige self-made man ohne Hauptschulabschluss, der ein erfolgreiches mittelständisches Unternehmen mit 120 Mitarbeitern leitet, würde in der beruflichen Funktionsvariable y als „hoch" eingestuft werden. Das Gleiche gilt für den insolvent gewordenen Unternehmer, der nun Taxi fährt. Wer dagegen in seinem Berufsleben nur Taxi gefahren oder stets nur angelernten Tätigkeiten ohne Leitungsverantwortung für andere nachgegangen ist, wird als „gering" eingestuft. Der Facharbeiter dagegen, der vorwiegend weisungsgebunden arbeitet, jedoch Auszubildende anleitet, die ausschließlich als Hausfrau bzw. -mann tätige Person oder eine Auszubildende bzw. ein

Auszubildender sowie eine Bachelor- oder Masterstudierende bzw. ein Bachelor- oder Masterstudierender erhält die Stufe der „unteren Mitte". Arbeiter, Angestellte oder Beamte, die eine untere oder mittlere Leitungsfunktion ausüben (Gruppenleitung, Leitung einer Arbeitseinheit o. Ä.), welche Personalverantwortung beinhaltet, werden der „oberen Mitte" zugeordnet. Da derartige Positionen oft über Promotionen erlangt werden, sind auch Promotionsstudierende und habilitierende in dieser Kategorie berücksichtigt. Den höchsten Score erhalten alle Personen mit höheren und höchsten Leitungsfunktionen, also Unternehmer und Geschäftsführer mittlerer und großer Unternehmen, Abteilungsleiter in Behörden und anderen staatlichen Einrichtungen.

Tabelle 5.2: Errechnete Sozialformel-IQs

Errechnete Sozialformel-IQs			
	Mittelwert	**Streuung**	**N**
Gesamt-IQ	113.7	9.0	420
Geschlecht			
– Männer	115.2	8.7	191
– Frauen	112.4	9.1	229
Bildung			
– niedrig	105.9	7.2	112
– untere Mitte	112.5	7.0	137
– obere Mitte	117.0	5.8	120
– hoch	126.0	4.9	51
Beruf			
– gering	96.7	6.4	24
– untere Mitte	108.9	5.0	213
– obere Mitte	120.3	4.0	157
– hoch	129.3	3.3	26
Mediennutzung			
– gering	102.8	6.4	74
– mittel	113.5	7.2	216
– hoch	120.2	6.6	130
Einkommen			
– niedrig	110.1	9.0	79
– mittel	112.3	8.6	215
– hoch	118.3	7.9	126
Wohnsitz			
– Stadt	115.2	8.8	211
– Land	112.3	9.1	209

Zeitungslektüre. Eingestuft werden soll die in den zehn vor der Untersuchung liegenden Jahre *üblicherweise* konsumierte Zeitungslektüre. Dabei gilt immer das anspruchsvollste Presseorgan. Beispiele: Liest jemand regelmäßig sowohl ein Yellow-Press-Produkt *und* eine überregionale Wochenzeitung, wird er in der Mediennutzungsvariable z als „hoch" eingestuft; das Lesen von Yellow-Press-Organen, Rätsel- oder Hobbyzeitungen (oder entsprechenden Produkten) plus einer Regionalzeitung ergibt eine „mittlere" Mediennutzung; der ausschließliche Konsum von Yellow-Press-, Rätsel- oder Hobbyzeitschriften führt zur Einstufung einer „geringen" Mediennutzung. Die Nutzung über physische oder elektronische Datenträger spielt aufgrund des Entwicklungsdatums dieser Formel bei dieser Zuordnung keine Rolle.

5.7 Sozialformel zur Schätzung des prämorbiden Intelligenzniveaus: Deutschland (alte Bundesländer und für nach 1985 Geborene aus den neuen Bundesländern)

Thomas Jahn

Nachfolgendes Berechnungsblatt bezieht sich auf das von Jahn et al. (2013) vorgestellte Verfahren zur Schätzung des prämorbiden Intelligenzniveaus anhand ausschließlich soziodemografischer Personenmerkmale. Hinweise zum praktischen Einsatz, insbesondere zu den Anwendungsvoraussetzungen und zur Ergebnisinterpretation, sind der Originalpublikation zu entnehmen. Zur Vereinfachung der manuellen Berechnung wurden hier die Regressionskoffizienten der einzelnen Prädiktorenstufen auf ganze Zahlen gerundet. Ebenfalls wiedergegeben wird hier auszugsweise die Tabelle 5 aus Erzberger und Engel (2010), mit deren Hilfe die resultierenden HAWIE-R Intelligenzquotienten abschließend in Werte des neueren Wechsler Intelligenztests für Erwachsene (WIE) transformiert werden können. Die Tabelle wurde gegenüber der Originalpublikation von Erzberger und Engel (2010) so modifiziert, dass für jeden HAWIE-R Wert ein WIE Wert gefunden werden kann.

Auf der Internetpräsenz der Arbeitsgruppe Klinische und Experimentelle Neuropsychologie des Klinikums rechts der Isar der TU München (http://www.neuropsy.med.tum.de/software) kann kostenlos eine Excel-Makrodatei samt Bedienungsanleitung heruntergeladen werden, die eine bequeme Dateneingabe und automatische Berechnung der prämorbiden Intelligenzquotienten ermöglicht und als Ergebnis einen vordefinierten Textbaustein zur direkten Übernahme in Untersuchungsbefunde ausgibt.

Berechnungsblatt zur prämorbiden Intelligenzschätzung*

Patient/in (Vor- und Nachname): _____

Geburtsdatum: _____ Fallnummer: _____

Untersuchungsdatum: _____ Untersucher/in: _____

Markieren Sie in den jeweils zutreffenden Zeilen die Spalten Gesamt- und Verbal-IQ. Die Spaltensummen ergeben die IQ-Schätzungen. WIE-äquivalente Werte nach Erzberger und Engel (2010) können anhand nachfolgender Transformationstabelle (s. u.) bestimmt werden. Eine Excel-Makrodatei (http://www.neuropsy.med.tum.de/software) erleichtert die Anwendung der Schätzformeln.

		Verbal-IQ	Gesamt-IQ
Alter	× 0.11 =		
Geschlecht	weiblich	0	0
	männlich	4	2
Geschwister-position	Einzelkind	0	
	Erstgeborene/r	2	
	Reihenkind	0	
Schulabschluss	Hauptschule oder weniger	0	0
	Realschule	9	7
	(Fach-)Abitur	16	13
Gesamtnote im Abschlusszeugnis	1.0 bis 1.9	5	
	2.0 und darüber	0	
Typische Mathematiknote	1.0 bis 1.9		6
	2.0 bis 2.9		4
	3.0 und darüber		0
Höchste Berufsstellung	Ohne formale Ausbildung: ungelernt, nur ange-lernt, nie berufstätig (inkl. Hausfrau/Hausmann)		0
	Lehrberuf: (Fach-)Arbeiter, Einfache Angestellte (inkl. Azubi)		3
	Ausbildungsberuf oder Lehrberuf mit Zusatzqualifi-kation: Beamte, Angestellte, Handwerksmeister, Selbstständige, Landwirte		6

	Akademiker (inkl. Studierende)		8
	Leitende Angestellte, leitende Beamte, Direktoren, Firmeneigner (jeweils mit Weisungsbefugnis)		9
Private Internetnutzung	nein	0	0
	ja	5	6
Zeitungslektüre	Nur Sensationspresse	0	0
	Keine oder nur regionale Blätter	4	0
	Überregionale Qualitätspresse	8	3
Buchlektüre	Keine	0	0
	Trivialliteratur	4	4
	(Gehobene) Unterhaltungsliteratur, Sach- und Fachbücher	10	9
	Klassiker, anspruchsvolle Gegenwartsliteratur, Lyrik, Essayistik, wissenschaftliche Lehrbücher	14	12
Derzeitiger Wohnort	≤ 20 000 Einwohner	0	0
	> 20 000 Einwohner	3	3
Aktives Musizieren	Niemals im Leben oder weniger als 5 Jahre		0
	5 Jahre oder länger irgendwann im Leben		4
	+	77	82
	HAWIE-R		
	WIE-Äquivalenz		

Anmerkung: * nach Jahn, T. et al. (2013). Drei Sozialformeln zur Schätzung der (prämorbiden) Intelligenzquotienten nach Wechsler. *Zeitschrift für Neuropsychologie, 24* (1), 7–24.

Kodierhilfe zum Berechungsblatt

Grundregel: Alle Merkmale (mit Ausnahme des Alters, i. d. R. wohl auch des Wohnortes) sind im Hinblick auf die *zuletzt prämorbid* geltende Ausprägung zu beurteilen (also Lektüregewohnheiten *vor* Krankheitsbeginn, nicht aktuell usw.). Bei unsicheren Angaben durch Patient/in ggf. Angehörige oder Freunde befragen.

Alter: Es zählen nur vollendete Lebensjahre. Ist ein Proband beispielsweise 25 Jahre, 8 Monate und 3 Tage alt, sind das 25 Jahre.

Gesamtnote im Abschlusszeugnis: Gemeint ist hier die Durchschnittsnote (der jeweils relevanten Fächer), so wie sie im betreffenden Abschlusszeugnis steht. Sofern möglich, das Zeugnis zeigen lassen.

Typische Mathematiknote: Sofern die typische (häufigste) Mathematiknote der letzten Schuljahre nicht erinnert werden kann oder die Angabe zu unsicher erscheint, sollte ersatzweise die Mathematiknote aus dem Abschlusszeugnis (s. o.) verwendet werden.

Höchste Berufsstellung: Ausschlaggebend ist die prämorbid *anspruchsvollste* jemals ausgeübte berufliche Tätigkeit. Treffen scheinbar mehrere Einstufungen zu bzw. kann nicht eindeutig zwischen diesen unterschieden werden, sollte diejenige (meist höhere) Kategorie gewählt werden, die den erbrachten „kognitiven Einsatz" am besten widerspiegelt. Beispiele: Eine Zahnärztin in eigener Praxis, ein promovierter Volkswirt, der als niedergelassener Steuerberater tätig ist, würden als Akademiker, nicht als Selbstständige eingestuft. Ein gelernter KFZ-Mechaniker, der sich die Meisterprüfung einst nicht zutraute, dann aber im Laufe seines Lebens aus eigener Kraft eine Handelsspedition mit 130 Angestellten aufgebaut und diese (bis zu seiner Erkrankung) erfolgreich geleitet hat, würde nicht als (Fach-)Arbeiter, auch nicht als Selbstständiger, sondern als Firmeneigner eingestuft. Ein 19-jähriger Patient, der zwar noch die Schule abgeschlossen, dann aber eine Schreinerlehre nach anfänglich gutem Beginn krankheitsbedingt abgebrochen hat, würde als Azubi eingestuft. Ein angestellter Malermeister, der im Abendgymnasium das Abitur nachholte, dann Chemie studierte und zuletzt in einem Laborbetrieb arbeitete, wäre als Akademiker einzustufen.

Private Internetnutzung: Unabhängig davon, ob ein Netzanschluss in der eigenen Wohnung besteht, ist hier nicht die beruflich veranlasste, sondern *ausschließlich* die private Nutzung (zu Information, Unterhaltung, Einkauf) gemeint, egal wo diese Nutzung stattfindet.

Zeitungslektüre: Entscheidend ist die mehr oder minder regelmäßige bzw. bevorzugte Lektüre. Zu fragen ist nach *Zeitungen einschließlich Nachrichtenmagazinen* mit thematisch umfassender, mindestens aber politisch-wirtschaftlicher Berichterstattung, unabhängig von Verbreitung oder journalistischer Qualität (z. B. AZ, Bild, Donaukurier, FAZ, Financial Times, Le Monde, Mannheimer Morgen, Spiegel, SZ, The Guardian, Die Zeit), *nicht* nach Themen- oder Fachzeitschriften (z. B. Brigitte, Bunte, Chip, National Geographic, Psychologie Heute, Schach, Spektrum der Wissenschaft, Wohnen & Garten).

Buchlektüre: Entscheidend ist die mehr oder minder regelmäßige bzw. bevorzugte Lektüre. Koch- und Bastelbücher sowie rein praktische Alltagsratgeber fallen unter „keine" Buchlektüre; Biografien und (zeit)geschichtliche Werke in aller Regel unter Sach- und Fachbücher, es sei denn, sie stellen eher geringe („Celebrities") oder aber ausgesprochen hohe Ansprüche an ihre Leser.

Derzeitiger Wohnort: Ist die Einwohnerzahl unbekannt, sollte sie recherchiert werden. Liegt ein Umzug erst kurz zurück (weniger als 6 Monate), sollte der vorhergehende Wohnort gewertet werden, sofern an diesem länger gewohnt wurde. Auch bei Pendlern zählt der Wohnort, sofern täglich dorthin zurückgekehrt wird, sonst der Ort, an dem pro Woche häufiger übernachtet und insgesamt mehr Zeit verbracht wird.

Aktives Musizieren: Bezogen auf Instrumentenspiel mit bzw. nach entsprechendem Unterricht, nicht auf Gesang. Rein autodidaktische Bemühungen zählen nicht.

Tabelle 5.3: Transformationstabelle zur Umrechnung der HAWIE-R IQ-Schätzwerte in WIE IQ-Schätzwerte (modifiziert nach Tabelle 5 in Erzberger & Engel, 2010; mit freundlicher Genehmigung der Autoren).

Verbal-IQ		Gesamt-IQ	
HAWIE-R	WIE	HAWIE-R	WIE
45	45	50	46
46	46	51	47
47	47	52	48
48	48	53	49
49	49	54	50
50	50	55	51
51	51	56	52
52	52	57	53
53	53	58	54
54	54	59	55
55	55	60	56
56	55	61	57
57	56	62	58
58	57	63	59
59	57	64	59
60	58	65	60
61	59	66	61
62	60	67	62
63	61	68	63
64	61	69	64
65	62	70	65
66	63	71	67
67	64	72	68

Tabelle 5.3: Fortsetzung

Verbal-IQ		Gesamt-IQ	
HAWIE-R	WIE	HAWIE-R	WIE
68	65	73	69
69	66	74	71
70	67	75	72
71	68	76	73
72	70	77	74
73	71	78	75
74	72	79	76
75	73	80	76
76	74	81	77
77	75	82	78
78	76	83	79
79	77	84	80
80	78	85	81
81	79	86	81
82	79	87	82
83	80	88	83
84	81	89	84
85	82	90	84
86	82	91	85
87	83	92	86
88	84	93	87
89	84	94	87
90	85	95	88
91	86	96	89
92	87	97	90
93	87	98	90

Tabelle 5.3: Fortsetzung

Verbal-IQ		Gesamt-IQ	
HAWIE-R	WIE	HAWIE-R	WIE
94	88	99	91
95	89	100	92
96	90	101	92
97	91	102	93
98	92	103	94
99	93	104	95
100	93	105	95
101	94	106	96
102	95	107	97
103	96	108	98
104	97	109	99
105	98	110	100
106	99	111	100
107	100	112	101
108	101	113	102
109	101	114	103
110	102	115	104
111	103	116	105
112	104	117	106
113	105	118	107
114	106	119	108
115	107	120	109
116	108	121	109
117	109	122	110
118	111	123	111
119	112	124	112

Tabelle 5.3: Fortsetzung

Verbal-IQ		Gesamt-IQ	
HAWIE-R	WIE	HAWIE-R	WIE
120	113	125	113
121	114	126	115
122	115	127	116
123	116	128	117
124	118	129	118
125	119	130	119
126	121	131	120
127	122	132	122
128	124	133	123
129	125	134	124
130	126	135	126
131	128	136	128
132	129	137	130
133	130	138	132
134	131	139	134
135	133	140	137
136	134	141	140
137	135	142	142
138	136	143	143
139	137	144	144
140	138	145	145
141	139	146	146
142	140	147	147
143	141	148	148
144	142	149	149
145	143	150	150

Tabelle 5.3: Fortsetzung

Verbal-IQ		Gesamt-IQ	
HAWIE-R	**WIE**	**HAWIE-R**	**WIE**
146	144		
147	145		
148	146		
149	147		
150	148		
	149		
	150		

Anmerkungen: Da die Normwertäquivalenz von Erzberger und Engel (2010) so tabelliert worden war, dass für jeden IQ des WIE ein IQ des älteren HAWIE-R nachgeschlagen werden kann, aber nicht umgekehrt, mussten zunächst die Lücken in den HAWIE-R Spalten gefüllt werden. Die korrespondierenden WIE-Werte wurden interpoliert und aufgerundet (de facto wurde dadurch immer der nächsthöhere Wert angenommen). Umgekehrt wurden doppelt, dreifach oder fünffach identisch aufeinanderfolgende Werte des HAWIE-R bis auf jeweils eine Zeile gelöscht. Bei drei oder fünf identisch aufeinander folgenden Werten blieb der jeweils mittlere Wert erhalten. Bei zwei identischen Werten des HAWIE-R wurde entsprechend obiger Rundungsregel die Zeile mit dem niedrigeren WIE-Wert gelöscht. Die Doppelspalte für den Handlungs-IQ entfällt hier, da die betreffende Schätzformel von Jahn et al. (2013) zwar ebenfalls abgeleitet, für praktische Zwecke aber als zu ungenau befunden wurde.

Literatur

Aster, M. von, Neubauer, A. & Horn, R. (2006). *Wechsler Intelligenztest für Erwachsene (WIE)*. Frankfurt am Main: Harcourt Test Services.

Axelrod, B. N., Vanderploeg, R. D. & Schinka, J. A. (1999). Comparing Methods for Estimating Premorbid Intellectual Funtioning. *Archives of Clinical Neuropsychology, 14,* 341–346. http://doi.org/10.1016/S0887-6177(98)00028-6

Baddeley, A., Emslie, H. & Nimmo-Smith, I. (1993). The Spot-the-Word test: A robust estimate of verbal intelligence based on lexical decision. *British Journal of Clinical Psychology, 32,* 55–65. http://doi.org/10.1111/j.2044-8260.1993.tb01027.x

Barona, A., Reynolds, C. R. & Chastain, R. (1984). A demographically based index of premorbid intelligence for the WAIS-R. *Journal of Consulting and Clinical Psychology, 52,* 885–887. http://doi.org/10.1037/0022-006X.52.5.885

Blair, J. R. & Spreen, O. (1989). Prediciting premorbid IQ: A revision of the National Adult Reading Test. *The Clinical Neuropsychologist, 3,* 129–136. http://doi.org/10.1080/13854048908403285

Bulheller, S. & Häcker, H. O. (2003). *Peabody Picture Vocabulary Test (PPVT)*. Frankfurt am Main: Swets Test Services GmbH.

Crawford, J. R. & Allan, K. M. (1997). Estimating premorbid WAIS-RIQ with Demographic Variables: Regression equations derived from a UK sample. *The Clincial Neuropsychologist, 11,* 192–197. http://doi.org/10.1080/13854049708407050

Crawford, J. R., Cochrane, R. H. B., Besson, J. A. O., Parker, D. M. & Stewart, L. E. (1990). Premorbid IQ estimates obtained by combining the NART and demographic variables: Construct validity. *Personality and Interindividual Differences, 11,* 209–210. http://doi.org/10.1016/0191-8869(90)90018-M

Crawford, J. R., Nelson, H. E., Blackmore, L., Cochrane, R. H. B & Allan, K. M. (1990). Estimating premorbid intelligence by combining the NART and demographic variables: An examination of the NART standardisation sample and supplementary equations. *Personality and Interindividual Differences, 11,* 1153–1157.

Crawford, J. R., Parker, D. M. & Besson, J. A. O. (1989). Estimation of premorbid intelligence in organic conditions. *British Journal of Psychiatry, 153,* 178–181. http://doi.org/10.1192/bjp.153.2.178

Crawford, J. R., Stewart, L. E., Cochrane, R. H. B., Foulds, J. A., Besson, J. A. O. & Parker, D. M. (1989). Estimating premorbid IQ from demographic variables: Regression equations derived from a UK sample. *British Journal of Clinicial Psychology, 28,* 275–278. http://doi.org/10.1111/j.2044-8260.1989.tb01377.x

Crawford, J. R., Stewart, L. E., Parker, D. M., Besson, J. A. O. & Cochrane, R. H. B. (1989). Estimation of premorbid intelligence: Combining psychometric and demographic approaches improves predictive accuracy. *Personality and Interindividual Differences, 10,* 793–796.

Dunn, L. M. (1959). *Peabody Picture Vocabulary Test.* Circle Pines, Minnesota: American Guidance Service.

Dunn, L. M. & Dunn, L. M. (1981). *Peabody Picture Vocabulary Test-Revised.* Circle Pines, Minnesota: American Guidance Service.

Dunn, L. M. & Dunn, L. M. (1997). *Examiner's manual for the Peabody Picture Vocabulary Test. Third Edition.* Circle Pines, Minnesota: American Guidance Service.

Eberl, A., Heusler, M. & Schimrigk, S. (2008, July). *Detection of malingering in prepared and unprepared experimental simulators.* Paper presented at the International Congress of Psychology, Berlin.

Erzberger, C. S. & Engel, R. R. (2010). Zur Äquivalenz der Normen des Wechsler-Intelligenztests für Erwachsene (WIE) mit denen des Hamburg-Wechsler-Intelligenztests für Erwachsene – Revision (HAWIE-R). *Zeitschrift für Neuropsychologie, 21* (1), 25–37. http://doi.org/10.1024/1016-264X/a000002

Grober, E., Sliwinski, M. & Korey, S. R. (1991). Development and validation of a model of premorbid verbal intelligence in the elderly. *Journal of Clinical and Experimental Neuropsychology, 13,* 933–994.

Grünberger, J. (1977). *Psychodiagnostik des Alkoholkranken: ein methodischer Beitrag zur Bestimmung der Organizität in der Psychiatrie.* Wien: Maudrich.

Hermsdörfer, J. & Mai, N. (1992). Untersuchung gestörter Handfunktionen durch die Registrierung von Griffkräften und Fingerbewegungen. *praxis ergotherapie, 4,* 224–231.

Jahn, T., Beitlich, D., Hepp, S., Knecht, R. Köhler, K., Ortner, C. Sperger, E. & Kerkhoff, G. (2013). Drei Sozialformeln zur Schätzung des (prämorbiden) Intelligenzquotienten nach Wechsler. *Zeitschrift für Neuropsychologie, 24,* 7–24. http://doi.org/10.1024/1016-264X/a000084

Jahn, T., Ortner, C., Kerkhoff, G. & Reischies, F. M. (2008). Lector – Ein Lesetest zur prämorbiden Intelligenzschätzung. *Der Nervenarzt, 79* (Suppl.), 384.

Jastak, J. & Jastak, S. (1978). *The Wide Range Achievemant Test.* Wilmington, DE: Jastak Associates.

Jastak, S. & Wilkinson, G. S. (1984). *WRAT-R: Wide Range Achievement Test administration manual.* Los Angeles: Western Psychological Services.

Krull, K. R., Scott, J. G. & Sherer, M. (1995). Estimation of premorbid intelligence from combined performance and demorgraphic variables. *The Clinical Neuropsychologist, 9,* 83–88. http://doi.org/10.1080/13854049508402063

Lehrl, S. (1999). *Mehrfachwahl-Wortschatz-Intelligenztest: MWT-B.* Balingen: Splitta.

Leplow, B., Dierks, C., Merten, T. & Hänsgen, K. (1997). Probleme des Geltungsbereiches deutschsprachiger Altgedächtnistests. *Zeitschrift für Neuropsychologie, 8,* 137–144.

Leplow, B. & Friege, L. (1998). Eine Sozialformel zur Schätzung der prämorbiden Intelligenz. *Zeitschrift für Klinische Psychologie, 27,* 1–8.

Nelson, H. E. (1982). *National Adult Reading Test (NART): Test Manual.* Windsor, UK: NFER Nelson.

Nelson, H. E. & McKenna, S. (1975). The use of current reading ability in the assessment of dementia. *British Journal of Social and Clinical Psychology, 4,* 234–244. http://doi.org/10.1111/j.2044-8260.1975.tb00178.x

Nelson, H. E. & O'Connell, A. (1978). Dementia: The estimation of premorbid intelligence levels using the new adult reading test. *Cortex, 14,* 234–244. http://doi.org/10.1016/S0010-9452(78)80049-5

Nelson, H. E. & Willison, J. (1991). *National Adult Reading Test (NART): Test manual* (2nd ed.). Windsor, UK: NFER Nelson.

Nitzbon (2013). WorkPark – Medizinisch-berufliche Rehabilitation. *ergopraxis, 6* (10), 42. http://doi.org/10.1055/s-0033-1358651

Powell, B. D., Brossart, D. F. & Reynolds, C. R. (2003). Evaluation of accuracy of two regression-based methods for estimating premorbid IQ. *Archives of General Neuropsychology, 18,* 277–292. http://doi.org/10.1016/S0887-6177(02)00135-X

Reischies, F. M., Wertenauer, F. & Kühl, K.-S. (2005). Der „Lector" – ein Untersuchungsverfahren zur Bestimmung des verbalen Intelligenzniveaus. *Der Nervenarzt, 76,* 849–855. http://doi.org/10.1007/s00115-004-1765-9

Reynolds, C. R (1997). Postscripts on premorbid ability estimation: Conceptual addenda and a few words on alternative and conditional approaches. *Archives of Clinical Neuropsychology, 12* (8), 769–778. http://doi.org/10.1093/arclin/12.8.769

Reynolds, C. R. & Gutkin, T. B. (1979). Predicting the premorbid intellectual status of children using demographic data. *Clinical Neuropsychologist, 1,* 36–38.

Schinka, J. A. & Vanderploeg, R. D. (2000). Estimating premorbid level of functioning. In R. D. Vanderploeg (ed.), *Clinicians guide to neuropsychological assessment* (2nd ed., pp. 37–63). Mahwah, N. J.: Lawrence Erlbaum Associates.

Schmidt, K.-H. & Metzler, S. (1992). *Wortschatztest.* Weinheim: Beltz Tests.

Schmidt-Atzert, L., Bühner, M., Rischen, S. & Warkentin, V. (2004). Erkennen von Simulation und Dissimulation im Test d2. *Diagnostica, 50,* 124–133. http://doi.org/10.1026/0012-1924.50.3.124

Schoenberg, M. R., Duff, K., Dorfman, K. & Adams, R. L. (2004). Differential estimation of verbal intelligence and performance intelligence scored from combined performance and demographic variables: The OPIE-3 verbal and performance algorithms. *The Clinical Neuropsychologist, 18,* 266–276.

Schoenberg, M. R., Duff, K., Scott, J. G. & Adams, R. L. (2003). An evaluation of the clinical utility of the OPIE-3 as an estimate of premorbid WAIS-III FSIQ. *The Clinical Neuropsychologist, 17,* 308–321. http://doi.org/10.1076/clin.17.3.308.18088

Schoenberg, M. R., Lange, R. T., Brickell, T. A., Saklofske, D. H. (2007). Estimating premorbid general cognitive functioning for children and adolescents using the American Wechsler Intelligence Scale for Children – Fourth Edition: Demographic and current performance approaches. *Journal of Child Neurology, 22,* 379–388.

Schoenberg, M. R., Lange, R. T., Iverson, G. L., Chelune, G. J., Scott, J. G. & Adams, R.L (2006). Clinical validation of the General Ability index – Estimate (GAI-E): Estimating premorbid GAI. *The Clinical Neuropsychologist, 20,* 365–381. http://doi.org/10.1080/138540491005866

Schoenberg, M. R., Lange, R. T., Saklofske, D. H., Suarez, M. & Brickell, T. A. (2008). Validation of the Child Premorbid Intelligence Estimate method to predict premorbid Wechsler Intelligence Scale for Children-Full Scale IQ among children with brain injury. *Psychological assessment, 20* (4), 377–384.

Schoenberg, M. R., Scott, J. G., Duff, K. & Adams, R. L. (2002). Estimation of WAIS-III intelligence from combined performance and demographic variables: Development of the OPIE-3. *The Clinical Neuropsychologist, 16,* 426–437. http://doi.org/10.1076/clin.16.4.426.13913

Spinks, R., McKrigan, L. W., Arndt, St., Caspers, K., Yucus, R. & Pfalzgraf, C. J. (2009). IQ estimate smackdown: Comparing IQ proxy measures to the WAIS-III. *Journal of the International Neuropsychological Society, 15,* 590–596. http://doi.org/10.1017/S1355617709090766

Strauss, E., Sherman, E. M. S. & Spreen, O. A. (2006). *A compendium of neuropsychological tests: Administration, norms, and commentary* (3rd ed.). New York: Oxford University Press.

Strobach, C. (2007). *Sozialformel zur Schätzung der prämorbiden Intelligenz für die Neuen Bundesländer.* Unveröffentlichte Diplomarbeit, Halle-Wittenberg: Martin-Luther-Universität.

Tewes, U. (1994). *HAWIE-R: Hamburg Wechsler-Intelligenztest für Erwachsene.* Bern: Huber.

Tobler-Ammann, B. (2015). Der „Virtuelle Peg Insertions-Test" (VPIT). Ein neues Assessment zur Prüfung der Geschicklichkeit der oberen Extremität nach Schlaganfall. *Ergotherapie, 12/15,* 6–12.

Tobler-Ammann, B. C., de Bruin, E. D., Fluet, M. C., Lambercy, O., de Bie, R. A. & Knols, R. H. (2016). Concurrent validity and test-retest reliability of the Virtual Peg Insertion Test to quantify upper limb function in patients with chronic stroke. *Journal of NeuroEngineering & Rehabilitation, 13,* 8. http://doi.org/10.1186/s12984-016-0116-y

Uttl, B. (2002). The North American Adult Reading Test: Age norms, reliability and validity. *Journal of Clinical and Experimental Neuropsychology, 24,* 1123–1137.

Vanderploeg, R. D. & Schinka, J. A (1995). Predicting WAIS-R IQ premorbid ability: Combing subtests performance and demographic variables predictors. *Archives of Clinical Neuropsychology, 10,* 225–239. http://doi.org/10.1016/0887-6177(94)00042-O

Vanderploeg, R. D., Schinka, J. A. & Axelrod, B. N. (1996). Estimating of WAIS-R premorbid intelligence: Current ability and demographic data used in a best-performance fashion. *Psychological Assessment, 8,* 404–411. http://doi.org/10.1037/1040-3590.8.4.404

Weiß, R. H. (1998). *Wortschatztest (WS) und Zahlenfolgetest (ZS). Ergänzungstests zum Grundintelligenztest CFT 20.* Göttingen: Hogrefe.

Weiß, R. H. (2007). *WS/ZF-R: Ergänzungstests zum CFT 20-R: Wortschatztest und Zahlenfolgentest – Revision: Ergänzungstests zum CFT 20-R.* Göttingen: Hogrefe.

Wiens, A. N., Bryan, J. E. & Crossen, J. R. (1993). Estimating WAIS-R FSIQ from the National Adult Reading Test-Revises in normal subjects. *The Clinical Neuropsychologist, 7,* 70–84. http://doi.org/10.1080/13854049308401889

Wilkinson, G. S. (1993). *The Wide Range Achievemant Test 3.* Wilmington, DE: Wide Range Inc.

Wilson, R. S., Rosenbaum, G., Brown, G., Rourke, D. Whitman, D. & Grisell, J. (1978). An index of premorbid intelligence. *Journal of Consulting and Clinical Psychology, 46,* 1554–1555. http://doi.org/10.1037/0022-006X.46.6.1554

Wolfram, H. & Wieczorek, V. (1990). Zur Messung des prämorbiden Leistungsniveaus. *Der Nervenarzt, 61,* 495–498.

Zaworka, W., Hand, I., Jauernig, G. & Lünenschloß, K. (1983). *Hamburger Zwangsinventar. Fragebogen zur Erfassung von Zwangsgedanken und Zwangsverhalten (HZI). Manual.* Göttingen: Beltz Test GmbH.

Teil V

Psychometrische
und statistische Grundlagen
für die diagnostische Praxis

6 Psychometrische Grundlagen der Diagnostik

Bruno Fimm

Nach Lienert und Raatz (1998) ist ein Test ein „wissenschaftliches Routineverfahren zur Erfassung eines oder mehrerer empirisch abgrenzbarer psychologischer Merkmale mit dem Ziel einer möglichst genauen quantitativen Aussage über den Grad der individuellen Merkmalsausprägung" (zitiert nach Lienert und Raatz, 1998, S. 1).

Diese Definition bündelt die wesentlichen Aspekte psychologischer Testdiagnostik und betont die Notwendigkeit, Tests theoretisch und empirisch abzusichern und eine ausreichende Messgenauigkeit und Gültigkeit der Verfahren sicherzustellen.

Gemeinsame Merkmale jeglicher psychometrischer Ansätze sind eine Messtheorie, die die Zuordnung von Zahlen zu beobachtbarem Verhalten festlegt, eine Festlegung des Skalenniveaus der gemessenen Werte, die Annahme, dass jede Messung fehlerbehaftet ist sowie die Annahme von Konstrukten, die gemessen werden und wiederum Beziehungen zu anderen Konstrukten aufweisen können.

Es lassen sich im Wesentlichen zwei einander ergänzende testtheoretische Ansätze unterscheiden: Die Klassische Testtheorie, die die ursprüngliche Testtheorie begründete und am weitesten verbreitet ist, sowie die Item-Response-Theorie, die deutlich jünger ist und explizite probabilistische Zusammenhangsannahmen zwischen einer latenten Variable und beobachtbarem Verhalten macht. Da die weit überwiegende Mehrzahl der veröffentlichten Testverfahren auf der Basis der Klassischen Testtheorie entwickelt wurde, wird in diesem Kapitel nur kurz auf die probabilistischen Ansätze eingegangen.

6.1 Klassische Testtheorie (KTT)

Die KTT geht auf Gulliksen (1950) sowie Lord und Novick (1968) zurück. Es werden mehrere Grundannahmen (Axiome) zum Zusammenhang zwischen Testergebnis und gemessenem Konstrukt (wahrem Wert eines Probanden) gemacht.

Die *wesentliche Grundannahme* besteht darin, dass der beobachtete Testwert X eines Probanden i im Test j sich additiv aus dem wahren Wert der Person (T) sowie einem zufälligen Messfehler (E) zusammensetzt:

$$X_{ij} = T_{ij} + E_{ij}$$

Weitere Grundannahmen sind:
- Der wahre Wert eines Probanden entspricht dem Erwartungswert (EW) der beobachteten Werte:

$$T_{ij} = EW(X_{ij})$$

Dies entspricht dem Durchschnittswert der beobachteten Werte des Probanden i bei theoretisch unendlich häufiger Vorgabe des Tests j.

$$EW(E_{ij}) = 0$$

– Der Erwartungswert des Fehlers ist null:
– In einer Probandenpopulation ist die Korrelation zwischen wahrem Wert und Messfehler gleich Null:

$$Corr(T_{.j}, E_{.j}) = 0$$

Der Messfehler wird somit als unabhängig vom wahren Leistungsniveau der Probanden angenommen, der Test soll also in allen Leistungsbereichen mit vergleichbarer Genauigkeit messen.

– Weiterhin ist die Korrelation zwischen den Messfehlern bei Verwendung zweier Tests j und k gleich Null:

$$Corr(E_{.j}, E_{.k}) = 0$$

Der Messfehler im Test j darf also nicht davon abhängen, wie groß der Messfehler bei Test k ist.

6.1.1 Gütekriterien eines Tests

Während die unter 6.1 genannten Grundannahmen der Klassischen Testtheorie als gesetzt und nicht weiter überprüfbar gelten müssen, können Testverfahren danach beurteilt werden, in welchem Ausmaß sie methodischen Qualitätsansprüchen (u. a. auf der Basis der KTT) genügen. Hierzu unterscheidet die DIN 33430 zur berufsbezogenen Eignungsbeurteilung (vgl. Kubinger & Proyer, 2004) eine Reihe von (Güte-)Kriterien zur Testbeurteilung (siehe auch Testkuratorium, 2010; Moosbrugger und Kelava, 2008). Hierzu zählen neben den klassischen Gütekriterien Objektivität, Reliabilität und Validität auch die Kriterien Skalierung, Normierung, Testökonomie, Nützlichkeit, Zumutbarkeit, Unverfälschbarkeit und Fairness. Nachfolgend wird auf die drei klassischen Gütekriterien sowie auf Skalierung und Normierung eingegangen.

6.1.1.1 *Objektivität*

Die Objektivität stellt die Vergleichbarkeit von Testleistungen verschiedener Testpersonen sicher. Dies bedeutet, dass das Testergebnis unabhängig vom Untersucher und Auswerter ist. Es wird hierbei zwischen Durchführungs-, Auswertungs- und Interpretationsobjektivität unterschieden. Zudem soll hierdurch sichergestellt sein, dass die Ergebnisse so wenig wie möglich durch den Untersuchten selbst verfälscht werden (DIN 33430).

6.1.1.2 Reliabilität

Reliabilität bezeichnet die Messgenauigkeit eines Tests. Konkret geht es dabei um die Frage, in welchem Ausmaß ein beobachteter Testwert den wahren Wert eines Probanden repräsentiert. Die Reliabilität wird definiert als Anteil der Varianz der wahren (also fehlerfreien) Werte an der Varianz der beobachteten Werte.

$$Rel = \frac{\sigma^2(T)}{\sigma^2(X)}$$

mit $0 \leq Rel \leq 1$

Der Reliabilitätskoeffizient entspricht dabei dem Quadrat der Korrelation von wahren und beobachteten Werten.

Eine direkte Berechnung der Reliabilität anhand dieser Formel ist jedoch nicht möglich, da die wahren Werte und somit auch deren Varianz nicht direkt beobachtbar sind. Daher werden verschiedene Berechnungsarten bzw. Reliabilitätskoeffizienten zur Abschätzung der Messgenauigkeit eines Verfahrens vorgeschlagen, die alle auf dem Konzept der parallelen Messung basieren. Parallele Messungen können erzeugt werden, wenn man (a) einen Test bei derselben Stichprobe wiederholt, (b) einen Paralleltest bei derselben Stichprobe einsetzt, (c) einen Test in zwei äquivalente Hälften aufteilt und diese als Paralleltests betrachtet und (d) jede einzelne Aufgabe/Item eines Tests als parallele Aufgabe auffasst. Jeder dieser Parallel-Test-Definitionen entspricht eine Methode zur Berechnung der Reliabilität.

6.1.1.2.1 Paralleltest-Reliabilität

Zwei Tests sind parallel im testtheoretischen Sinne, wenn jeder Proband den gleichen wahren Wert in beiden Tests aufweist und wenn deren Fehlervarianz gleich ist. Daraus folgt, dass parallele Tests den gleichen Mittelwert und die gleiche Varianz beobachteter Werte aufweisen. Die Paralleltest-Reliabilität berechnet sich nach

$$Corr(X, X') = \frac{Cov(X, X')}{\sigma(X) \cdot \sigma(X')}$$

Nimmt man hierbei an, dass sowohl die wahren Werte der Personen zwischen den beiden Testzeitpunkten als auch die Fehlervarianzen gleich geblieben sind und gemäß der Axiome keine Korrelation zwischen den Fehlern beider Testvorgaben besteht, lässt sich folgende Umformung vornehmen:

$$= \frac{Cov(T + E, T' + E')}{\sigma(X) \cdot \sigma(X')}$$

$$= \frac{Cov(T, T')}{\sigma(X) \cdot \sigma(X')}$$

$$= \frac{\sigma^2(T)}{\sigma^2(X)}$$

was der o. g. Definition der Reliabilität entspricht.

Die Erstellung von Paralleltests ist aufwändig und erfordert große Sorgfalt bei der Itemkonstruktion, um den o. g. Grundannahmen zu genügen.

6.1.1.2.2   Retest-Reliabilität

Die Retestreliabilität entspricht der Korrelation zwischen zwei Vorgaben ein und desselben Tests. Die Grundannahmen entsprechen den bei Paralleltests formulierten. Besonders die Forderung gleicher oder interindividuell um einen konstanten Betrag differierender wahrer Werte ist problematisch.

Ein entscheidender Faktor dürfte zudem die Länge des Retest-Intervalls sein. Bei Merkmalen, die stark variieren, kann schon bei kurzen Intervallen eine Veränderung des wahren Wertes eintreten, bei Trait-Merkmalen oder wenig änderungssensitiven Variablen sind dagegen durchaus längere Retest-Intervalle möglich.

Wäre das gemessene Merkmal völlig stabil, wären auch die wahren Werte des entsprechenden Tests zu verschiedenen Messzeitpunkten identisch und die Retest-Reliabilität würde allenfalls durch Messfehlereinflüsse reduziert. Wenn systematische Änderungen der wahren Werte, die alle Personen der Stichprobe betreffen, vorliegen, hat dies keinen negativen Einfluss auf die Retest-Reliabilität. Auch situationsspezifische Einflüsse, die bei allen Probanden gleich wirken, reduzieren die Retest-Reliabilität nicht. Unsystematische Änderungen der wahren Werte (z. B. interindividuell unterschiedliche Lern- oder Übungseffekte) reduzieren jedoch die Korrelation der beiden Messzeitpunkte.

6.1.1.2.3   Testhalbierungs-Reliabilität

Eine weitere Möglichkeit der Reliabilitätsberechnung besteht darin, ein Testverfahren in zwei Hälften zu teilen, diese jeweils getrennt auszuwerten und über deren Korrelation die Reliabilität der Testhälfte zu berechnen. Mit Hilfe der Spearman-Brown Korrektur lässt sich berechnen, wie hoch die Reliabilität bei Testverkürzung bzw. -verlängerung wäre. Die Spearman-Brown-Korrektur berechnet sich nach

$$Rel(k) = \frac{k \cdot Rel}{1 + (k-1) \cdot Rel}$$

mit k = Verlängerungsfaktor des Tests.

Wenn ein Test in zwei Hälften geteilt wurde, der jeweilige Testwert (z. B. Summe) pro Hälfte gebildet und dann die beiden Summenwerte über die Probanden korreliert werden, erhält man die Reliabilität einer Testhälfte. Um die Reliabilität des Gesamttests zu berechnen, müssen in der Spearman-Brown-Formel k = 2 gesetzt und die Reliabilität der Testhälfte eingesetzt werden. Der hiermit berechnete Wert setzt voraus, dass es sich bei den beiden Testhälften um parallele Testteile handelt, somit u. a. auch gleiche Varianzen vorliegen. Trifft dies nicht zu, wird die Reliabilität überschätzt. Lienert und Raatz (1998) schlagen in diesem Fall die von Rulon (1930) beschriebene Formel vor:

$$Rel(k) = \frac{4 \cdot \sigma_1 \cdot \sigma_2 \cdot r_{12}}{\sigma_1^2 + \sigma_2^2 + 2 \cdot \sigma_1 \cdot \sigma_2 \cdot r_{12}}$$

mit σ_1, σ_2 = Standardabweichungen der beobachten Werte beider Testhälften
r_{12} = Korrelation der beiden Testhälften

Für den Fall von $\sigma_1 = \sigma_2$ geht die Formel in die Spearman-Brown-Formel über.

Es bestehen folgende Möglichkeiten, einen Test in zwei Hälften zu teilen:
- Odd-even Methode: Die ungeradzahligen Items bilden die eine, die geradzahligen Items die zweite Testhälfte. Diese Methode ist v. a. bei Tests mit ansteigender Schwierigkeit der Items geeignet.
- Zeitpartitionierungsmethode: Die Testbearbeitung wird in zwei zeitlich gleich lange Abschnitte aufgeteilt. Dieses Verfahren ist günstig, wenn viele prinzipiell gleichartige Items, z. B. bei Konzentrationstests, vorliegen.
- Methode der Itemzwillinge: Bei heterogenen Items besteht die Möglichkeit, Itempaare bestehend aus jeweils zwei Items mit gleicher Schwierigkeit und Trennschärfe, zu bilden. Die Paarlinge werden dann per Zufall den beiden Testhälften zugeordnet.

6.1.1.2.4 Interne Konsistenz

Bei der Berechnung der internen Konsistenz eines Tests wird dieser nicht nur in zwei Testhälften sondern in soviele Teile, wie Items vorliegen, geteilt. Dies setzt voraus, dass alle Items das gleiche Merkmal messen, die Items werden dabei wie Paralleltests behandelt. Somit stellt diese Methode eine Verallgemeinerung der Testhalbierungsmethode dar. Ein geeignetes Maß für die Reliabilität stellt Cronbachs Alpha dar, das sich wie folgt berechnet:

$$\alpha = \frac{m}{m-1} \cdot \left(1 - \frac{\sum_{i=1}^{m} \sigma_i^2}{\sigma_x^2} \right)$$

σ_i^2 ist dabei die Varianz des i-ten Items, σ_x^2 ist die Varianz des Gesamtwertes, m entspricht der Anzahl der Items.

In diesem Zusammenhang sind die Begriffe der Tau-Äquivalenz und der essentiellen Tau-Äquivalenz zu klären:

Weisen n Testteile/Items gleiche wahre Werte aber verschiedene Fehlervarianzen auf, so handelt es sich um *tau-äquivalente Messungen*.

Wenn sich nun die wahren Werte der Testteile/Items noch um test- bzw. itemspezifische additive Konstanten unterscheiden, handelt es sich um *essentielle Tau-Äquivalenz*.

Cronbachs Alpha stellt eine korrekte Schätzung der Reliabilität für den Fall essentiell-tau-äquivalenter Messungen und unkorrelierter Fehler dar. Falls keine essentielle Tau-Äquivalenz und nur unkorrelierte Fehler der Testteile/Items vorliegen, ist Cronbachs Alpha eine untere Schranke der Reliabilität des Tests (Schermelleh-Engel und Werner, 2008).

Cronbachs Alpha stellt ein Maß für die interne Konsistenz (jedoch NICHT für die Eindimensionalität der Skala; siehe Cortina, 1993) eines Tests dar und nimmt mit steigender Itemanzahl zu.

Im Falle dichotomer Items entspricht die Formel zur Berechnung von Cronbachs Alpha der Kuder-Richardson-20 – Formel:

$$Rel = \frac{m}{m-1} \cdot \left[1 - \frac{\sum_{i=1}^{m} p_i q_i}{\sigma_x^2} \right]$$

mit p_i = Schwierigkeitsindex des Items i
$q_i = (1 - p_i)$

6.1.1.2.5 Vergleich der verschiedenen Reliabilitätskoeffizienten

In der Regel liefern die verschiedenen Methoden der Reliabilitätsberechnung unterschiedliche Ergebnisse. Dies ist bedingt durch eine jeweils unterschiedliche Zusammensetzung der Fehlervarianz. In Anlehnung an Lienert und Raatz (1998) sowie Schermelleh-Engel und Werner (2008) werden in der Tabelle 6.1 die verschiedenen Methoden der Reliabilitätsbestimmung vergleichend dargestellt.

Tabelle 6.1: Vergleich der verschiedenen Reliabilitätskoeffizienten (Nach Lienert & Raatz, 1998 sowie Schermelleh-Engel & Werner, 2008).

1.	Retest-Rel.	Parallel-test-Rel.	Split-half	Interne Konsistenz
Zweite Testdurchführung erforderlich	x	x		
Zwei Messzeitpunkte erforderlich	x	nicht unbedingt		
Parallelform notwendig		x		
Überschätzung bei systematischen Erinnerungseffekten	x			

Tabelle 6.1: Fortsetzung

1.	Retest-Rel.	Parallel-test-Rel.	Split-half	Interne Konsistenz
Unterschätzung bei unsystematischen Erinnerungseffekten	x			
Unterschätzung bei interindividuell unterschiedlicher Merkmalsänderung	x	liegt nur bei zwei Mess-zeitpunkten vor		
Unterschätzung bei interindividuell unterschiedlich wirksamen Testvorgabe-Bedingungen (Beleuchtung, Lärm, Untersucher etc.)	x	liegt nur bei zwei Mess-zeitpunkten vor		
Unterschätzung bei heterogenen Items		wenn Parallelität der Tests gesichert ist	x (es sei denn, es liegen tatsächlich parallele Hälften vor)	x

Aus Praktikabilitätsgründen werden von Testautoren häufig Konsistenz- bzw. Split-half-Maße angegeben, da diese keinen Paralleltest und nur einen Testzeitpunkt erfordern.

Informationen zur Retestreliabilität in einem Testmanual sollten noch um die Mittelwerte und Standardabweichungen für beide Testzeitpunkte ergänzt werden, um eine mögliche Über- oder Unterschätzung des Koeffizienten durch systematische bzw. unsystematische Merkmalsänderung bzw. Erinnerungseffekte abschätzen zu können.

Methoden der Psychometrischen Einzelfalldiagnostik nach Huber (1973), bei denen Profilanalysen im Einzelfall zufallskritisch durchgeführt werden, erfordern normierte und reliable Testverfahren. Hierbei muss dann im konkreten Fall entschieden werden, welches der von den Testautoren angegebenen Reliabilitätsmaße geeignet ist (siehe auch Teil V Kapitel 7 in diesem Buch).

6.1.1.2.6   Reliabilität von Differenzen

Zur Beurteilung von Veränderungsprozessen, beispielsweise bei therapeutischen Interventionen, werden häufig Differenzwerte zwischen Erst- und Zweitmessung gebildet. Diese können auch sinnvoll sein, wenn beispielsweise Dissoziationen zwischen einzelnen Leistungsaspekten (z. B. verbales vs. nonverbales Gedächtnis) erfasst werden sollen.

Mittels der Formel

$$Rel_{diff} = \frac{\sigma_x^2 Rel_x + \sigma_y^2 Rel_y - 2r_{xy}\sigma_x\sigma_y}{\sigma_x^2 + \sigma_y^2 - 2r_{xy}\sigma_x\sigma_y}$$

mit x = Test/Zeitpunkt 1
     y = Test/Zeitpunkt 2

kann die Reliabilität dieser Differenzen berechnet werden, unter der Annahme unkorrelierter Fehler von X und Y.

Diese Formel verdeutlicht ein Paradoxon der Klassischen Testtheorie: Wenn beide Tests bzw. Testzeitpunkte zu Null korrelieren ($r_{xy} = 0$) und die Reliabilitäten jeweils hoch sind, ergibt sich eine hohe Reliabilität der Differenzwerte. Allerdings wären solche Differenzwerte aufgrund der nicht vorhandenen Validität der Tests/Messzeitpunkte nicht interpretierbar, da man möglicherweise Differenzen von unabhängigen Variablen, die unterschiedliches messen, gebildet hätte. Ist jedoch die Validität hoch und entspräche ungefähr der Reliabilität der Einzelmessung würde der Zähler und somit die Reliabilität der Differenzen gegen Null streben. Dieses Paradoxon ist innerhalb der klassischen Testtheorie nicht lösbar. Klauer und Leonhart (2010) beschreiben alternative Methoden zur Messung von Veränderungen.

6.1.1.2.7   Standardmessfehler

Der Standardmessfehler σ_e berechnet sich nach

$$\sigma_e = \sigma_x\sqrt{1 - Rel}$$

Mit dem Standardmessfehler eines Testwertes lässt sich das Vertrauensintervall berechnen, in dem der „wahre Wert" eines Probanden liegt. Bei angenommener Normalverteilung wird dieser mit 68%iger Wahrscheinlichkeit im Intervall $X \pm \sigma_e$ liegen. Das 95%-Konfidenzintervall für den wahren Wert eines Probanden ist somit $X \pm 1.96\,\sigma_e$. Innerhalb der Klassischen Testtheorie wird dabei angenommen, dass die Größe des Standardmessfehlers unabhängig vom Rohwert, d. h. vom Leistungsniveau, ist.

Auf der Basis des Standardmessfehlers lassen sich nach Lienert und Raatz (1998) zufallskritische Beurteilungen (kritische Differenzen) von interindividuellen und intraindividuellen Unterschieden bei Vorgabe *eines* Tests vornehmen:

$$(X_1 - X_2) = z_{crit} \cdot \sigma_x\sqrt{2(1 - Rel)}$$

Die Analyse von Testprofilen, die einen Vergleich von Ergebnissen in *unterschiedlichen* Tests erfordert, lässt sich nach Lienert und Raatz (1998) mittels

$$(X_{1i} - X_{2i}) = z_{crit} \cdot \sigma_x\sqrt{2 - (Rel_1 + Rel_2)}$$

durchführen. Pro Testpaar lässt sich hiermit die kritische Differenz berechnen, die bei einem signifikanten Unterschied zu überschreiten ist. Ein Vergleich von unterschiedlichen Tests lässt sich jedoch sinnvollerweise nur bei Verwendung von intervallskalierten Normwerten, also Standardnormen (T, Z, IQ, WP, z, C) durchführen. In diesem Fall wäre dann für σ_x die jeweilige Standardabweichung der Norm (z. B. 10 für T-Werte, 15 für IQ-Norm) einzusetzen.

6.1.1.3 Validität

Validität bezeichnet die Gültigkeit eines Tests und drückt somit aus, in welchem Grade der Test misst, was er messen soll. Nach Messick (1989; zitiert in Hartig et al., 2008, S. 136) ist *Validität ein integriertes bewertendes Urteil über das Ausmaß, in dem die Angemessenheit und die Güte von Interpretation und Maßnahmen auf Basis von Testwerten oder anderen diagnostischen Verfahren durch empirische Belege und theoretische Argumente gestützt sind.*

Die Validität umfasst unterschiedliche Aspekte, die sich zum einen auf den konkreten Inhalt des Tests, auf die Beziehung zu konstruktnahen bzw. -fernen Merkmalen oder auch auf die prädiktive Qualität des Tests beziehen.

6.1.1.3.1 Inhaltsvalidität

Die Prüfung der Inhaltsvalidität beruht in der Regel nicht auf empirischen Untersuchungen sondern auf einer differenzierten Analyse der Items und Iteminhalte. Wichtige Fragen hierbei sind (siehe Hartig et al., 2008):

Ist das Item Teil der interessierenden Gesamtheit möglicher Items?
Kann das interessierende theoretische Konstrukt Unterschiede in den beobachteten Antworten erklären?
Stellen die Items eine repräsentative Auswahl der interessierenden Gesamtheit möglicher Items dar?
Sind alle relevanten Inhalte vorhanden?
Stehen die Inhalte in einem angemessenen Verhältnis zueinander?
Sind keine Inhalte enthalten, die sich auf etwas Irrelevantes beziehen?

6.1.1.3.2 Konstruktvalidität

Bei der Konstruktvalidität geht es vor allem um die theoretische Bedeutung eines Testwertes, d. h. um die Frage, welchen Bezug ein Test zu einem theoretischen Konstrukt aufweist. Dies ist mit den Jahren mehr und mehr zu einem zentralen Aspekt der Validität geworden. Die Prüfung der Konstruktvalidität erfolgt sowohl mittels experimenteller Untersuchungen, Korrelationsstudien oder auch multivariater Verfahren wie z. B. Faktorenanalysen, Clusteranalysen sowie Strukturgleichungsmodellen.

Experimentelle Untersuchungen könnten beispielsweise prüfen, ob Patienten mit rechts-parietaler Hirnschädigung in einem Test zur visuell-räumlichen Verarbeitung tatsächlich schlechtere Werte erzielen. Auch könnte die Konstruktvalidität sprachlicher und nichtsprachlicher Lerntests bei Patienten mit unilateraler rechts- bzw. linksseitiger vaskulärer temporaler Läsion und entsprechenden Leistungsdissoziationen geprüft werden.

Korrelative Untersuchungen zur Konstruktvalidität beziehen häufig demographische Variablen wie Alter, Geschlecht und Bildung sowie Verhaltensmaße oder Testwerte in anderen psychometrischen Verfahren mit ein. Hierbei ist zu unterscheiden zwischen *konvergenter Validität*, d. h. dem Zusammenhang mit konstruktnahen Tests (die möglichst hoch ausfallen soll), sowie *diskriminanter Validität*, also der Korrelation mit konstruktfernen Tests (die möglichst niedrig sein soll).

Bei der Berechnung korrelativer Zusammenhänge im Zuge der Validierung ist zu berücksichtigen, dass sowohl der Testwert als auch der Kriteriumswert in der Regel fehlerbehaftet sind und die Validität (d. h. die Korrelation beider Werte) maximal so groß werden kann wie die Korrelation der wahren Werte. Spearman (1904) beschrieb zu diesem Zweck sog. *Attenuation-(Minderungs-)Korrekturen.* Lienert und Raatz (1998) stellen sowohl die einfache (Berechnung der Validität unter Berücksichtigung der Reliabilität des Kriteriums) als auch die doppelte (Berücksichtigung der Reliabilität von Test *und* Kriterium) Minderungskorrektur dar. So berechnet sich beispielsweise die *doppelte Minderungskorrektur* nach

$$Corr(T_x, T_y) = \frac{Corr(X, Y)}{\sqrt{Rel_x \cdot Rel_y}}$$

mit $Corr(T_x, T_y)$ = Korrelation der wahren Werte
$Corr(X, Y)$ = Korrelation der beobachteten Werte
Rel_x = Reliabilität des Tests x
Rel_y = Reliabilität des Tests Y (Kriterium)

Unter der Annahme perfekter Reliabilität beider Maße entspräche die tatsächliche Validität (= Korrelation der wahren Werte) der beobachteten Validität (= Korrelation der beobachteten Werte). Nach Umformung der Formel nach $Corr(X, Y)$ ergibt sich: Je niedriger die Reliabilität von Test und/oder Kriterium, desto geringer die beobachtete Validität. Dies bedeutet auch, dass selbst bei angenommener perfekter Validität von Test und Kriterium ($Corr(Tx, Ty) = 1$) die beobachtete Validität maximal so groß werden kann wie die Wurzel aus dem Produkt der Reliabilitäten. Frey (2006) beschreibt das Vorgehen bei inferenzstatistischer Überprüfung der konvergenten und diskriminanten Validität.

6.1.1.3.3 Kriteriumsvalidität

Die Kriteriumsvalidität, von Lienert und Raatz (1998) auch als „kriterienbezogene Validität" bezeichnet, umfasst den Zusammenhang eines Testverfahrens mit externen Kriterien (z. B. Fahrverhaltensprobe im Realverkehr, Einschätzung des Verhaltens eines Patienten auf Station, Fremdbeurteilung durch Angehörige/Partner/Lehrer). Hierbei handelt es sich in der Regel um ein „für diagnostische Entscheidungen praktisch relevantes Kriterium" (Hartig et al., 2008, S. 156). Entscheidend ist somit die Auswahl eines adäquaten externen Kriteriums. Dies wird im Wesentlichen durch den Anwendungsbereich bzw. Einsatzzweck des Testverfahrens bestimmt.

Lienert und Raatz (1998) unterscheiden dabei u. a. zwischen Übereinstimmungs- und Vorhersagevalidität. Bei der Übereinstimmungsvalidität wird das Kriterium zeitnah zur Testbearbeitung erhoben (z. B. Prüfung der Fahreignung mittels Tests und Fahrverhaltensprobe) wohingegen bei der Vorhersagevalidität das Kriterium erst zu einem späteren, in der Zukunft liegenden Zeitpunkt erhoben wird. So kann beispielsweise bei der Auswahl von Studierenden das Kriterium in der Abschlussnote bestehen, oder bei der beruflichen Wiedereingliederung von Patienten mit neuropsychologischen Beeinträchtigungen ein dichotomes Kriterium (erfolgreiche/nicht erfolgreiche Wiedereingliederung) verwendet werden. Die Zeitdauer zwischen Test und der Erhebung des Kriteriums kann dabei stark variieren.

6.1.1.3.4   Reliabilitäts-Validitäts-Dilemma

Das Reliabilitäts-Validitäts-Dilemma bezeichnet die teilweise Unvereinbarkeit von Reliabilität und Validität. Je höher die Homogenität eines Tests, d. h. die Trennschärfen der einzelnen Items, desto höher seine Reliabilität. Allerdings verringert sich dadurch sein Gültigkeitsbereich. Soll jedoch ein komplexes Kriterium (z. B. erreichter beruflicher Status) durch einen Test vorhergesagt werden, sind zwangsläufig inhaltlich entsprechend heterogene Items erforderlich, die dann mit großer Wahrscheinlichkeit eine relativ niedrige interne Konsistenz aufweisen. Diesem Problem wird in der Regel durch die Konstruktion von Testbatterien bestehend aus in sich homogenen, reliablen, jedoch miteinander schwächer korrelierenden Subtests begegnet.

6.1.1.4 Skalierung

An Leistungstests wird die Forderung gestellt, dass eine leistungsfähigere Testperson einen besseren (höheren) Testwert aufweist als eine weniger leistungsfähige, dass sich also die empirische Merkmalsrelation auch in den Testwerten widerspiegelt (Moosbrugger und Kelava, 2008). Dies setzt zumindest eine Messung auf Ordinalskalenniveau voraus. Sofern nicht nur kleiner-/größer-Relationen sondern auch die Größe inter- und intraindividueller Differenzen erfasst werden sollen, ist zumindest eine intervallskalierte Messung erforderlich.

Diese Anforderung kann im Rahmen der testtheoretischen Item-Response-Modelle empirisch geprüft werden.

6.1.1.5 Normierung (Eichung)

Diagnostik kann normorientiert oder aber kriteriumsorientiert erfolgen. Ein normorientiertes Vorgehen liegt bei Verwendung von Testverfahren vor, für die Vergleichswerte einer Referenzpopulation (Eichstichprobe) vorliegen, die in wesentlichen Merkmalen einer Testperson hinsichtlich Alter oder ggfls. Geschlecht oder Schulbildung ähneln. Testergebnisse (Rohwerte) werden dabei in sogenannte Normwerte transformiert, die eine Einschätzung der individuellen Testleistung in Bezug zur Referenzpopulation ermöglichen. Diese Normwerte können ordinalskaliert sein (Prozentränge) oder aber Intervallskalenqualität (T-Werte, C-Werte, IQ-Werte, Wertpunkte, Standardwerte, z-Werte) aufweisen. Letztere ermöglichen fortgeschrittene Ansätze der psychometrischen Einzelfalldiagnostik (z. B. nach Huber, 1973) und auch die Berechnung von kritischen Differenzen bei Profilanalysen (d. h. Vergleich von unterschiedlichen Testparametern mit verschiedener Reliabilität sowie verschiedenem Wertebereich auf Rohwert-Basis). Das nachfolgende Kapitel (Teil V, Kapitel 7) dieses Buches befasst sich detaillierter mit dem Themenbereich Normierung.

Kriteriumsorientierte Tests wiederum vergleichen den individuellen Testwert nicht mit einer Referenzpopulation, sondern mit einem inhaltlichen, vorher vom Testkonstrukteur gesetzten Kriterium (z. B. Kompetenzgrad im Hinblick auf die Grundrechenarten im Zahlenraum bis 100).

6.2   Probabilistische Testtheorie/Item Response Theorien

Im Gegensatz zu Modellen der Klassischen Testtheorie, bei denen in der Regel Summenwerte in Tests gebildet werden, die dann gemäß den Grundannahmen als mehr oder weniger fehlerbehaftet betrachtet werden, spezifizieren Modelle der Item-Response-Theorie die Beziehung zwischen einer latenten Variablen und einzelnen Items, d. h. sie beziehen sich direkt auf die Beantwortung einzelner Items (Steyer und Eid, 2001). Diese Modelle ermöglichen beispielsweise eine Aussage darüber, ob Items eines Fragebogens alle dieselbe latente Eigenschaft messen.

Grundlage der Modelle sind konkrete Annahmen zur Beziehung zwischen einer latenten Personvariable und der Itemschwierigkeit. Durch ein mathematisches Modell (Itemcharakteristik) wird die Wahrscheinlichkeit der Itembeantwortung in Abhängigkeit von der Personenfähigkeit spezifiziert. Wenn die Items eines Tests in diesem Sinne modellkonform sind, stellt der Summenwert eines Verfahrens eine erschöpfende Statistik der Personenfähigkeit dar.

Im deutschsprachigen Raum wird häufig der Begriff „probabilistische Testtheorie" für diese Ansätze verwendet; dies wird jedoch von Steyer und Eid (2001) als missverständlich abgelehnt, da er sich nicht als Abgrenzung zur Klassischen Testtheorie, die ebenfalls ein stochastisches Messmodell darstellt, eigne.

Ansätze innerhalb der Item-Response-Theorien werden danach unterschieden, ob es sich um dichotome, polytome und ordinale Itemantworten handelt und ob die gemessene Personenvariable als qualitativ oder quantitativ angenommen wird (vgl. Rost, 2004, für eine detaillierte Darstellung). Tab. 6.2 stellt eine grobe Klassifikation probabilistischer Item-Response-Modelle dar (nach Rost, 2004; Müller, 1999). Die deterministische Guttman-Skala (Guttman, 1950) sowie verschiedene Weiterentwicklungen der probabilistischen Modelle sind nicht darin enthalten.

Tabelle 6.2: Grobe Klassifikation probabilistischer Item-Response-Modelle

Itemformat	Personenfähigkeit	
	quantitativ (Latent trait)	**qualitativ/kategorial**
dichotom	Spezielles logistisches bzw. Rasch-Modell (Rasch, 1960, 1966) Birnbaum Modell (Birnbaum, 1968) Linear-logistisches Testmodell (Scheiblechner, 1972; Fischer, 1973)	Modelle der latenten Klassenanalyse (LCA) (Formann, 1984, 2010; Gollwitzer, 2008 Mischverteilungs-Rasch-Modelle (Rost, 2004)
polytom (mehrere Antwortalternativen)	Eindimensionales und mehrdimensionales polytomes Modell (Rasch, 1961)	
ordinal	Diskretes Ratingskalen Modell (Andrich, 1978) Partial-Credit-Modell (= ordinales Rasch-Modell) (Masters, 1982; Masters & Wright, 1997)	
kontinuierlich	Kontinuierliches Ratingskalen-Modell (Müller, 1999)	

Die Latent-Trait-Modelle gehen von der Annahme einer eindimensionalen, kontinuierlichen Personenvariable, die Latent-Class-Modelle dagegen von einem kategorialen Personen-Merkmal, z. B. der Zugehörigkeit zu einem bestimmten Persönlichkeitstypus, aus (Gollwitzer, 2008).

Die überwiegende Mehrzahl der heute erhältlichen Tests ist auf der Basis der Klassischen Testtheorie entwickelt worden. Sofern probabilistische Testmodelle verwendet wurden, handelte es sich in der Regel um das Rasch-Modell bzw. das linear-logistische Testmodell, eine Erweiterung des dichotomen Rasch-Modells, bei dem Schwierigkeitsparameter der Items als Linearkombination von Basisparametern (z. B. kognitive Operationen) betrachtet werden. Beispiel für entsprechende Testentwicklungen sind der Wiener Matrizentest WMT (Formann & Pinswanger, 1979), der Dreidimensionale Würfeltest 3DW (Gittler, 1990) oder der Frankfurter Adaptive Konzentrationsleistungstest (FAKT II) von Moosbrugger und Goldhammer (2007).

6.2.1 Das Rasch-Modell (einparametriges Modell)

Das logistische Modell von Rasch (1960) nimmt folgende Beziehung zwischen der Wahrscheinlichkeit, dass Person v ein Item i korrekt beantwortet ($P(x_{vi} = 1)$, sowie der Personenfähigkeit θ_v und der Itemschwierigkeit σ_i an:

$$P(x_{vi} = 1) = \frac{e^{(\theta_v - \sigma_i)}}{1 + e^{(\theta_v - \sigma_i)}}$$

Diese Modellgleichung verdeutlicht, dass sowohl die Personenfähigkeit θ als auch die Item-schwierigkeit σ auf einer (latenten) Skala gemessen werden und die Differenz von beiden die Lösungswahrscheinlichkeit bestimmt. Die nach dieser Formel anhand einer Personen-stichprobe berechneten Itemcharakteristiken für drei hypothetische Items sind in Abb. 1 dargestellt.

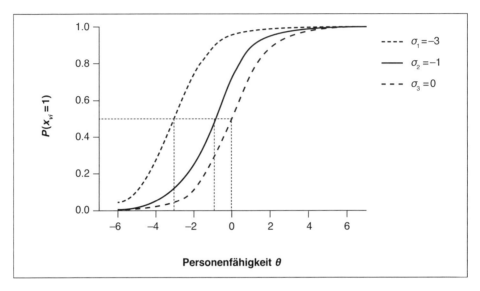

Abbildung 10.1: Itemcharakteristiken von drei Rasch-konformen Items unteschiedlicher Schwierig-keitkeit

Die Itemschwierigkeiten betragen dabei $\sigma_1 = -3$, $\sigma_2 = -1$ und $\sigma_3 = 0$, Item 1 ist das leichteste und Item 3 ist das schwerste Item. Aus der Abbildung 1 kann abgeleitet werden, dass immer dann, wenn die Itemschwierigkeit der Personenfähigkeit entspricht (angedeutet durch die gepunkteten vertikalen Linien) die Lösungswahrscheinlichkeit des entsprechenden Items bei 0.5 liegt. Dieser Punkt stellt auch den Wendepunkt jeder Funktion dar. Wenn somit die Personenfähigkeit größer als die Itemschwierigkeit ist, steigt die Lösungswahrscheinlich-keit über 0.5, sofern die Itemschwierigkeit größer als die Personenfähigkeit ist, sinkt die Wahrscheinlichkeit, das Item korrekt zu beantworten, unter 0.5.

Im Rasch-Modell sind die Steigungen (Trennschärfen) aller Itemcharakteristiken identisch und die größte Trennschärfe eines Items liegt im Mittelbereich, die Items unterscheiden sich lediglich in ihrer Itemschwierigkeit. Das Rasch-Modell wird daher auch als *einparame-triges Modell* bezeichnet (Rost, 2004). Im Gegensatz hierzu nimmt das *zweiparametrige Modell* nach Birnbaum (1968) zusätzlich unterschiedliche Trennschärfen und somit auch sich überschneidende Itemcharakteristiken an. *Dreiparametrige Modelle* nehmen zur Be-schreibung des Antwortverhaltens zusätzliche Rateparameter (wenn beispielsweise bei Multiple-choice-Items und 4 Auswahlmöglichkeiten die Lösungswahrscheinlichkeit nie unter 25 % absinkt) an.

Wie Rost (2004, S. 123 ff.) anhand mathematischer Ableitungen zeigt, genügt bei Gültigkeit des Rasch-Modells jeweils die Anzahl gelöster Items pro Person zur Schätzung der Personenparameter. Umgekehrt lassen sich auch die Itemschwierigkeiten anhand der Anzahl von Itemlösungen pro Item bestimmen. Es ist nicht erforderlich, von jeder einzelnen Person genau zu wissen, *welche* der Items gelöst wurden. Das Rasch-Modell stellt wesentlich strengere Anforderungen an die Bildung eines Summenscores als die Klassische Testtheorie. Nur bei raschkonformen Items ist die Bildung eines Summenscores zulässig. Bei der Klassischen Testtheorie hingegen werden Skalen und entsprechende Summenscores sowohl nach statistischen als auch inhaltlichen Kriterien gebildet, selbst wenn sowohl die Trennschärfeindizes der Items als auch die Skalenreliabilitäten anzeigen, dass es sich möglicherweise nicht um (im latenten Sinne) streng homogene Konstrukte handelt. Moosbrugger (2008, S. 226 ff.) demonstriert anhand eines einfachen Beispiels die Parameterschätzung beim einparametrigen Rasch-Modell.

Mittels Modellgeltungstests (Andersen, 1973; Rost, 2004; Glas, 2007) kann überprüft werden, ob ein Test Rasch-konform ist. Dabei müssen sowohl die Rasch-Homogenität der Items als auch der Personen jeweils geprüft werden.

Wenn Modellkonformität vorliegt, weisen alle Testitems Itemcharakteristiken gleicher Form auf (siehe Abb. 10.1), die entlang der X-Achse (Personenfähigkeit) parallel verschoben sind. Dies bedeutet auch, dass *spezifisch objektive Vergleiche* zwischen Personen (unabhängig von der Schwierigkeit der verwendeten Items) sowie zwischen Items (unabhängig von der Fähigkeit der zur Schätzung der Itemparameter herangezogenen Personen) möglich sind. Dieser methodische Vorteil wird u. a. bei der Konstruktion adaptiver Tests genutzt (Moosbrugger, 2008).

7 Statistische Verfahren für die diagnostische Praxis

Klaus Willmes

Der Einsatz psychometrischer und inferenzstatistischer Verfahren ist für eine differenzierte Analyse der Leistungen individueller Patienten im Kontext neuropsychologischer diagnostischer Aussagen unverzichtbar. Diese Leistungen können vorrangig in normierten psychometrischen Testverfahren, aber auch im Vergleich mit kleineren Kontrollstichproben für spezielle diagnostische Fragestellungen sowie bei Verwendung nicht-normierter Testverfahren ohne Bezug zu Kontrollstichproben beobachtet worden sein.

Aufgrund gut gestützten neuropsychologischen Wissens über spezifische Zusammenhänge zwischen fokalen oder diffusen Hirnschädigungen und beeinträchtigten oder gestörten psychischen Funktionen lassen sich für den individuellen Patienten oft gezielte diagnostische Hypothesen über erwartete Leistungsunterschiede zwischen verschiedenen Tests eines Testprofils oder einer Testbatterie ableiten. Analoges gilt für nicht normierte Aufgabenstellungen. Für einen neuropsychologischen Befund ist es bei evidenzbasierter Vorgehensweise in der neuropsychologischen Diagnostik wünschenswert, eine für Dritte überprüfbare Entscheidung bezüglich dieser Hypothesen treffen zu können.

Oft ist die einmalige (Status-)Diagnostik nicht ausreichend oder aussagekräftig. Vielmehr ist eine Analyse des spontanen Verlaufs und/oder von einer oder mehreren Kontrolluntersuchungen nach einer Interventionsphase erforderlich. So sollte beispielsweise die (Verdachts-)Diagnose einer degenerativen Hirnerkrankung nicht aufgrund einer einzelnen Untersuchung geäußert werden, sondern sich auf den Nachweis von schlechter werdenden Leistungen aus mindestens zwei Untersuchungen in geeignetem Zeitabstand stützen. Weiterhin ist die Analyse von Leistungsveränderungen nach einer Phase neuropsychologischer Intervention ohne oder in Verbindung mit anderen (z. B. pharmakologischen) Behandlungen geeignet, um die Wirksamkeit eines Trainings oder einer Therapie zu belegen. Insbesondere die Absicherung differentieller Veränderungen ist zur Stützung eines spezifischen Therapieeffektes aufgrund einer Intervention im Einzelfall von großer Bedeutung. So sollten diejenigen (Unter-)Testleistungen eincs Testprofils nach Beendigung der Therapie deutlich stärkere Verbesserungen aufweisen, die als Indikatoren für die spezifisch trainierte psychische Funktion gelten. Diese Analyse individueller Leistungsmuster und ihr Vergleich ist nicht beschränkt auf die wissenschaftliche Erprobung neuer Therapieansätze oder -methoden, sondern sollte auch Bestandteil ,kontrollierter klinischer Praxis' (Petermann, 1992) oder – moderner ausgedrückt – einer evidenzbasierten Vorgehensweise in der neuropsychologischen Diagnostik und Therapieevaluation sein.

Aussagen über Patienten anhand von normierten Testverfahren bilden in aller Regel einen Schwerpunkt der diagnostischen Tätigkeit klinisch arbeitender Neuropsychologen. Unter Umständen liegen aber für eine spezifische Fragestellung keine geeigneten, etablierten Verfahren vor. Dennoch ist eine diagnostische Aussage erwünscht, die sich dann nur auf bei kleineren Stichproben verwendetes Untersuchungsmaterial stützen kann. Gerade der Vergleich der Leistungen eines Einzelfalles mit einer möglichst gut vergleichbaren kleineren Kontrollgruppe gesunder Personen ist in einer stärker modellorientierten neuropsychologischen Diagnostik relevant. Die Analyse der Leistungen einzelner Patienten mit einer adäquaten Kontrollgruppe in nicht normierten Testverfahren ist auch für einzelne neuropsychologische Störungsbilder oder Beeinträchtigungsmuster, die generell selten auftreten, unabdingbar. Die Analyse von Leistungsdissoziationen im Einzelfall ist jedoch nicht unbedingt an die Verwendung normierter Testverfahren oder den Vergleich mit adäquaten Kontrollgruppen gebunden. Vielmehr lassen sich auch mit nicht-normierten oder experimentellen Verfahren erhobene Testwerte ohne Rückgriff auf eine Kontrollgruppe inferenzstatistisch auswerten.

Nachfolgend wird die Analyse von Leistungsmustern einzelner Patienten unter 4 generellen Gesichtspunkten dargestellt:
(1) Inferenzstatistische Analyse von individuellen Leistungsprofilen in normierten psychologischen Testverfahren mit Methoden der psychometrischen Einzelfalldiagnostik
(2) Inferenzstatistische Analyse von individuellen Leistungsdefiziten und Leistungsdissoziationen im Vergleich mit einer kleineren Kontrollgruppe
(3) Inferenzstatistische Analyse von Leistungsdissoziationen mit nicht-normierten Testverfahren ohne Vergleichsdaten (von gesunden Probanden)
(4) Evaluation von Therapieeffekten im Einzelfall mit inferenzstatistischen Methoden für normierte Kontrolltestverfahren, für Leistungstestverfahren erhoben an kleineren Stichproben und für nicht-normierte Testverfahren ohne Vergleichsdaten.

Die Methoden der psychometrischen Einzelfalldiagnostik können mittels des Programms Case 1.0[1] ausgeführt werden. Für die Analyse von Defiziten und Dissoziationen gibt es allgemein im Netz zugängliche Software der Arbeitsgruppe um John Crawford (http://homepages.abdn.ac.uk/j.crawford/pages/dept/SingleCaseMethodology.htm).

7.1 Analyse von Leistungsprofilen mit der psychometrischen Einzelfalldiagnostik

7.1.1 Grundbegriffe

Ziel der psychometrischen Einzelfalldiagnostik (Huber, 1973, 1992; Willmes, 2009) ist die zufallskritische Beurteilung der Testleistungen einer Person, indem analog zum statistischen Hypothesentesten in der experimentellen Forschung fehlerkontrollierte Entscheidungen bezüglich diagnostischer Hypothesen über die Gleichheit bzw. Verschiedenheit wahrer Testleistungen bzw. deren Veränderungen über die Zeit getroffen werden.

Entsprechend dem Modell der *Klassischen Testtheorie* (vgl. Kapitel 6.1; Lienert & Raatz, 1998) wird jede Person durch ihr Leistungsniveau (allgemeiner: Ausprägungsniveau eines bestimmten psychologischen Merkmals oder einer Persönlichkeitseigenschaft) sowie einem eigenen Ausmaß von Variabilität um dieses Leistungsniveau herum charakterisiert. Diese

---

1 Das Programm kann bezogen werden unter www.psytest.net.

Modellannahmen stimmen mit den allgemeinen Postulaten von Zubin (1950) über die statistische Analyse intraindividueller Beobachtungsreihen überein: 1. Jedes Individuum ist als ein eigenes Universum (möglicher Testwerte) anzusehen. 2. Jedes Individuum wird durch ein bestimmtes Leistungsniveau charakterisiert, von dem ein beobachteter Testwert eine (einmalige) Zufallsstichprobe darstellt. 3. Jedes Individuum wird weiterhin durch ein bestimmtes Ausmaß an Variabilität um dieses Leistungsniveau charakterisiert. 4. Die Effekte der Variation interner (z. B. Reifung, Degeneration, Spontanremission) oder äußerer (Therapie, Training) Bedingungen wirken sich auf Niveau und/oder Leistungsvariabilität aus.

Bei einer einmaligen diagnostischen Untersuchung erhält man aber keine Information über mögliche Leistungsvariabilität. Deshalb wird eine fundamentale *Homogenitätsannahme* in der psychometrischen Einzelfalldiagnostik über die Identität der testspezifischen Fehlervarianz σ^2_{ij} für alle Individuen i einer Probanden- oder Patientenpopulation (sog. Referenzpopulation) gemacht. Diese erlaubt die Verwendung des Standardmessfehlers zur Schätzung der sogenannten testspezifischen Fehlervarianz für das jeweilige psychologische Testverfahren j, welcher von der Reliabilität ρ_{jj} (interne Konsistenz, Split-half Reliabilität, Paralleltestreliabilität) eines Testverfahrens abhängt:

$$\sigma^2_{ij}=s^2(X_{.j})\,(1-\rho_{jj}) \text{ mit der Varianz } \sigma^2(X_{.j}) \text{ der Rohwerte } X_{.j} \text{ in der Referenzpopulation.}$$

Testgütekriterien und Standardnormen (T-Werte, IQ-Werte, Standardwerte, Wertpunkte, C-Werte) liegen für die meisten publizierten psychometrischen Testverfahren mit Bedeutung für die neuropsychologische Diagnostik vor. Sind lediglich Prozentränge vorhanden, können diese leicht in eine Standardnorm (vgl. Anhang: Normentafel und Umrechnungstabelle von Standardnormen) umgerechnet werden. Für eine verlässliche Anwendung der psychometrischen Einzelfalldiagnostik sollten gewisse Mindestanforderungen an die Höhe und Genauigkeit der Reliabilitätsschätzungen (sog. Forderung nach praktischer Invarianz, d. h. das 95 %-Konfidenzintervall um die Reliabilitätsschätzung ist <.10; das ist üblicherweise bei Reliabilitätsschätzungen ab 0.85 und $N>100$ der Fall) und an die Größe einer Normstichprobe (möglichst $N>400$) vorliegen. Für den Vergleich von Testleistungen innerhalb eines Testprofils sind allgemein nur normierte Testwerte Y^x_{ij} einer sog. Standardnorm wie T-Werte, Standardwerte (SW), IQ-Werte, usw. sinnvoll zu verwenden. Außerdem ist eine Profilanalyse nur für Testverfahren sinnvoll, bei denen die im Profil berücksichtigten (Unter)tests numerisch nicht-negative Korrelationskoeffizienten aufweisen. Ansonsten kann man ja nicht davon ausgehen, dass jeweils höhere oder niedrigere Testleistungen gleichsinnig mehr oder weniger von einer Persönlichkeitseigenschaft abbilden. Bei Leistungstests ist das für die normierten Werte in aller Regel gegeben, da höhere Leistungsgüte und schnellere Bearbeitungszeiten sowie auch geringere Leistungsvariabilität alle jeweils höhere normierte Werte aufweisen. Sollten für ein Testverfahren aber nur Korrelationen für Rohwerte berichtet worden sein, wo dann etwa Leistungsgüte und Bearbeitungszeit oft erwartungsgemäß einen numerisch negativen Korrelationskoeffizienten aufweisen, wäre für die Profilanalyse das negative Vorzeichen der Korrelation zu ignorieren, wenn die normierten Werte, wie zuvor erwähnt, gleichsinnig orientiert sind. Bei Persönlichkeits- oder Einstellungsfragebögen ist ebenfalls zu prüfen, ob verschiedene Subskalen in einem Profil im Sinne einer gemeinsamen positiven oder negativen Ausrichtung gleichgerichtete normierte Werte aufweisen.

Da sich diagnostische (Null-)Hypothesen auf die Gleichheit von (mindestens zwei) wahren Testleistungen beziehen (vgl. Willmes 2009), also im einfachsten Fall H_0: $T_{ij} = T_{ih}$, müssen bei unterschiedlichen Reliabilitäten der einzelnen Tests eines Testprofils die üblichen Normwerte noch tau-normiert werden (Y^τ_{ij}), damit sie die bestmögliche Schätzung der wahren normierten Testleistungen T^τ_{ij} darstellen:

$$Y^\tau_{ij} = Y^x_{ij} / \sqrt{\rho_{jj}} + L(1 - 1/\sqrt{\rho_{jj}})$$

mit L Mittelwert der Norm (z. B.: L = 50 für T-Werte, L = 100 für SW und IQ).

Die inferenzstatistischen Verfahren beruhen auf dem Grundgedanken, dass diagnostische Hypothesen über die Gleichheit wahrer (normierter) Testleistungen wie statistische Hypothesen über die Gleichheit von Verteilungsparametern behandelt werden können, einschließlich (richtiger oder) falscher Entscheidungen bezüglich der Akzeptanz einer diagnostischen Nullhypothese (β-Fehler) bzw. einer Alternativhypothese (α-Fehler) (vgl. Tab. 7.1). Bei diagnostischen Fragestellungen ist es häufig wichtiger, den β-Fehler klein zu halten, d. h. möglichst keinen echten Unterschied in wahren Testleistungen zu „übersehen". Deshalb wird als Standard ein „liberaler" α-Fehler von α = 10 % empfohlen, welcher jedoch bei Bedarf modifiziert werden kann.

Tabelle 7.1: Diagnostische Entscheidungen über diagnostische Hypothesen bezüglich der Gleichheit wahrer (normierter) Testleistungen in der psychometrischen Einzelfalldiagnostik

Diagnostische Entscheidung	(unbekannte) Realität	
	H_0 richtig	H_1 richtig
H_0 akzeptieren	richtige Entscheidung	β-Fehler
H_1 akzeptieren	α-Fehler	richtige Entscheidung

Beim Vergleich normierter Testleistungen eines Leistungsprofils geht es um die zufallskritische Beurteilung von Unterschieden unter dem Gesichtspunkt der Reliabilität der Merkmalsmessung, d. h., ob es über die Messgenauigkeit der Tests hinausgehende Unterschiede zwischen wahren Testwerten gibt *(Reliabilitätsaspekt)*. Bei einer Entscheidung auf Vorliegen reliabler Unterschiede ist es häufig von diagnostischem Interesse, wie wahrscheinlich ein noch größerer Unterschied zwischen den Testleistungen in der jeweiligen Referenzpopulation, für die auch die Normwerte ermittelt worden sind, ist *(Aspekt der diagnostischen Valenz)*.

7.1.2 Intraindividuelle Profilanalyse

Bei der Analyse eines Leistungsprofils ist zwischen Profilhöhe, Profilstreuung und Profilgestalt zu unterscheiden. Die *Profilhöhe* h^τ_i ist der gewichtete Mittelwert der *m* (Unter-)Testwerte; die Gewichte sind abhängig von den Reliabilitäten der beteiligten Testverfahren.

Testverfahren mit relativ höherer Reliabilität gehen mit relativ stärkerem Gewicht in die Mittelwertbildung ein.

$$h^\tau_i = 1/G \sum g_j Y^\tau_{ij} \text{ mit Gewichten } g_j = \rho_{jj}/(1-\rho_{jj}), \ G = \sum g_j$$

Zur Analyse der *Profilstreuung* prüft man mit einer chi^2-verteilten Teststatistik, ob überhaupt reliable Unterschiede zwischen den Untertests des Leistungsprofils, d. h. über den Messfehler hinausgehende Unterschiede vorliegen; dann spricht man von einem *echten* Profil, welches mehr Informationen über das Leistungsmuster enthält als lediglich ein Gesamttestwert:

$$\chi^2_{m-1} = 1/K^2 \sum g_j (Y^\tau_{ij} - h^\tau_i)^2 \text{ mit K Standardabweichung der Standardnorm}$$
$$(\text{z. B. } K = 10 \text{ für T-Werte und SW, } K = 15 \text{ für IQ-Werte}).$$

Bei Profilechtheit (falls $\chi^2_{m-1} > \chi^2_{m-1,1-\alpha}$) wird eine Analyse der *Profilgestalt* vorgenommen, entweder ohne eine spezifische diagnostische Hypothese über alle paarweisen Untertest-Vergleiche im Profil (mit *α-Adjustierung* nach Bonferroni-Holm, Holm, 1979) oder mit spezifischer diagnostischer Hypothese über sog. *gezielte Linearvergleiche* zwischen zwei (Unter-)Testgruppen unter Reliabilitäts- und Valenzaspekt. Bei dem Vergleich von durchschnittlichen Leistungen in nicht überlappenden Gruppen I und II von Tests, werden die beiden Testgruppen-Profilhöhen gebildet und deren Differenz $\psi^\tau_i = h^\tau_{iI} - h^\tau_{iII}$ auf überzufällige Abweichung von Null unter dem Reliabilitätsaspekt getestet:

$$z(\psi^\tau_i) = \psi^\tau_i / K\sqrt{(1/\sum_I g_j + 1/\sum_{II} g_h)}.$$

Bei Vorliegen solch einer signifikanten Teilprofilhöhendifferenz ist dann oft zusätzlich von Interesse, ob die Diskrepanz zwischen den Leistungen in den beiden Testgruppen in der Referenzpopulation nur selten auftritt, d. h. diagnostisch valent ist. Die Teststatistik ist:

$$z(\psi^\tau_i) = \psi^\tau_i / K\sqrt{\{\sum_{I\&II} c^{\tau2}_j / \rho_{jj} + 2\sum\sum_{I\&II} c^\tau_j c^\tau_{j'} r_{jj'} / \sqrt{(r_{jj} r_{j'j'})}\}}$$

mit Koeffizienten $c^\tau_j = g_j/\sum_I g_j$ für Tests in Teilprofil I, $c^\tau_j = -g_j/\sum_{II} g_j$ für Tests in Teilprofil II. Die Doppelsumme $\sum\sum_{I\&II}$ wird über alle Testpaare j und j' mit j<j' gebildet; $\rho_{jj'}$ ist die Korrelation zwischen Tests j und j' in der Normpopulation. Die Diagnostische Valenzwahrscheinlichkeit ist $p(\psi^\tau_i) = 1 - \Phi(z(\psi^\tau_i))$, mit $\Phi(z)$ Verteilungsfunktion der Standard-Normalverteilung. Falls $p(\psi^\tau_i) < 20\%$, wird der lineare Kontrast als diagnostisch valent angesehen.

Der paarweise Untertestvergleich zweier mit $\rho_{jh} \geq 0$ korrelierter Untertests mittels einer standard-normalverteilten Teststatistik stellt einen Spezialfall dieses Linearkontrasts dar, bei dem in jeder der beiden Testgruppen nur genau ein Test *j* bzw. *h* des Testprofils enthalten ist:

$$z_{jh} = (Y^\tau_{ij} - Y^\tau_{ih}) / K\sqrt{(1/g_j + 1/g_h)} \qquad \text{(Reliabilitätsaspekt)}$$

$$z(Y^\tau_{ij} - Y^\tau_{ih}) = (Y^\tau_{ij} - Y^\tau_{ih}) / K\sqrt{\{1/\rho_{jj} + 1/\rho_{hh} - 2\rho_{jh}/\sqrt{(\rho_{jj}\rho_{hh})}\}} \ \text{(Valenzaspekt)},$$

wobei die diagnostische Valenzwahrscheinlichkeit p_{jh} wieder mittels der Standard-Normalverteilung bestimmt wird $p_{jh} = 1 - \Phi(z(Y^\tau_{ij} - Y^\tau_{ih}))$. Ergibt sich ein Wert unter 20%, wird auf diagnostische Valenz entschieden.

Gezielte Vergleiche zwischen Gruppen von Testleistungen sind jedoch häufig die beste Möglichkeit, eine diagnostische Hypothese über relative oder selektive Leistungsdiskrepanzen zwischen Funktionsbereichen effizient zu testen.

7.1.3 Intraindividueller Profilvergleich

In der neuropsychologischen Praxis interessiert oft die Frage, ob die Leistungen eines Patienten sich im Anschluss an eine Phase (gezielter) neuropsychologischer Therapie verändert haben oder ob Leistungen in einer Nachfolge-Untersuchung (follow-up) stabil geblieben sind. Es werden bei einem Profilvergleich folgende Aspekte unterschieden:

(1) *Globaler Profilvergleich:* Es wird getestet, ob beide Profile 1 und 2 derselben Person insgesamt deckungsgleich sind, d. h. ob weder Unterschiede in der Profilhöhe noch in der Profilstreuung vorliegen:

$$\chi^2_m = 1/2K^2 \sum g_j (Y^\tau_{ij1} - Y^\tau_{ij2})^2$$

Falls auf *Profilidentität* entschieden wird, sind keine weitergehenden Analysen erforderlich; falls aber ein Unterschied in den Profilen angenommen wird bei $\chi^2_m > \chi^2_{m,1-\alpha}$, wird weiter analysiert auf Unterschiede in der Profilhöhe und Profilgestalt.

(2) *Vergleich der Profilhöhen:* Bei signifikanter Abweichung von der Profilidentität werden die Profilhöhen h^τ_{i1} und h^τ_{i2} beider Testprofile eines Patienten verglichen:

$$z = (h^\tau_{i1} - h^\tau_{i2}) / K\sqrt{(2/\sum g_j)}$$

Unter der plausiblen Annahme, dass die beiden Anwendungen des selben psychologischen Testverfahrens wie Untersuchungen mit parallelen Testverfahren angesehen werden können, führt die Beurteilung einer Profilhöhendifferenz unter Reliabilitäts- und Valenzaspekt zu formal gleichen Ergebnissen. Falls für einen psychologischen Test tatsächlich parallele Testformen vorliegen, sollten diese für den intraindividuellen Leistungsvergleich zu den beiden Testzeitpunkten eingesetzt werden. Der Vergleich der Profilhöhen sollte wegen der bei einseitigen Tests höheren Teststärke nur dann zweiseitig ausgeführt werden, wenn keine inhaltlich diagnostisch begründete Erwartung bezüglich der Richtung eines Unterschieds formuliert werden kann. Bei einer progredienten Grunderkrankung mit einem Training zwischen den beiden Testzeitpunkten kann vermutlich nicht angegeben werden, ob die Verschlechterungstendenz aufgrund fortschreitender Erkrankung von dem Training kompensiert werden kann. Analoges gibt bei Entwicklungsverzögerungen oder Entwicklungsstörungen, deren ansonsten zunehmender Einfluss durch Training kompensiert werden soll.

(3) *Vergleich der Profilgestalt:* Um einen Vergleich der Profilgestalt unabhängig von möglichen Unterschieden in der Profilhöhe anstellen zu können, müssen beide zu vergleichende Profile in ihrer globalen Profilhöhe angeglichen werden. Nach dieser Korrektur handelt es sich formal wieder um einen Test auf Identität der beiden (profilhöhen-adjustierten) Profile:

$$\chi^2_{m-1} = 1/2K^2 \sum g_j ((Y^\tau_{ij1} - Y^\tau_{ij2}) - (h^\tau_{i1} - h^\tau_{i2})^2$$

Bei signifikantem Unterschied in der Profilgestalt $\chi^2_{m-1} > \chi^2_{m-1,1-\alpha}$ ist eine differenzierte Analyse der Unterschiede in der Profilstreuung angezeigt. Im Falle eines nicht signifikanten Ergebnisses sind weitere Vergleiche der Profilgestalt nicht sinnvoll.

Differenzierte Verlaufsanalysen von Unterschieden in der Profilgestalt können auf zwei konzeptuell verschiedene Arten erfolgen. Zum einen können die korrespondierenden (Unter-)Testwerte der beiden Profile separat je Test des Profils miteinander auf signifikante Unterschiede hin verglichen werden und jeder dieser Vergleiche zu einem adjustierten Signifikanzniveau nach Bonferroni-Holm ausgeführt werden:

$$z = (y^{\tau}_{ij1} - y^{\tau}_{ij2}) / K\sqrt{(2/g_j)}.$$

Dem Konzept eines Vergleiches der beiden Profilgestalten ist die zweite Vorgehensweise eines sog. *gezielten Profilvergleichs* angemessen. Bei diesem werden die Relationen von (Unter-)Testleistungen zueinander zwischen den beiden Profilen verglichen. Dazu wird die Differenz $\delta^{\tau}_i = \psi^{\tau}_{i1} - \psi^{\tau}_{i2}$ eines gezielten Linearkontrasts aus beiden Erhebungszeitpunkten gebildet und auf einen Unterschied getestet:

$$z(\delta^{\tau}_i) = \delta^{\tau}_i / K\sqrt{2 \cdot (1/\textstyle\sum_{lgj} + 1/\textstyle\sum_{llgh})}.$$

Im Falle einer Signifikanz hat sich die Relation von Leistungen in zwei Funktionsbereichen überzufällig über die Zeit (u. U. aufgrund einer Intervention) verändert. Solch ein gezielter Profilvergleich stellt im Einzelfall die beste Möglichkeit dar, den validen Nachweis eines spezifischen (differentiellen) Interventionseffekts mit normierten Testverfahren zu führen.

Bei Fehlen einer spezifischen diagnostischen Hypothese kann man im Falle signifikanter Gestaltunterschiede zwischen beiden Testprofilen auch wie zuvor bei der Analyse eines Testprofils systematisch alle Vergleiche der Leistungsrelationen zwischen (Unter-)Testpaaren mit Bonferroni-Holm Adjustierung anstellen:

$$z_{jh} = ((y^{\tau}_{ij1} - y^{\tau}_{ih1}) - (y^{\tau}_{ij2} - y^{\tau}_{ih2})) / (K\sqrt{2((1/g_j + 1/g_h)}).$$

Zwei spezielle Analyse-Anwendungen der psychometrischen Einzelfalldiagnostik in der Neuropsychologie sind die Untersuchung auf (1) *selektiv erhaltene/selektiv beeinträchtigte* Leistungen in einem Test eines Testprofils: Zur diagnostischen Stützung des Verdachts auf eine Leistungsdissoziation dieser Art kann man prüfen, ob die Leistungen in dem betreffenden Test nicht nur reliabel sondern auch diagnostisch valent schlechter (bzw. besser) sind als alle anderen Testleistungen. Dazu betrachtet man alle paarweisen Vergleiche mit diesem speziellen Untertest. (2) Untersuchungen auf *differentielle Therapieeffekte*: Wenn man die begründete Erwartung hat, dass die Effekte eines spezifischen Trainings oder einer spezifischen Therapie sich besonders auf einen oder eine Teilmenge der Tests eines Testprofils auswirken sollten, kann man einen gezielten Profilvergleich ausführen. Bezieht sich die diagnostische Hypothese nur auf einen einzelnen Test im Vergleich zu allen anderen Tests eines Profils, sind auch die Vergleiche aller paarweisen Vergleiche jeweils mit diesem speziellen Test zu beiden Testzeitpunkten denkbar.

7.2 Anwendungen der psychometrischen Einzelfalldiagnostik in der Neuropsychologie

7.2.1 Praktische Aspekte der Anwendung der psychometrischen Einzelfalldiagnostik

Die psychometrische Einzelfalldiagnostik kann zeitökonomisch nur mit entsprechender Software ausgeführt werden. Für einige wenige Testverfahren gibt es entsprechende Spezialsoftware (AATP, LPS-K). Man kann aber auch selbst leicht das allgemein gehaltene Programm CASE 1.0 nutzen. Wenn für ein psychologisches Testverfahren praktisch invariante Reliabilitätsschätzungen und Standardnormen für genügend große Eichstichproben sowie die Korrelationen der Tests des Testprofils aus dem Testmanual für Analysen zur diagnostischen Valenz vorliegen, können diese Informationen für das jeweilige psychologische Testverfahren einmalig in ein Blatt des Programms CASE 1.0 eingegeben und abgespeichert werden. Sie stehen dann für die Analysen eines Probanden stets zur Verfügung. Für den einzelnen zu analysierenden Patienten müssen lediglich die normierten Testwerte in die entsprechende Version von CASE 1.0 eingegeben werden.

7.2.2 Statusdiagnostik

Für diagnostische Fragen zur sog. Statusdiagnostik, d. h. zur Analyse der Testleistungen eines Patienten bezogen auf (u. U. alters-, geschlechts- und bildungsäquivalente) Personen ohne Hirnschädigung sind die Testkennwerte der Normalpopulation sinnvoll zu verwenden. Problematisch sind u. U. Aussagen über die diagnostische Valenz eines paarweisen Vergleichs oder eines gezielten Linearvergleichs. Wegen der üblicherweise deutlich von den Normwerten der Normalpopulation abweichenden Normwerte einer bestimmten neuropsychologischen Referenzpopulation kann ein diagnostisch valenter Unterschied in der Normalpopulation wenig informativ sein. Denn in der bestimmten neuropsychologischen Referenzpopulation kann solch ein großer Unterschied u. U. die Regel sein, wie z. B. eine Diskrepanz zwischen (schlechten) sprachgebundenen Leistungen in Untertests einer Intelligenztestbatterie und (weit besseren) visuell-räumlichen Untertestleistungen bei Patienten mit einer Aphasie. Es ist sogar gut möglich, dass die normierten Testleistungen bezogen auf eine Population von linkshemisphärisch geschädigten Patienten gar nicht einmal reliabel verschieden ausfallen. Weiterhin ist es u. U. plausibel, dass die testspezifischen Fehlervarianzen von Patienten mit neuropsychologischen Auffälligkeiten wegen möglicherweise geringerer Reliabilitäten eines Testverfahrens für Patientenpopulationen größer als die von gesunden Personen ausfallen. In diesem Fall würde es gehäuft zu fälschlichen Aussagen über signifikante (reliable) Leistungsunterschiede kommen.

7.2.3   Feststellung von Leistungsdissoziation

Methoden der psychometrischen Einzelfalldiagnostik eignen sich gut für eine operationale Definition von Leistungsdissoziationen, z. B. zur operationalen Definition von materialspezifischen Lern- und Gedächtnisstörungen oder auch von spezifischen visuell-räumlichen Aufmerksamkeitsdefiziten.

Für die Verlaufsanalyse von Patienten mit Verdacht auf eine primär progrediente Aphasie kann man etwa in einem gezielten Profilvergleich nachweisen, dass eine initial stärkere, reliable und diagnostisch valente Beeinträchtigung von sprachgebundenen im Vergleich zu nicht-sprachgebundenen Leistungen im Verlauf von mehreren Jahren Progredienz der Erkrankung – bei gleichzeitiger signifikanter Absenkung der Profilhöhe – signifikant geringer wird oder gar nicht mehr vorhanden ist. Diese Art der Analyse für das LPS-K wurde z. B. von Poeck und Luzzatti (1988) benutzt, um neben den Untersuchungen zu den sprachlichen Veränderungen die Diagnose einer primär progredienten Aphasie zu stützen.

Umgekehrt können die Auswirkungen gezielter therapeutischer Interventionen anhand von gezielten Profilvergleichen im Einzelfall abgesichert werden. So sollte sich eine (Sprach-)therapie bei Aphasie so auf Leistungen in einer Intelligenztestbatterie mit Normwerten einer Normpopulation auswirken, dass sich ein initialer diagnostisch valenter gezielter Linearvergleich mit schlechteren sprachgebundenen Leistungen signifikant zu einem nicht mehr signifikanten Unterschied zwischen sprachfreien und sprachgebundenen Leistungen bei globaler Steigerung des Leistungsniveaus (Profilhöhe) hin entwickelt.

7.3   Einzelfall-Methodologie nach Crawford und Mitarbeitern

Differenzierte, an einem Verarbeitungsmodell der Neuropsychologie orientierte, diagnostische Untersuchungen haben häufig eine Mittelstellung zwischen den diagnostischen Fragestellungen der psychometrischen Einzelfalldiagnostik unter Verwendung normierter psychologischer Testverfahren und rein (quasi-)experimentellen Studien an einzelnen Patienten unter Verwendung neu und individuell konstruierter Aufgabenstellungen. Es werden oft Untersuchungsbatterien mit standardisiertem Aufgabenmaterial eingesetzt, für die aber nur Mittelwerts- und Streuungsinformationen aus kleineren Referenzgruppen ohne Reliabilitätsangaben vorliegen. Das ist z. B. für die häufig verwendete Birmingham Object Recognition Battery (BORB; Riddoch & Humphreys, 1993) der Fall. Die Arbeitsgruppe um Crawford hat einen kohärenten Ansatz vorgelegt, mit inferenzstatistischen Methoden ein Leistungsdefizit eines einzelnen Patienten sowie eine signifikante Leistungsdiskrepanz zwischen zwei Testleistungen zu identifizieren und damit auch eine operationale Definition von Leistungsdissoziationen zu liefern (Crawford & Garthwaite, 2002, 2005; Crawford, Howell & Garthwaite, 1998; Garthwaite & Crawford, 2004). Die erforderlichen statistischen Verfahren sind alle leicht und kostenfrei über das Internet zugänglich:

http://homepages.abdn.ac.uk/j.crawford/pages/dept/SingleCaseMethodsComputerPrograms.
HTM (letzter Zugriff: 23. 02. 2018)

Im Unterschied zur psychometrischen Einzelfalldiagnostik für normierte Textverfahren mit Standardnormen wird bei diesen statistischen Verfahren (implizit) angenommen, dass Leistungen vollständig reliabel gemessen worden sind, da keine Reliabilitätsschätzungen in die Formeln eingehen. Da keine Normwerte für die Untersuchungsverfahren vorliegen sondern (lediglich) Mittelwerte und Standardabweichungen der Testrohwerte in der/den entsprechenden Referenzpopulationen, können auch nur diese zum Vergleich einer individuellen Testleistung in Form eines Rohwertes mit der Referenzgruppe eingesetzt werden. Die jeweiligen Rohwerte können je nach Untersuchungsverfahren auch Reaktionszeitmittel z. B. bei einer Aufmerksamkeits-Testbatterie sein. Alternativ könnten es auch Fehlerzählungen oder beliebige andere relevante und informative Kennwerte sein.

7.3.1   Inferenzstatistische Prüfung auf ein Leistungsdefizit

Das Programm singlims.exe, erhältlich über die oben angegebene Homepage (S. 794), erlaubt es, mit einem modifizierten t-Test den (Test-)Wert eines einzelnen Patienten (einseitig) auf signifikante Abweichung (im Sinne einer schlechteren Leistung) von einer Kontrollgruppe mit bekanntem Stichprobenumfang zu testen, von deren Leistungen nur der Mittelwert und die Standardabweichung der Testwerte in dieser Stichprobe berichtet wurden. Zusätzlich zur Feststellung einer signifikanten Abweichung kann eine (Punkt-)Schätzung der „Nichtnormalität" dieser schlechten Leistungen ermittelt werden, d. h. die Wahrscheinlichkeit, in der Referenzgruppe eine noch größere Leistungsdiskrepanz zur Kontrollgruppe vorzufinden. Diese Wahrscheinlichkeit entspricht der diagnostischen Valenzwahrscheinlichkeit aus der psychometrischen Einzelfalldiagnostik. Zusätzlich kann zu dieser Punktschätzung der Valenzwahrscheinlichkeit auch noch ein Konfidenzintervall bestimmt werden, innerhalb dessen sich diese Valenzwahrscheinlichkeit bewegt. Eine weitere neuere Programmversion SInglims_ES.exe ermöglicht auch die Punkt- und Intervall-Schätzung der Effektstärke dieser Abweichung des einzelnen Patienten.

7.3.2   Feststellung von individuellen Leistungsdiskrepanzen und Leistungsdissoziationen

Ähnlich interessant wie ein Leistungsdefizit eines Patienten ist es festzustellen, ob eine Leistungsdiskrepanz zwischen zwei Testleistungen bei einem Patienten signifikant stärker ausgeprägt ist als in der Referenzgruppe. Wenn neben dem Stichprobenumfang die Mittelwerte und Standardabweichungen für beide Tests in der Referenzgruppe berichtet sind sowie die Korrelation der Leistungen aus beiden Tests, kann man dies mit dem Programm RSDT.exe (Revised Standardized Difference Test)[2] tun. Neben dem Testergebnis auf Signifikanz der Abweichung der Leistungsdiskrepanz beim Patienten von der Referenzgruppe bekommt man auch eine Punkt- und Intervallschätzung der Wahrscheinlichkeit einer noch größeren Diskrepanz in der Referenzgruppe. Diese Wahrscheinlichkeit entspricht der dia-

---

2 Eines des sechs Verfahren umfassenden Programmpakets, das von der oben angegebenen Homepage (S. 794) kostenlos heruntergeladen werden kann: Singlims_ES.exe (S. 795), SingleBayes_ES.exe, RSDT_ES.exe (S. 795), DiffBayes_ES.exe, Dissocs_ES.exe (S. 796), Dissocs_Bayes_ES.ecxe.

gnostischen Valenzwahrscheinlichkeit in der psychometrischen Einzelfalldiagnostik. Für die Ausführung des Tests werden die beiden Testleistungen des Patienten jeweils als z-Werte bezogen auf die Mittelwerte und Standardabweichungen in der Referenzgruppe ausgedrückt. Die resultierende Teststatistik besitzt eine komplizierte Verteilung, die nicht identisch mit einer t-Verteilung ist. Der Grund ist, dass Mittelwerte und Standardabweichungen sowie die Korrelation der Leistungen in der Referenzgruppe alles nur Schätzwerte und keine Populationsparameter sind. Zusätzlich gibt es seit kürzerer Zeit noch eine Programmvariante, in der wieder Punkt- und Intervallschätzungen der Effektstärke dieser Leistungsdiskrepanz ermittelt werden.

Eine weitere Programmvariante dissocs.exe erlaubt die Analyse von Leistungsdissoziationen zwischen zwei Tests A und B bei dem individuellen Patienten. Dazu wird einerseits geprüft, ob für eine der beiden Testleistungen (z. B. im Test A) ein Leistungsdefizit vorliegt und ob für die andere Testleistung (im Test B) kein Defizit vorliegt, sowie ob zwischen beiden Testleistungen eine signifikante Leistungsdiskrepanz besteht. In solch einem Fall spricht man von einer klassischen Leistungsdissoziation (vgl. Shallice, 1988). Falls beide Testleistungen des Patienten ein Leistungsdefizit gegenüber der Referenzgruppe aufweisen und eine signifikante Leistungsdiskrepanz besteht, spricht man von einer starken Leistungsdissoziation (vgl. Shallice, 1988). Eine neuere Version des Programms, dissocs_ES.exe, liefert auch wieder Punkt- und Intervallschätzungen der Effektstärke der Leistungsdiskrepanz.

7.4   Inferenzstatistische Analyse von Leistungsunterschieden im Einzelfall

Auch in dem Fall von diagnostischen Untersuchungen mit Aufgabenstellungen, für die keine Normen oder Werte von kleineren Referenzgruppen vorliegen, kann man inferenzstatistisch abgesicherte Methoden einsetzen. Häufiger werden in Einzelfallstudien statistische Testverfahren eingesetzt, die als konzeptuelle Voraussetzung Zufallsstichproben aus (unendlich großen) Populationen mit stochastisch unabhängigen Beobachtungen bei verschiedenen Personen annehmen. Edgington und Onghena (2007) haben dargestellt, dass diese Annahmen nicht haltbar sind und auch nicht benötigt werden. Das Konzept der zufälligen Zuordnung von Beobachtungseinheiten zu Untersuchungsbedingungen oder die zufällige Zuordnung von Untersuchungszeitpunkten zu Untersuchungsbedingungen sind ausreichend, um valide statistische Schlüsse über unterschiedliche Effekte der Untersuchungsbedingungen auf ein (Leistungs-)Merkmal ziehen zu können.

In der Einzelfallanalyse werden für einen validen statistischen Test deshalb die Items aus zwei (oder mehr) verschiedenen Aufgabenstellungen in eine (Pseudo-)Zufallsabfolge gebracht. Unter Umständen ist noch eine Blockbildung für vergleichbare/parallelisierte Items angezeigt mit Zufallsabfolge der Items unter verschiedenen Bedingungen je Block. Die typische Nullhypothese eines Randomisierungstests ist nun folgende: für jeden Zeitpunkt in der Untersuchungssequenz ist die Antwort des untersuchten Probanden unabhängig von dem Einfluss der speziell zu diesem Untersuchungszeitpunkt vorhandenen Aufgabenstellung. Anders ausgedrückt: Der Zusammenhang zwischen Darbietungszeitpunkt und Antwort ist derselbe für jede der Aufgabenstellungen. Es sind also keine statistischen Annahmen über die (vermutlich unrealistische) Unabhängigkeit von Itemantworten zu machen, sondern lediglich schwächere Annahmen über die zulässige Vertauschbarkeit von Antworten (Beobachtungswerten) unter der jeweiligen Nullhypothese. Die Theorie der Randomisierungstests (Permutationstests), in der bestimmte Nullhypothesen unter der Annahme der Vertauschbarkeit von Beobachtungen getestet werden, ist so alt wie die Inferenzstatistik (vgl. Berry et al., 2014; Fisher, 1951; Pitman, 1937) selbst.

7.4.1 Vergleich der Leistungen eines Probanden bezüglich zweier verschiedener Itemmengen

Die insgesamt $n = n_1 + n_2$ Items wurden vor Anwendung der beiden Aufgabenstellungen bei einem Probanden möglichst in eine zufällige Abfolge gebracht. Unter der Nullhypothese H0: „Der Beobachtungswert für ein beliebiges Item ist unabhängig von der Itemmenge, aus der es stammt", hätten alle möglichen Vertauschungen der Beobachtungswerte ebenso gut beobachtet werden können. Insgesamt handelt es sich um die große Zahl von $M = n! / n_1! \, n_2!$ möglichen Vertauschungen.

Als Teststatistik T, die sensitiv auf mittlere Unterschiede zwischen den Aufgabenstellungen ist, kann man – bei zweiseitiger Alternative – die absolute Differenz der Mittelwerte oder auch einfach die Summe der Werte für die erste Aufgabenstellung wählen. Bei Gültigkeit der Nullhypothese H_0 haben alle Vertauschungen von Itembewertungen (dichotom oder ordinal oder intervallskaliert) zwischen den beiden Itemmengen dieselbe Wahrscheinlichkeit von $1/(n! / n_1! \, n_2!)$. Zur Entscheidung über die Nullhypothese wird für jede Vertauschung der Beobachtungen der Wert der Teststatistik berechnet. Anschließend bestimmt man die Anzahl von Werten der Teststatistik T unter zulässigen Vertauschungen der Beobachtungen, die zu größeren oder mindestens genauso großen Werten wie der ursprüngliche Wert der Teststatistik führen, dividiert durch die Anzahl zulässiger Permutationen M unter der Nullhypothese (sog. exakter p-Wert). Die Nullhypothese wird zugunsten der Alternative verworfen, falls dieser p-Wert $\leq \alpha$ ist.

7.4.2 Vergleich der Leistungen eines Probanden für dieselben Items unter zwei Aufgabenstellungen

Unter der Nullhypothese H_0: „Der Beobachtungswert für Item i ist unabhängig von der Aufgabenstellung, unter der er beobachtet wird", hätten alle möglichen Datenmuster mit Vertauschungen der Beobachtungen *je Item* mit der gleichen Wahrscheinlichkeit beobachtet werden können. Zur Testentscheidung bildet man wiederum den Wert der geeignet gewählten Teststatistik unter allen bei Gültigkeit der Nullhypothese zulässigen Intra-Item Permutationen und bildet den exakten *p*-Wert mit analoger Entscheidungsregel bezüglich der Nullhypothese. Statt der Vorgabe derselben Items unter den zwei Bedingungen könnte man auch parallelisierte Paare von Items bilden und je Itempaar per Zufall entscheiden, unter welcher Bedingung (z. B. vor oder nach einer Therapiephase) welches der beiden parallelisierten Items eingesetzt wird.

Je nachdem, ob es sich um dichotome, ordinale oder metrische Daten je Itemantwort handelt, sind die vorgeschlagenen Randomisierungstests äquivalent bzw. analog zum exakten Vierfeldertafel-Test von Fisher (unabhängige Itemmengen) bzw. von McNemar (identische oder parallelisierte Itemmengen), zur exakten Version des Mann-Whitney U-Tests bzw. des Wilcoxon Vorzeichen-Rangtests sowie zum Randomisierungs-Test für unabhängige bzw. für abhängige Stichproben.

Die praktische Ausführung von Randomisierungstests ist für dichotome Daten und Rangdaten z. B. mit dem SPSS-Programmpaket machbar, indem man dort jeweils die exakten Testversionen anwählt. Für intervallskalierte Daten benötigt man aus dem Internet beschaffbare Programmpakete wie z. B. RT4WIN (Huo & Onghena, 2012).

Für die Analyse von differentiellen Therapieeffekten im Einzelfall können die Randomisierungstests ebenfalls eingesetzt werden. Das Vorgehen ist bei Willmes (2009) dargestellt. Üblicherweise sind für verschiedene Therapiedesigns folgende drei Arten von Effekten zu überprüfen: (1) Zunahme der Kompetenz für eine therapierte kognitive Funktion; (2) Differentielle Veränderungen für geübte und nicht geübte Anforderungen bezüglich derselben oder einer ähnlichen kognitiven Anforderung; (3) Verbesserung für eine behandelte und keine Verbesserung für eine andere, nicht behandelte kognitive Funktion, um Spezifität des Therapieeffekts zu belegen.

7.5   Screening-Tests

Mit der Zunahme der Prävalenz dementieller Erkrankungen aufgrund des gestiegenen Durchschnittsalters der Bevölkerung von ca. 0.9 % im Alter von 60–64 Jahren in 5-Jahresschritten über ca. 1.5 %, ca. 3.5 %, ca 6.0 %, ca. 12 % bis ca. 25 % ab 85 Jahren Lebensalter (Ferri el al., 2005) haben auch die Häufigkeit und der Stellenwert der Demenzdiagnostik in der klinischen Neuropsychologie zugenommen. Häufig werden sog. Screening-Kurztests – als prominentestes Beispiel der Mini-Mental-Status-Test (MMST, siehe Kessler et al., 2000, für die deutschsprachige Version der Mini-Mental-State-Examination (MMSE) von Folstein et al, 1975) – eingesetzt, mit deren Hilfe der Verdacht auf das Vorliegen einer dementiellen Erkrankung objektiviert werden soll. Inzwischen gibt es eine nahezu unüberschaubare Fülle an Publikationen (Übersicht zu vorhandenen Verfahren bei Larner, 2013 sowie zur Güte der Verfahren z. B. bei Arevalo-Rodriguez et al., 2014 oder Larner, 2015). Eine Auswahl erleichtern u. U. Diagnoseleitlinien (z. B. von DGPPN und DGN (2010) oder der European Federation of Neurological Societies (EFNS; Hort et al., 2010)).

Dem Vorteil einer hohen zeitlichen Ökonomie von Screening-Verfahren steht jedoch oft der Nachteil einer mangelnden Sensitivität bei Prodromalstadien oder sehr frühen Phasen einer Demenz sowie bei hohem Bildungsniveau in der analysierten Stichprobe gegenüber. Außerdem kann die Sensitivität bei anderen Demenzformen als der Alzheimer Krankheit (z. B. vaskuläre Demenz, frontotemporale Demenz) eingeschränkt sein, insbesondere wenn Items für bestimmte Bereiche der Kognition, wie z. B. exekutive Funktionen (Kim et al., 2013) fehlen. Ebenso kann etwa bei niedrigem Bildungsniveau die Spezifität (wie bei der MMSE) reduziert sein, insbesondere wenn es um die Abgrenzung zu leichter kognitiver Beeinträchtigung (mild cognitive impairment, MCI) oder leichter Demenz geht. Generell sind Rekrutierungsart und

Zusammensetzung der – möglichst großen – Stichproben zur Untersuchung der Eigenschaften von Screening-Verfahren entscheidend. Wenn es sich um Stichproben aus der Gesamtbevölkerung handelt, ist insbesondere nicht auszuschließen, etwa präklinische Formen einer dementiellen Erkrankung in der Kontrollgruppe älterer Menschen mit erhoben zu haben wie auch Personen mit depressiver Symptomatik, die unabhängig von (Pseudodemenz) oder als Vorläufer oder gemeinsam mit einer Demenz auftreten kann.

Zudem gestatten Kurztests keine verlässlichen Profilanalysen, um den Schweregrad spezifischer Beeinträchtigungen in einzelnen Funktionen hinreichend differenziert abzubilden. Weitergehende differenzierte Diagnostik ist dann erforderlich, wenn eine vorliegende Demenzerkrankung genauer beschrieben werden soll oder wenn bei Verdacht auf MCI bzw. auf das Prodromalstadium einer Demenz mögliche kritische Leistungsaspekte (Gedächtnisstörungen, mindestens eine weitere beeinträchtigte kognitive Funktion) objektiviert werden sollen.

Der MMST und z. B. das Montreal Cognitive Assessment (MOCA) sind gebräuchliche Kurztests, die mehrere Leistungsbereiche mit jeweils nur wenigen Items erfassen und in einen Gesamtwert bündeln. Ziel ist nicht die neuropsychologische Profilanalyse, vielmehr soll anhand des Gesamtwertes mittels eines Vergleichs mit einem Trennwert (Cut-off-Score) eine Aussage über die Zugehörigkeit eines Probanden zu einer bestimmten Personenpopulation getroffen werden. Dieses Konzept stößt dann unweigerlich an Grenzen, wenn differentialdiagnostische Aussagen gemacht werden sollen. Weiterhin sollten bei der Entwicklung eines neuen Screening-Instruments möglichst nur leichte und mittelschwere Formen (einer Demenz) enthalten sein, denn eine möglichst frühe sichere Diagnose im Verlauf der Erkrankung ist ein wichtiges diagnostisches Ziel.

7.5.1 Sensitivität und Spezifität von Screening-Verfahren

Ein Screening-Verfahren als eine Form eines diagnostischen Systems (Swets, 1988) liefert im einfachsten Fall eine Unterscheidung von zwei Klassen von Ereignissen, die – je nach Anwendungsgebiet unterschiedlich – hier mit D+ (Erkrankung vorhanden, „signal") bzw. D– (Erkrankung nicht vorhanden, „noise") bezeichnet werden sollen. Diese Entscheidung aufgrund eines Screening-Testverfahrens liefert im einfachsten Fall jeweils für eine Person nur eines von zwei unterschiedlichen Ergebnissen, die mit T+ (positives Testergebnis, d. h. im Sinne eines auf eine Erkrankung hinweisendes Testergebnisses) bzw. T– (negatives Testergebnis) bezeichnet sein sollen. Wenn man nun n Personen unselegiert aus der Gesamtbevölkerung auswählt und mit einem Screeningverfahren untersucht, können die Ergebnisse dieses Screeningverfahrens in einer 2×2 Tafel, wie in Tabelle 7.2 dargestellt, zusammengefasst werden. Wenn nun das Ergebnis einer Untersuchung mit einem sog. „Goldstandard"-Testverfahren für jede dieser Personen vorliegen würde, könnte man korrekt die 4 möglichen Fälle TP (true positive, „hit", auch mit „a" angegeben), FP (false positive, „false alarm", auch „b"), FN (false negative, „miss", auch „c") und TN („true negative", auch „d") unterscheiden, wobei in der Tabelle 7.2 die in einer Untersuchung beobachteten Anzahlen ebenfalls mit diesen Abkürzungen bezeichnet sein sollen. Wenn man – wie in der Evaluationsphase für einen neuen diagnostischen (Screening-)Test – nicht unselegiert vorgeht, sondern nach (mit Goldstandard) gesichertem Krankheitsstatus auswählt, haben bekanntermaßen n_1 Personen die

Erkrankung und n_0 Personen die Erkrankung nicht, bei vorab unbekannter Anzahl a+b mit positivem und Anzahl c+d mit negativem Testresultat. Wenn ein diagnostischer Test in die Routine-Anwendung bei einer Population mit unbekannter Teststatus-Verteilung und unbekanntem Krankheitsstatus geht, werden i.a. nur Personen mit positivem Teststatus zur Anwendung eines Goldstandards aus Kostengründen oder ethischen Überlegungen ausgewählt. Eventuell wird man eine kleine Zufallsstichprobe aus den Personen mit negativem Testwert noch dem Goldstandard-Test unterziehen, um Information über den Krankheitsstatus zu erhalten, Die Prävalenz ist in diesem Fall nur bestimmbar, falls man die Anzahl m_1 an Personen mit positivem und m_0 an Personen mit negativem Testresultat in der Population kennt, was bei einem normierten Screeningtest prinzipiell bestimm- oder festlegbar wäre. Vor Anwendung eines Goldstandard-Tests wären die Anzahl a+c mit manifester Erkrankung sowie der Anzahl b+d ohne die Erkrankung unbekannt. Alonzo (2014) hat Vorgehensvorschläge für solch einen Fall von sogenannter „verification bias" oder „work-up bias" unter Annahme der Zufallsauswahl der testnegativen Fälle gemacht.

Tabelle 7.2: Mögliche Ausgänge der Anwendung eines diagnostischen Tests zur Aussage über das Vorliegen einer Krankheit (diagnostischen Kategorie)

Test	Krankheit (Diagnostische Kategorie)			selegiert nach Test
	D+	**D−**		
T+	a TP (true positive) $S \times \pi \times n$	b FP (false positive) $(1-F) \times (1-\pi) \times n$	a+b	m_1
T−	c FN (false negative) $(1-S) \times \pi \times n$	d TN (true negative) $F \times (1-\pi) \times n$	c+d	m_0
	a+c $\pi \times n$	b+d $(1-\pi) \times n$	a+b+c+d=n	
selegiert nach Krankheit	n_1	n_0	n	

Die Unterscheidungsfähigkeit (Klassifikationsgüte) des Screening-Verfahrens wird im klinischen/medizinischen Kontext oft mittels folgender beider relativer Anteile (bedingten Wahrscheinlichkeiten) ausgedrückt:

Sensitivität $S = P(T+|\,D+) = TP/(TP+FN)$ – auch „true positive rate (TPR)" genannt –

und

Spezifität $F = P(T-|\,D-) = TN/(TP+FP)$ – auch „true negative rate (TNR)" genannt.

Im Fall einer Selektion nach Krankheitsstatus sind die Spaltensummen feste Anzahlen n_1 und n_0. Es gibt einen einfachen Zusammenhang mit den Fehlern 1. und 2. Art, wenn man das Nicht-Vorliegen einer Erkrankung D- mit der Nullhypothesen-Situation identifiziert:

Fehler 1. Art $= P(T+| D-) = FP/(FP+TN) = 1-S$, auch „false positive rate (FPR)"

Fehler 2. Art $= P(T-| D+) = FN/(FN+TP) = 1-F$, auch „false negative rate (FNR)".

Wenn man statt der Anzahlen in Tabelle 7.2 zu relativen Anteilen (Proportionen) übergeht, d.h. die Anzahlen durch die Spaltensummen teilt, sieht man leicht, dass die beiden relativen Anteile in einer Spalte sich jeweils zu 1 ergänzen, also komplementär sind. Daher ist die relevante Information hinsichtlich der Güte des diagnostischen Systems in jeweils einem relativen Anteil je Spalte enthalten. Traditionell wählt man die relativen Anteile in der ersten Zeile, die in der Signalentdeckungstheorie als Treffer (hits) bzw. falsche Alarme (false alarms) bezeichnet werden. Dies sind mit den obigen Bezeichnungen die Sensitivität S (relativer Anteil Treffer) und $1-$Spezifität $= 1-F$ (relativer Anteil „misses").

Jedes nicht perfekte diagnostische System führt somit zu richtig positiven und falsch positiven Ergebnissen wie ebenso zu falsch negativen und richtig negativen Ergebnissen. Mit dieser Definition von Gütemaßen S und F ist man unabhängig von der relativen Häufigkeit (oder auch a priori-Wahrscheinlichkeit für die zugehörige Grundgesamtheit), mit der in einer Studie in der Gesamtpopulation echte Erkrankungen (sog. Prävalenz π) und entsprechend echte Nicht-Erkrankungen (Wahrscheinlichkeit $1-\pi$) vorliegen. Wenn nach Krankheitsstatus selegiert wird, ist die Prävalenz aus einer Untersuchung nicht schätzbar, sondern müsste aus anderen Informationsquellen beschafft werden. Nur wenn der Anteil n_1/n gut der Prävalenz π der Erkrankung in der Grundgesamtheit entspräche, wäre kein gravierender Selektionseffekt zu erwarten. In Tabelle 7.2 sind die Größen TP, FP, FN und TN zusätzlich mittels Gesamtstichprobenumfang, Prävalenz, Sensitivität sowie Spezifität ausgedrückt.

Diese günstige Eigenschaft der Gütemaße S und F eines diagnostischen Systems sieht man auch, wenn man statt dessen versucht, den Gesamtanteil richtiger Entscheidungen $Pc = (TP+TN)/n$ als globales Gütemaß zu wählen. Einsetzen von S und F ergibt mit Tab. 7.2 $Pc = (S\pi n + F(1-\pi)n)/n = S\pi + F(1-\pi)$ und zeigt damit die Abhängigkeit von der Prävalenz. Wenn die Prävalenz hoch bzw. niedrig ist, kann Pc selbst dann hoch sein, wenn die Spezifität F bzw. die Sensitivität S recht niedrig ist. Würde man einen Screening-Test für den Verdacht auf die Alzheimer Krankheit in einer Stichprobe von jüngeren Erwachsenen bis 60 Jahre einsetzen, wo die Prävalenz der Krankheit sehr gering ist, würde Pc bei einem Screening-Verfahren, das für alle Personen die Abwesenheit einer Alzheimer-Erkrankung feststellen würde, dennoch hoch sein, auch wenn die Sensitivität dieses Verfahrens extrem niedrig wäre, weil die hohe Spezifität das kompensieren würde. Wenn das Kriterium des Screeningtests so geartet ist, dass relativ leicht/liberal auf das Vorliegen der entsprechenden Erkrankung befunden wird, werden sowohl der TP-Anteil wie der FP-Anteil beide hoch ausfallen, also S hoch und F niedrig sein. Entsprechend werden bei strengem/konservativem Kriterium des Screeningtests der FN-Anteil wie der TN-Anteil beide hoch ausfallen, also S niedrig und F hoch sein. Ein diagnostisches System mit einer bestimmten Leistungsfähigkeit/Kapazität festgelegt durch das jeweilige Entscheidungskriterium (T+ und T−) zur Vergabe der beiden Diagnosekriterien (D+ und D−) kann also den TP-Anteil nicht ohne den FP-Anteil erhöhen bzw. nicht den FP-Anteil senken, ohne auch den TP-Anteil zu senken.

Tabelle 7.3:   Überblick über Kennwerte eines diagnostischen Systems

Kennwert	Population		
	Unselegiert[1]	Selegiert nach Krankheitsstatus[2]	Selegiert nach Teststatus[3]
Prävalenz π	$(a+c)/(a+b+c+d)$	nicht schätzbar, π^* aus anderen Quellen	$\pi^{\prime}=(m_1 P + m_0(1-P_0)/n$
Sensitivität S	$a/(a+c)$	$a/(a+c)$	$P(P_0-(1-\pi^{\prime}))/\pi(P+P_0-1)$
Spezifität F	$d/(b+d)$	$d/(b+d)$	$P_0(P-\pi^{\prime})/(1-\pi^{\prime})(P+P_0-1)$
Positiver prädiktiver Wert (PV+) P	$a/(a+b)$	$S\pi^*/(S\pi^*+(1-F)\cdot(1-\pi^*)$	$a/(a+b)$
Negativer prädiktiver Wert (PV−) P_0	$d/(c+d)$	$F(1-\pi^*)/((1-S)\pi^*+F(1-\pi^*))$	$d/(c+d)$
Positiver Likelihood Quotient (LR+) L	$(a/(a+c))/(b/(b+d))$	$(a/(a+c))/(b/(b+d))$	$S/(1-F)=$ $(P/(1-P))/(\pi^{\prime}/(1-\pi^{\prime}))$
Negativer Likelihood Quotient (LR−) L_0	$(c/(a+c))/(d/(b+d))$	$(c/(a+c))/(d/(b+d))$	$(1-S)/F=$ $((1-P_0)P_0)/(\pi^{\prime}/(1-\pi^{\prime}))$
Positive prädiktive Stärke (PP+) K	$(a/(a+c))/(b/(b+d))$	$(a/(a+c))/(b/(b+d))$	$S/(1-F)=$ $(P/(1-P))/(\pi^{\prime}/(1-\pi^{\prime}))$
Negative prädiktive Stärke (PP−) K_0	$(d/(b+d))/(c/(a+c))$	$(d/(b+d))/(c/(a+c))$	$F/(1-S)=$ $(P_0/(1-P_0))/(1-\pi^{\prime})/\pi^{\prime})$
Diagnostische Odds-Ratio DOR	ad/bc	ad/bc	$(S(1-S))/(F(1-F))$

Anmerkungen: [1] diagnostischer Test T und etablierter „Goldstandard" zur Feststellung der Krankheit D (diagnostischen Kategorie) bei (großer) Zufallsstichprobe aus Gesamtpopulation; [2] bei Evaluationsphase eines neuen diagnostischen Tests angewandt auf Personen mit etabliertem Krankheitsstatus gemäß „Goldstandard"; [3] für T– oft nur (Zufalls-)Stichprobe aller Personen mit D+ und D– zur Klärung des Krankheitsstatus mit „Goldstandard"; PV– nur unverzerrt, falls Zufallsstichprobe, ansonsten sog. „identification bias" oder „work-up bias"

Hilfreich wäre also auch ein einzelnes Gütemaß (siehe unten), das unabhängig von der Prävalenz und den vermuteten Konsequenzen einer Entscheidung (gesteuert über die jeweils fixierte liberale bis konservative Festsetzung des Screeningtest-Kriteriums) ist. Bei einem guten Screeningtest mit einer gewissen (kleineren) Anzahl von ordinal abgestuften Schweregradstufen bzw. einem Summenwert (Rohwert) über die pro Item vergebenen

Punktwerte (dichotom oder geordnet polytom) bzw. einem quantitativen Messwert sollten entsprechend S und F möglichst optimal ausfallen, unabhängig davon, welcher Trennwert (Cut-off) aus der Gesamtheit der erzielbaren Punktwerte bzw. dem potentiellen Messwertbereich konkret gewählt wird, denn der Trennwert ist ja lediglich Ausdruck des gewählten Entscheidungskriteriums.

Für einen Screeningtest ist ein wichtiger Kennwert die Wahrscheinlichkeit, mit der eine korrekte Diagnose gegeben werden kann, denn Sensitivität und Spezifität geben diese Information nicht. Deshalb bestimmt man den positiven prädiktiven Wert (positive predictive value) PPV oder PV+ als den Anteil Personen mit positivem Testwert, die korrekt diagnostiziert wurden, eine bestimmte Krankheit aufzuweisen: $PV+ = a/(a+b)$. Analog hat man den negativen prädiktiven Wert (negative predictive value) NPV oder PV- als den Anteil Personen mit negativem Testwert, die korrekt diagnostiziert wurden, diese bestimmte Krankheit nicht zu haben: $PV- = d/(c+d)$. Beide Anteile erlauben nur bei unselegierter Grundgesamtheit valide Aussagen, sind also nicht universell anwendbar. Mithilfe des Bayes-Theorems kann man beide prädiktiven Werte für jede angenommene Prävalenz π^* bestimmen:

$$PV+ = S\pi^*/(S\pi^* + (1-F)(1-\pi^*)) \text{ und } PV- = F(1-\pi^*)/((1-S)\pi^* + F(1-\pi^*))$$

Wenn die Prävalenz einer Erkrankung sehr niedrig ist, ist der positive prädiktive Wert selbst bei hoher Sensitivität und Spezifität nicht nahe an 1, d. h. bei einem Screening der gesamten Bevölkerung müsste man unter den Personen mit positiven Testwerten relativ viele falsch positive Personen erwarten. Aus der Diskrepanz zwischen der Prävalenz (a priori Wahrscheinlichkeit der Erkrankung) und der PV+ (a posteriori Wahrscheinlichkeit der Erkrankung) ergibt sich die Güte eines diagnostischen (Screening-)Testverfahrens. Im Falle der Selektion nach Testergebnis, kann man die Prävalenz anhand von PV+ und PV- (letzterer bestimmt aus einer kleinen Zufallsstichprobe der negativen Testwertfälle) und der angenommenen Anzahl m_1 von positiven und m_0 negativen Screeningtest-Ergebnissen berechnen zu $\pi^i = (m_1 PV+ + m_0(1-PV-))/(m_1 + m_0)$. Choi (1992) zeigt, wie in diesem Fall Sensitivität und Spezifität aus Prävalenz und PV+ sowie PV- berechenbar sind (vgl. Tab. 7.3).

Ein weiterer Parameter zur Beurteilung der Güte eines diagnostischen Tests ist der Wahrscheinlichkeitsquotient (likelihood ratio, LR), der angibt, wie stark sich die Wahrscheinlichkeit des Vorliegens (bzw. des Nichtvorliegens) einer Erkrankung anhand des Screeningtest-Ergebnisses verändert (vergrößert). Diese Größen sind unabhängig von der Prävalenz. Es gilt dabei:

$$LR+ = (a/(a+c))/(b/(b+d)) = S/(1-F) \text{ und } LR- = (c/(a+c))/(d/(b+d))b = (1-S)/F$$

Da LR+ eine Verhältniszahl ist, bedeutet ein Wert >1 zwar, dass ein Screeningtest nützlich sein kann, nicht aber, dass ein positiver Testwert per se ein guter Indikator für das Vorliegen einer Krankheit sein muss.

Ein letzter gebräuchlicher Kennwert für die prädiktive Leistung von positiven bzw. negativen Screeningtest-Werten zur Unterscheidung zwischen den beiden Gruppen mit bzw. ohne Krankheitsdiagnose ist die positive prädiktive Stärke (positive predictive power) PP+

oder K+ sowie für negative Screeningtest-Werte die negative prädiktive Stärke (negative predictive power) PP- oder K- sowie deren diagnostisches Verhältnis (diagnostic odds ratio) $D = K+/K-$:

$$K+ = (a/(a+c))/(b/(b+d)) \text{ und } K- = (d/(b+d))/(c/(c+d)) \text{ und damit } D = ad/bc.$$

7.5.2   Die Receiver Operating Characteristic (ROC)-Kurve

Bei einem guten Screening-Verfahren sollten S und F beide möglichst hoch sein, oder äquivalent S möglichst hoch und 1-F möglichst niedrig. Deshalb trägt man in der ROC-Kurve üblicherweise die Sensitivität S (TP-Anteil) auf der y-Achse mit einem Wertebereich von 0–1 gegenüber 1-F (FP-Anteil) auf der x-Achse ebenfalls mit einem Wertebereich von 0–1 wie in Abb. 7.1 ab.

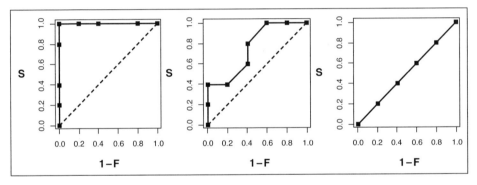

Abbildung 7.1:   Beispiele für ROC-Kurven; links: perfektes diagnostisches System; Mitte: reale ROC für 9 verschiedene Cut-off Werte, rechts: diagnostisches System mit einer Leistungsfähigkeit wie bei einer Zufallsentscheidung

Die obere linke Ecke des Graphen bedeutet die ideale (nicht erreichbare) Situation einer perfekten Unterscheidungsfähigkeit (Diskrimination) zwischen Personen mit vs. ohne die betreffende Erkrankung (TPR = 1 und FPR = 0). Die Diagonale TPR = FPR hingegen stellt die Situation einer Diskriminationsfähigkeit wie bei einer Zufallsentscheidung dar. Wählt man nun systematisch verschiedene Werte des Screeningtests als Schwellenwert (Cut-off, Trennwert) ergibt sich für jeden Trennwert eine 2×2 Tafel wie in Tabelle 7.2, für die S und F bestimmt werden können. Trägt man wie in Abb. 7.1 für das Screeningverfahren die jeweiligen (S, 1-F)-Koordinaten ein, ergibt sich eine Abfolge von Punkten, die man direkt mit geraden Linien wie in der Abbildung verbinden kann. Bei Annahme eines beliebig genau abgestuften, quantitativen Trennwertes für das Screeningverfahren ergäbe sich dann eine kontinuierliche Kurve. Die ROC-Kurve ist invariant unter beliebigen monotonen Transformationen der Screeningtest-Skala, so dass auch verschiedene Screeningtests anhand der ROC-Kurven hinsichtlich ihrer Leistungsgüte verglichen werden können. Ein Verfahren 1 ist damit besser als ein anderes Screening-Verfahren 2, wenn die ROC_1-Kurve nie unterhalb der ROC_2-Kurve verläuft.

Wenn man eine einzelne Maßzahl statt einer ganzen ROC-Kurve zur Charakterisierung der Qualität eines Screeningverfahrens angeben möchte, ist dazu die Fläche unter der ROC-Kurve geeignet, welche üblicherweise mit AUC („area under the curve") bezeichnet wird. Entsprechend kann theoretisch die AUC zwischen den Werten 0.5 (für TPR = FPR) und 1.0 (für TPR = 1 und FPR = 0) variieren. Ein Screeningverfahren ist umso besser, je näher die AUC bei 1 liegt. Die AUC stellt somit die durchschnittliche Sensitivität über alle möglichen Werte von $1-F$ dar. Eine andere anschauliche Interpretation besagt, dass die AUC identisch mit der Wahrscheinlichkeit ist, dass bei zufälliger Auswahl jeweils einer Person mit bzw. ohne der betreffenden Erkrankung D+ bzw. D– der Wert des Screeningtests für die D+-Person höher im Sinne eines für die Krankheit sprechenden Wertes ausfällt als bei einer Person ohne Erkrankung. Es ist auch möglich, eine sog. partielle AUC nur über einem bestimmten FPR-Intervall ($1-F$ Intervall) zu bestimmen, welches für eine bestimmte Fragestellung relevant ist (z. B. im Bereich von 0.0–0.3). Ein dritter Vorschlag für eine einzelne Maßzahl ist die Angabe der Sensitivität für einen fixierten, konventionell festgelegten FPR-Wert.

Ein weiteres bekanntes, globales, von der Prävalenz unabhängiges Maß ist der Youden Index $J = S + F - 1$, welcher dem Punkt der ROC-Kurve entspricht, welcher am nächsten zur linken oberen Ecke des Einheitsquadrats gelegen ist.

7.5.3 Praktische Anwendung

ROC-Kurven geben die Leistungsfähigkeit eines diagnostischen Systems (Screeningtests) an, wenn der wahre Krankheitsstatus (D+, D–) bekannt ist. Wenn aber der Screeningtest-Wert eines einzelnen Patienten interpretiert werden muss, kennt man den wahren Krankheitsstatus üblicherweise nicht. Man benutzt dann das Testergebnis, um die a posteriori-Wahrscheinlichkeit für die spezifische Erkrankung (bzw. Nicht-Erkrankung), d. h. den positiven (bzw. negativen) prädiktiven Wert PV+ (bzw. PV–) zu schätzen. Unter Anwendung des Bayes-Theorems sind dies bei Prävalenz π:

$$PV+ = \pi S / (\pi S + (1-\pi)(1-F)) \text{ und } PV- = (1-\pi)F / (\pi(1-S) + (1-\pi)F).$$

Mit steigender Prävalenz steigt auch PV+ und PV– sinkt. Deshalb sollte in einer Studie über die Güte eines Screeningtests der relative Anteil an Patienten gegenüber den Kontrollen auch möglichst der Prävalenz der Erkrankung entsprechen. In einer Zufallsstichprobe aus der Gesamtbevölkerung wäre das der Fall. Ansonsten wäre bei einem Demenzscreening der PV+ in einem Setting mit hohem Risiko, Personen mit Demenz zur Untersuchung zu sehen (wie in einer Spezialambulanz eines Universitätsklinikums), sehr hoch. Zum Beispiel wäre bei S = 0.82 und F = 0.98 sowie π = 0.10 (recht hohes Risiko) der PV+ = 0.88; dieser würde aber auf 0.03 absinken, wenn z. B. π = 0.00044 wäre. Unabhängig von der Prävalenz sind hingegen positive und negative prädiktive Stärke K+ und K– sowie deren Quotient, das diagnostische Verhältnis („diagnostic odds ratio") DOR.

Je deutlicher für einen Screeningtest DOR > 1 ausfällt, umso besser ist er geeignet. Allerdings ist dieser Kennwert nicht definiert, falls FP oder FN exakt null ist. Für diese Fälle gibt es den Vorschlag, alle 4 Zellhäufigkeiten jeweils um ½ zu erhöhen und alle Berechnungen für diese korrigierten Werte auszuführen.

Aktuelle umfangreiche Meta-Analysen über die diagnostische Leistungsfähigkeit der MMSE zur Entdeckung von Verdachtsfällen von Alzheimer Demenz oder MCI wurden von Mitchell et al. (2009) bzw. für andere Screeningtests für mehrere kognitive Funktionsbereiche (Mitchell et al., 2010a) oder für einzelne kognitive Funktionen (Mitchell et al., 2010b) vorgelegt.

Wenn man in einer Studie zur Eignung eines Screeningtests die verschiedenen Kennwerte lediglich schätzt, sollten immer die zugehörigen 95%-Konfidenzintervalle berücksichtigt werden. Diese sind unter Annahme einer Normalverteilungsapproximation für nicht zu kleine Stichproben z. B. für S und F:

$$S \pm 1.96 \; \sqrt{(TP \; FN / n_1^3)} \; \text{und} \; F \pm 1.96 \; \sqrt{(TN \; FP / n_0^3)}$$

Die allgemeine Formel für das Konfidenzintervall der AUC ist recht kompliziert (vgl. Hanley & McNeil, 1983 oder Greiner, Pfeiffer & Smith, 2000, Formel C.2).

Die meisten wichtigen Statistiksoftware-Programme enthalten Routinen zur Bestimmung und Darstellung einer ROC-Kurve sowie zur Berechnung der Fläche unter der ROC-Kurve sowie weiterer Kennwerte einschließlich deren Konfidenzintervallen. Es gibt auch Vorschläge zur Kategorisierung der Güte eines Screeningverfahrens anhand des AUC-Wertes: ≥.90 exzellent, .80–.89 gut, .70–.79 moderat, .60–.69 schlecht, .50–.59 ungenügend.

Verfahren zum statistischen Vergleich zweier ROC aus unabhängigen Stichproben sind ebenfalls vorhanden, wie auch Vergleiche von ROCs verschiedener Screeningtests für dieselben Stichproben oder denselben Screeningtest zu verschiedenen Zeitpunkten.

7.6   Fazit

Die dargestellten Methoden erlauben besonders im Falle der psychometrischen Einzelfalldiagnostik und den Verfahren der Gruppe um Crawford für kleine Referenzgruppen eine zeitökonomische Analyse von einzelnen Testprofilen eines Probanden sowie deren Vergleich über die Zeit, vorrangig im Sinne einer Verlaufsdiagnostik oder einer Überprüfung von Therapie- oder Trainingseffekten. Damit leisten sie auch einen Beitrag zur Verbesserung der Evidenzbasierung in der Neuropsychologie. Selbstverständlich verbessern diese Methoden nicht die diagnostischen Aussagen anhand von evtl. bezüglich ihrer Konstruktion oder Validität fragwürdigen Verfahren, sie machen aber diagnostische Aussagen und Befunde überprüfbarer und nachvollziehbarer. Wenn Screening-Verfahren trotz der gerade genannten Problematiken überhaupt propagiert und eingesetzt werden, sollte aber vorrangig deren Güte als diagnostisches System über ihren Einsatz entscheiden und nicht die Zeitökonomie.

Literatur

Alonzo, T.A. (2014). Verification bias – impact and methods for correction when assessing accuracy of diagnostic tests. *REVSTAT-Statistical Journal, 12,* 67–83.

Andersen, E. B. (1973). A goodness of fit test for the rasch model. *Psychometrika, 38,* 123–140. http://doi.org/10.1007/BF02291180

Andrich, D. (1978). Application of a psychometric rating model to ordered categories which are scored with successive integers. *Applied Psychological Measurement, 2,* 581–594. http://doi.org/10.1177/014662167800200413

Arevalo-Rodriguez, I., Segura, O., Sola, I., Bonfill, X., Sanchez, E. & Alonso-Coello, S. (2014). Diagnostic tools for Alzheimer's disease dementia and other dementias: an overview of diagnostic test accuracy (DTA) systematic reviews. *BMC Neurology, 14,* 183.

Berry, K.J., Johnston, J. E. & Mielke, S. W. Jr. (2014). *A chronicle of permutation statistical methods – 1920–2000, and beyond.* Cham: Springer. http://doi.org/10.1007/978-3-319-02744-9

Birnbaum, A. (1968). Some latent trait models and their use in inferring an examinee's ability. In F. M. Lord & M. R. Novick (eds.), *Statistical theories of mental test scores.* Reading, Mass.: Addison-Wesley.

Choi, B. C. K. (1992). Sensitivity and specificity of a single diagnostic test in the presence of work-up bias. *Journal of Clinical Epidemiology, 45,* 581–586. http://doi.org/10.1016/0895-4356(92)90129-B

Cortina, J. M. (1993). What is coefficient alpha? An examination of theory and applications. *Journal of Applied Psychology, 78,* 98–104. http://doi.org/10.1037/0021-9010.78.1.98

Crawford, J. R. & Garthwaite, S. H. (2002). Investigation of the single case in neuropsychology: Confidence limits on the abnormality of test scores and test score differences. *Neuropsychologia, 40,* 1196–1208. http://doi.org/10.1016/S0028-3932(01)00224-X

Crawford, J. R. & Garthwaite, S. H. (2005). Testing for suspected impairments and dissociations in single-case studies in neuropsychology: Evaluation of alternatives using Monte Carlo simulations and revised tests for dissociations. *Neuropsychology, 19,* 318–331. http://doi.org/10.1037/0894-4105.19.3.318

Crawford, J. R., Howell, D. C. & Garthwaite, S. H. (1998). Payne and Jones revisited. Estimating the abnormality of test score differences using a modified paired samples t-test. *Journal of Clinical and Experimental Neuropsychology, 20,* 898–905.

DGPPN & DGN (2010). *Diagnose und Behandlungsleitlinien Demenz.* Berlin: Springer.

Edgington, E. S. & Onghena, S. (2007). *Randomization Tests* (4th ed.). Boca Raton, FL: Chapman & Hall/CRC.

Ferri, C.S., Prince, M., Brayne, C., Brodaty, H., Fratiglioni, L., Ganguli, M. et al. (2005). Global prevalence of dementia: a Delphi consensus study. *The Lancet, 366,* 2112–2117. http://doi.org/10.1016/S0140-6736(05)67889-0

Fischer, G. H. (1973). The linear logistic test model as an instrument in educational research. *Acta Psychologica, 37,* 359–374. http://doi.org/10.1016/0001-6918(73)90003-6

Fisher, R. A. (1951). *The Design of Experiments* (6th ed.). London, England: Hafner.

Folstein, M. F., Folstein, S. E. & McHugh, S. R. (1975). Mini-Mental State (a practical method for grading the state of patients for the clinician). *Journal of Psychiatric Research, 12,* 189–198. http://doi.org/10.1016/0022-3956(75)90026-6

Formann, A. K. (1984). *Die Latent-class-Analyse.* Weinheim: Beltz.

Formann, A. K. (2010). Latent-class-Analyse. In H. Holling & B. Schmitz (Hrsg.), *Handbuch Statistik, Methoden und Evaluation* (S. 556–561). Göttingen: Hogrefe.

Formann, A. K. & Pinswanger, K. (1979). *Wiener Matrizen-Test (WMT).* Weinheim: Beltz.

Frey, A. (2006). *Validitätssteigerungen durch adaptives Testen.* Heidelberg, New York: Springer.

Garthwaite, S. H. & Crawford, J. R. (2004). The distribution of the difference between two t-variates. *Biometrika, 91,* 987–994. http://doi.org/10.1093/biomet/91.4.987

Gittler, G. (1990). *Dreidimensionaler Würfeltest (3DW)*. Weinheim: Beltz.

Glas, C.A.W. (2007). Testing generalized rasch models. In M. von Davier & C.H. Carstensen (eds.), *Multivariate and mixture distribution Rasch models: Extensions and applications* (pp. 37–55). New York: Springer.

Gollwitzer, M. (2008). Latent-class-analysis. In H. Moosbrugger & A. Kelava (Hrsg.), *Testtheorie und Fragebogenkonstruktion* (S. 279–306). Heidelberg, New York: Springer.

Greiner, M., Pfeiffer, D. & Smith, R.D. (2000). Principles and practical application oft he receiver-operating characteristic analysis for diagnostic tests. *Preventive Veterinary Medicine, 45,* 23–41. http://doi.org/10.1016/S0167-5877(00)00115-X

Gulliksen, H. (1950). *Theory of mental tests*. Hillsdale, NJ: Lawrence Erlbaum. http://doi.org/10.1037/13240-000

Guttman, L. (1950). The basis of scalogram analysis. In S.A. Stouffer, L. Guttman, E.A. Suchman, S.F. Lazarsfeld, S.A. Star & J.A. Clausen (eds.), *Measurement and prediction. Studies in social psychology in World War II* (Vol. IV). Princeton, NJ: Princeton Univ. Press.

Hanley, J.A. & McNeil, B.J. (1983). A method of comparing the areas under receiver operating characteristic curves derived from the same cases. *Radiology, 148,* 839–843. http://doi.org/10.1148/radiology.148.3.6878708

Hartig, J., Frey, A. & Jude, N. (2008). Validität. In H. Moosbrugger & A. Kelava (Hrsg.), *Testtheorie und Fragebogenkonstruktion* (S. 134–163). Heidelberg: Springer.

Holm, S. (1979). A simple sequentially rejective multiple test procedure. *Scandinavian Journal of Statistics, 6,* 65–70.

Hort, J., O'Brien, J.T., Gainotti, G., Pirttila, T., Popescu, B.O. Roektorova, I. et al. (2010). EFNS guidelines for the diagnosis and management of Alzheimer's disease. *European Journal of Neurology, 17,* 1236–1248. http://doi.org/10.1111/j.1468-1331.2010.03040.x

Huber, H.S. (1973). *Psychometrische Einzelfalldiagnostik*. Weinheim: Beltz.

Huber, H.S. (1992). Einzelfalldiagnostik. In R.S. Jäger & F. Petermann (Hrsg.), *Psychologische Diagnostik* (2. Aufl., S. 208–216). Weinheim: Psychologie Verlags Union.

Huo, M. & Onghena, S. (2012). RT4WIN: A Windows-based program for randomization tests. *Psychologica Belgica, 52,* 387–406. http://doi.org/10.5334/pb-52-4-387

Kessler, J., Markowitsch, H.J. & Denzler, S. (2000). *Mini-Mental-Status-Test (MMST)*. Göttingen: Beltz.

Kim, J.W., Lee, D.Y., Seo, E.H., Sohn, B.K.,Park, S.Y., Choo, I.H. et al. (2013). Improvement of dementia screening accuracy of Mni-Mental State Examination by education-adjustment and supplementation of frontal assessment battery performance. *Journal of Korean Medical Sciences, 28,* 1522–1528.

Klauer, K.C. & Leonhart, R. (2010). Veränderungsmessung. In H. Holling & B. Schmitz (Hrsg.), *Handbuch Statistik, Methoden und Evaluation* (S. 624–631). Göttingen: Hogrefe.

Kubinger, K.D. & Proyer, R. (2004). Gütekriterien. In K. Westhoff, L.J. Hellfritsch, L.F. Hornke, K.D. Kubinger, F. Lang, H. Moosbrugger, A. Püschel & G. Reimann (Hrsg.), *Testkuratorium der Föderation deutscher Psychologenvereinigungen. Grundwissen für die berufsbezogene Eignungsbeurteilung nach DIN 33430* (S. 186–194). Lengerich: Pabst.

Larner, A.J. (Ed.). (2013). *Cognitive Screening Instruments. A Practical Approach*. London: Springer. http://doi.org/10.1007/978-1-4471-2452-8

Larner, A.J. (2015). *Diagnostic Test Accuracy Studies in Dementia: A Pragmatic Approach*. Heidelberg: Springer.

Lienert, G.A. & Raatz, U. (1998). *Testaufbau und Testanalyse* (6. Auflage). Weinheim: Psychologie Verlags Union.

Lord, F.M. & Novick, M.R. (1968). *Statistical theories of mental test scores*. Reading, Mass.: Addison-Wesley.

Masters, G.N. (1982). A rasch model for partial credit scoring. *Psychometrika, 47,* 149–174. http://doi.org/10.1007/BF02296272

Masters, G. N. & Wright, B. D. (1997). The partial credit model. In W. J. van der Linden & R. K. Hambleton (eds.), *Handbook of modern item response theory* (pp. 101–121). New York: Springer.

Mitchell, A. J. (2009). A meta-analysis of the accuracy of the mini-mental state examination in the detection of dementia and mild cognitive impairment. *Journal of Psychiatric Research, 43,* 411–431. http://doi.org/10.1016/j.jpsychires.2008.04.014

Mitchell, A. J. & Malladi, S. (2010a). Screening and case finding tools for the detection of dementia. Part I: Evidence-based meta-analysis of multi-domain tests. *American Journal of Geriatric Psychiatry, 18,* 759–782.

Mitchell, A. J. & Malladi, S. (2010b). Screening and case-finding tools for the detection of dementia. Part II: Evidence-based meta-analysis of single-domain tests. *American Journal of Geriatric Psychiatry, 18,* 783–800.

Moosbrugger, H. (2008). Item-response-theorie (irt). In H. Moosbrugger & A. Kelava (eds.), *Testtheorie und fragebogenkonstruktion* (pp. 215–259). Berlin: Springer.

Moosbrugger, H. & Goldhammer, F. (2007). *Fakt II. Frankfurter Adaptiver Konzentrationleistungstest* (2. Aufl.). Bern: Huber.

Moosbrugger, H. & Kelava, A. (2008). Qualitätsanforderungen an einen psychologischen Test (Testgütekriterien). In H. Moosbrugger & A. Kelava (Hrsg.), *Testtheorie und Fragebogenkonstruktion* (S. 7–26). Heidelberg: Springer.

Müller, H. (1999). *Probabilistische Testmodelle für diskrete und kontinuierliche Ratingskalen* (Vol. 15). Bern: Huber.

Petermann, F. (1992). *Einzelfalldiagnose und klinische Praxis* (2. Aufl.), München: Quintessenz.

Pitman, E. J. G. (1937). Significance tests which may be applied to samples from any populations. *Journal of the Royal Statistical Society Series B, 4,* 119–130. http://doi.org/10.2307/2984124

Poeck, K. & Luzzatti, C. (1988). Slowly progressive aphasia in three patients. The problem of accompanying neurological deficit. *Brain, 111,* 151–168. http://doi.org/10.1093/brain/111.1.151

Rasch, G. (1960). *Probabilistic models for some intelligence and attainment tests.* Copenhagen: Nielsen & Lydiche.

Rasch, G. (1961). *On general laws and the meaning of measurement in psychology.* Berkeley: University of California Press.

Rasch, G. (1966). An item analysis which takes individual differences into account. *British Journal of Mathematical & Statistical Psychology, 19,* 49–57. http://doi.org/10.1111/j.2044-8317.1966.tb003 54.x

Riddoch, M. J. & Humphreys, G. W. (1993). *BORB: Birmingham Object Rcognition Battery.* Hove: Lawrence Erlbaum Associates.

Rost, J. (2004). *Lehrbuch Testtheorie Testkonstruktion.* Bern: Huber.

Rulon, S. J. (1930). A graph for estimating reliability in one range knowing it in another. *Journal of Educational Psychology, 21,* 140–142. http://doi.org/10.1037/h0072920

Scheiblechner, H. H. (1972). Das Lernen und Lösen komplexer Denkaufgaben. *Zeitschrift für Experimentelle und Angewandte Psychologie, 19,* 476–506.

Schermelleh-Engel, K. & Werner, Ch. (2008). Methoden der Reliabilitätsbestimmung. In H. Moosbrugger & A. Kelava (Hrsg.), *Testtheorie und Fragebogenkonstruktion* (S. 113–133). Heidelberg: Springer.

Shallice, T. (1988). *From neuropsychology to mental structure.* Cambridge: Cambridge University Press. http://doi.org/10.1017/CBO9780511526817

Spearman, Ch. (1904). General intelligence, objectively determined and measured. *American Journal of Psychology, 15,* 201–293. http://doi.org/10.2307/1412107

Steyer, R. & Eid, M. (2001). *Messen und Testen.* Heidelberg, New York: Springer. http://doi.org/10.1007/978-3-642-56924-1

Swets, J. A. (1988). Measuring the accuracy of a diagnostic system. *Science, 240,* 1285–1293. http://doi.org/10.1126/science.3287615

Testkuratorium. (2010). TBS-TK. Testbeurteilungssystem des Testkuratoriums der Föderation deutscher Psychologenvereinigungen. Revidierte Fassung vom 09. September 2009. *Psychologische Rundschau, 61,* 52–56.

Willmes, K. (2009). Statistische und psychometrische Aspekte in der Neuropsychologie. In W. Sturm, M. Herrmann & T. F. Münte (Hrsg.), *Lehrbuch der Klinischen Neuropsychologie.* (2. Aufl., S. 275–299). Heidelberg: Spektrum.

Zubin, J. (1950). Symposium on statistics for the clinican. *Journal of Clinical Psychology, 6,* 1–6. http://doi.org/10.1002/1097-4679(195001)6:1<1::AID-JCLP2270060102>3.0.CO;2-O

Teil VI

Anhang

Testverfahren – nach Autoren geordnet

Autoren	Abkürzungen	Testname	Literaturangaben	Seite
Allen, L. M., Conder, R. L., Green, P., Cox, D. R.	CARB	Computerized Assessment of Response Bias	Durham, NC: CogniSyst, Inc., 1997	577
Amelang, A., Bartussek, D.	LULE-Skala	Lügen-Leugnen-Skala	Untersuchungen zur Validität einer neuen Lügen-Skala. *Diagnostica, 16,* 103–122,1970	676
Amelang, A., Borkenau, S.	LULE-Skala	Lügen-Leugnen-Skala	Untersuchungen zur Validität von Kontrollskalen für soziale Erwünschtheit und Aquieszenz. *Diagnostica, 27,* 295–312, 1981	676
Angermaier, M. J. W.	ETS 4-8	Entwicklungstest Sprache	Frankfurt a. M.: Pearson Assessment & Information GmbH & Information GmbH, 2007	49 **62**
Auer, M., Gruber, G., Mayringer, H., Wimmer, H.	SLS 5-8	Salzburger Lese-Screening für die Klassenstufen 5-8	Bern: Verlag Hans Huber, 2005	148
Baddeley, A., Emslie, H., Nimmo-Smith, I.	Spot-the-Word Test	Spot-the-Word Test	The Spot-the-Word Test: A robust estimate of verbal intelligence based on lexical decision. *British Journal of Clinical Psychology, 32,* 55–65, 1993	730 743
Baley, N.	Bayley-III	Bayley Scales of Infant and Toddler Development – Third Edition	San Antonio, TX: Psychological Corporation, 2006	363
Barona, A., Reynolds, C. R., Chastain, R.	Sozialformeln	Anglo-Amerikanische Sozialformeln	A demographically based index of premorbid intelligence for the WAIS-R. *Journal of Consulting and Clinical Psychology, 52,* 885–887, 1984	745

Testverfahren – nach Autoren geordnet

Autoren	Abkürzungen	Testname	Literaturangaben	Seite
Barrash, J., Suhr, J., Manzel, K.	AVLTX	Auditory Verbal Learning Test, Expanded Version	Detecting poor effort and malingering with an expanded version of the Auditory Verbal Learning Test (AVLTX): Validation with clinical samples. *Journal of Clinical and Experimental Neuropsychology, 26,* 125–140, 2004	581
Barwitzki, K., Hofbauer, C., Huber, M., Wagner, L.	LTB-J	Leipziger Testbatterie zur Messung des formal-sprachlichen Entwicklungsstandes bei Jugendlichen	Leipzig: Berufsbildungswerk für Hör- und Sprachgeschädigte, 2008	51
Bäuerlein, K., Lenhard, W., Schneider, W.	LESEN 6-7	Lesetestbatterie für die Klassenstufen 6–7	Göttingen: Hogrefe Verlag, 2012	147
Bäuerlein, K., Lenhard, W., Schneider, W.	LESEN 8-9	Lesetestbatterie für die Klassenstufen 8–9	Göttingen: Hogrefe Verlag, 2012	147
Bäumler, G.	FWIT	Farbe-Wort-Interferenztest nach Stroop	Göttingen: Hogrefe Verlag, 1985	584
Beckmann, D., Brähler, E., Richter, H.-E.	GT	Gießen-Test	Bern: Verlag Hans Huber, 4. Auflage, 1991	670
Beckmann, D., Brähler, E., Richter, H.-E.	GT-II	Gießen-Test – II	Bern: Verlag Hans Huber, 2012	670
Benton, A. L.	VRT	Visual Retention Test (Benton-Test)	New York: The Psychological Corporation, 1946; Iowa City: State University of Iowa, 1955	580
Benton, A. L., Sivan, A. B., Hamsher, K. deS., Varney, N. R., Spreen, O.	JLO, LOT	Judgment of Line Orientation Test	New York: Oxford University Press, 1994	583
Binder, L. M.	PDRT	Portland Digit Recognition Test	Assessment of malingering after mild head trauma with the Portland Digit Recognition Test. *Journal of Clinical and Experimental Neuropsychology, 15,* 170–182. 1993	577

Autoren	Abkürzungen	Testname	Literaturangaben	Seite
Birkel, P.	WRT1+	Weingartener Grundwortschatz Rechtschreib-Test für 1. und 2. Klassen	Göttingen: Hogrefe Verlag, 2007	150 **185**
Birkel, P.	WRT2+	Weingartener Grundwortschatz Rechtschreib-Test für 2. und 3. Klassen	Göttingen: Hogrefe Verlag, 2007	151 **185**
Birkel, P.	WRT3+	Weingartener Grundwortschatz Rechtschreib-Test für 3. und 4. Klassen	Göttingen: Hogrefe Verlag, 2007	151 **185**
Birkel, P.	WRT4+	Weingartener Grundwortschatz Rechtschreib-Test für 4. und 5. Klassen	Göttingen: Hogrefe Verlag, 2007	151 **185**
Blair, J. R., Spreen, O.	NAART	North American Adult Reading Test	Prediciting premorbid IQ: A revision of the National Adult Reading Test. *The Clinical Neuropsychologist, 3,* 129–136, 1989	730 744
Blaskewitz, N., Merten, T., Brockhaus, R.	RCFT-RT	Rey Complex Figure Test und Recognition Trail	Detection of suboptimal effort with the Rey Complex Figure Test and Recognition Trial. *Applied Neuropsychology, 16,* 54–61, 2009	580
Bockmann, A. K., Kiese-Himmel, C.	ELAN	Elternfragebogen zur Wortschatzentwicklung im frühen Kindesalter	Göttingen: Beltz Test, 2006	60
Bockmann, A. K., Kiese-Himmel, C.	ELAN-R	Elternfragebogen zur Wortschatzentwicklung im frühen Kindesalter – Revision	Göttingen: Beltz Test, 2012	60
Bondy, C., Cohen, R., Eggert, D., Lüer, G.	TBGB	Testbatterie für geistig behinderte Kinder	Göttingen: Hogrefe Verlag, 3. Auflage, 1975	304
Boone, K. B., Lu, P. H., Herzberg, D. S.	b Test	The b Test	Los Angeles: Western Psychological Services, 2002	579
Boone, K. B., Lu, P., Herzberg, D. S.	DCT	Punkte-Zähl-Test, Dot Counting Test	Los Angeles Western Psychological Services, 2002	579

Autoren	Abkürzungen	Testname	Literaturangaben	Seite
Boone, K. B., Salazar, X., Lu, P., Warner-Chacon, K., Razani, J.	Rey 15-Item Recognition Trial	Rey 15-Item Recognition Trial	The Rey 15-Item Recognition Trial: A technique to enhance sensitivity of the Rey 15-Item Memorization Test. *Journal of Clinical and Experimental Neuropsychology, 24,* 561–573, 2002	578
Brandstetter, G., Bode, H., Ireton, H. R.	EFkE	Elternfragebogen zur kindlichen Entwicklung	Augsburg: Alexander Möckl, 2003	367
Brandt, I., Sticker, E. J.	GES	Griffiths-Entwicklungsskalen	Göttingen: Beltz Test GmbH, 2. Auflage, 2001	363 **377**
Breuer, H., Weuffen, M.	DP	Differenzierungsprobe	Lernschwierigkeiten am Schulanfang – Lautsprachliche Lernvoraussetzungen und Schulerfolg. Eine Anleitung zur Einschätzung und Förderung lautsprachlicher Lernvoraussetzungen Weinheim: Beltz Verlag, 2005	56
Breuer, H., Weuffen, M.	KVS	Kurzverfahren zur Überprüfung des lautsprachlichen Niveaus	Lernschwierigkeiten am Schulanfang – Lautsprachliche Lernvoraussetzungen und Schulerfolg. Eine Anleitung zur Einschätzung und Förderung lautsprachlicher Lernvoraussetzungen. Weinheim: Beltz, 2005	56
Brickenkamp, R.	Test d2	Aufmerksamkeits-Belastungs-Test	Göttingen: Hogrefe, 9. Auflage, 2002	582
Brunner, M., Dierks, H., Seibert, A.	H-LAD	Heidelberger Lautdifferenzierungstest	Wertingen: WESTRA, 2002	54
Brunner, M., Pfeifer, B., Schlüter, K., Steller, F., Möhring, L., Heinrich, I., Pröschel, U.	HVS	Heidelberger Vorschulscreening zur auditiv-kinästhetischen Wahrnehmung und Sprachverarbeitung	Wertingen: WESTRA, 2001	54
Brunner, M., Schöler, H.	HASE	Heidelberger Auditives Screening in der Einschulungsdiagnostik	Wertingen: WESTRA, 2008	54

Autoren	Abkürzungen	Testname	Literaturangaben	Seite
Bulheller, S., Häcker, H. O.	APM	Advanced Progressive Matrices	Frankfurt a. M.: Swets Test Services, 1998	306
Bulheller, S., Häcker, H. O.	CPM	Coloured Progressive Matrices	Frankfurt a. M.: Pearson Assessment & Information GmbH, 2001	308
Bulheller, S., Häcker, H. O.	PPVT-III	Peabody Picture Vocabulary Test – Third Edition	Frankfurt a. M.: Swets Test Services, 2003	730 743 750
Bulheller, S., Ibrahimovic, N., Häcker, H. O.	RST-NRR	Rechtschreibtest – Neue Rechtschreibregel	Frankfurt a. M.: Harcourt Test Services, 2. Auflage, 2005	150
Cattell, R. B., Weiß, R. H., Osterland, J.	CFT 1	Grundintelligenzskala 1	Göttingen: Hogrefe Verlag, 1997	307
Cattell, R. B., Weiß, R. H.	CFT 2	Grundintelligenztest Skala 2	Braunschweig: Westermann, 1977	307
Cima, M., Hollnack, S., Kremer, K., Knauer, E., Schellbach-Matties, R. et al.	SFSS	Strukturierter Fragebogen simulierter Symptome Deutsche Version des Structured Inventory of Malingered Symptomatology (SIMS)	Strukturierter Fragenbogen Simulierter Symptome: Die Deutsche Version des Structured Inventory of Malingered Symptomatology (SIMS). *Nervenarzt, 74,* 977–986, 2003	686
Clahsen, H., Hansen, D.	COPROF	Computerunterstützte Profilanalyse	http://www.sopaed-sprache. uni-wuerzburg.de/ ambulatorium/coprof-10/	59
Conrad, W., Eberle, G., Hornke, L., Kierdorf, B., Nagel, B.	MIT-KJ	Mannheimer Intelligenztest für Kinder und Jugendliche	Weinheim: Beltz Test, 1976	303
Costard, S.	Modellgeleitete Diagnostik der Schriftsprache	Modellgeleitete Diagnostik der Schriftsprache	Stuttgart: Thieme Verlag, 2007, 2011	151
Crawford, J. R., Allan, K. M.	Sozialformeln	Anglo-Amerikanische Sozialformeln	Estimating premorbid WAIS-RIQ with Demographic Variables: Regression equations derived from a UK sample. *The Clincial Neuropsychologist, 11,* 192–197, 1997	745

Autoren	Abkürzungen	Testname	Literaturangaben	Seite
Crawford, J. R., Parker, D. M., Besson, J. A. O.	Sozialformeln	Anglo-Amerikanische Sozialformeln	Estimation of Premorbid Intelligence in Organic Conditions. *British Journal of Psychiatry, 153,* 178–181, 1989	745
Crowne, D. P., Marlowe, D.	SDS-17	The Social Desirability Scale-17	A new scale of social desirability independent of psychopathology. *Journal of Consulting Psychology, 24,* 349–354, 1960	679
Daseking, M., Petermann, F.	BASIC-Preschool	Screening für kognitive Basiskompetenzen im Vorschulalter	Bern: Verlag Hans Huber, 2008	420 **435**
Daseking, M., Petermann, F., unter Mitarbeit von Danielsson, J.	KET-KID	Kognitiver Entwicklungstest für das Kindergartenalter	Göttingen: Hogrefe Verlag, 2009	365 **416**
de Sonneville, L. M. J.	ANT	Amsterdam Neuropsychological Tasks	http://www.sonares.nl	446 **448**
Deegener, G.	MSI	Multiphasic Sex Inventory Fragebogen zur Erfassung psychosexueller Merkmale bei Sexualtätern	Göttingen: Hogrefe Verlag, 1996	671 678
Deegener, G., Dietel, B., Hamster, W., Koch, C., Matthaei, R., Nödl, H. et al.	TÜKI	Tübinger Luria Christensen neuropsychologische Testbatterie für Kinder	Göttingen: Beltz Test, 1997	445 **498**
Delis, D. C., Kramer, J. H., Kaplan, E., Ober, B. A.	CVLT-II	California Verbal Learning Test – Second Edition	San Antonio, TX: The Psychological Corporation, 2000	581
Dewart, H., Summers, S.	Das Pragmatische Profil	The Pragmatic Profile of Everyday Communication Skills in Children	Windsor: NFER-Nielson, 1995	60
Diehl, K., Hartke, B.	IEL-1	Inventar zur Erfassung der Lesekompetenz im 1. Schuljahr	Göttingen: Hogrefe Verlag, 2012	146

Autoren	Abkürzungen	Testname	Literaturangaben	Seite
Dohmen, A., Dewart, H., Summers, S.	Das Pragmatische Profil	Das Pragmatische Profil	München: Elsevier GmbH, Urban & Fischer Verlag, 2009	60
Dunn, L. M.	PPVT	Peabody Picture Vocabulary Test	Circle Pines, MN: American Guidance Service, 1959	730 743 750
Dunn, L. M., Dunn, D. M.	PPVT-III	Peabody Picture Vocabulary Test – Third Edition	Circle Pines, MN: American Guidance Service, 1997	730 743 750
Dunn, L. M., Dunn, D. M.	PPVT-R	Peabody Picture Vocabulary Test – Revised	Circle Pines, MN: American Guidance Service, 1981	731 743 750
Dunn, L. M., Dunn, D. M.	PPVT-4	Peabody Picture Vocabulary Test – 4. Ausgabe	Minneapolis, MN:Pearson Education, 2007	52
Eberl, A., Wilhelm, H.	AST 4.0	Aggravations- und Simulationstest	Lüdenscheid: Mnemo-Verlag, 2007	478 **593**
Eggert, D., Ratschinski, G.	EPI	Eysenck-Persönlichkeits-Inventar, deutsche Version	Göttingen: Hogrefe Verlag, 2. überarbeitete und ergänzte Auflage,1983	675
Eggert, D., Schuck, K. D.	CMM-LB	Gruppenintelligenztest für lernbehinderte Sonderschüler	Weinheim: Beltz Test, 1971, 1992	308
Einfeld, S. L., Tonge, B. J.	VFE	Developmental Behaviour Checklist (DBC)	Torrance, CA: Western Psychological Services, 2002	368
Einfeld, S. L., Tonge, B. J., Steinhausen, H. C.	VFE	Verhaltensfragebogen bei Entwicklungsstörungen	Göttingen: Hogrefe Verlag, 2007	368
Elben, C. E., Lohaus, A.	MSVK	Marburger Sprachverständnistest für Kinder	Göttingen: Hogrefe Verlag, 2000	51
Engel, R. R.	MMPI-2	Minnesota Multiphasic Personality Inventory. Revidierte Fassung von R. Hathawy und J. Mc Kinley	Bern: Verlag Hans Huber, 2000	671 677 683

Autoren	Abkürzungen	Testname	Literaturangaben	Seite
Engel, R. R., Groves, J.	VEI	Verhaltens- und Erlebens-Inventar. Deutschsprachige Adaptation des Personality Assessment Inventory (PAI) von L. C. Morey	Bern: Verlag Hans Huber, 2012	672 680 686
Ernst, B.	MFED 3-6	Münchener Funktionelle Entwicklungsdiagnostik für Kinder von 3 bis 6 Jahren. Ein Entwicklungs- und Intelligenztest für das Vorschulalter	München: medimont, 2012	365
Esser, G., Wyschkon, A.	BUEVA	Basisdiagnostik für umschriebene Entwicklungsstörungen im Vorschulalter	Göttingen: Hogrefe Verlag, 2002	48
Esser, G., Wyschkon, A.	BUEVA-II	Basisdiagnostik für umschriebene Entwicklungsstörungen im Vorschulalter – Version II	Göttingen: Hogrefe Verlag, 2012	366
Esser, G., Wyschkon, A., Ballaschk, K., Hänsch, S.	P-ITPA	Potsdam-Illinois Test für Psycholinguistische Fähigkeiten	Göttingen: Hogrefe Verlag, 2010	52 **98**
Euler, H. A., Holler-Zittlau, I., van Minnen, S., Sick, U., Dux, W., Zaretsky, Y., Neumann, K.	KiSS.2	Kinder Sprachscreening, Version 2	Psychometrische Gütekriterien eines Kurztests zur Erfassung des Sprachstands 4-jähriger Kinder. *HNO, 58,* 1116–1123, 2010	50
Eysenck, H. J.	MMQ	Maudsley-Persönlichkeitsfragebogen	Göttingen: Hogrefe Verlag, 2., verbesserte Auflage, 1964	678 685
Eysenck, H. J., Eysenck, S. B. G.	EPI	Eysenck-Persönlichkeits-Inventar	San Diego, CA: Educational and Industrial Testing Service, 1968	675
Eysenck, H. J., Wilson, G., Jackson, C.	EPP-D	Eysenck Personality Profiler	London: Guilford Press, 1996	675

Autoren	Abkürzungen	Testname	Literaturangaben	Seite
Fahrenberg, J., Hampel, R., Selg, H.	FPI-R	Freiburger Persönlichkeitsinventar	Göttingen: Hogrefe Verlag, 8., erweiterte Auflage, 2010	676
Fehringer, B., Habermann, N., Becker, N., Deegener, G.	MSI	Multiphasic Sex Inventory Fragebogen zur Erfassung psychosexueller Merkmale bei Sexualtätern	Göttingen: Hogrefe Verlag, 2. vollständig überarbeitete und neu normierte Auflage, 2016	671 678
Fox, A. V.	PLAKSS	Psycholinguistische Analyse kindlicher Sprechstörungen	Frankfurt a. M.: Swets Test Services, 2002; Harcourt Test Services, 2007	58
Fox, A. V.	TROG-D	Test zur Überprüfung des Grammatikverständnisses	Idstein: Schulz-Kirchner Verlag, 2006, 2016[7]	60
Fox-Boyer, A. V.	PLAKSS	Psycholinguistische Analyse kindlicher Sprechstörungen	Pearson Assessment & Information GmbH, 2014	58
Frey, A., Duhm, E., Althaus, D., Heinz, P., Mengelkamp, E.	BBK 3-6	Beobachtungsbogen für 3- bis 6-jährige Kinder	Göttingen: Hogrefe Verlag, 2008	366
Fricke, S., Schäfer, B.	TPB	Test für Phonologische Bewusstheitsfähigkeiten	Idstein: Schulz-Kirchner Verlag, 2008, 2011	58
Fried, L.	LBT	Lautbildungstest für Vorschulkinder	Weinheim: Beltz Test, 1980	57
Fried, L.	LUT	Lautunterscheidungstest für Vorschulkinder	Weinheim: Beltz Test, 1980	54
Friedrich, G.	Teddy-Test	Teddy-Test	Göttingen: Hogrefe Verlag, 1998	58
Fritz, A., Ricken, G., Gerlach, M.	Kalkulie	Kalkulie – Handreichung zur Durchführung der Diagnose	Berlin: Cornelsen, 2007	203
Geisler, K., Heller, H. J.	KFT 1-3	Kognitiver Fähigkeits-Test für 1. bis 3. Klassen	Weinheim: Beltz Test, 1983	303

Autoren	Abkürzungen	Testname	Literaturangaben	Seite
Gleissner, U., Krause, M. P., Reuner, G.	KOPKI 4-6	Fragebogen zur Erfassung Kognitiver Prozesse bei 4- bis 6-jährigen Kindern	Frankfurt a. M.: Pearson Assessment & Information GmbH, 2011	367 447
Gleissner, U., Lendt, M., Mayer, S., Elger, C. E., Helmstaedter, C.	KOPKIJ	Kognitive Probleme bei Kindern und Jugendlichen	Kognitive Probleme bei Kindern und Jugendlichen: Vorstellung eines Fragebogens. *Nervenarzt, 77,* 449–465, 2006	447
Glück, C. W.	WWT 6-10	Wortschatz- und Wortfindungstest für 6- bis 10-Jährige	Göttingen: Hogrefe Verlag, 2007	59
Götz, L., Lingel, K., Schneider, W.	DEMAT 5+	Deutscher Mathematiktest für fünfte Klassen	Göttingen: Hogrefe Verlag, 2013	211
Götz, L., Lingel, K., Schneider, W.	DEMAT 6+	Deutscher Mathematiktest für sechste Klassen	Göttingen: Hogrefe Verlag, 2013	212
Gough, H. G.	CPI	California Psychological Inventory	Palo Alto, CA: Consulting Psychologists Press, 1987	670 675 682
Green, P.	MSVT	Medical Symptom Validity Test	Edmonton: Green's Publishing, 2004	**608**
Green, P.	NV-MSVT	Non-Verbal Medical Symptom Validity Test	Edmonton: Green's Publishing, 2008	**618**
Green, P.	WMT	Word Memory Test	Edmonton: Green's Publishing, 2005	657
Greiffenstein, M. F., Baker, W. J., Gola, T.	RDS	Reliable Digit Span	Validation of malingered amnesia measures with a large clinical sample. *Psychological Assessment, 6,* 218–224. 1994	579
Griffin, G. A. E., Glassmire, D. M., Henderson, E. A., McCann, C.	Rey II	Rey II	Rey II: Redesigning the Rey screening test of malingering. *Journal of Clinical Psychology, 53,* 757–766, 1997	578
Griffiths, R.	GES	Griffiths-Entwicklungsskalen	London: University of London Press, 1954	363 **377**
Grimm, H.	SETK-2	Sprachentwicklungstest für zweijährige Kinder	Göttingen: Hogrefe Verlag, 2000, 2016	54 **114**

Autoren	Abkürzungen	Testname	Literaturangaben	Seite
Grimm, H.	SETK 3-5	Sprachentwicklungs-test für drei- bis fünf-jährige Kinder	Göttingen: Hogrefe Verlag, 2. Auflage, 2001, 2015	53 **123**
Grimm, H.	SSV	Sprachscreening für das Vorschulal-ter; Kurzform des SETK 3-5	Göttingen: Hogrefe Verlag, 2003, 2017	53
Grimm, H., Doil, H.	ELFRA	Elternfragebögen für die Früherken-nung von Risikokin-dern	Göttingen: Hogrefe Verlag, 2006	60
Grimm, H., Schöler, H.	HSET	Heidelberger Sprachentwick-lungstest	Göttingen: Hogrefe Verlag, 1991	49 **78**
Grob, A., Hagmann-von Arx, S.	IDS-2	Intelligence and Development Scales. Intelligenz- und Entwicklungs-skalen für Kinder und Jugendliche	Bern: Hogrefe, 2018	297 363
Grob, A., Meyer, C.S., Hagmann-von Arx, P.	IDS	Intelligence and De-velopment Scales	Bern: Verlag Hans Huber, 2013	302 363 **386**
Grob, A., Reimann, G., Gut, J., Frischknecht, M.C.	IDS-P	Intelligenz- und Entwicklungsskalen für das Vorschulal-ter	Bern: Verlag Hans Huber, 2013	301 365 **403**
Grober, E., Sliwinski, M., Korey, S.R.	AMNART	American National Adult Reading Test oder American version of the Nelson Adult Reading Test	Development and validation of a model of premorbid ver-bal intelligence in the el-derly. *Journal of Clinical and Experimental Neuropsychol-ogy, 13*, 933–949, 1991	730 744
Grube, D., Weberschock, U., Stuff, M., Hasselhorn, M.	DIRG	Diagnostisches In-ventar zu Rechen-fertigkeiten im Grundschulalter	Göttingen: Hogrefe Verlag, 2010	212
Grund, M., Leonhart, R., Naumann, C.L.	DRT 4	Diagnostischer Rechtschreibtest für 4. Klassen	Göttingen: Hogrefe Verlag, 2003	149
Grund, M., Leonhart, R., Naumann, C.L.	DRT 5	Diagnostischer Rechtschreibtest für 5. Klassen	Göttingen: Beltz Test, 2003	149

Autoren	Abkürzungen	Testname	Literaturangaben	Seite
Gubbay, J.	One-in-Five Test	One-in-Five Test	Guidelines for 1-In-5 Test. Unpublished Manuscript. Sydney, Australia.	577
Hacker, D., Wilgermein, H.	AVAK	Analyseverfahren zu Aussprachestörungen bei Kindern	München: Reinhardt Verlag, 2006	55
Häcker, H., Bulheller, S.	EPP-D	Eysenck Personality Profiler, deutsche Adaptation	Frankfurt am Main: Swets Test Services, 1998	675
Haffner, J., Baro, K., Parzer, P., Resch, F.	HRT 1-4	Heidelberger Rechentest	Göttingen: Hogrefe Verlag, 2005	205
Hagmann-von Arx, P., Grob, A.	RIAS	Reynolds Intellectual Assessment Scales and Screening	Bern: Verlag Hans Huber, 2014	299
Hammill, D. D., Mather, N., Roberts, S.	P-ITPA	Illinois Test of Psycholinguistic Abilities	Göttingen: Los Angeles: Western Psychological Services, 2001	52 **98**
Hampel, R., Selg, H.	FAF	Fragebogen zur Erfassung von Aggressivitätsfaktoren	Göttingen: Hogrefe Verlag, 1975, unveränderter Nachdruck, 1998	675
Hänsgen, K.-D.	BVND	Berliner Verfahren zur Neurosendiagnostik	Göttingen: Hogrefe Verlag, 2. erweiterte und neu bearbeitete Auflage, 1991	675 682
Häuser, D., Kasielke, E., Scheidereiter, U.	KISTE	Kindersprachtest für das Vorschulalter	Weinheim: Beltz Test, 1994	50
Hautzinger, M., Bailer, M.	ADS	Allgemeine Depressions-Skala	Göttingen: Beltz Test GmbH, 1993	670
Heaton, R. K., Chelune, G. J., Talley, J. L., Kay, G. G., Curtiss, G.	WCST	Revised-Version	Odessa: Psychological Assessment Resources, Inc., 1993	583
Heinemann, M., Höpfner, C.	SEV	Screeningverfahren zur Erfassung von Sprachentwicklungsverzögerungen	Weinheim: Beltz Verlag, 1993	52

Autoren	Abkürzungen	Testname	Literaturangaben	Seite
Hellbrügge, T.	MFED 1	Münchener Funktionelle Entwicklungsdiagnostik (erstes Lebensjahr)	Lübeck: Hansisches Verlagskontor, 4. korrigierte Auflage, 1994	364
Hellbrügge, T.	MFED 2-3	Münchener Funktionelle Entwicklungsdiagnostik (zweites und drittes Lebensjahr)	Universität München: Institut für Soziale Pädiatrie und Jugendmedizin, 4. korrigierte Auflage,1994	364
Heller, K., Geisler, H. J.	KFT-K	Kognitiver Fähigkeits-Test – Kindergartenform	Weinheim: Beltz Test, 1983	301
Heller, K. A., Perleth, Ch.	KFT 4-12+ R	Kognitiver Fähigkeits-Test für 4. bis 12. Klassen, Revision	Weinheim: Beltz Test, 2000	298
Heller, K. A., Perleth, C.	MHBT-P	Münchner Hochbegabungstestbatterie für die Primarstufe	Göttingen: Hogrefe Verlag, 2007	299
Heller, K. A., Perleth, C.	MHBT-S	Münchner Hochbegabungstestbatterie für die Sekundarstufe	Göttingen: Hogrefe Verlag, 2007	299
Helmstaedter, C., Lendt, M., Lux, S.	VLMT	Verbaler Lern- und Merkfähigkeitstest	Göttingen: Beltz Test, 2001	581
Heubrock, D.	WRL	Word Recognition List	Neuropsychologische Diagnostik bei Simulationsverdacht – ein Überblick über Forschungsergebnisse und Untersuchungsmethoden. *Diagnostica, 41,* 303–321, 1995	578
Heubrock, D., Petermann, F.	BAGT	Bremer Auditiver Gedächtnistest aus: Testbatterie zur Forensischen Neuropsychologie (TBFN)	Frankfurt a. M.: Swets Test Services, 2000 Frankfurt a. M.: Pearson Assessment & Information GmbH, 3. Auflage, 2011	649
Heubrock, D., Petermann, F.	BSV auditorisch	Bremer Symptom-Validierung aus: Testbatterie zur Forensischen Neuropsychologie (TBFN)	Frankfurt a. M.: Swets Test Services, 2000 Frankfurt a. M.: Pearson Assessment, 3. Auflage, 2011	645

Autoren	Abkürzungen	Testname	Literaturangaben	Seite
Heubrock, D., Petermann, F.	BSV visuell	Bremer Symptom-Validierung aus: Testbatterie zur Forensischen Neuropsychologie (TBFN)	Frankfurt a. M.: Harcourt Test Services, 2007 Frankfurt a. M.: Pearson Assessment, 3. Auflage, 2011	645
Heubrock, D., Petermann, F.	FIT	Rey Fifteen-Item Test aus: Testbatterie zur Forensischen Neuropsychologie (TBFN)	Frankfurt a. M.: Swets Test Services, 2000 Frankfurt a. M.: Pearson Assessment & Information GmbH, 3. Auflage, 2011	**630**
Heubrock, D., Petermann, F.	KZG-B	Kurzzeitgedächtnis B aus: Testbatterie zur Forensischen Neuropsychologie (TBFN)	Frankfurt a. M.: Swets Test Services, 2000 Frankfurt a. M.: Pearson Assessment & Information GmbH, 3. Auflage, 2011	648
Heubrock, D., Petermann, F.	RMT	Rey Memory Test aus: Testbatterie zur Forensischen Neuropsychologie (TBFN)	Frankfurt a. M.: Swets Test Services, 2000 Frankfurt a. M.: Pearson Assessment & Information GmbH, 3. Auflage, 2011	**630**
Heubrock, D., Petermann, F.	TBFN	Testbatterie zur Forensischen Neuropsychologie	Frankfurt a. M.: Swets Test Services, 2000 Frankfurt a. M.: Pearson Assessment & Information GmbH, 3. Auflage, 2011	**645**
Heubrock, D., Petermann, F.	TÜGA	Gedächtnisfähigkeit im Alltag aus: Testbatterie zur Forensischen Neuropsychologie (TBFN)	Frankfurt a. M.: Swets Test Services, 2000 Frankfurt a. M.: Pearson Assessment & Information GmbH, 3. Auflage, 2011	**645**
Hilsabeck, R. C., LeCompte, D. C., Marks, A. R., Grafman, J.	WCMT	Word Completion Memory Test	The Word Completion Memory Test (WCMT): A new test to detect malingered memory deficits. *Archives of Clinical Neuropsychology, 16,* 669–677, 2001	579
Hoekman, J., Miedema, A., Otten, B., Gielen, J.	SEN	Skala zur Einschätzung des Sozial-Emotionalen Entwicklungsniveaus	Göttingen: Hogrefe Verlag 2012	368

Autoren	Abkürzungen	Testname	Literaturangaben	Seite
Holler-Zittlau, I., Dux, W., Berger, R.	MSS	Marburger Sprach-Screening	Hamburg: Persen Verlag, 2003, 2017	51
Holzer, N., Lenart, F., Schaupp, H.	ERT JE	Eggenberger Rechentest für Jugendliche und Erwachsene	Bern: Hogrefe Verlag, 2017	214
Holzer, N., Schaupp, H., Lenart, F.	ERT 3+	Eggenberger Rechentest 3+	Bern: Verlag Hans Huber, 2010	214
Horn, H., Schwarz, E., Vieweger, G.	BT 1-2	Bildertest für 1. und 2. Klassen	Weinheim: Beltz, 1977	307
Horn, R.	SPM	Standard Progressive Matrices	Göttingen: Hogrefe Verlag, 2. Auflage, 2009	309
Horn, W., Lukesch, H., Kormann, A., Mayrhofer, S.	PSB-R 4-6	Prüfsystem für Schul- und Bildungsberatung für 4. bis 6. Klassen – revidierte Fassung	Göttingen: Hogrefe Verlag, 2002	304
Horn, W., Lukesch, H., Mayrhofer, S., Kormann, A.	PSB-R 6-13	Prüfsystem für Schul- und Bildungsberatung für 6. bis 13. Klassen – revidierte Fassung	Göttingen: Hogrefe Verlag, 2003	305
Hossiep, R., Hasella, M.	BOMAT-Standard	Bochumer Matrizentest Standard	Göttingen: Hogrefe Verlag, 2010	307
Ibrahimovic, N., Bulheller, S.	RST-ARR	Rechtschreibtest – Aktuelle Rechtschreibregelung	Frankfurt a.M.: Pearson Assessment & Information GmbH, 2013	150
Ingenkamp, K.	BBT 3-4	Bildungsberatungstest für 3. und 4. Klasse	Weinheim: Beltz, 1999	302
Ingenkamp, K.	BT 2-3	Bildertest für 2. und 3. Klassen	Weinheim: Beltz Test, 1976	307
Inman, T. H., Vickery, C., Berry, D., Lamb, D., Edwards, C. et al.	LMT	Letter Memory Test	Development and initial validation of a new procedure for evaluating adequacy of effort given during neuropsychological testing: The Letter Memory Test. *Psychological Assessment, 10,* 120–127, 1998	577

Autoren	Abkürzungen	Testname	Literaturangaben	Seite
Ireton, H. R.	EFkE	Child Development Inventory (CDI)	Minneapolis, MN: Behavior Science Systems, 1992	367
Jacobs, C., Petermann, F.	RZD 2-6	Rechenfertigkeiten- und Zahlenverar- beitungs-Diagnosti- kum für die 2. bis 6. Klasse	Göttingen: Hogrefe Verlag, 2005	206 **225**
Jäger, A. O., Holling, H., Preckel, F., Vock, M., Süß, H., Beauducel, A.	BIS-HB	Berliner Intelligenz- strukturtest für Ju- gendliche: Bega- bungs- und Hochbegabungs- diagnostik	Göttingen: Hogrefe Verlag, 2006	305
Jahn, T., Beitlich, D., Hepp, S., Knecht, R., Köhler, K. et al.	Sozialformeln	Sozialformel nach Jahn und Mitarbei- ter (für nach 1985 Geborene aus den neuen Bundeslän- dern)	Drei Sozialformeln zur Schätzung der (prämorbi- den) Intelligenzquotienten nach Wechsler. *Zeitschrift für Neuropsychologie, 24,* 7–24, 2013	746 755
Jansen, H., Mannhaupt, G., Marx, H., Skowronek, H.	BISC	Bielefelder Scree- ning zur Früh- erkennung von Lese- Rechtschreib- schwächen	Göttingen: Hogrefe Verlag, 1999, 2002	55 144
Jastak, J., Jastak, S.	WRAT	Wide Range Achievement Test	Wilmington, DE: Jastak As- sociates, 1978	730 744 750
Jastak, S., Wilkinson, G. S.	WRAT-R	Wide Range Achievement Test – Revised	Los Angeles: Western Psy- chological Services, 1984	730 744 750
Kadesjö, B., Janols, L. O., Korkman, M., Mickelsson, K., Strand, G., Trillingsgaard, A., Gillberg, C.	FTF	Five to Fifteen	The development of a parent questionnaire for the assessment of ADHD and comorbid conditions. *European Child & Adolescent Psychiatry, 13,* Supplement 3, 3–13, 2004	367
Kapur, N.	Coin-in-the-Hand Test	Coin-in-the-Hand- Test	The Coin-in-the-Hand Test: A new "bedside" test for the detection of malingering in patients with suspected memory disorder. *Journal of Neurology, Neurosurgery and Psychiatry, 57,* 385– 386, 1994	578

Autoren	Abkürzungen	Testname	Literaturangaben	Seite
Kastner-Koller, U., Deimann, P.	WET	Wiener Entwicklungstest	Göttingen: Hogrefe Verlag, 2012, 3. überarbeitete und erweiterte Auflage	365
Kaufman, A. S., Kaufman, N. L.	K-ABC	Kaufman Assessment Battery for Children	Frankfurt a. M.: Pearson Assessment & Information GmbH, 8. unveränderte Auflage, 2009	298 **310**
Kaufman, A. S., Kaufman, N. L.	K-ABC-II	Kaufman Assessment Battery for Children – II	Circle Pines, MN: American Guidance Service, 2004	298
Kaufmann, L., Nuerk, H. C., Graf, M., Krinzinger, H., Delazer, M., Willmes, K.	TEDI-MATH	Test zur Erfassung numerisch-rechnerischer Fertigkeiten vom Kindergarten bis zur 3. Klasse	Bern: Verlag Hans Huber, 2009	207 **235**
Kauschke, C., Siegmüller, J	PDSS	Patholinguistische Diagnostik bei Sprachentwicklungsstörungen	München: Elsevier GmbH, Urban & Fischer Verlag, 2009	52
Kersting, M., Althoff, K.	RT	Rechtschreibungstest	Göttingen: Hogrefe Verlag, 2004	150
Kersting, M., Althoff, K., Jäger, A. O.	WIT-2	Wilde-Intelligenz-Test 2	Göttingen: Hogrefe Verlag, 2008	306
Kiese-Himmel, C.	AWST-R	Aktiver Wortschatztest für 3- bis 5-jährige Kinder – Revision	Göttingen: Beltz Test, 2005	58
Korkman, M., Kirk, U., Kemp, S.	NEPSY- II	Developmental Neuropsychological Assessment-II	San Antonio, TX: Pearson Assessment & Information GmbH, 2007	446 **481**
Kormann, A., Horn, R.	SSB	Screening für Schul- und Bildungsberatung	Frankfurt a. M.: Swets Test Services, 2001	300
Krajewski, K., Küspert, P., Schneider, W.	DEMAT 1+	Deutscher Mathematiktest für erste Klassen	Göttingen: Beltz Test, 2002	209

Autoren	Abkürzungen	Testname	Literaturangaben	Seite
Krajewski, K., Liehm, S., Schneider, W.	DEMAT 2+	Deutscher Mathematiktest für zweite Klassen	Göttingen: Beltz Test, 2004	210
Kreuzpointner, L., Lukesch, H., Horn, W.	LPS-2	Leistungsprüfsystem 2	Göttingen: Hogrefe Verlag, 2013	306
Krull, K. R., Scott, J. G., Sherer, M.	OPIE	Oklahoma Premorbid Intelligence Estimate	Estimation of premorbid intelligence from combined performance and demographic variables. *The Clinical Neuropsychologist, 9*, 83–88, 1995	731 749
Kubinger, K. D., Holocher-Ertl, S.	AID 3	Adaptives Intelligenz Diagnostikum 3	Göttingen: Beltz Test, 2014	297
Kühn, R., Heck-Möhling, R.	BT 1-2	Bildertest für 1. und 2. Klassen	Weinheim: Beltz Test, 2. Auflage, 1994	307
Lehmann, R. H., Peek, R., Poerschke, J.	HAMLET 3-4	Hamburger Lesetest für 3. und 4. Klassen	Göttingen: Hogrefe Verlag, 2006	146
Lehrl, S.	MWT-B	Mehrfachwahl-Wortschatz-Intelligenztest MWT-B	Balingen: Spitta, 5. Auflage, 2005	730 743
Lenart, F., Holzer, N., Schaupp, H.,	ERT 2+	Eggenberger Rechentest 2+	Bern: Verlag Hans Huber, 2008	213
Lenart, F., Schaupp, H., Holzer, N.	ERT 0+	Eggenberger Rechentest 0+	Bern: Verlag Hans Huber, 2014	203
Lenhard, A., Lenhard, W., Segerer, R., Suggate, S.	PPVT-4	Peabody Picture Vocabulary Test – 4. Ausgabe	Frankfurt a. M.: Pearson Assessment & Information GmbH, 2015	58 730 743 750
Lenhard, W., Schneider, W.	ELFE 1-6	Ein Leseverständnistest für Erst- bis Sechstklässler	Göttingen: Hogrefe Verlag, 2006	145 **153**
Leplow, B., Friege, L.	Sozialformeln	Sozialformel nach Leplow und Friege	Eine Sozialformel zur Schätzung der prämorbiden Intelligenz. *Zeitschrift für Klinische Psychologie, 27*, 1–8, 1998	745 751

Autoren	Abkürzungen	Testname	Literaturangaben	Seite
Lobeck, A., Frei, M., Blöchlinger, R.	SR 4-6	Schweizer Rechentest 4. bis 6. Klasse	Weinheim: Beltz Test, 1990	214
Mannhaupt, G.	MÜSC	Münsteraner Screening	Berlin: Cornelsen, 2005	57
Marx, H.	Knuspel-L	Knuspels Leseaufgaben	Göttingen: Hogrefe Verlag, 1998	146
May, P.	HSP 1-10	Hamburger Schreibprobe 1-10	Hamburg: verlag für pädagogische medien, 2012	**164**
Mayer, A.	TEPHOBE	Test zur Erfassung der phonologischen Bewusstheit und der Benennungsschwierigkeiten	München: Reinhardt Verlag, 2013, 2016	145
Mayringer, H., Wimmer, H.	SLS 1-4	Salzburger Lese-Screening für die Klassenstufen 1–4	Bern: Verlag Hans Huber, 2003	147
Mayringer, H., Wimmer, H.	SLS 2-9	Salzburger Lese-Screening für die Schulstufen 2-9	Göttingen: Hogrefe Verlag, 2014	148
Melchers, P., Floss, S., Brandt, I., Esser, K. J., Lehmkuhl, G., Rauh, H., Sticker, E. J.	EVU	Erweiterte Vorsorgeuntersuchung	Leiden: PITS, 2003	362
Melchers, P., Melchers, M.	K-ABC-II	Kaufman Assessment Battery for Children – II	Frankfurt a. M.: Pearson Assessment & Information GmbH, 2015	298
Melchers, P., Preuß, U.	K-ABC	Kaufman Assessment Battery for Children	Frankfurt a. M.: Pearson Assessment & Information GmbH, 8. unveränderte Auflage, 2009	298 **310**
Melchers, P. Schürmann, S., Scholten, S.	K-TIM	Kaufman-Test zur Intelligenzmessung bei Jugendlichen und Erwachsenen	Frankfurt a. M.: Pearson Assessment & Information GmbH, 2006	305
Merdian, G., Merdian, F., Schardt, K.	BADYS 5-8+	Bamberger Dyskalkuliediagnostik 5-8+	Bamberg: PaePsy Verlag, 2012	205

Autoren	Abkürzungen	Testname	Literaturangaben	Seite
Merten, T., Henry, M., Hilsabeck, R.	WCMT	Word Completion Memory Test	Symptomvalidierungstests in der neuropsychologischen Diagnostik: Eine Analogstudie. *Zeitschrift für Neuropsychologie, 15*, 81–90, 2004	570
Meyers, J. E., Meyers, K. R.	RCFT-RT	Rey Complex Figure Test und Recognition Trail	Lutz, FL: Psychological Assessment Resources, 1995	580
Moll, K., Länder, K.	SLRT-II	Lese- und Rechtschreibtest. Weiterentwicklung des Salzburger Lese- und Rechtschreibtests (SLRT)	Bern: Verlag Hans Huber, 2014	152 **173**
Morel, K. R.	MENT	Morel Emotional Numbing Test for Posttraumatic Stress Disorder	Kenneth R. Morel, 2. Auflage, 2010 http://www.mentptsd.com	**600**
Moser Opitz, E., Reusser, L., Moeri Müller, M., Anliker, B., Wittich, C., Freesemann, O.	BASIS-MATH 4-8	Basisdiagnostik Mathematik für die Klassen 4–8	Göttingen: Hogrefe Verlag, 2010	205 **215**
Motsch, H. J.	ESGRAF-MK	Evozierte Diagnostik grammatischer Fähigkeiten für mehrsprachige Kinder	München: Reinhardt Verlag, 2011	59
Motsch, H. J.	ESGRAF-R	Evozierte Sprachdiagnose grammatischer Fähigkeiten	München: Reinhardt Verlag, 2008	59
Motsch, H.J., Riets, C.	ESGRAF 4-8	Grammatiktest für 4- bis 8-jährige Kinder	München: Reinhardt Verlag, 2016	59
Mottier, G.	Mottier-Test	Mottier Test	Mottier-Test. Über Untersuchungen zur Sprache lesegestörter Kinder. *Folia Phoniatrica et Logopedia, 3*, 170–177, 1951	55
Müller, R.	DRT 1	Diagnostischer Rechtschreibtest für 1. Klassen	Göttingen: Beltz Test, 2003	149

Autoren	Abkürzungen	Testname	Literaturangaben	Seite
Müller, R.	DRT 2	Diagnostischer Rechtschreibtest für 2. Klassen	Göttingen: Beltz Test, 2003	149
Müller, R.	DRT 3	Diagnostischer Rechtschreibtest für 3. Klassen	Göttingen: Beltz Test, 2003	149
Musch, J., Brockhaus, R., Bröder, A.	BIDR-D	Balanced Inventory of Desirable Responding, deutsche Version	Ein Inventar zur Erfassung von zwei Faktoren sozialer Erwünschtheit. *Diagnostica, 48,* 121–129, 2002	674
Nelson, H. E., McKenna, P.	GWRT	Schonell Graded Word Reading Test	The use of current reading ability in the assessment of dementia. *British Journal of Social and Clinical Psychology, 4,* 234–244, 1975	730 743
Nelson, H. E., O'Connell, A.	NART	National Adult Reading Test	Dementia: The estimation of premorbid intelligence levels using the new adult reading test. *Cortex, 14,* 234–244, 1978	730 743
Nelson, H. E., Willison, J.	NART-2	National Adult Reading Test	Windsor, UK: NFER Nelson, Second edition, 1991	730 743
Nennstiel-Ratzel, U., Lüders, A., Arenz, S., Wildner, M., Michaelis, R.	Elternfragebögen zu Grenzsteinen der kindlichen Entwicklung im Alter von 1 bis 6 Jahren	Elternfragebögen zu Grenzsteinen der kindlichen Entwicklung im Alter von 1 bis 6 Jahren	*Kinderärztliche Praxis, 84,* 106–114, 2013	367
Neumann, K., Holler-Zittlau, I., van Minnen, S., Sick, U., Zaretsky, Y., Euler, H. A.	KiSS.2	Kinder Sprachscreening, Version 2	Katzengoldstandards in der Sprachstandserfassung: Sensitivität-Spezifität des Kindersprachscreenings (KiSS). HNO, *59,* 97–109, 2011	50
Nickisch, A., Heuckmann, C., Burger, T.	MAUS	Münchner Auditiver Screeningtest für Verarbeitungs- und Wahrnehmungsstörungen	Wertingen: WESTRA, 2004	55 **89**
Niemann, H., Sturm, W., Thöne-Otto, A., Willmes von Hinckeldey, K.	CVLT	California Verbal Learning Test	Frankfurt a. M.: Pearson Assessment & Information GmbH, 2008	581

Autoren	Abkürzungen	Testname	Literaturangaben	Seite
Paulhus, D. L.	BIDR-D	Balanced Inventory of Desirable Responding	North Tonawanda, NY: Multi-Health Systems, 1998	674
Petermann, F.	WNV	Wechsler Nonverbal Scale of Ability	Frankfurt a. M.: Pearson Assessment & Information GmbH, 2014	309
Petermann, F., Daseking, D.	WPPSI-IV	Wechsler Preschool and Primary Scale of Intelligence – Fourth Edition	Frankfurt a. M.: Pearson Assessment & Information GmbH, 2018	302
Petermann, F., Daseking, M.	ZLT-II	Zürcher Lesetest – II	Bern: Verlag Hans Huber, 3. Auflage, 2012	148
Petermann, F., Macha, T.	ET 6-6 R	Entwicklungstest für Kinder von 6 Monaten bis 6 Jahren – Revision	Frankfurt a. M.: Pearson Assessment & Information GmbH, 2013	**369**
Petermann, F., Metz, D., Fröhlich, L. P.	SET 5-10	Sprachstandserhebungstest für Kinder im Alter zwischen 5 und 10 Jahren	Göttingen: Hogrefe Verlag, 2012	53 **107**
Petermann, F., Petermann, U.	WISC-IV	Wechsler Intelligence Scale for Children – Fourth Edition	Frankfurt a. M.: Pearson Assessment & Information GmbH, 2011	300 **328** 750
Petermann, F. Wechsler, D.	WISC-V	Wechsler Intelligence Scale for Children – Fifth Edition Englisches Original:	Göttingen: Hogrefe Verlag, 2017 Bloomington, MN: Pearson, 2014	300
Petermann, F. Wechsler, D., Naglieri, J. A.	WNV	Wechsler Nonverbal Scale of Ability Englisches Original:	Frankfurt a. M.: Pearson Assessment & Information GmbH, 2014 San Antonio, TX: The Psychological Corporation, 2006	309
Petermann, F., Renziehausen, A.	NES	Neuropsychologisches Entwicklungs-Screening	Bern: Verlag Hans Huber, 2005	**426**
Petermann, F., Ricken, G., Fritz, A., Schuck, D., Preuß, U.	WPPSI-III	Wechsler Preschool and Primary Scale of Intelligence – Third Edition	Frankfurt a.M.: Pearson Assessment & Information GmbH, 3. überarbeitete und erweiterte Auflage, 2014	301 **338**

Autoren	Abkürzungen	Testname	Literaturangaben	Seite
Raven, J.	CPM	Coloured Progressive Matrices	London: Lewis, 1965	308
Raven, J., Raven, J.C., Court, J.H.	APM	Advanced Progressive Matrices	Oxford, UK: Oxford Psychologist Press, 1998	306
Raven, J.C.	SPM	Standard Progressive Matrices	London: Lewis, 1956	584
Reischies, F.M., Wertenauer, F., Kühl, K.-P.	Lector	Lector	Der „Lector" – ein Untersuchungsverfahren zur Bestimmung des verbalen Intelligenzniveaus. *Der Nervenarzt, 76*, 849–855, 2005	730 744
Reitan, R.M.	TMT	Trail Making Test	South Tucson, AZ: Reitan Neuropsychology Laboratory, 1992	583
Reitan, R.M.	TMT	Trail Making Test	Validity of the Trail Making test as an indicator of organic brain damage. *Perceptual and Motor Skills, 8*, 271–276, 1958	583
Reuner, G., Rosenkranz, J.	Bayley-III	Bayley Scales of Infant and Toddler Development – Third Edition	Frankfurt a.M.: Pearson Assessment & Information GmbH, 2015	363
Rey, A.	AVLT	Auditory Verbal Learning Test	L'examen clinique en psychologie. Paris: Presses Universitaires de France, 1964	581
Rey, A.	DCT	Punkte-Zähl-Test, Dot Counting Test	L'examen psychologique dans les cas d'encéphalopathie traumatique. *Archives de Psychologie, 28*, 286–340, 1941	579
Rey, A.	FIT	Rey Fifteen-Item Test aus: Testbatterie zur Forensischen Neuropsychologie (TBFN)	L'examen clinique en psychologie. Paris: Presses Universitaires de France, 1958	**630**
Rey, A.	RAVLT	Rey Auditory verbal learning test	L'examen clinique en psychologie. Paris: Presses Universitaires de France, 1964	581

Autoren	Abkürzungen	Testname	Literaturangaben	Seite
Rey, A.	RMT	Rey Memory Test aus: Testbatterie zur Forensischen Neuropsychologie (TBFN)	L'examen clinique en psychologie. Paris: Presses Universitaires de France, 1958	**630**
Rey, A.	WRL	Word Recognition List	L'examen psychologique dans les cas d'encéphalopathie traumatique. *Archives de Psychologie, 28*, 286–340, 1941	578
Reynolds, C. R., Kamphaus, R. W.	RIAS	Reynolds Intellectual Assessment Scales and Screening	Odessa, FL: PAR, 2003	299
Reynolds, C. R., Kamphaus, R. W.	RIAS-2	Reynolds Intellectual Assessment Scales, Second Edition	Torrance, CA: Western Psychological Ressources, 2015	299
Risse, T., Kiese-Himmel, C.	Mottier-Test	Mottier Test	Der Mottier-Test. Teststatistische Überprüfung an 4- bis 6-jährigen Kindern. *HNO, 57*, 523–528, 2009	55
Robbins, T., Sahakian, B.	CANTAB	Cambridge Neuropsychological Test Automated Battery	Cambridge Cognition Limited http://www.cantab.com http://www.cambridgecognition.com	**463**
Roick, T., Gölitz, D., Hasselhorn, M.	DEMAT 3+	Deutscher Mathematiktest für dritte Klassen	Göttingen: Beltz Test, 2004	210
Roick, T., Gölitz, D., Hasselhorn, M.	DEMAT 4	Deutscher Mathematiktest für vierte Klassen	Göttingen: Hogrefe Verlag, 2006	211
Roick, T., Gölitz, D., Hasselhorn, M.	KR 3-4	Kettenrechner für dritte und vierte Klassen	Göttingen: Hogrefe Verlag, 2011	205
Rösler, M., Retz-Junginger, P., Retz, W., Stieglitz, R. D.	WURS-K	Wender Utah Rating Scale – Kurzform	Homburger ADHS-Skalen für Erwachsene (HASE). Göttingen: Hogrefe Verlag, 2008	680
Rüsseler, J., Brett, A., Klaue, U., Sailer, M., Münte, T. F.	Rey 15-Item Recognition Trial	Rey 15-Item Recognition Trial	The effect of coaching on the simulated malingering of memory impairment. *BMC Neurology, 8, 37*, 2008	578

Autoren	Abkürzungen	Testname	Literaturangaben	Seite
Sarimski, K.	Ordinalskalen zur Senso-motorischen Entwicklung	Ordinalskalen zur sensomotorischen Entwicklung	Weinheim: Beltz, 1987	364
Schaar-schmidt, U., Ricken, U., Kieschke, G., Preuß, U.	BIVA	Bildbasierter Intelligenztest für das Vorschulalter	Göttingen: Hogrefe Verlag, 2. Auflage, 2012	306
Schäfer, H.	Bildwortserie zur Lautagnosieprüfung und zur Schulung des phonematischen Gehörs	Bildwortserie zur Lautagnosieprüfung und zur Schulung des phonematischen Gehörs	Weinheim: Beltz Test, 1986	56
Schardt, K., Merdian, G.	BADYS 1-4+ (R)	Bamberger Dyskalkuliediagnostik 1-4+ (R)	Bamberg: PaePsy Verlag, 2015	204
Schaupp, H., Holzer, N., Lenart, F.	ERT 1+	Eggenberger Rechentest 1+	Bern: Verlag Hans Huber, 2007	213
Schaupp, H., Holzer, N., Lenart, F.	ERT 4+	Eggenberger Rechentest 4+	Bern: Verlag Hans Huber, 2010	214
Schellig, D., Niemann, H., Schächtele, B.	PASAT	Progressiver Auditiver Serieller Additionstest	Frankfurt a.M.: Swets Test Services, 2003 Mödling: SCHUHFRIED GmbH, 2005	582
Schinka, J. A., Vanderploeg, R. D.	BEST-3	Best Practice	Estimating premorbid level of functioning. In R. D. Vanderploeg (ed.), *Clinicians guide to neuropsychological assessment* (2nd ed., pp. 37–63). Mahwah, NJ: Lawrence Erlbaum Associates, Inc., 2000	733
Schlagmüller, M., Schneider, W.	WLST 7-12	Würzburger Lesestrategie-Wissenstest	Göttingen: Hogrefe Verlag, 2007	148
Schmand, B., Lindeboom, J.	AKGT, ASTM	Amsterdamer Kurzzeitgedächtnistest	Leiden: PITS, 2005	**585**
Schmidt, H.	MPT-E	Mehrdimensionaler Persönlichkeitstest für Erwachsene	Braunschweig: Westermann, 1981	671 678

Autoren	Abkürzungen	Testname	Literaturangaben	Seite
Schmidt, K.-H., Metzler, P.	WST	Wortschatztest	Weinheim: Beltz Test, 1992	730 743
Schmidt, M.	AVLT	Auditory Verbal Learning Test	Los Angeles: Western Psychological Services, 1996	581
Schmidt, M.	RAVLT	Rey Auditory verbal learning test	Los Angeles: Western Psychological Services, 1996	581
Schmidt, S., Ennemoser, M., Krajewski, K.	DEMAT 9	Deutscher Mathematiktest für neunte Klassen	Göttingen: Hogrefe Verlag, 2012	212
Schmidt-Atzert, L., Bühner, M., Rischen, S., Warkentin, V	Test d2	Aufmerksamkeits-Belastungs-Test	Erkennen von Simulation und Dissimulation im Test d2. *Diagnostica, 50,* 124–133, 2004	582
Schneewind, K. A., Graf, J.	16 PF-R	16-Persönlichkeits-Faktoren-Test – Revidierte Fassung	Bern: Verlag Hans Huber, 1998	670 674 682
Schneider, W., Blanke, I., Faust, V., Küspert, P.	WLLP-R	Würzburger Leise Leseprobe – Revision	Göttingen: Hogrefe Verlag, 2011	148
Schneider, W., Schlagmüller, M., Ennemoser, M.	LGVT 5-12+	Lesegeschwindigkeits- und verständnistest für die Klassen 5–12+	Göttingen: Hogrefe Verlag, 2017	147
Schoenberg, M. R., Lange, R. T., Brickell, T. A., Saklofske, D. H.	CPIE	Child Premorbid Intelligence Estimate	Estimating Premorbid General Cognitive Functioning for Children and Adolescents Using the American Wechsler Intelligence Scale for Children – Fourth Edition: Demographic and Current Performance Approaches. *Journal of Child Neurology, 22,* 379–388, 2007	731 750
Schoenberg, M. R., Lange, R. T., Iverson, G. L., Chelune, G. J., Scott, J. G., Adams, R.L.	GAI-E	General Ability Index Estimate	Clinical validation of the General Ability index – Estimate (GAI-E): Estimating premorbid GAI. *The Clinical Neuropsychologist, 20,* 365–381, 2006	731 749

Autoren	Abkürzungen	Testname	Literaturangaben	Seite
Schoenberg, M. R., Scott, J. G., Duff, K., Adams, R. L.	OPIE-3	Oklahoma Premorbid Intelligence Estimate	Estimation of WAIS-III intelligence from combined performance and demographic variables: Development of the OPIE-3. *The Clinical Neuropsychologist, 16,* 426–437, 2002	749
Schröder, H.	KLI 4-5 R	Kombinierter Lern- und Intelligenztest für 4. und 5. Klassen – Revidierte Form	Göttingen: Hogrefe Verlag, 6. revidierte Auflage, 2005	303
Schroeders, U., Schneider, W.	TeDDy-PC	Test zur Diagnose von Dyskalkulie	Göttingen: Hogrefe Verlag, 2008	206 **247**
Schuck, K. D., Eggert, D., Raatz, U.	CMM 1-3	Columbia Mental Maturity Scale	Weinheim: Beltz Test, 1994	308
Schulz, P., Tracy, R.	LiSe-DaZ	Linguistische Sprachstandserhebung – Deutsch als Zweitsprache	Göttingen: Hogrefe Verlag, 2011	50
Seeger, D., Holodynski, M., Souvignier, E.	BIKO 3-6	BIKO-Screening zur Entwicklung von Basiskompetenzen für 3- bis 6-Jährige	Göttingen: Hogrefe Verlag, 2014	364
Siegmüller, J., Kauschke, S., von Minnen, S., Bittner, D.	TSVK	Test zum Satzverstehen von Kindern	München: Elsevier GmbH, Urban & Fischer Verlag, 2011	60
Sivan, A. B., Spreen, O.	Benton-Test	Benton-Test	Bern: Verlag Hans Huber, 1996	580
Slick, D. J., Hopp, G., Strauss, E., Spellacy, F. J.	VSVT	Victoria Symptom Validity Test	Victoria Symptom Validity Test: Efficiency for detecting feigned memory impairment and relationship to neuropsychological tests and MMPI-2 validity scales. *Journal of Clinical and Experimental Neuropsychology, 18,* 911–922, 1996	577
Souvignier, E., Trenk-Hinterberger, I., Adam-Schwebe, S., Gold, A.	FLVT 5-6	Frankfurter Leseverständnistest für 5. und 6. Klassen	Göttingen: Hogrefe Verlag, 2008	146

Autoren	Abkürzungen	Testname	Literaturangaben	Seite
Spicher, B., Hänsgen, K. D.	TVP	Test zur Erfassung verkehrsrelevanter Persönlichkeitsmerkmale	Bern: Verlag Hans Huber, 2003	679
Steinhausen, H.-C.	FTF	Elternfragebogen zur Beurteilung der Entwicklung und des Verhaltens von 5–15 Jahre alten Kindern	In KIDS 3 – Störungsübergreifende Verfahren zur Diagnostik psychischer Störungen im Kindes- und Jugendalter Göttingen: Hogrefe Verlag, 2012	367
Stöber, J.	SES-17	Soziale-Erwünschtheits-Skala- 17	Die Soziale-Erwünschtheits-Skala-17 (SES-17): Entwicklung und erste Befunde zu Reliabilität und Validität. *Diagnostica, 45,* 173–177, 1999	679
Stock, C., Marx, H., Schneider, W.	BAKO 1-4	Basiskompetenzen für Lese- Rechtschreibleistungen	Göttingen: Hogrefe Verlag, 2003, 2017	55 144
Stock, C., Schneider, W.	DERET 1-2+	Deutscher Rechtschreibtest für das erste und zweite Schuljahr	Göttingen: Hogrefe Verlag, 2008	149
Stock, C., Schneider, W.	DERET 3-4+	Deutscher Rechtschreibtest für das dritte und vierte Schuljahr	Göttingen: Hogrefe Verlag, 2008	149
Strohbach, C.	Sozialformeln	Neue Bundesländer	Sozialformel zur Schätzung der prämorbiden Intelligenz für die Neuen Bundesländer. Unveröffentlichte Diplomarbeit. Halle-Wittenberg: Martin-Luther-Universität, 2007	730 747
Stumpf, H., Angleitner, A., Wieck, T., Jackson, D. N., Beloch-Till, H.	PRF	Deutsche Personality Research Form	Göttingen: Hogrefe Verlag, 1985	685
Sturm, W., Horn, W., Willmes, K.	LPS-50+	Leistungsprüfsystem für 50-90jährige	Göttingen: Hogrefe Verlag, 1993	747
Szagun, G., Stumper, B., Schramm, S. A.	FRAKIS	Fragebogen zur frühkindlichen Sprachentwicklung	Frankfurt a. M.: Pearson Assessment & Information GmbH, 2007	61

Autoren	Abkürzungen	Testname	Literaturangaben	Seite
Tellegen, P. J., Laros, J. A., Petermann, F.	SON-R 2½ -7	Snijders-Oomen Non-verbaler Intelligenztest	Göttingen: Hogrefe Verlag, 2007	308
Tellegen, P. J., Laros, J. A., Petermann, F.	SON-R 2-8	Snijders-Oomen Nonverbaler Intelligenztest	Göttingen: Hogrefe Verlag, 2018	309
Tellegen, P. J., Laros, J. A., Petermann, F.	SON-R 6-40	Snijders-Oomen Non-verbaler Intelligenztest	Göttingen: Hogrefe Verlag, 2012	309 **318**
Tewes, U.	HAWIE-R	Hamburg Wechsler-Intelligenztest für Erwachsene	Bern: Verlag Hans Huber, 1994	742 750
Tombaugh, T. N.	TOMM	Test of Memory Malingering	North Tonawanda, NY: Multi-Health Systems, 1996 Bezug: Pearson	637
Trolldenier, H. P.	WÜRT	Würzburger Rechtschreibtest für 1. und 2. Klassen	Göttingen: Hogrefe Verlag, 2014	151
Tröster, H., Flender, J., Reineke, D.	DESK 3-6	Dortmunder Entwicklungsscreening für den Kindergarten	Göttingen: Hogrefe Verlag, 2004	364
Tröster, H., Flender, J., Reineke, D., Wolf, S. M.	DESK 3-4 R	Dortmunder Entwicklungsscreening für den Kindergarten – Revision	Göttingen: Hogrefe Verlag, 2016	364
Tröster, H., Flender, J., Reineke, D., Wolf, S.	DESK 3-6 R	Dortmunder Entwicklungsscreening für den Kindergarten – Revision	Göttingen: Hogrefe Verlag, 2015	364
Tydecks, S., Merten, T., Gubbay, J.	One-in-Five Test	One-in-Five Test	The Word Memory Test and the One-in-Five-Test in an analogue study with Russian-speaking participants. *International Journal of Forensic Psychology, 1*, 29–37, 2006	577
Uzgiris, I., Hunt, J. McV	Ordinalskalen zur sensomotorischen Entwicklung	Ordinal Scales of Psychological Development	Urbana, IL: University of Illinois Press, 1975	364
van Luit, J. E. H., van de Rijt, B. A. M., Hasemann, K.	OTZ	Osnabrücker Test zur Zahlbegriffsentwicklung	Göttingen: Hogrefe Verlag, 2001	203

Autoren	Abkürzungen	Testname	Literaturangaben	Seite
von Aster, M., Bzufka, M. W., Horn, R., Weinhold Zulauf, M., Schweiter, M.	ZAREKI-K	Neuropsychologische Testbatterie für Zahlenverarbeitung und Rechnen bei Kindern – Kindergartenversion	Frankfurt a. M.: Pearson Assessment & Information GmbH, 2009	204 **262**
von Aster, M., Neubauer, N., Horn, R.	WIE	Wechsler Intelligenztest für Erwachsene	Frankfurt a. M.: Harcourt Test Services, 2006	742 750
von Aster, M., Weinhold Zulauf, M., Horn, R.	ZAREKI-R	Neuropsychologische Testbatterie für Zahlenverarbeitung und Rechnen bei Kindern – revidierte Fassung	Frankfurt a. M.: Pearson Assessment & Information GmbH, 2009	209 **271**
von Suchodoletz, W., Sachse, S.	SBE-2-KT	Sprachbeurteilung durch Eltern, Kurztest für die U7	Stuttgart: Kohlhammer, 2012 https://www.ph-heidelberg. de/fileadmin/wp/wp-sachse/ SBE-2-KT/Handbuch-SBE-2-KT_31.3.2015.pdf	61
von Suchodoletz, W., Sachse, S.	SBE-2-KT fremdsprachlich	Sprachbeurteilung durch Eltern, Kurztest für die U7 fremdsprachlich	https://www.ph-heidelberg. de/sachse-steffi/professur-fuer-entwicklungspsychologie/ elternfrageboegen-sbe-2-kt-sbe-3-kt/sbe-2-kt-fremdspr. html	61
Wagner, H. J., Born, C.	DBZ 1	Diagnostikum: Basisfähigkeiten im Zahlenraum 0 bis 20	Göttingen: Hogrefe Verlag, 1994	209
Walter, J.	LDL	Lernfortschrittsdiagnostik Lesen	Göttingen: Hogrefe Verlag, 2009	147
Ward, M. F., Wender, S. H., Reimherr, F. W.	WURS-K	Wender Utah Rating Scale – Kurzform	The Wender Utah Rating Scale: An aid in the retrospective diagnosis of childhood attention deficit hyperactivity disorder. *American Journal of Psychiatry, 150, 885-890,* 1993	680
Warrington, E. K.	RMT	Recognition Memory Test, Faces	Berkshire, UK: NFER-Nelson, 1984	582
Wechsler, D.	WAIS	Wechsler Adult Intelligence Scale	San Antonio, TX: Psychological Corporation, 1955	744

Autoren	Abkürzungen	Testname	Literaturangaben	Seite
Wechsler, D.	WAIS-R	Wechsler Adult Intelligence Scale – Revised	San Antonio, TX: Psychological Corporation, 1981	750
Wechsler, D.	WISC-R	Wechsler Intelligence Scale for Children – Revised	San Antonio, TX: Psychological Corporation, 1974	750
Wechsler, D.	WISC-III	Wechsler Intelligence Scale for Children – Third Edition	San Antonio, TX: Psychological Corporation, 1991	750
Wechsler, D.	WISC-IV	Wechsler Intelligence Scale for Children – Fourth Edition	San Antonio, TX: The Psychological Corporation	300 **328** 750
Wechsler, D.	WISC-V	Wechsler Intelligence Scale for Children – Fifth Edition	Bloomington, MN: Pearson, 2014	300
Wechsler, D.	WPPSI-III	Wechsler Preschool and Primary Scale of Intelligence – Third Edition	San Antonio, TX: Psychological Corporation; 2002	301 **338**
Wechsler, D.	WPPSI-IV	Wechsler Preschool and Primary Scale of Intelligence – Fourth Edition	San Antonio, TX: Psychological Corporation; 2012	302
Wechsler, D., Naglieri, J. A.	WNV	Wechsler Nonverbal Scale of Ability	San Antonio, TX: The Psychological Corporation, 2006	309
Weinert, A. B.	CPI	Deutscher CPI	Bern: Verlag Hans Huber, 1992	670 675 682
Weiß, R. H.	CFT 20	Grundintelligenztest Skala 2 mit Wortschatztest (WS) und Zahlenfolgentest (ZF)	Göttingen: Hogrefe, 4., überarbeitete Auflage, 1998	308 739
Weiß, R. H.	CFT 20-R	Grundintelligenztest Skala 2 – Revision mit Wortschatztest und Zahlenfolgentest – Revision (WS/ZF-R)	Göttingen: Hogrefe Verlag, 2006	307
Weiß, R. H., Osterland, J.	CFT 1-R	Grundintelligenzskala 1 – Revision	Göttingen: Hogrefe, 2012	307

Autoren	Abkürzungen	Testname	Literaturangaben	Seite
Wettstein, P.	LSVT	Logopädischer Sprachverständnistest	Zürich: Heilpädagogisches Seminar, 1983 http://sprachheilwiki.dgs-ev.de/wiki/doku.php?id= diagnostik:logopaedischer_ sprachverstaendnistest_ teil_a_lsvt-a	58
Widows, M. R., Smith, G. P.	SIMS	Structered Inventory of Malingered Symptomatology	Odessa, FL: Psychological Assessment Resources (PAR), 2005	686
Wilhelm, O., Schroeders, U., Schipolowski, S.	BEFKI 8-10	Berliner Test zur Erfassung fluider und kristalliner Intelligenz für die 8. bis 10. Jahrgangsstufe	Göttingen: Hogrefe Verlag, 2014	304
Wilkinson, G. S.	WRAT-3	Wide Range Achievement Test – Third Edition	Wilmington, DE: Wide Range Inc., 1993	730 744 750
Wilson, R. S., Rosenbaum, G., Brown, G., Rourke, D., Whitman, D. et al.	Sozialformeln	Anglo-Amerikanische Sozialformeln	An index of premorbid intelligence. *Journal of Consulting and Clinical Psychology, 46*, 1554–1555, 1978	744
Winkler, N., Kroh, M., Spiess, M.	BIDR-K	Kurzskala zur zweidimensionalen Messung von sozialer Erwünschtheit	Berlin: Deutsches Institut für Wirtschaftsforschung (DIW Berlin), 2006	675
Wolfram, H., Wieczorek, V.	Sozialformeln	Neue Bundesländer	Zur Messung des prämorbiden Leistungsniveaus. *Der Nervenarzt, 61*, 495–498, 1990	730 747
Ylioja, S. G., Baird, A. D., Podell, K.	RSS	Reliable Spatial Span	Developing a spatial analogue of the Reliable Digit Span. *Archives of Clinical Neuropsychology, 24*, 729–739, 2009	580
Zaworka, W., Hand, I., Jauernig, G., Lünenschloß, K.	HZI	Hamburger Zwangs-Inventar	Göttingen: Beltz Test GmbH, 1983	671 676 683

Testverfahren – nach Testnamen geordnet

Abkürzungen	Testname	Autoren	Literaturangaben	Seite
16 PF-R	16-Persönlichkeits-Faktoren-Test – Revidierte Fassung	Schneewind, K. A., Graf, J.	Bern: Verlag Hans Huber, 1998	670 674 682
ADS	Allgemeine Depressions-Skala	Hautzinger, M., Bailer, M.	Göttingen: Beltz Test GmbH, 1993	670
AID 3	Adaptives Intelligenz Diagnostikum 3	Kubinger, K. D., Holocher-Ertl, S.	Göttingen: Beltz Test, 2014	297
AKGT, ASTM	Amsterdamer Kurz-zeitgedächtnistest	Schmand, B., Lindeboom, J.	Leiden: PITS, 2005	**585**
AMNART	American National Adult Reading Test oder American version of the Nelson Adult Reading Test	Grober, E., Sliwinski, M., Korey, S. R.	Development and validation of a model of premorbid verbal intelligence in the elderly. *Journal of Clinical and Experimental Neuropsychology, 13*, 933–949, 1991	730 744
ANT	Amsterdam Neuro-psychological Tasks	de Sonneville, L. M. J.	http://www.sonares.nl	446 **448**
APM	Advanced Progressive Matrices	Bulheller, S., Häcker, H. O.	Frankfurt a. M.: Swets Test Services, 1998	306
	Englisches Original:	Raven, J. Raven, J. C. Court, J. H.	Oxford, UK: Oxford Psychologist Press, 1998	
AST 4.0	Aggravations- und Simulationstest	Eberl, A., Wilhelm, H.	Lüdenscheid: Mnemo-Verlag, 2007	478 **593**
AVAK	Analyseverfahren zu Aussprachestörungen bei Kindern	Hacker, D., Wilgermein, H.	München: Reinhardt Verlag, 2006	55
AVLT	Auditory Verbal Learning Test	Rey, A.	L'examen clinique en psychologie. Paris: Presses Universitaires de France, 1964	581
		Schmidt, M.	Los Angeles: Western Psychological Services, 1996	581
AVLTX	Auditory Verbal Learning Test, Expanded Version	Barrash, J., Suhr, J., Manzel, K.	Detecting poor effort and malingering with an expanded version of the Auditory Verbal Learning Test (AVLTX): Validation with clinical samples. *Journal of Clinical and Experimental Neuropsychology, 26*, 125–140, 2004	581

Abkürzungen	Testname	Autoren	Literaturangaben	Seite
AWST-R	Aktiver Wortschatztest für 3- bis 5-jährige Kinder – Revision	Kiese-Himmel, C.	Göttingen: Beltz Test, 2005	58
b Test	The b Test	Boone, K. B., Lu, P. H., Herzberg, D. S.	Los Angeles: Western Psychological Services, 2002	579
BADYS 1-4+ (R)	Bamberger Dyskalkuliediagnostik 1-4+ (R)	Schardt, K., Merdian, G.	Bamberg: PaePsy Verlag, 2015	204
BADYS 5-8+	Bamberger Dyskalkuliediagnostik 5-8+	Merdian, G., Merdian, F., Schardt, K.	Bamberg: PaePsy Verlag, 2012	205
BAGT	Bremer Auditiver Gedächtnistest aus: Testbatterie zur Forensischen Neuropsychologie (TBFN)	Heubrock, D., Petermann, F.	Frankfurt a. M.: Swets Test Services, 2000 Frankfurt a. M.: Pearson Assessment & Information GmbH, 3. Auflage, 2011	649
BAKO 1-4	Basiskompetenzen für Lese- Rechtschreibleistungen	Stock, C., Marx, H., Schneider, W.	Göttingen: Hogrefe Verlag, 2003, 2017	55 144
BASIC-Preschool	Screening für kognitive Basiskompetenzen im Vorschulalter	Daseking, M., Petermann, F.	Bern: Verlag Hans Huber, 2008	420 435
BASIS-MATH 4-8	Basisdiagnostik Mathematik für die Klassen 4–8	Moser Opitz, E., Reusser, L., Moeri Müller, M., Anliker, B., Wittich, C., Freesemann, O.	Göttingen: Hogrefe Verlag, 2010	205 215
Bayley-III	Bayley Scales of Infant and Toddler Development – Third Edition Englisches Original:	Reuner, G., Rosenkranz, J. Bayley, N.	Frankfurt a. M.: Pearson Assessment & Information GmbH, 2015 San Antonio, TX: Psychological Corporation, 2006	363
BBK 3-6	Beobachtungsbogen für 3- bis 6-jährige Kinder	Frey, A., Duhm, E., Althaus, D., Heinz, P., Mengelkamp, E.	Göttingen: Hogrefe Verlag, 2008	366

Abkürzungen	Testname	Autoren	Literaturangaben	Seite
BBT 3-4	Bildungsberatungs-test für 3. und 4. Klassen	Ingenkamp, K.	Weinheim: Beltz, 1999	302
BEFKI 8-10	Berliner Test zur Erfassung fluider und kristalliner Intelligenz für die 8. bis 10. Jahrgangs-stufe	Wilhelm, O., Schroeders, U., Schipolowski, S.	Göttingen: Hogrefe Verlag, 2014	304
Benton-Test	Benton-Test	Sivan, A. B., Spreen, O.	Bern: Verlag Hans Huber, 1996	580
BEST-3	Best Practice	Schinka, J. A., Vanderploeg, R. D.	Estimating premorbid level of functioning. In R. D. Vander-ploeg (ed.), *Clinicians guide to neuropsychological as-sessment* (2nd ed., pp. 37–63). Mahwah, NJ: Lawrence Erlbaum Associates, Inc., 2000	733
BIDR-D	Balanced Inventory of Desirable Re-sponding, deutsche Version	Musch, J., Brockhaus, R., Bröder, A.	Ein Inventar zur Erfassung von zwei Faktoren sozialer Erwünschtheit. *Diagnostica, 48,* 121–129, 2002	674
	Englisches Original:	Paulhus, D. L.	North Tonawanda, NY: Multi-Health Systems, 1998	
BIDR-K	Kurzskala zur zwei-dimensionalen Messung von sozia-ler Erwünschtheit	Winkler, N., Kroh, M., Spiess, M.	Berlin: Deutsches Institut für Wirtschaftsforschung (DIW Berlin), 2006	675
BIKO 3-6	BIKO-Screening zur Entwicklung von Basiskompetenzen für 3- bis 6-Jährige	Seeger, D., Holodynski, M., Souvignier, E.	Göttingen: Hogrefe Verlag, 2014	364
Bildwortserie zur Laut-agnosieprüfung und zur Schulung des phonematischen Gehörs	Bildwortserie zur Lautagnosieprüfung und zur Schulung des phonemati-schen Gehörs	Schäfer, H.	Weinheim: Beltz Test, 1986	56
BISC	Bielefelder Scree-ning zur Früh-erkennung von Lese- Rechtschreib-schwächen	Jansen, H., Mannhaupt, G., Marx, H., Skowronek, H.	Göttingen: Hogrefe Verlag, 1999, 2002	55 144

Abkürzungen	Testname	Autoren	Literaturangaben	Seite
BIS-HB	Berliner Intelligenz-strukturtest für Jugendliche: Begabungs- und Hochbegabungs-diagnostik	Jäger, A. O., Holling, H., Preckel, F., Vock, M., Süß, H., Beauducel, A.	Göttingen: Hogrefe Verlag, 2006	305
BIVA	Bildbasierter Intelligenztest für das Vorschulalter	Schaar-schmidt, U., Ricken, U., Kieschke, G., Preuß, U.	Göttingen: Hogrefe Verlag, 2. Auflage, 2012	306
BOMAT-Standard	Bochumer Matri-zentest Standard	Hossiep, R., Hasella, M.	Göttingen: Hogrefe Verlag, 2010	307
BSV auditorisch	Bremer Symp-tom-Validierung aus: Testbatterie zur Forensischen Neuropsychologie (TBFN)	Heubrock, D., Petermann, F.	Frankfurt a. M.: Swets Test Services, 2000 Frankfurt a. M.: Pearson Assessment, 3. Auflage, 2011	645
BSV visuell	Bremer Symp-tom-Validierung aus: Testbatterie zur Forensischen Neuropsychologie (TBFN)	Heubrock, D., Petermann, F.	Frankfurt a. M.: Swets Test Services, 2000 Frankfurt a. M.: Pearson Assessment, 3. Auflage, 2011	645
BT 1-2	Bildertest für 1. und 2. Klassen	Horn, H., Schwarz, E., Vieweger, G. Kühn, R., Heck-Möhling, R.	Weinheim: Beltz, 1977 Weinheim: Beltz Test, 2. Auflage, 1994	307
BT 2-3	Bildertest für 2. und 3. Klassen	Ingenkamp, K.	Weinheim: Beltz Test, 1976	307
BUEVA	Basisdiagnostik für umschriebene Entwicklungsstörungen im Vorschulalter	Esser, G., Wyschkon, A.	Göttingen: Hogrefe Verlag, 2002	48
BUEVA-II	Basisdiagnostik für umschriebene Entwicklungsstörungen im Vorschulalter – Version II	Esser, G., Wyschkon, A.	Göttingen: Hogrefe Verlag, 2012	366
BVND	Berliner Verfahren zur Neurosendiag-nostik	Hänsgen, K.-D.	Göttingen: Hogrefe Verlag, 2. erweiterte und neu bearbeitete Auflage, 1991	675 682

Abkürzungen	Testname	Autoren	Literaturangaben	Seite
CANTAB	Cambridge Neuro-psychological Test Automated Battery	Robbins, T., Sahakian, B.	Cambridge Cognition Limited http://www.cantab.com http://www.cambridgecognition.com	**463**
CARB	Computerized Assessment of Response Bias	Allen, L. M., Conder, R. L., Green, P., Cox, D. R.	Durham, NC: CogniSyst, Inc., 1997	577
CFT 1	Grundintelligenz-skala 1	Cattell, R. B., Weiß, R. H., Osterland, J.	Göttingen: Hogrefe Verlag, 1997	307
CFT 1-R	Grundintelligenz-skala 1 – Revision	Weiß, R. H., Osterland, J.	Göttingen: Hogrefe, 2012	307
CFT 2	Grundintelligenztest Skala 2	Cattell, R. B., Weiß, R. H.	Braunschweig: Wester-mann, 1977	308
CFT 20	Grundintelligenztest Skala 2 mit Wort-schatztest (WS) und Zahlenfolgen-test (ZF)	Weiß, R. H.	Göttingen: Hogrefe, 4., über-arbeitete Auflage, 1998	308 739
CFT 20-R	Grundintelligenztest Skala 2 – Revision mit Wortschatztest und Zahlenfolgen-test – Revision (WS/ZF-R)	Weiß, R. H.	Göttingen: Hogrefe Verlag, 2006	308
CMM 1-3	Columbia Mental Maturity Scale	Schuck, K. D., Eggert, D., Raatz, U.	Weinheim: Beltz Test, 1994	308
CMM-LB	Gruppenintelligenz-test für lern-behinderte Sonder-schüler	Eggert, D., Schuck, K. D.	Weinheim: Beltz Test, 1971, 1992	308
Coin-in-the-Hand Test	Coin-in-the-Hand-Test	Kapur, N.	The Coin-in-the-Hand Test: A new "bedside" test for the detection of malingering in patients with suspected memory disorder. *Journal of Neurology, Neurosurgery and Psychiatry, 57,* 385–386, 1994	578
COPROF	Computerunter-stützte Profilana-lyse	Clahsen, H., Hansen, D.	http://www.sopaed-sprache.uni-wuerzburg.de/ambulatorium/coprof-10/	59

Abkürzungen	Testname	Autoren	Literaturangaben	Seite
CPI	Deutscher CPI	Weinert, A. B.	Bern: Verlag Hans Huber, 1992	670 675 682
	California Psychological Inventory	Gough, H. G.	Palo Alto, CA: Consulting Psychologists Press, 1987	
CPIE	Child Premorbid Intelligence Estimate	Schoenberg, M. R., Lange, R. T., Brickell, T. A., Saklofske, D. H.	Estimating Premorbid General Cognitive Functioning for Children and Adolescents Using the American Wechsler Intelligence Scale for Children – Fourth Edition: Demographic and Current Performance Approaches. *Journal of Child Neurology, 22*, 379–388, 2007	731 750
CPM	Coloured Progressive Matrices	Bulheller, S., Häcker, H. O.	Frankfurt a. M.: Pearson Assessment & Information GmbH, 2001	308
	Englisches Original:	Raven, J.	London: Lewis, 1965	
CVLT	California Verbal Learning Test	Niemann, H., Sturm, W., Thöne-Otto, A., Willmes von Hinckeldey, K.	Frankfurt a. M.: Pearson Assessment & Information GmbH, 2008	581
CVLT-II	California Verbal Learning Test – Second Edition	Delis, D. C., Kramer, J. H., Kaplan, E., Ober, B. A.	San Antonio, TX: The Psychological Corporation, 2000	581
Das Pragmatische Profil	Das Pragmatische Profil	Dohmen, A. Dewart, H., Summers, S.	München: Elsevier GmbH, Urban & Fischer Verlag, 2009	60
	Englisches Original: The Pragmatic Profile of Everyday Communication Skills in Children	Dewart, H., Summers, S.	Windsor: NFER-Nielson, 1995	
DBZ 1	Diagnostikum: Basisfähigkeiten im Zahlenraum 0 bis 20	Wagner, H. J., Born, C.	Göttingen: Hogrefe Verlag, 1994	209
DCT	Punkte-Zähl-Test, Dot Counting Test	Rey, A.	L'examen psychologique dans les cas d'encéphalopathie traumatique. *Archives de Psychologie, 28*, 286–340, 1941	579
		Boone, K. B., Lu, P., Herzberg, D. S.	Los Angeles Western Psychological Services, 2002	579

Abkürzungen	Testname	Autoren	Literaturangaben	Seite
DEMAT 1+	Deutscher Mathematiktest für erste Klassen	Krajewski, K., Küspert, P., Schneider, W.	Göttingen: Beltz Test, 2002	209
DEMAT 2+	Deutscher Mathematiktest für zweite Klassen	Krajewski, K., Liehm, S., Schneider, W.	Göttingen: Beltz Test, 2004	210
DEMAT 3+	Deutscher Mathematiktest für dritte Klassen	Roick, T., Gölitz, D., Hasselhorn, M.	Göttingen: Beltz Test, 2004	210
DEMAT 4	Deutscher Mathematiktest für vierte Klassen	Roick, T., Gölitz, D., Hasselhorn, M.	Göttingen: Hogrefe Verlag, 2006	211
DEMAT 5+	Deutscher Mathematiktest für fünfte Klassen	Götz, L., Lingel, K., Schneider, W.	Göttingen: Hogrefe Verlag, 2013	211
DEMAT 6+	Deutscher Mathematiktest für sechste Klassen	Götz, L., Lingel, K., Schneider, W.	Göttingen: Hogrefe Verlag, 2013	212
DEMAT 9	Deutscher Mathematiktest für neunte Klassen	Schmidt, S., Ennemoser, M., Krajewski, K.	Göttingen: Hogrefe Verlag, 2012	212
DERET 1-2+	Deutscher Rechtschreibtest für das erste und zweite Schuljahr	Stock, C., Schneider, W.	Göttingen: Hogrefe Verlag, 2008	149
DERET 3-4+	Deutscher Rechtschreibtest für das dritte und vierte Schuljahr	Stock, C., Schneider, W.	Göttingen: Hogrefe Verlag, 2008	149
DESK 3-4 R	Dortmunder Entwicklungsscreening für den Kindergarten – Revision	Tröster, H., Flender, J., Reineke, D., Wolf, S. M.	Göttingen: Hogrefe Verlag, 2016	364
DESK 3-6	Dortmunder Entwicklungsscreening für den Kindergarten	Tröster, H., Flender, J., Reineke, D.	Göttingen: Hogrefe Verlag, 2004	364
DESK 3-6 R	Dortmunder Entwicklungsscreening für den Kindergarten – Revision	Tröster, H., Flender, J., Reineke, D., Wolf, S.	Göttingen: Hogrefe Verlag, 2015	364
DIRG	Diagnostisches Inventar zu Rechenfertigkeiten im Grundschulalter	Grube, D., Weberschock, U., Stuff, M., Hasselhorn, M.	Göttingen: Hogrefe Verlag, 2010	212

Abkürzungen	Testname	Autoren	Literaturangaben	Seite
DP	Differenzierungs-probe	Breuer, H., Weuffen, M.	Lernschwierigkeiten am Schulanfang – Lautsprachli-che Lernvoraussetzungen und Schulerfolg. Eine Anlei-tung zur Einschätzung und Förderung lautsprachlicher Lernvoraussetzungen. Weinheim: Beltz Verlag, 2005	56
DRT 1	Diagnostischer Rechtschreibtest für 1. Klassen	Müller, R.	Göttingen: Beltz Test, 2003	149
DRT 2	Diagnostischer Rechtschreibtest für 2. Klassen	Müller, R.	Göttingen: Beltz Test, 2003	149
DRT 3	Diagnostischer Rechtschreibtest für 3. Klassen	Müller, R.	Göttingen: Beltz Test, 2003	149
DRT 4	Diagnostischer Rechtschreibtest für 4. Klassen	Grund, M., Leonhart, R., Naumann, C. L.	Göttingen: Hogrefe Verlag, 2003	149
DRT 5	Diagnostischer Rechtschreibtest für 5. Klassen	Grund, M., Leonhart, R., Naumann, C. L.	Göttingen: Beltz Test, 2003	149
EFkE	Elternfragebogen zur kindlichen Ent-wicklung	Brandstetter, G., Bode, H., Ireton, H. R.	Augsburg: Alexander Möckl, 2003	367
	Englisches Original: Child Development Inventory (CDI)	Ireton, H. R.	Minneapolis, MN: Behavior Science Systems, 1992	367
ELAN	Elternfragebogen zur Wortschatzent-wicklung im frühen Kindesalter	Bockmann, A. K., Kiese-Himmel, C.	Göttingen: Beltz Test, 2006	60
ELAN-R	Elternfragebogen zur Wortschatzent-wicklung im frühen Kindesalter – Revi-sion	Bockmann, A. K., Kiese-Himmel, C.	Göttingen: Beltz Test, 2012	60
ELFE 1-6	Ein Leseverständ-nistest für Erst- bis Sechstklässler	Lenhard, W., Schneider, W.	Göttingen: Hogrefe Verlag, 2006	145 **153**

Abkürzungen	Testname	Autoren	Literaturangaben	Seite
ELFRA	Elternfragebögen für die Früherkennung von Risikokindern	Grimm, H., Doil, H.	Göttingen: Hogrefe Verlag, 2006	60
Elternfragebögen zu Grenzsteinen der kindlichen Entwicklung im Alter von 1 bis 6 Jahren	Elternfragebögen zu Grenzsteinen der kindlichen Entwicklung im Alter von 1 bis 6 Jahren	Nennstiel-Ratzel, U., Lüders, A., Arenz, S., Wildner, M., Michaelis, R.	*Kinderärztliche Praxis, 84,* 106–114, 2013	367
EPI	Eysenck-Persönlichkeits-Inventar, deutsche Version	Eggert, D., Ratschinski, G.	Göttingen: Hogrefe Verlag, 2. überarbeitete und ergänzte Auflage,1983	675
	Englisches Original:	Eysenck, H. J., Eysenck, S. B. G.	San Diego, CA: Educational and Industrial Testing Service, 1968	
EPP-D	Eysenck Personality Profiler, deutsche Adaptation	Häcker, H., Bulheller, S.	Frankfurt am Main: Swets Test Services,1998	675
	Englisches Original:	Eysenck, H. J., Wilson, G., Jackson, C.	London: Guilford Press,1996	
ERT 0+	Eggenberger Rechentest 0+	Lenart, F., Schaupp, H., Holzer, N.	Bern: Verlag Hans Huber, 2014	203
ERT 1+	Eggenberger Rechentest 1+	Schaupp, H., Holzer, N., Lenart, F.	Bern: Verlag Hans Huber, 2007	213
ERT 2+	Eggenberger Rechentest 2+	Lenart, F. Holzer, N., Schaupp, H.,	Bern: Verlag Hans Huber, 2008	213
ERT 3+	Eggenberger Rechentest 3+	Holzer, N., Schaupp, H., Lenart, F.	Bern: Verlag Hans Huber, 2010	214
ERT 4+	Eggenberger Rechentest 4+	Schaupp, H., Holzer, N., Lenart, F.	Bern: Verlag Hans Huber, 2010	214
ERT JE	Eggenberger Rechentest für Jugendliche und Erwachsene	Holzer, N., Lenart, F., Schaupp, H.	Bern: Hogrefe Verlag, 2017	214

Abkürzungen	Testname	Autoren	Literaturangaben	Seite
ESGRAF 4-8	Grammatiktest für 4- bis 8-jährige Kinder	Motsch, H.J., Riets, C.	München: Reinhardt Verlag, 2016	59
ESGRAF-MK	Evozierte Diagnostik grammatischer Fähigkeiten für mehrsprachige Kinder	Motsch, H.J.	München: Reinhardt Verlag, 2011	59
ESGRAF-R	Evozierte Sprachdiagnose grammatischer Fähigkeiten	Motsch, H.J.	München: Reinhardt Verlag, 2008	59
ET 6-6-R	Entwicklungstest für Kinder von 6 Monaten bis 6 Jahren – Revision	Petermann, F., Macha, T.	Frankfurt a. M.: Pearson Assessment & Information GmbH, 2013	**369**
ETS 4-8	Entwicklungstest Sprache	Angermaier, M.J.W.	Frankfurt a. M.: Pearson Assessment & Information GmbH & Information GmbH, 2007	49 **62**
EVU	Erweiterte Vorsorgeuntersuchung	Melchers, P., Floss, S., Brandt, I., Esser, K.J., Lehmkuhl, G., Rauh, H., Sticker, E.J.	Leiden: PITS, 2003	362
FAF	Fragebogen zur Erfassung von Aggressivitätsfaktoren	Hampel, R., Selg, H.	Göttingen: Hogrefe Verlag, 1975, unveränderter Nachdruck, 1998	675
FIT	Rey Fifteen-Item Test aus: Testbatterie zur Forensischen Neuropsychologie (TBFN)	Rey, A. Deutsche Adaptation: Heubrock, D., Petermann, F.	L'examen clinique en psychologie. Paris: Presses Universitaires de France, 1958 Frankfurt a. M.: Swets Test Services, 2000 Frankfurt a. M.: Pearson Assessment & Information GmbH, 3. Auflage, 2011	**630** **630**
FLVT 5-6	Frankfurter Leseverständnistest für 5. und 6. Klassen	Souvignier, E., Trenk-Hinterberger, I., Adam-Schwebe, S., Gold, A.	Göttingen: Hogrefe Verlag, 2008	146

Abkürzungen	Testname	Autoren	Literaturangaben	Seite
FPI-R	Freiburger Persön-lichkeitsinventar	Fahrenberg, J., Hampel, R., Selg, H.	Göttingen: Hogrefe Verlag, 8., erweiterte Auflage, 2010	676
FRAKIS	Fragebogen zur frühkindlichen Sprachentwicklung	Szagun, G., Stumper, B., Schramm, S. A.	Frankfurt a. M.: Pearson Assessment & Information GmbH, 2009	61
FTF	Five to Fifteen	Kadesjö, B., Janols, L. O., Korkman, M., Mickelsson, K., Strand, G., Trillingsgaard, A., Gillberg, C.	The development of a parent questionnaire for the assessment of ADHD and comorbid conditions. *European Child & Adolescent Psychiatry, 13,* Supplement 3, 3–13, 2004	367
	Elternfragebogen zur Beurteilung der Entwicklung und des Verhaltens von 5–15 Jahre alten Kindern	Steinhausen, H.-C.	In KIDS 3 – Störungsüber-greifende Verfahren zur Dia-gnostik psychischer Störun-gen im Kindes- und Jugendalter Göttingen: Ho-grefe Verlag, 2012	
FWIT	Farbe-Wort-Interfe-renztest nach Stroop	Bäumler, G.	Göttingen: Hogrefe Verlag, 1985	584
GAI-E	General Ability Index Estimate	Schoenberg, M. R., Lange, R. T., Iverson, G. L., Chelune, G. J., Scott, J. G., Adams, R.L.	Clinical validation of the General Ability index – Esti-mate (GAI-E): Estimating premorbid GAI. *The Clinical Neuropsychologist, 20,* 365–381, 2006	731 749
GES	Griffiths-Entwi-cklungsskalen	Brandt, I., Sticker, E. J.	Göttingen: Beltz Test GmbH, 2. Auflage, 2001	363 **377**
	Englisches Original:	Griffiths, R.	London: University of Lon-don Press, 1954	
GT	Gießen-Test	Beckmann, D., Brähler, E., Richter, H.-E.	Bern: Verlag Hans Huber, 4. Auflage, 1991	670
GT-II	Gießen-Test – II	Beckmann, D., Brähler, E., Richter, H.-E.	Bern: Verlag Hans Huber, 2012	670
GWRT	Schonell Graded Word Reading Test	Nelson, H. E., McKenna, P.	The use of current reading ability in the assessment of dementia. *British Journal of Social and Clinical Psychol-ogy, 4,* 234–244, 1975	730 743

Abkürzungen	Testname	Autoren	Literaturangaben	Seite
HAMLET 3-4	Hamburger Lese-test für 3. und 4. Klassen	Lehmann, R. H., Peek, R., Poerschke, J.	Göttingen: Hogrefe Verlag, 2006	146
HAWIE-R	Hamburg Wechsler-Intelligenztest für Erwachsene	Tewes, U.	Bern: Verlag Hans Huber, 1994	742 750
HASE	Heidelberger Auditives Screening in der Einschulungsdiagnostik	Brunner, M., Schöler, H.	Wertingen: WESTRA, 2008	54
H-LAD	Heidelberger Lautdifferenzierungstest	Brunner, M., Dierks, H., Seibert, A.	Wertingen: WESTRA, 2002	54
HRT 1-4	Heidelberger Rechentest	Haffner, J., Baro, K., Parzer, P., Resch, F.	Göttingen: Hogrefe Verlag, 2005	205
HSET	Heidelberger Sprachentwicklungstest	Grimm, H., Schöler, H.	Göttingen: Hogrefe Verlag, 1991	49 **78**
HSP 1-10	Hamburger Schreibprobe 1-10	May, P.	Hamburg: verlag für pädagogische medien (vpm), 2012	**164**
HVS	Heidelberger Vorschulscreening zur auditiv-kinästhetischen Wahrnehmung und Sprachverarbeitung	Brunner, M., Pfeifer, B., Schlüter, K., Steller, F., Möhring, L., Heinrich, I., Pröschel, U.	Wertingen: WESTRA, 2001	54
HZI	Hamburger Zwangs-Inventar	Zaworka, W., Hand, I., Jauernig, G., Lünenschloß, K.	Göttingen: Beltz Test GmbH, 1983	671 676 683
IDS	Intelligence and Development Scales	Grob, A., Meyer, C. S., Hagmann-von Arx, P.	Bern: Verlag Hans Huber, 2013	302 363 **386**
IDS-2	Intelligence and Development Scales. Intelligenz- und Entwicklungsskalen für Kinder und Jugendliche	Grob, A., Hagmann-von Arx, S.	Bern: Hogrefe, 2018	297 363

Abkürzungen	Testname	Autoren	Literaturangaben	Seite
IDS-P	Intelligenz- und Entwicklungsskalen für das Vorschulalter	Grob, A., Reimann, G., Gut, J., Frischknecht, M. C.	Bern: Verlag Hans Huber, 2013	301 365 **403**
IEL-1	Inventar zur Erfassung der Lesekompetenz im 1. Schuljahr	Diehl, K., Hartke, B.	Göttingen: Hogrefe Verlag, 2012	146
JLO, LOT	Judgment of Line Orientation Test	Benton, A. L., Sivan, A. B., Hamsher, K. deS., Varney, N. R., Spreen, O.	New York: Oxford University Press, 1994	583
K-ABC	Kaufman Assessment Battery for Children	Melchers, P., Preuß, U.	Frankfurt a. M.: Pearson Assessment & Information GmbH, 8. unveränderte Auflage, 2009	298 **310**
	Englisches Original:	Kaufman, A. S., Kaufman, N. L.	Circle Pines, MN: American Guidance Service, 1983	
K-ABC-II	Kaufman Assessment Battery for Children – II	Melchers, P., Melchers, M.	Frankfurt a. M.: Pearson Assessment & Information GmbH, 2015	298
	Englisches Original:	Kaufman, A. S., Kaufman, N. L.	Circle Pines, MN: American Guidance Service, 2004	
Kalkulie	Kalkulie – Handreichung zur Durchführung der Diagnose	Fritz, A., Ricken, G., Gerlach, M.	Berlin: Cornelsen, 2007	203
KET-KID	Kognitiver Entwicklungstest für das Kindergartenalter	Daseking, M., Petermann, F.	Göttingen: Hogrefe Verlag, 2009	365 **416**
KFT 1-3	Kognitiver Fähigkeits-Test für 1. bis 3. Klassen	Heller, H. J., Geisler, K.	Weinheim: Beltz Test, 1983	303
KFT 4-12+ R	Kognitiver Fähigkeits-Test für 4. bis 12. Klassen, Revision	Heller, K. A., Perleth, C.	Weinheim: Beltz Test, 2000	298
KFT-K	Kognitiver Fähigkeits-Test – Kindergartenform	Heller, K., Geisler, H. J.	Weinheim: Beltz Test, 1983	301

Abkürzungen	Testname	Autoren	Literaturangaben	Seite
KiSS.2	Kinder Sprach-screening, Version 2	Euler, H. A., Holler-Zittlau, I., van Minnen, S., Sick, U., Dux, W., Zaretsky, Y., Neumann, K.	Psychometrische Gütekriterien eines Kurztests zur Erfassung des Sprachstands 4-jähriger Kinder. *HNO, 58,* 1116–1123, 2010	50
		Neumann, K., Holler-Zittlau, I., van Minnen, S., Sick, U., Zaretsky, Y., Euler, H. A.	Katzengoldstandards in der Sprachstandserfassung: Sensitivität-Spezifität des Kindersprachscreenings (KiSS). HNO, *59,* 97–109, 2011	50
KISTE	Kindersprachtest für das Vorschulalter	Häuser, D., Kasielke, E., Scheidereiter, U.	Weinheim: Beltz Test, 1994	50
KLI 4-5 R	Kombinierter Lern- und Intelligenztest für 4. und 5. Klassen – Revidierte Form	Schröder, H.	Göttingen: Hogrefe Verlag, 6. revidierte Auflage, 2005	303
Knuspel-L	Knuspels Leseaufgaben	Marx, H.	Göttingen: Hogrefe Verlag, 1998	146
KOPKI 4-6	Fragebogen zur Erfassung Kognitiver Prozesse bei 4- bis 6- jährigen Kindern	Gleissner, U., Krause, M. P., Reuner, G.	Frankfurt a. M.: Pearson Assessment & Information GmbH, 2011	367 447
KOPKIJ	Kognitive Probleme bei Kindern und Jugendlichen	Gleissner, U., Lendt, M., Mayer, S., Elger, C. E., Helmstaedter, C.	Kognitive Probleme bei Kindern und Jugendlichen: Vorstellung eines Fragebogens. *Nervenarzt, 77,* 449–465, 2006	447
KR 3-4	Kettenrechner für dritte und vierte Klassen	Roick, T., Gölitz, D., Hasselhorn, M.	Göttingen: Hogrefe Verlag, 2011	205
K-TIM	Kaufman-Test zur Intelligenzmessung bei Jugendlichen und Erwachsenen	Melchers, P. Schürmann, S., Scholten, S.	Frankfurt a. M.: Pearson Assessment & Information GmbH, 2006	305

Abkürzungen	Testname	Autoren	Literaturangaben	Seite
KVS	Kurzverfahren zur Überprüfung des lautsprachlichen Niveaus	Breuer, H., Weuffen, M.	Lernschwierigkeiten am Schulanfang – Lautsprachliche Lernvoraussetzungen und Schulerfolg. Eine Anleitung zur Einschätzung und Förderung lautsprachlicher Lernvoraussetzungen. Weinheim: Beltz, 2005	56
KZG-B	Kurzzeitgedächtnis B aus: Testbatterie zur Forensischen Neuropsychologie (TBFN)	Heubrock, D., Petermann, F.	Frankfurt a. M.: Swets Test Services, 2000 Frankfurt a. M.: Pearson Assessment & Information GmbH, 3. Auflage, 2011	648
LBT	Lautbildungstest für Vorschulkinder	Fried, L.	Weinheim: Beltz Test, 1980	57
LDL	Lernfortschrittsdiagnostik Lesen	Walter, J.	Göttingen: Hogrefe Verlag, 2009	147
Lector	Lector	Reischies, F. M., Wertenauer, F., Kühl, K.-P.	Der „Lector" – ein Untersuchungsverfahren zur Bestimmung des verbalen Intelligenzniveaus. *Der Nervenarzt, 76*, 849–855, 2005	730 744
LESEN 6-7	Lesetestbatterie für die Klassenstufen 6–7	Bäuerlein, K., Lenhard, W., Schneider, W.	Göttingen: Hogrefe Verlag, 2012	147
LESEN 8-9	Lesetestbatterie für die Klassenstufen 8–9	Bäuerlein, K., Lenhard, W., Schneider, W.	Göttingen: Hogrefe Verlag, 2012	147
LGVT 5-12+	Lesegeschwindigkeits- und verständnistest für die Klassen 5–12+	Schneider, W., Schlagmüller, M., Ennemoser, M.	Göttingen: Hogrefe Verlag, 2017	147
LiSe-DaZ	Linguistische Sprachstandserhebung – Deutsch als Zweitsprache	Schulz, P., Tracy, R.	Göttingen: Hogrefe Verlag, 2011	50

Abkürzungen	Testname	Autoren	Literaturangaben	Seite
LMT	Letter Memory Test	Inman, T. H., Vickery, C., Berry, D., Lamb, D., Edwards, C. et al.	Development and initial validation of a new procedure for evaluating adequacy of effort given during neuropsychological testing: The Letter Memory Test. *Psychological Assessment, 10,* 120–127, 1998	577
LPS-2	Leistungsprüfsystem 2	Kreuzpointner, L., Lukesch, H., Horn, W.	Göttingen: Hogrefe Verlag, 2013	306
LPS-50+	Leistungsprüfsystem für 50-90jährige	Sturm, W., Horn, W., Willmes, K.	Göttingen: Hogrefe Verlag, 1993	747
LSVT	Logopädischer Sprachverständnistest	Wettstein, P.	Zürich: Heilpädagogisches Seminar, 1983 http://sprachheilwiki.dgs-ev.de/wiki/doku.php?id = diagnostik:logopaedischer_sprachverstaendnistest_teil_a_lsvt-a	58
LTB-J	Leipziger Testbatterie zur Messung des formal-sprachlichen Entwicklungsstandes bei Jugendlichen	Barwitzki, K., Hofbauer, C., Huber, M., Wagner, L.	Leipzig: Berufsbildungswerk für Hör- und Sprachgeschädigte, 2008	51
LULE-Skala	Lügen-Leugnen-Skala	Amelang, A., Bartussek, D.	Untersuchungen zur Validität einer neuen Lügen-Skala. *Diagnostica, 16,* 103–122,1970	676
		Amelang, A., Borkenau, S.	Untersuchungen zur Validität von Kontrollskalen für soziale Erwünschtheit und Aquieszenz. *Diagnostica, 27,* 295–312, 1981	
LUT	Lautunterscheidungstest für Vorschulkinder	Fried, L.	Weinheim: Beltz Test, 1980	54
MAUS	Münchner Auditiver Screeningtest für Verarbeitungs- und Wahrnehmungsstörungen	Nickisch, A., Heuckmann, C., Burger, T.	Wertingen: WESTRA, 2004	55 **89**

Abkürzungen	Testname	Autoren	Literaturangaben	Seite
MENT	Morel Emotional Numbing Test for Posttraumatic Stress Disorder	Morel, K. R.	Kenneth R. Morel, 2. Auflage, 2010 http://www.mentptsd.com	**600**
MFED 1	Münchener Funktionelle Entwicklungsdiagnostik (erstes Lebensjahr)	Hellbrügge, T.	Lübeck: Hansisches Verlagskontor, 4. korrigierte Auflage, 1994	364
MFED 2-3	Münchener Funktionelle Entwicklungsdiagnostik (zweites und drittes Lebensjahr)	Hellbrügge, T.	Universität München: Institut für Soziale Pädiatrie und Jugendmedizin, 4. korrigierte Auflage,1994	364
MFED 3-6	Münchener Funktionelle Entwicklungsdiagnostikfür Kinder von 3 bis 6 Jahren. Ein Entwicklungs- und Intelligenztest für das Vorschulalter	Ernst, B.	München: medimont, 2012	365
MHBT-P	Münchner Hochbegabungstestbatterie für die Primarstufe	Heller, K. A., Perleth, C.	Göttingen: Hogrefe Verlag, 2007	299
MHBT-S	Münchner Hochbegabungstestbatterie für die Sekundarstufe	Heller, K. A., Perleth, C.	Göttingen: Hogrefe Verlag, 2007	299
MIT-KJ	Mannheimer Intelligenztest für Kinder und Jugendliche	Conrad, W., Eberle, G., Hornke, L., Kierdorf, B., Nagel, B.	Weinheim: Beltz Test, 1976	303
MMPI-2	Minnesota Multiphasic Personality Inventory. Revidierte Fassung von R. Hathawy und J. Mc Kinley	Engel, R. R.	Bern: Verlag Hans Huber, 2000	671 677 683
MMQ	Maudsley-Persönlichkeitsfragebogen	Eysenck, H. J.	Göttingen: Hogrefe Verlag, 2., verbesserte Auflage, 1964	678 685

Abkürzungen	Testname	Autoren	Literaturangaben	Seite
Modellgeleitete Diagnostik der Schriftsprache	Modellgeleitete Diagnostik der Schriftsprache	Costard, S.	Stuttgart: Thieme Verlag, 2007, 2011	151
Mottier-Test	Mottier Test	Risse, T., Kiese-Himmel, C.	Der Mottier-Test. Teststatistische Überprüfung an 4- bis 6-jährigen Kindern. *HNO, 57,* 523–528, 2009	55
		Mottier, G.	Mottier-Test. Über Untersuchungen zur Sprache lesegestörter Kinder. *Folia Phoniatrica et Logopedia, 3,* 170–177, 1951	
MPT-E	Mehrdimensionaler Persönlichkeitstest für Erwachsene	Schmidt, H.	Braunschweig: Westermann, 1981	671 678
MSI	Multiphasic Sex Inventory	Deegener, G.	Göttingen: Hogrefe Verlag, 1996	671 678
	Fragebogen zur Erfassung psychosexueller Merkmale bei Sexualtätern	Fehringer, B., Habermann, N., Becker, N., Deegener, G.	Göttingen: Hogrefe Verlag, 2. vollständig überarbeitete und neu normierte Auflage, 2016	
MSS	Marburger Sprach-Screening	Holler-Zittlau, I., Dux, W., Berger, R.	Hamburg: Persen Verlag, 2003, 2017	51
MSVK	Marburger Sprachverständnistest für Kinder	Elben, C. E., Lohaus, A.	Göttingen: Hogrefe Verlag, 2000	51
MSVT	Medical Symptom Validity Test	Green, P.	Edmonton: Green's Publishing, 2004	**608**
MÜSC	Münsteraner Screening	Mannhaupt, G.	Berlin: Cornelsen, 2005	57
MWT-B	Mehrfachwahl-Wortschatz-Intelligenztest MWT-B	Lehrl, S.	Balingen: Spitta, 5. Auflage, 2005	730 743
NAART	North American Adult Reading Test	Blair, J. R., Spreen, O.	Predicting premorbid IQ: A revision of the National Adult Reading Test. *The Clinical Neuropsychologist, 3,* 129–136, 1989	730 744

Abkürzungen	Testname	Autoren	Literaturangaben	Seite
NART	National Adult Reading Test	Nelson, H. E., O'Connell, A.	Dementia: The estimation of premorbid intelligence levels using the new adult reading test. *Cortex, 14,* 234–244, 1978	730 743
NART-2	National Adult Reading Test	Nelson, H. E., Willison, J.	Windsor, UK: NFER Nelson, Second edition, 1991	730 743
NEPSY-II	Developmental Neuropsychological Assessment-II	Korkman, M., Kirk, U., Kemp, S.	San Antonio, TX: Pearson Assessment & Information GmbH, 2007	446 **481**
NES	Neuropsychologisches Entwicklungs-Screening	Petermann, F., Renziehausen, A.	Bern: Verlag Hans Huber, 2005	**426**
NV-MSVT	Non-Verbal Medical Symptom Validity Test	Green, P.	Edmonton: Green's Publishing, 2008	618
One-in-Five Test	One-in-Five Test	Gubbay, J.	Guidelines for 1-In-5 Test. Unpublished Manuscript. Sydney, Australia.	577
		Tydecks, S., Merten, T., Gubbay, J.	The Word Memory Test and the One-in-Five-Test in an analogue study with Russian-speaking participants. *International Journal of Forensic Psychology, 1,* 29–37, 2006	577
OPIE	Oklahoma Premorbid Intelligence Estimate	Krull, K. R., Scott, J. G., Sherer, M.	Estimation of premorbid intelligence from combined performance and demographic variables. *The Clinical Neuropsychologist, 9,* 83–88, 1995	731 749
OPIE-3	Oklahoma Premorbid Intelligence Estimate	Schoenberg, M. R., Scott, J. G., Duff, K., Adams, R. L.	Estimation of WAIS-III intelligence from combined performance and demographic variables: Development of the OPIE-3. *The Clinical Neuropsychologist, 16,* 426–437, 2002	749

Abkürzungen	Testname	Autoren	Literaturangaben	Seite
Ordinalskalen zur sensomotorischen Entwicklung	Ordinalskalen zur Senso-motorischen Entwicklung	Sarimski, K.	Weinheim: Beltz, 1987	364
	Original: Ordinal Scales of Psychological Development	Uzgiris, I., Hunt, J. McV	Urbana, IL: University of Illinois Press, 1975	364
OTZ	Osnabrücker Test zur Zahlbegriffsentwicklung	van Luit, J. E. H., van de Rijt, B. A. M., Hasemann, K.	Göttingen: Hogrefe Verlag, 2001	203
PASAT	Progressiver Auditiver Serieller Additionstest	Schellig, D., Niemann, H., Schächtele, B.	Frankfurt a.M.: Swets Test Services, 2003 Mödling: SCHUHFRIED GmbH, 2005	582
PDRT	Portland Digit Recognition Test	Binder, L. M.	Assessment of malingering after mild head trauma with the Portland Digit Recognition Test. *Journal of Clinical and Experimental Neuropsychology, 15,* 170–182. 1993	577
PDSS	Patholinguistische Diagnostik bei Sprachentwicklungsstörungen	Kauschke, C., Siegmüller, J	München: Elsevier GmbH, Urban & Fischer Verlag, 2009	52
P-ITPA	Potsdam-Illinois Test für Psycholinguistische Fähigkeiten	Esser, G., Wyschkon, A., Ballaschk, K., Hänsch, S.	Göttingen: Hogrefe Verlag, 2010	52 **98**
	Original: Illinois Test of Psycholinguistic Abilities	Hammill, D. D., Mather, N., Roberts, S.	Los Angeles: Western Psychological Services, 2001	
PLAKSS	Psycholinguistische Analyse kindlicher Sprechstörungen	Fox, A. V.	Frankfurt a. M.: Swets Test Services, 2002; Harcourt Test Services, 2007	58
		Fox-Boyer, A. V.	Pearson Assessment & Information GmbH, 2014	
PPVT	Peabody Picture Vocabulary Test	Dunn, L. M.	Circle Pines, MN: American Guidance Service, 1959	730 743 750

Abkürzungen	Testname	Autoren	Literaturangaben	Seite
PPVT-4	Peabody Picture Vocabulary Test – 4. Ausgabe	Lenhard, A., Lenhard, W., Segerer, R., Suggate, S.	Frankfurt a. M.: Pearson Assessment & Information GmbH, 2015	52 58 730 743 750
	Englisches Original:	Dunn, L. M., Dunn, D. M.	Minneapolis, MN:Pearson Education, 2007	
PPVT-III	Peabody Picture Vocabulary Test – Third Edition	Bulheller, S., Häcker, H. O.	Frankfurt a. M.: Swets Test Services, 2003	730 743 750
	Englisches Original:	Dunn, L. M., Dunn, D. M.	Circle Pines, MN: American Guidance Service, 1997	
PPVT-R	Peabody Picture Vocabulary Test – Revised	Dunn, L. M., Dunn, D. M.	Circle Pines, MN: American Guidance Service, 1981	731 743 750
PRF	Deutsche Personality Research Form	Stumpf, H., Angleitner, A., Wieck, T., Jackson, D. N., Beloch-Till, H.	Göttingen: Hogrefe Verlag, 1985	685
PSB-R 4-6	Prüfsystem für Schul- und Bildungsberatung für 4. bis 6. Klassen – revidierte Fassung	Horn, W., Lukesch, H., Kormann, A., Mayrhofer, S.	Göttingen: Hogrefe Verlag, 2002	304
PSB-R 6-13	Prüfsystem für Schul- und Bildungsberatung für 6. bis 13. Klassen – revidierte Fassung	Horn, W., Lukesch, H., Mayrhofer, S., Kormann, A.	Göttingen: Hogrefe Verlag, 2003	305
RAVLT	Rey Auditory Verbal Learning Test	Rey, A.	L'examen clinique en psychologie. Paris: Presses Universitaires de France, 1964	581
		Schmidt, M.	Los Angeles: Western Psychological Services, 1996	581
RCFT-RT	Rey Complex Figure Test und Recognition Trail	Meyers, J. E., Meyers, K. R.	Lutz, FL: Psychological Assessment Resources, 1995	580
		Blaskewitz, N., Merten, T., Brockhaus, R.	Detection of suboptimal effort with the Rey Complex Figure Test and Recognition Trial. *Applied Neuropsychology, 16,* 54–61, 2009	580

Abkürzungen	Testname	Autoren	Literaturangaben	Seite
RDS	Reliable Digit Span	Greiffenstein, M. F., Baker, W. J., Gola, T.	Validation of malingered amnesia measures with a large clinical sample. *Psychological Assessment, 6,* 218–224. 1994	579
Rey 15-Item Recognition Trial	Rey 15-Item Recognition Trial	Boone, K. B., Salazar, X., Lu, P., Warner-Chacon, K., Razani, J.	The Rey 15-Item Recognition Trial: A technique to enhance sensitivity of the Rey 15-Item Memorization Test. *Journal of Clinical and Experimental Neuropsychology, 24,* 561–573, 2002	578
Rey II	Rey II	Griffin, G. A. E., Glassmire, D. M., Henderson, E. A., McCann, C.	Rey II: Redesigning the Rey screening test of malingering. *Journal of Clinical Psychology, 53,* 757–766, 1997	578
RIAS	Reynolds Intellectual Assessment Scales and Screening	Hagmann-von Arx, P., Grob, A.	Bern: Verlag Hans Huber, 2014	299
	Original:	Reynolds, C. R., Kamphaus, R. W.	Odessa, FL: PAR, 2003	
RIAS-2	Reynolds Intellectual Assessment Scales, Second Edition	Reynolds, C. R., Kamphaus, R. W.	Torrance, CA: Western Psychological Ressources, 2015	299
RMT	Recognition Memory Test, Faces	Warrington, E. K.	Berkshire, UK: NFER-Nelson, 1984	582
RMT	Rey Memory Test aus: Testbatterie zur Forensischen Neuropsychologie (TBFN)	Heubrock, D., Petermann, F.	Frankfurt a. M.: Swets Test Services, 2000 Frankfurt a. M.: Pearson Assessment & Information GmbH, 3. Auflage, 2011	**630**
	Original:	Rey, A.	L'examen clinique en psychologie. Paris: Presses Universitaires de France, 1958	**630**
RSS	Reliable Spatial Span	Ylioja, S. G., Baird, A. D., Podell, K.	Developing a spatial analogue of the Reliable Digit Span. *Archives of Clinical Neuropsychology, 24,* 729–739, 2009	580

Abkürzungen	Testname	Autoren	Literaturangaben	Seite
RST-ARR	Rechtschreibtest – Aktuelle Rechtschreibregelung	Ibrahimovic, N., Bulheller, S.	Frankfurt a.M.: Pearson Assessment & Information GmbH, 2013	150
RST-NRR	Rechtschreibtest – Neue Rechtschreibregel	Bulheller, S., Ibrahimovic, N., Häcker, H. O.	Frankfurt a. M.: Harcourt Test Services, 2. Auflage, 2005	150
RT	Rechtschreibungstest	Kersting, M., Althoff, K.	Göttingen: Hogrefe Verlag, 2004	150
RZD 2-6	Rechenfertigkeiten- und Zahlenverarbeitungs-Diagnostikum für die 2. bis 6. Klasse	Jacobs, C., Petermann, F.	Göttingen: Hogrefe Verlag, 2005	206 **225**
SBE-2-KT	Sprachbeurteilung durch Eltern, Kurztest für die U7	von Suchodoletz, W., Sachse, S.	Stuttgart: Kohlhammer, 2012 https://www.ph-heidelberg. de/fileadmin/wp/wp-sachse/ SBE-2-KT/Handbuch-SBE-2-KT_31.3.2015.pdf	61
SBE-2-KT fremdsprachlich	Sprachbeurteilung durch Eltern, Kurztest für die U7 fremdsprachlich	von Suchodoletz, W., Sachse, S.	https://www.ph-heidelberg.de/ sachse-steffi/professur-fuer-entwicklungspsychologie/ elternfrageboegen-sbe-2-kt-sbe-3-kt/sbe-2-kt-fremdspr. html	61
SEN	Skala zur Einschätzung des Sozial-Emotionalen Entwicklungsniveaus	Hoekman, J., Miedema, A., Otten, B., Gielen, J.	Göttingen: Hogrefe Verlag 2012	368
SES-17	Soziale-Erwünschtheits-Skala- 17	Stöber, J.	Die Soziale-Erwünschtheits-Skala-17 (SES-17): Entwicklung und erste Befunde zu Reliabilität und Validität. *Diagnostica, 45,* 173–177, 1999	679
SDS-17	The Social Desirability Scale-17	Crowne, D. P., Marlowe, D.	A new scale of social desirability independent of psychopathology. *Journal of Consulting Psychology, 24,* 349–354, 1960	
SET 5-10	Sprachstandserhebungstest für Kinder im Alter zwischen 5 und 10 Jahren	Petermann, F., Metz, D., Fröhlich, L. P.	Göttingen: Hogrefe Verlag, 2012	53 **107**

Abkürzungen	Testname	Autoren	Literaturangaben	Seite
SETK-2	Sprachentwicklungstest für zweijährige Kinder	Grimm, H.	Göttingen: Hogrefe Verlag, 2000, 2016	54 **114**
SETK 3-5	Sprachentwicklungstest für drei- bis fünfjährige Kinder	Grimm, H.	Göttingen: Hogrefe Verlag, 2. Auflage, 2001, 2015	53 **123**
SEV	Screeningverfahren zur Erfassung von Sprachentwicklungsverzögerungen	Heinemann, M., Höpfner, C.	Weinheim: Beltz Verlag, 1993	52
SFSS	Strukturierter Fragebogen simulierter Symptome Deutsche Version des Structured Inventory of Malingered Symptomatology (SIMS)	Cima, M., Hollnack, S., Kremer, K., Knauer, E., Schellbach-Matties, R. et al.	Strukturierter Fragenbogen Simulierter Symptome: Die Deutsche Version des Structured Inventory of Malingered Symptomatology (SIMS). *Nervenarzt, 74*, 977–986, 2003	686
SIMS	Structered Inventory of Malingered Symptomatology	Widows, M. R., Smith, G. P.	Odessa, FL: Psychological Assessment Resources (PAR), 2005	686
SLRT-II	Lese- und Rechtschreibtest. Weiterentwicklung des Salzburger Lese- und Rechtschreibtests (SLRT)	Moll, K., Länder, K.	Bern: Verlag Hans Huber, 2014	152 **173**
SLS 1-4	Salzburger Lese-Screening für die Klassenstufen 1–4	Mayringer, H., Wimmer, H.	Bern: Verlag Hans Huber, 2003	147
SLS 2-9	Salzburger Lese-Screening für die Schulstufen 2-9	Mayringer, H., Wimmer, H.	Göttingen: Hogrefe Verlag, 2014	148
SLS 5-8	Salzburger Lese-Screening für die Klassenstufen 5-8	Auer, M., Gruber, G., Mayringer, H., Wimmer, H.	Bern: Verlag Hans Huber, 2005	148
SON-R 2-8	Snijders-Oomen Nonverbaler Intelligenztest	Tellegen, P. J., Laros, J. A., Petermann, F.	Göttingen: Hogrefe Verlag, 2018	309

Abkürzungen	Testname	Autoren	Literaturangaben	Seite
SON-R 2½ -7	Snijders-Oomen Non-verbaler Intelligenztest	Tellegen, P. J., Laros, J. A., Petermann, F.	Göttingen: Hogrefe Verlag, 2007	309
SON-R 6-40	Snijders-Oomen Non-verbaler Intelligenztest	Tellegen, P. J., Laros, J. A., Petermann, F.	Göttingen: Hogrefe Verlag, 2012	309 **318**
Sozialformeln	Sozialformel nach Leplow und Friege	Leplow, B., Friege, L.	Eine Sozialformel zur Schätzung der prämorbiden Intelligenz. *Zeitschrift für Klinische Psychologie, 27,* 1–8, 1998	745 751
	Sozialformel nach Jahn und Mitarbeiter (für nach 1985 Geborene aus den neuen Bundesländern)	Jahn, T., Beitlich, D., Hepp, S., Knecht, R., Köhler, K. et al.	Drei Sozialformeln zur Schätzung der (prämorbiden) Intelligenzquotienten nach Wechsler. *Zeitschrift für Neuropsychologie, 24,* 7–24, 2013	746 755
	Neue Bundesländer	Wolfram, H., Wieczorek, V.	Zur Messung des prämorbiden Leistungsniveaus. *Der Nervenarzt, 61,* 495–498, 1990	730 747
		Strohbach, C.	Sozialformel zur Schätzung der prämorbiden Intelligenz für die Neuen Bundesländer. Unveröffentlichte Diplomarbeit. Halle-Wittenberg: Martin-Luther-Universität, 2007	730 747
Sozialformeln	Anglo-Amerikanische Sozialformeln	Wilson, R. S., Rosenbaum, G., Brown, G., Rourke, D., Whitman, D. et al.	An index of premorbid intelligence. *Journal of Consulting and Clinical Psychology, 46,* 1554–1555, 1978	744
	Anglo-Amerikanische Sozialformeln	Barona, A., Reynolds, C. R., Chastain, R.	A demographically based index of premorbid intelligence for the WAIS-R. *Journal of Consulting and Clinical Psychology, 52,* 885–887, 1984	745
		Crawford, J. R., Parker, D. M., Besson, J. A. O.	Estimation of Premorbid Intelligence in Organic Conditions. *British Journal of Psychiatry, 153,* 178–181, 1989	745
		Crawford, J. R., Allan, K. M.	Estimating premorbid WAIS-RIQ with Demographic Variables: Regression equations derived from a UK sample. *The Clincial Neuropsychologist, 11,* 192–197, 1997	745

Abkürzungen	Testname	Autoren	Literaturangaben	Seite
SPM	Standard Progressive Matrices	Horn, R.	Göttingen: Hogrefe Verlag, 2. Auflage, 2009	309
	Original:	Raven, J. C.	London: Lewis, 1956	584
Spot-the-Word Test	Spot-the-Word Test	Baddeley, A., Emslie, H., Nimmo-Smith, I.	The Spot-the-Word Test: A robust estimate of verbal intelligence based on lexical decision. *British Journal of Clinical Psychology, 32,* 55–65, 1993	730 743
SR 4-6	Schweizer Rechentest 4. bis 6. Klasse	Lobeck, A., Frei, M., Blöchlinger, R.	Weinheim: Beltz Test, 1990	214
SSB	Screening für Schul- und Bildungsberatung	Kormann, A., Horn, R.	Frankfurt a. M.: Swets Test Services, 2001	300
SSV	Sprachscreening für das Vorschulalter; Kurzform des SETK 3-5	Grimm, H.	Göttingen: Hogrefe Verlag, 2003, 2017	53
TBFN	Testbatterie zur Forensischen Neuropsychologie	Heubrock, D., Petermann, F.	Frankfurt a. M.: Swets Test Services, 2000 Frankfurt a. M.: Pearson Assessment & Information GmbH, 3. Auflage, 2011	**645**
TBGB	Testbatterie für geistig behinderte Kinder	Bondy, C., Cohen, R., Eggert, D., Lüer, G.	Göttingen: Hogrefe Verlag, 3. Auflage, 1975	304
TeDDy-PC	Test zur Diagnose von Dyskalkulie	Schroeders, U., Schneider, W.	Göttingen: Hogrefe Verlag, 2008	206 **247**
Teddy-Test	Teddy-Test	Friedrich, G.	Göttingen: Hogrefe Verlag, 1998	58
TEDI-MATH	Test zur Erfassung numerisch-rechnerischer Fertigkeiten vom Kindergarten bis zur 3. Klasse	Kaufmann, L., Nuerk, H. C., Graf, M., Krinzinger, H., Delazer, M., Willmes, K.	Bern: Verlag Hans Huber, 2009	207 **235**
TEPHOBE	Test zur Erfassung der phonologischen Bewusstheit und der Benennungsschwierigkeiten	Mayer, A.	München: Reinhardt Verlag, 2011, 2016	145

Abkürzungen	Testname	Autoren	Literaturangaben	Seite
Test d2	Aufmerksamkeits-Belastungs-Test	Brickenkamp, R.	Göttingen: Hogrefe, 9. Auflage, 2002	582
		Schmidt-Atzert, L., Bühner, M., Rischen, S., Warkentin, V	Erkennen von Simulation und Dissimulation im Test d2. *Diagnostica, 50,* 124–133, 2004	
TMT	Trail Making Test	Reitan, R. M.	South Tucson, AZ: Reitan Neuropsychology Laboratory, 1992	583
			Validity of the Trail Making test as an indicator of organic brain damage. *Perceptual and Motor Skills, 8,* 271–276, 1958	583
TOMM	Test of Memory Malingering	Tombaugh, T. N.	North Tonawanda, NY: Multi-Health Systems, 1996 Bezug: Pearson	637
TPB	Test für Phonologische Bewusstheitsfähigkeiten	Fricke, S., Schäfer, B.	Idstein: Schulz-Kirchner Verlag, 2008, 2011	58
TROG-D	Test zur Überprüfung des Grammatikverständnisses	Fox, A. V.	Idstein: Schulz-Kirchner Verlag, 2006, 2016[7]	60
TSVK	Test zum Satzverstehen von Kindern	Siegmüller, J., Kauschke, S., von Minnen, S., Bittner, D.	München: Elsevier GmbH, Urban & Fischer Verlag, 2011	60
TÜGA	Gedächtnisfähigkeit im Alltag aus: Testbatterie zur Forensischen Neuropsychologie (TBFN)	Heubrock, D., Petermann, F.	Frankfurt a. M.: Swets Test Services, 2000 Frankfurt a. M.: Pearson Assessment & Information GmbH, 3. Auflage, 2011	**645**
TÜKI	Tübinger Luria Christensen neuropsychologische Testbatterie für Kinder	Deegener, G., Dietel, B., Hamster, W., Koch, C., Matthaei, R., Nödl, H. et al.	Göttingen: Beltz Test, 1997	445 **498**
TVP	Test zur Erfassung verkehrsrelevanter Persönlichkeitsmerkmale	Spicher, B., Hänsgen, K. D.	Bern: Verlag Hans Huber, 2003	679

Abkürzungen	Testname	Autoren	Literaturangaben	Seite
VEI	Verhaltens- und Erlebens-Inventar. Deutschsprachige Adaptation des Personality Assessment Inventory (PAI) von L. C. Morey	Engel, R. R., Groves, J.	Bern: Verlag Hans Huber, 2012	672 680 686
VFE	Verhaltensfragebogen bei Entwicklungsstörungen. Englisches Original: Developmental Behaviour Checklist (DBC)	Einfeld, S. L., Tonge, B. J., Steinhausen, H. C. Einfeld, S. L., Tonge, B. J.	Göttingen: Hogrefe Verlag, 2007 Torrance, CA: Western Psychological Services, 2002	368
VLMT	Verbaler Lern- und Merkfähigkeitstest	Helmstaedter, C., Lendt, M., Lux, S.	Göttingen: Beltz Test, 2001	581
VRT	Visual Retention Test (Benton-Test)	Benton, A. L.	New York: The Psychological Corporation, 1946; Iowa City: State University of Iowa, 1955	580
VSVT	Victoria Symptom Validity Test	Slick, D. J., Hopp, G., Strauss, E., Spellacy, F. J.	Victoria Symptom Validity Test: Efficiency for detecting feigned memory impairment and relationship to neuropsychological tests and MMPI-2 validity scales. *Journal of Clinical and Experimental Neuropsychology, 18,* 911–922, 1996	577
WAIS	Wechsler Adult Intelligence Scale	Wechsler, D.	San Antonio, TX: Psychological Corporation, 1955	744
WAIS-R	Wechsler Adult Intelligence Scale – Revised	Wechsler, D.	San Antonio, TX: Psychological Corporation, 1981	750
WCMT	Word Completion Memory Test Deutsche Version:	Hilsabeck, R. C., LeCompte, D. C., Marks, A. R., Grafman, J. Merten, T., Henry, M., Hilsabeck, R.	The Word Completion Memory Test (WCMT): A new test to detect malingered memory deficits. *Archives of Clinical Neuropsychology, 16,* 669–677, 2001 Symptomvalidierungstests in der neuropsychologischen Diagnostik: Eine Analogstudie. *Zeitschrift für Neuropsychologie, 15,* 81–90, 2004	579 579

Abkürzungen	Testname	Autoren	Literaturangaben	Seite
WCST	Revised-Version	Heaton, R. K., Chelune, G. J., Talley, J. L., Kay, G. G., Curtiss, G.	Odessa: Psychological Assessment Resources, Inc., 1993	583
WET	Wiener Entwicklungstest	Kastner-Koller, U., Deimann, P.	Göttingen: Hogrefe Verlag, 3. überarbeitete und erweiterte Auflage, 2012	365
WIE	Wechsler Intelligenztest für Erwachsene	von Aster, M., Neubauer, N., Horn, R.	Frankfurt a. M.: Harcourt Test Services, 2006	742 750
WISC-R	Wechsler Intelligence Scale for Children – Revised	Wechsler, D.	San Antonio, TX: Psychological Corporation, 1974	750
WISC-III	Wechsler Intelligence Scale for Children – Third Edition	Wechsler, D.	San Antonio, TX: Psychological Corporation, 1991	750
WISC-IV	Wechsler Intelligence Scale for Children – Fourth Edition	Petermann, F., Petermann, U.	Frankfurt a. M.: Pearson Assessment & Information GmbH, 2011	300 **328** 750
	Englisches Original:	Wechsler, D.	San Antonio, TX: The Psychological Corporation	
WISC-V	Wechsler Intelligence Scale for Children – Fifth Edition	Petermann, F.	Göttingen: Hogrefe Verlag, 2017	300
	Englisches Original:	Wechsler, D.	Bloomington, MN: Pearson, 2014	
WIT-2	Wilde-Intelligenz-Test 2	Kersting, M., Althoff, K., Jäger, A. O.	Göttingen: Hogrefe Verlag, 2008	306
WLLP-R	Würzburger Leise Leseprobe – Revision	Schneider, W., Blanke, I., Faust, V., Küspert, P.,	Göttingen: Hogrefe Verlag, 2011	148
WLST 7-12	Würzburger Lesestrategie-Wissenstest	Schlagmüller, M., Schneider, W.	Göttingen: Hogrefe Verlag, 2007	148

Abkürzungen	Testname	Autoren	Literaturangaben	Seite
WMT	Word Memory Test	Green, P.	Edmonton: Green's Publishing, 2005	657
WNV	Wechsler Nonverbal Scale of Ability	Petermann, F.	Frankfurt a. M.: Pearson Assessment & Information GmbH, 2014	309
	Englisches Original:	Wechsler, D., Naglieri, J. A.	San Antonio, TX: The Psychological Corporation, 2006	
WPPSI-III	Wechsler Preschool and Primary Scale of Intelligence – Third Edition	Petermann, F., Ricken, G., Fritz, A., Schuck, D., Preuß, U.	Frankfurt a.M.: Pearson Assessment & Information GmbH, 3. überarbeitete und erweiterte Auflage, 2014	301 **338**
	Englisches Original:	Wechsler, D.	San Antonio, TX: Psychological Corporation; 2002	
WPPSI-IV	Wechsler Preschool and Primary Scale of Intelligence – Fourth Edition	Petermann, F., Daseking, D.	Frankfurt a.M.: Pearson Assessment & Information GmbH, 2018	302
	Englisches Original:	Wechsler, D.	San Antonio, TX: Psychological Corporation; 2012	
WRAT	Wide Range Achievement Test	Jastak, J., Jastak, S.	Wilmington, DE: Jastak Associates, 1978	730 744 750
WRAT-3	Wide Range Achievement Test – Third Edition	Wilkinson, G. S.	Wilmington, DE: Wide Range Inc., 1993	730 744 750
WRAT-R	Wide Range Achievement Test – Revised	Jastak, S., Wilkinson, G. S.	Los Angeles: Western Psychological Services, 1984	730 744 750
WRL	Word Recognition List	Rey, A.	L'examen psychologique dans les cas d'encéphalopathie traumatique. *Archives de Psychologie, 28,* 286–340, 1941	578
	Deutsche Variante:	Heubrock, D.	Neuropsychologische Diagnostik bei Simulationsverdacht – ein Überblick über Forschungsergebnisse und Untersuchungsmethoden. *Diagnostica, 41,* 303–321, 1995	578
WRT1+	Weingartener Grundwortschatz Rechtschreib-Test für 1. und 2. Klassen	Birkel, P.	Göttingen: Hogrefe Verlag, 2007	150 **185**

Abkürzungen	Testname	Autoren	Literaturangaben	Seite
WRT2+	Weingartener Grundwortschatz Rechtschreib-Test für 2. und 3. Klassen	Birkel, P.	Göttingen: Hogrefe Verlag, 2007	151 **185**
WRT3+	Weingartener Grundwortschatz Rechtschreib-Test für 3. und 4. Klassen	Birkel, P.	Göttingen: Hogrefe Verlag, 2007	151 **185**
WRT4+	Weingartener Grundwortschatz Rechtschreib-Test für 4. und 5. Klassen	Birkel, P.	Göttingen: Hogrefe Verlag, 2007	151 **185**
WST	Wortschatztest	Schmidt, K.-H., Metzler, P.	Weinheim: Beltz Test, 1992	730 743
WURS-K	Wender Utah Rating Scale – Kurzform	Rösler, M., Retz-Junginger, P., Retz, W., Stieglitz, R. D.	Homburger ADHS-Skalen für Erwachsene (HASE). Göttingen: Hogrefe Verlag, 2008	680
	Englisches Original:	Ward, M. F., Wender, S. H., Reimherr, F. W.	The Wender Utah Rating Scale: An aid in the retrospective diagnosis of childhood attention deficit hyperactivity disorder. *American Journal of Psychiatry, 150, 885-890,* 1993	
WÜRT	Würzburger Rechtschreibtest für 1. und 2. Klassen	Trolldenier, H. P.	Göttingen: Hogrefe Verlag, 2014	151
WWT 6-10	Wortschatz- und Wortfindungstest für 6- bis 10-Jährige	Glück, C. W.	Göttingen: Hogrefe Verlag, 2007	59
ZAREKI-K	Neuropsychologische Testbatterie für Zahlenverarbeitung und Rechnen bei Kindern – Kindergartenversion	von Aster, M., Bzufka, M. W., Horn, R., Weinhold Zulauf, M., Schweiter, M.	Frankfurt a. M.: Pearson Assessment & Information GmbH, 2009	204 **262**
ZAREKI-R	Neuropsychologische Testbatterie für Zahlenverarbeitung und Rechnen bei Kindern – revidierte Fassung	von Aster, M., Weinhold Zulauf, M., Horn, R.	Frankfurt a. M.: Pearson Assessment & Information GmbH, 3. unveränderte Auflage, 2009	209 **271**
ZLT-II	Zürcher Lesetest – II	Petermann, F., Daseking, M.	Bern: Verlag Hans Huber, 3. Auflage, 2012	148

Liste der Herausgeber, Autoren und Rezensenten

Autoren und Rezensenten	Texte	Seite
Heinemann, Dörthe Universitäre Neurorehabilitation, Ambulatorium Universitätsklinik für Neurologie, Inselspital Bern, 3010 Bern, Schweiz	Herausgeber	
Schächtele, Beate Praxis für Neuropsychologie, Sägereistr. 8, 8212 Neuhausen am Rheinfall, Schweiz	Herausgeber	
Schellig, Dieter Hegau-Jugendwerk, Neurologisches Krankenhaus und Rehabilitationszentrum für Kinder, Jugendliche und junge Erwachsene, Kapellenstr. 31, 78262 Gailingen	Herausgeber	
Sturm, Walter Neurologische Klinik, RWTH Aachen University, Pauwelstr. 30, 52074 Aachen, Bergstr. 23, 52159 Roetgen	Herausgeber	
Neuropsychologische Diagnostik von Kindern und Jugendlichen Mitherausgeber: Renate Drechsler und Thomas Günther		
Bobrowski, Elise Isar-Amper-Klinikum Taufkirchen (Vils), Bräuhausstraße 5, 84416 Taufkirchen (Vils)	Cambridge Neuropsychological Test Automated Battery (CANTAB)	463
Buschta, Natascha Obertor 24, 8253 Diessenhofen, Schweiz	Neuropsychologisches Entwicklungs-Screening (NES)	426
Drechsler, Renate Zentrum für Kinder- und Jugendpsychiatrie, Universität Zürich, Neumünsterallee 3–9, 8032 Zürich, Schweiz	Neuropsychologische Diagnostik von Kindern und Jugendlichen – Intelligenztests – Entwicklungstests – Domänenübergreifende Testbatterien, Testsammlungen und Fragebögen	 280 350 445
	Wechsler Preschool and Primary Scale of Intelligence – Third Edition (WPPSI-III)	338
	BASIC-Preschool. Screening für kognitive Basiskompetenzen im Vorschulalter	435
	Developmental Neuropsychological Assessment – Second Edition (NEPSY-II)	481

Autoren und Rezensenten	Texte	Seite
Freitag, Hedwig Epilepsieklinik Tabor, Ladeburger Straße 15, 16321 Bernau bei Berlin	Wechsler Preschool and Primary Scale of Intelligence – Third Edition (WPPSI-III)	338
Graab, Claudia Klosterstraße 37a, 41849 Wassenberg	Lese- und Rechtschreibtest (SLRT-II)	173
Günther, Thomas Klinik für Psychiatrie, Psychosomatik und Psychotherapie des Kindes- und Jugend-alters; LFG klinische Neuropsychologie des Kindes- und Jugendalters, Neuenhofer Weg 21, 52074 Aachen	Neuropsychologische Diagnostik von Kindern und Jugendlichen – Sprache – Schriftsprache – Zahlenverarbeitung und Rechnen Amsterdam Neuropsychological Tasks (ANT)	 31 132 195 448
Haag Turner, Maria Hammerstrasse 62b, 8032 Zürich, Schweiz	Griffiths-Entwicklungsskalen (GES)	377
Horbach, Josefine Klinik für Psychiatrie, Psychosomatik und Psychotherapie des Kindes- und Jugend-alters; LFG klinische Neuropsychologie des Kindes- und Jugendalters, Neuenhofer Weg 21, 52074 Aachen	Potsdam-Illinois Test für Psycholinguisti-sche Fähigkeiten (P-ITPA)	98
Ilieva, Ivana Zentrum für Kinder- und Jugendpsychiat-rie, Universität Zürich, Eisengasse 16, 8008 Zürich, Schweiz	Intelligenz- und Entwicklungsskalen für das Vorschulalter (IDS-P) Intelligence and Development Scales – Preschool	403 386
Kämpf, Marion Epilepsiezentrum Kork, Landstraße 1, 77694 Kehl-Kork	Kognitiver Entwicklungstest für das Kindergartenalter (KET-KID)	416
Kaufmann, Liane UMIT – Private Universität für Gesund-heitswissenschaften, Medizinische Infor-matik und Technik, Department für Medizi-nische Wissenschaften und Management, Eduard-Wallnöfer-Zentrum 1, 6060 Hall in Tirol, Österreich	Test zur Diagnose von Dyskalkulie (TeDDy-PC)	247

Autoren und Rezensenten	Texte	Seite
Krinzinger, Helga Klinik für Psychiatrie, Psychosomatik und Psychotherapie des Kindes- und Jugendalter; LFG klinische Neuropsychologie des Kindes und Jugendalters, Neuenhofer Weg 21, 52074 Aachen	Basisdiagnostik Mathematik für die Klassen 4–8 (BASIS-MATH 4-8)	215
	Neuropsychologische Testbatterie für Zahlenverarbeitung und Rechnen bei Kindern (ZAREKI-R)	271
	Neuropsychologische Testbatterie für Zahlenverarbeitung und Rechnen bei Kindern – Kindergartenversion (ZAREKI-K)	262
Lasogga, Rainer Hegau Jugendwerk, Kapellenstraße 31, 78262 Gailingen am Hochrhein	Entwicklungstest für Kinder von 6 Monaten bis 6 Jahren – Revision (ET 6-6-R)	369
Lidzba, Karen Universitätsklinik für Kinder- und Jugendmedizin, Entwicklungsneurologie, Neuropädiatrie, Sozialpädiatrie, Hoppe-Seyler-Str. 1, 72076 Tübingen	Wechsler Intelligence Scale for Children – Fourth Edition. Deutschsprachige Adaptation nach D. Wechsler (WISC-IV)	328
Michel, Martin Hegau Jugendwerk, Kapellenstraße 31, 78262 Gailingen am Hochrhein	Tübinger Luria-Christensen Neuropsychologische Untersuchungsreihe für Kinder (TÜKI)	498
	Kaufman – Assessment Battery for Children (K-ABC)	310
Minder, Franziska KJPD, Zentrum für Kinder- und Jugendpsychiatrie, Universität Zürich, Eisengasse 16, 8008 Zürich, Schweiz	Snijders-Oomen Non-verbaler Intelligenztest (SON-R 6-40)	318
Mühlhaus, Juliane Hochschule für Gesundheit, Department für Angewandte Gesundheitswissenschaften, Studienbereich Logopädie, Gesundheitscampus 6–8, 44801 Bochum	Münchner Auditiver Screeningtest für Verarbeitungs- und Wahrnehmungsstörungen (MAUS)	89
Oesterwind, Julia Patricia SRH Fachschule für Logopädie, Graf-Adolf-Straße 67, 40210 Düsseldorf	Test zur Erfassung numerisch-rechnerischer Fertigkeiten vom Kindergarten bis zur 3. Klasse (TEDI-MATH)	235
Pixner, Sylvia UMIT – Private Universität für Gesundheitswissenschaften, Medizinische Informatik und Technik, Department für Medizinische Wissenschaften und Management, Eduard-Wallnöfer-Zentrum 1, 6060 Hall in Tirol, Österreich	Rechenfertigkeiten- und Zahlenverarbeitungs-Diagnostikum für die 2. bis 6. Klasse (RZD 2-6)	225

Autoren und Rezensenten	Texte	Seite
Rausch, Monika Europäische Fachhochschule Rhein/Erft (EUFH), Kaiserstr. 6, 50321 Brühl	Sprachentwicklungstests für zweijährige Kinder (SETK-2) Sprachentwicklungstests für drei- bis fünfjährige Kinder (SETK-3–5)	114 123
Schieler, Ernst Schulpsychologischer Dienst Letzi, Lindenplatz 4, 8048 Zürich, Schweiz	Kaufman – Assessment Battery for Children (K-ABC)	310
Schrey-Dern, Linda Segnistr. 23, 51066 Aachen	Sprachstandserhebungstest für Kinder im Alter zwischen 5 und 10 Jahren (SET 5-10)	107
Schröder, Anja Technische Universität Dortmund, Fakultät Rehabilitationswissenschaften, Fachgebiet Sprache und Kommunikation, Emil-Figge Str. 50, 44227 Dortmund	Heidelberger Sprachentwicklungstest (HSET)	78
Sievert, Ulrike Universitätsklinikum AöR, Sektion für Phoniatrie und Audiologie, Liebigstr. 10–14, 04103 Leipzig	Münchner Auditiver Screeningtest für Verarbeitungs- und Wahrnehmungsstörungen (MAUS)	89
Starke, Anja Technische Universität Dortmund, Fakultät Rehabilitationswissenschaften, Sprache und Kommunikation, Emil-Figge-Str. 50, 44227 Dortmund	Ein Leseverständnistest für Erst- bis Sechstklässler (ELFE 1-6)	153
Thelen, Katrin Schule für Logopädie am Universitätsklinikum Münster, Kardinal-von-Galen-Ring 10, 48149 Münster	Entwicklungstest Sprache für Kinder von 4 bis 8 Jahren (ETS 4-8)	62
Weber, Kathrin SRH Fachschule für Logopädie, Graf-Adolf-Str. 67, 40210 Düsseldorf	Hamburger Schreib-Probe (HSP 1-10)	164
Wolff, Christina Klinik für Allgemeine Pädiatrie, Neonatologie und Kinderkardiologie, Sozialpädiatrisches Zentrum, Moorenstraße 5, 40255 Düsseldorf	Weingartener Grundwortschatz Rechtschreib-Test (WRT): WRT 1+ (für erste und zweite Klassen) WRT 2+ (für zweite und dritte Klassen) WRT 3+ (für dritte und vierte Klassen) WRT 4+ (für vierte und fünfte Klassen)	185
Zulauf Logoz, Marina Zentrum für Kinder- und Jugendpsychiatrie, Universität Zürich, Neumünsterallee 3–9, 8032 Zürich, Schweiz	Intelligenz- und Entwicklungsskalen für Kinder von 5–10 Jahren (IDS). Intelligence and Development Scales	386

Autoren und Rezensenten	Texte	Seite
Beschwerdenvalidierung und negative Antwortverzerrung Mitherausgeber: Thomas Merten		
Blaskewitz, Nina Praxis für Psychotherapie, Karl-Marx-Straße 30, 12043 Berlin	Rey Fifteen-Item Test (FIT) bzw. Rey Memory Test (RMT)	630
	Medical Symptom Validity Test (MSVT)	608
Bodenburg, Sebastian Neuropsychologische Praxis, Mönckebergstraße 19, 20095 Hamburg	Word Memory Test (WMT)	657
Dohrenbusch, Ralf Universität Bonn, Institut für Psychologie, Abt. f. Methodenlehre, Diagnostik und Evaluation, und Psychotherapeutische Hochschulambulanz, Kaiser-Karl-Ring 9, 53111 Bonn	Kontrolle von Antworttendenzen und Beschwerdenvalidierung mittels Fragebogen	667
Giger, Peter Herzogenacker 22 3654 Gunten Schweiz	Amsterdamer Kurzzeitgedächtnistest (AKGT)	585
	Morel Emotional Numbing Test for Posttraumatic Stress Disorder (MENT)	600
Henry, Matthias Zentrum für ambulante Neuropsychologie und Verhaltenstherapie (ZANV), Schleiermacherstraße 24, 10961 Berlin	Amsterdamer Kurzzeitgedächtnistest (AKGT)	585
	Medical Symptom Validity Test (MSVT)	608
	Non-Verbal Medical Symptom Validity Test (NV-MSVT)	618
Krahl, Christina PZDT an der BG Unfallklinik, Friedberger Landstraße 432, 60389 Frankfurt/Main	Aggravations- und Simulationstest (AST 4.0)	593
	Testbatterie zur Forensischen Neuropsychologie (TBFN)	645
Krahl, Gordon PZDT an der BG Unfallklinik, Friedberger Landstraße 432, 60389 Frankfurt/Main	Aggravations- und Simulationstest (AST 4.0)	593
	Testbatterie zur Forensischen Neuropsychologie (TBFN)	645
Merten, Thomas Klinikum im Friedrichshain, Landsberger Allee 49, 10249 Berlin	Beschwerdenvalidierung	547
	Non-Verbal Medical Symptom Validity Test (NV-MSVT)	618
	Test of Memory Malingering (TOMM)	637

Autoren und Rezensenten	Texte	Seite
Medikamentöse Einflüsse auf neuropsychologische Funktionen		
Rockstroh, Sybille Psychologisches Institut der Universität Freiburg, Engelberger Straße 41, 79106 Freiburg	Medikamentöse Einflüsse auf neuropsychologische Funktionen	707
Prämorbides Leistungsniveau		
Friege, Lars Bundesrechnungshof, Psychosozialdienst, Adenauerallee 81, 53113 Bonn	Sozialformel zur Schätzung des prämorbiden Intelligenzniveaus: alte Bundesländer	751
Jahn, Thomas Klinik und Poliklinik für Psychiatrie und Psychotherapie, Klinikum rechts der Isar der Technischen Universität München, Ismaninger Str. 22, 81675 München	Sozialformel zur Schätzung des prämorbiden Intelligenzniveaus: Deutschland	755
Leplow, Bernd Martin-Luther-Universität Halle-Wittenberg, Institut für Psychologie, Emil-Abderhalden-Straße 26–27, 06108 Halle/Saale	Prämorbides Leistungsniveau; Sozialformel zur Schätzung des prämorbiden Intelligenzniveaus: alte Bundesländer	727 751
Psychometrische und statistische Grundlagen der Diagnostik		
Fimm, Bruno Klinik für Neurologie, Uniklinik RWTH Aachen University, Pauwelsstr. 30, 52074 Aachen	Psychometrische Grundlagen der Diagnostik	771
Willmes, Klaus Klinik für Neurologie, Uniklinik RWTH Aachen University, Pauwelsstr. 30, 52074 Aachen	Statistische Verfahren für die diagnostische Praxis	786

Bezugsquellen

Viele der von Verlagen veröffentlichten Testverfahren können über die beiden „Testzentralen" in Göttingen und Bern bezogen werden. Bei Bezugsquellen, die in der ersten Spalte der Tabelle mit einem Asterisk (*) gekennzeichnet sind, ist dies nicht der Fall.

Testverlage	Bezugsquellen	
Academic Therapy Publications	Academic Therapy Publications 20 Leveroni Court Novato, CA 94949–5746 USA Tel.　+1 415 883–3314 Fax　+1 415 883–3720 E-Mail　products@academictherapy.com www.academictherapy.com	Kontakt Europa: Ann Arbor Publishers P.O. Box 1 Belford, Northumberland NE707JX United Kingdom Tel.　+44 1668 214460 Fax　+ 44 1668 214484 E-Mail　enquiries@annarbor.co.uk www.annarbor.co.uk
AJA Associates	PAR, Inc. 16204 North Florida Avenue Lutz, FL 33549	Tel.　+1 813 968 3003 Fax　+1 813 961 2196 www.parinc.com
American Guidance Service (AGS) wurde von Pearson Education übernommen		
Antonius Verlag	Testzentrale Göttingen Herbert-Quandt-Str. 4 37081 Göttingen Tel.　+49 551 999 50 999 Fax　+49 551 999 50 998 E-Mail　testzentrale@hogrefe.de www.testzentrale.de	Testzentrale der Schweizer Psychologen AG Länggass-Strasse 76 3000 Bern 9 Tel.　+41 31 300 45 45 Fax　+41 31 300 45 90 E-Mail　testzentrale@hogrefe.ch www.testzentrale.ch
Beltz	Testzentrale Göttingen Herbert-Quandt-Str. 4 37081 Göttingen Tel.　+49 551 99950999 Fax　+49 551 99950998 E-Mail　testzentrale@hogrefe.de www.testzentrale.de	Testzentrale der Schweizer Psychologen AG Länggass-Strasse 76 CH-3000 Bern 9 Tel.　+41 31 300 45 45 Fax　+41 31 300 45 90 E-Mail　testzentrale@hogrefe.ch www.testzentrale.ch

Testverlage	Bezugsquellen		
Berufsbildungswerk Leipzig gGmbH	Berufsbildungswerk Leipzig gGmbH Projekt LSI.J Dr. Susanne Wagner Knautnaundorfer Str. 4 04249 Leipzig	Tel. E-Mail	+49 341-4137570 wagner.susanne@bbw-leipzig.de http://forschung.bbw-leipzig.de/
Cambridge Cognition	Cambridge Cognition Tunbridge Court, Tunbridge Lane Bottisham, Cambridge CB25 9TU United Kingdom	Tel. Fax E-Mail	+44 1223 810700 +44 1223 810701 info@camcog.com www.cambridgecognition.com
Cornelsen Verlag*	Cornelsen Verlag GmbH Mecklenburgische Straße 53 14197 Berlin	Tel. Fax E-Mail	+49 30 897 85-0 +49 30 897 85-578 service@cornelsen.de https://www.cornelsen.de
Editions Centre de Psychologie Appliquée (ECPA)	Testzentrale der Schweizer Psychologen AG Länggass-Straße 76 CH-3000 Bern 9	Tel. Fax E-Mail	+41 31 300 45 45 +41 31 300 45 90 testzentrale@hogrefe.ch www.testzentrale.ch
Green's Publishing	Paul Green Ph.D. Clinical Neuropsychologist Fellow, National Academy of Neuropsychology #105 – 1726 Dolphin Avenue Kelowna, BC Canada	Tel. Fax E-Mail	+1 236 420-4351 +1 236 420-4891 GreensPublishing@gmail.com https://wordmemorytest.com
Hansisches Verlagskontor	Hansisches Verlagskontor GmbH Mengstr. 16 23552 Lübeck	Tel. Fax E-Mail	+49 451 70 31-01 +49 451 70 31-280 info@hansisches-verlags-kontor.de
Harcourt Assessment Harcourt Test Services	Pearson Deutschland GmbH Kaiserstr. 44 60329 Frankfurt am Main	Tel. Fax E-Mail	+49 69 756146 0 +49 69 756146 10 info.de@pearson.com www.pearsonassessment.de

Testverlage	Bezugsquellen	
Hogrefe Verlag	Testzentrale Göttingen Herbert-Quandt-Str. 4 37081 Göttingen Tel. +49 551 999 50 999 Fax +49 551 999 50 998 E-Mail testzentrale@hogrefe.de www.testzentrale.de	Testzentrale der Schweizer Psychologen AG Länggass-Strasse 76 CH-3000 Bern 9 Tel. +41 31 300 45 45 Fax +41 31 300 45 90 E-Mail testzentrale@hogrefe.ch www.testzentrale.ch
Houghton Mifflin Company*	Houghton Mifflin Company International Inc. P O Box 269 Abingdon, Oxfordshire, OX14 United Kingdom Houghton Mifflin Harcourt Headquarters 222 Berkeley Street Boston, MA 02116 USA	Tel. +44 1235 833827 Fax +44 1235 833829 E-Mail info@hmcouk.co.uk http://www.hmco.com
Huber Verlag (bis 2015, danach: Hogrefe Verlag)	Testzentrale Göttingen Herbert-Quandt-Str. 4 37081 Göttingen Tel. +49 551 999 50 999 Fax +49 551 999 50 998 E-Mail testzentrale@hogrefe.de www.testzentrale.de	Testzentrale der Schweizer Psychologen AG Länggass-Strasse 76 3000 Bern 9 Tel. +41 31 300 45 45 Fax +41 31 300 45 90 E-Mail testzentrale@hogrefe.ch www.testzentrale.ch
Institute for Work & Health*	Institute for Work & Health 481 University Avenue, Suite 800 Toronto, Ontario M5G 2E9 Canada	Tel. +1 416–927–2027 Fax +1 416–927–4167 E-Mail info@iwh.on.ca http://www.iwh.on.ca
Medimont Verlag*	Medimont Verlag GMBH Waldgartenstr. 26 81377 München	Tel. +49 89 74 100 900 Fax +49 89 74 100 901 E-Mail info@medimont.eu www.medimont.eu
Mnemo-Verlag	Mnemo-Verlag Schiefe Ahelle 2 58515 Lüdenscheid	Tel. +49 2351 6795768 Fax +49 2351 6795765 E-Mail kontakt@mnemo-verlag.de http://www.mnemo-verlag. de

Testverlage	Bezugsquellen	
Multi-Health Systems	MHS Inc P.O. Box 950 North Tonawanda, NY 14120–0950	Tel. +1 416 4922627 Fax +1 416 4923343 E-Mail customerservice@mhs.com www.mhs.com
Neuropsychology Press*	Reitan Neuropsychology Laboratory P.O. Box 66080 Tucson, AZ 85728–6080 USA	Tel. +1 520 577 2970 Fax +1 520 577 2940 E-Mail CustomerService@ ReitanLabs.com www.reitanlabs.com
NFER-Nelson seit 2007: GL Assessment	GL Assessment 9th Floor East 389 Chiswick High Road London W4 4AL	Tel. +44 845 602 1937 Fax +44 845 601 5358 E-Mail info@gl-assessment.co.uk http://www.gl-assessment. co.uk
Oxford Psychologists Press J.R. Raven Limited*	Pearson Deutschland GmbH Kaiserstr. 44 60329 Frankfurt am Main	Tel. +49 69 756146 0 Fax +49 69 756146 10 E-Mail info.de@pearson.com www.pearsonassessment.de
PaePsy Verlag*	Paepsy Verlag Merdian Franz/Merdian Gerhild GdbR Jahnstraße 16a 96050 Bamberg	Tel. +49 951 9170318 Fax +49 951 130 447 E-Mail info@paepsy-verlag.de www.paepsy-verlag.de
Pearson Assessment	Pearson Deutschland GmbH Kaiserstr. 44 60329 Frankfurt am Main	Tel. +49 69 756146 0 Fax +49 69 756146 10 E-Mail info.de@pearson.com www.pearsonassessment.de
Perimed-Straube*	perimed FachbuchVerlag Dr. med. Straube GmbH Flugplatzstr. 104 90768 Fürth	Tel. +49 911 50 722 0 Fax +49 911 50 722 119 E-Mail service@perimed.de www.perimed.de
Persen Verlag*	AAP Lehrerfachverlage GmbH, PERSEN Veritaskai 3 21079 Hamburg	Tel. +49 40 325083-040 Fax +49 40 325083-050 E-Mail info@persen.de https://www.persen.de
PITS	Der Verlag PITS B.V. existiert nicht mehr. Die von PITS verlegten Verfahren sind aber weiterhin über die Testzentralen in Göttingen und Bern zu beziehen.	

Testverlage	Bezugsquellen	
PRO-ED	PRO-ED, Inc. 8700 Shoal Creek Boulevard Austin, Texas 78757–6897	Tel. +1 800 897 3202 Fax +1 800 397 7633 E-Mail general@proedinc.com http://www.proedinc.com
Psychological Assessment Resources (PAR)	PAR, Inc. 16204 North Florida Avenue Lutz, FL 33549	Tel. +1 813 449 4066 Fax +1 813 961 2196 http://www.parinc.com
Psytest	PSYTEST Psychologische Testsysteme Kaiserstraße 100 D – 52134 Herzogenrath	Tel. +49 2407 918980 Fax +49 2407 917153 E-Mail info@psytest.net www.psytest.net/
Reinhardt Verlag*	Ernst Reinhardt GmbH & Co KG Postfach 20 07 65 80007 München	Tel. +49 89 - 17 80 16-0 Fax +49 89 - 17 80 16-30 E-Mail info reinhardt-verlag.de www.reinhardt-verlag.de
Reitan Neuropsy- chology Laboratory	Reitan Neuropsychology Lab 2517 W Monterey Ave Mesa AZ 85202 USA	Tel. +1 480 755 7543 Fax +1 520 829 3513 E-Mail reitanlabs@aol.com http://rn-lab.net
Riverside Publishing	Riverside Publishing Company HMH – Riverside 3800 Golf Road, Suite 200 Rolling Meadows, IL 60008 USA	Tel. +01 6304677000 Fax +01 6304677192 E-Mail rpcinternational@hmhco.com www.riversidepublishing.com
SCHUHFRIED*	SCHUHFRIED GmbH Hyrtlstraße 45 2340 Mödling Österreich	Tel. +43 2236 42 315 Fax +43 2236 46 E-Mail info@schuhfried.at www.schuhfried.at aus Deutschland: Tel. +49 69 899 140 33 Fax +49 69 899 140 44 E-Mail info@schuhfried.de www.schuhfried.de
Schulz-Kirchner Verlag*	Schulz-Kirchner Verlag GmbH Mollweg 2 65510 Idstein	Tel. +49 6126 9320-0 Fax +49 6126 9320-50 E-Mail info@schulz-kirchner.de http://www.schulz-kirchner.de

Testverlage	Bezugsquellen	
Sonares*	SONARES BV Overhoeksparklaan 108 1031 KC Amsterdam The Netherlands	Tel. +31 20 6459944 E-Mail info@sonarbv.nl www.sonares.nl www.antprogram.nl
Spitta Verlag*	Spitta Verlag GmbH & Co. KG Ammonitenstraße 1 72336 Balingen	Tel. +49 7433 952-0 Fax +49 7433 / 952-777 E-Mail kundencenter@spitta.de www.spitta-medizin.de
Springer Verlag	Es werden keine Testverfahren mehr verlegt.	Tests vom Springer Verlag lassen sich nur noch antiquarisch erwerben.
Swets Test Services	Pearson Deutschland GmbH Kaiserstr. 44 60329 Frankfurt am Main	Tel. +49 69 756146 0 Fax +49 69 756146 10 E-Mail info.de@pearson.com www.pearsonassessment.de
Testzentrale	Testzentrale Göttingen Herbert-Quandt-Str. 4 37081 Göttingen Tel. +49 551 999 50 999 Fax +49 551 999 50 998 E-Mail testzentrale@hogrefe.de www.testzentrale.de	Testzentrale der Schweizer Psychologen AG Länggass-Strasse 76 CH-3000 Bern 9 Tel. +41 31 300 45 45 Fax +41 31 300 45 90 E-Mail testzentrale@hogrefe.ch www.testzentrale.ch
Thames Valley Test Company	Pearson Deutschland GmbH Kaiserstr. 44 60329 Frankfurt am Main	Tel. +49 69 756146 0 Fax +49 69 756146 10 E-Mail info.de@pearson.com www.pearsonassessment.de
The Psychological Corporation	Pearson Deutschland GmbH Kaiserstr. 44 60329 Frankfurt am Main	Tel. +49 69 756146 0 Fax +49 69 756146 10 E-Mail info.de@pearson.com www.pearsonassessment.de
Thieme Verlag*	Georg Thieme Verlag KG Postfach 30 11 20 70451 Stuttgart	Tel. +49 711 8931-0 Fax +49 711 8931-298 E-Mail kundenservice@thieme.de www.thieme.de/shop/
Urban & Fischer/Elsevier*	Elsevier GmbH Postfach 20 19 30 80019 München	Tel. +49 89-5383-0 Fax +49 89 -5383-939 E-Mail info@elsevier.de www.elsevier.de

Testverlage	Bezugsquellen		
Verlag Alexander Möckl*	Verlag Alexander Möckl Piccardstraße 10 86159 Augsburg	Tel. Fax E-Mail	+49 821 56 30 80 +49 821 55 57 07 kilobuch@gmx.net
verlag für pädagogische medien	Ernst Klett Verlag GmbH verlag für pädagogische medien Postfach 10 26 45 70022 Stuttgart	Tel. Fax E-Mail	+49 711 66 72 13 33 +49 711 98 80 90 00 99 kundenservice@klett.de https://www.klett.de/vpm
Western Psychological Services (wps)	Western Psychological Services 625 Alaska Avenue Torrance, CA 90503–5124	Tel. Fax E-Mail	+1 424 201 8800 +1 424 201 6950 customerservice@ wpspublish.com www.wpspublish.com
Westra, Schule & Hören*	Westra Elektroakustik GmbH Zum Ried 4 86637 Binswangen	Tel. Fax E-Mail	+49-8272-99960 +49-8272-999688 service@westra.de www.westra.de

Normentafel und Umrechnungstabelle von Standardnormen

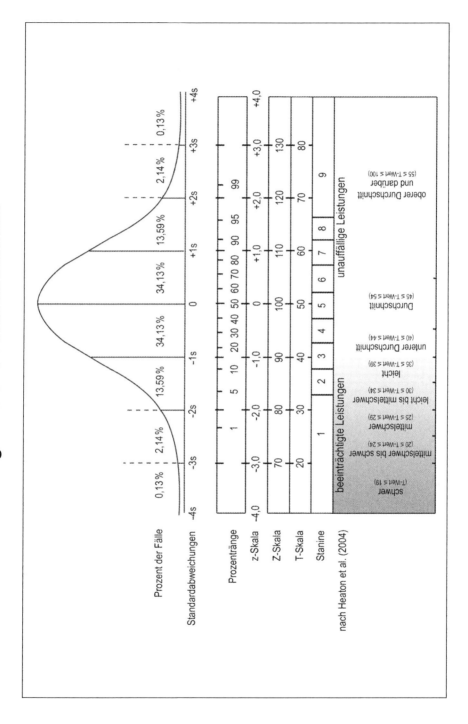

nach Heaton et al. (2004)

PR	cum f%	z	SW (=Z)	T	WP	C	Stanine	ST-10 (=Sten)	IQ
cum f%	$\frac{\text{cum f\%}-\text{f}/2}{N}$	$\frac{X-M}{\sigma}$	100±10z	50±10z	10±3z	5±2z	5±2z	5,5±2z	100±15z
0	0,13	−3.00	70	20	1	−1	1	1	55
0	0,19	−2.90	71	21			1	1	
0	0,26	−2.80	72	22			1	1	58
0	0,33	−2.70	73	23			1	1	
0	0,47	−2.60	74	24	2		1	1	61
1	0,62	−2.50	75	25		0	1	1	
1	0,82	−2.40	76	26			1	1	64
1	1,07	−2.30	77	27	3		1	1	
1	1,39	−2.20	78	28			1		67
2	1,79	−2.10	79	29			1		
2	2,28	−2.00	80	30	4	1	1		70
3	2,87	−1.90	81	31					
4	3,59	−1.80	82	32				2	73
5	4,46	−1.70	83	33					
6	5,48	−1.60	84	34	5				76
7	6,68	−1.50	85	35		2	2		
8	8,08	−1.40	86	36					79
10	9,68	−1.30	87	37	6			3	
12	11,51	−1.20	88	38					82
14	13,57	−1.10	89	39					
16	15,87	−1.00	90	40	7	3	3		85
18	18,41	−0.90	91	41					
21	21,19	−0.80	92	42				4	88
24	24,20	−0.70	93	43					
27	27,43	−0.60	94	44	8				91
31	30,85	−0.50	95	45		4	4		
35	34,46	−0.40	96	46					94
38	38,21	−0.30	97	47	9			5	
42	42,07	−0.20	98	48					97
46	46,02	−0.10	99	49					
50	50,00	0.00	100	50	10	5	5	5,5	100

PR	cum f%	z	SW (=Z)	T	WP	C	Stanine	ST-10 (=Sten)	IQ
cum f%	$\frac{\text{cum f\%}-f/2}{N}$	$\frac{X-M}{\sigma}$	100±10z	50±10z	10±3z	5±2z	5±2z	5,5±2z	100±15z
50	50,00	0.00	100	50	10	5	5	5,5	100
54	53,98	0.10	101	51					
58	57,93	0.20	102	52					103
62	61,79	0.30	103	53				6	
66	65,54	0.40	104	54	11				106
69	69,15	0.50	105	55		6	6		
73	72,57	0.60	106	56					109
76	75,80	0.70	107	57	12				
79	78,81	0.80	108	58				7	112
82	81,59	0.90	109	59					
84	84,10	1.00	110	60	13	7	7		115
86	86,43	1.10	111	61					
88	88,49	1.20	112	62					118
90	90,32	1.30	113	63				8	
92	91,92	1.40	114	64	14				121
93	93,32	1.50	115	65		8	8		
95	94,52	1.60	116	66					124
96	95,54	1.70	117	67	15				
96	96,41	1.80	118	68				9	127
97	97,13	1.90	119	69					
98	97,72	2.00	120	70	16	9	9		130
98	98,21	2.10	121	71			9		
99	98,61	2.20	122	72			9		133
99	98,93	2.30	123	73			9	10	
99	99,18	2.40	124	74	17		9	10	136
99	99,38	2.50	125	75		10	9	10	
100	99,53	2.60	126	76			9	10	139
100	99,65	2.70	127	77	18		9	10	
100	99,74	2.80	128	78			9	10	142
100	99,81	2.90	129	79			9	10	
100	99,87	3.00	130	80	19	11	9	10	145

Anmerkung: Vgl. zur englischen Terminologie: http://p4k.s3.amazonaws.com/day_2/Pocket_Guide.pdf